中国老龄统计汇编

(1953—2009)

全国老龄工作委员会办公室　编

华 龄 出 版 社

责任编辑：苏辉　吴婧　薛治　贾理智
装帧设计：刘苗苗
责任印制：刘苗苗

图书在版编目（CIP）数据

中国老龄统计汇编．1953—2009/全国老龄工作委员会办公室编．—北京：华龄出版社，2011.1
ISBN 978-7-80178-792-7

Ⅰ.①中…　Ⅱ.①全…　Ⅲ.①老年人-人口调查-统计数据-中国　Ⅳ.①C924.25

中国版本图书馆 CIP 数据核字（2010）第 251936 号

书　　名：中国老龄统计汇编（1953—2009）
作　　者：全国老龄工作委员会办公室　编
出版发行：华龄出版社
印　　刷：北京画中画印刷有限公司
版　　次：2011 年 1 月第 1 版　　2011 年 1 月第 1 次印刷
开　　本：880×1230　1/16　　**印　　张**：58.5
字　　数：1800 千字
定　　价：260.00 元

地　　址：北京西城区鼓楼西大街 41 号　　**邮编**：100009
电　　话：84044445（发行部）　　**传真**：84039173

《中国老龄统计汇编（1953－2009）》编委会

序　　言

人口老龄化是21世纪一个重大的社会问题，也是21世纪人类发展的重要特征。我国人口老龄化迅速地、大规模地到来，是前所未有的，已越来越受到党中央、国务院的高度重视。多年来，在党中央、国务院的正确领导下，我国老龄工作有了长足的发展和进步，积极应对人口老龄化已成为全社会共识，与经济社会发展水平相适应的老年社会保障体系初步建立，以居家养老为基础、社区养老为依托、机构养老为补充的社会养老服务体系建设稳步推进，老年人权益保障和优待工作进一步加强，老年人精神文化生活日益丰富，老龄事业的发展与时俱进，在经济建设和社会发展中的地位日益凸显，作用日益突出，影响日益扩大。

老龄统计是老龄工作、老龄事业的重要组成部分。科学、准确、系统、权威的老龄统计资料，是人口老龄化发展形势的量化呈现，是反映人口老龄化发展规律的重要手段，是展示各方面工作推进情况的重要载体，是党和政府进行科学决策和宏观指导的基础，是我们积极应对人口老龄化的有力武器。相比较而言，我国老龄统计工作相对滞后，一直未能形成独立的体系，相关统计资料散见于统计、民政、人口计生、公安、人力保障等诸多部门的独立统计之中，且内容庞杂，卷帙浩繁，这给老龄工作的理论研究和实践运用都带来了相当不便。为准确集中反映我国人口老龄化发展形势，便于各级老龄工作机构、部门和个人检索查阅相关老龄统计资料，科学分析我国人口老龄化发展趋势，了解把握我国老年人口变化规律，积极探索应对人口老龄化战略思路，指导老龄工作，促进老龄事业全面、科学、健康发展，全国老龄办组织开展了历年老龄相关统计资料的收集和研究工作，编辑出版了《中国老龄统计汇编（1953—2009）》一书。

《汇编》力求数据全面、资料翔实，尽可能全面汇集老龄相关统计资料，内容囊括了建国以来五次人口普查、历年人口变动抽样调查和各相关专项调查等不同层次的全国性老龄统计资料，是对我国老年人口数量、结构变动情况的一次系统梳理和全面反映。内容丰富，资料准确，适用性强，既方便理论工作者查询，又利于实际工作者参考。对老龄理论工作者准确把握我国人口老龄化发展脉络，系统分析我国人口老龄化发展特点和趋势，具有重要参考价值，对各级政府、各级老龄工作机构决策、指导、开展老龄工作具有重要辅助作用。

编委会

2010年12月12日

目　　录

一、一至五次人口普查相关老龄数据

第一次人口普查(1953 年)

全国经过调查的人口年龄统计表

年龄	人口数			各年龄人口百分比
	合计	男	女	
甲	1	2	3	4
总计*	**567446758**	**291969807**	**275476951**	**100.00**
60	4043139	1983203	2059936	0.71
61	3363567	1657322	1706245	0.59
62	3141920	1525342	1616578	0.55
63	3011941	1447158	1564783	0.53
64	2939619	1393079	1546540	0.52
65	2805542	1310293	1495249	0.49
66	2531428	1180341	1351087	0.45
67	2317275	1060775	1256500	0.41
68	2151521	965025	1186496	0.38
69	1969479	884333	1085146	0.35
70	2028000	884827	1143173	0.36
71	1745726	752463	993263	0.31
72	1620162	678281	941881	0.29
73	1378021	568895	809126	0.24
74	1043906	423733	620173	0.18
75	933058	372704	565354	0.16
76	821886	318503	503383	0.14
77	698494	265055	433439	0.12
78	627367	230748	396619	0.11
79	506683	181401	325282	0.09
80	451014	155500	295514	0.08
81	322309	109256	213053	0.06
82	281241	91808	189433	0.05
83	212336	67256	145080	0.04
84	161537	49286	112251	0.03
85	127857	38172	89685	0.02
86	88808	25484	63324	0.02
87	62974	17471	45503	0.01
88	46888	12590	34298	0.01
89	28623	7397	21226	0.01
90	24367	6638	17729	0.01
91	12312	3012	9300	0.01
92	8764	2114	6650	0.01
93	6127	1452	4675	0.01
94	4333	1060	3273	0.01
95	3927	1055	2872	0.01
96	3051	798	2253	0.01
97	2041	537	1504	0.01
98	1676	395	1281	0.01
99	1140	300	840	0.01
100	1699	789	910	0.0006
101	250	91	159	0.0006
102	187	64	123	0.0006
103	202	74	128	0.0006
104	122	46	76	0.0006
105	163	84	79	0.0006

* 此数据为所有年龄段数据和,后同。

全国经过调查的人口年龄统计表

年　龄	人　口　数			各年龄人口百分比
	合计	男	女	
甲	1	2	3	4
106	75	45	30	0.0006
107	71	33	38	0.0006
108	77	41	36	0.0006
109	31	18	13	0.0006
110	176	100	76	0.0006
111	25	18	7	0.0006
112	46	33	13	0.0006
113	24	12	12	0.0006
114	15	11	4	0.0006
115	39	25	14	0.0006
116	19	11	8	0.0006
117	10	4	6	0.0006
118	27	19	8	0.0006
119	7	4	3	0.0006
120	62	36	26	0.0006
121	5	1	4	0.0006
122	2		2	0.0006
123	5	3	2	0.0006
124	6	6		0.0006
125	8	6	2	0.0006
126	2		2	0.0006
127	2	2		0.0006
128	4	3	1	0.0006
129	1	1		0.0006
130	11	3	8	0.0006
131				0.0006
132				0.0006
133				0.0006
134				0.0006
135	1		1	0.0006
136				0.0006
137	2	2		0.0006
138				0.0006
139				0.0006
140	2	1	1	0.0006
141				0.0006
142				0.0006
143				0.0006
144				0.0006
145	2	1	1	0.0006
146				0.0006
147	3	2	1	0.0006
148				0.0006
149				0.0006
150				0.0006
151				0.0006
152				0.0006
153				0.0006
154				0.0006
155	1	1		0.0006

各省市经过调查的人口年龄统计表(北京市)

年龄	人口数			各年龄人口百分比
	合计	男	女	
甲	1	2	3	4
总计*	**2768073**	**1597805**	**1170268**	**100.00**
60	15267	7755	7512	0.55
61	13448	6717	6731	0.49
62	11901	6065	5836	0.43
63	12758	6288	6470	0.46
64	11546	5612	5934	0.42
65	10805	5250	5555	0.39
66	10069	4801	5268	0.36
67	9298	4364	4934	0.34
68	8479	3924	4555	0.31
69	7830	3597	4233	0.28
70	7637	3425	4212	0.28
71	7202	3164	4038	0.26
72	5737	2509	3228	0.21
73	4826	2121	2705	0.17
74	3435	1444	1991	0.12
75	3178	1294	1884	0.11
76	2808	1153	1655	0.10
77	2491	988	1503	0.09
78	1932	742	1190	0.07
79	1530	680	950	0.06
80	1069	413	656	0.04
81	913	351	562	0.03
82	802	297	505	0.03
83	632	203	429	0.02
84	328	106	222	0.01
85	255	96	159	0.01
86	177	46	131	0.02
87	96	25	71	0.02
88	84	28	56	0.02
89	50	17	33	0.02
90	24	7	17	0.02
91	16	3	13	0.02
92	10	3	7	0.02
93	5	4	1	0.02
94	4	2	2	0.02
95	3	1	2	0.02
96	2	1	1	0.02
97	1		1	0.02
98				0.02
99				0.02
100	1		1	0.02
101				0.02
102	1		0	0.02

各省市经过调查的人口年龄统计表(天津市)

年龄	人口数			各年龄人口百分比
	合计	男	女	
甲	1	2	3	4
总计*	**2693831**	**1480280**	**1213551**	**100.00**
60	14793	7596	7197	0.55
61	11750	6048	5702	0.44
62	10727	5395	5332	0.40
63	10865	5490	5375	0.40
64	10381	5259	5122	0.38
65	9950	4919	5031	0.37
66	8903	4324	4579	0.33
67	8977	4408	4569	0.33
68	7711	3636	4075	0.29
69	6410	3065	3345	0.24
70	7165	3337	3828	0.27
71	7158	3239	3919	0.27
72	5081	2335	2746	0.19
73	4709	2159	2550	0.17
74	2952	1292	1660	0.11
75	2871	1188	1683	0.11
76	2599	1086	1513	0.10
77	2690	1155	1535	0.10
78	1947	816	1131	0.07
79	1729	719	1010	0.06
80	1112	454	658	0.04
81	869	340	529	0.03
82	884	361	523	0.03
83	809	304	505	0.03
84	446	167	279	0.02
85	361	138	223	0.01
86	256	91	165	0.01
87	182	53	129	0.01
88	136	44	92	0.01
89	90	28	62	0.01
90	50	20	30	0.01
91	24	6	18	0.01
92	17	7	10	0.01
93	11	2	9	0.01
94	4	1	3	0.01
95	4	2	2	0.01
96	2	1	1	0.01
97	1		1	0.01
98	1	1		0.01
99				0.01
100				0.01
101				0.01
102				0.01
103				0.01
104				0.01
105				0.01
106	1		1	0.01

各省市经过调查的人口年龄统计表(上海市)

年龄	人口数			各年龄人口百分比
	合计	男	女	
甲	1	2	3	4
总计*	**6204417**	**3319575**	**2884842**	**100.00**
60	25462	11748	13714	0.41
61	22999	10281	12718	0.37
62	20278	8951	11327	0.33
63	19250	8266	10984	0.31
64	17711	7304	10407	0.29
65	15372	6147	9225	0.25
66	13829	5413	8416	0.22
67	12010	4572	7438	0.19
68	11534	4158	7376	0.19
69	9910	3562	6348	0.16
70	9168	3146	6022	0.15
71	7895	2594	5301	0.13
72	7737	2392	5345	0.12
73	6180	1795	4385	0.10
74	4939	1423	3516	0.08
75	4560	1248	3312	0.07
76	4242	1080	3162	0.07
77	3197	786	2411	0.05
78	2688	650	2038	0.04
79	2257	495	1762	0.04
80	1834	398	1436	0.03
81	1369	258	1111	0.02
82	1048	190	858	0.02
83	781	146	635	0.01
84	619	99	520	0.01
85	484	75	409	0.01
86	305	43	262	0.01
87	216	29	187	0.01
88	143	21	122	0.01
89	66	10	56	0.01
90	47	4	43	0.01
91	28	2	26	0.01
92	19	2	17	0.01
93	12	3	9	0.01
94	7	1	6	0.01
95	4	2	2	0.01
96	1		1	0.01
97	4		4	0.01
98	4	1	3	0.01
99	2		2	0.01
100	1		1	0.01

各省市经过调查的人口年龄统计表(河北省)

年 龄	人口数			各年龄人口百分比
	合计	男	女	
甲	1	2	3	4
总计*	**35634644**	**17948265**	**17686379**	**100.00**
60	300581	153607	146974	0.84
61	249393	128075	121318	0.70
62	238596	120732	117864	0.67
63	244269	122756	121513	0.69
64	239589	120083	119506	0.67
65	231632	115563	116069	0.65
66	202588	101025	101563	0.57
67	205324	99292	106032	0.58
68	191239	91106	100133	0.54
69	179638	88051	91587	0.50
70	186425	88128	98297	0.52
71	166569	78194	88375	0.47
72	146430	66966	79464	0.41
73	126460	57773	68687	0.35
74	84086	38302	45784	0.24
75	81236	36491	44745	0.23
76	67423	30091	37332	0.19
77	63566	27380	36186	0.18
78	57160	23878	33282	0.16
79	46379	19204	27175	0.13
80	40362	16279	24583	0.11
81	31637	12561	19076	0.09
82	30156	11403	18753	0.08
83	25206	9256	15905	0.07
84	16795	6040	10755	0.05
85	12574	4379	8195	0.04
86	9359	3225	6134	0.03
87	6592	2164	4428	0.02
88	5135	1534	3601	0.01
89	3160	923	2237	0.01
90	2362	652	1710	0.01
91	1303	375	928	0.01
92	846	209	637	0.01
93	592	159	433	0.01
94	337	78	259	0.01
95	217	47	170	0.01
96	155	26	129	0.01
97	86	18	68	0.01
98	56	15	44	0.01
99	38	1	37	0.01
100	10	3	7	0.01
101	5	1	4	0.01
102	4		4	0.01
103				0.01
104	2	1	1	0.01
105	2		2	0.01
106				0.01
107				0.01
108				0.01
109	1		1	0.01
110	1		1	0.01

各省市经过调查的人口年龄统计表(山西省)

年龄	人口数			各年龄人口百分比
	合计	男	女	
甲	1	2	3	4
总计*	**14174485**	**7504677**	**6669808**	**100.00**
60	101564	58379	43185	0.72
61	95068	53608	41460	0.67
62	90450	50357	40093	0.64
63	92662	51316	41346	0.65
64	85353	47060	38293	0.60
65	82843	44806	38037	0.58
66	80211	43607	36604	0.57
67	66648	35388	31260	0.47
68	64773	33893	30880	0.46
69	62776	32645	30131	0.44
70	60274	30537	29737	0.43
71	55207	27237	27970	0.39
72	47001	22246	24755	0.33
73	45276	21121	24155	0.32
74	15942	7374	8568	0.11
75	13915	6584	7331	0.10
76	12937	6006	6931	0.09
77	12702	5710	6992	0.09
78	11120	4780	6340	0.08
79	9817	4120	5697	0.07
80	7541	3032	4509	0.05
81	5883	2339	3544	0.04
82	5135	1899	3236	0.04
83	3774	1348	2426	0.03
84	2480	814	1666	0.02
85	1919	621	1298	0.01
86	1338	375	963	0.01
87	936	258	705	0.01
88	666	191	475	0.01
89	411	94	317	0.01
90	262	72	190	0.01
91	162	45	117	0.01
92	74	16	58	0.01
93	68	9	59	0.01
94	41	7	34	0.01
95	25	5	20	0.01
96	21	5	16	0.01
97	14	2	12	0.01
98	14		14	0.01
99	9	3	6	0.01
100	6		6	0.01
101	1	1		0.01

各省市经过调查的人口年龄统计表(山西省)

年龄	人口数			各年龄人口百分比
	合计	男	女	
甲	1	2	3	4
102	1		1	0.01
103	2		2	0.01
104				0.01
105	1		1	0.01
106				0.01
107				0.01
108				0.01
109				0.01
110				0.01
111				0.01
112				0.01
113				0.01
114				0.01
115				0.01
116				0.01
117				0.01
118				0.01
119	1	1		0.01
120	1		1	0.01
121				0.01
122				0.01
123				0.01
124	1	1		0.01

各省市经过调查的人口年龄统计表(内蒙古自治区)

年　龄	人　口　数			各年龄人口百分比
	合计	男	女	
甲	1	2	3	4
总计*	**6090700**	**3426725**	**2663975**	**100.00**
60	30361	19805	10556	0.50
61	29239	18768	10471	0.48
62	29604	18478	11126	0.49
63	29915	18442	11473	0.49
64	28151	17173	10978	0.48
65	25361	15381	9980	0.42
66	24169	14476	9693	0.40
67	19568	11737	7831	0.32
68	17126	10070	7056	0.23
69	16682	9946	6736	0.27
70	15253	8881	6372	0.25
71	15555	8824	6731	0.25
72	12520	6941	5579	0.21
73	11343	6250	5093	0.19
74	6818	3833	2985	0.11
75	5797	3254	2543	0.09
76	4826	2642	2184	0.08
77	4400	2296	2104	0.07
78	3369	1740	1629	0.05
79	2979	1521	1458	0.05
80	2262	1136	1126	0.04
81	1607	750	857	0.03
82	1303	657	646	0.02
83	875	415	460	0.01
84	579	274	305	0.01
85	455	189	266	0.01
86	304	127	177	0.01
87	179	71	108	0.01
88	122	53	69	0.01
89	74	35	38	0.01
90	47	21	26	0.01
91	30	10	20	0.01
92	20	6	14	0.01
93	7	5	2	0.01
94	12	6	6	0.01
95	8	5	3	0.01
96	3	1	2	0.01
97	3	2	1	0.01
98	4	1	3	0.01
99	4	1	3	0.01
100	2	1	1	0.01
101	1	1		0.01
102	1		1	0.01
103				0.01
104	1		1	0.01

各省市经过调查的人口年龄统计表(辽宁省)

年龄	人口数			各年龄人口百分比
	合计	男	女	
甲	1	2	3	4
总计*	**18365147**	**9580372**	**8784775**	**100.00**
60	99996	56943	43053	0.54
61	96582	54703	41879	0.53
62	93125	51015	42110	0.51
63	78572	43328	35244	0.43
64	80579	44238	36341	0.44
65	70994	39325	31669	0.39
66	66060	36087	29973	0.36
67	65030	35067	29963	0.35
68	58674	31338	27336	0.32
69	59826	31841	27985	0.33
70	56125	29758	26367	0.31
71	53900	28226	25674	0.29
72	45234	23635	21599	0.25
73	40742	20985	19757	0.22
74	35979	18399	17580	0.20
75	28943	14550	14393	0.16
76	24021	12061	11960	0.13
77	20486	10369	10117	0.11
78	16284	8358	8466	0.09
79	14158	6997	7161	0.08
80	11302	5420	5882	0.06
81	9435	4533	4902	0.05
82	7253	3416	3837	0.04
83	5756	2699	3057	0.03
84	4233	1890	2343	0.02
85	3757	1701	2056	0.02
86	2502	1103	1399	0.01
87	1584	657	927	0.01
88	1063	420	643	0.01
89	694	269	425	0.01
90	448	156	292	0.01
91	284	104	180	0.01
92	179	67	112	0.01
93	117	36	81	0.01
94	65	25	40	0.01
95	31	8	23	0.01
96	22	8	14	0.01
97	13	4	9	0.01
98	8	2	6	0.01
99	6	2	4	0.01
100	1		1	0.01
101				0.01
102				0.01
103	1		1	0.01
104	2	1	1	0.01
105				0.01
106				0.01
107				0.01
108				0.01
109				0.01
110	1	1		0.01
112	1	1		0.01

各省市经过调查的人口年龄统计表(吉林省)

年　龄	人　口　数			各年龄人口百分比
	合计	男	女	
甲	1	2	3	4
总计*	**11180073**	**5902087**	**5277986**	**100.00**
60	67231	42308	24923	0.60
61	63114	39909	23205	0.56
62	57167	35646	21521	0.51
63	51666	32482	19184	0.46
64	51812	32451	19361	0.46
65	47253	29480	17773	0.42
66	42418	26354	16064	0.38
67	37827	23277	14550	0.34
68	34666	20925	13741	0.31
69	34246	20517	13729	0.31
70	30597	18525	12072	0.27
71	28739	17264	11475	0.26
72	24027	14236	9791	0.21
73	20687	12059	8628	0.19
74	17303	10151	7152	0.15
75	14177	8342	5835	0.13
76	12009	6949	5060	0.11
77	9875	5752	4123	0.09
78	7568	4267	3301	0.07
79	6512	3593	2919	0.06
80	4930	2791	2139	0.04
81	3979	2212	1767	0.04
82	2871	1583	1288	0.03
83	2246	1244	1002	0.02
84	1613	852	761	0.01
85	1288	662	626	0.01
86	843	434	409	0.01
87	513	244	269	0.01
88	333	155	178	0.01
89	185	90	95	0.01
90	125	51	74	0.01
91	75	39	36	0.01
92	34	13	21	0.01
93	25	12	13	0.01
94	17	10	7	0.01
95	10	3	7	0.01
96	6	3	3	0.01
97	16	8	8	0.01
98	4	3	1	0.01
99	1		1	0.01
100				0.01
101				0.01

各省市经过调查的人口年龄统计表(吉林省)

年龄	人口数			各年龄人口百分比
	合计	男	女	
甲	1	2	3	4
102				0.01
103	3	2	1	0.01
104				0.01
105				0.01
106				0.01
107	2	2		0.01
108				0.01
109				0.01
110	1		1	0.01
111				0.01
112				0.01
113				0.01
114				0.01
115				0.01
116				0.01
117				0.01
118				0.01
119				0.01
120				0.01
121				0.01
122				0.01
123	1	1		0.01
124	1	1		0.01

各省市经过调查的人口年龄统计表(黑龙江省)

年龄	人口数			各年龄人口百分比
	合计	男	女	
甲	1	2	3	4
总计*	**11827309**	**6417678**	**5409631**	**100.00**
60	70242	45235	25007	0.59
61	65198	42102	23096	0.55
62	58563	37418	21415	0.50
63	50563	32479	18084	0.43
64	50765	32375	18390	0.43
65	47931	30862	17069	0.41
66	42888	27388	15500	0.36
67	38375	24255	14120	0.32
68	34263	21429	12834	0.29
69	33819	20894	12925	0.29
70	30364	18861	11503	0.26
71	28903	17865	11038	0.24
72	23138	14253	8835	0.20
73	20313	12324	7989	0.17
74	16020	9683	6337	0.14
75	12901	7806	5095	0.11
76	10905	6497	4408	0.09
77	9089	5352	3737	0.08
78	6909	4066	2843	0.06
79	5908	3443	2465	0.05
80	4428	2548	1880	0.04
81	3474	2024	1450	0.03
82	2720	1570	1150	0.02
83	1934	1103	831	0.02
84	1405	761	644	0.01
85	1082	571	511	0.01
86	684	372	312	0.01
87	466	238	228	0.01
88	253	138	115	0.01
89	153	66	87	0.01
90	83	34	49	0.01
91	68	27	41	0.01
92	38	19	19	0.01
93	22	10	12	0.01
94	12	6	6	0.01
95	13	7	6	0.01
96	6	1	5	0.01
97	7	2	5	0.01
98	7	2	5	0.01
99	4	3	1	0.01
100				0.01
101				0.01

各省市经过调查的人口年龄统计表(黑龙江省)

年龄	人口数			各年龄人口百分比
	合计	男	女	
甲	1	2	3	4
102	1		1	0.01
103	1	1		0.01
104				0.01
105	4	3	1	0.01
106	1		1	0.01
107				0.01
108				0.01
109				0.01
110				0.01
111				0.01
112				0.01
113				0.01
114				0.01
115	1		1	0.01
116				0.01
117				0.01
118				0.01
119				0.01
120				0.01
121				0.01
122				0.01
123	1	1		0.01
124				0.01
125				0.01
126				0.01
127	1	1		0.01

各省市经过调查的人口年龄统计表(热河省)

年龄	人口数			各年龄人口百分比
	合计	男	女	
甲	1	2	3	4
总计*	**5160822**	**2674516**	**2486306**	**100.00**
60	28969	17037	11932	0.56
61	22532	13165	9367	0.44
62	23320	13378	9942	0.45
63	22995	13259	9736	0.45
64	20856	11880	8976	0.40
65	20375	11617	8758	0.39
66	18214	10509	7705	0.35
67	18136	10387	7749	0.35
68	13036	7377	5709	0.25
69	13806	7823	5983	0.27
70	12415	7113	5302	0.24
71	13544	7660	5884	0.26
72	11650	6557	5093	0.23
73	10341	5745	4596	0.20
74	8746	4884	3862	0.17
75	6159	3382	2777	0.12
76	5279	2859	2420	0.10
77	4658	2501	2157	0.09
78	3924	2111	1813	0.08
79	3731	1975	1756	0.07
80	2920	1527	1393	0.06
81	2063	1055	1008	0.04
82	1717	863	854	0.03
83	1290	629	661	0.02
84	990	459	531	0.02
85	759	386	373	0.01
86	474	232	242	0.01
87	306	151	155	0.01
88	178	76	102	0.01
89	120	48	72	0.01
90	55	29	26	0.01
91	32	15	17	0.01
92	24	11	13	0.01
93	16	10	6	0.01
94	8	3	5	0.01
95	6	4	2	0.01
96	4	1	3	0.01
97	1	1		0.01
98				0.01
99	1		1	0.01
100	1	1		0.01

各省市经过调查的人口年龄统计表(陕西省)

年　龄	人　口　数			各年龄人口百分比
	合计	男	女	
甲	1	2	3	4
总计*	**15731204**	**8399378**	**7331826**	**100.00**
60	100507	55761	44746	0.64
61	88862	48924	39938	0.56
62	74879	40591	34288	0.48
63	80000	43384	36616	0.51
64	74010	39312	34698	0.47
65	69127	36377	32750	0.44
66	67684	35747	31937	0.43
67	61999	31872	30127	0.39
68	56608	28555	28053	0.36
69	53908	27171	26737	0.34
70	53048	26436	26612	0.34
71	49795	23893	25902	0.32
72	42687	19935	22752	0.27
73	43308	19752	23556	0.28
74	19849	9043	10806	0.13
75	17679	8333	9346	0.11
76	16776	7623	9153	0.11
77	14308	6146	8162	0.09
78	12727	5354	7373	0.08
79	10360	4187	6173	0.07
80	8041	3227	4814	0.05
81	6014	2271	3743	0.04
82	5115	1889	3226	0.03
83	3630	1221	2409	0.02
84	2375	834	1541	0.01
85	1654	521	1133	0.01
86	1148	548	800	0.01
87	785	250	535	0.01
88	613	183	430	0.01
89	368	110	258	0.01
90	267	70	197	0.01
91	133	34	99	0.01
92	106	19	87	0.01
93	72	18	54	0.01
94	66	15	51	0.01
95	56	10	46	0.01
96	47	11	36	0.01
97	48	12	36	0.01
98	50	15	35	0.01
99	44	8	36	0.01
100	23	4	19	0.01
101	14	1	13	0.01

各省市经过调查的人口年龄统计表(陕西省)

年　龄	人　口　数			各年龄人口百分比
	合计	男	女	
甲	1	2	3	4
102	6		6	0.01
103	11	3	8	0.01
104	3	1	2	0.01
105	5	2	3	0.01
106				0.01
107	1		1	0.01
108	1		1	0.01
109	2		2	0.01
110	3		3	0.01
111	1		1	0.01
112				0.01
113	3		3	0.01
114				0.01
115				0.01
116				0.01
117				0.01
118				0.01
119				0.01
120				0.01
121	1		1	0.01
122				0.01
123				0.01
124				0.01
125				0.01
126				0.01
127				0.01
128				0.01
129				0.01
130	1		1	0.01
131				0.01
132				0.01
133				0.01
134				0.01
135				0.01
136				0.01
137				0.01
138				0.01
139				0.01
140				0.01
141				0.01
142				0.01
143				0.01
144				0.01
145	1		1	0.01

各省市经过调查的人口年龄统计表(甘肃省)

年　龄	人　口　数			各年龄人口百分比
	合计	男	女	
甲	1	2	3	4
总计*	**12403697**	**6522730**	**5880967**	**100.00**
60	62172	34066	28106	0.50
61	53732	29673	24059	0.43
62	49103	26808	22295	0.40
63	50111	27279	22832	0.40
64	46465	25036	21429	0.37
65	43842	23195	20647	0.35
66	41276	22091	19185	0.33
67	36145	18956	17189	0.29
68	33706	17577	16129	0.27
69	32022	16777	15245	0.26
70	31789	16295	15494	0.26
71	28758	15000	13758	0.23
72	25849	13255	12594	0.21
73	22821	11515	11306	0.18
74	16929	8474	8455	0.14
75	14265	7098	7167	0.11
76	12024	5807	6217	0.10
77	10165	4949	5216	0.08
78	8412	3978	4434	0.07
79	6526	3117	3409	0.05
80	5849	2661	3188	0.05
81	3512	1624	1888	0.03
82	2857	1282	1575	0.02
83	2053	874	1179	0.02
84	1271	571	700	0.01
85	1020	442	578	0.01
86	627	242	385	0.02
87	511	222	289	0.02
88	401	159	242	0.02
89	247	89	158	0.02
90	224	102	122	0.02
91	123	55	68	0.02
92	88	38	50	0.02
93	57	25	32	0.02
94	51	23	28	0.02
95	41	16	25	0.02
96	37	9	28	0.02
97	26	8	18	0.02
98	43	13	30	0.02
99	34	13	21	0.02
100	35	16	19	0.02
101	5	3	2	0.02

各省市经过调查的人口年龄统计表(甘肃省)

年　　龄	人　口　数			各年龄人口百分比
	合计	男	女	
甲	1	2	3	4
102	6	1	5	0.02
103	3	1	2	0.02
104	1		1	0.02
105	6	1	5	0.02
106	2	1	1	0.02
107	2	1	1	0.02
108	2	1	1	0.02
109	1		1	0.02
110	1		1	0.02
111				0.02
112	1		1	0.02
113	1		1	0.02
114				0.02
115	2	1	1	0.02
116				0.02
117	1		1	0.02
118	1	1		0.02
119	1	1		0.02
120	3	1	2	0.02

各省市经过调查的人口年龄统计表(青海省)

年龄	人口数			各年龄人口百分比
	合计	男	女	
甲	1	2	3	4
总计*	**1229218**	**631154**	**598064**	**100.00**
60	4381	2330	2051	0.36
61	4437	2339	2098	0.36
62	4047	2123	1924	0.33
63	4321	2221	2100	0.35
64	4031	2124	1907	0.33
65	3892	2093	1799	0.32
66	3489	1865	1624	0.28
67	3150	1676	1474	0.26
68	3167	1684	1483	0.26
69	3146	1693	1453	0.26
70	2779	1474	1305	0.23
71	2729	1468	1261	0.22
72	2330	1243	1087	0.19
73	1803	934	869	0.15
74	1531	831	700	0.12
75	1281	684	597	0.10
76	1178	626	552	0.10
77	938	486	452	0.08
78	735	387	348	0.06
79	633	323	310	0.05
80	472	245	227	0.04
81	334	192	142	0.03
82	271	155	116	0.02
83	221	116	105	0.02
84	162	94	68	0.01
85	91	47	44	0.01
86	75	45	30	0.01
87	61	26	35	0.01
88	49	26	23	0.01
89	32	12	20	0.01
90	30	15	15	0.01
91	16	8	8	0.01
92	18	7	11	0.01
93	11	4	7	0.01
94	10	5	5	0.01
95	8	3	5	0.01
96	6	2	4	0.01
97	10	4	6	0.01
98	4	4		0.01
99	9	3	6	0.01
100	13	8	5	0.01
101	3	2	1	0.01

各省市经过调查的人口年龄统计表(青海省)

年　龄	人　口　数			各年龄人口百分比
	合计	男	女	
甲	1	2	3	4
102	3		3	0.01
103	4	2	2	0.01
104	3		3	0.01
105				0.01
106	1		1	0.01
107	2	1	1	0.01
108	1		1	0.01
109	1	1		0.01
110	1	1		0.01
111				0.01
112				0.01
113				0.01
114				0.01
115	2		2	0.01
116				0.01
117	1		1	0.01
118				0.01

各省市经过调查的人口年龄统计表(新疆省)

年龄	人口数			各年龄人口百分比
	合计	男	女	
甲	1	2	3	4
总计*	**4597928**	**2410585**	**2187343**	**100.00**
60	64138	32852	31286	1.40
61	16644	10374	6270	0.36
62	19851	12562	7289	0.43
63	17045	10843	6202	0.37
64	16236	10250	5986	0.35
65	27190	16091	11099	0.59
66	15138	9921	5217	0.33
67	10960	7071	3889	0.24
68	11764	7688	4076	0.26
69	7982	4975	3007	0.17
70	26910	14383	12527	0.59
71	6675	4381	2294	0.15
72	8083	5397	2686	0.18
73	6135	4089	2046	0.13
74	5434	3574	1860	0.12
75	10430	6242	4188	0.23
76	4542	3005	1537	0.10
77	3490	2273	1217	0.08
78	3646	2432	1214	0.08
79	2409	1519	890	0.05
80	9607	5156	4451	0.21
81	1437	982	455	0.03
82	1888	1305	583	0.04
83	1566	1090	476	0.03
84	1571	1089	482	0.03
85	2688	1716	972	0.06
86	1206	841	365	0.03
87	834	587	247	0.02
88	675	462	213	0.01
89	521	338	183	0.01
90	2332	1328	1004	0.05
91	295	200	95	0.01
92	379	266	113	0.01
93	315	212	103	0.01
94	279	191	88	0.01
95	639	408	231	0.01
96	447	313	134	0.01
97	245	183	62	0.01
98	192	119	73	0.01
99	138	83	55	0.01
100	1107	672	435	0.02
101	95	59	36	0.02
102	72	47	25	0.02
103	79	54	25	0.02
104	48	27	21	0.02
105	113	73	40	0.02
106	43	33	10	0.02
107	37	25	12	0.02

各省市经过调查的人口年龄统计表(新疆省)

年龄	人口数			各年龄人口百分比
	合计	男	女	
甲	1	2	3	4
108	47	34	13	0.02
109	20	16	4	0.02
110	152	98	54	0.02
111	21	17	4	0.02
112	41	32	9	0.02
113	15	10	5	0.02
114	14	11	3	0.02
115	32	24	8	0.02
116	18	11	7	0.02
117	6	3	3	0.02
118	20	16	4	0.02
119	4	2	2	0.02
120	52	31	21	0.02
121	3	1	2	0.02
122	1		1	0.02
123	3	2	1	0.02
124	4	4		0.02
125	7	5	2	0.02
126	1		1	0.02
127	1	1		0.02
128	1	1		0.02
129	1	1		0.02
130	8	3	5	0.02
131				0.02
132				0.02
133				0.02
134				0.02
135				0.02
136				0.02
137	2	2		0.02
138				0.02
139				0.02
140	2	1	1	0.02
141				0.02
142				0.02
143				0.02
144				0.02
145				0.02
146				0.02
147	3	2	1	0.02
148				0.02
149				0.02
150				0.02
151				0.02
152				0.02
153				0.02
154				0.02
155	1	1		0.02

各省市经过调查的人口年龄统计表(山东省)

年　龄	人口数			各年龄人口百分比
	合计	男	女	
甲	1	2	3	4
总计*	**48876548**	**24311397**	**24565151**	**100.00**
60	384579	190681	193898	0.79
61	338982	168576	170406	0.69
62	326397	159657	166740	0.67
63	290767	139627	151140	0.59
64	306655	146587	160068	0.63
65	304308	143517	160791	0.62
66	286350	134717	151633	0.59
67	265767	123733	142034	0.54
68	241845	109362	132483	0.49
69	233398	105668	127730	0.48
70	255881	114102	141779	0.52
71	229931	101235	128696	0.47
72	216165	92893	123272	0.44
73	180831	76031	104800	0.37
74	143714	59239	84475	0.29
75	117758	47711	70047	0.24
76	96039	38517	57522	0.20
77	84231	33013	51218	0.17
78	80756	30271	50485	0.17
79	67230	24649	42581	0.14
80	61803	21977	39826	0.13
81	47941	16746	31195	0.10
82	42692	14057	28635	0.09
83	33044	10141	22903	0.07
84	25659	7783	17876	0.05
85	19948	5749	14199	0.04
86	14155	3965	10190	0.03
87	9869	2586	7283	0.02
88	7251	1854	5397	0.01
89	4694	1124	3570	0.01
90	3895	871	3024	1.01
91	2306	478	1828	0.01
92	1499	310	1189	0.01
93	997	175	822	0.01
94	673	115	558	0.01
95	516	82	434	0.01
96	325	44	281	0.01
97	217	34	183	0.01
98	157	28	129	0.01
99	120	28	92	0.01
100	28	3	25	0.01
101	11	1	10	0.01
102	6		6	0.01

各省市经过调查的人口年龄统计表(山东省)

年　龄	人　口　数			各年龄人口百分比
	合计	男	女	
甲	1	2	3	4
103	10		10	0.01
104	1		1	0.01
105	3	2	1	0.01
106	1		1	0.01
107	2	1	1	0.01
108	1		1	0.01
109	1		1	0.01
110	1		1	0.01
111				0.01
112	1		1	0.01
113				0.01
114				0.01
115	1		1	0.01
116				0.01
117				0.01
118	1		1	0.01
119				0.01
120				0.01
121				0.01
122				0.01
123				0.01
124				0.01
125				0.01
126				0.01
127				0.01
128				0.01
129				0.01
130	1		1	0.01
131				0.01
132				0.01
133				0.01
134				0.01
135				0.01
136				0.01
137				0.01
138				0.01
139				0.01
140				0.01
141				0.01
142				0.01
143				0.01
144				0.01
145	1	1		0.01

各省市经过调查的人口年龄统计表(江苏省)

年龄	人口数			各年龄人口百分比
	合计	男	女	
甲	1	2	3	4
总计*	**40852108**	**20390423**	**20461685**	**100.00**
60	269506	127730	141776	0.66
61	256068	118954	137114	0.63
62	223947	101723	122224	0.55
63	213604	95143	118461	0.52
64	210606	91631	118975	0.52
65	197572	84445	113127	0.48
66	179157	75853	103304	0.44
67	153532	63509	90023	0.38
68	151353	60596	90757	0.37
69	140234	55184	85050	0.34
70	138372	53292	82080	0.34
71	125289	45955	79334	0.31
72	122933	43824	79109	0.30
73	97186	33466	63720	0.24
74	85758	28775	56983	0.21
75	75142	24150	50992	0.18
76	68347	20892	47455	0.17
77	53848	15941	37907	0.13
78	48371	13922	34449	0.12
79	44073	11875	32198	0.11
80	36837	9649	27188	0.09
81	28639	7183	21456	0.07
82	23583	5723	17860	0.06
83	18146	4126	14020	0.04
84	14337	3125	11212	0.03
85	10287	2266	8021	0.02
86	6819	1321	5498	0.02
87	5145	988	4157	0.01
88	3705	688	3017	0.01
89	2015	357	1658	0.02
90	1463	279	1184	0.02
91	974	150	824	0.02
92	688	113	575	0.02
93	410	67	343	0.02
94	266	42	224	0.02
95	182	24	158	0.02
96	145	20	125	0.02
97	92	16	76	0.02
98	54	5	49	0.02
99	28	2	26	0.02
100	22	4	18	0.02
101	8	2	6	0.02
102	5	1	4	0.02
103	5		5	0.02
104	2		2	0.02
105	1		1	0.02

各省市经过调查的人口年龄统计表(安徽省)

年龄	人口数			各年龄人口百分比
	合计	男	女	
甲	1	2	3	4
总计*	**30043637**	**15809956**	**14233681**	**100.00**
60	209624	97782	111842	0.70
61	186211	85926	100285	0.62
62	165354	74346	91008	0.55
63	155327	68618	86709	0.52
64	149064	64954	84110	0.50
65	135692	57157	78535	0.45
66	116906	48926	67980	0.39
67	104176	43068	61108	0.35
68	95322	37927	57395	0.32
69	79335	31434	47901	0.26
70	88106	33576	54530	0.29
71	78212	28907	49305	0.26
72	73038	25799	47239	0.24
73	59486	20541	38945	0.20
74	47372	15967	31405	0.16
75	41525	13446	28079	0.14
76	35165	10936	24229	0.12
77	29206	8534	20672	0.10
78	27616	7815	19801	0.09
79	22250	6215	16035	0.07
80	21394	5742	15652	0.07
81	15676	4001	11675	0.05
82	12934	3211	9723	0.04
83	8951	2213	6738	0.03
84	6839	1559	5280	0.02
85	5332	1162	4170	0.02
86	3372	703	2664	0.01
87	2325	470	1855	0.01
88	1577	297	1280	0.01
89	781	137	644	0.01
90	703	140	563	0.01
91	320	65	255	0.01
92	213	37	176	0.01
93	162	20	142	0.01
94	125	23	102	0.01
95	98	12	86	0.01
96	84	14	70	0.01
97	58	10	48	0.01
98	39	2	37	0.01
99	44	8	36	0.01
100	10	2	8	0.01
101	5	1	4	0.01
102	2		2	0.01
103	2	1	1	0.01
104	1	1		0.01
105	4		4	0.01
106	2	1	1	0.01
107	1		1	0.01
108	1	1		0.01
109				0.01
110	1		1	0.01

各省市经过调查的人口年龄统计表(浙江省)

年龄	人口数			各年龄人口百分比
	合计	男	女	
甲	1	2	3	4
总计*	**22410766**	**11780613**	**10630153**	**100.00**
60	147094	72937	74157	0.66
61	138030	67514	70516	0.62
62	118452	56939	61513	0.53
63	116988	54993	61995	0.52
64	111703	51410	60293	0.50
65	95556	42778	52778	0.43
66	89772	40225	49547	0.40
67	79901	35391	44510	0.36
68	78315	33282	45033	0.35
69	71889	30411	41478	0.32
70	67060	27605	39455	0.30
71	61456	24353	37103	0.27
72	57614	22299	35315	0.26
73	47795	17882	29913	0.21
74	42362	15624	26738	0.19
75	39915	14137	25778	0.18
76	37388	12746	24642	0.17
77	30185	9904	20281	0.13
78	24372	7878	16494	0.11
79	21588	6802	14786	0.10
80	17538	5292	12246	0.08
81	13555	4007	9548	0.06
82	11657	3259	8398	0.05
83	7903	2214	5689	0.03
84	5946	1553	4393	0.03
85	4805	1169	3636	0.02
86	3065	718	2347	0.01
87	2246	525	1721	0.01
88	1471	313	1158	0.01
89	725	140	585	0.01
90	375	73	302	0.01
91	201	39	162	0.01
92	161	36	125	0.01
93	104	20	84	0.01
94	64	18	46	0.01
95	37	4	33	0.01
96	26	7	19	0.01
97	22	5	17	0.01
98	8		8	0.01
99	6	3	3	0.01
100	4	2	2	0.01
101	1	1		0.01

各省市经过调查的人口年龄统计表(福建省)

年龄	人口数			各年龄人口百分比
	合计	男	女	
甲	1	2	3	4
总计*	**12831811**	**6614023**	**6217788**	**100.00**
60	73182	32431	40751	0.57
61	67661	29788	37873	0.53
62	59800	26160	33640	0.47
63	58391	24411	33980	0.45
64	55480	22288	33192	0.43
65	52089	20183	31906	0.41
66	48061	18706	29355	0.37
67	40216	15235	24981	0.31
68	39288	14077	25211	0.31
69	35669	12370	23299	0.28
70	32103	10702	21401	0.25
71	29233	9789	19444	0.23
72	25714	8271	17443	0.20
73	21569	6667	14902	0.17
74	17431	5388	12043	0.14
75	15344	4541	10803	0.12
76	14029	3991	10038	0.11
77	11635	3172	8463	0.09
78	9720	2521	7199	0.08
79	7993	2022	5971	0.06
80	5806	1429	4377	0.05
81	4366	1077	3289	0.03
82	3855	909	2946	0.03
83	2783	633	2150	0.02
84	2224	522	1702	0.02
85	1798	390	1408	0.01
86	1145	238	907	0.01
87	837	170	667	0.01
88	548	106	442	0.01
89	371	67	304	0.01
90	261	38	223	0.01
91	160	35	125	0.01
92	127	24	103	0.01
93	87	17	70	0.01
94	53	6	47	0.01
95	39	5	34	0.01
96	27	6	21	0.01
97	28	2	26	0.01
98	15	3	12	0.01
99	4		4	0.01
100	9	1	8	0.01
101	4	2	2	0.01
102	2		2	0.01
103	1		1	0.01

各省市经过调查的人口年龄统计表(河南省)

年　　龄	人　口　数			各年龄人口百分比
	合计	男	女	
甲	1	2	3	4
总计*	**43784594**	**22315054**	**21469540**	**100.00**
60	353764	167019	186745	0.81
61	301013	141081	159932	0.69
62	275692	126492	149200	0.63
63	273597	125347	148250	0.62
64	272151	122085	149346	0.62
65	256521	112874	143647	0.59
66	231338	101711	129627	0.53
67	217419	91881	125538	0.50
68	189922	78499	111423	0.43
69	176574	74016	102553	0.40
70	195758	78978	116780	0.45
71	171706	67439	104267	0.39
72	155596	58192	97404	0.36
73	135734	49719	86015	0.31
74	72002	25638	46364	0.16
75	64989	23165	41824	0.14
76	57271	19891	37380	0.13
77	53358	17726	35632	0.12
78	53646	17125	36521	0.12
79	43386	13464	29922	0.10
80	40158	11650	28508	0.09
81	29852	8602	21250	0.07
82	26539	7251	19288	0.06
83	19296	5015	14281	0.04
84	14866	3775	11091	0.03
85	12980	3192	9788	0.03
86	8379	1950	6429	0.02
87	5720	1259	4461	0.01
88	4260	878	3382	0.01
89	2559	519	2040	0.01
90	2263	447	1816	0.01
91	1266	221	1045	0.01
92	867	140	727	0.01
93	643	98	545	0.01
94	543	70	473	0.01
95	413	60	353	0.01
96	353	58	295	0.01
97	292	39	253	0.01
98	277	44	233	0.01
99	153	25	133	0.01
100	102	8	94	0.01
101	34	4	30	0.01

各省市经过调查的人口年龄统计表(河南省)

年龄	人口数			各年龄人口百分比
	合计	男	女	
甲	1	2	3	4
102	19	2	17	0.01
103	32	6	26	0.01
104	16	4	12	0.01
105	6	1	5	0.01
106	7		7	0.01
107	9	1	8	0.01
108	10	1	9	0.01
109	2	1	1	0.01
110	7		7	0.01
111	2	1	1	0.01
112				0.01
113	2		2	0.01
114	1		1	0.01
115	1		1	0.01
116				0.01
117				0.01
118	2		2	0.01
119				0.01
120				0.01
121				0.01
122				0.01
123				0.01
124				0.01
125				0.01
126				0.01
127				0.01
128	1		1	0.01

各省市经过调查的人口年龄统计表(湖北省)

年龄	人口数			各年龄人口百分比
	合计	男	女	
甲	1	2	3	4
总计*	**27789687**	**14331665**	**13458022**	**100.00**
60	236344	106114	130230	0.85
61	173863	79960	93903	0.63
62	156768	70362	86406	0.56
63	143461	64489	78972	0.52
64	135698	59687	76011	0.49
65	134367	57457	76910	0.48
66	121107	51532	69575	0.44
67	110433	46409	64024	0.40
68	101275	41969	59306	0.36
69	77430	31999	45431	0.28
70	93779	35905	57874	0.34
71	68860	26480	42380	0.25
72	68166	25561	42605	0.25
73	55966	21043	34923	0.20
74	46779	16837	29942	0.17
75	40948	14285	26663	0.15
76	36243	12370	23873	0.13
77	28880	9694	19186	0.10
78	28426	9106	19320	0.10
79	18529	5744	12785	0.07
80	20789	5817	14972	0.08
81	12079	3527	8552	0.04
82	10021	2802	7219	0.04
83	7204	2019	5185	0.03
84	6388	1615	4773	0.02
85	4448	1092	3356	0.02
86	3317	775	2542	0.01
87	2331	547	1784	0.01
88	1913	416	1497	0.01
89	1077	244	833	0.01
90	1000	202	798	0.01
91	373	99	274	0.01
92	261	50	211	0.01
93	190	48	142	0.01
94	129	24	105	0.01
95	111	14	97	0.01
96	89	13	76	0.01
97	61	13	48	0.01
98	69	13	56	0.01
99	48	13	35	0.01
100	27	3	24	0.01
101	3	2	1	0.01

各省市经过调查的人口年龄统计表(湖北省)

年　　龄	人　　口　　数			各年龄人口百分比
	合计	男	女	
甲	1	2	3	4
102	2		2	0.01
103	2		2	0.01
104	3		3	0.01
105				0.01
106				0.01
107				0.01
108				0.01
109				0.01
110				0.01
111				0.01
112				0.01
113				0.01
114				0.01
115				0.01
116				0.01
117				0.01
118	1		1	0.01

各省市经过调查的人口年龄统计表(湖南省)

年龄	人口数			各年龄人口百分比
	合计	男	女	
甲	1	2	3	4
总计*	**32906954**	**17206418**	**15700536**	**100.00**
60	295722	148960	146762	0.90
61	206184	107432	98752	0.63
62	212041	109097	102944	0.64
63	182060	93328	88732	0.55
64	178407	89320	89087	0.54
65	177137	87740	89397	0.54
66	149150	74000	75150	0.45
67	135139	66811	68328	0.41
68	135484	65708	69776	0.41
69	111038	53519	57569	0.34
70	139254	64145	75109	0.42
71	91063	42906	48157	0.28
72	93826	42905	50921	0.29
73	74984	34240	40744	0.23
74	66749	29846	36903	0.20
75	60815	26875	33940	0.19
76	55447	23935	31512	0.17
77	41991	17972	24019	0.13
78	44291	18360	25931	0.13
79	28568	11660	16908	0.09
80	33555	12913	20642	0.10
81	19226	7560	11666	0.06
82	17692	6790	10902	0.05
83	13094	4939	8155	0.04
84	10858	3961	6897	0.03
85	8304	2918	5386	0.03
86	6450	2187	4263	0.02
87	4553	1518	3035	0.01
88	3856	1269	2587	0.01
89	2144	629	1515	0.01
90	2134	606	1528	0.01
91	805	243	562	0.01
92	669	193	476	0.01
93	436	110	326	0.01
94	324	94	230	0.01
95	276	84	192	0.01
96	250	57	193	0.01
97	156	47	109	0.01
98	151	33	118	0.01
99	85	23	62	0.01
100	48	8	40	0.01
101	17	3	14	0.01
102	7		7	0.01
103	3	2	1	0.01
104	1		1	0.01
105	1		1	0.01
106				0.01
107	1		1	0.01
108	2		2	0.01
109				0.01
110	1		1	0.01

各省市经过调查的人口年龄统计表(江西省)

年龄	人口数			各年龄人口百分比
	合计	男	女	
甲	1	2	3	4
总计*	**16772865**	**8576804**	**8196061**	**100.00**
60	119322	55531	63791	0.71
61	109667	50203	59464	0.65
62	100993	44900	56093	0.60
63	98047	42857	55190	0.58
64	89260	37941	51319	0.53
65	80331	33614	46717	0.48
66	74804	31044	43760	0.45
67	66048	27054	38994	0.39
68	61764	24127	37637	0.37
69	53599	20590	33009	0.32
70	49314	18108	31206	0.29
71	46035	16553	29482	0.27
72	42195	14678	27517	0.25
73	33121	11171	21950	0.20
74	27246	8891	18355	0.16
75	24529	7825	16704	0.15
76	23036	6994	16042	0.14
77	19566	5764	13802	0.12
78	15260	4323	10937	0.09
79	11633	3291	8342	0.07
80	9248	2371	6877	0.06
81	7513	1951	5562	0.04
82	5997	1420	4577	0.04
83	4563	1052	3511	0.03
84	3613	730	2883	0.02
85	2803	567	2236	0.02
86	2016	364	1652	0.01
87	1416	241	1175	0.01
88	1014	182	832	0.01
89	597	93	504	0.01
90	422	62	360	0.01
91	240	37	203	0.01
92	173	24	149	0.01
93	133	24	109	0.01
94	80	14	66	0.01
95	78	15	63	0.01
96	61	4	57	0.01
97	38	3	35	0.01
98	32	1	31	0.01
99	15	2	13	0.01
100	8	1	7	0.01
101				0.01
102	5	1	4	0.01
103	3		3	0.01
104	3		3	0.01
105				0.01
106				0.01
107				0.01
108				0.01
109				0.01
110				0.01
111				0.01
112				0.01
113	1	1		0.01

各省市经过调查的人口年龄统计表(广东省)

年　龄	人　口　数			各年龄人口百分比
	合计	男	女	
甲	1	2	3	4
总计*	**32409172**	**16232096**	**16177076**	**100.00**
60	197131	77548	119583	0.61
61	170933	65636	105297	0.53
62	166039	63367	102672	0.51
63	163206	60900	102306	0.50
64	151248	55303	95945	0.47
65	143852	50997	92855	0.44
66	128917	46802	82115	0.40
67	122925	42716	80209	0.38
68	112274	38604	73670	0.35
69	106770	36239	70531	0.33
70	94549	31414	63135	0.29
71	82731	27124	55607	0.26
72	77979	24844	53135	0.24
73	68139	21333	46806	0.21
74	53162	16727	36435	0.16
75	54627	16504	38123	0.17
76	45469	13700	31769	0.14
77	38946	11420	27526	0.12
78	31513	9022	22491	0.10
79	28879	7961	20918	0.09
80	21466	5747	15719	0.07
81	17279	4457	12822	0.05
82	15753	3801	11952	0.05
83	11943	2782	9161	0.04
84	8787	1951	6836	0.03
85	7481	1623	5858	0.02
86	5171	1155	4016	0.02
87	3428	731	2697	0.01
88	2340	495	1845	0.01
89	1548	314	1234	0.02
90	1159	230	929	0.02
91	776	123	653	0.02
92	584	111	473	0.02
93	432	66	366	0.02
94	278	44	234	0.02
95	255	38	217	0.02
96	219	41	178	0.02
97	114	19	95	0.02
98	64	9	55	0.02
99	41	10	31	0.02
100	27	3	24	0.02
101	5		5	0.02
102	8	1	7	0.02

各省市经过调查的人口年龄统计表(广东省)

年　　龄	人　　口　　数			各年龄人口百分比
	合计	男	女	
甲	1	2	3	4
103	8		8	0.02
104	5	1	4	0.02
105	5		5	0.02
106	1		1	0.02
107	4		4	0.02
108				0.02
109				0.02
110	1		1	0.02
111	1		1	0.02
112				0.02
113				0.02
114				0.02
115				0.02
116				0.02
117	1		1	0.02
118				0.02
119				0.02
120				0.02
121				0.02
122				0.02
123				0.02
124				0.02
125				0.02
126				0.02
127				0.02
128				0.02
129				0.02
130	1		1	0.02

各省市经过调查的人口年龄统计表(广西省)

年　龄	人　口　数			各年龄人口百分比
	合计	男	女	
甲	1	2	3	4
总计*	**19560822**	**10102541**	**9458281**	**100.00**
60	138587	66024	72563	0.71
61	112481	55196	57285	0.58
62	112242	54155	58087	0.57
63	105045	50476	54569	0.54
64	100645	47959	52686	0.51
65	97869	45708	52161	0.50
66	86519	40325	46194	0.44
67	78317	36074	42243	0.40
68	77021	34681	42340	0.39
69	67247	30466	36781	0.34
70	71109	30796	40313	0.36
71	54723	24387	30336	0.28
72	54102	23354	30748	0.28
73	46246	19661	26585	0.24
74	40494	17000	23494	0.21
75	39359	15901	23458	0.20
76	34786	14025	20761	0.18
77	28843	11467	17376	0.15
78	26591	10187	16404	0.14
79	19918	7514	12404	0.10
80	19959	7012	12947	0.10
81	12809	4524	8285	0.07
82	11439	3978	7461	0.06
83	8699	2908	5791	0.04
84	7000	2272	4728	0.04
85	5800	1808	3992	0.03
86	4053	1221	2832	0.02
87	2914	820	2094	0.01
88	2353	657	1696	0.01
89	1433	370	1063	0.01
90	1335	368	967	0.01
91	586	155	431	0.01
92	464	105	359	0.01
93	370	76	294	0.01
94	304	80	224	0.01
95	299	59	240	0.01
96	230	39	191	0.01
97	166	35	131	0.01
98	129	21	108	0.01
99	95	15	80	0.01
100	113	33	80	0.01
101	16	1	15	0.01
102	8	1	7	0.01
103	12		12	0.01
104	7	1	6	0.01

各省市经过调查的人口年龄统计表(广西省)

年龄	人口数			各年龄人口百分比
	合计	男	女	
甲	1	2	3	4
105	5	1	4	0.01
106	1		1	0.01
107				0.01
108	3	2	1	0.01
109				0.01
110	3		3	0.01
111				0.01
112				0.01
113				0.01
114				0.01
115				0.01
116				0.01
117	1	1		0.01
118				0.01
119	1		1	0.01
120	4	3	1	0.01
121	1		1	0.01
122				0.01
123				0.01
124				0.01
125				0.01
126				0.01
127				0.01
128	1	1		0.01
129				0.01
130				0.01
131				0.01
132				0.01
133				0.01
134				0.01
135	1		1	0.01

各省市经过调查的人口年龄统计表(四川省)

年龄	人口数			各年龄人口百分比
	合计	男	女	
甲	1	2	3	4
总计*	**61008767**	**31432519**	**29576248**	**100.00**
60	439403	210007	229396	0.72
61	324369	157313	167056	0.53
62	306976	148705	158271	0.50
63	311875	149790	162085	0.51
64	313352	147284	166068	0.51
65	295808	138080	157728	0.43
66	267995	124089	143906	0.44
67	247084	113068	134016	0.40
68	225956	103115	122841	0.37
69	212897	95485	117412	0.35
70	185340	80528	104812	0.30
71	163097	69506	93591	0.27
72	157169	66340	90829	0.26
73	134306	55386	78920	0.22
74	111355	45355	66000	0.18
75	99371	39803	59568	0.16
76	97594	37753	59841	0.16
77	83182	31992	51190	0.14
78	67693	25497	42196	0.11
79	56683	20592	36091	0.09
80	41411	14080	27331	0.07
81	29587	10000	19587	0.05
82	26081	8619	17462	0.04
83	19569	6338	13231	0.03
84	15214	4739	10475	0.02
85	11507	3442	8065	0.02
86	8684	2489	6195	0.01
87	6578	1880	4698	0.01
88	4669	1324	3345	0.01
89	3076	845	2231	0.01
90	1975	477	1498	0.01
91	1209	305	904	0.01
92	846	192	645	0.01
93	555	148	407	0.01
94	370	102	268	0.01
95	293	65	228	0.01
96	249	61	188	0.01
97	144	32	112	0.01
98	122	22	100	0.01
99	77	22	55	0.01
100	23	3	20	0.01
101	7	1	6	0.01

各省市经过调查的人口年龄统计表(四川省)

年　龄	人　口　数			各年龄人口百分比
	合计	男	女	
甲	1	2	3	4
102	6	2	4	0.01
103	6	1	5	0.01
104	4	2	2	0.01
105	2	1	1	0.01
106	2	1	1	0.01
107	1	1		0.01
108	2		2	0.01
109				0.01
110				0.01
111				0.01
112				0.01
113	2	1	1	0.01
114				0.01
115				0.01
116				0.01
117				0.01
118	1	1		0.01

各省市经过调查的人口年龄统计表(贵州省)

年龄	人口数			各年龄人口百分比
	合计	男	女	
甲	1	2	3	4
总计*	**14514090**	**7330862**	**7183228**	**100.00**
60	91876	41929	49947	0.63
61	69719	32366	37353	0.48
62	62492	28478	34014	0.43
63	62361	28680	33681	0.43
64	60111	27043	33068	0.41
65	60785	26878	33907	0.42
66	55605	24383	31222	0.38
67	48327	21027	27300	0.33
68	44490	18975	25515	0.31
69	39674	17131	22543	0.27
70	38809	16153	22656	0.27
71	33898	13974	19924	0.23
72	32486	13343	19143	0.22
73	27718	11251	16467	0.19
74	24065	9726	14339	0.17
75	22666	9027	13639	0.16
76	20141	7857	12284	0.14
77	16907	6373	10534	0.12
78	14866	5590	9276	0.10
79	11059	4145	6914	0.08
80	8728	3066	5662	0.06
81	5530	2025	3505	0.04
82	4150	1449	2701	0.03
83	2826	986	1840	0.02
84	2092	718	1374	0.01
85	1587	486	1101	0.01
86	1154	351	803	0.01
87	962	298	664	0.01
89	563	161	402	0.01
90	375	103	272	0.01
91	204	46	158	0.01
92	122	22	100	0.01
93	93	19	74	0.01
94	80	17	63	0.01
95	93	23	70	0.01
96	66	11	55	0.01
97	68	15	53	0.01
98	64	12	52	0.01
99	49	13	36	0.01
100	25	3	22	0.01
101	7	2	5	0.01
102	8	3	5	0.01

各省市经过调查的人口年龄统计表(贵州省)

年龄	人口数			各年龄人口百分比
	合计	男	女	
甲	1	2	3	4
103	7	2	5	0.01
104	7	2	5	0.01
105	1		1	0.01
106	4	1	3	0.01
107	6	1	5	0.01
108	2	1	1	0.01
109	2		2	0.01
110	1		1	0.01
111				0.01
112				0.01
113				0.01
114				0.01
115				0.01
116	1		1	0.01
117				0.01
118	1	1		0.01
119				0.01
120	1	1		0.01
121				0.01
122	1		1	0.01
123	1		1	0.01

各省市经过调查的人口年龄统计表(云南省)

年 龄	人 口 数			各年龄人口百分比
	合计	男	女	
甲	1	2	3	4
总计*	**13816974**	**6823049**	**6993925**	**100.00**
60	89223	38048	51175	0.65
61	66119	28773	37346	0.48
62	64364	27620	36744	0.47
63	62926	26900	36026	0.46
64	59132	25087	34045	0.43
65	59040	24534	34506	0.43
66	51558	21506	30052	0.37
67	47604	19727	27877	0.34
68	44060	18198	25862	0.32
69	36234	15108	21126	0.26
70	43259	17160	26099	0.31
71	32351	13137	19214	0.23
72	31711	12554	19157	0.23
73	26623	10614	16009	0.19
74	22354	8808	13546	0.16
75	20834	7808	13026	0.15
76	17009	6524	10485	0.12
77	13643	5230	8413	0.10
78	13639	5003	8636	0.10
79	8720	3242	5478	0.06
80	9066	3135	5931	0.07
81	5086	1882	3204	0.04
82	4290	1490	2800	0.03
83	3193	1133	2060	0.02
84	2551	837	1714	0.02
85	2146	682	1464	0.02
86	1575	483	1092	0.01
87	1215	415	800	0.01
88	1136	368	768	0.01
89	783	241	542	0.01
90	599	171	428	0.01
91	277	89	188	0.01
92	219	66	153	0.01
93	165	54	111	0.01
94	124	38	86	0.01
95	164	46	118	0.01
96	164	41	123	0.01
97	101	21	80	0.01
98	98	24	74	0.01
99	72	18	54	0.01
100	51	10	41	0.01
101	7	3	4	0.01

各省市经过调查的人口年龄统计表(云南省)

年 龄	人 口 数			各年龄人口百分比
	合计	男	女	
甲	1	2	3	4
102	14	4	10	0.01
103	9		9	0.01
104	11	4	7	0.01
105	4		4	0.01
106	6	6		0.01
107	4	1	3	0.01
108	5	1	4	0.01
109	1		1	0.01
110	1		1	0.01
111				0.01
112	2		2	0.01
113				0.01
114				0.01
115				0.01
116				0.01
117				0.01
118				0.01
119				0.01
120	1		1	0.01
121				0.01
122				0.01
123				0.01
124				0.01
125				0.01
126				0.01
127				0.01
128	1	1		0.01

各省市经过调查的人口年龄统计表(西康省)

年　　龄	人　　口　　数			各年龄人口百分比
	合计	男	女	
甲	1	2	3	4
总计*	**1806415**	**896560**	**909855**	**100.00**
60	12118	5040	7078	0.67
61	9269	3918	5351	0.51
62	8752	3822	4930	0.48
63	9294	3766	5528	0.51
64	8622	3623	4999	0.48
65	8048	3225	4823	0.45
66	7253	2914	4339	0.40
67	6940	2750	4190	0.33
68	6356	2545	3811	0.35
69	5440	2156	3284	0.30
70	5358	2064	3294	0.30
71	4512	1709	2803	0.25
72	3964	1524	2440	0.22
73	3373	1268	2105	0.19
74	3100	1205	1895	0.17
75	2844	1030	1814	0.16
76	2353	887	1466	0.13
77	2017	710	1307	0.11
78	1647	569	1078	0.09
79	1246	432	814	0.07
80	1027	333	694	0.06
81	645	222	423	0.04
82	538	179	359	0.03
83	349	109	240	0.02
84	296	96	200	0.02
85	244	82	162	0.01
86	155	35	120	0.01
87	147	48	99	0.01
88	95	18	77	0.01
89	86	26	60	0.01
90	52	10	42	0.01
91	26	4	22	0.01
92	19	8	11	0.01
93	20	1	19	0.01
94	7		7	0.01
95	8	3	5	0.01
96	4		4	0.01
97	9	2	7	0.01
98	7	2	5	0.01
99	8	1	7	0.01
100	2		2	0.01
101				0.01
102				0.01
103				0.01
104				0.01
105				0.01
106	2	1	1	0.01

全国经过调查的人口分组统计表

年龄组	人　口	男	女	百分比		
				合　计	男	女
甲	1	2	3	4	5	6
总计*	**567446758**	**291969807**	**275476951**	**100.00**	**51.45**	**48.55**
56——60	20174534	10092592	10081942	3.56	1.78	1.78
61——70	26260292	12308495	13951797	4.63	2.17	2.46
71——99	11231628	4383364	6848264	1.98	0.77	1.21
100 以上	3384	1590	1794	0.0006	0.0003	0.0003

各省市经过调查的人口年龄分组统计表

地区别	总计		
	人口	男	女
总　　计	**56446758**	**29969807**	**275476951**
北京市	2768073	1597805	1170268
天津市	2693831	1480280	1213551
上海市	6204417	3319575	2884842
河北省	35634644	17948265	17686379
山西省	14174485	7504677	6669808
内蒙古自治区	6090700	3426725	2663975
辽宁省	18365147	9580372	8784775
吉林省	11180073	5902087	5277986
黑龙江省	11827309	6417678	5409631
热河省	5160822	2674516	2486306
陕西省	15731204	8399378	7331826
甘肃省	12403697	6522730	5880967
青海省	1229218	631154	598064
新疆省	4597928	2410585	2187343
山东省	48876548	24311397	2456515122
江苏省	40852108	20390423	2046168529
安徽省	30043637	15809956	14233681
浙江省	22410766	11780613	10630153
福建省	12831811	6614023	6217788
河南省	43784594	22315054	2146954089
湖北省	27789687	14331665	13458022
湖南省	32906954	17206418	15700536
江西省	16772865	8576804	8196061
广东省	32409172	16232096	1617707679
广西省	19560822	10102541	9458281
四川省	61008767	31432519	29576248
贵州省	14514090	7330862	7183228
云南省	13816974	6823049	6993925
西康省	1806415	896560	909855

各省市经过调查的人口年龄分组统计表

地区别	56岁——60岁			61岁——70岁		
	人口	男	女	人口	男	女
总　　计	**20174534**	**10092592**	**10081942**	**26260292**	**12308495**	**13951797**
北京市	73676	38219	35457	103771	50043	53728
天津市	70517	37434	33083	92839	45881	46958
上海市	146310	69882	76428	152061	61800	90261
河北省	1436105	748484	687621	2168693	1074811	1093882
山西省	557475	318692	238783	781058	423217	357841
内蒙古自治区	205725	128771	76954	235068	143352	91716
辽宁省	555985	314268	241717	725567	396700	328867
吉林省	366001	228231	137770	450766	279566	171200
黑龙江省	393583	254905	138678	452729	288063	164666
热河省	162341	92955	69336	185735	106508	79227
陕西省	542983	301213	241770	680125	358369	321756
甘肃省	338617	186575	152042	418191	223687	194504
青海省	24552	12968	11584	36459	19292	17167
新疆省	156060	89041	67019	169720	104158	65562
山东省	1892603	951734	940869	2850350	1345546	1504804
江苏省	1476481	708198	768283	1864445	800330	1064115
安徽省	1066184	511539	554645	1275493	545932	729561
浙江省	819075	410749	408326	967666	440548	527118
福建省	401967	184286	217681	488758	193920	294838
河南省	1689147	814375	874772	2389985	1053684	1336301
湖北省	1031366	485299	546067	1248181	539769	708412
湖南省	1275912	660540	615372	1625944	811100	814844
江西省	642461	302449	340012	783827	330438	453389
广东省	986885	395389	591496	1360713	491978	868735
广西省	655817	319173	336644	908495	425836	482659
四川省	2233090	1089178	1143912	2691652	1257457	1434195
贵州省	464502	216693	247809	542373	241114	301259
云南省	448205	195455	252750	534296	224613	309683
西康省	60909	25897	35012	75332	30783	44549

各省市经过调查的人口年龄分组统计表

地区别	71岁——99岁			100岁以上		
	人口	男	女	人口	男	女
总　　计	**11231628**	**4383364**	**6848264**	**3384**	**1590**	**1794**
北京市	37610	15598	22012	2	1	1
天津市	36995	16009	20986	1		1
上海市	50688	13747	36941	1		1
河北省	1026780	447623	579157	25	5	20
山西省	254717	116313	138404	14	3	11
内蒙古自治区	75505	41067	34438	5	2	3
辽宁省	329039	166100	162939	6	3	3
吉林省	160011	93022	66989	8	6	2
黑龙江省	150945	90791	60154	10	6	4
热河省	78996	43174	35822	1	1	
陕西省	258121	115332	142789	76	11	65
甘肃省	164821	81661	83160	74	29	45
青海省	15048	7995	7053	35	15	20
新疆省	78098	49781	28317	2074	1319	755
山东省	1494416	591706	902710	70	8	62
江苏省	874762	274944	599818	43	7	36
安徽省	494897	157991	336906	29	7	22
浙江省	432590	151020	281570	5	3	2
福建省	177202	52039	125163	16	3	13
河南省	979372	337652	641720	253	29	224
湖北省	464695	160463	304232	38	5	33
湖南省	682752	294873	387879	82	13	69
江西省	282673	88647	194026	20	3	17
广东省	580563	172382	408181	67	5	62
广西省	425499	170019	255480	177	44	133
四川省	1142666	447406	695260	56	14	42
贵州省	233461	91342	142119	75	17	58
云南省	219908	84154	135754	117	30	87
西康省	28798	10513	18285	4	1	3

第二次人口普查(1964年)

全国人口年龄统计表

年　龄	总　人　口			各年龄人口占总人口百分比
	合　计	男	女	
总计*	**694581759**	**356517011**	**338064748**	**100.00**
60	4083778	1902039	2181739	0.59
61	3858980	1794586	2064394	0.56
62	3473126	1596500	1876626	0.50
63	3372986	1536154	1836832	0.49
64	2882584	1296451	1586133	0.42
65	2560596	1147094	1413502	0.37
66	2549795	1132111	1417684	0.37
67	2293679	1011676	1282003	0.33
68	2180060	940409	1239651	0.31
69	2050986	877924	1173062	0.30
70	1834937	765713	1069224	0.26
71	1682998	698304	984694	0.24
72	1474793	597579	877214	0.21
73	1249992	498494	751493	0.18
74	1135529	442253	693276	0.16
75	1016470	388493	627977	0.15
76	876906	325301	551605	0.13
77	737797	269574	468223	0.11
78	624606	221288	403318	0.09
79	501587	173033	328554	0.07
80	423172	143828	279344	0.06
81	348748	114539	234209	0.05
82	281145	89072	192073	0.04
83	219478	65607	153871	0.03
84	166642	48846	117796	0.02
85	103569	30296	73273	0.01
86	75290	21150	54140	0.01
87	56266	15070	41196	0.01
88	41094	10707	30387	0.02
89	28156	7263	20893	0.02
90	20447	5496	14951	0.02
91	11538	2903	8635	0.02
92	8060	2099	5961	0.02
93	5868	1647	4221	0.02
94	4725	1433	3292	0.02
95	4175	1375	2800	0.02
96	3217	1028	2189	0.02

* 此数据为所有年龄段数据和，后同。

全国人口年龄统计表

年龄	总人口			各年龄人口占总人口百分比
	合计	男	女	
97	2271	742	1529	0.02
98	2049	689	1360	0.02
99	1793	707	1086	0.02
100	1851	838	1013	0.02
101	468	172	296	0.02
102	448	169	279	0.02
103	360	137	223	0.02
104	268	106	162	0.02
105	299	134	165	0.02
106	167	68	99	0.02
107	137	63	74	0.02
108	183	86	97	0.02
109	123	57	66	0.02
110	213	109	104	0.02
111	43	20	23	0.02
112	39	20	19	0.02
113	26	14	12	0.02
114	29	20	9	0.02
115	49	22	27	0.02
116	28	16	12	0.02
117	20	11	9	0.02
118	23	11	12	0.02
119	13	6	7	0.02
120	62	25	37	0.02
121	6	3	3	0.02
122	2	1	1	0.02
123	2	—	2	0.02
124	7	3	4	0.02
125	12	8	4	0.02
126	4	3	1	0.02
127	4	3	1	0.02
128	2	1	1	0.02
129	1	1	—	0.02
130	2	1	1	0.02
131	1	1	—	0.02
134	1	—	1	0.02
135	4	4	—	0.02
136	1	1	—	0.02
140	1	—	1	0.02
150	1	—	1	0.02
年龄不详	4876607	2445682	2430925	0.70

全国人口年龄分组统计表

年龄组	总人口		男		女		男占总人口百分比	女占总人口百分比
	人数	百分比	人数	百分比	人数	百分比		
总计*	**694581759**	**100.00**	**356517011**	**100.00**	**338064748**	**100.00**	**51.33**	**48.67**
56—60岁	21662189	3.12	10237589	2.87	11424600	3.38	47.26	52.74
61—80岁	36781579	5.30	15856765	4.45	20924814	6.19	43.11	56.89
81—99岁	1384531	0.20	420669	0.12	963862	0.29	30.38	69.62
100岁以上	4900	0.20	2134	0.12	2766	0.29	43.55	56.45
年龄不详	4876607	0.70	2445682	0.69	2430925	0.72	50.15	49.85

全国市人口年龄统计表

年龄	总人口			各年龄人口占总人口百分比
	合计	男	女	
总计*	**93741559**	**48750222**	**44991337**	**100.00**
60	433371	207861	225510	0.46
61	421768	202964	218804	0.45
62	399800	190270	209530	0.43
63	376122	175263	200859	0.40
64	323098	148215	174883	0.35
65	286052	130077	155975	0.31
66	280062	126545	135517	0.30
67	259037	115637	143400	0.28
68	237505	104399	133106	0.25
69	224401	97236	127165	0.24
70	203102	85801	117301	0.22
71	187856	78908	108948	0.20
72	169634	69632	100002	0.18
73	143604	58268	85336	0.15
74	128002	50626	77376	0.14
75	112825	44033	68792	0.12
76	95026	36111	58915	0.10
77	79214	29439	49775	0.08
78	65847	24056	41791	0.07
79	53973	19289	34684	0.06
80	45115	15597	29518	0.05
81	37862	12613	25249	0.04
82	29825	9656	20169	0.03
83	23086	7017	16069	0.02
84	16807	5050	11757	0.02

全国市人口年龄统计表

年龄	总人口			各年龄人口占总人口百分比
	合计	男	女	
85	10563	3091	7472	0.01
86	7787	2130	5657	0.01
87	5733	1472	4261	0.01
88	4164	1070	3094	0.01
89	2657	669	1988	0.01
90	1854	449	1405	0.01
91	1175	276	899	0.01
92	765	174	591	0.01
93	506	110	396	0.01
94	346	81	265	0.01
95	253	69	184	0.01
96	170	42	128	0.01
97	112	23	89	0.01
98	57	19	38	0.01
99	44	11	33	0.01
100	27	11	16	0.01
101	21	6	15	0.01
102	14	5	9	0.01
103	17	3	14	0.01
104	8	—	8	0.01
105	6	2	4	0.01
106	4	1	3	0.01
107	7	3	4	0.01
108	7	3	4	0.01
109	5	1	4	0.01
110	2	—	2	0.01
111	3	1	2	0.01
113	1	1	—	0.01
114	1	1	—	0.01
115	1	1	—	0.01
116	1	—	1	0.01
117	2	—	2	0.01
118	1	1	—	0.01
119	1	—	1	0.01
120	1	1	—	0.01
121	1	1	—	0.01
年龄不详	3418188	1754574	1663614	3.65

全国市人口年龄分组统计表

年龄组	总人口		男		女		男占总人口百分比	女占总人口百分比
	人数	百分比	人数	百分比	人数	百分比		
总计*	**93741559**	**100.00**	**48750022**	**100.00**	**44991337**	**100.00**	**52.00**	**48.00**
56—60岁	2328591	2.48	1151415	2.36	1177176	2.62	49.45	50.55
61—80岁	4092043	4.37	1802366	3.70	2289677	5.09	44..05	55.95
81—99岁	143766	0.15	44022	0.09	99744	0.22	30.62	69.38
100岁以上	131	0.15	42	0.09	89	0.22	32.06	67.94
年龄不详	3418188	3.65	1754574	3.60	1663614	3.69	51.33	48.67

全国县人口年龄统计表

年龄	总人口			各年龄人口占总人口百分比
	合计	男	女	
总计*	**600840200**	**307766789**	**293073411**	**100.00**
60	3650407	1694178	1956229	0.61
61	3437212	1591622	1845590	0.57
62	3073326	1406230	1667096	0.51
63	2996864	1360891	1635973	0.50
64	2559486	1148236	1411250	0.43
65	2274544	1017017	1257527	0.38
66	2269733	1055566	1264167	0.38
67	2034642	896039	1138603	0.34
68	1942555	836010	1106545	0.32
69	1826585	780688	1045897	0.30
70	1631835	679912	951923	0.27
71	1495142	619396	875746	0.25
72	1305159	527947	777212	0.22
73	1106388	440226	666162	0.18
74	1007527	391627	615900	0.17
75	903645	344460	559185	0.15
76	781880	289190	492690	0.13
77	658583	240135	418448	0.11
78	558759	197232	361527	0.09
79	447614	153744	293870	0.07
80	378057	128231	249826	0.06
81	310886	101926	208960	0.05
82	251320	79416	171904	0.04
83	196392	58590	187802	0.03
84	149835	43796	106039	0.03
85	93006	27205	65801	0.02
86	67503	19020	48483	0.03
87	50533	13598	36935	0.03
88	36930	9637	27293	0.03
89	25499	6594	18905	0.03
90	18593	5047	13546	0.03

全国县人口年龄统计表

年龄	总人口			各年龄人口占总人口百分比
	合计	男	女	
91	10363	2627	7736	0.01
92	7295	1925	5370	0.01
93	5362	1537	3825	0.01
94	4379	1352	3027	0.01
95	3922	1306	2616	0.01
96	3047	986	2061	0.01
97	2159	719	1440	0.01
98	1992	670	1322	0.01
99	1749	696	1053	0.01
100	1824	827	997	0.01
101	447	166	281	0.01
102	434	164	270	0.01
103	343	134	209	0.01
104	260	106	154	0.01
105	293	132	161	0.01
106	163	67	96	0.01
107	130	60	70	0.01
108	176	83	93	0.01
109	118	56	62	0.01
110	211	109	102	0.01
111	40	19	21	0.01
112	39	20	19	0.01
113	25	13	12	0.01
114	28	19	9	0.01
115	48	21	27	0.01
116	27	16	11	0.01
117	18	11	7	0.01
118	22	10	12	0.01
119	12	6	6	0.01
120	61	24	37	0.01
121	5	2	3	0.01
122	2	1	1	0.01
123	2	—	2	0.01
124	7	3	4	0.01
125	12	8	4	0.01
126	4	3	1	0.01
127	4	3	1	0.01
128	2	1	1	0.01
129	1	1	—	0.01
130	2	1	1	0.01
131	1	1	—	0.01
134	1	—	1	0.01
135	4	4	—	0.01
136	1	1	—	0.01
140	1	—	1	0.01
150	1	—	1	0.01
年龄不详	1458419	691108	767311	0.24

全国县人口年龄分组统计表

年龄组	总人口		男		女		男占总人口百分比	女占总人口百分比
	人数	百分比	人数	百分比	人数	百分比		
总计*	**600840200**	**100.00**	**307766789**	**100.00**	**293073411**	**100.00**	**51.22**	**48.78**
56—60 岁	19333598	3.22	9086174	2.95	10247424	3.50	47.00	53.00
61—80 岁	32689536	5.44	14054399	4.57	18635137	6.36	42.99	57.01
81—99 岁	1240765	0.21	376647	0.12	864118	0.30	30.36	69.64
100 岁以上	4769	0.21	2092	0.12	2677	0.30	43.87	56.13
年龄不详	1458419	0.24	691108	0.23	767311	0.26	47.39	52.61

全国城镇人口年龄统计表

年龄	总人口			各年龄人口占总人口百分比
	合计	男	女	
总计*	**97908303**	**52271364**	**45636939**	**100.00**
60	425856	202119	223737	0.43
61	411803	194742	217061	0.42
62	399086	187261	211825	0.41
63	379439	173853	205586	0.39
64	321845	144545	177300	0.33
65	282886	125878	157008	0.29
66	272918	119543	153375	0.28
67	253008	109404	143604	0.26
68	228948	97945	131003	0.23
69	216664	91478	125186	0.22
70	198480	81520	116960	0.20
71	182217	74365	107852	0.19
72	165087	66214	98873	0.17
73	138616	54881	83735	0.14
74	123145	47535	75610	0.13
75	107237	40692	66545	0.11
76	89296	33168	56128	0.09
77	73849	26841	47008	0.08
78	61406	21630	39776	0.06
79	50441	17425	33016	0.05
80	41749	14123	27626	0.04
81	34548	11235	23313	0.04
82	27297	8534	18763	0.03
83	21832	6437	15395	0.02
84	15683	4712	10971	0.02
85	10286	2892	7394	0.01

全国城镇人口年龄统计表

年龄	总人口			各年龄人口占总人口百分比
	合计	男	女	
86	7807	2090	5717	0.03
87	5834	1495	4339	0.03
88	4163	1010	3153	0.03
89	2678	655	2023	0.03
90	1900	458	1442	0.03
91	1205	281	924	0.03
92	792	169	623	0.03
93	588	155	433	0.03
94	430	117	313	0.03
95	273	89	184	0.03
96	205	60	145	0.03
97	132	39	93	0.03
98	101	37	64	0.03
99	85	32	53	0.03
100	46	20	26	0.03
101	33	8	25	0.03
102	25	12	13	0.03
103	37	12	25	0.03
104	17	4	13	0.03
105	12	3	9	0.03
106	10	7	3	0.03
107	10	6	4	0.03
108	7	4	3	0.03
109	5	3	2	0.03
110	7	3	4	0.03
111	3	1	2	0.03
112	4	2	2	0.03
113	2	2	—	0.03
114	1	1	—	0.03
115	1	1	—	0.03
116	3	2	1	0.03
117	3	2	1	0.03
118	1	1	—	0.03
119	2	1	1	0.03
120	3	1	2	0.03
121	1	1	—	0.03
126	2	1	1	0.03
年龄不详	3489819	1790636	1699183	3.56

全国乡村人口年龄统计表

年龄	总人口			各年龄人口占总人口百分比
	合计	男	女	
总计*	**596673456**	**304245647**	**292427809**	**100.00**
60	3657922	1699920	1958002	0.61
61	3447177	1599844	1847333	0.58
62	3074040	1409239	1664801	0.52
63	2993547	1362301	1631246	0.50
64	2560739	1151906	1408833	0.43
65	2277710	1021216	1256494	0.38
66	2276877	1012568	1264309	0.38
67	2040671	902272	1138399	0.34
68	1951112	842464	1108648	0.33
69	1834322	786446	1047876	0.31
70	1636457	684193	952264	0.27
71	1500781	623939	876842	0.25
72	1309706	531365	778341	0.22
73	1111376	443613	667763	0.19
74	1012384	394718	617666	0.17
75	909233	347801	561432	0.15
76	787610	292133	495477	0.13
77	663948	242733	421215	0.11
78	563200	199658	363542	0.09
79	451146	155608	295538	0.08
80	381423	129705	251718	0.06
81	314200	103304	210896	0.05
82	253848	80538	173310	0.04
83	197646	59170	138476	0.03
84	150959	44134	106825	0.03
85	93283	27404	65879	0.02
86	67483	19060	48423	0.03
87	50432	13575	36857	0.03
88	36931	9697	27234	0.03
89	25478	6608	18870	0.03
90	18547	5038	13509	0.03
91	10333	2622	7711	0.01
92	7268	1930	5338	0.01
93	5280	1492	3788	0.01
94	4295	1316	2979	0.01
95	3902	1286	2616	0.01
96	3012	968	2044	0.01
97	2139	703	1436	0.01
98	1948	652	1296	0.01

全国乡村人口年龄统计表

年龄	总人口			各年龄人口占总人口百分比
	合计	男	女	
99	1708	675	1033	0.01
100	1805	818	987	0.01
101	435	164	271	0.01
102	423	157	266	0.01
103	323	125	198	0.01
104	251	102	149	0.01
105	287	131	156	0.01
106	157	61	96	0.01
107	127	57	70	0.01
108	176	82	94	0.01
109	118	54	64	0.01
110	206	106	100	0.01
111	40	19	21	0.01
112	35	18	17	0.01
113	24	12	12	0.01
114	28	19	9	0.01
115	48	21	27	0.01
116	25	14	11	0.01
117	17	9	8	0.01
118	22	10	12	0.01
119	11	5	6	0.01
120	59	24	35	0.01
121	5	2	3	0.01
122	2	1	1	0.01
123	2	—	2	0.01
124	7	3	4	0.01
125	12	8	4	0.01
126	2	2	—	0.01
127	4	3	1	0.01
128	2	1	1	0.01
129	1	1	—	0.01
130	2	1	1	0.01
131	1	1	—	0.01
134	1	—	1	0.01
135	4	4	—	0.01
136	1	1	—	0.01
140	1	—	1	0.01
150	1	—	1	0.01
年龄不详	1386788	655046	731742	0.23

全国百岁以上人口年龄分组统计表

地区	100岁以上人口			100至110岁			111至120岁			121至130岁			131至140岁			141至150		
	合计	男	女	合计	男	女	合计	男	女	合计	男	女	合计	男	女	合计	男	女
总计	**4900**	**2134**	**2766**	**4517**	**1939**	**2578**	**332**	**165**	**167**	**42**	**24**	**18**	**8**	**6**	**2**	**1**		**1**
华北区	87	17	70	79	14	65	7	2	5				1					
北京市	4	1	3	3		3	1	1						1				
河北省	55	7	48	52	6	46	2		2				1	1				
内蒙古自治区	12	7	5	12	7	5												
山西省	16	2	14	12	1	11	4	1	3									
东北区	58	35	23	46	25	21	6	4	2	4	4		2	2				
辽宁省	14	6	8	11	4	7	1		1	2	2							
吉林省	21	14	7	16	9	7	3	3					2	2				
黑龙江省	23	15	8	19	12	7	2	1	1	2	2							
华东区	168	13	155	160	13	147	6		6	2		2						
上海市																		
江苏省	20		20	20		20												
浙江省	2		2	2		2												
安徽省	33	6	27	30	6	24	2		2	1		1						
江西省	32	3	29	32	3	29												
福建省	14	2	12	14	2	12												
山东省	67	2	65	62	2	60	4		4	1		1						
中南区	702	93	609	667	86	581	28	5	23	5	1	4	1	1		1		1
广东省	178	15	163	177	15	162	1		1									
广西壮族自治区	171	44	127	151	37	114	16	5	11	2	1	1	1	1		1		1
湖南省	24	6	18	24	6	18												
湖北省	41	6	35	41	6	35												
河南省	288	22	266	274	22	252	11		11	3		3						
西南区	651	177	474	616	164	452	28	8	20	5	4	1	2	1	1			
四川省	157	36	121	152	34	118	4	2	2	1		1						
云南省	407	124	283	381	115	266	20	4	16	4	4		2	1	1			
贵州省	87	10	70	83	15	68	4	2	2									
西北区	3234	1799	1435	2949	1673	1312	257	146	111	26	15	11	2	1	1			
陕西省	75	11	64	70	11	59	5		5									
甘肃省	18	3	15	18	3	15												
青海省	100	15	85	89	12	77	11	3	8									
新疆维吾尔自治区	3025	1768	1257	2756	1609	1147	241	143	98	26	15	11	2	1	1			
宁夏回族自治区	16	2	14	16	2	14												

全国劳动力年龄人口统计表

地区	劳动力人口			
	合计	男（16—60岁）	女（16—55岁）	劳动力人口占总人口百分比
总计	**345969654**	**184942081**	**161027573**	**50.16**
华北区	40772209	22101348	18670861	48.77
北京市	3731407	1994863	1736544	49.30
河北省	22144620	11774895	10369725	48.48
内蒙古自治区	5903253	3387342	2515911	47.81
山西省	8992929	4944248	4048681	49.93
东北区	29300617	15785859	13514758	46.71
辽宁省	12560846	6655219	5905627	46.62
吉林省	7249125	3912813	3336312	46.27
黑龙江省	9490646	5217827	4272819	47.17
华东区	104127423	55244127	48883296	50.02
上海市	5224078	2653686	2570392	48.30
江苏省	22478355	11706536	10771819	50.53
浙江省	13745730	7552105	6193625	48.55
安徽省	16752608	9006712	7745896	53.64
江西省	10607765	5770312	4837453	50.35
福建省	8256684	4476883	3779801	49.28
山东省	27062203	14077893	12984310	48.75
中南区	92910213	49765802	43144411	50.29
广东省	21028402	11228042	9800360	49.14
广西壮族自治区	10608619	5669064	4939555	50.91
湖南省	19040658	10326867	8713791	51.24
湖北省	17055534	9203296	7852238	50.64
河南省	25177000	13338533	11838467	50.05
西南区	55589737	29306081	26283656	52.69
四川省	35858646	19031515	16827131	52.80
云南省	10722473	5534008	5188465	52.39
贵州省	9008618	4740558	4268060	52.59
西北区	23269455	12738864	10530591	51.81
陕西省	10397225	5678148	4719077	50.07
甘肃省	6681382	3601079	3080303	52.91
青海省	1178630	660638	517992	54.94
新疆维吾尔族自治区	3964026	2226140	1737886	54.53
宁夏回族自治区	1048192	572859	475333	49.74

全国劳动力年龄人口统计表(续1)

地区	市劳动力人口			
	合计	男（16—60岁）	女（16—55岁）	劳动力人口占总人口百分比
总计	**44873002**	**24393855**	**20479147**	**49.68**
华北区	8638499	4767605	3870894	49.84
北京市	2351137	1226535	1084602	50.26
河北省	3932133	2121104	1811026	49.00
内蒙古自治区	1068787	607175	461612	49.24
山西省	1286442	772791	513651	52.31
东北区	8662389	4622333	4040056	47.41
辽宁省	4156088	2196227	1959861	46.82
吉林省	1667549	891312	776237	47.36
黑龙江省	2838752	1534794	1303958	48.34
华东区	13067617	7007402	6060215	49.47
上海市	3084794	1590442	1494352	48.03
江苏省	2890302	1535561	1354741	50.16
浙江省	997796	553018	464778	48.10
安徽省	1139912	656452	483460	53.09
江西省	1140509	632569	507940	49.92
福建省	991514	533416	458098	49.42
山东省	2822790	1525944	1296846	49.37
中南区	7631476	4195506	3435970	50.49
广东省	2257659	1223246	1034413	49.59
广西壮族自治区	593126	332516	269610	50.88
湖南省	1251925	697047	554878	52.29
湖北省	1539013	839010	700003	49.56
河南省	1989753	1112687	877066	51.07
西南区	4288874	2315267	1973607	51.47
四川省	2767557	1476946	1290611	50.93
云南省	988492	543589	444903	52.51
贵州省	532825	294732	238093	52.42
西北区	2584147	1485742	1098405	53.19
陕西省	1185030	661529	523501	51.32
甘肃省	630531	373634	256897	54.55
青海省	163395	98637	64758	55.76
新疆维吾尔族自治区	442604	254859	187745	55.62
宁夏回族自治区	162587	97083	65504	53.46

全国劳动力年龄人口统计表(续2)

地区	县劳动力人口			
	合计	男 (16—60岁)	女 (16—55岁)	劳动力人口占总人口百分比
总计	**301096652**	**160548226**	**140548426**	**50.23**
华北区	32133710	17333743	14799967	48.49
北京市	1380270	728328	651942	47.76
河北省	18212487	9635791	8558696	48.37
内蒙古自治区	4834466	2780167	2054299	47.51
山西省	7706487	4171457	3535030	49.55
东北区	20638228	11163526	9474702	46.42
辽宁省	8404758	4458992	3945766	46.52
吉林省	5581576	3021501	2560075	45.95
黑龙江省	6651894	3683033	2968861	46.69
华东区	91059806	48236725	42823081	50.10
上海市	2139284	1063244	1076040	48.69
江苏省	19588053	10170975	9417078	50.59
浙江省	12747934	7019087	5728847	48.59
安徽省	15612696	8350260	7262436	53.68
江西省	9467256	5137743	4329513	50.41
福建省	7265170	3943467	3321703	49.26
山东省	24239413	12551949	11687464	48.68
中南区	85278737	45570296	39708441	50.27
广东省	18770713	10004796	8765947	49.09
广西壮族自治区	10015493	5345548	4669945	50.91
湖南省	17788733	9629820	8158913	51.17
湖北省	15516521	8364286	7152235	50.75
河南省	23187247	12225346	10961401	49.97
西南区	51300863	26990814	24310049	52.79
四川省	33091089	17554569	15536520	52.96
云南省	9733981	4990419	4743562	52.38
贵州省	8475793	4445826	4029967	52.60
西北区	20685308	11253122	9432186	51.64
陕西省	9212195	5016619	4195576	49.92
甘肃省	6050851	3227445	2823406	52.74
青海省	1015235	562001	453234	54.81
新疆维吾尔族自治区	3521422	1971281	1550141	54.40
宁夏回族自治区	885605	475776	409829	49.11

各省市自治区人口年龄统计表

北京市人口年龄统计表

年龄	总人口			各年龄人口占总人口百分比
	合计	男	女	
总计*	**7568495**	**3891140**	**3677355**	**100.00**
60	43415	20965	22450	0.57
61	41719	20453	21266	0.55
62	39495	18989	20506	0.52
63	35831	17052	18779	0.47
64	33869	15740	18129	0.45
65	30145	13952	16193	0.40
66	31709	14570	17139	0.42
67	28762	13251	15511	0.38
68	22067	10294	11773	0.29
69	21749	9985	11764	0.29
70	21857	9631	12226	0.29
71	22731	10288	12443	0.30
72	19533	8607	10926	0.26
73	16857	7460	9397	0.22
74	16750	7209	9541	0.22
75	13861	5979	7882	0.18
76	12467	5335	7132	0.17
77	10046	4224	5822	0.13
78	8708	3540	5168	0.12
79	7361	3014	4347	0.10
80	6190	2479	3711	0.08
81	5094	1963	3131	0.07
82	3964	1531	2433	0.05
83	2912	1093	1819	0.04
84	2009	735	1274	0.03
85	1239	428	811	0.02
86	927	294	633	0.04
87	630	246	384	0.04
88	490	160	330	0.04
89	270	83	187	0.04
90	194	52	142	0.04
91	86	17	69	0.04
92	67	13	54	0.04
93	28	7	21	0.04
94	20	4	16	0.04
95	13	9	4	0.04
96	8	3	5	0.04
97	3	—	3	0.04
98	2	—	2	0.04
99	2	—	2	0.04
100	2	—	2	0.04
105	1	—	1	0.04
113	1	1	—	0.04
年龄不详	43	27	16	0.04

河北省人口年龄统计表

年　龄	总　人　口			各年龄人口占总人口百分比
	合　计	男	女	
总计*	**45687781**	**23381735**	**22306046**	**100.00**
60	299603	153258	146345	0.66
61	276421	140078	136343	0.61
62	244874	123524	121350	0.54
63	228154	114701	113453	0.50
64	220949	110607	110342	0.48
65	199725	98843	100882	0.44
66	217237	106595	110642	0.48
67	189904	93462	96442	0.42
68	158830	75652	83178	0.35
69	164063	77097	86966	0.36
70	162663	75067	87596	0.36
71	159082	73675	85407	0.35
72	132121	59646	72475	0.29
73	113689	50442	63247	0.25
74	109924	48421	61503	0.24
75	100549	43563	56986	0.22
76	88512	37806	50706	0.19
77	72314	30610	41704	0.16
78	67669	27681	39988	0.15
79	53937	21323	32614	0.12
80	45647	17941	27706	0.10
81	40226	15182	25044	0.09
82	32410	11909	20501	0.07
83	22852	7872	14980	0.05
84	17660	6082	11578	0.04
85	8750	3102	5648	0.02
86	6967	2316	4651	0.02
87	4802	1549	3253	0.01
88	3785	1117	2668	0.01
89	2437	699	1738	0.02

河北省人口年龄统计表

年 龄	总 人 口			各年龄人口占总人口百分比
	合 计	男	女	
90	1532	450	1082	0.02
91	922	233	689	0.02
92	620	152	468	0.02
93	406	89	317	0.02
94	272	55	217	0.02
95	165	30	135	0.02
96	101	26	75	0.02
97	52	11	41	0.02
98	32	6	26	0.02
99	15	3	12	0.02
100	10	2	8	0.02
101	7	1	6	0.02
102	8	1	7	0.02
103	7	—	7	0.02
104	3	—	3	0.02
105	4	—	4	0.02
106	3	1	2	0.02
107	4	1	3	0.02
108	3	—	3	0.02
109	1	—	1	0.02
110	2	—	2	0.02
117	2	—	2	0.02
135	1	1	—	0.02
年龄不详	10540	4694	5846	0.02

内蒙古自治区人口年龄统计表

年　龄	总　人　口			各年龄人口占总人口百分比
	合　计	男	女	
总计*	**12348638**	**6705441**	**5642197**	**100.00**
60	64663	38194	26469	0.52
61	66863	39809	27054	0.54
62	50680	30266	20414	0.41
63	49837	30042	19795	0.40
64	45543	27063	18480	0.37
65	44391	26427	17964	0.36
66	45133	26887	18246	0.37
67	40276	24007	16269	0.33
68	36047	21225	14822	0.29
69	39981	23662	16319	0.32
70	25718	15204	10514	0.21
71	21742	13167	8575	0.18
72	18938	11284	7654	0.15
73	18159	10675	7484	0.15
74	17227	10099	7128	0.14
75	15375	8862	6513	0.12
76	12633	7177	5456	0.10
77	10754	6113	4641	0.09
78	8469	4844	3625	0.07
79	6163	3448	2715	0.05
80	5362	2991	2371	0.04
81	4458	2396	2062	0.04
82	3815	2087	1728	0.03
83	2730	1429	1301	0.02
84	2149	1115	1034	0.02
85	1111	561	550	0.01
86	701	355	346	0.02
87	492	242	250	0.02
88	375	169	206	0.02
89	208	97	111	0.02
90	154	72	82	0.02
91	88	35	53	0.02
92	48	23	25	0.02
93	35	22	13	0.02
94	18	9	9	0.02
95	10	4	6	0.02
96	14	8	6	0.02
97	7	5	2	0.02
98	3	—	3	0.02
99	2	1	1	0.02
100	2	1	1	0.02
101	3	2	1	0.02
102	4	2	2	0.02
103	—	—	—	0.02
104	1	1	—	0.02
105	1	1	—	0.02
106	1	—	1	0.02
年龄不详	2048	1311	737	0.02

山西省人口年龄统计表

年龄	总人口			各年龄人口占总人口百分比
	合计	男	女	
总计*	**18015067**	**9528116**	**8486951**	**100.00**
60	116788	62969	53819	0.65
61	115717	62780	52391	0.64
62	89933	49053	40880	0.50
63	80609	44534	36075	0.45
64	79255	43249	36006	0.44
65	76054	41268	34786	0.42
66	78496	42365	36131	0.44
67	71255	38462	32793	0.40
68	69049	36752	32297	0.38
69	69811	36920	32891	0.39
70	55502	28986	26516	0.31
71	50520	26477	24043	0.28
72	47673	24472	23201	0.26
73	42337	21385	20952	0.24
74	39488	19722	19766	0.22
75	34542	16984	17558	0.19
76	31100	14906	16194	0.17
77	26401	12620	13781	0.15
78	20282	9404	10878	0.11
79	16951	7546	9408	0.09
80	14819	6506	8313	0.08
81	12379	5243	7136	0.07
82	9304	3629	5675	0.05
83	6997	2627	4370	0.04
84	5609	2032	3577	0.03
85	1577	568	1009	0.01
86	1072	404	668	0.02
87	811	284	527	0.02
88	617	190	427	0.02
89	437	117	320	0.02
90	263	78	185	0.02
91	177	51	126	0.02
92	120	29	91	0.02
93	64	17	47	0.02
94	56	18	38	0.02
95	29	8	21	0.02
96	19	4	15	0.02
97	16	1	15	0.02
98	5	2	3	0.02
99	4	1	3	0.02
101	1	—	1	0.02
102	1	—	1	0.02
103	3	1	2	0.02
104	2	—	2	0.02
106	2	—	2	0.02
107	2	—	2	0.02
108	1	—	1	0.02
111	1	1	—	0.02
113	1	—	1	0.02
115	2	—	2	0.02
年龄不详	2709	1361	1348	0.02

辽宁省人口年龄统计表

年　龄	总　人　口			各年龄人口占总人口百分比
	合　计	男	女	
总计*	**26946200**	**13852340**	**13093860**	**100.00**
60	124690	65161	59529	0.46
61	135100	70324	64776	0.50
62	138949	72918	66031	0.52
63	120311	62652	57659	0.45
64	04131	54030	50101	0.39
65	99182	51890	47292	0.37
66	98269	51100	47169	0.36
67	89738	46483	43255	0.33
68	69294	36228	33066	0.26
69	70193	36165	34028	0.26
70	67317	34667	32650	0.25
71	56008	28585	27423	0.21
72	52119	26507	25612	0.19
73	48584	24257	24327	0.18
74	37792	18803	18989	0.14
75	35081	17459	17622	0.13
76	29006	14374	14632	0.11
77	24344	11700	12644	0.09
78	22564	10783	11781	0.08
79	18245	8677	9568	0.07
80	16199	7521	8678	0.06
81	13396	6285	7111	0.05
82	10970	5016	5954	0.04
83	7744	3562	4212	0.03
84	5908	2636	3272	0.02
85	4387	1851	2536	0.02
86	2941	1259	1682	0.03
87	1799	732	1067	0.03
88	1231	448	783	0.03
89	783	288	495	0.03
90	547	222	325	0.03
91	325	123	202	0.03
92	167	66	101	0.03
93	102	37	65	0.03
94	76	26	50	0.03
95	57	14	43	0.03
96	22	10	12	0.03
97	9	7	2	0.03
98	2	1	1	0.03
99	3	2	1	0.03
100	1	—	1	0.03
101	1	—	1	0.03
102	2	1	1	0.03
103	2	1	1	0.03
104	1	—	1	0.03
106	1	1	—	0.03
108	3	1	2	0.03
111	1	—	1	0.03
121	1	1	—	0.03
124	1	1	—	0.03
年龄不详	1264	921	343	0.01

吉林省人口年龄统计表

年龄	总人口			各年龄人口占总人口百分比
	合计	男	女	
总计*	**15668663**	**8172363**	**7496300**	**100.00**
60	72752	41398	31354	0.46
61	77023	43986	33037	0.49
62	77670	44986	32684	0.50
63	69616	40310	29306	0.44
64	60133	34594	25539	0.38
65	56619	33258	23361	0.36
66	54027	31886	22141	0.34
67	47582	28120	19462	0.30
68	43640	25778	17862	0.28
69	42678	24927	17751	0.27
70	39058	22924	16134	0.25
71	35262	20797	14465	0.23
72	31402	18456	12946	0.20
73	26925	15769	11156	0.17
74	22935	13612	9323	0.15
75	20277	11853	8424	0.13
76	17044	9918	7126	0.11
77	14370	8455	5915	0.09
78	12044	6886	5158	0.08
79	9523	5496	4027	0.06
80	8588	4803	3785	0.06
81	6887	3950	2937	0.04
82	5322	2942	2380	0.03
83	3788	2075	1731	0.02
84	2785	1512	1273	0.02
85	1856	990	866	0.01
86	1287	692	595	0.02
87	803	439	364	0.02
88	539	299	240	0.02
89	345	175	170	0.02
90	203	102	101	0.02
91	123	63	60	0.02
92	99	47	52	0.02
93	45	23	22	0.02
94	33	18	15	0.02
95	18	6	12	0.02
96	15	4	11	0.02
97	7	5	2	0.02
98	9	4	5	0.02
99	1	1	—	0.02
100	5	4	1	0.02
101	2	1	1	0.02
102	2	—	2	0.02
103	1	—	1	0.02
104	3	1	2	0.02
107	3	3	—	0.02
111	1	1	—	0.02
114	1	1	—	0.02
117	1	1	—	0.02
131	1	1	—	0.02
136	1	1	—	0.02
年龄不详	158	111	47	0.02

黑龙江省人口年龄统计表

年龄	总人口			各年龄人口占总人口百分比
	合计	男	女	
总计*	**20118271**	**10589553**	**9528718**	**100.00**
60	89880	51045	38835	0.45
61	93206	53445	39761	0.46
62	93240	54595	38645	0.46
63	84619	49430	35189	0.42
64	71735	41662	30073	0.36
65	67871	40107	27764	0.34
66	63466	37730	25736	0.32
67	56102	33720	22382	0.28
68	52281	31163	21118	0.26
69	51321	30566	20755	0.26
70	46075	27467	18608	0.23
71	40952	24530	16422	0.20
72	36461	21667	14794	0.18
73	31071	18358	12713	0.15
74	24658	14755	9903	0.12
75	22360	13167	9193	0.11
76	19198	11403	7795	0.09
77	15701	9326	6375	0.08
78	13262	7801	5461	0.07
79	10384	6117	4267	0.05
80	9164	5270	3894	0.05
81	7204	4130	3074	0.04
82	5971	3493	2478	0.03
83	4122	2329	1793	0.02
84	3017	1696	1321	0.01
85	2004	1099	905	0.01
86	1323	731	592	0.02
87	936	492	444	0.02
88	581	328	253	0.02
89	381	197	184	0.02
90	252	136	116	0.02
91	153	81	72	0.02
92	83	51	32	0.02
93	59	35	24	0.02
94	39	19	20	0.02
95	24	12	12	0.02
96	18	12	6	0.02
97	12	4	8	0.02
98	1	1	—	0.02
99	2	2	—	0.02
100	3	2	1	0.02
101	1	1	—	0.02
102	4	2	2	0.02
103	3	1	2	0.02
105	2	2	—	0.02
106	3	1	2	0.02
109	2	2	—	0.02
110	1	1	—	0.02
111	1	—	1	0.02
116	1	1	—	0.02
122	1	1	—	0.02
126	1	1	—	0.02
年龄不详	18	10	8	0.02

上海市人口年龄统计表

年龄	总人口			各年龄人口占总人口百分比
	合计	男	女	
总计*	**107816458**	**5369047**	**5447411**	**100.00**
60	60226	27520	32706	0.56
61	52329	23847	28482	0.48
62	54621	24731	29890	0.51
63	52473	23271	29202	0.49
64	47679	20677	27002	0.44
65	43596	18537	25059	0.40
66	41321	16995	24326	0.38
67	38837	15379	23458	0.36
68	36839	14352	22487	0.34
69	31567	11931	19636	0.29
70	26651	9760	16891	0.25
71	25432	9060	16372	0.24
72	23510	8145	15365	0.22
73	19391	6484	12907	0.18
74	17103	5484	11619	0.16
75	15995	4889	11106	0.15
76	12868	3668	9200	0.12
77	10619	3038	7581	0.10
78	9112	2457	6655	0.09
79	7903	1933	5970	0.07
80	6290	1500	4790	0.06
81	5371	1194	4177	0.05
82	3940	838	3102	0.04
83	3702	689	3013	0.03
84	2726	495	2231	0.03
85	2015	352	1663	0.02
86	1513	270	1243	0.04
87	1220	193	1027	0.04
88	763	98	665	0.04
89	547	84	463	0.04
90	396	49	347	0.04
91	276	38	37	0.01
92	171	15	156	0.01
93	100	6	94	0.01
94	52	5	47	0.01
95	40	1	39	0.01
96	20	1	19	0.01
97	13	1	12	0.01
98	6	1	5	0.01
99	2	1	1	0.01
年龄不详	133	72	61	0.01

江苏省人口年龄统计表

年龄	总人口			各年龄人口占总人口百分比
	合计	男	女	
总计*	**44504608**	**22418473**	**22086013**	**100.00**
60	270742	123490	147252	0.61
61	246085	111119	134966	0.55
62	241885	107392	134493	0.54
63	247661	108013	139648	0.56
64	200160	85921	114239	0.45
65	162214	68305	93909	0.36
66	161979	67529	94450	0.36
67	161228	66344	94884	0.36
68	167271	66010	101261	0.38
69	143246	55584	87662	0.32
70	114362	43222	71140	0.26
71	113581	41978	71603	0.25
72	105119	37365	67754	0.24
73	84046	28906	55140	0.19
74	74998	24536	50462	0.17
75	65987	20790	45197	0.15
76	57667	17367	40300	0.13
77	48098	14040	34058	0.11
78	38203	10711	27492	0.09
79	32832	8591	24241	0.07
80	26812	6829	19983	0.06
81	23599	5773	17826	0.05
82	18410	4171	14239	0.04
83	15321	3243	12078	0.03
84	10470	2138	8332	0.02
85	7568	1449	6119	0.02
86	5244	942	4302	0.01
87	4092	667	3425	0.01
88	2497	398	2099	0.02
89	1789	290	1449	0.02
90	1262	176	1086	0.02
91	801	113	688	0.02
92	495	55	440	0.02
93	334	47	287	0.02
94	187	18	169	0.02
95	129	23	106	0.02
96	87	10	77	0.02
97	54	7	47	0.02
98	28	2	26	0.02
99	11	—	11	0.02
100	6	—	6	0.02
101	2	—	2	0.02
102	3	—	3	0.02
103	3	—	3	0.02
104	1	—	1	0.02
105	1	—	1	0.02
106	1	—	1	0.02
107	2	—	2	0.02
108	1	—	1	0.02
年龄不详	21525	10538	10987	0.05

浙江省人口年龄统计表

年龄	总人口			各年龄人口占总人口百分比
	合计	男	女	
总计*	**28318573**	**14790590**	**13527983**	**100.00**
60	172467	84747	87720	0.61
61	155061	75819	79242	0.55
62	160983	78594	82389	0.57
63	166255	79334	86921	0.59
64	146081	68433	77648	0.52
65	128428	59169	69259	0.45
66	130465	59439	71026	0.46
67	119583	53385	66198	0.42
68	112498	49685	62813	0.40
69	94290	40627	53663	0.33
70	79708	34000	45708	0.28
71	79508	33371	46137	0.28
72	71112	29056	42056	0.25
73	56854	22379	34475	0.20
74	54098	20759	33339	0.19
75	47491	17714	29777	0.17
76	37411	13313	24098	0.13
77	33265	11624	21641	0.12
78	27414	9316	18098	0.10
79	24532	7995	16537	0.09
80	20277	6407	13870	0.07
81	16466	5065	11401	0.06
82	13213	3791	9422	0.05
83	10836	2954	7882	0.04
84	7973	2043	5930	0.03
85	5952	1513	4439	0.02
86	4567	1109	3458	0.02
87	3730	839	2891	0.01
88	2444	502	1942	0.01
89	1648	360	1288	0.02
90	1129	229	900	0.02
91	760	157	603	0.02
92	420	88	332	0.02
93	279	46	233	0.02
94	150	21	129	0.02
95	86	12	74	0.02
96	45	7	38	0.02
97	24	2	22	0.02
98	13	1	12	0.02
99	2	—	2	0.02
101	1	—	1	0.02
102	1	—	1	0.02
年龄不详	7434	3716	3718	0.03

安徽省人口年龄统计表

年　龄	总　人　口			各年龄人口占总人口百分比
	合　计	男	女	
总计*	**31241657**	**16181927**	**15059730**	**100.00**
60	166006	65106	100900	0.53
61	149296	57643	91653	0.48
62	146496	55665	90831	0.47
63	147157	54000	93157	0.47
64	112523	40353	72170	0.36
65	83774	29688	54086	0.27
66	83891	29089	54802	0.27
67	80143	27459	52684	0.26
68	77181	25303	51878	0.25
69	65728	21257	44471	0.21
70	55853	17954	37890	0.18
71	53440	16278	37162	0.17
72	49947	14597	35350	0.16
73	37356	10615	26741	0.12
74	30928	8498	22430	0.10
75	25410	6721	18689	0.08
76	21124	5282	15842	0.07
77	16965	4126	12839	0.05
78	12395	2927	9468	0.04
79	10165	2239	7926	0.03
80	7207	1611	5596	0.02
81	6067	1326	4741	0.02
82	4982	1028	3954	0.02
83	4024	771	3271	0.01
84	2823	536	2287	0.01
85	1667	306	1361	0.02
86	1202	196	1006	0.02
87	821	148	673	0.02
88	583	84	499	0.02
89	349	43	306	0.02
90	239	28	211	0.02
91	137	15	122	0.02
92	82	10	72	0.02
93	51	8	43	0.02
94	54	8	46	0.02
95	58	11	47	0.02
96	40	5	35	0.02
97	24	2	22	0.02
98	29	5	24	0.02
99	12	4	8	0.02
100	8	3	5	0.02
101	6	1	5	0.02
102	4	1	3	0.02
103	5	—	5	0.02
104	2	1	1	0.02
106	3	—	3	0.02
107	1	—	1	0.02
108	1	—	1	0.02
111	1	—	1	0.02
119	1	—	1	0.02
125	1	—	1	0.02
年龄不详	7577	3710	3867	0.02

江西省人口年龄统计表

年龄	总人口			各年龄人口占总人口百分比
	合计	男	女	
总计*	**21068019**	**10874841**	**10193178**	**100.00**
60	135437	61314	74123	0.64
61	120822	54281	66541	0.57
62	111293	49735	61558	0.53
63	113968	49629	64339	0.54
64	98871	42349	56522	0.47
65	88101	36990	51111	0.42
66	86335	35946	50389	0.41
67	77097	31703	45394	0.37
68	74084	29848	44236	0.35
69	65747	26256	39491	0.31
70	54421	21208	33213	0.26
71	52788	20118	32670	0.25
72	49048	18386	30662	0.23
73	42189	15258	26931	0.20
74	38909	13567	25342	0.18
75	32356	10850	21506	0.15
76	27157	8771	18386	0.13
77	22138	7156	14982	0.11
78	19141	5818	13323	0.09
79	15336	4486	10850	0.07
80	12194	3465	8729	0.06
81	9691	2609	7082	0.05
82	8071	2054	6017	0.04
83	6671	1581	5090	0.03
84	4467	1088	3379	0.02
85	3155	691	2464	0.01
86	2225	516	1709	0.01
87	1747	363	1384	0.03
88	1268	277	991	0.03
89	875	149	726	0.03
90	534	104	430	0.03
91	329	59	270	0.03
92	224	31	193	0.03
93	152	26	126	0.03
94	96	19	77	0.03
95	68	10	58	0.03
96	63	7	56	0.03
97	38	5	33	0.03
98	28	5	23	0.03
99	17	3	14	0.03
100	10	1	9	0.03
101	11	—	11	0.03
102	4	—	4	0.03
103	1	—	1	0.03
104	1	—	1	0.03
105	4	2	2	0.03
106	1	—	1	0.03
年龄不详	1870	1113	757	0.01

福建省人口年龄统计表

年　龄	总　人　口			各年龄人口占总人口百分比
	合　计	男	女	
总计*	**16757223**	**8692706**	**8064517**	**100.00**
60	84012	36622	47390	0.50
61	78845	35522	43323	0.47
62	77307	33872	43435	0.46
63	75021	31794	43227	0.45
64	62695	26542	36153	0.37
65	56851	23475	33376	0.34
66	57727	23168	34559	0.34
67	48183	19755	28428	0.29
68	46972	18291	28681	0.28
69	45200	17030	28170	0.27
70	37708	13731	23977	0.23
71	35620	12921	22699	0.21
72	31356	10842	20514	0.19
73	25786	8837	16949	0.15
74	24518	7363	16655	0.15
75	21669	6515	15154	0.13
76	19002	5432	13570	0.11
77	15673	4443	11230	0.09
78	12817	3363	9454	0.08
79	10888	2723	8165	0.06
80	9058	2193	6865	0.05
81	7267	1650	5617	0.04
82	6006	1333	4673	0.04
83	4442	979	3463	0.03
84	3377	663	2714	0.02
85	2255	476	1779	0.01
86	1805	319	1486	0.01
87	1339	203	1136	0.02
88	997	168	829	0.02
89	595	116	479	0.02
90	422	63	359	0.02
91	253	39	214	0.02
92	163	24	139	0.02
93	110	17	93	0.02
94	74	14	60	0.02
95	50	7	43	0.02
96	34	4	30	0.02
97	25	4	21	0.02
98	11	—	11	0.02
99	6	—	6	0.02
100	5	1	4	0.02
101	2	—	2	0.02
102	3	—	3	0.02
103	2	—	2	0.02
105	1	1	—	0.02
110	1	—	1	0.02
年龄不详	1744	955	789	0.01

山东省人口年龄统计表

年龄	总人口			各年龄人口占总人口百分比
	合计	男	女	
总计*	**55519038**	**27926899**	**27598139**	**100.00**
60	356747	171902	184845	0.64
61	341073	162572	178501	0.61
62	333512	157298	176214	0.60
63	298039	139412	158627	0.54
64	245121	112999	132122	0.44
65	219368	99396	119972	0.40
66	232705	104879	127826	0.42
67	208620	93686	114934	0.38
68	218776	96058	122718	0.39
69	204899	88328	116571	0.37
70	182976	76961	106015	0.33
71	177410	73707	103703	0.32
72	156827	63590	93237	0.28
73	139997	55509	84488	0.25
74	112909	43684	69225	0.20
75	109001	41616	67385	0.20
76	99463	36537	62926	0.18
77	86519	31178	55341	0.16
78	73362	25413	47949	0.13
79	55540	18809	36731	0.10
80	48852	16049	32803	0.09
81	45195	14161	31034	0.08
82	35179	10649	24530	0.06
83	28063	7999	20064	0.06
84	20317	5517	14800	0.04
85	12810	3489	9321	0.02
86	8073	2045	6028	0.01
87	5187	1267	3920	0.01
88	3822	882	2940	0.02
89	2797	605	2192	0.02
90	1770	350	1420	0.02
91	1185	231	954	0.02
92	718	138	580	0.02
93	442	74	368	0.02
94	270	51	219	0.02
95	222	35	187	0.02
96	118	22	96	0.02
97	90	17	73	0.02
98	46	4	42	0.02
99	45	6	39	0.02
100	18	—	18	0.02
101	14	—	14	0.02
102	3	—	3	0.02
103	7	1	6	0.02
104	3	—	3	0.02
105	5	1	4	0.02
106	6	—	6	0.02
108	1	—	1	0.02
109	4	—	4	0.02
110	1	—	1	0.02
112	1	—	1	0.02
115	1	—	1	0.02
118	2	—	2	0.02
121	1	—	1	0.02
年龄不详	6392	2834	3558	0.01

广东省人口年龄统计表

年 龄	总 人 口			各年龄人口占总人口百分比
	合 计	男	女	
总计*	**42800849**	**21810060**	**20990789**	**100.00**
60	249619	101471	148148	0.58
61	229009	92659	136350	0.54
62	223239	88997	134242	0.52
63	211161	83034	128127	0.49
64	184095	70589	113506	0.43
65	170922	65098	105824	0.40
66	170342	63152	107190	0.40
67	137073	49828	84245	0.32
68	132422	47241	85181	0.31
69	120901	42520	78381	0.30
70	112262	37710	74552	0.26
71	109326	36806	72520	0.26
72	95977	30668	65309	0.22
73	86967	27139	59828	0.20
74	80747	24111	56636	0.19
75	69809	20324	49485	0.16
76	67055	18658	48397	0.16
77	54304	15173	39131	0.13
78	46616	12437	34179	0.11
79	39121	10098	29023	0.09
80	33273	8210	25063	0.08
81	26591	6296	20295	0.06
82	22492	5002	17490	0.05
83	18231	3897	14334	0.04
84	14316	2861	11455	0.03
85	10262	2092	8170	0.02
86	8440	1614	6826	0.02
87	6458	1249	5209	0.02
88	4688	877	3811	0.01
89	2953	551	2402	0.02
90	2063	356	1707	0.02
91	1343	244	1099	0.02
92	996	154	842	0.02
93	731	108	623	0.02
94	572	91	481	0.02
95	390	51	339	0.02
96	325	37	288	0.02
97	254	34	220	0.02
98	125	12	113	0.02
99	70	14	56	0.02
100	52	6	46	0.02
101	30	2	28	0.02
102	28	3	25	0.02
103	26	2	24	0.02
104	13	—	13	0.02
105	10	1	9	0.02
106	6	—	6	0.02
107	5	—	5	0.02
108	5	1	4	0.02
110	2	—	2	0.02
111	1	—	1	0.02
年龄不详	9712	4295	5417	0.02

广西壮族自治区人口年龄统计表

年　龄	总　人　口			各年龄人口占总人口百分比
	合　计	男	女	
总计*	**20845017**	**10671448**	**10173569**	**100.00**
60	127375	56487	70888	0.61
61	114197	49989	64208	0.55
62	102079	44673	57406	0.49
63	99012	43654	55358	0.47
64	87124	38276	48848	0.42
65	79905	34951	44954	0.38
66	77631	34244	43387	0.37
67	60804	25716	35088	0.29
68	55125	22770	32355	0.26
69	51499	21524	29975	0.25
70	49057	19791	29266	0.24
71	43729	17622	26107	0.21
72	39292	15318	23974	0.19
73	35401	13737	21664	0.17
74	32012	11925	20087	0.15
75	28159	10373	17786	0.14
76	24686	8750	15936	0.12
77	19753	6820	12933	0.09
78	17294	5740	11554	0.08
79	13906	4606	9300	0.07
80	12026	3749	8277	0.06
81	9066	2718	6348	0.04
82	7554	2206	5348	0.04
83	6479	1776	4703	0.03
84	5066	1337	3729	0.02
85	3028	1012	2916	0.02
86	3100	754	2346	0.04
87	2437	556	1881	0.04
88	1756	391	1365	0.04
89	1131	249	882	0.04
90	908	205	703	0.04
91	568	112	456	0.01
92	409	68	341	0.01
93	314	70	244	0.01

广西壮族自治区人口年龄统计表

年　　龄	总　　人　　口			各年龄人口占总人口百分比
	合　　计	男	女	
94	281	50	231	0.01
95	223	49	174	0.01
96	222	38	184	0.01
97	148	38	110	0.01
98	122	21	101	0.01
99	97	22	75	0.01
100	59	14	45	0.01
101	29	7	22	0.01
102	16	4	12	0.01
103	11	—	11	0.01
104	6	—	6	0.01
105	6	3	3	0.01
106	3	1	2	0.01
107	3	1	2	0.01
108	6	3	3	0.01
109	2	2	—	0.01
110	10	2	8	0.01
114	1	1	—	0.01
115	6	1	5	0.01
118	1	—	1	0.01
119	2	1	1	0.01
120	6	2	4	0.01
121	1	1	—	0.01
122	1	—	1	0.01
135	1	1	—	0.01
150	1	—	1	0.01
年龄不详	5924	2377	3547	0.03

湖南省人口年龄统计表

年 龄	总 人 口			各年龄人口占总人口百分比
	合 计	男	女	
总计*	**37182286**	**19317036**	**17865250**	**100.00**
60	246413	114047	132366	0.66
61	218845	101548	117297	0.59
62	177216	80458	96758	0.48
63	184760	84855	99905	0.50
64	152308	67785	84523	0.41
65	139619	61874	77745	0.38
66	135472	58937	76535	0.36
67	121310	52849	68461	0.33
68	112906	48992	63914	0.30
69	107573	46734	60839	0.29
70	95837	39844	55993	0.26
71	80956	33661	47295	0.22
72	70841	28664	42177	0.19
73	64317	25333	38984	0.17
74	56192	21292	34900	0.15
75	48907	18127	30780	0.13
76	40758	14749	26009	0.11
77	33589	11883	21706	0.09
78	27490	9373	18117	0.07
79	22932	7772	15160	0.06
80	17908	5785	12123	0.05
81	12746	4052	8694	0.03
82	10615	3205	7410	0.03
83	8353	2404	5949	0.02
84	5966	1674	4292	0.02
85	4356	1197	3159	0.01
86	3145	808	2337	0.03
87	2492	647	1845	0.03
88	1597	368	1229	0.03
89	989	230	759	0.03
90	658	147	511	0.03
91	371	74	297	0.03
92	246	51	195	0.03
93	194	40	154	0.03
94	133	27	106	0.03
95	78	17	61	0.03
96	90	16	74	0.03
97	47	5	42	0.03
98	40	8	32	0.03
99	30	6	24	0.03
100	5	2	3	0.03
101	4	1	3	0.03
102	4	2	2	0.03
103	5	—	5	0.03
104	1	—	1	0.03
105	1	—	1	0.03
106	1	—	1	0.03
108	2	—	2	0.03
110	1	1	—	0.03
年龄不详	24220	9591	14629	0.07

湖北省人口年龄统计表

年　龄	总　人　口			各年龄人口占总人口百分比
	合　计	男	女	
总计*	**33709344**	**17306618**	**16402726**	**100.00**
60	228474	101504	126970	0.68
61	214120	94206	119914	0.63
62	183011	79301	103710	0.54
63	199872	85474	114398	0.59
64	155293	65121	90172	0.46
65	113300	46968	66332	0.34
66	111507	45086	66421	0.33
67	110611	44146	66465	0.33
68	110199	42505	67694	0.33
69	102573	39429	63144	0.30
70	96994	36035	60959	0.29
71	91927	33718	58209	0.27
72	76466	26751	49715	0.23
73	55611	18941	36670	0.16
74	52403	17424	34979	0.16
75	47686	15513	32173	0.14
76	41061	12892	28169	0.12
77	35336	10717	24619	0.10
78	30015	8685	21330	0.09
79	22389	6396	15993	0.07
80	15796	4417	11379	0.05
81	13733	3681	10052	0.04
82	11507	2896	8611	0.03
83	9334	2214	7120	0.03
84	6115	1374	4741	0.02
85	4109	940	3169	0.01
86	3093	664	2429	0.03
87	2291	482	1809	0.03
88	1713	326	1387	0.03
89	1030	181	849	0.03
90	696	125	571	0.03
91	393	77	316	0.03
92	212	27	185	0.03
93	153	29	124	0.03
94	101	16	85	0.03
95	92	11	81	0.03
96	75	9	66	0.03
97	54	6	48	0.03
98	56	7	49	0.03
99	31	4	27	0.03
100	14	2	12	0.03
101	5	1	4	0.03
102	10	2	8	0.03
103	2	—	2	0.03
104	4	—	4	0.03
105	3	—	3	0.03
106	—	—	—	0.03
107	1	—	1	0.03
108	1	—	1	0.03
109	1	1	—	0.03
年龄不详	29982	13679	16303	0.09

河南省人口年龄统计表

年龄	总人口			各年龄人口占总人口百分比
	合计	男	女	
总计*	**50325511**	**25490705**	**24834806**	**100.00**
60	311880	139987	171893	0.62
61	321409	143006	178403	0.64
62	265518	115981	149537	0.53
63	263674	113912	149762	0.52
64	206764	87679	119085	0.41
65	183418	77844	105574	0.36
66	198401	82861	115540	0.39
67	179515	74068	105447	0.36
68	181434	71420	110014	0.36
69	182990	70396	112594	0.36
70	170016	64380	105636	0.34
71	156262	57561	98701	0.31
72	139636	49616	90020	0.28
73	115114	39725	75389	0.23
74	107199	36482	70717	0.21
75	95621	31630	63991	0.19
76	83992	26255	57737	0.17
77	72095	21994	50101	0.14
78	60108	17287	42821	0.12
79	46361	12763	33598	0.09
80	39697	10580	29117	0.08
81	36204	9340	26864	0.07
82	28017	6759	21258	0.06
83	21797	4850	16947	0.04
84	18141	3750	14391	0.04
85	6658	1313	5345	0.01
86	4743	922	3821	0.03
87	3753	747	3006	0.03
88	3150	567	2583	0.03
89	2284	380	1904	0.03
90	1444	222	1222	0.03
91	762	117	645	0.01
92	576	90	486	0.01
93	381	53	328	0.01

河南省人口年龄统计表

年　龄	总　人　口			各年龄人口占总人口百分比
	合　计	男	女	
94	290	42	248	0.01
95	294	32	262	0.01
96	297	34	263	0.01
97	187	20	167	0.01
98	183	26	157	0.01
99	114	11	103	0.01
100	57	5	52	0.01
101	44	3	41	0.01
102	45	5	40	0.01
103	37	4	33	0.01
104	29	3	26	0.01
105	25	1	24	0.01
106	10	—	10	0.01
107	6	1	5	0.01
108	11	—	11	0.01
109	4	—	4	0.01
110	6	—	6	0.01
111	2	—	2	0.01
112	1	—	1	0.01
113	2	—	2	0.01
114	1	—	1	0.01
115	1	—	1	0.01
116	2	—	2	0.01
117	1	—	1	0.01
120	1	—	1	0.01
121	1	—	1	0.01
124	1	—	1	0.01
127	1	—	1	0.01
年龄不详	26576	10785	15791	0.03

四川省人口年龄统计表

年　龄	总　人　口			各年龄人口占总人口百分比
	合　计	男	女	
总计*	**67956490**	**34686076**	**33270414**	**100.00**
60	364502	148764	215738	0.54
61	338927	136316	202611	0.50
62	303538	118263	185275	0.45
63	304814	119610	185204	0.45
64	266202	101813	164389	0.39
65	235575	88882	146693	0.35
66	204146	75701	128445	0.30
67	190729	71699	119030	0.28
68	177395	66277	111118	0.26
69	167983	62366	105617	0.25
70	155608	54436	101172	0.23
71	123952	44118	79834	0.18
72	93957	32984	60973	0.14
73	79605	27802	51803	0.12
74	76306	25460	50846	0.11
75	69746	22810	46936	0.10
76	56899	18424	38475	0.08
77	48164	14959	33205	0.07
78	39864	12059	27805	0.06
79	30480	9401	21079	0.04
80	24556	7147	17409	0.04
81	17685	5135	12550	0.03
82	14471	3999	10472	0.02
83	11790	3092	8698	0.02
84	8664	2188	6476	0.01
85	6038	1534	4504	0.01
86	4654	1153	3501	0.02
87	3807	920	2887	0.02
88	2639	657	1982	0.02
89	1516	388	1128	0.02
90	1052	224	828	0.02

四川省人口年龄统计表

年　龄	总　人　口			各年龄人口占总人口百分比
	合　计	男	女	
91	564	134	430	0.02
92	430	86	344	0.02
93	338	73	265	0.02
94	253	49	204	0.02
95	190	36	154	0.02
96	169	43	126	0.02
97	130	25	105	0.02
98	114	16	98	0.02
99	81	13	68	0.02
100	40	9	31	0.02
101	30	8	22	0.02
102	26	11	15	0.02
103	11	1	10	0.02
104	6	1	5	0.02
105	13	—	13	0.02
106	9	1	8	0.02
107	2	2	—	0.02
108	2	—	2	0.02
109	5	—	5	0.02
110	8	1	7	0.02
111	1	—	1	0.02
112	1	1	—	0.02
115	1	1	—	0.02
120	1	—	1	0.02
121	1	—	1	0.02
年龄不详	41800	19998	21802	0.06

云南省人口年龄统计表

年龄	总人口			各年龄人口占总人口百分比
	合计	男	女	
总计*	**20509525**	**10247452**	**10262073**	**100.00**
60	122037	52242	69795	0.60
61	112128	47465	64663	0.55
62	100870	42201	58669	0.49
63	90544	37512	53032	0.44
64	81775	33813	47962	0.40
65	76291	30714	45577	0.37
66	73459	29412	44047	0.36
67	63898	25206	38692	0.31
68	58032	23480	34552	0.28
69	49013	19384	29629	0.24
70	43893	16988	26905	0.21
71	36558	14162	22396	0.18
72	32358	12386	19972	0.16
73	27139	10297	16842	0.13
74	26890	10092	16798	0.13
75	23006	8406	14600	0.11
76	18176	6699	11477	0.09
77	15993	5771	10222	0.08
78	13733	4880	8853	0.07
79	10955	3832	7123	0.05
80	9816	3477	6339	0.05
81	6563	2217	4346	0.03
82	5294	1810	3484	0.03
83	3874	1307	2567	0.02
84	3111	990	2121	0.02
85	2474	793	1681	0.01
86	1838	597	1241	0.03
87	1628	476	1152	0.03
88	1344	393	951	0.03
89	1168	338	830	0.03
90	982	305	677	0.03
91	414	115	299	0.01
92	324	87	237	0.01
93	299	93	206	0.01

云南省人口年龄统计表

年　龄	总　人　口			各年龄人口占总人口百分比
	合　计	男	女	
94	304	76	228	0.01
95	316	82	234	0.01
96	248	65	183	0.01
97	222	54	168	0.01
98	222	66	156	0.01
99	160	35	125	0.01
100	178	50	128	0.01
101	35	14	21	0.01
102	39	8	31	0.01
103	31	11	20	0.01
104	22	5	17	0.01
105	27	14	13	0.01
106	11	1	10	0.01
107	6	—	6	0.01
108	17	4	13	0.01
109	4	1	3	0.01
110	11	7	4	0.01
111	4	1	3	0.01
112	2	1	1	0.01
113	1	—	1	0.01
115	2	—	2	0.01
117	2	—	2	0.01
120	9	2	7	0.01
125	3	3	—	0.01
127	1	1	—	0.01
135	1	1	—	0.01
140	1	—	1	0.01
年龄不详	43935	21318	22617	0.21

贵州省人口年龄统计表

年　龄	总　人　口			各年龄人口占总人口百分比
	合　计	男	女	
总计*	**17140521**	**8684790**	**8455731**	**100.00**
60	111418	47142	64276	0.65
61	109026	45759	63267	0.64
62	84155	35149	49006	0.49
63	74398	31158	43240	0.43
64	66759	27385	39374	0.39
65	55970	22371	33599	0.33
66	54712	21642	33070	0.32
67	47614	18755	28859	0.28
68	43684	17152	26532	0.25
69	41930	16482	25448	0.24
70	36069	13615	22454	0.21
71	30651	11718	18933	0.18
72	23944	9007	14937	0.14
73	20059	7407	12652	0.12
74	19164	7028	12136	0.11
75	16797	6059	10738	0.10
76	14392	5080	9312	0.08
77	12286	4241	8045	0.07
78	10077	3378	6699	0.06
79	7743	2628	5115	0.05
80	6123	2060	4063	0.04
81	4685	1505	3180	0.03
82	3922	1188	2734	0.02
83	3034	965	2069	0.02
84	2176	688	1488	0.01
85	1639	497	1142	0.01
86	1224	377	847	0.03
87	1032	292	740	0.03
88	769	213	556	0.03
89	539	125	414	0.03
90	331	87	244	0.03
91	173	37	136	0.01
92	135	26	109	0.01
93	86	14	72	0.01
94	89	23	66	0.01
95	86	14	72	0.01
96	90	21	69	0.01
97	67	11	56	0.01
98	70	15	55	0.01
99	51	16	35	0.01
100	24	—	24	0.01
101	15	5	10	0.01
102	13	2	11	0.01
103	9	1	8	0.01
104	3	1	2	0.01
105	5	2	3	0.01
106	3	—	3	0.01
107	5	—	5	0.01
108	2	1	1	0.01
109	4	3	1	0.01
114	3	1	2	0.01
118	1	1	—	0.01
年龄不详	11565	4805	6760	0.07

陕西省人口年龄统计表

年　龄	总　人　口			各年龄人口占总人口百分比
	合　计	男	女	
总计*	**20766915**	**10896670**	**9870245**	**100.00**
60	135799	72966	62833	0.65
61	143644	77166	66478	0.69
62	83283	44625	38658	0.40
63	87420	47917	39503	0.42
64	73145	39332	33813	0.35
65	72892	38892	34000	0.35
66	74675	39300	35375	0.36
67	68316	35707	32609	0.33
68	70742	36785	33957	0.34
69	66090	34038	32052	0.32
70	56657	28185	28472	0.27
71	50874	26030	24844	0.24
72	43926	22058	21868	0.21
73	34160	16907	17253	0.16
74	33845	16595	17250	0.16
75	28983	13940	15043	0.14
76	24886	11793	13093	0.12
77	21806	10164	11642	0.11
78	17915	8118	9797	0.09
79	14632	6504	8128	0.07
80	11936	5129	6807	0.06
81	10107	4254	5853	0.05
82	8185	3281	4904	0.04
83	5926	2326	3600	0.03
84	5372	1979	3393	0.03
85	1852	641	1211	0.01
86	1358	490	868	0.02
87	1073	358	715	0.02
88	783	285	498	0.02
89	588	175	413	0.02
90	364	115	249	0.02
91	224	67	157	0.02
92	138	36	102	0.02
93	96	30	66	0.02
94	94	22	72	0.02
95	68	14	54	0.02
96	72	18	54	0.02
97	36	12	24	0.02
98	31	8	23	0.02
99	22	5	17	0.02
100	15	4	11	0.02
101	10	1	9	0.02
102	18	2	16	0.02
103	6	1	5	0.02
104	9	2	7	0.02
105	5	1	4	0.02
106	2	—	2	0.02
107	1	—	1	0.02
108	2	—	2	0.02
110	2	—	2	0.02
112	1	—	1	0.02
113	1	—	1	0.02
116	1	—	1	0.02
119	2	—	2	0.02
年龄不详	3595	1674	1921	0.02

甘肃省人口年龄统计表

年龄	总人口			各年龄人口占总人口百分比
	合计	男	女	
总计*	**12630569**	**6571652**	**6058917**	**100.00**
60	61745	30126	31619	0.49
61	63772	30933	32839	0.51
62	46603	22251	24352	0.37
63	45684	22208	23476	0.36
64	39151	18661	20490	0.31
65	35431	17071	18360	0.28
66	34020	16111	17909	0.27
67	28933	13517	15416	0.23
68	25131	12068	13063	0.20
69	23060	10736	12324	0.18
70	18083	8317	9766	0.14
71	16697	7812	8885	0.13
72	14479	6759	7720	0.11
73	11858	5484	6374	0.09
74	10920	4974	5946	0.09
75	8908	4093	4815	0.07
76	7315	3172	4143	0.06
77	6209	2735	3474	0.05
78	4911	2153	2758	0.04
79	3743	1542	2201	0.03
80	3167	1323	1853	0.03
81	2315	956	1359	0.02
82	1855	768	1087	0.01
83	1401	538	863	0.01
84	1108	459	649	0.01
85	605	234	371	0.02
86	412	170	242	0.02
87	306	110	196	0.02
88	222	76	146	0.02
89	154	61	93	0.02
90	94	30	64	0.02
91	63	20	43	0.02
92	32	10	22	0.02
93	30	8	22	0.02
94	30	7	23	0.02
95	27	7	20	0.02
96	20	3	17	0.02
97	19	7	12	0.02
98	13	3	10	0.02
99	14	3	11	0.02
100	3	1	2	0.02
102	2	1	1	0.02
103	3	—	3	0.02
104	3	—	3	0.02
105	2	—	2	0.02
106	2	1	1	0.02
107	2	—	2	0.02
109	1	—	1	0.02
年龄不详	1676	775	901	0.01

青海省人口年龄统计表

年龄	总人口			各年龄人口占总人口百分比
	合计	男	女	
总计*	**2145604**	**1137994**	**1007610**	**100.00**
60	9542	4393	5149	0.45
61	8822	4036	4786	0.41
62	8339	3805	4534	0.39
63	7882	3590	4292	0.37
64	6742	3040	3702	0.31
65	5898	2536	2362	0.27
66	5874	2509	3365	0.27
67	4457	1897	2560	0.21
68	3365	1380	1985	0.16
69	3376	1380	1996	0.16
70	2487	1031	1456	0.12
71	2373	946	1427	0.11
72	2609	1048	1561	0.12
73	1963	806	1157	0.09
74	2018	813	1205	0.09
75	1604	626	978	0.07
76	1452	560	892	0.07
77	1332	503	829	0.06
78	1004	379	625	0.05
79	872	310	562	0.04
80	689	267	422	0.03
81	583	184	399	0.03
82	509	197	312	0.02
83	402	151	251	0.02
84	322	115	207	0.02
85	230	73	157	0.01
86	165	56	109	0.03
87	180	63	117	0.03
88	110	26	84	0.03
89	85	26	59	0.03
90	54	12	42	0.03
91	28	4	24	0.02
92	32	5	27	0.02

青海省人口年龄统计表

年龄	总人口			各年龄人口占总人口百分比
	合计	男	女	
93	27	8	19	0.02
94	34	11	23	0.02
95	29	6	23	0.02
96	27	8	19	0.02
97	21	5	16	0.02
98	15	2	13	0.02
99	24	7	17	0.02
100	10	1	9	0.02
101	9	1	8	0.02
102	11	1	10	0.02
103	10	1	9	0.02
104	8	3	5	0.02
105	3	2	1	0.02
106	6	—	6	0.02
107	7	1	6	0.02
108	10	1	9	0.02
109	7	—	7	0.02
110	8	1	7	0.02
111	4	—	4	0.02
112	2	1	1	0.02
116	2	1	1	0.02
118	2	1	1	0.02
119	1	—	1	0.02
年龄不详	211	130	81	0.01

新疆维吾尔自治区人口年龄统计表

年龄	总人口			各年龄人口占总人口百分比
	合计	男	女	
总计*	**7270067**	**3894740**	**3375327**	**100.00**
60	47069	23365	23704	0.65
61	25403	13908	11495	0.35
62	26430	14626	11804	0.36
63	26808	14852	11956	0.37
64	27804	14991	12813	0.38
65	29142	15355	13787	0.40
66	21027	11746	9281	0.29
67	17857	10185	7672	0.25
68	19998	11059	8939	0.28
69	19354	10251	9103	0.27
70	24725	12698	12027	0.34
71	12737	7529	5208	0.18
72	13387	8116	5271	0.18
73	12317	7341	4976	0.17
74	13612	7912	5700	0.19
75	15550	8647	6903	0.21
76	10170	6220	3950	0.14
77	8537	5337	3200	0.12
78	9234	5381	3862	0.13
79	7927	4386	3541	0.11
80	10868	5769	5099	0.15
81	4637	2981	1656	0.06
82	4732	3064	1668	0.07
83	4305	2713	1592	0.06
84	4743	3013	1730	0.07
85	4936	3023	1913	0.07
86	3145	2040	1105	0.04
87	2288	1455	833	0.03
88	2254	1373	881	0.03
89	2213	1239	974	0.03
90	2874	1547	1327	0.04
91	998	639	359	0.01
92	1039	715	324	0.02
93	998	660	338	0.01
94	1131	727	404	0.02
95	1396	870	526	0.02

新疆维吾尔自治区人口年龄统计表

年龄	总人口			各年龄人口占总人口百分比
	合计	男	女	
96	962	605	357	0.01
97	701	450	251	0.01
98	829	469	360	0.01
99	967	545	422	0.01
100	1318	729	589	0.02
101	204	123	81	0.02
102	197	121	76	0.02
103	173	112	61	0.02
104	147	88	59	0.02
105	179	103	76	0.02
106	92	61	31	0.02
107	87	54	33	0.02
108	113	75	38	0.02
109	88	48	40	0.02
110	158	95	63	0.02
111	26	17	9	0.02
112	31	17	14	0.02
113	20	13	7	0.02
114	23	17	6	0.02
115	36	20	16	0.02
116	22	14	8	0.02
117	14	10	4	0.02
118	17	9	8	0.02
119	7	5	2	0.02
120	45	21	24	0.02
121	1	1	—	0.02
123	2	—	2	0.02
124	5	2	3	0.02
125	8	5	3	0.02
126	3	2	1	0.02
127	2	2	—	0.02
128	2	1	1	0.02
129	1	1	—	0.02
130	2	1	1	0.02
134	1	—	1	0.02
135	1	1	—	0.02
年龄不详	964	656	308	0.01

宁夏回族自治区人口年龄统计表

年龄	总人口			各年龄人口占总人口百分比
	合计	男	女	
总计*	**2107490**	**1108421**	**999069**	**100.00**
60	10477	5854	4623	0.50
61	10664	5917	4747	0.51
62	7907	4552	3355	0.38
63	7406	4204	3202	0.35
64	6677	3747	2930	0.32
65	5914	3233	2681	0.28
66	5769	3232	2537	0.27
67	5252	2887	2365	0.25
68	4798	2641	2157	0.23
69	4171	2349	1822	0.20
70	3380	1901	1479	0.16
71	2880	1669	1211	0.14
72	2755	1584	1171	0.13
73	2240	1241	999	0.11
74	1984	1133	851	0.09
75	1740	983	757	0.08
76	1412	760	652	0.07
77	1186	624	562	0.06
78	894	474	420	0.04
79	763	398	365	0.04
80	649	350	299	0.03
81	533	293	240	0.03
82	435	266	209	0.02
83	300	171	129	0.01
84	252	130	122	0.01
85	136	72	64	0.02
86	126	57	69	0.02
87	112	51	61	0.02
88	77	35	42	0.02
89	45	17	28	0.02
90	30	10	20	0.02
91	22	8	14	0.01
92	14	2	12	0.01
93	14	7	7	0.01
94	16	7	9	0.01
95	17	4	13	0.01
96	16	8	8	0.01
97	11	4	7	0.01
98	14	4	10	0.01
99	8	2	6	0.01
100	6	1	5	0.01
101	2	—	2	0.01
103	2	—	2	0.01
105	1	—	1	0.01
106	1	—	1	0.01
108	2	—	2	0.01
110	2	1	1	0.01
年龄不详	112	48	64	0.01

第三次人口普查(1982 年)

7. 人口各年龄组分布状况

年龄别	人口数			占总人口数合计的百分比(%)		
	合计	男	女	合计	男	女
总　计*	**1003913927**	**515277505**	**488636422**	**100.00**	**51.33**	**48.67**
60—64 岁	27362204	13709397	13652807	2.73	1.37	1.36
65—79 岁	44225458	20103407	24122051	4.41	2.00	2.40
80—99 岁	5046240	1764688	3281552	0.50	0.18	0.33
100 岁及以上	3851	1135	2716	—	—	—
不详	771	364	407	—	—	—

* 此数据为所有年龄段数据和,后同。

34. 人口年龄状况

年龄别	人口数			占总人口数合计的百分比(%)			性别比(女=100)
	合计	男	女	合计	男	女	
总　计*	**1003913927**	**515277505**	**488636422**	**100.00**	**51.33**	**48.67**	**105.45**
60—64 岁	27362204	13709397	13652807	2.73	1.37	1.36	100.41
60	6162246	3130575	3031671	0.61	0.31	0.30	103.26
61	5753771	2907890	2845881	0.57	0.29	0.28	102.18
62	5688684	2854566	2834118	0.57	0.28	0.28	100.72
63	4996706	2455851	2510855	0.49	0.24	0.25	97.81
64	4790797	2360515	2430282	0.48	0.24	0.24	97.13
65—69 岁	21260370	10171973	11088397	2.12	1.01	1.10	91.74
65	4804711	2327945	2476766	0.48	0.23	0.25	93.99
66	4475235	2153933	2321302	0.45	0.21	0.23	92.79
67	4159969	1995038	2164931	0.41	0.20	0.22	92.15
68	4246945	2018582	2228363	0.42	0.20	0.22	90.59
69	3573510	1676475	1897035	0.36	0.17	0.19	88.37
70—74 岁	14348045	6434731	7913314	1.43	0.64	0.79	81.32
70	3248508	1508959	1739913	0.32	0.15	0.17	86.71
71	3067353	1405271	1662082	0.31	0.14	0.17	84.55
72	2923408	1306674	1616734	0.29	0.13	0.16	80.82
73	2747288	1198007	1549281	0.27	0.12	0.15	77.33
74	2361488	1016184	1345304	0.24	0.10	0.13	75.54
75—79 岁	8617043	3496703	5120340	0.86	0.35	0.51	68.29
75	2114856	891456	1223400	0.21	0.09	0.12	72.87
76	1993144	817130	1176014	0.20	0.08	0.12	69.48

34. 人口年龄状况(续1)

年龄别	人口数			占总人口数合计的百分比(%)			性别比(女=100)
	合计	男	女	合计	男	女	
77	1688121	682054	1006067	0.17	0.07	0.10	67.79
78	1512955	598805	914150	0.15	0.06	0.09	65.50
79	1307967	507258	800709	0.13	0.05	0.08	63.35
80—84岁	3704605	1350776	2353829	0.37	0.13	0.23	57.39
80	1114354	422376	691978	0.00	0.01	0.07	61.04
81	918361	339657	578704	0.09	0.03	0.03	58.69
82	694784	249804	444980	0.07	0.02	0.04	56.14
83	525285	184363	340922	0.05	0.02	0.03	54.08
84	451821	154576	297245	0.05	0.02	0.03	52.00
85—89岁	1008295	343600	744695	0.11	0.03	0.07	46.14
85	350137	117136	233001	0.03	0.01	0.02	50.27
86	270630	86059	184571	0.03	0.01	0.02	46.63
87	207445	64147	143298	0.02	0.01	0.01	44.76
88	151779	45245	106534	0.02	—	0.01	42.47
89	108304	31013	77291	0.01	—	0.01	40.12
90—94岁	218046	59583	158463	0.02	0.01	0.02	37.60
90	87670	25392	62278	0.01	—	0.01	40.77
91	51696	13868	37828	0.01	—	—	36.66
92	37247	9727	27520	—	—	—	35.35
93	24888	6318	18570	—	—	—	34.02
94	16545	4278	12267	—	—	—	34.87
95—99岁	35294	10729	24565	—	—	—	43.68
95	12833	3689	9144	—	—	—	40.34
96	8657	2649	6008	—	—	—	44.09
97	5730	1676	4054	—	—	—	41.34
98	4770	1612	3158	—	—	—	51.04
99	3304	1103	2201	—	—	—	50.11
100—104岁	2922	749	2173	—	—	—	34.47
100	1147	272	875	—	—	—	31.09
101	708	176	532	—	—	—	33.08
102	520	140	380	—	—	—	36.84
103	295	80	215	—	—	—	37.21
104	252	81	171	—	—	—	47.37
105—109岁	670	242	428	—	—	—	56.54
105	254	92	162	—	—	—	56.79
106	164	54	110	—	—	—	49.09
107	119	37	82	—	—	—	45.12
108	86	39	47	—	—	—	82.98
109	47	20	27	—	—	—	74.07
110—114岁	171	90	81	—	—	—	111.11

34. 人口年龄状况(续 2)

年龄别	人口数			占总人口数合计的百分比(%)			性别比(女=100)
	合计	男	女	合计	男	女	
110	86	42	44	—	—	—	95.45
111	31	14	17	—	—	—	82.35
112	24	14	10	—	—	—	140.00
113	7	5	2	—	—	—	250.00
114	23	15	8	—	—	—	187.50
115—119 岁	54	36	18	—	—	—	200.00
115	21	12	9	—	—	—	133.33
116	13	11	2	—	—	—	550.00
117	4	1	3	—	—	—	33.33
118	11	8	3	—	—	—	266.67
119	5	4	1	—	—	—	400.00
120—124 岁	30	14	16	—	—	—	87.50
120	21	10	11	—	—	—	90.91
121	2	—	2	—	—	—	—
122	4	1	3	—	—	—	33.33
123	2	2	—	—	—	—	—
124	1	1	—	—	—	—	—
125—129 岁	3	3	—	—	—	—	—
125	—	—	—	—	—	—	—
126	2	2	—	—	—	—	—
127	—	—	—	—	—	—	—
128	—	—	—	—	—	—	—
129	1	1	—	—	—	—	—
130—134	1	1	—	—	—	—	—
130	1	1	—	—	—	—	—
131	—	—	—	—	—	—	—
132	—	—	—	—	—	—	—
133	—	—	—	—	—	—	—
134	—	—	—	—	—	—	—
135—139 岁	—	—	—	—	—	—	—
135	—	—	—	—	—	—	—
136	—	—	—	—	—	—	—
137	—	—	—	—	—	—	—
138	—	—	—	—	—	—	—
139	—	—	—	—	—	—	—
…	—	—	—	—	—	—	—
…	—	—	—	—	—	—	—
…	—	—	—	—	—	—	—
…	—	—	—	—	—	—	—
…	—	—	—	—	—	—	—
…	—	—	—	—	—	—	—
不详	771	364	407	—	—	—	89.43

35. 市(不含市辖县)人口年龄状况

年龄别	人口数			占总人口数合计的百分比(%)			性别比(女=100)
	合计	男	女	合计	男	女	
总　计*	**145253071**	**75287073**	**69965998**	**100.00**	**51.83**	**48.17**	**107.61**
60—64岁	3899916	2011761	1888155	2.68	1.39	1.30	106.55
60	898187	469062	429125	0.62	0.32	0.30	109.31
61	835780	433460	402320	0.58	0.30	0.28	107.74
62	785528	408515	377013	0.54	0.28	0.26	108.36
63	706331	359667	346664	0.49	0.25	0.24	103.75
64	674090	341057	333033	0.46	0.23	0.23	102.41
65—69岁	2901111	1427793	1473319	2.00	0.98	1.01	96.91
65	649319	326281	323038	0.45	0.22	0.22	101.00
66	608353	301295	307058	0.42	0.21	0.21	98.12
67	566713	279474	287239	0.39	0.19	0.20	97.30
68	581940	283199	298741	0.40	0.19	0.21	94.80
69	494786	237543	257243	0.34	0.16	0.18	92.34
70—74岁	1965014	891579	1073435	1.35	0.61	0.74	83.06
70	448191	212434	235757	0.31	0.15	0.16	90.11
71	428871	199079	229792	0.30	0.14	0.16	86.63
72	389557	179967	218590	0.27	0.12	0.15	82.33
73	369687	161538	208149	0.25	0.11	0.14	77.61
74	319708	138561	181147	0.22	0.10	0.12	76.49
75—79岁	1187090	476971	710119	0.82	0.33	0.49	67.17
75	288702	121829	166873	0.20	0.08	0.11	73.01
76	270511	109870	160641	0.19	0.08	0.11	68.39
77	235156	93791	141365	0.16	0.06	0.10	66.35
78	208948	81022	127926	0.14	0.06	0.09	63.34
79	183773	70459	113314	0.13	0.05	0.08	62.18
80—84岁	544408	194798	349610	0.37	0.13	0.24	55.72
80	162236	60944	101292	0.11	0.04	0.07	60.17
81	136259	49590	86669	0.09	0.03	0.06	57.22
82	101841	35704	66137	0.07	0.02	0.05	53.98
83	77810	26630	51180	0.05	0.02	0.04	52.03
84	66262	21930	44332	0.05	0.02	0.03	49.47
85—89岁	164518	50135	114383	0.11	0.03	0.08	43.83
85	51693	16718	3497	0.04	0.01	0.02	47.80
86	40279	12391	27888	0.03	0.01	0.02	44.43
87	31579	9491	22088	0.02	0.01	0.02	42.97
88	23578	6746	16832	0.02	—	0.01	40.08
89	17389	4789	12600	0.01	—	0.01	38.01
90—94岁	35393	9058	26335	0.02	0.01	0.02	34.40
90	13535	3665	9870	0.01	—	0.01	37.13
91	8993	2298	6695	0.01	—	—	34.32
92	6204	1533	4671	—	—	—	32.82
93	4122	982	3140	—	—	—	31.27
94	2539	580	1959	—	—	—	29.61
95—99岁	4200	947	3253	—	—	—	29.11
95	1675	423	1252	—	—	—	33.79
96	1049	227	822	—	—	—	27.62
97	670	148	522	—	—	—	28.35
98	453	83	370	—	—	—	22.43
99	353	66	287	—	—	—	23.00
100—104岁	344	84	260	—	—	—	32.31
100	146	39	107	—	—	—	36.45
101	91	18	73	—	—	—	24.66
102	52	13	39	—	—	—	33.33

35. 市(不含市辖县)人口年龄状况(续)

年龄别	人口数			占总人口数合计的百分比(%)			性别比(女=100)
	合计	男	女	合计	男	女	
103	34	8	26	—	—	—	30.77
104	21	6	15	—	—	—	40.00
105—109 岁	57	12	45	—	—	—	26.67
105	18	4	14	—	—	—	28.57
106	13	2	11	—	—	—	18.18
107	13	3	10	—	—	—	30.00
108	10	2	8	—	—	—	25.00
109	3	1	2	—	—	—	50.00
110—114 岁	7	4	3	—	—	—	133.33
110	2	—	2	—	—	—	—
111	2	2	—	—	—	—	—
112	1	1	—	—	—	—	—
113	—	—	—	—	—	—	—
114	2	1	1	—	—	—	100.00
115—119 岁	2	1	1	—	—	—	100.00
115	1	—	1	—	—	—	—
116	—	—	—	—	—	—	—
117	—	—	—	—	—	—	—
118	1	1	—	—	—	—	—
119	—	—	—	—	—	—	—
120—124 岁	—	—	—	—	—	—	—
120	—	—	—	—	—	—	—
121	—	—	—	—	—	—	—
122	—	—	—	—	—	—	—
123	—	—	—	—	—	—	—
124	—	—	—	—	—	—	—
125—129 岁	—	—	—	—	—	—	—
125	—	—	—	—	—	—	—
126	—	—	—	—	—	—	—
127	—	—	—	—	—	—	—
128	—	—	—	—	—	—	—
129	—	—	—	—	—	—	—
130—134 岁	—	—	—	—	—	—	—
130	—	—	—	—	—	—	—
131	—	—	—	—	—	—	—
132	—	—	—	—	—	—	—
133	—	—	—	—	—	—	—
134	—	—	—	—	—	—	—
135—139 岁	—	—	—	—	—	—	—
135	—	—	—	—	—	—	—
136	—	—	—	—	—	—	—
137	—	—	—	—	—	—	—
138	—	—	—	—	—	—	—
139	—	—	—	—	—	—	—
…	—	—	—	—	—	—	—
…	—	—	—	—	—	—	—
…	—	—	—	—	—	—	—
…	—	—	—	—	—	—	—
…	—	—	—	—	—	—	—
…	—	—	—	—	—	—	—
不详	155	79	76	—	—	—	103.95

36. 镇人口年龄状况

年龄别	人口数			占总人口数合计的百分比(%)			性别比
	合计	男	女	合计	男	女	(女=100)
总　计*	**61056073**	**32733647**	**28322426**	**100.00**	**53.61**	**46.39**	**115.58**
60—64岁	1391726	725682	666044	2.28	1.19	1.09	108.95
60	321548	173323	148225	0.53	0.28	0.24	116.93
61	298226	157996	140230	0.49	0.26	0.23	112.67
62	283175	147201	135974	0.46	0.24	0.22	108.26
63	248629	126466	122163	0.41	0.21	0.20	103.52
64	240148	120696	119452	0.39	0.20	0.20	101.04
65—69岁	1061305	512751	548554	1.74	0.84	0.90	93.47
65	235166	116620	118546	0.39	0.19	0.19	98.38
66	220250	107123	113127	0.36	0.18	0.19	94.69
67	208438	100791	107647	0.34	0.17	0.18	93.63
68	213381	101904	111477	0.35	0.17	0.18	91.41
69	184070	86313	97757	0.30	0.14	0.16	88.29
70—74岁	740092	329819	410273	1.21	0.54	0.67	80.39
70	168632	78181	90451	0.28	0.13	0.15	86.43
71	160213	73372	86841	0.26	0.12	0.14	84.49
72	149728	66622	83106	0.25	0.11	0.14	80.17
73	140044	60098	79946	0.23	0.10	0.13	75.17
74	121475	51546	69929	0.20	0.08	0.11	73.71
75—79岁	462394	183485	278909	0.76	0.30	0.46	65.79
75	111201	45864	65337	0.18	0.08	0.11	70.20
76	104893	42107	62786	0.17	0.07	0.10	67.06
77	91106	35750	55356	0.15	0.06	0.09	64.58
78	82673	32069	50568	0.14	0.05	0.08	63.42
79	72557	27695	44862	0.12	0.05	0.07	61.73
80—84岁	217606	78753	138853	0.36	0.13	0.23	56.72
80	64531	24253	40278	0.11	0.04	0.07	60.21
81	55035	20151	34884	0.09	0.03	0.06	57.77
82	40686	14562	26124	0.07	0.02	0.04	55.74
83	31093	10907	20186	0.05	0.02	0.03	54.03
84	26261	8880	17381	0.04	0.01	0.03	51.09
85—89岁	67443	21562	45881	0.11	0.04	0.08	47.00
85	20634	6938	13696	0.03	0.01	0.02	50.66
86	16246	5229	11017	0.03	00.01	0.02	47.46
87	13089	4084	9005	0.02	0.01	0.01	45.35
88	10017	3087	6930	0.02	0.01	0.01	44.55
89	7457	2224	5.233	0.01		0.01	42.50
90—94岁	15423	4348	11075	0.03	0.01	0.02	39.26
90	5887	1700	4187	0.01	—	0.01	40.60
91	3864	1112	2752	0.01	—	—	40.41
92	2672	723	1949	—	—	—	37.10
93	1857	483	1374	—	—	—	35.15
94	1143	330	813	—	—	—	40.59
95—99岁	2235	651	1584	—	—	—	41.10
95	847	222	625	—	—	—	35.52
96	540	175	365	—	—	—	47.95
97	385	110	275	—	—	—	40.00
98	281	86	195	—	—	—	44.10
99	182	58	124	—	—	—	46.77
100—104岁	196	43	153	—	—	—	28.10
100	70	18	52	—	—	—	34.62
101	55	6	49	—	—	—	12.24
102	36	8	28	—	—	—	28.57

36. 镇人口年龄状况(续)

年龄别	人口数			占总人口数合计的百分比(%)			性别比(女=100)
	合计	男	女	合计	男	女	
103	13	2	11	—	—	—	18.18
104	22	9	13	—	—	—	69.23
105—109 岁	35	15	20	—	—	—	75.00
105	9	3	6	—	—	—	50.00
106	8	3	5	—	—	—	60.00
107	9	4	5	—	—	—	80.00
108	4	2	2	—	—	—	100.00
109	5	3	2	—	—	—	150.00
110—114 岁	7	4	3	—	—	—	133.33
110	2	—	2	—	—	—	—
111	1	—	1	—	—	—	—
112	2	2	—	—	—	—	—
113	—	—	—	—	—	—	—
114	2	2	—	—	—	—	—
115—119 岁	2	—	2	—	—	—	—
115	1	—	1	—	—	—	—
116	—	—	—	—	—	—	—
117	1	—	1	—	—	—	—
118	—	—	—	—	—	—	—
119	—	—	—	—	—	—	—
120—124 岁	1	—	1	—	—	—	—
120	1	—	1	—	—	—	—
121	—	—	—	—	—	—	—
122	—	—	—	—	—	—	—
123	—	—	—	—	—	—	—
124	—	—	—	—	—	—	—
125—129 岁	—	—	—	—	—	—	—
125	—	—	—	—	—	—	—
126	—	—	—	—	—	—	—
127	—	—	—	—	—	—	—
128	—	—	—	—	—	—	—
129	—	—	—	—	—	—	—
130—134 岁	—	—	—	—	—	—	—
130	—	—	—	—	—	—	—
131	—	—	—	—	—	—	—
132	—	—	—	—	—	—	—
133	—	—	—	—	—	—	—
134	—	—	—	—	—	—	—
135—139 岁	—	—	—	—	—	—	—
135	—	—	—	—	—	—	—
136	—	—	—	—	—	—	—
137	—	—	—	—	—	—	—
138	—	—	—	—	—	—	—
139	—	—	—	—	—	—	—
…	—	—	—	—	—	—	—
…	—	—	—	—	—	—	—
…	—	—	—	—	—	—	—
…	—	—	—	—	—	—	—
…	—	—	—	—	—	—	—
…	—	—	—	—	—	—	—
不详	54	35	19	—	—	—	184.21

37. 县(不含镇)人口年龄状况

年龄别	人口数			占总人口数合计的百分比(%)			性别比(女=100)
	合计	男	女	合计	男	女	
总　计*	**797604783**	**407256785**	**390347998**	**100.00**	**51.06**	**48.94**	**104.33**
60—64岁	22070562	10971954	11098608	2.77	1.38	1.39	98.86
60	4942511	2488190	2454321	0.62	0.31	0.31	101.38
61	4619765	2316434	2303331	0.58	0.29	0.29	100.57
62	4619981	2298850	2321131	0.58	0.29	0.29	99.04
63	4011746	1969718	2042028	0.50	0.25	0.26	96.46
64	3876559	1898762	1977797	0.49	0.24	0.25	96.00
65—69岁	17297954	8231430	9066524	2.17	1.03	1.14	90.79
65	3920226	1885044	2035182	0.49	0.24	0.26	92.62
66	3646632	1745515	1901117	0.46	0.22	0.24	91.82
67	3384818	1614773	1770045	0.42	0.20	0.22	91.23
68	3451624	1633479	1818145	0.43	0.20	0.23	89.84
69	2894654	1352619	1542035	0.36	0.17	0.19	87.72
70—74岁	11642939	5213333	6429606	1.46	0.65	0.81	81.08
70	2631685	1217980	1413705	0.33	0.15	0.18	86.16
71	2478269	1132820	1345449	0.31	0.14	0.17	84.20
72	2375123	1060085	1315038	0.30	0.13	0.16	80.61
73	2237557	976371	1261186	0.28	0.12	0.16	77.42
74	1920305	826077	1094228	0.24	0.10	0.14	75.49
75—79岁	6967559	2836247	4131312	0.87	0.36	0.52	68.65
75	1714953	723763	991190	0.22	0.09	0.12	73.02
76	1617740	665153	952587	0.20	0.08	0.12	69.83
77	1361859	552513	809346	0.17	0.07	0.10	68.27
78	1221370	485714	735656	0.15	0.06	0.09	66.02
79	1051637	409104	642533	0.13	0.05	0.08	63.67
80—84岁	2942591	1077225	1865366	0.37	0.14	0.23	57.75
80	887587	337179	550408	0.11	0.04	0.07	61.26
81	727067	269916	457151	0.09	0.03	0.06	59.04
82	552257	199538	352719	0.07	0.03	0.04	56.57
83	416382	146826	269556	0.05	0.02	0.03	54.47
84	359298	123766	235532	0.05	0.02	0.03	52.55
85—89岁	856334	271903	584431	0.11	0.03	0.07	46.52
85	277810	93480	184330	0.03	0.01	0.02	50.71
86	214105	68439	145666	0.03	0.01	0.02	46.98
87	162777	50572	112205	0.02	0.01	0.01	45.07
88	118184	35412	82772	0.01	—	0.01	42.78
89	83458	24000	59458	0.01	—	0.01	40.36
90—94岁	167230	46177	121053	0.02	0.01	0.02	38.15
90	68248	20027	48221	0.01	—	0.01	41.53
91	38839	10458	28381	—	—	—	36.85
92	28371	7471	20900	—	—	—	35.75
93	18909	4853	14056	—	—	—	34.53
94	12863	3368	9495	—	—	—	35.47
95—99岁	28859	9131	19728	—	—	—	46.28
95	10311	3044	7267	—	—	—	41.89
96	7068	2247	4821	—	—	—	46.61
97	4675	1418	3257	—	—	—	43.54
98	4036	1443	2593	—	—	—	55.65
99	2769	979	1790	—	—	—	54.69
100—104岁	2382	622	1760	—	—	—	35.34
100	931	215	716	—	—	—	30.03
101	562	152	410	—	—	—	37.07
102	432	119	313	—	—	—	38.02

37. 县(不含镇)人口年龄状况(续)

年龄别	人口数			占总人口数合计的百分比(%)			性别比(女=100)
	合计	男	女	合计	男	女	
103	248	70	178	—	—	—	39.33
104	209	66	143	—	—	—	46.15
105—109 岁	578	215	363	—	—	—	59.23
105	227	85	142	—	—	—	59.86
106	143	49	94	—	—	—	52.13
107	97	30	67	—	—	—	44.78
108	72	35	37	—	—	—	94.59
109	39	16	23	—	—	—	69.57
110—114 岁	157	82	75	—	—	—	109.33
110	82	42	40	—	—	—	105.00
111	28	12	16	—	—	—	75.00
112	21	11	10	—	—	—	110.00
113	7	5	2	—	—	—	250.00
114	19	12	7	—	—	—	171.43
115—119 岁	50	35	15	—	—	—	233.33
115	19	12	7	—	—	—	171.43
116	13	11	2	—	—	—	550.00
117	3	1	2	—	—	—	50.00
118	10	7	3	—	—	—	233.33
119	5	4	1	—	—	—	400.00
120—124 岁	29	14	15	—	—	—	93.33
120	20	10	10	—	—	—	100.00
121	2	—	2	—	—	—	—
122	4	1	3	—	—	—	33.33
123	2	2	—	—	—	—	—
124	1	1	—	—	—	—	—
125—129 岁	3	3	—	—	—	—	—
125	—	—	—	—	—	—	—
126	2	2	—	—	—	—	—
127	—	—	—	—	—	—	—
128	—	—	—	—	—	—	—
129	1	1	—	—	—	—	—
130—134	1	1	—	—	—	—	—
131	1	1	—	—	—	—	—
132	—	—	—	—	—	—	—
133	—	—	—	—	—	—	—
134	—	—	—	—	—	—	—
135—139 岁	—	—	—	—	—	—	—
135	—	—	—	—	—	—	—
136	—	—	—	—	—	—	—
137	—	—	—	—	—	—	—
138	—	—	—	—	—	—	—
139	—	—	—	—	—	—	—
…	—	—	—	—	—	—	—
…	—	—	—	—	—	—	—
…	—	—	—	—	—	—	—
…	—	—	—	—	—	—	—
…	—	—	—	—	—	—	—
…	—	—	—	—	—	—	—
不详	562	250	312	—	—	—	80.13

38. 市、镇、县人口年龄分组

年龄别	市(不含市辖县)			镇			县(不含镇)		
	合计	男	女	合计	男	女	合计	男	女
总　　计*	**145253071**	**75287073**	**69965998**	**61056073**	**32733647**	**28322426**	**797604783**	**407256785**	**390347998**
60—64 岁	3899916	2011761	1888155	1391726	725682	666044	22070562	10971954	11098608
65—79 岁	6053215	2796342	3256873	2263791	1026055	1237736	35908452	16281010	19627442
80—99 岁	748519	254938	493581	302707	105314	197393	3995014	1404436	2590578
100 岁及以上	410	101	309	241	62	179	3200	972	2228
不详	155	79	76	54	35	19	562	250	312

39. 百岁以上的人口数

地区别	合计	男				女			
		100—109 岁	110—119 岁	120—129 岁	130 岁以上	100—109 岁	110—119 岁	120—129 岁	130岁以上
总　　计	**3851**	**991**	**126**	**17**	**1**	**2601**	**99**	**16**	**—**
北京市	19	3	—	—	—	16	—	—	—
天津市	8	2	—	—	—	6	1	—	—
河北省	44	9	—	—	—	34	1	—	—
山西省	6	1	1	—	—	4	—	—	—
内蒙古自治区	16	8	1	—	—	6	1	—	—
辽宁省	51	20	—	—	—	31	—	—	—
吉林省	30	18	1	—	—	11	—	—	—
黑龙江省	33	12	—	—	—	19	2	—	—
上海市	20	3	—	—	—	17	—	—	—
江苏省	101	14	—	—	—	86	1	—	—
浙江省	54	6	—	—	—	48	—	—	—
安徽省	121	21	—	1	—	97	1	1	—
福建省	45	7	—	—	—	38	—	—	—
江西省	43	13	—	—	—	30	—	—	—
山东省	128	17	—	—	—	109	2	—	—
河南省	346	41	1	—	—	294	9	1	—
湖北省	91	16	1	—	—	72	1	1	—
湖南省	89	18	1	—	—	70	—	—	—
广东省	459	64	1	—	—	391	3	—	—
广西壮族自治区	412	86	3	—	—	307	12	4	—
四川省	379	67	4	—	—	304	3	1	—
贵州省	96	22	—	—	—	71	2	1	—
云南省	210	54	6	—	—	145	5	—	—
西藏自治区	61	11	—	—	—	47	3	—	—
陕西省	21	6	—	—	—	15	—	—	—
甘肃省	31	14	—	—	—	16	1	—	—
青海省	50	10	2	—	—	35	3	—	—
宁夏回族自治区	22	11	—	—	—	10	1	—	—
新疆维吾尔自治区	865	417	104	16	1	272	48	7	—

40. 市、镇、县劳动年龄人口状况

地区别	劳动年龄人口			市(不含市辖县)		镇		县(不含镇)	
	合计	男16—59岁	女16—54岁	男16—59岁	女16—54岁	男16—59岁	女16—54岁	男16—59岁	女16—54岁
总计	**550872915**	**294139599**	**256733316**	**49456376**	**42462835**	**21314964**	**16497998**	**223368259**	**197772483**
北京市	6065314	3154612	2910702	2037988	1842122	154721	113409	961903	955171
天津市	4958544	2585486	2373058	1809460	1647189	75981	52963	700045	672906
河北省	30206223	15983608	14222615	2267628	1772551	434848	337212	13281132	12112852
山西省	13935871	7511916	6423955	1497945	1185842	446389	257801	5567582	4980312
内蒙古自治区	10645057	5691815	4953242	1034446	942400	739818	655511	3917551	3355331
辽宁省	21542628	11234462	10308166	4123575	3834421	1175160	967715	5935727	5506030
吉林省	12821107	6688358	6132749	1772554	1657505	1084051	995310	3831753	3479934
黑龙江省	18362591	9574313	8788278	2795037	2626574	1286952	1235683	5492324	4926021
上海市	7895536	4136935	3758601	2360700	2030138	270606	200094	1505629	1528369
江苏省	35219573	18733561	16486012	2443062	2016997	1034258	794280	15256241	13674735
浙江省	22590339	12229083	10361256	2328082	1963804	1117153	885838	8783848	7511614
安徽省	26159090	14342543	11816547	1684112	1328694	763792	573768	11894639	9914085
福建省	13640408	7362994	6277414	1084386	912128	741511	556490	5537097	4808796
江西省	16608961	8955589	7653372	1301398	1099547	754258	546406	6899933	6007419
山东省	41926643	22037010	19889633	2855551	2514576	1808069	1494021	17373390	15881036
河南省	39274032	20948525	18325507	2446984	1998641	1222848	905742	17278693	15421124
湖北省	26424818	14196431	12228387	1943406	1617542	990774	758117	11262251	9852728
湖南省	29368834	15935560	13433274	1749236	1404711	947350	679180	13238974	11349383
广东省	32054932	17216402	14838530	2413619	2050932	1352591	1041674	13450192	11745924
广西壮族自治区	18615111	10045089	8570022	825907	687793	666806	472976	8552376	7409253
四川省	54038169	29291406	24746763	3316969	2799105	1760810	1142245	24213627	20805413
贵州省	13926848	7396176	6530672	1170607	991479	423402	350103	5802167	5189090
云南省	16299350	8582796	7716554	805725	658908	640861	444485	7136210	6613161
西藏自治区	969857	500196	469661	37215	29237	27340	19627	435641	420797
陕西省	16122046	8558680	7563366	1406696	1180545	568323	372507	6583661	6010314
甘肃省	10549635	5646179	4903456	713927	569409	381752	269173	4550500	4064874
青海省	1991884	1061798	930086	224882	193505	39834	27431	797082	709150
宁夏回族自治区	1953969	1030955	923014	219408	181553	74140	54005	737407	687456
新疆维吾尔自治区	6705545	3507121	3198434	785871	724987	330566	294232	2390684	2179205

41. 1981 年全国死亡人口的年龄状况

年龄别	死亡人口数			占死亡人口总合计数的百分比(%)		
	合计	男	女	合计	男	女
总　计*	**6273940**	**3315913**	**2958027**	**100.00**	**52.85**	**47.15**
60	106416	62938	43478	1.70	1.00	0.69
61	102457	60924	41533	1.63	0.97	0.66
62	109905	64345	45560	1.75	1.03	0.73
63	112968	65666	47302	1.80	1.05	0.75
64	120118	69646	50472	1.91	1.11	0.80
65	123563	71086	52477	1.97	1.13	0.84
66	128597	73434	55163	2.05	1.17	0.88
67	138019	78390	59629	2.20	1.25	0.95
68	135860	76303	59557	2.17	1.22	0.95
69	132987	73831	59156	2.12	1.18	0.94
70	149560	81361	68199	2.38	1.30	1.09
71	147574	79023	68551	2.35	1.26	1.09
72	160278	84184	76094	2.55	1.34	1.21
73	148541	76922	71619	2.37	1.23	1.14
74	144680	73622	71058	2.31	1.17	1.13
75	146208	72934	73274	2.33	1.16	1.17
76	138784	68185	70599	2.21	1.09	1.13
77	133969	64259	69710	2.14	1.02	1.11
78	134265	62964	71301	2.14	1.00	1.14
79	118921	54602	64319	1.90	0.87	1.03
80	120829	53629	67200	1.93	0.85	1.07
81	98664	42678	55986	1.57	0.68	0.89
82	86799	36775	50024	1.38	0.59	0.80
83	79040	32694	46346	1.26	0.52	0.74
84	67259	26534	40725	1.07	0.42	0.65
85	56342	21615	34727	0.90	0.34	0.55
86	47753	17721	30032	0.76	0.28	0.48
87	37349	13449	23900	0.60	0.21	0.38
88	30658	10525	20133	0.49	0.17	0.32
89	24105	7865	16240	0.38	0.13	0.26
90	18995	6024	12971	0.30	0.10	0.21
91	13458	4077	9381	0.21	0.06	0.15
92	9814	2821	6993	0.16	0.04	0.11
93	6999	1849	5150	0.11	0.03	0.08
94	4934	1327	3607	0.08	0.02	0.06
95	3651	947	2704	0.06	0.02	0.04
96	2709	696	2013	0.04	0.01	0.03
97	1872	468	1404	0.03	0.01	0.02
98	1337	353	984	0.02	0.01	0.02
99	734	175	559	0.01	—	0.01
100	587	184	403	0.01	—	0.01
101	252	77	175	—	—	—
102	195	56	139	—	—	—

41. 1981年全国死亡人口的年龄状况(续)

年龄别	死亡人口数			占死亡人口总合计数的百分比(%)		
	合计	男	女	合计	男	女
103	118	44	74	—	—	—
104	97	35	62	—	—	—
105	98	42	56	—	—	—
106	75	28	47	—	—	—
107	33	15	18	—	—	—
108	38	21	17	—	—	—
109	20	10	10	—	—	—
110	74	45	29	—	—	—
111	20	10	10	—	—	—
112	17	9	8	—	—	—
113	7	3	4	—	—	—
114	4	4	—	—	—	—
115	26	11	15	—	—	—
116	4	3	1	—	—	—
117	6	5	1	—	—	—
118	7	3	4	—	—	—
119	5	3	2	—	—	—
120	17	11	6	—	—	—
121	3	2	1	—	—	—
122	1	—	1	—	—	—
123	1	1	—	—	—	—
124	—	—	—	—	—	—
125	6	4	2	—	—	—
126	1	—	1	—	—	—
127	2	1	1	—	—	—
128	—	—	—	—	—	—
129	—	—	—	—	—	—
130	8	5	3	—	—	—
131	1	1	—	—	—	—
132	—	—	—	—	—	—
133	—	—	—	—	—	—
134	—	—	—	—	—	—
135	1	—	1	—	—	—
136	—	—	—	—	—	—
137	—	—	—	—	—	—
138	—	—	—	—	—	—
139	—	—	—	—	—	—
…	—	—	—	—	—	—
…	—	—	—	—	—	—
…	—	—	—	—	—	—
…	—	—	—	—	—	—
…	—	—	—	—	—	—
…	—	—	—	—	—	—
160	—	—	—	—	—	—

42. 1981 年全国市(不含市辖县)死亡人口的年龄状况

年龄别	死亡人口数			占死亡人口总合计数的百分比(%)		
	合计	男	女	合计	男	女
总　计*	**744771**	**404868**	**339903**	**100.00**	**54.36**	**45.64**
60	13379	8215	5164	1.80	1.10	0.69
61	13540	8266	5274	1.82	1.11	0.71
62	14254	8640	5614	1.91	1.16	0.75
63	14612	8758	5854	1.96	1.18	0.79
64	15393	9182	6211	2.07	1.23	0.83
65	15864	9513	6351	2.13	1.28	0.85
66	16785	9879	6906	2.25	1.33	0.93
67	18052	10636	7416	2.42	1.43	1.00
68	17507	10302	7205	2.35	1.38	0.97
69	17469	10212	7257	2.35	1.37	0.97
70	18735	10656	8079	2.52	1.43	1.08
71	19099	10652	8447	2.56	1.43	1.13
72	20073	10876	9197	2.70	1.46	1.23
73	18903	10284	8619	2.54	1.38	1.16
74	18664	9881	8783	2.51	1.33	1.18
75	18965	9770	9195	2.55	1.31	1.23
76	18286	9237	9049	2.46	1.24	1.22
77	18066	8841	9225	2.43	1.19	1.24
78	17559	8376	9183	2.36	1.12	1.23
79	16898	8027	8871	2.27	1.08	1.19
80	16182	7175	9007	2.17	0.96	1.21
81	13359	5757	7602	1.79	0.77	1.02
82	11543	4868	6675	1.55	0.65	0.90
83	10698	4461	6237	1.44	0.60	0.84
84	9213	3559	5654	1.24	0.48	0.76
85	8086	3018	5068	1.09	0.41	0.68
86	6946	2512	4452	0.94	0.34	0.60
87	5579	1959	3620	0.75	0.26	0.49
88	4762	1574	3188	0.64	0.21	0.43
89	3848	1238	2610	0.52	0.17	0.35
90	2958	901	2057	0.40	0.12	0.28
91	2277	675	1602	0.31	0.09	0.22
92	1572	419	1153	0.21	0.06	0.15
93	1072	284	788	0.14	0.04	0.11
94	707	171	536	0.09	0.02	0.07
95	492	130	362	0.07	0.02	0.05
96	342	64	278	0.05	0.01	0.04
97	269	74	195	0.04	0.01	0.03
98	174	40	134	0.02	0.01	0.02
99	124	29	95	0.02	—	0.01
100	75	22	53	0.01	—	0.01
101	45	15	30	0.01	—	—
102	26	7	19	—	—	—

42. 1981年全国市(不含市辖县)死亡人口的年龄状况(续)

年龄别	死亡人口数			占死亡人口总合计数的百分比(%)		
	合计	男	女	合计	男	女
103	11	2	9	—	—	—
104	12	5	7	—	—	—
105	11	3	8	—	—	—
106	7	1	6	—	—	—
107	4	1	3	—	—	—
108	2	2	—	—	—	—
109	1	1	—	—	—	—
110	4	3	1	—	—	—
111	2	1	1	—	—	—
112	—	—	—	—	—	—
113	1	1	—	—	—	—
114	—	—	—	—	—	—
115	2	—	2	—	—	—
116	1	—	1	—	—	—
117	—	—	—	—	—	—
118	—	—	—	—	—	—
119	—	—	—	—	—	—
120	—	—	—	—	—	—
121	—	—	—	—	—	—
122	—	—	—	—	—	—
123	—	—	—	—	—	—
124	—	—	—	—	—	—
125	—	—	—	—	—	—
126	1	—	1	—	—	—
127	—	—	—	—	—	—
128	—	—	—	—	—	—
129	—	—	—	—	—	—
130	—	—	—	—	—	—
131	—	—	—	—	—	—
132	—	—	—	—	—	—
133	—	—	—	—	—	—
134	—	—	—	—	—	—
135	—	—	—	—	—	—
136	—	—	—	—	—	—
137	—	—	—	—	—	—
138	—	—	—	—	—	—
139	—	—	—	—	—	—
…	—	—	—	—	—	—
…	—	—	—	—	—	—
…	—	—	—	—	—	—
…	—	—	—	—	—	—
…	—	—	—	—	—	—
…	—	—	—	—	—	—
160	—	—	—	—	—	—

43. 1981 年全国镇死亡人口的年龄状况

年龄别	死亡人口数			占死亡人口总合计数的百分比(%)		
	合计	男	女	合计	男	女
总　计*	**278778**	**155705**	**123073**	**100.00**	**5585**	**44.15**
60	4853	3089	1764	1.74	1.11	0.63
61	4635	2911	1724	1.66	1.04	0.62
62	5016	3141	1875	1.80	1.13	0.67
63	5056	3076	1980	1.81	1.10	0.71
64	5288	3242	2046	1.90	1.16	0.73
65	5442	3285	2157	1.95	1.18	0.77
66	5801	3521	2280	2.08	1.26	0.82
67	6279	3717	2562	2.25	1.33	0.92
68	6037	3561	2476	2.17	1.28	0.89
69	6165	3545	2620	2.21	1.27	0.94
70	6625	3785	2840	2.38	1.36	1.02
71	6581	3654	2927	2.36	1.31	1.05
72	7067	3875	3192	2.53	1.39	1.14
73	6758	3620	3138	2.42	1.30	1.13
74	6566	3490	3076	2.36	1.25	1.10
75	6766	3438	3328	2.43	1.23	1.19
76	6536	3331	3205	2.34	1.19	1.15
77	6265	2995	3270	2.25	1.07	1.17
78	6284	2977	3307	2.25	1.07	1.19
79	5978	2804	3174	2.14	1.01	1.14
80	6119	2767	3352	2.19	0.99	1.20
81	4981	2224	2757	1.79	0.80	0.99
82	4416	1881	2535	1.58	0.67	0.91
83	3923	1599	2324	1.41	0.57	0.83
84	3461	1400	2061	1.24	0.50	0.74
85	3090	1216	1874	1.11	0.44	0.67
86	2543	915	1628	0.91	0.33	0.58
87	2065	727	1338	0.74	0.26	0.48
88	1709	624	1085	0.61	0.22	0.39
89	1484	505	979	0.53	0.18	0.35
90	1198	377	821	0.43	0.14	0.29
91	875	273	602	0.31	0.10	0.22
92	601	171	430	0.22	0.06	0.15
93	414	117	297	0.15	0.04	0.11
94	308	92	216	0.11	0.03	0.08
95	243	49	194	0.09	0.02	0.07
96	170	50	120	0.06	0.02	0.04
97	109	23	86	0.04	0.01	0.03
98	79	20	59	0.03	0.01	0.02
99	46	16	30	0.02	0.01	0.01
100	44	9	35	0.02	—	0.01
101	24	9	15	0.01	—	0.01
102	11	4	7	—	—	—

43. 1981年全国镇死亡人口的年龄状况(续)

年龄别	死亡人口数			占死亡人口总合计数的百分比(%)		
	合计	男	女	合计	男	女
103	15	5	10	0.01	—	—
104	5	3	2	—	—	—
105	5	2	3	—	—	—
106	7	2	5	—	—	—
107	3	3	—	—	—	—
108	1	—	1	—	—	—
109	—	—	—	—	—	—
110	5	2	3	—	—	—
111	1	—	1	—	—	—
112	1	1	—	—	—	—
113	1	1	—	—	—	—
114	—	—	—	—	—	
115	4	1	3	—	—	—
116	—	—	—	—	—	—
117	—	—	—	—	—	—
118	—	—	—	—	—	—
119	—	—	—	—	—	—
120	—	—	—	—	—	—
121	—	—	—	—	—	—
122	—	—	—	—	—	—
123	—	—	—	—	—	—
124	—	—	—	—	—	—
125	—	—	—	—	—	—
126	—	—	—	—	—	—
127	—	—	—	—	—	—
128	—	—	—	—	—	—
129	—	—	—	—	—	—
130	1	—	1	—	—	—
131	—	—	—	—	—	—
132	—	—	—	—	—	—
133	—	—	—	—	—	—
134	—	—	—	—	—	—
135	1	—	1	—	—	—
136	—	—	—	—	—	—
137	—	—	—	—	—	—
138	—	—	—	—	—	—
139	—	—	—	—	—	—
…	—	—	—	—	—	—
…	—	—	—	—	—	—
…	—	—	—	—	—	—
…	—	—	—	—	—	—
…	—	—	—	—	—	—
…	—	—	—	—	—	—
160	—	—	—	—	—	—

44. 1981 年全国县(不含镇)死亡人口的年龄状况

年龄别	死亡人口数			占死亡人口总合计数的百分比(%)		
	合计	男	女	合计	男	女
总　计*	**5250**	**2755340**	**2495054**	**100.00**	**52.48**	**47.52**
60	88184	51634	36550	1.68	0.98	0.70
61	84282	49747	34535	1.61	0.95	0.66
62	90635	52564	38071	1.73	1.00	0.73
63	93300	53832	39468	1.78	1.03	0.75
64	99437	57222	42215	1.89	1.09	0.80
65	102257	58288	43969	1.95	1.11	0.84
66	106011	60034	45977	2.02	1.14	0.88
67	113688	64037	49651	2.17	1.22	0.95
68	112316	62440	49876	2.14	1.19	0.95
69	109353	60074	49279	2.08	1.14	0.94
70	124200	66920	57280	2.37	1.27	1.09
71	121894	64717	57177	2.32	1.23	1.09
72	133138	69433	63705	2.54	1.32	1.21
73	122880	63018	59862	2.34	1.20	1.14
74	119450	60251	59199	2.28	1.15	1.13
75	120477	59726	60751	2.29	1.14	1.16
76	113962	55617	58345	2.17	1.06	1.11
77	109638	52423	57215	2.09	1.00	1.09
78	110422	51611	58811	2.10	0.98	1.12
79	96045	43771	52274	1.83	0.83	1.00
80	98528	43687	54841	1.88	0.83	1.04
81	80324	34697	45627	1.53	0.66	0.87
82	70840	30026	40814	1.35	0.57	0.78
83	64419	26634	37785	1.23	0.51	0.72
84	54585	21575	33010	1.04	0.41	0.63
85	45166	17381	27785	0.86	0.33	0.53
86	38246	14294	23952	0.73	0.27	0.46
87	29705	10763	18942	0.57	0.20	0.36
88	24187	8327	15860	0.46	0.16	0.30
89	18773	6122	12651	0.36	0.12	0.24
90	14839	4746	10093	0.28	0.09	0.19
91	10306	3129	7177	0.20	0.06	0.14
92	7641	2231	5410	0.15	0.04	0.10
93	5513	1448	4065	0.11	0.03	0.08
94	3919	1064	2855	0.07	0.02	0.05
95	2916	768	2148	0.06	0.01	0.04
96	2197	582	1615	0.04	0.01	0.03
97	1494	371	1123	0.03	0.01	0.02
98	1084	293	791	0.02	0.01	0.02
99	564	130	434	0.01	—	0.01
100	468	153	315	0.01	—	0.01
101	183	53	130	—	—	—
102	158	45	113	—	—	—

44. 1981 年全国县(不含镇)死亡人口的年龄状况(续)

年龄别	死亡人口数			占死亡人口总合计数的百分比(%)		
	合计	男	女	合计	男	女
103	92	37	55	—	—	—
104	80	27	53	—	—	—
105	82	37	45	—	—	—
106	61	25	36	—	—	—
107	26	11	15	—	—	—
108	35	19	16	—	—	—
109	19	9	10	—	—	—
110	65	40	25	—	—	—
111	17	9	8	—	—	—
112	16	8	8	—	—	—
113	5	1	4	—	—	—
114	4	4	—	—	—	—
115	20	10	10	—	—	—
116	3	3	—	—	—	—
117	6	5	1	—	—	—
118	7	3	4	—	—	—
119	5	3	2	—	—	—
120	17	11	6	—	—	—
121	3	2	1	—	—	—
122	1	—	1	—	—	—
123	1	1	—	—	—	—
124	—	—	—	—	—	—
125	6	4	2	—	—	—
126	—	—	—	—	—	—
127	2	1	1	—	—	—
128	—	—	—	—	—	—
129	—	—	—	—	—	—
130	7	5	2	—	—	—
131	1	1	—	—	—	—
132	—	—	—	—	—	—
133	—	—	—	—	—	—
134	—	—	—	—	—	—
135	—	—	—	—	—	—
136	—	—	—	—	—	—
137	—	—	—	—	—	—
138	—	—	—	—	—	—
139	—	—	—	—	—	—
…	—	—	—	—	—	—
…	—	—	—	—	—	—
…	—	—	—	—	—	—
…	—	—	—	—	—	—
…	—	—	—	—	—	—
…	—	—	—	—	—	—
160	—	—	—	—	—	—

47. 6 岁及 6 岁以上人口按年龄分组的文化程度

年龄别	6 岁及 6 岁以上人口数	大学毕业	大学肄业或在校	高中	初中	小学	文盲、半文盲	
							人口数	其中:6—11 岁
总　计	**889787495**	**4427991**	**1609288**	**66529262**	**178197388**	**355346694**	**283676872**	**45956085**
6—9 岁	91314571	—	—	—	—	51050784	40263787	40263787
10—14 岁	131810957	—	—	105497	19342409	98914440	13448611	5692298
15—19 岁	125366344	20137	580281	19091544	58538116	35363481	11772785	—
20—24 岁	74363020	180528	491699	21022212	24864054	17154368	10650159	—
25—29 岁	92563882	570028	178298	12321634	27701838	31050808	20741276	—
30—34 岁	72958237	502306	70625	3955645	16964320	32344353	19120988	—
35—39 岁	54221629	720777	47929	3183772	11700192	23384619	15184340	—
40—44 岁	48437943	974213	85699	2947470	7045227	18631247	18754087	—
45—49 岁	47403331	705056	60632	1682005	4533964	15713826	24707848	—
50—54 岁	40815501	346779	39776	970195	3171769	11117249	25169733	—
55—59 岁	33894327	188230	27848	591011	1988823	8077760	23.020655	—
60 岁及以上	76637753	219937	26501	658277	2346676	12543759	60842603	—

48. 按年龄和性别区分的小学以上文化程度人数

年龄别	合　计	男	女	大学毕业			大学肄业或在校		
				小计	男	女	小计	男	女
总　计	**606110623**	**362145032**	**243965591**	**4427991**	**3285098**	**1142893**	**1609288**	**1200120**	**409168**
6—9 岁	51050784	27864761	23186023	—	—	—	—	—	—
10—14 岁	118362346	63896486	54465860	—	—	—	—	—	
15—19 岁	113593559	61097150	52496409	20137	14531	5606	580281	431389	148892
20—24 岁	63712861	35715363	27997498	180528	128126	52402	491699	349904	141795
25—29 岁	71822606	43184213	28638393	570028	368361	201667	178298	131341	46957
30—34 岁	53837249	32928256	20908993	502306	351172	151134	70625	56975	13650
35—39 岁	39037289	24515523	14521766	720777	515311	205466	47929	36676	11253
40—44 岁	29683856	20053303	9630553	974213	727110	247103	85699	67695	18004
45—49 岁	22695483	16990983	5704500	705056	552994	152062	60632	49794	10838
50—54 岁	15645768	12787960	2857808	346779	280093	66686	39776	32206	7570
55—59 岁	10873672	9191674	1681998	188230	158157	30073	27848	22784	5064
60 岁及以上	5795150	13919360	1875790	219937	189243	30694	26501	21356	5145

48. 按年龄和性别区分的小学以上文化程度人数(续)

年龄别	高中			初中			小学		
	小计	男	女	小计	男	女	小计	男	女
总　计	**66529262**	**41003998**	**25525264**	**178197388**	**112063858**	**66133530**	**355346694**	**204591958**	**150754736**
6—9岁	—	—	—	—	—	—	51050784	27864761	23186023
10—14岁	105497	62584	42913	19342409	10876767	8465642	98914440	52957135	45957305
15—19岁	19091544	11002841	8088703	58538116	33156046	25382070	35363481	16492343	18871138
20—24岁	21022212	12087674	8934538	24864054	15123968	9740086	17154368	8025691	9128677
25—29岁	12321634	7918733	4402901	27701838	18205127	9496711	31050808	16560651	14490157
30—34岁	3955645	2665153	1290492	16964320	11424375	5539945	32344353	18430581	13913772
35—39岁	3183772	2079236	1104536	11700192	8010176	3690016	23384619	13874124	9510495
40—44岁	2947470	2071384	876086	7045227	5001034	2044193	18631247	12186080	6445167
45—49岁	1682005	1285587	396418	4533964	3629086	904878	15713826	11473522	4240304
50—54岁	970195	785867	184328	3171769	2753983	417786	11117249	8935811	2181438
55—59岁	591011	492580	98431	1988823	1761678	227145	8077760	6756475	1321285
60岁及以上	658277	552359	105918	2346676	2121618	225058	12543759	11034784	1508975

49. 按性别和年龄分组的文盲、半文盲人口数

年龄别	12岁及12岁以上人口数			文盲、半文盲人口数			文盲、半文盲占12岁及12岁以上人口数的百分比(%)		
	合　计	男	女	合计	男	女	合计	男	女
总　计	**745927105**	**382204755**	**363722350**	**237720787**	**73195405**	**164525382**	**31.87**	**19.15**	**45.23**
12岁	26487340	13614655	12872685	2536487	718902	1817576	9.58	5.28	14.12
13岁	28239541	14522190	13717351	2777254	763599	2013655	9.83	5.26	14.68
14岁	24538256	12638809	11899447	2442581	667589	1774992	9.95	5.28	14.92
15—19岁	125366344	63804582	61561762	11772785	2707431	9065354	9.39	4.24	14.73
20—24岁	74363019	37880115	36482904	10650159	2164753	8485406	14.32	5.71	23.26
25—29岁	92563879	47746254	44817625	20741276	4562042	16179234	22.41	9.55	36.10
30—34岁	72958238	37930240	35027998	19120988	5001984	14119004	26.21	13.19	40.31
35—39岁	54221634	28565684	25655950	15184340	4050156	11134184	28.00	14.18	43.40
40—44岁	48437939	25827567	22610372	18754087	5774268	12979819	38.72	22.36	57.41
45—49岁	47403329	25073116	22330213	24707848	8082137	16625711	52.12	32.23	74.45
50—54岁	40815502	21528988	19286514	25169733	8741025	16428708	61.67	40.60	85.18
55—59岁	33894328	17493924	16400404	23020655	8302250	14718405	67.92	47.46	89.74
60岁及以上	76637756	35578631	41059125	60842603	21659269	39183334	79.39	60.88	95.43

50. 市(不含市辖县)按性别和年龄分组文盲、半文盲人口数

年龄别	12岁及12岁以上人口数			文盲、半文盲人口数			文盲、半文盲占12岁及12岁以上人口数的百分比(%)		
	合　计	男	女	合计	男	女	合计	男	女
总　　计	**116850036**	**60616133**	**56233903**	**19188459**	**5370577**	**13817882**	**16.42**	**8.86**	**24.57**
12岁	3070247	1583771	1486476	78457	29212	49245	2.56	1.84	3.31
13岁	3387703	1744836	1642867	87030	31704	55326	2.57	1.82	3.37
14岁	2922351	1508830	1413521	78141	28149	49992	2.67	1.87	3.54
15—19岁	17325826	8966895	8358931	390805	122060	268745	2.26	1.36	3.22
20—24岁	14078490	7275067	6803423	451722	113656	338066	3.21	1.56	4.97
25—29岁	16054535	8309634	7744901	974365	230901	743464	6.07	2.78	9.60
30—34岁	11811724	6233133	5578611	970686	262742	707944	8.22	4.22	12.69
35—39岁	8558294	4549415	4008879	845671	232109	613562	9.88	5.10	15.31
40—44岁	8465310	4429501	4035809	1350735	368430	982305	15.96	8.32	24.34
45—49岁	8486036	4507091	3978945	2278183	590602	1687581	26.85	13.10	42.41
50—54岁	6877505	3737349	3140156	2555873	689493	1866380	37.16	18.45	59.44
55—59岁	5109955	2707489	2402466	2319056	611366	1657690	45.38	24.43	69.00
60岁及以上	10702060	5063142	5638918	6807735	2010153	4797582	63.61	39.70	85.08

51. 县按性别和年龄分组的文盲、半文盲人口数

年龄别	12岁及12岁以上人口数			文盲、半文盲人口数			文盲、半文盲占12岁及12岁以上人口数的百分比(%)		
	合　计	男	女	合计	男	女	合计	男	女
总　　计	**629077069**	**321588622**	**307488447**	**218532328**	**67824828**	**150707500**	**34.74**	**21.09**	**49.01**
12岁	23417093	12030884	11386209	2458021	689690	1768331	10.50	5.73	15.53
13岁	24851838	12777354	12074484	2690224	731895	1958329	10.83	5.73	16.22
14岁	21615905	11129979	10485926	2364440	639440	1725000	10.94	5.75	16.45
15—19岁	108040518	54837687	53202831	11381980	2585371	8796609	10.53	4.71	16.53
20—24岁	60284529	30605048	29679481	10198437	2051097	8147340	16.92	6.70	27.45
25—29岁	76509344	39436620	37072724	19766911	4331141	15435770	25.84	10.98	41.64
30—34岁	61146514	31697127	29449387	18150302	4739242	13411060	29.68	14.95	45.54
35—39岁	45663340	24016269	21647071	14338669	3818074	10520622	31.40	15.90	48.60
40—44岁	39972629	21398066	18574563	17403352	5405838	11997514	43.54	25.26	64.59
45—49岁	38917293	20566025	18351268	22429665	7491535	14938130	57.63	36.43	81.40
50—54岁	33937997	17791639	16146358	22613860	8051532	14562328	66.63	45.25	90.19
55—59岁	28784373	14786435	13997938	20701599	7640884	13060715	71.92	51.67	93.30
60岁及以上	65935696	30515489	35420207	54034868	19649116	34385752	81.95	64.39	97.08

54. 在业人口的行业状况

地区别	交通运输、邮电通信业			商业、饮食业、物资供销及仓储业			住宅管理、公用事业管理和居民服务业		
	小计	男	女	小计	男	女	小计	男	女
总计	**8980972**	**6926402**	**2054570**	**15507928**	**8801616**	**6706312**	**2441405**	**1346065**	**1095340**
北京	219655	157845	61810	391695	192679	199016	111813	60049	51764
天津市	193189	146718	46471	314966	170380	144586	68436	38314	30122
河北省	339324	280293	59031	640437	388395	252042	92099	52359	39740
山西省	219983	178522	41461	342229	198442	143787	52071	26801	25270
内蒙古自治区	222159	169871	52288	366832	201277	165555	51624	23373	28251
辽宁省	560038	414513	145525	1039607	525606	514001	169234	85427	83807
吉林省	256162	187390	68772	546515	279498	267017	85831	41078	44753
黑龙江省	423333	307503	115830	785748	385840	399908	127612	59312	68300
上海市	359197	281849	77348	538747	298899	239848	141545	79241	62304
江苏省	708030	547352	160678	1024952	635408	389544	190819	121330	69489
浙江省	378710	313858	64852	680337	390575	289762	116138	67936	48202
安徽省	342186	259208	82978	646382	363973	282409	107573	69257	38316
福建省	273530	227411	46119	416032	261522	154510	62717	40472	22245
江西省	238542	177769	60773	410077	228040	182037	77703	50407	27296
山东省	402911	331469	71442	876124	560627	315497	112186	68247	43939
河南省	394288	314140	80148	828024	508555	319469	103291	56718	46573
湖北省	462451	351683	110768	759755	434430	325325	97348	50765	46583
湖南省	391286	306224	85062	591131	308637	282494	87475	50315	37160
广东省	676710	523319	153391	1206334	751082	455252	182529	102881	79648
广西壮族自治区	252814	184520	68294	437101	242525	194576	52744	28114	24630
四川省	671575	516986	154589	1246695	685356	561339	57487	86399	71088
贵州省	145925	107352	38573	259501	130974	128527	27670	12519	15151
云南省	204280	154061	50219	279466	156927	122519	27180	12257	14923
西藏自治区	27160	19236	7924	13830	7896	5934	1736	750	986
陕西省	219287	174786	44501	358855	203950	154905	67761	30093	37668
甘肃省	151067	116196	34871	209014	122025	86989	29436	13389	16047
青海省	51453	39041	12412	47768	25396	22372	8282	316	5086
宁夏回族自治区	31488	24375	7113	44864	24197	20667	6868	3037	3831
新疆维吾尔自治区	164239	112912	51327	204930	118505	86425	24197	12029	12168

54. 在业人口的行业状况(续)

地区别	卫生、体育和社会福利事业			教育、文化艺术事业			科学研究和综合技术服务事业		
	小计	男	女	小计	男	女	小计	男	女
总计	**4101355**	**2127562**	**1973793**	**12382079**	**8001574**	**4380505**	**1202272**	**761770**	**440502**
北京	96744	34988	61756	313861	156644	157217	216037	128983	87054
天津市	63911	25956	37955	178430	88383	90047	38836	24508	14328
河北省	196907	110970	85937	599543	371448	228095	37204	24268	12936
山西省	121478	65856	55622	387739	237536	150203	22953	14900	8053
内蒙古自治区	97263	47118	50145	332359	205411	126948	22854	14536	318
辽宁省	222886	94926	127960	556566	313196	243370	72381	46664	25717
吉林省	122188	58516	63672	362438	215059	147379	30118	19817	10301
黑龙江省	187054	83411	103643	501835	287526	214309	40658	25683	14975
上海市	135930	48634	87296	287603	147875	139728	76605	50224	26381
江苏省	198380	103347	95033	761542	495635	265907	48473	30559	17914
浙江省	153627	79049	74578	411812	236109	175703	20932	14364	6568
安徽省	160113	89798	70315	533084	379754	153330	25072	16307	8765
福建省	103872	55512	48360	320694	203853	116841	13839	9758	4081
江西省	131070	72873	58197	372073	255240	116833	29874	18831	11043
山东省	278588	158112	120476	838220	590286	247934	42592	27387	15205
河南省	273115	165437	107678	897987	616429	281558	40566	26844	13722
湖北省	195356	98075	97281	624857	426644	198213	61281	37560	23721
湖南省	173686	91165	82521	591434	388900	202534	38179	23976	14203
广东省	244525	125798	118727	661746	463764	197982	47635	30204	17431
广西壮族自治区	102787	53253	49534	387276	289331	97945	23162	14778	8384
四川省	356861	203639	153222	961045	603526	357519	94962	59450	35512
贵州省	71160	36132	35028	246717	172418	74299	16076	9869	6207
云南省	95895	49786	46109	290195	205168	85027	19888	12650	7238
西藏自治区	8825	4641	4184	19125	12836	6289	2234	1462	772
陕西省	139345	81737	57608	434273	296836	137437	68823	45399	23424
甘肃省	74554	45447	29107	225863	169167	56696	24412	16216	8196
青海省	19072	9071	10001	53879	36850	17029	6994	4556	2438
宁夏回族自治区	16204	8913	7291	49167	34060	15107	5376	3385	1991
新疆维吾尔自治区	59959	25402	34557	180716	101690	79026	14256	8632	5624

第四次人口普查(1990年)

表1—6 省、自治区、直辖市人口年龄状况

单位:人

地区别	合计			60—64岁			65—69岁		
	合计*	男	女	小计	男	女	小计	男	女
总计	**1130510638**	**581820407**	**548690231**	**33976254**	**17481948**	**16494306**	**26332520**	**12917485**	**13415035**
北京市	10819414	5593461	5225953	407414	209224	198190	288042	144992	143050
天津市	8785427	4470746	4314681	330380	167135	163245	236839	119130	117709
河北省	61082755	31210112	29872643	1907190	965112	942078	1456278	711152	745126
山西省	28758846	14958318	13800528	839953	431290	408663	660690	331497	329193
内蒙古自治区	21456518	11155668	10300850	520897	291737	229160	395687	220517	175170
辽宁省	39459694	20152574	19307120	1305540	672205	633335	943479	489875	453604
吉林省	24659790	12624084	12035706	669650	352352	317298	495172	263855	231317
黑龙江省	35215932	18048747	17167185	880228	477285	402943	605073	326165	278908
上海市	13341852	6806091	6535761	639682	308927	330755	511306	239894	271412
江苏省	67056812	34123252	32933560	2311476	1140698	1170778	1889943	885560	1004383
浙江省	41446015	21363128	20082887	1474258	779803	694455	1149742	580798	568944
安徽省	56181005	29026412	27154593	1778235	925793	852442	1393835	657623	736212
福建省	30048275	15434048	14614227	886690	455461	431229	630815	301853	328962
江西省	37710177	19491767	18218410	994652	516707	477945	831864	407337	424527
山东省	84392104	42913185	41478919	2722617	1323886	1398731	2118474	996842	1121632
河南省	85534200	43802724	41731476	2531921	1286135	1245786	2069401	972149	1097252
湖北省	53970501	27828085	26142416	1530078	799384	730694	1335225	648205	687020
湖南省	60657992	31497631	29160361	1830464	964451	866013	1438378	723931	714447
广东省	62829741	32151260	30678481	1920635	962727	957908	1422283	660826	761457
广西壮族自治区	42244884	22156180	20088704	1135476	580011	555465	853639	413078	440561
海南省	6558076	3418860	3139216	183601	93117	90484	136037	62282	73755
四川省	107218310	55545645	51672665	3466755	1819743	1647012	2575929	1288013	1287916
贵州省	32391051	16768810	15622241	795902	415887	380015	561600	278414	283186
云南省	36972587	18995900	17976687	1023401	519746	503655	761617	365787	395830
西藏自治区	2196029	1098912	1097117	60800	27896	32904	44860	19601	25259
陕西省	32882286	17070054	15812232	821065	440955	380110	738893	387409	351484
甘肃省	22371085	11591905	10779180	476119	256392	219727	409920	210963	198957
青海省	4456952	2310183	2146769	92251	47962	44289	63841	31215	32626
宁夏回族自治区	4655445	2389470	2265975	86577	47531	39046	68574	36426	32148
新疆维吾尔自治区	15156883	7823195	7333688	352347	202396	149951	245084	142096	102988

* 此数据为所有年龄段数据和,后同。

表1—6 省、自治区、直辖市人口年龄状况(续)

地区别	70—74岁			75—79岁			80—84岁		
	小计	男	女	小计	男	女	小计	男	女
总计	**18050580**	**8344204**	**9706376**	**10933924**	**4689104**	**6244820**	**5352690**	**1992954**	**3358736**
北京市	184984	90570	94414	121781	55537	66244	63353	25288	38065
天津市	155313	78062	77251	102851	49742	53109	50882	22136	28746
河北省	993012	475671	517341	658055	302954	355101	321528	134087	187441
山西省	462374	226991	235383	274778	130919	143859	116578	50914	65664
内蒙古自治区	248557	138574	109983	140055	75672	64383	57499	29101	28398
辽宁省	594942	307627	287315	396741	197306	199435	211801	95499	115302
吉林省	305302	162562	142740	190119	98753	91366	88774	43974	44800
黑龙江省	364980	193047	171933	222452	112855	109597	100093	47963	52130
上海市	348995	156419	192576	219147	90590	128557	116932	42064	74868
江苏省	1300371	563151	737220	758354	299293	459061	413957	129432	274525
浙江省	785272	370123	415149	499348	216980	282368	266342	101670	164672
安徽省	885109	368732	516377	449611	164460	285151	206921	61702	145219
福建省	433061	188249	244812	270009	102403	167606	130870	41123	89747
江西省	568906	257846	311060	324218	131112	193106	142806	48408	94398
山东省	1492510	678803	813707	927652	397689	529963	484752	183032	301720
河南省	1483357	639381	843976	809219	320364	488855	448257	151718	296539
湖北省	863028	388529	474499	503995	201990	302005	188657	64427	124230
湖南省	977163	463823	513340	603722	263809	339913	264730	101877	162853
广东省	1021515	432791	588724	696480	259311	437169	377283	111416	265867
广西壮族自治区	644572	293628	350944	433462	184622	248840	238222	89331	148891
海南省	97115	40001	57114	64312	23172	41140	36239	10383	25856
四川省	1771934	818958	952976	1057161	444505	612656	495650	174289	321361
贵州省	443259	208516	234743	298508	133118	165390	139121	55283	83838
云南省	523536	237919	285617	330063	141810	188253	146061	55445	90616
西藏自治区	29163	11893	17270	17127	6508	10619	7285	2476	4809
陕西省	532169	273752	258417	279766	139329	140437	110057	48255	61802
甘肃省	280644	139055	141589	146847	69531	77316	55131	23546	31585
青海省	40427	18703	21724	20989	9123	11866	8455	3287	5168
宁夏回族自治区	50508	26753	23755	28150	15125	13025	11772	6277	5495
新疆维吾尔自治区	168502	94075	74427	88952	50522	38430	52682	28551	24131

表 1—6 省、自治区、直辖市人口年龄状况(续)

地区别	85—89 岁			90—94 岁			95—99 岁			100 岁及以上		
	小计	男	女	小计	男	女	小计	男	女	小计	男	女
总计	**1907544**	**605740**	**13017**	**351602**	**94520**	**257082**	**57851**	**14549**	**43302**	**6681**	**1555**	**5126**
北京市	23319	7956	153	4675	1267	3408	687	162	525	40	3	37
天津市	18178	6948	112	3368	1100	2268	430	104	326	27	4	23
河北省	102044	37045	6495	16416	4867	11549	2042	476	1566	98	13	85
山西省	30665	11939	1872	3874	1317	2557	429	132	297	49	11	38
内蒙古自治区	15660	7430	823	2146	1001	1145	247	124	123	26	14	12
辽宁省	77465	32657	4480	15593	6288	9305	1889	648	1241	148	46	102
吉林省	28950	14043	1490	5224	2540	2684	769	386	383	110	56	54
黑龙江省	31654	14537	1711	5315	2462	2853	784	373	411	87	29	58
上海市	43856	12816	3104	9897	2200	7697	1205	180	1025	80	7	73
江苏省	155271	43605	111660	31607	6991	24616	4066	729	3337	283	43	240
浙江省	102810	33674	69130	23410	6427	16983	2455	582	1873	171	40	131
安徽省	84089	21727	62362	14641	3087	11554	2267	440	1827	343	60	283
福建省	48401	12614	35787	9526	2001	7525	1483	260	1223	143	16	127
江西省	44064	12567	31497	6785	1622	5167	960	207	753	111	22	89
山东省	177539	56712	120827	28506	7350	21158	4078	812	3266	311	59	252
河南省	150051	42533	107518	24019	5353	18666	4230	748	3482	417	65	352
湖北省	64887	18353	46534	10094	2351	7743	1603	315	1288	208	48	160
湖南省	94259	31117	63142	1400	3851	10154	2210	550	1660	186	40	146
广东省	163232	37978	125254	37283	6571	30712	7064	944	6120	644	60	584
广西壮族自治区	94706	29676	65030	18007	4585	13422	4107	839	3268	932	151	781
海南省	16406	4043	12363	3505	692	2813	807	138	669	82	15	67
四川省	180980	54743	126237	33873	8658	25215	5583	1292	4291	826	160	666
贵州省	43951	15316	28635	6126	1882	4244	1121	294	827	188	44	144
云南省	41764	13590	28174	7246	2085	5161	1304	380	924	266	69	197
西藏自治区	2511	742	1769	476	126	350	181	62	119	59	11	48
陕西省	29092	10993	18099	3395	1066	2329	526	164	362	72	17	55
甘肃省	14074	5456	8618	1600	551	1049	261	86	175	82	24	58
青海省	2516	873	1643	420	126	294	91	25	66	29	7	22
宁夏回族自治区	3548	1828	1720	588	301	287	118	64	54	33	17	16
新疆维吾尔自治区	21602	12235	9367	9976	5802	4174	4854	3033	1821	630	404	226

表 4—1　1990 年人口普查分年龄、性别的人口数　　　　单位:人、%

年龄别	人口数			占总人口数的百分比			性别比
	合计	男	女	小计	男	女	(女=100)
总计*	**1130510638**	**581820407**	**548690231**	**100.00**	**51.47**	**48.53**	**106.04**
60—64 岁	33976254	17481948	16494306	3.01	1.55	1.46	105.99
60	7730945	4019833	3711112	0.68	0.36	0.33	108.32
61	6966479	3585188	3381291	0.62	0.32	0.30	106.03
62	7060132	3635374	3424758	0.62	0.32	0.30	106.15
63	6233873	3200259	3033614	0.55	0.28	0.27	105.49
64	5984825	3041294	2943531	0.53	0.27	0.26	103.32
65—69 岁	26332520	12917485	13415035	2.33	1.14	1.19	96.29
65	6169042	3058844	3110198	0.55	0.27	0.28	98.35
66	5696874	2813087	2883787	0.50	0.25	0.26	97.55
67	4989630	2448512	2541118	0.44	0.22	0.22	96.36
68	4885527	2384722	2500805	0.43	0.21	0.22	95.36
69	4591447	2212320	2379127	0.41	0.20	0.21	92.99
70—74 岁	18050580	8344204	9706376	1.60	0.74	0.86	85.97
70	4452357	2108722	2343635	0.39	0.19	0.21	89.98
71	3732596	1741629	1990967	0.33	0.15	0.18	87.48
72	3529123	1630231	1898892	0.31	0.14	0.17	85.85
73	3301436	1506451	1794985	0.29	0.13	0.16	83.93
74	3035068	1357171	1677897	0.27	0.12	0.15	80.89
75—79 岁	10933924	4689104	6244820	0.97	0.41	0.55	75.09
75	2736912	1209315	1527597	0.24	0.11	0.14	79.16
76	2614032	1140595	1473437	0.23	0.10	0.13	77.41
77	2123063	906767	1216296	0.19	0.08	0.11	74.55
78	1846321	774071	1072250	0.16	0.07	0.09	72.19
79	1613596	658356	955240	0.14	0.06	0.08	68.92
80—84 岁	5352690	1993954	3358736	0.47	0.18	0.30	59.37
80	1494781	586258	908523	0.13	0.05	0.08	64.53
81	1236185	469224	766961	0.11	0.04	0.07	61.18
82	1029258	380639	648619	0.09	0.03	0.06	58.68
83	852655	304110	548545	0.08	0.03	0.05	55.44
84	739811	253723	486088	0.07	0.02	0.04	52.20
85—89 岁	1907544	605746	1301798	0.17	0.05	0.12	46.53
85	593736	197370	396366	0.05	0.02	0.04	49.79
86	467819	150705	317114	0.04	0.01	0.03	47.52
87	362274	113341	248933	0.03	0.01	0.02	45.53
88	277790	84378	193412	0.02	0.01	0.02	43.63
89	205925	59952	145973	0.02	0.01	0.01	41.07
90—94 岁	351602	94520	257082	0.03	0.01	0.02	36.77
90	139173	39602	99571	0.01	0.00	0.01	39.77
91	80713	21629	59084	0.01	0.00	0.01	36.61
92	60818	15724	45094	0.01	0.00	0.00	34.87
93	41841	10510	31331	0.00	0.00	0.00	33.55
94	29057	7055	22002	0.00	0.00	0.00	32.07
95—99 岁	57851	14549	43302	0.01	0.00	0.00	33.60
95	21397	5387	16010	0.00	0.00	0.00	33.65
96	14184	3462	10722	0.00	0.00	0.00	32.29
97	9641	2358	7283	0.00	0.00	0.00	32.38
98	7525	2006	5519	0.00	0.00	0.00	36.35
99	5104	1336	3768	0.00	0.00	0.00	35.46
100 岁及以上	6681	1555	5126	0.00	0.00	0.00	30.34

* 此数据为所有年龄段数据和,后同。

表 4—2 全国市(不含市辖县)分年龄、性别的人口数(第一种口径)

单位:人、%

年 龄 别	人 口 数			占总人口数的百分比			性别比(女=100)
	合 计	男	女	小 计	男	女	
总计*	**335043971**	**172785428**	**162258543**	**100.00**	**51.57**	**48.43**	**106.49**
60—64 岁	10508781	5448859	5059922	3.14	1.63	1.51	107.69
60	2434105	1277320	1156785	0.73	0.38	0.35	110.42
61	2180175	1129431	1050744	0.65	0.34	0.31	107.49
62	2167307	1122292	1045015	0.65	0.33	0.31	107.39
63	1898555	981870	916685	0.57	0.29	0.27	107.11
64	1828639	937946	890693	0.55	0.28	0.27	105.31
65—69 岁	7823986	3884922	3939064	2.34	1.16	1.18	98.63
65	1820283	915697	904586	0.54	0.27	0.27	101.23
66	1695232	844974	850258	0.51	0.25	0.25	99.38
67	1486151	737308	748843	0.44	0.22	0.22	98.46
68	1465226	723660	741566	0.44	0.22	0.22	97.59
69	1357094	663283	693811	0.41	0.20	0.21	95.60
70—74 岁	5212048	2446976	2765072	1.56	0.73	0.83	88.50
70	1277697	616485	661212	0.38	0.18	0.20	93.24
71	1088882	515486	573396	0.32	0.15	0.17	89.90
72	1022058	478399	543659	0.31	0.14	0.16	88.00
73	950770	440490	510280	0.28	0.13	0.15	86.32
74	872641	396116	476525	0.26	0.12	0.14	83.13
75—79 岁	3206836	1389765	1817071	0.96	0.41	0.54	76.48
75	787208	352863	434345	0.23	0.11	0.13	81.24
76	767555	338014	429541	0.23	0.10	0.13	78.69
77	622683	268761	353922	0.19	0.08	0.11	75.94
78	544222	230463	313759	0.16	0.07	0.09	73.45
79	485168	199664	285504	0.14	0.06	0.09	69.93
80—84 岁	1575985	589949	986036	0.47	0.18	0.29	59.83
80	434659	171525	263134	0.13	0.05	0.08	65.19
81	363505	138430	225075	0.11	0.04	0.07	61.50
82	302548	112766	189782	0.09	0.03	0.06	59.42
83	252972	91032	161940	0.08	0.03	0.05	56.21
84	222301	76196	146105	0.07	0.02	0.04	52.15
85—89 岁	586360	185412	400948	0.18	0.06	0.12	46.24
85	179681	59358	120323	0.05	0.02	0.04	49.33
86	142230	45581	96649	0.04	0.01	0.03	47.16
87	111348	34764	76584	0.03	0.01	0.02	45.39
88	87614	26738	60876	0.03	0.01	0.02	43.92
89	65487	18971	46516	0.02	0.01	0.01	40.78
90—94 岁	114734	30279	84455	0.03	0.01	0.03	35.85
90	43480	12153	31327	0.01	0.00	0.01	38.79
91	27249	7155	20094	0.01	0.00	0.01	35.61
92	20396	5192	15204	0.01	0.00	0.00	34.15
93	14001	3499	10502	0.00	0.00	0.00	33.32
94	9608	2280	7328	0.00	0.00	0.00	31.11
95—99 岁	17529	4001	13528	0.01	0.00	0.00	29.58
95	6595	1509	5086	0.00	0.00	0.00	29.67
96	4448	1022	3426	0.00	0.00	0.00	29.83
97	2932	639	2293	0.00	0.00	0.00	27.87
98	2096	464	1632	0.00	0.00	0.00	28.43
99	1458	367	1091	0.00	0.00	0.00	33.64
100 岁及以上	1758	397	1361	0.00	0.00	0.00	29.17

表 4—3　全国镇分年龄、性别的人口数(第一种口径)

单位:人、%

年龄别	人口数			占总人口数的百分比			性别比
	合计	男	女	小计	男	女	(女=100)
总计*	**266513213**	**136872086**	**129641127**	**100.00**	**51.36**	**48.64**	**105.58**
60—64岁	7761278	3980731	3780547	2.91	1.49	1.42	105.30
60	1758453	914720	843733	0.66	0.34	0.32	108.41
61	1579468	810712	768756	0.59	0.30	0.29	105.46
62	1612765	827675	785090	0.61	0.31	0.29	105.42
63	1433563	732541	701022	0.54	0.27	0.26	104.50
64	1377029	695083	681946	0.52	0.26	0.26	101.93
65—69岁	6007566	2912979	3094587	2.25	1.09	1.16	94.13
65	1407617	690783	716834	0.53	0.26	0.27	96.37
66	1285057	627324	657733	0.48	0.24	0.25	95.38
67	1137819	551119	586700	0.43	0.21	0.22	93.94
68	1123371	542570	580801	0.42	0.20	0.22	93.42
69	1053702	501183	552519	0.40	0.19	0.21	90.71
70—74岁	4154492	1882866	2271626	1.56	0.71	0.85	82.89
70	1018064	474630	543434	0.38	0.18	0.20	87.34
71	854474	392674	461800	0.32	0.15	0.17	85.03
72	815636	369570	446066	0.31	0.14	0.17	82.85
73	763978	340461	423517	0.29	0.13	0.16	80.39
74	702340	305531	396809	0.26	0.11	0.15	77.00
75—79岁	2586082	1077634	1508448	0.97	0.40	0.57	71.44
75	639294	275563	363731	0.24	0.10	0.14	75.76
76	611841	260598	351243	0.23	0.10	0.13	74.19
77	504654	209279	295375	0.19	0.08	0.11	70.85
78	442988	179718	263270	0.17	0.07	0.10	68.26
79	387305	152476	234829	0.15	0.06	0.09	64.93
80—84岁	1294496	461872	832624	0.49	0.17	0.31	55.47
80	358465	134795	223670	0.13	0.05	0.08	60.27
81	296173	108468	187705	0.11	0.04	0.07	57.79
82	249122	88135	160987	0.09	0.03	0.06	54.75
83	208295	70925	137370	0.08	0.03	0.05	51.63
84	182441	59549	122892	0.07	0.02	0.05	48.46
85—89岁	478405	143605	334800	0.18	0.05	0.13	42.89
85	146803	46521	100282	0.06	0.02	0.04	46.39
86	116234	35343	80891	0.04	0.01	0.03	43.69
87	91198	26998	64200	0.03	0.01	0.02	42.05
88	71010	20196	50814	0.03	0.01	0.02	39.74
89	53160	14547	38613	0.02	0.01	0.01	37.67
90—94岁	91234	22467	68767	0.03	0.01	0.03	32.67
90	35577	9209	26368	0.01	0.00	0.01	34.92
91	20980	5269	15711	0.01	0.00	0.01	33.54
92	15983	3784	12199	0.01	0.00	0.00	31.02
93	11002	2487	8515	0.00	0.00	0.00	29.21
94	7692	1718	5974	0.00	0.00	0.00	28.76
95—99岁	15469	3373	12096	0.01	0.00	0.00	27.89
95	5681	1245	4436	0.00	0.00	0.00	28.07
96	3808	801	3007	0.00	0.00	0.00	26.64
97	2658	587	2071	0.00	0.00	0.00	28.34
98	1996	458	1538	0.00	0.00	0.00	29.78
99	1326	282	1044	0.00	0.00	0.00	27.01
100岁及以上	1758	348	1410	0.00	0.00	0.00	24.68

表 4—4 全国县(不含县辖镇)分年龄、性别的人口数(第一种口径)

单位:人、%

年 龄 别	人 口 数			占总人口数的百分比			性别比
	合 计	男	女	小 计	男	女	(女=100)
总计*	**528953454**	**272162893**	**256790561**	**100.00**	**51.45**	**48.55**	**105.99**
60—64 岁	15706195	8052358	7653837	2.97	1.52	1.45	105.21
60	3538387	1827793	1710594	0.67	0.35	0.32	106.85
61	3206836	1645045	1561791	0.61	0.31	0.30	105.33
62	3280060	1685407	1594653	0.62	0.32	0.30	105.69
63	2901755	1485848	1415907	0.55	0.28	0.27	104.94
64	2779157	1408265	1370892	0.53	0.27	0.26	102.73
65—69 岁	12500968	6119584	6381384	2.36	1.16	1.21	95.90
65	2941142	1452364	1488778	0.56	0.27	0.28	97.55
66	2716585	1340789	1375796	0.51	0.25	0.26	97.46
67	2365660	1160085	1205575	0.45	0.22	0.23	96.23
68	2296930	1118492	1178438	0.43	0.21	0.22	94.91
69	2180651	1047854	1132797	0.41	0.20	0.21	92.50
70—74 岁	8684040	4014362	4669678	1.64	0.76	0.88	85.97
70	2156596	1017607	1138989	0.41	0.19	0.22	89.34
71	1789240	833469	955771	0.34	0.16	0.18	87.20
72	1691429	782262	909167	0.32	0.15	0.17	86.04
73	1586688	725500	861188	0.30	0.14	0.16	84.24
74	1460087	655524	804563	0.28	0.12	0.15	81.48
75—79 岁	5141006	2221705	2919301	0.97	0.42	0.55	76.10
75	1310410	580889	729521	0.25	0.11	0.14	79.63
76	1234636	541983	692653	0.23	0.10	0.13	78.25
77	995726	428727	566999	0.19	0.08	0.11	75.61
78	859111	363890	495221	0.16	0.07	0.09	73.48
79	741123	306216	434907	0.14	0.06	0.08	70.41
80—84 岁	2482209	942133	1540076	0.47	0.18	0.29	61.17
80	701657	279938	421719	0.13	0.05	0.08	66.38
81	576507	222326	354181	0.11	0.04	0.07	62.77
82	477588	179738	297850	0.09	0.03	0.06	60.35
83	391388	142153	249235	0.07	0.03	0.05	57.04
84	335069	117978	217091	0.06	0.02	0.04	54.34
85—89 岁	842779	276729	566050	0.16	0.05	0.11	48.89
85	267252	91491	175761	0.05	0.02	0.03	52.05
86	209355	69781	139574	0.04	0.01	0.03	50.00
87	159728	51579	108149	0.03	0.01	0.02	47.69
88	119166	37444	81722	0.02	0.01	0.02	45.82
89	87278	26434	60844	0.02	0.00	0.01	43.45
90—94 岁	145634	41774	103860	0.03	0.01	0.02	40.22
90	60116	18240	41876	0.01	0.00	0.01	43.56
91	32484	9205	23279	0.01	0.00	0.00	39.54
92	24439	6748	17691	0.00	0.00	0.00	38.14
93	16838	4524	12314	0.00	0.00	0.00	36.74
94	11757	3057	8700	0.00	0.00	0.00	35.14
95—99 岁	24853	7175	17678	0.00	0.00	0.00	40.59
95	9121	2633	6488	0.00	0.00	0.00	40.58
96	5928	1639	4289	0.00	0.00	0.00	38.21
97	4051	1132	2919	0.00	0.00	0.00	38.78
98	3433	1084	2349	0.00	0.00	0.00	46.15
99	2320	687	1633	0.00	0.00	0.00	42.07
100 岁及以上	3165	810	2355	0.00	0.00	0.00	34.39

表 4—5　全国市(不含市辖县)分年龄、性别的人口数(第二种口径)　　单位:人、%

年龄别	人口数			占总人口数的百分比			性别比
	合计	男	女	小计	男	女	(女=100)
总计*	**211222509**	**109371033**	**101851476**	**100.00**	**51.78**	**48.22**	**107.38**
60—64岁	6767661	3542563	3225098	3.20	1.68	1.53	109.84
60	1590598	843374	747224	0.75	0.40	0.35	112.87
61	1409298	735980	673318	0.67	0.35	0.32	109.31
62	1391658	726558	665100	0.66	0.34	0.31	109.24
63	1215424	634981	580443	0.58	0.30	0.27	109.40
64	1160683	601670	559013	0.55	0.28	0.26	107.63
65—69岁	4838665	2427127	2411538	2.29	1.15	1.14	100.65
65	1129466	574305	555161	0.53	0.27	0.26	103.45
66	1049945	527786	522159	0.50	0.25	0.25	101.08
67	917450	459422	458028	0.43	0.22	0.22	100.30
68	905577	452586	452991	0.43	0.21	0.21	99.91
69	836227	413028	423199	0.40	0.20	0.20	97.60
70—74岁	3159823	1498764	1661059	1.50	0.71	0.79	90.23
70	771581	377844	393737	0.37	0.18	0.19	95.96
71	665431	318591	346840	0.32	0.15	0.16	91.86
72	621728	293230	328498	0.29	0.14	0.16	89.26
73	575712	269110	306602	0.27	0.13	0.15	87.77
74	525371	239989	285382	0.25	0.11	0.14	84.09
75—79岁	1942969	846086	1096883	0.92	0.40	0.52	77.14
75	473985	213780	260205	0.22	0.10	0.12	82.16
76	464942	205896	259046	0.22	0.10	0.12	79.48
77	379799	164803	214996	0.18	0.08	0.10	76.65
78	329321	139973	189348	0.16	0.07	0.09	73.92
79	294922	121634	173288	0.14	0.06	0.08	70.19
80—84岁	962582	359017	603565	0.46	0.17	0.29	59.48
80	264028	104274	159754	0.12	0.05	0.08	65.27
81	222006	84071	137935	0.11	0.04	0.07	60.95
82	184772	68644	116128	0.09	0.03	0.05	59.11
83	155055	55586	99469	0.07	0.03	0.05	55.88
84	136721	46442	90279	0.06	0.02	0.04	51.44
85—89岁	368634	115305	253329	0.17	0.05	0.12	45.52
85	111192	36344	74848	0.05	0.02	0.04	48.56
86	88795	28238	60557	0.04	0.01	0.03	46.63
87	70449	21664	48785	0.03	0.01	0.02	44.41
88	55967	16978	38989	0.03	0.01	0.02	43.55
89	42231	12081	30150	0.02	0.01	0.01	40.07
90—94岁	74498	19401	55097	0.04	0.01	0.03	35.21
90	28010	7652	20358	0.01	0.00	0.01	37.59
91	17818	4607	13211	0.01	0.00	0.01	34.87
92	13240	3404	9836	0.01	0.00	0.00	34.61
93	9184	2269	6915	0.00	0.00	0.00	32.81
94	6246	1469	4777	0.00	0.00	0.00	30.75
95—99岁	11844	2637	9207	0.01	0.00	0.00	28.64
95	4403	992	3411	0.00	0.00	0.00	29.08
96	3023	676	2347	0.00	0.00	0.00	28.80
97	1976	414	1562	0.00	0.00	0.00	26.50
98	1417	309	1108	0.00	0.00	0.00	27.89
99	1025	246	779	0.00	0.00	0.00	31.58
100岁及以上	1184	251	933	0.00	0.00	0.00	26.90

表 4—6 全国镇分年龄、性别的人口数(第二种口径)

单位:人、%

年龄别	人口数			占总人口数的百分比			性别比
	合计	男	女	小计	男	女	(女=100)
总计*	**84922671**	**44807419**	**40115252**	**100.00**	**52.76**	**47.24**	**111.70**
60—64岁	2249026	1245538	1003488	2.65	1.47	1.18	124.12
60	540564	306610	233954	0.64	0.36	0.28	131.06
61	466081	258588	207493	0.55	0.30	0.24	124.62
62	464851	256878	207973	0.55	0.30	0.24	123.52
63	402552	220646	181906	0.47	0.26	0.21	121.30
64	374978	202816	172162	0.44	0.24	0.20	117.81
65—69岁	1559358	794480	764878	1.84	0.94	0.90	103.87
65	372056	193136	178920	0.44	0.23	0.21	107.95
66	334023	171623	162400	0.39	0.20	0.19	105.68
67	296645	150503	146142	0.35	0.18	0.17	102.98
68	289696	146934	142762	0.34	0.17	0.17	102.92
69	266938	132284	134654	0.31	0.16	0.16	98.24
70—74岁	1033490	476799	556691	1.22	0.56	0.66	85.65
70	253981	121780	132201	0.30	0.14	0.16	92.12
71	212446	100082	112364	0.25	0.12	0.13	89.07
72	204315	93877	110438	0.24	0.11	0.13	85.00
73	188754	85028	103726	0.22	0.10	0.12	81.97
74	173994	76032	97962	0.20	0.09	0.12	77.61
75—79岁	656300	273347	382953	0.77	0.32	0.45	71.38
75	159189	69083	90106	0.19	0.08	0.11	76.67
76	154056	65424	88632	0.18	0.08	0.10	73.82
77	128735	53047	75688	0.15	0.06	0.09	70.09
78	114480	46336	68144	0.13	0.05	0.08	68.00
79	99840	39457	60383	0.12	0.05	0.07	65.34
80—84岁	338267	119530	218737	0.40	0.14	0.26	54.65
80	91940	34153	57787	0.11	0.04	0.07	59.10
81	75998	27784	48214	0.09	0.03	0.06	57.63
82	65688	23044	42644	0.08	0.03	0.05	54.04
83	55491	18724	36767	0.07	0.02	0.04	50.93
84	49150	15825	33325	0.06	0.02	0.04	47.49
85—89岁	134252	40392	93860	0.16	0.05	0.11	43.03
85	40012	12526	27486	0.05	0.01	0.03	45.57
86	32290	9834	22456	0.04	0.01	0.03	43.79
87	25486	7532	17954	0.03	0.01	0.02	41.95
88	20515	5965	14550	0.02	0.01	0.02	41.00
89	15949	4535	11414	0.02	0.01	0.01	39.73
90—94岁	28008	7167	20841	0.03	0.01	0.02	34.39
90	10830	2897	7933	0.01	0.00	0.01	36.52
91	6439	1697	4742	0.01	0.00	0.01	35.79
92	4910	1188	3722	0.01	0.00	0.00	31.92
93	3367	792	2575	0.00	0.00	0.00	30.76
94	2462	593	1869	0.00	0.00	0.00	31.73
95—99岁	4908	1190	3718	0.01	0.00	0.00	32.01
95	1771	417	1354	0.00	0.00	0.00	30.80
96	1209	304	905	0.00	0.00	0.00	33.59
97	833	200	633	0.00	0.00	0.00	31.60
98	666	176	490	0.00	0.00	0.00	35.92
99	429	93	336	0.00	0.00	0.00	27.68
100岁及以上	559	126	433	0.00	0.00	0.00	29.10

表 4—7　全国县(不含县辖镇)分年龄、性别的人口数(第二种口径)　　单位:人、%

年龄别	人口数			占总人口数的百分比			性别比
	合计	男	女	小计	男	女	(女=100)
总计*	**834365458**	**427641955**	**406723503**	**100.00**	**51.25**	**48.75**	**105.14**
60—64 岁	24959567	12693847	12265720	2.99	1.52	1.47	103.49
60	5599783	2869849	2729934	0.67	0.34	0.33	105.13
61	5091100	2590620	2500480	0.61	0.31	0.30	103.60
62	5203623	2651938	2551685	0.62	0.32	0.31	103.93
63	4615897	2344632	2271265	0.55	0.28	0.27	103.23
64	4449164	2236808	2212356	0.53	0.27	0.27	101.11
65—69 岁	19934497	9695878	10238619	2.39	1.16	1.23	94.70
65	4667520	2291403	2376117	0.56	0.27	0.28	96.43
66	4312906	2113678	2199228	0.52	0.25	0.26	96.11
67	3775535	1838587	1936948	0.45	0.22	0.23	94.92
68	3690254	1785202	1905052	0.44	0.21	0.23	93.71
69	3488282	1667008	1821274	0.42	0.20	0.22	91.53
70—74 岁	13857267	6368641	7488626	1.66	0.76	0.90	85.04
70	3426795	1609098	1817697	0.41	0.19	0.22	88.52
71	2854719	1322956	1531763	0.34	0.16	0.18	86.37
72	2703080	1243124	1459956	0.32	0.15	0.17	85.15
73	2536970	1152313	1384657	0.30	0.14	0.17	83.22
74	2335703	1041150	1294553	0.28	0.12	0.16	80.43
75—79 岁	8334655	3569671	4764984	1.00	0.43	0.57	74.91
75	2103738	926452	1177286	0.25	0.11	0.14	78.69
76	1995034	869275	1125759	0.24	0.10	0.13	77.22
77	1614529	688917	925612	0.19	0.08	0.11	74.43
78	1402520	587762	814758	0.17	0.07	0.10	72.14
79	1218834	497265	721569	0.15	0.06	0.09	68.91
80～84 岁	4051841	1515407	2536434	0.49	0.18	0.30	59.75
80	1138813	447831	690982	0.14	0.05	0.08	64.81
81	938181	357369	580812	0.11	0.04	0.07	61.53
82	778798	288951	489847	0.09	0.03	0.06	58.99
83	642109	229800	412309	0.08	0.03	0.05	55.73
84	553940	191456	362484	0.07	0.02	0.04	52.82
85—89 岁	1404658	450049	954609	0.17	0.05	0.11	47.14
85	442532	148500	294032	0.05	0.02	0.04	50.50
86	346734	112633	234101	0.04	0.01	0.03	48.11
87	266339	84145	182194	0.03	0.01	0.02	46.18
88	201308	61435	139873	0.02	0.01	0.02	43.92
89	147745	43336	104409	0.02	0.01	0.01	41.51
90—94 岁	249096	67952	181144	0.03	0.01	0.02	37.51
90	100333	29053	71280	0.01	0.00	0.01	40.76
91	56456	15325	41131	0.01	0.00	0.00	37.26
92	42668	11132	31536	0.01	0.00	0.00	35.30
93	29290	7449	21841	0.00	0.00	0.00	34.11
94	20349	4993	15356	0.00	0.00	0.00	32.51
95—99 岁	41099	10722	30377	0.00	0.00	0.00	35.30
95	15223	3978	11245	0.00	0.00	0.00	35.38
96	9952	2482	7470	0.00	0.00	0.00	33.23
97	6832	1744	5088	0.00	0.00	0.00	34.28
98	5442	1521	3921	0.00	0.00	0.00	38.79
99	3650	997	2653	0.00	0.00	0.00	37.58
100 岁及以上	4938	1178	3760	0.00	0.00	0.00	31.33

表 5—5　全国 6 岁及 6 岁以上分年龄、性别和学业完成状况的各种文化程度人口数

单位：人

学业完成状况和年龄别	合计			大学本科			大学专科		
	合　计	男	女	小　计	男	女	小　计	男	女
总计*	**789235125**	**445547738**	**343687387**	**6138484**	**4418514**	**1719970**	**9618959**	**6559621**	**3059338**
60—64 岁	12952402	10286641	2665761	182693	147821	34872	172474	146181	26293
60	3142887	2463597	679290	46843	37249	9594	46852	39304	7548
61	2718703	2147220	571483	39738	31801	7937	38237	32301	5936
62	2691200	2143027	548173	36967	30093	6874	34926	29686	5240
63	2286717	1832642	454075	31093	25566	5527	28117	24037	4080
64	2112895	1700155	412740	28052	23112	4940	24342	20853	3489
65 岁及以上	15704828	12931994	2772834						

表 5—5　全国 6 岁及 6 岁以上分年龄、性别和学业完成状况的各种文化程度人口数(续)

学业完成状况和年龄别	中　专			高　中		
	小　计	男	女	小　计	男	女
总计*	**17283681**	**10130670**	**7153011**	**72603846**	**44632787**	**27971059**
60—64 岁	230122	176370	53752	607185	506485	100700
60	67831	52189	15642	149009	123307	25702
61	50350	38368	11982	127667	106048	21619
62	45776	35043	10733	126490	106035	20455
63	35639	27416	8223	106639	89338	17301
64	30526	23354	7172	97380	81757	15623
65 岁及以上	159850	115106	44744	617959	514745	103214

表 5—5　全国 6 岁及 6 岁以上分年龄、性别和学业完成状况的各种文化程度人口数(续)

学业完成状况和年龄别	初　中			小　学		
	小　计	男	女	小　计	男	女
总计*	**263384863**	**159569272**	**103815591**	**420205292**	**220236874**	**199968418**
60—64 岁	2353753	2028450	325303	9406175	7281334	2124841
60	592740	507566	85174	2239612	1703982	535630
61	496862	426621	70241	1965849	1512081	453768
62	484733	418712	66021	1962308	1523458	438850
63	407531	352879	54652	1677698	1313406	364292
64	371887	322672	49215	1560708	1228407	332301
65 岁以上	2394953	2090426	304527	12206031	9936440	2269591

表 5—6　全国市 6 岁及 6 岁以上分年龄、性别和学业完成状况的各种文化程度人口数(第二口径)

单位:人

学业完成状况和年龄别	合计			大学本科			大学专科		
	合计	男	女	小计	男	女	小计	男	女
总计*	**168571941**	**92350612**	**76221329**	**5211762**	**3652525**	**1559237**	**6563398**	**4191919**	**2371479**
60—64 岁	3835364	2744118	1091246	158266	125205	33061	122221	98893	23328
60	953150	672462	280688	40799	31708	9091	34095	27356	6739
61	814810	577625	237185	34833	27290	7543	27431	22164	5267
62	784868	562138	222730	31926	25426	6500	24515	19840	4675
63	665240	482089	183151	26710	21450	5260	19501	15939	3562
64	617296	449804	167492	23998	19331	4667	16679	13594	3085
65 及岁以上	4456324	3354396	1101928	158608	128966	29642	94284	77592	16692

表 5—6　全国 6 岁及 6 岁以上分年龄、性别和学业完成状况的各种文化程度人口数(第二口径)(续)

学业完成状况和年龄别	中专			高中		
	小计	男	女	小计	男	女
总计*	**8854658**	**4613668**	**4240990**	**28525979**	**15351756**	**13174223**
60—64 岁	100958	66547	34411	316026	239965	76061
60	31509	21266	10243	80927	61410	19517
61	23104	15346	7758	68446	51962	16484
62	19780	12951	6829	64565	49146	15419
63	14543	9433	5110	53472	40557	12915
64	12022	7551	4471	48616	36890	11726
65 岁以上	67094	37327	29767	310337	232959	77378

表 5—6　全国 6 岁及 6 岁以上分年龄、性别和学业完成状况的各种文化程度人口数(第二口径)(续)

学业完成状况和年龄别	初中			小学		
	小计	男	女	小计	男	女
总计*	**63442250**	**35291113**	**28151137**	**55973894**	**29249631**	**26724263**
60—64 岁	935989	736628	199361	2201904	1476880	725024
60	239691	186641	53050	526129	344081	182048
61	199983	156300	43683	461013	304563	156450
62	190200	150076	40124	453882	304699	149183
63	159467	126720	32747	391547	267990	123557
64	146648	116891	29757	369333	255547	113786
65 岁及以上	912855	736330	176525	2913146	2141222	771924

表 5—7　全国镇 6 岁及 6 岁以上分年龄、性别和学业完成状况的各种文化程度人口数(第二口径)

单位:人

学业完成状况和年龄别	合计			大学本科			大学专科		
	合计	男	女	小计	男	女	小计	男	女
总计*	**67934607**	**37863330**	**30071277**	**685397**	**559618**	**125779**	**1928570**	**1452790**	**475780**
60—64 岁	1285006	991215	293791	17297	15789	1508	29589	27282	2307
60	327631	250985	76646	4401	3981	420	7843	7216	627
61	271406	208108	63298	3527	3197	330	6506	5980	526
62	264765	204605	60160	3542	3227	315	6125	5673	452
63	221953	172256	49697	3072	2850	222	4911	4517	394
64	199251	155261	43990	2755	2534	221	4204	3896	308
65 岁及以上	1384619	1085278	299341	16793	15435	1358	21585	19912	1673

表 5—7　全国镇 6 岁及 6 岁以上分年龄、性别和学业完成状况的各种文化程度人口数(第二口径)(续)

学业完成状况和年龄别	中专			高中		
	小计	男	女	小计	男	女
总计*	**4429273**	**2595346**	**1833927**	**11725032**	**6636441**	**5088591**
60—64 岁	52927	39190	13737	107516	92777	14739
60	15844	11942	3902	28110	24181	3929
61	11746	8656	3090	23241	20041	3200
62	10552	7810	2742	22528	19580	2948
63	8132	5946	2186	18113	15590	2523
64	6653	4836	1817	15524	13385	2139
65 岁及以上	30984	21435	9549	81244	69101	12143

表 5—7　全国镇 6 岁及 6 岁以上分年龄、性别和学业完成状况的各种文化程度人口数(第二口径)(续)

学业完成状况和年龄别	初中			小学		
	小计	男	女	小计	男	女
总计*	**26419231**	**14626755**	**11792476**	**22747104**	**11992380**	**10754724**
60—64 岁	356196	304676	51520	721481	511501	209980
60	97139	82990	14149	174294	120675	53619
61	76973	65670	11303	149413	104564	44849
62	72092	61849	10243	149926	106466	43460
63	58829	50360	8469	128896	92993	35903
64	51163	43807	7356	118952	86803	32149
65 岁及以上	284822	242445	42377	949191	716950	232241

表 5—8 全国县 6 岁及 6 岁以上分年龄、性别和学业完成状况的各种文化程度人口数(第二口径)

单位:人

学业完成状况和年龄别	合计			大学本科			大学专科		
	合计	男	女	小计	男	女	小计	男	女
总计*	**552728577**	**315333796**	**237394781**	**241325**	**206371**	**34954**	**1126991**	**914912**	**212079**
60—64 岁	7832032	6551308	1280724	7130	6827	303	20664	20006	658
60	1862106	1540150	321956	1643	1560	83	4914	4732	182
61	1632487	1361487	271000	1378	1314	64	4300	4157	143
62	1641567	1376284	265283	1499	1440	59	4286	4173	113
63	1399524	1178297	221227	1311	1266	45	3705	3581	124
64	1296348	1095090	201258	1299	1247	52	3459	3363	96
65 岁及以上	9863885	8492320	1371565	9763	9380	383	25002	23992	1010

表 5—8 全国县 6 岁及 6 岁以上分年龄、性别和学业完成状况的各种文化程度人口数(第二口径)(续)

学业完成状况和年龄别	中专			高中		
	小计	男	女	小计	男	女
总计*	**3999750**	**2921656**	**1078094**	**32352835**	**22644590**	**9708245**
60—64 岁	76237	70633	5604	183643	173743	9900
60	20478	18981	1497	39972	37716	2256
61	15500	14366	1134	35980	34045	1935
62	15444	14282	1162	39397	37309	2088
63	12964	12037	927	35054	33191	1863
64	11851	10967	884	33240	31482	1758
65 岁及以上	61772	56344	5428	226378	212685	13693

表 5—8 全国县 6 岁及 6 岁以上分年龄、性别和学业完成状况的各种文化程度人口数(第二口径)(续)

学业完成状况和年龄别	初中			小学		
	小计	男	女	小计	男	女
总计*	**173523382**	**109651404**	**63871978**	**341484294**	**178994863**	**162489431**
60—64 岁	1061568	987146	74422	6482790	5292953	1189837
60	255910	237935	17975	1539189	1239226	299963
61	219906	204651	15255	1355423	1102954	252469
62	222441	206787	15654	1358500	1112293	246207
63	189235	175799	13436	1157255	952423	204832
64	174076	161974	12102	1072423	886057	186366
65 岁及以上	1197276	1111651	85625	8343694	7078268	1265426

表 6－22　全国分年龄、性别、职业大类人口数

单位：人

年龄别	在业人口总数			Ⅰ、各类专业、技术人员		
	合　计	男	女	小　计	男	女
总计*	**647244706**	**356230253**	**291014453**	**34393821**	**18829927**	**15563894**
60—64 岁	15548411	11047185	4501226	328834	296860	31974
60	3994696	2770338	1224358	110487	100080	10407
61	3346815	2338701	1008114	71700	64305	7395
62	3189190	2271654	917536	60593	54612	5981
63	2650089	1921434	728655	46723	42243	4480
64	2367621	1745058	622563	39331	35620	3711
65 岁及以上	12136050	9378863	2757187	175311	157543	17768

表 6－22　全国分年龄、性别、职业大类人口数(续)

年龄别	Ⅱ、国家机关党群组织企事业单位负责人			Ⅲ、办事人员和有关人员		
	小　计	男	女	小　计	男	女
总计*	**11328317**	**10024495**	**1303822**	**11275891**	**8382217**	**2893674**
60—64 岁	237687	214237	23450	151672	141698	9974
60	101681	94855	6826	57294	54173	3121
61	53403	47967	5436	33571	31263	2308
62	37992	33355	4637	26447	24568	1879
63	25446	21906	3540	19101	17669	1432
64	19165	16154	3011	15259	14025	1234
65 岁及以上	58416	47756	10660	55604	51286	4318

表 6－22　全国分年龄、性别、职业大类人口数(续)

年龄别	Ⅳ、商业工作人员			Ⅴ、服务性工作人员		
	小　计	男	女	小　计	男	女
总计*	**19472273**	**10385995**	**9086278**	**15511513**	**7502533**	**8008980**
60—64 岁	363839	271125	92714	441488	370324	71164
60	90839	67043	23796	108428	89541	18887
61	76473	56192	20281	92144	76459	15685
62	75132	55934	19198	91434	76861	14573
63	63075	47375	15700	77432	65802	11630
64	58320	44581	13739	72050	61661	10389
65 岁及以上	340747	265426	75321	400157	352018	48139

表 6—22 全国分年龄、性别、职业大类人口数(续)

年龄别	Ⅵ、农、林、牧、渔劳动者			Ⅶ、生产工人、运输工人和有关人员			Ⅷ、不便分类的其他劳动者		
	小计	男	女	小计	男	女	小计	男	女
总计*	**456819731**	**237806378**	**219013353**	**98125481**	**63115886**	**35009595**	**317679**	**182822**	**134857**
60—64岁	13576933	9361872	4215061	444053	387335	56718	3905	3734	171
60	3389612	2243965	1145647	134820	119185	15635	1535	1496	39
61	2921770	1977726	944044	96855	83929	12926	899	860	39
62	2811081	1951286	859795	85820	74387	11433	691	651	40
63	2350086	1667290	682796	67814	58756	9058	412	393	19
64	2104384	1521605	582779	58744	51078	7666	368	334	34
65岁及以上	10847035	8278504	2568531	257034	224748	32286	1746	1582	164

表 6—23 全国市分年龄、性别、职业大类人口数(第二口径)

单位:人

年龄别	在业人口总数			Ⅰ、各类专业、技术人员		
	合计	男	女	小计	男	女
总计*	**120600175**	**67711003**	**52889172**	**15513284**	**7199189**	**8314095**
60—64岁	1778051	1380312	397739	164536	141442	23094
60	506091	395965	110126	54551	46802	7749
61	382898	292559	90339	36221	30771	5450
62	350665	269794	80871	30298	26000	4298
63	285661	222518	63143	23541	20472	3069
64	252736	199476	53260	19925	17397	2528
65岁及以上	1242510	1020508	222002	80834	72223	8611

表 6—23 全国市分年龄、性别、职业大类人口数(第二口径)(续)

年龄别	Ⅱ、国家机关党群组织企事业单位负责人			Ⅲ、办事人员和有关人员		
	小计	男	女	小计	男	女
总计*	**5592805**	**4685971**	**906834**	**6006726**	**4111801**	**1894925**
60—64岁	148074	127146	20928	84935	76487	8448
60	63818	57846	5972	30396	27798	2598
61	32872	28025	4847	18675	16737	1938
62	23365	19195	4170	15154	13554	1600
63	15789	12596	3193	11411	10159	1252
64	12230	9484	2746	9299	8239	1060
65岁及以上	39998	30335	9663	35077	31312	3765

表 6—23 全国市分年龄、性别、职业大类人口数(第二口径)(续)

年龄别	Ⅳ、商业工作人员			Ⅴ、服务性工作人员		
	小 计	男	女	小 计	男	女
总计*	**8187235**	**4015840**	**4171395**	**8113055**	**3389811**	**4723244**
60—64 岁	126951	88349	38602	216651	175016	41635
60	33021	23010	10011	53893	42589	11304
61	26823	18262	8561	45003	35854	9149
62	25812	17964	7848	44204	35847	8357
63	21572	15099	6473	38059	31319	6740
64	19723	14014	5709	35492	29407	6085
65 岁及以上	108267	77433	30834	197363	169863	27500

表 6—23 全国市分年龄、性别、职业大类人口数(第二口径)(续)

年龄别	Ⅵ、农、林、牧、渔劳动者			Ⅶ、生产工人、运输工人和有关人员			Ⅷ、不便分类的其他劳动者		
	小 计	男	女	小 计	男	女	小 计	男	女
总计*	**30482578**	**15226347**	**15256231**	**46511049**	**28974284**	**17536765**	**193443**	**107760**	**85683**
60—64 岁	865857	616994	248863	168907	152869	16038	2140	2009	131
60	212451	144933	67518	57179	52237	4942	782	750	32
61	186607	129918	56689	36216	32540	3676	481	452	29
62	180696	129270	51426	30760	27613	3147	376	351	25
63	150894	110881	40013	24141	21754	2387	254	238	16
64	135209	101992	33217	20611	18725	1886	247	218	29
65 岁及以上	699356	565052	134304	80414	73220	7194	1201	1070	131

表 6—24 全国镇分年龄、性别、职业大类人口数(第二口径) 单位:人

年龄别	在业人口总数			Ⅰ、各类专业、技术人员		
	合 计	男	女	小 计	男	女
总计*	**45791797**	**27058094**	**18733703**	**7746485**	**4036126**	**3710059**
60—64 岁	557754	448867	108887	63177	58561	4616
60	169423	139313	30110	22836	21275	1561
61	120329	95975	24354	13853	12796	1057
62	107643	85544	22099	11389	10580	809
63	85989	68407	17582	8485	7806	679
64	74370	59628	14742	6614	6104	510
65 岁及以上	380664	308416	72248	28569	25740	2829

表 6—24 全国镇分年龄、性别、职业大类人口数(第二口径)(续)

年龄别	Ⅱ、国家机关党群组织企事业单位负责人			Ⅲ、办事人员和有关人员		
	小 计	男	女	小 计	男	女
总计*	**2470222**	**2236444**	**233778**	**3223656**	**2536824**	**686832**
60—64 岁	47420	45478	1942	39462	38309	1153
60	21600	20959	641	16878	16462	416
61	10851	10394	457	8859	8573	286
62	7219	6842	377	6411	6210	201
63	4576	4304	272	4209	4083	126
64	3174	2979	195	3105	2981	124
65 岁及以上	8300	7518	782	9305	8956	349

表 6—24 全国镇分年龄、性别、职业大类人口数(第二口径)(续)

年龄别	Ⅳ、商业工作人员			Ⅴ、服务性工作人员		
	小 计	男	女	小 计	男	女
总计*	**5223986**	**2491363**	**2732623**	**3287906**	**1560408**	**1727498**
60—64 岁	78633	52203	26430	74408	60682	13726
60	20558	13714	6844	18979	15365	3614
61	16478	10810	5668	15368	12363	3005
62	16118	10580	5538	15378	12545	2833
63	13513	9000	4513	12855	10567	2288
64	11966	8099	3867	11828	9842	1986
65 岁及以上	75444	52544	22900	66080	56306	9774

表 6—24 全国镇分年龄、性别、职业大类人口数(第二口径)(续)

年龄别	Ⅵ、农、林、牧、渔劳动者			Ⅶ、生产工人、运输工人和有关人员			Ⅷ、不便分类的其他劳动者		
	小 计	男	女	小 计	男	女	小 计	男	女
总计*	**6871467**	**3661557**	**3209910**	**16888408**	**10487794**	**6400614**	**79667**	**47578**	**32089**
60—64 岁	188956	137313	51643	64720	55371	9349	978	950	28
60	47309	33072	14237	20798	18005	2793	465	461	4
61	40771	29036	11735	13919	11781	2138	230	222	8
62	38677	28228	10449	12298	10417	1881	153	142	11
63	32663	24344	8319	9615	8232	1383	73	71	2
64	29536	22633	6903	8090	6936	1154	57	54	3
65 岁及以上	155314	125181	30133	37406	31946	5460	246	225	21

表 6－25　全国县分年龄、性别、职业大类人口数(第二口径)　单位:人

年龄别	在业人口总数			Ⅰ、各类专业、技术人员		
	合　计	男	女	小　计	男	女
总计*	**480852734**	**261461156**	**219391578**	**11134052**	**7594612**	**3539440**
60—64 岁	13212606	9218006	3994600	101121	96857	4264
60	3319182	2235060	1084122	33100	32003	1097
61	2843588	1950167	893421	21626	20738	888
62	2730882	1916316	814566	18906	18032	874
63	2278439	1630509	647930	14697	13965	732
64	2040515	1485954	554561	12792	12119	673
65 岁及以上	10512876	8049939	2462937	65908	59580	6328

表 6－25　全国县分年龄、性别、职业大类人口数(第二口径)(续)

年龄别	Ⅱ、国家机关党群组织企事业单位负责人			Ⅲ、办事人员和有关人员		
	小　计	男	女	小　计	男	女
总计*	**3265290**	**3102080**	**163210**	**2045509**	**1733592**	**311917**
60—64 岁	42193	41613	580	27275	26902	373
60	16263	16050	213	10020	9913	107
61	9680	9548	132	6037	5953	84
62	7408	7318	90	4882	4804	78
63	5081	5006	75	3481	3427	54
64	3761	3691	70	2855	2805	50
65 岁及以上	10118	9903	215	11222	11018	204

表 6－25　全国县分年龄、性别、职业大类人口数(第二口径)(续)

年龄别	Ⅳ、商业工作人员			Ⅴ、服务性工作人员		
	小　计	男	女	小　计	男	女
总计*	**6061052**	**3878792**	**2182260**	**4110552**	**2552314**	**1558238**
60—64 岁	158255	130573	27682	150429	134626	15803
60	37260	30319	6941	35556	31587	3969
61	33172	27120	6052	31773	28242	3531
62	33202	27390	5812	31852	28469	3383
63	27990	23276	4714	26518	23916	2602
64	26631	22468	4163	24730	22412	2318
65 岁及以上	157036	135449	21587	136714	125849	10865

表 6－25　全国县分年龄、性别、职业大类人口数(第二口径)(续)

年龄别	Ⅵ、农、林、牧、渔劳动者			Ⅶ、生产工人、运输工人和有关人员			Ⅷ、不便分类的其他劳动者		
	小　计	男	女	小　计	男	女	小　计	男	女
总计*	**419465686**	**218918474**	**200547212**	**34726024**	**23653808**	**11072216**	**44569**	**27484**	**17085**
60—64 岁	12522120	8607565	3914555	210426	179095	31331	787	775	12
60	3129852	2065960	1063892	56843	48943	7900	288	285	3
61	2694392	1818772	875620	46720	39608	7112	188	186	2
62	2591708	1793788	797920	42762	36357	6405	162	158	4
63	2166529	1532065	634464	34058	28770	5288	85	84	1
64	1939639	1396980	542659	30043	25417	4626	64	62	2
65 岁及以上	9992365	7588271	2404094	139214	119582	19632	299	287	12

表 6－31　全国分年龄、性别、文化程度的不在业人口数

单位：人

文化程度和年龄别	不在业人口			在校学生			料理家务			待升学		
	合计	男	女	小计	男	女	小计	男	女	小计	男	女
总计*	**133547**	**50924**	**82623**	**38457**	**24218**	**14239**	**50608**	**3040**	**47568**	**939**	**518**	**421**
60—64 岁	14497	3349	11148	—	—	—	10275	405	9870	—	—	—
65 岁及以上	52538	17153	35385	—	—	—	21338	2381	18957	—	—	—
文盲、半文盲	70306	13553	56753	—	—	—	41075	2067	39008	—	—	—
60—64 岁	11243	1092	10151	—	—	—	9301	256	9045	—	—	—
65 岁及以上	44889	11350	33539	—	—	—	19569	1731	17838	—	—	—
小　学	22909	12068	10841	6859	4265	2594	7585	746	6839	234	145	89
60—64 岁	2221	1288	933	—	—	—	917	121	796	—	—	—
65 岁及以上	6115	4347	1768	—	—	—	1623	535	1088	—	—	—
初中	30423	18910	11513	23874	15099	8775	1685	198	1487	507	246	261
60—64 岁	732	684	48	—	—	—	53	25	28	—	—	—
65 岁及以上	1181	1125	56	—	—	—	132	104	28	—	—	—
高中	6843	4546	2297	5506	3739	1767	232	23	209	198	127	71
60—64 岁	101	95	6	—	—	—	4	3	1	—	—	—
65 岁及以上	137	128	9	—	—	—	9	8	1	—	—	—
中专	2876	1694	1182	2148	1071	1077	27	4	23	—	—	—
60—64 岁	177	169	8	—	—	—	—	—	—	—	—	—
65 岁及以上	178	168	10	—	—	—	2	1	1	—	—	—
大学专科	159	125	34	63	39	24	3	2	1	—	—	—
60—64 岁	19	17	2	—	—	—	—	—	—	—	—	—
65 岁及以上	27	25	2	—	—	—	2	2	—	—	—	—
大学本科	31	28	3	7	5	2	1	—	1	—	—	—
60—64 岁	4	4		—	—	—	—	—	—	—	—	—
65 岁及以上	11	10	1	—	—	—	1	—	1	—	—	—

表 6－31　全国分年龄、性别、文化程度的不在业人口数(续)

文化程度和年龄别	市镇待业			离休退休退职			丧失工作能力			其他		
	合计	男	女	小计	男	女	小计	男	女	小计	男	女
总计*	**1716**	**711**	**1005**	**7445**	**6965**	**480**	**33095**	**14742**	**18353**	**1287**	**730**	**557**
60—64 岁	—	—	—	1893	1829	64	2240	1057	1183	89	58	31
65 岁及以上	—	—	—	2455	2349	106	28263	12122	16141	482	301	181
文盲、半文盲	6	1	5	780	678	102	27840	10490	17350	605	317	288
60—64 岁	—	—	—	172	161	11	1720	648	1072	50	27	23
65 岁及以上	—	—	—	417	360	57	24535	9055	15480	368	204	164
小　学	84	28	56	3303	3127	176	4464	3529	935	380	228	152
60—64 岁	—	—	—	826	805	21	453	343	110	25	19	6
65 岁及以上	—	—	—	1123	1100	23	3269	2629	640	100	83	17
初中	1147	429	718	2297	2172	125	695	641	54	218	125	93
60—64 岁	—	—	—	609	590	19	61	60	1	9	9	—
65 岁及以上	—	—	—	634	621	13	403	388	15	12	12	—
高中	442	236	206	336	314	22	67	59	8	62	48	14
60—64 岁	—	—	—	92	88	4	3	3	—	2	1	1
65 岁及以上	—	—	—	86	82	4	40	36	4	2	2	—
中专	34	15	19	634	584	50	19	14	5	14	6	8
60—64 岁	—	—	—	173	166	7	1	1	—	3	2	1
65 岁及以上	—	—	—	167	159	8	9	8	1	—	—	—
大学专科	3	2	1	79	74	5	6	5	1	5	3	2
60—64 岁	—	—	—	17	15	2	2	2	—	—	—	—
65 岁及以上	—	—	—	22	21	1	3	2	1	—	—	—
大学本科	—	—	—	16	16	—	4	4	—	3	3	—
60—64 岁	—	—	—	4	4	—	—	—	—	—	—	—
65 岁及以上	—	—	—	6	6	—	4	4	—	—	—	—

表 6—32 全国市分年龄、性别、文化程度的不在业人口数

单位:人

文化程度和年龄别	不在业人口			在校学生		
	合 计	男	女	小 计	男	女
总计*	**44666417**	**17848727**	**26817690**	**11955746**	**6672716**	**5283030**
60—64 岁	4989610	2162251	2827359	—	—	—
65 岁及以上	10117689	4248080	5869609	—	—	—
文盲、半文盲	12486540	2331706	10154834	625	340	285
60—64 岁	2235878	390902	1844976	—	—	—
65 岁及以上	6287642	1477223	4810419	—	—	—
小 学	9972791	4177891	5794900	300736	178045	122691
60—64 岁	1582107	923587	658520	—	—	—
65 岁及以上	2486492	1742095	744397	—	—	—
初中	10994382	5205819	5788563	3786776	2013947	1772829
60—64 岁	700216	518931	181285	—	—	—
65 岁及以上	801450	631969	169481	—	—	—
高中	5670110	2900248	2769862	3330296	1802157	1528139
60—64 岁	226287	159073	67214	—	—	—
65 岁及以上	271856	197803	74053	—	—	—
中专	2353294	1182876	1170418	1947202	1017758	929444
60—64 岁	74145	43796	30349	—	—	—
65 岁及以上	60098	31566	28532	—	—	—
大学专科	1446565	877045	569520	1154194	691962	462232
60—64 岁	79709	60219	19490	—	—	—
65 岁及以上	79943	64283	15660	—	—	—
大学本科	1742735	1173142	569593	1435917	968507	467410
60—64 岁	91268	65743	25525	—	—	—
65 岁及以上	130208	103141	27067	—	—	—

表 6—32 全国市分年龄、性别、文化程度的不在业人口数(续)

文化程度和年龄别	料理家务			待 升 学		
	小 计	男	女	小 计	男	女
总计*	**12153965**	**670847**	**11483118**	**519216**	**268089**	**251127**
60—64 岁	1587210	110023	1477187	—	—	—
65 岁及以上	3664798	427698	3237100	—	—	—
文盲、半文盲	6650817	308595	6342222	82	37	45
60—64 岁	1247533	47262	1200271	—	—	—
65 岁及以上	3036252	231164	2805088	—	—	—
小 学	3196933	275105	2921828	20384	11694	8690
60—64 岁	293396	51784	241612	—	—	—
65 岁及以上	525950	165872	360078	—	—	—
初中	1865396	68317	1797079	321660	161314	160346
60—64 岁	38157	8803	29354	—	—	—
65 岁及以上	77822	23704	54118	—	—	—
高中	413974	15066	398908	173956	93638	80318
60—64 岁	6226	1672	4554	—	—	—
65 岁及以上	17994	5327	12667	—	—	—
中专	19121	1629	17492	2287	939	1348
60—64 岁	1064	205	859	—	—	—
65 岁及以上	3405	507	2898	—	—	—
大学专科	4088	1129	2959	574	303	271
60—64 岁	394	153	241	—	—	—
65 岁及以上	1395	541	854	—	—	—
大学本科	3636	1006	2630	273	164	109
60—64 岁	440	144	296	—	—	—
65 岁及以上	1980	583	1397	—	—	—

表 6—32 全国市分年龄、性别、文化程度的不在业人口数(续)

文化程度和年龄别	市镇待业			离休退休退职		
	小 计	男	女	小 计	男	女
总计*	**3034314**	**1577237**	**1457077**	**12940464**	**6549292**	**6391172**
60—64 岁	—	—	—	3165133	1926268	1238865
65 岁及以上	—	—	—	4212758	2951626	1261132
文盲、半文盲	30109	13350	16759	3476218	1208527	2267691
60—64 岁	—	—	—	827957	280620	547337
65 岁及以上	—	—	—	1421722	705493	716299
小 学	276611	153716	122895	5363075	2924653	2438422
60—64 岁	—	—	—	1226862	821569	405293
65 岁及以上	—	—	—	1613529	1298950	314579
初中	1788785	944478	844307	2567485	1525134	1042351
60—64 岁	—	—	—	651164	500694	150470
65 岁及以上	—	—	—	676948	570036	106912
高中	828660	412559	416101	741068	442915	298153
60—64 岁	—	—	—	217532	155308	62224
65 岁及以上	—	—	—	242572	183502	59070
中专	57009	25604	31405	299574	118556	181018
60—64 岁	—	—	—	72653	43275	29378
65 岁及以上	—	—	—	54674	29972	24702
大学专科	43091	20959	22132	221638	147365	74273
60—64 岁	—	—	—	78853	59684	19169
65 岁及以上	—	—	—	76973	62494	14479
大学本科	10049	6571	3478	271406	182142	89264
60—64 岁	—	—	—	90112	65118	24994
65 岁及以上	—	—	—	126340	101179	25161

表 6—32 全国市分年龄、性别、文化程度的不在业人口数(续)

文化程度和年龄别	丧失工作能力			其 他		
	小 计	男	女	小 计	男	女
总计*	**2794004**	**170957**	**1623047**	**1268708**	**939589**	**329119**
60—64 岁	209233	103991	105242	28034	21969	6065
65 岁及以上	2153313	814055	1339258	86820	54701	32119
文盲、半文盲	2151421	682835	1468586	177268	118022	59246
60—64 岁	146168	53373	92795	14220	9647	4573
65 岁及以上	1771871	511173	1260698	57797	29393	28404
小 学	488438	373718	114720	326614	260960	65654
60—64 岁	52272	41526	10746	9577	8708	869
65 岁及以上	325075	257948	67127	21938	19325	2613
初中	114990	86071	28919	549290	406558	142732
60—64 岁	8342	7106	1236	2553	2328	225
65 岁及以上	42450	34510	7940	4230	3719	511
高中	28490	20985	7505	153666	112928	40738
60—64 岁	1705	1402	303	824	691	133
65 岁及以上	9790	7733	2057	1500	1241	259
中专	5135	3162	1973	22966	15228	7738
60—64 岁	281	209	72	147	107	40
65 岁及以上	1771	916	855	248	171	77
大学专科	2878	2200	678	20102	13127	6975
60—64 岁	239	196	43	223	186	37
65 岁及以上	1228	949	279	347	299	48
大学本科	2652	1986	666	18802	12766	6036
60—64 岁	226	179	47	490	302	188
65 岁及以上	1128	826	302	760	553	207

表 6—33 全国镇分年龄、性别、文化程度的不在业人口数(第二口径)

单位:人

文化程度和年龄别	不在业人口			在校学生		
	合 计	男	女	小 计	男	女
总计*	**18969220**	**7194764**	**11774456**	**4399018**	**2357656**	**2041362**
60—64 岁	1691272	796671	894601	—	—	—
65 岁及以上	3374478	1404615	1969863	—	—	—
文盲、半文盲	4918258	884209	4034049	239	112	127
60—64 岁	771471	141822	629649	—	—	—
65 岁及以上	2190552	506473	1684079	—	—	—
小 学	4401429	1703439	2697990	121074	69107	51967
60—64 岁	519384	330685	188699	—	—	—
65 岁及以上	808353	586648	221705	—	—	—
初中	5748707	2574435	3174272	1854263	967808	886455
60—64 岁	256753	209840	46913	—	—	—
65 岁及以上	246162	205792	40370	—	—	—
高中	2753829	1411983	1341846	1566793	870841	695952
60—64 岁	76232	62749	13483	—	—	—
65 岁及以上	69832	58208	11624	—	—	—
中专	880579	441523	439056	692527	350059	342468
60—64 岁	37820	25210	12610	—	—	—
65 岁及以上	27334	18098	9236	—	—	—
大学专科	203560	131940	71620	135411	80587	54824
60—64 岁	18885	16923	1962	—	—	—
65 岁及以上	17931	16361	1570	—	—	—
大学本科	62858	47235	15623	28711	19142	9569
60—64 岁	10727	9442	1285	—	—	—
65 岁及以上	14314	13035	1279	—	—	—

表 6—33 全国镇分年龄、性别、文化程度的不在业人口数(第二口径)(续)

文化程度和年龄别	料理家务			待 升 学		
	小 计	男	女	小 计	男	女
总计*	**6460709**	**206136**	**6254573**	**382568**	**198391**	**184177**
60—64 岁	636597	30419	606178	—	—	—
65 岁及以上	1122902	101670	1021232	—	—	—
文盲、半文盲	2868513	74902	2793611	49	23	26
60—64 岁	491491	11565	479926	—	—	—
65 岁及以上	935641	50403	885238	—	—	—
小 学	2004093	86325	1917768	13139	7202	5937
60—64 岁	123892	14341	109551	—	—	—
65 岁及以上	159164	41548	117616	—	—	—
初中	1278196	34782	1243414	235401	116708	118693
60—64 岁	17932	3552	14380	—	—	—
65 岁及以上	22640	7609	15031	—	—	—
高中	295637	8434	287203	133119	74051	59068
60—64 岁	2460	754	1706	—	—	—
65 岁及以上	3905	1579	2326	—	—	—
中专	12520	1088	11432	705	324	381
60—64 岁	690	137	553	—	—	—
65 岁及以上	1159	276	883	—	—	—
大学专科	1264	409	855	124	58	66
60—64 岁	92	50	42	—	—	—
65 岁及以上	243	155	88	—	—	—
大学本科	486	196	290	31	25	6
60—64 岁	40	20	20	—	—	—
65 岁及以上	150	100	50	—	—	—

表 6—33 全国镇分年龄、性别、文化程度的不在业人口数(第二口径)(续)

文化程度和年龄别	市镇待业			离休退休退职		
	小计	男	女	小计	男	女
总计*	**1866267**	**930338**	**935929**	**3677947**	**2327915**	**1350032**
60—64岁	—	—	—	930102	700275	229827
65岁及以上	—	—	—	1181708	924958	256750
文盲、半文盲	22743	9171	13572	896911	424037	472874
60—64岁	—	—	—	198361	98439	99922
65岁及以上	—	—	—	389737	231430	158307
小学	216467	112679	103788	1533808	1032933	500875
60—64岁	—	—	—	361382	289819	71563
65岁及以上	—	—	—	478241	419071	59170
初中	1145234	565949	579285	822852	581707	241145
60—64岁	—	—	—	232006	200439	31567
65岁及以上	—	—	—	197859	177374	20485
高中	446928	226522	220406	210375	154843	55532
60—64岁	—	—	—	72347	60735	11612
65岁及以上	—	—	—	60304	51999	8305
中专	24229	10555	13674	133650	68010	65640
60—64岁	—	—	—	36816	24814	12002
65岁及以上	—	—	—	24758	16871	7887
大学专科	9761	4813	4948	49757	40954	8803
60—64岁	—	—	—	18589	16686	1903
65岁及以上	—	—	—	17034	15618	1416
大学本科	905	649	256	30594	25431	5163
60—64岁	—	—	—	10601	9343	1258
65岁及以上	—	—	—	13775	12595	1180

表 6—33 全国镇分年龄、性别、文化程度的不在业人口数(第二口径)(续)

文化程度和年龄别	丧失工作能力			其他		
	小计	男	女	小计	男	女
总计*	**1314469**	**515772**	**798697**	**868242**	**658556**	**209686**
60—64岁	106920	51932	54988	17653	14045	3608
65岁及以上	1026123	351626	674497	43745	26361	17384
文盲、半文盲	1003853	287692	716161	125950	88272	37678
60—64岁	72671	25775	46896	8948	6043	2905
65岁及以上	835853	210773	625080	29321	13867	15454
小学	236782	171336	65446	276066	223857	52209
60—64岁	27691	20698	6993	6419	5827	592
65岁及以上	159609	116317	43292	11339	9712	1627
初中	55419	42625	12794	357342	264856	92486
60—64岁	5140	4260	880	1675	1589	86
65岁及以上	23437	18802	4635	2226	2007	219
高中	13160	10176	2984	87817	67116	20701
60—64岁	1018	864	154	407	396	11
65岁及以上	5046	4105	941	577	525	52
中专	3163	2155	1008	13785	9332	4453
60—64岁	213	168	45	101	91	10
65岁及以上	1288	847	441	129	104	25
大学专科	1306	1118	188	5937	4001	1936
60—64岁	136	122	14	68	65	3
65岁及以上	556	493	63	98	95	3
大学本科	786	670	116	1345	1122	223
60—64岁	51	45	6	35	34	1
65岁及以上	334	289	45	55	51	4

表 6—34 全国县分年龄、性别、文化程度的不在业人口数(第二口径) 单位:人

文化程度和年龄别	不在业人口			在校学生		
	合 计	男	女	小 计	男	女
总计*	**106628441**	**37683065**	**68945376**	**22803810**	**14149882**	**8653928**
60—64 岁	11746961	3475841	8271120	—	—	—
65 岁及以上	37365175	13629559	23735616	—	—	—
文盲、半文盲	54717839	11297315	43420524	2891	1618	1273
60—64 岁	8868957	1432045	7436912	—	—	—
65 岁及以上	30895938	8338727	22557211	—	—	—
小 学	23299444	10291107	13008337	3525426	2199098	1326328
60—64 岁	2219224	1450299	768925	—	—	—
65 岁及以上	5399532	4313502	1086030	—	—	—
初中	21963797	11935950	10027847	14460065	8793195	5666870
60—64 岁	478577	426823	51754	—	—	—
65 岁及以上	818152	744479	73673	—	—	—
高中	5851672	3637859	2213813	4322351	2877813	1444538
60—64 岁	107931	100176	7755	—	—	—
65 岁及以上	171127	158815	12312	—	—	—
中专	613764	386069	227695	390027	212558	177469
60—64 岁	53880	48924	4956	—	—	—
65 岁及以上	52145	47035	5110	—	—	—
大学专科	150525	109432	41093	89975	56802	33173
60—64 岁	13802	13243	559	—	—	—
65 岁及以上	20197	19276	921	—	—	—
大学本科	31400	25333	6067	13075	8798	4277
60—64 岁	4590	4331	259	—	—	—
65 岁及以上	8084	7725	359	—	—	—

表 6—34 全国县分年龄、性别、文化程度的不在业人口数(第二口径)(续)

文化程度和年龄别	料理家务			待 升 学		
	小 计	男	女	小 计	男	女
总计*	**50311950**	**5429983**	**44881967**	**1472758**	**896343**	**576415**
60—64 岁	8017590	1005423	7012167	—	—	—
65 岁及以上	16619300	3696193	12923107	—	—	—
文盲、半文盲	33665892	2982223	30683669	340	134	206
60—64 岁	6814330	496106	6318224	—	—	—
65 岁及以上	14427777	2233335	12194442	—	—	—
小 学	12436619	2049251	10387368	224486	138187	86299
60—64 岁	1086532	432823	653709	—	—	—
65 岁及以上	1949053	1267229	681824	—	—	—
初中	3624184	339886	3284298	947325	556884	390441
60—64 岁	101979	66086	35893	—	—	—
65 岁及以上	206081	165735	40346	—	—	—
高中	561893	49650	512243	298707	200040	98667
60—64 岁	12294	8729	3565	—	—	—
65 岁及以上	29982	24810	5172	—	—	—
中专	19371	6332	13039	1616	920	696
60—64 岁	1989	1288	701	—	—	—
65 岁及以上	4427	3321	1106	—	—	—
大学专科	3092	2043	1049	249	150	99
60—64 岁	358	305	53	—	—	—
65 岁及以上	1489	1345	144	—	—	—
大学本科	899	598	301	35	28	7
60—64 岁	108	86	22	—	—	—
65 岁及以上	491	418	73	—	—	—

表 6—34　全国县分年龄、性别、文化程度的不在业人口数(第二口径)(续)

文化程度和年龄别	市镇待业			离休退休退职		
	小　计	男	女	小　计	男	女
总计*	**839644**	**415515**	**424129**	**4892074**	**4194828**	**697246**
60—64 岁	—	—	—	1265666	1160182	105484
65 岁及以上	—	—	—	1578633	1422880	155753
文盲、半文盲	14415	44701	9945	1139588	773875	365713
60—64 岁	—	—	—	256578	193441	63137
65 岁及以上	—	—	—	480841	364100	116741
小　学	123631	54176	69455	2241881	2035516	206365
60—64 岁	—	—	—	560659	536342	24317
65 岁及以上	—	—	—	676407	652359	24048
初中	526067	264198	261869	1051754	970869	80885
60—64 岁	—	—	—	296976	287157	9819
65 岁及以上	—	—	—	273902	266049	7853
高中	160594	84856	75738	246342	228337	18005
60—64 岁	—	—	—	84327	80867	3460
65 岁及以上	—	—	—	85712	82399	3313
中专	10976	5474	5502	159648	136636	23012
60—64 岁	—	—	—	50060	45964	4096
65 岁及以上	—	—	—	40666	37568	3098
大学专科	3557	2047	1510	39225	37004	2221
60—64 岁	—	—	—	12808	12370	438
65 岁及以上	—	—	—	14838	14368	470
大学本科	404	294	110	13636	12591	1045
60—64 岁	—	—	—	4258	4041	217
65 岁及以上	—	—	—	6267	6037	230

表 6—34　全国县分年龄、性别、文化程度的不在业人口数(第二口径)(续)

文化程度和年龄别	丧失工作能力			其　他		
	小　计	男	女	小　计	男	女
总计*	**24002855**	**11176065**	**12826790**	**2305350**	**1420449**	**884901**
60—64 岁	2350972	1231485	1119487	112733	78751	33982
65 岁及以上	18789294	8281135	10508159	377948	229351	148597
文盲、半文盲	19269379	7192110	12077269	625334	342885	282449
60—64 岁	1730780	704872	1025908	67269	37626	29643
65 岁及以上	15714358	5605906	10108452	272962	135386	137576
小　学	3985392	3325087	660305	762009	489792	272217
60—64 岁	534329	447435	86894	37704	33699	4005
65 岁及以上	2684048	2314174	369874	90024	79740	10284
初中	625363	550297	75066	729039	460621	268418
60—64 岁	73329	67556	5773	6293	6024	269
65 岁及以上	326214	301346	24868	11955	11349	606
高中	102144	90502	11642	159641	106661	52980
60—64 岁	10223	9540	683	1087	1040	47
65 岁及以上	53096	49372	3724	2337	2234	103
中专	13031	11210	1821	19095	12939	6156
60—64 岁	1610	1465	145	221	207	14
65 岁及以上	6723	5833	890	329	313	16
大学专科	5648	5095	553	8779	6291	2488
60—64 岁	529	464	65	107	104	3
65 岁及以上	3623	3327	296	247	236	11
大学本科	1898	1764	134	1453	1260	193
60—64 岁	172	153	19	52	51	1
65 岁及以上	1232	1177	55	94	93	1

表 7—5　全国 15 岁及 15 岁以上人口分年龄和文化程度的婚姻状况　　单位:人

文化程度和年龄别	合计			未婚		
	合计	男	女	小计	男	女
总计*	**817508784**	**418956809**	**398551975**	**205404790**	**121303468**	**84101322**
60 岁及以上	96969646	46143065	50826581	1273053	1132228	140825
文盲、半文盲	181609097	54359731	127249366	13930980	8178349	5752631
60 岁及以上	68312416	22924430	45387986	952198	853736	98462
小学	282507460	147836697	134670763	69181843	38054834	31127009
60 岁及以上	21612206	17217774	4394432	247454	222242	25212
初中	247845535	151072547	96772988	89617314	55083210	34534104
60 岁及以上	4748706	4118876	629830	46004	37040	8964
高中	72517201	44583891	27933310	22511565	13897107	8614458
60 岁及以上	1225144	1021230	203914	14943	11104	3839
中专	17272055	10125812	7146243	5364777	2942938	2421839
60 岁及以上	389972	291476	98496	3301	1823	1478
大学专科	9618959	6559621	3059338	2609923	1614602	995321
60 岁及以上	313345	267677	45668	4171	3123	1048
大学本科	6138477	4418510	1719967	2188388	1532428	655960
60 岁及以上	367857	301602	66255	4982	3160	1822

表 7—5　全国 15 岁及 15 岁以上人口分年龄和文化程度的婚姻状况(续 1)　　单位:人

文化程度和年龄别	有配偶			丧偶			离婚		
	小计	男	女	小计	男	女	小计	男	女
总计*	**557373062**	**278265597**	**279107465**	**49893332**	**15914739**	**33978593**	**4837600**	**3473005**	**1364595**
60 岁及以上	57874729	33519715	24355014	37035781	10888991	26146790	786083	602131	183952
文盲、半文盲	128939021	37225917	91713104	37417962	7996430	29421532	1321134	959035	362099
60 岁及以上	36225693	15303499	20922194	30654129	6427575	24226554	480396	339620	140776
小学	201952523	102283706	99668817	9618727	6083734	3534993	1754367	1414423	339944
60 岁及以上	15953998	13212776	2741222	5194239	3591610	1602629	216515	191146	25369
初中	154934196	93807581	61126615	2123915	1412351	711564	1170110	769405	400705
60 岁及以上	3799901	3392097	407804	850606	646218	204388	52195	43521	8674
高中	49162403	30188367	18974036	440962	273988	166974	402271	224429	177842
60 岁及以上	988059	852806	135253	202666	142144	60522	19476	15176	4300
中专	11651079	7062589	4588490	163312	73564	89748	92887	46721	46166
60 岁及以上	320986	254138	66848	60648	32182	28466	5037	3333	1704
大学专科	6882135	4869521	2012614	66755	39423	27332	60146	36075	24071
60 岁及以上	268451	235763	32688	35014	24276	10738	5709	4515	1194
大学本科	3851705	2827916	1023789	61699	35249	26450	36685	22917	13768
60 岁及以上	317641	268636	49005	38479	24986	13493	6755	4820	1935

表 7—6　全国市 15 岁及 15 岁以上人口分年龄和文化程度的婚姻状况(第二口径) 单位:人

文化程度和年龄别	合计			未婚		
	合计	男	女	小计	男	女
总计*	**165266592**	**85559730**	**79706862**	**41764060**	**24581228**	**17182832**
60 岁及以上	18127860	8811151	9316709	160547	126794	33753
文盲、半文盲	20113289	5364710	14748579	885818	615230	270588
60 岁及以上	9836172	2712637	7123535	94248	78759	15489
小学	36312055	19000584	17311471	5442722	3195368	2247354
60 岁及以上	5115050	3618102	1496948	38759	30930	7829
初中	59721792	33402365	26319427	18889750	11089994	7799756
60 岁及以上	1848844	1472958	375886	12567	8659	3908
高中	28497826	15337361	13160465	9495763	5513874	3981889
60 岁及以上	626363	472924	153439	6987	4053	2934
中专	8846477	4610270	4236207	3137947	1650939	1487008
60 岁及以上	168052	103874	64178	1567	575	992
大学专科	6563398	4191919	2371479	1911195	1132915	778280
60 岁及以上	216505	176485	40020	2376	1498	878
大学本科	5211755	3652521	1559234	2000865	1382908	617957
60 岁及以上	316874	254171	62703	4043	2320	1723

表 7—6　全国市 15 岁及 15 岁以上人口分年龄和文化程度的婚姻状况(第二口径)(续 1) 单位:人

文化程度和年龄别	有配偶			丧偶			离婚		
	小计	男	女	小计	男	女	小计	男	女
总计*	**114044428**	**58131576**	**55912852**	**8188973**	**2139642**	**6049331**	**1269131**	**707284**	**561847**
60 岁及以上	11670321	7002921	4667400	6143627	1585351	4558276	153365	96085	57280
文盲、半文盲	13760247	3843465	9916782	5320689	818840	4501849	146535	87175	59360
60 岁及以上	5167759	1899463	3268296	4511130	699748	3811382	63035	34667	28368
小学	28680260	14730866	13949394	1894940	880486	1014454	294133	193864	100269
60 岁及以上	3854039	2926444	927595	1173495	626418	547077	48757	34310	14447
初中	39734257	21768638	17965619	616050	287084	328966	481735	256649	225086
60 岁及以上	1532818	1283490	249328	283230	167195	116035	20229	13614	6615
高中	18602745	9640072	8962673	181619	80469	101150	217699	102946	114753
60 岁及以上	516105	412910	103195	93437	49827	43610	9834	6134	3700
中专	5576450	2913139	2663311	78609	22611	55998	53471	23581	29890
60 岁及以上	136915	93263	43652	27276	8947	18329	2294	1089	1205
大学专科	4562443	3011832	1550611	45149	22539	22610	44611	24633	19978
60 岁及以上	187663	158795	28868	22818	13633	9185	3648	2559	1089
大学本科	3128026	2223564	904462	51917	27613	24304	30947	18436	12511
60 岁及以上	275022	228556	46466	32241	19583	12658	5568	3712	1856

表 7—7 全国镇 15 岁及 15 岁以上人口分年龄和文化程度的婚姻状况(第二口径) 单位:人

文化程度和年龄别	合计			未婚		
	合计	男	女	小计	男	女
总计*	**64761017**	**34252858**	**30508159**	**16242143**	**9223271**	**7018872**
60 岁及以上	6004168	2958569	3045599	66359	52553	13806
文盲、半文盲	7413213	1923799	5489414	343446	239185	104261
60 岁及以上	3334543	882076	2452467	40631	32373	8258
小学	14102200	7447266	6654934	1864356	1091829	772527
60 岁及以上	1670672	1228451	442221	17288	13944	3344
初中	24502053	13650628	10851425	8303309	4547684	3755625
60 岁及以上	641018	547121	93897	4682	3462	1220
高中	11702423	6624249	5078174	3976250	2300912	1675338
60 岁及以上	188760	161878	26882	2012	1544	468
中专	4427161	2594508	1832653	1226996	674373	552623
60 岁及以上	83911	60625	23286	725	381	344
大学专科	1928570	1452790	475780	397593	266305	131288
60 岁及以上	51174	47194	3980	566	462	104
大学本科	685397	559618	125779	130193	102983	27210
60 岁及以上	34090	31224	2866	455	387	68

表 7—7 全国镇 15 岁及 15 岁以上人口分年龄和文化程度的婚姻状况(第二口径)(续 1) 单位:人

文化程度和年龄别	有配偶			丧偶			离婚		
	小计	男	女	小计	男	女	小计	男	女
总计*	**45240158**	**24055563**	**21184595**	**2865776**	**731130**	**2134646**	**412940**	**242894**	**170046**
60 岁及以上	3775333	2336083	1439250	2115261	535447	1579814	47215	34486	12729
文盲、半文盲	5119152	1377014	3742138	1892178	272250	1619928	58437	35350	23087
60 岁及以上	1673879	603629	1070250	1598884	233420	1365464	21149	12654	8495
小学	11479181	5978756	5500425	641639	296984	344655	117024	79697	37324
60 岁及以上	1258083	990280	267803	379963	211281	168682	15338	12946	2392
初中	15834908	8916632	6918276	222161	107967	114194	141675	78345	63330
60 岁及以上	539960	477860	62100	90529	60946	29583	5847	4853	994
高中	7605957	4263477	3342480	57495	29115	28380	62721	30745	31976
60 岁及以上	159122	140961	18161	25180	17307	7873	2446	2066	380
中专	3144386	1897036	1247350	35769	13438	22331	20010	9661	10349
60 岁及以上	70095	54087	16008	12100	5495	6605	991	662	329
大学专科	1511128	1173076	338052	10498	7070	3428	9351	6339	3012
60 岁及以上	44663	41834	2829	5107	4135	972	838	763	75
大学本科	545446	449572	95874	6036	4306	1730	3722	2757	965
60 岁及以上	29531	27432	2099	3498	2863	635	606	542	64

表 7—8　全国县 15 岁及 15 岁以上人口分年龄和文化程度的婚姻状况(第二口径)(续)单位:人

文化程度和年龄别	合计			未婚		
	合计	男	女	小计	男	女
总计*	**587481175**	**299144221**	**288336954**	**147398587**	**87498969**	**59899618**
60 岁及以上	72837618	34373345	38464273	1046147	952881	93266
文盲、半文盲	154082595	47071222	107011373	12701716	7323934	5377782
60 岁及以上	55141701	19329717	35811984	817319	742604	74715
小学	232093205	121388847	110704358	61874765	33767637	28107128
60 岁及以上	14826484	12371221	2455263	191407	177368	14039
初中	163621690	104019554	59602136	62424255	39445532	22978723
60 岁及以上	2258844	2098797	160047	28755	24919	3836
高中	32316952	22622281	9694671	9039552	6082321	2957231
60 岁及以上	410021	386428	23593	5944	5507	437
中专	3998417	2921034	1077383	999834	617626	382208
60 岁及以上	138009	126977	11032	1009	867	142
大学专科	1126991	914912	212079	301135	215382	85753
60 岁及以上	45666	43998	1668	1229	1163	66
大学本科	241325	206371	34954	57330	46537	10793
60 岁及以上	16893	16207	686	484	453	31

表 7—8　全国县 15 岁及 15 岁以上人口分年龄和文化程度的婚姻状况(第二口径)(续)单位:人

文化程度和年龄别	有配偶			丧偶			离婚		
	小计	男	女	小计	男	女	小计	男	女
总计*	**398088476**	**196078458**	**202010018**	**38838583**	**13043967**	**25794616**	**3155529**	**2522827**	**632702**
60 岁及以上	42429075	24180711	18248364	28776893	8768193	20008700	585503	471560	113943
文盲、半文盲	110059622	32005438	78054184	30205095	6905340	23299755	1116162	836510	279652
60 岁及以上	29384055	12800407	16583648	24544115	5494407	19049708	396212	292299	103913
小学	161793082	81574084	80218998	7082148	4906264	2175884	1343210	1140862	202348
60 岁及以上	10841876	9262052	1545824	3640781	2753911	886870	152420	143890	8530
初中	99365031	63122311	36242720	1285704	1017300	268404	546700	434411	112289
60 岁及以上	1727123	1630747	96376	476847	418077	58770	26119	25054	1065
高中	22953701	16284818	6668883	201848	164404	37444	121851	90738	31113
60 岁及以上	312832	298935	13897	84049	75010	9039	7196	6976	220
中专	2930243	2252414	677829	48934	37515	11419	19406	13479	5927
60 岁及以上	113976	106788	7188	21272	17740	3532	1752	1582	170
大学专科	808564	684613	123951	11108	9814	1294	6184	5103	1081
60 岁及以上	36125	35134	991	7089	6508	581	1223	1193	30
大学本科	178233	154780	23453	3746	3330	416	2016	1724	292
60 岁及以上	13088	12648	440	2740	2540	200	581	566	15

表 10—4 全国分年龄、性别的死亡人口数(1989.1.1—1990.6.30.)

单位:人

年龄别	合计			1989年上半年		
	合计	男	女	小计	男	女
总计*	**10328899**	**5647315**	**4681584**	**3280799**	**1805163**	**1475636**
60—64岁	942471	582740	359731	314468	194801	119667
60	171954	106994	64960	58918	36694	22224
61	179982	112112	67870	59333	36906	22427
62	185372	115070	70302	59691	37206	22485
63	191900	117709	74191	66371	40680	25691
64	213263	130855	82408	70155	43315	26840
65—69岁	1164234	692196	472038	385486	229372	156114
65	217242	131662	85580	71257	43280	27977
66	215138	129539	85599	69457	42065	27392
67	224776	134211	90565	74545	44592	29953
68	244140	144200	99940	83780	49301	34479
69	262938	152584	110354	86447	50134	36313
70—74岁	1317403	734863	582540	430696	239990	190706
70	266320	151999	114321	87667	49855	37812
71	257968	146198	111770	83809	47635	36174
72	266461	149455	117006	85911	48146	37765
73	261814	144089	117725	84849	46308	38541
74	264840	143122	121718	88460	48046	40414
75—79岁	1200731	617465	583266	381650	195903	185747
75	266375	142501	123874	82953	44415	38538
76	246402	129786	116616	77637	40930	36707
77	231277	119064	112213	73475	37932	35543
78	228971	115366	113605	74101	37161	36940
79	227706	110748	116958	73484	35465	38019
80—84岁	921435	410279	511156	287681	127859	159822
80	224329	105467	118862	70414	32983	37431
81	195868	89639	106229	60558	27656	32902
82	181638	80304	101334	58802	25993	32809
83	170602	73315	97287	51957	22134	29823
84	148998	61554	87444	45950	19093	26857
85—89岁	457643	172450	285193	138008	52534	85474
85	128446	51444	77002	39956	16050	23906
86	109051	41776	67275	32700	12764	19936
87	89544	33580	55964	27716	10428	17288
88	74786	26622	48164	22734	8227	14507
89	55816	19028	36788	14902	5065	9837
90岁及以上	145504	43248	102256	44150	13052	31098

表 10－4 全国分年龄、性别的死亡人口数(1989.1.1—1990.6.30.)(续) 单位:人

文化程度和年龄别	1989 年下半年			1990 年上半年		
	小 计	男	女	小 计	男	女
总计*	**3292160**	**1814609**	**1477551**	**3755940**	**2027543**	**1728397**
60—64 岁	296026	183711	112315	331977	204228	127749
60	53069	33142	19927	59967	37158	22809
61	57559	36148	21411	63090	39058	24032
62	58033	35856	22177	67648	42008	25640
63	59042	36508	22534	66487	40521	25966
64	68323	42057	26266	74785	45483	29302
65—69 岁	364119	218382	145737	414629	244442	170187
65	68452	41772	26680	77533	46610	30923
66	66724	40578	26146	78957	46896	32061
67	70221	42341	27880	80010	47278	32732
68	76047	45336	30711	84313	49563	34750
69	82675	48355	34320	93816	54095	39721
70—74 岁	407559	229282	178277	479148	265591	213557
70	81732	46995	34737	96921	55149	41772
71	80286	45858	34428	93873	52705	41168
72	83428	47128	36300	97122	54181	42941
73	81001	45132	35869	95964	52649	43315
74	81112	44169	36943	95268	50907	44361
75—79 岁	371512	192755	178757	447569	228807	218762
75	84396	45526	38870	99026	52560	46466
76	76095	40664	35431	92670	48192	44478
77	70514	36673	33841	87288	44459	42829
78	70209	35575	34634	84661	42630	42031
79	70298	34317	35981	83924	40966	42958
80—84 岁	283118	127179	155939	350636	155241	195395
80	69124	32771	36353	84791	39713	45078
81	60017	27758	32259	75293	34225	41068
82	54745	24357	30388	68091	29954	38137
83	52968	22978	29990	65677	28203	37474
84	46264	19315	26949	56784	23146	33638
85—89 岁	141094	53328	87766	178541	66588	111953
85	39191	15753	23438	49299	19641	29658
86	33775	13072	20703	42576	15940	26636
87	27756	10392	17364	34072	12760	21312
88	22997	8134	14863	29055	10261	18794
89	17375	5977	11398	23539	7986	15553
90 岁及以上	43981	13137	30844	57373	17059	40314

表 10－5 全国市分年龄、性别的死亡人口数(1989.1.1—1990.6.30.)

单位:人

年龄别	合计			1989年上半年		
	合 计	男	女	小 计	男	女
总计*	**2778435**	**1543307**	**1235128**	**883088**	**492645**	**390443**
60—64岁	267170	167500	99670	87959	55071	32888
60	48998	30987	18011	16570	10477	6093
61	51442	32466	18976	16738	10497	6241
62	52674	33149	19525	16752	10534	6218
63	54480	33881	20599	18487	11490	6997
64	59576	37017	22559	19412	12073	7339
65—69岁	325149	196762	128387	106441	64601	41840
65	60551	37072	23479	19635	12096	7539
66	60890	37289	23601	19718	12164	7554
67	63878	38778	25100	21190	12822	8368
68	68017	41073	26944	22458	13600	8858
69	71813	42550	29263	23440	13919	9521
70—74岁	360398	205599	154799	117240	66886	50354
70	71988	42090	29898	23629	13840	9789
71	70406	40694	29712	22811	13278	9533
72	73091	42035	31056	23321	13457	9864
73	71930	40376	31554	23107	12810	10297
74	72983	40404	32579	24372	13501	10871
75—79岁	339947	178053	161894	108042	56557	51485
75	74290	40597	33693	23337	12766	10571
76	69882	37504	32378	21877	11753	10124
77	65936	34604	31332	21219	11226	9993
78	65593	33620	31973	20852	10640	10212
79	64246	31728	32518	20757	10172	10585
80—84岁	263534	118577	144957	82821	36949	45872
80	62554	29836	32718	19688	9323	10365
81	55627	25832	29795	17305	8024	9281
82	51940	23410	28530	16882	7539	9343
83	49846	21520	28326	15316	6497	8819
84	43567	17979	25588	13630	5566	8064
85—89岁	140810	52759	88051	43148	16198	26950
85	38443	15353	23090	12108	4841	7267
86	32934	12642	20292	9992	3860	6132
87	27885	10385	17500	8828	3268	5560
88	23830	8448	15382	7298	2619	4679
89	17718	5931	11787	4922	1610	3312
90岁及以上	47935	13814	34121	14709	4161	10548

表 10—5　全国市分年龄、性别的死亡人口数(1989.1.1—1990.6.30.)(续)　单位:人

文化程度和年龄别	1989年下半年			1990年上半年		
	小　计	男	女	小　计	男	女
总计*	**885648**	**496860**	**388788**	**1009699**	**553802**	**455897**
60—64岁	84855	53398	31457	94356	59037	35325
60	15342	9660	5682	17086	10850	6236
61	16670	10672	5998	18034	11297	6737
62	16705	10466	6239	19217	12149	7068
63	17006	10661	6345	18987	11730	7257
64	19132	11939	7193	21032	13005	8027
65—69岁	101898	62249	39649	116810	69912	46898
65	19187	11807	7380	21729	13169	8560
66	18769	11631	7138	22403	13494	8909
67	19999	12331	7668	22689	13625	9064
68	21437	13027	8410	24122	14446	9676
69	22506	13453	9053	25867	15178	10689
70—74岁	111597	64187	47410	131561	74526	57035
70	22190	13020	9170	26169	15230	10939
71	21880	12660	9220	25715	14756	10959
72	23002	13328	9674	26768	15250	11518
73	22174	12641	9533	26649	14925	11724
74	22351	12538	9813	26260	14365	11895
75—79岁	104610	55335	49275	127295	66161	61134
75	23468	12940	10528	27485	14891	12594
76	21472	11693	9779	26533	14058	12475
77	19963	10542	9421	24754	12836	11918
78	20028	10394	9634	24713	12586	12127
79	19679	9766	9913	23810	11790	12020
80—84岁	80894	368840	44054	99819	44788	55031
80	19349	9269	10080	23517	11244	12273
81	16986	7991	8995	21336	9817	11519
82	15705	7136	8569	19353	8735	10618
83	15373	6749	8624	19157	8274	10883
84	13481	5695	7786	16456	6718	9738
85—89岁	43051	16277	26774	54611	20284	34327
85	11622	4670	6952	14713	5842	8871
86	10156	3968	6188	12786	4814	7972
87	8604	3244	5360	10453	3873	6580
88	7226	2523	4703	9306	3306	6000
89	5443	1872	3571	7353	2449	4904
90岁及以上	14466	4227	10239	18760	5426	13334

表 10—6 全国镇分年龄、性别的死亡人口数(1989.1.1—1990.6.30.)

单位:人

年龄别	合计			1989 年上半年		
	合 计	男	女	小 计	男	女
总计*	**2301405**	**1268042**	**1033363**	**731647**	**405978**	**325669**
60—64 岁	209762	131840	77922	69698	44058	25640
60	38230	24231	13999	13024	8339	4685
61	39986	25301	14685	13240	8429	4811
62	41681	26369	15312	13346	8429	4917
63	42632	26660	15972	14727	9235	5492
64	47233	29279	17954	15361	9626	5735
65—69 岁	257762	154753	103009	85204	51325	33879
65	48130	29469	18661	15756	9653	6103
66	47509	28957	18552	15346	9463	5883
67	49926	30236	19690	16614	10145	6469
68	54334	32480	21854	18553	11051	7502
69	57863	33611	24252	18935	11013	7922
70—74 岁	292687	164260	128427	95615	53586	42029
70	59055	33925	25130	19273	10971	8302
71	56939	32519	24420	18631	10618	8013
72	59398	33463	25935	19015	10746	8269
73	58084	32148	25936	18959	10439	8520
74	59211	32205	27006	19737	10812	8925
75—79 岁	272189	139664	132525	86289	44114	42175
75	59958	32328	27630	18734	10070	8664
76	55330	29209	26121	17340	9218	8122
77	52808	27051	25757	16629	8527	8102
78	52164	26180	25984	16957	8452	8505
79	51929	24896	27033	16629	7847	8782
80—84 岁	211042	92425	118617	65642	28869	36773
80	50864	23751	27113	15995	7461	8534
81	44537	20076	24461	13764	6205	7559
82	41646	17955	23691	13349	5769	7580
83	39233	16596	22637	11962	5048	6914
84	34762	14047	20715	10572	4386	6186
85—89 岁	109385	40149	69236	33100	12392	20708
85	30192	11804	18388	9432	3681	5751
86	25928	9709	16219	7765	3010	4755
87	21653	7905	13748	6855	2578	4277
88	18024	6252	11772	5425	1909	3516
89	13588	4479	9109	3623	1214	2409
90 岁及以上	36569	10241	26328	11179	3125	8054

表 10—6 全国镇分年龄、性别的死亡人口数(1989.1.1—1990.6.30.)(续) 单位:人

文化程度和年龄别	1989 年下半年			1990 年上半年		
	小 计	男	女	小 计	男	女
总计*	**733124**	**407626**	**325498**	**836634**	**454438**	**382196**
60—64 岁	65890	41570	24320	74174	46212	27962
60	11807	7532	4275	13399	8360	5039
61	12753	8118	4635	13993	8754	5239
62	13014	8208	4806	15321	9732	5589
63	13128	8272	4856	14777	9153	5624
64	15188	9440	5748	16684	10213	6471
65—69 岁	80700	48842	31858	91858	54586	37272
65	15154	9375	5779	17220	10441	6779
66	14684	9015	5669	17479	10479	7000
67	15683	9543	6140	17629	10548	7081
68	16976	10297	6679	18805	11132	7673
69	18203	10612	7591	20725	11986	8739
70—74 岁	91101	51559	39542	105971	59115	46856
70	18311	10618	7693	21471	12336	9135
71	17685	10267	7418	20623	11634	8989
72	18832	10595	8237	21551	12122	9429
73	17971	10072	7899	21154	11637	9517
74	18302	10007	8295	21172	11386	9786
75—79 岁	84137	43457	40680	101763	52093	49670
75	18869	10281	8588	22355	11977	10378
76	17213	9172	8041	20777	10819	9958
77	16081	8305	7776	20098	10219	9879
78	15975	8009	7966	19232	9719	9513
79	15999	7690	8309	19301	9359	9942
80—84 岁	64522	28575	35947	80878	34981	45897
80	15629	7446	8183	19240	8844	10396
81	13538	6213	7325	17235	7658	9577
82	12466	5385	7081	15831	6801	9030
83	12106	5145	6961	15165	6403	8762
84	10783	4386	6397	13407	5275	8132
85—89 岁	33614	12320	21294	42671	15437	27234
85	9146	3637	5509	11614	4486	7128
86	7945	2983	4962	10218	3716	6502
87	6657	2379	4278	8141	2948	5193
88	5610	1926	3684	6989	2417	4572
89	4256	1395	2861	5709	1870	3839
90 岁及以上	10951	3094	7857	14439	4022	10417

表 10－7　全国县分年龄、性别的死亡人口数(1989.1.1—1990.6.30.)(第二口径) 单位:人

年龄别	合计			1989年上半年		
	合计	男	女	小计	男	女
总计*	**5249059**	**2835966**	**2413093**	**1666064**	**906540**	**759524**
60—64岁	465539	283400	182139	156811	95672	61139
60	84726	51776	32950	29324	17878	11446
61	88554	54345	34209	29355	17980	11375
62	91017	55552	35465	29593	18243	11350
63	94788	57168	37620	33157	19955	13202
64	106454	64559	41895	35382	21616	13766
65—69岁	581323	340681	240642	193841	113446	80395
65	108561	65121	43440	35866	21531	14335
66	106739	63293	43446	34393	20438	13955
67	110972	65197	45775	36741	21625	15116
68	121789	70647	51142	42769	24650	18119
69	133262	76423	56839	44072	25202	18870
70—74岁	664318	365004	299314	217841	119518	98323
70	135277	75984	59293	44765	25044	19721
71	130623	72985	57638	42367	23739	18628
72	133972	73957	60015	43575	23943	19632
73	131800	71565	60235	42783	23059	19724
74	132646	70513	62133	44351	23733	20618
75—79岁	588595	299748	288847	187319	95232	92087
75	132127	69576	62551	40882	21579	19303
76	121190	63073	58117	38420	19959	18461
77	112533	57409	55124	35627	18179	17448
78	111214	55566	55648	36292	18069	18223
79	111531	54124	57407	36098	17446	18652
80—84岁	446859	199277	247582	139218	62041	77177
80	110911	51880	59031	34731	16199	18532
81	95704	43731	51973	29489	13427	16062
82	88052	38939	49113	28571	12685	15886
83	81523	35199	46324	24679	10589	14090
84	70669	29528	41141	21748	9141	12607
85—89岁	207448	79542	127906	61760	23944	37816
85	59811	24287	35524	18416	7528	10888
86	50189	19425	30764	14943	5894	9049
87	40006	15290	24716	12033	4582	7451
88	32932	11922	21010	10011	3699	6312
89	24510	8618	15892	6357	2241	4116
90岁及以上	61000	19193	41807	18262	5766	12496

表 10—7　全国县分年龄、性别的死亡人口数(1989. 1. 1—1990. 6. 30.)(第二口径)(续)单位:人

文化程度和年龄别	1989 年下半年			1990 年上半年		
	小　计	男	女	小　计	男	女
总计*	**1673388**	**910123**	**763265**	**1909607**	**1019303**	**890304**
60—64 岁	145281	88743	56538	163447	98985	64462
60	25920	15950	9970	29482	17948	11534
61	28136	17358	10778	31063	19007	12056
62	28314	17182	11132	33110	20127	12983
63	28908	17575	11333	32723	19638	13085
64	34003	20678	13325	37069	22265	14804
65—69 岁	181521	107291	74230	20961	119944	86017
65	34111	20590	13521	38584	23000	15584
66	33271	19932	13339	39075	22923	16152
67	34539	20467	14072	39692	23105	16587
68	37634	22012	15622	41386	23985	17401
69	41966	24290	17676	47224	26931	20293
70—74 岁	204861	113536	91325	241616	131950	109666
70	41231	23357	17874	49281	27583	21698
71	40721	22931	17790	47535	26315	21220
72	41594	23205	18389	48803	26809	21994
73	40856	22419	18437	48161	26087	22074
74	40459	21624	18835	47836	25156	22680
75—79 岁	182765	93963	88802	218511	110553	107958
75	42059	22305	19754	49186	25692	23494
76	37410	19799	17611	45360	23315	22045
77	34470	17826	16644	42436	21404	21032
78	34206	17172	17034	40716	20325	20391
79	34620	16861	17759	40813	19817	20996
80—84 岁	137702	61764	75938	169939	75472	94467
80	34146	16056	18090	42034	19625	22409
81	29493	13554	15939	36722	16750	19972
82	26574	11836	14738	32907	14418	18489
83	25489	11084	14405	31355	13526	17829
84	22000	9234	12766	26921	11153	15768
85—89 岁	64429	24731	39698	81259	30867	50392
85	18423	7446	10977	22972	9313	13659
86	15674	6121	9553	19572	7410	12162
87	12495	4769	7726	15478	5939	9539
88	10161	3685	6476	12760	4538	8222
89	7676	2710	4966	10477	3667	6810
90 岁及以上	18564	5816	12748	24174	7611	16563

表 10—8　1989 年全国分年龄、性别的死亡人口数

单位：人，‰

年龄别	1989 年年中人口			1989 年死亡人口			死亡率		
	合　计	男	女	合　计	男	女	合　计	男	女
总计*	**1113772197**	**573130236**	**540641961**	**6572959**	**3619772**	**2953187**	**5.9015**	**6.3158**	**5.4624**
60—64 岁	33055676	916069	16139607	610494	378512	231982	18.4687	22.3759	14.3735
60	7079486	655443	3424043	111987	69836	42151	15.8185	19.1047	12.3103
61	7186231	713853	3472378	116892	73054	43838	16.2661	19.6707	12.6248
62	6358048	276661	3081387	117724	73062	44662	18.5157	22.2977	14.4941
63	6114604	121090	2993514	125413	77188	48225	20.5104	24.7311	16.1098
64	6317307	149022	3168285	138478	85372	53106	21.9204	27.1106	16.7617
65—69 岁	25415752	440143	12975609	749605	447754	301851	29.4937	35.9927	23.2630
65	5843988	901763	2942225	139709	85052	54657	23.9064	29.3105	18.5768
66	5133891	2534882	2599009	136181	82643	53538	26.5259	32.6023	20.5994
67	5041845	2477678	2564167	144766	86933	57833	28.7129	35.0865	22.5543
68	4755627	2308895	2446732	159827	94637	65190	33.6080	40.9880	26.6437
69	4640401	2216925	2423476	169122	98489	70633	36.4456	44.4260	29.1453
70—74 岁	17216571	7933504	9283067	838255	469272	368983	48.6888	59.1507	39.7480
70	3902445	1838018	2064427	169399	96850	72549	43.4084	52.6926	35.1424
71	3705492	1729791	1975701	164095	93493	70602	44.2843	54.0487	35.7352
72	3482947	1607655	1875292	169339	95274	74065	48.6195	59.2627	39.4952
73	3211269	1453481	1757788	165850	91440	74410	51.6462	62.9110	42.3316
74	2914418	1304559	1609859	169572	92215	77357	58.1838	70.6867	48.0520
75—79 岁	10502075	4478129	6023946	753162	388658	364504	71.7155	86.7903	60.5092
75	2795732	1236979	1558753	167349	89941	77408	59.8587	72.7102	49.6602
76	2284760	991043	1293717	153732	81594	72138	67.2858	82.3314	55.7603
77	2003789	854518	1149271	143989	74605	69384	71.8584	87.3065	60.3722
78	1763231	732996	1030235	144310	72736	71574	81.8441	99.2311	69.4735
79	1654563	662593	991970	143782	69782	74000	86.9003	105.3165	74.5990
80—84 岁	5053897	1869548	3184349	570799	255038	315761	112.9423	136.4169	99.1603
80	1379618	536063	843555	139538	65754	73784	101.1425	122.6610	87.4679
81	1159835	439543	720292	120575	55414	65161	103.9588	126.0719	90.4647
82	971408	355932	615476	113547	50350	63197	116.8891	141.4596	102.6799
83	852615	301292	551323	104925	45112	59813	123.0626	149.7285	108.4899
84	690421	236718	453703	92214	38408	53806	133.5620	162.2521	118.5930
85—89 岁	1744410	555656	1188754	279102	105862	173240	159.9979	190.5172	145.7324
85	550265	183001	367264	79147	31803	47344	143.8343	173.7859	128.9100
86	431672	139586	292086	66475	25836	40639	153.9942	185.0902	139.1337
87	335360	105402	229958	55472	20820	34652	165.4103	197.5295	150.6884
88	253396	76492	176904	45731	16361	29370	180.4725	213.8916	166.0222
89	173717	51175	122542	32277	11042	21235	185.8022	215.7694	173.2875
90 岁及以上	364029	96591	267438	88131	26189	61942	242.0988	271.1329	231.6126

表 10—9 1989 年全国市分年龄、性别的死亡人口数(第二口径)

单位:人,‰

年龄别	1989 年年中人口			1989 年死亡人口			死亡率		
	合计	男	女	合计	男	女	合计	男	女
总计*	**330996369**	**170710269**	**160286100**	**1768736**	**989505**	**779231**	**5.3437**	**5.7964**	**4.8615**
60—64 岁	10077452	5201299	4876153	172814	108469	64345	17.1486	20.8542	13.1959
60	2212679	1149874	1062805	31912	20137	11775	14.4223	17.5124	11.0792
61	2203512	1145168	1058344	33408	21169	12239	15.1613	18.4855	11.5643
62	1934217	1004176	930041	33457	21000	12457	17.2974	20.9127	13.3940
63	1865616	961113	904503	35493	22151	13342	19.0248	23.0472	14.7506
64	1861428	940968	920460	38544	24012	14532	20.7067	25.5184	15.7878
65—69 岁	7505253	3720414	3784839	208339	126850	81489	27.7591	34.0957	21.5304
65	1736820	870230	866590	38822	23903	14919	22.3523	27.4675	17.2158
66	1526834	762174	764660	38487	23795	14692	25.2071	31.2199	19.2138
67	1510050	750762	759288	41189	25153	16036	27.2766	33.5033	21.1198
68	1403387	691094	712293	43895	26627	17268	31.2779	38.5288	24.2428
69	1328162	646154	682008	45946	27372	18574	34.5937	42.3614	27.2343
70—74 岁	4963759	2320572	2643187	228837	131073	97764	46.1016	56.4831	36.9872
70	1135558	542507	593051	45819	26860	18959	40.3493	49.5109	31.9686
71	1070319	506186	564133	44691	25938	18753	41.7548	51.2420	33.2422
72	1000863	469021	531842	46323	26785	19538	46.2831	57.1083	36.7365
73	921185	423174	498011	45281	25451	19830	49.1552	60.1431	39.8184
74	835834	379684	456150	46723	26039	20684	55.8999	68.5807	45.3447
75—79 岁	3084088	1327391	1756697	212652	111892	100760	68.9513	84.2947	57.3576
75	819067	365861	453206	46805	25706	21099	57.1443	70.2617	46.5550
76	668390	293022	375368	43349	23446	19903	64.8558	80.0145	53.0226
77	589245	253805	335440	41182	21768	19414	69.8894	85.7666	57.8762
78	528380	221604	306776	40880	21034	19846	77.3686	94.9171	64.6922
79	479006	193099	285907	40436	19938	20498	84.4165	103.2527	71.6946
80—84 岁	1493671	554465	939206	163715	73789	89926	109.6058	133.0814	95.7468
80	403807	157529	246278	39037	18592	20445	96.6724	118.0227	83.0159
81	339453	129693	209760	34291	16015	18276	101.0184	123.4839	87.1281
82	287286	106226	181060	32587	14675	17912	113.4305	138.1489	98.9285
83	255096	90141	164955	30689	13246	17443	120.3037	146.9476	105.7440
84	208029	70876	137153	27111	11261	15850	130.3232	158.8831	115.5644
85—89 岁	539678	171183	368495	86199	32475	53724	159.7230	189.7093	145.7930
85	166738	55247	111491	23730	9511	14219	142.3191	172.1541	127.5350
86	132357	42722	89635	20148	7828	12320	152.2247	183.2311	137.4463
87	105798	33370	72428	17432	6512	10920	164.7668	195.1453	150.7704
88	80522	24139	56383	14524	5142	9382	180.3731	213.0163	166.3977
89	54263	15705	38558	10365	3482	6883	191.0141	221.7128	178.5103
90 岁及以上	119117	3071	88416	29175	8388	20787	244.9273	273.2159	235.045

表10—10 1989年全国镇分年龄、性别的死亡人口数(第二口径)

单位:人,%

年龄别	1989年年中人口			1989年死亡人口			死亡率		
	合 计	男	女	合 计	男	女	合 计	男	女
总计*	**262326874**	**134693617**	**127633257**	**1464771**	**813604**	**651167**	**5.5838**	**6.0404**	**5.1019**
60—64岁	755330	3846198	3707132	135588	85628	49960	17.9508	22.2630	13.4767
60	1604543	826584	777959	24831	15871	8960	15.4754	19.2007	11.5173
61	1640	845488	795440	25993	16547	9446	15.8404	19.5709	11.8752
62	1461	749971	711364	26360	16637	9723	18.0383	22.1835	13.6681
63	1406	713103	692994	27855	17507	10348	19.8102	24.5505	14.9323
64	1440427	711052	729375	30549	19066	11483	21.2083	26.8138	15.7436
65—69岁	5795285	2802451	2992834	165904	100167	65737	28.6274	35.7426	21.9648
65	1317716	647188	670528	30910	19028	11882	23.4573	29.4010	17.7204
66	1169595	570252	599343	30030	18478	11552	25.6756	32.4032	19.2744
67	1158115	563557	594558	32297	19688	12609	27.8876	34.9352	21.2074
68	1090234	522884	567350	35529	21348	14181	32.5884	40.8274	24.9952
69	1059625	498570	561055	37138	21625	15513	35.0482	43.3740	27.6497
70—74岁	3971939	1793199	2178740	186716	105145	81571	47.0088	58.6354	37.4395
70	892045	414196	477849	37584	21589	15995	42.1324	52.1227	33.4729
71	854746	391813	462933	36316	20885	15431	42.4875	53.3035	33.3331
72	804414	363075	441339	37847	21341	16506	47.0492	58.7785	37.3998
73	741463	327096	414367	36930	20511	16419	49.8069	62.7064	39.6243
74	679271	297019	382252	38039	20819	17220	55.9997	70.0932	45.0488
75—79岁	2489188	1030048	1459140	170426	87571	82855	68.4665	85.0164	56.7834
75	652583	282373	370210	37603	20351	17252	57.6218	72.0713	46.6006
76	541332	228419	312913	34553	18390	16163	63.8296	80.5099	51.6533
77	478979	198057	280922	32710	16832	15878	68.2911	84.9856	56.5210
78	421539	169335	252204	32932	16461	16471	78.1233	97.2097	65.3082
79	394755	151864	242891	32628	15537	17091	82.6538	102.3086	70.3649
80—84岁	1221410	433342	788068	130164	57444	72720	106.5686	132.5604	92.2763
80	328859	123586	205273	31624	14907	16717	96.1628	120.6205	81.4379
81	278913	101335	177578	27302	12418	14884	97.8872	122.5440	83.8167
82	235534	82492	153042	25815	11154	14661	109.6020	135.2131	95.7972
83	208650	70366	138284	24068	10193	13875	115.3511	144.8569	100.3370
84	169454	55563	113891	21355	8772	12583	126.0224	157.8748	110.4828
85—89岁	436986	131220	305766	66714	24712	42002	152.6685	188.3250	137.3665
85	135751	42726	93025	18578	7318	11260	136.8535	171.2774	121.0427
86	107716	33026	74690	15710	5993	9717	145.8465	181.4631	130.0977
87	84818	25099	59719	13512	4957	8555	159.3058	197.4979	143.2542
88	64671	18430	46241	11035	3835	7200	170.6329	208.0846	155.7060
89	44030	11939	32091	7879	2609	5270	178.9462	218.5275	164.2205
90岁及以上	94733	22999	71734	22130	6219	15911	233.6039	270.4031	221.8056

表 10—11　1989 年全国县分年龄、性别的死亡人口数(第二口径)　单位:人,‰

年龄别	1989 年年中人口			1989 年死亡人口			死亡率		
	合　计	男	女	合　计	男	女	合　计	男	女
总计*	**520448954**	**267726350**	**252722604**	**3339452**	**1816663**	**1522789**	**6.4165**	**6.7855**	**6.0255**
60—64 岁	15424894	7868572	7556322	302092	184415	117677	19.5847	23.4369	15.5733
60	3262264	1678985	1583279	55244	33828	21416	16.9343	20.1479	13.5264
61	3341791	1723197	1618594	57491	35338	22153	17.2036	20.5072	13.6866
62	2962496	1522514	1439982	57907	35425	22482	19.5467	23.2674	15.6127
63	2842891	1446874	1396017	62065	37530	24535	21.8316	25.9387	17.5750
64	3015452	1497002	1518450	69385	42294	27091	23.0098	28.2525	17.8412
65—69 岁	12115214	5917278	6197936	375362	220737	154625	30.9827	37.3038	24.9478
65	2789452	1384345	1405107	69977	42121	27856	25.0863	30.4267	19.8248
66	2437462	1202456	1235006	67664	40370	27294	27.7600	33.5730	22.1003
67	2373680	1163359	1210321	71280	42092	29188	30.0293	36.1814	24.1159
68	2262006	1094917	1167089	80403	46662	33741	35.5450	42.6169	28.9104
69	2252614	1072201	1180413	86038	49492	36546	38.1947	46.1593	30.9604
70—74 岁	8280873	3819733	4461140	422702	233054	189648	51.0456	61.0132	42.5111
70	1874842	881315	993527	85996	48401	37595	45.8684	54.9191	37.8399
71	1780427	831792	948635	83088	46670	36418	46.6675	56.1078	38.3899
72	1677670	775559	902111	85169	47148	38021	50.7662	60.7923	42.1467
73	1548621	703211	845410	83639	45478	38161	54.0087	64.6719	45.1390
74	1399313	627856	771457	84810	45357	39453	60.6083	72.2411	51.1409
75—79 岁	4928799	2120690	2808109	370084	189195	180889	75.0860	89.2139	64.4167
75	1324082	588745	735337	82941	43884	39057	62.6404	74.5382	53.1144
76	1075038	469602	605436	75830	39758	36072	70.5370	84.6632	59.5802
77	935565	402656	532909	70097	36005	34092	74.9248	89.4188	63.9734
78	813312	342057	471255	70498	35241	35257	86.6801	103.0267	74.8151
79	780802	317630	463172	70718	34307	36411	90.5710	108.0093	78.6123
80—84 岁	2338816	881741	1457075	276920	123805	153115	118.4018	140.4097	105.0838
80	646952	254948	392004	68877	32255	36622	106.4638	126.5160	93.4225
81	541469	208515	332954	58982	26981	32001	108.9296	129.3960	96.1124
82	448588	167214	281374	55145	24521	30624	122.9302	146.6444	108.8373
83	388869	140785	248084	50168	21673	28495	129.0100	153.9440	114.8603
84	312938	110279	202659	43748	18375	25373	139.7977	166.6228	125.2005
85—89 岁	767746	253253	514493	126189	48675	77514	164.3630	192.1991	150.6609
85	247776	85028	162748	36839	14974	21865	148.6786	176.1067	134.3488
86	191599	63838	127761	30617	12015	18602	159.7973	188.2108	145.6000
87	144744	46933	97811	24528	9351	15177	169.4578	199.2415	155.1666
88	108203	33923	74280	20172	7384	12788	186.4274	217.6694	172.1594
89	75424	23531	51893	14033	4951	9082	186.0548	210.4033	175.0140
90 岁及以上	150179	42891	107288	36826	11582	25244	245.2140	270.0333	235.2919

第五次人口普查(2000年)

表3—1 全国分年龄、性别的人口

单位:人,%

年龄别	人口数			占总人口数的百分比			性别比
	合计	男	女	小计	男	女	
总计*	**1242612226**	**640275969**	**602336257**	**100.00**	**51.53**	**48.47**	**106.30**
60—64岁	41703848	21674478	20029370	3.36	1.74	1.61	108.21
60岁	9141141	4769323	4371818	0.74	0.38	0.35	109.09
61岁	7574442	3921897	3652545	0.61	0.32	0.29	107.37
62岁	8611865	4511488	4100377	0.69	0.36	0.33	110.03
63岁	8128275	4229884	3898391	0.65	0.34	0.31	108.50
64岁	8248125	4241886	4006239	0.66	0.34	0.32	105.88
65—69岁	34780460	17549348	17231112	2.80	1.41	1.39	101.85
65岁	7808592	3942771	3865821	0.63	0.32	0.31	101.99
66岁	7220066	3645264	3574802	0.58	0.29	0.29	101.97
67岁	7456399	3802499	3653900	0.60	0.31	0.29	104.07
68岁	6503311	3250263	3253048	0.52	0.26	0.26	99.91
69岁	5792092	2908551	2883541	0.47	0.23	0.23	100.87
70—74岁	25574149	12436154	13137995	2.06	1.00	1.06	94.66
70岁	6499332	3221942	3277390	0.52	0.26	0.26	98.31
71岁	5045743	2469891	2575852	0.41	0.20	0.21	95.89
72岁	5359819	2608469	2751350	0.43	0.21	0.22	94.81
73岁	4606896	2217591	2389305	0.37	0.18	0.19	92.81
74岁	4062359	1918261	2144098	0.33	0.15	0.17	89.47
75—79岁	15928330	7175811	8752519	1.28	0.58	0.70	81.99
75岁	4057266	1886692	2170574	0.33	0.15	0.17	86.92
76岁	3575411	1627531	1947880	0.29	0.13	0.16	83.55
77岁	3025726	1354234	1671492	0.24	0.11	0.13	81.02
78岁	2838736	1254407	1584329	0.23	0.10	0.13	79.18
79岁	2431191	1052947	1378244	0.20	0.08	0.11	76.40
80—84岁	7989158	3203868	4785290	0.64	0.26	0.39	66.95
80岁	2310212	958077	1352135	0.19	0.08	0.11	70.86
81岁	1740870	715350	1025520	0.14	0.06	0.08	69.75
82岁	1546079	612890	933189	0.12	0.05	0.08	65.68
83岁	1304628	507775	796853	0.10	0.04	0.06	63.72
84岁	1087369	409776	677593	0.09	0.03	0.05	60.48
85—89岁	3030698	1056941	1973757	0.24	0.09	0.16	53.55
85岁	898283	325809	572474	0.07	0.03	0.05	56.91
86岁	772037	275077	496960	0.06	0.02	0.04	55.35
87岁	583159	200168	382991	0.05	0.02	0.03	52.26
88岁	441245	147017	294228	0.04	0.01	0.02	49.97
89岁	335974	108870	227104	0.03	0.01	0.02	47.94
90—94岁	783594	229758	553836	0.06	0.02	0.04	41.48
90岁	285875	88128	197747	0.02	0.01	0.02	44.57
91岁	181689	53460	128229	0.01		0.01	41.69
92岁	140092	40460	99632	0.01		0.01	40.61
93岁	100237	27802	72435	0.01		0.01	38.38
94岁	75701	19908	55793	0.01			35.68
95—99岁	169756	51373	118383	0.01		0.01	43.40
95岁	58097	16617	41480				40.06
96岁	42063	12543	29520				42.49
97岁	31168	10068	21100				47.72
98岁	23294	7599	15695				48.42
99岁	15134	4546	10588				42.94
100岁及以上	17877	4635	13242				35.00

* 此数据为所有年龄段数据和,后同。

表 3—1a 全国分年龄、性别的人口(城市)

单位:人,%

年龄别	人口数			占总人口数的百分比			性别比
	合计	男	女	小计	男	女	
总计*	**292632692**	**149966801**	**142665891**	**100.00**	**51.25**	**48.75**	**105.12**
60—64 岁	9911383	4915764	4995619	3.39	1.68	1.71	98.40
60 岁	2107268	1045466	1061802	0.72	0.36	0.36	98.46
61 岁	1841171	900480	940691	0.63	0.31	0.32	95.73
62 岁	2050846	1017394	1033452	0.70	0.35	0.35	98.45
63 岁	1937312	969932	967380	0.66	0.33	0.33	100.26
64 岁	1974786	982492	992294	0.67	0.34	0.34	99.01
65—69 岁	8172951	4090615	4082336	2.79	1.40	1.40	100.20
65 岁	1855297	908154	947143	0.63	0.31	0.32	95.88
66 岁	1725836	854013	871823	0.59	0.29	0.30	97.96
67 岁	1762932	892333	870599	0.60	0.30	0.30	102.50
68 岁	1492805	748295	744510	0.51	0.26	0.25	100.51
69 岁	1336081	687820	648261	0.46	0.24	0.22	106.10
70—74 岁	5614671	2796518	2818153	1.92	0.96	0.96	99.23
70 岁	1439746	733475	706271	0.49	0.25	0.24	103.85
71 岁	1146442	574500	571942	0.39	0.20	0.20	100.45
72 岁	1163374	577145	586229	0.40	0.20	0.20	98.45
73 岁	995700	490460	505240	0.34	0.17	0.17	97.07
74 岁	869409	420938	448471	0.30	0.14	0.15	93.86
75—79 岁	3264844	1508872	1755972	1.12	0.52	0.60	85.93
75 岁	832304	397770	434534	0.28	0.14	0.15	91.54
76 岁	734143	340870	393273	0.25	0.12	0.13	86.68
77 岁	615599	282243	333356	0.21	0.10	0.11	84.67
78 岁	579790	262432	317358	0.20	0.09	0.11	82.69
79 岁	503008	225557	277451	0.17	0.08	0.09	81.30
80—84 岁	1591536	659242	932294	0.54	0.23	0.32	70.71
80 岁	446318	191307	255011	0.15	0.07	0.09	75.02
81 岁	351097	150443	200654	0.12	0.05	0.07	74.98
82 岁	309157	126023	183134	0.11	0.04	0.06	68.81
83 岁	265441	106512	158929	0.09	0.04	0.05	67.02
84 岁	219523	84957	134566	0.08	0.03	0.05	63.13
85—89 岁	641188	229140	412048	0.22	0.08	0.14	55.61
85 岁	181803	67749	114054	0.06	0.02	0.04	59.40
86 岁	162195	59511	102684	0.06	0.02	0.04	57.96
87 岁	124935	44013	80922	0.04	0.02	0.03	54.39
88 岁	95860	32479	63381	0.03	0.01	0.02	51.24
89 岁	76395	25388	51007	0.03	0.01	0.02	49.77
90—94 岁	179704	53056	126648	0.06	0.02	0.04	41.89
90 岁	62807	19680	43127	0.02	0.01	0.01	45.63
91 岁	42415	12595	29820	0.01		0.01	42.24
92 岁	32769	9470	23299	0.01		0.01	40.65
93 岁	23470	6539	16931	0.01		0.01	38.62
94 岁	18243	4772	13471	0.01			35.42
95—99 岁	39946	11119	28827	0.01		0.01	38.57
95 岁	13594	3621	9973				36.31
96 岁	9992	2708	7284				37.18
97 岁	7493	2214	5279				41.94
98 岁	5220	1547	3673				42.12
99 岁	3647	1029	2618				39.30
100 岁及以上	3847	901	2946				30.58

表 3—1b 全国分年龄、性别的人口(镇)

单位:人,%

年龄别	人口数			占总人口数的百分比			性别比
	合计	男	女	小计	男	女	
总计*	**166138291**	**85297906**	**80840385**	**100.00**	**51.34**	**48.66**	**105.51**
60—64 岁	5033169	2603613	2429556	3.03	1.57	1.46	107.16
60 岁	1127432	583372	544060	0.68	0.35	0.33	107.23
61 岁	916531	471142	445389	0.55	0.28	0.27	105.78
62 岁	1043731	543206	500525	0.63	0.33	0.30	108.53
63 岁	969696	503804	465892	0.58	0.30	0.28	108.14
64 岁	975779	502089	473690	0.59	0.30	0.29	106.00
65—69 岁	4001519	2037990	1963529	2.41	1.23	1.18	103.79
65 岁	907279	456804	450475	0.55	0.27	0.27	101.40
66 岁	834104	422791	411313	0.50	0.25	0.25	102.79
67 岁	863731	446021	417710	0.52	0.27	0.25	106.78
68 岁	737799	373367	364432	0.44	0.22	0.22	102.45
69 岁	658606	339007	319599	0.40	0.20	0.19	106.07
70—74 岁	2864816	1419675	1445141	1.72	0.85	0.87	98.24
70 岁	736809	374602	362207	0.44	0.23	0.22	103.42
71 岁	565142	281898	283244	0.34	0.17	0.17	99.52
72 岁	599507	297809	301698	0.36	0.18	0.18	98.71
73 岁	515213	251353	263860	0.31	0.15	0.16	95.26
74 岁	448145	214013	234132	0.27	0.13	0.14	91.41
75—79 岁	1735290	782671	952619	1.04	0.47	0.57	82.16
75 岁	442466	207373	235093	0.27	0.12	0.14	88.21
76 岁	387708	176807	210901	0.23	0.11	0.13	83.83
77 岁	328517	146788	181729	0.20	0.09	0.11	80.77
78 岁	310700	136559	174141	0.19	0.08	0.10	78.42
79 岁	265899	115144	150755	0.16	0.07	0.09	76.38
80—84 岁	880480	345117	535363	0.53	0.21	0.32	64.46
80 岁	251946	102650	149296	0.15	0.06	0.09	68.76
81 岁	190437	77020	113417	0.11	0.05	0.07	67.91
82 岁	170772	65849	104923	0.10	0.04	0.06	62.76
83 岁	145350	55096	90254	0.09	0.03	0.05	61.05
84 岁	121975	44502	77473	0.07	0.03	0.05	57.44
85—89 岁	352891	118410	234481	0.21	0.07	0.14	50.50
85 岁	102465	35817	66648	0.06	0.02	0.04	53.74
86 岁	88607	30494	58113	0.05	0.02	0.03	52.47
87 岁	68367	22516	45851	0.04	0.01	0.03	49.11
88 岁	52868	16898	35970	0.03	0.01	0.02	46.98
89 岁	40584	12685	27899	0.02	0.01	0.02	45.47
90—94 岁	96882	27133	69749	0.06	0.02	0.04	38.90
90 岁	34560	10167	24393	0.02	0.01	0.01	41.68
91 岁	22191	6243	15948	0.01		0.01	39.15
92 岁	17526	4887	12639	0.01		0.01	38.67
93 岁	12954	3411	9543	0.01		0.01	35.74
94 岁	9651	2425	7226	0.01			33.56
95—99 岁	22309	6708	15601	0.01		0.01	43.00
95 岁	7560	2055	5505				37.33
96 岁	5590	1710	3880				44.07
97 岁	4125	1361	2764				49.24
98 岁	3083	999	2084				47.94
99 岁	1951	583	1368				42.62
100 岁及以上	2348	554	1794				30.88

表 3—1c 全国分年龄、性别的人口(乡村)

单位:人,%

年龄别	人口数			占总人口数的百分比			性别比
	合计	男	女	小计	男	女	
总计*	**783841243**	**405011262**	**378829981**	**100.00**	**51.67**	**48.33**	**106.91**
60—64 岁	26759296	14155101	12604195	3.41	1.81	1.61	112.30
60 岁	5906441	3140485	2765956	0.75	0.40	0.35	113.54
61 岁	4816740	2550275	2266465	0.61	0.33	0.29	112.52
62 岁	5517288	2950888	2566400	0.70	0.38	0.33	114.98
63 岁	5221267	2756148	2465119	0.67	0.35	0.31	111.81
64 岁	5297560	2757305	2540255	0.68	0.35	0.32	108.54
65—69 岁	22605990	11420743	11185247	2.88	1.46	1.43	102.11
65 岁	5046016	2577813	2468203	0.64	0.33	0.31	104.44
66 岁	4660126	2368460	2291666	0.59	0.30	0.29	103.35
67 岁	4829736	2464145	2365591	0.62	0.31	0.30	104.17
68 岁	4272707	2128601	2144106	0.55	0.27	0.27	99.28
69 岁	3797405	1881724	1915681	0.48	0.24	0.24	98.23
70—74 岁	17094662	8219961	8874701	2.18	1.05	1.13	92.62
70 岁	4322777	2113865	2208912	0.55	0.27	0.28	95.70
71 岁	3334159	1613493	1720666	0.43	0.21	0.22	93.77
72 岁	3596938	1733515	1863423	0.46	0.22	0.24	93.03
73 岁	3095983	1475778	1620205	0.39	0.19	0.21	91.09
74 岁	2744805	1283310	1461495	0.35	0.16	0.19	87.81
75—79 岁	10928196	4884268	6043928	1.39	0.62	0.77	80.81
75 岁	2782496	1281549	1500947	0.35	0.16	0.19	85.38
76 岁	2453560	1109854	1343706	0.31	0.14	0.17	82.60
77 岁	2081610	925203	1156407	0.27	0.12	0.15	80.01
78 岁	1948246	855416	1092830	0.25	0.11	0.14	78.28
79 岁	1662284	712246	950038	0.21	0.09	0.12	74.97
80—84 岁	5517142	2199509	3317633	0.70	0.28	0.42	66.30
80 岁	1611948	664120	947828	0.21	0.08	0.12	70.07
81 岁	1199336	487887	711449	0.15	0.06	0.09	68.58
82 岁	1066150	421018	645132	0.14	0.05	0.08	65.26
83 岁	893837	346167	547670	0.11	0.04	0.07	63.21
84 岁	745871	280317	465554	0.10	0.04	0.06	60.21
85—89 岁	2036619	709391	1327228	0.26	0.09	0.17	53.45
85 岁	614015	222243	391772	0.08	0.03	0.05	56.73
86 岁	521235	185072	336163	0.07	0.02	0.04	55.05
87 岁	389857	133639	256218	0.05	0.02	0.03	52.16
88 岁	292517	97640	194877	0.04	0.01	0.02	50.10
89 岁	218995	70797	148198	0.03	0.01	0.02	47.77
90—94 岁	507008	149569	357439	0.06	0.02	0.05	41.84
90 岁	188508	58281	130227	0.02	0.01	0.02	44.75
91 岁	117083	34622	82461	0.01		0.01	41.99
92 岁	89797	26103	63694	0.01		0.01	40.98
93 岁	63813	17852	45961	0.01		0.01	38.84
94 岁	47807	12711	35096	0.01			36.22
95—99 岁	107501	33546	73955	0.01		0.01	45.36
95 岁	36943	10941	26002				42.08
96 岁	26481	8125	18356				44.26
97 岁	19550	6493	13057				49.73
98 岁	14991	5053	9938				50.85
99 岁	9536	2934	6602				44.44
100 岁及以上	11682	3180	8502				37.40

表 3—2 省、自治区、直辖市年龄构成指数

单位：人，%

地区别	人口数				占总人口数的百分比				年龄构成指数		
	合计	0—14岁	15—64岁	65岁及以上	合计	0—14岁	15—64岁	65岁及以上	总抚养比	少儿抚养比	老年抚养比
合计	**1242612226**	**284527594**	**869810610**	**88274022**	**100.00**	**22.90**	**70.00**	**7.10**	**42.86**	**32.71**	**10.15**
北京市	13569194	1843768	10582562	1142864	100.00	13.59	77.99	8.42	28.22	17.42	10.80
天津市	9848731	1651075	7369243	828413	100.00	16.76	74.82	8.41	33.65	22.40	11.24
河北省	66684419	15190793	46794478	4699148	100.00	22.78	70.17	7.05	42.50	32.46	10.04
山西省	32471242	8355267	22060927	2055048	100.00	25.73	67.94	6.33	47.19	37.87	9.32
内蒙古自治区	23323347	4952375	17086325	1284647	100.00	21.23	73.26	5.51	36.50	28.98	7.52
辽宁省	41824412	7393035	31134171	3297206	100.00	17.68	74.44	7.88	34.34	23.75	10.59
吉林省	26802191	5071838	20110594	1619759	100.00	18.92	75.03	6.04	33.27	25.22	8.05
黑龙江省	36237576	6845038	27377194	2015344	100.00	18.89	75.55	5.56	32.36	25.00	7.36
上海市	16407734	2010929	12516489	1880316	100.00	12.26	76.28	11.46	31.09	16.07	15.02
江苏省	73043577	14341988	52243201	6458388	100.00	19.63	71.52	8.84	39.81	27.45	12.36
浙江省	45930651	8292859	33539208	4098584	100.00	18.06	73.02	8.92	36.95	24.73	12.22
安徽省	58999948	15040197	39479779	4479972	100.00	25.49	66.91	7.59	49.44	38.10	11.35
福建省	34097947	7844465	23973840	2279642	100.00	23.01	70.31	6.69	42.23	32.72	9.51
江西省	40397598	10463926	27401344	2532328	100.00	25.90	67.83	6.27	47.43	38.19	9.24
山东省	89971789	18742737	63920579	7308473	100.00	20.83	71.05	8.12	40.76	29.32	11.43
河南省	91236854	23625233	61129257	6482364	100.00	25.89	67.00	7.10	49.25	38.65	10.60
湖北省	59508870	13570888	42119281	3818701	100.00	22.80	70.78	6.42	41.29	32.22	9.07
湖南省	63274173	13999598	44548025	4726550	100.00	22.13	70.40	7.47	42.04	31.43	10.61
广东省	85225007	20551090	59413969	5259948	100.00	24.11	69.71	6.17	43.44	34.59	8.85
广西壮族自治区	43854538	11485096	29166482	3202960	100.00	26.19	66.51	7.30	50.36	39.38	10.98
海南省	7559035	2073632	4975872	509531	100.00	27.43	65.83	6.74	51.91	41.67	10.24
重庆市	30512763	6662869	21404512	2445382	100.00	21.84	70.15	8.01	42.55	31.13	11.42
四川省	82348296	18600386	57518477	6229433	100.00	22.59	69.85	7.56	43.17	32.34	10.83
贵州省	35247695	10633775	22510954	2102966	100.00	30.17	63.87	5.97	56.58	47.24	9.34
云南省	42360089	10996701	28783095	2580293	100.00	25.96	67.95	6.09	47.17	38.21	8.96
西藏自治区	2616329	815972	1676075	124282	100.00	31.19	64.06	4.75	56.10	48.68	7.42
陕西省	35365072	8820129	24368981	2175962	100.00	24.94	68.91	6.15	45.12	36.19	8.93
甘肃省	25124282	6767131	17049653	1307498	100.00	26.93	67.86	5.20	47.36	39.69	7.67
青海省	4822963	1295073	3307851	220039	100.00	26.85	68.59	4.56	45.80	39.15	6.65
宁夏回族自治区	5486393	1556669	3684223	245501	100.00	28.37	67.15	4.47	48.92	42.25	6.66
新疆维吾尔自治区	18459511	5033062	12563969	862480	100.00	27.27	68.06	4.67	46.92	40.06	6.86

表 3—2a　省、自治区、直辖市年龄构成指数(城市)

单位:人,%

地区别	人口数				占总人口数的百分比				年龄构成指数		
	合计	0—14岁	15—64岁	65岁及以上	合计	0—14岁	15—64岁	65岁及以上	总抚养比	少儿抚养比	老年抚养比
合　计	**292632692**	**48528761**	**224595244**	**19508687**	**100.00**	**16.58**	**76.75**	**6.67**	**30.29**	**21.61**	**8.69**
北京市	9496688	1089110	7590276	817302	100.00	11.47	79.93	8.61	25.12	14.35	10.77
天津市	5313702	675247	4136032	502423	100.00	12.71	77.84	9.46	28.47	16.33	12.15
河北省	11498105	2032067	8766199	699839	100.00	17.67	76.24	6.09	31.16	23.18	7.98
山西省	7202987	1444956	5358076	399955	100.00	20.06	74.39	5.55	34.43	26.97	7.46
内蒙古自治区	5672201	1029264	4348375	294562	100.00	18.15	76.66	5.19	30.44	23.67	6.77
辽宁省	18452887	2701446	14234914	1516527	100.00	14.64	77.14	8.22	29.63	18.98	10.65
吉林省	9253228	1468137	7201313	583778	100.00	15.87	77.82	6.31	28.49	20.39	8.11
黑龙江省	12730094	2055006	9873066	802022	100.00	16.14	77.56	6.30	28.94	20.81	8.12
上海市	12720701	1501931	9735810	1482960	100.00	11.81	76.54	11.66	30.66	15.43	15.23
江苏省	18941223	2903424	14598604	1439195	100.00	15.33	77.07	7.60	29.75	19.89	9.86
浙江省	13102802	1933231	10230392	939179	100.00	14.75	78.08	7.17	28.08	18.90	9.18
安徽省	8434698	1596949	6269646	568103	100.00	18.93	74.33	6.74	34.53	25.47	9.06
福建省	7824854	1221952	6151660	451242	100.00	15.62	78.62	5.77	27.20	19.86	7.34
江西省	5517032	1051547	4135440	330045	100.00	19.06	74.96	5.98	33.41	25.43	7.98
山东省	22084120	3854172	16781970	1447978	100.00	17.45	75.99	6.56	31.59	22.97	8.63
河南省	13804537	2698787	10307037	798713	100.00	19.55	74.66	5.79	33.93	26.18	7.75
湖北省	16586745	3028363	12584775	973607	100.00	18.26	75.87	5.87	31.80	24.06	7.74
湖南省	10496311	1814815	8029413	652083	100.00	17.29	76.50	6.21	30.72	22.60	8.12
广东省	30263724	5227486	23550909	1485329	100.00	17.27	77.82	4.91	28.50	22.20	6.31
广西壮族自治区	6195776	1125986	4697121	372669	100.00	18.17	75.81	6.01	31.91	23.97	7.93
海南省	1682981	357153	1243268	82560	100.00	21.22	73.87	4.91	35.37	28.73	6.64
重庆市	6598225	956625	5109848	531752	100.00	14.50	77.44	8.06	29.13	18.72	10.41
四川省	12210543	1927529	9418151	864863	100.00	15.79	77.13	7.08	29.65	20.47	9.18
贵州省	4366694	912124	3206730	247840	100.00	20.89	73.44	5.68	36.17	28.44	7.73
云南省	4652662	740191	3659604	252867	100.00	15.91	78.66	5.43	27.14	20.23	6.91
西藏自治区	217779	38483	173009	6287	100.00	17.67	79.44	2.89	25.88	22.24	3.63
陕西省	6904256	1219958	5248394	435904	100.00	17.67	76.02	6.31	31.55	23.24	8.31
甘肃省	3937322	696912	3028619	211791	100.00	17.70	76.92	5.38	30.00	23.01	6.99
青海省	997053	188269	756309	52475	100.00	18.88	75.85	5.26	31.83	24.89	6.94
宁夏回族自治区	1200430	236797	901993	61640	100.00	19.73	75.14	5.13	33.09	26.25	6.83
新疆维吾尔自治区	4272332	800844	3268291	203197	100.00	18.74	76.50	4.76	30.72	24.50	6.22

表 3—2b　省、自治区、直辖市年龄构成指数(镇)

单位:人,%

地区别	人口数				占总人口数的百分比				年龄构成指数		
	合计	0—14岁	15—64岁	65岁及以上	合计	0—14岁	15—64岁	65岁及以上	总抚养比	少儿抚养比	老年抚养比
合计	**166138291**	**35981203**	**120200553**	**9956535**	**100.00**	**21.66**	**72.35**	**5.99**	**38.22**	**29.93**	**8.28**
北京市	1025776	169258	787722	68796	100.00	16.50	76.79	6.71	30.22	21.49	8.73
天津市	1776110	322409	1347739	105962	100.00	18.15	75.88	5.97	31.78	23.92	7.86
河北省	6061992	1302298	4438058	321636	100.00	21.48	73.21	5.31	36.59	29.34	7.25
山西省	4229008	1108273	2911386	209349	100.00	26.21	68.84	4.95	45.26	38.07	7.19
内蒙古自治区	4286632	921311	3163227	202094	100.00	21.49	73.79	4.71	35.51	29.13	6.39
辽宁省	4513189	839595	3364052	309542	100.00	18.60	74.54	6.86	34.16	24.96	9.20
吉林省	4057370	752796	3066080	238494	100.00	18.55	75.57	5.88	32.33	24.55	7.78
黑龙江省	5941945	1109214	4505402	327329	100.00	18.67	75.82	5.51	31.88	24.62	7.27
上海市	1769218	261868	1351952	155398	100.00	14.80	76.42	8.78	30.86	19.37	11.49
江苏省	11921148	2400132	8640005	881011	100.00	20.13	72.48	7.39	37.98	27.78	10.20
浙江省	9253772	1676591	6913900	663281	100.00	18.12	74.71	7.17	33.84	24.25	9.59
安徽省	7331691	1755310	5090088	486293	100.00	23.94	69.43	6.63	44.04	34.48	9.55
福建省	6481958	1459246	4629935	392777	100.00	22.51	71.43	6.06	40.00	31.52	8.48
江西省	5667999	1325648	4038078	304273	100.00	23.39	71.24	5.37	40.36	32.83	7.54
山东省	12241789	2567075	8853143	821571	100.00	20.97	72.32	6.71	38.28	29.00	9.28
河南省	7580895	1911721	5216943	452231	100.00	25.22	68.82	5.97	45.31	36.64	8.67
湖北省	7502318	1663399	5442684	396235	100.00	22.17	72.55	5.28	37.84	30.56	7.28
湖南省	6901526	1427596	5062678	411252	100.00	20.69	73.36	5.96	36.32	28.20	8.12
广东省	17168668	3770644	12533359	864665	100.00	21.96	73.00	5.04	36.98	30.08	6.90
广西壮族自治区	6154520	1470227	4296395	387898	100.00	23.89	69.81	6.30	43.25	34.22	9.03
海南省	1391667	368254	938987	84426	100.00	26.46	67.47	6.07	48.21	39.22	8.99
重庆市	3497287	747752	2500079	249456	100.00	21.38	71.49	7.13	39.89	29.91	9.98
四川省	10099836	2007898	7432553	659385	100.00	19.88	73.59	6.53	35.89	27.01	8.87
贵州省	4078788	1113209	2739805	225774	100.00	27.29	67.17	5.54	48.87	40.63	8.24
云南省	5250176	1188192	3764474	297510	100.00	22.63	71.70	5.67	39.47	31.56	7.90
西藏自治区	290547	70202	210858	9487	100.00	24.16	72.57	3.27	37.79	33.29	4.50
陕西省	4464212	1025310	3213869	225033	100.00	22.97	71.99	5.04	38.90	31.90	7.00
甘肃省	2081095	476138	1517197	87760	100.00	22.88	72.90	4.22	37.17	31.38	5.78
青海省	562420	129409	413726	19285	100.00	23.01	73.56	3.43	35.94	31.28	4.66
宁夏回族自治区	579598	143548	415331	20719	100.00	24.77	71.66	3.57	39.55	34.56	4.99
新疆维吾尔自治区	1975141	496680	1400848	77613	100.00	25.15	70.92	3.93	41.00	35.46	5.54

表 3—2c 省、自治区、直辖市年龄构成指数(乡村)

单位:人,%

地区别	人口数				占总人口数的百分比				年龄构成指数		
	合计	0—14岁	15—64岁	65岁及以上	合计	0—14岁	15—64岁	65岁及以上	总抚养比	少儿抚养比	老年抚养比
合计	**783841243**	**200017630**	**525014813**	**58808800**	**100.00**	**25.52**	**66.98**	**7.50**	**49.30**	**38.10**	**11.20**
北京市	3046730	585400	2204564	256766	100.00	19.21	72.36	8.43	38.20	26.55	11.65
天津市	2758919	653419	1885472	220028	100.00	23.68	68.34	7.98	46.33	34.66	11.67
河北省	49124322	11856428	33590221	3677673	100.00	24.14	68.38	7.49	46.25	35.30	10.95
山西省	21039247	5802038	13791465	1445744	100.00	27.58	65.55	6.87	52.55	42.07	10.48
内蒙古自治区	13364514	3001800	9574723	787991	100.00	22.46	71.64	5.90	39.58	31.35	8.23
辽宁省	18858336	3851994	13535205	1471137	100.00	20.43	71.77	7.80	39.33	28.46	10.87
吉林省	13491593	2850905	9843201	797487	100.00	21.13	72.96	5.91	37.07	28.96	8.10
黑龙江省	17565537	3680818	12998726	885993	100.00	20.95	74.00	5.04	35.13	28.32	6.82
上海市	1917815	247130	1428727	241958	100.00	12.89	74.50	12.62	34.23	17.30	16.94
江苏省	42181206	9038432	29004592	4138182	100.00	21.43	68.76	9.81	45.43	31.16	14.27
浙江省	23574077	4683037	16394916	2496124	100.00	19.87	69.55	10.59	43.79	28.56	15.22
安徽省	43233559	11687938	28120045	3425576	100.00	27.03	65.04	7.92	53.75	41.56	12.18
福建省	19791135	5163267	13192245	1435623	100.00	26.09	66.66	7.25	50.02	39.14	10.88
江西省	29212567	8086731	19227826	1898010	100.00	27.68	65.82	6.50	51.93	42.06	9.87
山东省	55645880	12321490	38285466	5038924	100.00	22.14	68.80	9.06	45.34	32.18	13.16
河南省	69851422	19014725	45605277	5231420	100.00	27.22	65.29	7.49	53.17	41.69	11.47
湖北省	35419807	8879126	24091822	2448859	100.00	25.07	68.02	6.91	47.02	36.86	10.16
湖南省	45876336	10757187	31455934	3663215	100.00	23.45	68.57	7.98	45.84	34.20	11.65
广东省	37792615	11552960	23329701	2909954	100.00	30.57	61.73	7.70	61.99	49.52	12.47
广西壮族自治区	31504242	8888883	20172966	2442393	100.00	28.21	64.03	7.75	56.17	44.06	12.11
海南省	4484387	1348225	2793617	342545	100.00	30.06	62.30	7.64	60.52	48.26	12.26
重庆市	20417251	4958492	13794585	1664174	100.00	24.29	67.56	8.15	48.01	35.95	12.06
四川省	60037917	14664959	40667773	4705185	100.00	24.43	67.74	7.84	47.63	36.06	11.57
贵州省	26802213	8608442	16564419	1629352	100.00	32.12	61.80	6.08	61.81	51.97	9.84
云南省	32457251	9068318	21359017	2029916	100.00	27.94	65.81	6.25	51.96	42.46	9.50
西藏自治区	2108003	707287	1292208	108508	100.00	33.55	61.30	5.15	63.13	54.73	8.40
陕西省	23996604	6574861	15906718	1515025	100.00	27.40	66.29	6.31	50.86	41.33	9.52
甘肃省	19105865	5594081	12503837	1007947	100.00	29.28	65.45	5.28	52.80	44.74	8.06
青海省	3263490	977395	2137816	148279	100.00	29.95	65.51	4.54	52.66	45.72	6.94
宁夏回族自治区	3706365	1176324	2366899	163142	100.00	31.74	63.86	4.40	56.59	49.70	6.89
新疆维吾尔自治区	12212038	3735538	7894830	581670	100.00	30.59	64.65	4.76	54.68	47.32	7.37

表 4—1 全国分年龄、性别、受教育程度的 6 岁及 6 岁以上人口 单位:人

年龄别	合计			未上过学		
	合计	男	女	合计	男	女
总计*	**1156700293**	**593469678**	**563230615**	**89629436**	**25386944**	**64242492**
60—64 岁	41703848	21674478	20029370	10738490	2971274	7767216
60 岁	9141141	4769323	4371818	2021672	555843	1465829
61 岁	7574442	3921897	3652545	1781096	482562	1298534
62 岁	8611865	4511488	4100377	2199414	615680	1583734
63 岁	8128275	4229884	3898391	2263609	633351	1630258
64 岁	8248125	4241886	4006239	2472699	683838	1788861
65 岁及以上	88274022	41707888	46566134	41337176	11506509	29830667

表 4—1 全国分年龄、性别、受教育程度的 6 岁及 6 岁以上人口(续) 单位:人

年龄别	扫盲班			小学		
	合计	男	女	合计	男	女
总计*	**20767295**	**6327997**	**14439298**	**441613351**	**217034413**	**224578938**
60—64 岁	2514726	844558	1670168	18761378	10897611	7863767
60 岁	476824	154256	322568	4167712	2328615	1839097
61 岁	420716	136101	284615	3468622	1971183	1497439
62 岁	515205	173804	341401	3912819	2287212	1625607
63 岁	524474	180174	344300	3623566	2153470	1470096
64 岁	577507	200223	377284	3588659	2157131	1431528
65 岁及以上	7201339	2696343	4504996	29099015	19056507	10042508

表 4—1 全国分年龄、性别、受教育程度的 6 岁及 6 岁以上人口(续) 单位:人

年龄别	初中			高中		
	合计	男	女	合计	男	女
总计*	**422386607**	**238026237**	**184360370**	**99073845**	**59601039**	**39472806**
60—64 岁	5675105	4049435	1625670	1304362	965241	339121
60 岁	1505988	1046665	459323	353327	256929	96398
61 岁	1102872	766134	336738	260284	188275	72009
62 岁	1146086	820869	325217	262350	195213	67137
63 岁	984578	719809	264769	221434	166743	54691
64 岁	935581	695958	239623	206967	158081	48886
65 岁及以上	6622561	5322998	1299563	1699418	1350899	348519

表 4—1 全国分年龄、性别、受教育程度的 6 岁及 6 岁以上人口(续) 单位:人

年龄别	中专			大学专科		
	合计	男	女	合计	男	女
总计*	**39209614**	**19946276**	**19263338**	**28985486**	**17320758**	**11664728**
60—64 岁	1360261	907854	452407	648029	504890	143139
60 岁	325094	209006	116088	142266	108712	33554
61 岁	268145	172009	96136	126952	96666	30286
62 岁	286148	192940	93208	137262	107745	29517
63 岁	251321	173595	77726	124077	98259	25818
64 岁	229553	160304	69249	117472	93508	23964
65 岁及以上	993715	718029	275686	682033	556615	125418

表 4—1 全国分年龄、性别、受教育程度的 6 岁及 6 岁以上人口(续)

单位:人

年龄别	大学本科			研究生		
	合计	男	女	合计	男	女
总计*	**14150726**	**9208762**	**4941964**	**883933**	**617252**	**266681**
60—64 岁	692902	526643	166259	8595	6972	1623
60 岁	146582	107895	38687	1676	1402	274
61 岁	144219	107694	36525	1536	1273	263
62 岁	150813	116600	34213	1768	1425	343
63 岁	133478	103084	30394	1738	1399	339
64 岁	117810	91370	26440	1877	1473	404
65 岁及以上	622620	487101	135519	16145	12887	3258

表 4—1a 全国分年龄、性别、受教育程度的 6 岁及 6 岁以上人口(城市)

单位:人

年龄别	合 计			未上过学		
	合计	男	女	合计	男	女
总计*	**276608948**	**141420006**	**135188942**	**11651951**	**2830696**	**8821255**
60—64 岁	9911383	4915764	4995619	1323522	264091	1059431
60 岁	2107268	1045466	1061802	225555	45979	179576
61 岁	1841171	900480	940691	210798	41408	169390
62 岁	2050846	1017394	1033452	269961	54748	215213
63 岁	1937312	969932	967380	286556	57323	229233
64 岁	1974786	982492	992294	330652	64633	266019
65 岁及以上	19508687	9349463	10159224	6317303	1292465	5024838

表 4—1a 全国分年龄、性别、受教育程度的 6 岁及 6 岁以上人口(城市)(续)

单位:人

年龄别	扫盲班			小 学		
	合计	男	女	合计	男	女
总计*	**2257394**	**626517**	**1630877**	**61318242**	**30062645**	**31255597**
60—64 岁	316703	77757	238946	3603773	1640680	1963093
60 岁	51612	12727	38885	738893	331899	406994
61 岁	50454	12132	38322	658398	289507	368891
62 岁	65830	15968	49862	753641	338856	414785
63 岁	68705	17219	51486	717445	332691	384754
64 岁	80102	19711	60391	735396	347727	387669
65 岁及以上	1185001	352615	832386	6434806	3665930	2768876

表 4—1a 全国分年龄、性别、受教育程度的 6 岁及 6 岁以上人口(城市)(续)

单位:人

年龄别	初 中			高 中		
	合计	男	女	合计	男	女
总计*	**101454660**	**53565375**	**47889285**	**45688074**	**24770489**	**20917585**
60—64 岁	2102550	1228832	873718	680122	440990	239132
60 岁	512953	288725	224228	168106	104519	63587
61 岁	407247	226239	181008	134677	84174	50503
62 岁	424300	246370	177930	136764	89120	47644
63 岁	381092	231077	150015	121947	81557	40390
64 岁	376958	236421	140537	118628	81620	37008
65 岁及以上	2889383	2090774	798609	1019515	742268	277247

表 4—1a 全国分年龄、性别、受教育程度的 6 岁及 6 岁以上人口(城市)(续) 单位:人

年龄别	中专			大学专科		
	合计	男	女	合计	男	女
总计*	**21759321**	**10207909**	**11551412**	**19560896**	**11084521**	**8476375**
60—64 岁	798260	459108	339152	468532	344342	124190
60 岁	178720	95337	83383	101226	72511	28715
61 岁	158052	86228	71824	92655	66434	26221
62 岁	168340	98261	70079	98213	72721	25492
63 岁	152318	92457	59861	90276	67658	22618
64 岁	140830	86825	54005	86162	65018	21144
65 岁及以上	565512	354649	210863	517499	404722	112777

表 4—1a 全国分年龄、性别、受教育程度的 6 岁及 6 岁以上人口(城市)(续) 单位:人

年龄别	大学本科			研究生		
	合计	男	女	合计	男	女
总计*	**12081593**	**7688134**	**4393459**	**836817**	**583720**	**253097**
60—64 岁	610497	453867	156630	7424	6097	1327
60 岁	128792	92546	36246	1411	1223	188
61 岁	127574	93251	34323	1316	1107	209
62 岁	132280	100120	32160	1517	1230	287
63 岁	117445	88711	28734	1528	1239	289
64 岁	104406	79239	25167	1652	1298	354
65 岁及以上	565120	434347	130773	14548	11693	2855

表 4—1b 全国分年龄、性别、受教育程度的 6 岁及 6 岁以上人口(镇) 单位:人

年龄别	合计			未上过学		
	合计	男	女	合计	男	女
总计*	**154912145**	**79188927**	**75723218**	**8674839**	**2224008**	**6450831**
60—64 岁	5033169	2603613	2429556	1065613	248265	817348
60 岁	1127432	583372	544060	197799	45323	152476
61 岁	916531	471142	445389	175213	39660	135553
62 岁	1043731	543206	500525	218381	51668	166713
63 岁	969696	503804	465892	226181	53645	172536
64 岁	975779	502089	473690	248039	57969	190070
65 岁及以上	9956535	4738258	5218277	4224488	1006544	3217944

表 4—1b 全国分年龄、性别、受教育程度的 6 岁及 6 岁以上人口(镇)(续) 单位:人

年龄别	扫盲班			小学		
	合计	男	女	合计	男	女
总计*	**1825202**	**522095**	**1303107**	**46706064**	**22650996**	**24055068**
60—64 岁	244764	71568	173196	2127146	1128837	998309
60 岁	45756	12705	33051	471706	239112	232594
61 岁	40698	11435	29263	392482	203067	189415
62 岁	50043	14641	35402	446542	237490	209052
63 岁	51286	15449	35837	409979	223927	186052
64 岁	56981	17338	39643	406437	225241	181196
65 岁及以上	705825	240344	465481	3335206	2103105	1232101

表 4—1b　全国分年龄、性别、受教育程度的 6 岁及 6 岁以上人口(镇)(续)　单位:人

年龄别	初中			高中		
	合计	男	女	合计	男	女
总计*	**60682923**	**32100690**	**28582233**	**20315199**	**11978634**	**8336565**
60—64 岁	903942	622238	281704	226509	173496	53013
60 岁	237543	156504	81039	63960	47680	16280
61 岁	172322	115219	57103	44488	33181	11307
62 岁	183598	126753	56845	45436	34967	10469
63 岁	158404	112420	45984	37867	29793	8074
64 岁	152075	111342	40733	34758	27875	6883
65 岁及以上	1062145	864013	198132	279385	237833	41552

表 4—1b　全国分年龄、性别、受教育程度的 6 岁及 6 岁以上人口(镇)(续)　单位:人

年龄别	中专			大学专科		
	合计	男	女	合计	男	女
总计*	**8959320**	**4556797**	**4402523**	**6176516**	**4002198**	**2174318**
60—64 岁	286777	203934	82843	114617	99580	15037
60 岁	70789	47960	22829	25927	22210	3717
61 岁	56111	38459	17652	22180	18914	3266
62 岁	60470	43383	17087	24886	21655	3231
63 岁	52086	38626	13460	21596	19053	2543
64 岁	47321	35506	11815	20028	17748	2280
65 岁及以上	207826	158145	49681	100203	90739	9464

表 4—1b　全国分年龄、性别、受教育程度的 6 岁及 6 岁以上人口(镇)(续)　单位:人

年龄别	大学本科			研究生		
	合计	男	女	合计	男	女
总计*	**1546267**	**1133156**	**413111**	**25815**	**20353**	**5462**
60—64 岁	63441	55402	8039	360	293	67
60 岁	13870	11820	2050	82	58	24
61 岁	12967	11149	1818	70	58	12
62 岁	14304	12590	1714	71	59	12
63 岁	12241	10844	1397	56	47	9
64 岁	10059	8999	1060	81	71	10
65 岁及以上	40991	37159	3832	466	376	90

表 4—1c　全国分年龄、性别、受教育程度的 6 岁及 6 岁以上人口(乡村)　单位:人

年龄别	合计			未上过学		
	合计	男	女	合计	男	女
总计*	**725179200**	**372860745**	**352318455**	**69302646**	**20332240**	**48970406**
60—64 岁	26759296	14155101	12604195	8349355	2458918	5890437
60 岁	5906441	3140485	2765956	1598318	464541	1133777
61 岁	4816740	2550275	2266465	1395085	401494	993591
62 岁	5517288	2950888	2566400	1711072	509264	1201808
63 岁	5221267	2756148	2465119	1750872	522383	1228489
64 岁	5297560	2757305	2540255	1894008	561236	1332772
65 岁及以上	58808800	27620167	31188633	30795385	9207500	21587885

表 4—1c　全国分年龄、性别、受教育程度的 6 岁及 6 岁以上人口(乡村)(续)　单位:人

年龄别	扫盲班			小学		
	合计	男	女	合计	男	女
总计*	**16684699**	**5179385**	**11505314**	**333589045**	**164320772**	**169268273**
60—64 岁	1953259	695233	1258026	13030459	8128094	4902365
60 岁	379456	128824	250632	2957113	1757604	1199509
61 岁	329564	112534	217030	2417742	1478609	939133
62 岁	399332	143195	256137	2712636	1710866	1001770
63 岁	404483	147506	256977	2496142	1596852	899290
64 岁	440424	163174	277250	2446826	1584163	862663
65 岁及以上	5310513	2103384	3207129	19329003	13287472	6041531

表 4—1c　全国分年龄、性别、受教育程度的 6 岁及 6 岁以上人口(乡村)(续)　单位:人

年龄别	初中			高中		
	合计	男	女	合计	男	女
总计*	**260249024**	**152360172**	**107888852**	**33070572**	**22851916**	**10218656**
60—64 岁	2668613	2198365	470248	397731	350755	46976
60 岁	755492	601436	154056	121261	104730	16531
61 岁	523303	424676	98627	81119	70920	10199
62 岁	538188	447746	90442	80150	71126	9024
63 岁	445082	376312	68770	61620	55393	6227
64 岁	406548	348195	58353	53581	48586	4995
65 岁及以上	2671033	2368211	302822	400518	370798	29720

表 4—1c　全国分年龄、性别、受教育程度的 6 岁及 6 岁以上人口(乡村)(续)　单位:人

年龄别	中专			大学专科		
	合计	男	女	合计	男	女
总计*	**8490973**	**5181570**	**3309403**	**3248074**	**2234039**	**1014035**
60—64 岁	275224	244812	30412	64880	60968	3912
60 岁	75585	65709	9876	15113	13991	1122
61 岁	53982	47322	6660	12117	11318	799
62 岁	57338	51296	6042	14163	13369	794
63 岁	46917	42512	4405	12205	11548	657
64 岁	41402	37973	3429	11282	10742	540
65 岁及以上	220377	205235	15142	64331	61154	3177

表 4—1c　全国分年龄、性别、受教育程度的 6 岁及 6 岁以上人口(乡村)(续)　单位:人

年龄别	大学本科			研究生		
	合计	男	女	合计	男	女
总计*	**522866**	**387472**	**135394**	**21301**	**13179**	**8122**
60—64 岁	18964	17374	1590	811	582	229
60 岁	3920	3529	391	183	121	62
61 岁	3678	3294	384	150	108	42
62 岁	4229	3890	339	180	136	44
63 岁	3792	3529	263	154	113	41
64 岁	3345	3132	213	144	104	40
65 岁及以上	16509	15595	914	1131	818	313

表 4—2 全国分年龄、性别的 15 岁及 15 岁以上文盲人口

单位:人

年龄别	15 岁及 15 岁以上人口			文盲人口			文盲人口占 15 岁及以上人口比例		
	合计	男	女	小计	男	女	小计	男	女
总计*	**958084632**	**488979328**	**469105304**	**86992069**	**23787612**	**63204457**	**9.08**	**4.86**	**13.47**
60—64 岁	41703848	21674478	20029370	11072035	3102739	7969296	26.55	14.32	39.79
60 岁	9141141	4769323	4371818	2076036	575423	1500613	22.71	12.07	34.32
61 岁	7574442	3921897	3652545	1833378	501830	1331548	24.20	12.80	36.46
62 岁	8611865	4511488	4100377	2265706	641796	1623910	26.31	14.23	39.60
63 岁	8128275	4229884	3898391	2335876	662534	1673342	28.74	15.66	42.92
64 岁	8248125	4241886	4006239	2561039	721156	1839883	31.05	17.00	45.93
65 岁及以上	88274022	41707888	46566134	42579941	12097351	30482590	48.24	29.00	65.46

表 4—2a 全国分年龄、性别的 15 岁及 15 岁以上文盲人口(城市)

单位:人

年龄别	15 岁及 15 岁以上人口			文盲人口			文盲人口占 15 岁及以上人口比例		
	合计	男	女	小计	男	女	小计	男	女
总计*	**244103931**	**124412879**	**119691052**	**11152442**	**2493878**	**8658564**	**4.57**	**2.00**	**7.23**
60—64 岁	9911383	4915764	4995619	1363310	273978	1089332	13.75	5.57	21.81
60 岁	2107268	1045466	1061802	231176	47342	183834	10.97	4.53	17.31
61 岁	1841171	900480	940691	217269	43027	174242	11.80	4.78	18.52
62 岁	2050846	1017394	1033452	278167	56811	221356	13.56	5.58	21.42
63 岁	1937312	969932	967380	295407	59494	235913	15.25	6.13	24.39
64 岁	1974786	982492	992294	341291	67304	273987	17.28	6.85	27.61
65 岁及以上	19508687	9349463	10159224	6502373	1358332	5144041	33.33	14.53	50.63

表 4—2b 全国分年龄、性别的 15 岁及 15 岁以上文盲人口(镇)

单位:人

年龄别	15 岁及 15 岁以上人口			文盲人口			文盲人口占 15 岁及以上人口比例		
	合计	男	女	小计	男	女	小计	男	女
总计*	**130157088**	**66067649**	**64089439**	**8393894**	**2036457**	**6357437**	**6.45**	**3.08**	**9.92**
60—64 岁	5033169	2603613	2429556	1099237	260547	838690	21.84	10.01	34.52
60 岁	1127432	583372	544060	203531	47252	156279	18.05	8.10	28.72
61 岁	916531	471142	445389	180615	41518	139097	19.71	8.81	31.23
62 岁	1043731	543206	500525	225057	54083	170974	21.56	9.96	34.16
63 岁	969696	503804	465892	233272	56298	176974	24.06	11.17	37.99
64 岁	975779	502089	473690	256762	61396	195366	26.31	12.23	41.24
65 岁及以上	9956535	4738258	5218277	4334644	1056600	3278044	43.54	22.30	62.82

表 4—2c 全国分年龄、性别的 15 岁及 15 岁以上文盲人口(乡村)

单位:人

年龄别	15 岁及 15 岁以上人口			文盲人口			文盲人口占 15 岁及以上人口比例		
	合计	男	女	小计	男	女	小计	男	女
总计*	**583823613**	**298498800**	**285324813**	**67445733**	**19257277**	**48188456**	**11.55**	**6.45**	**16.89**
60—64 岁	26759296	14155101	12604195	8609488	2568214	6041274	32.17	18.14	47.93
60 岁	5906441	3140485	2765956	1641329	480829	1160500	27.79	15.31	41.96
61 岁	4816740	2550275	2266465	1435494	417285	1018209	29.80	16.36	44.92
62 岁	5517288	2950888	2566400	1762482	530902	1231580	31.94	17.99	47.99
63 岁	5221267	2756148	2465119	1807197	546742	1260455	34.61	19.84	51.13
64 岁	5297560	2757305	2540255	1962986	592456	1370530	37.05	21.49	53.95
65 岁及以上	58808800	27620167	31188633	31742924	9682419	22060505	53.98	35.06	70.73

表 5—4　省、自治区、直辖市有 65 岁及 65 岁以上老年人口的家庭户户数

单位：户

地区别	合　计	有一个 65 岁以上老年人的户				有二个 65 岁以上老年人的户				其他
		小计	单　身 老人户	一个老年人与未成年的亲属户	其他	小计	只有一对 老夫妇户	一对老夫妇户与未成年的亲属户	其他	
合　　计	**68393572**	**49626559**	**7835140**	**791867**	**40999552**	**18533281**	**7781231**	**722315**	**10029735**	**233732**
北　京　市	850821	572156	101270	11368	459518	275793	111411	14700	149682	2872
天　津　市	617888	417444	80102	9184	328158	198425	94160	10551	93714	2019
河　北　省	3588621	2530406	426818	23920	2079668	1043792	484344	25580	533868	14423
山　西　省	1600393	1160886	223420	13598	923868	435594	208609	12925	214060	3913
内蒙古自治区	1005632	739545	114626	7881	617038	264009	132687	8465	122857	2078
辽　宁　省	2436591	1608338	255097	15938	1337303	820061	404622	23569	391870	8192
吉　林　省	1239515	879404	96975	7741	774688	356492	149153	10226	197113	3619
黑　龙　江　省	1562229	1128136	129922	12309	985905	430702	201361	15321	214020	3391
上　海　市	1349969	860962	185401	18448	657113	481766	211136	24660	245970	7241
江　苏　省	4853824	3343200	647583	35981	2659636	1488087	686371	41403	760313	22537
浙　江　省	3187191	2334781	640612	39801	1654368	843288	478830	32409	332049	9122
安　徽　省	3419411	2408787	382771	43034	1982982	997274	434496	45757	517021	13350
福　建　省	1823629	1399556	212269	34245	1153042	418069	159183	21177	237709	6004
江　西　省	2017333	1543094	171362	33259	1338473	469334	151167	28864	289303	4905
山　东　省	5456421	3724549	955187	33377	2735985	1709182	1011946	38383	658853	22690
河　南　省	4944144	3475403	508635	47381	2919387	1444014	572847	48428	822739	24727
湖　北　省	2971647	2211868	282876	28073	1900919	750717	274422	25493	450802	9062
湖　南　省	3721717	2763666	363154	43663	2356849	947156	340621	38341	568194	10895
广　东　省	4163446	3155272	535460	86255	2533557	993491	315355	59244	618892	14683
广西壮族自治区	2527802	1881797	277632	48239	1555926	637247	218629	34205	384413	8758
海　南　省	385111	267649	43591	3079	220979	115412	35269	3689	76454	2050
重　庆　市	1935192	1450580	183110	31299	1236171	479190	169104	26654	283432	5422
四　川　省	5011065	3870219	437232	81348	3351639	1126322	365182	59023	702117	14524
贵　州　省	1671858	1250503	139699	24547	1086257	418002	153419	21583	243000	3353
云　南　省	2078513	1597516	142464	12898	1442154	475946	136223	11345	328378	5051
西藏自治区	102967	84811	6110	913	77788	16955	903	299	15753	1201
陕　西　省	1741695	1326236	147846	16023	1162367	411687	148442	15732	247513	3772
甘　肃　省	1051465	803448	52889	6880	743679	245963	47384	7157	191422	2054
青　海　省	179991	142153	9868	1746	130539	37492	8072	1813	27607	346
宁夏回族自治区	193809	143652	13590	1617	128445	49883	17699	2210	29974	274
新疆维吾尔自治区	703682	550542	67569	17822	465151	151936	58184	13109	80643	1204

表 5—4a 省、自治区、直辖市有 65 岁及 65 岁以上老年人口的家庭户户数(城市) 单位:户

地区别	合计	有一个 65 岁以上老年人的户				有二个 65 岁以上老年人的户				其他
		小计	单身老人户	一个老年人与未成年的亲属户	其他	小计	只有一对老夫妇户	一对老夫妇户与未成年的亲属户	其他	
合计	**14714473**	**10247423**	**1897553**	**168335**	**8181535**	**4415909**	**2065007**	**201565**	**2149337**	**51141**
北京市	605963	403536	66938	10318	326280	200376	74396	13343	112637	2051
天津市	372760	249305	55415	8526	185364	122448	58848	9663	53937	1007
河北省	524864	357720	68094	6114	283512	165568	85445	7626	72497	1576
山西省	304639	212410	42416	3180	166814	91611	46614	3904	41093	618
内蒙古自治区	224890	157642	31922	2805	122915	66817	39678	3550	23589	431
辽宁省	1103308	702894	134282	10725	557887	396857	197545	15361	183951	3557
吉林省	437813	297825	41410	3895	252520	138669	61553	5117	71999	1319
黑龙江省	609295	422918	64288	6576	352054	184969	91932	7788	85249	1408
上海市	1065332	680143	122315	17688	540140	379568	148202	23614	207752	5621
江苏省	1066786	723682	158290	9464	555928	338547	171368	11639	155540	4557
浙江省	712448	506258	132322	7324	366612	203821	119020	8458	76343	2369
安徽省	427911	296730	60936	4293	231501	129648	66866	5424	57358	1533
福建省	350784	260417	43697	3581	213139	88850	36649	3175	49026	1517
江西省	255682	188641	30818	2915	154908	66269	28402	3145	34722	772
山东省	1067287	720314	169719	10601	539994	342650	198529	12839	131282	4323
河南省	602462	416653	63880	4956	347817	183297	78590	6685	98022	2512
湖北省	738778	532434	94348	7171	430915	204108	91992	7972	104144	2236
湖南省	506204	369564	67921	5602	296041	135095	67195	6318	61582	1545
广东省	1168404	880250	146791	12256	721203	283823	92775	9868	181180	4331
广西壮族自治区	290407	214909	31971	3572	179366	74402	27306	3520	43576	1096
海南省	63618	46145	5204	521	40420	17130	4193	528	12409	343
重庆市	406786	292410	48242	4409	239759	112830	47598	5285	59947	1546
四川省	665837	485174	78509	6804	399861	178134	80963	8219	88952	2529
贵州省	194859	144262	20897	2641	120724	50130	21463	2860	25807	467
云南省	197220	145740	28524	2147	115069	51025	25000	2566	23459	455
西藏自治区	5180	4532	621	121	3790	634	123	30	481	14
陕西省	331020	231976	39024	4392	188560	98293	45260	6074	46959	751
甘肃省	165777	121476	20806	2433	98237	44082	22097	2823	19162	219
青海省	41170	30245	4182	610	25453	10876	4947	946	4983	49
宁夏回族自治区	47355	33493	5572	662	27259	13763	7579	908	5276	99
新疆维吾尔自治区	159634	117725	18199	2033	97493	41619	22879	2317	16423	290

表 5—4b 省、自治区、直辖市有 65 岁及 65 岁以上老年人口的家庭户户数(镇) 单位:户

地区别	合计	有一个 65 岁以上老年人的户				有二个 65 岁以上老年人的户				其他
		小计	单身老人户	一个老年人与未成年的亲属户	其他	小计	只有一对老夫妇户	一对老夫妇户与未成年的亲属户	其他	
合计	**7618885**	**5519742**	**1008080**	**91604**	**4420058**	**2072467**	**982405**	**86669**	**1003393**	**26676**
北京市	51042	34670	7615	376	26679	16225	9180	513	6532	147
天津市	80586	56820	10267	273	46280	23560	13298	345	9917	206
河北省	240542	168087	28710	1811	137566	71594	35610	2185	33799	861
山西省	161300	116129	24812	1778	89539	44784	24067	1674	19043	387
内蒙古自治区	156887	114491	17450	2257	94784	42102	22553	1853	17696	294
辽宁省	227134	149196	25841	1182	122173	77217	43875	1866	31476	721
吉林省	181195	127138	18562	1541	107035	53544	27159	1848	24537	513
黑龙江省	249310	174799	22992	2254	149553	73921	40616	3024	30281	590
上海市	110204	70203	24601	460	45142	39385	25355	658	13372	616
江苏省	656045	452694	92509	5058	355127	200280	96903	5673	97704	3071
浙江省	509882	371115	110722	5881	254512	137151	83140	5034	48977	1616
安徽省	368011	258272	50004	5138	203130	108281	53206	5615	49460	1458
福建省	311939	238681	36613	5313	196755	72147	27260	3535	41352	1111
江西省	235751	177806	26371	3839	147596	57271	22846	3539	30886	674
山东省	602415	411345	104379	3411	303555	188555	114365	4300	69890	2515
河南省	341861	239627	35742	3783	200102	100621	40614	4134	55873	1613
湖北省	299516	220945	37678	3277	179990	77577	35308	2976	39293	994
湖南省	316393	232947	42089	4283	186575	82406	37424	4400	40582	1040
广东省	677291	520627	77237	12291	431099	154168	45027	8655	100486	2496
广西壮族自治区	305964	229326	34641	4967	189718	75419	26512	4134	44773	1219
海南省	64163	45890	6764	605	38521	17959	5296	708	11955	314
重庆市	193513	142571	24295	3665	114611	50278	22179	3299	24800	664
四川省	511529	383724	65995	8827	308902	125975	56183	8253	61539	1830
贵州省	179920	135738	19111	2940	113687	43774	17472	2576	23726	408
云南省	237507	181626	25277	1814	154535	55215	20699	1685	32831	666
西藏自治区	7999	6838	602	87	6149	1112	106	30	976	49
陕西省	175945	131007	21446	2033	107528	44597	21222	2161	21214	341
甘肃省	69242	52408	6285	798	45325	16725	5992	832	9901	109
青海省	15699	12406	1247	191	10968	3267	1053	185	2029	26
宁夏回族自治区	16280	12028	1692	183	10153	4235	2034	241	1960	17
新疆维吾尔自治区	63820	50588	6531	1288	42769	13122	5851	738	6533	110

表 5—4c 省、自治区、直辖市有 65 岁及 65 岁以上老年人口的家庭户户数(乡村) 单位:户

地区别	合计	有一个65岁以上老年人的户				有二个65岁以上老年人的户				其他
		小计	单身老人户	一个老年人与未成年的亲属户	其他	小计	只有一对老夫妇户	一对老夫妇户与未成年的亲属户	其他	
合计	**46060214**	**33859394**	**4929507**	**531928**	**28397959**	**12044905**	**4733819**	**434081**	**6877005**	**155915**
北京市	193816	133950	26717	674	106559	59192	27835	844	30513	674
天津市	164542	111319	14420	385	96514	52417	22014	543	29860	806
河北省	2823215	2004599	330014	15995	1658590	806630	363289	15769	427572	11986
山西省	1134454	832347	156192	8640	667515	299199	137928	7347	153924	2908
内蒙古自治区	623855	467412	65254	2819	399339	155090	70456	3062	81572	1353
辽宁省	1106149	756248	94974	4031	657243	345987	163202	6342	176443	3914
吉林省	620507	454441	37003	2305	415133	164279	60441	3261	100577	1787
黑龙江省	703624	530419	42642	3479	484298	171812	68813	4509	98490	1393
上海市	174433	110616	38485	300	71831	62813	37579	388	24846	1004
江苏省	3130993	2166824	396784	21459	1748581	949260	418100	24091	507069	14909
浙江省	1964861	1457408	397568	26596	1033244	502316	276670	18917	206729	5137
安徽省	2623489	1853785	271831	33603	1548351	759345	314424	34718	410203	10359
福建省	1160906	900458	131959	25351	743148	257072	95274	14467	147331	3376
江西省	1525900	1176647	114173	26505	1035969	345794	99919	22180	223695	3459
山东省	3786719	2592890	681089	19365	1892436	1177977	699052	21244	457681	15852
河南省	3999821	2819123	409013	38642	2371468	1160096	453643	37609	668844	20602
湖北省	1933353	1458489	150850	17625	1290014	469032	147122	14545	307365	5832
湖南省	2899120	2161155	253144	33778	1874233	729655	236002	27623	466030	8310
广东省	2317751	1754395	311432	61708	1381255	555500	177553	40721	337226	7856
广西壮族自治区	1931431	1437562	211020	39700	1186842	487426	164811	26551	296064	6443
海南省	257330	175614	31623	1953	142038	80323	25780	2453	52090	1393
重庆市	1334893	1015599	110573	23225	881801	316082	99327	18070	198685	3212
四川省	3833699	3001321	292728	65717	2642876	822213	228036	42551	551626	10165
贵州省	1297079	970503	99691	18966	851846	324098	114484	16147	193467	2478
云南省	1643786	1270150	88663	8937	1172550	369706	90524	7094	272088	3930
西藏自治区	89788	73441	4887	705	67849	15209	674	239	14296	1138
陕西省	1234730	963253	87376	9598	866279	268797	81960	7497	179340	2680
甘肃省	816446	629564	25798	3649	600117	185156	19295	3502	162359	1726
青海省	123122	99502	4439	945	94118	23349	2072	682	20595	271
宁夏回族自治区	130174	98131	6326	772	91033	31885	8086	1061	22738	158
新疆维吾尔自治区	480228	382229	42839	14501	324889	97195	29454	10054	57687	804

表 6—1 省、自治区、直辖市分性别、年龄的死亡人口(1999.11.1—2000.10.31) 单位:人

地区别	死亡人口		
	合计*	男	女
合计	**7313081**	**4106571**	**3206510**
北京市	69757	39138	30619
天津市	57068	31567	25501
河北省	414938	233525	181413
山西省	186787	106885	79902
内蒙古自治区	130020	78357	51663
辽宁省	253583	145576	108007
吉林省	142224	83435	58789
黑龙江省	172829	103706	69123
上海市	94927	49836	45091
江苏省	434549	236269	198280
浙江省	281655	160719	120936
安徽省	340562	190561	150001
福建省	171136	96915	74221
江西省	243898	133017	110881
山东省	563645	311596	252049
河南省	539795	295129	244666
湖北省	328729	184538	144191
湖南省	382319	217746	164573
广东省	393855	219614	174241
广西壮族自治区	245163	141532	103631
海南省	34300	19335	14965
重庆市	209655	118755	90900
四川省	545199	307345	237854
贵州省	253566	141669	111897
云南省	308746	168698	140048
西藏自治区	18218	9431	8787
陕西省	209203	118566	90637
甘肃省	147783	82333	65450
青海省	26939	15181	11758
宁夏回族自治区	25087	14558	10529
新疆维吾尔自治区	86946	51039	35907

表 6—1 省、自治区、直辖市分性别、年龄的死亡人口(1999.11.1—2000.10.31)(续) 单位:人

地区别	60—64 岁			65—69 岁		
	小计	男	女	小计	男	女
合计	**606884**	**380911**	**225973**	**831514**	**508705**	**322809**
北京市	6047	3458	2589	9515	5692	3823
天津市	4685	2622	2063	7838	4488	3350
河北省	35056	21850	13206	51369	30914	20455
山西省	16504	10068	6436	23924	14305	9619
内蒙古自治区	13709	8498	5211	17072	10507	6565
辽宁省	21306	12633	8673	31091	18127	12964
吉林省	14914	8971	5943	18687	10698	7989
黑龙江省	19934	11937	7997	24002	14631	9371
上海市	4859	2986	1873	9869	6008	3861
江苏省	33557	21615	11942	46988	29278	17710
浙江省	19136	12853	6283	29737	19201	10536
安徽省	28322	18944	9378	39625	25639	13986
福建省	13466	9106	4360	18444	11900	6544
江西省	19268	12324	6944	25029	15687	9342
山东省	42362	26885	15477	63222	38298	24924
河南省	42442	26777	15665	62162	38096	24066
湖北省	30142	19063	11079	41575	25452	16123
湖南省	33786	21321	12465	45632	27960	17672
广东省	28995	19438	9557	40192	25864	14328
广西壮族自治区	19373	12702	6671	24840	15871	8969
海南省	2895	1920	975	3618	2392	1226
重庆市	17717	11033	6684	24041	14535	9506
四川省	48343	29957	18386	61325	37165	24160
贵州省	19141	11838	7303	22781	13897	8884
云南省	22003	13430	8573	29098	17231	11867
西藏自治区	1717	899	818	1749	942	807
陕西省	18716	11011	7705	24374	14230	10144
甘肃省	15013	8925	6088	18585	10819	7766
青海省	2669	1597	1072	3285	1920	1365
宁夏回族自治区	2038	1216	822	2650	1530	1120
新疆维吾尔自治区	8769	5034	3735	9195	5428	3767

表6—1 省、自治区、直辖市分性别、年龄的死亡人口(1999.11.1—2000.10.31)(续) 单位:人

地区别	70—74岁			75—79岁		
	小计	男	女	小计	男	女
合计	**1029811**	**600515**	**429296**	**1000941**	**536181**	**464760**
北京市	11172	6354	4818	10861	5882	4979
天津市	9919	5539	4380	9360	5048	4312
河北省	66648	37874	28774	62316	32784	29532
山西省	29653	16984	12669	27568	14899	12669
内蒙古自治区	18722	11258	7464	16808	9777	7031
辽宁省	39094	22168	16926	37288	20642	16646
吉林省	21697	12520	9177	17926	10139	7787
黑龙江省	25623	15258	10365	19425	11349	8076
上海市	13990	7961	6029	17027	8982	8045
江苏省	61489	35984	25505	68322	35695	32627
浙江省	39753	24353	15400	44024	24396	19628
安徽省	51907	30918	20989	49741	25910	23831
福建省	23650	14194	9456	22755	12215	10540
江西省	32338	19106	13232	32612	17411	15201
山东省	81318	46043	35275	85435	44833	40602
河南省	81765	46835	34930	79452	40862	38590
湖北省	49793	28982	20811	48392	25194	23198
湖南省	55523	32991	22532	52185	28833	23352
广东省	51364	30898	20466	52033	28034	23999
广西壮族自治区	29804	17957	11847	29202	15971	13231
海南省	4482	2723	1759	4347	2336	2011
重庆市	29303	17091	12212	27427	14601	12826
四川省	76092	44405	31687	69631	37015	32616
贵州省	25912	15103	10809	22412	12254	10158
云南省	34388	19409	14979	32979	17098	15881
西藏自治区	1810	932	878	1402	686	716
陕西省	29043	16987	12056	29933	16492	13441
甘肃省	18050	10458	7592	17291	9359	7932
青海省	2985	1616	1369	2342	1219	1123
宁夏回族自治区	3031	1738	1293	2902	1604	1298
新疆维吾尔自治区	9493	5876	3617	7543	4661	2882

表 6—1　省、自治区、直辖市分性别、年龄的死亡人口(1999.11.1－2000.10.31)(续)　单位:人

地区别	80－84 岁			85－89 岁		
	小计	男	女	小计	男	女
合　　计	**813355**	**384869**	**428486**	**436741**	**177071**	**259670**
北 京 市	8596	4353	4243	5267	2284	2983
天 津 市	7357	3791	3566	4170	1930	2240
河 北 省	49229	24116	25113	25991	11378	14613
山 西 省	21097	10538	10559	9411	4235	5176
内蒙古自治区	11545	6487	5058	4969	2611	2358
辽 宁 省	28603	15061	13542	17713	8659	9054
吉 林 省	12015	6507	5508	6157	3118	3039
黑 龙 江 省	13010	7035	5975	6123	2993	3130
上 海 市	15936	7426	8510	11114	4484	6630
江 苏 省	60730	26677	34053	35278	12833	22445
浙 江 省	39573	18925	20648	25241	9999	15242
安 徽 省	38535	16502	22033	16298	5619	10679
福 建 省	19568	8798	10770	12323	4296	8027
江 西 省	24886	11554	13332	11519	4443	7076
山 东 省	75062	35337	39725	42977	17480	25497
河 南 省	66773	29305	37468	29319	10957	18362
湖 北 省	33927	15078	18849	15305	5654	9651
湖 南 省	40714	19703	21011	21239	8813	12426
广 东 省	46778	21064	25714	32653	11754	20899
广西壮族自治区	26143	12590	13553	16869	7071	9798
海 南 省	3590	1616	1974	2302	837	1465
重 庆 市	22963	11104	11859	12047	4903	7144
四 川 省	54559	25535	29024	29001	11471	17530
贵 州 省	20165	9773	10392	10824	4651	6173
云 南 省	25764	11854	13910	14161	5737	8424
西藏自治区	861	378	483	343	140	203
陕 西 省	23550	12191	11359	9205	4258	4947
甘 肃 省	12408	6171	6237	4757	2140	2617
青 海 省	1473	721	752	516	213	303
宁夏回族自治区	2483	1378	1105	1012	543	469
新疆维吾尔自治区	5462	3301	2161	2637	1567	1070

表 6—1 省、自治区、直辖市分性别、年龄的死亡人口(1999.11.1－2000.10.31)(续) 单位:人

地区别	90—94岁			95—99岁			100岁及100岁以上		
	小计	男	女	小计	男	女	小计	男	女
合计	**162110**	**52114**	**109996**	**40771**	**10724**	**30047**	**4855**	**1079**	**3776**
北京市	2061	727	1334	476	151	325	62	12	50
天津市	1517	595	922	329	96	233	27	7	20
河北省	9104	3287	5817	1772	470	1302	134	32	102
山西省	2498	904	1594	377	123	254	30	8	22
内蒙古自治区	1262	565	697	195	75	120	21	6	15
辽宁省	7261	3042	4219	1577	553	1024	162	43	119
吉林省	1983	937	1046	446	218	228	57	26	31
黑龙江省	1964	873	1091	443	189	254	51	22	29
上海市	4959	1527	3432	1117	249	868	110	24	86
江苏省	14604	4064	10540	3406	754	2652	382	56	326
浙江省	10091	3377	6714	2148	565	1583	238	55	183
安徽省	5176	1409	3767	1620	398	1222	193	28	165
福建省	4934	1350	3584	1177	252	925	123	24	99
江西省	3500	1079	2421	745	189	556	78	15	63
山东省	17288	5587	11701	4169	1026	3143	350	59	291
河南省	11392	3240	8152	2969	661	2308	253	41	212
湖北省	4009	1188	2821	1023	262	761	99	16	83
湖南省	6707	2275	4432	1687	502	1185	144	28	116
广东省	15470	3902	11568	5054	1026	4028	680	98	582
广西壮族自治区	7552	2574	4978	2512	675	1837	418	83	335
海南省	1074	303	771	380	81	299	68	17	51
重庆市	4364	1357	3007	1152	270	882	111	15	96
四川省	10656	3322	7334	2939	804	2135	413	82	331
贵州省	3338	1147	2191	775	241	534	95	28	67
云南省	4283	1381	2902	903	275	628	138	35	103
西藏自治区	66	18	48	36	15	21	10	1	9
陕西省	2277	836	1441	436	129	307	30	10	20
甘肃省	1072	369	703	213	73	140	22	7	15
青海省	128	47	81	46	14	32	12	3	9
宁夏回族自治区	273	139	134	70	36	34	13	3	10
新疆维吾尔自治区	1247	693	554	579	352	227	331	195	136

表 6—1a 省、自治区、直辖市分性别、年龄的死亡人口(城市)(1999.11.1—2000.10.31)　单位:人

地区别	死亡人口		
	合计*	男	女
合　　　计	**1225304**	**704199**	**521105**
北　京　市	43422	24693	18729
天　津　市	31167	17295	13872
河　北　省	50746	29252	21494
山　西　省	27143	16403	10740
内蒙古自治区	22074	13548	
辽　宁　省	93804	55097	38707
吉　林　省	44391	26263	18128
黑 龙 江 省	55786	33616	22170
上　海　市	71801	37810	33991
江　苏　省	78288	43191	35097
浙　江　省	53914	30489	23425
安　徽　省	32050	18650	13400
福　建　省	27442	15670	11772
江　西　省	24810	14260	10550
山　东　省	97879	55163	42716
河　南　省	52228	29727	22501
湖　北　省	65597	36772	28825
湖　南　省	44197	25802	18395
广　东　省	102835	58151	44684
广西壮族自治区	22574	13318	9256
海　南　省	5082	2976	2106
重　庆　市	32472	18841	13631
四　川　省	47987	28271	19716
贵　州　省	18163	10841	7322
云　南　省	18922	11545	7377
西藏自治区	539	320	
陕　西　省	24955	14373	10582
甘　肃　省	14554	8945	5609
青　海　省	3319	2061	1258
宁夏回族自治区	4396	2711	1685
新疆维吾尔自治区	12767	8145	4622

表 6—1a 省、自治区、直辖市分性别、年龄的死亡人口(城市)(1999.11.1—2000.10.31)(续) 单位:人

地区别	60—64 岁			65—69 岁		
	小计	男	女	小计	男	女
合计	**108435**	**66327**	**42108**	**154456**	**95099**	**59357**
北京市	3866	2079	1787	6137	3677	2460
天津市	2623	1353	1270	4747	2688	2059
河北省	5100	3031	2069	7009	4133	2876
山西省	3029	1815	1214	4117	2559	1558
内蒙古自治区	2651	1588	1063	3063	1912	1151
辽宁省	9022	5050	3972	14289	8488	5801
吉林省	5059	2951	2108	6724	3893	2831
黑龙江省	7079	4117	2962	8952	5433	3519
上海市	3477	2095	1382	7506	4500	3006
江苏省	5745	3629	2116	8611	5404	3207
浙江省	3423	2256	1167	5560	3542	2018
安徽省	2840	1860	980	3941	2542	1399
福建省	2286	1542	744	3073	2017	1056
江西省	2057	1308	749	2871	1879	992
山东省	8023	5067	2956	11409	6905	4504
河南省	5155	3136	2019	6696	4188	2508
湖北省	5949	3793	2156	8375	5170	3205
湖南省	4185	2604	1581	5718	3536	2182
广东省	7460	4916	2544	10463	6836	3627
广西壮族自治区	1908	1216	692	2545	1630	915
海南省	442	293	149	530	355	175
重庆市	2413	1526	887	3834	2305	1529
四川省	4152	2587	1565	5760	3561	2199
贵州省	1659	1052	607	1973	1272	701
云南省	1545	1017	528	2019	1330	689
西藏自治区	53	31	22	71	38	33
陕西省	2630	1539	1091	3504	2114	1390
甘肃省	1841	1146	695	2188	1389	799
青海省	469	297	172	523	357	166
宁夏回族自治区	522	319	203	579	356	223
新疆维吾尔自治区	1772	1114	658	1669	1090	579

表 6—1a 省、自治区、直辖市分性别、年龄的死亡人口(城市)(1999.11.1—2000.10.31)(续)　单位:人

地区别	70—74 岁			75—79 岁		
	小计	男	女	小计	男	女
合计	**181853**	**108864**	**72989**	**168963**	**93922**	**75041**
北京市	6997	4047	2950	6483	3606	2877
天津市	5883	3297	2586	5150	2840	2310
河北省	8158	4766	3392	7086	3932	3154
山西省	4709	2881	1828	3565	2161	1404
内蒙古自治区	3175	2011	1164	2412	1485	927
辽宁省	15767	9301	6466	13043	7576	5467
吉林省	7192	4207	2985	5339	3054	2285
黑龙江省	8680	5188	3492	6073	3606	2467
上海市	10945	6169	4776	13252	7000	6252
江苏省	11410	6869	4541	12665	6793	5872
浙江省	7603	4665	2938	8200	4467	3733
安徽省	4853	3049	1804	4429	2438	1991
福建省	3770	2339	1431	3638	1955	1683
江西省	3395	2124	1271	3151	1797	1354
山东省	14059	8049	6010	14101	7540	6561
河南省	7711	4596	3115	6669	3576	3093
湖北省	9822	5790	4032	9581	5040	4541
湖南省	6558	4025	2533	5930	3317	2613
广东省	12881	8043	4838	12864	7109	5755
广西壮族自治区	2867	1785	1082	2654	1494	1160
海南省	564	361	203	536	307	229
重庆市	4832	2806	2026	4871	2706	2165
四川省	7044	4304	2740	6408	3741	2667
贵州省	2239	1381	858	1920	1106	814
云南省	2381	1505	876	2030	1121	909
西藏自治区	58	32	26	43	23	20
陕西省	3642	2230	1412	3452	1991	1461
甘肃省	1974	1239	735	1520	926	594
青海省	459	289	170	259	151	108
宁夏回族自治区	561	363	198	452	276	176
新疆维吾尔自治区	1664	1153	511	1187	788	399

表 6—1a 省、自治区、直辖市分性别、年龄的死亡人口(城市)(1999.11.1—2000.10.31)(续) 单位:人

地区别	80—84 岁			85—89 岁		
	小计	男	女	小计	男	女
合计	**135944**	**66392**	**69552**	**80666**	**33265**	**47401**
北京市	5111	2676	2435	3191	1438	1753
天津市	3822	1996	1826	2065	982	1083
河北省	5104	2550	2554	2746	1152	1594
山西省	2374	1313	1061	1099	543	556
内蒙古自治区	1712	945	767	864	445	419
辽宁省	8773	4676	4097	5185	2483	2702
吉林省	3264	1777	1487	1779	887	892
黑龙江省	3678	1928	1750	1962	907	1055
上海市	12255	5826	6429	8360	3525	4835
江苏省	10968	4968	6000	6785	2529	4256
浙江省	7607	3652	3955	5190	2063	3127
安徽省	3541	1699	1842	1837	755	1082
福建省	3300	1432	1868	2196	742	1454
江西省	2672	1288	1384	1379	564	815
山东省	11765	5485	6280	7147	2872	4275
河南省	5501	2512	2989	2737	1014	1723
湖北省	7173	3155	4018	3647	1242	2405
湖南省	4566	2239	2327	2372	973	1399
广东省	11957	5417	6540	8698	3120	5578
广西壮族自治区	2275	1129	1146	1597	671	926
海南省	458	202	256	325	122	203
重庆市	4154	2183	1971	2232	971	1261
四川省	5363	2788	2575	3035	1338	1697
贵州省	1747	902	845	1019	440	579
云南省	1677	827	850	978	409	569
西藏自治区	19	9	10	4	2	2
陕西省	2665	1389	1276	1158	525	633
甘肃省	1087	613	474	423	218	205
青海省	181	104	77	78	32	46
宁夏回族自治区	399	230	169	179	91	88
新疆维吾尔自治区	776	482	294	399	210	189

表 6—1a 省、自治区、直辖市分性别、年龄的死亡人口(城市)(1999.11.1－2000.10.31)(续)　单位:人

地区别	90—94 岁			95—99 岁			100 岁及 100 岁以上		
	小计	男	女	小计	男	女	小计	男	女
合　　计	**33346**	**10839**	**22507**	**8888**	**2256**	**6632**	**1103**	**219**	**884**
北 京 市	1376	510	866	380	125	255	53	12	41
天 津 市	777	307	470	195	52	143	19	7	12
河 北 省	1041	372	669	232	66	166	21	6	15
山 西 省	332	124	208	70	25	45	4		4
内蒙古自治区	276	101	175	60	19	41	7	2	5
辽 宁 省	2386	916	1470	625	182	443	79	17	62
吉 林 省	699	303	396	186	84	102	31	13	18
黑 龙 江 省	739	317	422	198	83	115	32	14	18
上 海 市	3702	1202	2500	822	205	617	91	21	70
江 苏 省	2719	782	1937	648	148	500	69	6	63
浙 江 省	2075	671	1404	476	125	351	50	12	38
安 徽 省	723	231	492	187	50	137	25	3	22
福 建 省	933	254	679	269	63	206	26	6	20
江 西 省	514	163	351	106	40	66	11	3	8
山 东 省	3126	1046	2080	810	205	605	80	14	66
河 南 省	1276	346	930	294	56	238	32	4	28
湖 北 省	1098	311	787	275	59	216	25	2	23
湖 南 省	698	243	455	214	62	152	17	2	15
广 东 省	4252	1063	3189	1447	235	1212	212	25	187
广西壮族自治区	755	260	495	267	64	203	47	8	39
海 南 省	172	36	136	67	8	59	8	3	5
重 庆 市	861	291	570	253	52	201	36	7	29
四 川 省	1311	451	860	378	117	261	53	11	42
贵 州 省	385	135	250	102	25	77	14	2	12
云 南 省	337	116	221	82	29	53	18	4	14
西藏自治区	1	1		1		1			
陕 西 省	387	137	250	111	21	90	8	1	7
甘 肃 省	154	44	110	38	13	25	8	3	5
青 海 省	27	11	16	11	4	7	1	1	
宁夏回族自治区	55	19	36	23	7	16	5	1	4
新疆维吾尔自治区	159	76	83	61	32	29	21	9	12

表 6—1b 省、自治区、直辖市分性别、年龄的死亡人口(镇)(1999.11.1—2000.10.31) 单位:人

地区别	死亡人口		
	合计*	男	女
合　计	**734554**	**424943**	**309611**
北京市	4835	2733	2102
天津市	8471	4749	3722
河北省	25854	15084	10770
山西省	18237	10634	7603
内蒙古自治区	18533	11485	7048
辽宁省	23630	13950	9680
吉林省	19263	11598	7665
黑龙江省	24954	15371	9583
上海市	8587	4540	4047
江苏省	56106	30931	25175
浙江省	43644	25087	18557
安徽省	31073	18065	13008
福建省	26731	15455	11276
江西省	27449	15668	11781
山东省	63045	35427	27618
河南省	33170	18711	14459
湖北省	28670	16634	12036
湖南省	30827	18105	12722
广东省	63245	36348	26897
广西壮族自治区	24801	14774	10027
海南省	5009	2915	2094
重庆市	16476	9694	6782
四川省	42524	25293	17231
贵州省	20546	12217	8329
云南省	29819	16618	13201
西藏自治区	1244	721	523
陕西省	19549	11115	8434
甘肃省	7826	4637	3189
青海省	1890	1159	731
宁夏回族自治区	1662	1023	639
新疆维吾尔自治区	6884	4202	2682

表 6—1b 省、自治区、直辖市分性别、年龄的死亡人口(镇)(1999.11.1－2000.10.31)(续) 单位:人

地区别	60—64 岁			65—69 岁		
	小计	男	女	小计	男	女
合　　计	**63290**	**40580**	**22710**	**84759**	**53716**	**31043**
北京市	427	255	172	653	385	268
天津市	759	431	328	1070	626	444
河北省	2373	1519	854	3493	2156	1337
山西省	1685	1055	630	2231	1356	875
内蒙古自治区	2116	1360	756	2414	1471	943
辽宁省	2135	1321	814	2856	1698	1158
吉林省	2137	1325	812	2605	1520	1085
黑龙江省	2991	1786	1205	3513	2231	1282
上海市	547	366	181	899	571	328
江苏省	4370	2797	1573	5991	3745	2246
浙江省	3028	2023	1005	4591	3027	1564
安徽省	2711	1791	920	3591	2347	1244
福建省	2219	1532	687	2896	1857	1039
江西省	2344	1544	800	3011	1965	1046
山东省	5053	3250	1803	6977	4369	2608
河南省	2832	1785	1047	4083	2549	1534
湖北省	2643	1639	1004	3815	2403	1412
湖南省	2858	1833	1025	3968	2490	1478
广东省	4747	3260	1487	6531	4430	2101
广西壮族自治区	1950	1311	639	2495	1672	823
海南省	492	346	146	624	438	186
重庆市	1405	914	491	1968	1249	719
四川省	3767	2403	1364	5048	3229	1819
贵州省	1652	1082	570	2046	1350	696
云南省	2106	1325	781	2871	1807	1064
西藏自治区	126	77	49	119	70	49
陕西省	1781	1037	744	2262	1376	886
甘肃省	900	555	345	941	579	362
青海省	192	114	78	223	144	79
宁夏回族自治区	164	100	64	212	126	86
新疆维吾尔自治区	780	444	336	762	480	282

表 6—1b 省、自治区、直辖市分性别、年龄的死亡人口(镇)(1999.11.1—2000.10.31)(续) 单位:人

地区别	70—74 岁			75—79 岁		
	小计	男	女	小计	男	女
合　　计	**101064**	**61215**	**39849**	**95648**	**52054**	**43594**
北 京 市	744	435	309	725	404	321
天 津 市	1342	745	597	1324	707	617
河 北 省	4064	2407	1657	3463	1822	1641
山 西 省	2802	1613	1189	2516	1365	1151
内蒙古自治区	2480	1542	938	1953	1145	808
辽 宁 省	3628	2192	1436	3215	1778	1437
吉 林 省	2931	1725	1206	2180	1270	910
黑 龙 江 省	3590	2202	1388	2522	1496	1026
上 海 市	1116	653	463	1351	725	626
江 苏 省	7795	4660	3135	8630	4530	4100
浙 江 省	5818	3584	2234	6641	3670	2971
安 徽 省	4732	2998	1734	4647	2482	2165
福 建 省	3610	2235	1375	3484	1905	1579
江 西 省	3712	2330	1382	3289	1815	1474
山 东 省	8621	5001	3620	9101	4741	4360
河 南 省	4881	2857	2024	4527	2307	2220
湖 北 省	4283	2591	1692	4068	2184	1884
湖 南 省	4674	2896	1778	3937	2207	1730
广 东 省	8025	5005	3020	7932	4388	3544
广西壮族自治区	3006	1885	1121	2723	1506	1217
海 南 省	640	410	230	591	322	269
重 庆 市	2314	1388	926	2114	1201	913
四 川 省	6064	3716	2348	5441	3048	2393
贵 州 省	2259	1428	831	1837	1040	797
云 南 省	3207	1855	1352	3183	1604	1579
西藏自治区	135	73	62	82	34	48
陕 西 省	2571	1548	1023	2461	1358	1103
甘 肃 省	886	552	334	835	481	354
青 海 省	180	109	71	158	91	67
宁夏回族自治区	182	113	69	167	99	68
新疆维吾尔自治区	772	467	305	551	329	222

表 6—1b 省、自治区、直辖市分性别、年龄的死亡人口(镇)(1999.11.1—2000.10.31)(续)　单位:人

地区别	80—84 岁			85—89 岁		
	小计	男	女	小计	男	女
合计	**77996**	**37003**	**40993**	**44155**	**17419**	**26736**
北京市	581	274	307	345	132	213
天津市	1024	537	487	566	279	287
河北省	2633	1287	1346	1447	602	845
山西省	1883	935	948	860	368	492
内蒙古自治区	1342	732	610	639	327	312
辽宁省	2445	1269	1176	1473	740	733
吉林省	1339	707	632	682	360	322
黑龙江省	1672	907	765	799	393	406
上海市	1312	553	759	945	336	609
江苏省	7553	3409	4144	4541	1662	2879
浙江省	5944	2828	3116	3939	1495	2444
安徽省	3456	1555	1901	1515	537	978
福建省	3036	1339	1697	1898	634	1264
江西省	2595	1227	1368	1283	475	808
山东省	7963	3769	4194	4648	1855	2793
河南省	3848	1678	2170	1725	615	1110
湖北省	2813	1297	1516	1267	463	804
湖南省	2912	1437	1475	1511	670	841
广东省	7101	3219	3882	4990	1734	3256
广西壮族自治区	2531	1201	1330	1748	697	1051
海南省	488	222	266	314	110	204
重庆市	1694	837	857	969	379	590
四川省	4044	2006	2038	2212	997	1215
贵州省	1833	848	985	1033	427	606
云南省	2710	1254	1456	1568	542	1026
西藏自治区	53	22	31	18	7	11
陕西省	1984	1009	975	744	353	391
甘肃省	590	286	304	237	99	138
青海省	100	47	53	22	11	11
宁夏回族自治区	159	88	71	50	19	31
新疆维吾尔自治区	358	224	134	167	101	66

表 6—1b 省、自治区、直辖市分性别、年龄的死亡人口(镇)(1999.11.1—2000.10.31)(续) 单位:人

地区别	90—94岁			95—99岁			100岁及100岁以上		
	小计	男	女	小计	男	女	小计	男	女
合计	**17553**	**5447**	**12106**	**4695**	**1224**	**3471**	**593**	**117**	**476**
北京市	120	37	83	17	7	10	1		1
天津市	205	78	127	34	11	23	3		3
河北省	493	159	334	117	34	83	6	1	5
山西省	231	93	138	35	15	20	5	2	3
内蒙古自治区	178	84	94	36	9	27	6	2	4
辽宁省	618	262	356	131	49	82	17	3	14
吉林省	231	105	126	58	30	28	9	5	4
黑龙江省	267	112	155	72	26	46	7	1	6
上海市	461	130	331	111	13	98	4	1	3
江苏省	1853	536	1317	482	115	367	53	4	49
浙江省	1688	570	1118	360	79	281	45	8	37
安徽省	519	158	361	166	49	117	24	4	20
福建省	810	227	583	205	51	154	19	2	17
江西省	382	116	266	112	28	84	8	2	6
山东省	1970	613	1357	468	121	347	41	3	38
河南省	700	199	501	175	42	133	15	5	10
湖北省	311	75	236	93	30	63	9	2	7
湖南省	507	170	337	132	36	96	11	1	10
广东省	2535	612	1923	860	178	682	116	22	94
广西壮族自治区	820	258	562	301	79	222	64	10	54
海南省	134	40	94	54	14	40	9	4	5
重庆市	360	116	244	96	22	74	9	1	8
四川省	873	295	578	264	77	187	51	14	37
贵州省	345	102	243	93	38	55	17	6	11
云南省	558	152	406	125	27	98	23	3	20
西藏自治区	3		3	1	1				
陕西省	204	60	144	36	13	23	5	2	3
甘肃省	71	35	36	17	6	11	1		1
青海省	6		6	3	1	2			
宁夏回族自治区	15	8	7	2	2				
新疆维吾尔自治区	85	45	40	39	21	18	15	9	6

表6—1c 省、自治区、直辖市分性别、年龄的死亡人口(乡村)(1999.11.1—2000.10.31) 单位:人

地区别	死亡人口		
	合计*	男	女
合计	**5353223**	**2977429**	**2375794**
北京市	21500	11712	9788
天津市	17430	9523	7907
河北省	338338	189189	149149
山西省	141407	79848	61559
内蒙古自治区	89413	53324	36089
辽宁省	136149	76529	59620
吉林省	78570	45574	32996
黑龙江省	92089	54719	37370
上海市	14539	7486	7053
江苏省	300155	162147	138008
浙江省	184097	105143	78954
安徽省	277439	153846	123593
福建省	116963	65790	51173
江西省	191639	103089	88550
山东省	402721	221006	181715
河南省	454397	246691	207706
湖北省	234462	131132	103330
湖南省	307295	173839	133456
广东省	227775	125115	102660
广西壮族自治区	197788	113440	84348
海南省	24209	13444	10765
重庆市	160707	90220	70487
四川省	454688	253781	200907
贵州省	214857	118611	96246
云南省	260005	140535	119470
西藏自治区	16435	8390	8045
陕西省	164699	93078	71621
甘肃省	125403	68751	56652
青海省	21730	11961	9769
宁夏回族自治区	19029	10824	8205
新疆维吾尔自治区	67295	38692	28603

表 6—1c 省、自治区、直辖市分性别、年龄的死亡人口(乡村)(1999.11.1—2000.10.31)(续) 单位:人

地区别	60—64 岁			65—69 岁		
	小计	男	女	小计	男	女
合计	**435159**	**274004**	**161155**	**592299**	**359890**	**232409**
北京市	1754	1124	630	2725	1630	1095
天津市	1303	838	465	2021	1174	847
河北省	27583	17300	10283	40867	24625	16242
山西省	11790	7198	4592	17576	10390	7186
内蒙古自治区	8942	5550	3392	11595	7124	4471
辽宁省	10149	6262	3887	13946	7941	6005
吉林省	7718	4695	3023	9358	5285	4073
黑龙江省	9864	6034	3830	11537	6967	4570
上海市	835	525	310	1464	937	527
江苏省	23442	15189	8253	32386	20129	12257
浙江省	12685	8574	4111	19586	12632	6954
安徽省	22771	15293	7478	32093	20750	11343
福建省	8961	6032	2929	12475	8026	4449
江西省	14867	9472	5395	19147	11843	7304
山东省	29286	18568	10718	44836	27024	17812
河南省	34455	21856	12599	51383	31359	20024
湖北省	21550	13631	7919	29385	17879	11506
湖南省	26743	16884	9859	35946	21934	14012
广东省	16788	11262	5526	23198	14598	8600
广西壮族自治区	15515	10175	5340	19800	12569	7231
海南省	1961	1281	680	2464	1599	865
重庆市	13899	8593	5306	18239	10981	7258
四川省	40424	24967	15457	50517	30375	20142
贵州省	15830	9704	6126	18762	11275	7487
云南省	18352	11088	7264	24208	14094	10114
西藏自治区	1538	791	747	1559	834	725
陕西省	14305	8435	5870	18608	10740	7868
甘肃省	12272	7224	5048	15456	8851	6605
青海省	2008	1186	822	2539	1419	1120
宁夏回族自治区	1352	797	555	1859	1048	811
新疆维吾尔自治区	6217	3476	2741	6764	3858	2906

表 6—1c 省、自治区、直辖市分性别、年龄的死亡人口(乡村)(1999.11.1—2000.10.31)(续) 单位:人

地区别	70—74 岁			75—79 岁		
	小计	男	女	小计	男	女
合计	**746894**	**430436**	**316458**	**736330**	**390205**	**346125**
北京市	3431	1872	1559	3653	1872	1781
天津市	2694	1497	1197	2886	1501	1385
河北省	54426	30701	23725	51767	27030	24737
山西省	22142	12490	9652	21487	11373	10114
内蒙古自治区	13067	7705	5362	12443	7147	5296
辽宁省	19699	10675	9024	21030	11288	9742
吉林省	11574	6588	4986	10407	5815	4592
黑龙江省	13353	7868	5485	10830	6247	4583
上海市	1929	1139	790	2424	1257	1167
江苏省	42284	24455	17829	47027	24372	22655
浙江省	26332	16104	10228	29183	16259	12924
安徽省	42322	24871	17451	40665	20990	19675
福建省	16270	9620	6650	15633	8355	7278
江西省	25231	14652	10579	26172	13799	12373
山东省	58638	32993	25645	62233	32552	29681
河南省	69173	39382	29791	68256	34979	33277
湖北省	35688	20601	15087	34743	17970	16773
湖南省	44291	26070	18221	42318	23309	19009
广东省	30458	17850	12608	31237	16537	14700
广西壮族自治区	23931	14287	9644	23825	12971	10854
海南省	3278	1952	1326	3220	1707	1513
重庆市	22157	12897	9260	20442	10694	9748
四川省	62984	36385	26599	57782	30226	27556
贵州省	21414	12294	9120	18655	10108	8547
云南省	28800	16049	12751	27766	14373	13393
西藏自治区	1617	827	790	1277	629	648
陕西省	22830	13209	9621	24020	13143	10877
甘肃省	15190	8667	6523	14936	7952	6984
青海省	2346	1218	1128	1925	977	948
宁夏回族自治区	2288	1262	1026	2283	1229	1054
新疆维吾尔自治区	7057	4256	2801	5805	3544	2261

表 6—1c 省、自治区、直辖市分性别、年龄的死亡人口(乡村)(1999.11.1—2000.10.31)(续) 单位:人

地区别	80—84 岁			85—89 岁		
	小计	男	女	小计	男	女
合计	**599415**	**281474**	**317941**	**311920**	**126387**	**185533**
北京市	2904	1403	1501	1731	714	1017
天津市	2511	1258	1253	1539	669	870
河北省	41492	20279	21213	21798	9624	12174
山西省	16840	8290	8550	7452	3324	4128
内蒙古自治区	8491	4810	3681	3466	1839	1627
辽宁省	17385	9116	8269	11055	5436	5619
吉林省	7412	4023	3389	3696	1871	1825
黑龙江省	7660	4200	3460	3362	1693	1669
上海市	2369	1047	1322	1809	623	1186
江苏省	42209	18300	23909	23952	8642	15310
浙江省	26022	12445	13577	16112	6441	9671
安徽省	31538	13248	18290	12946	4327	8619
福建省	13232	6027	7205	8229	2920	5309
江西省	19619	9039	10580	8857	3404	5453
山东省	55334	26083	29251	31182	12753	18429
河南省	57424	25115	32309	24857	9328	15529
湖北省	23941	10626	13315	10391	3949	6442
湖南省	33236	16027	17209	17356	7170	10186
广东省	27720	12428	15292	18965	6900	12065
广西壮族自治区	21337	10260	11077	13524	5703	7821
海南省	2644	1192	1452	1663	605	1058
重庆市	17115	8084	9031	8846	3553	5293
四川省	45152	20741	24411	23754	9136	14618
贵州省	16585	8023	8562	8772	3784	4988
云南省	21377	9773	11604	11615	4786	6829
西藏自治区	789	347	442	321	131	190
陕西省	18901	9793	9108	7303	3380	3923
甘肃省	10731	5272	5459	4097	1823	2274
青海省	1192	570	622	416	170	246
宁夏回族自治区	1925	1060	865	783	433	350
新疆维吾尔自治区	4328	2595	1733	2071	1256	815

表 6—1b　省、自治区、直辖市分性别、年龄的死亡人口(镇)(1999.11.1—2000.10.31)(续)　单位:人

地区别	90—94 岁			95—99 岁			100 岁及 100 岁以上		
	小计	男	女	小计	男	女	小计	男	女
合　　计	**111211**	**35828**	**75383**	**27188**	**7244**	**19944**	**3159**	**743**	**2416**
北京市	565	180	385	79	19	60	8		8
天津市	535	210	325	100	33	67	5		5
河北省	7570	2756	4814	1423	370	1053	107	25	82
山西省	1935	687	1248	272	83	189	21	6	15
内蒙古自治区	808	380	428	99	47	52	8	2	6
辽宁省	4257	1864	2393	821	322	499	66	23	43
吉林省	1053	529	524	202	104	98	17	8	9
黑龙江省	958	444	514	173	80	93	12	7	5
上海市	796	195	601	184	31	153	15	2	13
江苏省	10032	2746	7286	2276	491	1785	260	46	214
浙江省	6328	2136	4192	1312	361	951	143	35	108
安徽省	3934	1020	2914	1267	299	968	144	21	123
福建省	3191	869	2322	703	138	565	78	16	62
江西省	2604	800	1804	527	121	406	59	10	49
山东省	12192	3928	8264	2891	700	2191	229	42	187
河南省	9416	2695	6721	2500	563	1937	206	32	174
湖北省	2600	802	1798	655	173	482	65	12	53
湖南省	5502	1862	3640	1341	404	937	116	25	91
广东省	8683	2227	6456	2747	613	2134	352	51	301
广西壮族自治区	5977	2056	3921	1944	532	1412	307	65	242
海南省	768	227	541	259	59	200	51	10	41
重庆市	3143	950	2193	803	196	607	66	7	59
四川省	8472	2576	5896	2297	610	1687	309	57	252
贵州省	2608	910	1698	580	178	402	64	20	44
云南省	3388	1113	2275	696	219	477	97	28	69
西藏自治区	62	17	45	34	14	20	10	1	9
陕西省	1686	639	1047	289	95	194	17	7	10
甘肃省	847	290	557	158	54	104	13	4	9
青海省	95	36	59	32	9	23	11	2	9
宁夏回族自治区	203	112	91	45	27	18	8	2	6
新疆维吾尔自治区	1003	572	431	479	299	180	295	177	118

表6—2 省、自治区、直辖市分性别、受教育程度的6岁及6岁以上死亡人口(1999.11.1—2000.10.31) 单位:人

地区别	合计			未上过学		
	合计	男	女	合计	男	女
合计	**6875388**	**3897389**	**2977999**	**2951031**	**1121360**	**1829671**
北京市	69282	38890	30392	24952	7635	17317
天津市	56640	31331	25309	21174	6501	14673
河北省	399631	226408	173223	140329	51719	88610
山西省	177759	102422	75337	66310	26033	40277
内蒙古自治区	122543	74632	47911	61451	29175	32276
辽宁省	248600	142954	105646	96008	35330	60678
吉林省	137961	81198	56763	51428	22575	28853
黑龙江省	169503	101875	67628	61821	26927	34894
上海市	94337	49510	44827	30532	7652	22880
江苏省	424931	231220	193711	179368	56338	123030
浙江省	274403	156903	117500	115614	41763	73851
安徽省	317816	179783	138033	173721	71091	102630
福建省	163544	93354	70190	62076	21187	40889
江西省	212943	121833	91110	83211	29247	53964
山东省	546718	303307	243411	276954	106296	170658
河南省	511231	282171	229060	239535	93831	145704
湖北省	317823	178872	138951	149795	56895	92900
湖南省	361489	207336	154153	128114	47549	80565
广东省	374501	210325	164176	124677	34514	90163
广西壮族自治区	226880	133430	93450	68755	23277	45478
海南省	31805	18188	13617	14184	4950	9234
重庆市	199599	113304	86295	81723	29220	52503
四川省	516530	291955	224575	218552	82270	136282
贵州省	201265	117155	84110	107079	45717	61362
云南省	252924	142263	110661	139030	59058	79972
西藏自治区	15137	7870	7267	11715	5462	6253
陕西省	197224	113006	84218	93015	40020	52995
甘肃省	131007	74517	56490	76754	34648	42106
青海省	23060	13194	9866	12851	5453	7398
宁夏回族自治区	22316	13088	9228	12476	5731	6745
新疆维吾尔自治区	75986	45095	30891	27827	13296	14531

表6—2　省、自治区、直辖市分性别、受教育程度的6岁及6岁以上死亡人口(1999.11.1－2000.10.31)(续)　单位:人

地区别	扫盲班			小学		
	小计	男	女	小计	男	女
合　计	**361241**	**170688**	**190553**	**2425702**	**1714347**	**711355**
北京市	1944	926	1018	21311	14973	6338
天津市	1983	893	1090	19397	13359	6038
河北省	28452	12260	16192	169137	114249	54888
山西省	13563	6466	7097	65087	44380	20707
内蒙古自治区	3043	1849	1194	33467	24017	9450
辽宁省	6412	3147	3265	90299	62188	28111
吉林省	5773	2965	2808	47834	30961	16873
黑龙江省	3712	1961	1751	60465	39660	20805
上海市	6065	2131	3934	29799	19259	10540
江苏省	28307	11981	16326	146923	106471	40452
浙江省	21056	10852	10204	102830	76734	26096
安徽省	12855	6857	5998	86445	65116	21329
福建省	11038	4661	6377	62887	44764	18123
江西省	11648	5330	6318	82833	58568	24265
山东省	28262	13947	14315	165323	122081	43242
河南省	33463	16375	17088	152687	104918	47769
湖北省	13700	7186	6514	103071	75018	28053
湖南省	15862	7702	8160	159315	108203	51112
广东省	23888	9593	14295	155429	110229	45200
广西壮族自治区	14934	6006	8928	104225	72418	31807
海南省	1526	729	797	9879	7469	2410
重庆市	7818	3763	4055	82312	58952	23360
四川省	30429	14973	15456	202368	144630	57738
贵州省	4950	2485	2465	63000	47384	15616
云南省	7613	3671	3942	78008	57046	20962
西藏自治区	726	467	259	2223	1572	651
陕西省	11248	5574	5674	58475	40850	17625
甘肃省	5653	3018	2635	31717	23163	8554
青海省	700	321	379	5651	4288	1363
宁夏回族自治区	789	416	373	5058	3739	1319
新疆维吾尔自治区	3829	2183	1646	28247	17688	10559

表6—2 省、自治区、直辖市分性别、受教育程度的6岁及6岁以上死亡人口(1999.11.1－2000.10.31)(续) 单位:人

地区别	初中			高中		
	小计	男	女	小计	男	女
合计	**860207**	**668794**	**191413**	**165344**	**133151**	**32193**
北京市	12248	9021	3227	3759	2668	1091
天津市	9355	7063	2292	2289	1692	597
河北省	49452	38349	11103	7629	6161	1468
山西省	26064	20129	5935	3917	3145	772
内蒙古自治区	17482	13851	3631	4221	3367	854
辽宁省	41870	31225	10645	7737	6099	1638
吉林省	22999	17002	5997	6399	4875	1524
黑龙江省	31963	24211	7752	7170	5664	1506
上海市	17562	12855	4707	5622	4098	1524
江苏省	53698	42878	10820	10619	8702	1917
浙江省	27184	21389	5795	4867	3928	939
安徽省	35537	28930	6607	5315	4553	762
福建省	20600	16938	3662	4212	3557	655
江西省	26113	20922	5191	5681	4817	864
山东省	59611	47299	12312	9949	8292	1657
河南省	69160	53435	15725	10851	9007	1844
湖北省	38118	29392	8726	7856	6241	1615
湖南省	44883	33403	11480	8805	6954	1851
广东省	52713	41500	11213	11996	9858	2138
广西壮族自治区	29791	24062	5729	5696	4794	902
海南省	4498	3571	927	1108	932	176
重庆市	21734	16736	4998	3554	2763	791
四川省	51725	39470	12255	7499	5997	1502
贵州省	20407	16760	3647	3063	2565	498
云南省	21616	17153	4463	3412	2738	674
西藏自治区	293	226	67	60	46	14
陕西省	25431	19303	6128	5473	4355	1118
甘肃省	12067	9720	2347	2909	2425	484
青海省	2661	2168	493	642	518	124
宁夏回族自治区	2846	2240	606	660	560	100
新疆维吾尔自治区	10526	7593	2933	2374	1780	594

表6—2 省、自治区、直辖市分性别、受教育程度的6岁及6岁以上死亡人口(1999.11.1－2000.10.31)(续) 单位:人

地区别	中专			大学专科		
	小计	男	女	小计	男	女
合计	**55412**	**41935**	**13477**	**35202**	**29480**	**5722**
北京市	1326	853	473	1454	1058	396
天津市	874	559	315	839	680	159
河北省	2584	1953	631	1359	1153	206
山西省	1588	1225	363	861	724	137
内蒙古自治区	1655	1316	339	843	724	119
辽宁省	2686	1966	720	2320	1926	394
吉林省	1767	1342	425	1078	898	180
黑龙江省	2080	1537	543	1594	1331	263
上海市	1205	719	486	1555	1226	329
江苏省	2705	2067	638	2081	1753	328
浙江省	1275	895	380	1012	859	153
安徽省	2062	1634	428	1174	996	178
福建省	1393	1078	315	743	660	83
江西省	1918	1568	350	1065	949	116
山东省	3621	2875	746	2097	1775	322
河南省	2889	2322	567	1867	1602	265
湖北省	2641	1927	714	1778	1502	276
湖南省	2365	1689	676	1453	1237	216
广东省	2682	2028	654	1995	1678	317
广西壮族自治区	1983	1571	412	1023	889	134
海南省	319	281	38	225	197	28
重庆市	1373	985	388	682	561	121
四川省	3300	2399	901	1710	1431	279
贵州省	1690	1328	362	659	562	97
云南省	1981	1554	427	838	699	139
西藏自治区	81	65	16	28	22	6
陕西省	1870	1453	417	1020	859	161
甘肃省	1041	828	213	540	441	99
青海省	334	255	79	151	129	22
宁夏回族自治区	273	219	54	148	128	20
新疆维吾尔自治区	1851	1444	407	1010	831	179

表6—2 省、自治区、直辖市分性别、受教育程度的6岁及6岁以上死亡人口(1999.11.1－2000.10.31)(续) 单位:人

地区别	大学本科			研究生		
	小计	男	女	小计	男	女
合计	**20526**	**17057**	**3469**	**723**	**577**	**146**
北京市	2193	1679	514	95	77	18
天津市	715	573	142	14	11	3
河北省	672	550	122	17	14	3
山西省	363	315	48	6	5	1
内蒙古自治区	361	317	44	20	16	4
辽宁省	1227	1042	185	41	31	10
吉林省	658	565	93	25	15	10
黑龙江省	685	574	111	13	10	3
上海市	1937	1521	416	60	49	11
江苏省	1192	997	195	38	33	5
浙江省	553	473	80	12	10	2
安徽省	676	585	91	31	21	10
福建省	578	495	83	17	14	3
江西省	461	420	41	13	12	1
山东省	862	715	147	39	27	12
河南省	751	659	92	28	22	6
湖北省	831	684	147	33	27	6
湖南省	667	580	87	25	19	6
广东省	1057	871	186	64	54	10
广西壮族自治区	457	402	55	16	11	5
海南省	63	56	7	3	3	
重庆市	398	320	78	5	4	1
四川省	923	765	158	24	20	4
贵州省	408	348	60	9	6	3
云南省	419	337	82	7	7	
西藏自治区	9	8	1	2	2	
陕西省	663	567	96	29	25	4
甘肃省	299	251	48	27	23	4
青海省	66	59	7	4	3	1
宁夏回族自治区	66	55	11			
新疆维吾尔自治区	316	274	42	6	6	

表 6—4 全国分年龄、性别的死亡人口状况(1999.11.1—2000.10.31) 单位:人,‰

年龄别	平均人口			死亡人口			死亡率		
	合计	男	女	小计	男	女	小计	男	女
总计*	**1235715327**	**636545866**	**599169461**	**7313081**	**4106571**	**3206510**	**5.92**	**6.45**	**5.35**
60—64岁	41037574	21261202	19776372	606884	380911	225973	14.79	17.92	11.43
60岁	8357792	4345610	4012182	107342	68010	39332	12.84	15.65	9.80
61岁	8093154	4216693	3876461	105446	66824	38622	13.03	15.85	9.96
62岁	8370070	4370686	3999384	123252	77982	45270	14.73	17.84	11.32
63岁	8188200	4235885	3952315	127418	79456	47962	15.56	18.76	12.14
64岁	8028359	4092329	3936030	143426	88639	54787	17.86	21.66	13.92
65—69岁	34125830	17188934	16936897	831514	508705	322809	24.37	29.59	19.06
65岁	7514329	3794018	3720312	150897	93138	57759	20.08	24.55	15.53
66岁	7338233	3723882	3614351	152880	95067	57813	20.83	25.53	16.00
67岁	6979855	3526381	3453474	165911	101681	64230	23.77	28.83	18.60
68岁	6147702	3079407	3068295	167885	101809	66076	27.31	33.06	21.54
69岁	6145712	3065247	3080466	193941	117010	76931	31.56	38.17	24.97
70—74岁	24353116	11768529	12584587	1029811	600515	429296	42.29	51.03	34.11
70岁	5772538	2845917	2926621	210037	125465	84572	36.39	44.09	28.90
71岁	5202781	2539180	2663601	195956	115732	80224	37.66	45.58	30.12
72岁	4983358	2413030	2570328	218738	127667	91071	43.89	52.91	35.43
73岁	4334628	2067926	2266702	201002	116056	84946	46.37	56.12	37.48
74岁	4059813	1902477	2157336	204078	115595	88483	50.27	60.76	41.01
75—79岁	15054803	6711504	8343300	1000941	536181	464760	66.49	79.89	55.70
75岁	3816339	1757112	2059227	210533	116921	93612	55.17	66.54	45.46
76岁	3300569	1490883	1809686	199177	108715	90462	60.35	72.92	49.99
77岁	2932231	1304321	1627911	191042	102561	88481	65.15	78.63	54.35
78岁	2634964	1153677	1481287	196243	103378	92865	74.48	89.61	62.69
79岁	2370702	1005512	1365190	203946	104606	99340	86.03	104.03	72.77
80—84岁	7283194	2887734	4395460	813355	384869	428486	111.68	133.28	97.48
80岁	2025541	836714	1188828	201462	100286	101176	99.46	119.86	85.11
81岁	1643475	664120	979355	170063	82013	88050	103.48	123.49	89.91
82岁	1425354	560333	865021	162769	76717	86052	114.20	136.91	99.48
83岁	1195999	458776	737223	146921	67420	79501	122.84	146.96	107.84
84岁	992826	367793	625034	132140	58433	73707	133.09	158.87	117.92
85—89岁	2724494	938101	1786394	436741	177071	259670	160.30	188.75	145.36
85岁	835160	300443	534717	118258	50913	67345	141.60	169.46	125.95
86岁	677598	237623	439976	102297	42318	59979	150.97	178.09	136.32
87岁	512202	173593	338610	84780	34076	50704	165.52	196.30	149.74
88岁	388610	127944	260666	70331	27271	43060	180.98	213.15	165.19
89岁	310925	98499	212426	61075	22493	38582	196.43	228.36	181.63
90—94岁	669705	194003	475703	162110	52114	109996	242.06	268.63	231.23
90岁	233782	70794	162988	51605	18014	33591	220.74	254.46	206.09
91岁	160891	46960	113931	38047	12295	25752	236.48	261.82	226.03
92岁	120165	34131	86034	30651	9645	21006	255.08	282.59	244.16
93岁	87969	23855	64114	23714	7063	16651	269.57	296.08	259.71
94岁	66899	18263	48637	18093	5097	12996	270.45	279.10	267.21
95—99岁	145246	44424	100822	40771	10724	30047	280.70	241.40	298.02
95岁	50080	14580	35500	13887	3785	10102	277.30	259.60	284.56
96岁	36616	11306	25310	10295	2762	7533	281.17	244.31	297.63
97岁	27231	8834	18398	7488	1912	5576	274.98	216.45	303.08
98岁	19214	6073	13142	5687	1438	4249	295.98	236.81	323.33
99岁	12106	3633	8473	3414	827	2587	282.02	227.67	305.32
100岁及以上	13339	3276	10063	4855	1079	3776	363.98	329.42	375.24

表 6—4a 全国分年龄、性别的死亡人口状况(1999.11.1—2000.10.31)(城市) 单位:人,‰

年龄别	平均人口			死亡人口			死亡率		
	合计	男	女	小计	男	女	小计	男	女
总计*	**291316373**	**149268421**	**142047952**	**1225304**	**704199**	**521105**	**4.21**	**4.72**	**3.67**
60—64岁	9785398	4847108	4938290	108435	66327	42108	11.08	13.68	8.53
60岁	1974220	972973	1001247	17982	11240	6742	9.11	11.55	6.73
61岁	1946009	958937	987072	18766	11598	7168	9.64	12.09	7.26
62岁	1994079	993663	1000416	22012	13503	8509	11.04	13.59	8.51
63岁	1956049	976212	979837	23620	14392	9228	12.08	14.74	9.42
64岁	1915042	945323	969719	26055	15594	10461	13.61	16.50	10.79
65—69岁	7965176	4003276	3961900	154456	95099	59357	19.39	23.76	14.98
65岁	1790567	881084	909483	27908	16981	10927	15.59	19.27	12.01
66岁	1744384	873173	871211	29341	18128	11213	16.82	20.76	12.87
67岁	1627869	820314	807555	31247	19225	12022	19.20	23.44	14.89
68岁	1414443	718058	696386	31031	19151	11880	21.94	26.67	17.06
69岁	1387914	710648	677266	34929	21614	13315	25.17	30.41	19.66
70—74岁	5310950	2628666	2682285	181853	108864	72989	34.24	41.41	27.21
70岁	1293094	653988	639107	37127	22691	14436	28.71	34.70	22.59
71岁	1154908	575823	579086	34942	21186	13756	30.26	36.79	23.75
72岁	1079537	533803	545735	38421	23022	15399	35.59	43.13	28.22
73岁	932555	455699	476856	36058	21382	14676	38.67	46.92	30.78
74岁	850857	409354	441503	35305	20583	14722	41.49	50.28	33.35
75—79岁	3071851	1405641	1666211	168963	93922	75041	55.00	66.82	45.04
75岁	783224	369320	413904	35424	20371	15053	45.23	55.16	36.37
76岁	674871	311557	363315	33886	19210	14676	50.21	61.66	40.39
77岁	597695	272338	325357	32361	17913	14448	54.14	65.78	44.41
78岁	541399	243995	297405	33881	18542	15339	62.58	75.99	51.58
79岁	474663	208432	266231	33411	17886	15525	70.39	85.81	58.31
80—84岁	1459279	597463	861816	135944	66392	69552	93.16	111.12	80.70
80岁	398708	170875	227833	32191	16798	15393	80.74	98.31	67.56
81岁	330127	138233	191894	28439	14350	14089	86.15	103.81	73.42
82岁	287299	116268	171032	27320	13155	14165	95.09	113.14	82.82
83岁	242482	95735	146748	25249	11871	13378	104.13	124.00	91.16
84岁	200663	76353	124310	22745	10218	12527	113.35	133.83	100.77
85—89岁	581690	205106	376585	80666	33265	47401	138.68	162.18	125.87
85岁	171999	63630	108369	20567	9021	11546	119.58	141.77	106.54
86岁	143565	51762	91803	18717	7880	10837	130.37	152.24	118.05
87岁	110398	38246	72152	15783	6430	9353	142.97	168.12	129.63
88岁	86128	28934	57194	13525	5411	8114	157.03	187.02	141.87
89岁	69601	22534	47067	12074	4523	7551	173.47	200.72	160.43
90—94岁	155098	45027	110071	33346	10839	22507	215.00	240.72	204.48
90岁	52611	16138	36474	10137	3696	6441	192.68	229.03	176.59
91岁	37592	11033	26560	7793	2555	5238	207.30	231.59	197.22
92岁	28120	8005	20115	6282	1959	4323	223.40	244.74	214.91
93岁	20857	5656	15201	5099	1495	3604	244.48	264.34	237.09
94岁	15919	4197	11722	4035	1134	2901	253.48	270.23	247.48
95—99岁	34108	9581	24527	8888	2256	6632	260.58	235.47	270.40
95岁	11793	3165	8629	3003	810	2193	254.64	255.96	254.16
96岁	8743	2461	6282	2195	545	1650	251.07	221.45	262.68
97岁	6357	1881	4476	1650	416	1234	259.58	221.22	275.69
98岁	4434	1288	3146	1253	318	935	282.62	246.89	297.25
99岁	2783	787	1996	787	167	620	282.84	212.20	310.70
100岁及以上	2888	629	2260	1103	219	884	381.93	348.45	391.24

表 6—4b 全国分年龄、性别的死亡人口状况(1999.11.1—2000.10.31)(镇) 单位:人,‰

年龄别	平均人口			死亡人口			死亡率		
	合计	男	女	小计	男	女	小计	男	女
总计*	**165230101**	**84807994**	**80422107**	**734554**	**424943**	**309611**	**4.45**	**5.01**	**3.85**
60—64 岁	4923093	2540329	2382764	63290	40580	22710	12.86	15.97	9.53
60 岁	1021982	527257	494725	11216	7126	4090	10.97	13.52	8.27
61 岁	980131	507174	472957	11197	7249	3948	11.42	14.29	8.35
62 岁	1006714	523505	483209	12880	8364	4516	12.79	15.98	9.35
63 岁	972738	502947	469791	13196	8462	4734	13.57	16.82	10.08
64 岁	941529	479447	462083	14801	9379	5422	15.72	19.56	11.73
65—69 岁	3916284	1996889	1919395	84759	53716	31043	21.64	26.90	16.17
65 岁	870692	439798	430894	15604	9888	5716	17.92	22.48	13.27
66 岁	848918	434406	414512	15897	10269	5628	18.73	23.64	13.58
67 岁	800765	409694	391071	16794	10692	6102	20.97	26.10	15.60
68 岁	698203	356187	342016	17150	10766	6384	24.56	30.23	18.67
69 岁	697708	356805	340903	19314	12101	7213	27.68	33.91	21.16
70—74 岁	2717645	1336061	1381584	101064	61215	39849	37.19	45.82	28.84
70 岁	650976	328250	322726	20925	13096	7829	32.14	39.90	24.26
71 岁	582325	289854	292471	19244	11676	7568	33.05	40.28	25.88
72 岁	557360	274581	282779	21584	13151	8433	38.73	47.89	29.82
73 岁	481679	232683	248996	19781	11817	7964	41.07	50.79	31.98
74 岁	445306	210693	234613	19530	11475	8055	43.86	54.46	34.33
75—79 岁	1640030	730310	909721	95648	52054	43594	58.32	71.28	47.92
75 岁	415087	192090	222997	20309	11547	8762	48.93	60.11	39.29
76 岁	358113	161798	196315	19054	10645	8409	53.21	65.79	42.83
77 岁	319609	141674	177935	18214	9880	8334	56.99	69.74	46.84
78 岁	288300	125852	162448	18768	10015	8753	65.10	79.58	53.88
79 岁	258923	108897	150026	19303	9967	9336	74.55	91.53	62.23
80—84 岁	805740	311701	494039	77996	37003	40993	96.80	118.71	82.98
80 岁	221192	89835	131357	18906	9494	9412	85.47	105.68	71.65
81 岁	180605	71435	109170	16231	7893	8338	89.87	110.49	76.38
82 岁	158061	60473	97589	15760	7465	8295	99.71	123.44	85.00
83 岁	133663	49799	83864	14212	6461	7751	106.33	129.74	92.42
84 岁	112220	40160	72061	12887	5690	7197	114.84	141.69	99.87
85—89 岁	318939	105585	213354	44155	17419	26736	138.44	164.98	125.31
85 岁	95536	33156	62381	11693	4958	6735	122.39	149.54	107.97
86 岁	78487	26505	51982	10236	4122	6114	130.42	155.52	117.62
87 岁	60618	19707	40911	8614	3400	5214	142.10	172.53	127.45
88 岁	46726	14792	31935	7270	2699	4571	155.59	182.47	143.14
89 岁	37572	11426	26146	6342	2240	4102	168.80	196.04	156.89
90—94 岁	83382	23077	60305	17553	5447	12106	210.51	236.04	200.75
90 岁	28376	8205	20171	5330	1766	3564	187.84	215.23	176.69
91 岁	19859	5565	14294	4025	1296	2729	202.68	232.88	190.93
92 岁	15240	4149	11091	3483	1049	2434	228.54	252.83	219.46
93 岁	11303	2918	8385	2609	778	1831	230.83	266.62	218.38
94 岁	8606	2240	6366	2106	558	1548	244.73	249.11	243.19
95—99 岁	19114	5842	13272	4695	1224	3471	245.63	209.52	261.53
95 岁	6575	1883	4693	1612	411	1201	245.17	218.33	255.94
96 岁	4858	1536	3322	1182	340	842	243.34	221.43	253.46
97 岁	3604	1180	2424	874	238	636	242.51	201.69	262.38
98 岁	2517	791	1726	638	146	492	253.48	184.58	285.05
99 岁	1561	453	1108	389	89	300	249.28	196.47	270.88
100 岁及以上	1763	393	1371	593	117	476	336.36	298.09	347.32

表 6—4c　全国分年龄、性别的死亡人口状况(1999. 11. 1—2000. 10. 31)(乡村)　单位:人,‰

年龄别	平均人口			死亡人口			死亡率		
	合计	男	女	小计	男	女	小计	男	女
总计*	**779168853**	**402469451**	**376699402**	**5353223**	**2977429**	**2375794**	**6.87**	**7.40**	**6.31**
60—64 岁	26329084	13873765	12455319	435159	274004	161155	16.53	19.75	12.94
60 岁	5361591	2845380	2516211	78144	49644	28500	14.57	17.45	11.33
61 岁	5167014	2750582	2416433	75483	47977	27506	14.61	17.44	11.38
62 岁	5369278	2853518	2515760	88360	56115	32245	16.46	19.67	12.82
63 岁	5259414	2756727	2502687	90602	56602	34000	17.23	20.53	13.59
64 岁	5171788	2667559	2504229	102570	63666	38904	19.83	23.87	15.54
65—69 岁	22244371	11188769	11055602	592299	359890	232409	26.63	32.17	21.02
65 岁	4853071	2473137	2379935	107385	66269	41116	22.13	26.80	17.28
66 岁	4744931	2416303	2328629	107642	66670	40972	22.69	27.59	17.59
67 岁	4551222	2296373	2254849	117870	71764	46106	25.90	31.25	20.45
68 岁	4035056	2005163	2029894	119704	71892	47812	29.67	35.85	23.55
69 岁	4060091	1997795	2062297	139698	83295	56403	34.41	41.69	27.35
70—74 岁	16324522	7803803	8520719	746894	430436	316458	45.75	55.16	37.14
70 岁	3828468	1863679	1964789	151985	89678	62307	39.70	48.12	31.71
71 岁	3465549	1673504	1792045	141770	82870	58900	40.91	49.52	32.87
72 岁	3346461	1604647	1741814	158733	91494	67239	47.43	57.02	38.60
73 岁	2920394	1379544	1540850	145163	82857	62306	49.71	60.06	40.44
74 岁	2763651	1282430	1481221	149243	83537	65706	54.00	65.14	44.36
75—79 岁	10342922	4575554	5767369	736330	390205	346125	71.19	85.28	60.01
75 岁	2618028	1195702	1422327	154800	85003	69797	59.13	71.09	49.07
76 岁	2267585	1017529	1250057	146237	78860	67377	64.49	77.50	53.90
77 岁	2014928	890310	1124619	140467	74768	65699	69.71	83.98	58.42
78 岁	1805265	783831	1021434	143594	74821	68773	79.54	95.46	67.33
79 岁	1637116	688183	948933	151232	76753	74479	92.38	111.53	78.49
80—84 岁	5018176	1978571	3039605	599415	281474	317941	119.45	142.26	104.60
80 岁	1405642	576004	829639	150365	73994	76371	106.97	128.46	92.05
81 岁	1132743	454453	678291	125393	59770	65623	110.70	131.52	96.75
82 岁	979994	383593	596401	119689	56097	63592	122.13	146.24	106.63
83 岁	819854	313242	506612	107460	49088	58372	131.07	156.71	115.22
84 岁	679943	251280	428663	96508	42525	53983	141.94	169.23	125.93
85—89 岁	1823866	627410	1196456	311920	126387	185533	171.02	201.44	155.07
85 岁	567625	203658	363968	85998	36934	49064	151.50	181.35	134.80
86 岁	455546	159356	296191	73344	30316	43028	161.00	190.24	145.27
87 岁	341187	115640	225548	60383	24246	36137	176.98	209.67	160.22
88 岁	255756	84219	171538	49536	19161	30375	193.68	227.52	177.07
89 岁	203752	64539	139213	42659	15730	26929	209.37	243.73	193.44
90—94 岁	431226	125899	305327	111211	35828	75383	257.90	284.58	246.89
90 岁	152796	46452	106344	36138	12552	23586	236.51	270.22	221.79
91 岁	103440	30363	73078	26229	8444	17785	253.57	278.11	243.37
92 岁	76805	21978	54828	20886	6637	14249	271.94	301.99	259.89
93 岁	55810	15282	40529	16006	4790	11216	286.79	313.45	276.74
94 岁	42375	11826	30549	11952	3405	8547	282.05	287.92	279.78
95—99 岁	92024	29001	63023	27188	7244	19944	295.44	249.78	316.46
95 岁	31712	9533	22179	9272	2564	6708	292.38	268.96	302.45
96 岁	23016	7309	15707	6918	1877	5041	300.58	256.81	320.95
97 岁	17271	5773	11498	4964	1258	3706	287.43	217.91	322.33
98 岁	12264	3994	8270	3796	974	2822	309.54	243.90	341.23
99 岁	7763	2393	5370	2238	571	1667	288.31	238.66	310.43
100 岁及以上	8688	2255	6433	3159	743	2416	363.63	329.56	375.56

表 1—2 全国分年龄、性别的人口

单位:人,‰

年龄别	人口数			占总人口数的百分比			性别比
	合计	男	女	小计	男	女	
总计*	**118067424**	**60456195**	**57611229**	**100.00**	**51.20**	**48.80**	**104.94**
60—64 岁	4094725	2126000	1968725	3.47	1.80	1.67	107.99
60 岁	894935	465094	429841	0.76	0.39	0.36	108.20
61 岁	745333	385427	359906	0.63	0.33	0.30	107.09
62 岁	848181	444412	403769	0.72	0.38	0.34	110.07
63 岁	798005	415680	382325	0.68	0.35	0.32	108.72
64 岁	808271	415387	392884	0.68	0.35	0.33	105.73
65—69 岁	3443845	1738167	1705678	2.92	1.47	1.44	101.90
65 岁	771663	389358	382305	0.65	0.33	0.32	101.84
66 岁	714264	360703	353561	0.60	0.31	0.30	102.02
67 岁	740307	378267	362040	0.63	0.32	0.31	104.48
68 岁	644046	322571	321475	0.55	0.27	0.27	100.34
69 岁	573565	287268	286297	0.49	0.24	0.24	100.34
70—74 岁	2520433	1224214	1296219	2.13	1.04	1.10	94.44
70 岁	639117	316424	322693	0.54	0.27	0.27	98.06
71 岁	497069	243143	253926	0.42	0.21	0.22	95.75
72 岁	527845	256752	271093	0.45	0.22	0.23	94.71
73 岁	454906	218482	236424	0.39	0.19	0.20	92.41
74 岁	401496	189413	212083	0.34	0.16	0.18	89.31
75—79 岁	1569283	706729	862554	1.33	0.60	0.73	81.93
75 岁	400093	186152	213941	0.34	0.16	0.18	87.01
76 岁	352311	160318	191993	0.30	0.14	0.16	83.50
77 岁	298752	133429	165323	0.25	0.11	0.14	80.71
78 岁	279133	123364	155769	0.24	0.10	0.13	79.20
79 岁	238994	103466	135528	0.20	0.09	0.11	76.34
80—84 岁	782719	314090	468629	0.66	0.27	0.40	67.02
80 岁	225634	93380	132254	0.19	0.08	0.11	70.61
81 岁	171132	70302	100830	0.14	0.06	0.09	69.72
82 岁	151405	60160	91245	0.13	0.05	0.08	65.93
83 岁	127770	49954	77816	0.11	0.04	0.07	64.20
84 岁	106778	40294	66484	0.09	0.03	0.06	60.61
85—89 岁	294863	102246	192617	0.25	0.09	0.16	53.08
85 岁	87529	31702	55827	0.07	0.03	0.05	56.79
86 岁	75105	26541	48564	0.06	0.02	0.04	54.65
87 岁	57085	19457	37628	0.05	0.02	0.03	51.71
88 岁	42695	14109	28586	0.04	0.01	0.02	49.36
89 岁	32449	10437	22012	0.03	0.01	0.02	47.42
90—94 岁	75316	21406	53910	0.06	0.02	0.05	39.71
90 岁	27519	8338	19181	0.02	0.01	0.02	43.47
91 岁	17476	4937	12539	0.01		0.01	39.37
92 岁	13431	3710	9721	0.01		0.01	38.16
93 岁	9639	2594	7045	0.01		0.01	36.82
94 岁	7251	1827	5424	0.01			33.68
95—99 岁	15524	4327	11197	0.01		0.01	38.64
95 岁	5424	1502	3922				38.30
96 岁	3857	1024	2833				36.15
97 岁	2737	785	1952				40.22
98 岁	2101	622	1479				42.06
99 岁	1405	394	1011				38.97
100 岁及以上	1502	331	1171				28.27

表 1—2a 全国分年龄、性别的人口(城市)(续)

单位:人,‰

年龄别	人口数			占总人口数的百分比			性别比
	合计	男	女	小计	男	女	
总计*	**27570985**	**13938482**	**13632503**	**100.00**	**50.55**	**49.45**	**102.24**
60—64岁	973177	480014	493163	3.53	1.74	1.79	97.33
60岁	205431	100839	104592	0.75	0.37	0.38	96.41
61岁	180871	88303	92568	0.66	0.32	0.34	95.39
62岁	202604	99904	102700	0.73	0.36	0.37	97.28
63岁	190350	94980	95370	0.69	0.34	0.35	99.59
64岁	193921	95988	97933	0.70	0.35	0.36	98.01
65—69岁	812108	405244	406864	2.95	1.47	1.48	99.60
65岁	183511	89654	93857	0.67	0.33	0.34	95.52
66岁	171652	84869	86783	0.62	0.31	0.31	97.79
67岁	175709	88598	87111	0.64	0.32	0.32	101.71
68岁	148261	74449	73812	0.54	0.27	0.27	100.86
69岁	132975	67674	65301	0.48	0.25	0.24	103.63
70—74岁	556278	276167	280111	2.02	1.00	1.02	98.59
70岁	141816	72014	69802	0.51	0.26	0.25	103.17
71岁	113617	56825	56792	0.41	0.21	0.21	100.06
72岁	115140	56871	58269	0.42	0.21	0.21	97.60
73岁	98823	48499	50324	0.36	0.18	0.18	96.37
74岁	86882	41958	44924	0.32	0.15	0.16	93.40
75—79岁	323157	148839	174318	1.17	0.54	0.63	85.38
75岁	82459	39196	43263	0.30	0.14	0.16	90.60
76岁	72841	33788	39053	0.26	0.12	0.14	86.52
77岁	61200	27795	33405	0.22	0.10	0.12	83.21
78岁	57073	25715	31358	0.21	0.09	0.11	82.00
79岁	49584	22345	27239	0.18	0.08	0.10	82.03
80—84岁	155912	64682	91230	0.57	0.23	0.33	70.90
80岁	43566	18717	24849	0.16	0.07	0.09	75.32
81岁	34499	14780	19719	0.13	0.05	0.07	74.95
82岁	30255	12332	17923	0.11	0.04	0.07	68.81
83岁	26050	10595	15455	0.09	0.04	0.06	68.55
84岁	21542	8258	13284	0.08	0.03	0.05	62.17
85—89岁	62207	21992	40215	0.23	0.08	0.15	54.69
85岁	17689	6579	11110	0.06	0.02	0.04	59.22
86岁	15866	5736	10130	0.06	0.02	0.04	56.62
87岁	12093	4190	7903	0.04	0.02	0.03	53.02
88岁	9283	3106	6177	0.03	0.01	0.02	50.28
89岁	7276	2381	4895	0.03	0.01	0.02	48.64
90—94岁	17190	4940	12250	0.06	0.02	0.04	40.33
90岁	5987	1805	4182	0.02	0.01	0.02	43.16
91岁	4088	1206	2882	0.01		0.01	41.85
92岁	3064	851	2213	0.01		0.01	38.45
93岁	2234	603	1631	0.01		0.01	36.97
94岁	1817	475	1342	0.01			35.39
95—99岁	3561	870	2691	0.01		0.01	32.33
95岁	1269	321	948				33.86
96岁	922	184	738				24.93
97岁	615	164	451				36.36
98岁	433	113	320				35.31
99岁	322	88	234				37.61
100岁及以上	317	64	253				25.30

表 1—2b　全国分年龄、性别的人口(镇)

单位:人,‰

年龄别	人口数			占总人口数的百分比			性别比
	合计	男	女	小计	男	女	
总计*	**15530377**	**7896435**	**7633942**	**100.00**	**50.85**	**49.15**	**103.44**
60—64 岁	484974	249785	235189	3.12	1.61	1.51	106.21
60 岁	108054	55581	52473	0.70	0.36	0.34	105.92
61 岁	89206	45480	43726	0.57	0.29	0.28	104.01
62 岁	100681	52386	48295	0.65	0.34	0.31	108.47
63 岁	93292	48233	45059	0.60	0.31	0.29	107.04
64 岁	93741	48105	45636	0.60	0.31	0.29	105.41
65—69 岁	391199	198557	192642	2.52	1.28	1.24	103.07
65 岁	88130	44234	43896	0.57	0.28	0.28	100.77
66 岁	81829	41251	40578	0.53	0.27	0.26	101.66
67 岁	84692	43710	40982	0.55	0.28	0.26	106.66
68 岁	72436	36511	35925	0.47	0.24	0.23	101.63
69 岁	64112	32851	31261	0.41	0.21	0.20	105.09
70—74 岁	279485	137442	142043	1.80	0.88	0.91	96.76
70 岁	71473	35862	35611	0.46	0.23	0.23	100.70
71 岁	55227	27138	28089	0.36	0.17	0.18	96.61
72 岁	58611	29093	29518	0.38	0.19	0.19	98.56
73 岁	50325	24382	25943	0.32	0.16	0.17	93.98
74 岁	43849	20967	22882	0.28	0.14	0.15	91.63
75—79 岁	169238	76053	93185	1.09	0.49	0.60	81.62
75 岁	43490	20352	23138	0.28	0.13	0.15	87.96
76 岁	37793	17093	20700	0.24	0.11	0.13	82.57
77 岁	32124	14412	17712	0.21	0.09	0.11	81.37
78 岁	30103	13191	16912	0.19	0.08	0.11	78.00
79 岁	25728	11005	14723	0.17	0.07	0.09	74.75
80—84 岁	85208	33195	52013	0.55	0.21	0.33	63.82
80 岁	24408	9945	14463	0.16	0.06	0.09	68.76
81 岁	18490	7465	11025	0.12	0.05	0.07	67.71
82 岁	16301	6191	10110	0.10	0.04	0.07	61.24
83 岁	14168	5361	8807	0.09	0.03	0.06	60.87
84 岁	11841	4233	7608	0.08	0.03	0.05	55.64
85—89 岁	33957	11267	22690	0.22	0.07	0.15	49.66
85 岁	9932	3494	6438	0.06	0.02	0.04	54.27
86 岁	8525	2873	5652	0.05	0.02	0.04	50.83
87 岁	6625	2153	4472	0.04	0.01	0.03	48.14
88 岁	5031	1570	3461	0.03	0.01	0.02	45.36
89 岁	3844	1177	2667	0.02	0.01	0.02	44.13
90—94 岁	9095	2382	6713	0.06	0.02	0.04	35.48
90 岁	3241	932	2309	0.02	0.01	0.01	40.36
91 岁	2065	524	1541	0.01		0.01	34.00
92 岁	1637	412	1225	0.01		0.01	33.63
93 岁	1228	286	942	0.01		0.01	30.36
94 岁	924	228	696	0.01			32.76
95—99 岁	1881	488	1393	0.01		0.01	35.03
95 岁	710	192	518				37.07
96 岁	444	108	336				32.14
97 岁	325	90	235				38.30
98 岁	243	65	178				36.52
99 岁	159	33	126				26.19
100 岁及以上	204	46	158				29.11

表 1—2c 全国分年龄、性别的人口(乡村)

单位:人,‰

年龄别	人口数			占总人口数的百分比			性别比
	合计	男	女	小计	男	女	
总计*	**74966062**	**38621278**	**36344784**	**100.00**	**51.52**	**48.48**	**106.26**
60—64 岁	2636574	1396201	1240373	3.52	1.86	1.65	112.56
60 岁	581450	308674	272776	0.78	0.41	0.36	113.16
61 岁	475256	251644	223612	0.63	0.34	0.30	112.54
62 岁	544896	292122	252774	0.73	0.39	0.34	115.57
63 岁	514363	272467	241896	0.69	0.36	0.32	112.64
64 岁	520609	271294	249315	0.69	0.36	0.33	108.82
65—69 岁	2240538	1134366	1106172	2.99	1.51	1.48	102.55
65 岁	500022	255470	244552	0.67	0.34	0.33	104.46
66 岁	460783	234583	226200	0.61	0.31	0.30	103.71
67 岁	479906	245959	233947	0.64	0.33	0.31	105.13
68 岁	423349	211611	211738	0.56	0.28	0.28	99.94
69 岁	376478	186743	189735	0.50	0.25	0.25	98.42
70—74 岁	1684670	810605	874065	2.25	1.08	1.17	92.74
70 岁	425828	208548	217280	0.57	0.28	0.29	95.98
71 岁	328225	159180	169045	0.44	0.21	0.23	94.16
72 岁	354094	170788	183306	0.47	0.23	0.24	93.17
73 岁	305758	145601	160157	0.41	0.19	0.21	90.91
74 岁	270765	126488	144277	0.36	0.17	0.19	87.67
75—79 岁	1076888	481837	595051	1.44	0.64	0.79	80.97
75 岁	274144	126604	147540	0.37	0.17	0.20	85.81
76 岁	241677	109437	132240	0.32	0.15	0.18	82.76
77 岁	205428	91222	114206	0.27	0.12	0.15	79.87
78 岁	191957	84458	107499	0.26	0.11	0.14	78.57
79 岁	163682	70116	93566	0.22	0.09	0.12	74.94
80—84 岁	541599	216213	325386	0.72	0.29	0.43	66.45
80 岁	157660	64718	92942	0.21	0.09	0.12	69.63
81 岁	118143	48057	70086	0.16	0.06	0.09	68.57
82 岁	104849	41637	63212	0.14	0.06	0.08	65.87
83 岁	87552	33998	53554	0.12	0.05	0.07	63.48
84 岁	73395	27803	45592	0.10	0.04	0.06	60.98
85—89 岁	198699	68987	129712	0.27	0.09	0.17	53.18
85 岁	59908	21629	38279	0.08	0.03	0.05	56.50
86 岁	50714	17932	32782	0.07	0.02	0.04	54.70
87 岁	38367	13114	25253	0.05	0.02	0.03	51.93
88 岁	28381	9433	18948	0.04	0.01	0.03	49.78
89 岁	21329	6879	14450	0.03	0.01	0.02	47.61
90—94 岁	49031	14084	34947	0.07	0.02	0.05	40.30
90 岁	18291	5601	12690	0.02	0.01	0.02	44.14
91 岁	11323	3207	8116	0.02		0.01	39.51
92 岁	8730	2447	6283	0.01		0.01	38.95
93 岁	6177	1705	4472	0.01		0.01	38.13
94 岁	4510	1124	3386	0.01			33.20
95—99 岁	10082	2969	7113	0.01		0.01	41.74
95 岁	3445	989	2456				40.27
96 岁	2491	732	1759				41.61
97 岁	1797	531	1266				41.94
98 岁	1425	444	981				45.26
99 岁	924	273	651				41.94
100 岁及以上	981	221	760				29.08

表 4—4 全国分年龄、性别的经济活动人口

单位：人，‰

年龄别	15 岁及 15 岁以上人口			就业人口			失业人口		
	合计	男	女	小计	男	女	小计	男	女
总计*	**90278553**	**45656485**	**44622068**	**66874889**	**36550882**	**30324007**	**2479888**	**1315531**	**1164357**
60—64 岁	4094725	2126000	1968725	2045962	1280392	765570	3641	2548	1093
60 岁	894935	465094	429841	497156	305348	191808	1069	808	261
61 岁	745333	385427	359906	385371	238818	146553	675	474	201
62 岁	848181	444412	403769	420294	265816	154478	713	466	247
63 岁	798005	415680	382325	378513	240094	138419	588	411	177
64 岁	808271	415387	392884	364628	230316	134312	596	389	207
65 岁及以上	8703485	4111510	4591975	2176066	1385688	790378	4904	2457	2447

表 4—4a 全国分年龄、性别的经济活动人口(城市)

单位：人，‰

年龄别	15 岁及 15 岁以上人口			就业人口			失业人口		
	合计	男	女	小计	男	女	小计	男	女
总计*	**22859909**	**11458942**	**11400967**	**13627783**	**7742839**	**5884944**	**1418602**	**735056**	**683546**
60—64 岁	973177	480014	493163	161902	114755	47147	1639	1110	529
60 岁	205431	100839	104592	42781	30370	12411	466	347	119
61 岁	180871	88303	92568	31709	22217	9492	312	212	100
62 岁	202604	99904	102700	32562	23036	9526	321	204	117
63 岁	190350	94980	95370	28341	20256	8085	268	175	93
64 岁	193921	95988	97933	26509	18876	7633	272	172	100
65 岁及以上	1930730	922798	1007932	131460	92877	38583	1762	846	916

表 4—4b 全国分年龄、性别的经济活动人口(镇)

单位：人

年龄别	15 岁及 15 岁以上人口			就业人口			失业人口		
	合计	男	女	小计	男	女	小计	男	女
总计*	**12058648**	**6039255**	**6019393**	**8036464**	**4524100**	**3512364**	**534874**	**285775**	**249099**
60—64 岁	484974	249785	235189	148996	100860	48136	934	660	274
60 岁	108054	55581	52473	38220	25959	12261	291	219	72
61 岁	89206	45480	43726	28757	19159	9598	179	121	58
62 岁	100681	52386	48295	30466	20822	9644	168	104	64
63 岁	93292	48233	45059	26517	18036	8481	148	116	32
64 岁	93741	48105	45636	25036	16884	8152	148	100	48
65 岁及以上	970267	459430	510837	137949	93496	44453	985	555	430

表 4—4c 全国分年龄、性别的经济活动人口(乡村)

单位：人

年龄别	15 岁及 15 岁以上人口			就业人口			失业人口		
	合计	男	女	小计	男	女	小计	男	女
总计*	**55359996**	**28158288**	**27201708**	**45210642**	**24283943**	**20926699**	**526412**	**294700**	**231712**
60—64 岁	2636574	1396201	1240373	1735064	1064777	670287	1068	778	290
60 岁	581450	308674	272776	416155	249019	167136	312	242	70
61 岁	475256	251644	223612	324905	197442	127463	184	141	43
62 岁	544896	292122	252774	357266	221958	135308	224	158	66
63 岁	514363	272467	241896	323655	201802	121853	172	120	52
64 岁	520609	271294	249315	313083	194556	118527	176	117	59
65 岁及以上	5802488	2729282	3073206	1906657	1199315	707342	2157	1056	1101

表 4—5　全国分年龄、性别、受教育程度的各行业人口

单位:人

受教育程度和年龄别	总计			一、农、林、牧、渔业			二、采掘业		
	合计	男	女	小计	男	女	小计	男	女
总　计*	**66874889**	**36550882**	**30324007**	**43051661**	**22175507**	**20876154**	**697862**	**573387**	**124475**
60—64 岁	2045962	1280392	765570	1820194	1099552	720642	4741	4399	342
60 岁	497156	305348	191808	433593	253685	179908	1328	1224	104
61 岁	385371	238818	146553	341367	203901	137466	916	853	63
62 岁	420294	265816	154478	375081	229624	145457	939	878	61
63 岁	378513	240094	138419	340566	209822	130744	853	806	47
64 岁	364628	230316	134312	329587	202520	127067	705	638	67
65 岁及以上	2176066	1385688	790378	2022295	1264531	757764	2593	2374	219
未上过学									
总计*	**4154610**	**1352131**	**2802479**	**3892038**	**1238962**	**2653076**	**11920**	**9181**	**2739**
60—64 岁	571127	217418	353709	545267	204106	341161	719	579	140
60 岁	122781	43319	79462	117296	40561	76735	154	125	29
61 岁	101185	36981	64204	96559	34701	61858	145	120	25
62 岁	117392	45254	72138	112081	42460	69621	137	111	26
63 岁	113449	45203	68246	108227	42434	65793	151	131	20
64 岁	116320	46661	69659	111104	43950	67154	132	92	40
65 岁及以上	904207	414600	489607	869910	396205	473705	674	546	128
扫盲班									
总计*	1288578	427565	861013	1195347	388805	806542	3258	2458	800
60—64 岁	138497	63999	74498	130014	59061	70953	205	183	22
60 岁	29163	12426	16737	27520	11488	16032	51	45	6
61 岁	24938	11002	13936	23462	10160	13302	45	40	5
62 岁	28900	13503	15397	27039	12448	14591	39	33	6
63 岁	27370	13107	14263	25665	12088	13577	40	36	4
64 岁	28126	13961	14165	26328	12877	13451	30	29	1
65 岁及以上	192580	107791	84789	182156	100943	81213	213	198	15
小学									
总计*	**21963743**	**10851799**	**11111944**	**18566496**	**8829040**	**9737456**	**148259**	**130012**	**18247**
60—64 岁	1046494	747418	299076	950755	668783	281972	2554	2434	120
60 岁	252769	170880	81889	229199	151918	77281	681	643	38
61 岁	200593	140555	60038	181966	125413	56553	510	488	22
62 岁	217460	157420	60040	197346	140809	56537	497	477	20
63 岁	193525	142735	50790	176282	128347	47935	473	455	18
64 岁	182147	135828	46319	165962	122296	43666	393	371	22
65 岁及以上	927002	725292	201710	857475	664846	192629	1262	1206	56
初中									
总计*	**27889186**	**16785385**	**11103801**	**17354035**	**10271962**	**7082073**	**350001**	**295545**	**54456**
60—64 岁	216092	186185	29907	169938	145557	24381	892	849	43
60 岁	67154	56227	10927	51952	42889	9063	313	293	20
61 岁	43592	37096	6496	34301	29030	5271	147	138	9
62 岁	42418	37129	5289	33631	29359	4272	189	183	6
63 岁	33692	29711	3981	26781	23598	3183	135	130	5
64 岁	29236	26022	3214	23273	20681	2592	108	105	3
65 岁及以上	123320	111918	11402	101080	91599	9481	314	303	11

表 4—5　全国分年龄、性别、受教育程度的各行业人口(续)　　单位:人

受教育程度和年龄别	总计			一、农、林、牧、渔业			二、采掘业		
	合计	男	女	小计	男	女	小计	男	女
高中									
总计*	**6035725**	**3882593**	**2153132**	**1792683**	**1270951**	**521732**	**114690**	**85661**	**29029**
60—64 岁	30119	27187	2932	16751	15125	1626	161	152	9
60 岁	10526	9480	1046	5453	4834	619	65	60	5
61 岁	6185	5519	666	3503	3145	358	27	26	1
62 岁	5859	5291	568	3438	3114	324	32	30	2
63 岁	4098	3737	361	2404	2225	179	18	18	
64 岁	3451	3160	291	1953	1807	146	19	18	1
65 岁及以上	13501	12415	1086	8084	7543	541	57	55	2
中专									
总计*	**2424230**	**1295537**	**1128693**	**191620**	**131214**	**60406**	**35269**	**24349**	**10920**
60—64 岁	20221	17690	2531	6212	5721	491	105	100	5
60 岁	7169	6357	812	1858	1698	160	30	26	4
61 岁	4094	3513	581	1342	1230	112	23	23	
62 岁	3750	3258	492	1265	1164	101	21	20	1
63 岁	2839	2502	337	957	890	67	22	22	
64 岁	2369	2060	309	790	739	51	9	9	
65 岁及以上	6739	5976	763	2681	2527	154	41	35	6
大学专科									
总计*	**2198092**	**1334101**	**863991**	**49055**	**36501**	**12554**	**25789**	**18889**	**6900**
60—64 岁	10181	9089	1092	966	930	36	59	57	2
60 岁	3426	3085	341	237	227	10	18	17	1
61 岁	1944	1725	219	180	174	6	12	11	1
62 岁	1923	1705	218	205	199	6	13	13	
63 岁	1528	1364	164	196	187	9	5	5	
64 岁	1360	1210	150	148	143	5	11	11	
65 岁及以上	4348	3886	462	692	662	30	21	20	1
大学本科									
总计*	**860585**	**577657**	**282928**	**9644**	**7619**	**2025**	**8437**	**7068**	**1369**
60—64 岁	12880	11100	1780	268	249	19	46	45	1
60 岁	4071	3489	582	74	67	7	16	15	1
61 岁	2771	2364	407	49	43	6	7	7	
62 岁	2522	2196	326	71	67	4	11	11	
63 岁	1955	1685	270	48	47	1	9	9	
64 岁	1561	1366	195	26	25	1	3	3	
65 岁及以上	4128	3595	533	200	192	8	11	11	
研究生									
总计*	**60140**	**44114**	**16026**	**743**	**453**	**290**	**239**	**224**	**15**
60—64 岁	351	306	45	23	20	3			
60 岁	97	85	12	4	3	1			
61 岁	69	63	6	5	5				
62 岁	70	60	10	5	4	1			
63 岁	57	50	7	6	6				
64 岁	58	48	10	3	2	1			
65 岁及以上	241	215	26	17	14	3			

表 4—5 全国分年龄、性别、受教育程度的各行业人口(续)

单位:人

受教育程度和年龄别	三、制造业			四、电力、煤气及水的生产和供应业			五、建筑业		
	小计	男	女	小计	男	女	小计	男	女
总计*	**8333044**	**4532607**	**3800437**	**418822**	**292141**	**126681**	**1794657**	**1595308**	**199349**
60—64 岁	58243	47358	10885	2257	2097	160	13256	12822	434
60 岁	15110	12379	2731	668	627	41	3703	3583	120
61 岁	11547	9392	2155	450	404	46	2725	2635	90
62 岁	11990	9735	2255	461	436	25	2744	2652	92
63 岁	10156	8254	1902	354	328	26	2134	2070	64
64 岁	9440	7598	1842	324	302	22	1950	1882	68
65 岁及以上	41423	32267	9156	1114	1045	69	6422	6146	276
未上过学									
总计*	**80819**	**30908**	**49911**	**1100**	**724**	**376**	**20201**	**15867**	**4334**
60—64 岁	6924	3556	3368	133	101	32	1481	1366	115
60 岁	1438	755	683	20	17	3	345	316	29
61 岁	1245	619	626	39	27	12	254	234	20
62 岁	1430	725	705	23	17	6	320	295	25
63 岁	1398	721	677	25	20	5	286	268	18
64 岁	1413	736	677	26	20	6	276	253	23
65 岁及以上	10069	5148	4921	143	122	21	1149	1032	117
扫盲班									
总计*	**37247**	**12055**	**25192**	**406**	**274**	**132**	**7225**	**5564**	**1661**
60—64 岁	2785	1530	1255	46	40	6	499	468	31
60 岁	549	288	261	9	6	3	116	110	6
61 岁	482	260	222	7	7		90	86	4
62 岁	620	332	288	11	10	1	112	102	10
63 岁	542	323	219	13	12	1	86	81	5
64 岁	592	327	265	6	5	1	95	89	6
65 岁及以上	3303	2038	1265	54	48	6	461	437	24
小学									
总计*	**1369649**	**670812**	**698837**	**23721**	**18900**	**4821**	**405343**	**365063**	**40280**
60—64 岁	29169	24612	4557	866	805	61	7054	6909	145
60 岁	7031	5805	1226	205	191	14	1919	1877	42
61 岁	5697	4787	910	155	136	19	1472	1443	29
62 岁	6159	5209	950	210	206	4	1438	1409	29
63 岁	5322	4566	756	155	143	12	1174	1152	22
64 岁	4960	4245	715	141	129	12	1051	1028	23
65 岁及以上	20295	17958	2337	522	503	19	3331	3251	80
初中									
总计*	**4462806**	**2378985**	**2083821**	**142814**	**106237**	**36577**	**985770**	**907450**	**78320**
60—64 岁	11359	10305	1054	630	597	33	2442	2378	64
60 岁	3608	3253	355	219	210	9	812	786	26
61 岁	2374	2126	248	123	114	9	515	499	16
62 岁	2165	1983	182	112	104	8	492	483	9
63 岁	1702	1548	154	87	81	6	343	335	8
64 岁	1510	1395	115	89	88	1	280	275	5
65 岁及以上	5148	4734	414	222	209	13	891	865	26

表 4—5 全国分年龄、性别、受教育程度的各行业人口(续)

单位:人

受教育程度和年龄别	三、制造业			四、电力、煤气及水的生产和供应业			五、建筑业		
	小计	男	女	小计	男	女	小计	男	女
高中									
总计*	**1421859**	**847225**	**574634**	**120676**	**82002**	**38674**	**229338**	**193939**	**35399**
60—64岁	2733	2525	208	169	160	9	604	590	14
60岁	882	826	56	74	71	3	208	203	5
61岁	588	534	54	35	35		130	128	2
62岁	536	499	37	28	25	3	128	125	3
63岁	400	361	39	18	16	2	63	60	3
64岁	327	305	22	14	13	1	75	74	1
65岁及以上	1021	918	103	62	58	4	197	185	12
中专									
总计*	**476597**	**269340**	**207257**	**61902**	**38043**	**23859**	**63471**	**45781**	**17690**
60—64岁	2023	1809	214	160	156	4	475	447	28
60岁	662	592	70	59	57	2	121	116	5
61岁	429	385	44	32	30	2	104	94	10
62岁	406	358	48	23	23		111	105	6
63岁	298	269	29	30	30		76	74	2
64岁	228	205	23	16	16		63	58	5
65岁及以上	566	510	56	38	35	3	152	147	5
大学专科									
总计*	**348490**	**221479**	**127011**	**51301**	**33257**	**18044**	**61749**	**44443**	**17306**
60—64岁	1406	1310	96	119	111	8	336	318	18
60岁	400	365	35	36	33	3	93	90	3
61岁	295	273	22	32	29	3	82	76	6
62岁	307	291	16	23	22	1	58	55	3
63岁	199	188	11	5	5		54	51	3
64岁	205	193	12	23	22	1	49	46	3
65岁及以上	520	490	30	40	39	1	137	133	4
大学本科									
总计*	**129612**	**96913**	**32699**	**16349**	**12236**	**4113**	**20913**	**16643**	**4270**
60—64岁	1820	1690	130	132	125	7	363	344	19
60岁	534	489	45	45	41	4	88	84	4
61岁	432	403	29	27	26	1	78	75	3
62岁	359	331	28	31	29	2	85	78	7
63岁	293	277	16	21	21		51	48	3
64岁	202	190	12	8	8		61	59	2
65岁及以上	485	456	29	33	31	2	104	96	8
研究生									
总计*	**5965**	**4890**	**1075**	**553**	**468**	**85**	**647**	**558**	**89**
60—64岁	24	21	3	2	2		2	2	
60岁	6	6		1	1		1	1	
61岁	5	5							
62岁	8	7	1						
63岁	2	1	1				1	1	
64岁	3	2	1	1	1				
65岁及以上	16	15	1						

表 4—5　全国分年龄、性别、受教育程度的各行业人口(续)

单位:人

受教育程度和年龄别	六、地质勘查业、水利管理业			七、交通运输、仓储及邮电通信业			八、批发和零售贸易、餐饮业		
	小计	男	女	小计	男	女	小计	男	女
总计*	**84500**	**63891**	**20609**	**1724636**	**1411870**	**312766**	**4474040**	**2252730**	**2221310**
60—64 岁	1182	1130	52	7777	7157	620	59426	41028	18398
60 岁	360	346	14	2330	2163	167	15352	10462	4890
61 岁	253	240	13	1478	1351	127	11399	7741	3658
62 岁	198	188	10	1569	1454	115	12072	8442	3630
63 岁	193	185	8	1271	1163	108	10540	7366	3174
64 岁	178	171	7	1129	1026	103	10063	7017	3046
65 岁及以上	545	519	26	4104	3796	308	49386	35577	13809
未上过学									
总计*	**463**	**337**	**126**	**12537**	**9262**	**3275**	**89208**	**26522**	**62686**
60—64 岁	66	58	8	930	769	161	9441	3695	5746
60 岁	19	15	4	199	169	30	2093	753	1340
61 岁	8	8		163	125	38	1682	616	1066
62 岁	11	9	2	190	158	32	1877	771	1106
63 岁	14	13	1	192	160	32	1862	773	1089
64 岁	14	13	1	186	157	29	1927	782	1145
65 岁及以上	94	85	9	886	747	139	12680	5645	7035
扫盲班									
总计*	**172**	**141**	**31**	**4528**	**3354**	**1174**	**26925**	**8233**	**18692**
60—64 岁	30	29	1	294	263	31	2753	1299	1454
60 岁	5	4	1	67	59	8	507	225	282
61 岁	7	7		58	51	7	490	209	281
62 岁	3	3		63	59	4	590	280	310
63 岁	7	7		55	50	5	571	273	298
64 岁	8	8		51	44	7	595	312	283
65 岁及以上	30	28	2	274	249	25	3445	1981	1464
小学									
总计*	**5797**	**5026**	**771**	**240525**	**212954**	**27571**	**813531**	**380752**	**432779**
60—64 岁	403	394	9	3777	3545	232	29638	21475	8163
60 岁	107	104	3	1085	1018	67	7230	4994	2236
61 岁	74	73	1	702	660	42	5730	4100	1630
62 岁	85	83	2	798	752	46	6188	4532	1656
63 岁	63	61	2	622	585	37	5369	3994	1375
64 岁	74	73	1	570	530	40	5121	3855	1266
65 岁及以上	243	237	6	1939	1852	87	23964	19658	4306
初中									
总计*	**25962**	**20891**	**5071**	**875668**	**763809**	**111859**	**2218558**	**1143845**	**1074713**
60—64 岁	270	261	9	1700	1580	120	12145	9952	2193
60 岁	96	94	2	590	553	37	3793	3038	755
61 岁	66	63	3	351	329	22	2403	1916	487
62 岁	36	35	1	325	303	22	2338	1944	394
63 岁	37	37		237	216	21	1933	1629	304
64 岁	35	32	3	197	179	18	1678	1425	253
65 岁及以上	85	82	3	668	640	28	6847	6124	723

表 4—5　全国分年龄、性别、受教育程度的各行业人口(续)　单位:人

受教育程度和年龄别	六、地质勘查业、水利管理业			七、交通运输、仓储及邮电通信业			八、批发和零售贸易、餐饮业		
	小计	男	女	小计	男	女	小计	男	女
高中									
总计*	**19611**	**14279**	**5332**	**357924**	**270220**	**87704**	**851609**	**443977**	**407632**
60—64 岁	66	62	4	420	397	23	2595	2233	362
60 岁	30	29	1	148	140	8	878	757	121
61 岁	10	10		89	82	7	538	451	87
62 岁	12	10	2	72	71	1	482	411	71
63 岁	10	9	1	57	54	3	365	319	46
64 岁	4	4		54	50	4	332	295	37
65 岁及以上	17	16	1	151	141	10	1246	1109	137
中专									
总计*	**13920**	**9561**	**4359**	**115300**	**74397**	**40903**	**242962**	**112045**	**130917**
60—64 岁	153	145	8	339	306	33	1577	1254	323
60 岁	60	60		114	106	8	491	378	113
61 岁	33	27	6	56	48	8	297	225	72
62 岁	21	21		68	61	7	322	264	58
63 岁	24	22	2	63	56	7	245	202	43
64 岁	15	15		38	35	3	222	185	37
65 岁及以上	32	29	3	84	74	10	620	536	84
大学专科									
总计*	**11603**	**8059**	**3544**	**87937**	**56043**	**31894**	**180700**	**102519**	**78181**
60—64 岁	77	75	2	168	161	7	759	665	94
60 岁	13	13		73	72	1	206	180	26
61 岁	17	17		30	28	2	150	130	20
62 岁	15	13	2	21	20	1	164	145	19
63 岁	16	16		25	23	2	118	105	13
64 岁	16	16		19	18	1	121	105	16
65 岁及以上	23	21	2	61	54	7	385	349	36
大学本科									
总计*	**6606**	**5278**	**1328**	**28829**	**20753**	**8076**	**47784**	**32654**	**15130**
60—64 岁	114	103	11	149	136	13	507	444	63
60 岁	30	27	3	54	46	8	151	134	17
61 岁	36	33	3	29	28	1	105	90	15
62 岁	15	14	1	32	30	2	109	93	16
63 岁	21	19	2	20	19	1	77	71	6
64 岁	12	10	2	14	13	1	65	56	9
65 岁及以上	20	20		40	38	2	197	173	24
研究生									
总计*	**366**	**319**	**47**	**1388**	**1078**	**310**	**2763**	**2183**	**580**
60—64 岁	3	3					11	11	
60 岁							3	3	
61 岁	2	2					4	4	
62 岁							2	2	
63 岁	1	1							
64 岁							2	2	
65 岁及以上	1	1		1	1		2	2	

表 4—5 全国分年龄、性别、受教育程度的各行业人口(续)

单位:人

受教育程度和年龄别	九、金融、保险业			十、房地产业			十一、社会服务业		
	小计	男	女	小计	男	女	小计	男	女
总计*	**394752**	**210056**	**184696**	**154814**	**98278**	**56536**	**1438738**	**823340**	**615398**
60—64 岁	1865	1671	194	1427	1246	181	18478	14247	4231
60 岁	576	514	62	358	310	48	4517	3476	1041
61 岁	347	310	37	300	255	45	3450	2582	868
62 岁	392	353	39	295	255	40	3856	2992	864
63 岁	288	255	33	227	200	27	3443	2676	767
64 岁	262	239	23	247	226	21	3212	2521	691
65 岁及以上	1047	959	88	846	742	104	15579	12180	3399
未上过学									
总计*	**457**	**251**	**206**	**965**	**477**	**488**	**26835**	**11131**	**15704**
60—64 岁	99	71	28	95	66	29	3340	1599	1741
60 岁	15	10	5	19	13	6	692	328	364
61 岁	18	14	4	16	11	5	607	271	336
62 岁	21	15	6	21	8	13	696	340	356
63 岁	25	16	9	18	16	2	685	325	360
64 岁	20	16	4	21	18	3	660	335	325
65 岁及以上	100	80	20	109	72	37	4368	2380	1988
扫盲班									
总计*	**178**	**104**	**74**	**231**	**124**	**107**	**7092**	**3442**	**3650**
60—64 岁	37	26	11	43	29	14	859	521	338
60 岁	7	4	3	11	7	4	162	93	69
61 岁	5	3	2	4	2	2	145	91	54
62 岁	10	9	1	6	4	2	193	115	78
63 岁	9	6	3	12	8	4	176	102	74
64 岁	6	4	2	10	8	2	183	120	63
65 岁及以上	43	36	7	35	26	9	1169	829	340
小学									
总计*	**5532**	**3661**	**1871**	**9511**	**6470**	**3041**	**212153**	**125990**	**86163**
60—64 岁	594	535	59	428	381	47	9078	7564	1514
60 岁	158	135	23	110	96	14	2138	1741	397
61 岁	103	90	13	78	66	12	1667	1340	327
62 岁	133	122	11	92	84	8	1943	1629	314
63 岁	95	88	7	75	68	7	1703	1463	240
64 岁	105	100	5	73	67	6	1627	1391	236
65 岁及以上	383	363	20	309	280	29	7252	6433	819
初中									
总计*	**48679**	**28116**	**20563**	**44580**	**31121**	**13459**	**684111**	**394087**	**290024**
60—64 岁	685	631	54	310	271	39	3265	2886	379
60 岁	219	207	12	79	69	10	1008	865	143
61 岁	138	128	10	83	72	11	648	559	89
62 岁	140	126	14	68	60	8	606	545	61
63 岁	103	94	9	37	31	6	545	493	52
64 岁	85	76	9	43	39	4	458	424	34
65 岁及以上	309	285	24	161	149	12	1722	1583	139

表 4—5　全国分年龄、性别、受教育程度的各行业人口(续)

单位:人

受教育程度和年龄别	九、金融、保险业			十、房地产业			十一、社会服务业		
	小计	男	女	小计	男	女	小计	男	女
高中									
总计*	**101910**	**52931**	**48979**	**39589**	**24415**	**15174**	**291923**	**169002**	**122921**
60—64 岁	182	170	12	139	133	6	743	670	73
60 岁	72	68	4	36	35	1	240	214	26
61 岁	34	32	2	32	31	1	136	120	16
62 岁	44	38	6	34	33	1	146	134	12
63 岁	16	16		17	15	2	123	112	11
64 岁	16	16		20	19	1	98	90	8
65 岁及以上	92	88	4	64	59	5	440	400	40
中专									
总计*	**73821**	**34563**	**39258**	**18316**	**9907**	**8409**	**91386**	**44861**	**46525**
60—64 岁	131	112	19	128	114	14	501	406	95
60 岁	52	42	10	33	28	5	118	97	21
61 岁	28	24	4	22	20	2	105	86	19
62 岁	17	17		23	19	4	121	97	24
63 岁	22	19	3	27	26	1	82	68	14
64 岁	12	10	2	23	21	2	75	58	17
65 岁及以上	52	47	5	34	33	1	226	198	28
大学专科									
总计*	**121304**	**64413**	**56891**	**30109**	**17691**	**12418**	**88694**	**50351**	**38343**
60—64 岁	82	76	6	140	123	17	348	307	41
60 岁	30	28	2	34	28	6	79	70	9
61 岁	12	12		26	23	3	69	57	12
62 岁	16	15	1	25	24	1	75	65	10
63 岁	14	12	2	22	17	5	66	60	6
64 岁	10	9	1	33	31	2	59	55	4
65 岁及以上	45	41	4	67	62	5	234	209	25
大学本科									
总计*	**39452**	**23565**	**15887**	**10714**	**7420**	**3294**	**33393**	**22112**	**11281**
60—64 岁	54	49	5	143	128	15	337	288	49
60 岁	23	20	3	36	34	2	78	66	12
61 岁	8	6	2	39	30	9	72	57	15
62 岁	11	11		26	23	3	74	65	9
63 岁	4	4		18	18		62	53	9
64 岁	8	8		24	23	1	51	47	4
65 岁及以上	22	18	4	67	61	6	165	145	20
研究生									
总计*	**3419**	**2452**	**967**	**799**	**653**	**146**	**3151**	**2364**	**787**
60—64 岁	1	1		1	1		7	6	1
60 岁							2	2	
61 岁	1	1					1	1	
62 岁							2	2	
63 岁				1	1		1		1
64 岁							1	1	
65 岁及以上	1	1					3	3	

表 4—5　全国分年龄、性别、受教育程度的各行业人口(续)

单位:人

受教育程度和年龄别	十二、卫生、体育和社会福利业			十三、教育、文化艺术及广播电影电视业			十四、科学研究和综合技术服务业		
	小计	男	女	小计	男	女	小计	男	女
总计*	**709875**	**316536**	**393339**	**1710824**	**864574**	**846250**	**149861**	**95588**	**54273**
60—64 岁	13427	10538	2889	18716	16006	2710	3016	2606	410
60 岁	3884	3048	836	7083	6215	868	948	814	134
61 岁	2647	2019	628	3638	3068	570	658	563	95
62 岁	2687	2111	576	3342	2831	511	591	516	75
63 岁	2264	1800	464	2484	2071	413	450	388	62
64 岁	1945	1560	385	2169	1821	348	369	325	44
65 岁及以上	7846	6671	1175	8031	6792	1239	1070	952	118
未上过学									
总计*	**2376**	**912**	**1464**	**4043**	**1983**	**2060**	**385**	**183**	**202**
60—64 岁	365	175	190	635	367	268	48	33	15
60 岁	61	29	32	124	66	58	7	5	2
61 岁	71	28	43	113	61	52	11	6	5
62 岁	76	42	34	131	84	47	13	10	3
63 岁	80	35	45	136	78	58	9	7	2
64 岁	77	41	36	131	78	53	8	5	3
65 岁及以上	401	252	149	972	658	314	64	42	22
扫盲班									
总计*	**825**	**352**	**473**	**1469**	**703**	**766**	**113**	**59**	**54**
60—64 岁	113	60	53	222	140	82	13	8	5
60 岁	20	11	9	41	30	11	3	1	2
61 岁	15	8	7	38	25	13			
62 岁	30	12	18	45	25	20	6	3	3
63 岁	23	15	8	43	25	18	3	3	
64 岁	25	14	11	55	35	20	1	1	
65 岁及以上	159	118	41	320	250	70	23	20	3
小学									
总计*	**26973**	**14928**	**12045**	**37718**	**20782**	**16936**	**3324**	**2148**	**1176**
60—64 岁	2468	1959	509	2607	2173	434	197	161	36
60 岁	583	445	138	615	495	120	54	44	10
61 岁	492	373	119	530	440	90	39	29	10
62 岁	530	424	106	558	467	91	36	28	8
63 岁	470	379	91	464	396	68	39	34	5
64 岁	393	338	55	440	375	65	29	26	3
65 岁及以上	1976	1744	232	2260	2020	240	139	128	11
初中									
总计*	**137057**	**76675**	**60382**	**194610**	**95842**	**98768**	**19141**	**12633**	**6508**
60—64 岁	3623	3196	427	2864	2469	395	190	170	20
60 岁	1128	976	152	1131	991	140	66	58	8
61 岁	720	641	79	539	459	80	32	27	5
62 岁	703	605	98	529	461	68	33	30	3
63 岁	575	512	63	368	307	61	35	33	2
64 岁	497	462	35	297	251	46	24	22	2
65 岁及以上	2195	2051	144	1137	1014	123	74	70	4

表 4—5　全国分年龄、性别、受教育程度的各行业人口(续)　　单位:人

受教育程度和年龄别	十二、卫生、体育和社会福利业			十三、教育、文化艺术及广播电影电视业			十四、科学研究和综合技术服务业		
	小计	男	女	小计	男	女	小计	男	女
高中									
总计*	**101331**	**49825**	**51506**	**229924**	**117829**	**112095**	**23001**	**13350**	**9651**
60—64 岁	1169	1001	168	2316	2082	234	113	94	19
60 岁	388	330	58	1114	1023	91	42	38	4
61 岁	231	193	38	458	400	58	14	10	4
62 岁	242	213	29	359	321	38	24	18	6
63 岁	173	149	24	204	182	22	14	12	2
64 岁	135	116	19	181	156	25	19	16	3
65 岁及以上	638	586	52	573	482	91	47	44	3
中专									
总计*	**249914**	**78139**	**171775**	**490170**	**225424**	**264746**	**17900**	**10218**	**7682**
60—64 岁	1953	1400	553	4056	3535	521	310	279	31
60 岁	608	456	152	1962	1776	186	93	84	9
61 岁	408	272	136	742	626	116	77	66	11
62 岁	351	247	104	613	515	98	52	49	3
63 岁	306	231	75	394	329	65	49	43	6
64 岁	280	194	86	345	289	56	39	37	2
65 岁及以上	757	561	196	847	696	151	74	67	7
大学专科									
总计*	**130187**	**60291**	**69896**	**493504**	**253487**	**240017**	**35799**	**21219**	**14580**
60—64 岁	1585	1218	367	2181	1927	254	380	326	54
60 岁	506	388	118	870	789	81	112	95	17
61 岁	271	211	60	407	356	51	77	66	11
62 岁	316	241	75	372	317	55	77	68	9
63 岁	259	202	57	299	260	39	57	50	7
64 岁	233	176	57	233	205	28	57	47	10
65 岁及以上	828	677	151	692	591	101	135	120	15
大学本科									
总计*	**57627**	**33121**	**24506**	**238451**	**134720**	**103731**	**44254**	**31223**	**13031**
60—64 岁	2130	1513	617	3668	3169	499	1696	1475	221
60 岁	581	407	174	1183	1008	175	547	467	80
61 岁	437	291	146	779	672	107	396	349	47
62 岁	435	323	112	702	614	88	338	300	38
63 岁	376	276	100	546	467	79	235	198	37
64 岁	301	216	85	458	408	50	180	161	19
65 岁及以上	875	669	206	1111	970	141	473	425	48
研究生									
总计*	**3585**	**2293**	**1292**	**20935**	**13804**	**7131**	**5944**	**4555**	**1389**
60—64 岁	21	16	5	167	144	23	69	60	9
60 岁	9	6	3	43	37	6	24	22	2
61 岁	2	2		32	29	3	12	10	2
62 岁	4	4		33	27	6	12	10	2
63 岁	2	1	1	30	27	3	9	8	1
64 岁	4	3	1	29	24	5	12	10	2
65 岁及以上	17	13	4	119	111	8	41	36	5

表 4—5　全国分年龄、性别、受教育程度的各行业人口(续)

单位:人

受教育程度和年龄别	十五、国家机关、政党机关和社会团体			十六、其他行业		
	小计	男	女	小计	男	女
总计*	**1572764**	**1136260**	**436504**	**164039**	**108809**	**55230**
60—64 岁	19979	16862	3117	1978	1673	305
60 岁	6710	5947	763	636	555	81
61 岁	3805	3167	638	391	337	54
62 岁	3717	3053	664	360	296	64
63 岁	2997	2471	526	293	239	54
64 岁	2750	2224	526	298	246	52
65 岁及以上	12427	10049	2378	1338	1088	250
未上过学						
总计*	**8994**	**4197**	**4797**	**2269**	**1234**	**1035**
60—64 岁	1283	693	590	301	184	117
60 岁	232	115	117	67	42	25
61 岁	204	109	95	50	31	19
62 岁	296	167	129	69	42	27
63 岁	284	173	111	57	33	24
64 岁	267	129	138	58	36	22
65 岁及以上	2218	1360	858	370	226	144
扫盲班						
总计*	**3090**	**1616**	**1474**	**472**	**281**	**191**
60—64 岁	522	301	221	62	41	21
60 岁	86	50	36	9	5	4
61 岁	81	46	35	9	7	2
62 岁	121	61	60	12	7	5
63 岁	108	67	41	17	11	6
64 岁	126	77	49	15	11	4
65 岁及以上	814	525	289	81	65	16
小学						
总计*	**80855**	**55382**	**25473**	**14356**	**9879**	**4477**
60—64 岁	6250	5121	1129	656	567	89
60 岁	1464	1213	251	190	161	29
61 岁	1242	1001	241	136	116	20
62 岁	1328	1087	241	119	102	17
63 岁	1125	921	204	94	83	11
64 岁	1091	899	192	117	105	12
65 岁及以上	5116	4334	782	536	479	57
初中						
总计*	**296685**	**224620**	**72065**	**48709**	**33567**	**15142**
60—64 岁	5333	4673	660	446	410	36
60 岁	1977	1793	184	163	152	11
61 岁	1061	910	151	91	85	6
62 岁	967	830	137	84	78	6
63 岁	719	619	100	55	48	7
64 岁	609	521	88	53	47	6
65 岁及以上	2269	2036	233	198	174	24

表 4—5　全国分年龄、性别、受教育程度的各行业人口(续)　　单位:人

受教育程度和年龄别	十五、国家机关、政党机关和社会团体			十六、其他行业		
	小计	男	女	小计	男	女
高中						
总计*	**303668**	**223700**	**79968**	**35989**	**23287**	**12702**
60—64 岁	1821	1664	157	137	129	8
60 岁	826	784	42	70	68	2
61 岁	336	299	37	24	23	1
62 岁	266	234	32	16	15	1
63 岁	200	176	24	16	13	3
64 岁	193	171	22	11	10	1
65 岁及以上	756	679	77	56	52	4
中专						
总计*	**260931**	**175328**	**85603**	**20751**	**12367**	**8384**
60—64 岁	1947	1771	176	151	135	16
60 岁	857	793	64	51	48	3
61 岁	360	325	35	36	32	4
62 岁	308	274	34	28	24	4
63 岁	225	204	21	19	17	2
64 岁	197	175	22	17	14	3
65 岁及以上	493	440	53	42	41	1
大学专科						
总计*	**452887**	**326438**	**126449**	**28984**	**19021**	**9963**
60—64 岁	1471	1391	80	104	94	10
60 岁	678	652	26	41	38	3
61 岁	266	245	21	18	17	1
62 岁	218	203	15	18	14	4
63 岁	174	165	9	19	18	1
64 岁	135	126	9	8	7	1
65 岁及以上	437	389	48	31	29	2
大学本科						
总计*	**156832**	**117831**	**39001**	**11688**	**8501**	**3187**
60—64 岁	1334	1231	103	119	111	8
60 岁	586	543	43	45	41	4
61 岁	251	229	22	26	25	1
62 岁	209	193	16	14	14	
63 岁	159	143	16	15	15	
64 岁	129	123	6	19	16	3
65 岁及以上	304	271	33	21	19	2
研究生						
总计*	**8822**	**7148**	**1674**	**821**	**672**	**149**
60—64 岁	18	17	1	2	2	
60 岁	4	4				
61 岁	4	3	1	1	1	
62 岁	4	4				
63 岁	3	3		1	1	
64 岁	3	3				
65 岁及以上	20	15	5	3	3	

表 4—6 全国分年龄、性别、受教育程度的各职业人口

单位:人

受教育程度和年龄别	合计			一、国家机关、党群组织、企业、事业单位负责人			二、专业技术人员		
	合计	男	女	小计	男	女	小计	男	女
总计*	**66874889**	**36550882**	**30324007**	**1115723**	**928812**	**186911**	**3814175**	**1841077**	**1973098**
60—64 岁	2045962	1280392	765570	13132	11671	1461	41066	34918	6148
60 岁	497156	305348	191808	4838	4413	425	13698	11773	1925
61 岁	385371	238818	146553	2680	2344	336	8309	6982	1327
62 岁	420294	265816	154478	2346	2058	288	7811	6649	1162
63 岁	378513	240094	138419	1775	1560	215	6105	5145	960
64 岁	364628	230316	134312	1493	1296	197	5143	4369	774
65 岁及以上	2176066	1385688	790378	4899	4225	674	18340	15740	2600
未上过学									
总计*	**4154610**	**1352131**	**2802479**	**2237**	**1270**	**967**	**4130**	**2033**	**2097**
60—64 岁	571127	217418	353709	267	160	107	491	264	227
60 岁	122781	43319	79462	54	33	21	101	49	52
61 岁	101185	36981	64204	49	33	16	77	37	40
62 岁	117392	45254	72138	58	34	24	103	59	44
63 岁	113449	45203	68246	48	29	19	118	61	57
64 岁	116320	46661	69659	58	31	27	92	58	34
65 岁及以上	904207	414600	489607	306	192	114	776	413	363
扫盲班									
总计*	**1288578**	**427565**	**861013**	**925**	**628**	**297**	**1575**	**895**	**680**
60—64 岁	138497	63999	74498	113	73	40	171	113	58
60 岁	29163	12426	16737	19	12	7	43	35	8
61 岁	24938	11002	13936	20	13	7	24	14	10
62 岁	28900	13503	15397	32	22	10	38	26	12
63 岁	27370	13107	14263	25	17	8	32	14	18
64 岁	28126	13961	14165	17	9	8	34	24	10
65 岁及以上	192580	107791	84789	129	84	45	210	147	63
小学									
总计*	**21963743**	**10851799**	**11111944**	**64074**	**52813**	**11261**	**78477**	**51017**	**27460**
60—64 岁	1046494	747418	299076	2972	2520	452	5056	4327	729
60 岁	252769	170880	81889	781	665	116	1222	1027	195
61 岁	200593	140555	60038	604	509	95	1012	852	160
62 岁	217460	157420	60040	628	529	99	1065	927	138
63 岁	193525	142735	50790	523	440	83	941	811	130
64 岁	182147	135828	46319	436	377	59	816	710	106
65 岁及以上	927002	725292	201710	1572	1317	255	3727	3292	435
初中									
总计*	**27889186**	**16785385**	**11103801**	**291160**	**244325**	**46835**	**539162**	**278657**	**260505**
60—64 岁	216092	186185	29907	3546	3137	409	9168	8113	1055
60 岁	67154	56227	10927	1347	1221	126	3147	2791	356
61 岁	43592	37096	6496	746	636	110	1847	1643	204
62 岁	42418	37129	5289	634	561	73	1777	1562	215
63 岁	33692	29711	3981	471	420	51	1305	1143	162
64 岁	29236	26022	3214	348	299	49	1092	974	118
65 岁及以上	123320	111918	11402	1315	1193	122	4423	4034	389

表 4—6 全国分年龄、性别、受教育程度的各职业人口(续)

单位:人

受教育程度和年龄别	合计			一、国家机关、党群组织、企业、事业单位负责人			二、专业技术人员		
	合计	男	女	小计	男	女	小计	男	女
高中									
总计*	**6035725**	**3882593**	**2153132**	**235876**	**195808**	**40068**	**627851**	**278896**	**348955**
60—64岁	30119	27187	2932	1462	1356	106	4502	3993	509
60岁	10526	9480	1046	630	599	31	1869	1691	178
61岁	6185	5519	666	301	279	22	900	784	116
62岁	5859	5291	568	224	201	23	769	685	84
63岁	4098	3737	361	156	138	18	524	456	68
64岁	3451	3160	291	151	139	12	440	377	63
65岁及以上	13501	12415	1086	490	443	47	1844	1634	210
中专									
总计*	**2424230**	**1295537**	**1128693**	**131717**	**107575**	**24142**	**1027527**	**420246**	**607281**
60—64岁	20221	17690	2531	1472	1333	139	7507	6216	1291
60岁	7169	6357	812	640	593	47	2984	2577	407
61岁	4094	3513	581	281	254	27	1489	1179	310
62岁	3750	3258	492	234	205	29	1272	1033	239
63岁	2839	2502	337	151	136	15	981	809	172
64岁	2369	2060	309	166	145	21	781	618	163
65岁及以上	6739	5976	763	277	246	31	2092	1702	390
大学专科									
总计*	**2198092**	**1334101**	**863991**	**262609**	**218735**	**43874**	**1019149**	**496816**	**522333**
60—64岁	10181	9089	1092	1569	1488	81	5066	4271	795
60岁	3426	3085	341	663	637	26	1655	1401	254
61岁	1944	1725	219	331	305	26	977	824	153
62岁	1923	1705	218	246	234	12	979	820	159
63岁	1528	1364	164	169	160	9	771	653	118
64岁	1360	1210	150	160	152	8	684	573	111
65岁及以上	4348	3886	462	430	404	26	2174	1861	313
大学本科									
总计*	**860585**	**577657**	**282928**	**116461**	**98415**	**18046**	**478818**	**286808**	**192010**
60—64岁	12880	11100	1780	1693	1569	124	8841	7393	1448
60岁	4071	3489	582	689	639	50	2605	2139	466
61岁	2771	2364	407	340	308	32	1933	1604	329
62岁	2522	2196	326	286	268	18	1757	1494	263
63岁	1955	1685	270	227	216	11	1389	1160	229
64岁	1561	1366	195	151	138	13	1157	996	161
65岁及以上	4128	3595	533	356	324	32	2905	2486	419
研究生									
总计*	**60140**	**44114**	**16026**	**10664**	**9243**	**1421**	**37486**	**25709**	**11777**
60—64岁	351	306	45	38	35	3	264	228	36
60岁	97	85	12	15	14	1	72	63	9
61岁	69	63	6	8	7	1	50	45	5
62岁	70	60	10	4	4		51	43	8
63岁	57	50	7	5	4	1	44	38	6
64岁	58	48	10	6	6		47	39	8
65岁及以上	241	215	26	24	22	2	189	171	18

表 4—6 全国分年龄、性别、受教育程度的各职业人口(续) 单位:人

受教育程度和年龄别	三、办事人员和有关人员			四、商业、服务业人员			五、农、林、牧、渔、水利业生产人员		
	小计	男	女	小计	男	女	小计	男	女
总计*	**2071048**	**1444312**	**626736**	**6136967**	**3068981**	**3067986**	**43107741**	**22193028**	**20914713**
60—64 岁	31947	29508	2439	81434	57213	24221	1821896	1100014	721882
60 岁	8743	8111	632	20800	14469	6331	433689	253546	180143
61 岁	6021	5526	495	15534	10698	4836	341670	203985	137685
62 岁	6377	5904	473	16685	11847	4838	375499	229754	145745
63 岁	5490	5041	449	14555	10323	4232	340950	209989	130961
64 岁	5316	4926	390	13860	9876	3984	330088	202740	127348
65 岁及以上	25406	23750	1656	66846	48642	18204	2025436	1266132	759304
未上过学									
总计*	**12591**	**9615**	**2976**	**125210**	**39160**	**86050**	**3898851**	**1240758**	**2658093**
60—64 岁	2590	2096	494	13662	5596	8066	546029	204325	341704
60 岁	476	378	98	2963	1143	1820	117414	40594	76820
61 岁	429	341	88	2468	944	1524	96680	34739	61941
62 岁	536	441	95	2717	1140	1577	112266	42515	69751
63 岁	589	489	100	2727	1169	1558	108384	42478	65906
64 岁	560	447	113	2787	1200	1587	111285	43999	67286
65 岁及以上	4506	3901	605	17946	8329	9617	871320	396721	474599
扫盲班									
总计*	**4473**	**3577**	**896**	**37542**	**12446**	**25096**	**1198710**	**389773**	**808937**
60—64 岁	1007	863	144	3939	1940	1999	130344	59170	71174
60 岁	148	131	17	722	331	391	27583	11508	16075
61 岁	170	141	29	695	327	368	23517	10182	13335
62 岁	219	195	24	864	412	452	27119	12457	14662
63 岁	209	174	35	821	417	404	25724	12113	13611
64 岁	261	222	39	837	453	384	26401	12910	13491
65 岁及以上	1674	1521	153	4987	3034	1953	182663	101169	81494
小学									
总计*	**118807**	**97354**	**21453**	**1110422**	**530367**	**580055**	**18616948**	**8852926**	**9764022**
60—64 岁	13907	13056	851	41654	31136	10518	952050	669610	282440
60 岁	2978	2760	218	10184	7304	2880	229434	152048	77386
61 岁	2596	2429	167	8018	5880	2138	182229	125581	56648
62 岁	2971	2796	175	8743	6611	2132	197627	140999	56628
63 岁	2661	2510	151	7524	5763	1761	176530	128521	48009
64 岁	2701	2561	140	7185	5578	1607	166230	122461	43769
65 岁及以上	12830	12332	498	32743	27286	5457	858792	665808	192984
初中									
总计*	**481387**	**357499**	**123888**	**3088695**	**1565149**	**1523546**	**17404503**	**10301866**	**7102637**
60—64 岁	7256	6795	461	15929	13185	2744	169695	145293	24402
60 岁	2275	2137	138	5027	4074	953	51833	42765	9068
61 岁	1467	1360	107	3122	2510	612	34252	28975	5277
62 岁	1416	1333	83	3072	2573	499	33577	29302	4275
63 岁	1105	1014	91	2505	2124	381	26761	23580	3181
64 岁	993	951	42	2203	1904	299	23272	20671	2601
65 岁及以上	3829	3658	171	8477	7604	873	101086	91584	9502

表 4—6 全国分年龄、性别、受教育程度的各职业人口(续) 单位:人

受教育程度和年龄别	三、办事人员和有关人员			四、商业、服务业人员			五、农、林、牧、渔、水利业生产人员		
	小计	男	女	小计	男	女	小计	男	女
高中									
总计*	**470122**	**314471**	**155651**	**1197217**	**610781**	**586436**	**1784029**	**1264454**	**519575**
60—64岁	2198	2082	116	3251	2823	428	16643	15016	1627
60岁	873	839	34	1066	919	147	5399	4779	620
61岁	430	398	32	668	566	102	3480	3119	361
62岁	376	353	23	635	558	77	3428	3105	323
63岁	265	246	19	476	420	56	2388	2210	178
64岁	254	246	8	406	360	46	1948	1803	145
65岁及以上	940	875	65	1461	1310	151	8052	7513	539
中专									
总计*	**313843**	**198814**	**115029**	**330784**	**156434**	**174350**	**165618**	**113452**	**52166**
60—64岁	2184	2015	169	1863	1515	348	6012	5527	485
60岁	865	806	59	544	429	115	1766	1608	158
61岁	409	377	32	336	266	70	1308	1196	112
62岁	365	332	33	400	333	67	1229	1131	98
63岁	307	286	21	301	247	54	929	862	67
64岁	238	214	24	282	240	42	780	730	50
65岁及以上	682	612	70	710	615	95	2657	2510	147
大学专科									
总计*	**487582**	**331880**	**155702**	**200407**	**121189**	**79218**	**33576**	**25565**	**8011**
60—64岁	1463	1380	83	730	658	72	899	864	35
60岁	583	561	22	203	185	18	206	195	11
61岁	254	239	15	137	124	13	165	158	7
62岁	256	239	17	150	130	20	196	191	5
63岁	183	168	15	134	124	10	191	183	8
64岁	187	173	14	106	95	11	141	137	4
65岁及以上	536	489	47	349	314	35	673	643	30
大学本科									
总计*	**173364**	**124210**	**49154**	**45183**	**32313**	**12870**	**4880**	**3869**	**1011**
60—64岁	1322	1203	119	400	355	45	204	192	12
60岁	541	495	46	89	83	6	50	46	4
61岁	262	237	25	88	79	9	35	31	4
62岁	230	208	22	103	89	14	52	50	2
63岁	169	152	17	67	59	8	37	36	1
64岁	120	111	9	53	45	8	30	29	1
65岁及以上	402	357	45	172	149	23	176	170	6
研究生									
总计*	**8879**	**6892**	**1987**	**1507**	**1142**	**365**	**626**	**365**	**261**
60—64岁	20	18	2	6	5	1	20	17	3
60岁	4	4		2	1	1	4	3	1
61岁	4	4		2	2		4	4	
62岁	8	7	1	1	1		5	4	1
63岁	2	2					6	6	
64岁	2	1	1	1	1		1		1
65岁及以上	7	5	2	1	1		17	14	3

表 4—6 全国分年龄、性别、受教育程度的各职业人口(续)

单位:人

受教育程度和年龄别	六、生产、运输设备操作人员及有关人员			七、不便分类的其他劳动者		
	小计	男	女	小计	男	女
总计*	**10584962**	**7046429**	**3538533**	**44273**	**28243**	**16030**
60—64 岁	55385	46192	9193	1102	876	226
60 岁	15094	12807	2287	294	229	65
61 岁	10967	9134	1833	190	149	41
62 岁	11345	9427	1918	231	177	54
63 岁	9448	7883	1565	190	153	37
64 岁	8531	6941	1590	197	168	29
65 岁及以上	34165	26422	7743	974	777	197
未上过学						
总计*	**110020**	**58480**	**51540**	**1571**	**815**	**756**
60—64 岁	7850	4839	3011	238	138	100
60 岁	1712	1084	628	61	38	23
61 岁	1440	866	574	42	21	21
62 岁	1663	1041	622	49	24	25
63 岁	1542	953	589	41	24	17
64 岁	1493	895	598	45	31	14
65 岁及以上	9050	4859	4191	303	185	118
扫盲班						
总计*	**44977**	**20053**	**24924**	**376**	**193**	**183**
60—64 岁	2879	1810	1069	44	30	14
60 岁	638	404	234	10	5	5
61 岁	505	319	186	7	6	1
62 岁	619	385	234	9	6	3
63 岁	549	365	184	10	7	3
64 岁	568	337	231	8	6	2
65 岁及以上	2855	1791	1064	62	45	17
小学						
总计*	**1964918**	**1260827**	**704091**	**10097**	**6495**	**3602**
60—64 岁	30309	26304	4005	546	465	81
60 岁	8031	6965	1066	139	111	28
61 岁	6047	5231	816	87	73	14
62 岁	6313	5464	849	113	94	19
63 岁	5249	4603	646	97	87	10
64 岁	4669	4041	628	110	100	10
65 岁及以上	16876	14844	2032	462	413	49
初中						
总计*	**6063340**	**4024544**	**2038796**	**20939**	**13345**	**7594**
60—64 岁	10315	9497	818	183	165	18
60 岁	3471	3191	280	54	48	6
61 岁	2121	1935	186	37	37	
62 岁	1901	1762	139	41	36	5
63 岁	1518	1407	111	27	23	4
64 岁	1304	1202	102	24	21	3
65 岁及以上	4073	3736	337	117	109	8

表 4—6 全国分年龄、性别、受教育程度的各职业人口(续) 单位:人

受教育程度和年龄别	六、生产、运输设备操作人员及有关人员			七、不便分类的其他劳动者		
	小计	男	女	小计	男	女
高中						
总计*	**1713511**	**1213546**	**499965**	**7119**	**4637**	**2482**
60—64 岁	2027	1888	139	36	29	7
60 岁	675	639	36	14	14	
61 岁	400	370	30	6	3	3
62 岁	421	385	36	6	4	2
63 岁	284	264	20	5	3	2
64 岁	247	230	17	5	5	
65 岁及以上	702	629	73	12	11	1
中专						
总计*	**452532**	**297644**	**154888**	**2209**	**1372**	**837**
60—64 岁	1151	1056	95	32	28	4
60 岁	360	336	24	10	8	2
61 岁	265	237	28	6	4	2
62 岁	242	216	26	8	8	
63 岁	166	158	8	4	4	
64 岁	118	109	9	4	4	
65 岁及以上	315	287	28	6	4	2
大学专科						
总计*	**193294**	**138912**	**54382**	**1475**	**1004**	**471**
60—64 岁	443	418	25	11	10	1
60 岁	111	102	9	5	4	1
61 岁	80	75	5			
62 岁	93	88	5	3	3	
63 岁	77	73	4	3	3	
64 岁	82	80	2			
65 岁及以上	182	172	10	4	3	1
大学本科						
总计*	**41422**	**31685**	**9737**	**457**	**357**	**100**
60—64 岁	408	377	31	12	11	1
60 岁	96	86	10	1	1	
61 岁	108	100	8	5	5	
62 岁	92	85	7	2	2	
63 岁	63	60	3	3	2	1
64 岁	49	46	3	1	1	
65 岁及以上	109	102	7	8	7	1
研究生						
总计*	**948**	**738**	**210**	**30**	**25**	**5**
60—64 岁	3	3				
60 岁						
61 岁	1	1				
62 岁	1	1				
63 岁						
64 岁	1	1				
65 岁及以上	3	2	1			

表 4—7 全国分年龄、性别、受教育程度的未工作人口

单位:人

受教育程度和年龄别	未工作人口			在校学生			料理家务		
	合计	男	女	小计	男	女	小计	男	女
总计*	**23403664**	**9105603**	**14298061**	**4880557**	**2654457**	**2226100**	**7015953**	**611169**	**6404784**
60—64 岁	2048763	845608	1203155	6	2	4	740136	90594	649542
60 岁	397779	159746	238033	2	1	1	144400	14780	129620
61 岁	359962	146609	213353	1		1	129220	14340	114880
62 岁	427887	178596	249291	1	1		153264	18973	134291
63 岁	419492	175586	243906	1		1	152497	20300	132197
64 岁	443643	185071	258572	1		1	160755	22201	138554
65 岁及以上	6527419	2725822	3801597	45	26	19	1846329	349096	1497233
未上过学									
总计*	**4572717**	**934679**	**3638038**	**13**	**4**	**9**	**1929937**	**141960**	**1787977**
60—64 岁	539240	81537	457703	2		2	322239	17659	304580
60 岁	86893	12138	74755	1		1	54793	2587	52206
61 岁	83570	11757	71813				51845	2566	49279
62 岁	110276	16827	93449				66197	3552	62645
63 岁	120031	18805	101226	1		1	70500	4167	66333
64 岁	138470	22010	116460				78904	4787	74117
65 岁及以上	3312612	734572	2578040	4		4	1141000	113791	1027209
扫盲班									
总计*	**734341**	**189077**	**545264**	**2**		**2**	**341427**	**32213**	**309214**
60—64 岁	107429	20578	86851				61343	4400	56943
60 岁	16909	2785	14124				10568	614	9954
61 岁	16723	2946	13777				9989	618	9371
62 岁	22390	4201	18189				12836	886	11950
63 岁	23667	4749	18918				13232	1032	12200
64 岁	27740	5897	21843				14718	1250	13468
65 岁及以上	477936	154100	323836				167263	25574	141689
小学									
总计*	**5365249**	**2066020**	**3299229**	**28014**	**15334**	**12680**	**2476863**	**297103**	**2179760**
60—64 岁	761624	326592	435032	3	1	2	300232	53825	246407
60 岁	148245	57302	90943	1	1		62904	8347	54557
61 岁	134918	53776	81142	1		1	55530	8420	47110
62 岁	160365	68541	91824				62913	11433	51480
63 岁	155825	70322	85503				59577	12246	47331
64 岁	162271	76651	85620	1		1	59308	13379	45929
65 岁及以上	1871538	1163421	708117	5	4	1	484155	182054	302101
初中									
总计*	**7046090**	**3017222**	**4028868**	**1904839**	**1053947**	**850892**	**1824843**	**109002**	**1715841**
60—64 岁	321655	198224	123431				48173	12095	36078
60 岁	76673	43602	33071				13693	2600	11093
61 岁	61639	36178	25461				10090	2230	7860
62 岁	66303	41087	25216				9657	2522	7135
63 岁	58949	38118	20831				7929	2378	5551
64 岁	58091	39239	18852				6804	2365	4439
65 岁及以上	503661	396092	107569	4	2	2	46511	23979	22532

表 4—7 全国分年龄、性别、受教育程度的未工作人口(续) 单位:人

受教育程度和年龄别	未工作人口			在校学生			料理家务		
	合计	男	女	小计	男	女	小计	男	女
高中									
总计*	**3030981**	**1525617**	**1505364**	**1522896**	**872373**	**650523**	**362897**	**22569**	**340328**
60—64 岁	85872	58523	27349				5605	1786	3819
60 岁	20949	13308	7641				1724	454	1270
61 岁	17061	11226	5835				1189	338	851
62 岁	17781	12304	5477				1131	393	738
63 岁	15310	10895	4415				861	322	539
64 岁	14771	10790	3981				700	279	421
65 岁及以上	139301	108900	30401	15	11	4	5261	2690	2571
中专									
总计*	**1393767**	**641785**	**751982**	**678094**	**299193**	**378901**	**55327**	**5112**	**50215**
60—64 岁	120854	76177	44677	1	1		2102	591	1511
60 岁	26401	15205	11196				609	121	488
61 岁	23769	14353	9416				496	129	367
62 岁	26016	16760	9256	1	1		431	136	295
63 岁	23194	15437	7757				314	108	206
64 岁	21474	14422	7052				252	97	155
65 岁及以上	96875	68706	28169	13	6	7	1455	647	808
大学专科									
总计*	**683583**	**373026**	**310557**	**350034**	**177577**	**172457**	**21215**	**2517**	**18698**
60—64 岁	53908	40798	13110				304	162	142
60 岁	10749	7769	2980				75	38	37
61 岁	10398	7702	2696				56	27	29
62 岁	11750	8986	2764				67	33	34
63 岁	10645	8283	2362				59	35	24
64 岁	10366	8058	2308				47	29	18
65 岁及以上	64962	52725	12237				431	253	178
大学本科									
总计*	**549119**	**340762**	**208357**	**373066**	**221492**	**151574**	**3263**	**662**	**2601**
60—64 岁	57706	42797	14909				134	75	59
60 岁	10890	7577	3313				33	19	14
61 岁	11810	8616	3194				25	12	13
62 岁	12916	9822	3094				30	18	12
63 岁	11754	8879	2875				25	12	13
64 岁	10336	7903	2433				21	14	7
65 岁及以上	59140	46178	12962	4	3	1	239	104	135
研究生									
总计*	**27817**	**17415**	**10402**	**23599**	**14537**	**9062**	**181**	**31**	**150**
60—64 岁	475	382	93				4	1	3
60 岁	70	60	10				1		1
61 岁	74	55	19						
62 岁	90	68	22				2		2
63 岁	117	98	19						
64 岁	124	101	23				1	1	
65 岁及以上	1394	1128	266				14	4	10

表 4—7 全国分年龄、性别、受教育程度的未工作人口(续)

单位:人

受教育程度和年龄别	离退休			丧失工作能力			从未工作正在找工作		
	小计	男	女	小计	男	女	小计	男	女
总计*	**4129668**	**2274005**	**1855663**	**3657920**	**1575348**	**2082572**	**1317487**	**691720**	**625767**
60—64 岁	930292	574526	355766	324886	146669	178217	1515	833	682
60 岁	191783	115267	76516	50551	22496	28055	375	216	159
61 岁	172218	104206	68012	49265	22179	27086	254	136	118
62 岁	196864	121934	74930	66800	30698	36102	330	165	165
63 岁	183406	115501	67905	72702	32947	39755	263	161	102
64 岁	186021	117618	68403	85568	38349	47219	293	155	138
65 岁及以上	1660455	1134730	525725	2833397	1148811	1684586	3406	1485	1921
未上过学									
总计*	**374411**	**133551**	**240860**	**2103306**	**598120**	**1505186**	**9165**	**3550**	**5615**
60—64 岁	61684	19808	41876	140202	37923	102279	354	124	230
60 岁	9297	2870	6427	20221	5600	14621	74	25	49
61 岁	9525	2965	6560	19800	5282	14518	56	15	41
62 岁	12868	4188	8680	28191	7815	20376	62	16	46
63 岁	13754	4493	9261	32424	8772	23652	65	32	33
64 岁	16240	5292	10948	39566	10454	29112	97	36	61
65 岁及以上	271903	104188	167715	1799584	484695	1314889	1645	441	1204
扫盲班									
总计*	**116126**	**48447**	**67679**	**251642**	**96856**	**154786**	**1373**	**537**	**836**
60—64 岁	20767	7128	13639	22356	7617	14739	68	31	37
60 岁	2825	979	1846	3036	979	2057	13	7	6
61 岁	3023	996	2027	3224	1097	2127	12	6	6
62 岁	4400	1455	2945	4517	1551	2966	12	4	8
63 岁	4699	1651	3048	5084	1751	3333	15	6	9
64 岁	5820	2047	3773	6495	2239	4256	16	8	8
65 岁及以上	83210	38424	44786	213596	83603	129993	234	79	155
小学									
总计*	**1294267**	**767534**	**526733**	**1051653**	**689027**	**362626**	**129609**	**62908**	**66701**
60—64 岁	299983	174175	125808	135840	80432	55408	704	386	318
60 岁	58632	33684	24948	21564	11687	9877	167	93	74
61 岁	53420	30045	23375	21459	12145	9314	106	56	50
62 岁	63604	36340	27264	28554	17009	11545	166	83	83
63 岁	60906	35968	24938	30055	18277	11778	132	81	51
64 岁	63421	38138	25283	34208	21314	12894	133	73	60
65 岁及以上	593576	430533	163043	733333	506519	226814	1018	602	416
初中									
总计*	**1281028**	**699110**	**581918**	**205220**	**157051**	**48169**	**723314**	**386828**	**336486**
60—64 岁	243764	162819	80945	22514	17427	5087	278	202	76
60 岁	56116	35863	20253	4810	3487	1323	88	64	24
61 岁	46209	29832	16377	4002	3018	984	58	41	17
62 岁	50486	33739	16747	4687	3627	1060	63	39	24
63 岁	45403	31195	14208	4417	3556	861	38	32	6
64 岁	45550	32190	13360	4598	3739	859	31	26	5
65 岁及以上	372333	300093	72240	74960	63903	11057	364	267	97

表 4—7　全国分年龄、性别、受教育程度的未工作人口(续)　　　单位:人

受教育程度和年龄别	离退休			丧失工作能力			从未工作正在找工作		
	小计	男	女	小计	男	女	小计	男	女
高中									
总计*	**380497**	**213763**	**166734**	**34910**	**25933**	**8977**	**226853**	**127704**	**99149**
60—64 岁	76043	53223	22820	2694	2214	480	61	50	11
60 岁	18130	11945	6185	638	518	120	19	16	3
61 岁	15030	10182	4848	525	433	92	11	9	2
62 岁	15761	11179	4582	584	472	112	9	9	
63 岁	13744	9991	3753	484	396	88	11	8	3
64 岁	13378	9926	3452	463	395	68	11	8	3
65 岁及以上	123540	97312	26228	8686	7434	1252	91	60	31
中专									
总计*	**363139**	**192116**	**171023**	**7075**	**5127**	**1948**	**160763**	**75682**	**85081**
60—64 岁	117127	74283	42844	955	760	195	36	26	10
60 岁	25348	14726	10622	224	172	52	12	9	3
61 岁	22954	13980	8974	193	147	46	7	5	2
62 岁	25258	16362	8896	186	153	33	11	7	4
63 岁	22591	15097	7494	180	142	38	2	2	
64 岁	20976	14118	6858	172	146	26	4	3	1
65 岁及以上	92794	65988	26806	2064	1641	423	35	23	12
大学专科									
总计*	**174402**	**117449**	**56953**	**3058**	**2398**	**660**	**56493**	**28854**	**27639**
60—64 岁	53133	40210	12923	227	210	17	8	8	
60 岁	10561	7631	2930	41	36	5	1	1	
61 岁	10261	7602	2659	39	36	3	2	2	
62 岁	11569	8850	2719	58	52	6	4	4	
63 岁	10505	8175	2330	40	38	2			
64 岁	10237	7952	2285	49	48	1	1	1	
65 岁及以上	63365	51456	11909	844	741	103	16	10	6
大学本科									
总计*	**143778**	**100422**	**43356**	**1016**	**806**	**210**	**9570**	**5451**	**4119**
60—64 岁	57323	42502	14821	97	85	12	6	6	
60 岁	10807	7511	3296	16	16		1	1	
61 岁	11723	8550	3173	23	21	2	2	2	
62 岁	12830	9753	3077	23	19	4	3	3	
63 岁	11687	8833	2854	18	15	3			
64 岁	10276	7855	2421	17	14	3			
65 岁及以上	58368	45621	12747	319	269	50	3	3	
研究生									
总计*	**2020**	**1613**	**407**	**40**	**30**	**10**	**347**	**206**	**141**
60—64 岁	468	378	90	1	1				
60 岁	67	58	9	1	1				
61 岁	73	54	19						
62 岁	88	68	20						
63 岁	117	98	19						
64 岁	123	100	23						
65 岁及以上	1366	1115	251	11	6	5			

表 4—7 全国分年龄、性别、受教育程度的未工作人口(续)

单位:人

受教育程度和年龄别	失去工作正在找工作			其他		
	小计	男	女	小计	男	女
总计*	**1162401**	**623811**	**538590**	**1239678**	**675093**	**564585**
60—64 岁	2126	1715	411	49802	31269	18533
60 岁	694	592	102	9974	6394	3580
61 岁	421	338	83	8583	5410	3173
62 岁	383	301	82	10245	6524	3721
63 岁	325	250	75	10298	6427	3871
64 岁	303	234	69	10702	6514	4188
65 岁及以上	1498	972	526	182289	90702	91587
未上过学						
总计*	**6411**	**2939**	**3472**	**149474**	**54555**	**94919**
60—64 岁	256	138	118	14503	5885	8618
60 岁	53	32	21	2454	1024	1430
61 岁	44	23	21	2300	906	1394
62 岁	57	31	26	2901	1225	1676
63 岁	45	21	24	3242	1320	1922
64 岁	57	31	26	3606	1410	2196
65 岁及以上	441	170	271	98035	31287	66748
扫盲班						
总计*	**1745**	**788**	**957**	**22026**	**10236**	**11790**
60—64 岁	67	49	18	2828	1353	1475
60 岁	18	12	6	449	194	255
61 岁	18	13	5	457	216	241
62 岁	10	5	5	615	300	315
63 岁	12	10	2	625	299	326
64 岁	9	9		682	344	338
65 岁及以上	99	52	47	13534	6368	7166
小学						
总计*	**106363**	**65214**	**41149**	**278480**	**168900**	**109580**
60—64 岁	989	802	187	23873	16971	6902
60 岁	299	252	47	4678	3238	1440
61 岁	185	151	34	4217	2959	1258
62 岁	195	158	37	4933	3518	1415
63 岁	173	134	39	4982	3616	1366
64 岁	137	107	30	5063	3640	1423
65 岁及以上	587	449	138	58864	43260	15604
初中						
总计*	**588990**	**320671**	**268319**	**517856**	**290613**	**227243**
60—64 岁	528	471	57	6398	5210	1188
60 岁	211	190	21	1755	1398	357
61 岁	115	96	19	1165	961	204
62 岁	78	70	8	1332	1090	242
63 岁	66	62	4	1096	895	201
64 岁	58	53	5	1050	866	184
65 岁及以上	254	207	47	9235	7641	1594

表 4—7　全国分年龄、性别、受教育程度的未工作人口(续)　　单位:人

受教育程度和年龄别	失去工作正在找工作			其　他		
	小计	男	女	小计	男	女
高中						
总计*	**324428**	**162435**	**161993**	**178500**	**100840**	**77660**
60—64 岁	155	137	18	1314	1113	201
60 岁	63	59	4	375	316	59
61 岁	34	32	2	272	232	40
62 岁	18	14	4	278	237	41
63 岁	14	11	3	196	167	29
64 岁	26	21	5	193	161	32
65 岁及以上	66	53	13	1642	1340	302
中专						
总计*	**76645**	**37977**	**38668**	**52724**	**26578**	**26146**
60—64 岁	81	73	8	552	443	109
60 岁	33	32	1	175	145	30
61 岁	14	13	1	105	79	26
62 岁	15	14	1	114	87	27
63 岁	13	10	3	94	78	16
64 岁	6	4	2	64	54	10
65 岁及以上	20	11	9	494	390	104
大学专科						
总计*	**48250**	**27282**	**20968**	**30131**	**16949**	**13182**
60—64 岁	24	21	3	212	187	25
60 岁	8	7	1	63	56	7
61 岁	5	5		35	30	5
62 岁	4	3	1	48	44	4
63 岁	2	2		39	33	6
64 岁	5	4	1	27	24	3
65 岁及以上	18	18		288	247	41
大学本科						
总计*	**9250**	**6292**	**2958**	**9176**	**5637**	**3539**
60—64 岁	26	24	2	120	105	15
60 岁	9	8	1	24	22	2
61 岁	6	5	1	31	26	5
62 岁	6	6		24	23	1
63 岁				24	19	5
64 岁	5	5		17	15	2
65 岁及以上	12	11	1	195	167	28
研究生						
总计*	**319**	**213**	**106**	**1311**	**785**	**526**
60—64 岁				2	2	
60 岁				1	1	
61 岁				1	1	
62 岁						
63 岁						
64 岁						
65 岁及以上	1	1		2	2	

表 4—10　全国分年龄、性别、未工作者主要生活来源的人口

单位:人

受教育程度和年龄别	总计			退休金			领取基本生活费		
	合计	男	女	小计	男	女	小计	男	女
总　计*	**23403664**	**9105603**	**14298061**	**3988295**	**2200709**	**1787586**	**764919**	**376778**	**388141**
60—64 岁	2048763	845608	1203155	906679	560989	345690	42399	19928	22471
60 岁	397779	159746	238033	186736	112422	74314	8286	3990	4296
61 岁	359962	146609	213353	168017	101868	66149	7293	3353	3940
62 岁	427887	178596	249291	191915	119082	72833	8894	4182	4712
63 岁	419492	175586	243906	178784	112803	65981	8636	4040	4596
64 岁	443643	185071	258572	181227	114814	66413	9290	4363	4927
65—69 岁	2146959	910757	1236202	746718	493789	252929	48761	24015	24746
65 岁	443610	182412	261198	169517	107462	62055	9768	4630	5138
66 岁	428019	178639	249380	157404	101694	55710	9632	4608	5024
67 岁	463341	199254	264087	162387	108466	53921	10480	5192	5288
68 岁	417464	177519	239945	134258	90601	43657	9713	4900	4813
69 岁	394525	172933	221592	123152	85566	37586	9168	4685	4483
70—74 岁	1943877	852859	1091018	488754	345835	142919	48605	24873	23732
70 岁	467129	206461	260668	131456	93051	38405	11163	5886	5277
71 岁	377578	165892	211686	101214	70871	30343	9326	4788	4538
72 岁	410776	180828	229948	101044	71617	29427	10432	5394	5038
73 岁	362040	158706	203334	83957	59785	24172	9300	4712	4588
74 岁	326354	140972	185382	71083	50511	20572	8384	4093	4291
75—79 岁	1341025	563007	778018	240285	171488	68797	35141	16353	18788
75 岁	330490	141550	188940	65489	46985	18504	8668	4319	4349
76 岁	296970	125302	171668	55228	39256	15972	7794	3704	4090
77 岁	256165	106776	149389	44770	31740	13030	6820	3129	3691
78 岁	244357	101662	142695	40439	28857	11582	6327	2817	3510
79 岁	213043	87717	125326	34359	24650	9709	5532	2384	3148
80—84 岁	726875	281522	445353	93111	66295	26816	19257	7729	11528
80 岁	205609	81554	124055	28066	20107	7959	5469	2295	3174
81 岁	159062	63153	95909	21434	15343	6091	4199	1749	2450
82 岁	141119	54116	87003	17580	12371	5209	3806	1520	2286
83 岁	120223	45676	74547	14716	10516	4200	3162	1196	1966
84 岁	100862	37023	63839	11315	7958	3357	2621	969	1652
85 岁及以上	368683	117677	251006	34667	24333	10334	9561	3151	6410

表 4—10　全国分年龄、性别、未工作者主要生活来源的人口(续)　　单位:人

受教育程度和年龄别	家庭其他成员供养			财产性收入			保险			其他		
	小计	男	女	小计	男	女	小计	男	女	小计	男	女
总　计*	**17181494**	**5733529**	**11447965**	**169776**	**89654**	**80122**	**12844**	**6302**	**6542**	**1286336**	**698631**	**587705**
60—64 岁	1044158	234558	809600	7089	3608	3481	1232	719	513	47206	25806	21400
60 岁	191412	36999	154413	1515	789	726	250	139	111	9580	5407	4173
61 岁	175122	36217	138905	1298	629	669	245	134	111	7987	4408	3579
62 岁	215604	49095	166509	1453	749	704	269	157	112	9752	5331	4421
63 岁	220756	52662	168094	1409	738	671	245	157	88	9662	5186	4476
64 岁	241264	59585	181679	1414	703	711	223	132	91	10225	5474	4751
65—69 岁	1291651	361960	929691	6218	3068	3150	1055	603	452	52556	27322	25234
65 岁	252068	63844	188224	1325	680	645	238	138	100	10694	5658	5036
66 岁	249320	66188	183132	1302	642	660	208	124	84	10153	5383	4770
67 岁	277633	78964	198669	1365	682	683	222	130	92	11254	5820	5434
68 岁	261624	76066	185558	1156	546	610	191	100	91	10522	5306	5216
69 岁	251006	76898	174108	1070	518	552	196	111	85	9933	5155	4778
70—74 岁	1346547	451721	894826	4990	2389	2601	922	493	429	54059	27548	26511
70 岁	309910	100079	209831	1314	622	692	244	136	108	13042	6687	6355
71 岁	255821	84453	171368	919	448	471	174	93	81	10124	5239	4885
72 岁	286589	97352	189237	1024	516	508	193	104	89	11494	5845	5649
73 岁	257532	88509	169023	933	428	505	167	96	71	10151	5176	4975
74 岁	236695	81328	155367	800	375	425	144	64	80	9248	4601	4647
75—79 岁	1022371	354295	668076	3218	1520	1698	563	277	286	39447	19074	20373
75 岁	245631	84977	160654	841	406	435	140	75	65	9721	4788	4933
76 岁	224412	77743	146669	681	318	363	127	61	66	8728	4220	4508
77 岁	196409	67997	128412	643	290	353	103	49	54	7420	3571	3849
78 岁	189691	66217	123474	548	248	300	98	50	48	7254	3473	3781
79 岁	166228	57361	108867	505	258	247	95	42	53	6324	3022	3302
80—84 岁	590944	196877	394067	1439	695	744	321	143	178	21803	9783	12020
80 岁	164998	55919	109079	464	227	237	107	45	62	6505	2961	3544
81 岁	128354	43714	84640	295	145	150	58	29	29	4722	2173	2549
82 岁	115124	38166	76958	269	122	147	52	19	33	4288	1918	2370
83 岁	98643	32333	66310	219	118	101	55	27	28	3428	1486	1942
84 岁	83825	26745	57080	192	83	109	49	23	26	2860	1245	1615
85 岁及以上	313405	85948	227457	661	275	386	173	71	102	10216	3899	6317

表 6—5 省、自治区、直辖市育龄妇女年龄别生育率及总和生育率

地区别	年龄别生育率(‰)							总和生育率
	15—19 岁	20—24 岁	25—29 岁	30—34 岁	35—39 岁	40—44 岁	45—49 岁	
合计	**5.96**	**114.49**	**86.19**	**28.62**	**6.22**	**1.46**	**0.68**	**1.22**
北京市	1.39	37.21	67.47	23.37	4.37	0.74	0.17	0.67
天津市	2.30	81.55	57.31	17.46	15.67	1.14	0.30	0.88
河北省	0.66	113.67	91.63	43.25	7.19	1.20	0.65	1.29
山西省	12.94	141.44	92.61	28.93	8.26	2.01	0.93	1.44
内蒙古自治区	4.41	119.34	71.55	17.67	3.39	0.68	0.18	1.09
辽宁省	4.63	101.07	62.18	21.59	5.76	0.95	0.27	0.98
吉林省	3.08	97.95	42.43	17.49	4.41	1.14	0.61	0.84
黑龙江省	4.28	108.07	47.59	12.40	2.57	0.37	0.10	0.88
上海市	3.41	62.22	51.30	15.61	3.47	0.80	0.12	0.68
江苏省	2.76	119.59	58.21	9.36	2.50	0.64	0.25	0.97
浙江省	2.37	94.81	79.83	25.88	4.66	0.58	0.29	1.04
安徽省	2.02	142.62	95.51	20.93	3.29	0.75	0.49	1.33
福建省	1.48	101.00	83.83	15.95	2.75	0.76	0.47	1.03
江西省	12.28	179.90	98.09	22.21	4.52	1.28	0.71	1.60
山东省	0.10	65.11	105.52	54.83	5.95	0.97	0.51	1.16
河南省	2.09	129.67	99.92	44.76	9.61	1.97	0.88	1.44
湖北省	2.81	121.46	67.65	16.28	2.93	0.90	0.58	1.06
湖南省	3.22	123.76	92.66	28.17	4.18	1.40	0.87	1.27
广东省	3.25	51.62	85.21	34.91	9.74	2.63	1.21	0.94
广西壮族自治区	7.57	121.98	122.46	40.59	10.57	3.05	1.78	1.54
海南省	15.81	124.51	107.68	41.09	13.02	4.26	1.86	1.54
重庆市	9.06	148.91	69.06	17.15	5.86	1.30	0.40	1.26
四川省	13.36	144.77	64.47	16.24	5.63	1.61	0.59	1.23
贵州省	26.76	200.94	143.05	46.21	14.74	3.90	1.52	2.19
云南省	26.94	165.86	121.73	34.86	9.57	2.62	0.88	1.81
西藏自治区	14.68	95.00	110.00	66.18	44.78	26.37	13.75	1.85
陕西省	4.91	119.33	76.37	18.32	4.07	1.40	0.72	1.13
甘肃省	6.46	136.57	92.90	21.49	4.35	1.48	0.99	1.32
青海省	27.71	132.02	101.27	30.67	9.72	4.31	2.25	1.54
宁夏回族自治区	22.80	166.73	111.03	28.72	6.53	1.54	0.55	1.69
新疆维吾尔自治区	20.14	118.72	107.69	39.31	12.61	3.94	1.59	1.52

表 6—5a　省、自治区、直辖市育龄妇女年龄别生育率及总和生育率(城市)

地区别	年龄别生育率(‰)							总和生育率
	15—19 岁	20—24 岁	25—29 岁	30—34 岁	35—39 岁	40—44 岁	45—49 岁	
合计	**1.65**	**63.00**	**80.63**	**20.88**	**4.71**	**1.08**	**0.47**	**0.86**
北京市	0.67	24.85	67.46	25.96	4.43	0.74	0.18	0.62
天津市	0.57	45.36	68.47	15.33	4.84	0.95	0.32	0.68
河北省	0.42	78.26	90.48	24.19	5.17	0.78	0.45	1.00
山西省	3.09	92.52	88.64	22.46	6.92	2.34	0.90	1.08
内蒙古自治区	1.31	84.15	83.64	15.67	3.80	1.13	0.26	0.95
辽宁省	1.13	63.14	70.40	12.61	3.19	0.70	0.30	0.76
吉林省	1.29	66.62	53.80	11.94	3.81	1.50	0.80	0.70
黑龙江省	1.90	71.06	59.28	10.70	2.75	0.57	0.03	0.73
上海市	1.72	50.97	56.09	18.80	4.05	0.91	0.13	0.66
江苏省	1.09	78.94	71.33	10.39	2.50	0.48	0.17	0.82
浙江省	1.40	59.52	81.49	21.63	4.31	0.63	0.21	0.85
安徽省	1.02	82.66	91.20	15.42	2.95	0.42	0.47	0.97
福建省	0.54	48.91	83.13	18.80	4.30	1.41	0.79	0.79
江西省	4.94	103.24	87.47	17.34	4.99	1.38	0.90	1.10
山东省	0.07	47.92	107.60	33.93	4.63	1.00	0.50	0.98
河南省	0.64	69.32	98.48	26.54	6.72	1.36	0.39	1.02
湖北省	1.52	77.44	66.15	13.11	3.17	1.09	0.59	0.82
湖南省	0.95	72.75	89.39	19.57	3.75	1.17	0.88	0.94
广东省	1.59	37.61	76.51	31.53	8.74	1.96	0.76	0.79
广西壮族自治区	2.01	55.20	96.49	31.99	7.41	1.92	1.09	0.98
海南省	5.50	71.00	84.86	35.03	11.21	3.12	2.29	1.07
重庆市	1.99	84.37	67.05	13.58	3.59	0.76	0.25	0.86
四川省	3.01	85.57	69.41	13.77	3.32	0.72	0.32	0.88
贵州省	8.52	107.04	103.97	30.07	9.12	1.81	0.75	1.31
云南省	6.39	74.81	97.06	28.82	6.02	1.29	0.81	1.08
西藏自治区	2.04	43.15	50.89	22.39	18.57	9.26	5.92	0.76
陕西省	1.55	68.52	82.28	17.38	4.34	1.06	0.79	0.88
甘肃省	2.10	68.51	99.26	22.84	4.13	1.08	0.67	0.99
青海省	7.19	71.05	94.15	26.31	6.01	2.84		1.04
宁夏回族自治区	9.38	90.20	87.64	17.86	4.00	0.13	0.28	1.05
新疆维吾尔自治区	5.42	63.55	96.34	30.60	7.87	2.38	0.90	1.04

表 6—5b 省、自治区、直辖市育龄妇女年龄别生育率及总和生育率(镇)

地区别	年龄别生育率(‰)							总和生育率
	15—19 岁	20—24 岁	25—29 岁	30—34 岁	35—39 岁	40—44 岁	45—49 岁	
合计	**3.81**	**103.01**	**79.19**	**22.57**	**5.76**	**1.28**	**0.62**	**1.08**
北京市	1.39	54.29	70.37	15.99	3.59	0.94	0.25	0.73
天津市	2.60	102.77	49.41	17.13	34.73	1.38	0.30	1.04
河北省	0.52	114.54	81.34	35.89	8.91	1.68	0.83	1.22
山西省	10.55	137.17	87.64	28.13	8.51	1.60	0.52	1.37
内蒙古自治区	2.68	121.88	67.87	13.30	3.60	0.57	0.08	1.05
辽宁省	5.02	118.81	55.82	19.12	6.03	1.28	0.36	1.03
吉林省	2.37	105.55	47.85	13.11	5.15	1.08	0.94	0.88
黑龙江省	3.64	115.35	51.58	8.14	2.63	0.26	0.10	0.91
上海市	8.16	98.91	40.30	8.03	1.59	0.20	0.21	0.79
江苏省	2.64	123.36	56.68	7.57	2.36	0.56	0.25	0.97
浙江省	2.08	89.12	79.33	22.74	4.75	0.53	0.33	0.99
安徽省	2.29	135.91	81.13	15.41	2.27	0.41	0.41	1.19
福建省	1.13	94.19	84.44	15.67	2.12	0.71	0.26	0.99
江西省	8.04	153.56	83.94	18.55	3.31	0.96	0.20	1.34
山东省	0.10	73.55	105.14	43.41	5.41	0.90	0.50	1.15
河南省	2.55	127.22	90.10	32.54	9.06	2.01	1.06	1.32
湖北省	2.40	126.42	63.54	13.21	3.12	1.08	0.45	1.05
湖南省	2.15	107.86	85.61	20.34	4.22	1.61	1.01	1.11
广东省	2.13	41.62	73.63	32.44	9.22	2.84	1.38	0.82
广西壮族自治区	5.11	97.78	106.31	37.27	10.10	2.63	1.60	1.30
海南省	12.93	109.70	100.49	40.14	12.92	3.24	0.68	1.40
重庆市	6.06	143.88	70.38	12.24	4.07	0.72	0.33	1.19
四川省	5.39	134.63	67.14	12.37	4.34	1.29	0.42	1.13
贵州省	18.73	171.50	121.95	34.56	10.06	2.02	1.38	1.80
云南省	16.30	134.56	106.94	29.31	6.92	0.93	0.40	1.48
西藏自治区	15.29	83.37	82.85	38.53	18.03	9.22	8.06	1.28
陕西省	5.13	115.89	73.15	16.06	3.97	1.58	0.71	1.08
甘肃省	2.97	116.85	90.56	19.07	5.16	0.84	1.14	1.18
青海省	11.45	109.39	96.36	22.21	5.33	1.62	1.06	1.24
宁夏回族自治区	12.40	136.88	100.19	19.81	3.91	1.89	0.67	1.38
新疆维吾尔自治区	14.90	107.22	102.64	32.79	8.81	2.66	0.64	1.35

表 6—5c　省、自治区、直辖市育龄妇女年龄别生育率及总和生育率(乡村)

地区别	年龄别生育率(‰)							总和生育率
	15—19岁	20—24岁	25—29岁	30—34岁	35—39岁	40—44岁	45—49岁	
合　计	**8.74**	**143.84**	**90.50**	**33.05**	**6.98**	**1.68**	**0.77**	**1.43**
北京市	4.19	85.07	66.34	18.70	4.42	0.66	0.13	0.90
天津市	6.52	135.76	44.52	20.67	26.30	1.48	0.27	1.18
河北省	0.75	123.82	93.47	48.61	7.48	1.25	0.67	1.38
山西省	17.72	162.35	95.42	31.79	8.76	1.97	1.02	1.60
内蒙古自治区	6.36	134.90	66.62	20.44	3.12	0.53	0.18	1.16
辽宁省	8.74	135.79	55.12	30.81	8.63	1.16	0.22	1.20
吉林省	4.72	119.04	32.27	22.67	4.63	0.87	0.38	0.92
黑龙江省	6.26	131.01	37.22	15.40	2.39	0.25	0.15	0.96
上海市	14.46	105.51	31.06	7.11	1.82	0.52		0.80
江苏省	3.89	143.42	51.92	9.44	2.54	0.75	0.29	1.06
浙江省	3.37	124.37	78.97	29.62	4.83	0.57	0.31	1.21
安徽省	2.24	158.98	99.20	23.10	3.58	0.91	0.51	1.44
福建省	2.10	131.30	83.92	14.87	2.31	0.52	0.42	1.18
江西省	15.80	207.10	104.18	24.08	4.68	1.33	0.77	1.79
山东省	0.12	72.69	104.55	65.22	6.58	0.96	0.52	1.25
河南省	2.39	144.92	101.56	49.94	10.30	2.11	0.96	1.56
湖北省	4.09	157.26	69.76	18.67	2.75	0.76	0.60	1.27
湖南省	4.29	143.94	94.99	31.68	4.29	1.43	0.85	1.41
广东省	5.86	81.16	103.19	39.33	10.85	3.05	1.47	1.22
广西壮族自治区	9.50	147.70	133.55	43.38	11.47	3.43	1.97	1.76
海南省	21.11	158.00	124.03	44.51	13.87	5.10	2.12	1.84
重庆市	14.93	183.84	69.56	19.50	7.22	1.67	0.46	1.49
四川省	19.48	163.57	62.64	17.53	6.50	1.89	0.67	1.36
贵州省	31.49	222.77	154.94	51.53	16.87	4.65	1.66	2.42
云南省	32.43	188.57	129.07	36.85	10.64	3.13	0.97	2.01
西藏自治区	15.85	103.08	125.53	79.09	53.48	31.27	15.36	2.12
陕西省	6.13	141.57	75.25	19.04	4.01	1.47	0.70	1.24
甘肃省	7.94	157.00	91.75	21.49	4.31	1.68	1.04	1.43
青海省	34.98	151.81	104.67	34.30	12.39	5.56	3.23	1.73
宁夏回族自治区	28.13	196.19	122.75	35.13	8.13	2.08	0.63	1.97
新疆维吾尔自治区	25.90	138.35	114.04	45.22	15.74	4.92	1.98	1.73

二、历年1%人口抽样调查相关老龄数据

1987 年 1%人口抽样调查

1—5 省、自治区、直辖市分性别的人口年龄状况

地区别 性别	合计*	60—64 岁	65—69 岁	70—74 岁	75—79 岁	80—84 岁
总计	**10679308**	**319472**	**242405**	**172255**	**101548**	**49967**
男	5441469	161972	117550	79012	42312	18319
女	5237838	157500	124855	93242	59236	31648
北京市	97936	3615	2613	1854	1202	612
男	49151	1795	1279	926	530	243
女	49785	1820	1334	928	672	369
天津市	82434	3056	2199	1539	1030	460
男	41579	1556	1113	784	494	186
女	40855	1500	1086	755	536	274
河北省	571449	17574	12312	9711	6110	2826
男	291090	8780	6024	4689	2692	1196
女	280359	8794	6288	5023	3417	1629
山西省	268904	8074	6146	4435	2466	923
男	140215	4155	3105	2184	1229	416
女	128689	3920	3041	2251	1237	508
内蒙古自治区	205503	4890	3375	2267	1229	557
男	105645	2780	1896	1252	639	262
女	99859	2110	1479	1014	590	295
辽宁省	377337	11380	8183	5566	3554	1899
男	191522	5979	4403	2790	1766	911
女	185814	5401	3781	2776	1788	988
吉林省	234964	6277	4371	2913	1779	810
男	119568	3315	2337	1515	892	414
女	115397	2962	2034	1398	888	397
黑龙江省	339080	8101	5466	3611	2052	917
男	172215	4435	3002	1933	1050	439
女	166865	3666	2465	1678	1002	478
上海市	123640	5731	4293	2947	1850	1002
男	61426	2738	2003	1307	771	356
女	62214	2993	2290	1640	1079	646
江苏省	632598	22209	17875	12050	7354	4174
男	320193	10633	8221	5161	2848	1375
女	312406	11576	9654	6890	4506	2800
浙江省	409673	14714	11167	7823	4958	2713
男	207964	7692	5429	3604	2047	989
女	201709	7022	5738	4219	2912	1724
安徽省	527262	17140	11942	7673	3456	1978
男	271279	8646	5394	3022	1168	576
女	255983	8494	6549	4652	2288	1401
福建省	278242	7976	5753	3826	2440	1227
男	141363	4048	2672	1590	877	340
女	136879	3929	3081	2237	1562	887

* 此数据为所有年龄段数据和，后同。

1—5 省自治区、直辖市分性别的人口年龄状况(续 1)

地区别 性别	合计*	60—64 岁	65—69 岁	70—74 岁	75—79 岁	80—84 岁
江西省	355468	9782	7858	5227	2964	1294
男	180945	4985	3826	2252	1106	411
女	174523	4797	4032	2975	1858	883
山东省	790567	24516	20507	14082	9189	4445
男	397992	11645	9537	6499	3832	1593
女	392575	12872	10970	7583	5357	2852
河南省	792405	25378	19093	13404	7908	3900
男	399324	12539	8678	5714	3044	1350
女	393081	12839	10414	7690	4864	2550
湖北省	506560	16018	11988	8735	4377	1904
男	256111	8137	5820	3920	1681	647
女	250448	7881	6168	4814	2696	1258
湖南省	576453	16735	13194	9648	5459	2595
男	297314	8491	6621	4551	2370	1001
女	279139	8244	6574	5097	3089	1594
广东省	643171	19378	14547	10996	7152	4015
男	326477	9489	6669	4584	2510	1127
女	316694	9889	7878	6411	4642	2888
广西壮族自治区	399929	10619	8785	6530	4516	2425
男	206665	5304	4217	2977	1908	901
女	193264	5314	4568	3553	2608	1524
四川省	1043906	31519	23501	17056	9469	4571
男	538549	16690	11581	7716	3799	1598
女	505356	14829	11920	9340	5670	2974
贵州省	305477	6387	5424	4648	2850	1250
男	156011	3263	2652	2225	1243	513
女	149467	3124	2772	2422	1607	738
云南省	350620	9073	7115	5391	3066	1239
男	177498	4463	3438	2486	1322	482
女	173123	4610	3677	2905	1744	757
西藏自治区	20847	634	368	270	139	49
男	10260	281	169	109	45	26
女	10587	353	199	161	94	23
陕西省	309411	8543	7038	4989	2313	965
男	159483	4625	3660	2654	1128	394
女	149928	3918	3378	2335	1185	571
甘肃省	209725	5065	3746	2609	1312	501
男	107300	2686	1862	1281	620	219
女	102425	2379	1884	1328	692	282
青海省	41955	976	627	433	241	90
男	20993	478	305	188	94	30
女	20962	498	322	244	147	60
宁夏回族自治区	42875	868	671	503	263	121
男	21473	479	358	272	140	59
女	21402	390	314	231	122	62
新疆维吾尔自治区	140915	3242	2247	1519	849	504
男	71864	1864	1280	827	468	268
女	69050	1379	967	692	381	263

1—5 省自治区、直辖市分性别的人口年龄状况(续2)

地区别 性别	85—89岁	90—94岁	95—99岁	100岁以上	年龄中位数	少年系数	老年系数	长寿水平
总计	**15617**	**3034**	**559**	**99**	**24.18**	**28.76**	**5.48**	**7.66**
男	4892	838	150	38	24.06	29.27	4.84	5.70
女	10725	2195	409	62	24.30	28.23	6.15	9.39
北京市	207	35	5	1	29.74	20.36	6.67	8.48
男	74	12	1	—	29.29	21.16	6.24	6.80
女	133	23	4	1	30.23	19.54	7.10	10.04
天津市	134	28	5	—	29.51	22.17	6.54	7.41
男	49	15	0	—	29.35	22.53	6.35	5.94
女	85	13	4	—	29.67	21.80	6.74	8.85
河北省	757	108	22	1	24.91	28.25	5.57	7.51
男	260	23	5	1	24.82	28.80	5.12	6.28
女	496	85	17	—	25.00	27.68	6.05	8.65
山西省	200	32	3	1	24.66	28.92	5.28	5.20
男	70	11	2	—	24.86	28.88	5.00	4.46
女	130	21	2	1	24.45	28.95	5.59	5.95
内蒙古自治区	112	24	3	—	23.40	30.82	3.68	5.59
男	51	15	2	—	23.61	30.69	3.90	4.77
女	62	10	1	—	23.18	30.94	3.46	6.61
辽宁省	628	111	16	1	27.08	24.16	5.29	8.47
男	263	48	8	—	27.15	24.40	5.32	7.61
女	365	62	8	1	27.00	23.91	5.26	9.39
吉林省	263	42	12	—	24.63	26.82	4.34	6.84
男	129	19	5	—	24.60	27.16	4.44	6.57
女	134	23	7	—	24.66	26.46	4.23	7.14
黑龙江省	287	41	6	—	23.94	29.01	3.65	6.11
男	147	24	5	—	23.91	29.27	3.83	5.56
女	140	17	2	—	23.96	28.75	3.47	6.75
上海市	337	67	15	1	32.01	18.36	8.50	8.75
男	100	18	4	—	31.67	18.85	7.42	6.55
女	237	49	11	1	32.37	17.87	9.57	10.55
江苏省	1376	297	44	2	28.61	22.15	6.82	9.01
男	368	62	7	—	28.40	22.76	5.63	6.32
女	1007	235	37	2	28.84	21.53	8.04	11.12
浙江省	967	199	19	2	27.84	23.51	6.80	9.16
男	298	56	5	1	27.74	24.19	5.98	6.70
女	669	143	14	1	27.94	22.82	7.64	11.37
安徽省	639	102	17	3	23.00	28.88	4.90	6.38
男	171	21	2	1	22.81	29.51	3.82	4.06
女	467	82	15	2	23.18	28.23	6.04	8.22
福建省	429	86	11	2	22.58	32.74	4.95	8.07
男	102	15	2	—	22.34	33.29	3.96	4.77
女	328	71	9	2	22.82	32.17	5.97	10.70
江西省	338	58	11	2	21.37	35.09	4.99	6.18
男	89	10	2	—	20.99	35.83	4.25	4.03
女	249	48	9	2	21.75	34.33	5.76	8.02

1—5　省自治区、直辖市分性别的人口年龄状况(续3)

地区别 性别	85—89岁	90—94岁	95—99岁	100岁以上	年龄中位数	少年系数	老年系数	长寿水平
山东省	1418	240	31	4	25.20	27.32	6.31	8.25
男	465	70	6	—	24.89	28.24	5.53	6.34
女	953	170	25	4	25.56	26.38	7.11	9.82
河南省	1143	219	38	10	23.43	30.26	5.77	7.47
男	360	56	4	—	22.93	31.38	4.81	5.58
女	783	163	34	10	23.89	29.12	6.74	9.00
湖北省	579	100	15	4	24.16	28.18	5.47	5.95
男	164	15	2	3	24.02	28.77	4.78	4.08
女	416	85	13	1	24.29	27.57	6.17	7.59
湖南省	743	139	15	—	23.44	29.00	5.52	7.20
男	252	38	4	—	23.55	28.97	4.99	5.55
女	491	102	11	—	23.34	29.04	6.07	8.72
广东省	1525	377	86	6	23.55	31.49	6.02	10.35
男	336	58	21	1	23.14	32.42	4.69	6.22
女	1189	319	65	5	23.97	30.54	7.39	13.42
广西壮族自治区	792	162	53	9	21.79	34.44	5.82	10.15
男	228	43	14	3	21.44	35.12	4.98	7.62
女	564	119	39	6	22.17	33.70	6.72	12.31
四川省	1459	302	48	3	24.15	26.53	5.40	7.26
男	441	98	6	—	24.29	26.58	4.69	5.11
女	1018	203	42	3	24.00	26.47	6.17	9.22
贵州省	382	60	6	4	20.83	35.48	4.79	8.10
男	121	22	2	1	20.69	35.80	4.35	6.56
女	261	38	4	3	20.97	35.15	5.25	9.51
云南省	339	56	15	4	21.61	34.13	4.91	6.29
男	120	18	7	3	21.43	34.50	4.44	5.10
女	219	38	8	1	21.78	33.76	5.40	7.33
西藏自治区	19	—	—	—	20.72	36.74	4.05	4.57
男	—	—	—	—	20.22	38.33	3.40	4.17
女	19	—	—	—	21.34	35.20	4.68	4.87
陕西省	197	37	5	2	24.00	29.02	5.02	5.01
男	61	10	1	1	23.83	29.32	4.96	3.72
女	136	27	5	1	24.17	28.70	5.09	6.40
甘肃省	99	11	2	1	22.31	29.75	3.95	4.61
男	39	7	1	—	22.21	30.08	3.75	3.95
女	61	5	2	1	22.41	29.41	4.15	5.28
青海省	26	5	1	2	20.36	35.76	3.39	5.16
男	7	2	—	1	20.11	36.23	2.99	3.64
女	18	3	1	1	20.59	35.28	3.80	6.46
宁夏回族自治区	33	6	3	—	20.55	36.38	3.73	6.63
男	17	2	2	—	20.44	36.74	3.95	5.96
女	16	4	2	—	20.65	36.03	3.51	7.42
新疆维吾尔自治区	189	90	49	35	20.96	35.28	3.89	9.94
男	112	51	32	21	21.09	35.23	4.26	9.83
女	77	39	18	14	20.85	35.34	3.51	10.07

4—1 全国分年龄、性别的人口

年龄别	人口数			占总人口数的百分比			性别比（女=100）
	小计	男	女	小计	男	女	
总计*	**10679308**	**5441469**	**5237838**	**100.00**	**50.95**	**49.05**	**103.89**
60—64岁	319472	161972	157500	2.99	1.52	1.47	102.84
60	70142	36013	34129	0.66	0.34	0.32	105.52
61	64048	32711	31337	0.60	0.31	0.29	104.38
62	66552	33837	32715	0.62	0.32	0.31	103.43
63	62600	31345	31255	0.59	0.29	0.29	100.29
64	56130	28066	28063	0.53	0.26	0.26	100.01
65—69岁	242405	117550	124855	2.27	1.10	1.17	94.15
65	55382	27331	28051	0.52	0.26	0.26	97.44
66	52344	25689	26656	0.49	0.24	0.25	96.37
67	50044	24283	25751	0.47	0.23	0.24	94.30
68	43596	20755	22842	0.41	0.19	0.21	90.86
69	41049	19493	21555	0.38	0.18	0.20	90.43
70—74岁	172255	79012	93242	1.61	0.74	0.87	84.74
70	40927	19227	21700	0.38	0.18	0.20	88.60
71	36219	16738	19481	0.34	0.16	0.18	85.92
72	33553	15216	18338	0.31	0.14	0.17	82.97
73	33655	15371	18284	0.32	0.14	0.17	84.07
74	27900	12461	15439	0.26	0.12	0.14	80.71
75—79岁	101548	42312	59236	0.95	0.40	0.55	71.43
75	24701	10729	13972	0.23	0.10	0.13	76.79
76	22523	9666	12857	0.21	0.09	0.12	75.18
77	20201	8457	11744	0.19	0.08	0.11	72.01
78	18608	7397	11210	0.17	0.07	0.10	65.98
79	15515	6063	9452	0.15	0.06	0.09	64.14
80—84岁	49967	18319	31648	0.47	0.17	0.30	57.89
80	13660	5242	8417	0.13	0.05	0.08	62.28
81	11551	4332	7218	0.11	0.04	0.07	60.02
82	9704	3565	6140	0.09	0.03	0.06	58.06
83	8140	2852	5287	0.08	0.03	0.05	53.95
84	6913	2328	4585	0.06	0.02	0.04	50.76
85—89岁	15617	4892	10725	0.15	0.05	0.10	45.61
85	5184	1662	3523	0.05	0.02	0.03	47.17
86	4292	1338	2954	0.04	0.01	0.03	45.30
87	2826	880	1947	0.03	0.01	0.02	45.18
88	1908	610	1298	0.02	0.01	0.01	46.95
89	1406	403	1003	0.01	0.00	0.01	40.19
90—94岁	3034	838	2195	0.03	0.01	0.02	38.18
90	1140	352	788	0.01	0.00	0.01	44.59
91	695	176	519	0.01	0.00	0.00	34.00
92	535	139	396	0.01	0.00	0.00	35.23
93	393	105	287	0.00	0.00	0.00	36.71
94	270	65	205	0.00	0.00	0.00	31.84
95—99岁	559	150	409	0.01	0.00	0.00	36.80
95	174	42	132	0.00	0.00	0.00	31.57
96	152	46	106	0.00	0.00	0.00	42.81
97	137	41	96	0.00	0.00	0.00	43.12
98	54	12	42	0.00	0.00	0.00	28.40
99	42	10	32	0.00	0.00	0.00	30.53
100岁以上	99	38	62	0.00	0.00	0.00	60.69

4—2　全国市(不含市辖县)分年龄、性别的人口

年 龄 别	人口数			占总人口数的百分比			性别比(女=100)
	小计	男	女	小计	男	女	
总计*	**1930154**	**980007**	**950147**	**100.00**	**50.77**	**49.23**	**103.14**
60—64岁	60240	30810	29430	3.12	1.60	1.52	104.69
60	13393	6971	6422	0.69	0.36	0.33	108.54
61	12582	6514	6067	0.65	0.34	0.31	107.37
62	12303	6331	5972	0.64	0.33	0.31	106.01
63	11648	5870	5778	0.60	0.30	0.30	101.60
64	10315	5124	5191	0.53	0.27	0.27	98.70
65—69岁	44371	21795	22576	2.30	1.13	1.17	96.54
65	10273	5140	5133	0.53	0.27	0.27	100.14
66	9832	4906	4926	0.51	0.25	0.26	99.60
67	9116	4532	4583	0.47	0.23	0.24	98.88
68	7728	3659	4069	0.40	0.19	0.21	89.93
69	7423	3557	3865	0.38	0.18	0.20	92.03
70—74岁	30604	14209	16395	1.59	0.74	0.85	86.66
70	7192	3380	3812	0.37	0.18	0.20	88.64
71	6482	3038	3444	0.34	0.16	0.18	88.21
72	5933	2761	3172	0.31	0.14	0.16	87.05
73	6026	2821	3205	0.31	0.15	0.17	88.02
74	4971	2209	2762	0.26	0.11	0.14	79.98
75—79岁	18161	7666	10495	0.94	0.40	0.54	73.04
75	4432	1972	2460	0.23	0.10	0.13	80.14
76	4112	1765	2347	0.21	0.09	0.12	75.18
77	3683	1552	2130	0.19	0.08	0.11	72.86
78	3268	1347	1922	0.17	0.07	0.10	70.07
79	2666	1031	1636	0.14	0.05	0.08	63.03
80—84岁	8933	3328	5605	0.46	0.17	0.29	59.38
80	2345	930	1415	0.12	0.05	0.07	65.72
81	2081	794	1287	0.11	0.04	0.07	61.72
82	1769	642	1127	0.09	0.03	0.06	56.95
83	1475	538	937	0.08	0.03	0.05	57.44
84	1262	424	838	0.07	0.02	0.04	50.53
85—89岁	3019	945	2074	0.16	0.05	0.11	45.54
85	1046	333	713	0.05	0.02	0.04	46.68
86	822	245	577	0.04	0.01	0.03	42.38
87	538	172	365	0.03	0.01	0.02	47.20
88	374	118	256	0.02	0.01	0.01	46.07
89	239	77	162	0.01	0.00	0.01	47.20
90—94岁	616	169	447	0.03	0.01	0.02	37.76
90	217	70	146	0.01	0.00	0.01	48.20
91	142	39	104	0.01	0.00	0.01	37.08
92	113	25	88	0.01	0.00	0.00	28.53
93	81	21	60	0.00	0.00	0.00	35.05
94	62	14	49	0.00	0.00	0.00	27.98
95—99岁	111	29	82	0.01	0.00	0.00	34.78
95	34	8	26	0.00	0.00	0.00	30.69
96	24	8	15	0.00	0.00	0.00	54.97
97	27	8	19	0.00	0.00	0.00	39.61
98	13	2	11	0.00	0.00	0.00	22.48
99	13	2	11	0.00	0.00	0.00	20.10
100岁以上	13	4	9	0.00	0.00	0.00	44.25

4—3 全国镇分年龄、性别的人口

年龄别	人口数			占总人口数的百分比			性别比（女=100）
	小计	男	女	小计	男	女	
总计*	**2008736**	**1025731**	**983006**	**100.00**	**51.06**	**48.94**	**104.35**
60—64岁	57528	29318	28210	2.86	1.46	1.40	103.93
60	12682	6587	6095	0.63	0.33	0.30	108.06
61	11476	5893	5583	0.57	0.29	0.28	105.55
62	12025	6109	5916	0.60	0.30	0.29	103.27
63	11215	5631	5584	0.56	0.28	0.28	100.84
64	10131	5099	5032	0.50	0.25	0.25	101.33
65—69岁	44085	21604	22482	2.19	1.08	1.12	96.09
65	10152	5095	5058	0.51	0.25	0.25	100.73
66	9486	4740	4745	0.47	0.24	0.24	99.90
67	9049	4435	4614	0.45	0.22	0.23	96.11
68	7866	3736	4129	0.39	0.19	0.21	90.48
69	7532	3597	3935	0.37	0.18	0.20	91.42
70—74岁	31269	14401	16868	1.56	0.72	0.84	85.38
70	7306	3547	3759	0.36	0.18	0.19	94.34
71	6334	2969	3365	0.32	0.15	0.17	88.22
72	6175	2728	3446	0.31	0.14	0.17	79.17
73	6260	2856	3405	0.31	0.14	0.17	83.88
74	5194	2302	2893	0.26	0.11	0.14	79.58
75—79岁	18932	7788	11144	0.94	0.39	0.55	69.88
75	4735	2016	2719	0.24	0.10	0.14	74.13
76	4175	1757	2418	0.21	0.09	0.12	72.65
77	3696	1539	2157	0.18	0.08	0.11	71.34
78	3462	1353	2110	0.17	0.07	0.11	64.11
79	2863	1124	1739	0.14	0.06	0.09	64.60
80—84岁	9297	3384	5913	0.46	0.17	0.29	57.22
80	2577	1016	1562	0.13	0.05	0.08	65.04
81	2117	811	1306	0.11	0.04	0.07	62.10
82	1778	635	1143	0.09	0.03	0.06	55.58
83	1547	520	1027	0.08	0.03	0.05	50.64
84	1277	402	875	0.06	0.02	0.04	45.89
85—89岁	2953	932	2021	0.15	0.05	0.10	46.11
85	959	298	660	0.05	0.01	0.03	45.19
86	836	287	549	0.04	0.01	0.03	52.28
87	544	171	374	0.03	0.01	0.02	45.71
88	343	100	243	0.02	0.00	0.01	41.27
89	271	76	195	0.01	0.00	0.01	38.67
90—94岁	580	137	443	0.03	0.01	0.02	30.86
90	233	62	171	0.01	0.00	0.01	36.40
91	123	23	100	0.01	0.00	0.00	22.90
92	102	20	82	0.01	0.00	0.00	24.73
93	73	16	57	0.00	0.00	0.00	28.81
94	50	15	34	0.00	0.00	0.00	44.41
95—99岁	111	30	82	0.01	0.00	0.00	36.18
95	33	12	21	0.00	0.00	0.00	55.84
96	41	9	32	0.00	0.00	0.00	26.55
97	19	5	13	0.00	0.00	0.00	40.46
98	10	1	9	0.00	0.00	0.00	13.37
99	9	3	6	0.00	0.00	0.00	43.83
100岁以上	21	8	13	0.00	0.00	0.00	57.10

4—4 全国县(不含县辖镇)分年龄、性别的人口

年龄别	人口数			占总人口数的百分比			性别比(女=100)
	小计	男	女	小计	男	女	
总计*	**6740417**	**3435731**	**3304685**	**100.00**	**50.97**	**49.03**	**103.97**
60—64岁	201704	101844	99860	2.99	1.51	1.48	101.99
60	44068	22456	21612	0.65	0.33	0.32	103.91
61	39991	20304	19687	0.59	0.30	0.29	103.13
62	42224	21397	20828	0.63	0.32	0.31	102.73
63	39737	19844	19893	0.59	0.29	0.30	99.75
64	35683	17843	17840	0.53	0.26	0.26	100.02
65—69岁	153949	74151	79797	2.28	1.10	1.18	92.92
65	34957	17097	17860	0.52	0.25	0.26	95.72
66	33026	16042	16985	0.49	0.24	0.25	94.45
67	31869	15316	16554	0.47	0.23	0.25	92.52
68	28003	13359	14643	0.42	0.20	0.22	91.23
69	26094	12338	13755	0.39	0.18	0.20	89.70
70—74岁	110381	50402	59979	1.64	0.75	0.89	84.03
70	26429	12301	14128	0.39	0.18	0.21	87.07
71	23402	10731	12672	0.35	0.16	0.19	84.68
72	21446	9726	11720	0.32	0.14	0.17	82.99
73	21370	9694	11675	0.32	0.14	0.17	83.04
74	17734	7950	9784	0.26	0.12	0.15	81.25
75—79岁	64455	26858	37597	0.96	0.40	0.56	71.44
75	15534	6741	8793	0.23	0.10	0.13	76.67
76	14236	6145	8092	0.21	0.09	0.12	75.94
77	12822	5365	7456	0.19	0.08	0.11	71.96
78	11877	4698	7179	0.18	0.07	0.11	65.44
79	9986	3908	6077	0.15	0.06	0.09	64.31
80—84岁	31737	11607	20130	0.47	0.17	0.30	57.66
80	8737	3297	5.440	0.13	0.05	0.08	60.60
81	7353	2727	4626	0.11	0.04	0.07	58.95
82	6157	2287	3869	0.09	0.03	0.06	59.12
83	5117	1794	3323	0.08	0.03	0.05	53.98
84	4374	1502	2872	0.06	0.02	0.04	52.32
85—89岁	9645	3016	6630	0.14	0.04	0.10	45.49
85	3180	1030	2150	0.05	0.02	0.03	47.94
86	2634	807	1828	100.04	0.01	0.03	44.13
87	1745	536	1208	0.03	0.01	0.02	44.41
88	1191	391	800	0.02	0.01	0.01	48.95
89	896	251	645	0.01	0.00	0.01	38.88
90—94岁	1838	533	1305	0.03	0.01	0.02	40.81
90	691	219	472	0.01	0.00	0.01	46.44
91	430	115	315	0.01	0.00	0.00	36.52
92	320	94	226	0.00	0.00	0.00	41.64
93	239	68	171	0.00	0.00	0.00	39.93
94	158	36	122	0.00	0.00	0.00	29.84
95—99岁	337	92	245	0.01	0.00	0.00	37.68
95	107	22	85	0.00	0.00	0.00	25.89
96	87	29	59	0.00	0.00	0.00	48.64
97	92	28	63	0.00	0.00	0.00	44.75
98	31	8	22	0.00	0.00	0.00	37.32
99	20	5	15	0.00	0.00	0.00	32.58
100岁以上	66	26	40	0.00	0.00	0.00	65.51

4—5 全国分年龄、性别的死亡人口

年龄别	86 年上半年			86 年下半年			87 年上半年		
	合计	男	女	合计	男	女	合计	男	女
总计*	**28257**	**15286**	**12971**	**29746**	**16064**	**13681**	**34628**	**18581**	**16047**
60—64 岁	2850	1707	1143	2685	1687	998	3202	1949	1254
60	555	342	214	468	272	197	571	349	221
61	544	327	217	511	317	194	644	378	266
62	554	330	223	551	344	207	632	394	238
63	576	336	240	533	356	176	674	410	264
64	621	372	248	622	398	224	681	417	264
65—69 岁	3231	1891	1340	3240	1919	1321	3905	2328	1578
65	576	340	235	593	359	234	716	450	266
66	563	313	250	647	381	266	783	475	308
67	665	398	267	638	386	252	773	458	315
68	662	414	249	667	405	262	775	444	331
69	765	427	338	695	388	306	858	500	358
70—74 岁	3718	207	1648	3716	2059	1657	4362	2388	1974
70	717	424	294	707	415	293	833	466	367
71	834	440	394	696	385	311	793	460	333
72	766	426	340	870	463	407	985	548	437
73	704	405	299	720	404	316	920	471	450
74	696	375	321	722	392	330	831	443	388
75—79 岁	3343	1660	1684	3438	1736	1702	3971	1962	2009
75	682	353	329	736	390	346	813	428	385
76	698	339	359	700	363	337	789	410	379
77	644	325	319	701	345	357	812	410	402
78	674	331	343	662	319	343	785	373	412
79	645	312	334	638	319	320	772	341	431
80—84 岁	2424	1101	1323	2560	1098	1462	3146	1371	1775
80	541	236	305	612	286	326	766	360	406
81	553	256	296	547	232	315	680	290	390
82	511	258	253	515	217	298	603	262	342
83	414	180	235	499	206	293	586	248	338
84	405	171	234	387	157	231	511	212	300
85—89 岁	1050	400	650	1123	415	708	1491	542	949
85	300	129	170	355	142	213	446	157	289
86	265	107	158	270	94	176	368	137	231
87	209	67	142	187	60	126	278	109	170
88	163	58	106	160	60	99	213	69	145
89	113	39	74	151	58	94	185	70	115
90—94 岁	331	89	242	341	95	246	403	127	276
90	110	21	89	100	33	66	126	40	86
91	96	34	61	100	25	75	100	35	65
92	51	12	39	66	23	42	71	24	47
93	42	16	26	30	5	25	58	18	40
94	33	6	28	46	9	37	48	11	38
95—99 岁	79	14	65	65	14	51	75	17	58
95	32	5	28	23	5	18	21	6	15
96	20	4	16	18	2	16	24	2	23
97	13	3	9	8	3	5	13	5	8
98	6	2	4	10	3	7	9	0	9
99	8	—	8	6	2	4	7	4	3
100 岁以上	19	5	14	10	2	8	21	8	13

4—6 全国市(不含市辖县)分年龄、性别的死亡人口

年龄别	86年上半年			86年下半年			87年上半年		
	合计	男	女	合计	男	女	合计	男	女
总计*	**4352**	**2407**	**1945**	**4489**	**2488**	**2001**	**5189**	**2883**	**2306**
60—64	449	268	181	434	274	160	518	318	200
60	92	51	40	73	42	31	87	56	32
61	79	49	29	87	59	28	95	59	37
62	92	51	41	97	58	38	111	68	43
63	83	46	37	94	62	31	104	60	44
64	105	70	34	84	53	31	120	76	45
65—69岁	529	342	187	499	322	177	581	370	211
65	105	62	43	94	60	34	119	74	46
66	79	49	30	97	61	36	108	74	34
67	99	69	31	103	62	40	109	65	44
68	121	81	40	104	70	34	115	72	43
69	126	82	44	102	68	33	130	86	44
70—74岁	636	351	286	562	310	251	700	397	302
70	118	64	54	105	59	46	123	69	54
71	138	73	64	117	66	51	136	89	47
72	139	71	68	118	55	63	171	96	75
73	121	71	50	108	61	47	142	75	67
74	121	71	50	114	69	45	128	69	59
75—79岁	530	268	262	507	268	239	656	364	292
75	109	59	50	117	61	56	135	85	50
76	120	54	66	96	59	37	134	74	60
77	96	54	42	98	49	50	143	72	70
78	96	40	56	105	51	54	122	64	58
79	109	61	49	90	48	42	123	69	54
80—84岁	391	169	221	469	213	256	520	231	289
80	78	39	39	114	61	53	119	52	67
81	91	41	50	91	41	50	127	54	73
82	84	37	47	108	53	54	87	45	42
83	58	22	36	85	34	50	109	44	65
84	80	30	49	72	23	49	79	36	43
85—89岁	167	62	105	197	75	121	255	88	167
85	51	23	28	58	25	33	74	29	45
86	43	17	26	44	19	25	72	24	49
87	32	12	21	34	13	21	44	17	27
88	27	7	20	31	11	20	33	8	25
89	14	3	11	29	7	22	31	10	20
90—94岁	71	20	51	52	11	41	90	35	55
90	22	4	18	13	5	8	22	9	13
91	25	10	15	16	2	14	19	9	10
92	5	—	5	15	4	12	23	9	14
93	11	4	7	4	0	4	17	7	10
94	9	3	6	4	—	4	8	1	8
95—99岁	8	4	5	11	2	9	9	3	6
95	3	2	1	3	1	2	1	1	0
96	2	1	1	3	—	3	3	—	3
97	2	—	2	2	1	1	3	1	1
98	1	1	—	0	—	0	0	—	0
99	—	—	—	2	—	2	1	1	1
100岁以上	7	—	7	0	0	—	2	0	2

4—7 全国镇分年龄、性别的死亡人口

年龄别	86年上半年			86年下半年			87年上半年		
	合计	男	女	合计	男	女	合计	男	女
总计*	**5930**	**3229**	**2701**	**6267**	**3437**	**2830**	**7373**	**3946**	**3427**
60—64岁	610	361	249	612	400	212	696	448	248
60	119	73	45	119	69	49	123	77	47
61	113	65	48	102	70	32	152	92	60
62	120	75	45	130	87	43	130	77	52
63	136	72	64	126	93	32	154	105	50
64	124	77	47	136	80	56	137	98	39
65—69岁	655	368	286	665	394	271	865	525	340
65	122	70	51	134	79	55	147	94	53
66	124	68	57	136	86	50	166	111	55
67	127	66	61	125	71	54	196	121	75
68	109	69	40	148	93	55	162	96	67
69	171	95	76	122	65	57	195	104	91
70—74岁	769	437	331	831	480	351	952	526	426
70	133	82	51	142	83	59	197	108	89
71	184	98	86	153	95	58	185	118	67
72	168	95	74	194	112	83	190	102	88
73	147	85	63	178	95	83	188	98	90
74	136	78	58	163	95	68	192	100	92
75—79岁	738	365	373	750	372	378	845	417	428
75	148	83	64	156	85	71	185	89	96
76	134	68	66	153	73	81	167	85	82
77	146	74	72	142	71	71	173	90	83
78	165	80	85	152	70	82	147	75	72
79	146	60	86	146	73	73	173	79	95
80—84岁	537	249	288	500	214	287	667	266	401
80	120	52	68	117	55	62	160	62	98
81	122	69	53	101	42	59	134	57	76
82	93	42	51	102	38	64	128	51	77
83	105	46	59	110	47	63	126	52	74
84	98	40	58	70	31	39	120	44	76
85—89岁	287	115	172	259	101	158	358	119	239
85	81	39	42	83	29	54	106	32	75
86	72	31	42	55	16	39	101	37	64
87	61	21	40	42	16	26	60	18	42
88	42	13	29	38	17	21	47	17	29
89	30	11	19	41	23	19	44	15	29
90—94岁	82	18	64	77	19	58	107	27	80
90	28	6	22	23	9	14	30	10	20
91	20	4	16	25	4	21	27	7	20
92	14	4	9	13	3	10	23	4	19
93	11	3	7	8	2	6	10	1	9
94	10	—	10	9	1	7	17	4	13
95—99岁	28	5	24	16	6	10	19	5	14
95	16	1	14	4	—	4	7	1	6
96	3	1	2	3	1	2	6	—	6
97	5	1	4	2	2	—	2	1	1
98	2	1	1	4	1	3	—	—	—
99	2	—	2	2	2	—	3	3	—
100岁以上	6	1	5	3	1	2	9	2	7

4—8 全国县(不含县辖镇)分年龄、性别的死亡人口

年龄别	86年上半年			86年下半年			87年上半年		
	合计	男	女	合计	男	女	合计	男	女
总计*	**17975**	**9650**	**8325**	**18990**	**10139**	**8851**	**22066**	**11752**	**10314**
60—64岁	1790	1078	712	1638	1013	626	1988	1182	806
60	345	217	128	277	161	116	360	217	143
61	353	213	140	322	188	134	397	228	169
62	342	204	138	324	198	126	392	249	143
63	358	219	139	313	201	113	416	245	171
64	393	225	168	402	265	138	424	244	180
65—69岁	2048	1181	867	2075	3203	872	2459	1432	1027
65	349	208	141	364	220	145	450	282	168
66	360	196	164	415	234	181	509	291	219
67	439	263	175	411	253	158	469	273	195
68	432	264	169	414	241	173	497	276	221
69	467	250	218	471	255	216	533	310	223
70—74岁	2312	1281	1031	2324	1269	1055	2710	1464	1246
70	466	277	189	460	273	187	512	289	223
71	513	269	244	426	224	202	473	254	219
72	459	260	199	557	296	262	623	350	274
73	436	249	187	435	249	186	591	298	292
74	439	227	212	445	227	218	511	273	238
75—79岁	2075	1026	1049	2182	1097	1085	2469	1181	1289
75	425	210	215	463	245	218	493	254	239
76	445	218	228	451	231	220	488	251	237
77	402	197	205	460	225	236	496	248	248
78	413	211	202	405	199	206	516	234	282
79	390	191	199	402	198	205	476	193	283
80—84岁	1496	682	814	1591	672	919	1959	873	1085
80	343	145	198	380	170	210	487	246	241
81	340	146	194	355	149	206	419	178	241
82	334	179	155	306	126	180	389	166	223
83	252	112	140	304	125	180	351	151	200
84	227	101	127	246	103	143	312	132	181
85—89岁	596	224	373	667	239	429	878	334	544
85	168	68	100	214	88	126	265	97	169
86	150	59	91	171	59	112	194	77	118
87	115	35	81	110	32	79	174	73	101
88	94	37	57	91	32	58	133	43	90
89	69	25	44	81	28	53	111	44	66
90—94岁	178	51	127	212	66	146	206	65	142
90	60	11	49	64	19	45	74	21	53
91	50	20	30	59	19	39	54	19	35
92	32	8	24	38	17	21	25	10	14
93	21	9	12	18	2	15	31	10	22
94	15	3	12	34	8	26	23	6	17
95—99岁	42	6	36	38	6	32	47	9	38
95	14	2	12	15	4	12	13	4	9
96	14	1	13	11	0	11	15	2	13
97	6	2	4	4	—	4	8	3	5
98	3	0	3	5	1	4	9	0	8
99	5	—	5	2	0	2	3	0	3
100岁以上	6	4	2	6	1	5	10	6	4

5—5 全国6岁及6岁以上分年龄、性别的文化程度人口

年龄别	6岁及6岁以上人口数			大学毕业			大学肄业或在校		
	小计	男	女	小计	男	女	小计	男	女
总计*	**9467423**	**4807805**	**4659618**	**68956**	**49577**	**19379**	**23461**	**15417**	**8043**
60—64岁	319472	161972	157500	2035	1712	324	206	172	34
60	70142	36013	34129	518	434	85	52	47	5
61	64048	32711	31337	472	400	73	48	40	8
62	66552	33837	32715	415	355	60	44	35	9
63	62600	31345	31255	354	297	57	38	32	6
64	56130	28066	28063	276	227	49	25	19	6
65岁以上	585484	263112	322372	2080	1768	313	183	144	39

5—5 全国6岁及6岁以上分年龄、性别的文化程度人口(续1)

年龄别	高 中			初 中			小 学		
	小计	男	女	小计	男	女	小计	男	女
总计*	**736653**	**449508**	**287146**	**2226138**	**1388063**	**878075**	**3868921**	**2110899**	**1758022**
60—64岁	6013	4936	1077	18508	16177	2332	75395	61856	13538
60	1531	1252	279	4482	3884	598	17407	14071	3336
61	1337	1092	244	3854	3380	473	15673	12783	2890
62	1219	995	225	3808	3336	473	15645	12905	2740
63	1066	904	162	3436	3002	433	14177	11735	2442
64	860	692	168	2929	2575	354	12494	10362	2132
65岁及以上	5664	4666	998	19036	16831	2205	97487	83084	14403

5—6 全国市6岁及6岁以上分年龄、性别的文化程度人口

年龄别	6岁及6岁以上人口数			大学毕业			大学肄业或在校		
	小计	男	女	小计	男	女	小计	男	女
总计*	**1742519**	**882416**	**860103**	**54122**	**37452**	**16671**	**19734**	**12654**	**7081**
60—64岁	60240	30810	29430	1653	1344	309	116	87	29
60	13393	6971	6422	423	342	81	22	18	4
61	12582	6514	6067	394	325	68	28	21	7
62	12303	6331	5972	342	283	59	25	16	9
63	11648	5870	5778	273	220	54	22	16	6
64	10315	5124	5191	221	175	47	18	15	3
65岁及以上	105827	48144	57684	1661	1371	290	118	85	33

5—6 全国市6岁及6岁以上分年龄、性别的文化程度人口(续1)

年龄别	高 中			初 中			小 学		
	小计	男	女	小计	男	女	小计	男	女
总计*	**302759**	**159501**	**143257**	**556184**	**309146**	**247038**	**529116**	**281531**	**247585**
60—64岁	2837	2076	761	7220	5779	1441	18653	13022	5631
60	703	514	189	1769	1402	367	4274	2893	1381
61	662	483	180	1533	1228	305	4026	2811	1216
62	568	407	161	1483	1201	283	3762	2636	1126
63	501	389	112	1284	1022	262	3554	2531	1023
64	403	284	119	1151	926	225	3038	2151	887
65岁及以上	2744	2000	744	7227	5907	1320	24858	18886	5972

5—7 全国镇 6 岁及 6 岁以上分年龄、性别的文化程度人口

年龄别	6 岁及 6 岁以上人口数			大学毕业			大学肄业或在校		
	小计	男	女	小计	男	女	小计	男	女
总计*	**1787060**	**909920**	**877140**	**12047**	**9647**	**2401**	**2731**	**1919**	**811**
60—64 岁	57528	29318	28210	262	251	12	41	40	1
60	12682	6587	6095	77	73	4	15	14	1
61	11476	5893	5583	49	46	3	7	7	—
62	12025	6109	5916	48	47	1	9	9	—
63	11215	5631	5584	55	53	3	10	10	—
64	10131	5099	5032	33	32	1	1	1	—
65 岁及以上	107248	48282	58966	270	251	19	27	24	3

5—7 全国镇 6 岁及 6 岁以上分年龄、性别的文化程度人口(续 1)

年龄别	高中			初中			小学		
	小计	男	女	小计	男	女	小计	男	女
总计*	**174751**	**104292**	**70460**	**477125**	**281333**	**195792**	**720171**	**388528**	**331644**
60—64 岁	1434	1224	210	3923	3491	432	14236	11618	2618
60	383	318	66	989	878	112	3339	2706	633
61	316	269	47	810	729	81	2950	2411	539
62	302	262	40	821	714	108	2966	2421	545
63	242	208	33	729	653	76	2600	2128	472
64	190	166	24	573	518	54	2380	1951	428
65 岁及以上	1172	1009	163	3903	3478	425	19129	16149	2980

5—8 全国县 6 岁及 6 岁以上分年龄、性别的文化程度人口

年龄别	6 岁及 6 岁以上人口数			大学毕业			大学肄业或在校		
	小计	男	女	小计	男	女	小计	男	女
总计*	**5937844**	**3015469**	**2922375**	**2786**	**2479**	**307**	**996**	**844**	**151**
60—64 岁	201704	101844	99860	120	117	3	49	46	4
60	44068	22456	21612	19	19	—	15	15	—
61	39991	20304	19687	30	29	1	13	11	1
62	42224	21397	20828	25	25	—	10	10	—
63	39737	19844	19893	25	24	1	6	6	—
64	35683	17843	17840	22	20	1	6	3	2
65 岁及以上	372408	166686	205722	149	145	4	38	35	3

5—8 全国县 6 岁及 6 岁以上分年龄、性别的文化程度人口(续 1)

年龄别	高中			初中			小学		
	小计	男	女	小计	男	女	小计	男	女
总计*	**259143**	**185715**	**73428**	**1232829**	**797583**	**435245**	**2619634**	**1440840**	**1178793**
60—64 岁	1742	1637	106	7366	6907	459	42505	37216	5290
60	444	420	24	1723	1604	119	9793	8471	1322
61	358	341	17	1511	1424	87	8697	7562	1134
62	350	326	24	1504	1422	82	8917	7848	1069
63	323	308	16	1422	1327	95	8022	7075	947
64	267	242	24	1206	1130	76	7077	6260	817
65 岁及以上	1748	1656	92	7906	7446	460	53500	48049	5451

6—9 全国分年龄、性别的在业人口

年龄别	15 岁及 15 岁以上人口			在业人口		
	小计	男	女	小计	男	女
总计*	**7607632**	**3848652**	**3758980**	**5845692**	**3243470**	**2602222**
60—64 岁	319472	161972	157500	135138	101216	33922
60	70142	36013	34129	33788	24701	9087
61	64048	32711	31337	28432	21173	7259
62	66552	33837	32715	27976	21080	6896
63	62600	31345	31255	24620	18565	6055
64	56130	28066	28063	20322	15697	4625
65 岁及以上	585484	263112	322372	100843	79443	21400

6—9 全国分年龄、性别的在业人口(续 1)

年龄别	在业人口占同龄人口百分比			各年龄在业人口占在业人口百分比		
	小计	男	女	小计	男	女
总计*	**76.84**	**84.28**	**69.23**	**100.00**	**55.48**	**44.52**
60—64 岁	42.30	62.49	21.54	2.31	1.73	0.58
60	48.17	68.59	26.63	0.58	0.42	0.16
61	44.39	64.73	23.16	0.49	0.36	0.12
62	42.04	62.30	21.08	0.48	0.36	0.12
63	39.33	59.23	19.37	0.42	0.32	0.10
64	36.21	55.93	16.48	0.35	0.27	0.08
65 岁及以上	17.22	30.19	6.64	1.73	1.36	0.37

6—10 全国市分年龄、性别的在业人口

年龄别	15 岁及 15 岁以上人口			在业人口		
	小计	男	女	小计	男	女
总计*	**1477685**	**745892**	**731793**	**1084507**	**600000**	**484507**
60—64 岁	60240	30810	29430	17961	14127	3834
60	13393	6971	6422	4681	3681	999
61	12582	6514	6067	3827	3006	822
62	12303	6331	5972	3682	2881	801
63	11648	5870	5778	3137	2470	667
64	10315	5124	5191	2634	2089	545
65 岁及以上	105827	48144	57684	13076	10755	2321

6—10 全国市分年龄、性别的在业人口(续 1)

年龄别	在业人口占同龄人口百分比			各年龄在业人口占在业人口百分比		
	小计	男	女	小计	男	女
总计*	**73.39**	**80.44**	**66.21**	**100.00**	**55.32**	**44.68**
60—64 岁	29.82	45.85	13.03	1.66	1.30	0.35
60	34.95	52.81	15.56	0.43	0.34	0.09
61	30.42	46.14	13.54	0.35	0.28	0.08
62	29.93	45.50	13.41	0.34	0.27	0.07
63	26.93	42.08	11.55	0.29	0.23	0.06
64	25.54	40.77	10.50	0.24	0.19	0.05
65 岁以上	12.36	22.34	4.02	1.21	0.99	0.21

6—11　全国镇分年龄、性别的在业人口

年龄别	15岁及15岁以上人口			在业人口		
	小计	男	女	小计	男	女
总计*	**1451974**	**737034**	**714940**	**1074054**	**610776**	**463278.**
60—64岁	57528	29318	28210	21516	16730	4787
60	12682	6587	6095	5370	4137	1233
61	11476	5893	5583	4592	3533	1060
62	12025	6109	5916	4453	3422	1031
63	11215	5631	5584	3864	3035	828
64	10131	5099	5032	3237	2603	635
65岁及以上	107248	48282	58966	16758	13588	3170

6—11　全国镇分年龄、性别的在业人口(续1)

年龄别	在业人口占同龄人口百分比			各年龄在业人口占在业人口百分比		
	小计	男	女	小计	男	女
总计*	**73.97**	**82.87**	**64.80**	**100.00**	**56.87**	**43.13**
60—64岁	37.40	57.06	16.97	2.00	1.56	0.45
60	42.35	62.82	20.22	0.50	0.39	0.11
61	40.02	59.95	18.98	0.43	0.33	0.10
62	37.03	56.01	17.43	0.41	0.32	0.10
63	34.45	53.90	14.84	0.36	0.28	0.08
64	31.95	51.04	12.61	0.30	0.24	0.06
65岁及以上	15.63	28.14	5.38	1.56	1.27	0.03

6—12　全国县分年龄、性别的在业人口

年龄别	15岁及15岁以上人口			在业人口		
	小计	男	女	小计	男	女
总计*	**4677974**	**2365726**	**2312247**	**3687131**	**2032694**	**1654437**
60—64岁	201704	101844	99860	95661	70360	25301
60	44068	22456	21612	23737	16882	6855
61	39991	20304	19687	20012	14635	5378
62	42224	21397	20828	19842	14778	5064
63	39737	19844	19893	17620	13060	4559
64	35683	17843	17840	14450	11005	3445
65岁及以上	372408	166686	205722	71009	55100	15909

6—12　全国县分年龄、性别的在业人口(续1)

年龄别	在业人口占同龄人口百分比			各年龄在业人口占在业人口百分比		
	小计	男	女	小计	男	女
总计*	**78.82**	**85.92**	**71.55**	**100.00**	**55.13**	**44.87**
60—64岁	47.43	69.09	25.34	2.59	1.91	0.69
60	53.86	75.18	31.72	0.64	0.46	0.19
61	50.04	72.08	27.32	0.54	0.40	0.15
62	46.99	69.67	24.31	0.54	0.40	0.14
63	44.34	65.81	22.92	0.48	0.35	0.12
64	40.50	61.68	19.31	0.39	0.30	0.09
65岁及以上	19.07	33.06	7.73	1.93	1.49	0.43

6—14 全国分年龄、性别、文化程度的各职业中分类人口

文化程度年龄别	合计			一、各类专业、技术人员			科学研究人员		
	小计	男	女	小计	男	女	小计	男	女
总计*	**4506458**	**2749160**	**1757298**	**262375**	**146163**	**116213**	**1755**	**1235**	**520**
60—64岁	50898	64771	3127	3022	2724	299	57	51	6
60	13235	12326	909	893	753	86	18	15	4
61	11058	10317	741	713	633	80	13	12	1
62	10434	9819	614	616	559	57	12	11	1
63	8901	8415	487	478	435	43	10	9	1
64	7270	6893	377	375	344	32	4	4	—
65岁及以上	31143	29845	1298	1654	1530	124	33	31	2
大学毕业	64890	46713	18177	40820	27001	13819	1223	870	353
60—64岁	1066	966	100	714	635	79	42	39	3
60	338	304	34	214	190	24	14	12	2
61	250	227	23	175	153	22	10	10	0
62	230	210	20	150	135	15	8	8	—
63	144	127	17	101	88	13	8	7	1
64	104	98	6	74	68	6	2	2	—
65岁及以上	525	489	36	358	330	28	24	22	2
大学肄业	4573	3266	1306	2021	1295	726	21	16	6
60—64岁	102	95	8	42	36	6	1	1	—
60	36	34	1	12	12	1	1	1	—
61	28	27	1	11	11	0	—	—	—
62	15	14	1	7	5	1	—	—	—
63	14	12	2	7	5	2	—	—	—
64	10	8	2	5	4	1	—	—	—
65岁及以上	31	31	—	10	10	—	1	1	—
高中	591015	370525	220489	123317	62956	60361	371	248	123
60—64岁	2239	2052	187	761	662	100	8	6	2
60	651	590	61	224	187	36	2	1	1
61	537	489	48	190	164	26	1	1	—
62	427	394	33	148	129	19	3	2	1
63	370	342	28	122	110	12	1	1	—
64	254	237	17	78	71	7	0	0	—
65岁及以上	969	918	51	283	265	19	4	4	—
初中	1725852	1100146	625706	78495	42313	36182	95	71	25
60—64岁	7690	7354	337	847	782	66	4	3	1
60	2146	2033	113	239	222	17	1	1	0
61	1674	1598	76	197	177	21	1	—	1
62	1511	1451	60	164	154	10	—	—	—
63	1280	1234	46	127	118	10	1	1	—
64	1079	1037	42	120	111	9	1	1	—
65岁及以上	4070	3931	139	474	453	22	1	1	—
小学	2120129	1228509	891619	17722	12598	5124	45	32	13
60—64岁	39800	37304	2495	658	610	48	2	2	—
60	10064	9366	698	151	142	8	—	—	—
61	8569	7975	593	140	129	12	1	1	—
62	8250	7750	500	147	135	12	0	0	—
63	7094	6700	394	121	114	6	—	—	—
64	5823	5513	310	99	89	10	0	0	—
65岁及以上	25549	24477	1072	528	473	56	2	2	—

6—14 全国分年龄、性别、文化程度的各职业中分类人口(续1)

文化程度年龄别	工程技术人员和农林技术人员			科学技术管理人员和辅助人员			飞机和船舶技术人员		
	小计	男	女	小计	男	女	小计	男	女
总计*	**32985**	**26278**	**6706**	**564**	**322**	**242**	**655**	**626**	**30**
60—64岁	385	377	8	10	10	—	6	6	—
60	119	117	2	6	6	—	—	—	—
61	90	88	2	1	1	—	1	1	—
62	80	79	1	2	2	—	3	3	—
63	52	50	2	1	1	—	2	2	—
64	44	43	1	—	—	—	—	—	
65岁及以上	201	199	2	4	4	—	1	1	—
大学毕业	12832	9718	3114	205	134	71	118	104	14
60—64岁	144	141	4	7	7	—	1	1	—
60	46	45	1	5	5	—	—	—	—
61	36	36	—	0	0	—	—	—	—
62	31	30	1	1	1	—	1	1	—
63	15	15	1	0	0	—	—	—	—
64	15	15	0	—	—	—	—	—	—
65岁及以上	75	74	0	4	4	—	0	0	—
大学肄业	361	287	74	9	7	2	—	—	—
60—64岁	4	4	—	1	1	—	—	—	—
60	1	1	—	—	—	—	—	—	—
61	3	3	—	1	1	—	—	—	—
62	—	—	—	—	—	—	—	—	—
63	—	—	—	—	—	—	—	—	—
64	—	—	—	—	—	—	—	—	—
65岁及以上	2	2	—	—	—	—	—	—	—
高中	11650	8991	2659	218	110	108	192	184	8
60—64岁	67	66	2	1	1	—	1	1	—
60	25	24	1	1	1	—	—	—	—
61	16	16	—	—	—	—	—	—	—
62	13	13	—	—	—	—	—	—	—
63	10	9	1	—	—	—	1	1	—
64	4	4	—	—	—	—	—	—	—
65岁及以上	26	26	0	—	—	—	—	—	—
初中	5435	4776	659	110	56	54	187	182	4
60—64岁	70	70	0	0	0	—	1	1	—
60	21	21	—	—	—	—	—	—	—
61	18	18	0	—	—	—	—	—	—
62	14	14	—	—	—	—	1	1	—
63	8	8	—	0	0	—	—	—	—
64	8	8	—	—	—	—	—	—	—
65岁及以上	40	40	—	—	—	—	—	—	—
小学	2707	2507	200	21	15	6	159	156	3
60—64岁	99	97	2	1	1	—	3	3	—
60	26	26	—	—	—	—	—	—	—
61	17	15	2	—	—	—	1	1	—
62	21	21	—	1	1	—	1	1	—
63	18	18	—	0	0	—	1	1	—
64	17	16	1	—	—	—	—	—	—
65岁及以上	58	57	1	—	—	—	1	1	—

6—14 全国分年龄、性别、文化程度的各职业中分类人口(续 2)

文化程度年龄别	卫生技术人员			经济业务人员			法律工作人员		
	小计	男	女	小计	男	女	小计	男	女
合计*	**37315**	**17189**	**20126**	**87145**	**42917**	**44229**	**1996**	**1643**	**353**
60—64 岁	523	444	79	1097	1012	84	24	23	1
60	125	102	23	297	276	21	6	6	1
61	118	101	17	257	227	30	3	3	—
62	95	79	16	227	212	16	6	5	1
63	105	94	11	173	163	10	5	5	—
64	81	69	12	142	135	7	4	4	—
65 岁及以上	515	477	39	466	443	23	6	6	0
大学毕业	4717	2469	2248	3510	1964	1546	343	262	80
60—64 岁	80	59	21	80	71	8	9	9	—
60	25	20	4	19	16	3	4	4	—
61	20	12	8	22	20	2	1	1	—
62	11	6	5	17	15	2	1	1	—
63	17	15	2	11	9	2	1	1	—
64	8	6	2	12	12	—	3	3	—
65 岁及以上	46	39	6	36	33	4	4	4	0
大学肄业	187	94	93	447	242	204	43	32	10
60—64 岁	3	3	—	11	8	3	—	—	—
60	1	1	—	3	2	0	—	—	—
61	—	—	—	1	1	—	—	—	—
62	2	2	—	2	1	1	—	—	—
63	0	0	—	3	2	1	—	—	—
64	—	—	—	2	2	0	—	—	—
65 岁及以上	3	3	—	1	1	—	—	—	—
高中	16213	5517	10696	40212	17618	22594	985	779	206
60—64 岁	105	88	18	270	237	33	7	7	1
60	29	21	8	73	63	10	2	1	1
61	26	23	3	63	51	12	1	1	—
62	19	15	5	52	48	5	3	3	—
63	18	16	2	48	45	3	2	2	—
64	13	3	0	34	30	4	—	—	—
65 岁及以上	78	74	4	98	90	8	1	1	—
初中	12378	6750	5628	35141	17531	17610	535	486	49
60—64 岁	172	156	16	430	401	30	6	5	1
60	44	37	7	123	116	7	1	1	—
61	38	35	3	97	86	12	2	2	—
62	28	27	0	86	81	5	1	—	1
63	31	28	3	67	63	4	1	1	—
64	31	28	3	57	55	2	1	1	—
65 岁及以上	176	170	5	184	178	7	1	1	—
小学	3820	2359	1461	7836	5562	2274	90	83	7
60—64 岁	162	138	25	305	295	10	3	3	—
60	26	23	4	80	78	2	—	—	—
61	34	31	3	74	70	4	—	—	—
62	34	28	6	70	67	3	1	1	—
63	38	34	4	44	44	—	2	2	—
64	30	22	7	37	36	1	—	—	—
65 岁及以上	213	190	23	146	141	5	—	—	—

6—14　全国分年龄、性别、文化程度的各职业中分类人口(续 3)

文化程度年龄别	教学人员			文艺、体育工作人员			文化工作人员		
	小计	男	女	小计	男	女	小计	男	女
合计*	**87889**	**49122**	**38767**	**5516**	**3695**	**1821**	**5925**	**2562**	**3363**
60—64 岁	710	615	95	62	58	4	102	88	4
60	215	183	31	22	21	1	27	22	4
61	180	157	23	14	11	3	25	24	1
62	147	132	15	7	7	1	23	18	4
63	98	81	17	8	8	—	16	13	3
64	70	61	9	12	12	—	12	10	1
65 岁及以上	210	191	20	45	43	2	67	61	6
大学毕业	15888	10255	5633	425	329	96	1555	891	664
60—64 岁	303	266	38	9	9	—	39	34	6
60	87	74	13	3	3	—	12	11	1
61	76	65	11	3	3	—	6	6	—
62	65	61	4	—	—	—	13	10	3
63	43	37	7	2	2	—	3	2	1
64	31	28	2	—	—	—	4	3	1
65 岁及以上	133	123	10	6	5	1	24	20	4
大学肄业	788	525	263	59	45	14	107	47	60
60—64 岁	18	16	2	—	—	—	4	3	1
60	5	5	0	—	—	—	1	1	—
61	7	7	0	—	—	—	—	—	—
62	2	2	—	—	—	—	1	0	0
63	3	2	1	—	—	—	0	—	0
64	1	—	1	—	—	—	2	2	—
65 岁及以上	1	1	—	1	1	—	0	0	—
高中	49047	27252	21795	1919	1319	600	2488	919	1570
60—64 岁	255	216	39	11	11	—	31	25	5
60	80	87	13	5	5	—	7	4	2
61	69	59	10	3	3	—	9	8	1
62	49	41	8	1	1	—	5	5	—
63	34	29	5	2	2	—	6	5	1
64	23	21	2	—	—	—	3	3	0
65 岁及以上	44	40	4	5	5	—	20	18	2
初中	20616	10302	10314	2338	1466	872	1524	568	956
60—64 岁	112	100	12	18	14	4	20	17	2
60	36	34	2	5	5	—	5	5	1
61	25	23	1	5	2	3	6	5	0
62	22	20	2	4	4	1	3	2	0
63	14	11	3	—	—	—	3	2	1
64	15	11	4	4	4	—	3	3	—
65 岁及以上	25	20	4	10	10	—	16	16	—
小学	1550	788	762	774	536	239	251	137	114
60—64 岁	21	17	4	25	24	1	9	8	1
60	6	3	3	8	7	1	1	1	—
61	3	3	—	3	3	—	3	3	—
62	8	8	—	2	2	—	1	0	1
63	3	2	1	4	4	—	3	3	—
64	1	0	0	7	7	—	—	—	—
65 岁及以上	7	6	1	23	22	1	7	7	—

6—14 全国分年龄、性别、文化程度的各职业中分类人口(续4)

文化程度年龄别	宗教职业者			二、国家机关党群组织、企事业单位负责人			国家机关及工作机构负责人		
	小计	男	女	小计	男	女	小计	男	女
合计*	**630**	**573**	**56**	**101961**	**89568**	**12393**	**11591**	**10442**	**1149**
60—64岁	46	40	6	1884	1734	151	291	264	26
60	6	6	—	735	685	50	121	111	10
61	11	9	2	455	430	25	72	68	5
62	13	11	2	323	293	30	38	36	2
63	8	7	1	218	191	27	39	33	6
64	7	7	1	153	135	18	21	17	4
65岁及以上	105	74	31	481	435	46	64	56	9
大学毕业	5	5	—	13950	12214	1737	2352	2074	278
60—64岁	—	—	—	221	208	13	34	31	4
60	—	—	—	95	88	8	18	16	2
61	—	—	—	53	52	1	6	6	—
62	—	—	—	38	35	3	5	5	—
63	—	—	—	24	22	2	4	2	1
64	—	—	—	11	11	0	1	1	—
65岁及以上	5	5	—	93	88	4	16	16	0
大学肄业	—	—	—	731	636	95	115	99	17
60—64岁	—	—	—	22	22	—	3	3	—
60	—	—	—	8	8	—	2	2	—
61	—	—	—	8	8	—	0	0	—
62	—	—	—	3	3	—	1	1	—
63	—	—	—	2	2	—	—	—	—
64	—	—	—	—	—	—	—	—	—
65岁及以上	—	—	—	6	6	—	1	1	—
高中	21	20	1	30898	26654	4244	4053	3659	394
60—64岁	4	4	1	366	343	23	77	74	3
60	0	0	—	139	133	6	29	28	1
61	1	1	—	93	89	3	22	21	1
62	2	2	—	61	58	3	14	14	—
63	—	—	—	46	40	6	9	8	0
64	1	—	1	27	23	4	3	2	0
65岁及以上	8	7	0	75	66	9	9	8	1
初中	136	125	11	38874	34610	4264	3920	3614	306
60—64岁	14	14	—	708	672	36	121	113	7
60	2	2	—	302	288	14	48	45	3
61	6	6	—	158	153	5	27	27	—
62	5	5	—	114	107	7	14	13	1
63	1	1	—	76	71	5	19	17	3
64	0	0	—	57	52	5	12	11	1
65岁及以上	20	15	5	133	125	8	18	17	1
小学	467	423	45	17507	15454	2053	1151	977	154
60—64岁	27	22	6	568	490	78	56	44	12
60	4	4	—	190	168	22	24	20	4
61	4	2	2	144	129	15	16	13	3
62	6	4	2	107	89	18	4	3	1
63	7	6	1	70	55	14	7	5	2
64	6	6	—	58	49	9	5	3	2
65岁及以上	72	48	25	175	150	25	20	14	6

6—14　全国分年龄、性别、文化程度的各职业中分类人口(续5)

文化程度年龄别	党群组织负责人			企事业单位及其工作机构负责人			三、办事人员和有关人员		
	小计	男	女	小计	男	女	小计	男	女
合计*	**20417**	**16934**	**3483**	**69952**	**62192**	**7760**	**79358**	**55669**	**23689**
60—64岁	394	316	78	1200	1153	46	1032	951	81
60	147	125	22	467	449	18	341	309	32
61	110	97	12	273	265	8	230	211	18
62	70	50	20	215	206	8	207	191	16
63	40	29	12	139	130	9	142	133	9
64	26	14	12	106	103	3	113	107	5
65岁及以上	136	111	25	281	268	13	376	355	21
大学毕业	2260	1909	351	9338	8231	1107	6320	4650	1670
60—64岁	26	25	1	160	152	8	73	67	6
60	7	7	—	70	65	5	20	17	3
61	8	8	—	38	37	1	17	17	—
62	5	4	1	28	26	2	18	18	0
63	5	4	0	16	16	0	11	8	3
64	1	1	—	9	8	0	8	8	—
65岁及以上	23	21	1	54	51	3	23	22	1
大学肄业	155	124	31	462	413	48	638	450	188
60—64岁	2	2	—	17	17	—	9	8	0
60	—	—	—	6	6	—	5	5	0
61	2	2	—	5	5	—	0	0	—
62	—	—	—	3	3	—	—	—	—
63	—	—	—	2	2	—	2	2	—
64	—	—	—	—	—	—	2	2	—
65岁及以上	—	—	—	5	5	—	0	0	—
高中	6102	4964	1138	20742	18031	2712	32187	21270	10917
60—64岁	68	55	12	221	213	8	170	153	16
60	24	21	3	86	84	2	59	52	7
61	22	21	1	48	47	1	38	35	4
62	10	8	2	37	36	1	37	34	3
63	8	4	4	29	28	2	19	18	1
64	4	2	2	20	18	2	16	14	2
65岁及以上	28	21	7	38	38	1	45	41	3
初中	7902	6733	1169	27052	24263	2789	30274	21293	8981
60—64岁	155	137	17	432	421	11	376	344	32
60	70	64	7	184	179	4	126	113	13
61	36	32	4	95	93	2	92	84	8
62	26	24	2	74	70	4	74	69	5
63	13	11	1	44	44	1	49	46	3
64	10	7	3	35	35	0	35	32	2
65岁及以上	35	32	3	80	76	4	120	111	8
小学	3999	3205	794	12357	11253	1105	9939	8006	1933
60—64岁	142	96	47	369	350	19	404	378	26
60	46	34	12	121	114	7	131	122	9
61	41	33	8	87	83	4	82	76	6
62	30	15	15	73	71	2	77	70	7
63	15	9	6	47	41	6	61	58	3
64	11	4	6	42	42	—	53	52	1
65岁及以上	51	37	14	104	99	5	188	181	8

6—14 全国分年龄、性别、文化程度的各职业中分类人口(续6)

文化程度年龄别	行政办事人员			政治、保卫工作人员			邮电工作人员		
	小计	男	女	小计	男	女	小计	男	女
合计*	**47532**	**32556**	**14976**	**21334**	**17657**	**3677**	**6954**	**3271**	**3684**
60—64岁	693	639	55	263	244	19	13	12	1
60	241	218	23	86	78	8	1	1	0
61	159	148	11	56	50	5	1	1	—
62	136	126	10	51	48	4	3	3	1
63	89	82	7	38	36	2	5	5	—
64	68	64	4	33	32	1	3	3	—
65岁及以上	175	161	14	162	156	6	11	11	—
大学毕业	4618	3380	1237	1506	1128	378	56	44	13
60—64岁	58	52	5	11	11	—	0	0	—
60	16	13	3	3	3	—	—	—	—
61	12	12	—	3	3	—	0	0	—
62	13	13	0	3	3	—	—	—	—
63	9	7	2	2	2	—	—	—	—
64	7	7	—	—	—	—	—	—	—
65岁及以上	18	17	1	3	2	0	0	0	—
大学肆业	393	272	121	210	159	50	13	5	9
60—64岁	8	8	0	1	1	—	—	—	—
60	5	4	0	0	0	—	—	—	—
61	—	—	—	0	0	—	—	—	—
62	—	—	—	—	—	—	—	—	—
63	2	2	—	—	—	—	—	—	—
64	2	2	—	—	—	—	—	—	—
65岁及以上	0	0	—	—	—	—	—	—	—
高中	19790	12582	7208	8582	6896	1686	2555	1062	1493
60—64岁	136	123	13	27	25	2	0	—	0
60	48	42	6	9	9	—	0	—	0
61	33	31	2	5	4	1	—	—	—
62	30	28	2	5	4	1	—	—	—
63	14	13	1	4	4	—	—	—	—
64	11	9	2	3	3	—	—	—	—
65岁及以上	31	28	3	8	8	—	3	3	—
初中	17295	11968	5327	8047	6834	1213	3445	1619	1826
60—64岁	277	254	22	77	70	8	2	2	1
60	90	83	8	30	24	6	—	—	—
61	71	63	8	18	17	1	—	—	—
62	57	54	3	13	12	1	1	1	1
63	38	36	3	7	7	—	1	1	—
64	20	19	1	9	9	—	—	—	—
65岁及以上	72	66	7	38	37	2	2	2	—
小学	5437	4354	1083	2989	2640	349	885	542	343
60—64岁	215	201	14	147	138	9	9	9	—
60	81	75	6	43	41	2	1	1	—
61	44	42	2	29	26	3	1	1	—
62	36	31	4	30	28	2	2	2	—
63	26	25	1	25	23	2	4	4	—
64	28	28	—	20	20	1	3	3	—
65岁及以上	53	50	4	113	109	4	6	6	—

6—14 全国分年龄、性别、文化程度的各职业中分类人口(续7)

文化程度年龄别	其他办事人员和有关人员			四、商业工作人员			售货人员		
	小计	男	女	小计	男	女	小计	男	女
合计*	**3538**	**2186**	**1352**	**146723**	**81040**	**65682**	**107578**	**47555**	**60023**
60—64岁	63	57	6	2556	2274	282	1984	1716	268
60	14	12	1	621	544	77	454	382	72
61	13	12	2	533	458	75	412	340	72
62	16	14	2	526	478	48	415	371	44
63	11	10	1	492	441	51	397	349	48
64	9	8	1	384	352	32	305	273	32
65岁及以上	28	27	1	2042	1867	175	1782	1613	169
大学毕业	140	98	42	634	493	141	137	84	53
60—64岁	4	4	1	22	21	1	5	5	—
60	1	1	—	6	6	—	3	3	—
61	1	1	—	2	2	—	—	—	—
62	2	2	—	7	6	1	2	2	—
63	1	—	1	3	3	—	0	0	—
64	1	1	—	3	3	—	—	—	—
65岁及以上	2	2	—	8	8	0	6	5	0
大学肄业	22	14	8	136	109	27	58	39	18
60—64岁	—	—	—	5	5	—	2	2	—
60	—	—	—	3	3	—	—	—	—
61	—	—	—	1	1	—	1	1	—
62	—	—	—	—	—	—	—	—	—
63	—	—	—	2	2	—	2	2	—
64	—	—	—	—	—	—	—	—	—
65岁及以上	—	—	—	2	2	—	1	1	—
高中	1260	730	530	33604	17333	16271	23265	8648	14617
60—64岁	6	5	1	125	114	11	78	68	10
60	1	1	—	29	26	2	14	11	2
61	1	—	1	27	25	3	19	16	3
62	2	2	—	32	30	2	22	20	1
63	1	1	—	23	20	3	14	11	3
64	1	1	—	14	13	1	10	10	1
65岁及以上	3	2	1	85	80	5	71	67	4
初中	1487	872	615	70774	38095	32679	51730	21833	29897
60—64岁	20	19	2	522	495	27	330	305	25
60	6	6	—	135	124	11	77	68	9
61	4	4	—	95	89	5	56	50	5
62	3	2	1	112	108	5	74	71	4
63	2	2	—	97	92	5	72	67	5
64	5	4	1	83	81	2	51	49	2
65岁及以上	7	7	—	388	365	23	308	286	22
小学	628	417	157	41574	25009	16565	32388	16951	15437
60—64岁	32	29	3	1883	1639	243	1568	1334	234
60	6	5	1	449	385	64	361	300	60
61	8	7	1	408	341	67	337	272	65
62	10	9	1	375	335	40	317	278	39
63	7	7	—	366	323	43	309	269	40
64	2	2	—	284	255	30	244	215	30
65岁及以上	16	16	—	1559	1413	146	1397	1255	142

6—14 全国分年龄、性别、文化程度的各职业中分类人口(续8)

文化程度年龄别	采购员和供销人员			收购人员			其他商业工作人员		
	小计	男	女	小计	男	女	小计	男	女
合计[*]	**33167**	**28878**	**4289**	**4492**	**3434**	**1057**	**1486**	**1173**	**313**
60—64岁	475	462	13	68	67	1	29	29	—
60	136	131	5	25	25	—	6	6	—
61	100	98	2	12	12	1	9	9	—
62	93	89	4	12	12	—	6	6	—
63	79	76	3	12	12	—	3	3	—
64	68	68	—	7	7	—	4	4	—
65岁及以上	194	190	4	42	41	1	23	23	1
大学毕业	475	390	85	6	5	1	16	15	2
60—64岁	15	13	1	—	—	—	2	2	—
60	3	3	—	—	—	—	—	—	—
61	2	2	—	—	—	—	1	1	—
62	4	3	1	—	—	—	1	1	—
63	3	3	—	—	—	—	—	—	—
64	3	3	—	—	—	—	—	—	—
65岁及以上	2	2	—	—	—	—	—	—	—
大学肄业	74	65	9	2	2	—	2	2	—
60—64岁	1	1	—	1	1	—	—	—	—
60	1	1	—	1	1	—	—	—	—
61	—	—	—	—	—	—	—	—	—
62	—	—	—	—	—	—	—	—	—
63	—	—	—	—	—	—	—	—	—
64	—	—	—	—	—	—	—	—	—
65岁及以上	1	1	—	—	—	—	—	—	—
高中	9210	7842	1368	741	545	196	387	297	90
60—64岁	44	43	1	1	1	—	1	1	—
60	14	14	—	1	1	—	—	—	—
61	8	8	—	—	—	—	—	—	—
62	10	9	1	—	—	—	—	—	—
63	10	9	1	—	—	—	—	—	—
64	3	3	—	—	—	—	1	1	—
65岁及以上	14	13	1	—	—	—	—	—	—
初中	16391	14237	2154	2020	1520	500	633	505	128
60—64岁	174	172	2	10	10	—	9	9	—
60	51	50	1	4	4	—	3	3	—
61	36	36	—	—	—	—	3	3	—
62	34	33	1	2	2	—	2	2	—
63	22	22	—	3	3	—	—	—	—
64	31	31	—	1	1	—	—	—	—
65岁及以上	69	68	1	6	6	—	5	5	—
小学	7016	6343	673	1722	1362	361	447	354	94
60—64岁	241	232	9	56	55	1	18	18	—
60	66	63	4	18	18	—	3	3	—
61	54	52	2	12	12	1	5	5	—
62	45	44	1	9	9	—	3	3	—
63	44	42	2	10	10	—	3	3	—
64	31	31	—	6	6	—	3	3	—
65岁及以上	109	106	2	36	35	1	18	18	1

6—14 全国分年龄、性别、文化程度的各职业中分类人口(续 9)

文化程度年龄别	五、服务性工作人员			服务员			厨师和炊事员		
	小计	男	女	小计	男	女	小计	男	女
合计*	**122729**	**60344**	**62385**	**87230**	**36683**	**50547**	**25921**	**15415**	**10506**
60—64 岁	2684	2453	232	2055	1865	190	394	367	27
60	664	601	63	507	452	55	09	105	5
61	572	513	59	427	386	41	92	82	10
62	544	509	35	422	392	30	71	66	5
63	471	429	42	360	322	37	69	66	3
64	434	401	33	339	312	26	53	48	5
65 岁及以上	2072	1983	89	1669	1594	75	200	190	10
大学毕业	175	119	56	140	92	48	11	7	4
60—64 岁	9	9	1	9	9	1	—	—	—
60	1	1	—	1	1	—	—	—	—
61	3	2	1	3	2	1	—	—	—
62	4	4	—	4	4	—	—	—	—
63	1	1	—	1	1	—	—	—	—
64	0	0	—	0	0	—	—	—	—
65 岁及以上	14	13	1	10	9	1	—	—	—
大学肄业	72	45	27	54	33	21	11	7	4
60—64 岁	6	5	1	4	4	—	1	1	—
60	1	1	—	1	1	—	—	—	—
61	2	1	1	—		—	1	1	—
62	1	1	—	1	1	—	—	—	—
63	1	1	—	1	1	—	—	—	—
64	1	1	—	1	1	—	—	—	—
65 岁及以上	2	2	—	2	2	—	—	—	—
高中	20129	8555	11574	14736	4813	9923	3592	2200	1392
60—64 岁	98	86	12	80	70	10	5	4	1
60	14	12	2	13	11	2	0	0	—
61	26	21	5	20	16	4	—	—	—
62	22	21	2	18	17	1	2	1	1
63	15	14	1	12	10	1	0	0	—
64	20	19	1	17	16	1	2	2	—
65 岁及以上	60	56	4	51	48	4	1	1	—
初中	55341	25254	30087	39696	14887	24809	11193	6553	4640
60—64 岁	422	381	42	329	291	38	48	45	3
60	127	111	16	100	85	15	18	17	1
61	71	62	9	59	51	8	7	6	1
62	97	94	4	82	79	4	8	8	—
63	63	55	8	44	38	6	7	6	1
64	64	59	5	44	39	4	8	8	0
65 岁及以上	322	312	10	262	252	10	23	23	—
小学	47011	26371	20640	32604	16858	15746	11114	6647	4467
60—64 岁	2149	1972	177	1633	1491	141	340	317	24
60	520	475	45	392	354	38	91	87	4
61	470	427	44	346	317	28	84	75	9
62	419	390	29	316	291	25	61	57	4
63	390	358	33	302	273	29	62	60	2
64	350	323	27	277	256	21	43	38	5
65 岁及以上	1675	1600	75	1343	1282	61	175	166	10

6—14 全国分年龄、性别、文化程度的各职业中分类人口(续10)

文化程度年龄别	导游员			生活日用品修理人员			其他服务性工作人员		
	小计	男	女	小计	男	女	小计	男	女
合计*	**64**	**26**	**38**	**8720**	**7741**	**979**	**795**	**480**	**315**
60—64岁	1	1	—	208	202	6	27	18	9
60	—	—	—	43	43	1	4	1	3
61	—	—	—	44	42	3	8	3	6
62	1	1	—	46	46	—	5	5	—
63	—	—	—	39	38	1	3	2	1
64	—	—	—	35	34	2	7	7	—
65岁及以上	—	—	—	162	162	—	41	37	4
大学毕业	10	6	3	13	10	2	2	2	—
60—64岁	—	—	—	—	—	—	—	—	—
60	—	—	—	—	—	—	—	—	—
61	—	—	—	—	—	—	—	—	—
62	—	—	—	—	—	—	—	—	—
63	—	—	—	—	—	—	—	—	—
64	—	—	—	—	—	—	—	—	—
65岁及以上	—	—	—	2	2	—	2	2	—
大学肆业	—	—	—	6	5	1	1	—	1
60—64岁	—	—	—	—	—	—	1	—	1
60	—	—	—	—	—	—	—	—	—
61	—	—	—	—	—	—	1	—	1
62	—	—	—	—	—	—	—	—	—
63	—	—	—	—	—	—	—	—	—
64	—	—	—	—	—	—	—	—	—
65岁及以上	—	—	—	—	—	—	—	—	—
高中	29	11	18	1659	1474	186	112	57	55
60—64岁	1	1	—	11	11	—	1	—	1
60	—	—	—	1	1	—	—	—	—
61	—	—	—	4	4	—	1	—	1
62	1	1	—	2	2	—	—	—	—
63	—	—	—	3	3	—	—	—	—
64	—	—	—	—	—	—	—	—	—
65岁及以上	—	—	—	4	4	—	2	2	—
初中	24	8	16	4064	3577	487	365	229	136
60—64岁	—	—	—	37	37	—	8	8	1
60	—	—	—	9	9	—	—	—	—
61	—	—	—	4	4	—	1	1	—
62	—	—	—	6	6	—	1	1	—
63	—	—	—	12	12		1	—	1
64	—	—	—	6	6	—	6	6	—
65岁及以上	—	—	—	22	22	—	15	14	1
小学	2	1	1	2978	2675	303	314	192	123
60—64岁	—	—	—	160	154	6	16	10	6
60	—	—	—	33	33	1	4	1	3
61	—	—	—	36	33	3	6	2	4
62	—	—	—	38	38	—	4	4	—
63	—	—	—	24	23	1	2	2	—
64	—	—	—	29	27	2	1	1	—
65岁及以上	—	—	—	133	133	—	22	18	4

6—14 全国分年龄、性别、文化程度的各职业中分类人口(续11)

文化程度年龄别	六、农、林、牧、渔劳动者			农业劳动者			林业劳动者		
	小计	男	女	小计	男	女	小计	男	女
合计*	**2878781**	**1724992**	**1153789**	**2786450**	**1663239**	**1123211**	**19938**	**13486**	**6452**
60—64岁	36251	34359	1893	35172	33424	1749	267	263	3
60	9052	8503	548	8771	8266	505	62	62	—
61	7758	7315	443	7519	7107	412	56	56	—
62	7552	7169	383	7342	6999	344	58	56	2
63	6502	6216	286	6315	6047	268	41	41	—
64	5388	5155	233	5225	5004	220	49	48	1
65岁及以上	22722	21947	775	22022	21288	735	175	175	—
大学毕业	314	264	50	281	236	46	9	7	3
60—64岁	17	17	—	16	16	—	—	—	—
60	1	1	—	1	1	—	—	—	—
61	—	—	—	—	—	—	—	—	—
62	9	9	—	9	9	—	—	—	—
63	1	1	—	1	1	—	—	—	—
64	6	6	—	5	5	—	—	—	—
65岁及以上	23	23	—	22	22	—	1	1	—
大学肄业	211	186	25	201	178	23	3	1	2
60—64岁	14	13	1	13	12	1	1	1	—
60	4	4	—	4	4	—	—	—	—
61	6	6	—	5	5	—	1	1	—
62	2	2	—	2	2	—	—	—	—
63	—	—	—	—	—	—	—	—	—
64	2	1	1	2	1	1	—	—	—
65岁及以上	9	9	—	8	8	—	—	—	—
高中	179148	126994	52154	170815	120607	50208	2346	1524	822
60—64岁	596	578	18	582	564	18	5	5	—
60	149	143	5	146	141	5	—	—	—
61	132	126	6	128	121	6	1	1	—
62	106	103	3	104	101	3	1	1	—
63	122	119	3	120	116	3	2	2	—
64	87	87	—	84	84	—	1	1	—
65岁及以上	367	357	10	357	349	9	2	2	—
初中	990405	641062	349344	956929	616183	340746	8280	5591	2689
60—64岁	4238	4135	103	4159	4060	99	21	21	—
60	1045	1011	34	1023	993	31	6	6	—
61	933	909	24	918	894	24	4	4	—
62	853	833	20	842	823	19	2	2	—
63	767	756	11	757	746	11	3	3	—
64	640	626	14	619	605	14	6	6	—
65岁及以上	2393	2336	58	2330	2273	58	13	13	—
小学	1708703	956487	752217	1658223	926035	732188	9301	6364	2937
60—64岁	31386	29615	1771	30402	28771	1631	239	236	3
60	7852	7343	509	7597	7128	469	56	56	—
61	6687	6274	413	6468	6086	382	50	50	—
62	6582	6222	360	6386	6064	322	55	53	2
63	5612	5341	271	5437	5184	253	36	36	—
64	4653	4435	218	4515	4309	205	41	40	1
65岁及以上	19930	19222	708	19305	18637	669	160	160	—

6—14 全国分年龄、性别、文化程度的各职业中分类人口(续12)

文化程度 年龄别	牧业劳动者			渔业劳动者			狩猎业劳动者		
	小计	男	女	小计	男	女	小计	男	女
合计*	**32631**	**11707**	**20924**	**14057**	**12242**	**1815**	**26**	**23**	**4**
60—64岁	493	362	132	244	241	4	—	—	—
60	129	89	39	63	63	—	—	—	—
61	104	75	29	56	55	1	—	—	—
62	102	65	36	41	40	1	—	—	—
63	89	72	17	47	46	1	—	—	—
64	70	60	10	37	37	—	—	—	—
65岁及以上	343	305	37	139	138	1	—	—	—
大学毕业	7	6	2	9	9	—	—	—	—
60—64岁	—	—	—	1	1	—	—	—	—
60	—	—	—	—	—	—	—	—	—
61	—	—	—	—	—	—	—	—	—
62	—	—	—	—	—	—	—	—	—
63	—	—	—	—	—	—	—	—	—
64	—	—	—	1	1	—	—	—	—
65岁及以上	0	0	—	—	—	—	—	—	—
大学肄业	3	3	0	1	1	—	—	—	—
60—64岁	0	0	—	—	—	—	—	—	—
60	0	0	—	—	—	—	—	—	—
61	—	—	—	—	—	—	—	—	—
62	—	—	—	—	—	—	—	—	—
63	—	—	—	—	—	—	—	—	—
64	—	—	—	—	—	—	—	—	—
65岁及以上	1	1	—	—	—	—	—	—	—
高中	1665	722	944	898	803	95	1	1	—
60—64岁	7	7	—	1	1	—	—	—	—
60	1	1	—	1	1	—	—	—	—
61	3	3	—	—	—	—	—	—	—
62	0	0	—	—	—	—	—	—	—
63	—	—	—	—	—	—	—	—	—
64	2	2	—	—	—	—	—	—	—
65岁及以上	7	5	1	1	1	—	—	—	—
初中	8427	3346	5081	4299	3859	440	9	6	3
60—64岁	34	29	5	18	18	—	—	—	—
60	9	6	3	4	4	—	—	—	—
61	6	6	—	4	4	—	—	—	—
62	6	5	1	2	2	—	—	—	—
63	4	4	—	2	2	—	—	—	—
64	9	9	—	6	6	—	—	—	—
65岁及以上	35	35	—	12	12	—	—	—	—
小学	22528	7630	14898	8850	7569	1280	16	15	1
60—64岁	452	325	127	224	221	4	—	—	—
60	118	82	36	58	58	—	—	—	—
61	96	67	29	52	50	1	—	—	—
62	95	60	35	39	38	1	—	—	—
63	84	68	17	45	44	1	—	—	—
64	59	49	10	31	31	—	—	—	—
65岁及以上	299	263	36	126	125	1	—	—	—

6—14　全国分年龄、性别、文化程度的各职业中分类人口(续13)

文化程度 年龄别	农业机械操作人员			其他农林牧渔劳动者			七、生产工人、运输工人和有关人员		
	小计	男	女	小计	男	女	小计	男	女
合计*	**22597**	**22421**	**176**	**3082**	**1874**	**1208**	**912488**	**590180**	**322308**
60—64岁	12	12	—	63	57	6	3437	3263	173
60	3	3	—	24	20	4	980	930	49
61	1	1	—	22	21	1	787	751	36
62	2	2	—	6	6	—	659	616	42
63	2	2	—	7	7	—	593	566	27
64	3	3	—	5	4	1	418	399	19
65岁及以上	4	4	—	39	37	2	1783	1716	67
大学毕业	2	2	—	6	5	0	2520	1860	660
60—64岁	—	—	—	—	—	—	10	10	—
60	—	—	—	—	—	—	1	1	—
61	—	—	—	—	—	—	1	1	—
62	—	—	—	—	—	—	3	3	—
63	—	—	—	—	—	—	2	2	—
64	—	—	—	—	—	—	2	2	—
65岁及以上	—	—	—	—	—	—	6	6	0
大学肄业	3	3	—	—	—	—	749	535	214
60—64岁	—	—	—	—	—	—	5	5	—
60	—	—	—	—	—	—	2	2	—
61	—	—	—	—	—	—	—	—	—
62	—	—	—	—	—	—	2	2	—
63	—	—	—	—	—	—	—	—	—
64	—	—	—	—	—	—	1	1	—
65岁及以上	—	—	—	—	—	—	1	1	—
高中	3133	3108	25	289	229	61	171188	106455	64733
60—64岁	—	—	—	1	1	—	122	116	6
60	—	—	—	—	—	—	37	35	2
61	—	—	—	1	1	—	31	30	1
62	—	—	—	—	—	—	22	20	1
63	—	—	—	—	—	—	21	20	1
64	—	—	—	—	—	—	11	10	1
65岁及以上	—	—	—	—	—	—	54	53	2
初中	11426	11335	92	1035	742	293	460085	297034	163771
60—64岁	1	1	—	5	5	—	568	541	27
60	—	—	—	3	3	—	172	164	8
61	—	—	—	1	1	—	127	124	3
62	1	1	—	—	—	—	92	83	9
63	—	—	—	0	0	—	99	95	4
64	—	—	—	—	—	—	78	75	3
65岁及以上	—	—	—	3	3	—	238	228	10
小学	8033	7974	59	1753	899	854	277226	184297	92929
60—64岁	11	11	—	57	51	6	2732	2592	140
60	3	3	—	21	17	4	768	729	39
61	1	1	—	20	19	1	628	596	32
62	1	1	—	6	6	—	540	508	32
63	2	2	—	7	7	—	471	448	22
64	3	3	—	5	4	1	325	310	15
65岁及以上	4	4	—	36	34	2	1483	1429	54

6—14 全国分年龄、性别、文化程度的各职业中分类人口(续 14)

文化程度年龄别	工段长			采矿、采石、勘探、钻井、采盐工人			金属冶炼处理工人		
	小计	男	女	小计	男	女	小计	男	女
合计*	**5905**	**5378**	**527**	**38644**	**34707**	**3936**	**30476**	**21648**	**8827**
60—64 岁	52	52	—	55	55	—	51	51	—
60	14	14	—	15	15	—	15	15	—
61	18	18	—	12	12	—	11	11	—
62	10	10	—	19	19	—	13	13	—
63	5	5	—	5	5	—	8	8	—
64	5	5	—	4	4	—	5	5	—
65 岁及以上	14	14	—	22	22	—	17	17	—
大学毕业	166	159	7	35	30	5	43	38	5
60—64 岁	—	—	—	1	1	—	—	—	—
60	—	—	—	—	—	—	—	—	—
61	—	—	—	—	—	—	—	—	—
62	—	—	—	1	1	—	—	—	—
63	—	—	—	—	—	—	—	—	—
64	—	—	—	—	—	—	—	—	—
65 岁及以上	—	—	—	—	—	—	—	—	—
大学肄业	21	21	—	4	3	1	27	22	6
60—64 岁	—	—	—	—	—	—	—	—	—
60	—	—	—	—	—	—	—	—	—
61	—	—	—	—	—	—	—	—	—
62	—	—	—	—	—	—	—	—	—
63	—	—	—	—	—	—	—	—	—
64	—	—	—	—	—	—	—	—	—
65 岁及以上	—	—	—	—	—	—	—	—	—
高中	1374	1247	127	4022	3428	594	5244	3758	1486
60—64 岁	3	3	—	3	3	—	5	5	—
60	1	1	—	—	—	—	2	2	—
61	1	1	—	1	1	—	—	—	—
62	—	—	—	1	1	—	1	1	—
63	1	1	—	1	1	—	—	—	—
64	0	0	—	—	—	—	2	2	—
65 岁及以上	—	—	—	—	—	—	1	1	—
初中	2747	2502	245	17816	15757	2060	15545	11164	4381
60—64 岁	19	19	—	4	4	—	9	9	—
60	2	2	—	0	0	—	2	2	—
61	6	6	—	2	2	—	1	1	—
62	5	5	—	1	1	—	3	3	—
63	3	3	—	—	—	—	1	1	—
64	3	3	—	—	—	—	2	2	—
65 岁及以上	3	3	—	2	2	—	3	3	—
小学	1597	1449	148	16766	15489	1276	9616	6666	2950
60—64 岁	30	30	—	48	48	—	37	37	—
60	11	11	—	14	14	—	12	12	—
61	11	11	—	9	9	—	9	9	—
62	4	4	—	17	17	—	8	8	—
63	1	1	—	4	4	—	7	7	—
64	2	2	—	4	4	—	1	1	—
65 岁及以上	11	11	—	20	20	—	12	12	—

6—14 全国分年龄、性别、文化程度的各职业中分类人口(续15)

文化程度年龄别	化学工人			橡胶和塑料制品生产工人			纺织、针织、印染工人		
	小计	男	女	小计	男	女	小计	男	女
合计*	**14435**	**7654**	**6781**	**15545**	**5068**	**10477**	**61049**	**11736**	**49313**
60—64岁	22	21	0	17	14	3	70	59	11
60	8	8	—	2	2	—	20	18	2
61	5	5	—	7	6	1	17	14	3
62	4	3	0	4	2	2	15	12	3
63	1	1	—	1	1	—	11	9	2
64	3	3	—	2	2	—	7	6	1
65岁及以上	8	8	—	13	11	2	38	29	8
大学毕业	49	36	13	16	13	3	49	32	17
60—64岁	—	—	—	—	—	—	—	—	—
60	—	—	—	—	—	—	—	—	—
61	—	—	—	—	—	—	—	—	—
62	—	—	—	—	—	—	—	—	—
63	—	—	—	—	—	—	—	—	—
64	—	—	—	—	—	—	—	—	—
65岁及以上	—	—	—	—	—	—	—	—	—
大学肄业	13	7	6	4	3	1	25	12	13
60—64岁	0	0	—	—	—	—	—	—	—
60	—	—	—	—	—	—	—	—	—
61	—	—	—	—	—	—	—	—	—
62	—	—	—	—	—	—	—	—	—
63	—	—	—	—	—	—	—	—	—
64	0	0	—	—	—	—	—	—	—
65岁及以上	—	—	—	—	—	—	—	—	—
高中	3651	1968	1683	2783	1147	1635	11892	2783	9109
60—64岁	—	—	—	1	—	1	3	2	1
60	—	—	—	—	—	—	1	1	—
61	—	—	—	—	—	—	1	1	—
62	—	—	—	1	—	1	0	0	—
63	—	—	—	—	—	—	1	—	1
64	—	—	—	—	—	—	—	—	—
65岁及以上	—	—	—	—	—	—	3	3	—
初中	7465	4097	3548	7656	2693	4963	32865	6610	26255
60—64岁	7	7	—	3	3	—	14	13	1
60	3	3	—	—	—	—	4	4	—
61	2	2	—	2	2	—	3	3	—
62	1	1	—	—	—	—	3	2	1
63	1	1	—	—	—	—	4	4	—
64	0	0	—	1	1	—	—	—	—
65岁及以上	2	2	—	3	2	1	5	3	2
小学	3077	1546	1532	5086	1211	3875	16217	2299	13918
60—64岁	14	13	0	13	11	2	53	46	9
60	5	5	—	2	2	—	15	13	2
61	4	4	—	5	4	1	12	10	3
62	3	2	0	3	2	1	11	10	2
63	0	0	—	1	1	—	7	5	2
64	2	2	—	2	2	—	7	6	1
65岁及以上	7	7	—	10	9	1	30	24	6

6—14 全国分年龄、性别、文化程度的各职中业分类人口(续16)

文化程度年龄别	皮革、皮毛制造及制品制作工人			裁剪缝纫工人			食品饮料制造工人		
	小计	男	女	小计	男	女	小计	男	女
合计*	**9660**	**3335**	**6325**	**55645**	**9520**	**46125**	**33633**	**20559**	**13074**
60—64岁	24	22	2	218	158	60	364	350	14
60	5	5	0	52	36	16	97	95	2
61	4	4	—	40	32	8	75	71	4
62	5	4	1	53	37	16	70	65	5
63	5	5	—	38	26	12	66	64	1
64	5	5	—	35	27	8	56	54	2
65岁及以上	29	27	2	174	148	26	214	208	6
大学毕业	4	3	1	7	3	3	21	16	5
60—64岁	—	—	—	—	—	—	1	1	—
60	—	—	—	—	—	—	—	—	—
61	—	—	—	—	—	—	—	—	
62	—	—	—	—	—	—	—	—	—
63	—	—	—	—	—	—	1	1	—
64	—	—	—	—	—	—	—	—	—
65岁及以上	—	—	—	—	—	—	—	—	—
大学肄业	4	1	3	5	2	3	18	14	4
60—64岁	—	—	—	—	—	—	—	—	—
60	—	—	—	—	—	—	—	—	—
61	—	—	—	—	—	—	—	—	—
62	—	—	—	—	—	—	—	—	—
63	—	—	—	—	—	—	—	—	—
64	—	—	—	—	—	—	—	—	—
65岁及以上	—	—	—	—	—	—	—	—	—
高中	1398	470	928	6971	1453	5518	4887	2695	2192
60—64岁	1	1	—	7	5	2	7	6	1
60	—	—	—	2	0	2	1	1	—
61	—	—	—	—	—	—	3	3	—
62	—	—	—	1	1	—	1	1	—
63	1	1	—	3	3	—	—	—	—
64	—	—	—	1	1	—	2	1	1
65岁及以上	—	—	—	3	2	1	6	6	—
初中	5248	1842	3407	27605	4951	22653	15814	9306	6508
60—64岁	2	2	—	34	24	10	52	50	2
60	—	—	—	9	7	3	18	18	—
61	—	—	—	2	2	—	10	8	2
62	—	—	—	8	5	3	6	6	—
63	1	1	—	4	3	1	9	9	—
64	1	1	—	10	7	3	9	9	—
65岁及以上	—	—	—	20	19	1	14	14	1
小学	3007	1019	1988	21057	3110	17947	12893	8528	4365
60—64岁	21	19	2	178	129	49	304	293	11
60	5	5	0	41	29	12	78	76	2
61	4	4	—	38	30	8	62	60	2
62	5	4	1	44	31	12	63	58	5
63	3	3	—	31	20	11	56	55	1
64	4	4	—	24	19	5	45	44	1
65岁及以上	29	27	2	151	127	24	194	188	5

6—14 全国分年龄、性别、文化程度的各职中业分类人口(续 17)

文化程度年龄别	制烟工人			木材加工和木、竹、麻、藤、棕、草制品制作工人			造纸和纸制品制作工人		
	小计	男	女	小计	男	女	小计	男	女
合计*	**1064**	**407**	**657**	**73136**	**65538**	**7598**	**9839**	**4106**	**5733**
60—64 岁	3	3	—	438	427	11	41	34	7
60	1	1	—	103	102	1	10	7	3
61	—	—	—	98	94	4	11	10	1
62	1	1	—	90	88	2	11	9	2
63	1	1	—	92	91	1	7	7	—
64	1	1	—	55	52	3	2	2	—
65 岁及以上	1	1	—	285	284	1	22	21	1
大学毕业	1	—	1	15	15	—	5	4	1
60—64 岁	—	—	—	—	—	—	1	1	—
60	—	—	—	—	—	—	—	—	—
61	—	—	—	—	—	—	—	—	—
62	—	—	—	—	—	—	—	—	—
63	—	—	—	—	—	—	1	1	—
64	—	—	—	—	—	—	—	—	—
65 岁及以上	—	—	—	—	—	—	—	—	—
大学肄业	1	—	1	13	10	3	1	1	—
60—64 岁	—	—	—	—	—	—	—	—	—
60	—	—	—	—	—	—	—	—	—
61	—	—	—	—	—	—	—	—	—
62	—	—	—	—	—	—	—	—	—
63	—	—	—	—	—	—	—	—	—
64	—	—	—	—	—	—	—	—	—
65 岁及以上	—	—	—	—	—	—	—	—	—
高中	304	128	176	8508	7502	1005	1543	699	843
60—64 岁	—	—	—	7	7	—	—	—	—
60	—	—	—	3	3	—	—	—	—
61	—	—	—	3	3	—	—	—	—
62	—	—	—	1	1	—	—	—	—
63	—	—	—	—	—	—	—	—	—
64	—	—	—	—	—	—	—	—	—
65 岁及以上	—	—	—	2	2	—	—	—	—
初中	557	210	347	37265	33886	3380	4868	2070	2798
60—64 岁	1	1	—	29	29	—	6	5	1
60	1	1	—	8	8	—	3	2	1
61	—	—	—	6	6	—	2	2	—
62	—	—	—	7	7	—	—	—	—
63	—	—	—	4	4	—	—	—	—
64	—	—	—	4	4	—	—	—	—
65 岁及以上	—	—	—	18	18	—	4	3	1
小学	201	69	131	27335	24125	3210	3422	1331	2091
60—64 岁	3	3	—	402	390	11	34	29	5
60	—	—	—	91	90	1	7	5	2
61	—	—	—	89	85	4	8	7	1
62	1	1	—	82	80	2	11	9	2
63	1	1	—	88	87	1	6	6	—
64	1	1	—	52	49	3	2	2	—
65 岁及以上	1	1	—	265	264	1	18	18	—

6—14 全国分年龄、性别、文化程度的各职业中分类人口(续18)

文化程度年龄别	印刷工人和有关人员			石料切割和雕刻工			锻工、工具制造工、机床安装操作工		
	小计	男	女	小计	男	女	小计	男	女
合计*	**11103**	**3733**	**7369**	**3739**	**3458**	**281**	**73516**	**50066**	**23449**
60—64岁	50	43	7	15	15	—	169	166	3
60	17	16	1	4	4	—	55	54	1
61	11	8	3	5	5	—	41	41	—
62	11	9	2	2	2	—	28	28	—
63	6	5	1	3	3	—	26	25	2
64	5	4	0	1	1	—	19	19	—
65岁及以上	37	32	5	11	11	—	51	51	—
大学毕业	51	26	25	1	1	—	182	150	31
60—64岁	—	—	—	—	—	—	—	—	—
60	—	—	—	—	—	—	—	—	—
61	—	—	—	—	—	—	—	—	—
62	—	—	—	—	—	—	—	—	—
63	—	—	—	—	—	—	—	—	—
64	—	—	—	—	—	—	—	—	—
65岁及以上	0	0	—	—	—	—	—	—	—
大学肄业	10	5	6	—	—	—	97	76	22
60—64岁	—	—	—	—	—	—	—	—	—
60	—	—	—	—	—	—	—	—	—
61	—	—	—	—	—	—	—	—	—
62	—	—	—	—	—	—	—	—	—
63	—	—	—	—	—	—	—	—	—
64	—	—	—	—	—	—	—	—	—
65岁及以上	—	—	—	—	—	—	—	—	—
高中	3083	1155	1928	243	201	43	17992	12105	5887
60—64岁	5	5	—	—	—	—	3	3	—
60	1	1	—	—	—	—	2	2	—
61	0	0	—	—	—	—	0	0	—
62	3	3	—	—	—	—	—	—	—
63	—	—	—	—	—	—	—	—	—
64	0	0	—	—	—	—	1	1	—
65岁及以上	3	3	—	1	1	—	0	0	—
初中	5807	1981	3826	1321	1163	158	38927	26497	12430
60—64岁	19	18	1	4	4	—	31	30	1
60	10	9	1	1	1	—	8	7	1
61	4	4	—	1	1	—	14	14	—
62	3	3	—	—	—	—	2	2	—
63	2	2	—	1	1	—	3	3	—
64	1	1	—	—	—	—	5	5	—
65岁及以上	14	12	2	1	1	—	6	6	—
小学	2152	566	1586	2173	2093	80	16318	11239	5080
60—64岁	26	21	6	11	11	—	134	133	2
60	7	7	—	3	3	—	45	45	—
61	6	4	3	4	4	—	27	27	—
62	5	4	2	2	2	—	26	26	—
63	4	3	1	2	2	—	23	21	2
64	4	3	0	1	1	—	13	13	—
65岁及以上	20	17	3	10	10	—	44	44	—

6—14　全国分年龄、性别、文化程度的各职业中分类人口(续19)

文化程度年龄别	机器装配和精密仪器制造工			电气、电子设备安装工、修理工、装配工和有关人员			广播电台(站)录音设备操作人员和电影放映员		
	小计	男	女	小计	男	女	小计	男	女
合计*	**38225**	**31687**	**6538**	**47890**	**33638**	**14252**	**2059**	**1724**	
60—64岁	132	130	2	112	111	1	—	—	
60	46	44	2	28	27	1	—	—	
61	26	26	—	27	27	—	—	—	
62	23	23	—	23	23	—	—	—	
63	22	22	—	18	18	—	—	—	
64	16	16	—	16	16	—	—	—	
65岁及以上	59	58	1	33	33	—	2	2	
大学毕业	144	125	20	334	277	56	26	18	
60—64岁	—	—	—	1	1	—	—	—	—
60	—	—	—	—	—	—	—	—	—
61	—	—	—	—	—	—	—	—	—
62	—	—	—	1	1	—	—	—	—
63	—	—	—	—	—	—	—	—	—
64	—	—	—	—	—	—	—	—	—
65岁及以上	—	—	—	—	—	—	—	—	—
大学肄业	81	60	21	92	71	22	7	3	4
60—64岁	—	—	—	—	—	—	—	—	—
60	—	—	—	—	—	—	—	—	—
61	—	—	—	—	—	—	—	—	—
62	—	—	—	—	—	—	—	—	—
63	—	—	—	—	—	—	—	—	—
64	—	—	—	—	—	—	—	—	—
65岁及以上	—	—	—	1	1	—	—	—	—
高中	9511	7671	1840	14538	10227	4312	772	626	146
60—64岁	4	4	—	10	9	1	—	—	—
60	1	1	—	3	3	1	—	—	—
61	1	1	—	2	2	—	—	—	—
62	2	2	—	1	1	—	—	—	—
63	—	—	—	3	3	—	—	—	—
64	—	—	—	—	—	—	—	—	—
65岁及以上	3	2	1	2	2	—	—	—	—
初中	20258	16829	3429	24491	17167	7323	992	841	151
60—64岁	33	33	—	24	24	—	—	—	—
60	16	16	—	5	5	—	—	—	—
61	4	4	—	5	5	—	—	—	—
62	2	2	—	4	4	—	—	—	—
63	7	7	—	5	5	—	—	—	—
64	5	5	—	4	4	—	—	—	—
65岁及以上	17	17	—	10	10	—	—	—	—
小学	8230	7003	1227	8435	5896	2539	262	236	26
60—64岁	95	93	2	78	78	—	—	—	—
60	29	27	2	19	19	—	—	—	—
61	21	21	—	20	20	—	—	—	—
62	19	19	—	17	17	—	—	—	—
63	15	15	—	10	10	—	—	—	—
64	11	11	—	12	12	—	—	—	—
65岁及以上	39	39	—	20	20	—	2	2	—

6—14 全国分年龄、性别、文化程度的各职业中分类人口(续20)

文化程度年龄别	管工、焊工、冷作工和金属构件安装工			玻璃、陶瓷和搪瓷制品工人			油漆工人		
	小计	男	女	小计	男	女	小计	男	女
合计*	**31241**	**22215**	**9027**	**10689**	**5507**	**5182**	**11847**	**7018**	**4829**
60—64岁	100	100	—	23	23	—	40	37	3
60	27	27	—	4	4	—	8	8	—
61	27	27	—	6	6	—	8	6	2
62	15	15	—	4	4	—	9	8	2
63	17	17	—	8	8	—	9	9	—
64	14	14	—	2	2	—	6	6	—
65岁及以上	37	37	—	17	17	—	45	45	—
大学毕业	41	35	6	9	5	4	15	10	5
60—64岁	—	—	—	—	—	—	—	—	—
60	—	—	—	—	—	—	—	—	—
61	—	—	—	—	—	—	—	—	—
62	—	—	—	—	—	—	—	—	—
63	—	—	—	—	—	—	—	—	—
64	—	—	—	—	—	—	—	—	—
65岁及以上	—	—	—	—	—	—	—	—	—
大学肄业	27	24	3	5	3	1	2	1	1
60—64岁	0	—	0	—	—	—	—	—	—
60	—	—	—	—	—	—	—	—	—
61	—	—	—	—	—	—	—	—	—
62	0	0	—	—	—	—	—	—	—
63	—	—	—	—	—	—	—	—	—
64	—	—	—	—	—	—	—	—	—
65岁及以上	—	—	—	—	—	—	—	—	—
高中	6502	4605	1898	1924	1065	859	1916	1033	882
60—64岁	4	4	—	1	1	—	1	1	—
60	2	2	—	—	—	—	—	—	—
61	2	2	—	1	1	—	1	1	—
62	—	—	—	—	—	—	—	—	—
63	—	—	—	—	—	—	—	—	—
64	—	—	—	—	—	—	—	—	—
65岁及以上	1	1	—	1	1	—	1	1	—
初中	17345	12488	4857	5444	2740	2704	6575	3966	2610
60—64岁	17	17	—	2	2	—	5	5	—
60	2	2	—	—	—	—	0	0	—
61	6	6	—	1	1	—	1	1	—
62	3	3	—	—	—	—	—	—	—
63	4	4	—	2	2	—	1	1	—
64	1	1	—	—	—	—	2	2	—
65岁及以上	5	5	—	—	—	—	5	5	—
小学	7326	5063	2263	3308	1694	1614	3339	2008	1331
60—64岁	79	79	—	19	19	—	34	31	3
60	23	23	—	4	4	—	7	7	—
61	19	19	—	4	4	—	6	4	2
62	11	11	—	4	4	—	9	8	2
63	13	13	—	6	6	—	8	8	—
64	12	12	—	2	2	—	4	4	—
65岁及以上	32	32	—	16	16	—	39	39	—

6—14 全国分年龄、性别、文化程度的各职业中分类人口(续 21)

文化程度年龄别	其他生产工人和有关人员			建筑工人			动力设备操作工		
	小计	男	女	小计	男	女	小计	男	女
合计*	**47394**	**27996**	**19398**	**85721**	**77584**	**8137**	**16930**	**13329**	**3601**
60—64 岁	185	180	5	248	247	1	54	54	—
60	53	50	3	74	74	—	23	23	—
61	38	37	1	61	60	1	12	12	—
62	44	44	—	42	42	—	10	10	—
63	30	30	—	47	47	—	8	8	—
64	20	19	1	24	24	—	1	1	—
65 岁及以上	115	110	5	92	92	—	24	23	1
大学毕业	16	13	3	22	22	1	49	37	12
60—64 岁	1	1	—	—	—	—	—	—	—
60	—	—	—	—	—	—	—	—	—
61	—	—	—	—	—	—	—	—	—
62	1	1	—	—	—	—	—	—	—
63	—	—	—	—	—	—	—	—	—
64	—	—	—	—	—	—	—	—	—
65 岁及以上	—	—	—	1	1	—	—	—	—
大学肄业	10	9	1	12	11	0	19	12	7
60—64 岁	—	—	—	—	—	—	—	—	—
60	—	—	—	—	—	—	—	—	—
61	—	—	—	—	—	—	—	—	—
62	—	—	—	—	—	—	—	—	—
63	—	—	—	—	—	—	—	—	—
64	—	—	—	—	—	—	—	—	—
65 岁及以上	—	—	—	—	—	—	—	—	—
高中	4252	2545	1706	9152	7834	1318	3975	2984	991
60—64 岁	7	7	—	10	10	—	—	—	—
60	5	5	—	4	4	—	—	—	—
61	1	1	—	3	3	—	—	—	—
62	1	1	—	2	2	—	—	—	—
63	—	—	—	1	1	—	—	—	—
64	—	—	—	—	—	—	—	—	—
65 岁及以上	3	3	—	4	4	—	2	2	—
初中	20871	12163	8708	43382	38984	4399	8683	6745	1938
60—64 岁	16	16	—	35	35	—	9	9	—
60	1	1	—	13	13	—	5	5	—
61	6	6	—	5	5	—	1	1	—
62	3	3	—	6	6	—	1	1	—
63	2	2	—	6	6	—	1	1	—
64	5	5	—	4	4	—	—	—	—
65 岁及以上	11	11	—	12	12	—	2	2	—
小学	22245	13266	8979	33151	30733	2419	4204	3551	653
60—64 岁	161	155	5	204	203	1	45	45	—
60	48	45	3	57	57	—	17	17	—
61	31	30	1	53	52	1	11	11	—
62	39	39	—	34	34	—	9	9	—
63	28	28	—	39	39	—	6	6	—
64	15	14	1	20	20	—	1	1	—
65 岁及以上	101	96	5	76	76	—	20	19	1

6—14 全国分年龄、性别、文化程度的各职业中分类人口(续 22)

文化程度年龄别	装卸工和有关设备操作工			运输设备操作工			检验、计量、试验、分析人员和有关人员		
	小计	男	女	小计	男	女	小计	男	女
合计*	**31350**	**25075**	**6276**	**65298**	**61007**	**4292**	**32590**	**10828**	**21761**
60—64 岁	140	137	3	206	206	—	101	84	16
60	46	44	2	56	56	—	33	29	4
61	40	40	—	60	60	—	18	14	5
62	25	24	1	31	31	—	14	10	4
63	19	19	—	36	36	—	20	17	3
64	12	12	—	23	23	—	15	14	1
65 岁及以上	49	49	—	80	79	1	30	29	1
大学毕业	10	9	1	90	88	2	787	444	343
60—64 岁	—	—	—	—	—	—	2	2	—
60	—	—	—	—	—	—	0	0	—
61	—	—	—	—	—	—	—	—	—
62	—	—	—	—	—	—	—	—	—
63	—	—	—	—	—	—	—	—	—
64	—	—	—	—	—	—	1	1	—
65 岁及以上	—	—	—	0	0	—	1	1	—
大学肄业	12	11	1	26	22	4	126	70	56
60—64 岁	—	—	—	2	2	—	—	—	—
60	—	—	—	2	2	—	—	—	—
61	—	—	—	—	—	—	—	—	—
62	—	—	—	—	—	—	—	—	—
63	—	—	—	—	—	—	—	—	—
64	—	—	—	—	—	—	—	—	—
65 岁及以上	—	—	—	—	—	—	—	—	—
高中	4646	3316	1329	14852	13750	1102	12356	4033	8324
60—64 岁	1	1	—	3	3	—	7	6	1
60	—	—	—	0	0	—	3	3	—
61	1	1	—	—	—	—	2	1	1
62	—	—	—	—	—	—	0	—	0
63	—	—	—	2	2	—	2	2	—
64	—	—	—	—	—	—	—	—	—
65 岁及以上	1	1	—	2	2	—	1	1	—
初中	16096	12786	3310	33057	30863	2193	14607	4456	10150
60—64 岁	15	15	—	34	34	—	30	27	4
60	4	4	—	10	10	—	11	10	1
61	4	4	—	10	10	—	4	3	0
62	3	3	—	4	4	—	4	2	3
63	4	4	—	6	6	—	4	4	—
64	1	1	—	4	4	—	7	7	—
65 岁及以上	7	7	—	4	4	—	6	6	—
小学	10588	8953	1635	17274	16283	991	4714	1826	2888
60—64 岁	124	121	3	167	167	—	62	50	11
60	42	40	2	43	43	—	19	16	3
61	35	35	—	50	50	—	13	9	3
62	22	21	1	27	27	—	9	9	0
63	15	15	—	27	27	—	14	11	3
64	11	11	—	19	19	—	7	6	1
65 岁及以上	41	41	—	74	73	1	22	20	1

6—14　全国分年龄、性别、文化程度的各职业中分类人口(续 23)

文化程度年龄别	其他生产工人、运输工人和有关人员			八、不便分类的其他劳动者			不便分类的其他劳动者		
	小计	男	女	小计	男	女	小计	男	女
合计*	**53867**	**25659**	**28208**	**2044**	**1205**	**839**	**2044**	**1205**	**839**
60—64 岁	508	483	25	31	14	17	31	14	17
60	164	154	11	3	1	2	3	1	2
61	111	105	3	10	5	5	10	5	5
62	86	82	4	7	4	3	7	4	3
63	83	79	4	6	4	2	6	4	2
64	64	62	3	5	—	5	5	—	5
65 岁及以上	264	258	7	13	12	1	13	12	1
大学毕业	333	250	83	156	112	44	156	112	44
60—64 岁	4	4	—	—	—	—	—	—	—
60	1	1	—	—	—	—	—	—	—
61	1	1	—	—	—	—	—	—	—
62	1	1	—	—	—	—	—	—	—
63	—	—	—	—	—	—	—	—	—
64	1	1	—	—	—	—	—	—	—
65 岁及以上	3	3	0	1	1	—	1	1	—
大学肄业	86	61	24	15	11	4	15	11	4
60—64 岁	3	3	—	—	—	—	—	—	—
60	—	—	—	—	—	—	—	—	—
61	—	—	—	—	—	—	—	—	—
62	2	2	—	—	—	—	—	—	—
63	—	—	—	—	—	—	—	—	—
64	1	1	—	—	—	—	—	—	—
65 岁及以上	—	—	—	—	—	—	—	—	—
高中	12897	6026	6872	545	309	236	545	309	236
60—64 岁	29	29	—	2	1	1	2	1	1
60	7	7	—	—	—	—	—	—	—
61	7	7	—	0	0	—	0	0	—
62	5	5	—	—	—	—	—	—	—
63	5	5	—	1	1	—	1	1	—
64	4	4	—	1	—	1	1	—	1
65 岁及以上	15	15	—	—	—	—	—	—	—
初中	27317	12278	15039	883	486	397	883	486	397
60—64 岁	115	108	7	8	4	4	8	4	4
60	34	32	2	—	—	—	—	—	—
61	26	25	1	0	0	—	0	0	—
62	22	21	2	4	3	1	4	3	1
63	23	21	3	1	—	1	1	—	1
64	10	10	—	2	—	2	2	—	2
65 岁及以上	64	61	2	2	2	—	2	2	—
小学	13234	7044	6189	466	287	158	446	287	158
60—64 岁	357	340	17	21	9	12	21	9	12
60	122	114	9	3	1	2	3	1	2
61	77	75	2	9	4	5	9	4	5
62	56	53	2	3	1	2	3	1	2
63	54	53	2	4	3	1	4	3	1
64	48	46	3	2	—	2	2	—	2
65 岁及以上	182	178	4	9	8	1	9	8	1

6—18 全国分年龄、性别的各职业文盲、半文盲人口

年龄别	六、农林牧渔劳动者			七、生产工人、运输工人和有关人员			八、不便分类的其他劳动者		
	小计	男	女	小计	男	女	小计	男	女
总计*	**1262871**	**454313**	**808558**	**47755**	**26533**	**21221**	**113**	**52**	**61**
60—64岁	79202	50131	29071	1850	1429	421	8	3	5
60	19286	11552	7734	502	391	110	1	1	—
61	16344	10149	6195	400	315	85	1	1	—
62	16492	10589	5902	381	281	99	2	1	1
63	14819	9582	5237	301	226	76	—	—	—
64	12261	8259	4003	266	215	51	4	—	4
65岁及以上	64836	46194	18642	1460	1166	294	14	8	6

6—19 全国分年龄、性别、文化程度的不在业人口

年龄别	大学毕业			大学肆业或在校			高中		
	小计	男	女	小计	男	女	小计	男	女
总计*	**4064**	**2864**	**1200**	**18888**	**12151**	**6737**	**144334**	**78299**	**66036**
60—64岁	969	746	224	104	78	26	3774	2883	890
60	180	130	50	16	12	4	880	662	218
61	222	173	50	20	13	7	800	603	196
62	185	145	41	29	21	8	792	601	192
63	210	170	40	24	21	4	697	563	134
64	172	129	43	15	11	4	606	455	151
65岁及以上	1556	1279	277	152	113	39	4696	3748	947

6—19 全国分年龄、性别、文化程度的不在业人口(续1)

年龄别	初中			小学			文盲、半文盲		
	小计	男	女	小计	男	女	小计	男	女
总计*	**373399**	**195193**	**178206**	**385163**	**159934**	**225229**	**836092**	**156741**	**679351**
60—64岁	10818	8823	1995	35595	24552	11043	133075	23674	109400
60	2335	1851	485	7342	4705	2637	25600	3953	21648
61	2179	1782	398	7104	4808	2296	25291	4160	21132
62	2297	1884	413	7395	5155	2240	27878	4591	22927
63	2156	1768	388	7082	5034	2048	27811	5224	22587
64	1850	1538	313	6671	4849	1822	26495	5388	21107
65岁及以上	14966	12900	2066	71938	58607	13330	391334	107022	284311

7—3 省、自治区、直辖市单身户的年龄、性别构成

地区别 性别	合计	60岁以上	地区别 性别	合计	60岁以上
总计*	**137291**	**69289**	山东省	12210	7523
男	84720	28534	男	6844	3008
女	52571	40755	女	5366	4514
北京市	1717	799	河南省	9222	5235
男	955	320	男	5587	2166
女	762	479	女	3635	3068
天津市	1363	791	湖北省	5475	2298
男	753	317	男	3458	1097
女	610	474	女	2017	1201
河北省	7739	4047	湖南省	7789	4155
男	5035	1891	男	5053	1910
女	2704	2156	女	2735	2245
山西省	4174	2177	广东省	10352	5141
男	2677	976	男	5806	1622
女	1497	1201	女	4546	3520
内蒙古自治区	1980	745	广西壮族自治区	4064	2002
男	1497	481	男	2862	1009
女	483	264	女	1202	993
辽宁省	3406	1604	四川省	15883	6674
男	2182	789	男	10931	3045
女	1224	815	女	4952	3629
吉林省	1518	613	贵州省	3010	1381
男	1075	331	男	1933	552
女	443	283	女	1077	829
黑龙江省	2199	869	云南省	2790	1240
男	1486	451	男	1677	468
女	714	419	女	1113	772
上海市	2520	1511	西藏自治区	165	75
男	1094	421	男	68	19
女	1427	1089	女	98	56
江苏省	12430	7722	陕西省	2104	883
男	6138	2440	男	1472	464
女	6293	5282	女	632	419
浙江省	8724	4591	甘肃省	820	255
男	5081	1708	男	616	144
女	3643	2883	女	204	112
安徽省	7196	3034	青海省	255	87
男	5090	1293	男	150	26
女	2106	1740	女	105	61
福建省	2950	1520	宁夏回族自治区	250	85
男	1798	575	男	176	48
女	1152	945	女	75	37
江西省	3235	1679	新疆维吾尔自治区	1748	552
男	2043	699	男	1184	263
女	1192	980	女	564	289

8—1 全国分性别、年龄、文化程度的人口婚姻状况

文化程度 年龄别	15岁及15岁以上人口			未婚		
	小计	男	女	小计	男	女
总　计*	**7607632**	**3848652**	**3758980**	**2057575**	**1191346**	**886228**
60	70142	36013	34129	1099	1026	73
61	64048	32711	31337	949	876	73
62	66552	33837	32715	953	875	78
63	62600	31345	31255	817	730	87
64	56130	28066	28063	735	665	70
65岁及以上	585484	263112	322372	6983	5958	1025
大学毕业	68954	49577	19377	10559	7138	3421
60	518	434	85	7	4	2
61	472	400	73	6	4	3
62	415	355	60	4	3	0
63	354	297	57	6	4	3
64	276	227	49	5	2	3
65岁及以上	2080	1768	313	33	17	16
大学肄业或在校	23461	15417	8043	18558	11812	6746
60	52	47	5	—	—	—
61	48	40	8	—	—	—
62	44	35	9	—	—	—
63	38	32	6	1	1	—
64	25	19	6	—	—	—
65岁及以上	183	144	39	3	1	1
高中	735349	448824	286525	253106	150900	102207
60	1531	1252	279	15	10	5
61	1337	1092	244	14	11	4
62	1219	995	225	15	10	6
63	1066	904	162	10	7	3
64	860	692	168	13	8	5
65岁及以上	5664	4666	998	72	45	27
初中	2099251	1295339	803912	871101	534021	337080
60	4482	3884	598	46	43	3
61	3854	3380	473	33	31	2
62	3808	3336	473	41	35	6
63	3436	3002	433	21	17	6
64	2929	2575	354	17	16	2
65岁及以上	19036	16831	2205	173	125	48
小学	2505292	1388444	1116848	711463	385829	325634
60	17407	14071	3336	214	201	12
61	15673	12783	2890	196	182	13
62	15645	12905	2740	179	173	6
63	14177	11735	2442	144	136	7
64	12494	10362	2132	131	124	7
65岁及以上	97487	83084	14403	1067	873	195
文盲、半文盲	2175326	651051	1524275	192788	101647	91141
60	46153	16327	29826	818	768	50
61	42665	15015	27649	700	648	52
62	45420	16211	29209	714	655	59
63	43530	15375	28155	636	566	70
64	39547	14191	25355	569	515	53
65岁及以上	461033	156620	304413	5634	4897	737

8—1 全国分性别、年龄、文化程度的人口婚姻状况(续 1)

年龄别	有配偶			丧偶			离婚		
	小计	男	女	小计	男	女	小计	男	女
总　计*	**5016173**	**2471505**	**2544668**	**495766**	**157053**	**338713**	**38118**	**28747**	**7371**
60	55110	30123	24987	13234	4331	8903	699	534	166
61	49120	27027	22093	13352	4314	9039	627	494	133
62	49637	27673	21964	15320	4794	10526	642	494	148
63	45573	25326	20247	15645	4850	10795	565	439	126
64	39627	22215	17413	15267	4802	10465	500	385	116
65 岁及以上	286560	173122	113438	287892	81164	206728	4049	2868	1181
大学毕业	57027	41621	15407	928	523	404	441	295	145
60	485	415	70	19	8	10	8	6	2
61	435	379	56	22	9	14	9	8	1
62	374	326	49	26	18	7	11	7	4
63	321	275	46	19	11	8	8	7	1
64	234	202	32	33	20	13	5	3	2
65 岁及以上	1617	1448	169	383	273	109	48	29	18
大学肄业或在校	4758	3508	1250	91	59	33	54	38	15
60	45	41	4	6	5	0	1	0	0
61	43	36	7	2	2	—	2	2	1
62	39	33	6	3	0	3	1	1	—
63	31	26	5	4	3	0	2	2	—
64	23	18	5	1	1	1	—	—	—
65 岁及以上	142	118	24	33	20	12	6	4	2
高中	474923	293410	181513	4695	2940	1755	2625	1575	1050
60	1362	1135	227	132	90	41	22	17	5
61	1173	983	190	131	84	47	19	15	4
62	1056	884	172	125	86	39	23	15	8
63	901	783	117	132	97	35	23	17	7
64	726	605	121	115	75	39	6	4	2
65 岁及以上	3960	3477	483	1533	1080	453	99	64	35
初中	1203376	743900	459476	17768	12455	5313	7006	4964	2042
60	3921	3458	462	460	338	122	55	45	10
61	3364	2999	366	403	300	103	54	51	3
62	3247	2898	349	480	370	110	41	34	7
63	2913	2606	307	457	340	117	45	40	6
64	2451	2214	237	430	320	109	31	25	31
65 岁及以上	13321	12320	1001	5321	4196	1124	221	190	31
小学	1699458	935875	763583	80519	55177	25342	13852	11562	2290
60	14709	12143	2566	2305	1568	737	180	159	21
61	13109	10929	2181	2212	1533	679	157	139	17
62	12979	10943	2036	2299	1632	667	188	158	30
63	11453	9736	1717	2404	1706	698	176	156	20
64	9939	8500	1439	2299	1623	676	125	115	10
65 岁及以上	64626	58182	6445	30884	23235	7649	909	795	114
文盲、半文盲	1576631	453192	1123439	391766	85900	305866	14141	10313	3829
60	34588	12931	21657	10314	2322	7992	434	307	127
61	30995	11701	19293	10583	2386	8197	387	280	107
62	31942	12590	19352	12387	2687	9700	378	279	99
63	29954	11899	18055	12630	2692	9937	310	217	93
64	26254	10676	15579	12390	2763	9627	334	237	96
65 岁及以上	202894	97578	105317	249739	52360	197379	2766	1785	980

8—2 全国市分性别、年龄、文化程度的人口婚姻状况

文化程度 年龄别	15岁及15岁以上人口			未婚		
	小计	男	女	小计	男	女
总 计*	**1477685**	**745892**	**731793**	**385194**	**218139**	**167056**
60	13393	6971	6422	108	91	17
61	12582	6514	6067	117	103	15
62	12303	6331	5972	133	112	21
63	11648	5870	5778	93	82	16
64	10315	5124	5191	84	68	16
65岁及以上	105827	48144	57684	969	715	254
大学毕业	54122	37452	16671	8448	5482	2966
60	423	342	81	4	2	2
61	394	325	68	6	4	3
62	342	283	59	3	3	0
63	273	220	54	3	2	1
64	221	175	47	4	1	3
65岁及以上	1661	1371	290	25	10	15
大学肄业或在校	19734	12654	7081	16409	10376	6033
60	22	18	4	—	—	—
61	28	21	7	—	—	—
62	25	16	9	—	—	—
63	22	16	2	1	1	—
64	18	15	3	—	—	—
65岁及以上	118	85	33	3	1	1
高中	302191	159238	142953	114445	61775	52669
60	703	514	189	5	2	3
61	662	483	180	8	6	3
62	568	407	161	7	4	3
63	501	389	112	5	2	3
64	403	284	119	5	1	3
65岁及以上	2744	2000	744	38	17	21
初中	515093	288291	226802	175498	100903	74596
60	1769	1402	367	9	7	2
61	1533	1228	305	12	11	2
62	1483	1201	283	14	10	5
63	1284	1022	262	5	2	3
64	1151	926	225	7	5	2
65岁及以上	7227	5907	1320	54	29	24
小学	340839	182665	158174	56430	37781	24649
60	4274	2893	1381	24	20	4
61	4026	2811	1216	29	25	4
62	3762	2636	1126	27	24	3
63	3554	2531	1023	23	18	4
64	3038	2151	887	21	17	4
65岁及以上	24858	18886	5972	188	129	60
文盲、半文盲	245705	65593	180113	13964	7821	6143
60	6202	1803	4400	65	60	5
61	5938	1647	4292	61	57	4
62	6123	1789	4334	82	72	10
63	6014	1692	4322	61	56	5
64	5484	1573	3911	47	43	4
65岁及以上	69219	19894	49325	661	528	132

8—2 全国市分性别、年龄、文化程度的人口婚姻状况

文化程度 年龄别	有配偶			丧偶			离婚		
	小计	男	女	小计	男	女	小计	男	女
总　计*	**1003257**	**502113**	**501144**	**81128**	**20889**	**60239**	**8106**	**4751**	**3354**
60	11094	6280	4814	2059	517	1543	132	83	49
61	10218	5796	4422	2120	525	1595	126	91	35
62	9696	5567	4129	2338	574	1765	135	78	57
63	8951	5090	3861	2485	627	1858	114	71	43
64	7769	4414	3355	2360	572	1788	101	69	32
65 岁及以上	55483	34698	20785	48570	12274	36296	806	457	348
大学毕业	44592	31371	13220	728	368	361	354	230	124
60	396	329	66	17	7	10	5	3	2
61	363	311	52	17	5	13	7	6	1
62	304	257	48	25	17	7	10	6	4
63	248	204	44	15	7	8	8	7	1
64	192	161	31	22	10	12	4	2	2
65 岁及以上	1314	1156	159	288	190	98	34	15	18
大学肆业或在校	3246	2237	1009	48	22	26	31	18	13
60	19	16	3	2	2	0	0	—	0
61	26	20	6	0	0	—	1	1	1
62	21	15	6	3	0	3	1	1	—
63	19	13	5	2	1	0	1	1	—
64	18	15	3	1	—	1	—	—	—
65 岁及以上	99	77	22	14	5	8	3	1	2
高中	184435	95967	88467	1981	856	1125	1330	639	691
60	641	486	156	48	23	25	8	3	5
61	581	442	139	61	27	34	12	8	3
62	503	377	127	43	20	24	14	7	7
63	435	355	80	51	27	24	11	5	6
64	353	260	93	40	20	20	6	3	2
65 岁及以上	1942	1585	357	711	374	337	53	25	28
初中	331880	183436	148443	5176	2556	2621	2538	1396	1142
60	1617	1323	294	123	61	62	21	11	10
61	1374	1135	239	134	72	62	13	10	3
62	1313	1099	214	142	84	59	13	9	5
63	1119	931	188	145	78	66	15	11	4
64	1002	849	153	133	67	66	8	5	3
65 岁及以上	5345	4728	617	1747	1093	654	82	57	25
小学	264944	141063	123881	17113	8251	8862	2352	1570	783
60	3662	2608	1054	539	229	310	49	36	13
61	3441	2522	919	513	231	282	44	33	11
62	3183	2364	819	502	219	282	51	30	21
63	2915	2206	709	569	274	296	47	33	14
64	2472	1874	598	516	234	282	29	25	3
65 岁及以上	16795	14137	2658	7641	4458	3183	234	162	71
文盲、半文盲	174161	48037	126124	56081	8837	47244	1500	898	602
60	4759	1518	3241	1330	195	1135	49	30	19
61	4433	1366	3067	1395	191	1204	50	33	17
62	4372	1457	2914	1623	234	1390	46	26	21
63	4216	1381	2835	1705	240	1464	32	14	18
64	3732	1255	2477	1649	241	1408	55	34	21
65 岁及以上	29988	13016	16972	38169	6153	32016	401	197	204

8—3 全国镇分性别、年龄、文化程度的人口婚姻状况

文化程度 年龄别	15岁及15岁以上人口			未婚		
	合计	男	女	小计	男	女
总 计*	**1451974**	**737034**	**714940**	**384961**	**218341**	**166619**
60	12682	6587	6095	181	170	12
61	11476	5893	5583	142	129	13
62	12025	6109	5916	165	155	10
63	11215	5631	5584	122	108	14
64	10131	5099	5032	115	107	7
65岁及以上	107248	48282	58966	1248	1056	192
大学毕业	12047	9647	2401	1756	1361	395
60	77	73	4	2	2	—
61	49	46	3	—	—	—
62	48	47	1	1	1	—
63	55	53	3	2	—	2
64	33	32	1	1	1	—
65岁及以上	270	251	19	7	6	1
大学肆业或在校	2731	1919	811	1826	1195	631
60	15	14	1	—	—	—
61	7	7	—	—	—	—
62	9	9	—	—	—	—
63	10	10	—	—	—	—
64	1	1	—	—	—	—
65岁及以上	27	24	3	—	—	—
高中	174377	104094	70284	60868	35400	25467
60	383	318	66	6	4	2
61	316	269	47	3	2	1
62	302	262	40	2	1	1
63	242	208	33	1	1	—
64	190	166	24	1	1	—
65岁及以上	1172	1009	163	18	14	4
初中	440116	261531	178585	179523	103185	76338
60	989	878	112	10	10	—
61	810	729	81	3	3	—
62	821	714	108	7	7	1
63	729	653	76	4	3	1
64	573	518	54	2	2	—
65岁及以上	3903	3478	425	36	23	13
小学	471070	258050	213064	117004	63277	53728
60	3339	2706	633	36	33	3
61	2950	2411	539	38	34	4
62	2966	2421	545	30	28	2
63	2600	2128	472	29	28	1
64	2380	1951	428	18	16	2
65岁及以上	19129	16149	2980	206	164	42
文盲、半文盲	351633	101838	249795	23983	13923	10061
60	7878	2598	5280	128	122	7
61	7343	2431	4912	99	90	8
62	7877	2656	5222	125	119	6
63	7578	2578	5000	86	75	10
64	6956	2431	4525	93	87	5
65岁及以上	82748	27372	55376	981	848	133

8—3　全国镇分性别、年龄、文化程度的人口婚姻状况(续)

文化程度 年龄别	有配偶			丧偶			离婚		
	小计	男	女	小计	男	女	小计	男	女
总　计*	**969900**	**486113**	**483787**	**89890**	**27273**	**62616**	**7223**	**5306**	**1917**
60	9956	5542	4414	2410	773	1637	134	101	33
61	8799	4885	3914	2418	784	1634	116	95	21
62	9070	5086	3984	2680	782	1898	110	86	24
63	8251	4627	3624	2734	812	1922	108	84	24
64	7139	4049	3090	2785	870	1915	93	73	20
65	52582	32164	20418	52682	14544	38138	736	518	218
大学毕业	10106	8156	1950	122	83	39	64	47	17
60	72	68	4	1	1	—	2	2	—
61	47	45	2	1	—	1	1	1	—
62	46	45	1	1	1	—	1	1	—
63	50	49	1	4	4	—	—	—	—
64	25	25	—	6	5	1	1	1	—
65 岁及以上	206	197	9	49	40	9	8	8	—
大学肄业或在校	879	702	176	19	16	3	7	6	1
60	14	13	1	—	—	—	0	0	—
61	5	5	—	2	2	—	—	—	—
62	8	8	—	—	—	—	0	0	—
63	10	10	—	—	—	—	—	—	—
64	—	—	—	1	1	—	—	—	—
65 岁及以上	17	16	1	10	8	2	—	—	—
高中	111880	67695	44185	1037	643	394	592	355	238
60	338	288	49	36	22	14	4	3	0
61	287	247	40	22	16	6	5	5	0
62	264	236	28	31	21	10	5	4	1
63	208	183	25	28	21	7	4	3	1
64	152	139	13	36	26	11	1	1	—
65 岁及以上	832	752	81	300	227	73	21	16	5
初中	255376	154836	100541	3651	2440	1211	1565	1070	495
60	859	775	84	108	81	27	12	12	0
61	705	645	61	82	62	20	20	19	0
62	726	648	78	84	56	28	6	3	1
63	627	569	57	91	74	17	8	6	2
64	473	435	38	83	68	14	15	13	2
65 岁及以上	2757	2561	195	1060	848	212	50	45	5
小学	335999	182565	153434	15430	10012	5418	2637	2152	484
60	2807	2328	479	467	318	150	29	27	2
61	2455	2064	390	432	289	143	25	24	2
62	2471	2065	406	429	294	135	36	34	2
63	2124	1784	340	405	277	129	42	39	3
64	1884	1607	277	453	305	148	25	23	1
65 岁及以上	12679	11377	1302	6079	4457	1621	165	150	15
文盲、半文盲	255660	72160	183500	69631	14079	55552	2359	1676	682
60	5866	2069	3797	1797	351	1446	86	56	30
61	5299	1879	3420	1880	415	1465	65	47	18
62	5555	2084	3471	2134	410	1724	63	43	20
63	5232	2031	3201	2206	436	1770	54	36	19
64	4605	1843	2761	2207	466	1741	52	35	17
65 岁及以上	36091	17261	18829	45184	8963	36221	492	300	193

8—4 全国县分性别、年龄、文化程度的人口婚姻状况

文化程度 年龄别	15 岁及 15 岁以上人口			未婚		
	合计	男	女	小计	男	女
总　计*	**4677947**	**2365726**	**2312247**	**1287420**	**754867**	**532554**
60	44068	22456	21612	810	765	45
61	39991	20304	19687	689	645	45
62	42224	21397	20828	655	609	47
63	39737	19844	19893	597	540	57
64	35683	17843	17840	536	489	47
65 岁及以上	372408	166686	205722	4766	4187	579
大学毕业	2785	2479	306	354	294	60
60	19	19	—	1	1	—
61	30	29	1	—	—	—
62	25	25	—	—	—	—
63	25	24	1	2	2	—
64	22	20	1	—	—	—
65 岁及以上	149	145	4	1	1	—
大学肄业或在校	996	844	151	323	241	82
60	15	15	—	—	—	—
61	13	11	1	—	—	—
62	10	10	—	—	—	—
63	6	6	—	—	—	—
64	6	3	2	—	—	—
65 岁及以上	38	35	3	—	—	—
高中	258781	185492	73289	77794	53724	24070
60	444	420	24	4	4	1
61	358	341	17	3	3	—
62	350	326	24	6	5	1
63	323	308	16	4	4	—
64	267	242	24	7	6	2
65 岁及以上	1748	1656	92	16	14	2
初中	1144042	745517	398525	516079	329933	186146
60	1723	1604	119	27	26	1
61	1511	1424	87	18	18	—
62	1504	1422	82	19	18	1
63	1422	1327	95	11	11	—
64	1206	1130	76	8	8	—
65 岁及以上	7906	7446	460	83	72	11
小学	1693383	847773	745610	538028	290771	247258
60	9793	8471	1322	154	148	5
61	8697	7562	1134	128	124	5
62	8917	7848	1069	122	121	1
63	8022	7075	947	92	90	2
64	7077	6260	817	92	91	2
65 岁及以上	53500	48049	5451	673	580	94
文盲、半文盲	1577987	483620	1094367	154841	79904	74937
60	32073	11926	20146	624	586	38
61	29383	10937	18445	540	500	40
62	31420	11767	19653	508	464	44
63	29938	11104	18834	489	434	55
64	27107	10187	16920	429	385	43
65 岁及以上	309067	109355	199712	3993	3521	472

8—4 全国县分性别、年龄、文化程度的人口婚姻状况(续 1)

文化程度 年龄别	有配偶			丧偶			离婚		
	小计	男	女	小计	男	女	小计	男	女
总　计*	**3043016**	**1483279**	**1559736**	**324749**	**108891**	**215858**	**22789**	**18690**	**4099**
60	34060	18300	15759	8765	3041	5724	434	349	84
61	30103	16346	13756	8815	3005	5809	384	307	77
62	30871	17022	13851	10302	3438	6864	396	330	66
63	28372	15609	12763	10426	3411	7015	343	284	59
64	24719	13752	10968	10122	3360	6762	306	242	64
65 岁及以上	178495	106259	72236	186640	54347	132293	2507	1892	615
大学毕业	2330	2094	236	77	73	4	23	18	5
60	18	18	—	—	—	—	0	0	—
61	25	24	1	4	4	—	1	1	—
62	24	24	—	0	0	—	—	—	—
63	23	23	1	—	—	—	—	—	
64	16	15	1	5	5	—	—	—	—
65 岁及以上	96	95	1	45	43	2	6	6	—
大学肆业或在校	633	569	64	24	20	4	15	14	1
60	12	12	—	3	3	—	—	—	—
61	12	10	1	—	—	—	1	1	—
62	10	10	—	—	—	—	—	—	—
63	3	3	—	2	2	—	1	1	—
64	6	3	2	—	—	—	—	—	—
65 岁及以上	26	25	1	9	7	2	3	3	—
高中	178608	129747	48861	1677	1441	236	702	580	122
60	383	361	22	47	45	2	10	10	—
61	305	294	11	48	42	7	2	2	—
62	288	272	17	51	45	6	4	4	—
63	258	245	12	54	50	4	9	9	—
64	221	207	14	38	30	8	—	—	—
65 岁及以上	1185	1140	45	523	479	43	25	23	2
初中	616120	405628	210492	8941	7459	1482	2902	2498	405
60	1444	1360	84	229	195	34	23	23	—
61	1285	1219	66	187	166	21	21	21	—
62	1208	1151	57	253	230	23	23	22	1
63	1168	1106	62	221	187	34	23	23	—
64	976	930	46	214	186	29	8	7	1
65 岁及以上	5220	5031	189	2513	2255	259	90	88	2
小学	1098515	612247	486268	47977	36915	11062	8863	7841	1022
60	8240	7207	1033	1298	1021	277	102	95	7
61	7214	6343	871	1267	1014	253	87	82	5
62	7325	6514	811	1368	1119	249	101	94	7
63	6414	5745	669	1430	1156	274	87	84	3
64	5582	5019	563	1331	1084	247	72	67	5
65 岁及以上	35153	32668	2485	17164	14319	2845	510	483	27
文盲、半文盲	1146810	332995	813815	266053	62983	203070	10283	7739	2545
60	23963	9343	14620	7187	1776	5411	299	221	78
61	21262	8456	12806	7308	1780	5528	272	200	72
62	22015	9049	12966	8629	2044	6585	268	210	58
63	20506	8487	12202	8719	2016	6704	224	168	56
64	17918	7577	10340	8534	2056	6478	227	168	58
65 岁及以上	136815	67300	69515	166386	37244	129142	1873	1289	583

10—1 全国1986年各年龄别人口死亡状况

年龄别	1986年年中人口数			1986年死亡人口			死亡率(‰)		
	合计	男	女	合计	男	女	合计	男	女
总 计*	**10511356**	**5354619**	**5156736**	**58002**	**31350**	**26652**	**5.51**	**5.85**	**5.16**
60—64岁	310708	156992	153716	5535	3394	2141	17.81	21.61	13.92
60	65135	33339	31797	1024	614	410	15.71	18.40	12.89
61	67707	34546	33161	1055	644	412	15.58	18.63	12.41
62	63802	32096	31706	1104	674	430	17.30	21.00	13.57
63	57339	28840	28499	1109	692	416	19.33	24.01	14.60
64	56725	28171	28553	1243	770	473	21.91	27.33	16.56
65—69岁	235241	113740	121501	6471	3810	2661	27.50	33.49	21.89
65	53722	26528	27194	1168	699	469	21.74	26.35	17.24
66	51489	25164	26325	1210	694	517	23.50	27.56	19.63
67	45016	21583	23433	1303	784	519	28.94	36.31	22.16
68	42520	20353	22166	1330	819	511	31.26	40.22	23.04
69	42494	20111	22383	1459	815	644	34.34	40.52	28.78
70—74岁	164070	74898	89172	7434	4129	3305	45.31	55.11	37.06
70	37699	17593	20107	1425	838	586	37.79	47.64	29.16
71	35173	16104	19069	1530	825	705	43.48	51.23	36.94
72	35491	16363	19128	1636	889	747	46.10	54.31	39.07
73	29478	13333	16145	1425	809	615	48.33	60.71	38.10
74	26228	11506	14722	1419	767	651	54.09	66.68	44.24
75—79岁	97878	40483	57395	6781	3396	3385	69.28	83.86	58.97
75	24081	10482	13599	1418	743	675	58.87	70.90	49.60
76	21667	9224	12443	1398	702	696	64.54	76.12	55.95
77	20116	8130	11986	1345	669	676	66.88	82.34	56.39
78	16935	6731	10204	1336	651	685	78.89	96.67	67.16
79	15079	5916	9163	1284	630	653	85.12	106.56	71.29
80—84岁	46909	17031	29877	4984	2199	2785	106.25	129.05	93.21
80	12846	4919	7927	1153	522	631	89.73	106.15	79.54
81	10889	4059	6829	1100	488	611	100.99	120.26	89.53
82	9191	3301	5890	1026	475	551	111.64	143.81	93.61
83	7951	2756	5195	913	386	528	114.88	139.99	101.56
84	6032	1996	4036	792	328	464	131.34	164.28	115.04
85—89岁	13911	4434	9477	2173	815	1358	156.20	183.58	143.29
85	5049	1621	3429	655	271	383	129.71	167.50	111.84
86	3360	1077	2282	535	201	334	159.36	186.62	146.49
87	2328	752	1576	395	128	268	169.78	169.58	169.87
88	1758	533	1225	323	118	205	183.76	221.18	167.47
89	1416	450	965	264	97	168	186.68	214.90	173.52
90—94岁	2729	720	2009	672	184	488	246.33	255.55	243.02
90	899	241	658	209	54	155	232.60	224.15	235.69
91	711	190	521	196	59	136	275.18	311.69	261.83
92	516	144	372	116	35	81	225.86	243.73	218.94
93	360	89	271	72	21	50	198.42	237.25	185.62
94	243	56	187	79	14	65	326.93	258.74	347.28
95—99岁	563	156	407	144	28	115	253.99	179.48	283.25
95	194	53	141	56	10	46	286.16	179.76	326.43
96	169	48	120	38	5	33	224.60	110.02	270.55
97	78	15	63	21	7	15	271.07	434.19	232.49
98	53	14	39	16	5	11	295.32	347.90	275.74
99	69	25	44	13	2	11	192.61	78.69	258.93
100岁及以上	67	26	41	28	7	21	423.66	285.20	509.81

10—2 全国市 1986 年各年龄别人口死亡状况

年龄别	1986 年年中人口数			1986 年死亡人口			死亡率(‰)		
	合计	男	女	合计	男	女	合计	男	女
总 计*	**1906111**	**967840**	**938270**	**8841**	**4895**	**3946**	**4.63**	**5.05**	**4.20**
60—64 岁	58098	29586	28511	884	542	341	15.19	18.31	11.96
60	12755	6622	6133	165	93	71	12.89	14.05	11.64
61	12486	6442	6044	166	108	58	13.30	16.79	9.58
62	11850	5999	5851	188	109	79	15.90	18.23	13.51
63	10528	5255	5274	176	108	68	16.73	20.55	12.93
64	10478	5269	5209	188	124	65	17.98	23.47	12.43
65—69 岁	42375	20724	21650	1028	664	364	24.23	32.04	16.76
65	10040	5041	4998	199	122	76	19.81	24.28	15.29
66	9325	4664	4661	175	110	65	18.76	23.49	14.03
67	7954	3793	4161	202	131	71	25.35	34.50	17.01
68	7642	3711	3931	225	151	74	29.43	40.80	18.70
69	7414	3515	3899	227	150	78	30.67	42.61	19.91
70—74 岁	29114	13518	15595	1198	661	537	41.15	48.89	34.36
70	6732	3192	3540	223	123	100	33.12	38.61	28.17
71	6198	2904	3294	254	140	115	41.04	48.04	34.87
72	6306	2963	3343	257	127	131	40.82	42.75	39.11
73	5204	2349	2855	229	132	97	43.91	56.15	33.84
74	4674	2111	2563	235	140	95	50.23	66.30	36.99
75—79 岁	17222	7230	9992	1036	535	501	60.15	73.99	50.04
75	4382	1912	2471	226	120	106	51.47	62.66	42.81
76	3903	1674	2228	215	113	102	55.18	67.59	45.86
77	3495	1459	2035	194	103	92	55.63	70.50	44.97
78	2889	1148	1741	201	91	110	69.60	79.27	63.22
79	2554	1036	1517	200	109	91	78.21	104.71	60.11
80—84 岁	8591	3158	5433	859	382	477	100.00	121.00	87.79
80	2321	907	1414	192	100	92	82.84	110.50	65.10
81	1982	744	1238	182	82	100	91.65	110.26	80.47
82	1660	626	1035	192	90	101	115.53	144.46	98.04
83	1435	498	936	142	56	86	99.19	112.65	92.03
84	1193	383	810	151	53	98	126.87	139.36	120.96
85—89 岁	2591	827	1764	363	137	226	140.10	164.44	128.19
85	954	300	654	109	48	61	114.28	160.83	92.91
86	633	206	427	87	36	51	136.99	174.29	119.04
87	435	137	298	66	24	42	151.88	177.52	140.08
88	298	93	204	58	18	40	195.32	193.16	196.31
89	271	91	180	43	10	33	159.65	113.97	182.61
90—94 岁	561	146	415	123	31	93	219.25	206.89	221.68
90	180	55	125	34	9	26	190.96	156.38	206.07
91	152	35	116	41	12	29	271.83	335.04	252.72
92	109	30	79	20	4	17	187.33	121.62	211.78
93	79	18	60	15	4	10	184.39	223.61	172.47
94	42	8	34	13	3	10	309.46	314.52	308.26
95—99 岁	104	30	74	20	6	14	184.46	172.41	191.78
95	31	10	21	7	3	4	210.64	261.07	185.89
96	31	8	22	6	1	5	187.48	107.97	217.98
97	17	4	13	4	1	3	251.36	240.77	254.37
98	15	3	12	1	1	0	96.63	344.47	34.15
99	10	4	6	2	—	2	158.08	—	275.55
100 岁及以上	7	0	7	7	0	7	988.06	1000.00	987.36

10—3 全国镇1986年各年龄别人口死亡状况

年龄别	1986年年中人口数			1986年死亡人口			死亡率(‰)		
	合计	男	女	合计	男	女	合计	男	女
总 计*	**1979609**	**1010818**	**968791**	**12197**	**6665**	**5531**	**6.16**	**6.59**	**5.70**
60—64岁	56318	28679	27639	1223	761	462	21.69	26.53	16.67
60	11741	6048	5693	237	143	94	20.18	23.57	16.58
61	12256	6260	5996	215	135	80	17.53	21.53	13.35
62	11498	5813	5685	250	162	88	21.73	27.85	15.48
63	10392	5293	5099	261	165	96	25.14	31.16	18.90
64	10430	5265	5165	260	157	103	24.88	29.78	19.88
65—69岁	42825	20997	21829	1320	762	557	30.79	36.29	25.51
65	9796	4937	4858	256	149	107	26.09	30.18	21.94
66	9371	4636	4735	260	154	107	27.78	33.14	22.53
67	8177	3926	4251	252	137	115	30.82	34.80	27.15
68	7827	3756	4071	258	162	96	32.94	43.22	23.46
69	7654	3741	3913	294	161	133	38.37	42.90	34.03
70—74岁	30466	13852	16614	1600	917	682	52.48	66.20	41.04
70	6645	3156	3489	276	165	110	41.47	52.42	31.56
71	6535	2944	3590	336	193	144	51.49	65.43	40.06
72	6629	3051	3578	362	206	156	54.68	67.61	43.65
73	5566	2503	3063	326	180	146	58.51	71.82	47.64
74	5092	2197	2895	300	173	126	58.83	78.86	43.63
75—79岁	18351	7562	10790	1488	737	751	81.08	97.47	69.51
75	4503	1923	2580	304	168	136	67.45	87.44	52.54
76	4028	1716	2312	287	140	147	71.26	81.85	63.40
77	3748	1493	2255	289	145	144	77.01	97.19	63.65
78	3182	1277	1905	317	150	167	99.54	117.46	87.53
79	2891	1152	1738	292	134	158	101.01	115.90	91.14
80—84岁	8796	3121	5676	1038	463	575	117.89	148.07	101.14
80	2365	923	1442	237	107	130	100.40	116.17	90.30
81	2011	724	1287	223	111	112	110.81	153.47	86.82
82	1769	610	1159	195	80	115	110.08	131.28	98.93
83	1507	498	1009	215	93	122	142.37	186.73	120.46
84	1145	366	779	168	71	97	146.83	194.87	124.23
85—89岁	2774	893	1881	546	216	331	196.82	241.03	
85	1020	345	675	164	68	96	160.78	195.78	142.88
86	657	208	449	127	47	80	193.86	227.00	178.50
87	441	137	304	103	37	66	234.25	270.49	217.92
88	358	110	247	80	30	50	223.09	273.49	200.67
89	299	92	206	72	34	38	240.48	365.56	184.45
90—94岁	545	122	423	159	36	122	290.44	297.52	288.41
90	170	33	138	50	15	36	295.90	453.44	258.70
91	150	31	118	45	8	37	302.98	255.65	315.55
92	98	21	77	26	7	19	266.09	335.28	247.24
93	79	23	57	18	5	13	233.04	234.82	232.33
94	48	14	34	18	1	17	383.04	86.86	505.69
95—99岁	122	32	90	44	11	33	360.65	354.83	366.66
95	51	10	41	20	1	19	388.52	120.76	453.18
96	26	9	17	7	3	4	262.50	309.56	237.81
97	13	1	12	7	3	4	524.85	2766.84	304.53
98	12	5	6	6	2	4	555.22	403.05	691.71
99	20	6	14	4	2	2	204.20	263.65	177.59
100岁及以上	16	7	9	9	2	8	582.66	264.62	817.49

10—4　全国县 1986 年各年龄别人口死亡状况

年龄别	1986 年年中人口数			1986 年死亡人口			死亡率(‰)		
	合计	男	女	合计	男	女	合计	男	女
总　计*	**6625634**	**3375959**	**3249674**	**36964**	**19789**	**17175**	**5.57**	**5.86**	**5.28**
60—64 岁	196293	98727	97565	3428	2091	1338	17.46	21.16	13.70
60	40639	20669	19970	622	378	244	15.31	18.28	12.23
61	42965	21844	21121	674	401	274	15.69	18.35	12.95
62	40454	20284	20170	666	403	263	16.46	19.85	13.04
63	36419	18293	18126	671	419	251	18.42	22.93	13.87
64	35817	17638	18179	795	489	305	22.19	27.75	16.80
65—69 岁	150041	72018	78023	4123	2384	1739	27.47	33.08	22.28
65	33887	16549	17337	714	428	286	21.06	25.84	16.49
66	32793	15864	16929	775	430	345	23.63	27.12	20.36
67	28885	13864	15021	849	516	333	29.40	37.23	22.18
68	27050	12886	14164	847	505	342	31.30	39.17	24.13
69	27426	12855	14571	938	505	433	34.20	39.26	29.74
70—74 岁	104490	47528	56962	4636	2550	2086	44.36	53.65	36.60
70	24332	11244	13078	926	550	377	38.07	48.87	28.78
71	22441	10256	12185	939	493	446	41.83	48.06	36.59
72	22556	10349	12207	1016	556	460	45.05	53.70	37.72
73	18708	8481	10227	871	498	373	46.53	58.69	36.44
74	16463	7198	9265	884	454	430	53.71	63.08	46.44
75—79 岁	62304	25691	36613	4257	2123	2134	68.31	82.63	58.25
75	15195	6646	8549	888	455	433	58.46	68.48	50.67
76	13737	5834	7903	896	449	448	65.23	76.88	56.62
77	12874	5178	7696	862	421	441	66.98	81.39	57.28
78	10864	4306	6558	818	410	408	75.31	95.14	62.28
79	9635	3727	5908	792	388	404	82.19	104.18	68.32
80—84 岁	29521	10753	18768	3087	1354	1733	104.56	125.82	92.33
80	8160	3089	5071	723	315	408	88.60	101.88	80.51
81	6896	2592	4304	695	295	400	100.81	113.85	92.95
82	5762	2066	3696	640	304	335	111.00	147.31	90.71
83	5009	1760	3249	557	237	320	111.10	134.49	98.43
84	3694	1246	2448	473	203	270	127.98	162.96	110.16
85—89 岁	8546	2714	5832	1263	462	801	147.80	170.29	137.36
85	3075	975	2100	382	156	226	24.18	159.54	107.76
86	2069	664	1406	321	118	203	155.25	177.78	144.61
87	1451	478	973	226	66	160	155.54	138.36	163.98
88	1103	329	774	185	70	115	167.88	211.64	149.25
89	846	267	579	149	53	97	176.36	197.06	166.79
90—94 岁	1623	453	1170	390	117	273	240.44	258.84	233.53
90	548	153	395	124	31	94	226.64	199.79	237.08
91	410	124	286	109	40	70	266.26	319.29	243.30
92	309	93	215	70	24	46	226.66	261.75	211.45
93	202	48	154	39	12	27	190.33	243.57	173.63
94	154	34	120	48	11	38	314.35	316.01	313.87
95—99 岁	337	95	243	80	12	68	234.42	117.02	276.85
95	112	33	78	29	6	23	260.01	172.42	296.88
96	112	31	81	25	2	24	225.88	52.07	291.84
97	48	10	38	10	2	8	207.68	229.75	201.86
98	27	6	21	8	2	6	292.10	298.91	290.15
99	39	15	24	8	0	7	195.62	26.02	300.70
100 岁及以上	44	19	26	12	5	7	276.82	277.71	276.18

10—9 全国 1986 年 7 月 1 日至 1987 年 6 月 30 日死亡人口年龄状况

年龄别	1987 年 7 月 1 日人口数			1986 年 7 月 1 日到 1987 年 6 月 30 日死亡人口		
	合计	男	女	小计	男	女
总 计*	**10679308**	**5441469**	**5237838**	**64374**	**34645**	**29729**
60—64 岁	319472	161972	157500	5887	3636	2252
60	70142	36013	34129	1039	621	418
61	64048	32711	31337	1155	695	460
62	66552	33837	32715	1183	738	445
63	62600	31345	31255	1207	766	441
64	56130	28066	28063	1304	815	489
65—69 岁	242405	117550	124855	7145	4247	2898
65	55382	27331	28051	1309	809	500
66	52344	25689	26656	1430	856	574
67	50034	24283	25751	1411	844	567
68	43596	20755	22842	1442	849	593
69	41049	19493	21555	1552	888	664
70—74 岁	172255	79012	93242	8078	4447	3631
70	40927	19227	21700	1540	881	659
71	36219	16738	19481	1489	846	644
72	33553	15216	18338	1855	1011	844
73	33655	15371	18284	1641	875	766
74	27900	12461	15439	1553	835	718
75—79 岁	101548	42312	59236	7409	3698	3711
75	24701	10729	13972	1549	818	730
76	22523	9666	12857	1489	773	716
77	20201	8457	11744	1513	754	758
78	18608	7397	11210	1447	693	755
79	15515	6063	9452	1411	660	751
80—84 岁	49967	18319	31648	5706	2469	3237
80	13660	5242	8417	1378	647	731
81	11551	4332	7218	1227	522	705
82	9704	3565	6140	1118	478	640
83	8140	2852	5287	1085	454	631
84	6913	2328	4585	899	369	530
85—89 岁	15617	4892	10725	2614	956	1657
85	5184	1662	3523	801	300	502
86	4292	1338	2954	638	231	407
87	2826	880	1947	465	169	296
88	1908	610	1298	373	129	244
89	1406	403	1003	336	127	209
90—94 岁	3034	838	2195	745	222	522
90	1140	352	788	225	73	152
91	695	176	519	200	60	140
92	535	139	396	137	47	90
93	393	105	287	88	23	64
94	270	65	205	95	20	75
95—99 岁	559	150	409	140	31	108
95	174	42	132	44	11	34
96	152	46	106	42	3	39
97	137	41	96	21	8	13
98	54	12	42	19	3	16
99	42	10	32	13	6	7
100 岁及以上	99	38	62	31	10	21

10—10　全国市1986年7月1日至1987年6月30日死亡人口年龄状况

年龄别	1987年7月1日人口数			1986年7月1日到1987年6月30日死亡人口		
	合计	男	女	小计	男	女
总　计*	**1930154**	**980007**	**950147**	**9678**	**5371**	**4307**
60—64岁	60240	30810	29430	953	593	360
60	13393	6971	6422	160	97	63
61	12582	6514	6067	183	117	65
62	12303	6331	5972	208	126	81
63	11648	5870	5778	198	122	75
64	10315	5124	5191	204	129	75
65—69岁	44371	21795	22576	1080	693	388
65	10273	5140	5133	214	134	79
66	9832	4906	4926	204	135	69
67	9116	4532	4583	211	127	85
68	7728	3659	4069	220	143	77
69	7423	3557	3865	232	154	78
70—74岁	30604	14209	16395	1262	708	554
70	7192	3380	3812	229	128	100
71	6482	3038	3444	253	155	98
72	5933	2761	3172	289	151	138
73	6026	2821	3205	249	135	114
74	4971	2209	2762	242	138	103
75—79岁	18161	7666	10495	1163	632	531
75	4432	1972	2460	252	146	106
76	4112	1765	2347	230	133	96
77	3683	1552	2130	241	121	120
78	3268	1347	1922	227	115	112
79	2666	1031	1636	213	117	96
80—84岁	8933	3328	5605	989	444	545
80	2345	930	1415	233	113	120
81	2081	794	1287	218	95	123
82	1769	642	1127	194	98	96
83	1475	538	937	193	79	115
84	1262	424	838	151	59	92
85—89岁	3019	945	2074	452	164	288
85	1046	333	713	133	54	78
86	822	245	577	116	42	74
87	538	172	365	78	30	48
88	374	118	256	64	19	45
89	239	77	162	60	18	42
90—94岁	616	169	447	143	46	96
90	217	70	146	35	14	21
91	142	39	104	35	11	25
92	113	25	88	39	13	26
93	81	21	60	21	8	13
94	62	14	49	13	1	12
95—99岁	111	29	82	20	5	15
95	34	8	26	5	2	3
96	24	8	15	6	—	6
97	27	8	19	5	2	3
98	13	2	11	1	—	1
99	13	2	11	3	1	2
100岁及以上	13	4	9	3	1	2

10—11 全国镇 1986 年 7 月 1 日至 1987 年 6 月 30 日死亡人口年龄状况

年龄别	1987 年 7 月 1 日人口数			1986 年 7 月 1 日到 1987 年 6 月 30 日死亡人口		
	合计	男	女	小计	男	女
总 计*	**2008736**	**1025731**	**983006**	**13640**	**7383**	**6257**
60—64	57528	29318	28210	1308	848	460
60	12682	6587	6095	242	146	96
61	11476	5893	5583	254	162	91
62	12025	6109	5916	260	164	95
63	11215	5631	5584	280	198	82
64	10131	5099	5032	273	178	95
65—69 岁	44085	21604	22482	1530	919	611
65	10152	5095	5058	280	173	108
66	9486	4740	4745	302	197	105
67	9049	4435	4614	320	191	129
68	7866	3736	4129	311	189	122
69	7532	3597	3935	317	169	148
70—74 岁	31269	14401	16868	1783	1006	777
70	7306	3547	3759	339	191	148
71	6334	2969	3365	338	213	125
72	6175	2728	3446	385	214	170
73	6260	2856	3405	366	193	174
74	5194	2302	2893	355	196	159
75—79 岁	18932	7788	11144	1595	789	806
75	4735	2016	2719	341	174	167
76	4175	1757	2418	320	158	163
77	3696	1539	2157	315	161	154
78	3462	1353	2110	299	145	155
79	2863	1124	1739	319	152	167
80—84 岁	9297	3384	5913	1168	480	688
80	2577	1016	1562	278	117	160
81	2117	811	1306	235	100	135
82	1778	635	1143	230	89	141
83	1547	520	1027	236	99	136
84	1277	402	875	190	75	115
85—89 岁	2953	932	2021	617	220	397
85	959	298	660	189	61	129
86	836	287	549	156	53	103
87	544	171	374	102	34	68
88	343	100	243	84	34	50
89	271	76	195	85	38	48
90—94 岁	580	137	443	184	46	138
90	233	62	171	53	19	34
91	123	23	100	52	11	41
92	102	20	82	36	7	29
93	73	16	57	18	3	14
94	50	15	34	26	5	20
95—99 岁	111	30	82	35	12	23
95	33	12	21	12	1	10
96	41	9	32	10	1	8
97	19	5	13	5	3	1
98	10	1	9	4	1	3
99	9	3	6	4	4	—
100 岁及以上	21	8	13	12	2	10

10—12 全国县1986年7月1日至1987年6月30日死亡人口年龄状况

年龄别	1987年7月1日人口数			1986年7月1日到1987年6月30日死亡人口		
	合计	男	女	小计	男	女
总　计*	**6740417**	**3435731**	**3304685**	**41056**	**21891**	**19165**
60—64岁	201704	101844	99860	3627	2195	1432
60	44068	22456	21612	637	378	259
61	39991	20304	19687	719	416	303
62	42224	21397	20828	716	447	268
63	39737	19844	19893	729	446	284
64	35683	17843	17840	826	508	318
65—69岁	153949	74151	79797	4534	2635	1899
65	34957	17097	17860	815	502	313
66	33026	16042	16985	924	524	400
67	31869	15316	16554	880	526	353
68	28003	13359	14643	911	517	394
69	26094	12338	13755	1004	565	439
70—74岁	110381	50402	59979	5034	2733	2301
70	26429	12301	14128	973	562	410
71	23402	10731	12672	899	478	421
72	21446	9726	11720	1181	645	536
73	21370	9694	11675	1025	547	478
74	17734	7950	9784	956	501	456
75—79岁	64455	26858	37597	4651	2277	2374
75	15534	6741	8793	956	499	457
76	14236	6145	8092	939	482	457
77	12822	5365	7456	957	472	484
78	11877	4698	7179	921	433	488
79	9986	3908	6077	878	391	487
80—84岁	31737	11607	20130	3550	1545	2005
80	8737	3297	5440	867	416	451
81	7353	2727	4626	775	327	447
82	6157	2287	3869	694	292	403
83	5117	1794	3323	655	276	379
84	4374	1502	2872	558	234	324
85—89岁	9645	3016	6630	1545	573	972
85	3180	1030	2150	480	185	295
86	2634	807	1828	366	136	230
87	1745	536	1208	284	105	179
88	1191	391	800	224	76	149
89	896	251	645	191	72	119
90—94岁	1838	533	1305	419	131	288
90	691	219	472	138	40	98
91	430	115	315	113	38	75
92	320	94	226	62	27	35
93	239	68	171	49	12	37
94	158	36	122	56	13	43
95—99岁	337	92	245	85	15	70
95	107	22	85	28	8	20
96	87	29	59	26	2	24
97	92	28	63	12	3	9
98	31	8	22	14	2	12
99	20	5	15	5	1	5
100岁及以上	66	26	40	16	7	9

1995年1%人口抽样调查

表1—1 省、自治区、直辖市分性别、年龄的人口

单位:人

地区别	合计			60—64岁		
	合计*	男	女	小计	男	女
总计	**12366955**	**6294901**	**6072054**	**429182**	**219027**	**210155**
北京市	129008	64654	64354	6089	3003	3086
天津市	97040	48535	48505	4108	2039	2068
河北省	662160	335821	326339	22229	11360	10868
山西省	316488	161538	154950	10900	5650	5250
内蒙古自治区	234917	120963	113953	7375	3920	3455
辽宁省	421365	213736	207630	16130	7974	8155
吉林省	266885	135527	131359	8560	4326	4234
黑龙江省	380941	194135	186806	11503	6106	5396
上海市	145818	72693	73125	7728	3661	4067
江苏省	727334	362823	364512	28111	14096	14015
浙江省	444671	225424	219247	19037	9872	9165
安徽省	618435	317408	301027	21589	11361	10227
福建省	332885	169622	163263	10338	5311	5027
江西省	417343	211696	205647	13045	6742	6303
山东省	896252	451058	445194	32732	16236	16496
河南省	935439	477927	457512	30269	15235	15034
湖北省	593582	304316	289266	19636	10183	9453
湖南省	658654	337926	320728	24207	12502	11705
广东省	705163	357171	347991	23861	11964	11897
广西壮族自治区	466843	244253	222590	15252	7780	7472
海南省	74249	38654	35596	2427	1266	1161
四川省	1163343	588680	574664	42202	21773	20469
贵州省	360419	185961	174457	10978	5649	5328
云南省	409506	210100	199406	12774	6369	6404
西藏自治区	24647	12217	12429	708	312	396
陕西省	360934	184211	176724	11984	6160	5824
甘肃省	250179	128901	121278	7906	4112	3793
青海省	49396	25344	24053	1346	697	649
宁夏回族自治区	52490	26536	25954	1331	709	622
新疆维吾尔自治区	170567	87072	83495	4828	2697	2131

* 此数据为所有年龄段数据和,后同。

表 1—1 省、自治区、直辖市分性别、年龄的人口(续 1)　单位:人

地区别	65—69 岁			70—74 岁		
	小计	男	女	小计	男	女
总　计	**337823**	**168390**	**169433**	**242721**	**114916**	**127806**
北京市	4407	2201	2206	2844	1399	1445
天津市	3412	1691	1720	2238	1094	1144
河北省	17835	8885	8950	12532	6002	6530
山西省	7947	3993	3954	5819	2867	2952
内蒙古自治区	4777	2577	2200	3371	1810	1560
辽宁省	13194	6752	6442	8808	4478	4330
吉林省	6690	3448	3242	4503	2326	2177
黑龙江省	8188	4385	3803	5060	2702	2357
上海市	6446	3040	3405	4860	2193	2667
江苏省	22443	10722	11721	17591	7897	9694
浙江省	15041	7622	7419	11303	5472	5831
安徽省	17465	8703	8762	12955	5849	7106
福建省	8984	4477	4507	6136	2787	3349
江西省	10756	5336	5420	8164	3743	4421
山东省	26670	12601	14070	19155	8791	10364
河南省	24255	11750	12505	18676	8383	10293
湖北省	14472	7265	7207	11748	5433	6315
湖南省	19706	10121	9584	13580	6558	7022
广东省	19704	9470	10234	13663	6074	7589
广西壮族自治区	11856	5748	6109	8287	3805	4482
海南省	1879	915	963	1272	571	701
四川省	35303	17880	17423	24096	11793	12303
贵州省	8227	4222	4006	5228	2523	2705
云南省	10123	4961	5163	7124	3321	3803
西藏自治区	530	231	299	359	147	212
陕西省	8188	4353	3836	6635	3366	3269
甘肃省	4561	2383	2178	3412	1724	1687
青海省	800	412	388	530	236	294
宁夏回族自治区	814	444	371	605	315	290
新疆维吾尔自治区	3148	1802	1346	2168	1256	912

表1—1 省、自治区、直辖市分性别、年龄的人口(续2) 单位:人

地区别	75—79岁			80—84岁			85—89岁		
	小计	男	女	小计	男	女	小计	男	女
总计	**142222**	**61985**	**80237**	**72346**	**28303**	**44043**	**25506**	**8257**	**17248**
北京市	1578	744	833	863	358	505	322	115	207
天津市	1291	618	673	702	319	383	259	98	161
河北省	7107	3223	3884	3828	1624	2205	1315	467	847
山西省	3162	1469	1693	1493	661	832	391	133	257
内蒙古自治区	1806	951	855	820	417	403	220	104	116
辽宁省	4742	2335	2408	2604	1241	1363	997	423	574
吉林省	2221	1159	1062	1102	537	566	377	181	196
黑龙江省	2420	1254	1166	1273	614	659	397	178	219
上海市	3012	1282	1730	1564	603	961	588	182	406
江苏省	10440	4210	6230	5334	1881	3453	2072	583	1489
浙江省	6854	3009	3845	3551	1447	2104	1339	436	903
安徽省	6797	2687	4110	3151	1079	2072	906	233	673
福建省	3645	1513	2132	1937	670	1267	685	205	480
江西省	4683	1936	2747	2237	792	1445	678	219	459
山东省	11963	5100	6863	5996	2288	3709	2229	680	1549
河南省	11246	4518	6728	5454	1883	3571	1918	576	1342
湖北省	6011	2471	3540	2931	1089	1842	776	224	552
湖南省	7997	3632	4365	3962	1588	2374	1290	435	855
广东省	8871	3481	5300	5007	1715	3293	2241	572	1670
广西壮族自治区	5676	2437	3238	3186	1203	1983	1376	460	916
海南省	790	302	488	470	158	312	211	61	149
四川省	14944	6660	8284	7388	2897	4491	2685	843	1842
贵州省	3507	1539	1968	2075	864	1211	657	239	418
云南省	4013	1702	2311	2005	790	1215	600	199	402
西藏自治区	198	77	120	83	27	56	28	10	18
陕西省	3691	1802	1889	1603	711	892	425	158	268
甘肃省	1873	910	963	781	356	425	198	80	118
青海省	261	112	149	126	54	72	37	13	24
宁夏回族自治区	338	176	162	172	90	82	42	21	21
新疆维吾尔自治区	1178	678	500	646	349	296	246	128	119

表 1—1 省、自治区、直辖市分性别、年龄的人口(续 3)

单位:人

地区别	90—94 岁			95—99 岁			100 岁及 100 岁以上		
	小计	男	女	小计	男	女	小计	男	女
总计	**6457**	**1682**	**4776**	**941**	**182**	**759**	**111**	**34**	**77**
北京市	88	18	70	12	1	11	1	—	1
天津市	59	20	40	8	2	6	1	—	1
河北省	318	89	229	23	5	18	3	—	3
山西省	75	31	44	9	2	7	1	—	1
内蒙古自治区	41	15	27	6	2	4	—	—	—
辽宁省	254	95	159	33	9	24	6	3	3
吉林省	94	38	57	6	2	4	2	2	—
黑龙江省	90	37	53	13	5	8	2	1	1
上海市	173	41	132	19	4	16	4	1	2
江苏省	537	124	413	83	9	74	5	3	3
浙江省	323	83	240	42	13	30	1	—	1
安徽省	262	57	205	56	12	44	5	—	5
福建省	192	37	155	23	4	19	2	1	1
江西省	148	43	105	15	2	13	1	1	—
山东省	506	127	379	63	4	58	1	—	1
河南省	486	112	373	71	17	54	6	2	5
湖北省	183	45	137	29	4	25	8	2	6
湖南省	263	65	199	26	5	21	4	1	2
广东省	721	128	594	111	13	98	13	4	9
广西壮族自治区	404	107	297	76	8	68	10	2	8
海南省	66	15	51	16	3	13	3	1	2
四川省	665	190	476	100	18	81	10	2	8
贵州省	154	41	113	24	6	17	4	—	4
云南省	105	27	78	19	5	15	8	3	5
西藏自治区	5	1	4	1	—	1	—	—	—
陕西省	82	19	63	8	2	6	3	3	—
甘肃省	32	11	21	7	3	4	—	—	—
青海省	7	3	4	3	1	2	1	—	1
宁夏回族自治区	8	4	4	1	—	1	1	1	—
新疆维吾尔自治区	116	61	55	39	22	17	6	3	3

表 1—2 全国分年龄、性别的人口

单位：人，%

年龄别	人口数			占总人口数的百分比			性别比
	合计	男	女	小计	男	女	（女＝100）
总计*	**12366955**	**6294901**	**6072054**	**100.00**	**50.90**	**49.10**	**103.67**
60—64 岁	429182	219027	210155	3.47	1.77	1.70	104.22
60	95185	48132	47052	0.77	0.39	0.38	102.30
61	86962	44366	42596	0.70	0.36	0.34	104.16
62	92130	47514	44589	0.74	0.38	0.36	106.62
63	80341	40630	39712	0.65	0.33	0.32	102.31
64	74563	38357	36206	0.60	0.31	0.29	105.94
65—69 岁	337823	168390	169433	2.73	1.36	1.37	99.38
65	81579	41245	40334	0.66	0.33	0.33	102.26
66	67893	33904	33968	0.55	0.27	0.27	99.81
67	70570	35288	35283	0.57	0.29	0.29	100.01
68	61532	30456	31076	0.50	0.25	0.25	98.01
69	56269	27496	28773	0.45	0.22	0.23	95.56
70—74 岁	242721	114916	127806	1.96	0.93	1.03	89.91
70	59869	28897	30972	0.48	0.23	0.25	93.30
71	52078	24987	27091	0.42	0.20	0.22	92.24
72	46391	21975	24416	0.38	0.18	0.20	90.00
73	43787	20463	23324	0.35	0.17	0.19	87.73
74	40596	18593	22003	0.33	0.15	0.18	84.50
75—79 岁	142222	61985	80237	1.15	0.50	0.65	77.25
75	36750	16313	20438	0.30	0.13	0.17	79.82
76	31130	14096	17035	0.25	0.11	0.14	82.75
77	27608	11948	15660	0.22	0.10	0.13	76.29
78	25304	10773	14531	0.20	0.09	0.12	74.14
79	21430	8856	12574	0.17	0.07	0.10	70.44
80—84 岁	72346	28303	44043	0.58	0.23	0.36	64.26
80	20209	8187	12022	0.16	0.07	0.10	68.10
81	17039	6843	10196	0.14	0.06	0.08	67.12
82	14060	5432	8627	0.11	0.04	0.07	62.97
83	11226	4188	7038	0.09	0.03	0.06	59.51
84	9812	3652	6160	0.08	0.03	0.05	59.29
85—89 岁	25506	8257	17248	0.21	0.07	0.14	47.87
85	7726	2622	5104	0.06	0.02	0.04	51.36
86	6404	2137	4267	0.05	0.02	0.03	50.07
87	4856	1517	3339	0.04	0.01	0.03	45.42
88	3579	1095	2484	0.03	0.01	0.02	44.08
89	2941	887	2054	0.02	0.01	0.02	43.19
90—94 岁	6457	1682	4776	0.05	0.01	0.04	35.21
90	2281	596	1685	0.02	—	0.01	35.37
91	1507	420	1087	0.01	—	0.01	38.60
92	1182	310	872	0.01	—	0.01	35.51
93	891	211	679	0.01	—	0.01	31.15
94	597	145	453	—	—	—	32.00
95—99 岁	941	182	759	0.01	—	0.01	24.00
95	423	86	338	—	—	—	25.38
96	186	44	141	—	—	—	31.55
97	174	19	155	—	—	—	12.19
98	109	25	84	—	—	—	29.93
99	49	8	41	—	—	—	19.19
100 岁及以上	111	34	77	—	—	—	44.90

1—3 全国市分年龄、性别的人口

单位:人,%

年龄别	人口数			占总人口数的百分比			性别比
	合计	男	女	小计	男	女	(女=100)
总 计*	**2546875**	**1281417**	**1265458**	**100.00**	**50.31**	**49.69**	**101.26**
60—64 岁	103116	52103	51013	4.05	2.05	2.00	102.14
60	22845	11203	11641	0.90	0.44	0.46	96.23
61	21412	10673	10738	0.84	0.42	0.42	99.40
62	22203	11400	10803	0.87	0.45	0.42	105.53
63	19061	9654	9407	0.75	0.38	0.37	102.64
64	17596	9172	8424	0.69	0.36	0.33	108.89
65—69 岁	76124	38811	37313	2.99	1.52	1.47	104.02
65	18647	9631	9016	0.73	0.38	0.35	106.82
66	15669	8047	7622	0.62	0.32	0.30	105.57
67	15594	7888	7706	0.61	0.31	0.30	102.35
68	13669	6867	6802	0.54	0.27	0.27	100.96
69	12545	6379	6167	0.49	0.25	0.24	103.44
70—74 岁	50514	24523	26018	1.98	0.96	1.02	94.25
70	12416	6075	6341	0.49	0.24	0.25	95.82
71	10963	5440	5523	0.43	0.21	0.22	98.48
72	9711	4704	5006	0.38	0.18	0.20	93.97
73	9047	4331	4716	0.36	0.17	0.19	91.85
74	8404	3972	4432	0.33	0.16	0.17	89.63
75—79 岁	28544	12766	15778	1.12	0.50	0.62	80.91
75	7364	3410	3954	0.29	0.13	0.16	86.24
76	6219	2838	3381	0.24	0.11	0.13	83.93
77	5597	2485	3112	0.22	0.10	0.12	79.83
78	5059	2193	2866	0.20	0.09	0.11	76.52
79	4305	1841	2464	0.17	0.07	0.10	74.69
80—84 岁	14907	5946	8961	0.59	0.23	0.35	66.36
80	3967	1706	2261	0.16	0.07	0.09	75.45
81	3577	1436	2141	0.14	0.06	0.08	67.07
82	2878	1109	1769	0.11	0.04	0.07	62.67
83	2366	873	1493	0.09	0.03	0.06	58.44
84	2119	823	1296	0.08	0.03	0.05	63.47
85—89 岁	5528	1809	3718	0.22	0.07	0.15	48.66
85	1647	572	1075	0.06	0.02	0.04	53.19
86	1423	470	953	0.06	0.02	0.04	49.27
87	993	332	661	0.04	0.01	0.03	50.30
88	793	243	550	0.03	0.01	0.02	44.22
89	671	192	479	0.03	0.01	0.02	40.14
90—94 岁	1505	391	1114	0.06	0.02	0.04	35.09
90	504	142	362	0.02	0.01	0.01	39.07
91	357	99	258	0.01	—	0.01	38.55
92	266	60	206	0.01	—	0.01	29.26
93	223	49	175	0.01	—	0.01	28.06
94	155	41	114	0.01	—	—	35.91
95—99 岁	209	28	181	0.01	—	0.01	15.46
95	99	13	87	—	—	—	14.67
96	33	9	24	—	—	—	38.94
97	46	4	42	—	—	—	9.33
98	19	2	17	—	—	—	12.86
99	12	—	12	—	—	—	—
100 岁及以上	25	9	16	—	—	—	54.46

表 1—4 全国镇分年龄、性别的人口

单位:人,%

年龄别	人口数			占总人口的百分比			性别比
	合计	男	女	小计	男	女	(女=100)
总 计*	**987092**	**499427**	**487665**	**100.00**	**50.60**	**49.40**	**102.41**
60—64 岁	33539	17447	16091	3.40	1.77	1.63	108.43
60	7522	3764	3758	0.76	0.38	0.38	100.16
61	6745	3534	3210	0.68	0.36	0.33	110.10
62	7236	3803	3433	0.73	0.39	0.35	110.76
63	6299	3311	2988	0.64	0.34	0.30	110.82
64	5737	3035	2702	0.58	0.31	0.27	112.31
65—69 岁	25086	12780	12306	2.54	1.29	1.25	103.85
65	6294	3311	2983	0.64	0.34	0.30	110.99
66	5111	2528	2583	0.52	0.26	0.26	97.85
67	5249	2676	2573	0.53	0.27	0.26	103.98
68	4492	2288	2205	0.46	0.23	0.22	103.78
69	3939	1978	1961	0.40	0.20	0.20	100.82
70—74 岁	17283	8279	9003	1.75	0.84	0.91	91.96
70	4375	2085	2290	0.44	0.21	0.23	91.01
71	3734	1864	1870	0.38	0.19	0.19	99.69
72	3209	1526	1684	0.33	0.15	0.17	90.61
73	3079	1468	1611	0.31	0.15	0.16	91.12
74	2886	1337	1548	0.29	0.14	0.16	86.36
75—79 岁	10070	4247	5823	1.02	0.43	0.59	72.93
75	2554	1125	1429	0.26	0.11	0.14	78.73
76	2211	978	1233	0.22	0.10	0.12	79.29
77	1919	793	1126	0.19	0.08	0.11	70.45
78	1873	764	1109	0.19	0.08	0.11	68.93
79	1513	587	926	0.15	0.06	0.09	63.34
80—84 岁	5488	2041	3446	0.56	0.21	0.35	59.23
80	1496	561	935	0.15	0.06	0.09	60.04
81	1242	485	757	0.13	0.05	0.08	63.97
82	1091	406	685	0.11	0.04	0.07	59.27
83	902	321	581	0.09	0.03	0.06	55.26
84	757	269	489	0.08	0.03	0.05	54.98
85—89 岁	2042	586	1455	0.21	0.06	0.15	40.29
85	613	170	443	0.06	0.02	0.04	38.30
86	489	166	323	0.05	0.02	0.03	51.53
87	411	119	293	0.04	0.01	0.03	40.47
88	302	76	226	0.03	0.01	0.02	33.63
89	225	56	170	0.02	0.01	0.02	32.71
90—94 岁	572	122	450	0.06	0.01	0.05	27.04
90	195	36	159	0.02	—	0.02	22.87
91	133	36	96	0.01	—	0.01	37.59
92	104	20	84	0.01	—	0.01	23.33
93	82	18	64	0.01	—	0.01	27.66
94	58	12	46	0.01	—	—	25.27
95—99 岁	86	16	70	0.01	—	0.01	22.50
95	36	7	29	—	—	—	25.19
96	16	2	13	—	—	—	18.34
97	21	4	17	—	—	—	25.84
98	9	2	7	—	—	—	24.78
99	4	—	4	—	—	—	—
100 岁及以上	12	2	11	—	—	—	16.70

表 1—5　全国县分年龄、性别的人口

单位：人，%

年龄别	人口数			占总人口的百分比			性别比（女=100）
	合计	男	女	小计	男	女	
总　计*	**8832988**	**4514058**	**4318930**	**100.00**	**51.10**	**48.90**	**104.52**
60—64 岁	292528	149476	143051	3.31	1.69	1.62	104.49
60	64818	33165	31653	0.73	0.38	0.36	104.78
61	58806	30158	28648	0.67	0.34	0.32	105.27
62	62691	32338	30.353	0.71	0.37	0.34	106.54
63	54981	27664	27317	0.62	0.31	0.31	101.27
64	51231	26150	25081	0.58	0.30	0.28	104.26
65—69 岁	236631	116798	119815	2.68	1.32	1.36	97.48
65	56638	28303	28335	0.64	0.32	0.32	99.89
66	47093	23330	23763	0.53	0.26	0.27	98.18
67	49727	24724	25003	0.56	0.28	0.28	98.89
68	43371	21301	22070	0.49	0.24	0.25	96.52
69	39785	19140	20645	0.45	0.22	0.23	92.71
70—74 岁	174897	82113	92784	1.98	0.93	1.05	88.50
70	43078	20737	22341	0.49	0.23	0.25	92.82
71	37381	17683	19697	0.42	0.20	0.22	89.78
72	33471	15745	17726	0.38	0.18	0.20	88.83
73	31661	14664	16997	0.36	0.17	0.19	86.27
74	29307	13284	16023	0.33	0.15	0.18	82.91
75—79 岁	103608	44971	58636	1.17	0.51	0.66	76.70
75	26832	11777	15055	0.30	0.13	0.17	78.23
76	22700	10280	12420	0.26	0.12	0.14	82.77
77	20092	8670	11422	0.23	0.10	0.13	75.91
78	18372	7815	10557	0.21	0.09	0.12	74.03
79	15612	6429	9183	0.18	0.07	0.10	70.01
80—84 岁	51951	20315	31636	0.59	0.23	0.36	64.22
80	14746	5919	8826	0.17	0.07	0.10	67.06
81	12220	4923	7297	0.14	0.06	0.08	67.46
82	10090	3917	6173	0.11	0.04	0.07	63.46
83	7958	2994	4964	0.09	0.03	0.06	60.32
84	6936	2561	4375	0.08	0.03	0.05	58.54
85—89 岁	17936	5861	12075	0.20	0.07	0.14	48.54
85	5466	1880	3586	0.06	0.02	0.04	52.43
86	4491	1500	2991	0.05	0.02	0.03	50.16
87	3452	1066	2386	0.04	0.01	0.03	44.68
88	2483	776	1708	0.03	0.01	0.02	45.43
89	2045	639	1405	0.02	0.01	0.02	45.50
90—94 岁	4380	1169	3211	0.05	0.01	0.04	36.40
90	1582	418	1164	0.02	—	0.01	35.92
91	1017	284	733	0.01	—	0.01	38.75
92	811	230	582	0.01	0.01	39.49	
93	585	145	440	0.01	—	—	32.88
94	385	92	292	—	—	—	31.55
95—99 岁	646	138	507	0.01	—	0.01	27.26
95	288	66	222	—	—	—	29.59
96	137	33	104	—	—	—	31.57
97	106	11	96	—	—	—	11.06
98	82	21	60	—	—	—	35.26
99	33	8	25	—	—	—	31.45
100 岁及以上	74	24	50	—	—	—	47.69

表2—2 全国6岁及6岁以上分年龄、性别、受教育程度的人口 单位:人

年龄别	6岁及6岁以上人口数			大专以上		
	合计	男	女	小计	男	女
总计*	**11196648**	**5663599**	**5533049**	**250621**	**161545**	**89076**
60—64岁	429182	219027	210155	9174	7262	1912
60	95185	48132	47052	2423	1868	555
61	86962	44366	42596	2089	1652	438
62	92130	47514	44589	1833	1455	378
63	80341	40630	39712	1544	1247	297
64	74563	38357	36206	1285	1040	245
65岁及以上	828128	383748	444380	8349	6865	1484

表2—2 全国6岁及6岁以上分年龄、性别、受教育程度的人口(续1) 单位:人

年龄别	成人教育			高中			成人教育		
	小计	男	女	小计	男	女	小计	男	女
总计*	**99712**	**63822**	**35890**	**1022103**	**601900**	**420203**	**79524**	**46991**	**32533**
60—64岁	1890	1617	272	14598	11011	3587	1538	1246	292
60	467	378	89	3738	2731	1007	380	312	68
61	456	395	61	3130	2314	817	371	279	92
62	381	322	59	2984	2285	698	312	261	52
63	324	284	39	2519	1934	585	252	204	48
64	262	238	24	2228	1748	480	222	190	32
65岁及以上	1300	1163	137	14913	11710	3203	1308	1103	205

表2—2 全国6岁及6岁以上分年龄、性别、受教育程度的人口(续2) 单位:人

年龄别	初中			小学		
	小计	男	女	小计	男	女
总计*	**3377595**	**1967332**	**1410264**	**4752554**	**2410827**	**2341727**
60—64岁	36172	28924	7247	144366	102447	41919
60	8547	6510	2038	34261	23132	11129
61	7600	5986	1614	30333	21132	9201
62	7766	6332	1433	30911	22331	8580
63	6512	5282	1230	25584	18531	7053
64	5747	4814	932	23278	17321	5957
65岁及以上	42122	35669	6453	197965	154046	43919

表2—2 全国6岁及6岁以上分年龄、性别、受教育程度的人口(续3) 单位:人

年龄别	扫盲班			未上过学		
	小计	男	女	小计	男	女
总计*	**221394**	**68937**	**152457**	**1572380**	**453057**	**1119323**
60—64岁	26433	11096	15337	198439	58286	140153
60	5602	2204	3398	40613	11687	28926
61	5334	2159	3175	38476	11124	27353
62	5741	2460	3280	42897	12677	30220
63	5083	2232	2850	39100	11403	27697
64	4673	2039	2634	37353	11395	25958
65岁及以上	43589	20835	22754	521190	154624	366566

表 2—3 全国市 6 岁及 6 岁以上分年龄、性别、受教育程度的人口 单位:人

年龄别	6 岁及 6 岁以上人口数			大专以上		
	合计	男	女	小计	男	女
总 计*	**2360508**	**1186050**	**1177459**	**185612**	**114266**	**71346**
60—64 岁	103116	52103	51013	7506	5729	1777
60	22845	11203	11641	1963	1452	511
61	21412	10673	10738	1703	1297	406
62	22203	11400	10803	1500	1155	345
63	19061	9654	9407	1269	984	285
64	17596	9172	8424	1071	841	230
65 岁及以上	177384	84284	93100	6823	5434	1390

表 2—3 全国市 6 岁及 6 岁以上分年龄、性别、受教育程度的人口(续 1) 单位:人

年龄别	成人教育			高中			成人教育		
	小计	男	女	小计	男	女	小计	男	女
总 计*	**67837**	**40791**	**27046**	**463165**	**240362**	**222803**	**36830**	**19403**	**17427**
60—64 岁	1340	1102	238	9055	6177	2878	894	667	227
60	329	254	75	2265	1469	796	206	154	52
61	319	265	54	1986	1337	650	230	159	71
62	276	224	52	1869	1302	566	182	140	41
63	239	203	36	1579	1089	482	156	117	39
64	177	156	21	1356	971	385	120	97	23
65 岁及以上	914	789	125	8402	5957	2445	712	575	137

表 2—3 全国市 6 岁及 6 岁以上分年龄、性别、受教育程度的人口(续 2) 单位:人

年龄别	初中			小学		
	小计	男	女	小计	男	女
总 计*	**803417**	**430200**	**372217**	**683171**	**340975**	**342196**
60—64 岁	16213	11410	4803	35024	20601	14423
60	3748	2431	1317	8101	4370	3731
61	3383	2307	1076	7411	4190	3221
62	3501	2538	963	7521	4521	3000
63	2978	2166	812	6180	3778	2402
64	2604	1968	636	5811	3742	2069
65 岁及以上	18549	14403	4146	50352	34919	15432

表 2—3 全国市 6 岁及 6 岁以上分年龄、性别、受教育程度的人口(续 3) 单位:人

年龄别	扫盲班			未上过学		
	小计	男	女	小计	男	女
总 计*	**33150**	**9620**	**23530**	**191993**	**47626**	**144366**
60—64 岁	6195	1835	4360	29123	6351	22772
60	1168	297	872	5599	1185	4414
61	1261	340	921	5668	1202	4465
62	1455	464	991	6358	1420	4938
63	1158	356	802	5898	1273	4625
64	1153	378	775	5601	1272	4329
65 岁及以上	11631	4511	7120	81627	19059	62567

表2—4　全国镇6岁及6岁以上分年龄、性别、受教育程度的人口 单位:人

年龄别	6岁及6岁以上人口数			大专以上		
	合计	男	女	小计	男	女
总　计*	**905486**	**455695**	**449791**	**43307**	**30913**	**12394**
60—64岁	33539	17447	16091	993	880	113
60	7522	3764	3758	283	252	31
61	6745	3534	3210	207	181	26
62	7236	3803	3433	201	171	30
63	6299	3311	2988	169	157	12
64	5737	3035	2702	133	119	14
65岁及以上	60638	28073	32565	801	729	72

表2—4　全国镇6岁及6岁以上分年龄、性别、受教育程度的人口(续1) 单位:人

年龄别	成人教育			高中			成人教育		
	小计	男	女	小计	男	女	小计	男	女
总　计*	**20466**	**14381**	**6085**	**181039**	**99778**	**81261**	**16763**	**9486**	**7277**
60—64岁	307	279	28	2600	2063	537	281	235	46
60	81	70	11	668	506	162	68	56	12
61	76	70	5	555	434	121	56	45	11
62	57	51	6	526	428	98	66	57	9
63	51	48	3	441	358	83	44	38	7
64	42	39	3	410	337	73	46	40	7
65岁及以上	163	153	10	2608	2054	554	234	176	57

表2—4　全国镇6岁及6岁以上分年龄、性别、受教育程度的人口(续2) 单位:人

年龄别	初　中			小　学		
	小计	男	女	小计	男	女
总　计*	**319059**	**166661**	**152397**	**274559**	**137069**	**137489**
60—64岁	5570	4397	1173	11829	7287	4542
60	1277	942	334	2687	1481	1206
61	1167	916	252	2488	1494	994
62	1212	974	238	2528	1633	895
63	1058	846	212	2160	1366	794
64	856	719	138	1966	1313	653
65岁及以上	5903	4947	956	17453	12346	5107

表2—4　全国镇6岁及6岁以上分年龄、性别、受教育程度的人口(续3) 单位:人

年龄别	扫盲班			未上过学		
	小计	男	女	小计	男	女
总　计*	**10834**	**3327**	**7507**	**76689**	**17947**	**58742**
60—64岁	1836	622	1214	10712	2198	8513
60	408	128	280	2220	456	1744
61	340	115	226	1987	395	1592
62	384	132	252	2386	465	1922
63	360	131	229	2111	452	1659
64	343	116	227	2028	431	1597
65岁及以上	3196	1328	1868	30678	6669	24008

表 2—5　全国县 6 岁及 6 岁以上分年龄、性别、受教育程度的人口

单位:人

年龄别	6 岁及 6 岁以上人口数			大专以上		
	合计	男	女	小计	男	女
总　计*	**7930653**	**4024854**	**3905799**	**21703**	**16367**	**5336**
60—64 岁	292528	149476	143051	676	653	23
60	64848	33165	31653	178	165	13
61	58806	30158	28648	179	173	6
62	62691	32338	30353	132	129	3
63	54981	27664	27317	106	106	—
64	51231	26150	25081	81	80	1
65 岁及以上	590105	271391	318714	724	702	22

表 2—5　全国县 6 岁及 6 岁以上分年龄、性别、受教育程度的人口(续 1)

单位:人

年龄别	成人教育			高中			成人教育		
	小计	男	女	小计	男	女	小计	男	女
总　计*	**11410**	**8650**	**2759**	**377899**	**261760**	**116139**	**25932**	**18103**	**7828**
60—64 岁	243	236	7	2943	2771	172	363	344	19
60	56	53	3	805	756	49	106	103	3
61	61	60	2	590	543	46	84	75	10
62	48	47	1	589	554	34	64	64	1
63	34	34	—	499	478	20	52	50	2
64	43	42	1	461	439	22	56	53	3
65 岁及以上	223	221	2	3904	3699	205	362	352	10

表 2—5　全国县 6 岁及 6 岁以上分年龄、性别、受教育程度的人口(续 2)

单位:人

年龄别	初　中			小　学		
	小计	男	女	小计	男	女
总　计*	**2255199**	**1370471**	**884649**	**3794824**	**1932783**	**1862041**
60—64 岁	14389	13118	1271	97513	74559	22954
60	3523	3136	386	23473	17281	6192
61	3050	2763	286	20434	15448	4985
62	3053	2820	233	20862	16177	4685
63	2476	2270	207	17244	13387	3857
64	2287	2128	159	15501	12266	3235
65 岁及以上	17671	16319	1351	130160	106780	23380

表 2—5　全国县 6 岁及 6 岁以上分年龄、性别、受教育程度的人口(续 3)

单位:人

年龄别	扫盲班			未上过学		
	小计	男	女	小计	男	女
总　计*	**177410**	**55990**	**121419**	**1303698**	**387483**	**916215**
60—64 岁	18402	8369	9763	158604	49736	108868
60	4026	1780	2246	32814	10047	22767
61	3732	1704	2028	30822	9526	21296
62	3902	1864	2038	34153	10793	23360
63	3565	1745	1820	31091	9678	21413
64	3177	1545	1632	29724	9692	20032
65 岁及以上	28761	14996	13765	408886	128895	279991

表 3—4 全国分年龄、性别、受教育程度的各职业人口

单位:人

受教育程度与年龄别	在业人口			一、各类专业技术人员		
	合计	男	女	小计	男	女
总 计*	**6981639**	**3788037**	**3193603**	**379083**	**188247**	**190836**
16岁及16岁以上	6934964	3767262	3167702	378703	188106	190597
60—64岁	187707	128751	58956	4346	3716	631
60岁	47564	31973	15591	1434	1200	234
61岁	40146	27263	12884	986	842	143
62岁	39703	27378	12325	792	678	113
63岁	32188	22394	9794	685	595	90
64岁	28107	19744	8362	449	399	51
65岁及以上	141239	105770	35469	2423	2128	295
大专以上	202263	132273	69990	108245	61531	46714
16岁及16岁以上	202256	132269	69987	108241	61528	46713
60—64岁	2429	2140	289	1424	1213	211
60岁	915	799	116	524	432	91
61岁	539	475	64	327	284	42
62岁	382	337	45	216	185	31
63岁	353	314	39	227	199	28
64岁	241	215	26	132	113	18
65岁及以上	874	779	95	571	500	71
高中	771391	473064	298327	170437	74759	95678
16岁及16岁以上	771284	473010	298274	170421	74752	95669
60—64岁	3225	2904	321	926	780	146
60岁	1111	1005	106	341	287	55
61岁	689	629	60	209	180	29
62岁	589	515	74	156	126	30
63岁	483	432	51	142	119	24
64岁	354	323	31	77	68	9
65岁及以上	1573	1452	121	449	393	56
初中	2527926	1551752	976174	81702	40623	41078
16岁及16岁以上	2510769	1542660	968109	81508	40557	40951
60—64岁	12224	11286	937	1046	931	115
60岁	3557	3239	318	322	287	36
61岁	2739	2518	221	246	215	31
62岁	2523	2358	165	211	193	18
63岁	1878	1743	135	160	142	17
64岁	1527	1428	99	107	94	14
65岁及以上	6950	6619	332	605	569	36
小学	2597080	1336845	1260326	15991	10315	5676
16岁及16岁以上	2571232	1326266	1244966	15841	10254	5587
60—64岁	75467	64398	11069	740	668	72
60岁	19759	16389	3370	195	170	25
61岁	16599	14055	2544	156	133	23
62岁	15957	13746	2211	169	157	12
63岁	12503	10834	1669	122	115	7
64岁	10648	9373	1275	98	93	5
65岁及以上	49526	45244	4282	584	539	45
扫盲班	152548	49642	102906	370	188	182
16岁及16岁以上	152280	49588	102693	369	188	182
60—64岁	12397	7756	4641	43	33	11
60岁	2984	1701	1283	10	7	4
61岁	2630	1597	1033	8	5	3
62岁	2659	1696	963	9	6	3
63岁	2199	1503	696	9	8	1
64岁	1925	1259	666	7	7	—
65岁及以上	9231	6900	2332	36	26	10
未上过学	730431	244461	485970	2339	830	1509
16岁及16岁以上	727143	243469	483674	2322	826	1496
60—64岁	81966	40267	41699	167	90	77
60岁	19239	8840	10399	42	19	24
61岁	16950	7987	8963	40	24	16
62岁	17592	8725	8867	31	11	19
63岁	14773	7568	7205	26	13	13
64岁	13412	7147	6266	28	24	5
65岁及以上	73084	44776	28308	178	102	76

表 3—4　全国分年龄、性别、受教育程度的各职业人口(续 1)　单位:人

受教育程度与年龄别	二、国家机关、党群组织、企事业单位负责人			三、办事人员和有关人员			四、商业工作人员		
	小计	男	女	小计	男	女	小计	男	女
总　计*	**141017**	**120493**	**20524**	**142134**	**98661**	**43473**	**291548**	**149100**	**142448**
16 岁及 16 岁以上	141014	120491	20523	142054	98601	43452	291049	148882	142166
60—64 岁	2497	2083	414	1853	1680	173	5349	3703	1646
60 岁	937	829	109	586	537	49	1316	867	449
61 岁	527	446	82	399	350	49	1138	786	352
62 岁	452	358	94	335	309	27	1088	763	325
63 岁	330	258	73	276	247	29	953	677	276
64 岁	250	193	57	257	238	20	854	610	244
65 岁及以上	811	650	161	1050	973	76	5272	4024	1248
大专以上	38928	32859	6070	29725	20493	9232	7953	5491	2462
16 岁及 16 岁以上	38928	32859	6070	29725	20494	9232	7953	5491	2462
60—64 岁	538	501	37	191	167	24	69	58	10
60 岁	239	231	8	70	61	9	24	20	4
61 岁	100	91	9	52	45	8	9	5	4
62 岁	92	85	8	26	22	4	12	11	1
63 岁	63	56	8	18	15	2	14	13	1
64 岁	44	40	4	24	23	1	10	10	—
65 岁及以上	119	105	14	77	69	7	23	22	1
高中	46559	39360	7200	57158	37818	19340	67179	34795	32384
16 岁及 16 岁以上	46559	39360	7200	57157	37817	19340	67171	34792	32380
60—64 岁	499	440	58	322	301	21	250	218	33
60 岁	198	183	16	120	111	9	65	57	8
61 岁	102	93	8	64	60	4	48	44	4
62 岁	80	65	15	51	46	5	51	43	8
63 岁	67	56	11	49	48	1	51	41	9
64 岁	52	43	9	38	36	2	35	32	3
65 岁及以上	124	111	13	93	84	9	149	135	14
初中	41507	36286	5221	43523	31137	12386	139802	71530	68272
16 岁及 16 岁以上	41505	36285	5220	43453	31084	12369	139472	71381	68092
60—64 岁	658	564	94	514	475	40	842	731	111
60 岁	251	226	25	177	164	13	226	191	35
61 岁	164	146	18	102	92	10	207	171	36
62 岁	104	86	18	109	103	7	164	144	20
63 岁	77	57	21	72	66	5	139	127	12
64 岁	62	49	12	55	50	5	107	99	8
65 岁及以上	187	165	22	200	191	9	655	610	46
小学	13253	11469	1784	10749	8507	2242	65381	33788	31593
16 岁及 16 岁以上	13253	11469	1784	10742	8502	2240	65222	33723	31498
60—64 岁	670	506	165	654	602	52	2672	2121	551
60 岁	217	170	47	185	174	12	648	484	165
61 岁	144	107	37	149	130	19	578	454	124
62 岁	138	102	36	114	108	6	561	449	112
63 岁	94	72	22	99	89	10	461	380	81
64 岁	77	55	22	106	101	6	424	354	70
65 岁及以上	281	213	68	448	425	23	2574	2287	287
扫盲班	334	220	114	319	225	94	2496	881	1615
16 岁及 16 岁以上	334	220	114	319	225	94	2496	881	1615
60—64 岁	72	34	38	53	43	10	315	155	160
60 岁	13	7	6	7	6	2	81	31	50
61 岁	13	6	7	11	7	4	51	33	18
62 岁	20	8	11	9	8	1	69	34	35
63 岁	19	11	8	16	14	2	68	37	32
64 岁	8	2	5	10	9	1	47	22	25
65 岁及以上	51	26	25	61	54	7	356	231	125
未上过学	435	299	136	659	481	178	8737	2616	6121
16 岁及 16 岁以上	435	299	136	658	480	178	8734	2615	6119
60—64 岁	60	37	22	119	94	25	1201	420	781
60 岁	19	12	7	26	22	5	272	85	187
61 岁	4	3	1	21	17	5	246	80	166
62 岁	18	12	7	25	22	3	232	82	149
63 岁	10	7	3	22	15	8	220	79	141
64 岁	8	4	4	24	19	5	232	94	138
65 岁及以上	50	31	19	170	149	21	1514	739	776

表 3—4 全国分年龄、性别、受教育程度的各职业人口(续 2) 单位:人

受教育程度与年龄别	五、服务性工作人员			六、农、林、牧、渔劳动者		
	小计	男	女	小计	男	女
总 计*	**178061**	**82222**	**95840**	**4842250**	**2492673**	**2349578**
16 岁及 16 岁以上	177281	81945	95336	4801825	2474495	2327330
60—64 岁	5588	4495	1093	162213	107978	54234
60 岁	1290	992	298	40372	26108	14264
61 岁	1146	919	228	34627	22794	11833
62 岁	1236	991	245	34584	23214	11369
63 岁	1076	888	189	27984	18972	9012
64 岁	839	705	134	24646	16889	7757
65 岁及以上	5148	4393	755	123136	90659	32477
大专以上	1779	918	861	1624	1315	309
16 岁及 16 岁以上	1779	918	861	1623	1315	308
60—64 岁	44	41	3	88	87	1
60 岁	9	9	—	26	24	1
61 岁	11	11	—	21	21	—
62 岁	10	7	2	16	16	—
63 岁	7	7	—	14	14	—
64 岁	7	7	—	10	10	—
65 岁及以上	34	33	1	40	40	—
高中	30819	12885	17934	199422	142553	56869
16 岁及 16 岁以上	30815	12883	17932	199364	142523	56840
60—64 岁	170	158	11	836	803	33
60 岁	38	36	2	272	261	10
61 岁	43	39	4	176	172	5
62 岁	41	39	2	169	159	10
63 岁	28	26	2	116	112	4
64 岁	20	18	2	104	99	5
65 岁及以上	116	105	11	554	542	12
初中	84812	37872	46940	1600172	981353	618819
16 岁及 16 岁以上	84374	37693	46681	1586694	974001	612694
60—64 岁	724	671	52	7666	7174	492
60 岁	172	151	21	2171	1991	180
61 岁	143	134	10	1694	1587	108
62 岁	170	158	12	1604	1522	82
63 岁	147	142	5	1177	1107	70
64 岁	91	87	4	1019	967	52
65 岁及以上	486	456	30	4454	4289	165
小学	49641	25632	24009	2208633	1095777	1112856
16 岁及 16 岁以上	49316	25539	23777	2185236	1086011	1099225
60—64 岁	2893	2572	322	64716	55060	9656
60 岁	711	604	106	16880	13940	2939
61 岁	588	510	78	14297	12092	2205
62 岁	629	565	64	13708	11778	1930
63 岁	540	491	49	10725	9263	1462
64 岁	426	402	24	9106	7986	1119
65 岁及以上	2507	2366	141	41440	37813	3627
扫盲班	2522	1132	1390	139667	43901	95766
16 岁及 16 岁以上	2522	1132	1389	139405	43847	95558
60—64 岁	428	269	158	11098	6909	4189
60 岁	77	40	37	2710	1545	1165
61 岁	107	66	41	2342	1398	944
62 岁	92	53	39	2375	1514	860
63 岁	77	58	19	1951	1335	616
64 岁	74	53	21	1720	1117	604
65 岁及以上	431	353	77	8089	6028	2061
未上过学	8487	3782	4705	692732	227774	464958
16 岁及 16 岁以上	8476	3779	4696	689503	226798	462705
60—64 岁	1330	783	546	77809	37946	39863
60 岁	283	152	131	18314	8347	9967
61 岁	254	160	95	16096	7524	8572
62 岁	295	169	125	16711	8224	8487
63 岁	277	164	113	14001	7141	6860
64 岁	221	139	82	12687	6710	5977
65 岁及以上	1574	1080	494	68560	41949	26611

表 3—4　全国分年龄、性别、受教育程度的各职业人口(续 3)　　单位:人

受教育程度与年龄别	七、生产工人、运输工人和有关人员			八、不便分类的其他劳动者		
	小计	男	女	小计	男	女
总　计*	**1006988**	**656321**	**350668**	**558**	**321**	**237**
16 岁及 16 岁以上	1002487	654423	348063	553	319	234
60—64 岁	5845	5085	760	16	11	5
60 岁	1626	1438	188	2	2	—
61 岁	1319	1123	196	3	2	1
62 岁	1213	1061	151	4	3	1
63 岁	880	753	126	3	3	—
64 岁	808	709	98	3	1	2
65 岁及以上	3391	2934	458	8	8	—
大专以上	13956	9630	4327	53	37	16
16 岁及 16 岁以上	13955	9629	4326	53	37	16
60—64 岁	73	70	3	3	3	—
60 岁	23	22	1	—	—	—
61 岁	18	18	—	1	1	—
62 岁	9	9	—	1	1	—
63 岁	9	9	—	—	—	—
64 岁	14	12	2	—	—	—
65 岁及以上	11	11	—	—	—	—
高中	199645	130796	68849	171	97	—
16 岁及 16 岁以上	199625	130786	68840	171	97	74
60—64 岁	220	202	18	2	2	—
60 岁	76	70	6	—	—	—
61 岁	48	42	6	—	—	—
62 岁	40	36	4	1	1	—
63 岁	29	28	—	1	1	—
64 岁	27	26	2	—	—	—
65 岁及以上	86	80	5	2	2	—
初中	536188	352828	183360	220	122	98
16 岁及 16 岁以上	533544	351539	182005	218	120	98
60—64 岁	771	738	32	2	1	—
60 岁	238	230	8	—	—	—
61 岁	183	173	9	—	—	—
62 岁	160	152	8	—	—	—
63 岁	105	101	4	1	1	—
64 岁	86	82	4	—	—	—
65 岁及以上	362	338	25	1	1	—
小学	233345	151309	82036	87	47	40
16 岁及 16 岁以上	231536	150721	80816	87	47	40
60—64 岁	3116	2867	249	6	3	3
60 岁	922	845	76	1	1	—
61 岁	685	628	57	1	1	—
62 岁	637	586	51	1	—	1
63 岁	462	424	38	—	—	—
64 岁	410	383	27	2	—	2
65 岁及以上	1689	1599	90	3	3	—
扫盲班	6834	3091	3743	6	4	1
16 岁及 16 岁以上	6830	3091	3739	6	4	1
60—64 岁	387	312	75	1	1	—
60 岁	86	67	19	—	—	—
61 岁	99	83	16	—	—	—
62 岁	86	74	13	—	—	—
63 岁	58	40	18	—	—	—
64 岁	59	49	9	—	—	—
65 岁及以上	208	181	26	1	—	—
未上过学	17020	8666	8354	22	14	8
16 岁及 16 岁以上	16996	8658	8337	19	14	5
60—64 岁	1279	895	383	2	1	1
60 岁	282	203	78	—	—	—
61 岁	288	179	108	—	—	—
62 岁	280	205	76	—	—	—
63 岁	217	151	66	—	—	—
64 岁	212	157	55	1	1	—
65 岁及以上	1035	725	310	2	2	—

表 3—7　全国分年龄、性别、受教育程度的不在业人口

单位：人

受教育程度与年龄别	不在业人口			在校学生		
	合计	男	女	小计	男	女
总　计*	**2079095**	**763138**	**1315957**	**376838**	**210596**	**166242**
16 岁及 16 岁以上	1936813	685969	1250845	249484	140418	109067
60—64 岁	241475	90275	151200	1	—	—
60 岁	47621	16159	31462	—	—	—
61 岁	46816	17104	29712	—	—	—
62 岁	52428	20163	32265	—	—	—
63 岁	48154	18236	29917	—	—	—
64 岁	46457	18613	27844	—	—	—
65 岁及以上	686889	277978	408910	7	5	2
大专以上	48327	29257	19070	22973	12768	10205
16 岁及 16 岁以上	48209	29202	19007	22856	12713	10143
60—64 岁	6745	5123	1623	1	—	1
60 岁	1509	1069	439	—	—	—
61 岁	1550	1176	374	1	—	1
62 岁	1450	1118	332	—	—	—
63 岁	1191	933	258	—	—	—
64 岁	1045	826	219	—	—	—
65 岁及以上	7474	6085	1389	5	5	—
高中	246539	126711	119828	144897	79713	65184
16 岁及 16 岁以上	227494	116940	110554	125930	69981	55949
60—64 岁	11374	8107	3266	—	—	—
60 岁	2627	1726	901	—	—	—
61 岁	2442	1685	757	—	—	—
62 岁	2394	1770	625	—	—	—
63 岁	2036	1502	534	—	—	—
64 岁	1874	1425	450	—	—	—
65 岁及以上	13340	10258	3082	2		2
初中	511237	235646	275591	200066	113035	87031
16 岁及 16 岁以上	402905	175514	227392	97894	56135	41759
60—64 岁	23948	17638	6310	—	—	—
60 岁	4991	3271	1720	—	—	—
61 岁	4861	3468	1393	—	—	—
62 岁	5243	3974	1269	—	—	—
63 岁	4643	3539	1095	—	—	—
64 岁	4220	3386	834	—	—	—
65 岁及以上	35171	29050	6121	—	—	—
小学	495850	205886	289964	8902	5080	3821
16 岁及 16 岁以上	482206	199142	283064	2805	1589	1216
60—64 岁	68899	38049	30850	—	—	—
60 岁	14502	6743	7759	—	—	—
61 岁	13734	7077	6657	—	—	—
62 岁	14953	8585	6369	—	—	—
63 岁	13081	7697	5383	—	—	—
64 岁	12630	7947	4682	—	—	—
65 岁及以上	148439	108802	39638	—	—	—
扫盲班	68108	19078	49030	—	—	—
16 岁及 16 岁以上	68065	19062	49004	—	—	—
60—64 岁	14036	3340	10696	—	—	—
60 岁	2618	503	2115	—	—	—
61 岁	2704	562	2142	—	—	—
62 岁	3082	764	2318	—	—	—
63 岁	2884	730	2154	—	—	—
64 岁	2748	781	1967	—	—	—
65 岁及以上	34358	13936	20422	—	—	—
未上过学	709034	146561	562474	—	—	—
16 岁及 16 岁以上	709034	146110	561825	—	—	—
60—64 岁	116473	18019	98454	—	—	—
60 岁	21375	2847	18527	—	—	—
61 岁	21526	3136	18390	—	—	—
62 岁	25305	3952	21353	—	—	—
63 岁	24327	3835	20492	—	—	—
64 岁	23940	4248	19692	—	—	—
65 岁及以上	448106	109848	338258	—	—	—

表 3—7 全国分年龄、性别、受教育程度的不在业人口(续 1) 单位:人

受教育程度与年龄别	从未工作正在寻找工作			失去工作正在寻找工作			企业停产等待安置		
	小计	男	女	小计	男	女	小计	男	女
总　计*	**91567**	**46195**	**45372**	**40780**	**21767**	**19013**	**23730**	**9952**	**13778**
16 岁及 16 岁以上	85012	42527	42485	40696	21729	18967	23721	9948	13773
60—64 岁	—	—	—	—	—	—	62	44	18
60 岁	—	—	—	—	—	—	24	18	6
61 岁	—	—	—	—	—	—	16	13	3
62 岁	—	—	—	—	—	—	8	3	5
63 岁	—	—	—	—	—	—	8	6	2
64 岁	—	—	—	—	—	—	5	3	2
65 岁及以上	—	—	—	—	—	—	87	49	38
大专以上	3073	1555	1518	1009	624	385	457	251	207
16 岁及 16 岁以上	3072	1555	1517	1009	624	385	457	251	207
60—64 岁	—	—	—	—	—	—	—	—	—
60 岁	—	—	—	—	—	—	—	—	—
61 岁	—	—	—	—	—	—	—	—	—
62 岁	—	—	—	—	—	—	—	—	—
63 岁	—	—	—	—	—	—	—	—	—
64 岁	—	—	—	—	—	—	—	—	—
65 岁及以上	—	—	—	—	—	—	—	—	—
高中	20600	10433	10167	10111	5304	4807	6547	2498	4049
16 岁及 16 岁以上	20550	10409	10141	10109	5304	4805	6546	2498	4047
60—64 岁	—	—	—	—	—	—	4	3	1
60 岁	—	—	—	—	—	—	3	3	—
61 岁	—	—	—	—	—	—	—	—	—
62 岁	—	—	—	—	—	—	1	—	1
63 岁	—	—	—	—	—	—	—	—	—
64 岁	—	—	—	—	—	—	—	—	—
65 岁及以上	—	—	—	—	—	—	—	—	—
初中	54015	27826	26189	22689	11999	10690	13448	5715	7733
16 岁及 16 岁以上	50123	25533	24590	22648	11979	10668	13441	5712	7729
60—64 岁	—	—	—	—	—	—	12	12	—
60 岁	—	—	—	—	—	—	4	4	—
61 岁	—	—	—	—	—	—	3	3	—
62 岁	—	—	—	—	—	—	3	3	—
63 岁	—	—	—	—	—	—	2	2	—
64 岁	—	—	—	—	—	—	—	—	—
65 岁及以上	—	—	—	—	—	—	6	4	2
小学	13125	6098	7027	6498	3638	2860	2914	1359	1556
16 岁及 16 岁以上	10609	4794	5815	6459	3620	2839	2913	1357	1556
60—64 岁	—	—	—	—	—	—	23	21	3
60 岁	—	—	—	—	—	—	12	10	2
61 岁	—	—	—	—	—	—	7	7	—
62 岁	—	—	—	—	—	—	1	—	1
63 岁	—	—	—	—	—	—	3	3	—
64 岁	—	—	—	—	—	—	1	1	—
65 岁及以上	—	—	—	—	—	—	28	23	5
扫盲班	66	20	45	86	34	52	83	22	60
16 岁及 16 岁以上	56	16	40	85	34	51	83	22	60
60—64 岁	—	—	—	—	—	—	7	3	4
60 岁	—	—	—	—	—	—	2	—	2
61 岁	—	—	—	—	—	—	1	—	1
62 岁	—	—	—	—	—	—	1	—	1
63 岁	—	—	—	—	—	—	2	2	—
64 岁	—	—	—	—	—	—	2	2	—
65 岁及以上	—	—	—	—	—	—	5	2	3
未上过学	687	262	425	388	168	219	281	107	174
16 岁及 16 岁以上	601	220	381	387	167	219	281	107	174
60—64 岁	—	—	—	—	—	—	15	5	10
60 岁	—	—	—	—	—	—	4	1	3
61 岁	—	—	—	—	—	—	5	4	2
62 岁	—	—	—	—	—	—	2	—	2
63 岁	—	—	—	—	—	—	2	—	2
64 岁	—	—	—	—	—	—	2	—	2
65 岁及以上	—	—	—	—	—	—	47	20	28

表 3—7 全国分年龄、性别、受教育程度的不在业人口(续 2)

单位:人

受教育程度与年龄别	料理家务			离退休		
	小计	男	女	小计	男	女
总 计*	**789069**	**82665**	**706404**	**323643**	**187213**	**136431**
16岁及16岁以上	785657	82030	703627	323636	187212	136424
60—64岁	120260	16465	103795	82607	53447	29160
60岁	23914	2714	21200	17360	10253	7107
61岁	23118	2933	20185	17112	10723	6389
62岁	26074	3646	22428	18081	12012	6069
63岁	24252	3521	20732	15452	10292	5159
64岁	22902	3652	19250	14602	10167	4435
65岁及以上	255613	54487	201127	121920	87604	34316
大专以上	501	146	355	19283	13231	6052
16岁及16岁以上	501	146	355	19283	13231	6052
60—64岁	51	32	18	6645	5047	1598
60岁	10	6	4	1483	1051	431
61岁	13	8	4	1527	1159	367
62岁	13	9	4	1428	1100	328
63岁	9	6	3	1174	919	255
64岁	5	3	3	1034	818	216
65岁及以上	100	64	36	7210	5876	1334
高中	17564	1073	16490	39600	22932	16668
16岁及16岁以上	17559	1070	16489	39600	22932	16668
60—64岁	383	188	195	10768	7718	3050
60岁	91	35	56	2493	1650	843
61岁	89	40	50	2306	1608	698
62岁	62	35	27	2280	1688	592
63岁	87	49	38	1915	1419	496
64岁	55	29	25	1774	1352	422
65岁及以上	757	456	301	11463	8803	2660
初中	110044	6777	103266	81817	50015	31802
16岁及16岁以上	109145	6613	102531	81813	50014	31799
60—64岁	2642	1240	1402	19629	14869	4760
60岁	577	199	378	4126	2817	1309
61岁	537	218	319	4017	2982	1035
62岁	549	283	266	4315	3342	973
63岁	540	282	259	3752	2944	808
64岁	440	259	181	3418	2783	635
65岁及以上	4719	3044	1675	23865	20099	3766
小学	243570	37631	205939	122551	76866	45685
16岁及16岁以上	241373	37211	204162	122548	76866	45682
60—64岁	26787	8440	18347	30537	20448	10090
60岁	6003	1412	4591	6490	3842	2648
61岁	5444	1502	3942	6239	3976	2264
62岁	5698	1883	3815	6707	4641	2066
63岁	5014	1798	3215	5590	3910	1680
64岁	4628	1844	2784	5511	4080	1432
65岁及以上	43914	23306	20608	46092	37118	8975
扫盲班	36911	4069	32843	13816	5949	7867
16岁及16岁以上	36894	4064	32830	13816	5949	7867
60—64岁	8107	798	7309	3875	1456	2419
60岁	1596	123	1473	700	217	483
61岁	1601	147	1453	769	246	523
62岁	1778	187	1591	872	340	531
63岁	1651	171	1480	778	326	452
64岁	1480	169	1311	755	326	429
65岁及以上	13874	2974	10900	7151	3819	3331
未上过学	380479	32968	347511	46577	18220	28357
16岁及16岁以上	380185	32925	347259	46577	18220	28356
60—64岁	82291	5767	76524	11152	3909	7244
60岁	15636	939	14698	2067	675	1392
61岁	15435	1017	14418	2253	751	1502
62岁	17975	1250	16725	2480	900	1580
63岁	16951	1215	15736	2242	774	1468
64岁	16294	1347	14946	2111	808	1302
65岁及以上	192250	24643	167607	26139	11888	14251

表 3—7　全国分年龄、性别、受教育程度的不在业人口(续 3)　　单位:人

受教育程度与年龄别	丧失劳动能力			其他		
	小计	男	女	小计	男	女
总　计*	**370678**	**170283**	**200395**	**62789**	**34467**	**28322**
16 岁及 16 岁以上	370098	169950	200148	58509	32157	26353
60—64 岁	33779	17247	16532	4766	3073	1693
60 岁	5413	2621	2792	910	554	356
61 岁	5719	2878	2842	850	557	293
62 岁	7234	3808	3426	1030	694	336
63 岁	7472	3798	3674	969	619	350
64 岁	7941	4143	3798	1006	649	358
65 岁及以上	286893	124081	162813	22368	11753	10614
大专以上	278	231	47	752	451	301
16 岁及 16 岁以上	278	231	47	752	451	301
60—64 岁	26	21	4	23	22	2
60 岁	6	3	2	10	8	2
61 岁	6	5	2	3	3	—
62 岁	6	5	—	4	4	—
63 岁	5	5	—	3	3	—
64 岁	3	3	—	3	3	—
65 岁及以上	117	103	14	41	37	4
高中	2731	2188	543	4489	2569	1920
16 岁及 16 岁以上	2729	2188	541	4470	2558	1913
60—64 岁	177	159	19	41	40	1
60 岁	28	26	2	12	11	1
61 岁	37	27	9	10	10	—
62 岁	44	39	5	8	8	—
63 岁	28	28	—	6	6	—
64 岁	41	38	3	5	5	—
65 岁及以上	969	864	105	150	135	15
初中	14061	11501	2559	15097	8777	6320
16 岁及 16 岁以上	14033	11489	2544	13809	8039	5770
60—64 岁	1331	1205	127	334	313	21
60 岁	207	180	27	77	71	6
61 岁	249	213	37	54	52	2
62 岁	300	276	24	76	70	6
63 岁	271	247	24	69	64	5
64 岁	304	289	15	58	56	2
65 岁及以上	5812	5217	595	770	687	83
小学	78986	62134	16852	19304	13079	6224
16 岁及 16 岁以上	78848	62044	16803	16652	11660	4992
60—64 岁	9788	7624	2164	1763	1517	246
60 岁	1664	1207	457	332	272	60
61 岁	1700	1300	401	343	292	50
62 岁	2162	1716	447	385	345	40
63 岁	2116	1678	438	359	308	51
64 岁	2145	1723	422	344	299	45
65 岁及以上	52846	43574	9272	5559	4781	778
扫盲班	15402	8035	7367	1744	949	796
16 岁及 16 岁以上	15398	8031	7366	1734	945	789
60—64 岁	1779	927	852	268	155	113
60 岁	265	132	133	55	31	25
61 岁	297	143	154	36	26	10
62 岁	372	202	169	59	34	25
63 岁	403	202	201	50	29	21
64 岁	443	248	195	68	36	32
65 岁及以上	12193	6495	5697	1135	644	491
未上过学	259220	86193	173027	21402	8641	12761
16 岁及 16 岁以上	258812	85966	172846	21092	8504	12588
60—64 岁	20678	7311	13367	2337	1027	1310
60 岁	3243	1072	2171	425	161	264
61 岁	3430	1190	2239	404	174	229
62 岁	4350	1570	2781	498	233	265
63 岁	4650	1638	3012	482	208	274
64 岁	5006	1842	3164	528	250	278
65 岁及以上	214957	67828	147130	14712	5469	9243

表 3—8 全国市分年龄、性别、受教育程度的不在业人口

单位：人

受教育程度与年龄别	不在业人口			在校学生		
	合计	男	女	小计	男	女
总 计*	**617373**	**236168**	**381206**	**108259**	**56967**	**51291**
16 岁及 16 岁以上	588317	221069	367248	81299	43032	38267
60—64 岁	79244	34689	44554	—	—	—
60 岁	16524	6615	9909	—	—	—
61 岁	16328	7028	9301	—	—	—
62 岁	17227	7801	9426	—	—	—
63 岁	14939	6602	8337	—	—	—
64 岁	14225	6644	7582	—	—	—
65 岁及以上	160944	71218	89726	5	5	—
大专以上	38337	22464	15873	18648	10154	8494
16 岁及 16 岁以上	38264	22429	15836	18576	10119	8456
60—64 岁	5505	4007	1498	—	—	—
60 岁	1223	820	402	—	—	—
61 岁	1267	922	345	—	—	—
62 岁	1180	878	301	—	—	—
63 岁	971	724	246	—	—	—
64 岁	865	662	204	—	—	—
65 岁及以上	6090	4794	1296	5	5	—
高中	119783	56948	62834	59580	30497	29083
16 岁及 16 岁以上	110666	52569	58096	50480	26129	24351
60—64 岁	7458	4832	2626	—	—	—
60 岁	1734	1021	713	—	—	—
61 岁	1646	1043	603	—	—	—
62 岁	1586	1073	513	—	—	—
63 岁	1311	876	434	—	—	—
64 岁	1181	818	363	—	—	—
65 岁及以上	7735	5377	2358	—	—	—
初中	169044	71676	97368	29596	16048	13548
16 岁及 16 岁以上	150221	61559	88662	12093	6690	5403
60—64 岁	13314	8889	4425	5	5	—
60 岁	2911	1703	1208	1	1	—
61 岁	2759	1787	972	2	2	—
62 岁	2897	2005	892	1	1	—
63 岁	2509	1749	760	1	1	—
64 岁	2239	1646	593	—	—	—
65 岁及以上	16959	12928	4031	4	3	1
小学	146538	58463	88075	434	268	166
16 岁及 16 岁以上	145611	57951	87660	151	94	57
60—64 岁	25864	12896	12968	—	—	—
60 岁	5767	2464	3303	—	—	—
61 岁	5398	2527	2871	—	—	—
62 岁	5578	2898	2680	—	—	—
63 岁	4613	2424	2189	—	—	—
64 岁	4508	2583	1925	—	—	—
65 岁及以上	44062	29229	14834	—	—	—
扫盲班	20018	5160	14859	—	—	—
16 岁及 16 岁以上	20017	5158	14858	—	—	—
60—64 岁	4787	1030	3757	—	—	—
60 岁	871	145	726	—	—	—
61 岁	965	176	789	—	—	—
62 岁	1102	256	846	—	—	—
63 岁	927	215	712	—	—	—
64 岁	923	237	685	—	—	—
65 岁及以上	10490	3664	6826	—	—	—
未上过学	123653	21456	102196	—	—	—
16 岁及 16 岁以上	123539	21403	102136	—	—	—
60—64 岁	22316	3037	19280	—	—	—
60 岁	4019	463	3556	—	—	—
61 岁	4294	573	3721	—	—	—
62 岁	4885	691	4194	—	—	—
63 岁	4610	613	3997	—	—	—
64 岁	4509	697	3812	—	—	—
65 岁及以上	75609	15226	60383	—	—	—

表 3—8 全国市分年龄、性别、受教育程度的不在业人口(续 1) 单位:人

受教育程度与年龄别	从未工作正在寻找工作			失去工作正在寻找工作			企业停产等待安置		
	小计	男	女	小计	男	女	小计	男	女
总计*	**37068**	**18574**	**18493**	**25059**	**13307**	**11753**	**16158**	**6365**	**9793**
16 岁及 16 岁以上	35729	17768	17961	25041	13300	11741	16158	6365	9793
60—64 岁	—	—	—	—	—	—	12	10	2
60 岁	—	—	—	—	—	—	5	3	1
61 岁	—	—	—	—	—	—	3	3	—
62 岁	—	—	—	—	—	—	2	1	1
63 岁	—	—	—	—	—	—	2	2	—
64 岁	—	—	—	—	—	—	2	2	—
65 岁及以上	—	—	—	—	—	—	21	13	8
大专以上	1794	864	930	836	510	325	361	188	173
16 岁及 16 岁以上	1794	864	930	836	510	325	361	188	173
60—64 岁	—	—	—	—	—	—	—	—	—
60 岁	—	—	—	—	—	—	—	—	—
61 岁	—	—	—	—	—	—	—	—	—
62 岁	—	—	—	—	—	—	—	—	—
63 岁	—	—	—	—	—	—	—	—	—
64 岁	—	—	—	—	—	—	—	—	—
65 岁及以上	—	—	—	—	—	—	—	—	—
高中	10640	5193	5447	7365	3774	3592	4821	1768	3052
16 岁及 16 岁以上	10626	5183	5442	7365	3774	3592	4821	1768	3052
60—64 岁	—	—	—	—	—	—	2	1	1
60 岁	—	—	—	—	—	—	1	1	—
61 岁	—	—	—	—	—	—	—	—	—
62 岁	—	—	—	—	—	—	1	—	1
63 岁	—	—	—	—	—	—	—	—	—
64 岁	—	—	—	—	—	—	—	—	—
65 岁及以上	—	—	—	—	—	—	—	—	—
初中	21258	10808	10450	13589	7155	6434	9250	3709	5541
16 岁及 16 岁以上	20268	10208	10061	13576	7149	6427	9250	3709	5541
60—64 岁	—	—	—	—	—	—	5	5	—
60 岁	—	—	—	—	—	—	1	1	—
61 岁	—	—	—	—	—	—	2	2	—
62 岁	—	—	—	—	—	—	1	1	—
63 岁	—	—	—	—	—	—	1	1	—
64 岁	—	—	—	—	—	—	—	—	—
65 岁及以上	—	—	—	—	—	—	4	3	1
小学	3188	1638	1550	3060	1774	1285	1560	639	921
16 岁及 16 岁以上	2866	1447	1419	3054	1774	1280	1560	639	921
60—64 岁	—	—	—	—	—	—	3	3	—
60 岁	—	—	—	—	—	—	2	2	—
61 岁	—	—	—	—	—	—	—	—	—
62 岁	—	—	—	—	—	—	—	—	—
63 岁	—	—	—	—	—	—	1	1	—
64 岁	—	—	—	—	—	—	1	1	—
65 岁及以上	—	—	—	—	—	—	10	7	3
扫盲班	14	7	7	40	18	22	44	9	35
16 岁及 16 岁以上	13	5	7	40	18	22	44	9	35
60—64 岁	—	—	—	—	—	—	2	1	1
60 岁	—	—	—	—	—	—	1	—	1
61 岁	—	—	—	—	—	—	—	—	—
62 岁	—	—	—	—	—	—	—	—	—
63 岁	—	—	—	—	—	—	—	—	—
64 岁	—	—	—	—	—	—	1	1	—
65 岁及以上	—	—	—	—	—	—	—	—	—
未上过学	174	65	109	170	75	95	122	52	70
16 岁及 16 岁以上	162	61	102	170	75	95	122	52	70
60—64 岁	—	—	—	—	—	—	1	1	—
60 岁	—	—	—	—	—	—	—	—	—
61 岁	—	—	—	—	—	—	1	1	—
62 岁	—	—	—	—	—	—	—	—	—
63 岁	—	—	—	—	—	—	—	—	—
64 岁	—	—	—	—	—	—	—	—	—
65 岁及以上	—	—	—	—	—	—	6	3	3

表 3—8 全国市分年龄、性别、受教育程度的不在业人口(续 2)

单位:人

受教育程度与年龄别	料理家务			离退休		
	小计	男	女	小计	男	女
总 计*	**162406**	**9197**	**153209**	**211719**	**105797**	**105922**
16 岁及 16 岁以上	162191	9163	153027	211719	105797	105922
60—64 岁	21056	1685	19371	54160	30840	23320
60 岁	4251	278	3973	11628	6005	5623
61 岁	4140	320	3821	11465	6307	5157
62 岁	4590	375	4215	11719	6915	4804
63 岁	4136	349	3787	9985	5835	4151
64 岁	3938	363	3575	9363	5779	3585
65 岁及以上	47455	5763	41692	78033	51273	26760
大专以上	288	61	227	15790	10307	5482
16 岁及 16 岁以上	288	61	227	15790	10307	5482
60—64 岁	32	18	14	5452	3971	1481
60 岁	8	5	4	1209	813	396
61 岁	7	4	3	1255	913	342
62 岁	9	5	4	1166	870	297
63 岁	3	2	1	963	718	245
64 岁	4	2	3	858	657	201
65 岁及以上	49	20	29	5991	4735	1255
高中	7086	262	6824	27126	13713	13413
16 岁及 16 岁以上	7086	262	6824	27126	13713	13413
60—64 岁	150	45	106	7261	4745	2516
60 岁	37	11	26	1690	1004	686
61 岁	35	9	26	1598	1022	576
62 岁	20	7	13	1551	1053	498
63 岁	36	12	24	1272	862	411
64 岁	22	5	17	1149	804	345
65 岁及以上	240	69	171	7303	5156	2147
初中	34167	1102	33065	53915	28458	25457
16 岁及 16 岁以上	34084	1088	32996	53915	28458	25457
60—64 岁	696	159	537	12379	8527	3852
60 岁	181	20	162	2687	1649	1037
61 岁	132	22	110	2580	1726	854
62 岁	133	42	92	2711	1920	791
63 岁	150	42	107	2310	1662	648
64 岁	100	33	66	2092	1570	522
65 岁及以上	1171	390	782	14939	11853	3087
小学	49900	4519	45381	75743	40399	35344
16 岁及 16 岁以上	49785	4502	45283	75743	40399	35344
60—64 岁	5492	947	4545	19008	10892	8117
60 岁	1290	167	1124	4240	2122	2118
61 岁	1188	193	995	3950	2124	1826
62 岁	1155	200	956	4090	2438	1652
63 岁	945	179	765	3412	2052	1360
64 岁	913	208	705	3317	2157	1160
65 岁及以上	8864	2779	6086	27846	20686	7160
扫盲班	7737	486	7251	10043	3601	6443
16 岁及 16 岁以上	7737	486	7251	10043	3601	6443
60—64 岁	1702	97	1605	2846	817	2029
60 岁	317	11	307	511	114	397
61 岁	356	16	340	569	139	431
62 岁	408	28	379	653	206	447
63 岁	331	27	304	546	169	377
64 岁	290	15	275	568	189	379
65 岁及以上	3476	353	3123	5307	2473	2835
未上过学	63228	2766	60462	29101	9319	19782
16 岁及 16 岁以上	63211	2764	60447	29101	9319	19782
60—64 岁	12983	420	12564	7213	1889	5325
60 岁	2416	65	2351	1292	303	989
61 岁	2422	75	2347	1513	384	1129
62 岁	2864	93	2771	1548	429	1119
63 岁	2671	86	2586	1482	372	1110
64 岁	2609	100	2509	1379	401	978
65 岁及以上	33655	2153	31502	16646	6370	10276

表 3—8　全国市分年龄、性别、受教育程度的不在业人口(续 3)

单位:人

受教育程度与年龄别	丧失劳动能力			其他		
	小计	男	女	小计	男	女
总　计*	**42791**	**18692**	**24099**	**13915**	**7269**	**6646**
16 岁及 16 岁以上	42717	18646	24070	13464	6997	6467
60—64 岁	3275	1672	1604	740	482	258
60 岁	504	244	260	136	85	51
61 岁	589	309	279	132	89	43
62 岁	733	383	350	183	127	56
63 岁	663	329	334	153	88	65
64 岁	786	407	379	136	93	42
65 岁及以上	319261	2557	19369	3504	1606	1898
大专以上	107	77	30	513	301	212
16 岁及 16 岁以上	107	77	30	513	301	212
60—64 岁	8	5	3	13	13	—
60 岁	3	1	2	2	2	—
61 岁	2	2	—	3	3	—
62 岁	2	1	—	2	2	—
63 岁	1	1	—	3	3	—
64 岁	—	—	—	3	3	—
65 岁及以上	23	16	7	21	17	4
高中	785	533	253	2379	1209	1171
16 岁及 16 岁以上	785	533	253	2377	1208	1169
60—64 岁	33	31	2	12	11	1
60 岁	4	4	—	3	2	1
61 岁	8	8	—	5	4	—
62 岁	11	9	2	3	3	—
63 岁	1	1	—	1	1	—
64 岁	9	9	—	1	1	—
65 岁及以上	143	114	29	48	37	11
初中	2579	1808	771	4691	2589	2102
16 岁及 16 岁以上	2577	1807	770	4457	2450	2007
60—64 岁	155	129	26	79	69	10
60 岁	24	18	6	17	14	3
61 岁	34	27	7	11	10	1
62 岁	31	24	7	20	18	2
63 岁	30	27	3	18	17	1
64 岁	35	32	3	13	10	2
65 岁及以上	671	541	130	173	142	31
小学	9592	7184	2408	3062	2043	1020
16 岁及 16 岁以上	9582	7175	2407	2870	1922	948
60—64 岁	1053	801	252	307	253	54
60 岁	178	127	51	57	46	11
61 岁	193	155	37	67	55	13
62 岁	259	196	63	73	64	9
63 岁	201	152	49	55	40	15
64 岁	223	170	52	54	48	7
65 岁及以上	6376	5013	1363	966	745	221
扫盲班	1826	911	915	314	128	186
16 岁及 16 岁以上	1826	911	915	313	128	185
60—64 岁	190	92	98	46	22	24
60 岁	30	14	15	12	6	6
61 岁	36	18	18	3	3	—
62 岁	32	16	15	10	5	5
63 岁	35	14	22	15	6	9
64 岁	57	29	28	6	2	4
65 岁及以上	1492	751	742	215	88	126
未上过学	27902	8180	19722	2955	999	1956
16 岁及 16 岁以上	27839	8144	19696	2933	988	1945
60—64 岁	1837	615	1222	282	113	169
60 岁	266	80	186	44	14	30
61 岁	315	98	217	43	15	28
62 岁	398	136	262	75	34	41
63 岁	395	135	260	61	20	40
64 岁	462	166	296	59	30	30
65 岁及以上	23220	6123	17098	2081	577	1504

表3—9　全国镇分年龄、性别、受教育程度的不在业人口　　单位:人

受教育程度与年龄别	不在业人口			在校学生		
	合计	男	女	小计	男	女
总　计*	**245126**	**87669**	**157457**	**38091**	**19746**	**18346**
16岁及16岁以上	232440	80997	151443	26677	13772	12905
60—64岁	26127	11877	14249	—	—	—
60岁	5409	2170	3239	—	—	—
61岁	5129	2327	2803	—	—	—
62岁	5778	2700	3079	—	—	—
63岁	5054	2387	2668	—	—	—
64岁	4755	2294	2461	—	—	—
65岁及以上	55146	23855	31291	2	—	2
大专以上	4863	3199	1664	1562	928	634
16岁及16岁以上	4849	3196	1653	1548	924	624
60—64岁	771	666	105	—	—	—
60岁	183	155	28	—	—	—
61岁	162	139	23	—	—	—
62岁	170	142	28	—	—	—
63岁	140	129	12	—	—	—
64岁	116	102	14	—	—	—
65岁及以上	743	673	71	—	—	—
高中	44021	20937	23084	22227	11055	11172
16岁及16岁以上	40652	19372	21280	18879	9497	9382
60—64岁	2152	1644	508	—	—	—
60岁	502	349	153	—	—	—
61岁	465	350	115	—	—	—
62岁	442	353	89	—	—	—
63岁	385	303	82	—	—	—
64岁	359	290	69	—	—	—
65岁及以上	2418	1884	534	2	—	2
初中	74602	30517	44085	14090	7636	6454
16岁及16岁以上	65861	25719	40143	6177	3312	2865
60—64岁	4511	3423	1089	—	—	—
60岁	938	631	307	—	—	—
61岁	904	671	233	—	—	—
62岁	1014	795	219	—	—	—
63岁	897	694	203	—	—	—
64岁	757	631	126	—	—	—
65岁及以上	5332	4419	912	—	—	—
小学	63333	23070	40263	213	127	86
16岁及16岁以上	62831	22797	40033	73	39	34
60—64岁	8632	4601	4031	—	—	—
60岁	1816	776	1039	—	—	—
61岁	1776	898	878	—	—	—
62岁	1887	1082	805	—	—	—
63岁	1627	916	711	—	—	—
64岁	1526	928	598	—	—	—
65岁及以上	15172	10297	4875	—	—	—
扫盲班	6371	1618	4754	—	—	—
16岁及16岁以上	6371	1618	4753	—	—	—
60—64岁	1350	326	1024	—	—	—
60岁	265	47	218	—	—	—
61岁	248	58	190	—	—	—
62岁	276	58	218	—	—	—
63岁	274	81	192	—	—	—
64岁	287	82	206	—	—	—
65岁及以上	2814	1061	1753	—	—	—
未上过学	51935	8327	43608	—	—	—
16岁及16岁以上	51875	8295	43580	—	—	—
60—64岁	8710	1217	7492	—	—	—
60岁	1706	211	1495	—	—	—
61岁	1574	211	1363	—	—	—
62岁	1989	269	1720	—	—	—
63岁	1731	264	1467	—	—	—
64岁	1710	262	1448	—	—	—
65岁及以上	28668	5522	23146	—	—	—

表 3—9　全国镇分年龄、性别、受教育程度的不在业人口(续 1)　　单位:人

受教育程度与年龄别	从未工作正在寻找工作			失去工作正在寻找工作			企业停产等待安置		
	小计	男	女	小计	男	女	小计	男	女
总　计*	**22696**	**11572**	**11124**	**7638**	**4023**	**3615**	**5343**	**2328**	**3015**
16 岁及 16 岁以上	21746	11016	10730	7625	4015	3610	5341	2327	3014
60—64 岁	—	—	—	—	—	—	27	21	6
60 岁	—	—	—	—	—	—	14	10	4
61 岁	—	—	—	—	—	—	8	6	1
62 岁	—	—	—	—	—	—	2	1	1
63 岁	—	—	—	—	—	—	3	2	—
64 岁	—	—	—	—	—	—	1	1	—
65 岁及以上	—	—	—	—	—	—	12	10	2
大专以上	693	343	350	101	59	42	59	35	24
16 岁及 16 岁以上	692	343	349	101	59	42	59	35	24
60—64 岁	—	—	—	—	—	—	—	—	—
60 岁	—	—	—	—	—	—	—	—	—
61 岁	—	—	—	—	—	—	—	—	—
62 岁	—	—	—	—	—	—	—	—	—
63 岁	—	—	—	—	—	—	—	—	—
64 岁	—	—	—	—	—	—	—	—	—
65 岁及以上	—	—	—	—	—	—	—	—	—
高中	5871	3002	2869	1698	905	794	1309	514	795
16 岁及 16 岁以上	5855	2996	2859	1698	905	794	1309	514	795
60—64 岁	—	—	—	—	—	—	2	2	—
60 岁	—	—	—	—	—	—	2	2	—
61 岁	—	—	—	—	—	—	—	—	—
62 岁	—	—	—	—	—	—	—	—	—
63 岁	—	—	—	—	—	—	—	—	—
64 岁	—	—	—	—	—	—	—	—	—
65 岁及以上	—	—	—	—	—	—	—	—	—
初中	13464	6865	6600	4322	2226	2096	3035	1329	1705
16 岁及 16 岁以上	12753	6440	6313	4317	2222	2095	3034	1329	1704
60—64 岁	—	—	—	—	—	—	4	4	—
60 岁	—	—	—	—	—	—	2	2	—
61 岁	—	—	—	—	—	—	1	1	—
62 岁	—	—	—	—	—	—	1	1	—
63 岁	—	—	—	—	—	—	1	1	—
64 岁	—	—	—	—	—	—	—	—	—
65 岁及以上	—	—	—	—	—	—	2	1	1
小学	2498	1288	1210	1406	788	618	855	418	437
16 岁及 16 岁以上	2284	1167	1117	1400	785	615	854	417	437
60—64 岁	—	—	—	—	—	—	14	12	2
60 岁	—	—	—	—	—	—	8	6	2
61 岁	—	—	—	—	—	—	5	5	—
62 岁	—	—	—	—	—	—	—	—	—
63 岁	—	—	—	—	—	—	—	—	—
64 岁	—	—	—	—	—	—	—	—	—
65 岁及以上	—	—	—	—	—	—	6	6	—
扫盲班	12	6	6	9	3	6	23	11	12
16 岁及 16 岁以上	12	6	6	9	3	6	23	11	12
60—64 岁	—	—	—	—	—	—	3	3	—
60 岁	—	—	—	—	—	—	—	—	—
61 岁	—	—	—	—	—	—	—	—	—
62 岁	—	—	—	—	—	—	—	—	—
63 岁	—	—	—	—	—	—	2	2	—
64 岁	—	—	—	—	—	—	1	1	—
65 岁及以上	—	—	—	—	—	—	1	1	—
未上过学	159	69	90	100	42	58	62	30	42
16 岁及 16 岁以上	150	65	85	100	41	58	62	30	42
60—64 岁	—	—	—	—	—	—	4	—	4
60 岁	—	—	—	—	—	—	2	—	2
61 岁	—	—	—	—	—	—	1	—	1
62 岁	—	—	—	—	—	—	1	—	1
63 岁	—	—	—	—	—	—	—	—	—
64 岁	—	—	—	—	—	—	—	—	—
65 岁及以上	—	—	—	—	—	—	3	2	1

表 3—9 全国镇分年龄、性别、受教育程度的不在业人口(续 2)

单位:人

受教育程度与年龄别	料理家务			离退休		
	小计	男	女	小计	男	女
总 计*	**88165**	**3541**	**84624**	**56409**	**34519**	**21890**
16 岁及 16 岁以上	88073	3524	84549	56409	34519	21890
60—64 岁	9716	703	9013	14338	10043	4294
60 岁	2081	117	1964	2925	1852	1074
61 岁	1865	127	1737	2916	1997	919
62 岁	2129	166	1963	3225	2295	930
63 岁	1870	138	1732	2747	2001	746
64 岁	1770	154	1616	2525	1899	626
65 岁及以上	16795	1763	15032	20957	15775	5182
大专以上	103	23	80	2184	1712	472
16 岁及 16 岁以上	103	23	80	2184	1712	472
60—64 岁	8	4	4	757	656	101
60 岁	—	—	—	179	152	28
61 岁	2	—	2	159	138	21
62 岁	3	3	—	166	138	28
63 岁	3	1	2	136	127	10
64 岁	—	—	—	115	101	14
65 岁及以上	13	10	3	712	647	64
高中	4520	130	4390	7234	4567	2666
16 岁及 16 岁以上	4520	130	4390	7234	4567	2666
60—64 岁	61	15	47	2058	1603	456
60 岁	25	3	21	463	333	130
61 岁	9	—	9	450	345	105
62 岁	12	5	7	427	345	81
63 岁	11	3	8	370	296	74
64 岁	5	2	3	348	283	65
65 岁及以上	103	38	65	2171	1730	441
初中	21695	590	21105	14954	9827	5127
16 岁及 16 岁以上	21663	584	21079	14954	9827	5127
60—64 岁	405	100	304	3944	3182	761
60 岁	96	20	76	802	575	226
61 岁	85	16	69	784	629	155
62 岁	86	22	64	903	751	152
63 岁	78	22	57	785	643	142
64 岁	59	21	38	670	585	85
65 岁及以上	431	161	270	4351	3810	541
小学	30017	1773	28244	21894	14069	7825
16 岁及 16 岁以上	29966	1762	28203	21894	14069	7825
60—64 岁	2686	382	2304	5250	3689	1561
60 岁	642	60	582	1035	626	409
61 岁	578	79	499	1079	730	349
62 岁	541	87	454	1195	872	322
63 岁	496	82	414	987	724	263
64 岁	428	74	355	955	737	218
65 岁及以上	3349	893	2456	8226	6789	1437
扫盲班	3249	153	3096	2034	985	1049
16 岁及 16 岁以上	3249	153	3096	2034	985	1049
60—64 岁	699	26	674	526	237	289
60 岁	149	4	146	96	37	60
61 岁	115	3	112	109	41	68
62 岁	153	5	148	97	36	61
63 岁	124	4	120	127	67	60
64 岁	158	10	147	96	56	40
65 岁及以上	971	103	868	1018	612	406
未上过学	28582	872	27710	8109	3358	4751
16 岁及 16 岁以上	28573	870	27703	8109	3358	4751
60—64 岁	5856	176	5680	1802	677	1125
60 岁	1169	30	1139	350	129	221
61 岁	1076	29	1047	334	115	219
62 岁	1333	43	1290	437	152	285
63 岁	1157	26	1131	342	145	197
64 岁	1121	47	1073	340	136	204
65 岁及以上	11928	558	11370	4478	2187	2292

表 3—9　全国镇分年龄、性别、受教育程度的不在业人口(续 3)　　单位:人

受教育程度与年龄别	丧失劳动能力			其他		
	小计	男	女	小计	男	女
总　计*	**20360**	**8177**	**12183**	**6424**	**3763**	**2662**
16 岁及 16 岁以上	20328	8156	12173	6240	3668	2572
60—64 岁	1646	849	797	401	262	139
60 岁	308	145	164	81	46	34
61 岁	270	144	126	71	52	19
62 岁	341	183	158	82	55	27
63 岁	353	188	166	81	57	23
64 岁	372	188	184	86	51	35
65 岁及以上	15715	5529	10186	1666	779	887
大专以上	41	35	6	121	64	57
16 岁及 16 岁以上	41	35	6	121	64	57
60—64 岁	4	4	—	2	2	—
60 岁	1	1	—	2	2	—
61 岁	1	1	—	—	—	—
62 岁	1	1	—	—	—	—
63 岁	1	1	—	—	—	—
64 岁	—	—	—	—	—	—
65 岁及以上	16	13	2	2	2	
高中	328	244	84	835	520	315
16 岁及 16 岁以上	327	244	83	830	519	311
60—64 岁	20	15	5	10	10	—
60 岁	7	6	2	4	4	—
61 岁	4	2	1	3	3	—
62 岁	3	2	1	1	1	—
63 岁	1	1	—	2	2	—
64 岁	5	4	1	—	—	—
65 岁及以上	124	97	26	19	19	—
初中	1148	876	271	1895	1169	727
16 岁及 16 岁以上	1148	876	271	1816	1127	688
60—64 岁	115	95	19	43	40	3
60 岁	29	24	5	11	11	—
61 岁	24	16	9	9	9	—
62 岁	15	14	1	8	7	2
63 岁	24	22	2	9	8	2
64 岁	22	20	3	6	6	—
65 岁及以上	465	376	89	83	71	11
小学	4585	3236	1349	1865	1370	494
16 岁及 16 岁以上	4579	3232	1347	1781	1326	455
60—64 岁	532	398	134	150	120	30
60 岁	105	68	37	25	16	9
61 岁	87	60	27	27	23	3
62 岁	123	100	23	28	24	4
63 岁	110	84	25	34	26	9
64 岁	107	86	21	36	31	5
65 岁及以上	3116	2229	886	475	380	95
扫盲班	868	374	493	178	86	92
16 岁及 16 岁以上	867	374	493	178	86	92
60—64 岁	94	47	47	29	14	15
60 岁	13	4	9	6	3	4
61 岁	21	12	9	3	2	1
62 岁	20	12	8	6	5	1
63 岁	16	7	9	4	2	2
64 岁	23	12	12	9	3	7
65 岁及以上	705	289	416	118	55	63
未上过学	13392	3412	9980	1530	553	977
16 岁及 16 岁以上	13367	3394	9973	1514	546	868
60—64 岁	881	288	592	166	76	91
60 岁	153	41	112	32	11	22
61 岁	133	53	80	29	14	15
62 岁	179	55	124	39	19	20
63 岁	202	73	129	30	20	10
64 岁	214	67	147	35	12	23
65 岁及以上	11290	2523	8766	969	251	717

表 3—10　全国县分年龄、性别、受教育程度的不在业人口　　单位：人

受教育程度与年龄别	不在业人口			在校学生		
	合计	男	女	小计	男	女
总　计*	**1216596**	**439302**	**777294**	**230488**	**133883**	**96605**
16 岁及 16 岁以上	1116057	383903	732154	141508	83613	57894
60—64 岁	13604	43708	92396	1	—	1
60 岁	25688	7374	18314	—	—	—
61 岁	25358	7749	17609	1		1
62 岁	29422	9663	19760	—	—	—
63 岁	28160	9248	18912	—	—	—
64 岁	27476	9675	17802	—	—	—
65 岁及以上	470799	182906	287893	—	—	—
大专以上	5127	3594	1533	2763	1685	1077
16 岁及 16 岁以上	5096	3577	1518	2732	1669	1063
60—64 岁	469	450	19	1	—	1
60 岁	103	94	9	—	—	—
61 岁	121	115	6	1	—	1
62 岁	101	98	3	—	—	—
63 岁	81	80	—	—	—	—
64 岁	64	63	1	—	—	—
65 岁及以上	641	619	22	—	—	—
高中	82736	48825	33911	63090	38161	24929
16 岁及 16 岁以上	76176	44998	31178	56571	34355	22216
60—64 岁	1763	1631	133	—	—	—
60 岁	391	356	35	—	—	—
61 岁	331	292	39	—	—	—
62 岁	366	343	23	—	—	—
63 岁	341	323	17	—	—	—
64 岁	335	316	18	—	—	—
65 岁及以上	3188	2997	191	—	—	—
初中	267590	133452	134138	156381	89351	67029
16 岁及 16 岁以上	186823	88236	98587	79623	46133	33491
60—64 岁	6123	5326	797	—	—	—
60 岁	1141	937	204	—	—	—
61 岁	1198	1010	187	—	—	—
62 岁	1332	1174	158	—	—	—
63 岁	1229	1096	133	—	—	—
64 岁	1223	1109	115	—	—	—
65 岁及以上	12881	11703	1178	—	—	—
小学	285979	124352	161626	8255	4685	3569
16 岁及 16 岁以上	273764	118393	155371	2582	1457	1125
60—64 岁	34404	20553	13851	—	—	—
60 岁	6919	3503	3416	—	—	—
61 岁	6560	3652	2908	—	—	—
62 岁	7488	4604	2884	—	—	—
63 岁	6841	4357	2483	—	—	—
64 岁	6596	4436	2160	—	—	—
65 岁及以上	89205	69276	19929	—	—	—
扫盲班	41718	12300	29417	—	—	—
16 岁及 16 岁以上	41677	12285	29392	—	—	—
60—64 岁	7899	1984	5915	—	—	—
60 岁	1482	311	1172	—	—	—
61 岁	1491	328	1163	—	—	—
62 岁	1704	450	1253	—	—	—
63 岁	1683	433	1250	—	—	—
64 岁	1538	462	1076	—	—	—
65 岁及以上	21054	9211	11843	—	—	—
未上过学	533447	116777	416670	—	—	—
16 岁及 16 岁以上	532520	116412	416108	—	—	—
60—64 岁	85447	13765	71682	—	—	—
60 岁	15650	2174	13477	—	—	—
61 岁	15658	2352	13306	—	—	—
62 岁	18431	2992	15439	—	—	—
63 岁	17986	2958	15028	—	—	—
64 岁	17721	3289	14432	—	—	—
65 岁及以上	343830	89100	254730	—	—	—

表 3—10　全国县分年龄、性别、受教育程度的不在业人口(续 1)　　　单位:人

受教育程度与年龄别	从未工作正在寻找工作			失去工作正在寻找工作			企业停产等待安置		
	小计	男	女	小计	男	女	小计	男	女
总　计*	**31804**	**16049**	**15755**	**8083**	**4438**	**3646**	**2230**	**1259**	**971**
16 岁及 16 岁以上	27537	13743	13794	8030	4413	3617	2222	1255	967
60—64 岁	—	—	—	—	—	—	22	12	10
60 岁	—	—	—	—	—	—	6	4	1
61 岁	—	—	—	—	—	—	6	5	1
62 岁	—	—	—	—	—	—	5	2	3
63 岁	—	—	—	—	—	—	4	2	2
64 岁	—	—	—	—	—	—	2	—	2
65 岁及以上	—	—	—	—	—	—	54	26	28
大专以上	587	348	238	72	55	17	37	27	10
16 岁及 16 岁以上	587	348	238	72	55	17	37	27	10
60—64 岁	—	—	—	—	—	—	—	—	—
60 岁	—	—	—	—	—	—	—	—	—
61 岁	—	—	—	—	—	—	—	—	—
62 岁	—	—	—	—	—	—	—	—	—
63 岁	—	—	—	—	—	—	—	—	—
64 岁	—	—	—	—	—	—	—	—	—
65 岁及以上	—	—	—	—	—	—	—	—	—
高中	4089	2238	1852	1047	626	421	417	216	201
16 岁及 16 岁以上	4070	2230	1840	1045	625	420	416	216	200
60—64 岁	—	—	—	—	—	—	—	—	—
60 岁	—	—	—	—	—	—	—	—	—
61 岁	—	—	—	—	—	—	—	—	—
62 岁	—	—	—	—	—	—	—	—	—
63 岁	—	—	—	—	—	—	—	—	—
64 岁	—	—	—	—	—	—	—	—	—
65 岁及以上	—	—	—	—	—	—	—	—	—
初中	19294	10154	9139	4778	2618	2160	1163	677	487
16 岁及 16 岁以上	17101	8885	8216	4755	2608	2147	1158	674	484
60—64 岁	—	—	—	—	—	—	2	2	—
60 岁	—	—	—	—	—	—	1	1	—
61 岁	—	—	—	—	—	—	—	—	—
62 岁	—	—	—	—	—	—	2	2	—
63 岁	—	—	—	—	—	—	—	—	—
64 岁	—	—	—	—	—	—	—	—	—
65 岁及以上	—	—	—	—	—	—	—	—	—
小学	7440	3173	4268	2032	1075	957	499	302	198
16 岁及 16 岁以上	5459	2180	3279	2005	1061	943	498	301	198
60—64 岁	—	—	—	—	—	—	6	5	1
60 岁	—	—	—	—	—	—	2	2	—
61 岁	—	—	—	—	—	—	1	1	—
62 岁	—	—	—	—	—	—	1	—	1
63 岁	—	—	—	—	—	—	2	2	—
64 岁	—	—	—	—	—	—	—	—	—
65 岁及以上	—	—	—	—	—	—	12	10	2
扫盲班	40	8	32	36	12	24	16	3	13
16 岁及 16 岁以上	31	5	26	35	12	23	16	3	13
60—64 岁	—	—	—	—	—	—	3	—	3
60 岁	—	—	—	—	—	—	1	—	1
61 岁	—	—	—	—	—	—	1	—	1
62 岁	—	—	—	—	—	—	1	—	1
63 岁	—	—	—	—	—	—	—	—	—
64 岁	—	—	—	—	—	—	—	—	—
65 岁及以上	—	—	—	—	—	—	4	1	3
未上过学	354	128	226	118	52	66	97	35	62
16 岁及 16 岁以上	289	95	194	117	51	66	97	35	62
60—64 岁	—	—	—	—	—	—	10	5	6
60 岁	—	—	—	—	—	—	2	1	1
61 岁	—	—	—	—	—	—	3	3	
62 岁	—	—	—	—	—	—	1	—	1
63 岁	—	—	—	—	—	—	2	—	2
64 岁	—	—	—	—	—	—	2	—	2
65 岁及以上	—	—	—	—	—	—	39	15	23

表 3—10 全国县分年龄、性别、受教育程度的不在业人口(续 2) 单位:人

受教育程度与年龄别	料理家务			离退休		
	小计	男	女	小计	男	女
总 计*	**538499**	**69928**	**468571**	**55516**	**46897**	**8619**
16 岁及 16 岁以上	535393	69343	466050	55508	46896	8612
60—64 岁	89489	14077	75412	14109	12563	1546
60 岁	17581	2318	15263	2806	2396	410
61 岁	17113	2486	14627	2732	2419	313
62 岁	19356	3105	16250	3138	2802	335
63 岁	18246	3034	15212	2719	2456	263
64 岁	17193	3134	14059	2714	2489	225
65 岁及以上	191364	46961	144403	22930	20555	2375
大专以上	110	61	49	1309	1212	97
16 岁及 16 岁以上	110	61	49	1309	1212	97
60—64 岁	10	10	—	436	421	16
60 岁	1	1	—	94	87	8
61 岁	4	4	—	113	109	4
62 岁	1	1	—	95	92	3
63 岁	3	3	—	74	74	—
64 岁	1	1	—	60	59	1
65 岁及以上	38	34	4	508	494	14
高中	5958	681	5277	5241	4652	589
16 岁及 16 岁以上	5954	678	5276	5241	4652	589
60—64 岁	171	129	43	1449	1370	78
60 岁	29	20	9	340	313	27
61 岁	46	30	15	258	242	16
62 岁	30	22	7	302	289	13
63 岁	40	33	6	272	261	11
64 岁	28	22	6	276	265	11
65 岁及以上	414	349	65	1989	1917	72
初中	54182	5086	49096	112947	11730	1218
16 岁及 16 岁以上	53398	4941	48457	12943	11729	1215
60—64 岁	1541	980	561	3306	3159	146
60 岁	299	159	140	638	593	45
61 岁	319	180	139	654	628	26
62 岁	329	219	110	700	671	29
63 岁	312	218	95	658	640	18
64 岁	282	205	77	656	628	28
65 岁及以上	3117	2493	623	4574	4436	139
小学	163653	31340	132314	24914	22398	2516
16 岁及 16 岁以上	161622	30946	130676	24911	22398	2513
60—64 岁	18610	7111	11498	6279	5867	411
60 岁	4071	1185	2885	1215	1094	121
61 岁	3679	1231	2448	1210	1122	88
62 岁	4001	1596	2405	1423	1331	91
63 岁	3573	1537	2036	1191	1134	57
64 岁	3286	1563	1723	1240	1186	54
65 岁及以上	31701	19635	12066	10020	9643	377
扫盲班	25926	3429	22496	1739	1363	376
16 岁及 16 岁以上	25909	3425	22484	1739	1363	376
60—64 岁	5705	675	5030	503	402	100
60 岁	1130	109	1021	93	66	27
61 岁	1130	128	1001	91	66	24
62 岁	1217	154	1063	122	98	24
63 岁	1196	140	1056	105	90	15
64 岁	1033	144	889	91	81	10
65 岁及以上	9427	2518	6908	825	735	90
未上过学	288669	29330	259339	9366	5543	3823
16 岁及 16 岁以上	288401	29291	259110	9366	5543	3823
60—64 岁	63451	5172	58280	2137	1343	794
60 岁	12051	843	11208	426	243	182
61 岁	11936	913	11023	406	252	154
62 岁	13778	1113	12664	495	320	175
63 岁	13122	1103	112019	418	257	161
64 岁	12564	1200	11364	392	271	121
65 岁及以上	146667	21932	124736	5015	3331	1683

表 3—10　全国县分年龄、性别、受教育程度的不在业人口(续 3)

单位:人

受教育程度与年龄别	丧失劳动能力			其他		
	小计	男	女	小计	男	女
总　计*	**307528**	**143414**	**164114**	**42450**	**23436**	**19014**
16 岁及 16 岁以上	307053	143148	163905	38806	21492	17314
60—64 岁	28858	14727	14132	3625	2329	1296
60 岁	4601	2232	2369	694	423	271
61 岁	4860	2424	2436	647	417	230
62 岁	6159	3242	2918	765	512	253
63 岁	6455	3281	3174	735	474	262
64 岁	6783	3548	3235	784	504	280
65 岁及以上	239252	105995	133257	17199	9369	7830
大专以上	131	119	12	118	86	32
16 岁及 16 岁以上	131	119	12	118	86	32
60—64 岁	14	13	1	8	6	2
60 岁	2	2	—	6	4	2
61 岁	3	2	1	1	1	—
62 岁	3	3	—	1	1	—
63 岁	3	3	—	—	—	—
64 岁	2	2	—	—	—	—
65 岁及以上	78	74	4	18	18	—
高中	1618	1412	206	1275	840	435
16 岁及 16 岁以上	1617	1411	205	1263	831	433
60—64 岁	125	113	12	19	19	—
60 岁	17	17	—	5	5	—
61 岁	25	17	8	2	2	—
62 岁	30	28	2	4	4	—
63 岁	26	26	—	3	3	—
64 岁	27	25	1	4	4	—
65 岁及以上	702	653	49	83	79	4
初中	10334	8817	1517	8510	5020	3491
16 岁及 16 岁以上	10308	8806	1503	7536	4461	3075
60—64 岁	1062	981	81	211	203	8
60 岁	155	138	17	49	26	2
61 岁	191	170	21	34	33	1
62 岁	254	238	16	48	45	3
63 岁	216	199	18	41	39	2
64 岁	246	237	9	40	40	—
65 岁及以上	4676	4300	376	514	473	41
小学	64809	51714	13096	14377	9666	4710
16 岁及 16 岁以上	64687	51637	13050	12000	8412	3588
60—64 岁	8203	6424	1778	1306	1144	162
60 岁	1381	1012	370	250	210	40
61 岁	1421	1084	336	249	214	34
62 岁	1780	1420	360	284	257	27
63 岁	1806	1442	364	269	242	27
64 岁	1816	1467	349	254	220	34
65 岁及以上	43354	36332	7023	4119	3657	462
扫盲班	12709	6750	5958	1253	715	518
16 岁及 16 岁以上	12705	6746	5958	1244	732	512
60—64 岁	1494	788	707	193	119	74
60 岁	222	114	108	37	22	15
61 岁	240	112	127	30	21	9
62 岁	320	174	145	43	24	19
63 岁	351	181	170	31	22	9
64 岁	362	206	155	53	31	22
65 岁及以上	9995	5456	4540	803	501	301
未上过学	217926	74601	143325	16917	7089	9828
16 岁及 16 岁以上	217926	74429	143178	16644	6970	9675
60—64 岁	17961	6408	11553	1888	838	1050
60 岁	2824	950	1874	348	136	212
61 岁	2981	1039	1942	332	145	186
62 岁	3773	1379	2394	384	180	205
63 岁	4053	1431	2622	391	168	223
64 岁	4330	1610	2721	433	209	225
65 岁及以上	180447	59181	121266	11662	4641	7021

表6—1 全国分年龄、性别的死亡人口状况(1994.10.1—1995.9.30)

单位:人,‰

年龄别	1995年4月1日人口			死亡人口			死亡率		
	合计	男	女	小计	男	女	小计	男	女
总 计*	**12352688**	**6288356**	**6064332**	**79619**	**44026**	**35592**	**6.445**	**7.001**	**5.869**
60—64岁	429462	219965	209497	7206	4617	2588	16.779	20.990	12.353
60	91344	46381	44963	1221	780	442	13.367	16.817	9.830
61	93898	48563	45335	1370	882	488	14.590	18.162	10.764
62	83702	42810	40891	1395	887	508	16.666	20.719	12.423
63	78605	40154	38452	1487	1000	486	18.917	24.904	12.639
64	81913	42056	39857	1733	1068	665	21.157	25.395	16.685
65—69岁	333129	166007	167123	9178	5601	3577	27.551	33.740	21.403
65	72977	36696	36281	1648	1012	636	22.582	27.578	17.530
66	70543	35352	35191	1781	1106	675	25.247	31.285	19.181
67	68459	34269	34190	1797	1092	705	26.249	31.866	20.620
68	59835	29810	30026	1737	1088	649	29.030	36.498	21.615
69	61316	29881	31435	2214	1303	911	36.108	43.606	28.980
70—74岁	237929	112485	125444	10887	6131	4756	45.757	54.505	37.913
70	55315	26787	28528	2104	1222	882	38.037	45.619	30.917
71	52212	25098	27114	2169	1251	918	41.542	49.845	33.857
72	46523	21931	24592	2154	1248	906	46.300	56.906	36.841
73	42941	19944	22997	2222	1218	1004	51.745	61.071	43.658
74	40938	18725	22213	2238	1192	1046	54.668	63.658	47.090
75—79岁	140607	61282	79325	9667	5001	4666	68.752	81.606	58.821
75	35471	15991	19480	2086	1097	988	58.809	68.601	50.719
76	30690	13703	16987	1942	997	945	63.278	72.758	55.631
77	27333	11842	15492	1931	983	948	70.647	83.010	61.193
78	24633	10562	14071	1879	1030	849	76.280	97.519	60.337
79	22479	9184	13295	1829	893	937	81.365	97.234	70.478
80—84岁	71468	28162	43306	7745	3535	4209	108.370	125.524	97.192
80	20192	8384	11809	1870	928	942	92.611	110.687	79.770
81	16616	6663	9953	1671	801	870	100.566	120.216	87.411
82	13597	5269	8328	1506	646	859	110.760	122.604	103.146
83	11404	4330	7074	1410	635	775	123.641	146.651	109.556
84	9658	3516	6142	1288	525	763	133.361	149.317	124.227
85—89岁	25453	8246	17207	3859	1457	2402	151.613	176.692	139.594
85	7741	2650	5092	1033	399	634	133.445	150.566	124.509
86	6316	2035	4281	915	320	595	144.870	157.248	138.986
87	4748	1537	3211	715	293	422	150.590	190.631	131.423
88	3644	1159	2485	630	237	393	172.887	204.487	158.149
89	3004	866	2138	567	208	359	188.748	240.185	167.914
90—94岁	6517	1710	4807	1449	428	1021	222.342	250.292	212.399
90	2172	609	1563	449	167	282	206.722	274.220	180.422
91	1621	441	1180	355	90	265	219.001	204.082	224.576
92	1193	296	896	268	75	193	224.644	253.378	215.402
93	906	221	686	229	55	175	252.759	248.869	255.102
94	625	144	482	147	41	105	235.200	284.722	217.842
95—99岁	892	180	712	233	60	174	261.211	333.333	244.382
95	342	77	265	82	22	60	239.766	285.714	226.415
96	230	45	185	55	12	44	239.130	266.667	237.838
97	166	29	137	46	12	35	277.108	413.793	255.474
98	88	18	70	32	9	23	363.636	500.000	328.571
99	66	11	55	18	6	12	272.727	545.455	218.182
100岁及以上	137	47	90	65	18	48	474.435	382.979	533.333

表 6—2　全国市分年龄、性别的死亡人口状况(1994.10.1—1995.9.30)　单位：人,‰

年龄别	1995年4月1日人口			死亡人口			死亡率		
	合计	男	女	小计	男	女	小计	男	女
总　计*	**2544196**	**1280379**	**1263816**	**13982**	**7903**	**6080**	**5.496**	**6.172**	**4.811**
60—64岁	102567	52200	50367	1447	912	535	14.108	17.471	10.622
60	22226	10944	11283	237	135	102	10.663	12.336	9.040
61	22722	11583	11138	269	161	108	11.839	13.900	9.697
62	20285	10287	9999	308	202	105	15.184	19.636	10.501
63	18434	9574	8860	302	210	91	16.383	21.934	10.271
64	18900	9812	9087	331	202	129	17.513	20.587	14.196
65—69岁	74321	37864	36456	1820	1121	698	24.488	29.606	19.146
65	16942	8748	8194	324	200	124	19.124	22.862	15.133
66	15860	8107	7753	372	244	128	23.455	30.097	16.510
67	15262	7745	7517	381	230	151	24.964	29.697	20.088
68	13262	6752	6509	351	211	140	26.467	31.250	21.509
69	12994	6511	6483	391	236	156	30.091	36.246	24.063
70—74岁	49475	24069	25406	2009	1196	813	40.606	49.691	32.000
70	11646	5797	5849	372	231	141	31.942	39.848	24.107
71	10980	5411	5569	385	245	140	35.064	45.278	25.139
72	9513	4576	4937	443	256	187	46.568	55.944	37.877
73	9118	4368	4750	446	262	184	48.914	59.982	38.737
74	8217	3916	4301	363	203	160	44.177	51.839	37.201
75—79岁	28168	12562	15606	1775	927	848	63.015	73.794	54.338
75	7084	3277	3807	375	205	170	52.936	62.557	44.655
76	6167	2778	3389	366	186	180	59.348	66.955	53.133
77	5553	2470	3083	372	188	184	66.991	76.113	59.682
78	4900	2161	2739	337	188	148	68.776	86.997	54.034
79	4464	1874	2589	325	159	167	72.805	84.845	64.504
80—84岁	14805	5923	8882	1414	647	767	95.508	109.235	86.354
80	4098	1768	2330	336	163	174	81.991	92.195	74.678
81	3425	1360	2065	310	141	169	90.511	103.676	81.840
82	2786	1056	1729	276	112	164	99.067	106.061	94.853
83	2434	923	1512	256	125	131	105.177	135.428	86.640
84	2062	816	1245	236	106	130	114.452	129.902	104.418
85—89岁	5567	1797	3771	766	274	491	137.597	152.476	130.204
85	1725	566	1160	192	75	117	111.304	132.509	100.862
86	1341	452	890	182	65	117	135.720	143.805	131.461
87	1012	332	679	147	58	89	145.257	174.699	131.075
88	806	244	563	138	43	95	171.216	176.230	168.739
89	683	203	480	106	33	73	155.198	162.562	152.083
90—94岁	1537	393	1143	340	115	225	221.210	292.621	196.850
90	481	140	341	98	42	56	203.742	300.000	164.223
91	374	88	287	88	29	59	235.294	329.545	205.575
92	301	69	231	67	16	51	222.591	231.884	220.779
93	232	59	173	52	11	42	224.138	186.441	242.775
94	149	38	111	35	17	18	234.899	447.368	162.162
95—99岁	189	27	161	43	11	32	227.513	407.407	198.758
95	70	11	59	17	7	10	242.857	636.364	169.492
96	53	12	41	11	3	9	207.547	250.000	219.512
97	32	4	28	10	1	9	312.500	250.000	321.429
98	22	—	22	5	—	5	227.273	—	227.273
99	12	—	12	—	—	—	—	—	—
100岁及以上	35	13	22	14	4	10	400.000	307.692	454.545

表 6—3 全国镇分年龄、性别的死亡人口状况(1994.10.1—1995.9.30) 单位:人,‰

年龄别	1995 年 4 月 1 日人口			死亡人口			死亡率		
	合计	男	女	小计	男	女	小计	男	女
总 计*	**985116**	**498591**	**486525**	**5387**	**3140**	**2248**	**5.468**	**6.298**	**4.621**
60—64 岁	33513	17646	15867	525	354	171	15.666	20.061	10.777
60	7094	3681	3414	94	63	31	13.251	17.115	9.080
61	7341	3887	3454	106	72	34	14.439	18.523	9.844
62	6555	3431	3124	101	70	31	15.408	20.402	9.923
63	6147	3220	2927	108	74	33	17.570	22.981	11.274
64	6375	3427	2948	116	75	41	18.196	21.885	13.908
65—69 岁	24509	12436	12074	615	410	205	25.093	32.969	16.979
65	5484	2761	2723	132	73	59	24.070	26.440	21.667
66	5240	2664	2576	116	84	32	22.137	31.532	12.422
67	5144	2652	2492	114	78	37	22.162	29.412	14.848
68	4259	2183	2076	121	76	45	28.410	34.814	21.676
69	4382	2175	2206	132	99	33	30.123	45.517	14.959
70—74 岁	16772	8042	8730	682	414	268	40.663	51.480	30.699
70	3947	1927	2020	123	81	43	31.163	42.034	21.287
71	3652	1797	1855	144	83	60	39.430	46.188	32.345
72	3245	1544	1701	131	86	45	40.370	55.699	26.455
73	3074	1453	1621	139	83	56	45.218	57.123	34.547
74	2854	1322	1532	145	81	64	50.806	61.271	41.775
75—79 岁	9901	4150	5750	591	311	280	59.691	74.940	48.696
75	2446	1077	1369	129	69	59	52.739	64.067	43.097
76	2138	904	1235	122	63	59	57.063	69.690	47.773
77	1995	849	1146	117	63	54	58.647	74.205	47.120
78	1735	722	1013	117	71	47	67.435	98.338	46.397
79	1586	598	988	105	45	60	66.204	75.251	60.729
80—84 岁	5469	2031	3438	546	237	309	99.835	116.691	89.878
80	1512	568	944	135	59	77	89.286	103.873	81.568
81	1258	477	781	127	55	73	100.954	115.304	93.470
82	1052	405	647	90	40	50	85.551	98.765	77.280
83	931	351	580	113	53	60	121.375	150.997	103.448
84	716	230	486	80	31	49	111.732	134.783	100.823
85—89 岁	2030	592	1438	286	115	171	140.887	194.257	118.915
85	591	180	411	78	29	49	131.980	161.111	119.221
86	498	153	345	51	22	29	102.410	143.791	84.058
87	398	108	290	53	25	27	133.166	231.481	93.103
88	293	88	205	51	17	34	174.061	193.182	165.854
89	250	63	187	54	22	32	216.000	349.206	171.123
90—94 岁	567	128	440	110	29	81	194.004	226.563	184.091
90	179	36	144	38	12	27	212.291	333.333	187.500
91	135	41	94	17	4	13	125.923	97.561	138.298
92	112	23	89	25	9	16	223.214	391.304	179.775
93	78	16	62	16	2	15	205.128	125.000	241.935
94	64	13	51	13	3	11	203.125	230.769	215.686
95—99 岁	79	16	63	24	7	18	303.797	437.500	285.714
95	27	5	23	7	3	5	259.259	600.000	217.391
96	22	5	17	4	—	4	181.818	—	235.294
97	17	3	14	4	1	2	235.294	333.333	142.857
98	7	3	4	6	2	5	857.143	666.667	1250.000
99	6	1	5	3	1	2	500.000	1000.000	400.000
100 岁及以上	12	2	11	3	1	2	250.000	500.000	181.818

表 6—4 全国县分年龄、性别的死亡人口状况(1994.10.1—1995.9.30) 单位:人,‰

年龄别	1995年4月1日人口			死亡人口			死亡率		
	合计	男	女	小计	男	女	小计	男	女
总计*	**8823376**	**4509385**	**4313991**	**60248**	**32983**	**27265**	**6.828**	**7.314**	**6.320**
60—64岁	293382	150119	143263	5233	3351	1882	17.837	22.322	13.137
60	62023	31757	30266	890	582	309	14.350	18.327	10.209
61	63835	33093	30743	994	648	346	15.571	19.581	11.255
62	56861	29092	27769	986	615	371	17.341	21.140	13.360
63	54025	27360	26664	1077	716	362	19.935	26.170	13.576
64	56638	28817	27821	1258	791	494	22.688	27.499	17.756
65—69岁	234300	115707	118593	6743	4070	2674	28.779	35.175	22.548
65	50550	25186	25364	1192	739	453	23.581	29.342	17.860
66	49442	24581	24861	1294	778	516	26.172	31.650	20.775
67	48052	23871	24181	1301	784	517	27.075	32.843	21.380
68	42314	20874	21440	1265	800	464	29.896	38.325	21.642
69	43940	21194	22746	1691	968	723	38.488	45.673	31.786
70—74岁	171682	80374	91308	8196	4521	3675	47.736	56.250	40.248
70	39722	19063	20659	1609	910	698	40.507	47.736	33.787
71	37580	17890	19690	1640	923	717	43.640	51.593	36.414
72	33765	15811	17954	1580	906	674	46.794	57.302	37.540
73	30749	14123	16626	1637	873	764	53.238	61.814	45.952
74	29867	13487	16380	1731	908	822	57.957	67.324	50.183
75—79岁	102539	44570	57969	7301	3763	3538	71.202	84.429	61.033
75	25941	11636	14305	1582	823	759	60.958	70.729	53.058
76	22385	10021	12364	1454	748	706	64.954	74.643	57.101
77	19786	8522	11263	1442	732	710	72.880	85.890	63.083
78	17998	7679	10319	1425	771	654	79.175	100.404	63.378
79	16429	6712	9718	1399	689	710	85.154	102.652	73.060
80—84岁	51194	20208	30986	5785	2651	3133	113.002	131.186	101.110
80	14582	6048	8534	1399	707	692	95.940	116.898	81.087
81	11933	4826	7107	1233	605	628	103.327	125.363	88.364
82	9760	3808	5952	1140	495	645	116.803	129.989	108.367
83	8039	3056	4983	1041	457	584	129.494	149.542	117.198
84	6881	2470	4411	972	389	583	141259	157.490	132.170
85—89岁	17856	5858	11998	2808	1068	1.740	157.258	182.315	145.024
85	5426	1904	3521	763	296	467	140.619	155.462	132.633
86	4477	1430	3047	682	233	449	152.334	162.937	147.358
87	3338	1096	2242	515	209	306	154.284	190.693	136.485
88	2545	828	1717	440	177	263	172.888	213.768	153.174
89	2071	599	1471	408	153	254	197.006	255.426	172.672
90—94岁	4413	1189	3224	999	283	715	226.377	238.015	221.774
90	1512	433	1078	313	113	200	207.011	260.970	185.529
91	1112	312	800	250	56	194	224.820	179.487	242.500
92	780	205	576	176	50	127	225.641	243.902	220.486
93	597	146	451	161	42	118	269.682	287.671	261.641
94	413	93	319	98	22	77	237.288	236.559	241.379
95—99岁	624	136	488	166	42	124	266.26	308.824	254.098
95	244	61	183	58	12	46	237.705	196.721	251.366
96	155	28	127	40	9	31	258.065	321.429	244.094
97	117	22	95	32	9	24	273.504	409.091	252.632
98	60	15	44	22	7	14	366.667	466.667	318.182
99	48	10	38	14	5	10	291.667	500.000	263.158
100岁及以上	89	32	58	47	12	36	528.090	375.000	620.690

2005 年 1%人口抽样调查

表 1—1 各地区分性别、年龄的老年人口

单位:人

地 区	人口数			60—64 岁			65—69 岁		
	合计*	男	女	小计	男	女	小计	男	女
全 国	**16985766**	**8584882**	**8400884**	**668310**	**342519**	**325791**	**564095**	**286166**	**277929**
北 京	203582	103122	100461	7729	3557	4171	8307	3910	4397
天 津	138060	69308	68752	5411	2620	2791	4671	2209	2462
河 北	906856	455500	451355	32960	16775	16184	27513	14109	13403
山 西	444096	225294	218802	14497	7470	7027	12954	6704	6250
内蒙古	315884	161560	154324	10989	5527	5462	10859	5609	5250
辽 宁	558727	280107	278620	23335	11618	11716	20186	9790	10396
吉 林	359512	182545	176968	13169	6586	6582	11254	5565	5689
黑龙江	505647	255867	249780	18913	9119	9794	16757	8332	8425
上 海	235351	118419	116932	8865	4524	4340	7527	3638	3890
江 苏	989454	485494	503960	44947	22784	22163	37280	18812	18468
浙 江	648340	328876	319465	23429	12347	11082	21814	11352	10462
安 徽	810095	406651	403444	36310	19371	16939	28563	14890	13673
福 建	467922	235254	232669	15138	8057	7081	13855	7235	6620
江 西	570672	290449	280223	20522	10692	9829	18256	9318	8938
山 东	1224142	611975	612167	49360	25148	24212	41000	20372	20628
河 南	1241616	630613	611003	46375	23472	22903	35796	17873	17923
湖 北	755824	384490	371334	33122	17223	15899	25674	13055	12619
湖 南	837363	428236	409126	33858	17921	15936	31869	16550	15319
广 东	1217005	616339	600667	33363	17557	15806	30671	15716	14955
广 西	616837	319740	297097	24807	12679	12128	21219	10790	10429
海 南	109601	57525	52076	2980	1500	1479	3327	1645	1683
重 庆	370367	186623	183744	20003	10538	9465	15318	7859	7459
四 川	1087009	541978	545031	58200	30295	27905	44651	23198	21453
贵 州	493715	254202	239513	19945	10134	9811	16919	8494	8426
云 南	589039	303893	285146	19967	10032	9935	16964	8517	8446
西 藏	36666	18149	18517	1148	526	622	899	401	497
陕 西	492410	248660	243750	20891	10435	10456	17306	8560	8746
甘 肃	343364	173235	170129	13911	7096	6815	11105	5641	5463
青 海	71903	36328	35574	2408	1173	1235	1941	963	978
宁 夏	78892	39733	39159	2596	1273	1323	2038	1016	1022
新 疆	265815	134718	131097	9165	4468	4698	7603	4043	3560

* 此数据为所有年龄段数据和,后同。

表 1—1　各地区分性别、年龄的老年人口(续)

地　区	70—74 岁			75—79 岁			80—84 岁		
	小计	男	女	小计	男	女	小计	男	女
全　国	**454955**	**224027**	**230928**	**290171**	**135684**	**154487**	**156110**	**66132**	**89978**
北　京	6851	3416	3435	4005	1966	2039	1968	938	1029
天　津	4083	2020	2062	2703	1321	1382	1338	633	705
河　北	22471	11104	11368	14185	6604	7581	7034	3019	4015
山　西	10853	5392	5460	6187	2982	3205	3066	1326	1740
内蒙古	7766	4139	3627	3914	2097	1817	1888	966	923
辽　宁	15852	7660	8192	10696	5270	5426	5395	2624	2771
吉　林	8005	4033	3973	4973	2505	2468	2379	1181	1198
黑龙江	11529	5852	5676	6298	3346	2952	2840	1390	1450
上　海	8674	4070	4604	6195	2740	3456	3765	1550	2215
江　苏	30891	14712	16179	20975	9142	11832	12152	4708	7444
浙　江	20915	10672	10242	14143	6861	7282	7793	3418	4374
安　徽	24340	11986	12354	15802	7309	8493	9232	3725	5507
福　建	11588	5675	5913	8441	3852	4589	4573	1844	2729
江　西	13642	6728	6913	9000	4254	4747	5080	2154	2926
山　东	36380	17494	18886	24076	10506	13570	13525	5349	8176
河　南	31244	15006	16238	18950	8480	10470	10923	4355	6569
湖　北	21296	10493	10804	12273	5703	6570	7271	2956	4315
湖　南	24811	12559	12252	16040	7522	8518	8282	3594	4688
广　东	26009	12415	13594	17562	7959	9604	9823	3899	5925
广　西	17059	8323	8736	10769	4923	5846	5904	2441	3463
海　南	2671	1347	1323	1781	798	983	989	378	612
重　庆	11570	5908	5663	7811	3722	4089	3878	1735	2144
四　川	32936	16259	16677	23137	11107	12030	11867	5177	6690
贵　州	11795	5939	5856	7123	3428	3696	3020	1301	1719
云　南	13114	6325	6789	8329	3813	4517	4084	1668	2415
西　藏	680	303	377	399	161	238	197	75	122
陕　西	12775	6348	6426	6830	3368	3462	3949	1811	2137
甘　肃	7570	3796	3774	3558	1747	1811	1830	804	1025
青　海	1360	694	665	650	310	341	290	135	155
宁　夏	1468	755	713	734	396	338	365	193	171
新　疆	4759	2602	2157	2632	1493	1138	1410	785	626

表1—1　各地区分性别、年龄的老年人口(续)

地　区	85—89岁			90—94岁			95—99岁			100岁及以上		
	小计	男	女	小计	男	女	小计	男	女	小计	男	女
全　国	**56582**	**20475**	**36107**	**15825**	**4785**	**11040**	**2822**	**688**	**2134**	**497**	**122**	**375**
北　京	659	289	370	190	79	111	35	10	24	1		1
天　津	444	192	252	113	45	68	23	9	15	2		1
河　北	2236	826	1410	576	199	378	94	21	72	8		8
山　西	949	377	572	209	63	146	20	6	14	6	3	3
内蒙古	481	227	255	127	65	62	18	4	14	2	2	
辽　宁	1831	803	1027	518	214	304	91	31	60	14	6	8
吉　林	733	352	380	193	88	105	30	11	19	10	5	5
黑龙江	787	361	426	201	79	121	21	6	15	5	2	2
上　海	1475	562	913	444	129	315	70	13	58	8	2	6
江　苏	4723	1508	3215	1287	309	978	200	43	157	17	5	12
浙　江	3016	1179	1837	788	272	516	104	23	81	9	3	6
安　徽	2959	936	2023	704	169	535	118	26	92	37	13	24
福　建	1832	612	1220	552	146	406	105	25	79	8	1	7
江　西	1679	625	1054	408	122	286	67	16	52	10	3	8
山　东	5212	1807	3405	1356	381	975	216	64	152	30	9	21
河　南	3992	1238	2754	1151	306	845	208	42	165	28	2	26
湖　北	2169	691	1477	523	135	389	90	14	76	19	2	16
湖　南	2814	1058	1756	852	285	567	106	20	87	21	8	13
广　东	4176	1340	2836	1449	361	1088	321	60	261	59	9	50
广　西	2765	983	1783	889	253	636	262	59	203	63	12	51
海　南	404	135	268	147	39	108	34	6	27	8	1	6
重　庆	1503	573	930	448	138	309	77	17	60	8	1	8
四　川	4485	1679	2806	1295	389	906	246	61	185	56	7	49
贵　州	1224	449	776	353	116	237	55	16	39	15	2	12
云　南	1395	513	882	361	122	238	71	24	47	8	1	7
西　藏	66	23	44	16	4	12	2	1	2	1		1
陕　西	1273	514	759	311	115	197	33	13	20	5	1	4
甘　肃	578	249	329	129	52	77	31	11	20	5	1	3
青　海	79	32	46	15	6	9	5	2	2	2		2
宁　夏	113	60	53	26	13	13	8	4	4	1		1
新　疆	531	283	248	195	92	104	61	30	31	32	20	12

表 1—1a　各地区分性别、年龄的老年人口(城市)　　单位:人

地区	人口数			60—64 岁			65—69 岁		
	合计*	男	女	小计	男	女	小计	男	女
全国	**4707903**	**2357679**	**2350224**	**170879**	**83637**	**87241**	**154650**	**75345**	**79305**
北京	160724	81184	79539	5978	2701	3277	6753	3078	3676
天津	79301	39446	39856	3200	1553	1647	2959	1328	1631
河北	182943	89572	93371	7341	3533	3808	6478	3068	3410
山西	114319	57126	57192	3697	1777	1919	3676	1804	1872
内蒙古	114443	57702	56741	4023	1875	2148	3930	1982	1948
辽宁	252564	124743	127821	10501	4956	5545	10219	4624	5595
吉林	120466	60115	60351	4802	2264	2538	4320	2017	2304
黑龙江	199083	99890	99193	8239	3661	4578	8336	3862	4474
上海	189800	95564	94236	6926	3548	3377	6004	2903	3102
江苏	344137	170771	173366	13247	6631	6617	11103	5589	5514
浙江	245166	124532	120634	7707	3993	3714	6756	3416	3340
安徽	129395	65287	64108	5143	2614	2529	4154	2060	2094
福建	139195	69811	69384	4097	2127	1970	3401	1791	1610
江西	80700	40522	40178	3035	1555	1480	2583	1277	1307
山东	347919	173525	174394	13010	6367	6643	11315	5466	5848
河南	223762	112286	111476	8111	3960	4151	7133	3425	3708
湖北	223347	111973	111374	8759	4376	4382	7331	3624	3707
湖南	174408	87806	86602	6295	3221	3074	6067	3028	3039
广东	562743	284538	278205	13330	6750	6580	12189	6123	6066
广西	88424	44406	44018	3257	1637	1620	2854	1439	1415
海南	42167	21868	20300	1151	564	586	1244	614	630
重庆	91050	45735	45315	4077	2117	1959	3334	1620	1714
四川	167074	81723	85351	7803	3843	3959	6582	3274	3308
贵州	59130	29499	29631	2382	1122	1260	2162	1088	1074
云南	103295	52170	51125	3607	1817	1790	3130	1586	1544
西藏	4881	2292	2589	197	86	111	165	81	84
陕西	118980	59441	59539	4733	2291	2442	4410	2060	2350
甘肃	47735	23818	23917	2043	920	1122	1945	971	975
青海	14188	7075	7113	557	234	323	552	284	268
宁夏	21660	10782	10878	852	388	464	726	370	356
新疆	64903	32476	32426	2783	1156	1628	2838	1493	1345

表 1—1a 各地区分性别、年龄的老年人口(城市)(续)

地 区	70—74 岁			75—79 岁			80—84 岁		
	小计	男	女	小计	男	女	小计	男	女
全 国	**122550**	**60374**	**62176**	**75544**	**36635**	**38909**	**38617**	**16982**	**21635**
北 京	5557	2740	2816	3201	1605	1596	1567	764	803
天 津	2654	1265	1389	1758	843	916	888	425	463
河 北	4657	2264	2393	2663	1330	1333	1200	538	662
山 西	2863	1435	1428	1511	794	717	677	315	362
内蒙古	2596	1356	1239	1236	698	538	568	288	280
辽 宁	8472	4025	4448	5254	2614	2639	2379	1179	1200
吉 林	3022	1453	1569	1774	903	871	799	393	406
黑龙江	5927	2983	2944	2940	1606	1334	1174	595	579
上 海	7160	3346	3815	5206	2300	2905	3134	1321	1813
江 苏	8830	4321	4509	5971	2757	3213	3091	1237	1854
浙 江	6479	3224	3255	4267	2070	2197	2349	1039	1311
安 徽	3152	1582	1570	2115	1069	1045	1105	453	652
福 建	2797	1365	1432	1975	913	1062	1003	398	605
江 西	1997	1017	981	1229	611	618	647	287	360
山 东	9044	4423	4620	6026	2665	3360	3216	1345	1871
河 南	5067	2498	2569	2837	1347	1490	1486	633	853
湖 北	5966	2920	3046	3499	1673	1826	1953	784	1170
湖 南	4635	2320	2315	2886	1407	1479	1428	594	835
广 东	9891	4737	5154	6438	2988	3450	3494	1390	2103
广 西	1986	963	1022	1157	539	618	636	259	377
海 南	972	520	453	565	259	306	281	118	163
重 庆	2722	1328	1393	1912	885	1028	964	416	547
四 川	4867	2420	2447	3114	1600	1514	1743	817	926
贵 州	1506	778	728	866	443	423	387	191	196
云 南	2380	1215	1165	1562	760	802	761	335	426
西 藏	110	50	59	56	21	34	21	8	13
陕 西	3500	1731	1769	1753	907	847	894	440	454
甘 肃	1282	714	568	569	309	260	270	139	131
青 海	362	204	158	161	91	70	61	34	27
宁 夏	487	250	238	252	151	102	99	58	41
新 疆	1609	926	683	792	476	316	341	189	152

表 1—1a　各地区分性别、年龄的老年人口(城市)(续)

地　区	85—89 岁			90—94 岁			95—99 岁			100 岁及以上		
	小计	男	女	小计	男	女	小计	男	女	小计	男	女
全　国	**14031**	**5383**	**8648**	**4106**	**1318**	**2788**	**724**	**188**	**536**	**115**	**23**	**92**
北　京	533	240	293	159	69	90	32	10	22	1		1
天　津	293	132	161	76	29	47	17	5	12	2		1
河　北	407	159	248	118	56	62	26	3	23	2		2
山　西	229	104	125	59	18	40	7	2	5	2		2
内蒙古	126	61	65	33	13	21	5		5			
辽　宁	745	332	413	210	83	128	39	11	28	8	3	5
吉　林	229	115	114	68	28	41	10	3	7	6	3	3
黑龙江	314	139	175	85	30	55	8	2	6	1		1
上　海	1227	486	741	361	112	249	57	12	45	7	2	5
江　苏	1242	413	829	365	98	266	60	26	35	3	2	2
浙　江	865	339	526	220	85	135	28	10	17	1		1
安　徽	361	135	225	100	29	71	14	5	10	5	2	3
福　建	408	138	270	123	33	90	23	3	20	1		1
江　西	217	88	129	48	12	36	10	1	9	4		4
山　东	1273	473	799	335	106	230	60	19	42	10	3	7
河　南	558	208	351	135	46	89	24	6	18			
湖　北	625	196	430	171	41	130	25	5	20	5		5
湖　南	483	168	315	142	45	97	13	3	11	7		7
广　东	1473	463	1010	526	120	406	120	22	98	20	4	15
广　西	310	97	213	100	27	73	24	3	22	8		8
海　南	113	42	71	36	4	32	11	2	9	1		1
重　庆	378	162	216	141	48	93	25	8	18	5		5
四　川	643	281	362	217	81	136	34	7	27	10	2	8
贵　州	154	55	99	49	16	33	6	1	4	4	1	3
云　南	280	109	170	82	33	50	18	8	11			
西　藏	6	2	4	1		1						
陕　西	299	129	171	81	29	51	9	5	4			
甘　肃	75	31	44	16	8	8	6	2	4	1		1
青　海	15	8	7	3	1	2	1	1	1			
宁　夏	33	17	16	7	2	5	2	1	1			
新　疆	116	61	55	37	16	21	9	4	6	2	1	1

表1—1b 各地区分性别、年龄的老年人口(镇)

单位:人

地区	人口数			60—64岁			65—69岁		
	合计*	男	女	小计	男	女	小计	男	女
全国	**2908980**	**1464804**	**1444176**	**105367**	**53600**	**51767**	**87152**	**43538**	**43614**
北京	9526	4785	4741	376	177	198	289	151	138
天津	23037	11659	11378	833	385	448	637	313	324
河北	132984	67070	65914	4524	2343	2182	3621	1784	1837
山西	73698	37311	36387	2150	1125	1025	1817	916	901
内蒙古	60835	30969	29866	1872	910	962	1896	960	936
辽宁	83244	41821	41423	3557	1782	1775	2703	1392	1312
吉林	64802	32914	31888	2628	1284	1344	2228	1066	1162
黑龙江	89184	44993	44192	3556	1730	1826	2788	1371	1417
上海	19846	9919	9927	773	385	388	565	275	290
江苏	205587	101318	104269	8648	4354	4295	7173	3618	3555
浙江	118366	59439	58927	3824	1977	1847	3378	1735	1643
安徽	191101	95456	95646	7659	4012	3646	6095	3057	3038
福建	98027	49212	48816	2859	1521	1338	2584	1328	1256
江西	136578	69191	67387	4386	2265	2120	3621	1833	1788
山东	230814	115547	115267	8872	4535	4338	7489	3720	3769
河南	177526	89887	87639	6550	3254	3296	5073	2438	2639
湖北	112899	57170	55729	4425	2271	2154	3199	1586	1613
湖南	133068	67580	65488	4586	2376	2210	4071	2067	2003
广东	196778	99866	96911	4940	2619	2321	4462	2265	2197
广西	119874	61754	58120	4167	2070	2097	3648	1779	1869
海南	16229	8451	7778	440	227	212	492	242	250
重庆	78902	39039	39863	3448	1749	1700	2721	1346	1375
四川	174172	85834	88338	7756	3954	3801	6173	3097	3075
贵州	73330	37530	35800	2547	1288	1259	2193	1049	1144
云南	85745	43509	42237	2601	1332	1269	2212	1126	1087
西藏	4911	2417	2494	151	69	83	116	50	65
陕西	83476	42236	41241	3319	1610	1709	2875	1413	1462
甘肃	56460	28750	27710	2065	1050	1015	1611	828	782
青海	13135	6586	6549	412	209	203	294	146	148
宁夏	10738	5435	5303	307	148	159	225	115	110
新疆	34107	17158	16948	1137	589	548	905	476	429

表 1—1b 各地区分性别、年龄的老年人口(镇)(续)

地区	70—74岁			75—79岁			80—84岁		
	小计	男	女	小计	男	女	小计	男	女
全国	**69189**	**33781**	**35408**	**44065**	**20611**	**23453**	**23908**	**9942**	**13966**
北京	228	108	121	121	61	61	65	28	37
天津	495	261	234	304	162	142	142	70	71
河北	2848	1448	1400	1847	829	1018	919	379	540
山西	1379	658	721	830	399	431	455	193	263
内蒙古	1370	727	643	665	371	294	298	161	138
辽宁	2005	942	1062	1447	703	743	703	347	357
吉林	1568	802	766	901	462	439	408	192	216
黑龙江	1869	924	945	1030	560	471	464	234	230
上海	533	266	267	351	156	195	232	86	146
江苏	5841	2797	3044	4103	1797	2306	2337	909	1429
浙江	3203	1631	1572	2157	1060	1097	1211	482	729
安徽	5180	2480	2699	3447	1617	1830	2000	791	1210
福建	2020	970	1050	1427	645	782	854	355	499
江西	2802	1384	1418	1784	849	935	1049	441	608
山东	6448	3079	3369	4103	1758	2345	2426	941	1485
河南	4317	2056	2260	2579	1210	1369	1609	625	984
湖北	2702	1308	1394	1545	711	833	967	392	574
湖南	3168	1615	1553	1941	916	1025	903	393	510
广东	3826	1870	1956	2487	1109	1378	1354	531	823
广西	3008	1426	1582	1846	834	1012	979	425	554
海南	351	174	177	232	114	118	126	43	82
重庆	1980	974	1006	1347	657	690	669	292	377
四川	4598	2198	2400	3382	1605	1777	1620	694	926
贵州	1643	802	840	968	453	515	388	163	225
云南	1725	820	904	1145	521	624	588	238	349
西藏	86	34	52	57	23	34	30	13	16
陕西	2004	1014	990	1089	547	541	616	289	327
甘肃	1090	532	559	507	258	249	255	112	142
青海	194	104	90	84	42	42	40	16	24
宁夏	165	86	78	76	42	34	44	23	22
新疆	544	288	256	266	143	124	157	84	73

表 1－1b 各地区分性别、年龄的老年人口(续)

地 区	85—89 岁			90—94 岁			95—99 岁			100 岁及以上		
	小计	男	女	小计	男	女	小计	男	女	小计	男	女
全 国	**8812**	**2924**	**5887**	**2574**	**753**	**1821**	**455**	**124**	**331**	**92**	**23**	**69**
北 京	25	11	14	6	2	4	1		1			
天 津	45	16	29	12	5	7	2	1	1			
河 北	281	97	184	61	21	39	8	3	5	2		2
山 西	138	54	84	28	9	20	3	2	2			
内蒙古	89	40	48	30	17	13	5	3	1	2	2	
辽 宁	260	120	140	80	35	45	18	8	10	3	3	
吉 林	124	57	68	31	16	15	5	2	4	2	1	2
黑龙江	110	54	56	35	15	20	2	2				
上 海	89	30	60	24	4	20	5		5			
江 苏	954	294	660	270	60	209	33	3	29	3		3
浙 江	466	175	291	123	42	81	10	1	9			
安 徽	631	192	440	156	35	121	18	5	13	11	3	8
福 建	349	98	252	113	25	87	17	9	8	3	1	1
江 西	408	136	272	103	28	75	19	8	12	4	1	3
山 东	946	305	640	261	65	196	40	17	23	8	3	5
河 南	571	149	421	173	52	121	36	8	28	2		2
湖 北	268	75	193	75	17	57	20	4	16	2		2
湖 南	354	93	261	105	36	69	15	5	9	3	3	
广 东	561	173	388	227	55	172	46	8	37	11		10
广 西	484	150	333	162	45	117	54	15	38	15	4	12
海 南	49	13	36	25	8	18	3		3			
重 庆	254	83	171	76	26	50	11		11	1		1
四 川	670	234	436	194	56	138	45	8	37	5		5
贵 州	148	52	96	59	22	37	9	2	7	4		4
云 南	174	66	108	45	11	34	14	4	9	2		2
西 藏	11	4	8	2		2						
陕 西	201	85	116	51	20	31	7	1	6	3	1	2
甘 肃	80	34	45	23	10	13	4	2	2	1		1
青 海	11	5	6	1		1	1		1			
宁 夏	18	8	10	3	2	1						
新 疆	43	20	22	19	10	9	3		3	4	1	3

表 1—4c　各地区分性别、年龄的老年人口(乡村)

单位:人

地　区	人口数			60—64 岁			65—69 岁		
	合计*	男	女	小计	男	女	小计	男	女
全　国	**9368884**	**4762400**	**4606484**	**392064**	**205281**	**186782**	**322293**	**167283**	**155010**
北　京	33332	17152	16180	1376	679	697	1265	682	583
天　津	35722	18204	17518	1378	683	696	1075	567	508
河　北	590929	298858	292070	21094	10900	10194	17414	9257	8157
山　西	256080	130857	125223	8650	4568	4083	7461	3984	3477
内蒙古	140606	72889	67717	5094	2742	2352	5034	2667	2366
辽　宁	222919	113543	109376	9277	4881	4396	7263	3774	3489
吉　林	174244	89516	84728	5739	3038	2701	4705	2482	2223
黑龙江	217380	110985	106395	7118	3728	3390	5633	3099	2534
上　海	25705	12936	12769	1166	591	574	958	460	498
江　苏	439730	213405	226325	23051	11799	11252	19004	9605	9398
浙　江	284808	144905	139903	11898	6376	5522	11681	6201	5480
安　徽	489598	245908	243690	23509	12745	10764	18314	9773	8541
福　建	230700	116231	114469	8182	4409	3773	7871	4117	3754
江　西	353394	180735	172659	13101	6872	6229	12052	6208	5844
山　东	645410	322903	322507	27478	14247	13232	22196	11186	11010
河　南	840329	428440	411888	31714	16258	15456	23591	12014	11577
湖　北	419577	215346	204231	19939	10576	9363	15144	7845	7299
湖　南	529887	272850	257036	22977	12324	10653	21731	11455	10276
广　东	457484	231934	225550	15094	8188	6906	14020	7328	6692
广　西	408539	213580	194959	17383	8972	8410	14717	7572	7146
海　南	51205	27206	23999	1389	709	681	1591	789	802
重　庆	200414	101850	98565	12478	6672	5805	9263	4893	4371
四　川	745763	374421	371342	42642	22497	20144	31897	16827	15070
贵　州	361255	187173	174082	15016	7725	7292	12564	6356	6208
云　南	399998	208215	191783	13760	6883	6876	11621	5806	5816
西　藏	26875	13440	13435	799	371	428	618	270	348
陕　西	289954	146983	142970	12839	6534	6305	10020	5087	4934
甘　肃	239169	120668	118501	9803	5125	4678	7549	3842	3706
青　海	44579	22667	21912	1439	730	709	1095	533	562
宁　夏	46493	23515	22978	1437	737	700	1087	530	557
新　疆	166806	85083	81723	5245	2722	2522	3860	2074	1786

表1—4c 各地区分性别、年龄的老年人口(乡村)(续)

地区	70—74岁			75—79岁			80—84岁		
	小计	男	女	小计	男	女	小计	男	女
全国	**263216**	**129872**	**133344**	**170562**	**78437**	**92124**	**93585**	**39208**	**54377**
北京	1066	569	497	683	300	383	335	146	189
天津	933	494	440	641	317	324	309	138	171
河北	14966	7392	7574	9675	4445	5230	4915	2101	2814
山西	6610	3299	3311	3846	1789	2057	1933	818	1115
内蒙古	3800	2056	1744	2013	1028	985	1022	517	505
辽宁	5375	2693	2682	3996	1952	2044	2313	1099	1214
吉林	3415	1778	1637	2298	1140	1158	1172	596	576
黑龙江	3732	1945	1787	2327	1180	1147	1202	562	640
上海	980	458	522	639	284	355	399	143	256
江苏	16220	7595	8626	10901	4588	6313	6724	2562	4162
浙江	11233	5817	5416	7719	3731	3988	4232	1898	2335
安徽	16008	7924	8084	10240	4623	5618	6127	2482	3645
福建	6771	3340	3431	5039	2294	2745	2716	1091	1626
江西	8842	4327	4515	5987	2794	3193	3384	1426	1959
山东	20888	9991	10897	13947	6083	7864	7882	3062	4820
河南	21861	10452	11409	13534	5923	7611	7829	3097	4732
湖北	12629	6265	6364	7229	3319	3910	4351	1780	2571
湖南	17008	8624	8384	11214	5199	6014	5952	2608	3344
广东	12292	5808	6484	8638	3862	4776	4976	1978	2998
广西	12066	5934	6132	7767	3550	4216	4289	1757	2532
海南	1347	653	694	985	425	559	582	216	366
重庆	6869	3605	3263	4551	2180	2371	2245	1026	1219
四川	23471	11641	11830	16641	7902	8739	8503	3666	4837
贵州	8647	4358	4288	5289	2531	2758	2245	948	1297
云南	9009	4290	4720	5622	2531	3091	2735	1095	1641
西藏	484	218	266	286	116	169	146	54	92
陕西	7271	3604	3667	3987	1913	2074	2439	1082	1357
甘肃	5197	2550	2647	2482	1180	1302	1305	553	752
青海	804	386	418	406	177	229	188	85	104
宁夏	816	419	397	406	204	203	221	113	109
新疆	2606	1388	1218	1573	875	698	912	512	401

表 1—4c 各地区分性别、年龄的老年人口(乡村)(续)

地区	85—89岁			90—94岁			95—99岁			100岁及以上		
	小计	男	女	小计	男	女	小计	男	女	小计	男	女
全国	**33740**	**12168**	**21572**	**9145**	**2714**	**6431**	**1642**	**375**	**1267**	**290**	**76**	**214**
北京	101	38	63	24	7	17	3	1	2			
天津	106	44	62	25	11	14	5	3	2			
河北	1548	570	978	397	121	276	59	15	44	5		5
山西	582	219	363	122	36	86	10	2	8	5	3	2
内蒙古	267	125	141	64	36	29	9	1	8			
辽宁	826	352	474	228	96	131	35	13	23	4	1	3
吉林	380	180	199	94	44	49	15	6	8	2	1	1
黑龙江	363	168	195	81	34	47	11	1	9	4	2	1
上海	159	46	113	59	13	45	8		8	1		1
江苏	2527	802	1726	653	150	503	107	14	93	10	3	7
浙江	1685	665	1020	445	145	300	67	12	55	7	3	4
安徽	1967	609	1358	448	105	343	85	16	69	21	8	13
福建	1075	376	699	316	87	229	65	13	52	4		4
江西	1054	401	653	256	82	175	38	6	31	3	1	1
山东	2994	1028	1966	759	210	550	115	28	87	12	3	9
河南	2863	881	1982	843	208	635	147	28	119	26	2	24
湖北	1276	421	855	278	76	202	45	5	40	11	2	9
湖南	1977	797	1179	604	204	401	79	12	67	12	5	7
广东	2142	704	1438	696	186	510	156	29	126	29	4	25
广西	1971	735	1236	627	181	446	183	41	142	40	8	32
海南	241	80	161	86	27	58	19	3	16	6	1	5
重庆	872	329	542	230	64	166	40	9	31	3	1	2
四川	3171	1164	2008	884	253	632	167	45	121	40	5	35
贵州	922	342	580	244	78	166	40	12	28	6	1	4
云南	941	338	603	233	78	155	39	12	27	6	1	5
西藏	49	17	32	12	3	9	2	1	1	1		1
陕西	773	299	473	180	65	115	17	8	9	2		2
甘肃	423	183	240	90	34	56	21	7	14	3	1	2
青海	53	19	34	11	5	6	2	1	1	1		1
宁夏	62	35	27	16	9	7	6	3	3	1		1
新疆	373	202	171	139	66	73	49	26	23	27	19	8

表 2—1 全国分年龄、性别的老年人口

单位:人、%

年　龄	人口数			占总人口比重			性别比(女=100)
	合计	男	女	合计	男	女	
总　计*	**16985766**	**8584882**	**8400884**	**100.00**	**50.54**	**49.46**	**102.19**
60—64	668310	342519	325791	3.93	2.02	1.92	105.13
60	150798	76604	74194	0.89	0.45	0.44	103.25
61	138288	71357	66931	0.81	0.42	0.39	106.61
62	129399	66188	63210	0.76	0.39	0.37	104.71
63	124937	63748	61190	0.74	0.38	0.36	104.18
64	124887	64622	60265	0.74	0.38	0.35	107.23
65—69	564095	286166	277929	3.32	1.68	1.64	102.96
65	127284	64161	63124	0.75	0.38	0.37	101.64
66	104282	53078	51204	0.61	0.31	0.30	103.66
67	115856	59380	56476	0.68	0.35	0.33	105.14
68	110325	56302	54023	0.65	0.33	0.32	104.22
69	106347	53245	53102	0.63	0.31	0.31	100.27
70—74	454955	224027	230928	2.68	1.32	1.36	97.01
70	108511	53720	54790	0.64	0.32	0.32	98.05
71	93246	45871	47375	0.55	0.27	0.28	96.83
72	97480	48325	49155	0.57	0.28	0.29	98.31
73	82417	40327	42090	0.49	0.24	0.25	95.81
74	73302	35784	37517	0.43	0.21	0.22	95.38
75—79	290171	135684	154487	1.71	0.80	0.91	87.83
75	76658	36892	39766	0.45	0.22	0.23	92.77
76	59869	28081	31788	0.35	0.17	0.19	88.34
77	59431	27677	31754	0.35	0.16	0.19	87.16
78	51659	23844	27816	0.30	0.14	0.16	85.72
79	42552	19190	23362	0.25	0.11	0.14	82.14
80—84	156110	66132	89978	0.92	0.39	0.53	73.50
80	44232	19290	24941	0.26	0.11	0.15	77.34
81	34761	14966	19795	0.20	0.09	0.12	75.61
82	29709	12582	17127	0.17	0.07	0.10	73.46
83	25489	10512	14977	0.15	0.06	0.09	70.18
84	21919	8781	13138	0.13	0.05	0.08	66.84
85—89	56582	20475	36107	0.33	0.12	0.21	56.71
85	18124	6865	11260	0.11	0.04	0.07	60.97
86	13312	4921	8390	0.08	0.03	0.05	58.65
87	10531	3682	6849	0.06	0.02	0.04	53.76
88	8258	2864	5395	0.05	0.02	0.03	53.08
89	6357	2143	4214	0.04	0.01	0.02	50.85
90—94	15825	4785	11040	0.09	0.03	0.06	43.35
90	5290	1611	3679	0.03	0.01	0.02	43.80
91	3929	1231	2698	0.02	0.01	0.02	45.62
92	2964	858	2106	0.02	0.01	0.01	40.73
93	2202	691	1512	0.01		0.01	45.68
94	1439	394	1044	0.01		0.01	37.76
95—99	2822	688	2134	0.02		0.01	32.22
95	1086	296	789	0.01			37.57
96	673	145	528				27.55
97	458	107	351				30.42
98	358	84	274				30.80
99	246	54	192				28.42
100 岁及以上	497	122	375				32.56

表 2—1a 全国分年龄、性别的老年人口(城市)

单位:人、%

年龄	人口数			占总人口比重			性别比
	合计	男	女	合计	男	女	(女=100)
总计*	**4707903**	**2357679**	**2350224**	**100.00**	**50.08**	**49.92**	**100.32**
60—64	170879	83637	87241	3.63	1.78	1.85	95.87
60	37212	18147	19066	0.79	0.39	0.40	95.18
61	34757	17043	17714	0.74	0.36	0.38	96.21
62	32734	16220	16514	0.70	0.34	0.35	98.22
63	32892	15965	16927	0.70	0.34	0.36	94.32
64	33283	16262	17020	0.71	0.35	0.36	95.55
65—69	154650	75345	79305	3.28	1.60	1.68	95.01
65	33658	16066	17591	0.71	0.34	0.37	91.33
66	29168	14103	15066	0.62	0.30	0.32	93.61
67	32014	15695	16319	0.68	0.33	0.35	96.18
68	30120	14885	15235	0.64	0.32	0.32	97.70
69	29689	14596	15093	0.63	0.31	0.32	96.70
70—74	122550	60374	62176	2.60	1.28	1.32	97.10
70	29111	14018	15093	0.62	0.30	0.32	92.87
71	25803	12662	13140	0.55	0.27	0.28	96.36
72	26420	13186	13234	0.56	0.28	0.28	99.64
73	21766	10684	11082	0.46	0.23	0.24	96.41
74	19450	9825	9626	0.41	0.21	0.20	102.07
75—79	75544	36635	38909	1.60	0.78	0.83	94.16
75	20120	10121	9999	0.43	0.21	0.21	101.22
76	15930	7721	8209	0.34	0.16	0.17	94.06
77	15426	7428	7998	0.33	0.16	0.17	92.87
78	13090	6223	6868	0.28	0.13	0.15	90.61
79	10978	5142	5836	0.23	0.11	0.12	88.11
80—84	38617	16982	21635	0.82	0.36	0.46	78.50
80	10741	4874	5867	0.23	0.10	0.12	83.07
81	8683	3817	4866	0.18	0.08	0.10	78.44
82	7318	3170	4148	0.16	0.07	0.09	76.42
83	6418	2828	3590	0.14	0.06	0.08	78.76
84	5456	2293	3162	0.12	0.05	0.07	72.52
85—89	14031	5383	8648	0.30	0.11	0.18	62.24
85	4348	1746	2602	0.09	0.04	0.06	67.10
86	3347	1363	1984	0.07	0.03	0.04	68.67
87	2575	932	1643	0.05	0.02	0.03	56.74
88	2158	780	1379	0.05	0.02	0.03	56.56
89	1602	562	1040	0.03	0.01	0.02	54.04
90—94	4106	1318	2788	0.09	0.03	0.06	47.30
90	1278	440	838	0.03	0.01	0.02	52.44
91	1031	343	688	0.02	0.01	0.01	49.79
92	806	240	566	0.02	0.01	0.01	42.39
93	606	204	402	0.01		0.01	50.73
94	385	92	293	0.01		0.01	31.48
95—99	724	188	536	0.02		0.01	35.06
95	296	93	203	0.01			45.82
96	163	40	124				32.06
97	121	25	97				25.59
98	77	17	60				27.99
99	67	14	53				26.19
100岁及以上	115	23	92				24.94

表 2—1b　全国分年龄、性别的老年人口(镇)　　单位:人、%

年　龄	人口数			占总人口比重			性别比(女=100)
	合计	男	女	合计	男	女	
总计*	**2908980**	**1464804**	**1444176**	**100.00**	**50.35**	**49.65**	**101.43**
60—64	105367	53600	51767	3.62	1.84	1.78	103.54
60	24164	12277	11886	0.83	0.42	0.41	103.29
61	21672	11067	10605	0.75	0.38	0.36	104.36
62	20207	10192	10015	0.69	0.35	0.34	101.76
63	19870	10013	9858	0.68	0.34	0.34	101.57
64	19454	10051	9403	0.67	0.35	0.32	106.89
65—69	87152	43538	43614	3.00	1.50	1.50	99.83
65	20052	9983	10069	0.69	0.34	0.35	99.15
66	15918	7955	7963	0.55	0.27	0.27	99.89
67	17876	9028	8848	0.61	0.31	0.30	102.03
68	16959	8598	8360	0.58	0.30	0.29	102.85
69	16347	7974	8373	0.56	0.27	0.29	95.23
70—74	69189	33781	35408	2.38	1.16	1.22	95.40
70	16480	8030	8451	0.57	0.28	0.29	95.02
71	14256	6919	7337	0.49	0.24	0.25	94.31
72	14813	7318	7495	0.51	0.25	0.26	97.64
73	12699	6209	6490	0.44	0.21	0.22	95.68
74	10941	5304	5637	0.38	0.18	0.19	94.11
75—79	44065	20611	23453	1.51	0.71	0.81	87.88
75	11569	5639	5930	0.40	0.19	0.20	95.08
76	9087	4279	4808	0.31	0.15	0.17	88.99
77	9072	4162	4910	0.31	0.14	0.17	84.77
78	7924	3601	4323	0.27	0.12	0.15	83.28
79	6413	2931	3482	0.22	0.10	0.12	84.19
80—84	23908	9942	13966	0.82	0.34	0.48	71.18
80	6748	2957	3790	0.23	0.10	0.13	78.03
81	5266	2219	3047	0.18	0.08	0.10	72.83
82	4580	1917	2663	0.16	0.07	0.09	71.97
83	3913	1513	2400	0.13	0.05	0.08	63.04
84	3402	1336	2066	0.12	0.05	0.07	64.64
85—89	8812	2924	5887	0.30	0.10	0.20	49.67
85	2777	965	1812	0.10	0.03	0.06	53.24
86	2114	685	1429	0.07	0.02	0.05	47.92
87	1686	551	1134	0.06	0.02	0.04	48.59
88	1284	406	878	0.04	0.01	0.03	46.28
89	951	317	634	0.03	0.01	0.02	50.04
90—94	2574	753	1821	0.09	0.03	0.06	41.33
90	876	249	627	0.03	0.01	0.02	39.70
91	663	194	469	0.02	0.01	0.02	41.37
92	484	143	342	0.02		0.01	41.72
93	333	107	227	0.01		0.01	46.97
94	216	60	156	0.01		0.01	38.73
95—99	455	124	331	0.02		0.01	37.63
95	171	54	117	0.01			46.57
96	121	26	95				27.11
97	65	16	48				33.92
98	60	21	39				53.81
99	38	7	32				21.89
100 岁及以上	92	23	69				33.96

表 2—1c 全国分年龄、性别的老年人口(乡村)

单位:人、%

年龄	人口数			占总人口比重			性别比(女=100)
	合计	男	女	合计	男	女	
总计*	**9368884**	**4762400**	**4606484**	**100.00**	**50.83**	**49.17**	**103.38**
60—64	392064	205281	186782	4.18	2.19	1.99	109.90
60	89422	46180	43242	0.95	0.49	0.46	106.79
61	81859	43246	38613	0.87	0.46	0.41	112.00
62	76457	39777	36680	0.82	0.42	0.39	108.44
63	72175	37770	34405	0.77	0.40	0.37	109.78
64	72150	38308	33842	0.77	0.41	0.36	113.20
65—69	322293	167283	155010	3.44	1.79	1.65	107.92
65	73575	38112	35463	0.79	0.41	0.38	107.47
66	59196	31021	28175	0.63	0.33	0.30	110.10
67	65966	34657	31309	0.70	0.37	0.33	110.69
68	63246	32819	30427	0.68	0.35	0.32	107.86
69	60310	30675	29635	0.64	0.33	0.32	103.51
70—74	263216	129872	133344	2.81	1.39	1.42	97.40
70	62920	31673	31246	0.67	0.34	0.33	101.37
71	53187	26289	26898	0.57	0.28	0.29	97.74
72	56248	27821	28427	0.60	0.30	0.30	97.87
73	47952	23433	24518	0.51	0.25	0.26	95.58
74	42911	20655	22255	0.46	0.22	0.24	92.81
75—79	170562	78437	92124	1.82	0.84	0.98	85.14
75	44969	21132	23837	0.48	0.23	0.25	88.65
76	34852	16081	18771	0.37	0.17	0.20	85.67
77	34934	16087	18847	0.37	0.17	0.20	85.36
78	30645	14020	16625	0.33	0.15	0.18	84.33
79	25161	11117	14044	0.27	0.12	0.15	79.16
80—84	93585	39208	54377	1.00	0.42	0.58	72.10
80	26743	11459	15284	0.29	0.12	0.16	74.97
81	20811	8930	11881	0.22	0.10	0.13	75.16
82	17811	7495	10315	0.19	0.08	0.11	72.66
83	15158	6171	8987	0.16	0.07	0.10	68.66
84	13062	5153	7909	0.14	0.05	0.08	65.15
85—89	33740	12168	21572	0.36	0.13	0.23	56.40
85	10999	4154	6845	0.12	0.04	0.07	60.68
86	7851	2874	4977	0.08	0.03	0.05	57.74
87	6270	2199	4071	0.07	0.02	0.04	54.00
88	4816	1678	3139	0.05	0.02	0.03	53.46
89	3804	1264	2540	0.04	0.01	0.03	49.75
90—94	9145	2714	6431	0.10	0.03	0.07	42.20
90	3136	923	2213	0.03	0.01	0.02	41.69
91	2235	694	1541	0.02	0.01	0.02	45.05
92	1674	475	1198	0.02	0.01	0.01	39.66
93	1263	380	883	0.01		0.01	43.04
94	837	242	596	0.01		0.01	40.59
95—99	1642	375	1267	0.02		0.01	29.61
95	619	149	470	0.01		0.01	31.77
96	390	80	310				25.88
97	272	66	206				31.85
98	221	47	175				26.61
99	140	34	107				31.47
100岁及以上	290	76	214				35.37

表 3—1　全国按年龄、性别和行业门类分的就业老年人口　　单位:人

性别 年龄	就业人口	农、林、牧、渔业	采矿业	制造业	电力、燃气及水的生产和供应业
合　计*	**9287409**	**5465913**	**108446**	**1237226**	**66454**
60—64	328201	290487	779	10098	347
60	81914	70782	260	2872	109
61	72120	63766	188	2211	77
62	63348	56418	103	1948	59
63	56636	50809	120	1574	54
64	54184	48713	107	1493	48
65—69	187004	170355	295	4485	103
65	50045	45467	94	1209	33
66	37075	33605	66	968	19
67	38134	34645	61	955	14
68	33159	30333	38	755	20
69	28591	26305	35	599	17
70 岁及以上	117323	108079	93	2325	42
男	5069358	2750480	91851	675499	47497
60—64	202925	172518	746	8037	321
60	49683	40680	252	2256	101
61	44529	37802	180	1757	71
62	38816	33280	94	1538	55
63	35374	30680	116	1262	49
64	34523	30078	103	1225	46
65—69	122893	109445	279	3569	93
65	31529	27852	91	977	30
66	24317	21489	63	782	17
67	25464	22628	59	770	12
68	22431	20160	34	584	18
69	19152	17315	32	455	16
70 岁及以上	79198	71828	81	1736	42
女	4218051	2715433	16595	561726	18957
60—64	125277	117968	32	2061	26
60	32231	30102	8	617	8
61	27591	25964	8	454	6
62	24532	23138	9	411	4
63	21262	20129	3	312	5
64	19661	18635	4	268	2
65—69	64111	60910	16	916	10
65	18516	17615	3	232	4
66	12758	12116	3	185	2
67	12669	12017	2	184	2
68	10729	10173	5	171	1
69	9439	8990	3	144	1
70 岁及以上	38125	36251	11	589	

表3—1 全国按年龄、性别和行业门类分的就业老年人口(续)

性别 年龄	建筑业	交通运输、 仓储和邮政业	信息传输、计算机 服务和软件业	批发和 零售业	住宿和 餐饮业
合计	**326050**	**302305**	**36887**	**627068**	**177567**
60—64	3852	1465	107	8350	1487
60	1169	452	32	2285	454
61	914	315	27	1805	353
62	673	286	19	1582	281
63	575	215	16	1346	203
64	521	198	14	1332	197
65—69	1228	578	29	4169	657
65	424	166	7	1084	182
66	257	127	10	851	140
67	215	119	6	871	140
68	186	86	3	755	105
69	145	81	4	609	90
70岁及以上	283	249	14	3083	257
男	290579	257325	22283	311303	82908
60—64	3759	1306	85	5881	1024
60	1137	411	25	1585	318
61	896	276	21	1289	239
62	661	247	17	1101	191
63	558	195	12	949	141
64	507	177	11	957	135
65—69	1185	504	21	3091	448
65	402	148	6	774	125
66	252	109	9	632	106
67	213	96	3	651	97
68	178	78	1	563	70
69	140	72	3	472	50
70岁及以上	272	207	12	2364	171
女	35471	44980	14604	315765	94659
60—64	93	160	22	2469	463
60	33	41	6	700	137
61	18	39	7	517	114
62	12	39	2	480	89
63	17	20	4	397	62
64	14	21	3	376	62
65—69	43	74	8	1078	209
65	22	18	1	310	57
66	5	18	1	219	34
67	3	23	3	221	43
68	8	7	2	192	35
69	4	9	1	137	40
70岁及以上	11	42	2	719	86

表 3—1 全国按年龄、性别和行业门类分的就业老年人口(续)

性别 年龄	金融业	房地产业	租赁和商务服务业	科学研究、技术服务和地质勘查业	水利、环境和公共设施管理业
合计	**54517**	**31092**	**42698**	**25007**	**30517**
60—64	233	312	429	279	564
60	84	104	158	74	165
61	58	69	80	55	120
62	37	60	75	58	108
63	31	47	53	40	87
64	23	32	62	52	84
65—69	87	110	200	163	295
65	23	31	55	44	63
66	22	20	32	46	69
67	19	26	49	37	76
68	13	22	37	21	52
69	10	11	27	15	35
70 岁及以上	29	48	99	60	113
男	27676	19719	26060	16689	18561
60—64	203	265	359	243	438
60	78	86	129	70	128
61	49	64	66	43	85
62	31	51	68	52	94
63	27	37	47	32	71
64	18	26	49	46	59
65—69	79	96	176	152	251
65	18	27	53	41	57
66	21	18	28	44	56
67	17	25	42	35	62
68	13	17	30	20	45
69	10	9	24	12	32
70 岁及以上	27	47	89	54	101
女	26841	11372	16638	8318	11956
60—64	30	47	70	35	126
60	6	17	29	5	37
61	9	5	14	13	35
62	6	9	8	6	15
63	4	10	6	7	16
64	4	5	12	5	24
65—69	8	15	25	10	44
65	6	5	2	2	6
66		3	5	2	13
67	1	1	8	2	14
68		5	7	2	7
69	1	1	3	2	3
70 岁及以上	2	1	9	6	12

表 3—1　全国按年龄、性别和行业门类分的就业老年人口(续)

性别 年龄	居民服务和其他服务业	教育	卫生、社会保障和社会福利业	文化、体育和娱乐业	公共管理和社会组织	国际组织
合计	**172319**	**211957**	**103484**	**38646**	**229093**	**166**
60—64	2924	1763	2074	333	2321	
60	812	664	562	111	765	
61	641	356	503	68	514	
62	555	294	348	63	381	
63	478	230	339	50	370	
64	439	219	321	41	290	
65—69	1544	647	920	132	1006	
65	398	185	254	35	292	
66	307	119	182	24	212	
67	338	128	193	31	210	
68	274	118	162	26	155	
69	228	97	129	17	138	
70 岁及以上	1023	291	521	87	629	
男	99013	101593	46061	22010	162160	94
60—64	2175	1534	1724	274	2033	
60	584	597	473	93	682	
61	484	308	408	53	439	
62	410	244	291	54	338	
63	359	195	292	38	312	
64	338	189	260	36	262	
65—69	1195	567	766	108	867	
65	286	162	205	24	250	
66	234	106	153	20	179	
67	270	115	153	26	190	
68	227	105	136	24	129	
69	178	79	119	14	120	
70 岁及以上	810	267	458	73	558	
女	73306	110364	57423	16636	66933	73
60—64	749	229	350	59	287	
60	228	67	89	18	83	
61	156	47	95	15	76	
62	145	50	57	10	43	
63	119	34	47	11	58	
64	101	30	61	5	27	
65—69	350	80	154	24	139	
65	112	23	48	11	42	
66	73	13	29	4	33	
67	68	13	40	5	20	
68	48	12	26	2	26	
69	50	18	10	3	18	
70 岁及以上	213	24	63	14	71	

表 3—1a 全国按年龄、性别和行业门类分的就业老年人口(城市) 单位:人

性别 年龄	就业人口	农、林、牧、渔业	采矿业	制造业	电力、燃气及水的生产和供应业
合　计*	**2336820**	**382345**	**40691**	**596207**	**40407**
60—64	31532	18416	153	3236	149
60	8498	4465	60	936	48
61	7083	4156	42	729	29
62	6000	3638	8	636	31
63	5077	3124	26	500	23
64	4874	3032	18	435	18
65—69	16036	10329	53	1332	29
65	4328	2795	15	359	8
66	3148	1977	14	293	6
67	3343	2097	13	277	5
68	2828	1869	8	223	5
69	2389	1591	2	180	5
70 岁及以上	9012	6354	25	583	23
男	1329411	190244	31713	330861	27844
60—64	21526	11081	146	2655	135
60	5798	2583	59	767	41
61	4781	2439	39	601	28
62	4064	2175	8	515	29
63	3509	1977	25	407	19
64	3373	1907	15	365	18
65—69	11382	6827	49	1095	27
65	2959	1740	15	305	5
66	2245	1293	11	244	6
67	2413	1433	12	225	4
68	2033	1260	8	175	5
69	1731	1101	2	146	5
70 岁及以上	6588	4477	19	453	23
女	1007409	192100	8977	265347	12563
60—64	10007	7335	7	581	14
60	2700	1882	1	170	7
61	2302	1717	2	128	1
62	1936	1464		120	2
63	1567	1147	1	93	4
64	1501	1125	2	70	
65—69	4654	3502	4	236	3
65	1369	1055		54	2
66	902	684	3	49	
67	930	664	1	52	
68	795	609	1	48	
69	658	491		34	
70 岁及以上	2425	1877	6	130	

表 3—1a　全国按年龄、性别和行业门类分的就业老年人口(城市)(续)

性　别 年　龄	建筑业	交通运输、 仓储和邮政业	信息传输、计算机 服务和软件业	批发和 零售业	住宿和 餐饮业
合　　计	**135099**	**151744**	**27093**	**331095**	**98049**
60—64	1214	504	50	2462	482
60	361	165	17	711	142
61	287	114	13	542	131
62	236	91	10	445	73
63	169	65	7	365	63
64	160	69	4	398	73
65—69	402	175	15	1251	198
65	129	41	4	338	56
66	86	44	3	248	46
67	77	33	3	252	50
68	61	32	3	202	23
69	49	25	2	211	23
70 岁及以上	107	67	6	743	84
男	115592	123251	16311	159361	46031
60—64	1178	473	39	1755	323
60	349	157	13	511	90
61	283	105	8	392	89
62	231	85	9	313	56
63	162	63	5	251	39
64	152	64	4	287	49
65—69	383	162	12	908	140
65	120	39	3	246	42
66	85	39	2	182	38
67	75	30	3	171	30
68	58	31	1	151	15
69	45	23	2	158	14
70 岁及以上	101	59	4	554	55
女	19507	28493	10782	171734	52018
60—64	36	31	12	707	160
60	12	8	3	200	52
61	3	9	6	150	43
62	5	6	1	132	17
63	7	2	2	114	24
64	8	6		111	24
65—69	20	13	4	343	58
65	9	2	1	93	14
66	1	5	1	65	8
67	2	3		81	20
68	3	1	2	51	8
69	4	2		53	9
70 岁及以上	6	8	2	189	30

表 3—1a 全国按年龄、性别和行业门类分的就业老年人口(城市)(续)

性别 年龄	金融业	房地产业	租赁和商务服务业	科学研究、技术服务和地质勘查业	水利、环境和公共设施管理业
合计	**38430**	**27485**	**32921**	**21677**	**19976**
60—64	104	251	237	237	286
60	36	83	94	62	96
61	26	60	52	46	64
62	14	46	28	55	49
63	14	39	25	33	42
64	15	23	37	41	34
65—69	36	86	93	141	147
65	12	24	24	38	30
66	7	15	16	39	30
67	8	18	23	32	41
68	6	19	18	20	28
69	3	9	13	13	18
70 岁及以上	9	41	41	47	35
男	18562	17251	19433	14302	11631
60—64	94	210	187	203	205
60	34	67	69	58	72
61	24	56	43	33	39
62	11	39	24	49	40
63	12	29	21	26	35
64	12	19	31	36	20
65—69	33	73	78	132	119
65	11	20	23	35	24
66	7	14	11	37	23
67	7	18	20	30	34
68	6	14	14	18	24
69	3	8	11	11	15
70 岁及以上	9	40	39	42	26
女	19868	10233	13488	7375	8346
60—64	11	40	49	34	81
60	1	16	26	4	24
61	2	4	9	12	25
62	3	7	4	6	9
63	1	10	4	7	8
64	3	4	6	5	14
65—69	2	13	15	10	28
65	1	5	2	2	6
66		2	5	2	8
67	1		3	1	8
68		5	4	2	4
69		1	2	2	3
70 岁及以上		1	2	5	9

表 3—1a　全国按年龄、性别和行业门类分的就业老年人口(城市)(续)

性　别 年　龄	居民服务和 其他服务业	教　育	卫生、社会保障 和社会福利业	文化、体育 和娱乐业	公共管理和 社会组织	国际组织
合　计	**85912**	**98295**	**54806**	**27817**	**126647**	**123**
60—64	1113	722	706	187	1024	
60	343	245	211	66	359	
61	234	149	155	29	225	
62	200	137	103	39	161	
63	180	97	124	28	151	
64	156	95	113	25	127	
65—69	539	304	381	70	453	
65	128	81	99	22	125	
66	91	48	73	14	97	
67	134	74	91	16	101	
68	110	61	57	7	75	
69	75	41	61	12	55	
70 岁及以上	310	119	165	36	216	
男	44691	40946	20332	15413	85577	64
60—64	749	576	511	150	856	
60	219	193	161	52	303	
61	168	121	108	22	183	
62	130	105	74	33	138	
63	125	75	96	20	123	
64	107	82	72	23	109	
65—69	378	260	273	59	374	
65	80	66	64	14	107	
66	66	43	54	13	77	
67	96	62	61	15	86	
68	88	55	42	7	61	
69	49	34	52	9	43	
70 岁及以上	230	103	124	31	199	
女	41220	57349	34473	12404	41071	60
60—64	363	146	195	36	168	
60	124	51	49	14	56	
61	66	28	47	7	42	
62	70	32	29	6	23	
63	55	22	29	9	28	
64	48	12	41	1	18	
65—69	161	45	108	11	79	
65	48	15	35	7	18	
66	26	5	19	1	20	
67	38	12	30	1	15	
68	22	7	15		14	
69	26	7	10	3	12	
70 岁及以上	80	16	41	5	18	

表3—1b　全国按年龄、性别和行业门类分的就业老年人口(镇)　单位:人

性别 年龄	就业人口	农、林、牧、渔业	采矿业	制造业	电力、燃气及水的生产和供应业
合　计*	**1489372**	**559076**	**24163**	**253204**	**16315**
60—64	38486	27899	133	2333	105
60	10067	6932	50	701	30
61	8468	6195	20	486	24
62	7280	5349	17	390	18
63	6536	4835	21	378	13
64	6137	4589	26	378	20
65—69	20334	15783	52	1032	29
65	5468	4191	16	302	8
66	4031	3064	13	219	4
67	4143	3229	6	210	3
68	3631	2855	6	176	6
69	3061	2443	10	125	7
70岁及以上	12258	9631	15	538	6
男	836174	276862	20267	136262	11312
60—64	25241	16776	129	1913	96
60	6506	4005	49	568	30
61	5529	3730	19	389	20
62	4748	3220	17	313	16
63	4315	2939	21	322	11
64	4143	2882	24	322	18
65—69	13742	10104	50	858	23
65	3603	2608	16	256	7
66	2684	1918	13	175	4
67	2879	2123	6	183	2
68	2516	1905	4	147	5
69	2060	1551	10	98	6
70岁及以上	8497	6407	11	438	6
女	653198	282214	3895	116942	5003
60—64	13245	11124	4	420	9
60	3560	2928	1	133	
61	2939	2465	1	97	4
62	2532	2128		77	1
63	2221	1896		57	2
64	1994	1707	2	56	2
65—69	6592	5679	2	173	6
65	1865	1583		46	1
66	1348	1147		44	
67	1264	1107		27	1
68	1115	950	2	29	1
69	1001	892		27	1
70岁及以上	3761	3224	4	100	

表 3—1b 全国按年龄、性别和行业门类分的就业老年人口(镇)(续)

性别 年龄	建筑业	交通运输、 仓储和邮政业	信息传输、计算机 服务和软件业	批发和 零售业	住宿和 餐饮业
合　计	**59836**	**73170**	**6930**	**182693**	**48403**
60—64	832	383	32	3051	637
60	262	125	8	838	224
61	189	78	6	636	125
62	131	70	4	591	132
63	136	60	6	525	89
64	114	50	7	461	68
65—69	249	115	3	1410	279
65	74	31		377	78
66	49	27	1	307	52
67	57	24	1	276	56
68	39	12		263	44
69	30	21		187	49
70岁及以上	51	59	4	1016	121
男	53656	63921	4072	90443	22085
60—64	811	353	23	2130	439
60	252	116	5	557	160
61	185	69	5	454	82
62	130	62	4	420	88
63	131	58	5	370	65
64	112	48	4	328	43
65—69	236	108	1	1021	177
65	68	29		255	48
66	45	24	1	219	36
67	57	24		208	36
68	36	11		192	31
69	30	20		147	26
70岁及以上	49	55	4	757	76
女	6180	9249	2857	92250	26318
60—64	21	30	9	921	198
60	10	9	3	281	64
61	4	9	1	182	43
62	1	8	1	171	44
63	4	2	2	155	24
64	2	2	3	132	25
65—69	12	7	1	390	101
65	5	2		122	30
66	5	2		89	16
67			1	68	20
68	2	1		72	12
69		2		40	23
70岁及以上	2	4		259	45

表3—1b　全国按年龄、性别和行业门类分的就业老年人口(镇)(续)

性　别 年　龄	金融业	房地产业	租赁和商务服务业	科学研究、技术服务和地质勘查业	水利、环境和公共设施管理业
合　计	**12865**	**2502**	**6138**	**2268**	**6581**
60—64	68	39	100	17	150
60	27	14	33	5	36
61	16	5	19	2	25
62	8	12	26	1	34
63	9	4	13	4	22
64	8	3	9	5	31
65—69	31	20	56	14	67
65	9	6	19	2	19
66	9	3	5	6	10
67	7	8	16	4	17
68	3	3	9	1	13
69	5		7		8
70岁及以上	11	1	26	8	31
男	7095	1674	4059	1578	4061
60—64	56	34	88	17	122
60	25	12	29	5	28
61	10	3	15	2	20
62	6	11	24	1	31
63	8	4	11	4	17
64	6	3	9	5	25
65—69	28	19	50	13	57
65	6	6	19	2	19
66	9	3	5	6	10
67	7	7	12	4	11
68	3	3	6	1	10
69	4		7		8
70岁及以上	9	1	21	6	28
女	5771	828	2080	691	2519
60—64	12	5	12		28
60	2	2	4		8
61	5	1	3		5
62	2	2	3		3
63	1		2		5
64	2				7
65—69	4		7	1	10
65	3				
66					
67			4	1	7
68			3		3
69	1				
70岁及以上	1		5	1	3

表 3—1b 全国按年龄、性别和行业门类分的就业老年人口(镇)(续)

性别 年龄	居民服务和 其他服务业	教育	卫生、社会保障 和社会福利业	文化、体育 和娱乐业	公共管理和 社会组织	国际组织
合计	**49306**	**67627**	**31667**	**7764**	**78833**	**32**
60—64	1024	364	579	90	652	
60	255	136	146	20	225	
61	234	89	143	31	146	
62	201	55	108	16	116	
63	178	41	95	15	91	
64	157	43	87	9	74	
65—69	539	121	240	37	259	
65	149	35	68	8	76	
66	118	29	46	6	61	
67	106	12	53	7	50	
68	87	18	48	14	35	
69	80	27	24	2	36	
70岁及以上	333	57	175	15	161	
男	29571	32956	14422	4508	57350	22
60—64	794	322	492	71	578	
60	192	128	124	16	205	
61	178	76	121	24	127	
62	156	47	88	12	102	
63	144	35	82	12	74	
64	124	35	78	7	69	
65—69	434	106	203	29	224	
65	109	31	57	7	61	
66	94	26	38	2	55	
67	91	12	45	6	46	
68	67	15	41	12	27	
69	72	23	24	2	34	
70岁及以上	265	56	160	9	139	
女	19735	34671	17245	3256	21482	10
60—64	230	43	87	19	74	
60	63	8	22	4	19	
61	55	13	22	7	19	
62	45	7	21	4	13	
63	34	6	13	2	17	
64	33	8	9	2	5	
65—69	106	15	36	8	35	
65	40	4	12	1	15	
66	23	3	9	3	6	
67	15		8	1	4	
68	20	2	7	2	7	
69	8	5	1		2	
70岁及以上	68	1	15	6	22	

表 3—1c 全国按年龄、性别和行业门类分的就业老年人口(乡村) 单位:人

性别 年龄	就业人口	农、林、牧、渔业	采矿业	制造业	电力、燃气及水的生产和供应业
合计*	**5461217**	**4524492**	**43592**	**387815**	**9732**
60—64	258183	244171	492	4529	93
60	63350	59385	151	1235	31
61	56569	53415	127	996	23
62	50068	47431	79	922	11
63	45023	42849	73	696	19
64	43173	41092	64	680	10
65—69	150634	144243	190	2121	44
65	40250	38481	63	548	18
66	29896	28564	38	455	8
67	30647	29319	42	468	5
68	26701	25609	23	356	8
69	23140	22271	23	295	5
70 岁及以上	96053	92093	53	1204	13
男	2903773	2283373	39871	208377	8341
60—64	156157	144662	471	3469	90
60	37379	34092	144	921	30
61	34219	31633	122	767	22
62	30004	27885	70	709	10
63	27549	25764	71	533	19
64	27007	25288	64	538	10
65—69	97769	92514	180	1615	43
65	24967	23505	60	416	18
66	19387	18278	38	363	6
67	20172	19072	41	362	5
68	17882	16995	22	262	8
69	15361	14664	19	211	5
70 岁及以上	64113	60944	51	846	13
女	2557444	2241119	3722	179438	1391
60—64	102025	99510	21	1060	3
60	25971	25292	6	314	1
61	22350	21782	4	229	1
62	20064	19546	9	213	1
63	17474	17086	2	162	
64	16166	15803		142	
65—69	52865	51729	9	507	2
65	15283	14976	3	132	
66	10508	10285		92	2
67	10475	10246	1	106	
68	8819	8614	2	94	
69	7780	7607	3	83	
70 岁及以上	31940	31150	2	359	

表 3—1c　全国按年龄、性别和行业门类分的就业老年人口(乡村)(续)

性　别 年　龄	建筑业	交通运输、 仓储和邮政业	信息传输、计算机 服务和软件业	批发和 零售业	住宿和 餐饮业
合　计	**131115**	**77391**	**2865**	**113280**	**31115**
60—64	1807	578	25	2838	368
60	546	162	7	736	88
61	438	123	8	627	97
62	305	125	5	545	75
63	270	90	2	456	51
64	248	79	3	474	57
65—69	576	288	11	1507	180
65	222	94	3	369	48
66	122	56	5	296	42
67	81	62	2	343	34
68	86	42		289	38
69	65	34	2	211	18
70 岁及以上	124	122	5	1324	52
男	121332	70153	1899	61499	14792
60—64	1771	479	24	1996	263
60	535	138	7	517	67
61	428	102	8	443	69
62	300	101	4	368	47
63	264	73	2	328	37
64	244	65	3	341	43
65—69	566	234	8	1162	131
65	214	79	3	274	35
66	122	46	5	231	32
67	81	42		271	31
68	83	37		220	24
69	65	29	1	167	10
70 岁及以上	121	93	5	1053	41
女	9784	7238	965	51781	16323
60—64	36	99	1	842	105
60	10	24		219	21
61	11	20		184	28
62	5	25	1	177	28
63	6	16		129	14
64	4	13		132	14
65—69	11	54	3	345	50
65	8	14		95	13
66		10		65	10
67		20	2	72	4
68	3	5		69	14
69		5	1	44	8
70 岁及以上	3	29		271	12

表3—1c 全国按年龄、性别和行业门类分的就业老年人口(乡村)(续)

性别 年龄	金融业	房地产业	租赁和商务服务业	科学研究、技术服务和地质勘查业	水利、环境和公共设施管理业
合计	**3221**	**1105**	**3638**	**1061**	**3960**
60—64	61	22	92	24	129
60	21	7	31	7	33
61	17	4	10	8	30
62	15	1	21	2	24
63	8	5	15	2	23
64		5	16	5	18
65—69	20	5	51	8	80
65	3	1	12	4	15
66	6	2	11	1	28
67	4	1	11	1	18
68	4		10		11
69	3	1	8	2	9
70岁及以上	9	6	31	6	47
男	2020	794	2568	809	2869
60—64	54	21	83	24	111
60	19	7	31	7	28
61	15	4	8	8	27
62	13	1	20	2	22
63	6	5	15	2	19
64		4	10	5	15
65—69	18	4	48	8	75
65	1	1	11	4	15
66	6		11	1	23
67	4	1	10	1	18
68	4		10		11
69	3	1	6	2	9
70岁及以上	8	6	29	6	47
女	1202	311	1070	252	1091
60—64	7	1	9	1	18
60	2				5
61	2		2		4
62	2				2
63	2				4
64		1	6		3
65—69	2	1	3		5
65	2		1		
66		1			5
67			1		
68					
69			1		
70岁及以上	1		2		

表 3—1c　全国按年龄、性别和行业门类分的就业老年人口(乡村)(续)

性　别 年　龄	居民服务和 其他服务业	教　育	卫生、社会保障 和社会福利业	文化、体育 和娱乐业	公共管理和 社会组织	国际组织
合　计	**37102**	**46034**	**17011**	**3064**	**23613**	**11**
60—64	788	676	789	56	645	
60	215	283	205	25	182	
61	172	118	205	8	143	
62	154	102	137	9	105	
63	120	91	120	7	128	
64	126	82	121	8	88	
65—69	466	222	300	25	294	
65	121	69	87	5	90	
66	98	43	63	5	53	
67	97	42	50	8	60	
68	78	39	57	4	45	
69	73	29	44	3	46	
70岁及以上	381	115	182	36	251	
男	24751	27691	11306	2089	19232	8
60—64	632	635	721	52	599	
60	173	276	188	24	174	
61	137	111	179	7	129	
62	125	92	130	9	98	
63	91	85	114	7	115	
64	107	71	110	6	84	
65—69	383	202	290	20	269	
65	97	66	85	3	81	
66	74	37	61	5	46	
67	83	40	48	5	58	
68	72	35	53	4	41	
69	57	23	44	3	43	
70岁及以上	316	108	175	33	220	
女	12350	18343	5705	976	4380	3
60—64	155	41	68	4	46	
60	42	8	18	1	8	
61	35	7	26	1	14	
62	29	10	7		7	
63	30	6	6		13	
64	20	11	11	2	4	
65—69	84	20	10	5	25	
65	24	3	2	2	9	
66	24	6	2		7	
67	15	2	2	3	2	
68	6	3	4		4	
69	16	7			4	
70岁及以上	65	6	7	3	31	

表3—2 全国按年龄、性别、职业大类分的就业老年人口

单位：人

性别 年龄	合计	国家机关、党群组织、企业、事业单位负责人	专业技术人员	办事人员和有关人员	商业、服务业人员	农、林、牧、渔、水利业生产人员	生产、运输设备操作人员及有关人员	不便分类的其他从业人员
合 计*	**9287409**	**141768**	**699437**	**341120**	**1121687**	**5306235**	**1652412**	**24751**
60—64	328201	2098	12557	4681	14482	282350	11512	520
60	81914	672	3512	1302	4224	68653	3414	137
61	72120	483	2757	1002	3107	62039	2610	123
62	63348	369	2352	889	2705	54831	2107	95
63	56636	284	2025	742	2280	49444	1788	74
64	54184	290	1911	747	2167	47383	1594	92
65—69	187004	808	6253	2590	7030	165737	4278	308
65	50045	243	1816	675	1797	44153	1292	69
66	37075	159	1189	504	1441	32762	955	66
67	38134	146	1219	553	1552	33779	828	55
68	33159	142	1074	471	1244	29500	662	66
69	28591	118	955	387	995	25543	541	51
70岁及以上	117323	448	3583	1368	4601	105131	1979	214
男	5069358	111071	354241	232505	572745	2667587	1115103	16106
60—64	202925	1767	8873	4258	10326	167645	9620	435
60	49683	585	2524	1190	2988	39419	2862	116
61	44529	401	1932	901	2203	36803	2189	101
62	38816	303	1626	807	1920	32338	1745	76
63	35374	236	1423	671	1633	29846	1505	60
64	34523	242	1369	689	1582	29240	1319	81
65—69	122893	617	4563	2373	5243	106436	3423	238
65	31529	185	1302	624	1300	27012	1059	48
66	24317	116	856	462	1080	20976	779	49
67	25464	107	905	510	1175	22047	677	44
68	22431	118	782	428	937	19611	497	58
69	19152	92	718	349	751	16791	412	39
70岁及以上	79198	327	2627	1246	3525	69892	1410	172
女	4218051	30697	345195	108615	548942	2638648	537309	8646
60—64	125277	331	3684	423	4155	114705	1892	85
60	32231	87	989	112	1235	29235	552	21
61	27591	82	825	101	904	25236	421	22
62	24532	66	726	82	784	22493	362	19
63	21262	48	603	71	647	19598	282	13
64	19661	48	541	58	585	18144	274	10
65—69	64111	191	1690	218	1787	59301	855	70
65	18516	58	514	51	497	17141	234	21
66	12758	43	333	42	361	11786	176	18
67	12669	39	314	44	378	11732	151	11
68	10729	24	292	43	307	9889	165	9
69	9439	27	237	38	244	8753	129	12
70岁及以上	38125	121	956	122	1076	35239	569	43

表 3—2a　全国按年龄、性别、职业大类分的就业老年人口(城市)　单位:人

性 别 年 龄	合 计	国家机关、党群组织、企业、事业单位负责人	专业技术人员	办事人员和有关人员	商业、服务业人员	农、林、牧、渔、水利业生产人员	生产、运输设备操作人员及有关人员	不便分类的其他从业人员
合 计*	**2336820**	**81049**	**328857**	**223711**	**591976**	**370889**	**730082**	**10255**
60—64	31532	831	2648	2152	4723	17859	3154	165
60	8498	278	783	652	1502	4298	940	45
61	7083	209	586	459	1020	4037	740	34
62	6000	132	480	402	824	3532	601	30
63	5077	107	403	330	693	3045	475	24
64	4874	104	396	310	685	2948	399	32
65—69	16036	227	1352	1082	2203	9991	1094	87
65	4328	64	355	285	571	2707	333	13
66	3148	42	282	217	439	1906	245	17
67	3343	45	294	229	495	2041	222	17
68	2828	45	216	191	378	1803	172	23
69	2389	30	205	161	319	1534	123	17
70 岁及以上	9012	98	553	520	1192	6173	431	46
男	1329411	62810	150845	148307	287877	184524	488619	6428
60—64	21526	741	1999	2004	3254	10736	2653	139
60	5798	252	587	609	1024	2493	795	37
61	4781	185	429	431	706	2370	629	32
62	4064	117	374	376	572	2102	500	23
63	3509	91	313	300	474	1913	399	19
64	3373	96	297	288	477	1857	330	28
65—69	11382	204	1073	998	1590	6574	879	64
65	2959	61	270	266	403	1678	275	7
66	2245	40	232	193	326	1244	200	11
67	2413	36	228	214	351	1390	180	13
68	2033	41	175	173	285	1209	131	20
69	1731	27	168	151	226	1053	93	13
70 岁及以上	6588	84	443	484	882	4337	315	43
女	1007409	18239	178012	75404	304099	186364	241463	3827
60—64	10007	91	649	147	1469	7124	501	26
60	2700	26	196	43	477	1805	144	8
61	2302	24	157	27	314	1667	110	2
62	1936	15	106	26	252	1429	101	7
63	1567	16	90	30	219	1132	76	4
64	1501	9	99	21	207	1091	69	4
65—69	4654	22	280	85	613	3417	214	23
65	1369	4	85	19	168	1029	58	6
66	902	3	49	23	114	662	45	6
67	930	9	67	15	144	651	41	4
68	795	4	42	17	93	595	41	3
69	658	3	37	10	94	481	29	4
70 岁及以上	2425	14	110	36	310	1835	117	3

表 3—2b 全国按年龄、性别、职业大类分的就业老年人口(镇) 单位:人

性别 年龄	合计	国家机关、党群组织、企业、事业单位负责人	专业技术人员	办事人员和有关人员	商业、服务业人员	农、林、牧、渔、水利业生产人员	生产、运输设备操作人员及有关人员	不便分类的其他从业人员
合计*	**1489372**	**30608**	**158342**	**81801**	**314387**	**544209**	**353104**	**6921**
60—64	38486	353	1784	1099	5122	27224	2751	154
60	10067	125	536	322	1458	6731	850	46
61	8468	77	388	237	1072	6086	584	24
62	7280	60	333	196	1001	5189	467	34
63	6536	49	277	154	853	4724	457	22
64	6137	43	250	190	738	4494	393	29
65—69	20334	137	748	603	2373	15406	962	106
65	5468	47	256	162	628	4051	290	34
66	4031	23	141	114	504	3004	224	23
67	4143	24	134	125	491	3174	177	19
68	3631	23	140	103	417	2781	149	18
69	3061	21	77	100	333	2396	122	12
70 岁及以上	12258	49	415	305	1539	9433	463	55
男	836174	25577	80881	58429	161268	268646	236926	4448
60—64	25241	317	1422	1027	3663	16333	2351	129
60	6506	113	444	302	1020	3868	719	40
61	5529	70	301	220	757	3666	497	18
62	4748	53	252	186	713	3113	403	27
63	4315	42	224	140	626	2862	401	19
64	4143	38	201	178	546	2824	330	25
65—69	13742	106	599	571	1737	9840	810	80
65	3603	37	204	150	435	2502	253	22
66	2684	19	114	109	369	1877	177	18
67	2879	16	113	121	374	2085	154	16
68	2516	17	105	97	301	1857	124	15
69	2060	17	63	93	258	1518	102	9
70 岁及以上	8497	36	344	291	1144	6268	369	45
女	653198	5031	77461	23373	153120	275563	116178	2473
60—64	13245	36	362	72	1459	10891	400	25
60	3560	11	91	20	439	2863	130	6
61	2939	6	87	17	315	2420	87	6
62	2532	6	81	10	288	2076	64	7
63	2221	7	53	13	226	1862	56	3
64	1994	5	49	12	192	1670	63	3
65—69	6592	30	149	33	636	5566	152	26
65	1865	10	52	12	193	1548	38	12
66	1348	4	27	4	134	1127	47	5
67	1264	8	21	4	117	1089	23	3
68	1115	5	35	6	117	924	25	3
69	1001	4	14	7	75	878	20	3
70 岁及以上	3761	13	71	13	395	3165	94	9

表 3—2c　全国按年龄、性别、职业大类分的就业老年人口(乡村)　单位:人

性别 年龄	合计	国家机关、党群组织、企业、事业单位负责人	专业技术人员	办事人员和有关人员	商业、服务业人员	农、林、牧、渔、水利业生产人员	生产、运输设备操作人员及有关人员	不便分类的其他从业人员
合　计*	**5461217**	**30111**	**212238**	**35607**	**215324**	**4391137**	**569226**	**7575**
60—64	258183	914	8126	1431	4636	237267	5607	202
60	63350	269	2194	328	1264	57625	1625	46
61	56569	197	1783	306	1014	51916	1286	65
62	50068	177	1539	291	880	46111	1039	32
63	45023	128	1345	259	734	41674	855	27
64	43173	143	1264	247	745	39942	802	31
65—69	150634	445	4153	904	2454	140341	2223	114
65	40250	132	1205	228	598	37395	669	23
66	29896	94	766	173	498	27852	486	26
67	30647	77	791	200	566	28564	430	19
68	26701	74	718	178	449	24916	341	25
69	23140	68	673	125	343	21613	296	22
70 岁及以上	96053	302	2615	543	1870	89526	1084	113
男	2903773	22684	122516	25769	123601	2214417	389558	5229
60—64	156157	709	5452	1227	3410	140576	4616	167
60	37379	220	1493	278	944	33057	1347	39
61	34219	146	1202	250	740	30767	1062	51
62	30004	132	1000	245	635	27123	842	27
63	27549	103	886	230	532	25071	705	22
64	27007	109	871	222	558	24559	659	28
65—69	97769	307	2891	804	1916	90023	1734	94
65	24967	87	828	208	462	22831	531	19
66	19387	57	509	159	385	17856	402	20
67	20172	54	564	175	450	18571	343	15
68	17882	60	503	157	352	16545	242	23
69	15361	48	487	105	268	14219	216	17
70 岁及以上	64113	207	1840	470	1499	59287	726	84
女	2557444	7427	89723	9838	91723	2176720	179668	2346
60—64	102025	205	2673	204	1227	96691	990	35
60	25971	49	701	49	319	24567	278	7
61	22350	52	581	56	274	21149	224	14
62	20064	44	538	46	245	18988	197	5
63	17474	26	459	28	202	16603	150	5
64	16166	34	393	24	186	15383	142	3
65—69	52865	138	1262	100	538	50318	489	20
65	15283	44	377	20	136	14564	138	3
66	10508	37	257	14	113	9997	85	6
67	10475	23	227	25	117	9993	87	4
68	8819	15	215	20	97	8371	99	2
69	7780	20	186	20	75	7394	80	4
70 岁及以上	31940	94	775	73	371	30239	358	30

表 3—3 全国按年龄、性别和调查前一周工作时间分的正在工作老年人口 单位:人

性别 年龄	正在工作人口	一周内工作时间							周平均工作时间(小时)
		1—8 小时	9—19 小时	20—39 小时	40 小时	41—47 小时	48 小时	48 小时以上	
合　计*	**9077711**	**40471**	**197271**	**1525791**	**2390367**	**452458**	**541254**	**3930099**	**45.86**
60—64	320117	2643	14678	95588	66492	18636	10945	111135	41.11
60	79847	608	3393	22149	17249	4645	2828	28976	41.83
61	70327	555	3020	20442	14456	4183	2482	25188	41.51
62	61805	529	2826	18724	12861	3627	2068	21169	40.96
63	55218	458	2764	17180	11324	3157	1839	18495	40.56
64	52920	492	2675	17092	10603	3023	1728	17307	40.23
65—69	182396	1977	11276	65465	35871	9842	5140	52825	38.63
65	48857	492	2749	16600	9883	2664	1494	14974	39.39
66	36143	411	2062	12560	7191	1989	1023	10908	39.15
67	37169	362	2389	13501	7269	1948	1005	10695	38.56
68	32363	377	2075	12118	6253	1732	889	8919	37.99
69	27864	335	2001	10686	5275	1508	729	7329	37.48
70 岁及以上	114784	2170	12513	48927	18861	5003	2324	24986	34.51
男	4967423	16803	74829	651289	1325455	240501	307856	2350691	47.35
60—64	197772	1324	6827	50834	41997	11928	7614	77248	42.93
60	48429	298	1549	11152	10783	2887	1945	19815	43.75
61	43406	266	1394	10678	9115	2659	1660	17635	43.45
62	37819	260	1207	9917	8070	2361	1467	14537	42.82
63	34443	234	1318	9362	7150	2047	1296	13037	42.37
64	33676	266	1359	9725	6881	1974	1246	12225	41.78
65—69	119593	1091	6044	39329	23966	6861	3731	38572	40.13
65	30724	246	1323	9330	6396	1771	1065	10593	41.18
66	23654	232	1065	7413	4751	1401	761	8030	40.78
67	24734	212	1330	8281	4892	1401	721	7897	39.96
68	21853	212	1178	7587	4316	1221	660	6678	39.36
69	18628	189	1147	6718	3610	1067	523	5373	38.73
70 岁及以上	77274	1213	7212	31811	13163	3657	1720	18498	35.77
女	4110288	23669	122442	874502	1064912	211958	233397	1579408	44.07
60—64	122344	1319	7851	44753	24495	6708	3331	33887	38.17
60	31419	311	1843	10997	6466	1757	883	9161	38.87
61	26920	289	1626	9764	5341	1524	822	7553	38.38
62	23986	269	1619	8807	4791	1267	601	6632	38.04
63	20775	224	1447	7818	4175	1111	543	5459	37.56
64	19244	226	1315	7367	3722	1049	483	5082	37.53
65—69	62803	886	5233	26136	11905	2981	1409	14253	35.77
65	18134	246	1426	7271	3487	894	429	4381	36.36
66	12489	178	997	5146	2439	588	262	2878	36.07
67	12435	150	1059	5221	2377	547	284	2797	35.77
68	10510	165	897	4531	1936	512	229	2241	35.13
69	9236	146	854	3968	1665	441	206	1956	34.97
70 岁及以上	37510	957	5301	17116	5697	1346	605	6488	31.93

表 3—3a　全国按年龄、性别和调查前一周工作时间分的正在工作老年人口(城市) 单位:人

性别 年龄	正在工作人口	一周内工作时间							周平均工作时间(小时)
		1—8小时	9—19小时	20—39小时	40小时	41—47小时	48小时	48小时以上	
合　计*	**2305461**	**4741**	**20305**	**175847**	**873587**	**70770**	**214699**	**945510**	**48.13**
60—64	30755	260	1234	7320	7204	1383	1490	11865	43.67
60	8281	65	254	1795	2127	359	406	3274	44.54
61	6918	59	277	1548	1639	338	320	2736	43.97
62	5866	46	259	1427	1358	263	270	2243	43.48
63	4942	44	227	1272	1090	219	262	1828	42.84
64	4747	45	217	1277	988	204	232	1783	42.80
65—69	15651	175	898	4671	3299	664	590	5355	41.44
65	4225	38	228	1222	919	163	180	1476	41.86
66	3067	38	136	846	675	131	108	1132	42.57
67	3261	39	179	984	655	136	121	1148	41.85
68	2772	36	172	900	553	137	111	864	40.10
69	2326	24	183	720	496	97	71	736	40.23
70岁及以上	8793	148	833	3182	1604	322	232	2472	38.00
男	1313873	2203	7745	81894	498113	37066	119627	567225	48.81
60—64	21062	131	592	4166	5183	931	1134	8926	45.52
60	5686	28	109	999	1565	233	308	2444	46.37
61	4692	29	120	853	1147	223	250	2069	46.16
62	3973	20	128	787	980	189	195	1675	45.43
63	3423	29	113	766	785	157	201	1371	44.34
64	3289	24	123	760	706	130	179	1368	44.49
65—69	11100	109	517	2965	2406	491	471	4140	42.98
65	2887	19	123	716	665	117	149	1097	43.72
66	2194	27	85	539	480	85	90	889	43.88
67	2348	25	105	640	482	104	97	895	43.23
68	1992	21	96	587	406	117	82	682	41.71
69	1678	16	107	483	373	68	53	576	41.67
70岁及以上	6433	90	534	2220	1185	235	187	1982	39.32
女	991587	2538	12560	93953	375475	33703	95072	378285	47.23
60—64	9693	129	641	3154	2021	452	356	2939	39.64
60	2596	37	145	796	562	126	98	831	40.56
61	2225	30	156	695	493	115	69	668	39.34
62	1893	26	132	640	378	74	75	568	39.39
63	1520	15	114	506	305	62	61	457	39.45
64	1459	21	94	518	283	75	53	416	38.97
65—69	4551	66	380	1707	893	172	119	1215	37.71
65	1338	19	105	505	254	46	30	378	37.87
66	872	11	51	308	196	46	18	244	39.29
67	913	14	74	344	173	32	24	252	38.28
68	780	14	76	313	147	20	28	181	35.99
69	648	8	75	237	123	28	18	159	36.49
70岁及以上	2360	58	300	962	419	87	45	490	34.38

表 3—3b 全国按年龄、性别和调查前一周工作时间分的正在工作老年人口(镇) 单位:人

性别 年龄	正在工作人口	一周内工作时间							周平均工作时间(小时)
		1—8小时	9—19小时	20—39小时	40小时	41—47小时	48小时	48小时以上	
合 计*	**1462509**	**5343**	**24331**	**192659**	**415881**	**59075**	**81638**	**683582**	**47.35**
60—64	37574	300	1679	10304	7767	1905	1345	14274	42.31
60	9839	56	401	2473	2175	479	344	3911	43.12
61	8239	66	354	2220	1628	409	324	3238	42.61
62	7108	50	308	1949	1482	387	257	2675	42.32
63	6377	59	318	1864	1281	307	243	2305	41.56
64	6011	68	298	1798	1201	322	178	2145	41.38
65—69	19854	216	1196	6618	3835	925	537	6525	39.92
65	5323	58	307	1686	1065	218	143	1846	40.54
66	3936	47	242	1232	788	194	113	1318	40.23
67	4056	36	249	1413	737	171	99	1350	39.99
68	3559	44	205	1213	691	186	106	1113	39.42
69	2981	32	194	1073	554	156	75	898	38.93
70岁及以上	12007	200	1058	4746	2039	543	260	3162	36.66
男	823038	2057	9648	84631	238505	31907	47094	409197	48.46
60—64	24633	150	841	5772	5223	1259	1002	10386	44.11
60	6358	26	187	1324	1450	317	254	2800	44.98
61	5376	33	171	1207	1110	254	233	2369	44.57
62	4630	27	149	1091	978	252	184	1949	44.19
63	4210	27	169	1062	832	207	191	1722	43.45
64	4059	37	165	1088	854	229	140	1545	42.75
65—69	13404	113	645	4058	2635	619	419	4916	41.60
65	3503	29	153	1004	700	140	109	1367	42.43
66	2612	22	123	715	539	124	89	1001	42.22
67	2817	18	149	895	518	122	71	1044	41.54
68	2462	28	108	792	494	126	86	828	40.74
69	2010	16	112	653	384	108	62	675	40.47
70岁及以上	8310	111	639	3098	1401	402	201	2458	38.14
女	639470	3286	14683	108028	177376	27167	34545	274385	45.91
60—64	12941	150	838	4533	2544	646	343	3888	38.89
60	3481	30	215	1149	725	163	90	1110	39.71
61	2863	34	183	1013	518	156	91	869	38.94
62	2478	23	159	858	504	135	73	726	38.83
63	2168	33	149	802	449	100	52	583	37.90
64	1952	31	133	710	347	93	38	600	38.52
65—69	6449	104	551	2560	1201	306	118	1609	36.44
65	1820	28	153	682	365	78	34	479	36.92
66	1323	25	119	517	249	70	24	318	36.30
67	1238	18	100	518	219	50	28	305	36.46
68	1097	16	97	421	197	60	20	285	36.44
69	971	15	82	421	170	48	13	222	35.72
70岁及以上	3697	89	419	1648	638	141	58	703	33.33

表 3—3c 全国按年龄、性别和调查前一周工作时间分的正在工作老年人口(乡村) 单位:人

性别 年龄	正在工作人口	一周内工作时间							周平均工作时间(小时)
		1—8 小时	9—19 小时	20—39 小时	40 小时	41—47 小时	48 小时	48 小时以上	
合 计*	**5309742**	**30387**	**152635**	**1157286**	**1100898**	**322614**	**244916**	**2301006**	**44.47**
60—64	251787	2083	11765	77963	51522	15348	8110	84997	40.62
60	61727	487	2737	17881	12947	3807	2078	21791	41.26
61	55170	430	2389	16674	11189	3436	1838	19214	41.04
62	48831	433	2259	15348	10021	2977	1541	16252	40.46
63	43898	355	2220	14044	8952	2632	1334	14362	40.15
64	42162	379	2160	14016	8413	2497	1318	13378	39.78
65—69	146891	1586	9182	54175	28736	8253	4013	40946	38.16
65	39309	396	2214	13692	7899	2283	1171	11653	38.97
66	29141	326	1684	10481	5727	1664	802	8458	38.65
67	29852	287	1961	11104	5876	1641	785	8197	38.00
68	26033	298	1699	10004	5008	1410	672	6942	37.56
69	22557	279	1624	8893	4226	1256	583	5696	37.01
70 岁及以上	93983	1822	10622	40999	15218	4138	1832	19353	33.91
男	2830512	12543	57436	484764	588837	171527	141135	1374269	46.35
60—64	152077	1043	5393	40897	31591	9738	5478	57936	42.38
60	36385	243	1253	8829	7768	2338	1383	14571	43.13
61	33338	204	1102	8618	6858	2182	1177	13197	42.89
62	29216	213	931	8039	6112	1920	1088	10914	42.24
63	26811	178	1036	7534	5532	1683	904	9943	41.94
64	26328	204	1072	7877	5321	1615	926	9312	41.28
65—69	95089	869	4881	32306	18925	5751	2840	29517	39.60
65	24333	198	1047	7609	5032	1513	806	8129	40.70
66	18848	183	857	6160	3732	1192	582	6141	40.22
67	19569	169	1076	6746	3891	1175	553	5958	39.34
68	17398	163	974	6208	3416	978	491	5167	38.90
69	14940	156	928	5583	2853	891	408	4121	38.16
70 岁及以上	62531	1012	6040	26492	10578	3021	1331	14058	35.08
女	2479230	17844	95199	672521	512061	151087	103781	926738	42.32
60—64	99710	1040	6371	37066	19930	5610	2633	27060	37.93
60	25342	243	1484	9052	5179	1469	695	7220	38.58
61	21832	225	1287	8056	4330	1254	661	6017	38.21
62	19615	220	1328	7309	3909	1057	454	5338	37.81
63	17088	176	1184	6510	3420	949	430	4419	37.35
64	15834	175	1088	6139	3092	881	392	4066	37.28
65—69	51802	717	4301	21869	9811	2502	1173	11429	35.52
65	14976	199	1167	6084	2868	770	365	3524	36.16
66	10293	142	827	4321	1994	472	220	2317	35.77
67	10283	118	885	4358	1985	465	232	2239	35.46
68	8634	135	725	3796	1592	431	181	1775	34.88
69	7616	123	697	3310	1373	364	175	1574	34.75
70 岁及以上	31453	810	4582	14506	4640	1117	502	5295	31.58

表3—4 全国按年龄、性别分的不在业老年人口

单位：人

性别 年龄	不在业人口	在校学生	料理家务	离退休	丧失劳动能力	正在寻找工作	其他
合计*	**4031202**	**688894**	**1052963**	**700982**	**844895**	**259584**	**483884**
60—64	340108	72	109301	136585	74610	1536	18004
60	68883	19	23510	27788	12984	406	4176
61	66168	15	22257	26937	12998	376	3585
62	66051	12	21223	26337	14771	270	3438
63	68301	12	21151	27542	16001	262	3333
64	70705	13	21159	27982	17856	221	3474
65—69	377090	124	101066	130675	128095	692	16438
65	77240	29	22359	29208	21926	194	3524
66	67207	15	18831	24584	20665	150	2962
67	77722	20	20843	26931	26352	155	3421
68	77165	39	19810	25196	28668	101	3351
69	77756	22	19222	24756	30484	92	3180
70岁及以上	859638	402	130886	186960	510780	448	30162
男	1534985	363773	87314	363194	354123	124044	242537
60—64	139593	30	14064	82629	30562	975	11333
60	26923	8	2530	16295	5202	256	2632
61	26828	8	2618	16394	5341	240	2227
62	27372	8	2840	16108	6015	172	2229
63	28375	4	2919	16623	6589	156	2084
64	30099	3	3156	17211	7416	150	2163
65—69	163274	57	18208	81225	53494	416	9874
65	32631	14	3530	17943	8896	114	2134
66	28761	6	3271	15057	8540	87	1800
67	33916	10	3817	16719	11218	100	2052
68	33871	19	3749	15906	12074	61	2062
69	34093	8	3841	15601	12766	53	1824
70岁及以上	372714	153	30781	124377	202315	227	14861
女	2496218	325121	965649	337787	490772	135541	241348
60—64	200515	42	95237	53956	44048	561	6671
60	41963	12	20980	11493	7782	150	1546
61	39342	8	19639	10543	7657	136	1359
62	38677	4	18383	10229	8756	97	1208
63	39927	9	18232	10919	9412	106	1249
64	40604	9	18002	10772	10440	71	1310
65—69	213819	68	82858	49450	74601	276	6566
65	44608	15	18829	11265	13030	80	1389
66	38448	9	15561	9527	12125	63	1163
67	43807	10	17026	10212	15134	55	1370
68	43294	20	16061	9291	16593	40	1289
69	43663	14	15382	9155	17718	39	1355
70岁及以上	486924	249	100105	62583	308466	220	15301

表 3—4a　全国按年龄、性别分的不在业老年人口(城市)　　单位:人

性别 年龄	不在业人口	在校学生	料理家务	离退休	丧失劳动能力	正在寻找工作	其他
合计*	**1604051**	**248004**	**317193**	**513413**	**124968**	**151350**	**249123**
60—64	139347	13	27251	95126	10114	588	6255
60	28714	4	5918	19283	1788	176	1545
61	27673	3	5754	18657	1803	152	1304
62	26736	3	5140	18306	2017	97	1173
63	27815	1	5265	19217	2114	88	1130
64	28408	3	5174	19661	2393	75	1102
65—69	138611	7	23258	93347	16668	242	5089
65	29330	4	5314	20059	2777	70	1106
66	26019		4424	17740	2805	53	997
67	28672	1	4875	19266	3423	58	1049
68	27292	2	4444	18167	3641	31	1007
69	27299		4202	18114	4021	30	932
70岁及以上	246676	35	29661	136555	71265	116	9044
男	619930	126579	17045	233813	48407	72909	121177
60—64	62110	5	2630	51426	3924	416	3709
60	12349	2	515	10052	727	117	936
61	12262	1	538	10164	684	114	761
62	12156	1	524	10055	787	68	721
63	12455	1	523	10389	827	59	656
64	12888		529	10766	900	58	635
65—69	63964	5	2874	52121	6150	161	2653
65	13107	2	593	10882	998	42	590
66	11856		569	9723	1016	38	510
67	13282	1	606	10758	1297	43	577
68	12851	1	548	10378	1392	21	511
69	12864		558	10379	1448	17	462
70岁及以上	114317	9	4225	82836	23643	70	3534
女	984118	121425	300147	279600	76561	78441	127944
60—64	77234	8	24621	43699	6189	172	2545
60	16366	2	5403	9231	1061	59	610
61	15412	2	5216	8494	1119	38	543
62	14579	2	4616	8251	1230	29	451
63	15361		4742	8828	1287	29	475
64	15520	3	4645	8895	1493	17	467
65—69	74650	2	20385	41226	10517	81	2439
65	16222	2	4721	9177	1780	27	515
66	14163		3855	8017	1789	15	487
67	15389		4269	8508	2126	15	471
68	14440	1	3895	7790	2249	10	495
69	14435		3644	7734	2574	13	470
70岁及以上	132358	26	25436	53718	47622	45	5511

表 3—4b　全国按年龄、性别分的不在业老年人口(镇)　单位:人

性别 年龄	不在业人口	在校学生	料理家务	离退休	丧失劳动能力	正在寻找工作	其他
合计*	**794677**	**122799**	**256268**	**122142**	**131446**	**56633**	**105389**
60—64	66880	13	24160	25691	12264	354	4398
60	14096	2	5381	5350	2223	98	1042
61	13206	2	5055	5078	2105	84	882
62	12928	4	4716	4915	2418	64	811
63	13334	3	4601	5169	2646	58	857
64	13317	2	4407	5180	2872	50	806
65—69	66817	22	19980	23169	19901	129	3616
65	14584	7	4764	5468	3510	40	795
66	11888	3	3734	4252	3185	32	682
67	13731	5	4112	4809	4067	27	711
68	13328	4	3750	4451	4372	17	734
69	13286	3	3621	4189	4767	13	693
70 岁及以上	136838	47	22833	30499	77462	82	5915
男	289986	65307	15784	75046	52946	26528	54375
60—64	28359	5	2692	17555	5013	233	2861
60	5770		547	3557	927	65	674
61	5539		530	3493	873	54	589
62	5444	4	508	3342	1022	45	523
63	5699		553	3499	1052	35	560
64	5910	1	554	3664	1140	35	516
65—69	29797	8	2946	16600	7962	84	2197
65	6381	4	603	3851	1411	25	487
66	5272		534	3030	1263	19	426
67	6149	2	620	3413	1677	19	418
68	6082		597	3242	1754	11	478
69	5915	2	593	3065	1856	9	390
70 岁及以上	59661	17	4391	23783	28498	42	2930
女	504689	57492	240484	47095	78501	30105	51012
60—64	38522	8	21468	8137	7251	121	1537
60	8328	2	4835	1793	1296	33	369
61	7666	1	4525	1585	1232	30	293
62	7483	1	4208	1572	1396	19	287
63	7637	3	4048	1671	1594	23	298
64	7410	1	3853	1516	1732	16	292
65—69	37021	14	17035	6569	11939	45	1419
65	8203	3	4161	1617	2099	14	309
66	6616	3	3200	1222	1922	13	256
67	7584	3	3492	1396	2390	9	294
68	7245	4	3153	1209	2618	6	255
69	7372	1	3028	1125	2911	3	304
70 岁及以上	77176	30	18443	6715	48963	41	2984

表 3—4c 全国按年龄、性别分的不在业老年人口(乡村) 单位:人

性别 年龄	不在业人口	在校学生	料理家务	离退休	丧失劳动能力	正在寻找工作	其他
合计*	**1632477**	**318091**	**479502**	**65427**	**588481**	**51601**	**129375**
60—64	133881	45	57890	15768	52233	594	7351
60	26074	13	12211	3155	8974	132	1589
61	25289	10	11448	3201	9090	140	1400
62	26390	6	11368	3116	10336	109	1455
63	27151	9	11285	3155	11241	117	1344
64	28977	8	11578	3141	12591	96	1563
65—69	171660	95	57827	14159	91526	321	7732
65	33324	18	12281	3680	15639	84	1622
66	29300	12	10674	2591	14675	65	1283
67	35319	13	11856	2856	18862	70	1662
68	36544	33	11616	2578	20654	53	1610
69	37171	19	11399	2453	21696	49	1555
70岁及以上	476126	321	78392	19907	362053	250	15203
男	625067	171887	54485	54335	252770	24607	66983
60—64	49123	20	8743	13648	21625	325	4762
60	8799	5	1468	2685	3548	73	1020
61	9027	6	1550	2737	3785	72	877
62	9772	4	1808	2710	4206	59	985
63	10220	3	1843	2734	4710	63	867
64	11302	2	2074	2781	5376	57	1012
65—69	69513	44	12388	12504	39382	171	5024
65	13146	8	2335	3210	6487	46	1060
66	11633	6	2169	2303	6261	30	864
67	14484	6	2591	2548	8243	39	1057
68	14938	18	2604	2286	8928	29	1073
69	15314	6	2690	2157	9462	27	972
70岁及以上	198735	127	22165	17757	150173	115	8398
女	1007407	146204	425017	11092	335710	26994	62390
60—64	84757	25	49147	2120	30607	269	2589
60	17271	8	10743	469	5425	59	567
61	16263	4	9898	464	5306	68	523
62	16618	2	9560	406	6130	50	470
63	16931	6	9442	421	6531	54	477
64	17676	6	9505	360	7215	39	551
65—69	102145	51	45439	1654	52144	149	2708
65	20182	10	9947	470	9152	38	565
66	17666	6	8505	288	8413	35	419
67	20834	7	9265	308	10619	31	604
68	21607	15	9012	292	11727	23	538
69	21856	13	8709	296	12234	22	582
70岁及以上	277388	194	56226	2149	211880	134	6805

表4—1 各地区分性别、身体健康状况的老年人口

单位:人

地区	60岁及以上人口			身体健康		
	合计	男	女	小计	男	女
全国	**2209366**	**1080597**	**1128769**	**1332475**	**701209**	**631265**
北京	29743	14167	15577	18338	9274	9064
天津	18788	9050	9738	12478	6332	6145
河北	107077	52657	54420	67958	35772	32186
山西	48741	24323	24418	31170	16520	14650
内蒙古	36045	18635	17410	23314	12734	10580
辽宁	77918	38018	39900	41129	22243	18886
吉林	40745	20325	20421	23494	12467	11027
黑龙江	57350	28488	28862	34587	18076	16511
上海	37024	17228	19796	22428	11306	11121
江苏	152472	72023	80449	93183	48314	44869
浙江	92011	46128	45882	51701	28387	23313
安徽	118064	58426	59638	70581	37851	32730
福建	56092	27447	28645	34696	18046	16650
江西	68665	33911	34754	42834	22812	20022
山东	171154	81129	90025	108506	55605	52901
河南	148667	70774	77893	96697	49107	47591
湖北	102436	50271	52165	54376	29240	25136
湖南	118654	59518	59136	62886	34443	28443
广东	123434	59315	64119	84474	43144	41329
广西	83737	40462	43276	55251	28305	26946
海南	12340	5850	6490	7267	3749	3518
重庆	60616	30491	30125	35024	18859	16164
四川	176872	88172	88700	101637	54409	47228
贵州	60450	29879	30571	35897	18966	16931
云南	64292	31016	33276	35368	18424	16943
西藏	3406	1493	1913	1618	778	840
陕西	63371	31163	32207	39775	20772	19002
甘肃	38715	19397	19318	20498	11402	9096
青海	6749	3315	3434	4268	2228	2040
宁夏	7348	3710	3639	4426	2392	2034
新疆	26389	13815	12573	16619	9249	7370

表4—1 各地区分性别、身体健康状况的老年人口(续)

地区	基本能保证正常的工作生活			不能正常工作或生活不能自理			说不准		
	合计	男	女	小计	男	女	小计	男	女
全国	**512516**	**226977**	**285539**	**331842**	**139213**	**192629**	**32533**	**13198**	**19335**
北京	7041	3133	3908	4148	1677	2472	216	83	133
天津	4610	1959	2651	1570	706	864	131	53	78
河北	24111	10444	13668	14167	6108	8058	840	333	507
山西	10825	4880	5946	5695	2482	3213	1051	441	610
内蒙古	7930	3738	4192	4198	1896	2303	603	267	335
辽宁	17225	7733	9492	19374	7960	11413	190	81	109
吉林	11328	5176	6152	5364	2447	2917	559	235	324
黑龙江	15053	6800	8253	6823	3235	3589	887	377	509
上海	10689	4515	6175	3578	1303	2275	328	104	224
江苏	35970	14928	21042	21381	8089	13292	1938	693	1246
浙江	16056	7009	9047	23991	10609	13383	262	123	139
安徽	28829	12795	16034	17408	7274	10134	1247	506	741
福建	11883	5267	6616	8359	3656	4703	1154	478	676
江西	17308	7505	9804	6895	2928	3968	1627	668	960
山东	36764	15119	21645	24765	9950	14814	1119	454	665
河南	30718	13262	17456	19722	7845	11877	1530	560	970
湖北	30318	13885	16433	14946	6058	8888	2797	1089	1708
湖南	36195	16831	19364	16201	6818	9383	3372	1426	1946
广东	25839	10864	14975	10765	4393	6372	2357	913	1444
广西	18378	7931	10447	7790	3325	4465	2319	902	1417
海南	3153	1368	1785	1500	572	928	419	161	258
重庆	13529	6381	7148	11361	4943	6417	703	307	396
四川	41518	19415	22103	30809	13120	17689	2909	1228	1681
贵州	10613	4842	5772	13113	5713	7400	826	357	469
云南	14828	6647	8181	13193	5567	7626	903	377	526
西藏	880	374	506	819	308	511	89	33	56
陕西	14953	6683	8270	7482	3221	4261	1161	487	674
甘肃	5595	2610	2985	12293	5236	7057	330	150	179
青海	1547	702	845	806	337	470	128	49	79
宁夏	1831	831	1000	1026	456	571	65	31	34
新疆	6998	3352	3646	2299	983	1317	472	231	241

表 4—1a　各地区分性别、身体健康状况的老年人口(城市)　　单位:人

地区	60 岁及以上人口			身体健康		
	合计	男	女	小计	男	女
全国	**581215**	**279886**	**301329**	**386344**	**196942**	**189402**
北京	23781	11207	12573	15416	7649	7767
天津	11846	5581	6265	7798	3872	3926
河北	22892	10951	11941	15971	8017	7953
山西	12721	6250	6471	9067	4622	4445
内蒙古	12517	6273	6244	8529	4485	4043
辽宁	37826	17826	20001	22230	11279	10950
吉林	15030	7178	7852	9483	4787	4695
黑龙江	27025	12879	14146	17383	8647	8737
上海	30081	14029	16052	18547	9297	9249
江苏	43912	21073	22839	30302	15536	14766
浙江	28673	14176	14496	17947	9615	8332
安徽	16148	7948	8200	10864	5644	5220
福建	13827	6768	7059	10073	5227	4846
江西	9771	4847	4924	7035	3666	3369
山东	44288	20868	23420	28800	14458	14342
河南	25351	12123	13228	19290	9508	9782
湖北	28333	13618	14715	16250	8411	7839
湖南	21957	10786	11171	12506	6657	5849
广东	47480	22598	24881	36061	17907	18154
广西	10332	4964	5368	7613	3792	3821
海南	4375	2124	2251	3010	1534	1476
重庆	13557	6584	6973	8381	4325	4057
四川	25013	12325	12689	16934	8807	8128
贵州	7516	3694	3822	5642	2902	2740
云南	11821	5864	5957	7452	3957	3495
西藏	555	249	306	349	163	185
陕西	15679	7592	8087	10828	5512	5316
甘肃	6208	3094	3113	4143	2178	1965
青海	1713	857	856	1231	635	597
宁夏	2459	1237	1222	1664	869	795
新疆	8527	4321	4206	5546	2983	2562

表 4—1a 各地区分性别、身体健康状况的老年人口(城市)(续)

地区	基本能保证正常的工作生活			不能正常工作或生活不能自理			说不准		
	合计	男	女	小计	男	女	小计	男	女
全国	**136113**	**58942**	**77170**	**52072**	**21357**	**30715**	**6687**	**2645**	**4042**
北京	6072	2694	3378	2169	822	1347	124	42	82
天津	3136	1308	1828	842	374	468	71	27	44
河北	5155	2164	2991	1574	681	893	192	89	103
山西	2644	1178	1466	752	346	406	259	104	155
内蒙古	3040	1352	1688	763	351	411	186	85	101
辽宁	10087	4500	5586	5374	1986	3388	136	60	76
吉林	3993	1714	2279	1286	554	732	269	124	146
黑龙江	7080	3066	4014	2174	1021	1153	388	145	243
上海	9169	3841	5328	2150	824	1326	216	67	149
江苏	9581	4015	5566	3704	1425	2279	325	97	228
浙江	5255	2236	3019	5403	2293	3110	68	32	36
安徽	3806	1685	2121	1369	583	786	110	37	72
福建	2142	928	1214	1393	532	860	220	81	139
江西	2119	924	1195	490	211	279	127	47	80
山东	10162	4213	5949	5011	2071	2940	315	126	188
河南	4246	1796	2450	1569	718	851	246	101	145
湖北	8889	3951	4938	2496	969	1527	698	287	411
湖南	6961	3099	3862	2011	825	1186	479	205	274
广东	8236	3402	4834	2487	1029	1458	696	261	435
广西	2016	871	1145	446	200	246	257	101	155
海南	979	441	538	290	115	175	97	35	62
重庆	3378	1537	1841	1610	638	971	188	84	104
四川	5629	2513	3116	2028	866	1162	423	140	283
贵州	1070	463	607	725	299	426	78	30	48
云南	2717	1201	1516	1524	647	877	128	59	69
西藏	135	56	79	58	22	36	13	7	6
陕西	3740	1611	2129	925	391	534	187	79	108
甘肃	1275	615	660	742	273	469	49	29	19
青海	385	180	205	74	33	41	22	9	13
宁夏	601	272	330	169	84	85	25	12	13
新疆	2417	1118	1299	465	173	291	100	47	53

表 4—1b　各地区分性别、身体健康状况的老年人口(镇)　单位:人

地　区	60 岁及以上人口			身体健康		
	合计	男	女	小计	男	女
全　国	**341614**	**165297**	**176317**	**214700**	**111365**	**103336**
北　京	1110	538	573	682	358	324
天　津	2470	1214	1256	1836	930	906
河　北	14111	6904	7207	9387	4885	4501
山　西	6801	3356	3445	4539	2367	2172
内蒙古	6225	3190	3035	4178	2230	1949
辽　宁	10775	5331	5444	5866	3224	2642
吉　林	7896	3881	4016	4616	2419	2198
黑龙江	9855	4890	4965	6073	3182	2891
上　海	2572	1202	1371	1570	820	750
江　苏	29362	13831	15531	18288	9381	8907
浙　江	14372	7105	7267	8477	4557	3920
安　徽	25197	12192	13004	15411	8040	7370
福　建	10226	4952	5274	7033	3581	3452
江　西	14176	6946	7230	9699	5017	4682
山　东	30593	14424	16170	19584	9879	9705
河　南	20909	9788	11121	13351	6607	6744
湖　北	13202	6364	6838	7147	3806	3341
湖　南	15144	7504	7641	9081	4816	4265
广　东	17913	8630	9283	12570	6464	6106
广　西	14362	6748	7614	10197	5065	5132
海　南	1718	822	896	1044	548	496
重　庆	10508	5128	5380	6403	3325	3078
四　川	24442	11846	12596	14477	7589	6888
贵　州	7960	3833	4127	4985	2577	2407
云　南	8505	4119	4386	5096	2675	2421
西　藏	454	194	260	193	94	99
陕　西	10164	4980	5185	6633	3434	3199
甘　肃	5634	2827	2807	3131	1760	1371
青　海	1037	523	514	758	402	356
宁　夏	839	424	414	499	274	225
新　疆	3079	1611	1468	1896	1060	837

表 4—1b　各地区分性别、身体健康状况的老年人口(镇)(续)

地区	基本能保证正常的工作生活			不能正常工作或生活不能自理			说不准		
	合计	男	女	小计	男	女	小计	男	女
全　国	**76608**	**33382**	**43226**	**45611**	**18681**	**26930**	**4695**	**1870**	**2825**
北　京	182	78	104	239	100	139	8	2	5
天　津	441	194	248	168	80	87	25	10	15
河　北	2915	1264	1651	1727	735	992	82	20	62
山　西	1473	643	830	647	289	359	141	57	84
内蒙古	1332	620	712	606	290	316	108	50	58
辽　宁	1949	892	1056	2951	1210	1741	10	5	5
吉　林	2290	1029	1261	928	413	515	62	21	41
黑龙江	2586	1146	1440	972	470	502	223	92	131
上　海	510	219	290	466	153	313	26	9	17
江　苏	6629	2750	3878	4010	1538	2472	435	162	273
浙　江	2399	1066	1333	3478	1470	2008	19	12	7
安　徽	6354	2738	3616	3165	1297	1868	267	118	150
福　建	1972	847	1125	1112	486	626	109	38	70
江　西	3137	1331	1806	1093	494	599	247	103	144
山　东	6427	2700	3727	4413	1759	2654	169	85	84
河　南	4772	2071	2702	2581	1028	1552	206	83	123
湖　北	4026	1799	2227	1670	632	1039	359	128	230
湖　南	4274	1961	2314	1391	563	828	398	164	234
广　东	3471	1446	2025	1535	592	943	337	128	209
广　西	2901	1176	1725	965	399	566	299	108	191
海　南	395	166	229	197	78	119	82	30	52
重　庆	2168	982	1186	1808	761	1047	129	60	69
四　川	6132	2733	3399	3424	1359	2065	409	165	244
贵　州	1396	626	770	1482	595	887	97	35	63
云　南	1959	863	1095	1353	542	811	98	39	58
西　藏	115	47	68	134	48	86	12	5	8
陕　西	2334	1031	1303	995	440	555	201	74	127
甘　肃	788	372	416	1662	673	989	53	22	31
青　海	194	87	107	72	29	43	13	5	8
宁　夏	236	107	128	99	40	59	5	2	2
新　疆	849	396	453	267	118	149	66	37	29

表4—1c 各地区分性别、身体健康状况的老年人口(乡村)

单位:人

地区	60岁及以上人口			身体健康		
	合计	男	女	小计	男	女
全国	**1286536**	**635414**	**651122**	**731430**	**392903**	**338527**
北京	4852	2421	2430	2240	1267	973
天津	4472	2255	2216	2843	1530	1313
河北	70074	34801	35272	42600	22869	19732
山西	29219	14717	14501	17563	9531	8032
内蒙古	17303	9172	8131	10607	6019	4588
辽宁	29317	14861	14456	13034	7740	5294
吉林	17819	9266	8553	9395	5261	4134
黑龙江	20470	10719	9751	11130	6247	4883
上海	4370	1997	2373	2311	1189	1122
江苏	79198	37119	42079	44593	23397	21196
浙江	48966	24847	24119	25278	14215	11062
安徽	76719	38285	38435	44307	24168	20139
福建	32039	15727	16312	17589	9238	8351
江西	44717	22118	22599	26100	14128	11972
山东	96272	45838	50435	60122	31269	28853
河南	102407	48863	53544	64056	32992	31064
湖北	60901	30289	30612	30979	17024	13956
湖南	81553	41228	40324	41299	22970	18329
广东	58042	28087	29955	35843	18774	17069
广西	59044	28750	30294	37441	19448	17993
海南	6246	2904	3342	3213	1667	1546
重庆	36551	18780	17772	20239	11209	9029
四川	127416	64000	63416	70225	38014	32212
贵州	44973	22352	22622	25270	13487	11783
云南	43966	21033	22933	22820	11792	11028
西藏	2397	1051	1347	1077	521	556
陕西	37527	18592	18936	22313	11827	10487
甘肃	26873	13477	13397	13224	7464	5760
青海	3999	1936	2064	2279	1191	1087
宁夏	4051	2049	2002	2263	1248	1015
新疆	14783	7883	6900	9177	5206	3972

表 4－1c 各地区分性别、身体健康状况的老年人口(乡村)(续)

地区	基本能保证正常的工作生活			不能正常工作或生活不能自理			说不准		
	合计	男	女	小计	男	女	小计	男	女
全国	**299796**	**134653**	**165143**	**234159**	**99175**	**134984**	**21151**	**8683**	**12468**
北京	788	361	426	1740	754	986	84	39	45
天津	1033	457	576	560	252	309	35	17	19
河北	16041	7016	9025	10866	4692	6174	566	225	341
山西	6709	3059	3650	4295	1847	2448	652	280	371
内蒙古	3558	1766	1791	2830	1254	1575	308	132	176
辽宁	5190	2340	2850	11049	4764	6285	44	16	28
吉林	5045	2433	2612	3150	1480	1670	228	91	137
黑龙江	5386	2587	2799	3677	1744	1933	276	140	136
上海	1011	455	556	962	326	636	86	28	59
江苏	19760	8163	11597	13667	5126	8541	1178	434	745
浙江	8403	3707	4696	15111	6846	8265	175	80	96
安徽	18669	8372	10297	12874	5394	7480	870	351	519
福建	7769	3492	4277	5855	2638	3217	826	359	467
江西	12052	5250	6802	5312	2223	3089	1254	517	736
山东	20175	8206	11968	15340	6120	9220	636	242	393
河南	21700	9395	12304	15573	6099	9474	1079	377	702
湖北	17402	8134	9268	10779	4457	6322	1740	674	1066
湖南	24960	11771	13189	12799	5430	7369	2495	1057	1438
广东	14132	6016	8116	6743	2772	3971	1324	525	799
广西	13460	5884	7577	6379	2726	3653	1764	693	1071
海南	1780	761	1018	1013	379	634	241	96	144
重庆	7983	3862	4121	7943	3544	4399	386	164	223
四川	29758	14169	15589	25357	10895	14462	2077	923	1154
贵州	8147	3752	4394	10906	4819	6086	651	292	358
云南	10152	4583	5569	10317	4379	5938	678	279	399
西藏	630	270	359	626	238	389	64	22	43
陕西	8879	4041	4838	5562	2390	3172	773	334	439
甘肃	3532	1624	1909	9890	4291	5599	228	99	129
青海	968	435	533	660	274	385	92	35	58
宁夏	994	452	542	758	331	427	36	16	19
新疆	3732	1839	1893	1568	691	876	306	147	159

表4—2　全国分年龄、性别、身体健康状况的老年人口　　单位:人

年　龄	60岁及以上人口			身体健康		
	合计	男	女	小计	男	女
总　计	**2209366**	**1080597**	**1128769**	**1332475**	**701209**	**631265**
60—64	668310	342519	325791	532271	283803	248468
60	150798	76604	74194	125458	65910	59548
61	138288	71357	66931	113068	60464	52604
62	129399	66188	63210	102631	54719	47912
63	124937	63748	61190	96748	51571	45177
64	124887	64622	60265	94366	51139	43227
65—69	564095	286166	277929	377997	203788	174208
65	127284	64161	63124	92385	49057	43328
66	104282	53078	51204	72435	39023	33412
67	115856	59380	56476	77128	42095	35034
68	110325	56302	54023	70862	38653	32209
69	106347	53245	53102	65187	34960	30227
70—74	454955	224027	230928	236674	124961	111713
70	108511	53720	54790	60958	32200	28758
71	93246	45871	47375	50291	26497	23794
72	97480	48325	49155	50123	26761	23362
73	82417	40327	42090	40534	21335	19199
74	73302	35784	37517	34767	18167	16600
75—79	290171	135684	154487	118971	60156	58815
75	76658	36892	39766	34290	17822	16468
76	59869	28081	31788	25597	13036	12561
77	59431	27677	31754	23906	11993	11913
78	51659	23844	27816	19855	9812	10043
79	42552	19190	23362	15323	7493	7830
80—84	156110	66132	89978	47959	21684	26275
80	44232	19290	24941	14572	6797	7775
81	34761	14966	19795	10685	4885	5799
82	29709	12582	17127	8992	4028	4965
83	25489	10512	14977	7507	3337	4169
84	21919	8781	13138	6204	2637	3567
85—89	56582	20475	36107	14545	5496	9050
85	18124	6865	11260	4998	1967	3031
86	13312	4921	8390	3377	1270	2106
87	10531	3682	6849	2693	953	1740
88	8258	2864	5395	2047	764	1283
89	6357	2143	4214	1431	542	889
90—94	15825	4785	11040	3405	1121	2284
90	5290	1611	3679	1189	395	794
91	3929	1231	2698	829	285	544
92	2964	858	2106	617	195	422
93	2202	691	1512	460	156	304
94	1439	394	1044	310	90	219
95岁及以上	3319	810	2509	652	200	452

表 4—2　全国分年龄、性别、身体健康状况的老年人口(续)

年龄	基本能保证正常的工作生活			不能正常工作或生活不能自理			说不准		
	小计	男	女	小计	男	女	小计	男	女
总　计	**512516**	**226977**	**285539**	**331842**	**139213**	**192629**	**32533**	**13198**	**19335**
60—64	98189	41743	56446	33739	15250	18489	4111	1723	2388
60	18516	7691	10824	6049	2698	3352	775	304	471
61	18364	7786	10578	6080	2774	3306	775	333	443
62	19353	8187	11166	6620	2940	3680	795	342	453
63	20225	8563	11662	7123	3253	3869	842	361	481
64	21731	9515	12216	7867	3584	4282	923	383	540
65—69	125401	55584	69817	54587	24265	30322	6111	2529	3582
65	24242	10481	13761	9539	4155	5384	1119	468	651
66	21894	9657	12238	8914	3943	4971	1038	455	584
67	26181	11630	14551	11309	5133	6175	1238	522	716
68	26136	11779	14358	12000	5345	6655	1327	526	801
69	26947	12038	14910	12825	5689	7136	1388	558	830
70—74	131807	60610	71198	78638	35101	43537	7835	3355	4480
70	29825	13540	16285	16086	7275	8810	1642	705	937
71	26401	12083	14318	14975	6624	8351	1579	667	912
72	28623	13227	15396	17011	7599	9411	1723	738	986
73	24619	11341	13278	15735	6980	8755	1528	670	857
74	22339	10419	11920	14832	6623	8209	1364	575	788
75—79	90702	41303	49399	73817	31460	42357	6682	2765	3916
75	23595	10825	12770	17187	7566	9621	1586	679	907
76	18832	8574	10258	14184	5952	8232	1257	519	738
77	18763	8598	10165	15351	6525	8826	1411	561	850
78	16077	7246	8831	14406	6223	8183	1322	563	759
79	13435	6060	7375	12688	5193	7495	1106	445	662
80—84	46946	20486	26460	56314	22049	34265	4891	1913	2978
80	13603	6042	7562	14686	5887	8799	1370	565	805
81	10645	4712	5933	12375	4966	7409	1056	403	653
82	8933	3929	5004	10852	4286	6566	931	339	592
83	7454	3155	4299	9772	3707	6065	757	313	445
84	6311	2648	3662	8628	3203	5425	776	293	483
85—89	15310	5921	9389	24692	8384	16308	2035	674	1361
85	5172	2058	3115	7327	2626	4701	627	214	413
86	3658	1427	2231	5763	2027	3736	514	197	317
87	2742	1040	1703	4731	1572	3159	364	117	247
88	2167	810	1357	3748	1204	2544	297	87	211
89	1571	587	984	3123	955	2168	232	60	173
90—94	3495	1139	2356	8213	2313	5900	712	213	499
90	1209	388	821	2646	751	1895	246	77	169
91	870	300	570	2062	605	1457	168	41	127
92	634	203	431	1594	422	1172	119	38	81
93	468	164	303	1170	342	829	104	28	76
94	314	83	231	741	193	548	75	29	46
95岁及以上	668	193	475	1842	391	1451	157	25	132

表4—2a 全国分年龄、性别、身体健康状况的老年人口(城市)

单位:人

年 龄	60岁及以上人口			身体健康		
	合计	男	女	小计	男	女
总 计	**581215**	**279886**	**301329**	**386344**	**196942**	**189402**
60—64	170879	83637	87241	141575	71544	70030
60	37212	18147	19066	31865	15951	15914
61	34757	17043	17714	29354	14787	14567
62	32734	16220	16514	27158	13951	13207
63	32892	15965	16927	26718	13428	13290
64	33283	16262	17020	26480	13427	13052
65—69	154650	75345	79305	113177	58044	55133
65	33658	16066	17591	26225	13076	13149
66	29168	14103	15066	21806	11064	10742
67	32014	15695	16319	23384	12098	11286
68	30120	14885	15235	21459	11186	10273
69	29689	14596	15093	20303	10620	9683
70—74	122550	60374	62176	74008	38693	35315
70	29111	14018	15093	18761	9572	9189
71	25803	12662	13140	16076	8332	7744
72	26420	13186	13234	15849	8380	7469
73	21766	10684	11082	12567	6568	5999
74	19450	9825	9626	10755	5841	4914
75—79	75544	36635	38909	37373	19514	17859
75	20120	10121	9999	10817	5792	5025
76	15930	7721	8209	8253	4358	3895
77	15426	7428	7998	7554	3868	3686
78	13090	6223	6868	6017	3079	2938
79	10978	5142	5836	4731	2416	2316
80—84	38617	16982	21635	14659	6935	7724
80	10741	4874	5867	4393	2144	2249
81	8683	3817	4866	3304	1528	1776
82	7318	3170	4148	2786	1290	1496
83	6418	2828	3590	2266	1067	1199
84	5456	2293	3162	1911	907	1004
85—89	14031	5383	8648	4321	1787	2533
85	4348	1746	2602	1391	596	795
86	3347	1363	1984	1052	460	592
87	2575	932	1643	776	284	493
88	2158	780	1379	647	266	381
89	1602	562	1040	454	181	273
90—94	4106	1318	2788	1050	369	682
90	1278	440	838	359	126	232
91	1031	343	688	264	99	165
92	806	240	566	182	55	127
93	606	204	402	145	57	88
94	385	92	293	101	32	69
95岁及以上	839	211	628	181	56	125

表 4—2a 全国分年龄、性别、身体健康状况的老年人口(城市)(续)

年龄	基本能保证正常的工作生活			不能正常工作或生活不能自理			说不准		
	小计	男	女	小计	男	女	小计	男	女
总　计	**136113**	**58942**	**77170**	**52072**	**21357**	**30715**	**6687**	**2645**	**4042**
60—64	23445	9468	13978	5007	2300	2707	852	326	526
60	4289	1716	2573	878	420	459	180	60	120
61	4324	1785	2539	911	401	510	168	70	98
62	4451	1781	2670	966	424	542	159	64	95
63	4955	1963	2993	1058	503	555	161	71	90
64	5425	2223	3203	1194	552	642	184	61	123
65—69	32139	13220	18919	8062	3568	4494	1271	512	759
65	5875	2315	3560	1342	606	736	216	70	146
66	5795	2359	3436	1326	578	748	241	101	140
67	6688	2746	3942	1681	742	939	261	108	152
68	6606	2779	3827	1770	808	962	285	112	174
69	7175	3021	4154	1943	835	1108	269	121	148
70—74	35398	15941	19458	11545	5055	6489	1599	685	914
70	7810	3366	4444	2225	960	1265	315	120	195
71	7144	3205	3939	2244	983	1261	339	143	195
72	7718	3520	4198	2491	1119	1372	361	166	195
73	6592	2977	3615	2305	1000	1305	302	138	164
74	6134	2873	3261	2279	993	1286	282	118	164
75—79	25546	11851	13695	11293	4713	6580	1333	558	775
75	6458	3047	3411	2547	1153	1394	298	128	169
76	5321	2432	2889	2124	832	1292	231	99	132
77	5292	2495	2796	2284	944	1341	295	120	175
78	4527	2060	2467	2274	968	1306	272	115	157
79	3947	1816	2132	2063	815	1247	236	95	141
80—84	13563	6085	7477	9401	3595	5806	994	367	627
80	3821	1750	2072	2262	880	1382	265	100	165
81	3098	1397	1701	2045	798	1247	236	94	142
82	2541	1116	1425	1804	700	1104	188	64	123
83	2235	1015	1220	1761	686	1075	156	60	96
84	1867	807	1060	1528	531	998	149	49	100
85—89	4653	1908	2745	4613	1535	3078	445	153	292
85	1535	641	893	1290	457	833	133	52	81
86	1115	459	656	1083	406	677	97	38	59
87	804	328	475	904	290	614	91	30	61
88	708	288	420	734	207	527	70	19	51
89	492	192	300	603	176	427	53	14	40
90—94	1164	411	753	1725	499	1226	167	39	127
90	366	147	220	494	147	346	60	19	40
91	304	110	194	418	125	293	44	9	36
92	228	72	156	377	109	269	19	5	14
93	160	61	100	274	85	189	27	2	25
94	105	22	83	162	34	128	17	5	12
95 岁及以上	205	59	147	426	92	334	26	4	22

表 4—2b 全国分年龄、性别、身体健康状况的老年人口(镇) 单位:人

年 龄	60 岁及以上人口			身体健康		
	合计	男	女	小计	男	女
总计	**341614**	**165297**	**176317**	**214700**	**111365**	**103336**
60—64	105367	53600	51767	85334	44959	40375
60	24164	12277	11886	20339	10597	9742
61	21672	11067	10605	18026	9500	8526
62	20207	10192	10015	16264	8480	7784
63	19870	10013	9858	15703	8270	7433
64	19454	10051	9403	15002	8112	6890
65—69	87152	43538	43614	60475	31901	28573
65	20052	9983	10069	14928	7715	7213
66	15918	7955	7963	11360	5982	5377
67	17876	9028	8848	12323	6549	5774
68	16959	8598	8360	11328	6131	5197
69	16347	7974	8373	10536	5524	5012
70—74	69189	33781	35408	38499	19982	18517
70	16480	8030	8451	9832	5043	4789
71	14256	6919	7337	8154	4203	3951
72	14813	7318	7495	8230	4310	3920
73	12699	6209	6490	6619	3533	3086
74	10941	5304	5637	5664	2893	2771
75—79	44065	20611	23453	19487	9957	9530
75	11569	5639	5930	5559	2952	2607
76	9087	4279	4808	4189	2150	2039
77	9072	4162	4910	3950	1975	1974
78	7924	3601	4323	3307	1631	1677
79	6413	2931	3482	2482	1250	1232
80—84	23908	9942	13966	7821	3504	4317
80	6748	2957	3790	2390	1121	1269
81	5266	2219	3047	1741	823	918
82	4580	1917	2663	1474	618	856
83	3913	1513	2400	1233	535	698
84	3402	1336	2066	983	406	577
85—89	8812	2924	5887	2374	840	1534
85	2777	965	1812	807	307	500
86	2114	685	1429	570	189	381
87	1686	551	1134	452	153	299
88	1284	406	878	327	111	216
89	951	317	634	218	80	138
90—94	2574	753	1821	591	187	404
90	876	249	627	207	55	152
91	663	194	469	140	50	90
92	484	143	342	116	37	80
93	333	107	227	78	30	48
94	216	60	156	51	16	35
95 岁及以上	548	148	400	119	33	86

表 4—2b　全国分年龄、性别、身体健康状况的老年人口(镇)(续)

年　龄	基本能保证正常的工作生活			不能正常工作或生活不能自理			说不准		
	小计	男	女	小计	男	女	小计	男	女
总　计	**76608**	**33382**	**43226**	**45611**	**18681**	**26930**	**4695**	**1870**	**2825**
60—64	14670	6206	8464	4800	2196	2604	564	239	325
60	2820	1222	1598	899	422	476	106	36	70
61	2681	1108	1572	865	413	453	100	47	54
62	2883	1223	1660	950	437	513	110	52	58
63	3079	1278	1801	972	422	550	117	42	75
64	3208	1375	1833	1114	502	612	130	62	68
65—69	18473	8040	10433	7360	3249	4111	844	348	496
65	3629	1585	2043	1330	593	737	165	90	75
66	3198	1397	1801	1224	525	698	137	50	87
67	3889	1705	2184	1491	711	780	173	64	109
68	3838	1704	2134	1611	686	925	182	78	103
69	3919	1649	2270	1704	735	970	188	66	121
70—74	19111	8680	10431	10426	4625	5802	1152	494	658
70	4255	1860	2395	2157	1023	1134	237	104	133
71	3896	1776	2120	1989	859	1130	217	81	136
72	4067	1878	2189	2249	1005	1244	267	124	143
73	3707	1681	2026	2134	896	1238	239	100	139
74	3187	1484	1703	1897	842	1055	192	85	108
75—79	13644	6158	7485	9981	4135	5847	953	361	592
75	3511	1607	1904	2270	980	1290	229	100	129
76	2801	1264	1536	1939	804	1134	158	60	98
77	2798	1258	1540	2129	867	1262	195	62	133
78	2529	1145	1384	1905	757	1148	183	68	114
79	2005	884	1121	1739	727	1012	187	71	117
80—84	7534	3258	4277	7844	2888	4956	709	293	416
80	2122	969	1153	2051	797	1254	184	70	114
81	1682	711	972	1718	640	1079	125	46	79
82	1480	687	793	1462	532	929	164	80	85
83	1218	456	762	1348	475	872	114	46	67
84	1032	435	597	1265	443	822	121	51	71
85—89	2471	836	1635	3649	1158	2491	317	90	228
85	811	298	513	1055	334	720	105	26	79
86	607	187	420	863	280	583	74	29	45
87	447	144	303	726	237	489	60	17	43
88	348	117	232	568	170	398	40	8	32
89	258	90	167	437	136	301	38	10	28
90—94	571	164	406	1293	363	931	119	39	80
90	217	60	158	415	123	292	38	12	26
91	158	47	111	337	90	247	28	7	21
92	100	32	69	250	71	179	17	3	14
93	61	18	43	176	48	128	18	11	7
94	34	8	26	114	30	84	18	7	11
95 岁及以上	134	39	95	257	68	189	37	7	30

表4—2c 全国分年龄、性别、身体健康状况的老年人口(乡村)

单位:人

年 龄	60岁及以上人口			身体健康		
	合计	男	女	小计	男	女
总 计	**1286536**	**635414**	**651122**	**731430**	**392903**	**338527**
60—64	392064	205281	186782	305362	167300	138063
60	89422	46180	43242	73254	39363	33891
61	81859	43246	38613	65689	36178	29510
62	76457	39777	36680	59208	32287	26921
63	72175	37770	34405	54327	29872	24455
64	72150	38308	33842	52884	29599	23285
65—69	322293	167283	155010	204345	113843	90502
65	73575	38112	35463	51231	28266	22965
66	59196	31021	28175	39269	21977	17293
67	65966	34657	31309	41422	23448	17974
68	63246	32819	30427	38075	21336	16739
69	60310	30675	29635	34348	18817	15531
70—74	263216	129872	133344	124167	66286	57882
70	62920	31673	31246	32366	17586	14780
71	53187	26289	26898	26061	13962	12099
72	56248	27821	28427	26045	14071	11973
73	47952	23433	24518	21348	11234	10114
74	42911	20655	22255	18348	9433	8915
75—79	170562	78437	92124	62111	30685	31426
75	44969	21132	23837	17914	9078	8837
76	34852	16081	18771	13155	6529	6626
77	34934	16087	18847	12403	6150	6253
78	30645	14020	16625	10530	5102	5428
79	25161	11117	14044	8109	3827	4282
80—84	93585	39208	54377	25479	11245	14234
80	26743	11459	15284	7789	3532	4257
81	20811	8930	11881	5640	2534	3105
82	17811	7495	10315	4733	2120	2613
83	15158	6171	8987	4008	1735	2272
84	13062	5153	7909	3310	1324	1986
85—89	33740	12168	21572	7851	2868	4983
85	10999	4154	6845	2800	1064	1736
86	7851	2874	4977	1754	621	1133
87	6270	2199	4071	1464	516	948
88	4816	1678	3139	1073	387	686
89	3804	1264	2540	759	280	479
90—94	9145	2714	6431	1764	566	1198
90	3136	923	2213	624	214	410
91	2235	694	1541	426	137	289
92	1674	475	1198	319	103	216
93	1263	380	883	237	69	167
94	837	242	596	159	43	116
95岁及以上	1932	451	1481	351	111	241

表 4—2c 全国分年龄、性别、身体健康状况的老年人口(乡村)(续)

年龄	基本能保证正常的工作生活			不能正常工作或生活不能自理			说不准		
	小计	男	女	小计	男	女	小计	男	女
总计	**299796**	**134653**	**165143**	**234159**	**99175**	**134984**	**21151**	**8683**	**12468**
60—64	60073	26069	34004	23933	10755	13178	2695	1158	1538
60	11406	4753	6653	4273	1856	2416	490	208	282
61	11359	4892	6467	4304	1960	2344	507	216	291
62	12019	5184	6835	4704	2079	2625	525	226	299
63	12191	5322	6869	5092	2328	2764	565	247	317
64	13098	5918	7180	5560	2531	3028	609	260	349
65—69	74788	34323	40465	39165	17448	21717	3996	1669	2327
65	14738	6581	8157	6867	2956	3910	739	308	431
66	12901	5900	7001	6365	2840	3525	660	303	357
67	15604	7178	8425	8136	3681	4456	804	350	454
68	15692	7296	8397	8619	3852	4767	861	336	524
69	15853	7368	8485	9178	4119	5059	932	371	561
70—74	77298	35989	41309	56667	25421	31246	5084	2176	2908
70	17760	8314	9446	11703	5292	6411	1090	481	609
71	15361	7101	8260	10742	4783	5959	1023	443	580
72	16838	7828	9010	12270	5475	6795	1095	447	648
73	14320	6683	7637	11296	5084	6213	987	432	555
74	13018	6062	6956	10656	4788	5868	889	373	516
75—79	51512	23294	28218	52542	22613	29930	4396	1846	2550
75	13626	6170	7456	12370	5433	6937	1059	451	608
76	10710	4878	5832	10121	4315	5805	867	359	508
77	10673	4845	5828	10938	4714	6224	920	379	542
78	9021	4041	4980	10227	4498	5729	867	379	488
79	7483	3360	4123	8886	3651	5235	683	279	404
80—84	25849	11143	14706	39069	15567	23502	3188	1253	1935
80	7660	3323	4337	10373	4210	6164	921	395	527
81	5865	2604	3261	8611	3528	5083	695	263	432
82	4912	2126	2787	7587	3055	4532	579	195	383
83	4001	1684	2317	6663	2546	4117	487	206	281
84	3412	1406	2006	5835	2229	3606	506	194	312
85—89	8186	3176	5010	16430	5691	10739	1273	432	840
85	2826	1118	1708	4982	1835	3148	390	137	253
86	1936	781	1154	3818	1341	2477	343	130	213
87	1492	567	924	3101	1045	2056	212	70	143
88	1111	405	706	2446	827	1619	187	60	128
89	822	305	517	2083	643	1440	140	36	105
90—94	1760	563	1197	5194	1450	3744	426	134	292
90	625	182	443	1737	481	1256	149	46	103
91	407	143	265	1307	390	917	95	25	70
92	306	100	206	966	242	724	82	30	52
93	246	86	161	720	209	511	60	16	44
94	175	53	122	464	129	335	40	17	23
95岁及以上	328	95	233	1159	231	928	93	14	79

表4—3 各地区分性别、主要生活来源的老年人口

单位:人

地区	60岁及以上人口			劳动收入			离退休金、养老金		
	合计	男	女	小计	男	女	小计	男	女
全国	**2209366**	**1080597**	**1128769**	**606908**	**389847**	**217060**	**478481**	**304807**	**173675**
北京	29743	14167	15577	1411	1190	221	20610	10958	9652
天津	18788	9050	9738	1710	1391	318	10061	5690	4371
河北	107077	52657	54420	27363	19367	7996	20408	14141	6268
山西	48741	24323	24418	10029	7604	2425	11669	8503	3165
内蒙古	36045	18635	17410	8012	5557	2455	10224	7276	2948
辽宁	77918	38018	39900	13282	9386	3896	34892	19902	14990
吉林	40745	20325	20421	5945	4794	1151	12842	8501	4341
黑龙江	57350	28488	28862	7050	5315	1735	21529	14941	6588
上海	37024	17228	19796	2241	1504	737	30162	14533	15628
江苏	152472	72023	80449	44681	26351	18330	40346	24207	16139
浙江	92011	46128	45882	23709	18044	5665	17333	10623	6709
安徽	118064	58426	59638	44085	27837	16248	15394	10474	4920
福建	56092	27447	28645	9439	7182	2257	10771	7249	3522
江西	68665	33911	34754	16889	12249	4640	11632	7933	3699
山东	171154	81129	90025	52644	34081	18563	26715	18311	8404
河南	148667	70774	77893	53339	31546	21792	21683	14641	7042
湖北	102436	50271	52165	32889	21139	11749	20116	12594	7522
湖南	118654	59518	59136	31986	21993	9993	17576	12091	5486
广东	123434	59315	64119	21395	15024	6371	27007	16547	10460
广西	83737	40462	43276	27094	16053	11041	10233	7060	3173
海南	12340	5850	6490	2915	1682	1233	3448	2102	1346
重庆	60616	30491	30125	23668	13892	9777	9836	6366	3470
四川	176872	88172	88700	65725	38416	27309	24200	16417	7783
贵州	60450	29879	30571	22268	12746	9522	8037	5540	2497
云南	64292	31016	33276	19015	10969	8046	8506	5753	2753
西藏	3406	1493	1913	687	392	296	286	162	124
陕西	63371	31163	32207	16836	10822	6014	13882	9396	4486
甘肃	38715	19397	19318	11582	7369	4213	5829	4191	1638
青海	6749	3315	3434	1189	778	411	1524	1063	460
宁夏	7348	3710	3639	1654	1106	548	1971	1341	630
新疆	26389	13815	12573	6177	4070	2107	9760	6301	3460

表 4—3　各地区分性别、主要生活来源的老年人口(续)

地　区	失业保险金			最低生活保障金			下岗生活费		
	小计	男	女	小计	男	女	小计	男	女
全　国	**1258**	**761**	**496**	**39006**	**19450**	**19556**	**1316**	**694**	**621**
北　京	25	10	15	353	168	185	5	2	3
天　津	23	11	12	211	64	148	8	4	4
河　北	43	28	15	688	325	363	57	34	23
山　西	33	23	10	673	334	339	29	16	14
内蒙古	27	19	8	906	350	556	20	12	7
辽　宁	50	31	19	1906	816	1090	44	21	23
吉　林	47	31	15	1124	315	809	34	20	14
黑龙江	20	11	9	2016	461	1555	55	34	21
上　海	3		2	310	97	212	72	16	57
江　苏	52	33	19	3276	1672	1603	73	50	22
浙　江	30	16	14	2502	1521	981	25	20	4
安　徽	81	39	42	2728	1577	1152	39	23	16
福　建	24	17	7	1307	815	491	20	13	7
江　西	57	38	19	1349	682	668	56	31	25
山　东	74	48	26	1498	845	653	95	55	40
河　南	89	48	40	1540	802	738	101	44	56
湖　北	61	39	22	1560	821	739	65	35	30
湖　南	73	43	31	2319	1207	1112	80	40	40
广　东	80	52	28	2249	1436	812	99	59	40
广　西	41	22	19	1307	836	471	45	22	23
海　南	19	12	7	339	184	155	14	9	5
重　庆	50	27	23	1341	636	704	54	29	24
四　川	89	62	27	3636	1999	1637	91	42	49
贵　州	35	21	13	920	420	500	21	9	12
云　南	19	14	6	664	310	353	21	9	12
西　藏	1		1	59	22	37	1		1
陕　西	45	25	20	814	313	502	42	17	26
甘　肃	21	12	9	406	118	288	20	13	7
青　海	5	4	1	149	42	106	5	2	2
宁　夏	5	3	1	241	85	156	4	1	2
新　疆	37	22	15	617	177	440	24	11	13

表4—3 各地区分性别、主要生活来源的老年人口(续)

地区	内退生活费			财产性收入			家庭其他成员供养			其他		
	小计	男	女	小计	男	女	小计	男	女	小计	男	女
全国	**1200**	**873**	**327**	**6521**	**3295**	**3226**	**1037322**	**341953**	**695369**	**37354**	**18916**	**18438**
北京	11	7	5	211	93	118	6952	1668	5285	166	72	94
天津	8	5	3	32	18	14	6477	1752	4726	257	115	142
河北	51	38	13	238	120	118	56626	17704	38922	1602	900	703
山西	45	34	11	171	93	78	24900	7110	17790	1193	608	585
内蒙古	22	11	11	152	81	71	15766	4923	10844	915	405	510
辽宁	38	25	13	238	116	121	26760	7411	19349	710	309	400
吉林	30	16	14	203	108	94	19709	6153	13556	813	387	426
黑龙江	57	36	21	250	141	109	24784	6913	17871	1589	635	953
上海	3	2	1	24	11	13	4081	1013	3068	128	52	76
江苏	81	71	10	295	135	161	61706	18561	43145	1963	943	1019
浙江	32	22	10	666	356	310	46761	15006	31755	953	520	433
安徽	71	53	18	259	150	110	52869	16867	36002	2538	1408	1131
福建	19	12	7	197	119	78	33639	11688	21951	676	351	326
江西	36	30	6	96	41	54	37378	12318	25060	1172	590	582
山东	73	61	12	251	150	101	86879	26081	60798	2924	1496	1428
河南	85	65	20	333	169	163	67750	21568	46181	3748	1889	1859
湖北	80	56	24	181	76	105	45564	14524	31040	1922	988	934
湖南	60	47	13	281	134	146	64145	22812	41333	2134	1151	982
广东	57	37	19	624	325	300	70210	24907	45303	1715	929	786
广西	31	22	9	213	103	110	43015	15374	27641	1759	971	788
海南	10	7	3	48	25	23	5251	1689	3563	295	141	154
重庆	17	12	5	195	101	94	24577	8953	15623	880	475	405
四川	98	69	29	414	195	219	79869	29490	50379	2750	1480	1270
贵州	31	19	12	193	87	106	28044	10626	17418	901	411	490
云南	21	16	5	157	63	94	34953	13429	21524	936	452	484
西藏	1		1	17	6	10	2212	847	1365	142	64	78
陕西	67	52	15	314	140	173	30169	9814	20355	1202	584	618
甘肃	32	26	6	98	51	47	20087	7331	12756	640	287	353
青海	3	2	1	17	9	8	3716	1354	2362	141	60	80
宁夏	6	4	2	42	19	23	3323	1104	2219	103	47	56
新疆	26	17	9	112	59	53	9148	2964	6184	488	195	292

表 4—3a 各地区分性别、主要生活来源的老年人口(城市)

单位:人

地区	60岁及以上人口			劳动收入			离退休金、养老金		
	合计	男	女	小计	男	女	小计	男	女
全国	**581215**	**279886**	**301329**	**52378**	**36749**	**15629**	**334183**	**191894**	**142289**
北京	23781	11207	12573	575	466	109	19518	10106	9412
天津	11846	5581	6265	303	236	67	9156	5007	4149
河北	22892	10951	11941	1632	1248	384	13461	8164	5297
山西	12721	6250	6471	622	489	133	7486	4901	2586
内蒙古	12517	6273	6244	402	327	76	7709	5226	2483
辽宁	37826	17826	20001	1588	1170	418	28378	15062	13315
吉林	15030	7178	7852	564	438	126	9465	5746	3719
黑龙江	27025	12879	14146	807	646	161	16396	10676	5720
上海	30081	14029	16052	904	723	181	27124	12894	14230
江苏	43912	21073	22839	4837	3028	1809	26524	14443	12081
浙江	28673	14176	14496	5180	3978	1202	11436	6327	5109
安徽	16148	7948	8200	2368	1551	817	8106	4883	3223
福建	13827	6768	7059	1198	942	255	6987	4201	2785
江西	9771	4847	4924	969	735	234	5537	3276	2261
山东	44288	20868	23420	5862	4382	1480	17938	10813	7125
河南	25351	12123	13228	2248	1413	835	14157	8429	5728
湖北	28333	13618	14715	3808	2537	1271	15244	8610	6633
湖南	21957	10786	11171	2538	1789	749	10159	6149	4011
广东	47480	22598	24881	4109	3149	960	20879	11808	9071
广西	10332	4964	5368	1143	696	446	5254	3155	2098
海南	4375	2124	2251	388	240	148	2598	1458	1141
重庆	13557	6584	6973	2467	1530	937	6239	3532	2707
四川	25013	12325	12689	3053	1959	1095	13014	7542	5472
贵州	7516	3694	3822	659	413	246	4514	2735	1779
云南	11821	5864	5957	2202	1335	867	4844	2843	2001
西藏	555	249	306	53	31	22	251	136	115
陕西	15679	7592	8087	1212	786	426	9295	5655	3640
甘肃	6208	3094	3113	183	144	39	3950	2626	1323
青海	1713	857	856	57	45	12	1120	725	395
宁夏	2459	1237	1222	89	69	20	1593	1029	564
新疆	8527	4321	4206	358	254	104	5854	3739	2114

表4—3a 各地区分性别、主要生活来源的老年人口(城市)(续)

地 区	失业保险金			最低生活保障金			下岗生活费		
	小计	男	女	小计	男	女	小计	男	女
全 国	**563**	**314**	**249**	**11755**	**3776**	**7979**	**339**	**140**	**199**
北 京	23	9	14	180	46	134	3	1	3
天 津	19	9	10	158	29	129	3	2	1
河 北	21	13	8	250	49	200	13	8	5
山 西	12	8	4	181	46	134	8	3	5
内蒙古	17	12	4	440	109	331	10	7	3
辽 宁	24	11	13	801	215	586	20	3	18
吉 林	26	16	10	504	91	413	12	7	5
黑龙江	7	5	2	1190	189	1001	9	6	4
上 海	2		1	210	58	152	62	11	51
江 苏	29	17	12	931	373	558	14	7	7
浙 江	13	3	10	720	326	394	6	3	3
安 徽	21	10	11	617	221	396	2		2
福 建	16	13	3	135	57	78	5	4	1
江 西	14	8	6	151	49	102	10	3	8
山 东	33	22	11	561	238	323	17	8	9
河 南	40	24	16	347	115	232	18	4	14
湖 北	25	15	10	461	167	294	20	7	12
湖 南	28	15	13	582	184	398	13	5	8
广 东	41	25	17	554	326	229	35	21	14
广 西	19	9	10	163	72	91	4	1	3
海 南	11	6	6	82	40	43	7	5	2
重 庆	23	11	11	554	221	333	12	8	4
四 川	25	13	12	682	263	419	13	10	3
贵 州	3	2	1	194	51	143	1		1
云 南	6	3	4	174	55	119	3	1	1
西 藏				26	9	17			
陕 西	30	15	15	287	49	238	11	4	7
甘 肃	11	5	6	215	43	172	3	1	2
青 海	2	2		73	16	57			
宁 夏	3	2	1	99	18	81			
新 疆	17	10	6	232	54	179	4		4

表 4—3a 各地区分性别、主要生活来源的老年人口(城市)(续)

地区	内退生活费			财产性收入			家庭其他成员供养			其他		
	小计	男	女	小计	男	女	小计	男	女	小计	男	女
全国	**359**	**218**	**140**	**3208**	**1542**	**1666**	**171258**	**42474**	**128784**	**7173**	**2778**	**4394**
北京	11	6	5	122	46	75	3246	498	2748	102	28	73
天津	6	4	2	8	4	4	2102	258	1843	92	33	59
河北	8	5	3	41	20	21	7290	1387	5903	176	57	118
山西	17	12	5	36	16	21	4152	699	3453	208	76	132
内蒙古	9	4	5	44	23	21	3586	515	3071	300	51	250
辽宁	13	8	5	144	65	79	6661	1244	5418	198	48	150
吉林	8	5	4	72	38	35	4178	763	3415	200	75	125
黑龙江	28	11	18	54	25	29	7995	1207	6788	539	116	423
上海	3	2	1	12	5	7	1694	314	1380	70	22	48
江苏	14	9	5	218	98	119	10856	2894	7962	489	204	285
浙江	7	3	4	371	193	178	10701	3245	7457	239	100	139
安徽	8	5	3	92	52	40	4605	1074	3531	330	153	177
福建	4	4		113	68	45	5243	1420	3823	127	58	69
江西	5		5	31	16	16	2877	684	2193	176	78	98
山东	25	22	3	119	71	48	19068	5010	14058	665	302	363
河南	24	14	10	177	93	85	7875	1841	6034	464	190	274
湖北	25	15	10	86	34	52	8344	2111	6232	321	121	201
湖南	20	13	7	112	52	60	8193	2420	5773	311	160	152
广东	22	13	9	527	264	263	20714	6684	14031	598	310	287
广西	9	5	4	67	31	36	3493	922	2570	181	72	109
海南	6	4	2	19	12	7	1170	317	853	93	43	50
重庆	6	2	4	123	65	58	3946	1123	2823	188	92	96
四川	24	15	8	197	76	121	7606	2267	5339	399	180	219
贵州	7	3	3	67	32	35	1960	433	1527	112	25	87
云南	8	5	3	81	29	51	4366	1533	2833	137	59	78
西藏							206	66	141	18	8	11
陕西	23	18	6	185	76	109	4463	918	3545	173	72	101
甘肃	8	6	2	36	18	18	1706	234	1472	96	17	79
青海	1	1		10	5	5	438	63	375	12	1	11
宁夏	2	1		23	11	12	623	100	523	27	7	20
新疆	9	6	4	23	7	16	1898	229	1669	132	22	110

表4—3b 各地区分性别、主要生活来源的老年人口(镇)

单位:人

地区	60岁及以上人口			劳动收入			离退休金、养老金		
	合计	男	女	小计	男	女	小计	男	女
全国	**341614**	**165297**	**176317**	**67477**	**45157**	**22320**	**84665**	**61566**	**23099**
北京	1110	538	573	91	77	13	470	303	167
天津	2470	1214	1256	322	281	41	603	399	204
河北	14111	6904	7207	2865	2106	758	2871	2221	650
山西	6801	3356	3445	908	721	188	1972	1561	411
内蒙古	6225	3190	3035	814	599	214	1967	1599	368
辽宁	10775	5331	5444	1902	1380	522	3604	2474	1130
吉林	7896	3881	4016	720	595	125	2637	2110	527
黑龙江	9855	4890	4965	623	495	127	3903	3168	735
上海	2572	1202	1371	385	232	153	1342	728	614
江苏	29362	13831	15531	8096	4861	3234	7384	4832	2552
浙江	14372	7105	7267	2884	2222	662	3449	2281	1167
安徽	25197	12192	13004	6889	4505	2384	5119	3650	1469
福建	10226	4952	5274	1326	1042	285	2286	1702	584
江西	14176	6946	7230	2078	1576	502	4291	3009	1282
山东	30593	14424	16170	7991	5339	2652	4528	3579	949
河南	20909	9788	11121	5147	3161	1986	3776	2772	1004
湖北	13202	6364	6838	2708	1860	848	2880	2247	633
湖南	15144	7504	7641	2113	1569	543	4350	3152	1198
广东	17913	8630	9283	2497	1816	681	3701	2709	992
广西	14362	6748	7614	2804	1726	1077	3472	2483	989
海南	1718	822	896	246	159	87	509	348	161
重庆	10508	5128	5380	2270	1400	870	2588	1900	688
四川	24442	11846	12596	4520	2759	1762	7003	4973	2029
贵州	7960	3833	4127	1743	1022	721	2200	1569	631
云南	8505	4119	4386	1494	915	579	2161	1537	624
西藏	454	194	260	100	55	45	18	11	6
陕西	10164	4980	5185	1974	1325	648	2710	2044	666
甘肃	5634	2827	2807	1191	793	398	1245	990	255
青海	1037	523	514	128	94	34	283	231	53
宁夏	839	424	414	157	104	53	242	194	48
新疆	3079	1611	1468	494	366	128	1101	788	313

表4—3b 各地区分性别、主要生活来源的老年人口(镇)(续)

地区	失业保险金			最低生活保障金			下岗生活费		
	小计	男	女	小计	男	女	小计	男	女
全　国	**297**	**195**	**102**	**10219**	**4409**	**5810**	**281**	**157**	**124**
北　京				12	10	2			
天　津	3	1	2	22	13	9	1		1
河　北	8	5	3	151	80	71	8	5	3
山　西	5	5	1	147	55	92	5	2	3
内蒙古	7	6	2	249	93	156	5	2	3
辽　宁	13	11	1	358	146	211	8	8	
吉　林	14	11	3	380	77	303	10	6	4
黑龙江	6	4	2	564	143	422	22	15	7
上　海	1		1	48	16	33	4	2	2
江　苏	9	3	5	805	359	446	16	12	3
浙　江	1	1		387	227	159	3	3	
安　徽	23	13	10	826	417	409	19	10	10
福　建	1		1	176	101	75	7	3	4
江　西	17	10	6	586	255	331	10	6	4
山　东	19	12	6	422	287	135	23	13	11
河　南	26	12	14	333	153	179	20	12	8
湖　北	14	9	5	390	182	208	14	9	5
湖　南	19	15	4	554	217	337	17	5	12
广　东	15	12	3	310	174	136	23	14	9
广　西	13	8	5	319	141	178	13	6	6
海　南	4	3	1	48	24	25	1		1
重　庆	15	8	8	506	212	294	9	6	4
四　川	25	20	5	1457	618	839	13	5	8
贵　州	12	6	7	267	87	180	4	2	2
云　南	6	6		236	89	147	5	2	3
西　藏				8	2	6			
陕　西	9	6	3	302	122	180	8	1	7
甘　肃	3	3		107	34	73	4	4	
青　海	1	1		35	10	25	1	1	
宁　夏				30	10	21			
新　疆	7	5	3	183	56	127	5	3	2

表4—3b　各地区分性别、主要生活来源的老年人口(镇)(续)

地　区	内退生活费			财产性收入			家庭其他成员供养			其　他		
	小计	男	女	小计	男	女	小计	男	女	小计	男	女
全　国	**280**	**193**	**87**	**1352**	**693**	**660**	**170387**	**49507**	**120880**	**6655**	**3419**	**3236**
北　京				29	14	14	503	129	374	6	4	2
天　津	1		1	14	7	6	1424	474	950	80	38	43
河　北	7	5	2	46	21	25	7880	2300	5580	276	161	115
山　西	9	6	3	39	22	17	3533	894	2638	182	91	92
内蒙古	7	3	5	31	17	15	2992	811	2181	151	60	92
辽　宁	9	5	4	24	11	13	4688	1206	3482	170	89	81
吉　林	11	6	5	53	27	26	3910	971	2939	162	77	84
黑龙江	22	20	2	51	35	16	4357	870	3487	306	140	166
上　海				6	3	3	764	210	554	22	12	10
江　苏	16	16		36	19	17	12624	3536	9087	378	192	187
浙　江	3	1	1	161	80	81	7328	2194	5133	156	94	62
安　徽	24	16	8	98	50	48	11687	3229	8457	512	303	209
福　建	4	1	3	44	21	23	6262	2024	4239	119	58	61
江　西	13	12	1	36	16	21	6835	1903	4932	310	159	151
山　东	21	17	4	63	34	28	16851	4775	12076	675	367	308
河　南	12	8	4	58	30	28	10901	3286	7615	635	353	282
湖　北	21	17	4	26	9	17	6784	1840	4944	365	192	173
湖　南	11	7	4	73	41	32	7711	2353	5358	297	144	153
广　东	13	5	7	57	36	21	11010	3696	7313	288	167	120
广　西	5	3	3	68	35	33	7414	2219	5195	254	127	127
海　南	3	3		10	4	6	840	252	587	57	29	28
重　庆	8	7	1	40	22	19	4905	1510	3395	167	65	102
四　川	15	5	10	130	67	62	10954	3244	7710	325	155	170
贵　州	11	6	6	50	18	32	3534	1076	2458	138	47	92
云　南	5	4	2	31	11	20	4411	1469	2942	156	87	69
西　藏				4	2	2	308	118	191	17	6	11
陕　西	13	10	3	38	20	18	4857	1340	3516	255	111	144
甘　肃	10	8	2	13	8	5	2972	942	2030	89	44	45
青　海	2	1		4	2	2	552	170	382	31	14	17
宁　夏	2		1	3	2	1	390	107	283	13	7	7
新　疆	4	2	2	17	8	8	1208	354	853	60	28	32

表 4—3c　各地区分性别、主要生活来源的老年人口(乡村)

单位:人

地　区	60 岁及以上人口			劳动收入			离退休金、养老金		
	合计	男	女	小计	男	女	小计	男	女
全　国	**1286536**	**635414**	**651122**	**487052**	**307941**	**179111**	**59633**	**51346**	**8287**
北　京	4852	2421	2430	745	647	98	621	548	73
天　津	4472	2255	2216	1085	875	210	303	284	19
河　北	70074	34801	35272	22867	16014	6854	4076	3756	320
山　西	29219	14717	14501	8499	6394	2105	2210	2042	169
内蒙古	17303	9172	8131	6796	4632	2165	548	451	97
辽　宁	29317	14861	14456	9791	6835	2956	2910	2365	544
吉　林	17819	9266	8553	4661	3760	901	739	644	95
黑龙江	20470	10719	9751	5620	4174	1446	1230	1097	133
上　海	4370	1997	2373	952	549	403	1696	912	784
江　苏	79198	37119	42079	31748	18461	13287	6439	4932	1506
浙　江	48966	24847	24119	15645	11844	3801	2448	2015	433
安　徽	76719	38285	38435	34828	21781	13048	2170	1941	229
福　建	32039	15727	16312	6915	5198	1717	1498	1345	154
江　西	44717	22118	22599	13842	9938	3904	1803	1648	155
山　东	96272	45838	50435	38790	24359	14431	4249	3919	330
河　南	102407	48863	53544	45943	26972	18972	3750	3440	310
湖　北	60901	30289	30612	26373	16742	9630	1992	1737	255
湖　南	81553	41228	40324	27335	18635	8700	3067	2790	277
广　东	58042	28087	29955	14789	10059	4730	2426	2030	396
广　西	59044	28750	30294	23147	13630	9517	1507	1421	86
海　南	6246	2904	3342	2281	1283	998	341	296	45
重　庆	36551	18780	17772	18932	10962	7970	1009	934	75
四　川	127416	64000	63416	58151	33699	24453	4183	3902	281
贵　州	44973	22352	22622	19866	11311	8555	1324	1237	87
云　南	43966	21033	22933	15319	8719	6601	1502	1374	128
西　藏	2397	1051	1347	535	306	229	17	14	3
陕　西	37527	18592	18936	13651	8711	4939	1877	1698	180
甘　肃	26873	13477	13397	10209	6432	3776	634	574	60
青　海	3999	1936	2064	1004	639	365	121	108	12
宁　夏	4051	2049	2002	1409	933	475	136	118	18
新　疆	14783	7883	6900	5324	3449	1876	2806	1773	1033

表4—3c 各地区分性别、主要生活来源的老年人口(乡村)(续)

地区	失业保险金			最低生活保障金			下岗生活费		
	小计	男	女	小计	男	女	小计	男	女
全　国	**398**	**252**	**146**	**17032**	**11265**	**5767**	**696**	**397**	**299**
北　京	1	1	1	161	111	50	1	1	
天　津	1	1		31	22	9	3	2	1
河　北	13	10	3	287	195	92	36	21	15
山　西	16	10	6	345	233	113	17	11	6
内蒙古	3	2	2	216	148	68	5	3	2
辽　宁	14	9	5	747	454	293	16	11	5
吉　林	7	5	2	240	147	93	12	7	5
黑龙江	7	2	5	262	130	132	23	13	11
上　海				51	24	27	6	3	4
江　苏	14	12	2	1539	940	599	43	31	12
浙　江	16	12	4	1395	968	427	16	14	1
安　徽	37	16	21	1285	939	346	18	13	5
福　建	7	4	3	995	658	338	8	7	1
江　西	26	19	6	612	378	234	35	22	13
山　东	23	14	9	515	320	195	55	35	20
河　南	22	12	10	861	534	327	62	28	34
湖　北	22	15	7	709	472	237	31	19	12
湖　南	27	13	13	1183	807	377	49	29	20
广　东	24	15	8	1384	936	447	41	24	17
广　西	9	5	4	825	623	201	28	14	14
海　南	4	4		208	120	88	5	4	1
重　庆	12	8	4	281	204	77	32	15	17
四　川	39	29	10	1497	1118	379	64	27	37
贵　州	19	13	6	459	281	177	16	7	9
云　南	7	5	1	254	166	87	13	6	7
西　藏	1		1	25	12	13	1		1
陕　西	6	4	2	226	142	84	23	11	12
甘　肃	7	3	3	84	41	43	13	8	5
青　海	2	1		40	17	24	3	2	2
宁　夏	1			112	57	54	3	1	2
新　疆	13	7	6	202	67	135	16	8	7

表 4—3c 各地区分性别、主要生活来源的老年人口(乡村)(续)

地区	内退生活费			财产性收入			家庭其他成员供养			其他		
	小计	男	女	小计	男	女	小计	男	女	小计	男	女
全国	**562**	**462**	**101**	**1960**	**1060**	**900**	**695678**	**249973**	**445705**	**23526**	**12718**	**10807**
北京	1	1		60	32	28	3202	1041	2162	59	39	19
天津	1	1		11	7	4	2952	1019	1933	84	44	40
河北	36	28	8	151	79	72	41456	14017	27439	1151	681	469
山西	19	16	3	95	55	40	17215	5516	11699	803	441	362
内蒙古	6	5	1	77	41	36	9188	3596	5592	463	295	169
辽宁	16	13	4	70	40	30	15410	4961	10450	342	173	169
吉林	11	5	5	77	44	34	11621	4418	7202	451	235	216
黑龙江	7	6	1	145	82	63	12432	4836	7595	744	380	364
上海				6	3	3	1623	489	1134	36	18	18
江苏	52	47	5	41	17	24	38226	12131	26095	1095	548	548
浙江	22	17	4	135	84	51	28732	9567	19165	558	326	232
安徽	39	32	6	69	48	21	36577	12563	24015	1696	952	744
福建	11	7	4	41	30	11	22134	8244	13890	430	234	196
江西	18	18		28	10	18	27667	9731	17936	686	353	332
山东	27	22	5	70	45	25	50960	16296	34664	1584	827	757
河南	48	42	6	97	46	50	48974	16441	32532	2649	1347	1302
湖北	34	24	10	69	34	35	30436	10572	19864	1236	675	561
湖南	29	27	3	96	41	55	48241	18038	30202	1525	848	678
广东	22	19	3	40	25	15	38486	14527	23959	830	451	379
广西	17	14	3	78	37	41	32109	12233	19876	1324	772	552
海南	1		1	19	9	11	3241	1119	2122	145	69	76
重庆	4	4		31	14	17	15726	6321	9405	525	318	207
四川	59	49	10	88	52	35	61309	23979	37330	2026	1145	881
贵州	13	10	3	76	37	39	22550	9117	13434	651	339	311
云南	8	7		46	23	23	26176	10427	15749	643	306	337
西藏	1		1	13	5	8	1698	664	1034	107	50	56
陕西	31	25	6	91	44	46	20849	7555	13294	774	402	372
甘肃	15	12	2	49	24	24	15409	6155	9254	454	226	229
青海	1		1	4	2	2	2727	1121	1605	98	45	52
宁夏	2	2		16	6	10	2310	897	1413	63	33	30
新疆	13	9	4	72	43	29	6042	2381	3662	295	145	150

表4—4 全国分年龄、性别、主要生活来源的老年人口

单位:人

年龄	60岁及以上人口			劳动收入			离退休金、养老金		
	合计	男	女	小计	男	女	小计	男	女
总计	**2209366**	**1080597**	**1128769**	**606908**	**389847**	**217060**	**478481**	**304807**	**173675**
60—64	668310	342519	325791	318823	197444	121380	143278	87244	56034
60	150798	76604	74194	79793	48455	31338	29242	17308	11934
61	138288	71357	66931	70167	43394	26774	28354	17364	10990
62	129399	66188	63210	61527	37777	23750	27633	16988	10645
63	124937	63748	61190	54896	34328	20568	28760	17486	11275
64	124887	64622	60265	52439	33490	18950	29289	18098	11191
65—69	564095	286166	277929	179541	118532	61009	136429	85080	51349
65	127284	64161	63124	48317	30545	17773	30549	18876	11674
66	104282	53078	51204	35683	23464	12219	25644	15781	9863
67	115856	59380	56476	36537	24547	11990	28175	17538	10637
68	110325	56302	54023	31734	21565	10169	26238	16596	9642
69	106347	53245	53102	27270	18412	8858	25822	16289	9533
70—74	454955	224027	230928	78061	53315	24746	104266	68233	36034
70	108511	53720	54790	22663	15389	7274	25114	15843	9271
71	93246	45871	47375	17393	11811	5582	22027	14090	7937
72	97480	48325	49155	16043	11045	4998	22611	14940	7671
73	82417	40327	42090	12287	8450	3837	18316	12278	6038
74	73302	35784	37517	9676	6620	3055	16198	11082	5117
75—79	290171	135684	154487	24676	16780	7896	59502	40699	18802
75	76658	36892	39766	8526	5722	2804	16592	11513	5078
76	59869	28081	31788	5554	3797	1757	12680	8616	4064
77	59431	27677	31754	4854	3343	1510	12075	8170	3904
78	51659	23844	27816	3363	2283	1080	10084	6917	3166
79	42552	19190	23362	2379	1636	743	8072	5483	2589
80—84	156110	66132	89978	4821	3181	1640	25707	17472	8236
80	44232	19290	24941	1761	1158	602	7544	5198	2347
81	34761	14966	19795	1090	754	335	5873	3977	1896
82	29709	12582	17127	880	577	303	4787	3195	1592
83	25489	10512	14977	655	426	228	4034	2727	1307
84	21919	8781	13138	436	265	171	3469	2376	1093
85—89	56582	20475	36107	820	506	314	7326	4812	2515
85	18124	6865	11260	381	235	146	2442	1621	821
86	13312	4921	8390	184	121	63	1798	1188	611
87	10531	3682	6849	111	74	37	1294	821	473
88	8258	2864	5395	91	44	47	1038	677	362
89	6357	2143	4214	54	32	21	754	506	248
90—94	15825	4785	11040	115	56	59	1724	1108	616
90	5290	1611	3679	37	18	19	595	391	204
91	3929	1231	2698	28	12	16	457	301	157
92	2964	858	2106	26	10	16	308	177	130
93	2202	691	1512	13	8	5	241	165	76
94	1439	394	1044	11	8	4	123	74	49
95岁及以上	3319	810	2509	50	33	17	249	160	89

表 4—4　全国分年龄、性别、主要生活来源的老年人口(续)

年　龄	失业保险金			最低生活保障金			下岗生活费		
	小计	男	女	小计	男	女	小计	男	女
总　计	**1258**	**761**	**496**	**39006**	**19450**	**19556**	**1316**	**694**	**621**
60 64	416	269	147	7786	4443	3343	389	246	143
60	99	71	28	1476	850	626	112	79	34
61	72	41	31	1487	834	653	81	54	27
62	70	46	23	1587	888	699	72	45	27
63	90	54	35	1643	964	679	54	35	20
64	86	57	28	1593	907	685	70	34	36
65—69	336	208	128	8883	4677	4205	314	166	147
65	88	60	28	1793	959	834	85	51	34
66	55	36	19	1604	803	801	44	23	22
67	57	33	24	1886	1016	870	67	33	35
68	75	41	34	1794	951	843	58	33	25
69	61	38	23	1806	948	858	59	26	33
70—74	251	148	103	8814	4590	4225	266	129	137
70	69	45	24	1922	1016	906	70	34	35
71	50	26	24	1865	1004	862	59	27	32
72	49	30	19	1878	981	897	55	32	23
73	46	25	21	1664	829	834	45	18	27
74	37	22	15	1486	760	726	37	18	20
75—79	169	92	77	7003	3307	3696	171	78	92
75	44	17	27	1795	906	888	63	31	33
76	30	20	11	1329	625	705	30	15	16
77	45	27	18	1467	669	798	26	9	16
78	30	14	17	1282	604	678	34	16	19
79	19	14	5	1130	503	627	17	8	9
80—84	55	27	28	4243	1716	2527	123	54	69
80	14	6	8	1157	511	646	42	18	24
81	16	9	8	934	368	565	20	13	8
82	3	1	2	826	344	482	21	10	11
83	14	7	7	692	268	424	23	6	17
84	9	5	4	634	224	410	16	7	10
85—89	21	13	7	1673	561	1112	42	16	26
85	9	8	1	527	197	331	15	5	10
86	1	1	1	408	133	274	6		6
87	3	2	2	302	96	206	8	5	2
88	3	1	2	254	84	170	9	4	5
89	4	2	2	182	51	131	4	2	3
90—94	8	3	5	487	129	358	12	5	7
90	4	1	3	169	44	126	4	4	
91	1		1	113	34	79	4	1	2
92	1	1		96	24	72	3		3
93	2	1	1	67	19	48	1		1
94				42	8	34			
95 岁及以上	2		2	118	28	90			

表 4—4 全国分年龄、性别、主要生活来源的老年人口(续)

年 龄	内退生活费			财产性收入			家庭其他成员供养			其 他		
	小计	男	女	小计	男	女	小计	男	女	小计	男	女
总 计	**1200**	**873**	**327**	**6521**	**3295**	**3226**	**1037322**	**341953**	**695369**	**37354**	**18916**	**18438**
60—64	508	411	97	2171	1146	1024	186510	46872	139638	8429	4443	3986
60	191	166	26	480	254	226	37604	8466	29138	1800	955	845
61	104	83	21	457	239	219	35888	8456	27432	1677	892	785
62	72	51	20	432	233	200	36427	9273	27153	1579	888	692
63	72	58	14	460	243	218	37276	9734	27542	1685	846	839
64	69	54	16	340	178	162	39315	10943	28372	1687	862	825
65—69	293	196	97	1702	885	817	227634	71732	155901	8964	4690	4275
65	70	45	25	376	200	176	44118	12470	31648	1888	955	933
66	52	35	17	339	167	173	39226	11901	27325	1634	867	766
67	66	44	22	358	196	161	46849	15023	31826	1862	950	911
68	45	31	14	332	185	146	48249	15925	32325	1800	975	825
69	60	40	19	298	137	161	49190	16412	32778	1781	943	839
70—74	200	133	67	1279	645	634	252992	92279	160713	8826	4556	4270
70	38	25	13	308	166	141	56269	20102	36167	2058	1099	958
71	48	29	19	274	141	133	49795	17835	31961	1734	908	826
72	43	30	13	247	121	126	54710	20190	34520	1846	957	889
73	44	32	13	232	112	120	48143	17798	30345	1641	786	856
74	27	17	10	219	105	114	44074	16354	27720	1547	807	741
75—79	120	75	45	836	400	437	191701	71189	120512	5994	3065	2930
75	37	25	12	246	127	119	47751	17761	29990	1605	790	815
76	29	15	14	178	73	105	38867	14298	24569	1171	624	548
77	22	13	9	158	80	78	39524	14703	24820	1261	661	600
78	22	15	8	137	61	76	35599	13391	22208	1109	545	564
79	10	7	2	117	59	58	29960	11035	18924	848	444	404
80—84	55	46	9	375	164	211	117257	41907	75350	3473	1565	1908
80	16	14	2	104	52	52	32583	11860	20723	1012	473	539
81	10	9	1	100	41	59	25942	9460	16482	776	337	440
82	14	14		65	26	38	22467	8121	14345	646	294	352
83	10	6	3	63	27	35	19437	6789	12648	563	256	308
84	6	3	3	44	18	26	16828	5678	11151	476	206	270
85—89	22	12	10	119	42	77	45337	14031	31306	1223	483	740
85	7	3	4	43	15	28	14313	4600	9712	389	182	207
86	7	4	3	31	12	19	10585	3359	7225	292	103	189
87	3		2	18	2	16	8537	2578	5959	256	104	151
88	4	3		14	4	10	6686	1998	4687	160	48	112
89	1	1		14	9	4	5217	1495	3723	127	45	81
90—94	3		2	32	11	21	13085	3374	9710	360	98	261
90				11	4	7	4338	1117	3221	132	33	100
91				7	1	6	3241	865	2376	79	18	60
92				11	2	8	2444	617	1827	77	27	50
93				3	3		1829	480	1349	45	13	32
94	2		2	1	1		1232	295	937	27	8	19
95 岁及以上				7	2	5	2808	570	2238	85	17	68

表 4—4a　全国分年龄、性别、主要生活来源的老年人口(城市)

单位:人

年　龄	60 岁及以上人口			劳动收入			离退休金、养老金		
	合计	男	女	小计	男	女	小计	男	女
总　计	**581215**	**279886**	**301329**	**52378**	**36749**	**15629**	**334183**	**191894**	**142289**
60—64	170879	83637	87241	29634	20327	9308	97609	52940	44669
60	37212	18147	19066	8051	5508	2543	19830	10391	9438
61	34757	17043	17714	6662	4520	2142	19181	10489	8692
62	32734	16220	16514	5623	3833	1790	18802	10355	8447
63	32892	15965	16927	4746	3294	1452	19662	10658	9004
64	33283	16262	17020	4553	3172	1381	20135	11048	9087
65—69	154650	75345	79305	14786	10542	4243	95579	53411	42168
65	33658	16066	17591	4033	2762	1271	20585	11198	9388
66	29168	14103	15066	2921	2089	832	18143	9966	8177
67	32014	15695	16319	3045	2212	832	19739	11020	8719
68	30120	14885	15235	2597	1880	717	18591	10607	7984
69	29689	14596	15093	2191	1600	591	18522	10621	7901
70—74	122550	60374	62176	5819	4322	1497	74169	43859	30310
70	29111	14018	15093	1712	1257	455	17878	10109	7769
71	25803	12662	13140	1343	1002	342	15959	9271	6688
72	26420	13186	13234	1167	883	284	16028	9597	6430
73	21766	10684	11082	932	698	234	12840	7719	5121
74	19450	9825	9626	664	483	182	11465	7163	4302
75—79	75544	36635	38909	1735	1263	472	41904	26159	15745
75	20120	10121	9999	599	416	183	11594	7346	4248
76	15930	7721	8209	392	307	85	9035	5611	3424
77	15426	7428	7998	362	258	104	8545	5269	3276
78	13090	6223	6868	234	177	57	6965	4326	2639
79	10978	5142	5836	148	105	43	5765	3607	2159
80—84	38617	16982	21635	330	243	87	18121	11278	6844
80	10741	4874	5867	116	91	25	5291	3309	1983
81	8683	3817	4866	78	54	24	4148	2571	1577
82	7318	3170	4148	51	39	12	3372	2057	1316
83	6418	2828	3590	50	35	16	2869	1809	1060
84	5456	2293	3162	35	25	11	2441	1533	908
85—89	14031	5383	8648	57	42	16	5372	3372	2001
85	4348	1746	2602	16	11	5	1770	1107	663
86	3347	1363	1984	24	17	7	1318	855	464
87	2575	932	1643	5	5		960	582	378
88	2158	780	1379	8	7	1	790	492	298
89	1602	562	1040	4	1	2	534	335	198
90—94	4106	1318	2788	10	4	6	1253	771	482
90	1278	440	838	4	1	3	426	269	157
91	1031	343	688	5	2	3	319	197	122
92	806	240	566				228	126	101
93	606	204	402				183	123	59
94	385	92	293	1	1		98	56	42
95 岁及以上	839	211	628	7	6		175	105	70

表4—4a 全国分年龄、性别、主要生活来源的老年人口(城市)(续)

年 龄	失业保险金			最低生活保障金			下岗生活费		
	小计	男	女	小计	男	女	小计	男	女
总 计	**563**	**314**	**249**	**11755**	**3776**	**7979**	**339**	**140**	**199**
60—64	190	108	83	2312	890	1422	105	61	44
60	42	28	14	463	197	266	38	25	14
61	37	19	19	451	150	301	22	12	11
62	27	11	15	467	181	287	21	12	9
63	45	25	20	450	195	256	12	8	3
64	39	24	15	480	166	313	11	5	7
65—69	150	85	65	2707	913	1794	87	33	53
65	30	19	11	502	182	320	25	12	13
66	27	13	14	523	182	341	9	4	5
67	33	19	14	591	201	390	21	6	15
68	35	18	17	563	184	379	14	6	8
69	25	15	9	528	164	363	19	6	13
70—74	113	58	54	2611	883	1728	64	20	44
70	26	16	10	547	170	377	15	6	9
71	27	13	14	588	210	378	17	3	14
72	27	15	12	583	219	364	10	5	5
73	21	9	12	483	143	340	11	2	9
74	12	6	6	409	141	268	11	5	7
75—79	72	36	36	2087	606	1482	46	17	28
75	30	10	19	514	165	349	15	8	8
76	6	4	3	409	131	278	9	2	7
77	19	11	8	454	105	349	5	2	3
78	6	2	4	371	114	257	8	1	7
79	11	9	2	339	91	249	9	5	4
80—84	25	17	8	1321	333	988	30	6	24
80	2	1	1	356	97	259	12	4	8
81	6	5	1	297	67	230	4		4
82	2		2	249	76	173	6		6
83	8	5	3	224	58	166	3		3
84	7	5	2	194	35	159	4	2	2
85—89	8	8	1	535	117	418	7	2	5
85	7	6	1	163	44	119	1		1
86				122	22	100	1		1
87	2	2		121	24	98			
88				65	15	50	2	2	
89				64	13	52	1		1
90—94	4	3	1	144	27	118	2		2
90	1	1		46	9	37			
91				34	6	29	1		1
92	1	1		28	6	22			
93	2	1	1	21	3	19	1		1
94				14	3	11			
95岁及以上				37	7	30			

表 4—4a　全国分年龄、性别、主要生活来源的老年人口(城市)(续)

年　龄	内退生活费			财产性收入			家庭其他成员供养			其　他		
	小计	男	女	小计	男	女	小计	男	女	小计	男	女
总　计	**359**	**218**	**140**	**3208**	**1542**	**1666**	**171258**	**42474**	**128784**	**7173**	**2778**	**4394**
60—64	178	128	50	1150	582	569	37848	7743	30105	1852	860	993
60	77	65	12	265	130	135	8016	1596	6420	431	206	225
61	27	19	8	248	135	114	7731	1517	6214	396	183	214
62	28	14	15	234	113	121	7204	1530	5674	328	172	156
63	28	21	7	234	128	105	7383	1491	5892	332	144	188
64	17	9	8	170	76	94	7514	1608	5905	364	155	210
65—69	81	39	42	816	407	409	38611	9199	29412	1833	716	1118
65	24	7	17	181	85	96	7865	1639	6226	413	162	250
66	15	12	4	182	92	89	6993	1600	5393	355	145	210
67	13	7	6	175	96	79	8023	1999	6023	376	135	241
68	13	7	6	155	78	77	7793	1962	5831	360	143	217
69	17	7	10	123	55	68	7937	1998	5939	330	131	199
70—74	48	23	25	583	284	300	37671	10377	27294	1473	548	925
70	5	1	5	148	74	74	8416	2238	6178	363	147	216
71	15	6	9	136	69	67	7436	1975	5461	281	114	167
72	17	12	5	106	47	59	8184	2304	5880	298	104	195
73	7	3	4	102	46	55	7109	1972	5137	263	92	171
74	3	1	2	92	47	45	6525	1887	4639	268	92	175
75—79	32	16	16	398	189	210	28227	7973	20254	1044	376	667
75	8	3	5	128	63	65	6952	2015	4937	280	95	185
76	7	4	3	67	25	42	5811	1572	4239	193	65	128
77	5	4	1	78	33	45	5743	1669	4074	215	77	138
78	7	3	4	59	29	30	5220	1482	3738	222	90	132
79	4	2	2	66	38	28	4502	1235	3266	133	50	83
80—84	10	8	2	180	58	122	17980	4853	13128	620	187	432
80				46	20	26	4743	1299	3445	174	53	121
81	2	2	1	46	10	35	3959	1061	2898	144	47	97
82	5	5		34	11	23	3485	951	2534	113	32	82
83	2	2		35	10	25	3128	886	2242	99	24	75
84	1		1	20	6	14	2665	657	2008	90	31	59
85—89	10	4	6	62	19	42	7756	1760	5996	222	59	163
85	3		3	26	7	19	2307	552	1755	56	19	37
86	2	2		18	7	11	1804	444	1360	57	15	42
87	2		2	5	1	4	1432	304	1127	47	14	33
88	2	2		7	3	5	1246	255	991	37	4	33
89	1	1		6	2	4	967	204	763	25	6	19
90—94				16	4	12	2576	479	2097	99	29	70
90				6	2	4	761	148	613	33	10	23
91				3	1	3	649	136	514	19	2	17
92				6	1	5	521	98	424	22	8	14
93							382	69	313	16	7	9
94							262	29	233	9	3	6
95 岁及以上				2		2	589	90	498	30	2	27

表 4—4b 全国分年龄、性别、主要生活来源的老年人口(镇)

单位:人

年龄	60 岁及以上人口			劳动收入			离退休金、养老金		
	合计	男	女	小计	男	女	小计	男	女
总计	**341614**	**165297**	**176317**	**67477**	**45157**	**22320**	**84665**	**61566**	**23099**
60—64	105367	53600	51767	37000	24282	12718	27108	18527	8581
60	24164	12277	11886	9659	6247	3412	5679	3789	1890
61	21672	11067	10605	8152	5319	2833	5424	3736	1688
62	20207	10192	10015	7043	4598	2445	5173	3499	1675
63	19870	10013	9858	6256	4134	2122	5385	3660	1725
64	19454	10051	9403	5890	3984	1906	5447	3844	1604
65—69	87152	43538	43614	19308	13091	6217	24407	17381	7025
65	20052	9983	10069	5210	3438	1772	5737	4011	1727
66	15918	7955	7963	3826	2549	1277	4494	3182	1312
67	17876	9028	8848	3940	2760	1180	5101	3597	1505
68	16959	8598	8360	3433	2381	1053	4648	3384	1264
69	16347	7974	8373	2898	1963	935	4426	3209	1217
70—74	69189	33781	35408	8008	5605	2403	17736	13554	4182
70	16480	8030	8451	2283	1597	686	4255	3125	1130
71	14256	6919	7337	1887	1290	597	3742	2794	948
72	14813	7318	7495	1676	1187	489	3801	2913	888
73	12699	6209	6490	1258	899	358	3199	2548	651
74	10941	5304	5637	905	632	273	2740	2175	565
75—79	44065	20611	23453	2533	1766	767	10013	7949	2065
75	11569	5639	5930	874	607	268	2911	2347	564
76	9087	4279	4808	578	403	175	2122	1668	454
77	9072	4162	4910	485	334	150	1979	1570	409
78	7924	3601	4323	376	247	129	1724	1369	355
79	6413	2931	3482	220	175	44	1277	994	283
80—84	23908	9942	13966	502	327	175	4051	3206	845
80	6748	2957	3790	181	123	58	1212	992	220
81	5266	2219	3047	128	77	51	919	722	197
82	4580	1917	2663	79	51	28	763	597	166
83	3913	1513	2400	66	41	25	590	442	148
84	3402	1336	2066	49	35	14	566	453	113
85—89	8812	2924	5887	96	67	29	1057	739	319
85	2777	965	1812	46	34	12	370	269	101
86	2114	685	1429	22	14	8	258	168	89
87	1686	551	1134	15	10	5	180	120	60
88	1284	406	878	6	5	2	139	95	45
89	951	317	634	7	5	2	111	87	24
90—94	2574	753	1821	18	8	10	263	188	76
90	876	249	627	2		2	97	67	30
91	663	194	469	6	2	4	81	59	21
92	484	143	342	2	1	2	43	31	13
93	333	107	227	4	3	1	32	24	7
94	216	60	156	4	3	2	11	7	4
95 岁及以上	548	148	400	11	10	1	30	23	7

表 4—4b　全国分年龄、性别、主要生活来源的老年人口(镇)(续)

年　龄	失业保险金			最低生活保障金			下岗生活费		
	小计	男	女	小计	男	女	小计	男	女
总　计	**297**	**195**	**102**	**10219**	**4409**	**5810**	**281**	**157**	**124**
60—64	100	73	27	2153	1042	1110	90	60	30
60	34	28	6	430	208	222	23	18	5
61	16	8	7	390	194	197	21	17	4
62	15	13	2	446	209	237	12	6	6
63	19	11	9	481	231	250	15	9	5
64	15	12	3	406	201	205	19	9	9
65—69	92	61	31	2427	1077	1351	69	39	30
65	36	26	10	534	240	295	19	11	8
66	12	10	2	419	172	247	13	4	8
67	7	3	4	523	244	279	14	10	4
68	17	9	8	470	215	255	13	7	6
69	20	12	7	481	207	274	10	7	3
70—74	59	38	21	2277	1014	1264	64	30	34
70	16	12	4	509	238	272	19	7	12
71	8	5	3	473	216	257	15	9	6
72	12	7	5	476	205	271	13	8	5
73	13	8	4	427	188	239	12	4	8
74	10	6	5	392	168	225	6	3	3
75—79	29	18	11	1697	712	985	28	16	12
75	4	2	2	430	219	211	11	5	6
76	9	7	2	329	124	205	5	3	2
77	8	5	3	347	140	207	7	4	2
78	4	2	3	323	122	201	5	4	1
79	3	2	1	267	107	160			
80—84	11	4	7	1043	374	669	19	8	11
80	4	2	2	295	122	172	5	3	3
81	5	1	4	220	71	148	3	3	
82	1	1		206	83	123	2		2
83	1			153	48	106	8	2	6
84				170	50	120	2	1	1
85—89	5	1	4	463	150	313	8	4	5
85				141	55	86	6	2	4
86				127	37	90			
87	2		2	70	21	49			
88	1	1		77	22	54			
89	2		2	49	15	34	2	2	
90—94				128	34	94	1		1
90				40	8	32			
91				37	11	25	1		1
92				23	5	18			
93				21	6	15			
94				7	3	5			
95 岁及以上	1		1	31	6	25			

表4—4b　全国分年龄、性别、主要生活来源的老年人口(镇)(续)

年龄	内退生活费			财产性收入			家庭其他成员供养			其他		
	小计	男	女	小计	男	女	小计	男	女	小计	男	女
总计	**280**	**193**	**87**	**1352**	**693**	**660**	**170387**	**49507**	**120880**	**6655**	**3419**	**3236**
60—64	120	95	26	499	267	232	36556	8282	28274	1741	972	769
60	39	31	9	117	68	48	7787	1658	6129	397	230	166
61	25	19	6	113	50	63	7177	1517	5659	354	207	147
62	14	11	3	85	52	32	7117	1626	5492	302	178	124
63	20	16	4	107	53	53	7235	1718	5517	352	179	173
64	22	18	4	78	43	35	7240	1762	5477	337	178	159
65—69	64	36	28	370	202	168	38841	10824	28017	1574	827	747
65	15	11	3	85	54	31	8061	2003	6058	354	189	165
66	10	2	7	53	28	26	6806	1852	4954	285	156	129
67	17	7	10	82	36	45	7858	2201	5658	333	170	163
68	8	4	4	77	48	30	8005	2392	5613	287	159	128
69	15	11	4	72	37	35	8111	2376	5735	315	153	163
70—74	53	33	20	241	115	126	39244	12633	26611	1506	759	747
70	13	9	5	61	36	25	8980	2825	6155	344	182	162
71	6	4	2	49	21	27	7779	2434	5344	299	146	153
72	11	7	4	44	20	24	8446	2805	5641	334	167	166
73	14	11	3	47	21	26	7454	2398	5056	277	133	144
74	8	2	6	42	17	25	6584	2170	4415	253	132	121
75—79	29	21	7	140	65	74	28620	9547	19073	977	517	460
75	11	8	3	38	21	17	7048	2305	4743	242	125	117
76	5	3	3	35	14	21	5810	1941	3869	193	116	77
77	3	3		21	16	5	6007	1978	4029	214	110	103
78	6	4	2	26	6	19	5280	1755	3525	180	92	88
79	3	3		19	8	11	4475	1569	2907	148	73	75
80—84	11	6	5	66	31	35	17635	5733	11902	569	253	317
80	4	2	2	22	11	11	4865	1634	3232	160	69	91
81	2	2		16	5	10	3849	1276	2573	126	62	63
82	1	1		14	5	9	3422	1145	2277	93	35	58
83	2		2	7	7		2975	922	2053	110	51	60
84	2		2	8	4	4	2524	757	1767	81	36	45
85—89	3	3		30	10	20	6937	1882	5055	212	68	144
85	1	1		8	3	5	2149	579	1570	57	22	34
86	2	2		8	4	4	1644	443	1201	54	17	37
87				9	1	8	1348	382	966	61	17	44
88				3	1	2	1038	277	761	19	6	14
89				2	2		757	201	556	22	6	15
90—94				4	1	4	2090	504	1586	69	19	50
90							714	167	547	24	8	16
91				2		2	521	117	404	16	5	11
92				2		2	395	101	294	19	5	14
93				1	1		270	72	198	6		6
94							190	47	143	4	1	3
95岁及以上				2	1	1	465	103	362	7	4	3

表 4—4c　全国分年龄、性别、主要生活来源的老年人口(乡村)

单位:人

年　龄	60岁及以上人口			劳动收入			离退休金、养老金		
	合计	男	女	小计	男	女	小计	男	女
总　计	**1286536**	**635414**	**651122**	**487052**	**307941**	**179111**	**59633**	**51346**	**8287**
60—64	392064	205281	186782	252189	152835	99354	18561	15777	2784
60	89422	46180	43242	62084	36701	25383	3734	3129	606
61	81859	43246	38613	55353	33554	21798	3749	3140	609
62	76457	39777	36680	48861	29346	19515	3658	3134	523
63	72175	37770	34405	43894	26900	16995	3714	3168	547
64	72150	38308	33842	41996	26334	15663	3706	3207	499
65—69	322293	167283	155010	145447	94899	50548	16443	14288	2155
65	73575	38112	35463	39075	24345	14730	4227	3668	560
66	59196	31021	28175	28936	18826	10110	3007	2633	374
67	65966	34657	31309	29552	19574	9978	3334	2921	413
68	63246	32819	30427	25704	17305	8399	2999	2606	394
69	60310	30675	29635	22181	14849	7332	2875	2460	415
70—74	263216	129872	133344	64235	43388	20846	12361	10820	1542
70	62920	31673	31246	18668	12535	6133	2982	2609	372
71	53187	26289	26898	14163	9520	4643	2326	2025	301
72	56248	27821	28427	13200	8975	4225	2783	2430	353
73	47952	23433	24518	10097	6852	3245	2277	2012	266
74	42911	20655	22255	8106	5506	2600	1994	1744	250
75—79	170562	78437	92124	20408	13751	6657	7584	6591	993
75	44969	21132	23837	7053	4699	2354	2087	1820	267
76	34852	16081	18771	4584	3087	1497	1522	1336	186
77	34934	16087	18847	4006	2750	1256	1550	1331	219
78	30645	14020	16625	2753	1859	894	1395	1222	173
79	25161	11117	14044	2011	1355	656	1030	882	148
80—84	93585	39208	54377	3989	2611	1378	3535	2988	547
80	26743	11459	15284	1464	944	520	1041	897	144
81	20811	8930	11881	885	624	261	806	684	122
82	17811	7495	10315	750	487	263	652	541	110
83	15158	6171	8987	538	351	188	575	476	99
84	13062	5153	7909	352	206	147	462	390	72
85—89	33740	12168	21572	666	397	270	896	701	195
85	10999	4154	6845	319	189	129	302	244	58
86	7851	2874	4977	137	90	48	222	164	58
87	6270	2199	4071	91	59	31	153	119	35
88	4816	1678	3139	76	32	44	109	90	19
89	3804	1264	2540	43	26	17	110	84	26
90—94	9145	2714	6431	86	43	43	208	149	58
90	3136	923	2213	32	18	14	72	56	17
91	2235	694	1541	17	8	9	58	45	13
92	1674	475	1198	23	9	14	37	21	16
93	1263	380	883	9	5	4	27	17	9
94	837	242	596	6	4	2	14	11	3
95岁及以上	1932	451	1481	32	17	15	44	32	12

表4—4c 全国分年龄、性别、主要生活来源的老年人口(乡村)(续)

年龄	失业保险金			最低生活保障金			下岗生活费		
	小计	男	女	小计	男	女	小计	男	女
总计	**398**	**252**	**146**	**17032**	**11265**	**5767**	**696**	**397**	**299**
60—64	126	89	37	3321	2511	810	194	125	69
60	23	14	9	583	444	139	51	36	15
61	19	14	5	645	490	156	38	26	12
62	28	21	6	675	498	176	38	27	12
63	25	19	6	711	538	173	28	18	11
64	32	21	11	707	540	166	39	20	20
65—69	94	62	32	3749	2688	1061	158	94	65
65	22	15	7	756	537	219	41	29	12
66	16	13	3	662	450	212	23	15	8
67	16	10	6	772	571	201	33	17	16
68	24	14	10	761	553	208	31	20	11
69	16	10	6	798	577	221	30	13	17
70—74	79	52	27	3926	2693	1233	138	78	59
70	27	17	10	866	609	257	36	21	15
71	15	8	6	804	578	226	27	15	12
72	10	9	1	819	557	261	32	19	13
73	12	7	5	754	499	255	22	13	9
74	15	10	4	684	450	233	20	10	10
75—79	68	38	30	3219	1989	1229	97	45	52
75	10	4	5	850	522	328	37	18	19
76	15	9	6	591	369	222	16	9	7
77	18	11	7	666	424	242	14	4	11
78	20	10	10	587	368	220	22	11	11
79	5	4	2	524	306	218	8	3	4
80—84	19	7	12	1878	1008	870	74	40	34
80	8	3	5	506	292	214	25	12	13
81	5	3	2	417	230	187	13	9	4
82	1		1	371	185	186	13	10	3
83	5	1	3	314	162	152	12	4	8
84	2		2	271	139	131	10	4	6
85—89	7	5	3	675	293	382	27	10	17
85	2	2		224	98	126	7	3	5
86	1	1	1	159	74	85	4		4
87				110	51	59	7	5	2
88	2		2	112	47	66	7	2	4
89	2	2		69	23	46	1		1
90—94	4		4	215	69	146	8	5	3
90	2		2	83	26	57	3	3	
91	1		1	42	17	25	1	1	
92				44	13	32	3		3
93				25	11	14			
94				21	3	18			
95岁及以上	1		1	50	14	35			

表 4－4c 全国分年龄、性别、主要生活来源的老年人口(乡村)(续)

年 龄	内退生活费			财产性收入			家庭其他成员供养			其 他		
	小计	男	女	小计	男	女	小计	男	女	小计	男	女
总 计	**562**	**462**	**101**	**1960**	**1060**	**900**	**695678**	**249973**	**445705**	**23526**	**12718**	**10807**
60—64	210	189	21	521	298	223	112107	30847	81259	4835	2611	2224
60	75	70	5	99	56	43	21801	5212	16589	973	519	454
61	52	45	8	96	54	42	20980	5421	15559	927	503	424
62	29	27	3	114	67	46	22105	6118	15988	949	538	411
63	24	21	3	120	61	59	22658	6524	16134	1001	522	478
64	30	27	3	93	60	33	24562	7572	16990	986	530	457
65—69	148	120	27	516	276	240	150181	51709	98472	5557	3147	2410
65	32	27	5	109	60	49	28192	8828	19365	1121	603	518
66	28	21	6	104	47	57	25428	8449	16978	994	567	427
67	36	30	6	101	64	37	30968	10823	20144	1153	645	508
68	24	20	4	99	60	39	32451	11570	20881	1153	672	481
69	28	22	6	104	45	58	33142	12039	21104	1136	659	477
70—74	99	77	22	455	247	208	176077	69269	106808	5847	3248	2598
70	19	16	4	99	57	42	38872	15038	23834	1350	771	580
71	27	19	8	89	51	39	34581	13425	21156	1155	648	507
72	15	12	3	97	54	44	38079	15080	22999	1213	686	528
73	23	18	5	83	44	39	33580	13427	20152	1102	561	541
74	15	13	2	86	41	45	30965	12298	18667	1027	583	444
75—79	60	37	22	298	145	153	134854	53669	81185	3974	2171	1803
75	17	14	3	80	43	37	33751	13441	20310	1084	571	513
76	16	8	8	76	34	42	27246	10786	16461	785	443	342
77	14	5	9	59	31	28	27774	11057	16717	832	474	358
78	9	8	1	52	25	27	25100	10154	14945	707	363	344
79	3	2	1	31	13	19	20983	8231	12752	566	320	246
80—84	34	32	2	128	74	54	81642	31321	50320	2284	1125	1159
80	12	12		36	21	15	22974	8928	14047	678	351	327
81	6	5	1	39	25	14	18134	7123	11011	507	227	280
82	8	8		17	10	6	15559	6026	9534	440	228	212
83	6	5	1	21	10	11	13334	4981	8353	354	181	173
84	3	3		16	8	8	11640	4264	7376	305	139	167
85—89	9	5	4	27	13	14	30644	10389	20255	788	355	433
85	3	2	1	9	5	4	9856	3470	6386	276	140	135
86	4	1	3	5	1	4	7137	2472	4664	181	71	110
87				4		4	5757	1891	3866	147	73	75
88	2	2		4	1	3	4402	1466	2935	103	38	66
89				6	6		3493	1090	2403	80	33	47
90—94	3		2	11	6	5	8419	2391	6028	192	50	141
90				4	2	2	2863	802	2061	75	15	60
91				2		2	2071	612	1459	44	12	32
92				2	1	2	1528	419	1109	36	14	23
93				2	2		1178	339	839	22	6	16
94	2		2	1	1		780	219	561	14	4	10
95 岁及以上				3	1	2	1754	377	1378	49	10	39

表4—5 各地区分性别、婚姻状况的老年人口

单位：人

地 区	60岁及以上人口			未 婚			初婚有配偶		
	合计	男	女	小计	男	女	小计	男	女
全 国	**2209366**	**1080597**	**1128769**	**36625**	**34699**	**1926**	**1476167**	**814683**	**661485**
北 京	29743	14167	15577	190	165	24	21816	11563	10253
天 津	18788	9050	9738	195	169	26	13453	7141	6312
河 北	107077	52657	54420	2525	2503	21	71917	38900	33017
山 西	48741	24323	24418	710	701	9	32579	18399	14179
内蒙古	36045	18635	17410	738	724	14	25151	14304	10847
辽 宁	77918	38018	39900	632	591	41	53625	29130	24495
吉 林	40745	20325	20421	280	256	24	27645	15305	12340
黑龙江	57350	28488	28862	348	325	23	38864	21461	17402
上 海	37024	17228	19796	256	178	78	26715	14271	12444
江 苏	152472	72023	80449	2293	2158	135	103718	56316	47402
浙 江	92011	46128	45882	1674	1621	54	61843	36044	25799
安 徽	118064	58426	59638	3456	3371	85	77631	42954	34677
福 建	56092	27447	28645	970	931	40	35446	20889	14557
江 西	68665	33911	34754	640	603	38	44908	25870	19038
山 东	171154	81129	90025	3122	3078	44	115752	61483	54270
河 南	148667	70774	77893	3722	3667	54	99127	52066	47060
湖 北	102436	50271	52165	1511	1424	87	66777	36692	30085
湖 南	118654	59518	59136	1675	1597	77	77928	44366	33562
广 东	123434	59315	64119	2598	2402	196	84137	47184	36952
广 西	83737	40462	43276	1892	1810	82	55963	30418	25544
海 南	12340	5850	6490	240	224	16	8450	4600	3850
重 庆	60616	30491	30125	1113	1076	38	40021	22473	17548
四 川	176872	88172	88700	3330	3047	283	113963	63802	50161
贵 州	60450	29879	30571	409	387	21	40327	22040	18287
云 南	64292	31016	33276	699	532	167	42010	23053	18957
西 藏	3406	1493	1913	242	113	128	1924	968	956
陕 西	63371	31163	32207	612	576	37	43175	23883	19292
甘 肃	38715	19397	19318	336	300	36	26095	14745	11350
青 海	6749	3315	3434	80	50	30	4272	2393	1879
宁 夏	7348	3710	3639	23	22	1	5248	2955	2293
新 疆	26389	13815	12573	116	100	16	15688	9012	6676

表 4—5　各地区分性别、婚姻状况的老年人口(续)

地区	再婚有配偶			离婚			丧偶		
	合计	男	女	小计	男	女	小计	男	女
全国	**74043**	**41501**	**32541**	**12990**	**8787**	**4203**	**609540**	**180927**	**428613**
北京	1056	616	439	236	112	125	6446	1711	4735
天津	481	277	205	96	51	44	4563	1412	3151
河北	3334	1727	1607	466	322	144	28834	9204	19630
山西	1886	966	920	350	283	68	13216	3974	9242
内蒙古	1390	767	623	189	147	42	8577	2694	5883
辽宁	3444	2012	1432	454	275	179	19763	6009	13753
吉林	1741	1045	696	213	120	93	10867	3598	7268
黑龙江	2867	1781	1085	311	181	130	14961	4739	10221
上海	1182	681	501	356	182	173	8516	1916	6599
江苏	3742	1931	1811	677	439	238	42043	11179	30863
浙江	2783	1305	1477	665	582	83	25046	6576	18470
安徽	2954	1430	1524	662	488	174	33361	10182	23179
福建	1652	851	801	443	338	106	17580	4438	13142
江西	2671	1506	1166	383	282	101	20062	5651	14412
山东	4769	2574	2196	619	424	195	46891	13570	33321
河南	3119	1607	1512	847	542	304	41853	12891	28962
湖北	3985	2252	1733	629	425	204	29534	9479	20056
湖南	4579	2546	2033	720	528	192	33753	10480	23272
广东	2208	1320	888	700	497	203	33791	7911	25880
广西	1809	1021	788	466	335	131	23609	6878	16731
海南	319	178	141	82	58	24	3248	790	2458
重庆	2503	1264	1239	416	289	128	16563	5390	11173
四川	7060	3808	3252	1014	659	355	51505	16857	34649
贵州	2458	1574	884	394	242	152	16863	5635	11227
云南	2180	1359	821	418	253	165	18984	5819	13165
西藏	78	48	30	51	17	34	1112	347	765
陕西	2147	1210	937	367	244	123	17069	5250	11819
甘肃	932	558	374	214	141	73	11139	3654	7485
青海	326	220	106	67	34	33	2004	619	1385
宁夏	319	210	109	45	24	21	1713	498	1215
新疆	4070	2857	1212	439	272	167	6077	1574	4503

表4—5a 各地区分性别、婚姻状况的老年人口(城市)

单位:人

地区	60岁及以上人口			未婚			初婚有配偶		
	合计	男	女	小计	男	女	小计	男	女
全国	**581215**	**279886**	**301329**	**4099**	**3526**	**573**	**416540**	**227847**	**188694**
北京	23781	11207	12573	82	59	24	17794	9317	8477
天津	11846	5581	6265	68	45	23	8567	4499	4068
河北	22892	10951	11941	153	149	3	16852	8904	7948
山西	12721	6250	6471	43	40	3	9351	5169	4182
内蒙古	12517	6273	6244	41	35	6	9322	5164	4158
辽宁	37826	17826	20001	105	78	28	26854	14239	12615
吉林	15030	7178	7852	41	25	17	10692	5775	4917
黑龙江	27025	12879	14146	60	46	14	18924	10174	8751
上海	30081	14029	16052	223	148	75	21777	11671	10107
江苏	43912	21073	22839	363	318	45	31798	17381	14417
浙江	28673	14176	14496	294	268	26	20312	11655	8658
安徽	16148	7948	8200	227	211	16	11613	6457	5156
福建	13827	6768	7059	105	90	15	9584	5614	3970
江西	9771	4847	4924	62	58	4	6941	4021	2920
山东	44288	20868	23420	411	393	19	31365	16693	14672
河南	25351	12123	13228	107	99	8	18873	10026	8847
湖北	28333	13618	14715	204	176	29	19685	10772	8913
湖南	21957	10786	11171	153	136	17	15247	8646	6601
广东	47480	22598	24881	615	507	108	34059	18997	15062
广西	10332	4964	5368	73	67	6	7434	4148	3286
海南	4375	2124	2251	64	58	7	3218	1760	1458
重庆	13557	6584	6973	195	187	8	9149	5133	4015
四川	25013	12325	12689	185	165	20	17497	9676	7821
贵州	7516	3694	3822	30	26	4	5250	2958	2293
云南	11821	5864	5957	78	63	16	8314	4677	3638
西藏	555	249	306	28	12	16	412	198	214
陕西	15679	7592	8087	43	35	8	11715	6344	5371
甘肃	6208	3094	3113	17	13	4	4648	2584	2064
青海	1713	857	856	3	3		1256	696	560
宁夏	2459	1237	1222	5	5		1858	1033	825
新疆	8527	4321	4206	19	15	5	6178	3466	2712

表 4—5a　各地区分性别、婚姻状况的老年人口(城市)(续)

地区	再婚有配偶			离婚			丧偶		
	合计	男	女	小计	男	女	小计	男	女
全国	**20433**	**12640**	**7792**	**4071**	**2319**	**1752**	**136073**	**33554**	**102518**
北京	799	492	307	202	86	116	4903	1253	3650
天津	278	172	106	68	32	36	2865	834	2031
河北	878	538	340	85	38	48	4923	1321	3602
山西	432	254	178	63	43	20	2832	743	2088
内蒙古	520	336	184	60	42	18	2573	696	1877
辽宁	1703	1047	656	279	145	134	8885	2316	6569
吉林	664	427	236	102	41	61	3531	910	2621
黑龙江	1403	882	521	168	88	81	6470	1690	4780
上海	895	526	369	326	167	159	6860	1517	5343
江苏	1187	675	511	259	169	90	10305	2529	7776
浙江	787	414	372	204	168	36	7076	1672	5404
安徽	454	258	196	110	66	43	3745	957	2788
福建	349	222	127	107	54	53	3683	788	2895
江西	323	212	111	80	45	35	2365	511	1854
山东	1480	864	616	187	107	80	10845	2811	8034
河南	750	470	280	141	73	69	5480	1456	4024
湖北	1013	613	400	188	120	69	7244	1938	5305
湖南	916	562	354	169	108	61	5472	1335	4137
广东	789	557	232	275	159	116	11741	2378	9363
广西	317	231	86	95	59	36	2413	459	1953
海南	101	62	39	31	20	11	962	224	738
重庆	655	375	280	158	92	66	3401	796	2604
四川	1305	827	478	204	111	93	5822	1546	4276
贵州	460	319	141	114	64	50	1662	328	1334
云南	402	261	141	107	71	37	2919	793	2126
西藏	17	9	8	4	2	2	95	28	67
陕西	559	351	209	84	48	36	3278	815	2463
甘肃	217	148	69	51	26	25	1275	323	951
青海	76	56	20	17	8	9	360	94	266
宁夏	118	76	41	20	10	10	458	112	346
新疆	584	402	182	112	57	55	1633	381	1252

表4—5b 各地区分性别、婚姻状况的老年人口(镇) 单位:人

地区	60岁及以上人口			未婚			初婚有配偶		
	合计	男	女	小计	男	女	小计	男	女
全国	**341614**	**165297**	**176317**	**4925**	**4595**	**331**	**230365**	**127145**	**103220**
北京	1110	538	573	11	11		786	429	356
天津	2470	1214	1256	33	31	1	1762	944	818
河北	14111	6904	7207	295	294	2	9671	5276	4394
山西	6801	3356	3445	50	50		4599	2608	1991
内蒙古	6225	3190	3035	87	84	3	4394	2480	1914
辽宁	10775	5331	5444	109	101	8	7323	3982	3341
吉林	7896	3881	4016	39	37	2	5469	3028	2440
黑龙江	9855	4890	4965	79	72	7	6747	3725	3022
上海	2572	1202	1371	13	11	2	1882	1002	880
江苏	29362	13831	15531	415	378	36	19938	10837	9101
浙江	14372	7105	7267	291	282	9	9748	5606	4143
安徽	25197	12192	13004	559	544	14	16511	9103	7407
福建	10226	4952	5274	146	139	7	6515	3869	2646
江西	14176	6946	7230	140	120	19	9474	5386	4088
山东	30593	14424	16170	649	638	10	20646	10962	9684
河南	20909	9788	11121	365	359	6	14121	7393	6728
湖北	13202	6364	6838	138	130	9	8697	4730	3968
湖南	15144	7504	7641	130	121	9	10225	5785	4439
广东	17913	8630	9283	342	304	38	12412	6960	5453
广西	14362	6748	7614	198	174	23	9932	5385	4547
海南	1718	822	896	22	19	3	1208	672	537
重庆	10508	5128	5380	134	119	14	7046	3919	3127
四川	24442	11846	12596	382	335	47	15873	8864	7010
贵州	7960	3833	4127	40	35	6	5218	2894	2324
云南	8505	4119	4386	82	57	25	5671	3162	2509
西藏	454	194	260	29	14	15	259	127	132
陕西	10164	4980	5185	82	73	9	7099	3908	3191
甘肃	5634	2827	2807	33	30	3	3917	2231	1686
青海	1037	523	514	6	5	1	677	387	289
宁夏	839	424	414	5	5		607	342	265
新疆	3079	1611	1468	20	19	1	1937	1146	790

表 4—5b 各地区分性别、婚姻状况的老年人口(镇)(续)

地区	再婚有配偶			离婚			丧偶		
	合计	男	女	小计	男	女	小计	男	女
全国	**13329**	**8050**	**5279**	**1903**	**1247**	**656**	**91093**	**24260**	**66832**
北京	51	29	22	9	4	4	253	64	190
天津	77	40	36	11	7	4	588	191	397
河北	496	291	205	51	30	21	3598	1014	2584
山西	342	194	148	42	27	14	1768	477	1292
内蒙古	271	163	108	30	22	8	1443	441	1002
辽宁	634	382	253	71	56	15	2637	810	1827
吉林	398	239	159	38	19	19	1952	557	1395
黑龙江	593	387	207	55	32	23	2380	674	1706
上海	124	66	58	16	7	9	537	115	422
江苏	852	461	390	111	55	55	8047	2099	5948
浙江	485	259	226	85	75	10	3762	882	2880
安徽	752	416	337	145	100	45	7230	2029	5201
福建	339	181	158	61	49	12	3165	713	2452
江西	598	389	208	84	57	27	3881	994	2888
山东	930	516	414	113	78	35	8255	2229	6027
河南	569	339	230	115	73	42	5740	1625	4115
湖北	679	434	245	77	51	26	3610	1020	2590
湖南	687	439	248	92	61	31	4011	1097	2914
广东	346	220	126	87	61	26	4726	1085	3641
广西	430	253	177	80	46	33	3724	890	2833
海南	50	34	16	9	6	3	429	92	337
重庆	514	303	212	71	45	26	2743	742	2002
四川	1346	829	517	150	103	47	6691	1716	4975
贵州	394	279	115	79	51	28	2229	574	1655
云南	368	252	116	76	43	32	2309	604	1704
西藏	11	8	3	7	3	4	148	42	106
陕西	423	245	178	61	40	21	2498	714	1785
甘肃	150	95	54	29	19	11	1505	451	1054
青海	54	37	17	8	4	4	293	90	203
宁夏	30	21	9	5	2	2	191	54	138
新疆	337	249	88	35	19	16	750	177	573

表 4—5c　各地区分性别、婚姻状况的老年人口(乡村)　　单位:人

地区	60岁及以上人口			未婚			初婚有配偶		
	合计	男	女	小计	男	女	小计	男	女
全国	**1286536**	**635414**	**651122**	**27601**	**26578**	**1022**	**829263**	**459692**	**369571**
北京	4852	2421	2430	96	95	1	3236	1816	1420
天津	4472	2255	2216	95	92	2	3124	1698	1426
河北	70074	34801	35272	2077	2060	16	45394	24720	20674
山西	29219	14717	14501	617	611	6	18628	10621	8007
内蒙古	17303	9172	8131	609	604	5	11435	6660	4775
辽宁	29317	14861	14456	418	412	6	19448	10909	8539
吉林	17819	9266	8553	199	195	5	11484	6501	4983
黑龙江	20470	10719	9751	209	207	2	13192	7563	5629
上海	4370	1997	2373	20	18	1	3055	1598	1457
江苏	79198	37119	42079	1515	1462	54	51982	28098	23884
浙江	48966	24847	24119	1089	1070	19	31783	18784	12999
安徽	76719	38285	38435	2670	2616	55	49508	27394	22114
福建	32039	15727	16312	720	702	19	19347	11406	7941
江西	44717	22118	22599	439	424	14	28493	16463	12030
山东	96272	45838	50435	2062	2047	15	63741	33827	29914
河南	102407	48863	53544	3250	3210	40	66133	34647	31486
湖北	60901	30289	30612	1168	1119	50	38395	21191	17204
湖南	81553	41228	40324	1391	1340	51	52456	29935	22522
广东	58042	28087	29955	1641	1591	50	37665	21228	16437
广西	59044	28750	30294	1621	1569	53	38597	20886	17711
海南	6246	2904	3342	153	147	6	4024	2168	1856
重庆	36551	18780	17772	785	769	16	23827	13422	10406
四川	127416	64000	63416	2762	2546	216	80593	45262	35331
贵州	44973	22352	22622	338	327	11	29859	16188	13670
云南	43966	21033	22933	539	412	127	28025	15215	12811
西藏	2397	1051	1347	184	88	97	1254	643	611
陕西	37527	18592	18936	487	469	19	24360	13631	10730
甘肃	26873	13477	13397	286	256	29	17530	9930	7600
青海	3999	1936	2064	71	42	29	2339	1310	1029
宁夏	4051	2049	2002	13	12		2783	1580	1203
新疆	14783	7883	6900	76	66	10	7573	4399	3174

表 4—5c　各地区分性别、婚姻状况的老年人口(乡村)(续)

地区	再婚有配偶			离婚			丧偶		
	合计	男	女	小计	男	女	小计	男	女
全国	**40281**	**20811**	**19470**	**7017**	**5221**	**1796**	**382375**	**123112**	**259263**
北京	205	95	110	26	21	5	1289	394	896
天津	126	65	62	17	13	4	1110	388	722
河北	1960	898	1062	330	254	76	20313	6868	13444
山西	1112	518	594	245	212	33	8616	2754	5862
内蒙古	599	268	331	99	83	16	4561	1557	3004
辽宁	1106	583	523	104	74	30	8241	2883	5357
吉林	679	378	301	73	60	13	5383	2132	3252
黑龙江	870	513	357	88	62	26	6111	2375	3736
上海	162	88	74	14	8	5	1119	285	835
江苏	1703	795	909	308	214	93	23690	6551	17139
浙江	1511	632	879	375	339	36	14208	4022	10186
安徽	1748	757	991	407	322	85	22386	7196	15190
福建	964	447	516	275	234	41	10733	2937	7795
江西	1750	904	846	219	180	39	13817	4146	9670
山东	2359	1194	1165	319	239	80	27791	8531	19260
河南	1800	798	1002	591	397	194	30633	9810	20823
湖北	2293	1206	1087	364	254	110	18680	6520	12161
湖南	2976	1545	1431	459	359	100	24269	8048	16221
广东	1073	543	530	338	277	61	17324	4448	12876
广西	1062	537	525	291	230	62	17472	5528	11944
海南	169	82	87	43	33	10	1857	474	1384
重庆	1333	586	747	187	151	36	10419	3852	6567
四川	4409	2152	2257	660	445	216	38992	13595	25397
贵州	1604	975	628	201	127	74	12972	4734	8238
云南	1410	845	565	235	139	96	13757	4422	9335
西藏	49	31	19	40	12	28	870	277	593
陕西	1165	615	550	222	156	66	11293	3722	7571
甘肃	565	314	251	134	96	38	8359	2879	5480
青海	196	127	70	41	22	20	1351	436	916
宁夏	171	112	59	20	12	9	1064	333	731
新疆	3149	2207	942	291	195	96	3694	1016	2678

表 4—6　全国分年龄、性别、婚姻状况的老年人口

单位:人

年　龄	60岁及以上人口			未　婚			初婚有配偶		
	合计	男	女	小计	男	女	小计	男	女
总　计	**2209366**	**1080597**	**1128769**	**36625**	**34699**	**1926**	**1476167**	**814683**	**661485**
60—64	668310	342519	325791	13906	13400	505	545528	289043	256486
60	150798	76604	74194	3226	3104	122	125652	65291	60362
61	138288	71357	66931	2847	2743	104	114708	60796	53912
62	129399	66188	63210	2569	2473	96	105824	55970	49854
63	124937	63748	61190	2670	2574	96	100250	53156	47094
64	124887	64622	60265	2594	2505	88	99094	53830	45264
65—69	564095	286166	277929	10525	10172	353	417379	228736	188643
65	127284	64161	63124	2477	2399	78	98052	52440	45612
66	104282	53078	51204	1937	1877	60	78964	42999	35965
67	115856	59380	56476	2241	2170	71	85535	47411	38124
68	110325	56302	54023	2041	1965	76	79752	44502	35251
69	106347	53245	53102	1830	1762	68	75076	41385	33691
70—74	454955	224027	230928	6882	6535	348	289346	163634	125712
70	108511	53720	54790	1930	1841	89	72478	40281	32197
71	93246	45871	47375	1459	1396	63	61044	34071	26973
72	97480	48325	49155	1390	1314	76	61735	35244	26491
73	82417	40327	42090	1132	1068	64	50638	28872	21766
74	73302	35784	37517	972	916	55	43450	25166	18285
75—79	290171	135684	154487	3236	2965	272	149213	88239	60973
75	76658	36892	39766	937	865	72	43172	25261	17912
76	59869	28081	31788	632	581	51	32022	18704	13318
77	59431	27677	31754	676	623	53	30187	17876	12311
78	51659	23844	27816	547	503	44	24697	14954	9743
79	42552	19190	23362	445	392	53	19135	11445	7690
80—84	156110	66132	89978	1424	1188	236	57654	34945	22709
80	44232	19290	24941	452	381	71	18176	10957	7219
81	34761	14966	19795	291	256	35	13433	8118	5315
82	29709	12582	17127	272	221	50	10899	6576	4323
83	25489	10512	14977	222	181	41	8374	5100	3274
84	21919	8781	13138	187	149	38	6772	4194	2578
85—89	56582	20475	36107	487	340	147	14098	8479	5620
85	18124	6865	11260	174	135	39	5194	3079	2115
86	13312	4921	8390	107	72	35	3421	2076	1345
87	10531	3682	6849	93	53	40	2457	1500	957
88	8258	2864	5395	80	59	21	1765	1070	695
89	6357	2143	4214	34	21	13	1261	754	507
90—94	15825	4785	11040	136	79	57	2569	1422	1147
90	5290	1611	3679	40	24	16	938	528	409
91	3929	1231	2698	37	23	14	647	364	283
92	2964	858	2106	30	15	15	440	235	205
93	2202	691	1512	19	9	9	344	185	159
94	1439	394	1044	11	8	3	201	110	91
95岁及以上	3319	810	2509	28	20	8	380	185	195

表 4—6　全国分年龄、性别、婚姻状况的老年人口(续)

年龄	再婚有配偶			离婚			丧偶		
	合计	男	女	小计	男	女	小计	男	女
总计	**74043**	**41501**	**32541**	**12990**	**8787**	**4203**	**609540**	**180927**	**428613**
60—64	22547	11208	11339	4824	3440	1383	81505	25427	56078
60	5195	2489	2706	1165	824	341	15560	4896	10664
61	4589	2310	2278	1030	725	305	15115	4783	10332
62	4329	2203	2126	900	637	264	15776	4905	10871
63	4263	2158	2105	895	640	255	16860	5219	11640
64	4171	2048	2123	834	614	220	18194	5624	12570
65—69	20073	10927	9146	3412	2407	1005	112706	33924	78782
65	4592	2370	2222	864	598	266	21301	6354	14946
66	3773	2016	1757	648	460	189	18960	5726	13234
67	4044	2222	1822	705	494	210	23332	7082	16250
68	3923	2202	1721	605	431	174	24003	7203	16800
69	3742	2117	1625	590	424	166	25110	7557	17553
70—74	16164	9649	6515	2404	1646	759	140159	42564	97594
70	3940	2291	1649	610	421	188	29553	8886	20667
71	3260	1941	1320	493	350	144	26989	8114	18875
72	3600	2144	1456	500	340	161	30255	9284	20971
73	2829	1733	1095	439	279	160	27379	8374	19005
74	2534	1540	994	362	256	107	25983	7907	18077
75—79	9639	6005	3634	1380	814	566	126702	37661	89041
75	2678	1666	1012	364	225	140	29507	8876	20631
76	2072	1292	779	263	146	117	24880	7358	17522
77	1973	1239	734	295	182	112	26301	7757	18544
78	1575	981	594	272	155	117	24569	7250	17319
79	1341	826	515	186	106	79	21445	6420	15025
80—84	4201	2718	1483	671	359	311	92159	26922	65238
80	1270	812	458	182	108	74	24151	7032	17119
81	983	634	348	159	97	62	19894	5860	14034
82	764	511	253	117	58	59	17656	5215	12441
83	677	434	243	129	61	68	16088	4736	11351
84	506	326	180	83	35	48	14370	4078	10293
85—89	1107	771	337	229	97	132	40660	10789	29872
85	372	235	138	76	33	43	12308	3383	8925
86	273	206	67	69	28	42	9441	2540	6901
87	191	126	65	33	15	17	7758	1988	5770
88	141	111	30	31	11	19	6242	1613	4630
89	130	93	37	21	10	11	4911	1264	3646
90—94	256	180	76	55	18	37	12808	3086	9722
90	88	63	26	14	6	8	4210	989	3220
91	53	34	18	14	5	9	3179	805	2374
92	62	40	22	17	5	12	2417	563	1853
93	39	30	9	4		4	1796	466	1330
94	14	12	2	6	2	4	1207	262	945
95 岁及以上	55	44	11	15	6	10	2841	556	2285

表 4—6a 全国分年龄、性别、婚姻状况的老年人口(城市)

单位:人

年 龄	60 岁及以上人口			未 婚			初婚有配偶		
	合计	男	女	小计	男	女	小计	男	女
总 计	**581215**	**279886**	**301329**	**4099**	**3526**	**573**	**416540**	**227847**	**188694**
60—64	170879	83637	87241	1433	1264	169	144848	74536	70312
60	37212	18147	19066	328	281	48	32212	16323	15889
61	34757	17043	17714	293	255	38	29857	15262	14595
62	32734	16220	16514	316	287	29	27677	14400	13278
63	32892	15965	16927	265	235	30	27559	14179	13380
64	33283	16262	17020	231	206	25	27542	14373	13169
65—69	154650	75345	79305	1106	997	109	121447	64647	56800
65	33658	16066	17591	236	208	27	27433	14038	13395
66	29168	14103	15066	215	197	18	23238	12198	11041
67	32014	15695	16319	219	199	20	25104	13519	11584
68	30120	14885	15235	216	194	23	23218	12648	10569
69	29689	14596	15093	219	197	21	22454	12243	10210
70—74	122550	60374	62176	780	693	87	84786	48425	36361
70	29111	14018	15093	199	182	18	20988	11517	9471
71	25803	12662	13140	186	168	18	18287	10273	8014
72	26420	13186	13234	156	140	17	18236	10588	7648
73	21766	10684	11082	125	107	18	14557	8406	6151
74	19450	9825	9626	113	97	16	12717	7641	5076
75—79	75544	36635	38909	446	363	83	43812	26801	17011
75	20120	10121	9999	127	110	17	12786	7787	4999
76	15930	7721	8209	97	78	20	9518	5762	3756
77	15426	7428	7998	95	76	19	8802	5367	3435
78	13090	6223	6868	69	56	13	7121	4402	2719
79	10978	5142	5836	58	44	14	5585	3484	2101
80—84	38617	16982	21635	204	137	66	16574	10342	6233
80	10741	4874	5867	66	50	16	5142	3195	1948
81	8683	3817	4866	40	27	12	3871	2376	1495
82	7318	3170	4148	33	21	12	3121	1919	1201
83	6418	2828	3590	39	22	17	2470	1591	880
84	5456	2293	3162	27	18	9	1970	1261	709
85—89	14031	5383	8648	96	57	39	4142	2547	1595
85	4348	1746	2602	29	20	9	1495	905	589
86	3347	1363	1984	23	11	12	1001	653	348
87	2575	932	1643	16	10	6	701	425	277
88	2158	780	1379	17	12	5	565	355	210
89	1602	562	1040	11	4	7	380	209	171
90—94	4106	1318	2788	27	11	16	806	489	317
90	1278	440	838	10	4	6	279	176	103
91	1031	343	688	8	5	3	215	135	80
92	806	240	566	3		2	132	66	66
93	606	204	402	5	1	4	114	72	42
94	385	92	293	3	1	2	67	40	27
95 岁及以上	839	211	628	7	3	4	126	60	66

表 4－6a　全国分年龄、性别、婚姻状况的老年人口(城市)(续)

年　龄	再婚有配偶			离　婚			丧　偶		
	合计	男	女	小计	男	女	小计	男	女
总　计	**20433**	**12640**	**7792**	**4071**	**2319**	**1752**	**136073**	**33554**	**102518**
60—64	5831	3087	2744	1607	916	691	17160	3834	13326
60	1193	619	573	399	219	180	3079	704	2375
61	1196	647	549	358	207	151	3053	673	2380
62	1162	646	516	270	153	117	3309	734	2574
63	1099	566	533	289	166	123	3681	819	2862
64	1181	609	572	290	171	119	4038	904	3134
65—69	5725	3356	2368	1132	663	469	25241	5682	19559
65	1198	641	557	269	154	115	4522	1025	3497
66	1121	639	481	243	147	96	4351	922	3429
67	1129	660	468	227	134	93	5336	1182	4154
68	1185	727	458	194	112	82	5308	1204	4104
69	1093	689	404	200	117	83	5724	1350	4374
70—74	4519	3017	1503	690	402	288	31776	7837	23938
70	1125	722	403	184	100	84	6615	1497	5118
71	941	622	319	152	91	61	6236	1508	4728
72	982	653	329	137	87	50	6909	1718	5191
73	768	535	233	121	72	49	6195	1564	4631
74	704	485	219	96	52	44	5821	1550	4271
75—79	2775	1999	776	385	205	180	28126	7267	20859
75	727	510	217	100	50	51	6379	1664	4715
76	609	446	163	89	47	42	5617	1389	4228
77	582	419	163	62	32	30	5884	1534	4350
78	451	338	113	81	45	36	5368	1382	3986
79	406	285	120	52	31	21	4878	1297	3580
80—84	1162	845	317	191	109	82	20486	5550	14937
80	332	242	90	52	29	23	5149	1358	3791
81	254	180	74	50	33	16	4469	1200	3268
82	215	160	55	33	20	13	3917	1050	2867
83	215	154	61	32	18	14	3663	1044	2618
84	146	109	37	24	9	15	3289	896	2392
85—89	340	271	69	49	21	28	9403	2487	6916
85	97	68	29	19	8	11	2708	745	1963
86	92	85	7	13	6	8	2217	608	1609
87	51	33	18	2	1	1	1804	464	1341
88	55	46	9	5		4	1516	366	1150
89	44	38	6	9	6	4	1157	305	853
90—94	59	48	11	15	2	13	3199	768	2431
90	17	13	4	2		2	971	247	724
91	11	9	2	5	1	4	792	192	600
92	15	12	3	4		4	653	162	491
93	13	11	1	2		2	473	120	353
94	4	2	1	2	1		309	47	262
95 岁及以上	22	18	4	2		1	683	130	553

表 4—6b 全国分年龄、性别、婚姻状况的老年人口(镇)

单位:人

年龄	60岁及以上人口			未婚			初婚有配偶		
	合计	男	女	小计	男	女	小计	男	女
总计	**341614**	**165297**	**176317**	**4925**	**4595**	**331**	**230365**	**127145**	**103220**
60—64	105367	53600	51767	1723	1659	64	86321	45772	40548
60	24164	12277	11886	456	442	14	20148	10518	9631
61	21672	11067	10605	316	303	13	18125	9620	8505
62	20207	10192	10015	312	304	8	16511	8669	7842
63	19870	10013	9858	327	314	12	16024	8475	7548
64	19454	10051	9403	312	296	17	15513	8491	7022
65—69	87152	43538	43614	1360	1306	53	64742	35460	29283
65	20052	9983	10069	312	302	10	15567	8332	7234
66	15918	7955	7963	243	232	11	12072	6544	5528
67	17876	9028	8848	321	311	10	13200	7319	5881
68	16959	8598	8360	253	240	13	12312	6887	5425
69	16347	7974	8373	231	221	9	11591	6378	5214
70—74	69189	33781	35408	983	921	62	44363	25118	19245
70	16480	8030	8451	278	256	21	11048	6132	4916
71	14256	6919	7337	211	197	14	9488	5265	4223
72	14813	7318	7495	215	203	11	9312	5345	3967
73	12699	6209	6490	142	135	7	7968	4591	3377
74	10941	5304	5637	139	129	9	6547	3784	2763
75—79	44065	20611	23453	487	447	41	23222	13800	9422
75	11569	5639	5930	146	136	10	6636	3951	2684
76	9087	4279	4808	92	85	7	4993	2928	2064
77	9072	4162	4910	86	78	9	4775	2806	1969
78	7924	3601	4323	90	86	4	3882	2340	1542
79	6413	2931	3482	73	62	11	2937	1775	1162
80—84	23908	9942	13966	232	180	52	9003	5474	3530
80	6748	2957	3790	75	60	15	2880	1755	1125
81	5266	2219	3047	38	30	9	2074	1267	808
82	4580	1917	2663	48	38	10	1678	1018	660
83	3913	1513	2400	33	23	10	1281	770	512
84	3402	1336	2066	37	29	9	1089	664	425
85—89	8812	2924	5887	84	46	38	2199	1266	933
85	2777	965	1812	29	22	7	765	431	334
86	2114	685	1429	13	5	9	566	319	247
87	1686	551	1134	23	9	15	409	233	176
88	1284	406	878	13	7	6	277	163	114
89	951	317	634	6	4	2	182	120	62
90—94	2574	753	1821	48	29	19	437	219	218
90	876	249	627	10	7	3	169	86	84
91	663	194	469	14	10	4	106	59	48
92	484	143	342	18	9	9	71	34	37
93	333	107	227	5	1	3	56	25	30
94	216	60	156	1	1		35	15	20
95岁及以上	548	148	400	8	7	1	78	37	41

表 4—6b　全国分年龄、性别、婚姻状况的老年人口(镇)(续)

年　龄	再婚有配偶			离　婚			丧　偶		
	合计	男	女	小计	男	女	小计	男	女
总　计	**13329**	**8050**	**5279**	**1903**	**1247**	**656**	**91093**	**24260**	**66832**
60—64	4134	2179	1956	759	531	228	12431	3459	8972
60	979	491	488	186	115	71	2395	711	1683
61	799	425	374	153	107	46	2279	612	1667
62	779	415	364	169	118	51	2436	686	1750
63	791	422	370	135	101	35	2593	700	1893
64	786	426	360	115	90	25	2728	749	1979
65—69	3633	2122	1511	465	300	165	16952	4350	12602
65	829	443	386	111	69	42	3233	837	2397
66	714	417	298	91	60	31	2797	702	2095
67	716	437	279	104	66	39	3534	895	2639
68	701	424	277	93	63	31	3599	984	2614
69	672	401	271	64	42	22	3789	932	2857
70—74	2937	1929	1008	330	217	112	20576	5596	14980
70	671	408	263	85	60	25	4398	1173	3225
71	605	387	219	59	42	18	3892	1028	2864
72	672	441	231	73	42	31	4541	1287	3254
73	518	365	154	61	36	25	4010	1083	2927
74	470	328	141	51	38	13	3735	1025	2710
75—79	1658	1143	515	183	114	69	18515	5107	13407
75	491	339	152	54	38	16	4242	1174	3068
76	351	254	97	27	16	12	3624	996	2628
77	336	226	110	43	26	17	3832	1027	2805
78	279	191	88	36	19	18	3637	965	2672
79	201	133	68	23	16	7	3179	945	2234
80—84	705	500	205	120	67	54	13848	3722	10126
80	207	143	64	38	23	15	3547	976	2571
81	181	137	44	22	13	9	2950	773	2177
82	126	91	34	20	9	11	2708	760	1948
83	103	68	35	29	17	12	2467	635	1832
84	88	61	27	12	5	7	2176	578	1598
85—89	207	141	65	34	11	22	6288	1460	4828
85	77	47	30	10	2	8	1896	464	1432
86	42	31	11	8	4	4	1484	327	1157
87	44	32	12	8	4	4	1201	273	928
88	23	19	4	6	1	5	965	217	749
89	21	13	8	1		1	741	180	561
90—94	48	31	17	9	4	5	2032	470	1562
90	19	13	6	2	2		677	142	535
91	11	7	4	4	3	1	528	116	413
92	10	5	5	2		2	384	94	289
93	8	5	3				265	74	191
94	1			2		2	178	44	134
95岁及以上	7	6	2	3	2	2	451	96	355

表 4－6c 全国分年龄、性别、婚姻状况的老年人口(乡村)

单位:人

年 龄	60 岁及以上人口			未 婚			初婚有配偶		
	合计	男	女	小计	男	女	小计	男	女
总 计	**1286536**	**635414**	**651122**	**27601**	**26578**	**1022**	**829263**	**459692**	**369571**
60—64	392064	205281	186782	10750	10477	273	314360	168735	145626
60	89422	46180	43242	2442	2381	60	73292	38450	34842
61	81859	43246	38613	2239	2185	54	66726	35914	30812
62	76457	39777	36680	1941	1883	59	61636	32901	28734
63	72175	37770	34405	2078	2024	54	56668	30502	26166
64	72150	38308	33842	2050	2004	46	56039	30967	25072
65—69	322293	167283	155010	8060	7870	191	231191	128630	102560
65	73575	38112	35463	1929	1889	40	55052	30070	24983
66	59196	31021	28175	1479	1447	31	43653	24257	19396
67	65966	34657	31309	1701	1660	41	47231	26572	20659
68	63246	32819	30427	1572	1531	41	44223	24966	19256
69	60310	30675	29635	1380	1343	37	41032	22764	18267
70—74	263216	129872	133344	5120	4921	199	160197	90091	70106
70	62920	31673	31246	1453	1403	50	40442	22632	17810
71	53187	26289	26898	1062	1030	32	33269	18533	14736
72	56248	27821	28427	1019	971	48	34187	19311	14876
73	47952	23433	24518	865	826	39	28113	15875	12238
74	42911	20655	22255	720	690	30	24186	13741	10445
75—79	170562	78437	92124	2303	2155	148	82179	47638	34540
75	44969	21132	23837	664	619	44	23750	13522	10228
76	34852	16081	18771	443	419	24	17511	10013	7498
77	34934	16087	18847	495	470	25	16609	9703	6906
78	30645	14020	16625	388	361	27	13695	8213	5482
79	25161	11117	14044	314	286	28	10613	6186	4427
80—84	93585	39208	54377	989	871	118	32077	19130	12947
80	26743	11459	15284	312	271	40	10153	6007	4146
81	20811	8930	11881	214	199	14	7488	4476	3012
82	17811	7495	10315	191	162	28	6101	3639	2462
83	15158	6171	8987	150	136	14	4622	2739	1883
84	13062	5153	7909	122	102	21	3714	2270	1444
85—89	33740	12168	21572	306	237	69	7757	4666	3091
85	10999	4154	6845	116	94	22	2935	1743	1192
86	7851	2874	4977	71	56	15	1854	1105	749
87	6270	2199	4071	53	34	19	1346	841	504
88	4816	1678	3139	49	40	10	923	552	371
89	3804	1264	2540	17	13	4	699	425	275
90—94	9145	2714	6431	61	39	22	1326	714	612
90	3136	923	2213	21	14	7	490	267	223
91	2235	694	1541	15	8	7	326	170	156
92	1674	475	1198	9	5	4	237	135	102
93	1263	380	883	10	7	3	175	88	87
94	837	242	596	6	6	1	98	54	44
95 岁及以上	1932	451	1481	12	9	3	176	88	88

表 4－6c　全国分年龄、性别、婚姻状况的老年人口(乡村)(续)

年　龄	再婚有配偶			离　婚			丧　偶		
	合计	男	女	小计	男	女	小计	男	女
总　计	**40281**	**20811**	**19470**	**7017**	**5221**	**1796**	**382375**	**123112**	**259263**
60—64	12581	5943	6639	2458	1993	465	51915	18134	33781
60	3023	1379	1645	579	490	90	10086	3480	6606
61	2593	1238	1355	518	411	108	9782	3498	6284
62	2388	1142	1246	461	366	95	10032	3485	6547
63	2372	1170	1202	470	373	97	10586	3700	6886
64	2204	1014	1191	429	353	76	11428	3971	7457
65—69	10715	5448	5267	1815	1444	371	70513	23891	46621
65	2565	1285	1279	484	375	109	13545	4493	9053
66	1938	960	978	314	253	61	11812	4103	7709
67	2199	1125	1074	374	295	79	14461	5005	9456
68	2037	1051	986	318	256	62	15097	5015	10082
69	1976	1027	950	326	265	60	15597	5275	10321
70—74	8708	4704	4004	1385	1026	359	87807	29130	58676
70	2145	1162	983	340	262	79	18540	6216	12324
71	1714	932	782	282	217	65	16860	5577	11283
72	1946	1050	896	290	210	80	18806	6279	12527
73	1542	834	709	258	171	86	17173	5727	11447
74	1361	727	634	215	166	49	16428	5332	11096
75—79	5206	2862	2344	812	495	317	80062	25287	54775
75	1460	816	643	210	137	73	18886	6037	12849
76	1111	592	519	147	83	64	15639	4973	10666
77	1056	594	462	190	124	65	16585	5196	11389
78	845	452	393	154	92	63	15563	4903	10661
79	735	408	327	111	59	52	13388	4178	9211
80—84	2334	1373	961	360	184	176	57825	17650	40175
80	731	427	304	93	56	37	15455	4698	10757
81	547	317	230	87	51	36	12475	3887	8588
82	423	259	164	64	30	35	11031	3405	7626
83	360	213	147	68	26	42	9958	3057	6901
84	273	157	116	47	21	26	8906	2604	6302
85—89	561	358	202	146	65	81	24970	6841	18128
85	198	120	78	46	23	23	7704	2175	5529
86	138	90	49	48	18	29	5740	1605	4135
87	96	61	35	23	11	12	4752	1252	3500
88	63	46	17	20	10	10	3761	1030	2731
89	65	42	23	10	4	7	3013	780	2233
90—94	149	102	48	31	11	20	7578	1848	5730
90	52	37	16	11	5	6	2562	601	1961
91	31	18	13	4	1	3	1858	497	1361
92	37	23	14	11	5	6	1380	307	1073
93	19	14	5	3		3	1057	272	786
94	10	10		2		2	721	172	549
95岁及以上	26	21	6	11	3	7	1707	330	1377

表 4—7 各地区分性别、受教育程度的老年人口

单位:人

地区	60岁及以上人口			未上过学		
	合计	男	女	小计	男	女
全国	**2209366**	**1080597**	**1128769**	**935714**	**262715**	**673000**
北京	29743	14167	15577	5743	1038	4706
天津	18788	9050	9738	4601	984	3617
河北	107077	52657	54420	37165	9721	27444
山西	48741	24323	24418	15090	4240	10850
内蒙古	36045	18635	17410	16341	5898	10443
辽宁	77918	38018	39900	19118	4521	14597
吉林	40745	20325	20421	12849	3941	8908
黑龙江	57350	28488	28862	17497	5113	12384
上海	37024	17228	19796	9122	1507	7614
江苏	152472	72023	80449	64057	14792	49266
浙江	92011	46128	45882	42070	12289	29781
安徽	118064	58426	59638	69115	22683	46433
福建	56092	27447	28645	26853	6846	20007
江西	68665	33911	34754	29207	7668	21540
山东	171154	81129	90025	83462	23180	60282
河南	148667	70774	77893	66157	19367	46790
湖北	102436	50271	52165	47887	12600	35287
湖南	118654	59518	59136	43656	11592	32065
广东	123434	59315	64119	43271	8310	34961
广西	83737	40462	43276	30173	6830	23343
海南	12340	5850	6490	5325	1199	4126
重庆	60616	30491	30125	24510	7173	17336
四川	176872	88172	88700	82535	24363	58171
贵州	60450	29879	30571	34589	10976	23613
云南	64292	31016	33276	39110	13443	25667
西藏	3406	1493	1913	2756	1045	1711
陕西	63371	31163	32207	25027	7676	17350
甘肃	38715	19397	19318	21721	7674	14048
青海	6749	3315	3434	3519	1166	2353
宁夏	7348	3710	3639	3991	1452	2539
新疆	26389	13815	12573	9196	3427	5769

表 4—7　各地区分性别、受教育程度的老年人口(续)

地区	小学			初中			高中		
	合计	男	女	小计	男	女	小计	男	女
全　国	**836290**	**506132**	**330158**	**268687**	**191634**	**77053**	**104839**	**72546**	**32293**
北　京	8941	4348	4593	6022	3333	2689	4070	2220	1850
天　津	6736	3432	3304	3713	2292	1421	2079	1203	876
河　北	46173	26441	19732	15646	10923	4723	5091	3419	1671
山　西	21145	11346	9799	8454	5801	2652	2498	1744	754
内蒙古	11139	6788	4351	5426	3708	1718	1989	1384	605
辽　宁	32848	16684	16164	15205	9562	5643	6439	4132	2306
吉　林	16074	8562	7511	7323	4690	2633	2794	1905	889
黑龙江	22984	12087	10897	10675	6944	3731	3784	2580	1203
上　海	10868	5103	5765	7301	4375	2926	5157	3042	2115
江　苏	55634	33282	22352	20109	14966	5143	7690	5252	2438
浙　江	35733	23593	12140	8682	6284	2399	3602	2520	1082
安　徽	31336	21898	9438	11854	9421	2434	3888	2867	1021
福　建	18695	12649	6045	5769	4378	1391	3133	2238	895
江　西	28565	17820	10744	6762	5157	1605	2832	2181	651
山　东	61082	38004	23078	17306	12976	4329	6187	4543	1643
河　南	53671	30411	23260	20115	14482	5633	5575	4052	1522
湖　北	36180	23895	12285	11551	8722	2829	4423	3262	1161
湖　南	55285	33442	21843	13234	9616	3618	4310	3148	1162
广　东	55302	32484	22818	15194	11328	3867	6068	4454	1614
广　西	41049	23914	17135	8317	6397	1920	2914	2273	641
海　南	4100	2415	1684	1795	1326	469	744	593	151
重　庆	27352	17113	10239	5789	4137	1652	2051	1394	657
四　川	71007	46898	24109	14720	10907	3813	5767	3916	1851
贵　州	18009	12926	5083	4828	3769	1059	1989	1423	566
云　南	18315	12487	5828	4056	3094	962	1882	1283	599
西　藏	543	378	164	48	32	16	31	17	14
陕　西	22472	12420	10052	9418	6424	2994	3830	2660	1170
甘　肃	10971	7187	3784	3694	2819	875	1533	1113	420
青　海	1875	1179	696	821	578	243	341	240	101
宁　夏	1768	1127	641	931	657	275	415	279	136
新　疆	10441	5817	4624	3930	2540	1390	1734	1207	527

表 4—7　各地区分性别、受教育程度的老年人口(续)

地区	大学专科			大学本科			研究生		
	合计	男	女	小计	男	女	小计	男	女
全国	**36225**	**27019**	**9206**	**27073**	**20104**	**6969**	**536**	**447**	**89**
北京	1813	1140	673	3050	2003	1047	103	85	19
天津	855	587	268	793	544	249	12	9	3
河北	1796	1287	509	1195	857	338	11	8	3
山西	1014	777	237	536	411	125	6	5	1
内蒙古	765	564	201	375	284	92	9	9	
辽宁	2513	1775	738	1763	1317	447	31	26	5
吉林	983	693	290	716	529	186	6	4	2
黑龙江	1559	1100	459	838	652	186	14	12	2
上海	2004	1364	640	2503	1781	722	68	56	12
江苏	2866	2210	656	2073	1487	586	43	35	9
浙江	1047	798	249	859	632	227	17	13	4
安徽	1174	991	184	691	564	127	5	3	2
福建	729	589	140	899	733	165	15	13	1
江西	941	778	163	356	305	50	3	3	
山东	1960	1519	441	1124	882	241	34	24	10
河南	2214	1718	496	919	728	192	16	16	
湖北	1342	1003	339	1024	762	262	29	26	2
湖南	1344	1040	305	809	666	144	15	15	
广东	2093	1616	476	1475	1096	379	31	27	4
广西	850	688	163	430	357	73	4	4	
海南	262	225	37	111	89	22	2	2	
重庆	480	349	132	422	315	107	12	10	2
四川	1472	1086	386	1354	985	369	19	17	2
贵州	497	375	122	536	409	127	2	1	1
云南	511	395	117	414	312	102	4	3	1
西藏	26	18	7	2	1	1			
陕西	1548	1139	409	1056	827	230	20	18	2
甘肃	481	364	117	312	239	73	3	2	1
青海	118	90	28	76	62	14	1	1	
宁夏	171	137	34	71	58	13	1		
新疆	797	606	191	291	217	73	1	1	

表 4—7a　各地区分性别、受教育程度的老年人口(城市)　　单位:人

地区	60岁及以上人口			未上过学		
	合计	男	女	小计	男	女
全　国	**581215**	**279886**	**301329**	**149518**	**31592**	**117926**
北　京	23781	11207	12573	3597	509	3088
天　津	11846	5581	6265	2085	317	1768
河　北	22892	10951	11941	4912	896	4015
山　西	12721	6250	6471	2611	590	2020
内蒙古	12517	6273	6244	3004	756	2248
辽　宁	37826	17826	20001	6459	1188	5271
吉　林	15030	7178	7852	2804	594	2211
黑龙江	27025	12879	14146	6551	1603	4948
上　海	30081	14029	16052	5839	794	5045
江　苏	43912	21073	22839	12729	2533	10196
浙　江	28673	14176	14496	10087	2552	7535
安　徽	16148	7948	8200	6077	1572	4505
福　建	13827	6768	7059	3920	696	3223
江　西	9771	4847	4924	2560	603	1957
山　东	44288	20868	23420	15156	3304	11852
河　南	25351	12123	13228	6218	1240	4978
湖　北	28333	13618	14715	9167	1912	7255
湖　南	21957	10786	11171	5026	1034	3992
广　东	47480	22598	24881	12518	2113	10406
广　西	10332	4964	5368	2141	330	1811
海　南	4375	2124	2251	1406	278	1128
重　庆	13557	6584	6973	3412	828	2584
四　川	25013	12325	12689	6307	1479	4829
贵　州	7516	3694	3822	2010	471	1539
云　南	11821	5864	5957	5050	1614	3437
西　藏	555	249	306	319	111	208
陕　西	15679	7592	8087	3168	615	2553
甘　肃	6208	3094	3113	1418	292	1126
青　海	1713	857	856	330	60	270
宁　夏	2459	1237	1222	646	160	486
新　疆	8527	4321	4206	1990	550	1441

表4—7a 各地区分性别、受教育程度的老年人口(城市)(续)

地区	小学			初中			高中		
	合计	男	女	小计	男	女	小计	男	女
全国	**200984**	**101433**	**99551**	**113788**	**69861**	**43928**	**64926**	**39775**	**25151**
北京	6456	2819	3637	5063	2702	2361	3817	2041	1776
天津	3498	1497	2002	2775	1607	1169	1880	1060	821
河北	7653	3726	3927	5066	2996	2070	2846	1679	1167
山西	4540	2139	2401	3079	1861	1218	1382	856	525
内蒙古	4153	2118	2035	3078	1860	1217	1303	823	480
辽宁	14049	6115	7934	8799	5048	3751	4678	2752	1926
吉林	4977	2177	2800	3936	2244	1692	1918	1197	720
黑龙江	9894	4694	5201	6002	3523	2479	2542	1602	940
上海	8358	3471	4886	6552	3809	2743	4884	2858	2027
江苏	13867	7252	6615	8306	5376	2930	5046	3084	1963
浙江	10820	6511	4309	3999	2617	1382	2205	1370	834
安徽	4333	2493	1839	2976	1989	987	1646	1005	641
福建	4203	2244	1959	2524	1643	882	1898	1187	711
江西	3551	1812	1739	1872	1195	677	1082	683	398
山东	16364	8926	7438	6837	4533	2304	3558	2335	1223
河南	8121	3788	4333	5859	3595	2264	2825	1776	1048
湖北	9353	5195	4158	5091	3297	1794	2718	1785	933
湖南	9144	4662	4482	4135	2582	1552	2131	1350	781
广东	20038	10355	9684	7689	5133	2556	4112	2706	1406
广西	4341	2036	2305	1921	1243	679	1093	712	381
海南	1462	791	672	795	515	280	421	304	117
重庆	5882	3117	2765	2267	1359	907	1248	749	498
四川	9465	5133	4332	4180	2518	1662	2930	1698	1233
贵州	2261	1156	1105	1451	892	559	1007	607	400
云南	3342	2007	1335	1507	992	515	1163	695	468
西藏	149	86	64	32	20	13	28	14	14
陕西	4560	2015	2545	3685	2111	1574	2207	1357	850
甘肃	1896	915	981	1472	937	535	830	517	312
青海	564	265	299	441	271	170	220	143	77
宁夏	701	352	349	593	370	222	314	193	121
新疆	2989	1568	1421	1805	1023	782	994	637	357

表 4—7a　各地区分性别、受教育程度的老年人口(城市)(续)

地 区	大学专科			大学本科			研 究 生		
	合计	男	女	小计	男	女	小计	男	女
全　国	**26802**	**18837**	**7965**	**24685**	**17960**	**6725**	**512**	**428**	**84**
北　京	1755	1097	659	2991	1958	1033	101	82	19
天　津	815	559	257	781	535	246	11	8	3
河　北	1307	880	427	1100	767	333	8	7	2
山　西	652	463	189	452	336	117	6	5	1
内蒙古	624	450	175	347	258	89	8	8	
辽　宁	2131	1455	676	1679	1241	438	31	26	5
吉　林	736	489	248	653	474	179	6	4	2
黑龙江	1256	853	403	766	593	173	14	12	2
上　海	1930	1305	625	2450	1737	713	68	56	12
江　苏	1997	1444	553	1926	1351	575	40	33	7
浙　江	779	558	222	765	555	210	17	13	4
安　徽	580	464	116	532	422	110	5	3	2
福　建	483	363	120	788	623	164	12	12	
江　西	455	349	106	248	202	47	3	3	
山　东	1341	981	359	1000	767	233	32	22	10
河　南	1520	1097	423	794	613	181	14	14	
湖　北	1010	695	315	967	709	258	27	25	2
湖　南	849	616	233	658	527	130	15	15	
广　东	1677	1226	451	1414	1040	374	30	26	4
广　西	480	357	123	353	283	69	4	4	
海　南	188	155	32	101	80	21	1	1	
重　庆	353	243	110	384	276	107	12	10	2
四　川	963	662	301	1149	819	330	19	17	2
贵　州	338	238	100	446	329	117	2	1	1
云　南	390	284	106	365	269	96	4	3	1
西　藏	23	17	7	2	1	1			
陕　西	1117	767	349	927	713	214	17	15	2
甘　肃	315	226	89	274	205	69	3	2	1
青　海	88	63	25	68	55	14	1	1	
宁　夏	139	108	31	65	52	13	1		
新　疆	509	373	136	239	170	68	1	1	

表4—7b 各地区分性别、受教育程度的老年人口(镇)

单位:人

地区	60岁及以上人口			未上过学		
	合计	男	女	小计	男	女
全国	**341614**	**165297**	**176317**	**130861**	**32033**	**98828**
北京	1110	538	573	272	54	218
天津	2470	1214	1256	841	226	615
河北	14111	6904	7207	4278	946	3332
山西	6801	3356	3445	1845	432	1413
内蒙古	6225	3190	3035	2619	839	1779
辽宁	10775	5331	5444	2624	581	2044
吉林	7896	3881	4016	2482	698	1783
黑龙江	9855	4890	4965	2728	720	2008
上海	2572	1202	1371	986	179	806
江苏	29362	13831	15531	12414	2752	9662
浙江	14372	7105	7267	5962	1588	4374
安徽	25197	12192	13004	12766	3571	9195
福建	10226	4952	5274	4579	1067	3512
江西	14176	6946	7230	4646	975	3670
山东	30593	14424	16170	14316	3801	10515
河南	20909	9788	11121	8143	2014	6129
湖北	13202	6364	6838	5538	1213	4325
湖南	15144	7504	7641	3918	832	3086
广东	17913	8630	9283	6015	987	5028
广西	14362	6748	7614	4121	685	3436
海南	1718	822	896	626	120	506
重庆	10508	5128	5380	3671	899	2773
四川	24442	11846	12596	9152	2178	6974
贵州	7960	3833	4127	3635	928	2708
云南	8505	4119	4386	4098	1200	2898
西藏	454	194	260	371	128	242
陕西	10164	4980	5185	3728	1062	2666
甘肃	5634	2827	2807	2652	785	1867
青海	1037	523	514	475	136	339
宁夏	839	424	414	400	118	282
新疆	3079	1611	1468	962	322	640

表 4—7b　各地区分性别、受教育程度的老年人口(镇)(续)

地区	小学			初中			高中		
	合计	男	女	小计	男	女	小计	男	女
全　国	**130889**	**74295**	**56595**	**50891**	**36273**	**14618**	**20671**	**15652**	**5019**
北　京	397	203	194	226	136	90	130	80	50
天　津	1064	594	470	400	279	121	121	84	37
河　北	6162	3350	2812	2466	1724	742	837	581	256
山　西	2773	1373	1401	1421	961	461	492	364	128
内蒙古	2015	1173	842	1037	744	293	418	324	94
辽　宁	4722	2425	2296	2313	1494	818	837	606	232
吉　林	3151	1608	1543	1515	992	523	499	380	120
黑龙江	3842	1870	1972	2162	1450	713	810	605	204
上　海	910	558	352	381	266	115	195	120	75
江　苏	11100	6572	4528	3911	2980	931	1282	964	318
浙　江	5784	3582	2202	1669	1205	464	724	534	190
安　徽	7277	4695	2582	3386	2522	863	1240	953	287
福　建	3566	2245	1321	1170	886	285	679	536	143
江　西	5924	3254	2670	2096	1477	618	1054	842	212
山　东	11181	6715	4466	3309	2477	832	1293	1011	282
河　南	7645	4056	3589	3510	2446	1065	1127	853	274
湖　北	4480	2638	1841	2067	1573	493	820	666	153
湖　南	7063	3726	3337	2588	1736	852	1094	803	292
广　东	7940	4492	3448	2535	1908	627	1083	929	154
广　西	6619	3353	3266	2202	1556	646	1052	827	224
海　南	578	300	278	311	228	83	151	127	24
重　庆	4716	2682	2034	1440	1018	422	542	408	134
四　川	9633	5642	3991	3350	2343	1007	1723	1214	509
贵　州	2574	1592	982	1079	797	282	472	343	129
云　南	2862	1765	1097	983	720	263	434	323	111
西　藏	76	60	16	5	4	1	1	1	
陕　西	3396	1750	1647	1796	1204	592	833	619	215
甘　肃	1745	1081	664	755	580	176	339	265	74
青　海	304	189	115	160	120	40	73	56	18
宁　夏	218	131	87	134	102	32	61	51	10
新　疆	1173	621	552	514	347	167	253	181	71

表4—7b 各地区分性别、受教育程度的老年人口(镇)(续)

地区	大学专科			大学本科			研究生		
	合计	男	女	小计	男	女	小计	男	女
全国	**6319**	**5286**	**1033**	**1966**	**1744**	**222**	**17**	**14**	**3**
北京	32	24	8	51	38	13	3	3	
天津	34	23	11	10	7	2	1	1	
河北	291	231	59	76	71	5	2	2	
山西	205	169	37	65	58	7			
内蒙古	112	87	24	25	22	3			
辽宁	217	171	45	63	54	9			
吉林	196	158	38	53	45	8			
黑龙江	248	193	55	65	53	13			
上海	56	43	14	44	36	8			
江苏	527	447	79	124	114	10	3	2	2
浙江	162	141	22	71	55	16			
安徽	395	330	64	134	121	13			
福建	154	143	11	77	75	1	1		1
江西	369	313	56	88	84	4			
山东	391	324	67	103	95	8	2	2	
河南	391	335	56	91	83	8	2	2	
湖北	248	227	21	49	45	4	1	1	
湖南	355	290	65	126	117	9			
广东	288	266	22	51	48	4			
广西	300	263	37	68	64	4			
海南	45	41	3	8	7	1			
重庆	104	86	19	35	35				
四川	392	317	76	192	153	39			
贵州	117	102	16	83	73	10			
云南	84	73	11	45	38	6			
西藏	2	1	1						
陕西	300	247	53	109	97	12	2	2	
甘肃	113	89	24	30	27	3			
青海	20	18	2	5	5				
宁夏	21	18	2	5	4				
新疆	152	118	34	24	22	2			

表 4—7c　各地区分性别、受教育程度的老年人口(乡村)

单位:人

地区	60岁及以上人口			未上过学		
	合计	男	女	小计	男	女
全　国	**1286536**	**635414**	**651122**	**655335**	**199089**	**456246**
北　京	4852	2421	2430	1875	475	1400
天　津	4472	2255	2216	1675	441	1234
河　北	70074	34801	35272	27976	7880	20096
山　西	29219	14717	14501	10634	3217	7417
内蒙古	17303	9172	8131	10718	4302	6416
辽　宁	29317	14861	14456	10035	2753	7282
吉　林	17819	9266	8553	7563	2650	4914
黑龙江	20470	10719	9751	8218	2791	5427
上　海	4370	1997	2373	2297	534	1763
江　苏	79198	37119	42079	38914	9507	29407
浙　江	48966	24847	24119	26021	8149	17871
安　徽	76719	38285	38435	50273	17540	32733
福　建	32039	15727	16312	18355	5083	13272
江　西	44717	22118	22599	22002	6089	15912
山　东	96272	45838	50435	53991	16076	37915
河　南	102407	48863	53544	51796	16113	35683
湖　北	60901	30289	30612	33182	9475	23707
湖　南	81553	41228	40324	34712	9725	24987
广　东	58042	28087	29955	24738	5211	19527
广　西	59044	28750	30294	23911	5816	18096
海　南	6246	2904	3342	3293	801	2491
重　庆	36551	18780	17772	17427	5446	11980
四　川	127416	64000	63416	67076	20707	46369
贵　州	44973	22352	22622	28944	9578	19366
云　南	43966	21033	22933	29961	10629	19332
西　藏	2397	1051	1347	2067	806	1261
陕　西	37527	18592	18936	18132	6000	12132
甘　肃	26873	13477	13397	17651	6597	11054
青　海	3999	1936	2064	2714	970	1744
宁　夏	4051	2049	2002	2944	1174	1770
新　疆	14783	7883	6900	6243	2556	3687

表4－7c 各地区分性别、受教育程度的老年人口(乡村)(续)

地区	小学			初中			高中		
	合计	男	女	小计	男	女	小计	男	女
全国	**504417**	**330404**	**174012**	**104008**	**85501**	**18508**	**19243**	**17119**	**2123**
北京	2088	1327	762	733	495	239	122	98	24
天津	2174	1342	832	537	406	131	77	59	18
河北	32357	19364	12993	8114	6204	1911	1407	1159	248
山西	13831	7834	5997	3954	2980	974	625	523	102
内蒙古	4971	3497	1475	1312	1104	208	268	237	31
辽宁	14078	8144	5933	4093	3020	1074	924	775	149
吉林	7945	4777	3168	1872	1454	418	377	328	49
黑龙江	9247	5523	3724	2510	1971	540	432	374	58
上海	1600	1074	526	368	300	68	78	65	13
江苏	30667	19458	11209	7892	6610	1282	1361	1204	157
浙江	19129	13500	5629	3014	2461	553	674	616	58
安徽	19727	14710	5017	5492	4909	583	1002	908	93
福建	10926	8161	2765	2074	1849	225	556	515	41
江西	19090	12754	6335	2794	2484	310	696	656	40
山东	33537	22363	11174	7159	5967	1193	1336	1197	139
河南	37905	22566	15339	10746	8442	2304	1623	1423	200
湖北	22348	16062	6286	4394	3852	542	886	811	75
湖南	39078	25055	14024	6512	5298	1214	1085	996	89
广东	27324	17637	9686	4970	4286	683	872	819	54
广西	30090	18526	11564	4193	3598	595	770	734	36
海南	2060	1325	735	689	583	106	172	162	9
重庆	16754	11314	5441	2081	1759	322	262	237	25
四川	51908	36122	15786	7190	6046	1144	1113	1004	109
贵州	13174	10178	2996	2298	2080	218	510	473	37
云南	12111	8714	3396	1567	1382	184	285	265	20
西藏	317	233	84	10	9	2	2	2	
陕西	14516	8655	5861	3937	3109	828	790	685	105
甘肃	7331	5192	2139	1467	1302	165	364	330	34
青海	1007	725	282	219	187	32	47	41	6
宁夏	849	644	205	205	185	20	40	35	5
新疆	6278	3628	2650	1610	1170	440	488	389	99

表 4—7c　各地区分性别、受教育程度的老年人口(乡村)(续)

地　区	大学专科			大学本科			研　究　生		
	合计	男	女	小计	男	女	小计	男	女
全　国	**3105**	**2896**	**208**	**422**	**399**	**23**	**7**	**5**	**2**
北　京	25	19	6	8	8	1			
天　津	6	5	1	2	2				
河　北	199	176	23	20	20		2		2
山　西	157	145	12	18	17	1			
内蒙古	29	28	2	3	3		1	1	
辽　宁	165	148	18	21	21				
吉　林	51	47	4	10	10				
黑龙江	56	55	1	6	6				
上　海	18	17	2	9	8	1			
江　苏	342	318	24	22	22				
浙　江	106	100	6	23	22	1			
安　徽	200	196	3	26	21	5			
福　建	93	83	9	34	34		1	1	
江　西	116	115	1	19	19				
山　东	229	214	15	21	21				
河　南	302	286	16	34	32	2			
湖　北	83	81	2	9	9				
湖　南	140	133	7	25	21	4			
广　东	127	124	3	10	9	1	1	1	
广　西	71	68	3	9	9				
海　南	30	29	1	2	2				
重　庆	23	20	3	4	4				
四　川	116	108	8	13	13				
贵　州	41	36	6	7	7				
云　南	37	37		5	5		1	1	
西　藏	1	1							
陕　西	132	125	7	20	17	3	1	1	
甘　肃	52	49	4	8	7	1			
青　海	9	9		2	2				
宁　夏	11	10	1	1	1				
新　疆	136	116	20	28	25	3			

表 4—8 全国分年龄、性别、受教育程度的老年人口

单位:人

年 龄	60 岁及以上人口			未上过学		
	合计	男	女	小计	男	女
总 计	**2209366**	**1080597**	**1128769**	**935714**	**262715**	**673000**
60—64	668310	342519	325791	171349	44662	126687
60	150798	76604	74194	33950	8477	25473
61	138288	71357	66931	32825	8239	24586
62	129399	66188	63210	33840	8761	25079
63	124937	63748	61190	34130	9040	25090
64	124887	64622	60265	36604	10144	26459
65—69	564095	286166	277929	206029	58607	147422
65	127284	64161	63124	40888	11220	29668
66	104282	53078	51204	35499	10039	25461
67	115856	59380	56476	42189	12220	29969
68	110325	56302	54023	43197	12571	30626
69	106347	53245	53102	44255	12557	31698
70—74	454955	224027	230928	227288	67600	159688
70	108511	53720	54790	50253	15021	35232
71	93246	45871	47375	44887	13186	31701
72	97480	48325	49155	49437	14726	34711
73	82417	40327	42090	43234	12877	30357
74	73302	35784	37517	39477	11791	27686
75—79	290171	135684	154487	170022	49729	120294
75	76658	36892	39766	42844	12661	30182
76	59869	28081	31788	34564	10128	24436
77	59431	27677	31754	34989	10206	24783
78	51659	23844	27816	31303	9241	22063
79	42552	19190	23362	26321	7492	18829
80—84	156110	66132	89978	103984	28831	75153
80	44232	19290	24941	28633	8060	20573
81	34761	14966	19795	22853	6400	16452
82	29709	12582	17127	19960	5644	14316
83	25489	10512	14977	17432	4710	12723
84	21919	8781	13138	15107	4018	11089
85—89	56582	20475	36107	41869	10270	31599
85	18124	6865	11260	13066	3321	9745
86	13312	4921	8390	9839	2476	7363
87	10531	3682	6849	7957	1918	6039
88	8258	2864	5395	6169	1446	4722
89	6357	2143	4214	4839	1109	3730
90—94	15825	4785	11040	12422	2561	9861
90	5290	1611	3679	4147	856	3291
91	3929	1231	2698	3024	637	2387
92	2964	858	2106	2352	483	1869
93	2202	691	1512	1746	376	1370
94	1439	394	1044	1154	210	944
95 岁及以上	3319	810	2509	2750	454	2296

表 4—8 全国分年龄、性别、受教育程度的老年人口(续)

年龄	小学			初中			高中		
	合计	男	女	小计	男	女	小计	男	女
总计	**836290**	**506132**	**330158**	**268687**	**191634**	**77053**	**104839**	**72546**	**32293**
60—64	298708	164227	134481	130468	88168	42300	44908	29207	15701
60	70278	36973	33305	32265	21649	10616	9313	6000	3313
61	63087	34584	28503	29267	19764	9503	8708	5622	3086
62	57017	31308	25709	25193	17205	7987	9062	5829	3233
63	54156	30262	23894	22979	15322	7657	9171	5992	3179
64	54170	31100	23069	20764	14227	6537	8655	5764	2891
65—69	235479	140705	94774	69451	48948	20503	31266	21576	9690
65	54584	31138	23446	18963	12951	6012	8036	5328	2708
66	44479	26217	18262	13643	9389	4255	6323	4308	2015
67	48695	29324	19371	13961	9879	4081	6270	4371	1898
68	45212	27854	17358	12147	8789	3358	5620	3919	1701
69	42508	26171	16337	10738	7940	2797	5018	3649	1368
70—74	160485	104704	55781	39214	30436	8777	16401	12326	4074
70	40435	25418	15017	10146	7613	2533	4382	3145	1237
71	33756	21597	12158	8451	6447	2005	3588	2662	926
72	34092	22686	11406	8229	6513	1716	3381	2565	815
73	27913	18628	9285	6677	5257	1420	2757	2138	618
74	24289	16375	7914	5711	4608	1103	2293	1815	478
75—79	87550	59639	27911	19502	15947	3554	8153	6390	1763
75	24339	16563	7776	5692	4663	1029	2330	1831	499
76	18409	12406	6002	4062	3311	751	1781	1404	377
77	17808	12123	5684	3960	3212	748	1667	1313	353
78	15080	10338	4742	3148	2602	546	1331	1031	300
79	11915	8208	3707	2640	2159	481	1044	811	234
80—84	39489	27191	12297	7665	6272	1393	3073	2312	760
80	11708	8071	3637	2412	1996	416	896	703	194
81	9000	6231	2770	1756	1431	325	724	546	178
82	7520	5193	2327	1362	1107	255	554	394	160
83	6062	4217	1845	1148	936	212	522	387	135
84	5198	3480	1718	987	802	185	377	282	94
85—89	11483	7730	3752	1904	1489	415	810	580	230
85	3893	2637	1256	691	543	148	297	221	77
86	2695	1845	850	471	370	101	191	137	54
87	2044	1368	676	304	239	65	134	87	47
88	1659	1095	564	241	185	56	109	75	33
89	1191	786	405	198	152	46	79	60	19
90—94	2644	1663	981	416	326	91	196	131	65
90	892	570	322	135	106	29	64	42	22
91	694	440	255	122	95	27	51	35	16
92	488	286	202	72	52	19	36	25	12
93	352	239	114	55	45	10	29	17	12
94	218	129	89	32	27	5	16	13	3
95岁及以上	454	272	182	67	48	19	34	25	9

表 4—8 全国分年龄、性别、受教育程度的老年人口(续)

地 区	大学专科			大学本科			研 究 生		
	合计	男	女	小计	男	女	小计	男	女
总 计	**36225**	**27019**	**9206**	**27073**	**20104**	**6969**	**536**	**447**	**89**
60—64	13741	9782	3959	8962	6327	2636	173	146	26
60	3022	2132	890	1913	1320	593	57	54	3
61	2719	1938	780	1638	1171	467	44	38	6
62	2606	1886	720	1653	1176	476	28	22	6
63	2728	1893	835	1752	1221	531	22	18	4
64	2667	1933	734	2006	1439	568	21	14	7
65—69	11932	8838	3093	9794	7369	2425	144	123	21
65	2718	1987	731	2063	1511	552	34	27	7
66	2286	1640	646	2031	1467	564	20	18	2
67	2583	1936	647	2125	1624	501	34	24	9
68	2270	1709	561	1850	1433	417	29	27	2
69	2075	1567	508	1726	1333	393	28	27	1
70—74	6538	5145	1393	4915	3726	1190	114	90	24
70	1872	1445	427	1398	1057	341	24	21	3
71	1468	1153	315	1066	801	264	29	24	6
72	1320	1066	254	1001	752	249	22	17	4
73	1040	823	218	777	590	187	19	14	5
74	837	657	180	674	524	149	20	14	6
75—79	2761	2268	493	2115	1655	460	67	56	11
75	828	676	152	605	478	128	20	20	
76	578	471	108	465	353	111	10	8	2
77	575	474	101	416	332	84	17	15	2
78	455	377	78	333	251	82	9	4	5
79	324	270	54	297	241	56	11	9	2
80—84	941	746	195	934	761	173	24	18	6
80	288	233	55	291	226	65	4	2	2
81	221	183	37	203	170	33	5	4	1
82	143	111	32	163	128	35	6	5	1
83	173	136	37	147	123	24	5	4	1
84	117	82	35	131	116	16	3	2	1
85—89	242	193	48	266	204	62	8	8	
85	90	72	18	85	68	16	3	3	
86	53	46	7	61	46	15	2	2	
87	45	32	13	47	38	9			
88	36	29	7	43	32	12	2	2	
89	18	15	4	30	20	10	1	1	
90—94	64	42	22	77	57	20	5	5	
90	25	18	7	28	20	8			
91	15	6	9	22	17	4	1	1	
92	4	2	2	10	7	3	3	3	
93	10	7	3	10	7	4			
94	11	9	2	7	6	1	2	1	
95 岁及以上	5	4	1	9	6	3			

表 4—8a 全国分年龄、性别、受教育程度的老年人口(城市)

单位:人

年 龄	60 岁及以上人口			未上过学		
	合计	男	女	小计	男	女
总 计	**581215**	**279886**	**301329**	**149518**	**31592**	**117926**
60—64	170879	83637	87241	20189	4028	16161
60	37212	18147	19066	3737	739	2999
61	34757	17043	17714	3704	713	2991
62	32734	16220	16514	3884	798	3086
63	32892	15965	16927	4148	845	3302
64	33283	16262	17020	4717	933	3784
65—69	154650	75345	79305	29858	6172	23685
65	33658	16066	17591	5342	1078	4263
66	29168	14103	15066	5088	1065	4023
67	32014	15695	16319	6118	1281	4837
68	30120	14885	15235	6423	1350	5073
69	29689	14596	15093	6887	1398	5489
70—74	122550	60374	62176	38197	8327	29870
70	29111	14018	15093	7937	1664	6273
71	25803	12662	13140	7493	1592	5902
72	26420	13186	13234	8513	1917	6596
73	21766	10684	11082	7359	1572	5787
74	19450	9825	9626	6895	1582	5312
75—79	75544	36635	38909	30508	6792	23717
75	20120	10121	9999	7492	1696	5796
76	15930	7721	8209	6258	1408	4850
77	15426	7428	7998	6294	1372	4922
78	13090	6223	6868	5621	1274	4347
79	10978	5142	5836	4844	1042	3802
80—84	38617	16982	21635	19093	4092	15001
80	10741	4874	5867	5011	1075	3936
81	8683	3817	4866	4281	890	3391
82	7318	3170	4148	3656	810	2846
83	6418	2828	3590	3277	727	2550
84	5456	2293	3162	2868	590	2278
85—89	14031	5383	8648	8342	1642	6700
85	4348	1746	2602	2495	518	1977
86	3347	1363	1984	1961	434	1527
87	2575	932	1643	1559	278	1280
88	2158	780	1379	1319	233	1086
89	1602	562	1040	1008	178	830
90—94	4106	1318	2788	2714	456	2258
90	1278	440	838	825	146	679
91	1031	343	688	663	114	549
92	806	240	566	550	93	457
93	606	204	402	407	74	333
94	385	92	293	270	29	241
95 岁及以上	839	211	628	617	84	533

表4—8a 全国分年龄、性别、受教育程度的老年人口(城市)(续)

年龄	小学			初中			高中		
	合计	男	女	小计	男	女	小计	男	女
总计	**200984**	**101433**	**99551**	**113788**	**69861**	**43928**	**64926**	**39775**	**25151**
60—64	58123	26206	31917	47764	26329	21436	26512	14690	11822
60	12903	5695	7208	11367	6289	5078	5292	2839	2453
61	11920	5344	6576	10353	5645	4708	5273	2956	2317
62	10953	5030	5923	9020	5029	3992	5397	2952	2445
63	10912	4932	5980	8780	4748	4032	5472	3057	2415
64	11435	5205	6230	8245	4619	3626	5079	2887	2192
65—69	56742	26339	30403	30790	18194	12596	19478	11886	7591
65	12003	5294	6709	7808	4386	3423	4666	2639	2027
66	10569	4814	5755	6032	3433	2600	3915	2332	1583
67	11899	5517	6382	6168	3600	2568	3951	2469	1482
68	11129	5356	5773	5558	3431	2126	3643	2270	1373
69	11142	5359	5783	5223	3344	1879	3303	2176	1127
70—74	43951	23556	20394	19790	13735	6054	11028	7614	3414
70	10553	5193	5360	5002	3315	1687	2940	1880	1060
71	9462	4923	4539	4265	2884	1381	2453	1687	766
72	9507	5237	4269	4178	2952	1226	2285	1620	665
73	7693	4283	3410	3376	2391	985	1801	1286	515
74	6736	3920	2816	2969	2194	775	1549	1141	407
75—79	25414	15066	10347	10126	7619	2507	5321	3885	1437
75	6883	4071	2812	2920	2210	710	1577	1160	418
76	5435	3130	2305	2175	1636	540	1182	874	308
77	5146	3061	2085	2097	1558	539	1043	762	281
78	4391	2653	1738	1559	1167	393	845	609	236
79	3558	2151	1407	1375	1048	327	673	480	193
80—84	12081	7419	4663	4000	3018	983	1868	1230	639
80	3447	2098	1349	1242	945	297	556	385	171
81	2701	1670	1030	921	690	231	433	285	148
82	2354	1435	919	692	509	183	349	214	135
83	1959	1229	730	613	468	145	305	198	107
84	1621	986	635	532	405	127	225	147	78
85—89	3612	2241	1371	1069	786	283	553	363	191
85	1130	707	423	372	269	103	194	128	66
86	877	550	326	277	209	68	125	84	41
87	671	417	254	167	119	48	99	59	40
88	542	331	211	149	111	38	84	54	30
89	392	235	157	105	78	26	51	38	14
90—94	912	528	384	214	157	56	138	88	49
90	296	187	110	69	49	20	43	26	17
91	236	140	96	61	43	18	37	25	12
92	183	94	89	34	26	7	25	16	9
93	124	78	46	32	25	7	25	16	9
94	73	30	43	17	14	3	9	6	2
95岁及以上	148	77	71	36	23	13	28	19	9

表 4—8a　全国分年龄、性别、受教育程度的老年人口(城市)(续)

地　区	大学专科			大学本科			研　究　生		
	合计	男	女	小计	男	女	小计	男	女
总　计	**26802**	**18837**	**7965**	**24685**	**17960**	**6725**	**512**	**428**	**84**
60—64	10049	6698	3351	8073	5543	2530	168	143	25
60	2166	1402	764	1690	1129	561	57	54	3
61	2013	1345	668	1452	1003	448	44	37	6
62	1951	1345	607	1502	1045	457	27	22	6
63	1974	1291	683	1587	1077	511	20	15	4
64	1945	1315	630	1842	1290	552	20	14	5
65—69	8731	6057	2673	8910	6575	2335	142	120	21
65	1942	1309	634	1865	1336	529	32	25	7
66	1685	1117	568	1859	1324	535	20	18	2
67	1906	1351	555	1938	1453	485	34	24	9
68	1667	1182	485	1672	1269	403	29	27	2
69	1530	1099	432	1577	1194	383	27	27	1
70—74	4953	3685	1268	4526	3374	1152	105	83	23
70	1382	999	382	1274	947	327	24	21	3
71	1127	838	289	975	717	258	28	22	6
72	988	753	235	929	690	239	21	17	4
73	798	599	199	723	541	182	15	11	4
74	658	496	162	626	479	146	18	12	6
75—79	2141	1701	440	1974	1522	452	60	51	9
75	650	513	137	578	452	126	19	19	
76	444	349	95	428	319	108	9	6	2
77	445	355	90	386	304	81	15	15	
78	356	287	69	310	229	80	8	3	5
79	246	197	50	273	217	56	10	7	2
80—84	690	518	172	861	689	172	23	18	6
80	210	162	48	272	207	64	3	2	2
81	157	124	33	187	154	32	5	4	1
82	113	84	29	148	113	35	6	5	1
83	125	92	33	134	110	24	5	4	1
84	85	57	28	121	105	16	3	2	1
85—89	189	147	42	257	196	61	8	8	
85	73	55	18	81	65	16	3	3	
86	46	40	6	59	44	15	2	2	
87	34	23	11	46	36	9			
88	22	19	3	41	30	11	2	2	
89	14	11	4	30	20	10	1	1	
90—94	48	29	19	75	55	20	5	5	
90	17	13	4	27	19	8			
91	12	3	9	22	17	4	1	1	
92	3	1	2	10	7	3	3	3	
93	8	6	3	10	6	4			
94	8	6	2	7	6	1	2	1	
95 岁及以上	2	1	1	9	6	3			

表 4—8b 全国分年龄、性别、受教育程度的老年人口(镇)

单位:人

年龄	60岁及以上人口			未上过学		
	合计	男	女	小计	男	女
总计	**341614**	**165297**	**176317**	**130861**	**32033**	**98828**
60—64	105367	53600	51767	22353	5025	17328
60	24164	12277	11886	4373	971	3402
61	21672	11067	10605	4225	907	3318
62	20207	10192	10015	4438	1023	3415
63	19870	10013	9858	4472	984	3488
64	19454	10051	9403	4844	1140	3705
65—69	87152	43538	43614	28241	6812	21429
65	20052	9983	10069	5463	1277	4187
66	15918	7955	7963	4802	1138	3665
67	17876	9028	8848	5712	1396	4316
68	16959	8598	8360	5954	1487	4467
69	16347	7974	8373	6309	1514	4795
70—74	69189	33781	35408	31913	8247	23665
70	16480	8030	8451	7038	1836	5203
71	14256	6919	7337	6348	1621	4727
72	14813	7318	7495	6904	1787	5116
73	12699	6209	6490	6156	1585	4570
74	10941	5304	5637	5467	1418	4050
75—79	44065	20611	23453	24228	6365	17863
75	11569	5639	5930	5995	1625	4370
76	9087	4279	4808	4966	1315	3651
77	9072	4162	4910	4952	1219	3733
78	7924	3601	4323	4511	1187	3324
79	6413	2931	3482	3804	1018	2785
80—84	23908	9942	13966	15287	3800	11486
80	6748	2957	3790	4149	1091	3058
81	5266	2219	3047	3293	819	2474
82	4580	1917	2663	2922	736	2186
83	3913	1513	2400	2671	620	2051
84	3402	1336	2066	2252	534	1718
85—89	8812	2924	5887	6425	1338	5087
85	2777	965	1812	1930	401	1529
86	2114	685	1429	1579	323	1256
87	1686	551	1134	1255	267	988
88	1284	406	878	956	196	761
89	951	317	634	705	152	553
90—94	2574	753	1821	1975	361	1614
90	876	249	627	679	118	561
91	663	194	469	500	88	412
92	484	143	342	384	75	309
93	333	107	227	245	49	196
94	216	60	156	167	32	135
95岁及以上	548	148	400	439	83	355

表 4—8b　全国分年龄、性别、受教育程度的老年人口(镇)(续)

年　龄	小　学			初　中			高　中		
	合计	男	女	小计	男	女	小计	男	女
总　计	**130889**	**74295**	**56595**	**50891**	**36273**	**14618**	**20671**	**15652**	**5019**
60—64	46053	23095	22959	24674	16343	8331	9059	6512	2547
60	10899	5196	5703	6232	4097	2135	1888	1373	515
61	9580	4754	4826	5505	3670	1836	1734	1223	511
62	8695	4347	4348	4713	3089	1623	1804	1289	516
63	8504	4315	4188	4365	2846	1519	1877	1360	518
64	8376	4482	3894	3859	2641	1219	1756	1268	488
65—69	36639	20343	16296	13116	9220	3896	6261	4700	1561
65	8716	4581	4135	3524	2358	1166	1705	1221	484
66	6736	3652	3084	2556	1750	806	1281	959	322
67	7526	4207	3319	2728	1925	803	1290	974	316
68	7069	4152	2917	2300	1649	650	1063	815	248
69	6593	3751	2841	2009	1538	471	921	731	190
70—74	25270	15770	9500	7486	5941	1545	3107	2556	551
70	6377	3790	2588	1838	1374	464	781	639	142
71	5281	3203	2077	1638	1266	372	679	549	130
72	5400	3451	1950	1572	1294	277	642	513	130
73	4435	2868	1567	1347	1103	244	560	473	87
74	3777	2458	1319	1091	904	187	445	383	63
75—79	13963	9240	4723	3838	3269	568	1515	1267	248
75	3818	2515	1303	1172	1000	172	440	371	69
76	2899	1923	976	787	671	116	316	264	52
77	2924	1909	1015	758	656	102	328	280	49
78	2440	1586	854	640	554	85	254	204	51
79	1882	1307	575	481	388	93	176	149	27
80—84	6466	4286	2180	1399	1199	200	557	477	81
80	1899	1246	654	460	406	55	175	157	18
81	1481	981	500	314	261	53	126	110	17
82	1282	857	425	255	221	33	95	78	17
83	932	636	297	185	156	29	92	71	21
84	872	567	304	185	154	30	70	61	8
85—89	1918	1209	709	289	230	58	144	118	26
85	659	409	250	119	95	25	60	51	9
86	431	279	152	60	46	13	38	31	7
87	358	223	135	47	41	5	19	14	5
88	278	175	103	29	22	7	10	8	2
89	192	122	69	34	26	8	17	13	4
90—94	484	295	189	79	65	14	25	21	5
90	155	94	62	30	26	4	8	8	
91	135	82	53	21	17	4	5	5	
92	81	55	26	13	8	5	6	4	2
93	72	43	29	12	12		2	1	2
94	41	21	20	3	3		3	2	1
95 岁及以上	97	57	40	9	5	4	2	2	

表4—8b 全国分年龄、性别、受教育程度的老年人口(镇)(续)

地区	大学专科			大学本科			研究生		
	合计	男	女	小计	男	女	小计	男	女
总计	**6319**	**5286**	**1033**	**1966**	**1744**	**222**	**17**	**14**	**3**
60—64	2474	1968	507	748	654	94	5	3	2
60	586	481	105	185	159	26			
61	465	369	96	163	145	18			
62	428	333	95	129	110	19			
63	514	387	127	136	118	18	3	3	
64	481	397	84	136	124	12	2		2
65—69	2153	1807	346	741	656	85	1	1	
65	479	401	78	164	145	18	1	1	
66	395	335	59	148	121	27			
67	471	392	79	149	134	15			
68	421	357	64	152	138	14			
69	388	322	66	127	118	10			
70—74	1096	984	112	311	277	33	7	5	1
70	334	293	41	111	98	13			
71	241	216	25	68	62	6	2	2	
72	238	223	15	57	50	7			
73	160	144	16	39	35	4	3	1	1
74	123	108	15	35	32	3	2	2	
75—79	406	363	43	111	102	8	4	4	
75	123	109	14	20	18	2			
76	87	77	10	30	27	3	2	2	
77	82	72	10	27	26	2			
78	62	55	8	15	13	2	1	1	
79	52	50	2	18	18		1	1	
80—84	150	131	18	48	48	1			
80	51	45	6	13	12	1			
81	40	37	3	12	12				
82	13	10	2	14	14				
83	26	24	2	6	6				
84	20	15	5	4	4				
85—89	31	24	7	6	5	1			
85	8	8		2	2				
86	5	4	1	1	1				
87	7	5	2						
88	8	4	4	2	1	1			
89	3	3							
90—94	8	8		2	2				
90	2	2		1	1				
91	2	2							
92	1	1							
93	1	1		1	1				
94	3	3							
95岁及以上									

表 4—8c　全国分年龄、性别、受教育程度的老年人口(乡村)　　单位:人

年　龄	60岁及以上人口			未上过学		
	合计	男	女	小计	男	女
总　计	**1286536**	**635414**	**651122**	**655335**	**199089**	**456246**
60—64	392064	205281	186782	128807	35609	93198
60	89422	46180	43242	25839	6768	19072
61	81859	43246	38613	24896	6620	18277
62	76457	39777	36680	25518	6940	18579
63	72175	37770	34405	25510	7210	18300
64	72150	38308	33842	27043	8071	18971
65—69	322293	167283	155010	147930	45622	102308
65	73575	38112	35463	30083	8865	21218
66	59196	31021	28175	25609	7836	17773
67	65966	34657	31309	30358	9543	20815
68	63246	32819	30427	30820	9734	21086
69	60310	30675	29635	31059	9645	21414
70—74	263216	129872	133344	157178	51026	106152
70	62920	31673	31246	35278	11522	23756
71	53187	26289	26898	31047	9973	21073
72	56248	27821	28427	34020	11021	22999
73	47952	23433	24518	29719	9719	20000
74	42911	20655	22255	27115	8791	18324
75—79	170562	78437	92124	115285	36572	78714
75	44969	21132	23837	29357	9341	20016
76	34852	16081	18771	23340	7405	15935
77	34934	16087	18847	23744	7615	16128
78	30645	14020	16625	21171	6779	14392
79	25161	11117	14044	17674	5431	12242
80—84	93585	39208	54377	69605	20939	48665
80	26743	11459	15284	19473	5894	13579
81	20811	8930	11881	15279	4691	10587
82	17811	7495	10315	13382	4098	9284
83	15158	6171	8987	11484	3362	8122
84	13062	.5153	7909	9987	2894	7093
85—89	33740	12168	21572	27102	7290	19812
85	10999	4154	6845	8641	2402	6239
86	7851	2874	4977	6299	1719	4580
87	6270	2199	4071	5143	1373	3770
88	4816	1678	3139	3893	1018	2875
89	3804	1264	2540	3126	778	2348
90—94	9145	2714	6431	7733	1744	5989
90	3136	923	2213	2643	592	2052
91	2235	694	1541	1861	435	1427
92	1674	475	1198	1418	315	1103
93	1263	380	883	1094	253	840
94	837	242	596	716	149	568
95岁及以上	1932	451	1481	1695	287	1408

表4-8c 全国分年龄、性别、受教育程度的老年人口(乡村)(续)

年龄	小学			初中			高中		
	合计	男	女	小计	男	女	小计	男	女
总计	**504417**	**330404**	**174012**	**104008**	**85501**	**18508**	**19243**	**17119**	**2123**
60—64	194531	114926	79605	58029	45496	12534	9338	8006	1332
60	46476	26081	20394	14666	11263	3403	2133	1788	345
61	41588	24486	17101	13409	10450	2959	1701	1443	258
62	37369	21931	15438	11460	9088	2372	1861	1589	273
63	34740	21015	13725	9834	7728	2106	1821	1575	246
64	34358	21413	12945	8660	6968	1692	1821	1610	211
65—69	142097	94023	48075	25546	21534	4011	5527	4990	538
65	33865	21263	12602	7630	6207	1423	1665	1468	197
66	27175	17752	9423	5055	4206	849	1126	1016	110
67	29270	19600	9669	5065	4354	711	1029	929	100
68	27014	18347	8668	4290	3708	581	914	835	80
69	24773	17061	7712	3506	3059	447	793	742	52
70—74	91264	65378	25886	11938	10761	1177	2266	2156	110
70	23505	16435	7070	3306	2925	381	661	626	35
71	19013	13471	5542	2548	2297	251	456	426	30
72	19185	13998	5187	2480	2267	213	453	433	20
73	15785	11477	4307	1953	1762	191	396	379	17
74	13776	9997	3779	1652	1510	141	299	291	8
75—79	48173	35333	12841	5538	5059	479	1317	1238	79
75	13637	9977	3660	1599	1452	147	313	300	12
76	10075	7354	2721	1100	1004	95	283	266	17
77	9737	7153	2584	1106	998	107	295	271	24
78	8250	6099	2151	949	881	68	231	218	12
79	6475	4751	1724	784	724	61	195	181	14
80—84	20941	15486	5454	2266	2055	210	647	606	41
80	6362	4727	1635	709	645	64	165	161	5
81	4818	3580	1239	521	480	41	165	152	13
82	3885	2901	983	416	377	39	109	101	8
83	3171	2352	819	350	312	38	125	118	7
84	2705	1926	779	270	242	28	82	74	8
85—89	5953	4280	1673	547	473	74	112	99	13
85	2104	1521	584	199	180	20	43	41	2
86	1387	1015	372	135	115	20	28	22	6
87	1015	728	287	90	79	12	16	14	2
88	839	588	250	64	53	11	15	13	2
89	608	429	179	59	47	12	11	9	1
90—94	1248	840	408	123	103	20	33	22	11
90	440	289	150	35	31	4	12	8	4
91	324	218	106	40	35	5	9	5	4
92	225	137	87	25	18	7	5	4	1
93	156	117	38	11	9	3	2	1	1
94	104	79	26	12	10	2	5	5	
95岁及以上	209	138	72	22	20	2	3	3	

表 4—8c 全国分年龄、性别、受教育程度的老年人口(乡村)(续)

地 区	大学专科			大学本科			研 究 生		
	合计	男	女	小计	男	女	小计	男	女
总 计	**3105**	**2896**	**208**	**422**	**399**	**23**	**7**	**5**	**2**
60—64	1218	1116	102	141	129	12			
60	270	248	22	38	32	6			
61	241	224	17	24	23	1			
62	227	208	19	22	22				
63	240	215	25	29	26	2			
64	240	221	20	28	26	3			
65—69	1048	974	74	144	138	6	2	2	
65	296	277	19	34	30	4	1	1	
66	206	188	19	24	23	1			
67	207	193	14	37	37				
68	182	170	12	26	25				
69	156	146	10	22	22				
70—74	489	475	14	79	74	5	2	2	
70	156	153	3	14	13	1			
71	101	100	1	23	23				
72	94	90	4	15	12	3	1	1	
73	82	79	3	15	14	1	1	1	
74	56	54	2	13	13				
75—79	215	204	10	31	30	1	3	1	2
75	56	54	2	7	7		1	1	
76	48	44	3	7	7				
77	48	47	1	3	2	1	2		2
78	37	35	2	8	8				
79	26	24	2	6	6				
80—84	102	96	5	25	25				
80	27	25	2	6	6				
81	23	23		4	4				
82	17	17		1	1				
83	22	20	2	7	7				
84	12	10	2	7	7				
85—89	22	22		3	3				
85	9	9		1	1				
86	2	2							
87	4	4		2	2				
88	6	6							
89	1	1							
90—94	8	5	3						
90	6	3	3						
91	2	2							
92	1	1							
93									
94									
95岁及以上	3	3							

表5—1 各地区分性别、年龄的死亡老年人口(2004.11.1—2005.10.31) 单位:人

地区	死亡人口			60—64岁			65—69岁		
	合计*	男	女	小计	男	女	小计	男	女
全国	**101739**	**58320**	**43419**	**7697**	**4829**	**2868**	**10914**	**6736**	**4178**
北京	924	504	420	65	38	27	121	69	52
天津	752	432	320	51	28	23	83	48	35
河北	6105	3544	2561	451	291	161	662	420	241
山西	2631	1566	1065	193	123	70	340	215	125
内蒙古	1619	1014	605	138	84	54	231	133	98
辽宁	3383	1922	1460	260	154	106	400	233	168
吉林	1645	1013	632	150	96	54	225	137	88
黑龙江	2633	1540	1093	245	145	100	375	210	165
上海	1203	639	564	51	32	19	90	54	36
江苏	6513	3649	2864	477	320	157	558	337	221
浙江	3941	2161	1780	198	126	72	343	227	116
安徽	5028	2898	2131	399	267	132	499	337	163
福建	2666	1467	1199	163	106	57	270	172	98
江西	3367	1988	1379	256	166	91	389	248	141
山东	7796	4438	3358	555	343	212	810	534	275
河南	6579	3593	2986	468	296	171	724	407	317
湖北	4280	2452	1829	349	206	143	483	309	174
湖南	5190	3003	2187	394	240	154	591	371	220
广东	5661	3191	2471	342	219	123	539	352	187
广西	3727	2256	1471	291	195	96	337	218	119
海南	504	287	218	29	20	9	55	36	18
重庆	2377	1406	970	225	143	82	258	166	91
四川	8468	4886	3582	719	451	268	866	556	310
贵州	3504	2008	1496	282	173	109	364	215	148
云南	4004	2294	1710	273	164	110	422	244	178
西藏	263	144	119	19	11	8	29	17	11
陕西	2979	1731	1247	253	152	100	361	199	162
甘肃	1900	1082	818	200	124	76	251	144	107
青海	386	214	172	35	19	16	43	27	16
宁夏	387	237	150	27	19	9	47	30	17
新疆	1321	761	561	136	79	57	148	69	79

表 5—1 各地区分性别、年龄的死亡老年人口(2004.11.1—2005.10.31)(续)

地区	70—74 岁			75—79 岁			80—84 岁		
	小计	男	女	小计	男	女	小计	男	女
全国	**14507**	**8611**	**5896**	**14956**	**8182**	**6774**	**12819**	**6291**	**6528**
北京	170	101	69	153	81	71	131	63	68
天津	132	82	51	142	75	66	93	53	40
河北	1010	591	419	1006	555	451	832	425	407
山西	433	257	176	410	234	176	313	162	151
内蒙古	262	172	91	212	128	84	158	75	83
辽宁	458	260	198	534	279	255	427	234	193
吉林	216	133	82	208	114	94	163	91	72
黑龙江	382	217	165	335	201	134	200	106	93
上海	159	93	67	222	119	102	226	110	116
江苏	897	558	339	999	536	463	997	473	523
浙江	537	290	248	647	355	293	611	278	333
安徽	852	536	316	786	435	351	704	337	367
福建	360	214	146	426	217	209	352	154	199
江西	428	263	166	493	278	215	467	215	252
山东	1090	622	467	1222	660	562	1063	520	543
河南	984	579	405	1083	530	552	863	437	425
湖北	655	396	259	637	341	295	496	250	245
湖南	744	446	298	769	438	331	667	311	355
广东	770	469	301	816	440	376	745	360	385
广西	490	291	199	467	264	203	459	224	235
海南	71	43	27	76	37	39	52	26	27
重庆	335	199	135	347	196	150	278	138	140
四川	1100	643	456	1171	669	502	1068	519	549
贵州	416	252	164	421	231	190	311	153	158
云南	532	314	218	505	280	225	424	206	219
西藏	30	16	14	23	10	13	13	5	9
陕西	456	267	189	410	231	179	377	187	190
甘肃	280	159	122	215	119	96	170	93	77
青海	48	25	22	42	21	22	24	11	13
宁夏	44	25	19	45	28	17	40	21	19
新疆	167	98	69	136	79	57	94	55	40

表5—1 各地区分性别、年龄的死亡老年人口(2004.11.1—2005.10.31)(续)

地区	85—89岁			90—94岁			95—99岁			100岁及以上		
	小计	男	女	小计	男	女	小计	男	女	小计	男	女
全国	**6935**	**2924**	**4010**	**2958**	**1015**	**1943**	**672**	**202**	**470**	**142**	**40**	**102**
北京	80	36	44	29	12	17	8	3	6	1		1
天津	60	30	30	22	7	14	6	2	4	1	1	
河北	384	159	225	159	62	97	38	11	26	7	2	5
山西	143	59	84	42	18	24	5	2	2			
内蒙古	61	35	26	30	15	14	3		2	1	1	
辽宁	233	113	120	111	49	63	19	9	10	10	5	5
吉林	68	43	25	36	18	18	5	2	3	2	2	1
黑龙江	102	48	54	28	16	12	6		6	1		1
上海	169	72	97	75	24	52	19	4	15	2		2
江苏	627	270	358	290	92	199	59	16	43	10		10
浙江	393	164	229	168	43	125	46	12	35	3		3
安徽	306	100	206	110	23	87	24	8	16	3	2	2
福建	232	85	147	127	28	99	26	8	19	4	1	3
江西	180	83	97	70	27	43	13	5	8	3	1	1
山东	636	277	358	283	97	186	62	28	34	13	3	10
河南	423	157	266	177	56	121	42	8	34	4		4
湖北	243	98	145	86	31	55	16	5	11	4	2	1
湖南	315	132	184	158	55	104	24	8	16	7	3	4
广东	524	199	326	263	78	184	74	16	58	26	7	19
广西	273	121	153	148	65	82	38	18	21	10		10
海南	37	20	18	19	5	14	7	2	5	2		2
重庆	162	74	87	47	19	28	22	7	15	1		1
四川	559	236	323	222	67	155	64	15	49	13	5	8
贵州	182	71	110	78	28	50	10	2	8	2	1	1
云南	212	93	119	76	24	53	17	4	13	4	1	3
西藏	6	2	4	2	1	2						
陕西	170	81	89	53	29	24	6	1	4	1	1	
甘肃	78	28	50	19	9	10	4	1	3	1		1
青海	8	2	7	3	2	2						
宁夏	18	8	10	4	3	1	1	1				
新疆	52	30	22	21	11	10	7	3	5	6	3	3

表 5—1a　各地区分性别、年龄的死亡老年人口(2004.11.1—2005.10.31)(城市)　单位:人

地　区	死亡人口			60—64 岁			65—69 岁		
	合计*	男	女	小计	男	女	小计	男	女
全　国	**20265**	**11736**	**8530**	**1516**	**925**	**590**	**2334**	**1427**	**907**
北　京	645	345	300	41	24	17	93	52	42
天　津	435	251	183	30	17	13	46	25	20
河　北	895	550	345	84	57	26	121	82	39
山　西	459	280	179	35	23	13	66	39	27
内蒙古	411	255	156	40	23	17	62	32	30
辽　宁	1324	756	568	88	55	33	185	104	81
吉　林	447	294	153	54	33	21	72	48	25
黑龙江	958	554	404	99	53	47	160	88	72
上　海	981	522	460	39	27	12	75	44	31
江　苏	1551	874	677	114	71	43	143	95	48
浙　江	1069	578	491	45	25	20	93	61	32
安　徽	501	300	201	34	19	14	56	34	23
福　建	492	266	226	41	30	11	56	34	21
江　西	398	248	150	25	14	10	49	30	19
山　东	1709	1015	694	147	83	64	210	137	73
河　南	812	431	381	54	26	28	109	58	50
湖　北	980	563	417	76	49	27	113	72	41
湖　南	759	458	301	63	47	16	84	52	32
广　东	1891	1072	819	117	72	45	177	110	66
广　西	349	242	106	31	27	4	28	19	9
海　南	131	81	50	9	6	3	14	10	4
重　庆	431	259	172	35	24	11	44	26	18
四　川	795	467	328	49	32	17	54	34	20
贵　州	291	184	107	23	15	9	32	26	7
云　南	537	302	235	39	22	17	60	37	23
西　藏	20	10	10	2	1	1	3	2	1
陕　西	469	266	202	43	24	19	59	32	27
甘　肃	153	96	56	21	11	10	25	18	7
青　海	44	25	20	3	2	1	5	3	1
宁　夏	87	55	31	10	6	4	13	9	4
新　疆	240	136	104	26	11	15	27	15	12

表 5－1a　各地区分性别、年龄的死亡老年人口(2004.11.1—2005.10.31)(城市)(续)

地　区	70—74 岁			75—79 岁			80—84 岁		
	小计	男	女	小计	男	女	小计	男	女
全　国	**2951**	**1790**	**1160**	**3010**	**1694**	**1316**	**2522**	**1295**	**1227**
北　京	117	69	48	111	57	54	87	41	46
天　津	81	48	34	82	46	36	56	33	23
河　北	148	92	56	126	72	54	100	53	48
山　西	81	46	36	82	54	28	46	25	20
内蒙古	68	47	21	35	22	13	42	20	22
辽　宁	214	120	94	200	108	93	166	95	71
吉　林	67	39	28	47	31	15	44	30	14
黑龙江	152	88	64	112	69	43	60	29	30
上　海	132	76	57	188	100	88	185	90	95
江　苏	190	112	78	256	140	116	212	107	105
浙　江	172	109	64	162	84	78	156	74	83
安　徽	69	47	23	84	53	31	58	35	23
福　建	65	44	21	78	34	44	74	30	44
江　西	44	27	17	58	32	26	56	30	26
山　东	228	134	93	245	141	105	190	108	81
河　南	91	56	34	117	58	58	103	54	48
湖　北	159	93	66	151	86	65	120	62	57
湖　南	114	71	44	108	56	52	89	39	51
广　东	243	148	95	277	159	117	241	120	122
广　西	45	36	9	47	24	23	42	26	17
海　南	23	12	11	13	8	5	13	8	5
重　庆	51	26	24	66	37	29	56	28	28
四　川	113	71	42	113	77	35	113	54	59
贵　州	39	27	12	49	28	21	33	16	18
云　南	74	48	25	69	40	29	74	36	38
西　藏	4	2	2	2		1	1		1
陕　西	83	50	34	67	35	33	58	26	31
甘　肃	28	20	8	14	8	6	11	5	7
青　海	6	3	3	9	6	4	4	2	2
宁　夏	7	4	3	12	8	4	10	6	4
新　疆	42	27	15	31	19	11	20	13	7

表 5—1a　各地区分性别、年龄的死亡老年人口(2004.11.1—2005.10.31)(城市)(续)

地　区	85—89 岁			90—94 岁			95—99 岁			100 岁及以上		
	小计	男	女	小计	男	女	小计	男	女	小计	男	女
全　国	**1532**	**691**	**841**	**708**	**242**	**466**	**187**	**48**	**139**	**47**	**15**	**33**
北　京	54	26	28	26	11	14	8	3	6	1		1
天　津	36	18	17	11	4	7	3	1	2			
河　北	51	20	31	21	10	11	10	5	5	3		3
山　西	24	10	14	8	5	3	1		1			
内蒙古	20	10	10	8	3	5	1					
辽　宁	74	31	43	39	19	20	4		4	8	4	4
吉　林	16	12	5	10	5	5	2	2	1	1	1	
黑龙江	30	14	16	13	9	4	4		4	1		1
上　海	142	63	79	60	22	38	17	4	13	2		2
江　苏	154	71	83	64	21	43	14	2	12	3		3
浙　江	123	55	68	55	10	45	12	3	9	1		1
安　徽	27	6	21	8	3	5	8	3	5			
福　建	45	16	29	29	4	25	7	1	5	1	1	
江　西	27	18	9	12	4	8	4	3	1	1	1	
山　东	150	72	77	65	18	47	15	4	11	7	2	6
河　南	50	20	30	20	8	12	6		6			
湖　北	61	24	37	17	7	10	5	1	4	1	1	
湖　南	53	27	27	20	5	15	3		3	1	1	
广　东	175	69	106	93	26	67	30	5	25	10	2	9
广　西	23	12	12	8	4	4	4	3	1			
海　南	10	7	4	5	1	4	1		1	1		1
重　庆	43	28	15	17	8	8	5	2	3			
四　川	54	24	30	47	12	35	10	2	8	2		2
贵　州	10	6	4	10	4	6	1		1			
云　南	36	14	22	23	4	18	6	1	6			
西　藏	1		1									
陕　西	20	11	10	13	8	5	1		1			
甘　肃	5	3	2	2	1	1	2	1	1			
青　海	2	1	2	1								
宁　夏	3	1	2	1	1		1	1				
新　疆	11	4	7	4	3	1	3	1	2	1	1	

表5—1b 各地区分性别、年龄的死亡老年人口(2004.11.1—2005.10.31)(镇) 单位:人

地区	死亡人口			60—64岁			65—69岁		
	合计*	男	女	小计	男	女	小计	男	女
全国	**14365**	**8405**	**5960**	**1110**	**706**	**403**	**1535**	**957**	**579**
北京	48	30	18	4	2	2	4	4	1
天津	98	57	41	7	4	2	14	7	6
河北	753	440	314	54	36	18	69	49	20
山西	365	229	136	22	14	8	47	32	16
内蒙古	240	153	87	15	11	5	40	28	12
辽宁	461	244	217	38	23	15	56	23	34
吉林	294	186	107	24	15	9	34	25	8
黑龙江	410	251	159	34	23	11	56	30	26
上海	70	39	31	2	1	1	5	4	1
江苏	1277	732	544	97	64	33	123	73	50
浙江	565	330	235	32	23	9	46	39	7
安徽	947	572	375	71	45	26	100	72	27
福建	443	238	205	30	17	13	45	26	19
江西	629	376	252	58	32	26	71	47	25
山东	1394	811	584	106	70	37	138	81	57
河南	798	448	351	58	40	18	83	44	38
湖北	509	305	204	56	36	20	49	35	14
湖南	555	302	253	48	24	24	65	33	32
广东	786	459	327	46	27	18	81	57	24
广西	516	335	181	38	27	12	60	44	17
海南	65	36	29	4	3		7	4	2
重庆	327	193	134	34	21	13	24	16	8
四川	1009	589	419	88	59	29	113	76	37
贵州	376	224	152	32	20	12	32	16	17
云南	453	250	204	22	13	8	50	26	24
西藏	32	20	12	3	2	1	4	2	3
陕西	426	247	178	39	25	13	51	26	25
甘肃	273	156	116	24	13	11	36	21	15
青海	54	32	21	7	5	3	5	3	2
宁夏	38	25	12	1	1		6	4	1
新疆	153	93	60	16	10	6	21	10	11

表 5—1b 各地区分性别、年龄的死亡老年人口(2004.11.1—2005.10.31)(镇)(续)

地区	70—74岁			75—79岁			80—84岁		
	小计	男	女	小计	男	女	小计	男	女
全国	**1982**	**1210**	**772**	**2116**	**1218**	**898**	**1831**	**858**	**973**
北京	9	5	4	10	7	3	7	3	3
天津	15	10	5	17	8	9	11	8	3
河北	117	69	48	146	90	56	107	48	59
山西	69	39	30	47	28	19	42	23	19
内蒙古	36	23	14	33	27	6	17	5	12
辽宁	51	24	28	81	43	39	45	20	25
吉林	44	31	13	34	18	16	25	13	12
黑龙江	48	27	21	62	34	28	23	12	12
上海	9	7	2	9	5	4	14	8	5
江苏	155	105	50	199	102	97	219	102	117
浙江	68	36	32	84	48	36	100	48	52
安徽	174	121	53	134	74	60	151	79	72
福建	57	32	25	81	42	38	48	16	32
江西	89	56	34	83	58	25	71	26	45
山东	218	138	80	205	114	91	215	98	116
河南	123	60	62	133	65	69	87	42	44
湖北	67	37	30	69	40	29	55	30	25
湖南	80	51	29	68	48	20	81	36	45
广东	108	70	38	112	61	52	108	51	58
广西	63	41	22	64	45	19	56	21	36
海南	8	3	5	11	7	4	4	2	2
重庆	40	28	12	47	32	15	35	14	21
四川	115	64	51	165	96	69	136	66	71
贵州	42	29	13	45	27	18	29	16	13
云南	49	33	17	61	30	30	51	20	31
西藏	3	2	1	4	3	1	2	1	
陕西	62	36	26	59	36	23	48	23	24
甘肃	41	21	20	29	18	11	24	16	8
青海	7	5	2	4	2	3	5	3	2
宁夏	3	2	1	2	1	1	4	3	1
新疆	12	7	5	18	9	8	10	6	4

表 5—1b 各地区分性别、年龄的死亡老年人口(2004.11.1—2005.10.31)(镇)(续)

地区	85—89 岁			90—94 岁			95—99 岁			100 岁及以上		
	小计	男	女	小计	男	女	小计	男	女	小计	男	女
全　国	**938**	**391**	**547**	**386**	**131**	**255**	**81**	**30**	**51**	**10**	**5**	**5**
北　京	2	1	1									
天　津	8	4	4	1		1						
河　北	44	20	25	26	7	20	3	2	2			
山　西	16	9	7	6	2	3	1	1				
内蒙古	8	5	3	5	2	3						
辽　宁	33	13	20	13	5	8	4	3	1	1	1	
吉　林	11	5	5	10	5	5	1		1	2	1	1
黑龙江	15	7	8	5	5							
上　海	9	3	6	5		5	1		1			
江　苏	100	52	48	41	14	28	10	3	7			
浙　江	51	23	28	30	3	28	6	1	4			
安　徽	58	21	37	24	5	19	3	3		2	2	
福　建	40	17	23	19	4	15	3		3			
江　西	31	13	18	16	5	10	3	1	1			
山　东	110	42	68	39	12	27	10	5	5			
河　南	46	22	24	14	6	8	2	2				
湖　北	35	12	22	7	1	6				1		1
湖　南	29	4	25	24	9	15	1		1			
广　东	69	32	37	28	11	17	10	1	8	2	1	2
广　西	32	15	17	19	12	8	5	3	3			
海　南	3	1	2	4		3						
重　庆	28	9	19	5	1	4	4		4			
四　川	61	29	32	17	8	8	8	3	5			
贵　州	21	8	13	10	3	7	3		3	1	1	
云　南	28	8	20	9	4	5	1	1				
西　藏	1											
陕　西	31	10	21	6	4	2	1					
甘　肃	12	3	9	2	1	1				1		1
青　海	1		1									
宁　夏												
新　疆	5	2	3	1		1						

表 5－1c 各地区分性别、年龄的死亡老年人口(2004.11.1—2005.10.31)(乡村) 单位:人

地区	死亡人口			60—64 岁			65—69 岁		
	合计*	男	女	小计	男	女	小计	男	女
全国	**67109**	**38179**	**28929**	**5072**	**3197**	**1875**	**7045**	**4353**	**2692**
北京	231	129	101	20	12	8	23	14	9
天津	219	124	95	14	8	7	24	15	9
河北	4457	2554	1903	314	197	117	471	289	182
山西	1806	1056	750	136	87	49	227	144	83
内蒙古	968	606	362	83	50	32	130	74	56
辽宁	1598	922	676	135	76	59	159	106	53
吉林	904	533	371	72	48	24	119	64	55
黑龙江	1265	735	530	112	69	43	159	92	67
上海	151	78	73	10	5	5	10	6	4
江苏	3685	2042	1643	266	185	81	292	169	123
浙江	2307	1253	1054	122	78	43	204	127	77
安徽	3580	2026	1554	295	203	92	343	230	113
福建	1730	962	768	91	58	33	169	111	58
江西	2340	1364	977	173	119	54	269	172	97
山东	4693	2613	2080	302	190	112	461	317	145
河南	4968	2714	2254	355	230	125	532	304	228
湖北	2790	1583	1207	217	121	96	321	202	120
湖南	3876	2243	1633	284	169	114	442	286	156
广东	2984	1659	1325	179	120	59	281	185	96
广西	2863	1679	1184	222	141	81	249	155	94
海南	309	170	139	17	11	5	34	22	12
重庆	1619	955	664	156	99	57	190	124	66
四川	6664	3830	2834	583	360	222	699	446	253
贵州	2836	1599	1237	227	138	88	299	174	125
云南	3014	1742	1272	213	129	84	312	181	131
西藏	211	114	97	14	8	6	22	14	8
陕西	2084	1218	866	171	103	68	252	141	110
甘肃	1475	830	645	155	100	55	189	104	85
青海	288	157	131	25	13	12	33	21	13
宁夏	263	156	106	17	12	5	28	17	12
新疆	929	532	397	94	57	37	100	44	56

表5—1c 各地区分性别、年龄的死亡老年人口(2004.11.1—2005.10.31)(乡村)(续)

地区	70—74岁			75—79岁			80—84岁		
	小计	男	女	小计	男	女	小计	男	女
全国	**9574**	**5611**	**3963**	**9830**	**5270**	**4560**	**8466**	**4139**	**4328**
北京	44	27	17	32	17	14	37	18	18
天津	36	24	12	42	22	21	26	12	14
河北	745	430	315	734	392	341	625	325	300
山西	283	173	110	280	151	129	225	113	112
内蒙古	158	101	56	144	79	65	98	50	49
辽宁	193	116	76	253	129	124	215	119	96
吉林	104	63	41	127	65	62	94	48	46
黑龙江	182	103	79	161	98	63	117	65	51
上海	18	10	8	25	14	11	27	12	15
江苏	551	340	211	544	294	251	565	264	301
浙江	297	145	152	401	223	178	355	156	198
安徽	609	369	240	569	308	261	494	222	272
福建	238	139	99	267	140	127	230	107	123
江西	295	180	115	352	188	164	340	159	181
山东	644	350	294	772	405	367	658	313	346
河南	770	462	308	833	407	425	673	341	333
湖北	429	265	163	417	216	202	321	158	163
湖南	550	325	225	594	334	260	497	237	260
广东	419	250	168	427	220	207	396	190	205
广西	382	214	168	355	195	160	360	178	182
海南	40	28	12	53	22	30	35	16	19
重庆	243	145	99	234	128	106	187	96	91
四川	872	509	364	893	495	397	819	399	419
贵州	335	196	138	327	176	151	249	122	127
云南	409	233	176	375	209	166	299	150	149
西藏	24	12	12	17	7	10	11	4	8
陕西	310	181	129	283	160	123	272	137	135
甘肃	211	118	93	172	93	79	134	72	62
青海	35	18	17	28	13	15	16	7	9
宁夏	33	19	14	31	19	12	26	13	13
新疆	114	64	50	88	50	38	64	35	29

表 5—1c　各地区分性别、年龄的死亡老年人口(2004.11.1—2005.10.31)(乡村)(续)

地区	85—89岁			90—94岁			95—99岁			100岁及以上		
	小计	男	女	小计	男	女	小计	男	女	小计	男	女
全　国	**4464**	**1842**	**2622**	**1865**	**642**	**1223**	**404**	**125**	**280**	**85**	**20**	**64**
北　京	24	9	15	3	1	3						
天　津	16	7	8	10	4	6	3	1	2	1		
河　北	289	120	169	112	46	66	25	5	20	3	2	2
山　西	103	40	63	28	11	17	3	2	2			
内蒙古	33	20	13	17	10	7	1		1	1	1	
辽　宁	126	69	58	60	25	35	11	6	5	1		1
吉　林	41	26	15	16	8	8	2		2			
黑龙江	56	27	29	11	2	8	2		2			
上　海	18	6	12	10	2	9	2		2			
江　苏	373	147	226	185	57	128	35	10	24	7		7
浙　江	219	85	133	83	30	52	29	7	22	1		1
安　徽	221	72	148	77	14	63	13	2	11	2		2
福　建	147	52	95	79	20	60	17	7	11	3		3
江　西	122	52	70	43	18	25	6	1	5	1		1
山　东	376	163	213	179	67	112	37	19	18	6	1	4
河　南	327	115	212	143	42	101	34	6	28	4		4
湖　北	147	62	85	61	22	39	11	4	7	1	1	
湖　南	233	101	132	114	40	75	20	8	12	5	1	4
广　东	280	98	182	141	41	100	34	9	24	13	4	9
广　西	218	94	124	121	50	71	30	13	17	10		10
海　南	24	12	11	10	3	7	5	1	3	1		1
重　庆	90	37	54	25	9	16	13	5	8	1		1
四　川	445	184	261	158	47	111	45	10	35	12	5	7
贵　州	151	58	93	58	20	38	6	2	3	1		1
云　南	148	71	78	44	15	30	10	3	7	4	1	3
西　藏	4	1	3	2		2						
陕　西	119	61	58	34	17	17	4	1	2	1	1	
甘　肃	61	22	39	16	7	9	2		2			
青　海	5	1	4	2	1	1						
宁　夏	14	7	8	3	2	1						
新　疆	36	24	12	17	8	8	5	2	3	5	2	3

表 5—2 全国分年龄、性别的死亡老年人口状况(2004.11.1—2005.10.31) 单位:人、‰

年龄	平均人口			死亡人口			死亡率		
	合计	男	女	小计	男	女	小计	男	女
总 计*	**16950030**	**8567155**	**8382875**	**101739**	**58320**	**43419**	**6.00**	**6.81**	**5.18**
60—64	658304	337876	320428	7697	4829	2868	11.69	14.29	8.95
60	142246	73069	69177	1413	888	525	9.93	12.15	7.59
61	134297	69053	65244	1360	854	506	10.12	12.36	7.75
62	129128	66281	62847	1510	932	578	11.69	14.06	9.20
63	125173	64195	60978	1615	1012	603	12.90	15.77	9.89
64	127460	65279	62182	1800	1143	657	14.12	17.51	10.56
65—69	560146	284175	275971	10914	6736	4178	19.48	23.70	15.14
65	114122	57746	56376	1816	1145	671	15.92	19.83	11.90
66	113187	58112	55075	1869	1166	703	16.51	20.06	12.77
67	113636	58290	55346	2169	1344	825	19.09	23.05	14.91
68	107987	54786	53201	2297	1416	881	21.27	25.85	16.56
69	111214	55241	55973	2762	1665	1097	24.84	30.15	19.60
70—74	445910	219749	226161	14507	8611	5896	32.53	39.19	26.07
70	100340	49533	50807	2745	1665	1080	27.36	33.61	21.26
71	99630	49697	49933	2746	1657	1090	27.57	33.33	21.83
72	88837	43663	45174	2999	1772	1227	33.76	40.58	27.17
73	78770	38700	40070	2933	1691	1243	37.24	43.69	31.01
74	78333	38156	40177	3083	1827	1256	39.36	47.89	31.26
75—79	279266	129835	149431	14956	8182	6774	53.56	63.02	45.33
75	67633	32344	35290	3018	1735	1283	44.62	53.65	36.35
76	61004	28543	32461	2938	1603	1335	48.16	56.16	41.14
77	57793	26968	30825	3037	1663	1374	52.55	61.68	44.56
78	47855	22034	25821	2918	1614	1304	60.98	73.26	50.51
79	44981	19947	25034	3045	1566	1478	67.69	78.52	59.06
80—84	148518	62562	85956	12819	6291	6528	86.31	100.56	75.95
80	40066	17557	22509	2956	1532	1423	73.77	87.27	63.24
81	34461	14825	19635	2707	1371	1336	78.55	92.48	68.03
82	28458	11889	16569	2465	1201	1264	86.60	100.99	76.28
83	24304	9924	14380	2389	1162	1226	98.28	117.10	85.29
84	21230	8367	12863	2303	1025	1278	108.50	122.52	99.38
85—89	52670	18834	33836	6935	2924	4010	131.66	155.27	118.52
85	16352	6153	10200	1962	883	1080	120.00	143.47	105.84
86	12571	4614	7957	1515	657	858	120.52	142.48	107.79
87	9616	3351	6265	1350	547	803	140.41	163.25	128.19
88	7683	2671	5012	1069	449	620	139.11	167.96	123.73
89	6449	2045	4403	1039	389	650	161.05	189.99	147.61
90—94	14642	4512	10131	2958	1015	1943	202.01	224.88	191.82
90	4855	1579	3276	945	364	581	194.69	230.62	177.38
91	3729	1134	2595	640	216	424	171.62	190.05	163.56
92	2713	832	1881	597	205	391	219.99	246.92	208.07
93	1976	590	1386	433	141	292	219.19	239.56	210.51
94	1370	376	993	343	88	255	250.23	233.95	256.40
95—99	2624	632	1992	672	202	470	256.03	319.36	235.95
95	943	242	701	236	72	164	250.22	295.30	234.64
96	618	138	480	176	50	126	284.65	363.22	262.08
97	488	106	382	116	30	86	237.90	285.67	224.63
98	317	78	239	95	29	66	301.02	372.93	277.66
99	259	68	191	49	21	28	187.96	307.38	145.48
100岁及以上	419	102	317	142	40	102	338.77	397.16	320.01

表5—2a　全国分年龄、性别的死亡老年人口状况(2004.11.1—2005.10.31)(城市)单位:人、‰

年　龄	平均人口			死亡人口			死亡率		
	合计	男	女	小计	男	女	小计	男	女
总　计*	**4698033**	**2352948**	**2345086**	**20265**	**11736**	**8530**	**4.31**	**4.99**	**3.64**
60—64	169405	82909	86496	1516	925	590	8.95	11.16	6.83
60	35426	17376	18050	263	150	113	7.43	8.64	6.28
61	33833	16723	17110	269	169	100	7.95	10.12	5.82
62	33345	16478	16867	318	203	115	9.54	12.32	6.82
63	33020	16066	16954	343	210	133	10.37	13.06	7.83
64	33781	16266	17515	323	193	130	9.55	11.87	7.40
65—69	153466	75040	78426	2334	1427	907	15.21	19.01	11.56
65	31005	14909	16096	391	235	157	12.62	15.74	9.73
66	31296	15281	16015	397	268	129	12.69	17.52	8.07
67	31102	15366	15737	472	294	178	15.18	19.13	11.34
68	29957	14910	15047	502	296	206	16.77	19.87	13.70
69	30105	14575	15531	571	334	237	18.95	22.92	15.23
70—74	119582	59376	60205	2951	1790	1160	24.68	30.15	19.27
70	27355	13339	14016	567	341	226	20.71	25.55	16.10
71	27067	13444	13624	578	349	229	21.35	25.97	16.79
72	23755	11685	12070	580	339	241	24.40	28.98	19.97
73	21010	10482	10528	593	344	250	28.23	32.78	23.70
74	20395	10427	9968	634	418	215	31.07	40.11	21.61
75—79	72114	34670	37444	3010	1694	1316	41.74	48.87	35.15
75	18121	8933	9188	632	381	251	34.90	42.66	27.36
76	15811	7634	8177	601	332	269	38.01	43.47	32.91
77	14741	7140	7601	599	325	275	40.67	45.47	36.15
78	12199	5757	6441	618	356	262	50.65	61.79	40.70
79	11242	5206	6036	560	301	259	49.77	57.82	42.83
80—84	36540	15988	20552	2522	1295	1227	69.01	80.97	59.71
80	9787	4452	5335	568	298	269	58.00	66.97	50.51
81	8408	3645	4763	532	273	259	63.29	74.95	54.37
82	7111	3095	4016	474	240	234	66.62	77.43	58.29
83	6101	2663	3438	478	252	227	78.41	94.54	65.92
84	5133	2133	3000	470	232	238	91.51	108.69	79.30
85—89	13098	5006	8092	1532	691	841	116.99	138.08	103.95
85	4025	1630	2395	374	177	197	92.81	108.53	82.12
86	3084	1209	1875	360	165	196	116.80	136.19	104.30
87	2427	907	1520	288	110	178	118.64	121.37	117.01
88	1993	731	1262	269	128	141	134.90	174.47	111.96
89	1569	529	1040	242	112	130	154.12	211.86	124.77
90—94	3873	1245	2628	708	242	466	182.69	194.36	177.16
90	1246	439	806	229	95	134	184.21	216.22	166.76
91	1003	303	699	154	56	98	153.38	183.18	140.45
92	728	244	483	141	43	97	193.46	177.18	201.70
93	536	150	386	109	23	86	203.49	153.45	223.00
94	361	107	254	74	25	49	206.27	233.03	194.97
95—99	681	164	517	187	48	139	274.53	289.21	269.87
95	259	70	189	65	14	51	249.38	193.36	270.20
96	163	41	122	54	16	38	330.19	391.31	309.41
97	118	23	95	27	8	19	233.46	375.01	199.86
98	77	13	64	27	5	22	346.89	393.04	337.55
99	64	17	47	14	4	10	222.80	243.61	215.11
100岁及以上	111	20	90	47	15	33	427.25	726.88	360.64

表 5—2b 全国分年龄、性别的死亡老年人口状况(2004.11.1—2005.10.31)(镇)单位:人、‰

年 龄	平均人口			死亡人口			死亡率		
	合计	男	女	小计	男	女	小计	男	女
总 计*	**2901630**	**1461249**	**1440381**	**14365**	**8405**	**5960**	**4.95**	**5.75**	**4.14**
60—64	103661	52694	50967	1110	706	403	10.71	13.40	7.92
60	22707	11576	11131	199	125	74	8.78	10.83	6.64
61	20885	10623	10262	217	145	71	10.37	13.66	6.96
62	20366	10288	10078	230	129	101	11.28	12.57	9.97
63	19755	10040	9715	219	144	75	11.10	14.36	7.72
64	19949	10167	9781	245	162	83	12.28	15.97	8.44
65—69	86028	43004	43024	1535	957	579	17.85	22.25	13.45
65	17592	8753	8839	234	147	87	13.31	16.81	9.85
66	17484	8850	8634	257	166	91	14.69	18.70	10.58
67	17463	8830	8632	309	186	123	17.71	21.07	14.27
68	16503	8281	8221	343	208	136	20.80	25.06	16.50
69	16986	8290	8697	392	251	141	23.07	30.23	16.24
70—74	67714	33199	34515	1982	1210	772	29.28	36.45	22.38
70	15273	7393	7879	376	240	136	24.64	32.49	17.27
71	15090	7470	7620	391	245	146	25.88	32.74	19.16
72	13642	6743	6899	396	241	155	29.05	35.78	22.47
73	11925	5879	6046	415	256	159	34.79	43.49	26.32
74	11785	5713	6072	405	228	176	34.33	39.98	29.02
75—79	42344	19677	22667	2116	1218	898	49.97	61.89	39.62
75	10068	4928	5140	427	260	168	42.42	52.66	32.60
76	9292	4303	4990	391	226	165	42.04	52.48	33.03
77	8876	4006	4869	462	275	187	52.04	68.57	38.43
78	7300	3423	3877	378	210	168	51.77	61.30	43.36
79	6808	3017	3791	458	248	210	67.31	82.16	55.49
80—84	22635	9306	13329	1831	858	973	80.89	92.15	73.03
80	6022	2661	3361	432	215	216	71.67	80.85	64.41
81	5316	2246	3070	373	173	200	70.22	77.11	65.19
82	4304	1721	2583	338	157	181	78.46	90.98	70.13
83	3721	1436	2285	352	178	174	94.73	124.19	76.20
84	3271	1241	2030	336	134	202	102.65	108.18	99.27
85—89	8196	2671	5525	938	391	547	114.47	146.39	99.03
85	2518	847	1671	248	104	144	98.54	123.39	85.95
86	1948	644	1303	195	97	98	99.92	150.13	75.11
87	1567	516	1052	190	79	111	121.26	153.29	105.55
88	1136	356	780	153	63	91	134.97	176.47	116.04
89	1028	309	719	152	48	104	148.04	155.48	144.85
90—94	2308	691	1617	386	131	255	167.04	189.33	157.51
90	771	232	539	125	42	82	161.57	181.99	152.77
91	593	163	431	62	23	39	104.58	141.24	90.72
92	435	143	292	86	28	59	198.70	194.58	200.72
93	300	99	201	60	24	36	199.94	244.62	177.97
94	209	55	154	53	14	39	251.47	250.21	251.91
95—99	413	116	296	81	30	51	195.46	253.78	172.56
95	155	45	110	26	7	19	169.31	157.95	173.96
96	93	18	75	20	7	13	214.88	399.66	170.30
97	77	24	53	12	5	7	159.11	200.27	140.52
98	48	18	30	15	7	9	315.76	363.97	286.68
99	40	11	28	7	4	3	177.49	339.25	113.32
100 岁及以上	76	18	59	10	5	5	133.11	306.62	80.86

表 5—2c 全国分年龄、性别的死亡老年人口状况(2004.11.1—2005.10.31)(乡村)单位:人、‰

年龄	平均人口			死亡人口			死亡率		
	合计	男	女	小计	男	女	小计	男	女
总 计*	**9350367**	**4752959**	**4597408**	**67109**	**38179**	**28929**	**7.18**	**8.03**	**6.29**
60—64	385238	202273	182964	5072	3197	1875	13.17	15.81	10.25
60	84113	44117	39996	950	612	338	11.29	13.88	8.44
61	79579	41707	37872	874	539	335	10.98	12.93	8.84
62	75417	39516	35902	962	599	363	12.75	15.17	10.10
63	72398	38088	34309	1054	658	395	14.55	17.29	11.52
64	73731	38845	34885	1232	788	445	16.71	20.28	12.74
65—69	320652	166132	154521	7045	4353	2692	21.97	26.20	17.42
65	65526	34085	31441	1191	763	427	18.17	22.40	13.60
66	64407	33981	30425	1215	732	482	18.86	21.55	15.86
67	65071	34094	30977	1388	864	524	21.32	25.34	16.91
68	61527	31595	29932	1452	912	539	23.59	28.88	18.02
69	64122	32376	31746	1800	1081	719	28.07	33.38	22.65
70—74	258614	127174	131440	9574	5611	3963	37.02	44.12	30.15
70	57712	28800	28912	1802	1084	719	31.23	37.63	24.85
71	57473	28783	28690	1778	1063	715	30.93	36.92	24.93
72	51441	25236	26205	2023	1192	831	39.33	47.23	31.72
73	45835	22338	23496	1925	1091	834	42.01	48.86	35.49
74	46154	22016	24137	2045	1181	864	44.31	53.63	35.81
75—79	164808	75489	89319	9830	5270	4560	59.65	69.81	51.06
75	39444	18483	20961	1959	1095	864	49.65	59.24	41.21
76	35901	16607	19294	1947	1045	901	54.22	62.94	46.71
77	34176	15821	18355	1976	1064	912	57.81	67.26	49.67
78	28357	12854	15503	1923	1049	874	67.80	81.57	56.38
79	26931	11724	15206	2027	1017	1010	75.27	86.78	66.39
80—84	89344	37268	52076	8466	4139	4328	94.76	111.06	83.10
80	24257	10444	13814	1956	1019	937	80.65	97.55	67.87
81	20737	8934	11802	1801	925	877	86.87	103.50	74.28
82	17042	7073	9969	1653	804	849	96.99	113.73	85.12
83	14482	5825	8657	1558	732	826	107.57	125.68	95.39
84	12826	4993	7833	1498	659	839	116.79	131.99	107.10
85—89	31375	11156	20219	4464	1842	2622	142.28	165.11	129.68
85	9809	3676	6133	1341	601	739	136.66	163.60	120.52
86	7539	2761	4779	960	396	564	127.37	143.44	118.08
87	5621	1928	3693	872	358	514	155.15	185.61	139.25
88	4554	1584	2970	647	258	388	141.98	163.04	130.75
89	3852	1208	2644	645	229	416	167.35	189.25	157.34
90—94	8461	2576	5885	1865	642	1223	220.39	249.16	207.79
90	2838	907	1931	591	227	364	208.30	250.05	188.69
91	2133	668	1465	424	137	287	198.84	205.06	196.01
92	1550	445	1105	370	134	235	238.41	302.02	212.81
93	1140	341	799	264	94	170	231.64	276.08	212.66
94	800	215	585	216	49	166	269.72	230.28	284.19
95—99	1530	351	1179	404	125	280	264.13	355.23	237.02
95	530	127	402	145	51	94	274.25	400.01	234.51
96	361	78	283	102	27	75	282.12	339.94	266.10
97	293	59	233	76	17	59	260.49	286.31	253.92
98	192	47	145	53	17	36	278.85	370.78	249.26
99	155	39	116	27	13	14	176.14	326.45	125.04
100岁及以上	232	64	168	85	20	64	364.24	318.72	381.61

三、历年1‰人口抽样调查相关老龄数据（1995—2009）

1995年各地区人口年龄构成和负担系数(1995年10月1日)

本表是1995年1%人口抽样调查数据,抽样比为1.04%。

地区	人口数(人)				总负担系数(%)	负担少儿系数	负担老年系数
	合计	0—14岁	15—64岁	65岁及以上			
全国	**12366954**	**3306220**	**8232607**	**828127**	**50.22**	**40.16**	**10.06**
北京	129009	25304	93588	10117	37.85	27.04	10.81
天津	97040	20875	68195	7970	42.30	30.61	11.69
河北	662160	188241	430958	42961	53.65	43.68	9.97
山西	316488	89846	207745	18897	52.34	43.25	9.10
内蒙古	234917	61924	161952	11041	45.05	38.24	6.82
辽宁	421365	90076	300652	30637	40.15	29.96	10.19
吉林	266885	61281	190609	14995	40.02	32.15	7.87
黑龙江	380940	89349	274148	17443	38.95	32.59	6.36
上海	145817	24996	104155	16666	40.00	24.00	16.00
江苏	727334	160769	508060	58505	43.16	31.64	11.52
浙江	444671	96682	309536	38453	43.66	31.23	12.42
安徽	618435	169017	407820	41598	51.64	41.44	10.20
福建	332885	99928	211354	21603	57.50	47.28	10.22
江西	417343	126299	264364	26680	57.87	47.77	10.09
山东	896253	220099	609571	66583	47.03	36.11	10.92
河南	935439	268096	605232	62111	54.56	44.30	10.26
湖北	593583	173809	383617	36157	54.73	45.31	9.43
湖南	658654	182408	429419	46827	53.38	42.48	10.90
广东	705162	218047	436873	50242	61.41	49.91	11.50
广西	466843	146514	289457	30872	61.28	50.62	10.67
海南	74250	23586	45958	4706	61.56	51.32	10.24
四川	1163343	276430	801722	85191	45.11	34.48	10.63
贵州	360419	110041	230503	19875	56.36	47.74	8.62
云南	409505	115994	269513	23998	51.94	43.04	8.90
西藏	24646	8723	14719	1204	67.44	59.26	8.18
陕西	360934	104248	236050	20636	52.91	44.16	8.74
甘肃	250179	71187	168128	10864	48.80	42.34	6.46
青海	49397	14018	33613	1766	46.96	41.70	5.25
宁夏	52491	16572	33937	1982	54.67	48.83	5.84
新疆	170567	51861	111159	7547	53.44	46.65	6.79

注:1. 负担系数是指0—14岁和65岁及以上人口占15—64岁人口的比重,0—14岁人口为少年儿童人口,65岁及以上人口为老年人口。

1996 年各地区人口年龄构成和负担系数

本表是 1996 年人口变动抽样调查数据，抽样比为 1.028‰。

地区	人口数(人)				总负担系数(%)	负担少儿系数	负担老年系数
	合计	0—14 岁	15—64 岁	65 岁及以上			
全国	**1246243**	**322330**	**837470**	**86443**	**48.81**	**38.49**	**10.32**
北京	12960	2313	9640	1006	34.44	24.00	10.44
天津	9758	2132	6836	790	42.75	31.18	11.56
河北	66679	17582	44927	4171	48.42	39.13	9.28
山西	31874	9108	20933	1833	52.27	43.51	8.76
内蒙古	23660	5790	16646	1225	42.14	34.79	7.36
辽宁	42394	8738	30724	2932	37.98	28.44	9.54
吉林	26849	5673	19607	1568	36.93	28.93	8.00
黑龙江	38338	8248	28100	1990	36.43	29.35	7.08
上海	14658	2368	10472	1818	39.97	22.61	17.36
江苏	73196	16353	50740	6102	44.26	32.23	12.03
浙江	44743	9215	31502	4026	42.03	29.25	12.78
安徽	62726	17049	41425	4253	51.42	41.16	10.27
福建	33535	9876	21371	2288	56.92	46.21	10.71
江西	42084	11781	27668	2635	52.11	42.58	9.53
山东	90183	21625	61666	6892	46.24	35.07	11.18
河南	94272	26160	61607	6505	53.02	42.46	10.56
湖北	59791	16133	39787	3871	50.28	40.55	9.73
湖南	66218	16962	44338	4918	49.35	38.26	11.09
广东	71144	22657	42994	5493	65.47	52.70	12.78
广西	47056	13508	30227	3322	55.68	44.69	10.99
海南	7499	2401	4610	488	62.68	52.10	10.58
四川	117304	27749	80519	9036	45.68	34.46	11.22
贵州	36343	10480	23973	1890	51.60	43.72	7.88
云南	41328	11881	26883	2564	53.73	44.20	9.54
西藏	2486	813	1528	145	62.76	53.23	9.52
陕西	36403	10519	23701	2182	53.59	44.38	9.21
甘肃	25258	7238	16785	1235	50.47	43.12	7.36
青海	4983	1435	3339	209	49.24	42.98	6.26
宁夏	5314	1620	3465	228	53.35	46.76	6.59
新疆	17207	4922	11459	826	50.16	42.95	7.21

注：负担系数是指 0—14 岁和 65 岁及以上人口占 15—64 岁人口的比重，0—14 岁人口为少年儿童人口，65 岁及以上人口为老年人口。

1997 年各地区人口年龄构成和负担系数

本表是 1997 年人口变动抽样调查数据，抽样比为 1.016‰。

地区	人口数(人)				总负担系数(%)	负担少儿系数	负担老年系数
	合计	0—14 岁	15—64 岁	65 岁及以上			
全国	**1242799**	**310404**	**844919**	**87476**	**47.09**	**36.74**	**10.35**
北京	12850	2120	9598	1131	33.88	22.09	11.79
天津	9678	1934	6929	815	39.68	27.91	11.77
河北	66283	16918	44959	4406	47.43	37.63	9.8
山西	31908	8675	21245	1987	50.19	40.83	9.35
内蒙古	23611	5832	16570	1209	42.49	35.2	7.29
辽宁	42039	7984	30771	3283	36.62	25.95	10.67
吉林	26697	5574	19469	1654	37.13	28.63	8.5
黑龙江	38108	8342	28009	1757	36.06	29.78	6.27
上海	14913	2324	10766	1823	38.52	21.59	16.93
江苏	72562	15593	50555	6415	43.53	30.84	12.69
浙江	45051	8704	32177	4170	40.01	27.05	12.96
安徽	62199	15576	42407	4216	46.67	36.73	9.94
福建	33321	9431	21513	2377	54.88	43.84	11.05
江西	42158	11394	28288	2476	49.03	40.28	8.75
山东	89178	20748	61418	7012	45.2	33.78	11.42
河南	93916	25098	62400	6418	50.51	40.22	10.28
湖北	59677	16292	39846	3540	49.77	40.89	8.88
湖南	65670	16158	44716	4797	46.86	36.13	10.73
广东	71580	20509	45850	5220	56.12	44.73	11.39
广西	47115	13454	30071	3590	56.68	44.74	11.94
海南	7560	2361	4715	483	60.32	50.08	10.24
重庆	30904	7234	21142	2527	46.17	34.22	11.95
四川	85642	19963	58855	6824	45.51	33.92	11.59
贵州	36631	10722	23860	2049	53.52	44.94	8.59
云南	41589	11338	27678	2573	50.26	40.96	9.29
西藏	2479	825	1519	135	63.17	54.29	8.88
陕西	36269	10020	24127	2122	50.33	41.53	8.8
甘肃	25340	6964	17166	1209	47.61	40.57	7.04
青海	5035	1446	3359	231	49.9	43.04	6.86
宁夏	5384	1590	3563	231	51.11	44.63	6.48
新疆	17453	5280	11377	796	53.41	46.41	7

注：总负担系数是指 0—14 岁和 65 岁及以上人口占 15—64 岁人口的比重，0—14 岁人口为少年儿童人口，65 岁及以上人口为老年人口。

1998年各地区人口年龄构成和负担系数

本表是1998年人口变动抽样调查数据，抽样比为1.01‰。

地区	人口数(人)				总负担系数(%)	负担少儿系数	负担老年系数
	合计	0—14岁	15—64岁	65岁及以上			
全国	**1243377**	**302230**	**848749**	**92398**	**46.5**	**35.61**	**10.89**
北京	12620	1986	9498	1136	32.87	20.9	11.96
天津	9665	1949	6852	864	41.05	28.44	12.62
河北	66315	16096	45767	4452	44.9	35.17	9.73
山西	32032	8687	21298	2047	50.4	40.79	9.61
内蒙古	23681	5454	16925	1302	39.91	32.22	7.69
辽宁	41979	7770	31041	3168	35.24	25.03	10.21
吉林	26698	5176	19729	1793	35.32	26.23	9.09
黑龙江	38093	7835	28297	1962	34.62	27.69	6.93
上海	14735	2100	10707	1928	37.62	19.61	18.01
江苏	72533	15587	50266	6681	44.3	31.01	13.29
浙江	44974	8517	32401	4056	38.8	26.29	12.52
安徽	62445	16534	41108	4804	51.91	40.22	11.69
福建	33244	8909	21755	2581	52.81	40.95	11.86
江西	42323	11599	27880	2844	51.8	41.6	10.2
山东	89110	19560	62116	7433	43.46	31.49	11.97
河南	93917	24669	62624	6624	49.97	39.39	10.58
湖北	59540	14429	40864	4246	45.7	35.31	10.39
湖南	65659	15724	44848	5086	46.4	35.06	11.34
广东	71700	20567	45598	5535	57.24	45.1	12.14
广西	47231	12954	30727	3550	53.71	42.16	11.55
海南	7580	2264	4850	465	56.27	46.68	9.59
重庆	30904	7028	21266	2610	45.33	33.05	12.28
四川	85751	19318	59364	7070	44.45	32.54	11.91
贵州	36690	10392	24204	2093	51.58	42.93	8.65
云南	41995	11347	27967	2681	50.16	40.57	9.59
西藏	2540	811	1589	140	59.91	51.06	8.84
陕西	35942	9759	23777	2406	51.16	41.04	10.12
甘肃	25465	6921	17064	1480	49.23	40.56	8.67
青海	5072	1411	3401	259	49.13	41.5	7.63
宁夏	5410	1612	3578	219	51.18	45.05	6.13
新疆	17536	5267	11389	880	53.97	46.24	7.72

注：总负担系数是指0—14岁和65岁及以上人口占15—64岁人口的比重，0—14岁人口为少年儿童人口，65岁及以上人口为老年人口。

1999年各地区人口年龄构成和负担系数

本表是1999年人口变动抽样调查数据,抽样比为0.976‰。

地区	人口数(人)				总负担系数(%)	负担少儿系数	负担老年系数
	合计	0—14岁	15—64岁	65岁及以上			
全国	**1211965**	**290145**	**829312**	**92507**	**46.14**	**34.99**	**11.15**
北京	12245	1832	9156	1257	33.73	20.01	13.72
天津	9405	1752	6773	880	38.87	25.87	12.99
河北	64580	15621	44693	4265	44.50	34.95	9.54
山西	31185	8298	20886	2000	49.31	39.73	9.58
内蒙古	23052	5119	16584	1349	39.00	30.87	8.13
辽宁	40868	7554	30121	3193	35.68	25.08	10.60
吉林	25989	4832	19394	1763	34.01	24.92	9.09
黑龙江	37094	7650	27435	2009	35.20	27.88	7.32
上海	14394	1925	10477	1992	37.38	18.37	19.01
江苏	70612	14113	49559	6940	42.48	28.48	14.00
浙江	43804	8313	31314	4177	39.89	26.55	13.34
安徽	60795	15340	40940	4515	48.50	37.47	11.03
福建	32431	8340	21485	2606	50.95	38.82	12.13
江西	41200	10957	27478	2764	49.94	39.88	10.06
山东	86893	18617	60799	7478	42.92	30.62	12.30
河南	91582	23937	61162	6483	49.74	39.14	10.60
湖北	58073	14615	39304	4153	47.75	37.18	10.57
湖南	63920	14821	43997	5102	45.28	33.69	11.60
广东	70224	19517	45169	5538	55.47	43.21	12.26
广西	45959	12501	29799	3659	54.23	41.95	12.28
海南	7401	2109	4801	491	54.15	43.92	10.22
重庆	30083	6939	20486	2658	46.85	33.87	12.98
四川	83484	19654	56875	6955	46.79	34.56	12.23
贵州	35959	10115	23669	2174	51.92	42.73	9.19
云南	40739	11209	26748	2782	52.30	41.91	10.40
西藏	2473	869	1503	101	64.49	57.78	6.71
陕西	35348	9291	23534	2524	50.20	39.48	10.73
甘肃	24769	6770	16611	1388	49.11	40.75	8.36
青海	4943	1356	3317	270	49.02	40.89	8.13
宁夏	5284	1519	3529	236	49.74	43.05	6.68
新疆	17179	4658	11715	806	46.64	39.76	6.88

注:总负担系数是指0—14岁和65岁及以上人口占15—64岁人口的比重,0—14岁人口为少年儿童人口,65岁及以上人口为老年人口。

2000年各地区年龄结构

本表是2000年全国人口普查快速汇总的11月1日零时数。

地区	总人口（万人）	年龄别人口（万人）			占总人口比重(%)		
		0—14岁	15—64岁	65岁及以上	0—14岁	15—64岁	65岁及以上
全　国	**126583**	**28979**	**88793**	**8811**	**22.89**	**70.15**	**6.96**
北　京	1382	188	1078	116	13.60	78.04	8.36
天　津	1001	168	750	83	16.75	74.93	8.33
河　北	6744	1539	4742	463	22.82	70.32	6.86
山　西	3297	851	2242	204	25.80	68.00	6.20
内蒙古	2376	506	1743	127	21.28	73.37	5.35
辽　宁	4238	749	3157	332	17.68	74.49	7.83
吉　林	2728	517	2051	160	18.96	75.19	5.85
黑龙江	3689	697	2792	200	18.90	75.68	5.42
上　海	1674	204	1277	193	12.19	76.28	11.53
江　苏	7438	1462	5325	651	19.65	71.59	8.76
浙　江	4677	845	3418	414	18.07	73.09	8.84
安　徽	5986	1528	4012	446	25.52	67.03	7.45
福　建	3471	799	2445	227	23.02	70.44	6.54
江　西	4140	1076	2811	253	25.99	67.90	6.11
山　东	9079	1893	6457	729	20.85	71.12	8.03
河　南	9256	2401	6211	644	25.94	67.10	6.96
湖　北	6028	1379	4269	380	22.87	70.82	6.31
湖　南	6440	1428	4543	469	22.17	70.54	7.29
广　东	8642	2089	6030	523	24.17	69.78	6.05
广　西	4489	1178	2991	320	26.24	66.64	7.12
海　南	787	216	519	52	27.47	65.95	6.58
重　庆	3090	678	2168	244	21.93	70.17	7.90
四　川	8329	1887	5822	620	22.65	69.90	7.45
贵　州	3525	1068	2253	204	30.29	63.92	5.79
云　南	4288	1116	2915	257	26.02	67.98	6.00
西　藏	262	82	168	12	31.20	64.30	4.50
陕　西	3605	902	2490	214	25.01	69.06	5.93
甘　肃	2562	692	1742	128	27.00	68.00	5.00
青　海	518	138	358	22	26.62	69.05	4.33
宁　夏	562	160	377	25	28.38	67.15	4.47
新　疆	1925	526	1312	87	27.30	68.17	4.53

注:全国数据包括中国人民解放军现役军人,分省数据未包括。

(2000年)全国分年龄、性别的人口

本表是2000年第五次全国人口普查机器汇总数据。

年龄组	人口数(人)			占总人口数的百分比(%)			性别比
	合　计	男	女	合计	男	女	(女=100)
总计	**1242612226**	**640275969**	**602336257**	**100.00**	**51.53**	**48.47**	**106.30**
0—4岁	68978374	37648694	31329680	5.55	3.03	2.52	120.17
5—9岁	90152587	48303208	41849379	7.26	3.89	3.37	115.42
10—14岁	125396633	65344739	60051894	10.09	5.26	4.83	108.81
15—19岁	103031165	52878170	50152995	8.29	4.26	4.04	105.43
20—24岁	94573174	47937766	46635408	7.61	3.86	3.75	102.79
25—29岁	117602265	60230758	57371507	9.46	4.85	4.62	104.98
30—34岁	127314298	65360456	61953842	10.25	5.26	4.99	105.50
35—39岁	109147295	56141391	53005904	8.78	4.52	4.27	105.92
40—44岁	81242945	42243187	38999758	6.54	3.40	3.14	108.32
45—49岁	85521045	43939603	41581442	6.88	3.54	3.35	105.67
50—54岁	63304200	32804125	30500075	5.09	2.64	2.45	107.55
55—59岁	46370375	24061506	22308869	3.73	1.94	1.80	107.86
60—64岁	41703848	21674478	20029370	3.36	1.74	1.61	108.21
65—69岁	34780460	17549348	17231112	2.80	1.41	1.39	101.85
70—74岁	25574149	12436154	13137995	2.06	1.00	1.06	94.66
75—79岁	15928330	7175811	8752519	1.28	0.58	0.70	81.99
80—84岁	7989158	3203868	4785290	0.64	0.26	0.39	66.95
85—89岁	3030698	1056941	1973757	0.24	0.09	0.16	53.55
90—94岁	783594	229758	553836	0.06	0.02	0.04	41.48
95—99岁	169756	51373	118383	0.01		0.01	43.40
100岁及以上	17877	4635	13242				35.00

全国分年龄、性别的死亡人口状况(1999.11.1—2000.10.31)

本表是2000年第五次全国人口普查机器汇总数据。

年龄组	死亡人口(人)			死亡率(‰)		
	合　计	男	女	合计	男	女
总计	**7313081**	**4106571**	**3206510**	**5.92**	**6.45**	**5.35**
0—4岁	425913	202211	223702	6.04	5.25	6.98
5—9岁	52137	32664	19473	0.55	0.65	0.44
10—14岁	51716	32169	19547	0.42	0.50	0.33
15—19岁	63883	40253	23630	0.63	0.77	0.47
20—24岁	93184	58931	34253	0.97	1.21	0.72
25—29岁	133765	84187	49578	1.11	1.36	0.84
30—34岁	167007	107000	60007	1.33	1.66	0.98
35—39岁	174999	115117	59882	1.68	2.15	1.18
40—44岁	199808	131939	67869	2.40	3.05	1.70
45—49岁	290140	185634	104506	3.47	4.33	2.57
50—54岁	335032	212106	122926	5.49	6.71	4.19
55—59岁	398515	252191	146324	8.68	10.57	6.63
60—64岁	606884	380911	225973	14.79	17.92	11.43
65—69岁	831514	508705	322809	24.37	29.59	19.06
70—74岁	1029811	600515	429296	42.29	51.03	34.11
75—79岁	1000941	536181	464760	66.49	79.89	55.70
80—84岁	813355	384869	428486	111.68	133.28	97.48
85—89岁	436741	177071	259670	160.30	188.75	145.36
90—94岁	162110	52114	109996	242.06	268.63	231.23
95—99岁	40771	10724	30047	280.70	241.40	298.02
100岁及以上	4855	1079	3776	363.98	329.42	375.24

(2002年)各地区人口年龄构成和抚养比

本表是2002年人口变动情况抽样调查样本数据，抽样比为0.988%。

地区	人口数(人)				总抚养比(%)		
	总计	0—14岁	15—64岁	65岁及以上	总计	少年儿童抚养比	老年人口抚养比
全国	**1258951**	**267978**	**888206**	**102767**	**41.74**	**30.17**	**11.57**
北京	13723	1569	10675	1479	28.56	14.70	13.86
天津	9961	1450	7441	1070	33.87	19.49	14.38
河北	66463	14072	47317	5074	40.46	29.74	10.72
山西	32455	7608	22593	2254	43.65	33.67	9.98
内蒙古	23586	4597	17306	1683	36.29	26.56	9.72
辽宁	41608	6530	31708	3370	31.22	20.60	10.63
吉林	26693	4344	20564	1785	29.80	21.12	8.68
黑龙江	37806	6426	28976	2404	30.47	22.18	8.30
上海	16012	1716	12144	2152	31.85	14.13	17.72
江苏	72966	13715	52037	7215	40.22	26.36	13.86
浙江	45769	7520	33144	5104	38.09	22.69	15.40
安徽	62783	15191	42421	5171	48.00	35.81	12.19
福建	34127	7198	24336	2594	40.23	29.58	10.66
江西	41521	10190	28274	3058	46.85	36.04	10.82
山东	89699	16895	65176	7628	37.63	25.92	11.70
河南	94793	22660	65135	6998	45.53	34.79	10.74
湖北	59270	13678	40369	5222	46.82	33.88	12.94
湖南	65434	13320	46499	5615	40.72	28.64	12.07
广东	77216	19472	51771	5973	49.15	37.61	11.54
广西	47504	10490	32914	4100	44.33	31.87	12.46
海南	7892	2032	5262	598	49.99	38.62	11.37
重庆	30724	6029	21885	2810	40.39	27.55	12.84
四川	85704	18015	60305	7384	42.12	29.87	12.24
贵州	37686	10189	24910	2587	51.29	40.90	10.39
云南	42529	10391	29144	2994	45.93	35.65	10.27
西藏	2609	660	1782	167	46.38	37.03	9.36
陕西	36297	8111	25277	2909	43.60	32.09	11.51
甘肃	25546	6171	17766	1609	43.79	34.73	9.06
青海	5189	1339	3567	283	45.47	37.53	7.94
宁夏	5585	1492	3827	266	45.95	39.00	6.95
新疆	19799	4908	13680	1211	44.73	35.88	8.85

2003年按年龄和性别分人口数

本表是2003年人口变动情况抽样调查样本数据，抽样比为0.982‰。

年龄	人口数(人)			占总人口数的百分比(%)			性别比(女=100)
	合计	男	女	合计	男	女	
总计	**1260498**	**643400**	**617098**	**100.00**	**51.05**	**48.95**	**104.26**
0—4	62977	34509	28468	5.03	2.73	2.30	121.22
5—9	81127	44193	36934	6.55	3.55	3.00	119.66
10—14	112240	59219	53021	8.75	4.61	4.15	111.69
15—19	104716	54997	49720	8.37	4.36	4.00	110.61
20—24	80596	40027	40569	6.79	3.41	3.39	98.67
25—29	93892	46629	47263	7.60	3.79	3.81	98.66
30—34	123497	61870	61628	9.71	4.88	4.83	100.39
35—39	123252	61929	61323	9.61	4.86	4.75	100.99
40—44	91467	46740	44727	7.41	3.81	3.60	104.50
45—49	94314	47753	46561	7.49	3.78	3.70	102.56
50—54	81679	41095	40584	6.32	3.18	3.15	101.26
55—59	57472	29401	28071	4.42	2.23	2.18	104.74
60—64	46023	23345	22678	3.62	1.82	1.80	102.94
65—69	41710	20974	20737	3.29	1.65	1.64	101.14
70—74	31484	15833	15650	2.46	1.24	1.22	101.17
75—79	19310	9033	10277	1.47	0.70	0.77	87.89
80—84	9832	4137	5695	0.75	0.32	0.42	72.64
85—89	3687	1330	2357	0.27	0.10	0.17	56.43
90—94	1026	323	703	0.08	0.03	0.05	45.98
95+	197	63	134	0.02	0.00	0.01	46.88

2003年各地区人口年龄构成和抚养比

本表是2003年人口变动情况抽样调查样本数据,抽样比为0.982‰。

地　区	人口数(人)	0—14岁	15—64岁	65岁及以上	总抚养比(%)	少年儿童抚养比	老年人口抚养比
全　国	**1260498**	**256344**	**896908**	**107246**	**40.54**	**28.58**	**11.96**
北　京	14070	1486	11008	1576	27.82	13.50	14.32
天　津	9956	1390	7478	1088	33.15	18.60	14.55
河　北	66569	12778	48760	5031	36.52	26.21	10.32
山　西	32558	7476	22769	2313	42.99	32.84	10.16
内蒙古	23510	4288	17427	1796	34.91	24.60	10.30
辽　宁	41549	6108	31409	4032	32.28	19.45	12.84
吉　林	26684	4067	20736	1881	28.68	19.61	9.07
黑龙江	37693	5971	29217	2505	29.01	20.44	8.58
上　海	16061	1415	12017	2630	33.66	11.77	21.88
江　苏	72967	12418	52271	8278	39.59	23.76	15.84
浙　江	45934	7400	33254	5280	38.13	22.25	15.88
安　徽	62652	13669	43853	5131	42.87	31.17	11.70
福　建	34261	7326	24211	2724	41.51	30.26	11.25
江　西	41741	9696	29140	2905	43.24	33.27	9.97
山　东	89775	16475	65164	8137	37.77	25.28	12.49
河　南	95029	21465	65920	7644	44.16	32.56	11.60
湖　北	59184	12511	42002	4671	40.91	29.79	11.12
湖　南	65521	12686	46950	5885	39.56	27.02	12.53
广　东	77676	20593	50799	6283	52.91	40.54	12.37
广　西	47661	10284	33038	4339	44.26	31.13	13.13
海　南	7939	1913	5405	621	46.88	35.39	11.49
重　庆	30713	5768	22113	2832	38.89	26.08	12.81
四　川	85739	17170	61129	7439	40.26	28.09	12.17
贵　州	37933	9822	25233	2878	50.33	38.93	11.40
云　南	42836	10550	29274	3012	46.32	36.04	10.29
西　藏	2638	711	1767	160	49.31	40.26	9.05
陕　西	36314	7589	25911	2814	40.15	29.29	10.86
甘　肃	25628	5889	18029	1710	42.15	32.67	9.49
青　海	5225	1288	3630	307	43.92	35.47	8.46
宁　夏	5650	1487	3841	322	47.10	38.71	8.39
新　疆	18834	4656	13155	1023	43.17	35.40	7.78

(2004 年)按年龄和性别分人口数

本表是 2004 年人口变动情况抽样调查样本数据,抽样比为 0.966‰。

年　龄	人口数(人)	男	女	占总人口比重(%)	男	女	性别比(女=100)
总　计	**1253065**	**637167**	**615898**	**100.00**	**50.85**	**49.15**	**103.45**
0 — 4	61874	34089	27784	4.94	2.72	2.22	122.69
5 — 9	76221	41433	34788	6.08	3.31	2.78	119.10
10—14	103771	54921	48850	8.28	4.38	3.90	112.43
15—19	109259	56583	52676	8.72	4.52	4.20	107.42
20—24	79604	39164	40440	6.35	3.13	3.23	96.85
25—29	88490	43530	44959	7.06	3.47	3.59	96.82
30—34	117954	59010	58944	9.41	4.71	4.70	100.11
35—39	122574	61490	61084	9.78	4.91	4.87	100.67
40—44	100595	50558	50038	8.03	4.03	3.99	101.04
45—49	89609	45320	44289	7.15	3.62	3.53	102.33
50—54	86438	43875	42563	6.90	3.50	3.40	103.08
55—59	61775	31459	30316	4.93	2.51	2.42	103.77
60—64	47599	24266	23333	3.80	1.94	1.86	104.00
65—69	40062	20110	19952	3.20	1.60	1.59	100.79
70—74	32538	16095	16442	2.60	1.28	1.31	97.89
75—79	19159	9111	10047	1.53	0.73	0.80	90.68
80—84	10469	4387	6082	0.84	0.35	0.49	72.12
85—89	3727	1348	2379	0.30	0.11	0.19	56.68
90—94	1115	355	759	0.09	0.03	0.06	46.80
95+	234	63	171	0.02	0.01	0.01	36.83

注:由于各地区数据采用加权汇总的方法,人口变动情况抽样调查样本数据合计与各分项相加略有误差(以下表同)。

(2004年)各地区人口年龄构成和抚养比

本表是2004年人口变动情况抽样调查样本数据,抽样比为0.966‰。

地区	人口数(人)	0—14岁	15—64岁	65岁及以上	总抚养比(%)	少年儿童抚养比	老年人口抚养比
全国	**1253065**	**241866**	**903897**	**107303**	**38.63**	**26.76**	**11.87**
北京	14213	1415	11217	1581	26.71	12.62	14.10
天津	9868	1294	7510	1065	31.40	17.23	14.18
河北	66078	11531	49270	5277	34.11	23.40	10.71
山西	32352	6852	23218	2282	39.34	29.51	9.83
内蒙古	23233	3976	17520	1736	32.61	22.70	9.91
辽宁	41100	5715	31497	3888	30.49	18.14	12.34
吉林	26397	3667	20762	1968	27.14	17.66	9.48
黑龙江	37241	5413	29297	2531	27.11	18.48	8.64
上海	16702	1469	12661	2572	31.92	11.60	20.31
江苏	72295	11803	52739	7753	37.08	22.38	14.70
浙江	45682	7131	34082	4469	34.04	20.92	13.11
安徽	62575	13575	43670	5330	43.29	31.09	12.21
福建	34048	6560	24591	2897	38.46	26.67	11.78
江西	41524	8963	29229	3333	42.07	30.67	11.40
山东	89072	15256	65608	8209	35.77	23.25	12.51
河南	94372	20033	66664	7675	41.56	30.05	11.51
湖北	58510	11276	42442	4792	37.86	26.57	11.29
湖南	65041	12055	47274	5712	37.58	25.50	12.08
广东	77645	19528	51973	6144	49.39	37.57	11.82
广西	47408	9935	33475	3997	41.62	29.68	11.94
海南	7916	1892	5429	595	45.81	34.85	10.96
重庆	30553	6377	20678	3498	47.75	30.84	16.92
四川	84919	16666	60815	7438	39.63	27.40	12.23
贵州	37780	9640	25293	2847	49.37	38.11	11.25
云南	42720	9601	29818	3300	43.27	32.20	11.07
西藏	2636	653	1813	169	45.38	36.03	9.35
陕西	36022	7135	26131	2756	37.85	27.31	10.55
甘肃	25409	5611	18118	1679	40.24	30.97	9.27
青海	5213	1216	3691	307	41.26	32.94	8.32
宁夏	5662	1462	3879	321	45.97	37.70	8.28
新疆	18880	4167	13531	1182	39.53	30.79	8.74

(2004年)全国60岁及以上分年龄、性别、主要生活来源的人口

本表是2004年人口变动情况抽样调查样本数据,抽样比为0.966‰。　　单位:人

年　龄	60岁及以上人口	男	女	劳动收入	男	女	退休金	男	女
总计	**154902**	**75735**	**79166**	**34099**	**22087**	**12012**	**40692**	**25467**	**15226**
60—64	47599	24266	23333	18551	11651	6900	13229	7908	5321
60	10615	5416	5198	4774	2963	1811	2665	1570	1095
61	9511	4803	4708	3946	2488	1458	2594	1514	1081
62	9193	4677	4516	3460	2150	1310	2633	1595	1038
63	9257	4753	4504	3369	2140	1229	2629	1612	1018
64	9023	4616	4407	3002	1911	1091	2707	1618	1089
65—69	40062	20110	19952	9883	6633	3250	11662	6997	4665
65	7779	3889	3890	2295	1511	784	2286	1309	977
66	8625	4298	4327	2278	1545	733	2526	1479	1048
67	8124	4182	3942	2054	1387	667	2340	1468	872
68	8010	3998	4012	1791	1203	587	2298	1417	881
69	7525	3743	3782	1466	987	478	2211	1324	888
70—74	32538	16095	16442	4090	2833	1257	8836	5817	3018
70	7593	3777	3817	1151	787	364	2080	1316	764
71	7144	3566	3578	1023	709	314	2041	1321	720
72	6282	3112	3169	775	531	244	1672	1095	576
73	5720	2817	2904	613	430	183	1500	1034	466
74	5798	2823	2975	528	376	152	1542	1051	491
75—79	19159	9111	10047	1149	734	415	4437	3046	1391
75	4550	2221	2330	340	223	116	1153	804	350
76	4530	2171	2359	264	169	95	1089	765	324
77	3744	1837	1908	231	168	63	831	566	266
78	3329	1572	1757	178	108	70	746	507	239
79	3005	1311	1694	136	66	71	617	405	212
80—84	10469	4387	6082	313	187	127	1846	1254	593
80	3002	1291	1711	101	57	44	528	352	176
81	2337	979	1358	77	48	29	446	303	144
82	1957	799	1158	54	32	22	349	248	101
83	1737	729	1007	47	25	22	304	195	109
84	1436	588	848	34	24	9	219	156	63
85—89	3727	1348	2379	71	30	41	547	360	187
85	1069	416	653	25	12	13	178	115	63
86	911	331	580	20	9	11	134	103	31
87	729	259	470	13	4	9	97	52	46
88	610	215	394	6		6	89	56	33
89	408	127	281	6	5	2	49	35	14
90—94	1115	355	759	30	13	17	116	70	45
90	369	123	246	11	7	4	41	23	18
91	267	90	177	4	1	3	23	14	9
92	215	71	144	6	2	4	24	16	8
93	156	51	104	5	2	3	12	10	2
94	109	21	88	4	1	2	16	7	9
95+	234	63	171	12	6	6	20	14	6

(2004 年)全国 60 岁及以上分年龄、性别、主要生活来源的人口(续)

本表是 2004 年人口变动情况抽样调查样本数据,抽样比为 0.966‰。　　单位:人

年　龄	保险救济	男	女	亲属供给	男	女	其　他	男	女
总计	**3155**	**1586**	**1569**	**73653**	**25341**	**48313**	**3302**	**1254**	**2047**
60—64	656	354	302	14101	3964	10138	1062	389	673
60	138	71	67	2790	720	2071	248	93	155
61	103	48	55	2657	691	1966	211	63	148
62	127	71	56	2769	784	1985	204	78	127
63	153	78	75	2913	851	2062	193	72	121
64	135	86	50	2973	919	2054	206	83	123
65—69	714	396	318	16908	5751	11157	895	333	562
65	137	82	55	2902	919	1983	158	68	90
66	150	83	67	3451	1101	2350	220	91	129
67	127	79	48	3421	1188	2233	182	60	122
68	154	86	68	3605	1230	2375	162	62	101
69	145	66	79	3529	1313	2217	173	53	120
70—74	731	366	365	18216	6818	11398	665	261	405
70	148	73	75	4056	1530	2526	158	70	88
71	137	70	67	3807	1416	2391	136	50	86
72	160	78	83	3543	1350	2192	132	58	74
73	114	51	63	3373	1254	2119	120	47	73
74	171	93	78	3437	1267	2171	119	36	83
75—79	541	273	268	12667	4898	7769	365	160	205
75	138	67	72	2832	1084	1748	87	43	44
76	124	71	53	2971	1129	1843	81	38	43
77	105	52	52	2503	1020	1483	74	31	43
78	96	41	55	2259	890	1369	49	26	23
79	77	42	35	2102	776	1326	73	23	51
80—84	344	146	198	7746	2722	5024	219	78	141
80	107	50	58	2196	803	1393	69	30	39
81	72	29	44	1698	581	1117	43	18	25
82	58	21	38	1457	488	969	39	11	28
83	57	30	27	1293	469	824	35	10	25
84	49	17	32	1102	382	720	33	8	24
85—89	112	35	77	2927	898	2030	69	25	45
85	30	14	16	821	269	552	15	6	10
86	28	8	20	708	204	504	20	7	13
87	17	3	14	583	193	390	18	7	11
88	22	7	15	485	148	337	8	4	4
89	15	3	12	330	84	246	8		7
90—94	44	12	31	906	252	654	19	8	11
90	15	7	8	299	85	214	3	2	2
91	8	3	5	224	68	156	8	4	4
92	16	2	14	163	48	115	5	2	3
93	1	1		137	39	99			
94	3		3	83	13	71	2		2
95＋	13	4	10	180	37	143	8	2	6

(2004年)全国60岁及以上分年龄、性别、生活能否自理的人口

本表是2004年人口变动情况抽样调查样本数据,抽样比为0.966‰。　　单位:人

年　龄	60岁及以上人口	男	女	生活能自理	男	女	生活不能自理	男	女
总计	**154902**	**75735**	**79166**	**141257**	**70117**	**71140**	**13645**	**5618**	**8027**
60—64	47599	24266	23333	46171	23584	22587	1428	682	746
60	10615	5416	5198	10319	5257	5062	296	160	136
61	9511	4803	4708	9260	4686	4574	251	117	134
62	9193	4677	4516	8905	4545	4360	288	132	156
63	9257	4753	4504	8973	4621	4352	284	132	152
64	9023	4616	4407	8714	4475	4239	309	142	168
65—69	40062	20110	19952	38132	19226	18906	1930	884	1046
65	7779	3889	3890	7479	3751	3728	300	138	162
66	8625	4298	4327	8239	4116	4123	386	182	203
67	8124	4182	3942	7727	3975	3752	396	207	189
68	8010	3998	4012	7599	3833	3766	411	165	246
69	7525	3743	3782	7087	3551	3536	437	191	246
70—74	32538	16095	16442	29656	14812	14844	2881	1283	1598
70	7593	3777	3817	7026	3529	3497	568	248	320
71	7144	3566	3578	6560	3299	3261	584	267	317
72	6282	3112	3169	5748	2868	2880	534	244	290
73	5720	2817	2904	5168	2566	2602	552	250	302
74	5798	2823	2975	5155	2550	2605	644	273	370
75—79	19159	9111	10047	16436	7881	8555	2723	1230	1493
75	4550	2221	2330	4014	1979	2036	536	242	294
76	4530	2171	2359	3920	1909	2011	610	262	349
77	3744	1837	1908	3221	1567	1654	524	270	254
78	3329	1572	1757	2812	1341	1471	516	231	285
79	3005	1311	1694	2468	1085	1384	537	226	311
80—84	10469	4387	6082	7809	3420	4389	2659	966	1693
80	3002	1291	1711	2334	1074	1260	667	217	451
81	2337	979	1358	1775	780	995	563	199	363
82	1957	799	1158	1455	621	834	503	178	324
83	1737	729	1007	1267	535	732	470	194	276
84	1436	588	848	979	410	569	457	177	279
85—89	3727	1348	2379	2377	953	1424	1350	395	955
85	1069	416	653	695	292	403	374	124	250
86	911	331	580	608	259	349	303	72	231
87	729	259	470	486	167	319	243	93	151
88	610	215	394	360	149	211	249	66	183
89	408	127	281	228	86	141	180	41	140
90—94	1115	355	759	569	207	362	546	148	398
90	369	123	246	209	76	133	160	47	113
91	267	90	177	132	48	84	136	42	93
92	215	71	144	119	42	76	96	28	68
93	156	51	104	67	32	35	89	19	69
94	109	21	88	43	9	33	66	11	54
95+	234	63	171	105	33	72	128	30	98

(2005 年)按年龄和性别分人口数

本表是 2005 年全国 1%人口抽样调查样本数据,抽样比为 1.325%。

年　龄	人口数(人)			占总人口数的百分比(%)			性别比(女=100)
	合　计	男	女	合计	男	女	
总计	**16985766**	**8584882**	**8400884**	**100.00**	**50.54**	**49.46**	**102.19**
0—4	907102	499709	407393	5.34	2.94	2.40	122.66
5—9	1060664	577004	483660	6.24	3.40	2.85	119.30
10—14	1353263	721493	631770	7.97	4.25	3.72	114.20
15—19	1443484	749084	694399	8.50	4.41	4.09	107.88
20—24	1036723	499927	536796	6.10	2.94	3.16	93.13
25—29	1110290	539235	571055	6.54	3.17	3.36	94.43
30—34	1445908	711021	734887	8.51	4.19	4.33	96.75
35—39	1651487	813134	838354	9.72	4.79	4.94	96.99
40—44	1475539	732641	742898	8.69	4.31	4.37	98.62
45—49	1147578	575858	571720	6.76	3.39	3.37	100.72
50—54	1236929	622759	614170	7.28	3.67	3.62	101.40
55—59	907435	462421	445014	5.34	2.72	2.62	103.91
60—64	668310	342519	325791	3.93	2.02	1.92	105.13
65—69	564095	286166	277929	3.32	1.68	1.64	102.96
70—74	454955	224027	230928	2.68	1.32	1.36	97.01
75—79	290171	135684	154487	1.71	0.80	0.91	87.83
80—84	156110	66132	89978	0.92	0.39	0.53	73.50
85—89	56582	20475	36107	0.33	0.12	0.21	56.71
90—94	15825	4785	11040	0.09	0.03	0.06	43.35
95+	3319	810	2509			0.01	32.28

注:由于各地区数据采用加权汇总的方法,全国 1%人口抽样调查样本数据合计与各分项相加略有误差(以下表同)。

(2005年)各地区人口年龄构成和抚养比

本表是2005年全国1%人口抽样调查样本数据,抽样比为1.325%。

地　区	人口数(人)	0—14岁	15—64岁	65岁及以上	总抚养比(%)	少年儿童抚养比	老年人口抚养比
全　国	**16985766**	**3321029**	**12123681**	**1541056**	**40.10**	**27.39**	**12.71**
北　京	203582	20932	160636	22014	26.74	13.03	13.70
天　津	138060	17488	107195	13377	28.79	16.31	12.48
河　北	906856	160282	672457	74117	34.86	23.84	11.02
山　西	444096	94573	315280	34244	40.86	30.00	10.86
内蒙古	315884	53884	236945	25056	33.32	22.74	10.57
辽　宁	558727	79560	424584	54583	31.59	18.74	12.86
吉　林	359512	52084	279851	27577	28.47	18.61	9.85
黑龙江	505647	74876	392334	38437	28.88	19.08	9.80
上　海	235351	21182	186010	28159	26.53	11.39	15.14
江　苏	989454	153721	728207	107525	35.88	21.11	14.77
浙　江	648340	103086	476673	68581	36.01	21.63	14.39
安　徽	810095	187067	541274	81754	49.66	34.56	15.10
福　建	467922	86487	340481	40954	37.43	25.40	12.03
江　西	570672	143226	379303	48143	50.45	37.76	12.69
山　东	1224142	194922	907427	121794	34.90	21.48	13.42
河　南	1241616	262380	876943	102292	41.58	29.92	11.66
湖　北	755824	142736	543773	69314	39.00	26.25	12.75
湖　南	837363	156693	595873	84797	40.53	26.30	14.23
广　东	1217005	260401	866533	90071	40.45	30.05	10.39
广　西	616837	146466	411440	58931	49.92	35.60	14.32
海　南	109601	25964	74277	9360	47.56	34.96	12.60
重　庆	370367	76551	253202	40614	46.27	30.23	16.04
四　川	1087009	237516	730821	118672	48.74	32.50	16.24
贵　州	493715	139899	313312	40504	57.58	44.65	12.93
云　南	589039	142052	402662	44325	46.29	35.28	11.01
西　藏	36666	10010	24397	2259	50.29	41.03	9.26
陕　西	492410	96302	353629	42480	39.25	27.23	12.01
甘　肃	343364	80364	238196	24804	44.15	33.74	10.41
青　海	71903	17307	50254	4341	43.08	34.44	8.64
宁　夏	78892	20438	53701	4753	46.91	38.06	8.85
新　疆	265815	62580	186012	17223	42.90	33.64	9.26

(2006 年)按年龄和性别分人口数

本表是 2006 年全国人口变动情况抽样调查样本数据,抽样比为 0.907‰。

年龄	人口数(人)			占总人口数的百分比(%)			性别比
	合计	男	女	合计	男	女	(女=100)
总计	**1192666**	**604303**	**588363**	**100.00**	**50.67**	**49.33**	**102.71**
0—4	60556	33121	27436	5.08	2.78	2.30	120.72
5—9	70588	38942	31646	5.92	3.27	2.65	123.05
10—14	89136	48057	41079	7.47	4.03	3.44	116.99
15—19	105023	55481	49542	8.81	4.65	4.15	111.99
20—24	76160	37271	38889	6.39	3.13	3.26	95.84
25—29	74110	35868	38242	6.21	3.01	3.21	93.79
30—34	93398	45819	47580	7.83	3.84	3.99	96.30
35—39	113952	56033	57920	9.55	4.70	4.86	96.74
40—44	115781	57276	58505	9.71	4.80	4.91	97.90
45—49	76496	38248	38247	6.41	3.21	3.21	100.00
50—54	90607	45643	44964	7.60	3.83	3.77	101.51
55—59	68277	34539	33737	5.72	2.90	2.83	102.38
60—64	48886	24947	23939	4.10	2.09	2.01	104.21
65—69	39996	20460	19536	3.35	1.72	1.64	104.73
70—74	32692	16142	16550	2.74	1.35	1.39	97.54
75—79	20632	9850	10781	1.73	0.83	0.90	91.37
80—84	10825	4604	6221	0.91	0.39	0.52	74.00
85—89	4142	1561	2581	0.35	0.13	0.22	60.48
90—94	1130	366	764				47.86
95+	279	75	204				36.89

注:由于各地区数据采用加权汇总的方法,全国人口变动情况抽样调查样本数据合计与各分项相加略有误差(以下表同)。

(2006年)各地区人口年龄构成和抚养比

本表是2006年全国人口变动情况抽样调查样本数据,抽样比为0.907‰。

地　区	人口数(人)	0—14岁	15—64岁	65岁及以上	总抚养比(%)	少年儿童抚养比	老年人口抚养比
全　国	**1192666**	**220280**	**862690**	**109696**	**38.25**	**25.53**	**12.72**
北　京	14294	1426	11263	1605	26.91	12.66	14.25
天　津	9694	1171	7500	1023	29.25	15.62	13.63
河　北	63675	10583	47687	5405	33.53	22.19	11.33
山　西	31182	6264	22741	2178	37.12	27.54	9.58
内蒙古	22180	3598	16853	1728	31.61	21.35	10.26
辽　宁	39231	4915	30162	4155	30.07	16.29	13.77
吉　林	25243	3312	19846	2084	27.19	16.69	10.50
黑龙江	35504	4972	27667	2864	28.32	17.97	10.35
上　海	16525	1338	12805	2382	29.05	10.45	18.60
江　苏	69474	10400	51392	7683	35.19	20.24	14.95
浙　江	45523	6826	34128	4569	33.39	20.00	13.39
安　徽	56880	12135	38938	5807	46.08	31.16	14.91
福　建	32855	5896	23886	3073	37.55	24.68	12.87
江　西	40069	9826	26841	3403	49.29	36.61	12.68
山　东	85953	13132	64611	8211	33.03	20.32	12.71
河　南	87180	18224	61929	7027	40.77	29.43	11.35
湖　北	53070	9011	38862	5197	36.56	23.19	13.37
湖　南	58795	10588	42001	6206	39.98	25.21	14.78
广　东	85451	17285	62093	6073	37.62	27.84	9.78
广　西	43311	9629	29789	3892	45.39	32.32	13.07
海　南	7696	1709	5321	666	44.62	32.11	12.51
重　庆	26005	5059	17969	2977	44.72	28.16	16.57
四　川	76324	15181	52518	8625	45.33	28.91	16.42
贵　州	34666	9459	22413	2794	54.67	42.20	12.47
云　南	41359	9387	28860	3112	43.31	32.53	10.78
西　藏	2574	631	1779	165	44.69	35.45	9.25
陕　西	34574	6392	25097	3086	37.76	25.47	12.30
甘　肃	24109	5251	17076	1782	41.18	30.75	10.44
青　海	5049	1140	3556	352	41.96	32.07	9.89
宁　夏	5539	1336	3874	330	42.99	34.49	8.51
新　疆	18681	4206	13233	1242	41.17	31.79	9.39

(2007 年)按年龄和性别分人口数

本表是 2007 年全国人口变动情况抽样调查样本数据,抽样比为 0.900‰。

年　龄	人口数(人)			占总人口数的百分比(%)			性别比
	合　计	男	女	合计	男	女	(女=100)
总计	**1188739**	**602740**	**585999**	**100.00**	**50.70**	**49.30**	**102.86**
0—4	59996	33163	26833	5.05	2.79	2.26	123.59
5—9	68202	37275	30927	5.74	3.14	2.60	120.53
10—14	84278	45342	38936	7.09	3.81	3.28	116.45
15—19	98916	52436	46481	8.32	4.41	3.91	112.81
20—24	78601	38520	40081	6.61	3.24	3.37	96.10
25—29	76755	37245	39510	6.46	3.13	3.32	94.27
30—34	86753	42623	44130	7.30	3.59	3.71	96.59
35—39	115391	57121	58270	9.71	4.81	4.90	98.03
40—44	115847	57649	58198	9.75	4.85	4.90	99.06
45—49	76085	37944	38140	6.40	3.19	3.21	99.49
50—54	92481	46624	45858	7.78	3.92	3.86	101.67
55—59	73224	36982	36243	6.16	3.11	3.05	102.04
60—64	50998	25948	25050	4.29	2.18	2.11	103.58
65—69	39849	20296	19554	3.35	1.71	1.64	103.79
70—74	33236	16385	16851	2.80	1.38	1.42	97.24
75—79	20985	10070	10915	1.77	0.85	0.92	92.26
80—84	11302	4951	6352	0.95	0.42	0.53	77.95
85—89	4436	1760	2676	0.37	0.15	0.23	65.79
90—94	1123	332	791	0.09	0.03	0.07	41.97
95+	280	75	206	0.02	0.01	0.02	36.22

注:由于各地区数据采用加权汇总的方法,全国人口变动情况抽样调查样本数据合计与各分项相加略有误差(以下表同)。

(2007年)各地区人口年龄构成和抚养比

本表是2007年全国人口变动情况抽样调查样本数据,抽样比为0.900‰。

地　区	人口数(人)	0—14岁	15—64岁	65岁及以上	总抚养比(%)	少年儿童抚养比	老年人口抚养比
全　国	**1188739**	**212476**	**865052**	**111212**	**37.42**	**24.56**	**12.86**
北　京	14554	1401	11669	1484	24.72	12.01	12.72
天　津	9896	1123	7699	1074	28.54	14.59	13.95
河　北	63501	10639	47235	5626	34.44	22.52	11.91
山　西	31069	6068	22733	2268	36.67	26.69	9.98
内蒙古	22066	3462	16802	1802	31.33	20.61	10.73
辽　宁	39317	4984	30152	4181	30.40	16.53	13.87
吉　林	25067	3286	19573	2208	28.07	16.79	11.28
黑龙江	35193	4630	27417	3147	28.36	16.89	11.48
上　海	16708	1331	12997	2381	28.56	10.24	18.32
江　苏	69503	9911	51841	7751	34.07	19.12	14.95
浙　江	45844	6721	34249	4874	33.86	19.62	14.23
安　徽	56247	11738	38600	5908	45.72	30.41	15.31
福　建	32754	5767	23686	3301	38.28	24.35	13.94
江　西	39945	9047	27323	3574	46.19	33.11	13.08
山　东	85696	13206	64140	8350	33.61	20.59	13.02
河　南	86460	17613	62300	6546	38.78	28.27	10.51
湖　北	52408	8230	38998	5179	34.39	21.10	13.28
湖　南	58382	9796	42556	6031	37.19	23.02	14.17
广　东	85649	16386	62959	6305	36.04	26.03	10.01
广　西	43442	9517	29934	3991	45.12	31.79	13.33
海　南	7696	1643	5371	682	43.29	30.59	12.70
重　庆	25850	4892	17937	3020	44.11	27.27	16.84
四　川	75201	14392	52547	8261	43.11	27.39	15.72
贵　州	34587	9416	22302	2870	55.09	42.22	12.87
云　南	41269	9297	28898	3074	42.81	32.17	10.64
西　藏	2587	562	1853	172	39.57	30.31	9.26
陕　西	34383	5968	25101	3313	36.98	23.78	13.20
甘　肃	23990	4967	17146	1877	39.92	28.97	10.94
青　海	5045	1131	3584	329	40.74	31.55	9.19
宁　夏	5560	1305	3908	347	42.26	33.39	8.88
新　疆	18872	4047	13540	1285	39.38	29.89	9.49

(2008年)按年龄和性别分人口数

本表是2008年全国人口变动情况抽样调查样本数据,抽样比为0.887‰。

年　龄	人口数(人)			占总人口数的百分比(%)			性别比(女=100)
	合　计	男	女	合计	男	女	
总计	**1178521**	**598339**	**580182**	**100.00**	**50.77**	**49.23**	**103.13**
0—4	60409	33352	27057	5.13	2.83	2.30	123.26
5—9	64402	35314	29088	5.46	3.00	2.47	121.40
10—14	79278	42560	36717	6.73	3.61	3.12	115.91
15—19	92767	49438	43329	7.87	4.19	3.68	114.10
20—24	80885	40003	40883	6.86	3.39	3.47	97.85
25—29	76417	37497	38920	6.48	3.18	3.30	96.34
30—34	82027	40627	41400	6.96	3.45	3.51	98.13
35—39	109297	54028	55269	9.27	4.58	4.69	97.75
40—44	113708	56636	57072	9.65	4.81	4.84	99.23
45—49	84701	42061	42640	7.19	3.57	3.62	98.64
50—54	91958	46290	45668	7.80	3.93	3.87	101.36
55—59	77554	39294	38260	6.58	3.33	3.25	102.70
60—64	52706	26778	25929	4.47	2.27	2.20	103.27
65—69	39183	19823	19361	3.32	1.68	1.64	102.39
70—74	33302	16556	16746	2.83	1.40	1.42	98.87
75—79	21991	10545	11445	1.87	0.89	0.97	92.14
80—84	11686	5197	6490	0.99	0.44	0.55	80.08
85—89	4777	1888	2889	0.41	0.16	0.25	65.34
90—94	1205	375	830	0.10	0.03	0.07	45.17
95+	269	78	190	0.02	0.01	0.02	41.17

注:由于各地区数据采用加权汇总的方法,全国人口变动情况抽样调查样本数据合计与各分项相加略有误差(以下表同)。

(2008 年)各地区人口年龄构成和抚养比

本表是 2008 年全国人口变动情况抽样调查样本数据，抽样比为 0.887‰。

地　区	人口数（人）	0—14 岁	15—64 岁	65 岁及以上	总抚养比（%）	少年儿童抚养比	老年人口抚养比
全　国	**1178521**	**204088**	**862020**	**112413**	**36.72**	**23.68**	**13.04**
北　京	14813	1438	11852	1524	24.99	12.13	12.86
天　津	10114	1087	7785	1242	29.92	13.96	15.96
河　北	62981	10115	47362	5504	32.98	21.36	11.62
山　西	30779	5602	22752	2424	35.28	24.62	10.66
内蒙古	21816	3251	16795	1769	29.89	19.36	10.53
辽　宁	38988	4729	29840	4419	30.66	15.85	14.81
吉　林	24764	3029	19475	2260	27.16	15.55	11.61
黑龙江	34688	4408	27116	3163	27.92	16.26	11.67
上　海	16854	1332	13324	2198	26.49	10.00	16.50
江　苏	69168	9515	51535	8118	34.22	18.46	15.75
浙　江	45900	6435	34576	4889	32.75	18.61	14.14
安　徽	55498	11163	38372	5963	44.63	29.09	15.54
福　建	32484	5764	23473	3247	38.39	24.55	13.83
江　西	39623	8995	27306	3322	45.11	32.94	12.17
山　东	84970	13245	63440	8285	33.94	20.88	13.06
河　南	84906	16848	61415	6643	38.25	27.43	10.82
湖　北	51697	7591	38869	5237	33.00	19.53	13.47
湖　南	57648	9611	41978	6059	37.33	22.89	14.43
广　东	85714	15835	63402	6477	35.19	24.98	10.22
广　西	43252	9453	29753	4045	45.37	31.77	13.60
海　南	7665	1650	5329	686	43.85	30.97	12.88
重　庆	25545	4857	17633	3055	44.87	27.55	17.33
四　川	73722	12794	52488	8440	40.45	24.37	16.08
贵　州	34126	8888	22460	2778	51.94	39.57	12.37
云　南	40947	9063	28659	3225	42.88	31.62	11.25
西　藏	2576	566	1839	172	40.09	30.75	9.34
陕　西	33999	5592	25147	3260	35.20	22.24	12.97
甘　肃	23739	4899	16902	1939	40.46	28.99	11.47
青　海	5007	1088	3576	343	40.03	30.44	9.59
宁　夏	5533	1266	3909	358	41.55	32.39	9.16
新　疆	19004	3978	13660	1366	39.12	29.12	10.00

(2009 年)按年龄和性别分人口数

本表是 2009 年全国人口变动情况抽样调查样本数据,抽样比为 0.873‰。

年　龄	人口数(人)			占总人口数的百分比(%)			性别比
	合　计	男	女	合计	男	女	(女=100)
总计	**1164986**	**591871**	**573115**	**100.00**	**50.80**	**49.20**	**103.27**
0—4	60158	33140	27018	5.16	2.84	2.32	122.66
5—9	63000	34705	28296	5.41	2.98	2.43	122.65
10—14	73359	39749	33610	6.30	3.41	2.88	118.27
15—19	83516	44170	39345	7.17	3.79	3.38	112.26
20—24	87637	44001	43636	7.52	3.78	3.75	100.84
25—29	75481	37678	37803	6.48	3.23	3.24	99.67
30—34	78735	38833	39901	6.76	3.33	3.43	97.32
35—39	106040	52579	53461	9.10	4.51	4.59	98.35
40—44	112356	55862	56494	9.64	4.80	4.85	98.88
45—49	92367	45647	46719	7.93	3.92	4.01	97.71
50—54	84335	42441	41893	7.24	3.64	3.60	101.31
55—59	79114	39592	39522	6.79	3.40	3.39	100.18
60—64	55690	28348	27342	4.78	2.43	2.35	103.68
65—69	40114	20277	19837	3.44	1.74	1.70	102.21
70—74	32493	16258	16234	2.79	1.40	1.39	100.15
75—79	22528	10997	11531	1.93	0.94	0.99	95.36
80—84	11794	5178	6616	1.01	0.44	0.57	78.27
85—89	4788	1971	2818	0.41	0.17	0.24	69.93
90—94	1174	361	813	0.10	0.03	0.07	44.38
95+	308	83	225	0.03	0.01	0.02	36.83

注:由于各地区数据采用加权汇总的方法,全国人口变动情况抽样调查样本数据合计与各分项相加略有误差(以下表同)。

(2009年)各地区人口年龄构成和抚养比

本表是2009年全国人口变动情况抽样调查样本数据,抽样比为0.873‰。

地　区	人口数(人)	0—14岁	15—64岁	65岁及以上	总抚养比(%)	少年儿童抚养比	老年人口抚养比
全　国	**1164986**	**196517**	**855269**	**113199**	**36.21**	**22.98**	**13.24**
北　京	15096	1497	12075	1524	25.01	12.39	12.62
天　津	10473	1054	8263	1156	26.75	12.76	13.99
河　北	62243	10274	46457	5512	33.98	22.12	11.87
山　西	30378	5241	22680	2457	33.94	23.11	10.83
内蒙古	21499	3059	16621	1818	29.35	18.41	10.94
辽　宁	38429	4243	29767	4419	29.10	14.25	14.85
吉　林	24349	2963	19222	2164	26.67	15.42	11.26
黑龙江	34065	4202	26913	2951	26.58	15.61	10.96
上　海	16814	1271	13176	2368	27.62	9.64	17.97
江　苏	68371	9357	50788	8225	34.62	18.42	16.20
浙　江	45472	6298	34139	5035	33.20	18.45	14.75
安　徽	54638	10522	38571	5545	41.66	27.28	14.38
福　建	32097	5481	23396	3220	37.19	23.43	13.76
江　西	39186	8622	27399	3165	43.02	31.47	11.55
山　东	83867	13132	62563	8171	34.05	20.99	13.06
河　南	83974	16089	60425	7460	38.97	26.63	12.35
湖　北	50862	7357	38330	5175	32.69	19.19	13.50
湖　南	56820	9784	40685	6351	39.66	24.05	15.61
广　东	84981	14734	63891	6356	33.01	23.06	9.95
广　西	42891	9122	29776	3993	44.05	30.63	13.41
海　南	7606	1553	5385	667	41.23	28.84	12.39
重　庆	25284	4649	17708	2927	42.78	26.25	16.53
四　川	72471	12472	51161	8838	41.65	24.38	17.28
贵　州	33780	8377	22610	2794	49.41	37.05	12.36
云　南	40460	8700	28282	3478	43.06	30.76	12.30
西　藏	2556	505	1872	179	36.57	27.00	9.56
陕　西	33504	5305	24884	3315	34.64	21.32	13.32
甘　肃	23405	4420	17033	1952	37.41	25.95	11.46
青　海	4934	1034	3554	345	38.81	29.10	9.71
宁　夏	5504	1176	3953	374	39.22	29.75	9.47
新　疆	18979	4024	13690	1264	38.63	29.40	9.23

人口年龄结构和抚养比

年份	总人口(年末)(万人)	按年龄组分						总抚养比(%)	少儿抚养比(%)	老年抚养比(%)
		0—14 岁		15—64 岁		65 岁及以上				
		人口数	比重(%)	人口数	比重(%)	人口数	比重(%)			
1982	101654	34146	33.6	62517	61.5	4991	4.9	62.6	54.6	8.0
1987	109300	31347	28.7	71985	65.9	5968	5.4	51.8	43.5	8.3
1990	114333	31659	27.7	76306	66.7	6368	5.6	49.8	41.5	8.3
1995	121121	32218	26.6	81393	67.2	7510	6.2	48.8	39.6	9.2
1996	122389	32311	26.4	82245	67.2	7833	6.4	48.8	39.3	9.5
1997	123626	32093	26.0	83448	67.5	8085	6.5	48.1	38.5	9.7
1998	124761	32064	25.7	84338	67.6	8359	6.7	47.9	38.0	9.9
1999	125786	31950	25.4	85157	67.7	8679	6.9	47.7	37.5	10.2
2000	126743	29012	22.9	88910	70.1	8821	7.0	42.6	32.6	9.9
2001	127627	28716	22.5	89849	70.4	9062	7.1	42.0	32.0	10.1
2002	128453	28774	22.4	90302	70.3	9377	7.3	42.2	31.9	10.4
2003	129227	28559	22.1	90976	70.4	9692	7.5	42.0	31.4	10.7
2004	129988	27947	21.5	92184	70.9	9857	7.6	41.0	30.3	10.7
2005	130756	26504	20.3	94197	72.0	10055	7.7	38.8	28.1	10.7
2006	131448	25961	19.8	95068	72.3	10419	7.9	38.3	27.3	11.0
2007	132129	25660	19.4	95833	72.5	10636	8.1	37.9	26.8	11.1
2008	132802	25166	19.0	96680	72.7	10956	8.3	37.4	26.0	11.3
2009	133474	24663	18.5	97502	73.0	11309	8.5	36.9	25.3	11.6

注:本表数据为每年公报数。

四、1992 年中国城乡老年人供养体系调查数据

1—1.1 被调查老年人的年龄性别状况

项目	合计		男		女	
	人数	百分比%	人数	百分比%	人数	百分比%
合计	**20083**	**100.00**	**9588**	**100.00**	**10495**	**100.00**
60—64	6608	32.90	3164	33.00	3444	32.82
65—69	5546	27.62	2762	28.81	2784	26.53
70—74	3976	19.80	1939	20.22	2037	19.41
75—79	2391	11.91	1101	11.48	1290	12.29
80—84	1092	5.44	459	4.79	633	6.03
85+	470	2.34	163	1.70	307	2.93

1—1.2 城市老年人的年龄性别状况

项目	合计		男		女	
	人数	百分比%	人数	百分比%	人数	百分比%
合计	**9889**	**100.00**	**4766**	**100.00**	**5123**	**100.00**
60—64	3397	34.35	1621	34.01	1776	34.67
65—69	2710	27.40	1327	27.84	1383	27.00
70—74	1988	20.10	975	20.46	1013	19.77
75—79	1091	11.03	541	11.35	550	10.74
80—84	493	4.99	224	4.70	269	5.25
85+	210	2.12	78	1.64	132	2.58

1—1.3 农村老年人的年龄性别状况

项目	合计		男		女	
	人数	百分比%	人数	百分比%	人数	百分比%
合计	**10194**	**100.00**	**4822**	**100.00**	**5372**	**100.00**
60—64	3211	31.50	1543	32.00	1668	31.05
65—69	2836	27.82	1435	29.76	1401	26.08
70—74	1988	19.50	964	19.99	1024	19.06
75—79	1300	12.75	560	11.61	740	13.78
80—84	599	5.88	235	4.87	364	6.78
85+	260	2.55	85	1.76	175	3.26

1—2 城乡分性别老年人平均上学年数

(年)

项目	城市			农村		
	合计	男	女	合计	男	女
合计	**4.1**	**5.8**	**2.6**	**1.2**	**2.3**	**0.3**
60—64	4.9	6.6	3.3	1.5	2.6	0.5
65—69	4.3	6.0	2.8	1.4	2.4	0.4
70—74	3.7	5.2	2.3	1.2	2.3	0.2
75—79	3.1	4.6	1.6	0.8	1.5	0.2
80—84	2.6	4.1	1.4	0.8	1.8	0.1
85+	2.3	3.9	1.3	0.5	1.3	0.1

1—3.1　城市老年人的文化程度

(人,%)

项　目	合　计	文　盲	小　学	初　中	高　中	大专以上
合　计	**9889**	**4070**	**2649**	**1536**	**920**	**714**
60—64	3397	1141	907	600	408	341
65—69	2710	1018	763	461	270	198
70—74	1988	890	563	284	149	102
75—79	1091	582	273	128	62	46
80—84	493	301	101	48	23	20
85+	210	138	42	15	8	7
合　计	**100.00**	**41.16**	**26.79**	**15.53**	**9.30**	**7.22**
60—64	100.00	33.59	26.70	17.66	12.01	10.04
65—69	100.00	37.56	28.15	17.01	9.96	7.31
70—74	100.00	44.77	28.32	14.29	7.49	5.13
75—79	100.00	53.35	25.02	11.73	5.68	4.22
80—84	100.00	61.05	20.49	9.74	4.67	4.06
85+	100.00	65.71	20.00	7.14	3.81	3.33

1—3.4　农村老年人的文化程度

(人,%)

项　目	合　计	文　盲	小　学	初　中	高　中	大专以上
合　计	**10194**	**7584**	**2048**	**446**	**101**	**15**
60—64	3211	2226	753	189	36	7
65—69	2836	2033	636	134	30	3
70—74	1988	1509	378	78	20	3
75—79	1300	1081	180	26	11	2
80—84	599	503	76	17	3	0
85+	260	232	25	2	1	0
合　计	**100.00**	**74.40**	**20.09**	**4.38**	**0.99**	**0.15**
60—64	100.00	69.32	23.45	5.89	1.12	0.22
65—69	100.00	71.69	22.43	4.72	1.06	0.11
70—74	100.00	75.91	19.01	3.92	1.01	0.15
75—79	100.00	83.15	13.85	2.00	0.85	0.15
80—84	100.00	83.97	12.69	2.84	0.50	0.00
85+	100.00	89.23	9.62	0.77	0.38	0.00

1—3.5 农村男性老年人的文化程度 (人,%)

项目	合计	文盲	小学	初中	高中	大专以上
合计	**4822**	**2568**	**1739**	**406**	**94**	**15**
60—64	1543	717	618	165	36	7
65—69	1435	747	535	122	28	3
70—74	964	532	335	75	19	3
75—79	560	367	157	26	8	2
80—84	235	146	71	16	2	0
85+	85	59	23	2	1	0
合计	**100.00**	**53.26**	**36.06**	**8.42**	**1.95**	**0.31**
60—64	100.00	46.47	40.05	10.69	2.33	0.45
65—69	100.00	52.06	37.28	8.50	1.95	0.21
70—74	100.00	55.19	34.75	7.78	1.97	0.31
75—79	100.00	65.54	28.04	4.64	1.43	0.36
80—84	100.00	62.13	30.21	6.81	0.85	0.00
85+	100.00	69.41	27.06	2.35	1.18	0.00

1—3.6 农村女性老年人有文化程度 (人,%)

项目	合计	文盲	小学	初中	高中
合计	**5372**	**5016**	**309**	**40**	**7**
60—64	1668	1509	135	24	0
65—69	1401	1286	101	12	2
70—74	1024	977	43	3	1
75—79	740	714	23	0	3
80—84	364	357	5	1	1
85+	175	173	2	0	0
合计	**100.00**	**93.37**	**5.75**	**0.74**	**0.13**
60—64	100.00	90.47	8.09	1.44	0.00
65—69	100.00	91.79	7.21	0.86	0.14
70—74	100.00	95.41	4.20	0.29	0.10
75—79	100.00	96.49	3.11	0.00	0.41
80—84	100.00	98.08	1.37	0.27	0.27
85+	100.00	98.86	1.14	0.00	0.00

1—4.1　城市老年人的婚姻状况　　　　（人，%）

项　目	合　计	未　婚	有偶同居	有偶分居	离　婚	丧　偶
合　计	**9889**	**65**	**6838**	**143**	**69**	**2774**
60—64	3397	15	2788	50	30	514
65—69	2710	23	1982	41	21	643
70—74	1988	11	1268	27	12	670
75—79	1091	10	556	16	5	504
80—84	493	3	199	8	1	282
85＋	210	3	45	1	0	161
合　计	**100.00**	**0.66**	**69.15**	**1.45**	**0.70**	**28.05**
60—64	100.00	0.44	82.07	1.47	0.88	15.13
65—69	100.00	0.85	73.14	1.51	0.77	23.73
70—74	100.00	0.55	63.78	1.36	0.60	33.70
75—79	100.00	0.92	50.96	1.47	0.46	46.20
80—84	100.00	0.61	40.37	1.62	0.20	57.20
85＋	100.00	1.43	21.43	0.48	0.00	76.67

1—4.4　农村老年人的婚姻状况　　　　（人，%）

项　目	合　计	未　婚	有偶同居	有偶分居	离　婚	丧　偶
合　计	**10194**	**110**	**6106**	**240**	**85**	**3653**
60—64	3211	45	2487	62	28	589
65—69	2836	32	1872	79	36	817
70—74	1988	13	1064	54	15	842
75—79	1300	14	489	36	5	756
80—84	599	3	148	7	1	440
85＋	260	3	46	2	0	209
合　计	**100.00**	**1.08**	**59.90**	**2.35**	**0.83**	**35.83**
60—64	100.00	1.40	77.45	1.93	0.87	18.34
65—69	100.00	1.13	66.01	2.79	1.27	28.81
70—74	100.00	0.65	53.52	2.72	0.75	42.35
75—79	100.00	1.08	37.62	2.77	0.38	58.15
80—84	100.00	0.50	24.71	1.17	0.17	73.46
85＋	100.00	1.15	17.69	0.77	0.00	80.38

1—4.5 农村男性老年人的婚姻状况 （人，%）

项目	合计	未婚	有偶同居	有偶分居	离婚	丧偶
合计	**4822**	**102**	**3505**	**127**	**73**	**1015**
60—64	1543	44	1280	25	26	168
65—69	1435	31	1093	38	30	243
70—74	964	11	665	34	12	242
75—79	560	12	325	24	4	195
80—84	235	2	108	4	1	120
85+	85	2	34	2	0	47
合计	**100.00**	**2.12**	**72.69**	**2.63**	**1.51**	**21.05**
60—64	100.00	2.85	82.96	1.62	1.69	10.89
65—69	100.00	2.16	76.17	2.65	2.09	16.93
70—74	100.00	1.14	68.98	3.53	1.24	25.10
75—79	100.00	2.14	58.04	4.29	0.71	34.82
80—84	100.00	0.85	45.96	1.70	0.43	51.06
85+	100.00	2.35	40.00	2.35	0.00	55.29

1—4.6 农村女性老年人的婚姻状况 （人，%）

项目	合计	未婚	有偶同居	有偶分居	离婚	丧偶
合计	**5372**	**8**	**2601**	**113**	**12**	**2638**
60—64	1668	1	1207	37	2	421
65—69	1401	1	779	41	6	574
70—74	1024	2	399	20	3	600
75—79	740	2	164	12	1	561
80—84	364	1	40	3	0	320
85+	175	1	12	0	0	162
合计	**100.00**	**0.15**	**48.42**	**2.10**	**0.22**	**49.11**
60—64	100.00	0.06	72.36	2.22	0.12	25.24
65—69	100.00	0.07	55.60	2.93	0.43	40.97
70—74	100.00	0.20	38.96	1.95	0.29	58.59
75—79	100.00	0.27	22.16	1.62	0.14	75.81
80—84	100.00	0.27	10.99	0.82	0.00	87.91
85+	100.00	0.57	6.86	0.00	0.00	92.57

1—5 分城乡分性别老年人平均现有子女数

（人）

项目	城市			农村		
	合计	男	女	合计	男	女
合计	**3.47**	**3.52**	**3.44**	**3.70**	**3.71**	**3.68**
60—64	3.53	3.43	3.61	3.97	3.85	4.07
65—69	3.58	3.62	3.54	3.80	3.82	3.79
70—74	3.45	3.50	3.40	3.56	3.64	3.48
75—79	3.36	3.63	3.10	3.36	3.40	3.32
80—84	3.16	3.42	2.94	3.17	3.23	3.13
85+	2.82	3.23	2.58	3.09	3.39	2.94

1—7.1 城市老年人家庭户规模

（人，%）

项目	合计	1人户	2人户	3人户	4人户	5人户	6人户	7人户	8人以上户
合计	**9889**	**1119**	**3273**	**1563**	**1463**	**1577**	**497**	**207**	**190**
60—64	3397	209	1068	721	492	548	179	96	84
65—69	2710	269	984	432	352	447	132	52	42
70—74	1988	282	701	234	310	317	88	24	32
75—79	1091	216	335	89	191	170	50	22	18
80—84	493	104	141	49	82	68	31	8	10
85+	210	39	44	38	36	27	17	5	4
合计	**100.00**	**11.32**	**33.10**	**15.81**	**14.79**	**15.95**	**5.03**	**2.09**	**1.92**
60—64	100.00	6.15	31.44	21.22	14.48	16.13	5.27	2.83	2.47
65—69	100.00	9.93	36.31	15.94	12.99	16.49	4.87	1.92	1.55
70—74	100.00	14.19	35.26	11.77	15.59	15.95	4.43	1.21	1.61
75—79	100.00	19.80	30.71	8.16	17.51	15.58	4.58	2.02	1.65
80—84	100.00	21.10	28.60	9.94	16.63	13.79	6.29	1.62	2.03
85+	100.00	18.57	20.95	18.10	17.14	12.86	8.10	2.38	1.90

1—7.2 城市男性老年人家庭户规模

（人，%）

项目	合计	1人户	2人户	3人户	4人户	5人户	6人户	7人户	8人以上户
合计	**4766**	**277**	**1733**	**828**	**625**	**836**	**254**	**113**	**100**
60—64	1621	47	484	392	242	266	96	50	44
65—69	1327	66	533	234	139	238	68	31	18
70—74	975	67	388	128	121	186	52	14	19
75—79	541	54	217	50	74	102	24	10	10
80—84	224	30	82	18	33	38	12	4	7
85+	78	13	29	6	16	6	2	4	2
合计	**100.00**	**5.81**	**36.36**	**17.37**	**13.11**	**17.54**	**5.33**	**2.37**	**2.10**
60—64	100.00	2.90	29.86	24.18	14.93	16.41	5.92	3.08	2.71
65—69	100.00	4.97	40.17	17.63	10.47	17.94	5.12	2.34	1.36
70—74	100.00	6.87	39.79	13.13	12.41	19.08	5.33	1.44	1.95
75—79	100.00	9.98	40.11	9.24	13.68	18.85	4.44	1.85	1.85
80—84	100.00	13.39	36.61	8.04	14.73	16.96	5.36	1.79	3.13
85+	100.00	16.67	37.18	7.69	20.51	7.69	2.56	5.13	2.56

1—7.3 城市女性老年人家庭户规模 (人,%)

项目	合计	1人户	2人户	3人户	4人户	5人户	6人户	7人户	8人以上户
合计	**5123**	**842**	**1540**	**735**	**838**	**741**	**243**	**94**	**90**
60—64	1776	162	584	329	250	282	83	46	40
65—69	1383	203	451	198	213	209	64	21	24
70—74	1013	215	313	106	189	131	36	10	13
75—79	550	162	118	39	117	68	26	12	8
80—84	269	74	59	31	49	30	19	4	3
85+	132	26	15	32	20	21	15	1	2
合计	**100.00**	**16.44**	**30.06**	**14.35**	**16.36**	**14.46**	**4.74**	**1.83**	**1.76**
60—64	100.00	9.12	32.88	18.52	14.08	15.88	4.67	2.59	2.25
65—69	100.00	14.68	32.61	14.32	15.40	15.11	4.63	1.52	1.74
70—74	100.00	21.22	39.90	10.46	18.66	12.93	3.55	0.99	1.28
75—79	100.00	29.45	21.45	7.09	21.27	12.36	4.73	2.18	1.45
80—84	100.00	27.51	21.93	11.52	18.22	11.15	7.06	1.49	1.12
85+	100.00	19.70	11.36	24.24	15.15	15.91	11.36	0.76	1.52

1—7.4 农村老年人家庭户规模 (人,%)

项目	合计	1人户	2人户	3人户	4人户	5人户	6人户	7人户	8人以上户
合计	**10194**	**1325**	**3309**	**1117**	**1167**	**1522**	**1025**	**418**	**311**
60—64	3211	233	1179	528	422	420	274	94	61
65—69	2836	348	1061	309	314	388	246	103	67
70—74	1988	310	638	140	191	330	221	93	65
75—79	1300	257	300	71	134	223	171	75	69
80—84	599	123	98	43	70	124	78	32	31
85+	260	54	33	26	36	37	35	21	18
合计	**100.00**	**13.00**	**32.46**	**10.96**	**11.45**	**14.93**	**10.05**	**4.10**	**3.05**
60—64	100.00	7.26	36.72	16.44	13.14	13.08	8.53	2.93	1.90
65—69	100.00	12.27	37.41	10.90	11.07	13.68	8.67	3.63	2.36
70—74	100.00	15.59	32.09	7.04	9.61	16.60	11.12	4.68	3.27
75—79	100.00	19.77	23.08	5.46	10.31	17.15	13.15	5.77	5.31
80—84	100.00	20.53	16.36	7.18	11.69	20.70	13.02	5.34	5.18
85+	100.00	20.77	12.69	10.00	13.85	14.23	13.46	8.08	6.92

1—8.1 城市老年人家庭户代际数

（人，%）

项　目	合　计	1代 1	2代 2	3代 3	4代以上 4
合　计	**9889**	**4063**	**2328**	**3381**	**117**
60—64	3397	1202	1044	1114	37
65—69	2710	1158	641	897	14
70—74	1988	903	365	709	11
75—79	1091	511	152	413	15
80—84	493	222	77	174	20
85+	210	67	49	74	20
合　计	**100.00**	**41.09**	**23.54**	**34.19**	**1.18**
60—64	100.00	35.38	30.73	32.79	1.09
65—69	100.00	42.73	23.65	33.10	0.52
70—74	100.00	45.42	18.36	35.66	0.55
75—79	100.00	46.84	13.93	37.86	1.37
80—84	100.00	45.03	15.62	35.29	4.06
85+	100.00	31.90	23.33	35.24	9.52

1—8.2 城市男性老年人家庭户代际数

（人，%）

项　目	合　计	1代 1	2代 2	3代 3	4代以上 4
合　计	**4766**	**1954**	**1227**	**1540**	**45**
60—64	1621	524	573	503	21
65—69	1327	584	341	391	11
70—74	975	437	198	336	4
75—79	541	260	79	199	3
80—84	224	110	25	85	4
85+	78	39	11	26	2
合　计	**100.00**	**41.00**	**25.74**	**32.31**	**0.94**
60—64	100.00	32.33	35.35	31.03	1.30
65—69	100.00	44.01	25.70	29.46	0.83
70—74	100.00	44.82	20.31	34.46	0.41
75—79	100.00	48.06	14.60	36.78	0.55
80—84	100.00	49.11	11.16	37.95	1.79
85+	100.00	50.00	14.10	33.33	2.56

1—8.3 城市女性老年人家庭户代际数

（人，%）

项　目	合　计	1代 1	2代 2	3代 3	4代以上 4
合 计	**5123**	**2109**	**1101**	**1841**	**72**
60—64	1776	678	471	611	16
65—69	1383	574	300	506	3
70—74	1013	466	167	373	7
75—79	550	251	73	214	12
80—84	269	112	52	89	16
85＋	132	28	38	48	18
合 计	**100.00**	**41.17**	**21.49**	**35.94**	**1.41**
60—64	100.00	38.18	26.52	34.40	0.90
65—69	100.00	41.50	21.69	36.59	0.22
70—74	100.00	46.00	16.49	36.82	0.69
75—79	100.00	45.64	13.27	38.91	2.18
80—84	100.00	41.64	19.33	33.09	5.95
85＋	100.00	21.21	28.79	36.36	13.64

1—8.4 农村老年人家庭户代际数

（人，%）

项　目	合　计	1代 1	2代 2	3代 3	4代以上 4
合 计	**10194**	**4378**	**1940**	**3623**	**253**
60—64	3211	1318	976	882	35
65—69	2836	1335	534	937	30
70—74	1988	903	227	814	44
75—79	1300	532	109	598	61
80—84	599	206	57	287	49
85＋	260	84	37	105	34
合 计	**100.00**	**42.95**	**19.03**	**35.54**	**2.48**
60—64	100.00	41.05	30.40	27.47	1.09
65—69	100.00	47.07	18.83	33.04	1.06
70—74	100.00	45.42	11.42	40.95	2.21
75—79	100.00	40.92	8.38	46.00	4.69
80—84	100.00	34.39	9.52	47.91	8.18
85＋	100.00	32.31	14.23	40.38	13.08

1—9.1　城市老年人家庭户类别

（人,%）

项　目	合　计	一代户 1	二代户 2	三代及以上户 3	一代和其他亲属户 4	一代和其他亲属户 5	三代以上和其他亲属户 6	其他类形户 7
合　计	**9889**	**4012**	**1603**	**3292**	**42**	**21**	**76**	**843**
60—64	3397	1189	761	1087	9	4	11	336
65—69	2710	1146	426	882	10	1	6	239
70—74	1988	900	234	690	4	3	9	148
75—79	1091	495	91	396	11	3	19	76
80—84	493	216	52	165	4	6	17	33
85＋	210	66	39	72	4	4	14	11
合　计	**100.00**	**40.57**	**16.21**	**33.29**	**0.42**	**0.21**	**0.77**	**8.52**
60—64	100.00	35.00	22.40	32.00	0.26	0.12	0.32	9.89
65—69	100.00	42.29	15.72	32.55	0.37	0.04	0.22	8.82
70—74	100.00	45.27	11.77	34.71	0.20	0.15	0.45	7.44
75—79	100.00	45.37	8.34	36.30	1.01	0.27	1.74	6.97
80—84	100.00	43.81	10.55	33.47	0.81	1.22	3.45	6.69
85＋	100.00	31.43	18.57	34.29	1.90	1.90	6.67	5.24

1—9.4　农村老年人家庭户类别

（人,%）

项　目	合　计	一代户 1	二代户 2	三代及以上户 3	一代和其他亲属户 4	一代和其他亲属户 5	三代以上和其他亲属户 6	其他类形户 7
合　计	10194	4324	1828	3542	68	20	148	264
60—64	3211	1302	893	861	17	1	4	133
65—69	2836	1326	506	913	14	2	15	60
70—74	1988	895	227	788	10	2	32	34
75—79	1300	518	106	595	16	3	35	27
80—84	599	205	62	280	4	5	36	7
85＋	260	78	34	105	7	7	26	3
合　计	**100.00**	**42.42**	**17.93**	**34.75**	**0.67**	**0.20**	**1.45**	**2.59**
60—64	100.00	40.55	27.81	26.81	0.53	0.03	0.12	4.14
65—69	100.00	46.76	17.84	32.19	0.49	0.07	0.53	2.12
70—74	100.00	45.02	11.42	39.64	0.50	0.10	1.61	1.71
75—79	100.00	39.85	8.15	45.77	1.23	0.23	2.69	2.08
80—84	100.00	34.22	10.35	46.74	0.67	0.83	6.01	1.17
85＋	100.00	30.00	13.08	40.38	2.69	2.69	10.00	1.15

1—9.5 农村男性老年人家庭户类别 （人，%）

项　目	合　计	一代户 1	二代户 2	三代及以上户 3	一代和其他亲属户 4	一代和其他亲属户 5	三代以上和其他亲属户 6	其他类形户 7
合　计	4822	2166	986	1469	31	3	39	128
60—64	1543	618	476	374	10	0	2	63
65—69	1435	696	295	394	7	1	6	36
70—74	964	465	130	341	5	1	7	15
75—79	560	262	52	222	5	0	10	9
80—84	235	93	24	104	3	0	7	4
85＋	85	32	9	34	1	1	7	1
合　计	**100.00**	**44.92**	**20.45**	**30.46**	**0.64**	**0.06**	**0.81**	**2.65**
60—64	100.00	40.05	30.85	24.24	0.65	0.00	0.13	4.08
65—69	100.00	48.50	20.56	27.46	0.49	0.07	0.42	2.51
70—74	100.00	48.24	13.49	35.37	0.52	0.10	0.73	1.56
75—79	100.00	46.79	9.29	39.64	0.89	0.00	1.79	1.61
80—84	100.00	39.57	10.21	44.26	1.28	0.00	2.98	1.70
85＋	100.00	37.65	10.59	40.00	1.18	1.18	8.24	1.18

1—11.6 农村女性老年人与分居子女的距离 （人，%）

项　目	合　计	同一村	同乡但不同村	同县但不同乡	本县以外
合　计	**2516**	**2334**	**65**	**70**	**47**
60—64	891	836	24	18	13
65—69	714	673	13	16	12
70—74	460	427	10	17	6
75—79	284	251	10	13	10
80—84	114	101	6	4	3
85＋	53	46	2	2	3
合　计	**100.00**	**92.77**	**2.58**	**2.78**	**1.87**
60—64	100.00	93.83	2.69	2.02	1.46
65—69	100.00	94.26	1.82	2.24	1.68
70—74	100.00	92.83	2.17	3.70	1.30
75—79	100.00	88.38	3.52	4.58	3.52
80—84	100.00	88.60	5.26	3.51	2.63
85＋	100.00	86.79	3.77	3.77	5.66

2—1.1　城市老年人享有退休金状况

（人，%）

项　目	合　计	不享受退休金	未退休	有退休金
合　计	**9889**	**2598**	**83**	**7208**
60—64	3397	600	60	2737
65—69	2710	625	12	2073
70—74	1988	605	10	1373
75—79	1091	405	0	686
80—84	493	233	1	259
85+	210	130	0	80
合　计	**100.00**	**26.27**	**0.84**	**72.89**
60—64	100.00	17.66	1.77	80.57
65—69	100.00	23.06	0.44	76.49
70—74	100.00	30.43	0.50	69.06
75—79	100.00	37.12	0.00	62.88
80—84	100.00	47.26	0.20	52.54
85+	100.00	61.90	0.00	38.10

2—1.4　农村老年人享有退休金状况

（人，%）

项　目	合　计	不享受退休金	未退休	有退休金
合　计	**10194**	**9595**	**15**	**584**
60—64	3211	2985	10	216
65—69	2836	2667	2	167
70—74	1988	1860	2	126
75—79	1300	1248	1	51
80—84	599	580	0	19
85+	260	255	0	5
合　计	**100.00**	**94.12**	**0.15**	**5.73**
60—64	100.00	92.96	0.31	6.73
65—69	100.00	94.04	0.07	5.89
70—74	100.00	93.56	0.10	6.34
75—79	100.00	96.00	0.08	3.92
80—84	100.00	96.83	0.00	3.17
85+	100.00	98.08	0.00	1.92

2—1.5 农村男性老年人享有退休金状况 （人，%）

项目	合计	不享受退休金	未退休	有退休金
合计	**4822**	**4263**	**12**	**547**
60—64	1543	1331	10	202
65—69	1435	1274	0	161
70—74	964	847	2	115
75—79	560	515	0	45
80—84	235	216	0	19
85+	85	80	0	5
合计	**100.00**	**88.41**	**0.25**	**11.34**
60—64	100.00	86.26	0.65	13.09
65—69	100.00	88.78	0.00	11.22
70—74	100.00	87.86	0.21	11.93
75—79	100.00	91.96	0.00	8.04
80—84	100.00	91.91	0.00	8.09
85+	100.00	94.12	0.00	5.88

2—1.6 农村女性老年人享有退休金状况 （人，%）

项目	合计	不享受退休金	未退休	有退休金
合计	**5372**	**5332**	**3**	**37**
60—64	1668	1654	0	14
65—69	1401	1393	2	6
70—74	1024	1013	0	11
75—79	740	733	1	6
80—84	364	364	0	0
85+	175	175	0	0
合计	**100.00**	**99.26**	**0.06**	**0.69**
60—64	100.00	99.16	0.00	0.84
65—69	100.00	99.43	0.14	0.43
70—74	100.00	98.93	0.00	1.07
75—79	100.00	99.05	0.14	0.81
80—84	100.00	100.00	0.00	0.00
85+	100.00	100.00	0.00	0.00

2—2　分城乡、性别退离休老年人月平均退休金

（元,月）

项　目	城　市			农　村		
	合　计	男	女	合　计	男	女
合　计	**95**	**108**	**74**	**87**	**87**	**83**
60—64	104	125	79	88	88	87
65—69	93	107	71	86	86	70
70—74	86	96	68	88	88	90
75—79	85	92	68	84	85	74
80—84	80	84	66	85	85	—
85+	79	84	63	94	94	—

2—7.1　城市已退离休老年人再就业工作种类

（人,%）

项　目	合　计	街道居委会工作 1	门　卫 2	专业技术工作 3	技术工人 4	体力工人 5	个体小商贩 6	行政管理工作 7	其　他 8	未回答 9
合　计	**1313**	**194**	**186**	**316**	**93**	**85**	**89**	**210**	**132**	**8**
60—64	694	93	93	188	47	47	47	111	64	4
65—69	384	59	56	89	25	18	27	67	42	1
70—74	169	33	28	30	15	10	11	22	18	2
75—79	58	8	9	9	6	8	1	10	6	1
80—84	8	1	0	0	0	2	3	0	2	0
85+	0	0	0	0	0	0	0	0	0	0
合　计	**100.00**	**14.78**	**14.17**	**24.07**	**7.08**	**6.47**	**6.78**	**15.99**	**10.05**	**0.61**
60—64	100.00	13.40	13.40	27.09	6.77	6.77	6.77	15.99	9.22	0.58
65—69	100.00	15.36	14.58	23.18	6.51	4.69	7.03	17.45	10.94	0.26
70—74	100.00	19.53	16.57	17.75	8.88	5.92	6.51	13.02	10.65	1.18
75—79	100.00	13.79	15.52	15.52	10.34	13.79	1.72	17.24	10.34	1.72
80—84	100.00	12.50	0.00	0.00	0.00	25.00	37.50	0.00	25.00	0.00
85+	—	—	—	—	—	—	—	—	—	—

2—8.1 农村无退休制度老年人的劳动种类分布 (人,%)

项目	合计	无劳动 1	种植业 2	养殖业 3	个体加工业 4	个体小生意 5	乡村企业工作人员 6	农业技术工作人员 7	看山管水 8	服务工作 9	看门 10	其他 11
合计	**9595**	**5169**	**2429**	**892**	**96**	**213**	**140**	**13**	**43**	**110**	**165**	**325**
60—64	2985	1031	1102	395	32	87	90	7	17	46	57	121
65—69	2667	1250	788	261	32	71	40	4	18	35	62	106
70—74	1860	1172	365	146	17	35	10	2	6	23	29	55
75—79	1248	970	138	72	10	17	0	0	1	3	12	25
80—84	580	509	31	15	5	2	0	0	1	0	5	12
85+	255	237	5	3	0	1	0	0	0	3	0	6
合计	**100.00**	**53.87**	**25.32**	**9.30**	**1.00**	**2.22**	**1.46**	**0.14**	**0.45**	**1.15**	**1.72**	**3.39**
60—64	100.00	34.54	36.92	13.23	1.07	2.91	3.02	0.23	0.57	1.54	1.91	4.05
65—69	100.00	46.87	29.55	9.79	1.20	2.66	1.50	0.15	0.67	1.31	2.32	3.97
70—74	100.00	63.01	19.62	7.85	0.91	1.88	0.54	0.11	0.32	1.24	1.56	2.96
75—79	100.00	77.72	11.06	5.77	0.80	1.36	0.00	0.00	0.08	0.24	0.96	2.00
80—84	100.00	87.76	5.34	2.59	0.86	0.34	0.00	0.00	0.17	0.00	0.86	2.07
85+	100.00	92.94	1.96	1.18	0.00	0.39	0.00	0.00	0.00	1.18	0.00	2.35

2—9 城乡分性别退离休老年人的再就业月平均收入 (元)

项目	城市			农村		
	合计	男	女	合计	男	女
合计	**114**	**120**	**96**	**101**	**101**	**120**
60—64	119	124	106	124	123	165
65—69	116	123	86	99	99	—
70—74	98	110	45	64	65	30
75—79	97	96	108	64	64	—
80—84	75	75	—	20	20	—
85+	—	—	—	—	—	—

2—10 农村分性别在劳动老年人* 的年均收入 (元)

项目	合计	男	女
合计	**667**	**816**	**428**
60—64	788	997	497
65—69	639	784	384
70—74	520	602	359
75—79	432	489	322
80—84	336	432	206
85+	420	502	317

注:* 指不享受退离休制度的仍在劳动的老年人

2—12.2　农村老年人配偶上年平均收入

（元）

项　目	合　计	男	女
合　计	**494**	**295**	**761**
60—64	636	371	915
65—69	473	302	709
70—74	356	218	585
75—79	266	176	445
80—84	289	228	445
85＋	181	136	315

2—13.1　城市老年人对子女的经济帮助状况

（人，%）

项　目	合　计	无子女	有帮助	无帮助
合　计	**9889**	**226**	**3021**	**6642**
60—64	3397	44	1401	1952
65—69	2710	56	849	1805
70—74	1988	59	490	1439
75—79	1091	37	199	855
80—84	493	19	62	412
85＋	210	11	20	179
合　计	**100.00**	**2.29**	**30.55**	**67.17**
60—64	100.00	1.30	41.24	57.46
65—69	100.00	2.07	31.33	66.61
70—74	100.00	2.97	24.65	72.38
75—79	100.00	3.39	18.24	78.37
80—84	100.00	3.85	12.58	83.57
85＋	100.00	5.24	9.52	85.24

2—13.4 农村老年人对子女的经济帮助状况

(人,%)

项目	合计	无子女	有帮助	无帮助
合计	**10194**	**250**	**1415**	**8529**
60—64	3211	69	590	2552
65—69	2836	71	433	2332
70—74	1988	43	229	1716
75—79	1300	36	94	1170
80—84	599	20	58	521
85+	260	11	11	238
合计	**100.00**	**2.45**	**13.88**	**83.67**
60—64	100.00	2.15	18.37	79.48
65—69	100.00	2.50	15.27	82.23
70—74	100.00	2.16	11.52	86.32
75—79	100.00	2.77	7.23	90.00
80—84	100.00	3.34	9.68	86.98
85+	100.00	4.23	4.23	91.54

2—13.5 农村男性老年人对子女的经济帮助状况

(人,%)

项目	合计	无子女	有帮助	无帮助
合计	**4822**	**182**	**791**	**3849**
60—64	1543	60	329	1154
65—69	1435	57	247	1131
70—74	964	28	134	802
75—79	560	22	48	490
80—84	235	10	29	196
85+	85	5	4	76
合计	**100.00**	**3.77**	**16.40**	**79.82**
60—64	100.00	3.89	21.32	74.79
65—69	100.00	3.97	17.21	78.82
70—74	100.00	2.90	13.90	83.20
75—79	100.00	3.93	8.57	87.50
80—84	100.00	4.26	12.34	83.40
85+	100.00	5.88	4.71	89.41

2—15.1　城市老年人得到子女的经济帮助状况

(人,%)

项　目	合　计	无子女	有帮助	无帮助
合　计	**9889**	**226**	**4600**	**5063**
60—64	3397	44	1290	2063
65—69	2710	56	1226	1428
70—74	1988	59	1002	927
75—79	1091	37	632	422
80—84	493	19	304	170
85+	**210**	**11**	**146**	**53**
合　计	100.00	2.29	46.52	51.20
60—64	100.00	1.30	37.97	60.73
65—69	100.00	2.07	45.24	52.69
70—74	100.00	2.97	50.40	46.63
75—79	100.00	3.39	57.93	38.68
80—84	100.00	3.85	61.66	34.48
85+	100.00	5.24	69.52	25.24

2—15.2　城市男性老年人得到子女的经济帮助状况

(人,%)

项　目	合　计	无子女	有帮助	无帮助
合　计	**4766**	**96**	**1741**	**2929**
60—64	1621	20	494	1107
65—69	1327	25	473	829
70—74	975	30	376	569
75—79	541	12	564	275
80—84	224	5	100	119
85+	78	4	44	30
合　计	**100.00**	**2.01**	**36.53**	**61.46**
60—64	100.00	1.23	30.48	68.29
65—69	100.00	1.88	35.64	62.47
70—74	100.00	3.08	38.56	58.36
75—79	100.00	2.22	46.95	50.83
80—84	100.00	2.23	44.64	53.13
85+	100.00	5.13	56.41	38.46

2—15.3 城市女性老年得到子女经济帮助状况

(人,%)

项　目	合　计	无子女	有帮助	无帮助
合　计	**5123**	**130**	**2859**	**2134**
60—64	1776	24	796	956
65—69	1383	31	753	599
70—74	1013	29	626	358
75—79	550	25	378	147
80—84	269	14	204	51
85+	132	7	102	23
合　计	**100.00**	**2.54**	**55.81**	**41.66**
60—64	100.00	1.35	44.82	53.83
65—69	100.00	2.24	54.45	43.31
70—74	100.00	2.86	61.80	35.34
75—79	100.00	4.55	68.73	26.73
80—84	100.00	5.20	75.84	18.96
85+	100.00	5.30	77.27	17.42

2—15.4 农村老年人得到子女的经济帮助状况

(人,%)

项　目	合　计	无子女	有帮助	无帮助
合　计	**10194**	**245**	**7434**	**2515**
60—64	3211	69	2096	1046
65—69	2836	70	2033	733
70—74	1988	41	1513	434
75—79	1300	35	1074	191
80—84	599	19	497	83
85+	260	11	221	28
合　计	**100.00**	**2.40**	**72.93**	**24.67**
60—64	100.00	2.15	65.28	32.58
65—69	100.00	2.47	71.69	25.85
70—74	100.00	2.06	76.11	21.83
75—79	100.00	2.69	82.62	14.69
80—84	100.00	3.17	82.97	13.86
85+	100.00	4.23	85.00	10.77

2—21　城乡分性别老年人*上年得到街道居委会/村委会的平均经济帮助　（元）

项　目	城　市			农　村		
	合　计	男	女	合　计	男	女
合　计	**183**	**175**	**187**	**206**	**226**	**190**
60—64	140	195	118	209	217	203
65—69	194	85	216	227	246	208
70—74	218	257	183	190	209	175
75—79	204	26	255	190	223	166
80—84	207	17	262	203	229	188
85+	38	50	14	179	213	166

注：* 指得到街道居委会/村委会帮助的老年人

2—22　城乡分性别老年人*上年得到国家的平均经济帮助　（元）

项　目	城　市			农　村		
	合　计	男	女	合　计	男	女
合　计	**644**	**745**	**532**	**271**	**327**	**172**
60—64	651	711	590	306	351	193
65—69	674	783	554	285	343	157
70—74	634	760	488	260	314	178
75—79	617	752	433	230	267	186
80—84	563	702	392	222	288	154
85+	495	685	329	158	238	114

注：* 指得到国家帮助的老年人

2—23.1　城市分性别老年人得到国家的经济帮助状况　（人，%）

项　目	总　体			男			女		
	合　计	有帮助	无帮助	合　计	有帮助	无帮助	合　计	有帮助	无帮助
合　计	**9889**	**8167**	**1722**	**4766**	**4296**	**470**	**5123**	**3871**	**1252**
60—64	3397	2923	474	1621	1478	143	1776	1445	331
65—69	2710	2248	462	1327	1183	144	1383	1065	318
70—74	1988	1635	353	975	875	100	1013	760	253
75—79	1091	856	235	541	494	47	550	362	188
80—84	493	366	127	224	201	23	269	165	104
85+	210	139	71	78	65	13	132	74	58
合　计	**100.00**	**82.59**	**17.41**	**100.00**	**90.14**	**9.86**	**100.00**	**75.56**	**24.44**
60—64	100.00	86.05	13.95	100.00	91.18	8.82	100.00	81.36	18.64
65—69	100.00	82.95	17.05	100.00	89.15	10.85	100.00	77.01	22.99
70—74	100.00	82.24	17.76	100.00	89.74	10.26	100.00	75.02	24.98
75—79	100.00	78.46	21.54	100.00	91.31	8.69	100.00	65.82	34.18
80—84	100.00	74.24	25.76	100.00	89.73	10.27	100.00	61.34	38.66
85+	100.00	66.19	33.81	100.00	83.33	16.67	100.00	56.06	43.94

2—23.2 农村分性别老年人得到国家的经济帮助状况

(人,%)

项目	总体			男			女		
	合计	有帮助	无帮助	合计	有帮助	无帮助	合计	有帮助	无帮助
合计	**10194**	**1583**	**8611**	**4822**	**1012**	**3810**	**5372**	**571**	**4801**
60—64	3211	456	2755	1543	325	1218	1668	131	1537
65—69	2836	466	2370	1435	321	1114	1401	145	1256
70—74	1988	309	1679	964	186	778	1024	123	901
75—79	1300	200	1100	560	110	450	740	90	650
80—84	599	105	494	235	53	182	364	52	312
85+	260	47	213	85	17	68	175	30	145
合计	**100.00**	**15.53**	**84.47**	**100.00**	**20.99**	**79.01**	**100.00**	**10.63**	**89.37**
60—64	100.00	14.20	85.80	100.00	21.06	78.94	100.00	7.85	92.15
65—69	100.00	16.43	83.57	100.00	22.37	77.63	100.00	10.35	89.65
70—74	100.00	15.54	84.46	100.00	19.29	80.71	100.00	12.01	87.99
75—79	100.00	15.38	84.62	100.00	19.64	80.36	100.00	12.16	87.84
80—84	100.00	17.53	82.47	100.00	22.55	77.45	100.00	14.29	85.71
85+	100.00	18.08	81.92	100.00	20.00	80.00	100.00	17.14	82.86

2—24.2 城市分性别老年人有无银行存款

(人,%)

项目	总体			男			女		
	合计	有	无	合计	有	无	合计	有	无
合计	**9889**	**4177**	**5712**	**4766**	**2271**	**2495**	**5123**	**1906**	**3217**
60—64	3397	1621	1776	1621	851	770	1776	770	1006
65—69	2710	1236	1474	1327	671	656	1383	565	818
70—74	1988	745	1243	975	416	559	1013	329	684
75—79	1091	389	702	541	235	306	550	154	396
80—84	493	133	360	224	72	152	269	61	208
85+	210	53	157	78	26	52	132	27	105
合计	**100.00**	**42.24**	**57.76**	**100.00**	**47.65**	**52.35**	**100.00**	**37.20**	**62.80**
60—64	100.00	47.72	52.28	100.00	52.50	47.50	100.00	43.36	56.64
65—69	100.00	45.61	54.39	100.00	50.57	49.43	100.00	40.85	59.15
70—74	100.00	37.47	62.53	100.00	42.67	57.33	100.00	32.48	67.52
75—79	100.00	35.66	64.34	100.00	43.44	56.56	100.00	28.00	72.00
80—84	100.00	26.98	73.02	100.00	32.14	67.86	100.00	22.68	77.32
85+	100.00	25.24	74.76	100.00	33.33	66.67	100.00	20.45	79.55

2—24.2　农村分性别老年人*有无银行存款　（人,%）

项　目	总　体			男			女		
	合　计	有	无	合　计	有	无	合　计	有	无
合　计	**10194**	**1404**	**8790**	**4822**	**865**	**3957**	**5372**	**539**	**4833**
60—64	3211	551	2660	1543	336	1207	1668	215	1453
65—69	2836	395	2441	1435	266	1169	1401	129	1272
70—74	1988	260	1728	964	163	801	1024	97	927
75—79	1300	129	1171	560	65	495	740	64	676
80—84	599	56	543	235	30	205	364	26	338
85+	260	13	247	85	5	80	175	8	167
合　计	**100.00**	**13.77**	**86.23**	**100.00**	**17.94**	**82.06**	**100.00**	**10.03**	**89.97**
60—64	100.00	17.16	82.84	100.00	21.78	78.22	100.00	12.89	87.11
65—69	100.00	13.93	86.07	100.00	18.54	81.46	100.00	9.21	90.79
70—74	100.00	13.08	86.92	100.00	16.91	83.09	100.00	9.47	90.53
75—79	100.00	9.92	90.08	100.00	11.61	88.39	100.00	8.65	91.35
80—84	100.00	9.35	90.65	100.00	12.77	87.23	100.00	7.14	92.86
85+	100.00	5.00	95.00	100.00	5.88	94.12	100.00	4.57	95.43

2—25　城乡分性别老年人*上年平均存款额　（元）

项　目	城　市			农　村		
	合　计	男	女	合　计	男	女
合　计	**843**	**950**	**716**	**864**	**953**	**722**
60—64	956	1082	818	1119	1202	990
65—69	839	983	668	820	899	658
70—74	737	806	649	625	701	498
75—79	614	650	560	617	718	515
80—84	837	916	744	473	616	307
85+	653	858	456	331	420	275

注：* 指上年有存款的老年人

2—26　城乡分性别老年人*上年平均存款利息　（元）

项　目	城　市			农　村		
	合　计	男	女	合　计	男	女
合　计	**77**	**89**	**63**	**67**	**75**	**55**
60—64	87	103	68	79	92	58
65—69	77	88	64	69	67	72
70—74	71	83	56	53	58	45
75—79	65	66	64	60	82	38
80—84	48	50	45	38	44	30
85+	38	38	38	31	29	33

注：* 指上年有存款利息的老年人

2—27.1 城市分性别老年人租金收入状况

（人,%）

项目	总体			男			女		
	合计	有	无	合计	有	无	合计	有	无
合计	**9889**	**405**	**9484**	**4766**	**164**	**4602**	**5123**	**241**	**4882**
60—64	3397	103	3294	1621	45	1576	1776	58	1718
65—69	2710	110	2600	1327	40	1287	1383	70	1313
70—74	1988	97	1891	975	35	940	1013	62	951
75—79	1091	59	1032	541	24	517	550	35	515
80—84	493	29	464	224	14	210	269	15	254
85+	210	7	203	78	6	72	132	1	131
合计	**100.00**	**4.10**	**95.90**	**100.00**	**3.44**	**96.56**	**100.00**	**4.70**	**95.30**
60—64	100.00	3.03	96.97	100.00	2.78	97.22	100.00	3.27	96.73
65—69	100.00	4.06	95.94	100.00	3.01	96.99	100.00	5.06	94.94
70—74	100.00	4.88	95.12	100.00	3.59	96.41	100.00	6.12	93.88
75—79	100.00	5.41	94.59	100.00	4.44	95.56	100.00	6.36	93.64
80—84	100.00	5.88	94.12	100.00	6.25	93.75	100.00	5.58	94.42
85+	100.00	3.33	96.67	100.00	7.69	92.31	100.00	0.76	99.24

2—27.2 农村分性别老年人租金收入状况

（人,%）

项目	总体			男			女		
	合计	有	无	合计	有	无	合计	有	无
合计	**10194**	**133**	**10061**	**4822**	**74**	**4748**	**5372**	**59**	**5313**
60—64	3211	43	3168	1543	24	1519	1668	19	1649
65—69	2836	31	2805	1435	20	1415	1401	11	1390
70—74	1988	33	1955	964	15	949	1024	18	1006
75—79	1300	18	1282	560	10	550	740	8	732
80—84	599	6	593	235	3	232	364	3	364
85+	260	2	258	85	2	83	175	0	175
合计	**100.00**	**1.30**	**98.70**	**100.00**	**1.53**	**98.47**	**100.00**	**1.10**	**98.90**
60—64	100.00	1.34	98.66	100.00	1.56	98.44	100.00	1.14	98.86
65—69	100.00	1.09	98.91	100.00	1.39	98.61	100.00	0.79	99.21
70—74	100.00	1.66	98.34	100.00	1.56	98.44	100.00	1.76	98.24
75—79	100.00	1.38	98.62	100.00	1.79	98.21	100.00	1.08	98.92
80—84	100.00	1.00	99.00	100.00	1.28	98.72	100.00	0.82	99.18
85+	100.00	0.77	99.23	100.00	2.35	97.65	100.00	0.00	100.00

2—29 城乡分性别老年人* 上年平均租金收入

（元）

项目	城市			农村		
	合计	男	女	合计	男	女
合计	**1067**	**1097**	**1046**	**334**	**351**	**314**
60—64	1011	1115	930	318	327	306
65—69	958	805	1046	211	210	215
70—74	1153	1268	1087	421	429	414
75—79	1047	957	1109	421	575	229
80—84	1482	1767	1216	373	393	352
85＋	831	910	360	270	270	—

注：* 指有租金收入的老年人

2—30 城乡分性别老年人* 平均其他经济收入

（元）

项目	城市			农村		
	合计	男	女	合计	男	女
合计	**1107**	**1290**	**914**	**516**	**553**	**444**
60—64	1175	1366	1011	652	721	519
65—69	1250	1481	953	506	511	496
70—74	983	1117	820	434	415	486
75—79	826	932	745	385	451	53
80—84	1023	1099	824	226	197	254
85＋	522	490	534	98	—	98

注：* 指其他经济收入的老年人

2—32.1 城市老年人上月平均分项开支* 状况

（元）

项目	总支出	饮食	房屋水电	衣着	日用品	医药	娱乐	为子女	其他
合计	**178**	**87**	**10**	**41**	**8**	**48**	**15**	**73**	**47**
60—64	209	93	11	49	8	49	13	84	53
65—69	187	89	10	42	8	51	17	73	55
70—74	154	82	10	34	7	49	13	54	36
75—79	139	79	9	28	7	41	22	52	31
80—84	125	70	8	24	6	45	17	55	35
85＋	110	70	8	23	6	37	24	47	48

注：* 各项支出分别按有该项支出的老年人计算

2—32.2 城市男性老年人上月平均分项开支状况

（元）

项目	总支出	饮食	房屋水电	衣着	日用品	医药	娱乐	为子女	其他
合计	**203**	**94**	**11**	**47**	**9**	**54**	**16**	**83**	**48**
60—64	236	102	11	55	10	56	15	97	54
65—69	214	96	11	51	9	54	15	88	52
70—74	174	88	10	37	8	57	13	61	37
75—79	165	88	10	34	8	49	28	56	37
80—84	154	82	9	29	8	48	15	68	39
85＋	127	71	8	31	8	51	21	57	41

2—32.3 城市女性老年人上月平均分项开支状况

(元)

项目	总支出	饮食	房屋水电	衣着	日用品	医药	娱乐	为子女	其他
合计	**154**	**79**	**9**	**35**	**6**	**43**	**13**	**60**	**47**
60—64	184	86	10	43	7	43	10	71	51
65—69	160	81	10	33	7	49	20	55	59
70—74	135	76	9	32	6	42	14	45	34
75—79	114	70	8	22	5	33	9	45	21
80—84	101	60	7	18	5	43	34	35	29
85+	100	69	7	19	5	30	40	30	53

2—32.4 农村老年人上月平均分项开支

(元)

项目	总支出	饮食	房屋水电	衣着	日用品	医药	娱乐	为子女	其他
合计	**92**	**49**	**3**	**28**	**6**	**28**	**8**	**40**	**33**
60—64	110	55	4	33	7	32	9	44	37
65—69	97	50	3	29	7	29	9	43	31
70—74	82	45	3	23	6	28	8	32	27
75—79	71	41	3	24	5	21	7	32	28
80—84	69	41	3	20	5	22	11	36	24
85+	67	40	2	23	5	16	3	34	70

2—32.5 农村男性老年人上月平均分项开支状况

(元)

项目	总支出	饮食	房屋水电	衣着	日用品	医药	娱乐	为子女	其他
合计	**104**	**55**	**3**	**33**	**7**	**29**	**10**	**43**	**34**
60—64	124	63	4	39	8	32	9	47	36
65—69	107	56	3	35	7	29	11	45	34
70—74	92	51	3	25	7	30	8	36	31
75—79	77	45	3	28	5	21	8	30	33
80—84	79	45	3	25	6	25	16	46	20
85+	78	42	2	24	6	17	3	55	87

2—33.6　农村女性老年人对收支状况的自我感觉

（人，%）

项　目	合　计	充　裕	大致够用	有点困难	很困难
合　计	**5372**	**584**	**2866**	**1263**	**659**
60—64	1668	215	878	396	179
65—69	1401	150	737	338	176
70—74	1024	96	535	257	136
75—79	740	75	404	164	97
80—84	364	35	201	79	49
85+	175	13	111	29	22
合　计	**100.00**	**10.87**	**53.35**	**23.51**	**12.27**
60—64	100.00	12.89	52.64	23.74	10.73
65—69	100.00	10.71	52.61	24.13	12.56
70—74	100.00	9.38	52.25	25.10	13.28
75—79	100.00	10.14	54.59	22.16	13.11
80—84	100.00	9.62	55.22	21.70	13.46
85+	100.00	7.43	63.43	16.57	12.57

2—34.1　城市老年人对经济状况的满意程度

（人，%）

项　目	合　计	满　意	不满意	说不清	
合　计	**9889**	**7616**	**618**	**1655**	
60—64	3397	2683	222	492	
65—69	2710	2150	143	417	
70—74	1988	1471	131	386	
75—79	1091	805	65	221	
80—84	493	352	42	99	
85+	210	155	15	40	
合　计	**100.00**	**77.01**	**6.25**	**16.74**	
60—64	100.00	78.98	6.54	14.48	
65—69	100.00	79.34	5.28	15.39	
70—74	100.00	73.99	6.59	19.42	
75—79	100.00	73.79	5.96	20.26	
80—84	100.00	71.40	8.52	20.08	
85+	100.00	73.81	7.14	19.05	

2—34.4 农村老年人对经济状况的满意程度

（人，%）

项　目	合　计	满　意	不满意	说不清
合　计	**10194**	**6920**	**1274**	**2000**
60—64	3211	2254	381	576
65—69	2836	1911	358	567
70—74	1988	1326	275	387
75—79	1300	881	162	257
80—84	599	384	65	150
85+	260	164	33	63
合　计	**100.00**	**67.88**	**12.50**	**19.62**
60—64	100.00	70.20	11.87	17.94
65—69	100.00	67.38	12.62	19.99
70—74	100.00	66.70	13.83	19.47
75—79	100.00	67.77	12.46	19.77
80—84	100.00	64.11	10.85	15.04
85+	100.00	63.08	12.69	24.23

2—34.5 农村男性老年人对经济状况的满意程度

（人，%）

项　目	合　计	满　意	不满意	说不清
合　计	**4822**	**3344**	**609**	**869**
60—64	1543	1135	169	239
65—69	1435	985	185	265
70—74	964	652	137	175
75—79	560	371	77	112
80—84	235	144	30	61
85+	85	57	11	17
合　计	**100.00**	**69.35**	**12.63**	**18.02**
60—64	100.00	73.56	10.95	15.49
65—69	100.00	68.64	12.89	18.47
70—74	100.00	67.63	14.21	18.15
75—79	100.00	66.25	13.75	20.00
80—84	100.00	61.28	12.77	25.96
85+	100.00	67.06	12.94	20.00

3—1.1　城市老年人拥有单独住房状况

（人,%）

项　目	合　计	没　有	1　间	2　间	3　间	4间及以上
合　计	**9889**	**584**	**5436**	**2525**	**894**	**450**
60—64	3397	184	1648	963	397	206
65—69	2710	149	1431	757	365	118
70—74	1988	133	1193	458	139	76
75—79	1091	70	697	333	61	30
80—84	493	38	334	82	25	14
85+	310	30	144	33	7	6
合　计	**100.00**	**5.91**	**54.97**	**35.53**	**9.04**	**4.55**
60—64	100.00	5.43	48.51	38.32	11.69	6.06
65—69	100.00	5.50	53.44	27.93	9.78	4.35
70—74	100.00	6.19	59.96	33.04	6.99	3.82
75—79	100.00	6.43	63.89	21.36	5.59	3.75
80—84	100.00	7.71	67.75	16.63	5.07	3.84
85+	100.00	9.53	68.57	15.71	3.33	3.86

3—1.2　城市男性老年人拥有单独住房状况

（人,%）

项　目	合　计	没　有	1　间	2　间	3　间	4间及以上
合　计	**4766**	**259**	**2427**	**1330**	**501**	**349**
60—64	1631	91	730	487	310	103
65—69	1337	63	627	407	155	75
70—74	975	56	555	235	84	45
75—79	541	33	318	137	38	16
80—84	324	15	143	48	13	7
85+	78	2	55	16	3	3
合　计	**100.00**	**5.43**	**50.93**	**27.91**	**10.51**	**5.32**
60—64	100.00	5.61	45.03	30.04	13.95	6.35
65—69	100.00	4.75	47.35	30.67	11.68	5.65
70—74	100.00	5.74	56.93	24.10	8.63	4.62
75—79	100.00	5.91	58.78	35.32	7.02	2.96
80—84	100.00	6.70	63.39	21.43	5.36	3.13
85+	100.00	3.56	70.51	30.51	3.56	3.85

3—1.3 城市女性老年人拥有单独住房状况

（人，%）

项　目	合　计	没　有	1　间	2　间	3　间	4间及以上
合　计	**5123**	**325**	**3009**	**1195**	**393**	**201**
60—64	1776	93	918	475	187	103
65—69	1383	86	794	350	110	43
70—74	1013	67	637	223	55	31
75—79	550	38	379	96	23	14
80—84	269	23	192	34	13	7
85+	132	18	89	17	5	3
合　计	**100.00**	**6.34**	**58.74**	**23.33**	**7.67**	**3.92**
60—64	100.00	5.24	51.69	26.75	10.53	5.80
65—69	100.00	6.22	57.41	25.31	7.95	3.11
70—74	100.00	6.61	62.88	22.01	5.43	3.06
75—79	100.00	6.91	68.91	17.45	4.18	2.55
80—84	100.00	8.55	71.38	12.64	4.83	2.60
85+	100.00	13.64	67.42	12.88	3.79	2.27

3—1.4 农村老年人拥有单独住房状况

（人，%）

项　目	合　计	没　有	1　间	2　间	3　间	4间及以上
合　计	**10194**	**641**	**6240**	**2069**	**811**	**433**
60—64	3211	126	1795	777	334	179
65—69	2836	170	1658	637	237	134
70—74	1988	147	1294	355	121	71
75—79	1300	109	886	193	77	35
80—84	599	60	423	78	28	10
85+	260	29	184	29	14	4
合　计	100.00	6.29	61.21	20.30	7.96	4.25
60—64	100.00	3.92	55.90	24.20	10.40	5.57
65—69	100.00	5.99	58.46	22.46	8.36	4.72
70—74	100.00	7.39	65.09	17.86	6.09	3.57
75—79	100.00	8.38	68.15	14.85	5.92	2.69
80—84	100.00	10.02	70.62	13.02	4.67	1.67
85+	100.00	11.15	70.77	11.15	5.38	1.54

3—3.1　城市老年人拥有家庭设备状况

（人）

项目	自来水 1	煤气 2	暖气 3	厕所 4	洗澡间 5	电话 6	电视机 7	洗衣机 8	电冰箱 9	收音机 10	录音机 11	录像机 12	电风扇 13	空调器 14
合　计	**9099**	**4937**	**1153**	**3754**	**1882**	**745**	**8718**	**5094**	**4610**	**4241**	**2704**	**702**	**7646**	**131**
60—64	3176	1927	491	1580	778	317	3186	2018	1874	1569	1133	309	2702	46
65—69	2519	1413	353	1041	503	212	2462	1428	1256	1210	755	190	2116	34
70—74	1805	861	179	596	319	117	1688	899	788	766	427	92	1509	29
75—79	979	441	83	328	162	60	860	459	423	438	220	63	808	15
80—84	432	205	36	141	80	28	373	198	180	179	122	29	364	6
85+	188	90	11	68	40	11	149	92	89	79	47	19	147	1

3—3.4　农村老年人拥有家庭设备状况

（人）

项目	自来水 1	煤气 2	暖气 3	厕所 4	洗澡间 5	电话 6	电视机 7	洗衣机 8	电冰箱 9	收音机 10	录音机 11	录像机 12	电风扇 13	空调器 14
合　计	**5033**	**1143**	**232**	**7330**	**1264**	**86**	**4827**	**1496**	**746**	**2193**	**1172**	**151**	**4520**	**16**
60—64	1641	408	69	2334	362	22	1618	446	240	729	401	44	1506	4
65—69	1440	329	62	2008	317	15	1330	382	191	637	308	44	1288	3
70—74	964	205	47	1432	265	24	866	280	137	387	203	25	810	5
75—79	579	105	33	967	189	12	603	219	103	272	141	21	540	2
80—84	271	62	17	413	91	9	280	122	52	118	77	11	256	1
85+	138	34	4	176	40	4	130	47	23	50	42	6	120	1

3—3.5　农村男性老年人拥有家庭设备状况

（人）

项目	自来水 1	煤气 2	暖气 3	厕所 4	洗澡间 5	电话 6	电视机 7	洗衣机 8	电冰箱 9	收音机 10	录音机 11	录像机 12	电风扇 13	空调器 14
合　计	**2347**	**563**	**117**	**3479**	**547**	**35**	**2283**	**633**	**333**	**1121**	**534**	**67**	**2139**	**10**
60—64	776	202	32	1119	170	10	803	206	118	363	210	26	742	2
65—69	723	166	30	1032	139	7	680	176	85	359	141	19	670	1
70—74	474	116	31	684	116	10	418	124	71	219	98	15	392	4
75—79	234	42	14	415	66	4	237	70	36	107	47	4	205	1
80—84	94	23	9	167	42	4	104	42	17	56	26	2	97	1
85+	46	14	1	62	14	0	41	15	6	17	12	1	33	1

3—25.1 城市分性别老年人在生活上帮助子女状况 (人,%)

项目	总体			男			女		
	合计	帮助	不帮助	合计	帮助	不帮助	合计	帮助	不帮助
合计	**9889**	**5290**	**4599**	**4766**	**2327**	**2439**	**5123**	**2963**	**2160**
60—64	3397	2086	1311	1621	910	711	1776	1176	600
65—69	2710	1499	1211	1327	663	664	1383	836	547
70—74	1988	1001	987	975	451	524	1013	550	463
75—79	1091	473	618	541	213	328	550	260	290
80—84	493	172	321	224	71	153	269	101	168
85＋	210	59	151	78	19	59	132	40	92
合计	**100.00**	**53.49**	**46.51**	**100.00**	**48.83**	**51.17**	**100.00**	**57.84**	**42.16**
60—64	100.00	61.41	38.59	100.00	56.14	43.86	100.00	66.22	33.78
65—69	100.00	55.31	44.69	100.00	49.96	50.04	100.00	60.45	39.55
70—74	100.00	50.35	49.65	100.00	46.26	53.74	100.00	54.29	45.71
75—79	100.00	43.35	56.65	100.00	39.37	60.63	100.00	47.27	52.73
80—84	100.00	34.89	65.11	100.00	31.70	68.30	100.00	37.55	62.45
85＋	100.00	28.10	71.90	100.00	24.36	75.64	100.00	30.30	69.70

3—25.2 农村分性别老年人在生活上帮助子女状况 (人,%)

项目	总体			男			女		
	合计	帮助	不帮助	合计	帮助	不帮助	合计	帮助	不帮助
合计	*** 10193**	**6084**	**4109**	**4821**	**2526**	**2295**	**5372**	**3558**	**1814**
60—64	* 3210	2016	1194	1542	843	699	1668	1173	495
65—69	2836	1729	1107	1435	757	678	1401	972	429
70—74	1988	1170	818	964	509	455	1024	661	363
75—79	1300	758	542	560	277	283	740	481	259
80—84	599	316	283	235	111	124	364	205	159
85＋	260	95	165	85	29	56	175	66	109
合计	**99.99**	**59.68**	**40.31**	**99.98**	**52.38**	**47.59**	**100.00**	**66.23**	**33.77**
60—64	99.97	62.78	37.18	99.94	54.63	45.30	100.00	70.32	29.68
65—69	100.00	60.97	39.03	100.00	52.75	47.25	100.00	69.38	30.62
70—74	100.00	58.85	41.15	100.00	52.80	47.20	100.00	64.55	35.45
75—79	100.00	58.31	41.69	100.00	49.46	50.54	100.00	65.00	35.00
80—84	100.00	52.75	47.25	100.00	47.23	52.77	100.00	56.32	43.68
85＋	100.00	36.54	63.46	100.00	34.12	65.88	100.00	37.71	62.29

注:在此问题上有一系统漏填值。

3—26.1　城市老年人在生活上帮助子女的形式

（人）

项　目	看　家	做　饭	洗衣服	料理家务	看孩子	其　他
合　计	**2890**	**2914**	**765**	**1789**	**3365**	**147**
60—64	971	1180	384	730	1448	65
65—69	808	843	215	500	998	38
70—74	602	531	107	325	604	28
75—79	328	260	39	164	235	7
80—84	132	76	15	53	62	8
85＋	49	24	5	17	18	1

3—26.2　城市男性老年人在生活上帮助子女的形式

（人）

项　目	看　家	做　饭	洗衣服	料理家务	看孩子	其　他
合　计	**1147**	**1068**	**228**	**606**	**1522**	**66**
60—64	389	433	119	261	598	27
65—69	305	307	58	159	466	19
70—74	253	199	35	106	291	11
75—79	137	100	11	65	123	4
80—84	50	22	4	12	32	4
85＋	13	7	1	3	12	1

3—26.3　城市女性老年人在生活上帮助子女的形式

（人）

项　目	看　家	做　饭	洗衣服	料理家务	看孩子	其　他
合　计	**1743**	**1846**	**537**	**1183**	**1843**	**81**
60—64	582	747	265	469	850	38
65—69	503	536	157	341	532	19
70—74	349	332	72	219	313	17
75—79	191	160	28	99	112	3
80—84	82	54	11	41	30	4
85＋	36	17	4	14	6	0

3—26.4　农村老年人在生活上帮助子女的形式

（人）

项　目	看　家	做　饭	洗衣服	料理家务	看孩子	其　他
合　计	**5129**	**2836**	**941**	**2722**	**3310**	**275**
60—64	1608	972	379	966	1253	114
65—69	1435	852	299	823	1008	92
70—74	1021	571	164	543	599	44
75—79	685	318	74	286	328	21
80—84	291	105	21	85	96	4
85＋	89	18	4	19	26	0

3—27.1 城市老年人对日常生活的满意程度

(人,%)

项目	合计	满意	不满意	说不清
合计	**9889**	**8232**	**370**	**1287**
60—64	3397	2891	121	385
65—69	2710	2315	84	311
70—74	1988	1622	83	283
75—79	1091	870	45	176
80—84	493	367	27	99
85+	210	167	10	33
合计	**100.00**	**83.24**	**3.74**	**13.01**
60—64	100.00	85.10	3.56	11.33
65—69	100.00	85.42	3.10	11.48
70—74	100.00	81.59	4.18	14.24
75—79	100.00	79.74	4.12	16.13
80—84	100.00	74.44	5.48	20.08
85+	100.00	79.52	4.76	15.71

3—27.2 城市男性老年人对日常生活的满意程度

(人,%)

项目	合计	满意	不满意	说不清
合计	**4766**	**4034**	**156**	**576**
60—64	1621	1390	62	169
65—69	1327	1146	28	153
70—74	975	813	34	128
75—79	541	444	20	77
80—84	224	176	9	39
85+	78	65	3	10
合计	**100.00**	**84.64**	**3.27**	**12.09**
60—64	100.00	85.75	3.82	10.43
65—69	100.00	86.36	2.11	11.53
70—74	100.00	83.38	3.49	13.13
75—79	100.00	82.07	3.70	14.23
80—84	100.00	78.57	4.02	17.41
85+	100.00	83.33	3.85	12.82

3—27.3　城市女性老年人对日常生活的满意程度

（人,%）

项　目	合　计	满　意	不满意	说不清
合　计	**5123**	**4198**	**214**	**711**
60—64	1776	1501	59	216
65—69	1383	1169	56	158
70—74	1013	809	49	155
75—79	550	426	25	99
80—84	269	191	18	60
85+	132	102	7	23
合　计	**100.00**	**81.94**	**4.18**	**13.88**
60—64	100.00	84.52	3.32	12.16
65—69	100.00	84.53	4.05	11.42
70—74	100.00	79.86	4.84	15.30
75—79	100.00	77.45	4.55	18.00
80—84	100.00	71.00	6.69	22.30
85+	100.00	77.27	5.30	17.42

3—27.4　农村老年人对日常生活的满意程度

（人,%）

项　目	合　计	满　意	不满意	说不清
合　计	**10194**	**7901**	**709**	**1584**
60—64	3211	2580	196	435
65—69	2836	2213	186	437
70—74	1988	1486	148	354
75—79	1300	989	108	203
80—84	599	440	50	109
85+	260	193	21	46
合　计	**100.00**	**77.51**	**6.96**	**15.54**
60—64	100.00	80.35	6.10	13.55
65—69	100.00	78.03	6.56	15.41
70—74	100.00	74.75	7.44	17.81
75—79	100.00	76.08	8.31	15.62
80—84	100.00	73.46	8.35	18.20
85+	100.00	74.23	8.08	17.69

3—28.1 城市分性别老年人独自出门能力

(人,%)

项目	总体			男			女		
	小计	能	否	小计	能	否	小计	能	否
合计	**9889**	**8874**	**1015**	**4766**	**4362**	**404**	**5123**	**4512**	**611**
60—64	3397	3261	136	1621	1564	57	1776	1697	79
65—69	2710	2492	218	1327	1231	96	1383	1261	122
70—74	1988	1775	213	975	882	93	1031	893	120
75—79	1091	893	198	541	452	89	550	441	109
80—84	493	342	151	224	181	43	269	161	108
85+	210	111	99	78	52	26	132	59	73
合计	**100.00**	**89.74**	**10.26**	**100.00**	**91.52**	**8.84**	**100.00**	**88.07**	**11.93**
60—64	100.00	96.00	4.00	100.00	96.48	3.52	100.00	95.55	4.45
65—69	100.00	91.96	8.04	100.00	92.77	7.23	100.00	91.18	8.82
70—74	100.00	89.29	10.71	100.00	90.46	9.54	100.00	88.15	11.85
75—79	100.00	81.85	18.15	100.00	83.55	16.45	100.00	80.18	19.82
80—84	100.00	69.37	30.63	100.00	80.80	19.20	100.00	59.85	40.15
85+	100.00	52.86	47.14	100.00	66.67	33.33	100.00	44.70	55.30

3—28.2 农村分性别老年人独自出门能力

(人,%)

项目	总体			男			女		
	小计	能	否	小计	能	否	小计	能	否
合计	**10194**	**9127**	**977**	**4822**	**4476**	**346**	**5372**	**4741**	**631**
60—64	3211	3051	160	1543	1476	67	1668	1575	93
65—69	2836	2633	203	1435	1352	83	1401	1281	120
70—74	1988	1795	193	964	890	74	1024	905	119
75—79	1300	1112	188	560	505	55	740	607	133
80—84	599	466	133	235	193	42	364	273	91
85+	260	160	100	85	60	25	175	100	75
合计	**100.00**	**90.42**	**9.58**	**100.00**	**92.82**	**7.18**	**100.00**	**88.25**	**11.75**
60—64	100.00	95.02	4.98	100.00	95.66	4.34	100.00	94.42	5.58
65—69	100.00	92.84	7.16	100.00	94.22	5.78	100.00	91.43	8.57
70—74	100.00	90.29	9.71	100.00	92.32	7.68	100.00	88.38	11.62
75—79	100.00	85.54	14.46	100.00	90.18	9.82	100.00	82.03	17.97
80—84	100.00	77.80	22.20	100.00	82.13	17.87	100.00	75.00	25.00
85+	100.00	61.54	38.46	100.00	70.59	29.41	100.00	57.14	42.86

3—30.1　城市老年人参加老年活动状况

（人）

项　目	老年活动站		老年大学		老年人协会		老干部活动站		其　他	
	不参加	参加	不参加	参加	不参加	参加	不参加	参加	不参加	参加
合计	**8771**	**1118**	**9727**	**162**	**8988**	**901**	**9487**	**402**	**9637**	**252**
60—64	2965	432	3312	85	3066	331	3192	205	3304	93
65—69	2379	331	2674	36	2446	264	2584	126	2625	85
70—74	1766	222	1951	37	1799	189	1934	54	1944	44
75—79	999	92	1089	2	1001	90	1075	16	1067	24
80—84	458	35	491	2	473	20	492	1	491	2
85＋	204	6	210	0	203	7	210	0	206	4

3—30.2　城市男性老年人参加老年活动状况

（人）

项　目	老年活动站		老年大学		老年人协会		老干部活动站		其　他	
	不参加	参加	不参加	参加	不参加	参加	不参加	参加	不参加	参加
合计	**4133**	**633**	**4685**	**81**	**4334**	**432**	**4481**	**285**	**4624**	**142**
60—64	1401	220	1582	39	1464	157	1490	131	1567	54
65—69	1140	187	1312	15	1209	118	1229	98	1281	46
70—74	835	140	951	24	882	93	933	42	947	28
75—79	487	54	540	1	495	46	528	13	529	12
80—84	196	28	222	2	209	15	223	1	223	1
85＋	74	4	78	0	75	3	78	0	77	1

3—30.3　城市女性老年人参加老年活动状况

（人）

项　目	老年活动站		老年大学		老年人协会		老干部活动站		其　他	
	不参加	参加	不参加	参加	不参加	参加	不参加	参加	不参加	参加
合计	**4638**	**485**	**5042**	**81**	**4654**	**469**	**5006**	**117**	**5013**	**110**
60—64	1564	212	1730	46	1602	174	1702	74	1737	39
65—69	1239	144	1362	21	1237	146	1355	28	1344	39
70—74	931	82	1000	13	917	96	1001	12	997	16
75—79	512	38	549	1	506	44	547	3	538	12
80—84	262	7	269	0	264	5	269	0	268	1
85＋	130	2	132	0	128	4	132	0	129	3

3—30.4　农村老年人参加老年活动状况

（人）

项　目	老年活动站		老年大学		老年人协会		老干部活动站		其　他	
	不参加	参加	不参加	参加	不参加	参加	不参加	参加	不参加	参加
合计	**8201**	**1993**	**10173**	**21**	**7008**	**3186**	**10156**	**38**	**10091**	**103**
60—64	2536	675	3207	4	2163	1048	3200	11	3162	49
65—69	2232	604	2830	6	1921	915	2823	13	2823	13
70—74	1622	366	1980	8	1387	601	1977	11	1968	20
75—79	1068	232	1297	3	892	408	1297	3	1288	12
80—84	516	83	599	0	441	158	599	0	591	8
85＋	227	33	260	0	204	56	260	0	259	1

3—31.1 城市老年人＊＊不参加老年活动的原因

（人,%）

项目	合计	不喜欢	身体不好	文化水平低	场地小	其他
合计	**5824**	**2168**	**1441**	**382**	**131**	**1702**
60—64	1971	735	279	114	47	796
65—69	1531	608	335	104	39	445
70—74	1170	461	349	83	30	247
75—79	675	244	244	60	11	116
80—84	326	95	151	12	1	67
85＋	151	25	83	9	3	31
合计	**100.00**	**37.23**	**24.74**	**6.56**	**2.25**	**29.22**
60—64	100.00	37.29	14.16	5.78	2.38	40.39
65—69	100.00	39.71	21.88	6.79	2.55	29.07
70—74	100.00	39.40	29.83	7.09	2.56	21.11
75—79	100.00	36.15	36.15	8.89	1.63	17.19
80—84	100.00	29.14	46.32	3.68	0.31	20.55
85＋	100.00	16.56	54.97	5.96	1.99	20.53

注：＊＊此处老年人指不参加活动的老年人

3—31.2 城市男性老年人不参加老年活动的原因

（人,%）

项目	合计	不喜欢	身体不好	文化水平低	场地小	其他
合计	**2739**	**1064**	**594**	**118**	**71**	**892**
60—64	946	367	110	32	22	415
65—69	730	307	136	32	22	233
70—74	544	218	144	26	18	138
75—79	326	112	122	21	7	64
80—84	141	54	51	3	1	32
85＋	52	6	31	4	1	10
合计	**100.00**	**38.85**	**21.69**	**4.31**	**2.59**	**32.57**
60—64	100.00	38.79	11.63	3.38	2.33	43.87
65—69	100.00	42.05	18.63	4.38	3.01	31.92
70—74	100.00	40.07	26.47	4.78	3.31	25.37
75—79	100.00	34.36	37.42	6.44	2.15	19.63
80—84	100.00	38.30	36.17	2.13	0.71	22.70
85＋	100.00	11.54	59.62	7.69	1.92	19.23

3—31.3 城市女性老年人不参加老年活动的原因

(人,%)

项目	合计	不喜欢	身体不好	文化水平低	场地小	其他
合计	**3085**	**1104**	**847**	**264**	**60**	**810**
60—64	1025	368	169	82	25	381
65—69	801	301	199	72	17	212
70—74	626	243	205	57	12	109
75—79	349	132	122	39	4	52
80—84	185	41	100	9	0	35
85+	99	19	52	5	2	21
合计	**100.00**	**35.79**	**27.46**	**8.56**	**1.94**	**26.26**
60—64	100.00	35.90	16.49	8.00	2.44	37.17
65—69	100.00	37.58	24.84	8.99	2.12	26.47
70—74	100.00	38.82	32.75	9.11	1.92	17.41
75—79	100.00	37.82	34.96	11.17	1.15	14.90
80—84	100.00	22.16	54.05	4.86	0.00	18.92
85+	100.00	19.19	52.53	5.05	2.02	21.21

3—31.4 农村老年人不参加老年活动的原因

(人,%)

项目	合计	不喜欢	身体不好	文化水平低	场地小	其他
合计	**3441**	**1148**	**763**	**670**	**139**	**721**
60—64	1042	385	150	207	42	258
65—69	929	321	146	200	47	215
70—74	627	217	139	123	29	119
75—79	463	133	157	87	10	76
80—84	257	70	108	34	7	38
85+	123	22	63	19	4	15
合计	**100.00**	**33.36**	**22.17**	**19.47**	**4.04**	**20.95**
60—64	100.00	36.95	14.40	19.87	4.03	24.76
65—69	100.00	34.55	15.72	21.53	5.06	23.14
70—74	100.00	34.61	22.17	19.62	4.63	18.98
75—79	100.00	28.73	33.91	18.79	2.16	16.41
80—84	100.00	27.24	42.02	13.23	2.72	14.79
85+	100.00	17.89	51.22	15.45	3.25	12.20

3—32.1 城市老年人自我感觉的健康状况

(人,%)

项目	合计	健康	一般	不健康
合计	**9889**	**3230**	**4586**	**2073**
60—64	3397	1279	1554	564
65—69	2710	901	1246	563
70—74	1988	605	900	483
75—79	1091	276	529	286
80—84	493	118	252	123
85+	210	51	105	54
合计	**100.00**	**32.66**	**46.37**	**20.96**
60—64	100.00	37.65	45.75	16.60
65—69	100.00	33.25	45.98	20.77
70—74	100.00	30.43	45.27	24.30
75—79	100.00	25.30	48.49	26.21
80—84	100.00	23.94	51.12	24.95
85+	100.00	24.29	50.00	25.71

3—32.2 城市男性老年人自我感觉的健康状况

(人,%)

项目	合计	健康	一般	不健康
合计	**4766**	**1805**	**2073**	**888**
60—64	1621	710	694	217
65—69	1327	520	559	248
70—74	975	338	410	227
75—79	541	152	256	133
80—84	224	66	113	45
85+	78	19	41	18
合计	**100.00**	**37.87**	**43.50**	**18.63**
60—64	100.00	43.80	42.81	13.39
65—69	100.00	39.19	42.13	18.69
70—74	100.00	34.67	42.05	23.28
75—79	100.00	28.10	47.32	24.58
80—84	100.00	29.46	50.45	20.09
85+	100.00	24.36	52.56	23.08

3—32.3　城市女性老年人自我感觉的健康状况

（人,%）

项目	合计	健康	一般	不健康
合计	**5123**	**1425**	**2513**	**1185**
60—64	1776	569	860	347
65—69	1383	381	687	315
70—74	1013	267	490	256
75—79	550	124	273	153
80—84	269	52	139	78
85＋	132	32	64	36
合计	**100.00**	**27.82**	**49.05**	**23.13**
60—64	100.00	32.04	48.42	19.54
65—69	100.00	27.55	49.67	22.78
70—74	100.00	26.36	48.37	25.27
75—79	100.00	22.55	49.64	27.82
80—84	100.00	19.33	51.67	29.00
85＋	100.00	24.24	48.48	27.27

3—32.4　农村老年人自我感觉的健康状况

（人,%）

项目	合计	健康	一般	不健康
合计	**10194**	**3938**	**4061**	**2195**
60—64	3211	1444	1142	625
65—69	2836	1132	1137	567
70—74	1988	717	826	445
75—79	1300	390	577	333
80—84	599	184	266	149
85＋	260	71	113	76
合计	**100.00**	**38.63**	**39.84**	**21.53**
60—64	100.00	44.97	35.57	19.46
65—69	100.00	39.92	40.09	19.99
70—74	100.00	36.07	41.55	22.38
75—79	100.00	30.00	44.38	25.62
80—84	100.00	30.72	44.41	24.87
85＋	100.00	27.31	43.46	29.23

3—33.1 城市分性别老年人是否患病状况

（人，%）

项　目	男			女		
	小计	有病	无病	小计	有病	无病
合计	**4766**	**3603**	**1163**	**5123**	**4112**	**1011**
60—64	1621	1177	444	1776	1414	362
65—69	1327	1003	324	1383	1116	267
70—74	975	760	215	1013	815	198
75—79	541	432	109	550	442	108
80—84	224	174	50	269	223	46
85+	78	57	21	132	102	30
合计	**100.00**	**75.60**	**24.40**	**100.00**	**80.27**	**19.73**
60—64	100.00	72.61	27.39	100.00	79.62	20.38
65—69	100.00	75.58	24.42	100.00	80.69	19.31
70—74	100.00	77.95	22.05	100.00	80.45	19.55
75—79	100.00	79.85	20.15	100.00	80.36	19.64
80—84	100.00	77.68	22.32	100.00	82.90	17.10
85+	100.00	73.08	26.92	100.00	77.27	22.73

3—33.2 农村分性别老年人是否患病状况

（人，%）

项　目	男			女		
	小计	有病	无病	小计	有病	无病
合计	**4822**	**2765**	**2057**	**5372**	**3414**	**1958**
60—64	1543	838	715	1668	1035	633
65—69	1435	841	594	1401	871	530
70—74	964	569	395	1024	669	355
75—79	560	338	222	740	503	237
80—84	235	138	97	364	229	135
85+	85	51	34	175	107	68
合计	**100.00**	**57.34**	**42.66**	**100.00**	**63.55**	**36.45**
60—64	100.00	53.66	46.34	100.00	62.05	37.95
65—69	100.00	58.61	41.39	100.00	62.17	37.83
70—74	100.00	59.02	40.98	100.00	65.33	34.67
75—79	100.00	60.36	39.64	100.00	67.97	32.03
80—84	100.00	58.72	41.28	100.00	62.91	37.09
85+	100.00	60.00	40.00	100.00	61.14	38.86

3—35.1　城市分性别老年人上年度就医状况

（人,%）

项　目	男			女		
	小计	有	无	小计	有	无
合计	**4766**	**3907**	**859**	**5123**	**4157**	**966**
60—64	1621	1314	307	1776	1494	282
65—69	1327	1111	216	1383	1129	254
70—74	975	803	172	1013	805	208
75—79	541	434	107	550	433	117
80—84	224	191	33	269	201	68
85+	78	54	24	132	95	37
合计	**100.00**	**81.98**	**18.02**	**100.00**	**81.14**	**18.86**
60—64	100.00	81.06	18.94	100.00	84.12	15.88
65—69	100.00	83.72	16.28	100.00	81.63	18.37
70—74	100.00	82.36	17.64	100.00	79.47	20.53
75—79	100.00	80.22	19.78	100.00	78.73	21.27
80—84	100.00	85.27	14.73	100.00	74.72	25.28
85+	100.00	69.23	30.77	100.00	71.97	28.03

3—35.2　农村分性别老年人上年度就医状况

（人,%）

项　目	男			女		
	小计	有	无	小计	有	无
合计	**4822**	**2854**	**1968**	**5372**	**3468**	**1904**
60—64	1543	886	657	1668	1089	578
65—69	1435	896	539	1401	906	459
70—74	964	561	403	1024	668	356
75—79	560	341	219	740	482	258
80—84	235	127	108	364	220	144
85+	85	43	42	175	103	72
合计	**100.00**	**59.19**	**40.18**	**100.00**	**64.56**	**35.44**
60—64	100.00	57.42	42.58	100.00	65.29	34.71
65—69	100.00	62.44	37.56	100.00	64.67	35.33
70—74	100.00	58.20	41.80	100.00	65.23	34.77
75—79	100.00	60.89	39.11	100.00	65.14	34.86
80—84	100.00	54.04	45.96	100.00	60.44	39.56
85+	100.00	50.59	49.41	100.00	58.86	41.14

3—36 城乡分性别老年人上年人均医药费支出

(元)

项　目	男			女		
	合计	男	女	合计	男	女
合计	**425**	**540**	**318**	**116**	**133**	**101**
60—64	440	529	359	127	145	110
65—69	449	560	343	123	130	115
70—74	419	553	290	118	144	93
75—79	401	552	253	105	124	91
80—84	342	495	214	69	72	67
85+	240	302	204	74	92	65

3—37 城乡分性别就医老年人上年人均医药费支出

(元)

项　目	城市			农村		
	合计	男	女	合计	男	女
合计	**521**	**658**	**392**	**188**	**226**	**156**
60—64	532	652	427	206	253	168
65—69	543	669	420	193	208	178
70—74	518	671	365	191	247	143
75—79	505	688	322	166	203	139
80—84	430	581	287	119	133	110
85+	339	437	283	132	182	110

3—38.1 城市就医老年人医药费的主要承担者

(人,%)

项　目	合计	本人	配偶	子女	其他亲属 1	居委会 2	国营企业 3	集体企业 4	机关 5	其他	说不清
合计	**8064**	**1424**	**392**	**817**	**22**	**29**	**2572**	**1110**	**1588**	**71**	**39**
60—64	2808	417	162	138	4	5	947	377	725	20	13
65—69	2240	407	117	170	2	7	739	317	456	20	5
70—74	1608	335	78	182	3	11	495	235	240	18	11
75—79	867	178	20	157	4	4	252	126	116	6	4
80—84	392	65	14	107	3	1	108	48	41	4	1
85+	149	22	1	63	6	1	31	7	10	3	5
合计	**100.00**	**17.66**	**4.86**	**10.13**	**0.27**	**0.36**	**31.89**	**13.76**	**19.69**	**0.88**	**0.48**
60—64	100.00	14.85	5.77	4.91	0.14	0.18	33.73	13.43	25.82	0.71	0.46
65—69	100.00	18.17	5.22	7.59	0.09	0.31	32.99	14.15	20.36	0.89	0.22
70—74	100.00	20.83	4.85	11.32	0.19	0.68	30.78	14.61	14.93	1.12	0.68
75—79	100.00	20.53	2.31	18.11	0.46	0.46	29.07	14.53	13.38	0.69	0.46
80—84	100.00	16.58	3.57	27.30	0.77	0.26	27.55	12.24	10.46	1.02	0.26
85+	100.00	14.77	0.67	42.28	4.03	0.67	20.81	4.70	6.71	2.01	3.36

3—38.4　农村就医老年人医药费的主要承担者

（人，%）

项　目	合计	本人	配偶	子女	其他亲属 1	居委会 2	国营企业 3	集体企业 4	机关 5	其他	说不清
合计	**6322**	**2226**	**509**	**2844**	**76**	**221**	**179**	**65**	**101**	**34**	**67**
60—64	1975	893	270	568	15	58	63	25	39	6	20
65—69	1802	705	138	749	16	80	52	21	26	4	11
70—74	1229	362	65	659	11	36	38	12	25	5	16
75—79	823	188	27	510	19	26	15	5	6	11	16
80—84	347	56	8	235	6	19	7	2	5	6	3
85+	146	22	1	105	9	2	4	0	0	2	1
合计	**100.00**	**35.21**	**8.05**	**44.99**	**1.20**	**3.50**	**2.83**	**1.03**	**1.60**	**0.54**	**1.06**
60—64	100.00	45.22	13.67	29.67	0.76	2.94	3.19	1.27	1.97	0.30	1.01
65—69	100.00	39.12	7.66	41.56	0.89	4.44	2.89	1.17	1.44	0.22	0.61
70—74	100.00	29.45	5.29	53.62	0.90	2.93	3.09	0.98	2.03	0.41	1.30
75—79	100.00	22.84	3.28	61.97	2.31	3.16	1.82	0.61	0.73	1.34	1.94
80—84	100.00	16.14	2.31	67.72	1.73	5.48	2.02	0.58	1.44	1.73	0.86
85+	100.00	15.07	0.68	71.92	6.16	1.37	2.74	0.00	0..00	1.37	0.68

3—39.1　城市老年人就医方便程度

（人，%）

项目	合计	方便	一般	不方便	未回答
合计	**8064**	**5751**	**980**	**1304**	**29**
60—64	2808	2151	297	349	11
65—69	2240	1656	269	306	9
70—74	1608	1095	217	294	2
75—79	867	549	118	195	5
80—84	392	229	60	103	0
85+	149	71	19	57	2
合计	**100.00**	**71.32**	**12.15**	**16.17**	**0.36**
60—64	100.00	76.60	10.58	12.43	0.39
65—69	100.00	73.93	12.01	13.66	0.40
70—74	100.00	68.10	13.50	18.28	0.12
75—79	100.00	63.32	13.61	22.49	0.58
80—84	100.00	58.42	15.31	26.28	0.00
85+	100.00	47.65	12.75	38.26	1.34

3—39.2 城市男性老年人就医方便程度

(人,%)

项目	合计	方便	一般	不方便	未回答
合计	**3907**	**2921**	**425**	**545**	**16**
60—64	1314	1023	128	156	7
65—69	1111	861	122	122	6
70—74	803	590	88	125	0
75—79	434	295	51	87	1
80—84	191	123	27	41	0
85+	54	29	9	14	2
合计	**100.00**	**74.76**	**10.88**	**13.95**	**0.41**
60—64	100.00	77.85	9.74	11.87	0.53
65—69	100.00	77.50	10.98	10.98	0.54
70—74	100.00	73.47	10.96	15.57	0.00
75—79	100.00	67.97	11.75	20.05	0.23
80—84	100.00	64.40	14.14	21.47	0.00
85+	100.00	53.70	16.67	25.93	3.70

3—39.3 城市女性老年人就医方便程度

(人,%)

项目	合计	方便	一般	不方便	未回答
合计	**4157**	**2830**	**555**	**759**	**13**
60—64	1494	1128	169	193	4
65—69	1129	795	147	184	3
70—74	805	505	129	169	2
75—79	433	254	67	108	4
80—84	201	106	33	62	0
85+	95	42	10	43	0
合计	**100.00**	**68.08**	**13.35**	**18.26**	**0.31**
60—64	100.00	75.50	11.31	12.92	0.27
65—69	100.00	70.42	13.02	16.30	0.27
70—74	100.00	62.73	16.02	20.99	0.25
75—79	100.00	58.66	15.47	24.94	0.92
80—84	100.00	52.74	16.42	30.85	0.00
85+	100.00	44.21	10.53	45.26	0.00

3—39.4 农村老年人就医方便程度

（人，%）

项目	合计	方便	一般	不方便	未回答
合计	**6322**	**4325**	**1211**	**764**	**22**
60—64	1975	1485	317	166	7
65—69	1802	1276	334	190	2
70—74	1229	795	272	156	6
75—79	823	477	192	148	6
80—84	347	205	74	68	0
85＋	146	87	22	36	1
合计	**100.00**	**68.41**	**19.16**	**12.08**	**0.35**
60—64	100.00	75.19	16.05	8.41	0.35
65—69	100.00	70.81	18.53	10.54	0.11
70—74	100.00	64.69	22.13	12.69	0.49
75—79	100.00	57.96	23.33	17.98	0.73
80—84	100.00	59.08	21.33	19.60	0.00
85＋	100.00	59.59	15.07	24.66	0.68

3—40.1 城市老年人就医中的最大困难

（人，%）

项目	合计	1	2	3	4	5	6	7	8	9	10	11	12
合计	8064	4302	375	591	259	741	296	553	519	119	50	226	33
60—64	2808	1669	104	187	56	101	88	232	205	56	23	79	8
65—69	2240	1264	88	158	61	155	79	155	136	32	16	86	10
70—74	1608	776	92	149	60	182	73	101	106	19	6	37	7
75—79	867	389	54	54	51	154	33	49	47	9	4	17	6
80—84	392	163	25	30	22	93	13	15	22	3	0	6	0
85＋	149	41	12	13	9	56	10	1	3	0	1	1	2
合计	**100.00**	**53.35**	**4.65**	**7.33**	**3.21**	**9.19**	**3.67**	**6.86**	**6.44**	**1.48**	**0.62**	**2.80**	**0.41**
60—64	100.00	59.44	3.70	6.66	1.99	3.60	3.13	8.26	7.30	1.99	0.82	2.81	0.28
65—69	100.00	56.43	3.93	7.05	2.72	6.92	3.53	6.92	6.07	1.43	0.71	3.84	0.45
70—74	100.00	48.26	5.72	9.27	3.73	11.32	4.54	6.28	6.59	1.18	0.37	2.30	0.44
75—79	100.00	44.87	6.23	6.23	5.88	17.76	3.81	5.65	5.42	1.04	0.46	1.96	0.69
80—84	100.00	41.58	6.38	7.65	5.61	23.72	3.32	3.83	5.61	0.77	0.00	1.53	0.00
85＋	100.00	27.52	8.05	8.72	6.04	37.58	6.71	0.67	2.01	0.00	0.67	0.67	1.34

注：1. 无困难；2. 无钱看病；3. 没有足够的钱看病；4. 不识字，自己去看病不方便；5. 行动不便，无法自己出去看病；7. 看病交通不便；8. 看病的人多，排队太长；9. 医院治不了我的病；10. 医院设备条件太差；11. 其他；12. 未回答

3—40.4 农村老年人就医中的最大困难

（人,%）

项目	合计	1	2	3	4	5	6	7	8	9	10	11	12
合计	6322	2853	671	1229	484	505	126	149	63	153	16	25	48
60—64	1975	951	195	413	137	76	39	56	32	47	10	7	12
65—69	1802	872	177	363	130	93	40	34	16	54	2	8	13
70—74	1229	494	143	251	112	108	23	34	11	36	2	6	9
75—79	823	332	96	137	73	118	19	19	3	12	1	2	11
80—84	347	137	44	52	23	71	5	5	1	4	1	1	3
85＋	146	67	16	13	9	39	0	1	0	0	0	1	0
合计	**100.00**	**45.13**	**10.61**	**19.44**	**7.66**	**7.99**	**1.99**	**2.36**	**1.00**	**2.42**	**0.25**	**0.40**	**0.76**
60—64	100.00	48.15	9.87	20.91	6.94	3.85	1.97	2.84	1.62	2.38	0.51	0.35	0.61
65—69	100.00	48.39	9.82	20.14	7.21	5.16	2.22	1.89	0.89	3.00	0.11	0.44	0.72
70—74	100.00	40.20	11.64	20.42	9.11	8.79	1.87	2.77	0.90	2.93	0.16	0.49	0.73
75—79	100.00	40.34	11.66	16.65	8.87	14.34	2.31	2.31	0.36	1.46	0.12	0.24	1.34
80—84	100.00	39.48	12.68	14.99	6.63	20.46	1.44	1.44	0.29	1.15	0.29	0.29	0.86
85＋	100.00	45.89	10.96	8.90	6.16	26.71	0.00	0.68	0.00	0.00	0.00	0.68	0.00

注:见表3—40.1

3—41.1 城市老年人生活中的最大困难

（人,%）

项目	合计	1	2	3	4	5	6	7	8	9	10
合计	9889	4988	475	1065	892	902	323	196	317	456	275
60—64	3397	1810	95	300	378	169	110	57	146	227	105
65—69	2710	1449	111	266	223	207	100	43	90	127	94
70—74	1988	937	107	277	188	216	68	46	44	62	43
75—79	1091	512	90	131	62	162	27	33	27	28	19
80—84	493	205	53	61	27	100	12	8	8	8	11
85＋	210	75	19	30	14	48	6	9	2	4	3
合计	**100.00**	**50.44**	**4.80**	**10.77**	**9.02**	**9.12**	**3.27**	**1.98**	**3.21**	**4.61**	**2.78**
60—64	100.00	53.28	2.80	8.83	11.13	4.97	3.24	1.68	4.30	6.68	3.09
65—69	100.00	53.47	4.10	9.82	8.23	7.64	3.69	1.59	3.32	4.69	3.47
70—74	100.00	47.13	5.38	13.93	9.46	10.87	3.42	2.31	2.21	3.12	2.16
75—79	100.00	46.93	8.25	12.01	5.68	14.85	2.47	3.02	2.47	2.57	1.74
80—84	100.00	41.58	10.75	12.37	5.48	20.28	2.43	1.62	1.62	1.62	2.23
85＋	100.00	35.71	9.05	14.29	6.67	22.86	2.86	4.29	0.95	1.90	1.43

注:1. 无困难;2. 生活无人照料;3. 经济困难;4. 住房困难;5. 身体不好,行动不便;6. 有病治不好;7. 孤独;8 家务劳动重;9. 为后代的困难担忧;10. 其他

3—41.4 农村老年人生活中的最大困难

（人,%）

项目	合计	1	2	3	4	5	6	7	8	9	10
合计	10194	4810	357	2646	119	837	331	209	336	472	77
60—64	3221	1585	92	856	37	133	105	56	135	186	26
65—69	2836	1402	98	736	43	175	95	49	93	124	21
70—74	1988	892	72	554	22	161	64	44	69	90	20
75—79	1300	567	49	317	12	194	47	32	26	52	4
80—84	599	259	33	137	4	103	13	17	10	19	4
85+	260	105	13	46	1	71	7	11	3	1	2
合计	**100.00**	**47.18**	**3.50**	**25.96**	**1.17**	**8.21**	**3.25**	**2.05**	**3.30**	**4.63**	**0.76**
60—64	100.00	49.36	2.87	26.66	1.15	4.14	3.27	1.74	4.20	5.79	0.81
65—69	100.00	49.44	3.46	25.95	1.52	6.17	3.35	1.73	3.28	4.37	0.74
70—74	100.00	44.87	3.62	27.87	1.11	8.10	3.22	2.21	3.47	4.53	1.01
75—79	100.00	43.62	3.77	24.38	0.92	14.92	3.62	2.46	2.00	4.00	0.31
80—84	100.00	43.24	5.51	22.87	0.67	17.20	2.17	2.84	1.67	3.17	0.67
85+	100.00	40.38	5.00	17.69	0.38	27.31	2.69	4.23	1.15	0.38	0.77

注:见表 3—41.1

4—1.1 城市老年人睡眠状况

（人,%）

项目	合计	好	一般	不好
合计	**9889**	**5169**	**2857**	**1863**
60—64	3397	1851	935	611
65—69	2710	1445	777	488
70—74	1988	1027	571	390
75—79	1091	528	357	206
80—84	493	220	143	130
85+	210	98	74	38
合计	**100.00**	**52.27**	**28.89**	**18.84**
60—64	100.00	54.49	27.52	17.99
65—69	100.00	53.32	28.67	18.01
70—74	100.00	51.66	28.72	19.62
75—79	100.00	48.40	32.72	18.88
80—84	100.00	44.62	29.01	26.37
85+	100.00	46.67	35.24	18.10

4—1.2 城市男性老年人睡眠状况

（人，%）

项目	合计	好	一般	不好
合计	**4766**	**2955**	**1211**	**600**
60—64	1621	1061	382	178
65—69	1327	829	339	159
70—74	975	600	244	131
75—79	541	307	157	77
80—84	224	118	60	46
85＋	78	40	29	9
合计	**100.00**	**62.00**	**25.41**	**12.59**
60—64	100.00	65.45	23.57	10.98
65—69	100.00	62.47	25.55	11.98
70—74	100.00	61.54	25.03	13.44
75—79	100.00	56.75	29.02	14.23
80—84	100.00	52.68	26.79	20.54
85＋	100.00	51.28	37.18	11.54

4—1.3 城市女性老年人睡眠状况

（人，%）

项目	合计	好	一般	不好
合计	**5123**	**2214**	**1646**	**1263**
60—64	1776	790	553	433
65—69	1383	616	438	329
70—74	1013	427	327	259
75—79	550	221	200	129
80—84	269	102	83	84
85＋	132	58	45	29
合计	**100.00**	**43.22**	**32.13**	**24.65**
60—64	100.00	44.48	31.14	24.38
65—69	100.00	44.54	31.67	23.79
70—74	100.00	42.15	32.28	25.57
75—79	100.00	40.18	36.36	23.45
80—84	100.00	37.92	30.86	31.23
85＋	100.00	43.94	34.09	21.97

4—1.4　农村老年人睡眠状况

（人,%）

项目	合计	好	一般	不好
合计	**10194**	**5145**	**3221**	**1828**
60—64	3211	1786	930	495
65—69	2836	1476	881	479
70—74	1988	976	630	382
75—79	1300	545	480	275
80—84	599	256	215	128
85+	260	106	85	69
合计	**100.00**	**50.47**	**31.60**	**17.93**
60—64	100.00	55.62	28.96	15.42
65—69	100.00	52.05	31.06	16.89
70—74	100.00	49.09	31.69	19.22
75—79	100.00	41.92	36.92	21.15
80—84	100.00	42.74	35.89	21.37
85+	100.00	40.77	32.69	26.54

4—2.1　城市老年人食欲状况

（人,%）

项目	合计	好	一般	不好
合计	**9889**	**4938**	**4034**	**917**
60—64	3397	1873	1279	245
65—69	2710	1387	1084	239
70—74	1988	935	847	206
75—79	1091	468	497	126
80—84	493	188	230	75
85+	210	87	97	26
合计	**100.00**	**49.93**	**40.79**	**9.27**
60—64	100.00	55.14	37.65	7.21
65—69	100.00	51.18	40.00	8.82
70—74	100.00	47.03	42.61	10.36
75—79	100.00	42.90	45.55	11.55
80—84	100.00	38.13	46.65	15.21
85+	100.00	41.43	46.19	12.38

4—2.2 城市男性老年人食欲状况

(人,%)

项目	合计	好	一般	不好
合计	**4766**	**2756**	**1702**	**308**
60—64	1621	1044	503	74
65—69	1327	773	471	83
70—74	975	523	380	72
75—79	541	279	211	51
80—84	224	100	101	23
85+	78	37	36	5
合计	**100.00**	**57.83**	**35.71**	**6.46**
60—64	100.00	64.40	31.03	4.57
65—69	100.00	58.25	35.49	6.25
70—74	100.00	53.64	38.97	7.38
75—79	100.00	51.57	39.00	9.43
80—84	100.00	44.64	45.09	10.27
85+	100.00	47.44	46.15	6.41

4—2.3 城市女性老年人食欲状况

(人,%)

项目	合计	好	一般	不好
合计	**5123**	**2182**	**2332**	**609**
60—64	1776	829	776	171
65—69	1383	614	613	156
70—74	1013	412	467	134
75—79	550	189	286	75
80—84	269	88	129	52
85+	132	50	61	21
合计	**100.00**	**42.59**	**45.52**	**11.89**
60—64	100.00	46.68	43.69	9.63
65—69	100.00	44.40	44.32	11.28
70—74	100.00	40.67	46.10	13.23
75—79	100.00	34.36	52.00	13.64
80—84	100.00	32.71	47.96	19.33
85+	100.00	37.88	46.21	15.91

4—2.4 城市老年人食欲状况

（人,%）

项目	合计	好	一般	不好
合计	**10194**	**5186**	**4059**	**949**
60—64	3211	1844	1120	247
65—69	2836	1478	1122	236
70—74	1988	979	821	188
75—79	1300	550	579	171
80—84	599	235	297	67
85+	260	100	120	40
合计	**100.00**	**50.87**	**39.82**	**9.31**
60—64	100.00	57.43	34.88	7.69
65—69	100.00	52.12	39.56	8.32
70—74	100.00	49.25	41.30	9.46
75—79	100.00	42.31	44.54	13.15
80—84	100.00	39.23	49.58	11.19
85+	100.00	38.46	46.15	15.38

4—3.1 城市分性别老年人记忆状况

（人,%）

项　目	总　体			男			女		
	合计	好	不好	合计	好	不好	合计	好	不好
合计	**9889**	**4090**	**5799**	**4766**	**2237**	**2529**	**5123**	**1853**	**3270**
60—64	3397	1582	1815	1621	894	727	1776	688	1088
65—69	2710	1116	1594	1327	607	720	1383	509	874
70—74	1988	783	1205	975	427	548	1013	356	657
75—79	1091	374	717	541	207	334	550	167	383
80—84	493	169	324	224	78	146	269	91	178
85+	210	66	144	78	24	54	132	42	90
合计	**100.00**	**41.36**	**58.64**	**100.00**	**46.94**	**53.06**	**100.00**	**36.17**	**63.83**
60—64	100.00	46.57	53.43	100.00	55.15	44.85	100.00	38.74	61.26
65—69	100.00	41.18	58.82	100.00	45.74	54.26	100.00	36.80	63.20
70—74	100.00	39.39	60.61	100.00	43.79	56.21	100.00	35.14	64.86
75—79	100.00	34.28	65.72	100.00	38.26	61.74	100.00	30.36	69.64
80—84	100.00	34.28	65.72	100.00	34.82	65.18	100.00	33.83	66.17
85+	100.00	31.43	68.57	100.00	30.77	69.23	100.00	31.82	68.18

4—3.2 农村分性别老年人记忆状况

（人，%）

项目	总体			男			女		
	合计	好	不好	合计	好	不好	合计	好	不好
合计	**10194**	**4606**	**5588**	**4822**	**2401**	**2421**	**5372**	**2205**	**3167**
60—64	3211	1594	1617	1543	859	684	1668	735	933
65—69	2836	1345	1491	1435	732	703	1401	613	788
70—74	1988	861	1127	964	468	496	1024	393	631
75—79	1300	501	799	560	230	330	740	271	469
80—84	599	216	383	235	81	154	364	135	229
85＋	260	89	171	85	31	54	175	58	117
合计	**100.00**	**45.18**	**54.83**	**100.00**	**49.79**	**50.21**	**100.00**	**41.05**	**58.95**
60—64	100.00	49.64	50.36	100.00	55.67	44.33	100.00	44.06	55.94
65—69	100.00	47.43	52.57	100.00	51.01	48.99	100.00	43.75	56.25
70—74	100.00	43.31	56.69	100.00	48.55	51.45	100.00	38.38	61.62
75—79	100.00	38.54	61.46	100.00	41.07	58.93	100.00	36.62	63.38
80—84	100.00	36.06	63.94	100.00	34.47	65.53	100.00	37.09	62.91
85＋	100.00	34.23	65.77	100.00	36.47	63.53	100.00	33.14	66.86

4—4.1 城市老年人与他人相处状况

（人，%）

项目	合计	好	一般	不好
合计	**9889**	**7229**	**2555**	**105**
60—64	3397	2547	822	28
65—69	2710	1979	705	26
70—74	1988	1450	515	23
75—79	1091	766	307	18
80—84	493	353	132	8
85＋	210	134	74	2
合计	**100.00**	**73.10**	**25.84**	**1.06**
60—64	100.00	74.98	24.20	0.82
65—69	100.00	73.03	26.01	0.96
70—74	100.00	72.94	25.91	1.16
75—79	100.00	70.21	28.14	1.65
80—84	100.00	71.60	26.77	1.62
85＋	100.00	63.81	35.24	0.95

4—4.2　城市男性老年人与他人相处状况

（人，%）

项目	合计	好	一般	不好
合计	**4766**	**3458**	**1256**	**52**
60—64	1621	1219	386	16
65—69	1327	953	361	13
70—74	957	707	258	10
75—79	541	377	155	9
80—84	224	152	68	4
85+	78	50	28	0
合计	**100.00**	**72.56**	**26.35**	**1.09**
60—64	100.00	75.20	23.81	0.99
65—69	100.00	71.82	27.20	0.98
70—74	100.00	72.51	26.46	1.03
75—79	100.00	69.69	28.65	1.66
80—84	100.00	67.86	30.36	1.79
85+	100.00	64.10	35.90	0.00

4—4.3　城市女性老年人与他人相处状况

（人，%）

项目	合计	好	一般	不好
合计	**5123**	**3771**	**1299**	**53**
60—64	1776	1328	436	12
65—69	1383	1026	344	13
70—74	1013	743	257	13
75—79	550	389	152	9
80—84	269	201	64	4
85+	132	84	46	2
合计	**100.00**	**73.61**	**25.36**	**1.03**
60—64	100.00	74.77	24.55	0.68
65—69	100.00	74.19	24.87	0.94
70—74	100.00	73.35	25.37	1.28
75—79	100.00	70.73	27.64	1.64
80—84	100.00	74.72	23.79	1.49
85+	100.00	63.64	34.85	1.52

4—4.4 农村老年人与他人相处状况

（人，%）

项目	合计	好	一般	不好
合计	**10194**	**7346**	**2751**	**97**
60—64	3211	2361	819	31
65—69	2836	2058	758	20
70—74	1988	1426	545	17
75—79	1300	918	366	16
80—84	599	415	176	8
85+	260	168	87	5
合计	**100.00**	**72.06**	**26.99**	**0.95**
60—64	100.00	73.53	25.51	0.97
65—69	100.00	72.57	26.73	0.71
70—74	100.00	71.73	27.41	0.86
75—79	100.00	70.62	28.15	1.23
80—84	100.00	69.28	29.38	1.34
85+	100.00	64.62	33.46	1.92

4—5.1 城市老年人孤独感

（人，%）

项目	合计	不孤独	孤独	不清楚
合计	**9889**	**7844**	**1551**	**494**
60—64	3397	2843	430	124
65—69	2710	2201	386	123
70—74	1988	1530	341	117
75—79	1091	797	231	63
80—84	493	347	104	42
85+	210	126	59	25
合计	**100.00**	**79.32**	**15.68**	**5.00**
60—64	100.00	83.69	12.66	3.65
65—69	100.00	81.22	14.24	4.54
70—74	100.00	76.96	17.15	5.89
75—79	100.00	73.05	21.17	5.77
80—84	100.00	70.39	21.10	8.52
85+	100.00	60.00	28.10	11.90

4—5.2　城市男性老年人孤独感

（人，%）

项目	合计	不孤独	孤独	不清楚
合计	**4766**	**3866**	**684**	**216**
60—64	1621	1377	187	57
65—69	1327	1101	168	58
70—74	975	961	167	47
75—79	541	413	100	28
80—84	224	170	36	18
85＋	78	44	26	8
合计	**100.00**	**81.12**	**14.35**	**4.53**
60—64	100.00	84.95	11.54	3.52
65—69	100.00	82.97	12.66	4.37
70—74	100.00	78.05	17.13	4.82
75—79	100.00	76.34	18.48	5.18
80—84	100.00	75.89	16.07	8.04
85＋	100.00	56.41	33.33	10.26

4—5.3　城市女性老年人孤独感

（人，%）

项目	合计	不孤独	孤独	不清楚
合计	**5123**	**3978**	**867**	**278**
60—64	1776	1466	243	67
65—69	1383	1100	218	65
70—74	1013	769	174	70
75—79	550	384	131	35
80—84	269	177	68	24
85＋	132	82	33	17
合计	**100.00**	**77.65**	**16.92**	**5.43**
60—64	100.00	82.55	13.68	3.77
65—69	100.00	79.54	15.76	4.70
70—74	100.00	75.91	17.18	6.91
75—79	100.00	69.82	23.82	6.36
80—84	100.00	65.80	25.28	8.92
85＋	100.00	62.12	25.00	12.88

4—5.4 农村老年人孤独感

（人，%）

项目	合计	不孤独	孤独	不清楚
合计	**10194**	**7799**	**1586**	**809**
60—64	3211	2648	389	174
65—69	2836	2214	407	215
70—74	1988	1475	341	172
75—79	1300	914	245	141
80—84	599	385	134	80
85+	260	163	70	27
合计	**100.00**	**76.51**	**15.56**	**7.94**
60—64	100.00	82.47	12.11	5.42
65—69	100.00	78.08	14.35	7.58
70—74	100.00	74.20	17.15	8.65
75—79	100.00	70.31	18.85	10.85
80—84	100.00	64.27	22.37	13.36
85+	100.00	62.69	26.92	10.38

4—6.1 城市分性别老年人是否有诉说心事的人

（人，%）

项　目	总体			男			女		
	合计	有	没有	合计	有	没有	合计	有	没有
合计	**9889**	**7244**	**2645**	**4766**	**3513**	**1253**	**5123**	**3731**	**1392**
60—64	3397	2654	743	1621	1279	342	1776	1375	401
65—69	2710	2010	700	1327	995	332	1383	1015	368
70—74	1988	1385	603	975	680	295	1013	705	308
75—79	1091	741	350	541	364	177	550	377	173
80—84	493	317	176	224	149	75	269	168	101
85+	210	137	73	78	46	32	132	91	41
合计	**100.00**	**73.25**	**26.75**	**100.00**	**73.71**	**26.29**	**100.00**	**72.83**	**27.17**
60—64	100.00	78.13	21.87	100.00	78.90	21.10	100.00	77.42	22.58
65—69	100.00	74.17	25.83	100.00	74.98	25.02	100.00	73.39	26.61
70—74	100.00	69.67	30.33	100.00	69.74	30.26	100.00	69.60	30.40
75—79	100.00	67.92	32.08	100.00	67.28	32.72	100.00	68.55	31.45
80—84	100.00	64.30	35.70	100.00	66.52	33.48	100.00	62.45	37.55
85+	100.00	65.24	34.76	100.00	58.97	41.03	100.00	68.94	31.06

4—6.2　农村分性别老年人是否有诉说心事的人

(人,%)

项　目	总体			男			女		
	合计	有	没有	合计	有	没有	合计	有	没有
合计	**10194**	**7778**	**2416**	**4822**	**3694**	**1128**	**5372**	**4084**	**1288**
60—64	3211	2556	655	1543	1222	321	1668	1334	334
65—69	2836	2209	627	1435	1103	332	1401	1106	295
70—74	1988	1506	482	964	750	214	1024	756	268
75—79	1300	936	364	560	406	154	740	530	210
80—84	599	407	192	235	162	73	364	245	119
85+	260	164	96	85	51	34	175	113	62
合计	**100.00**	**76.30**	**23.70**	**100.00**	**76.61**	**23.39**	**100.00**	**76.02**	**23.98**
60—64	100.00	79.60	20.40	100.00	79.20	20.80	100.00	79.98	20.02
65—69	100.00	77.89	22.11	100.00	76.86	23.14	100.00	78.94	21.06
70—74	100.00	75.75	24.25	100.00	77.80	22.20	100.00	73.83	26.17
75—79	100.00	72.00	28.00	100.00	72.50	27.50	100.00	72.62	28.38
80—84	100.00	67.95	32.05	100.00	68.94	31.06	100.00	67.31	32.69
85+	100.00	63.08	36.92	100.00	60.00	40.00	100.00	64.57	35.43

4—8.1　城市老年人对子女孝敬的感觉

(人,%)

项目	合计	孝敬	不孝敬	不清楚	未回答
合计	**9663**	**8236**	**270**	**1136**	**21**
60—64	3353	2897	70	381	5
65—69	2654	2280	69	300	5
70—74	1929	1625	59	239	6
75—79	1054	877	42	133	2
80—84	474	395	23	55	1
85+	199	162	7	28	2
合计	**100.00**	**85.23**	**2.79**	**11.76**	**0.22**
60—64	100.00	86.40	2.09	11.36	0.15
65—69	100.00	85.91	2.60	11.30	0.19
70—74	100.00	84.24	3.06	12.39	0.31
75—79	100.00	83.21	3.98	12.62	0.19
80—84	100.00	83.33	4.85	11.60	0.21
85+	100.00	81.41	3.52	14.07	1.01

4—8.2 城市男性老年人对子女孝敬的感觉

（人，%）

项目	合计	孝敬	不孝敬	不清楚	未回答
合计	**4670**	**3975**	**114**	**575**	**6**
60—64	1601	1367	32	201	1
65—69	1302	1132	28	140	2
70—74	945	795	23	126	1
75—79	529	444	19	65	1
80—84	219	179	10	29	1
85＋	74	58	2	14	0
合计	**100.00**	**85.12**	**2.44**	**12.31**	**0.13**
60—64	100.00	85.38	2.00	12.55	0.06
65—69	100.00	86.94	2.15	10.75	0.15
70—74	100.00	84.13	2.43	13.33	0.11
75—79	100.00	83.93	3.59	12.29	0.19
80—84	100.00	81.74	4.57	13.24	0.46
85＋	100.00	78.38	2.70	18.92	0.00

4—8.3 城市女性老年人对子女孝敬的感觉

（人，%）

项目	合计	孝敬	不孝敬	不清楚	未回答
合计	**4993**	**4261**	**156**	**561**	**15**
60—64	1752	1530	38	180	4
65—69	1352	1148	41	160	3
70—74	984	830	36	113	5
75—79	525	433	23	68	1
80—84	255	216	13	26	0
85＋	125	104	5	14	2
合计	**100.00**	**85.34**	**3.12**	**11.24**	**0.30**
60—64	100.00	87.33	2.17	10.27	0.23
65—69	100.00	84.91	3.03	11.83	0.22
70—74	100.00	84.35	3.66	11.48	0.51
75—79	100.00	82.48	4.38	12.95	0.19
80—84	100.00	84.71	5.10	10.20	0.00
85＋	100.00	83.20	4.00	11.20	1.60

4—8.4　农村老年人对子女孝敬的感觉

（人，%）

项目	合计	孝敬	不孝敬	不清楚	未回答
合计	**9944**	**8330**	**377**	**1224**	**13**
60—64	3142	2670	111	359	2
65—69	2765	2295	121	347	2
70—74	1945	1613	81	247	4
75—79	1264	1046	37	174	4
80—84	579	489	18	71	1
85+	249	214	9	26	0
合计	**100.00**	**83.77**	**3.79**	**12.31**	**0.13**
60—64	100.00	84.98	3.53	11.43	0.06
65—69	100.00	83.00	4.38	12.55	0.07
70—74	100.00	82.93	4.16	12.70	0.21
75—79	100.00	82.99	2.93	13.77	0.32
80—84	100.00	84.46	3.11	12.26	0.17
85+	100.00	85.94	3.61	10.44	0.00

4—9.1　城市老年人的幸福感

（人，%）

项目	合计	幸福	不幸福	不清楚
合计	**9889**	**8101**	**370**	**1418**
60—64	3397	2853	100	444
65—69	2710	2267	101	342
70—74	1988	1580	86	322
75—79	1091	859	51	181
80—84	493	383	24	86
85+	210	159	8	43
合计	**100.00**	**81.92**	**3.74**	**14.34**
60—64	100.00	83.99	2.94	13.07
65—69	100.00	83.65	3.73	12.62
70—74	100.00	79.48	4.33	16.20
75—79	100.00	78.74	4.67	16.59
80—84	100.00	77.69	4.87	17.44
85+	100.00	75.71	3.81	20.48

4—9.2 城市男性老年人的幸福感

(人,%)

项目	合计	幸福	不幸福	不清楚
合计	**4766**	**3994**	**145**	**627**
60—64	1621	1378	37	206
65—69	1327	1137	39	151
70—74	975	792	33	150
75—79	514	440	27	74
80—84	224	187	6	31
85+	78	60	3	15
合计	**100.00**	**83.80**	**3.04**	**13.16**
60—64	100.00	85.01	2.28	12.71
65—69	100.00	85.68	2.94	11.38
70—74	100.00	81.23	3.38	15.38
75—79	100.00	81.33	4.99	13.68
80—84	100.00	83.48	2.68	13.84
85+	100.00	76.92	3.85	19.23

4—9.3 城市女性老年人的幸福感

(人,%)

项目	合计	幸福	不幸福	不清楚
合计	**5123**	**4107**	**225**	**791**
60—64	1776	1475	63	238
65—69	1383	1130	62	191
70—74	1013	788	53	172
75—79	550	419	24	107
80—84	269	196	18	55
85+	132	99	5	28
合计	**100.00**	**80.17**	**4.39**	**15.44**
60—64	100.00	83.05	3.55	13.40
65—69	100.00	81.71	4.48	13.81
70—74	100.00	77.79	5.23	16.98
75—79	100.00	76.16	4.36	19.45
80—84	100.00	72.86	6.69	20.45
85+	100.00	75.00	3.79	21.21

4—9.4　农村老年人的幸福感

（人,%）

项目	合计	幸福	不幸福	不清楚
合计	**10194**	**7472**	**768**	**1954**
60—64	3211	2424	222	565
65—69	2836	2075	222	539
70—74	1988	1436	156	396
75—79	1300	932	93	275
80—84	599	422	51	126
85+	260	183	24	53
合计	**100.00**	**73.30**	**7.53**	**19.17**
60—64	100.00	75.49	6.91	17.60
65—69	100.00	73.17	7.83	19.01
70—74	100.00	72.23	7.85	19.92
75—79	100.00	71.69	7.15	21.15
80—84	100.00	70.45	8.51	21.04
85+	100.00	70.38	9.23	20.38

五、中国 1987 年 60 岁以上老年人口抽样调查数据

表1 市老年人口年龄、性别构成

	人口数			构成一(%)			构成二(%)			性别比(女=100)
	合计	男	女	合计	男	女	合计	男	女	
合计	**13963**	**6578**	**7385**	**100.00**	**100.00**	**100.00**	**100.00**	**47.11**	**52.89**	**89.07**
60—64岁	5730	2903	2827	41.04	44.13	38.28	100.00	50.66	49.34	102.69
60	1222	576	646	8.75	8.76	8.75	100.00	47.14	52.86	89.16
61	1246	634	612	8.92	9.64	8.29	100.00	50.88	49.12	103.59
62	1163	619	544	8.33	9.41	7.37	100.00	53.22	46.78	113.79
63	1151	573	578	8.24	8.71	7.83	100.00	49.78	50.22	99.13
64	948	501	447	6.79	7.62	6.05	100.00	52.85	47.15	112.08
65—69岁	3693	1796	1897	26.45	27.30	25.69	100.00	48.63	51.37	94.68
65	859	441	418	6.15	6.70	5.66	100.00	51.34	48.66	105.50
66	822	416	406	5.89	6.32	5.50	100.00	50.61	49.39	102.46
67	702	324	378	5.03	4.93	5.12	100.00	46.15	53.85	85.71
68	694	336	358	4.97	5.11	4.85	100.00	48.41	51.59	93.85
69	616	279	337	4.41	4.24	4.56	100.00	45.29	54.71	82.79
70—74岁	2287	1031	1256	16.38	15.67	17.01	100.00	45.08	54.92	82.09
70	585	271	314	4.19	4.12	4.25	100.00	46.32	53.68	86.31
71	468	204	264	3.35	3.10	3.57	100.00	43.59	56.41	77.27
72	436	212	224	3.12	3.22	3.03	100.00	48.62	51.38	94.64
73	409	176	233	2.93	2.68	3.16	100.00	43.03	56.97	75.54
74	389	168	221	2.79	2.55	2.99	100.00	43.19	56.81	76.02
75—79岁	1337	546	791	9.58	8.30	10.71	100.00	40.84	59.16	69.03
75	311	122	189	2.23	1.85	2.56	100.00	39.23	60.77	64.55
76	347	157	190	2.49	2.39	2.57	100.00	45.24	54.76	82.63
77	249	102	147	1.78	1.55	1.99	100.00	40.96	59.04	69.39
78	250	90	160	1.79	1.37	2.17	100.00	36.00	64.00	56.25
79	180	75	105	1.29	1.14	1.42	100.00	41.67	58.33	71.43
80—84岁	655	228	427	4.69	3.47	5.78	100.00	34.81	65.19	53.40
80	190	69	121	1.36	1.05	1.64	100.00	36.32	63.68	57.02
81	125	43	82	0.90	0.65	1.11	100.00	34.40	65.60	52.44
82	140	44	96	1.00	0.67	1.30	100.00	31.43	68.57	45.83
83	105	39	66	0.75	0.59	0.89	100.00	37.14	62.86	59.09
84	95	33	62	0.68	0.50	0.84	100.00	34.74	65.26	53.23
85—89岁	193	60	133	1.38	0.91	1.80	100.00	31.09	68.91	45.11
85	77	29	49	0.55	0.44	0.65	100.00	37.66	62.34	60.42
86	54	16	38	0.39	0.24	0.51	100.00	29.63	70.37	42.11
87	31	5	26	0.22	0.08	0.35	100.00	16.13	83.87	19.23
88	15	6	9	0.11	0.09	0.12	100.00	40.00	60.00	66.67
89	16	4	12	0.11	0.06	0.16	100.00	25.00	75.00	33.33
90岁以上	68	14	54	0.49	0.21	0.73	100.00	20.59	79.41	25.93

表 2 镇老年人口年龄、性别构成

	人口数			构成一(%)			构成二(%)			性别比(女=100)
	合计	男	女	合计	男	女	合计	男	女	
合计	**3856**	**1811**	**2045**	**100.00**	**100.00**	**100.00**	**100.00**	**46.97**	**53.03**	**88.56**
60—64 岁	1457	751	706	37.79	41.47	34.52	100.00	51.54	48.46	106.37
60	348	182	166	9.02	10.05	8.12	100.00	52.30	47.70	109.64
61	279	156	123	7.24	8.61	6.01	100.00	55.91	44.09	126.83
62	325	157	168	8.43	8.67	8.22	100.00	48.31	51.69	93.45
63	258	124	134	6.69	6.85	6.55	100.00	48.06	51.94	92.54
64	247	132	115	6.41	7.29	5.62	100.00	53.44	46.56	114.78
65—69 岁	978	483	495	25.36	26.67	24.21	100.00	49.39	50.61	97.58
65	217	104	113	5.63	5.74	5.53	100.00	47.93	52.07	92.04
66	203	103	100	5.26	5.69	4.89	100.00	50.74	49.26	103.00
67	210	107	103	5.45	5.91	5.04	100.00	50.95	49.05	103.88
68	181	90	91	4.69	4.97	4.45	100.00	49.72	50.28	98.90
69	167	79	88	4.33	4.36	4.30	100.00	47.13	52.69	89.77
70—74 岁	726	316	410	18.83	17.45	20.05	100.00	43.53	56.47	77.07
70	196	93	103	5.08	5.14	5.04	100.00	47.45	52.55	90.29
71	140	65	75	3.63	3.59	3.67	100.00	46.43	53.57	86.67
72	149	63	86	3.86	3.48	4.21	100.00	42.28	57.72	73.26
73	137	51	86	3.55	2.82	4.21	100.00	37.23	62.77	59.30
74	104	44	60	2.70	2.43	2.93	100.00	42.31	57.69	73.33
75—79 岁	409	169	240	10.61	9.33	11.74	100.00	41.32	58.68	70.42
75	103	44	59	2.67	2.43	2.89	100.00	42.72	57.28	74.58
76	95	39	56	2.46	2.15	2.74	100.00	41.05	58.95	69.64
77	86	35	51	2.23	1.93	2.49	100.00	40.70	59.30	68.63
78	69	30	39	1.79	1.66	1.91	100.00	43.48	56.52	76.92
79	56	21	35	1.45	1.16	1.71	100.00	37.50	62.50	60.00
80—84 岁	188	64	124	4.88	3.53	6.06	100.00	34.04	65.96	51.61
80	52	20	32	1.35	1.10	1.56	100.00	38.46	61.54	62.50
81	47	19	28	1.22	1.05	1.37	100.00	40.43	59.57	67.86
82	35	11	24	0.91	0.61	1.17	100.00	31.43	68.57	45.83
83	24	9	15	0.62	0.50	0.73	100.00	37.50	62.50	60.00
84	30	5	25	0.78	0.28	1.22	100.00	16.67	83.33	20.00
85—89 岁	71	22	49	1.84	1.21	2.40	100.00	30.99	69.01	44.90
85	23	11	12	0.60	0.61	0.59	100.00	47.83	52.17	91.67
86	26	7	19	0.67	0.39	0.93	100.00	26.92	73.08	36.84
87	10	2	8	0.26	0.11	0.39	100.00	20.00	80.00	25.00
88	7	2	5	0.18	0.11	0.24	100.00	28.57	71.43	40.00
89	5	0	5	0.13	0.00	0.24	100.00	0.00	100.00	0.00
90 岁以上	27	6	21	0.70	0.33	1.03	100.00	22.22	77.78	28.57

表 3　县老年人口年龄、性别构成

	人口数			构成一(%)			构成二(%)			性别比(女=100)
	合计	男	女	合计	男	女	合计	男	女	
合计	**1836**	**8927**	**10009**	**100.00**	**100.00**	**1400.00**	**100.00**	**47.14**	**52.86**	**89.19**
60—64 岁	6610	3457	3153	34.91	38.73	31.50	100.00	52.30	47.70	109.64
60	1293	700	593	6.83	7.84	5.92	100.00	54.14	45.86	118.04
61	1313	681	632	6.93	7.63	6.31	100.00	51.87	48.13	107.75
62	1439	773	666	7.60	8.66	6.65	100.00	53.72	46.28	116.07
63	1321	670	651	6.98	7.51	6.50	100.00	50.72	49.28	102.92
64	1244	633	611	6.57	7.09	6.10	100.00	50.88	49.12	103.60
65—69 岁	4919	2412	2507	25.98	27.02	25.05	100.00	49.03	50.97	96.21
65	1156	579	577	6.10	6.49	5.76	100.00	50.09	49.91	100.35
66	1058	535	523	5.59	5.99	5.23	100.00	50.57	49.43	102.29
67	995	489	506	5.25	5.48	5.06	100.00	49.15	50.85	96.64
68	922	436	486	4.87	4.88	4.86	100.00	47.29	52.71	89.71
69	788	373	415	4.16	4.18	4.15	100.00	47.34	52.66	89.88
70—74 岁	3609	1644	1965	19.06	18.42	19.63	100.00	45.55	54.45	83.66
70	858	406	452	4.53	4.55	4.52	100.00	47.32	52.68	89.82
71	698	330	368	3.69	3.70	3.68	100.00	47.28	52.72	89.67
72	723	321	402	3.82	3.60	4.02	100.00	44.40	55.60	79.85
73	698	296	402	3.69	3.32	4.02	100.00	42.41	57.59	73.63
74	632	291	341	3.34	3.26	3.41	100.00	46.04	53.96	85.34
75—79 岁	2227	871	1356	11.76	9.76	13.55	100.00	39.11	60.89	64.23
75	544	221	323	2.87	2.48	3.23	100.00	40.63	59.38	68.42
76	494	185	309	2.61	2.07	3.09	100.00	37.45	62.55	59.87
77	431	180	251	2.28	2.02	2.51	100.00	41.76	58.24	71.71
78	412	173	239	2.18	1.94	2.39	100.00	41.99	58.01	72.38
79	346	112	234	1.83	1.25	2.34	100.00	32.37	67.63	47.86
80—84 岁	1104	389	715	5.83	4.36	7.14	100.00	35.24	64.76	54.41
80	307	115	192	1.62	1.29	1.92	100.00	37.46	62.54	59.90
81	244	90	154	1.29	1.01	1.54	100.00	36.89	63.11	58.44
82	217	76	141	1.15	085	1.41	100.00	35.02	64.98	53.90
83	186	51	135	0.98	0.57	1.31	100.00	27.42	72.58	37.78
84	150	57	93	0.79	0.64	0.93	100.00	38.00	62.00	61.29
85—89 岁	372	124	248	1.96	1.39	2.48	100.00	33.33	66.67	50.00
85	106	42	64	0.56	0.47	0.64	100.00	39.62	60.38	65.63
86	110	43	67	0.58	0.48	0.67	100.00	39.09	60.91	64.18
87	79	17	62	0.42	0.19	0.62	100.00	21.52	78.48	27.42
88	47	13	34	0.25	0.15	0.34	100.00	27.66	72.34	38.24
89	30	9	21	0.16	0.10	0.21	100.00	30.00	70.00	42.86
90 岁以上	95	30	65	0.50	0.34	0.65	100.00	31.58	68.42	46.15

表4 市老年人口文化构成

		合计	60—64岁	65—69岁	70—74岁	75—79岁	80—84岁	85—89岁	90岁以上
绝对数	合计	13963	5730	3693	2287	1337	655	193	68
	大学	516	252	130	66	44	15	9	0
	中专	272	156	69	28	11	4	3	1
	高中	538	311	123	67	28	9	0	0
	初中	1838	941	516	225	106	37	11	2
	小学	3468	1580	948	558	263	99	14	6
	识字不多	1783	763	483	275	164	70	20	8
	不识字	5548	1727	1424	1068	721	421	136	51
构成一(%)	合计	100.00	100.00	100.00	100.00	100.00	100.00	100.00	100.00
	大学	3.70	4.40	3.52	2.89	3.29	2.29	4.66	0.00
	中专	1.95	2.27	1.87	1.22	0.82	0.61	1.55	1.47
	高中	3.85	5.43	3.33	2.93	2.09	1.37	0.00	0.00
	初中	13.16	16.42	13.97	9.84	7.93	5.65	5.70	2.94
	小学	24.84	27.57	25.67	24.40	19.67	15.11	7.25	8.82
	识字不多	12.77	13.32	13.08	12.02	12.27	10.69	10.36	11.76
	不识字	39.73	30.14	38.56	46.70	53.93	64.27	70.47	75.00
构成二(%)	合计	100.00	41.04	26.45	16.38	9.58	4.69	1.38	0.40
	大学	100.00	48.84	25.19	12.79	8.53	2.91	1.74	0.00
	中专	100.00	57.35	25.37	10.29	4.04	1.47	1.10	0.37
	高中	100.00	57.81	22.86	12.45	5.20	1.67	0.00	0.00
	初中	100.00	51.20	28.07	12.24	5.77	2.01	0.60	0.11
	小学	100.00	45.56	27.34	16.09	7.58	2.85	0.40	0.17
	识字不多	100.00	42.79	27.09	15.42	9.20	3.93	1.12	0.45
	不识字	100.00	31.13	25.67	19.25	13.00	7.59	2.45	0.92

表5 市男性老年人口文化构成

		合计	60—64岁	65—69岁	70—74岁	75—79岁	80—84岁	85—89岁	90岁以上
绝对数	合计	6578	2903	1796	1031	546	228	60	14
	大学	420	202	108	58	34	10	8	0
	中专	155	98	36	15	3	3	0	0
	高中	409	232	91	56	23	7	0	0
	初中	1476	742	433	179	85	27	9	1
	小学	2410	1038	667	407	208	77	11	2
	识字不多	786	289	225	131	85	40	13	3
	不识字	922	302	236	185	108	64	19	8
构成一(%)	合计	100.00	100.00	100.00	100.00	100.00	100.00	100.00	100.00
	大学	6.38	6.96	6.01	5.63	6.23	4.39	13.33	0.00
	中专	2.36	3.38	2.00	1.45	0.55	1.32	0.00	0.00
	高中	6.22	7.99	5.07	5.43	4.21	3.07	0.00	0.00
	初中	22.44	25.56	24.11	17.36	15.57	11.84	15.00	7.14
	小学	36.64	35.76	37.14	39.48	38.10	33.77	18.33	14.29
	识字不多	11.95	9.96	12.53	12.71	15.57	17.54	21.67	21.43
	不识字	14.02	10.40	13.14	17.94	19.78	28.07	31.67	57.14
构成二(%)	合计	100.00	44.13	27.30	15.67	8.30	3.47	0.91	0.21
	大学	100.00	48.10	25.71	13.81	8.10	2.38	1.90	0.00
	中专	100.00	63.23	23.23	9.68	1.94	1.94	0.00	0.00
	高中	100.00	56.72	22.25	13.69	5.62	1.71	0.00	0.00
	初中	100.00	50.27	29.34	12.13	5.76	1.83	0.61	0.07
	小学	100.00	43.07	27.68	16.89	8.63	3.20	0.46	0.08
	识字不多	100.00	36.77	28.63	16.67	10.81	5.09	1.65	0.38
	不识字	100.00	32.75	25.60	20.07	11.71	6.94	2.06	0.87

表 6 市女性老年人口文化构成

		合计	60—64 岁	65—69 岁	70—74 岁	75—79 岁	80—84 岁	85—89 岁	90 岁以上
绝对数	**合计**	**7385**	**2827**	**1897**	**1256**	**791**	**427**	**133**	**54**
	大学	96	50	22	8	10	5	1	0
	中专	117	58	33	13	8	1	3	1
	高中	129	79	32	11	5	2	0	0
	初中	362	199	83	46	21	10	2	1
	小学	1058	542	281	151	55	22	3	4
	识字不多	997	474	258	144	79	30	7	5
	不识字	4626	1425	1188	883	613	357	117	43
构成一(%)	**合计**	**100.00**	**100.00**	**100.00**	**100.00**	**100.00**	**100.00**	**100.00**	**100.00**
	大学	1.30	1.77	1.16	0.64	1.26	1.17	0.75	0.00
	中专	1.58	2.05	1.74	1.04	1.01	0.23	2.26	1.85
	高中	1.75	2.79	1.69	0.88	0.63	0.47	0.00	0.00
	初中	4.90	7.04	4.38	3.66	2.65	2.34	1.50	1.85
	小学	14.33	19.17	14.81	12.02	6.95	5.15	2.26	7.41
	识字不多	13.50	16.77	13.60	11.46	9.99	7.03	5.26	9.26
	不识字	62.64	50.41	62.63	70.30	77.50	83.61	87.97	79.63
构成二(%)	**合计**	**100.00**	**38.28**	**25.69**	**17.01**	**10.71**	**5.78**	**1.80**	**0.73**
	大学	100.00	52.08	22.92	8.33	10.42	5.21	1.04	0.00
	中专	100.00	49.57	28.21	11.11	6.84	0.85	2.56	0.85
	高中	100.00	61.24	24.81	8.53	3.88	1.55	0.00	0.00
	初中	100.00	54.97	22.93	12.71	5.80	2.76	0.55	0.28
	小学	100.00	51.23	26.56	14.27	5.20	2.08	0.28	0.38
	识字不多	100.00	47.54	25.88	14.44	7.92	3.01	0.70	0.50
	不识字	100.00	30.80	25.68	19.09	13.25	7.72	2.53	0.93

表 7 镇老年人口文化构成

		合计	60—64 岁	65—69 岁	70—74 岁	75—79 岁	80—84 岁	85—89 岁	90 岁以上
绝对数	**合计**	**3856**	**1457**	**978**	**726**	**409**	**188**	**71**	**27**
	大学	79	52	15	7	3	2	0	0
	中专	88	63	13	9	2	1	0	0
	高中	144	76	33	27	6	2	0	0
	初中	493	266	126	59	23	13	5	1
	小学	891	379	252	149	74	29	7	1
	识字不多	486	172	130	114	46	20	4	0
	不识字	1675	449	409	361	255	121	55	25
构成一(%)	**合计**	**100.00**	**100.00**	**100.00**	**100.00**	**100.00**	**100.00**	**100.00**	**100.00**
	大学	2.05	3.57	1.53	0.96	0.73	1.06	0.00	0.00
	中专	2.28	4.32	1.33	1.24	0.49	0.53	0.00	0.00
	高中	3.73	5.22	3.37	3.72	1.47	1.06	0.00	0.00
	初中	12.79	18.26	12.88	8.13	5.62	6.91	7.04	3.70
	小学	23.11	26.01	25.77	20.52	18.9	15.43	9.86	3.70
	识字不多	12.60	11.81	13.29	15.70	11.25	10.64	5.63	0.00
	不识字	43.44	30.82	41.82	49.72	62.35	64.36	77.46	92.59
构成二(%)	**合计**	**100.00**	**37.79**	**25.36**	**18.83**	**10.61**	**4.88**	**1.84**	**0.70**
	大学	100.00	65.82	18.99	8.86	3.80	2.53	0.00	0.00
	中专	100.00	71.59	14.77	10.23	2.27	1.14	0.00	0.00
	高中	100.00	52.78	22.92	18.75	4.17	1.39	0.00	0.00
	初中	100.00	53.96	25.56	11.97	4.67	2.64	1.01	0.20
	小学	100.00	42.54	28.28	16.72	8.31	3.25	0.79	0.11
	识字不多	100.00	35.39	26.75	23.46	9.47	4.12	0.82	0.00
	不识字	100.00	26.81	24.42	21.55	15.22	7.22	3.28	1.49

表 8　镇男性老年人口文化构成

		合计	60—64 岁	65—69 岁	70—74 岁	75—79 岁	80—84 岁	85—89 岁	90 岁以上
绝对数	**合　计**	**1811**	**751**	**483**	**316**	**169**	**64**	**22**	**6**
	大　学	73	46	15	7	3	2	0	0
	中　专	47	31	6	7	2	1	0	0
	高　中	114	57	32	18	6	1	0	0
	初　中	411	214	108	50	20	13	5	1
	小　学	663	265	189	116	61	25	6	1
	识字不多	229	72	59	58	32	5	3	0
	不识字	274	66	74	60	45	17	8	4
构成一(%)	**合　计**	**100.00**	**100.00**	**100.00**	**100.00**	**100.00**	**100.00**	**100.00**	**100.00**
	大　学	4.03	6.13	3.11	2.22	1.78	3.13	0.00	0.00
	中　专	2.60	4.13	1.24	2.22	1.18	1.56	0.00	0.00
	高　中	6.29	7.59	6.63	5.70	3.55	1.56	0.00	0.00
	初　中	22.69	28.50	22.36	15.82	11.83	20.31	22.73	16.67
	小　学	36.61	35.29	39.13	36.71	36.09	39.06	27.27	16.67
	识字不多	12.64	9.59	12.22	18.35	18.93	7.81	13.64	0.00
	不识字	15.13	8.79	15.32	18.99	26.63	26.56	36.36	66.67
构成二(%)	**合　计**	**100.00**	**41.47**	**26.67**	**17.45**	**9.33**	**3.53**	**1.21**	**0.33**
	大　学	100.00	63.01	20.55	9.59	4.11	2.74	0.00	0.00
	中　专	100.00	65.96	12.77	14.89	4.26	2.13	0.00	0.00
	高　中	100.00	50.00	28.07	15.79	5.26	0.88	0.00	0.00
	初　中	100.00	52.07	26.28	12.17	4.87	3.16	1.22	0.24
	小　学	100.00	39.97	28.51	17.50	9.20	3.77	0.90	0.15
	识字不多	100.00	31.44	25.76	25.33	13.97	2.18	1.31	0.00
	不识字	100.00	24.09	27.01	21.90	16.42	6.20	2.92	1.46

表 9　镇女性老年人口文化构成

		合计	60—64 岁	65—69 岁	70—74 岁	75—79 岁	80—84 岁	85—89 岁	90 岁以上
绝对数	**合　计**	**2405**	**706**	**495**	**410**	**240**	**124**	**49**	**21**
	大　学	6	6	0	0	0	0	0	0
	中　专	41	32	7	2	0	0	0	0
	高　中	30	19	1	9	0	1	0	0
	初　中	82	52	18	9	0	0	0	0
	小　学	228	114	63	33	13	4	1	0
	识字不多	257	100	71	56	14	15	1	0
	不识字	1401	383	335	301	210	104	47	21
构成一(%)	**合　计**	**100.00**	**100.00**	**100.00**	**100.00**	**100.00**	**100.00**	**100.00**	**100.00**
	大　学	0.29	0.85	0.00	0.00	0.00	0.00	0.00	0.00
	中　专	2.00	4.53	1.41	0.49	0.00	0.00	0.00	0.00
	高　中	1.47	2.69	0.20	2.20	0.00	0.81	0.00	0.00
	初　中	4.01	7.37	3.64	2.20	1.25	0.00	0.00	0.00
	小　学	11.15	16.15	12.73	8.05	5.42	3.23	2.04	0.00
	识字不多	12.57	14.16	14.34	13.66	5.83	12.10	2.04	0.00
	不识字	68.51	54.25	67.68	73.41	87.50	83.87	95.92	100.00
构成二(%)	**合　计**	**100.00**	**34.52**	**24.21**	**20.05**	**11.74**	**6.06**	**2.40**	**1.03**
	大　学	100.00	100.00	0.00	0.000	0.00	0.00	0.00	0.00
	中　专	100.00	78.05	17.07	4.88	0.00	0.00	0.00	0.00
	高　中	100.00	63.33	3.33	30.00	0.00	3.33	0.00	0.00
	初　中	100.00	63.41	21.95	10.98	3.66	0.00	0.00	0.00
	小　学	100.00	50.00	27.63	14.47	5.70	1.75	0.44	0.00
	识字不多	100.00	38.91	27.63	21.79	5.45	5.84	0.39	0.00
	不识字	100.00	27.34	23.91	21.48	14.99	7.42	3.35	1.50

表 10　县老年人口文化构成

		合计	60—64 岁	65—69 岁	70—74 岁	75—79 岁	80—84 岁	85—89 岁	90 岁以上
绝对数	**合　计**	**18936**	**6610**	**4919**	**3609**	**2227**	**1104**	**372**	**95**
	大　学	43	15	16	8	1	3	0	0
	中　专	70	38	17	7	6	0	2	0
	高　中	102	47	30	16	5	3	0	1
	初　中	682	358	170	88	36	20	5	5
	小　学	2805	1325	745	426	186	92	27	4
	识字不多	2181	849	626	392	200	82	26	6
	不识字	13053	3978	3315	2672	1793	904	312	79
构成一(%)	**合　计**	**100.00**	**100.00**	**100.00**	**100.00**	**100.00**	**100.00**	**100.00**	**100.00**
	大　学	0.23	0.23	0.33	0.22	0.04	0.27	0.00	0.00
	中　专	0.37	0.57	0.35	0.19	0.27	0.00	0.54	0.00
	高　中	0.54	0.71	0.61	0.44	0.22	0.27	0.00	1.05
	初　中	3.60	5.42	3.46	2.44	1.62	1.81	1.34	5.26
	小　学	14.81	20.05	15.15	11.80	8.35	8.33	7.26	4.21
	识字不多	11.52	12.84	12.73	10.86	8.98	7.43	6.99	6.32
	不识字	68.93	60.18	67.39	74.04	80.51	81.88	83.87	83.16
构成二(%)	**合　计**	**100.00**	**34.91**	**25.98**	**19.06**	**11.76**	**5.83**	**1.96**	**0.50**
	大　学	100.00	34.88	37.21	18.60	2.33	6.98	0.00	0.00
	中　专	100.00	54.29	24.29	10.00	8.57	0.00	2.86	0.00
	高　中	100.00	46.08	29.41	15.69	4.90	2.94	0.00	0.98
	初　中	100.00	52.49	24.93	12.90	5.28	2.93	0.73	0.73
	小　学	100.00	47.24	26.56	15.19	6.63	3.28	0.96	0.14
	识字不多	100.00	38.93	28.70	17.97	9.17	3.76	1.19	0.28
	不识字	100.00	30.48	25.40	20.47	13.74	6.93	2.39	0.61

表 11　县男性老年人口文化构成

		合计	60—64 岁	65—69 岁	70—74 岁	75—79 岁	80—84 岁	85—89 岁	90 岁以上
绝对数	**合　计**	**8927**	**3457**	**2412**	**1644**	**871**	**389**	**124**	**30**
	大　学	29	12	9	5	1	2	0	0
	中　专	60	35	16	6	3	0	0	0
	高　中	101	46	30	16	5	3	0	1
	初　中	643	334	163	86	33	18	5	4
	小　学	2558	1204	675	394	168	86	27	4
	识字不多	1666	620	483	308	161	68	20	6
	不识字	3870	1206	1036	829	500	212	72	15
构成一(%)	**合　计**	**100.00**	**100.00**	**100.00**	**100.00**	**100.00**	**100.00**	**100.00**	**100.00**
	大　学	0.32	0.35	0.37	0.30	0.11	0.51	0.00	0.00
	中　专	0.67	1.01	0.66	0.36	0.34	0.00	0.00	0.00
	高　中	1.13	1.33	1.24	0.97	0.57	0.77	0.00	3.33
	初　中	7.20	9.66	6.76	5.23	3.79	4.63	4.03	13.33
	小　学	28.65	34.83	27.99	23.97	19.29	22.11	21.77	13.33
	识字不多	18.66	17.93	20.02	18.73	18.48	17.48	16.13	20.00
	不识字	43.35	34.89	42.95	50.43	57.41	54.50	58.06	50.00
构成二(%)	**合　计**	**100.00**	**38.73**	**27.02**	**18.42**	**9.76**	**4.36**	**1.39**	**0.34**
	大　学	100.00	41.38	31.03	17.24	3.45	6.90	0.00	0.00
	中　专	100.00	58.33	26.67	10.00	5.00	0.00	0.00	0.00
	高　中	100.00	45.54	29.70	15.84	4.95	2.97	0.00	0.99
	初　中	100.00	51.94	25.35	13.37	5.13	2.80	0.78	0.62
	小　学	100.00	47.07	26.39	15.40	6.57	3.36	1.06	0.16
	识字不多	100.00	37.21	28.99	18.49	9.66	4.08	1.20	0.36
	不识字	100.00	31.16	26.77	21.42	12.92	5.48	1.86	0.39

表12 县女性老年人口文化构成

		合计	60—64岁	65—69岁	70—74岁	75—79岁	80—84岁	85—89岁	90岁以上
绝对数	**合计**	**10009**	**3153**	**2507**	**1965**	**1356**	**715**	**248**	**65**
	大学	14	3	7	3	0	1	0	0
	中专	10	3	1	1	3	0	2	0
	高中	1	1	0	0	0	0	0	0
	初中	39	24	7	2	3	2	0	1
	小学	247	121	70	32	18	6	0	0
	识字不多	515	229	143	84	39	14	6	0
	不识字	9183	2772	2279	1843	1293	692	240	64
构成一(%)	**合计**	**100.00**	**100.00**	**100.00**	**100.00**	**100.00**	**100.00**	**100.00**	**100.00**
	大学	0.14	0.10	0.28	0.15	0.00	0.14	0.00	0.00
	中专	0.10	0.10	0.04	0.05	0.22	0.00	0.81	0.00
	高中	0.01	0.03	0.00	0.00	0.00	0.00	0.00	0.00
	初中	0.39	0.76	0.28	0.10	0.22	0.28	0.00	1.54
	小学	2.47	3.84	2.79	1.63	1.33	0.84	0.00	0.00
	识字不多	5.15	7.26	5.70	4.27	2.88	1.96	2.42	0.00
	不识字	91.75	87.92	90.91	93.79	95.35	96.78	96.77	98.46
构成二(%)	**合计**	**100.00**	**31.50**	**25.05**	**19.63**	**13.55**	**7.14**	**2.48**	**0.65**
	大学	100.00	21.43	50.00	21.43	0.00	7.14	0.00	0.00
	中专	100.00	30.00	10.00	10.00	30.00	0.00	20.00	0.00
	高中	100.00	100.00	0.00	0.00	0.00	0.00	0.00	0.00
	初中	100.00	61.54	17.95	5.13	7.69	5.13	0.00	2.56
	小学	100.00	48.99	28.34	12.96	7.29	2.43	0.00	0.00
	识字不多	100.00	44.47	27.77	16.31	7.57	2.72	1.17	0.00
	不识字	100.00	30.19	24.82	20.07	14.08	7.54	2.61	0.70

表1 市老年人口按年龄分组婚姻状况

		合计	60—64岁	65—69岁	70—74岁	75—79岁	80—84岁	85—89岁	90岁以上
绝对数	**合计**	**13963**	**5730**	**3693**	**2287**	**1337**	**655**	**193**	**68**
	未婚	52	16	7	10	11	6	1	1
	有配偶	9557	4740	2681	1336	560	188	44	8
	分居	153	60	39	27	20	7	0	0
	离婚	102	33	31	24	10	2	0	2
	丧偶	4099	881	935	890	736	452	148	57
构成一(%)	**合计**	**100.00**	**100.00**	**100.00**	**100.00**	**100.00**	**100.00**	**100.00**	**100.00**
	未婚	0.37	0.28	0.19	0.44	0.82	0.92	0.52	1.47
	有配偶	68.45	82.72	72.60	58.42	41.88	28.70	22.80	11.76
	分居	1.10	1.05	1.06	1.18	1.50	1.07	0.00	0.00
	离婚	0.73	0.58	0.84	1.05	0.75	0.31	0.00	2.94
	丧偶	29.36	15.38	25.32	38.92	55.05	69.01	76.68	83.82
构成二(%)	**合计**	**100.00**	**41.04**	**26.45**	**16.38**	**9.58**	**4.69**	**1.38**	**0.49**
	未婚	100.00	30.77	13.46	19.23	21.15	11.54	1.92	1.92
	有配偶	100.00	49.60	28.05	13.98	5.86	1.97	0.46	0.08
	分居	100.00	39.22	25.49	17.65	13.07	4.58	0.00	0.00
	离婚	100.00	32.35	30.39	23.53	9.80	1.96	0.00	1.96
	丧偶	100.00	21.49	22.81	21.71	17.96	11.03	3.61	1.39

表2 市男性老年人口按年龄分组婚姻状况

		合计	60—64岁	65—69岁	70—74岁	75—79岁	80—84岁	85—89岁	90岁以上
绝对数	**合计**	**6578**	**2903**	**1796**	**1031**	**546**	**228**	**60**	**14**
	未婚	27	10	2	4	7	3	0	1
	有配偶	5705	2703	1586	847	391	138	34	6
	分居	61	23	11	14	10	3	0	0
	离婚	41	16	13	8	4	0	0	0
	丧偶	744	151	184	158	134	84	26	7
构成一(%)	**合计**	**100.00**	**100.00**	**100.00**	**100.00**	**100.00**	**100.00**	**100.00**	**100.00**
	未婚	0.41	0.34	0.11	0.39	1.28	1.32	0.00	7.14
	有配偶	86.73	93.11	88.31	82.15	71.61	60.53	56.67	42.86
	分居	0.93	0.79	0.61	1.36	1.83	1.32	0.00	0.00
	离婚	0.62	0.55	0.72	0.78	0.73	0.00	0.00	0.00
	丧偶	11.31	5.20	10.24	15.32	24.54	36.84	43.33	50.00
构成二(%)	**合计**	**100.00**	**44.13**	**27.30**	**15.67**	**8.30**	**3.47**	**0.91**	**0.21**
	未婚	100.00	37.04	7.41	14.81	25.93	11.11	0.00	3.70
	有配偶	100.00	47.38	27.80	14.85	6.85	2.42	0.60	0.11
	分居	100.00	37.70	18.03	22.95	16.39	4.92	0.00	0.00
	离婚	100.00	39.02	31.71	19.51	9.76	0.00	0.00	0.00
	丧偶	100.00	20.30	24.73	21.24	18.01	11.29	3.49	0.94

表3 市女性老年人口按年龄分组婚姻状况

		合计	60—64岁	65—69岁	70—74岁	75—79岁	80—84岁	85—89岁	90岁以上
绝对数	**合计**	**7385**	**2827**	**1897**	**1256**	**791**	**427**	**133**	**54**
	未婚	25	6	5	6	4	3	1	0
	有配偶	3852	2037	1095	489	169	50	10	2
	分居	92	37	28	13	10	4	0	0
	离婚	61	17	18	16	6	2	0	2
	丧偶	3355	730	751	732	602	368	122	50
构成一(%)	**合计**	**100.00**	**100.00**	**100.00**	**100.00**	**100.00**	**100.00**	**100.00**	**100.00**
	未婚	0.34	0.21	0.26	0.48	0.51	0.70	0.75	0.00
	有配偶	52.16	72.06	57.72	38.93	21.37	11.71	7.52	3.70
	分居	1.25	1.31	1.48	1.04	1.26	0.94	0.00	0.00
	离婚	0.83	0.60	0.95	1.27	0.76	0.47	0.00	3.70
	丧偶	45.43	25.82	39.59	58.28	76.11	86.18	91.73	92.59
构成二(%)	**合计**	**100.00**	**38.28**	**25.69**	**17.01**	**10.71**	**5.78**	**1.80**	**0.73**
	未婚	100.00	24.00	20.00	24.00	16.00	12.00	4.00	0.00
	有配偶	100.00	52.88	28.43	12.69	4.39	1.30	0.26	0.05
	分居	100.00	40.22	30.43	14.13	10.87	4.35	0.00	0.00
	离婚	100.00	27.87	29.51	26.23	9.84	3.28	0.00	3.28
	丧偶	100.00	21.76	22.38	21.82	17.94	10.97	3.64	1.49

表 4 镇老年人口按年龄分组婚姻状况

		合计	60—64 岁	65—69 岁	70—74 岁	75—79 岁	80—84 岁	85—89 岁	90 岁以上
绝对数	**合计**	**3856**	**1457**	**978**	**726**	**409**	**188**	**71**	**27**
	未婚	14	6	1	2	3	1	0	1
	有配偶	2572	1191	4710	404	191	56	14	6
	分居	46	17	7	10	9	3	0	0
	离婚	23	9	6	5	2	1	0	0
	丧偶	1201	234	254	305	204	127	57	20
构成一(%)	**合计**	**100.00**	**100.00**	**100.00**	**100.00**	**100.00**	**100.00**	**100.00**	**100.00**
	未婚	0.36	0.41	0.10	0.28	0.73	0.53	0.00	3.70
	有配偶	66.70	81.74	72.60	55.65	46.70	29.79	19.72	22.22
	分居	1.19	1.17	0.72	1.38	2.20	1.60	0.00	0.00
	离婚	0.60	0.62	0.61	0.69	0.49	0.53	0.00	0.00
	丧偶	31.15	16.06	25.97	42.01	49.88	67.55	80.28	74.07
构成二(%)	**合计**	**100.00**	**37.79**	**25.36**	**18.83**	**10.61**	**4.88**	**1.84**	**0.70**
	未婚	100.00	42.86	7.14	14.29	21.43	7.14	0.00	7.14
	有配偶	100.00	46.31	27.60	15.71	7.43	2.18	0.54	0.23
	分居	100.00	36.96	15.22	21.74	19.57	6.52	0.00	0.00
	离婚	100.00	39.13	26.09	21.74	8.70	4.35	0.00	0.00
	丧偶	100.00	19.48	21.15	25.40	16.99	10.57	4.75	1.67

表 6 镇男性老年人口按年龄分组婚姻状况

		合计	60—64 岁	65—69 岁	70—74 岁	75—79 岁	80—84 岁	85—89 岁	90 岁以上
绝对数	**合计**	**1811**	**751**	**483**	**316**	**169**	**64**	**22**	**6**
	未婚	5	3	0	0	2	0	0	0
	有配偶	1567	691	429	255	134	42	11	5
	分居	17	9	1	4	2	1	0	0
	离婚	15	5	5	3	1	1	0	0
	丧偶	207	43	48	54	30	20	11	1
构成一(%)	**合计**	**100.00**	**100.00**	**100.00**	**100.00**	**100.00**	**100.00**	**100.00**	**100.00**
	未婚	0.28	0.40	0.00	0.00	1.18	0.00	0.00	0.00
	有配偶	86.53	92.01	88.82	80.70	79.29	65.63	50.00	83.33
	分居	0.94	1.20	0.21	1.27	1.18	1.56	0.00	0.00
	离婚	0.83	0.67	1.04	0.95	0.59	1.56	0.00	0.00
	丧偶	11.43	5.73	9.94	17.09	17.75	31.25	50.00	16.67
构成二(%)	**合计**	**100.00**	**41.47**	**26.67**	**17.45**	**9.33**	**3.53**	**1.21**	**0.33**
	未婚	100.00	60.00	0.00	0.00	40.00	0.00	0.00	0.00
	有配偶	100.00	44.10	27.38	16.27	8.55	2.68	0.70	0.32
	分居	100.00	52.94	5.88	23.53	11.76	5.88	0.00	0.00
	离婚	100.00	33.33	33.33	20.00	6.67	6.67	0.00	0.00
	丧偶	100.00	20.77	23.19	26.09	14.49	9.66	5.31	0.48

表6 镇女性老年人口按年龄分组婚姻状况

		合计	60—64岁	65—69岁	70—74岁	75—79岁	80—84岁	85—89岁	90岁以上
绝对数	**合计**	**2045**	**706**	**495**	**410**	**240**	**124**	**49**	**21**
	未婚	9	3	1	2	1	1	0	1
	有配偶	1005	500	281	149	57	14	3	1
	分居	29	8	6	6	7	2	0	0
	离婚	8	4	1	2	1	0	0	0
	丧偶	994	191	206	251	174	107	46	19
构成一(%)	**合计**	**100.00**	**100.00**	**100.00**	**100.00**	**100.00**	**100.00**	**100.00**	**100.00**
	未婚	0.44	0.42	0.20	0.49	0.42	0.81	0.00	4.76
	有配偶	49.14	70.82	56.77	36.34	23.75	11.29	6.12	4.76
	分居	1.42	1.13	1.21	1.46	2.92	1.61	0.00	0.00
	离婚	0.39	0.57	0.20	0.49	0.42	0.00	0.00	0.00
	丧偶	48.61	27.05	41.62	61.22	72.50	86.29	93.88	90.48
构成二(%)	**合计**	**100.00**	**34.52**	**24.21**	**20.05**	**11.74**	**6.06**	**2.40**	**1.03**
	未婚	100.00	33.33	11.11	22.22	11.11	11.11	0.00	11.11
	有配偶	100.00	49.75	27.96	14.83	5.67	1.39	0.30	0.10
	分居	100.00	27.59	20.69	20.69	24.14	6.90	0.00	0.00
	离婚	100.00	50.00	12.50	25.00	12.50	0.00	0.00	0.00
	丧偶	100.00	19.22	20.72	25.25	17.51	10.76	4.63	1.91

表7 县老年人口按年龄分组婚姻状况

		合计	60—64岁	65—69岁	70—74岁	75—79岁	80—84岁	85—89岁	90岁以上
绝对数	**合计**	**18936**	**6610**	**4919**	**3609**	**2227**	**1104**	**372**	**95**
	未婚	153	75	36	19	17	5	1	0
	有配偶	10526	4954	3041	1619	659	199	44	10
	分居	447	129	117	101	68	29	2	1
	离婚	122	46	40	13	13	8	1	1
	丧偶	7688	1406	1685	1857	1470	863	324	83
构成一(%)	**合计**	**100.00**	**100.00**	**100.00**	**100.00**	**100.00**	**100.00**	**100.00**	**100.00**
	未婚	0.81	1.13	0.73	0.53	0.76	0.45	0.27	0.00
	有配偶	55.59	74.95	61.82	44.86	29.59	18.03	11.83	10.53
	分居	2.36	1.95	2.38	2.80	3.05	2.63	0.54	1.05
	离婚	0.64	0.70	0.81	0.36	0.58	0.72	0.27	1.05
	丧偶	40.60	21.27	34.25	51.45	66.01	78.17	87.10	87.37
构成二(%)	**合计**	**100.00**	**34.91**	**25.98**	**19.06**	**11.76**	**5.83**	**1.96**	**0.50**
	未婚	100.00	49.02	23.53	12.42	11.11	3.27	0.65	0.00
	有配偶	100.00	47.06	28.89	15.38	6.26	1.89	0.42	0.10
	分居	100.00	28.86	26.17	22.60	15.21	6.49	0.45	0.22
	离婚	100.00	37.70	32.79	10.66	10.66	6.56	0.82	0.82
	丧偶	100.00	18.29	21.92	24.15	19.12	11.23	4.21	1.08

表 8 县男性老年人口按年龄分组婚姻状况

		合计	60—64 岁	65—69 岁	70—74 岁	75—79 岁	80—84 岁	85—89 岁	90 岁以上
绝对数	**合计**	**8927**	**3457**	**2412**	**1644**	**871**	**389**	**124**	**30**
	未婚	122	56	30	17	13	5	1	0
	有配偶	6180	2803	1773	1012	418	128	37	9
	分居	218	56	48	62	33	18	0	1
	离婚	75	26	26	8	7	6	1	1
	丧偶	2332	516	535	545	400	232	85	19
构成一(%)	**合计**	**100.00**	**100.00**	**100.00**	**100.00**	**100.00**	**100.00**	**100.00**	**100.00**
	未婚	1.37	1.62	1.24	1.03	1.49	1.29	0.81	0.00
	有配偶	69.23	81.08	73.51	61.56	47.99	32.90	29.84	30.00
	分居	2.44	1.62	1.99	3.77	3.79	4.63	0.00	3.33
	离婚	0.84	0.75	1.08	0.49	0.80	1.54	0.81	3.33
	丧偶	26.12	14.93	22.18	33.15	45.92	59.64	68.55	63.33
构成二(%)	**合计**	**100.00**	**38.73**	**27.02**	**18.42**	**9.76**	**4.36**	**1.39**	**0.34**
	未婚	100.00	45.90	24.59	13.93	10.66	4.10	0.82	0.00
	有配偶	100.00	45.36	28.69	16.38	6.76	2.07	0.60	0.15
	分居	100.00	25.69	22.02	28.44	15.14	8.26	0.00	0.46
	离婚	100.00	34.67	34.67	10.67	9.33	8.00	1.33	1.33
	丧偶	100.00	22.13	22.94	23.37	17.15	9.95	3.64	0.81

表 9 县女性市老年人口按年龄分组婚姻状况

		合计	60—64 岁	65—69 岁	70—74 岁	75—79 岁	80—84 岁	85—89 岁	90 岁以上
绝对数	**合计**	**10009**	**3153**	**2507**	**1965**	**1356**	**715**	**248**	**65**
	未婚	31	19	6	2	4	0	0	0
	有配偶	4346	2151	1268	607	241	71	7	1
	分居	229	73	69	39	35	11	2	0
	离婚	47	20	14	5	6	2	0	0
	丧偶	5356	890	1150	1312	1070	631	239	64
构成一(%)	**合计**	**100.00**	**100.00**	**100.00**	**100.00**	**100.00**	**100.00**	**100.00**	**100.00**
	未婚	0.31	0.60	0.24	0.10	0.29	0.00	0.00	0.00
	有配偶	43.42	68.22	50.58	30.89	17.77	9.93	2.82	1.54
	分居	2.29	2.32	2.75	1.98	2.58	1.54	0.81	0.00
	离婚	0.47	0.63	0.56	0.25	0.44	0.28	0.00	0.00
	丧偶	53.51	28.23	45.87	66.77	78.91	88.25	96.37	98.46
构成二(%)	**合计**	**100.00**	**31.50**	**25.05**	**19.63**	**13.55**	**7.14**	**2.48**	**0.65**
	未婚	100.00	61.29	19.35	6.45	12.90	0.00	0.00	0.00
	有配偶	100.00	49.49	29.18	13.97	5.55	1.63	0.16	0.02
	分居	100.00	31.88	30.13	17.03	15.28	4.80	0.87	0.00
	离婚	100.00	42.55	29.79	10.64	19.98	4.26	0.00	0.00
	丧偶	100.00	16.62	21.47	24.50	12.77	11.78	4.46	1.19

表 10 市老年人口按文化程度分组婚姻状况

		合计	60—64 岁	65—69 岁	70—74 岁	75—79 岁	80—84 岁	85—89 岁	90 岁以上
绝对数	**合计**	**13963**	**516**	**272**	**538**	**1838**	**3468**	**1783**	**5548**
	未婚	52	4	1	4	4	12	9	18
	有配偶	9557	451	216	462	1545	2739	1225	2919
	分居	153	5	4	5	24	37	23	55
	离婚	102	6	3	4	18	16	11	44
	丧偶	4099	50	48	63	247	664	515	2512
构成一(%)	**合计**	**100.00**	**100.00**	**100.00**	**100.00**	**100.00**	**100.00**	**100.00**	**100.00**
	未婚	0.37	0.78	0.37	0.74	0.22	0.35	0.50	0.32
	有配偶	68.45	87.40	79.41	85.87	84.06	78.98	68.70	52.61
	分居	1.10	0.97	1.47	0.93	1.31	1.07	1.29	0.99
	离婚	0.73	1.16	1.10	0.74	0.98	0.46	0.62	0.79
	丧偶	29.36	9.69	17.65	11.71	13.44	19.15	28.88	45.28
构成一(%)	**合计**	**100.00**	**3.70**	**1.95**	**3.85**	**13.16**	**24.84**	**12.77**	**39.73**
	未婚	100.00	7.69	1.92	7.69	7.69	23.08	17.31	34.62
	有配偶	100.00	4.72	2.26	4.83	16.17	28.66	12.82	30.54
	分居	100.00	3.27	2.61	3.27	15.69	24.18	15.03	35.95
	离婚	100.00	5.88	2.94	3.92	17.65	15.69	10.78	43.14
	丧偶	100.00	1.22	1.17	1.54	6.03	16.20	12.56	61.28

表 1 市老年人口按年龄分组家庭规模

		合计	60—64 岁	65—69 岁	70—74 岁	75—79 岁	80—84 岁	85—89 岁	90 岁以上
绝对数	**合计**	**13963**	**5730**	**3693**	**2287**	**1337**	**655**	**193**	**68**
	一人户	720	148	191	187	124	51	15	4
	二人户	3588	1402	1075	660	303	113	28	7
	三人户	2688	1483	663	301	132	79	21	9
	四人户	2516	1105	645	383	235	104	28	16
	五人户	2371	851	615	429	272	146	47	11
	六人户	1231	429	293	207	163	100	31	8
	七人户	486	186	117	58	66	39	14	6
	八人户	199	73	46	34	26	11	5	4
	九人及以上户	164	53	48	28	16	12	4	3
构成一(%)	**合计**	**100.00**	**100.00**	**100.00**	**100.00**	**100.00**	**100.00**	**100.00**	**100.00**
	一人户	5.16	2.58	5.17	8.18	9.27	7.79	7.77	5.88
	二人户	25.70	24.47	29.11	28.86	22.66	17.25	14.51	10.29
	三人户	19.25	25.88	17.95	13.16	9.87	12.06	10.88	13.24
	四人户	18.02	19.28	17.47	16.75	17.58	15.88	14.51	23.53
	五人户	16.98	14.85	16.65	18.76	20.34	22.29	24.35	16.18
	六人户	8.82	7.49	7.93	9.05	12.19	15.27	16.06	11.76
	七人户	3.48	3.25	3.17	2.54	4.94	5.95	7.25	8.82
	八人户	1.43	1.27	1.25	1.49	1.94	1.68	2.59	5.88
	九人及以上户	1.17	0.92	1.30	1.22	1.20	1.83	2.07	4.41
构成二(%)	**合计**	**100.00**	**41.04**	**26.45**	**16.38**	**9.58**	**4.69**	**1.38**	**0.49**
	一人户	100.00	20.56	26.53	25.97	17.22	7.08	2.08	0.56
	二人户	100.00	39.07	29.96	18.39	8.44	3.15	0.78	0.20
	三人户	100.00	55.17	24.67	11.20	4.91	2.94	0.78	0.33
	四人户	100.00	43.92	25.64	15.22	9.34	4.13	1.11	0.64
	五人户	100.00	35.89	25.94	18.09	11.47	6.16	1.98	0.46
	六人户	100.00	34.85	23.80	16.82	13.24	8.12	2.52	0.65
	七人户	100.00	38.27	24.07	11.93	13.58	8.02	2.88	1.23
	八人户	100.00	36.68	23.12	17.09	13.07	5.53	2.51	2.01
	九人及以上户	100.00	32.32	29.27	17.07	9.76	7.32	2.44	1.83

表 2　市男性老年人口按年龄分组家庭规模

		合计	60—64 岁	65—69 岁	70—74 岁	75—79 岁	80—84 岁	85—89 岁	90 岁以上
绝对数	**合计**	**6578**	**2903**	**1796**	**1031**	**546**	**228**	**60**	**14**
	一人户	177	36	43	43	31	16	6	2
	二人户	1797	621	531	378	180	65	19	3
	三人户	1476	805	390	179	66	29	6	1
	四人户	1114	558	305	130	81	36	3	1
	五人户	1072	468	290	168	89	38	14	5
	六人户	542	235	131	83	57	29	6	1
	七人户	231	105	65	21	26	9	5	0
	八人户	96	42	23	14	13	3	0	1
	九人及以上户	73	33	18	15	3	3	1	0
构成一(%)	**合计**	**100.00**	**100.00**	**100.00**	**100.00**	**100.00**	**100.00**	**100.00**	**100.00**
	一人户	2.69	1.24	2.39	4.17	5.68	7.02	10.00	14.29
	二人户	27.32	21.39	29.57	36.66	32.97	28.51	31.67	21.43
	三人户	22.44	27.73	21.71	17.36	12.09	12.72	10.00	7.14
	四人户	16.94	19.22	16.98	12.61	14.84	15.79	5.00	7.14
	五人户	16.30	16.12	16.15	16.29	16.30	16.67	23.33	35.71
	六人户	8.24	8.10	7.29	8.05	10.44	12.72	10.00	7.14
	七人户	3.51	3.62	3.62	2.04	4.76	3.95	8.33	0.00
	八人户	1.46	1.45	1.28	1.36	2.38	1.32	0.00	7.14
	九人及以上户	1.11	1.14	1.00	1.45	0.55	1.32	1.67	0.00
构成二(%)	**合计**	**100.00**	**44.13**	**27.30**	**15.67**	**8.30**	**3.47**	**0.91**	**0.21**
	一人户	100.00	20.34	24.29	24.29	17.51	9.04	3.39	1.13
	二人户	100.00	34.56	29.55	21.04	10.02	3.62	1.06	0.17
	三人户	100.00	54.54	26.42	12.13	4.47	1.96	0.41	0.07
	四人户	100.00	50.09	27.38	11.67	7.27	3.23	0.27	0.09
	五人户	100.00	43.66	27.05	15.67	8.30	3.54	1.31	0.47
	六人户	100.00	43.36	24.17	15.31	10.52	5.35	1.11	0.18
	七人户	100.00	45.45	28.14	9.09	11.26	3.90	2.16	0.00
	八人户	100.00	43.75	23.96	14.58	13.54	3.13	0.00	1.04
	九人及以上户	100.00	45.21	24.66	20.55	4.11	4.11	1.37	0.00

表 3　市女性老年人口按年龄分组家庭规模

		合计	60—64 岁	65—69 岁	70—74 岁	75—79 岁	80—84 岁	85—89 岁	90 岁以上
绝对数	**合计**	**7385**	**2827**	**1897**	**1256**	**791**	**427**	**133**	**54**
	一人户	543	112	148	144	93	35	9	2
	二人户	1791	781	544	282	123	48	9	4
	三人户	1212	678	273	122	66	50	15	8
	四人户	1402	547	340	253	154	68	25	15
	五人户	1299	383	325	261	183	108	33	6
	六人户	689	194	162	124	106	71	25	7
	七人户	255	81	52	37	40	30	9	6
	八人户	103	31	23	20	13	8	5	3
	九人及以上户	91	20	30	13	13	9	3	3
构成一(%)	**合计**	**100.00**	**100.00**	**100.00**	**100.00**	**100.00**	**100.00**	**100.00**	**100.00**
	一人户	7.35	3.96	7.80	11.46	11.76	8.20	6.77	3.70
	二人户	24.25	27.63	28.68	22.45	15.55	11.24	6.77	7.41
	三人户	16.41	23.98	14.39	9.71	8.34	11.71	11.28	14.81
	四人户	18.98	19.35	17.92	20.14	19.47	15.93	18.80	27.78
	五人户	17.59	13.55	17.13	20.78	23.14	25.29	24.81	11.11
	六人户	9.33	6.86	8.54	9.87	13.40	16.63	18.80	12.96
	七人户	3.45	2.87	2.74	2.95	5.06	7.03	6.77	11.11
	八人户	1.39	1.10	1.21	1.59	1.64	1.87	3.76	5.56
	九人及以上户	1.23	0.71	1.58	1.04	1.64	2.11	2.26	5.56
构成二(%)	**合计**	**100.00**	**38.28**	**25.69**	**17.01**	**10.71**	**5.78**	**1.80**	**0.73**
	一人户	100.00	20.63	27.26	26.52	17.13	6.45	1.66	0.37
	二人户	100.00	43.61	30.37	15.75	6.87	2.68	0.50	0.22
	三人户	100.00	55.94	22.52	10.07	5.45	4.13	1.24	0.66
	四人户	100.00	39.02	24.25	18.05	10.98	4.85	1.78	1.07
	五人户	100.00	29.48	25.02	20.09	14.09	8.31	2.54	0.46
	六人户	100.00	28.16	23.51	18.00	15.38	10.30	3.63	1.02
	七人户	100.00	31.76	20.39	14.51	15.69	11.76	3.53	2.35
	八人户	100.00	30.10	22.33	19.42	12.62	7.77	4.85	2.91
	九人及以上户	100.00	21.98	32.97	14.29	14.29	9.89	3.30	3.30

表 4　镇老年人口按年龄分组家庭规模

		合计	60—64 岁	65—69 岁	70—74 岁	75—79 岁	80—84 岁	85—89 岁	90 岁以上
绝对数	**合　计**	**3856**	**1457**	**978**	**726**	**409**	**188**	**71**	**27**
	一人户	228	55	57	49	37	22	5	3
	二人户	992	367	300	196	89	29	5	6
	三人户	700	338	189	92	52	16	8	5
	四人户	580	235	139	116	51	25	11	3
	五人户	687	253	168	133	65	46	16	6
	六人户	381	125	78	84	58	22	12	2
	七人户	169	40	31	34	35	19	9	1
	八人户	64	24	10	10	9	6	4	1
	九人及以上户	55	20	6	12	13	3	1	0
构成一(%)	**合　计**	**100.00**	**100.00**	**100.00**	**100.00**	**100.00**	**100.00**	**100.00**	**100.00**
	一人户	5.91	3.77	5.83	6.75	9.05	11.70	7.04	11.11
	二人户	25.73	25.19	30.67	27.00	21.76	15.43	7.04	22.22
	三人户	18.15	23.20	19.33	12.67	12.71	8.51	11.27	18.52
	四人户	15.04	16.13	14.21	15.98	12.47	13.30	15.49	11.11
	五人户	17.82	17.36	17.18	18.32	15.89	24.47	22.54	22.22
	六人户	9.88	8.58	7.98	11.57	14.18	11.70	16.90	7.41
	七人户	4.38	2.75	3.17	4.68	8.56	10.11	12.68	3.70
	八人户	1.66	1.65	1.02	1.38	2.20	3.19	5.63	3.70
	九人及以上户	1.43	1.37	0.61	1.65	3.18	1.60	1.41	0.00
构成二(%)	**合　计**	**100.00**	**37.79**	**25.36**	**18.83**	**10.61**	**4.88**	**1.84**	**0.70**
	一人户	100.00	24.12	25.00	21.49	16.23	9.65	2.19	1.32
	二人户	100.00	37.00	30.24	19.76	8.97	2.92	0.50	0.60
	三人户	100.00	48.29	27.00	13.14	7.43	2.29	1.14	0.71
	四人户	100.00	40.52	23.97	20.00	8.79	4.31	1.90	0.52
	五人户	100.00	36.83	24.45	19.36	9.46	6.70	2.33	0.87
	六人户	100.00	32.81	20.47	22.05	15.22	5.77	3.15	0.52
	七人户	100.00	23.67	18.34	20.12	20.71	11.24	5.33	0.59
	八人户	100.00	37.50	15.63	15.63	14.06	9.38	6.25	1.56
	九人及以上户	100.00	36.36	10.91	21.82	23.64	5.45	1.82	0.00

表 5　镇男女老年人口按年龄分组家庭规模

		合计	60—64 岁	65—69 岁	70—74 岁	75—79 岁	80—84 岁	85—89 岁	90 岁以上
绝对数	**合　计**	**1811**	**751**	**483**	**316**	**169**	**64**	**22**	**6**
	一人户	65	14	24	13	11	2	1	0
	二人户	503	177	135	108	56	21	3	3
	三人户	387	174	113	61	28	9	2	0
	四人户	273	128	69	51	15	6	3	1
	五人户	312	142	89	39	21	13	6	2
	六人户	161	80	31	23	18	6	3	0
	七人户	65	18	14	11	13	5	4	0
	八人户	26	13	5	4	2	2	0	0
	九人及以上户	19	5	3	6	5	0	0	0
构成一(%)	**合　计**	**100.00**	**100.00**	**100.00**	**100.00**	**100.00**	**100.00**	**100.00**	**100.00**
	一人户	3.59	1.86	4.97	4.11	6.51	3.13	4.55	0.00
	二人户	27.77	23.57	27.95	34.18	33.14	32.81	13.64	50.00
	三人户	21.37	23.17	23.40	19.30	16.57	14.06	9.09	0.00
	四人户	15.07	17.04	14.29	16.14	8.88	9.38	13.64	16.67
	五人户	17.23	18.91	18.43	12.34	12.43	20.31	27.27	33.33
	六人户	8.89	10.65	6.42	7.28	10.65	9.38	13.64	0.00
	七人户	3.59	2.40	2.90	3.48	7.69	7.81	18.18	0.00
	八人户	1.44	1.73	1.04	1.27	1.18	3.13	0.00	0.00
	九人及以上户	1.05	0.67	0.62	1.90	2.96	0.00	0.00	0.00
构成二(%)	**合　计**	**100.00**	**41.47**	**26.67**	**17.45**	**9.33**	**3.53**	**1.21**	**0.33**
	一人户	100.00	21.54	36.92	20.00	16.92	3.08	1.54	0.00
	二人户	100.00	35.19	26.84	21.47	11.13	4.17	0.60	0.60
	三人户	100.00	44.96	29.20	15.76	7.24	2.33	0.52	0.00
	四人户	100.00	46.89	25.27	18.68	5.49	2.20	1.10	0.37
	五人户	100.00	45.51	28.53	12.50	6.73	4.17	1.92	0.64
	六人户	100.00	49.69	19.25	14.29	11.18	3.73	1.86	0.00
	七人户	100.00	27.69	21.54	16.92	20.00	7.69	6.15	0.00
	八人户	100.00	50.00	19.23	15.38	7.69	7.69	0.00	0.00
	九人及以上户	100.00	26.32	15.79	31.58	26.32	0.00	0.00	0.00

表 6　镇女性老年人口按年龄分组家庭规模

		合计	60—64 岁	65—69 岁	70—74 岁	75—79 岁	80—84 岁	85—89 岁	90 岁以上
绝对数	**合计**	**2045**	**706**	**495**	**410**	**240**	**124**	**49**	**21**
	一人户	163	41	33	36	26	20	4	3
	二人户	489	190	165	88	33	8	2	3
	三人户	313	164	76	31	24	7	6	5
	四人户	307	107	70	65	36	19	8	2
	五人户	375	111	79	94	44	33	10	4
	六人户	220	45	47	61	40	16	9	2
	七人户	104	22	17	23	22	14	5	1
	八人户	38	11	5	6	7	4	4	1
	九人及以上户	36	15	3	6	8	3	1	0
构成一(%)	**合计**	**100.00**	**100.00**	**100.00**	**100.00**	**100.00**	**100.00**	**100.00**	**100.00**
	一人户	7.97	5.81	6.67	8.78	10.83	16.13	8.16	14.29
	二人户	23.91	26.91	33.33	21.46	13.75	6.45	4.08	14.29
	三人户	15.31	23.23	15.35	7.56	10.00	5.65	12.24	23.81
	四人户	15.01	15.16	14.14	15.85	15.00	15.32	16.33	9.52
	五人户	18.34	15.72	15.96	22.93	18.33	26.61	20.41	19.05
	六人户	10.76	6.37	9.49	14.88	16.67	12.90	18.37	9.52
	七人户	5.09	3.12	3.43	5.61	9.17	11.29	10.20	4.76
	八人户	1.86	1.56	1.01	1.46	2.92	3.23	8.16	4.76
	九人及以上户	1.76	2.12	0.61	1.46	3.33	2.42	2.04	0.00
构成二(%)	**合计**	**100.00**	**34.52**	**24.21**	**20.05**	**11.74**	**6.06**	**2.40**	**1.03**
	一人户	100.00	25.15	20.25	22.09	15.95	12.27	2.45	1.84
	二人户	100.00	38.85	33.74	18.00	6.75	1.64	0.41	0.61
	三人户	100.00	52.40	24.28	9.90	7.67	2.24	1.92	1.60
	四人户	100.00	34.85	22.80	21.17	11.73	6.19	2.61	0.65
	五人户	100.00	29.60	21.07	25.07	11.73	8.80	2.67	1.07
	六人户	100.00	20.45	21.36	27.73	18.18	7.27	4.09	0.91
	七人户	100.00	21.15	16.35	22.12	21.15	13.46	4.81	0.96
	八人户	100.00	28.95	13.16	15.79	18.42	10.53	10.53	2.63
	九人及以上户	100.00	41.67	8.33	16.67	22.22	8.33	2.78	0.00

表 7　县老年人口按年龄分组家庭规模

		合计	60—64 岁	65—69 岁	70—74 岁	75—79 岁	80—84 岁	85—89 岁	90 岁以上
绝对数	**合计**	**18936**	**6610**	**4919**	**3609**	**2227**	**1104**	**372**	**95**
	一人户	160	67	36	30	15	5	3	4
	二人户	1273	513	431	205	90	24	6	4
	三人户	1732	916	471	195	83	43	17	7
	四人户	2365	1136	614	339	156	69	42	9
	五人户	3773	1321	997	739	441	203	55	17
	六人户	4027	1181	1054	838	541	297	93	23
	七人户	2824	734	664	657	457	229	70	13
	八人户	1457	391	332	317	244	124	39	10
	九人及以上户	1325	351	320	289	200	110	47	8
构成一(%)	**合计**	**100.00**	**100.00**	**100.00**	**100.00**	**100.00**	**100.00**	**100.00**	**100.00**
	一人户	0.84	1.01	0.73	0.83	0.67	0.45	0.81	4.21
	二人户	6.72	7.76	8.76	5.68	4.04	2.17	1.61	4.21
	三人户	9.15	13.86	9.58	5.40	3.73	3.89	4.57	7.37
	四人户	12.49	17.19	12.48	9.39	7.00	6.25	11.29	9.47
	五人户	19.93	19.98	20.27	20.48	19.80	18.39	14.78	17.89
	六人户	21.27	17.87	21.43	23.22	24.29	26.90	25.00	24.21
	七人户	14.91	11.10	13.50	18.20	20.52	20.74	18.82	13.68
	八人户	7.69	5.92	6.75	8.78	10.96	11.23	10.48	10.53
	九人及以上户	7.00	5.31	6.51	8.01	8.98	9.96	12.63	8.42
构成二(%)	**合计**	**100.00**	**34.91**	**25.98**	**19.06**	**11.76**	**5.83**	**1.96**	**0.50**
	一人户	100.00	41.88	22.50	18.75	9.38	3.13	1.88	2.50
	二人户	100.00	40.30	33.86	16.10	7.07	1.89	0.47	0.31
	三人户	100.00	52.89	27.19	11.26	4.79	2.48	0.98	0.40
	四人户	100.00	48.03	25.96	14.33	6.60	2.92	1.78	0.38
	五人户	100.00	35.01	26.42	19.59	11.69	5.38	1.46	0.45
	六人户	100.00	29.33	26.17	20.81	13.43	7.38	2.31	0.57
	七人户	100.00	25.99	23.51	23.26	16.18	8.11	2.48	0.46
	八人户	100.00	26.84	22.79	21.76	16.75	8.51	2.68	0.69
	九人及以上户	100.00	26.49	24.15	21.81	15.09	8.30	3.55	0.60

表 8 县男性老年人口按年龄分组家庭规模

		合计	60—64 岁	65—69 岁	70—74 岁	75—79 岁	80—84 岁	85—89 岁	90 岁以上
绝对数	**合计**	**8927**	**3457**	**2412**	**1644**	**871**	**389**	**124**	**30**
	一人户	90	36	25	15	9	1	1	3
	二人户	590	222	214	103	36	13	1	1
	三人户	899	442	279	109	47	15	5	2
	四人户	1185	599	333	159	55	23	15	1
	五人户	1729	736	455	301	161	56	15	5
	六人户	1860	641	492	373	197	116	35	6
	七人户	1281	390	278	303	187	94	22	7
	八人户	673	211	163	149	102	35	9	4
	九人及以上户	620	180	173	132	77	36	21	1
构成一(%)	**合计**	**100.00**	**100.00**	**100.00**	**100.00**	**100.00**	**100.00**	**100.00**	**100.00**
	一人户	1.01	1.04	1.04	0.91	1.03	0.26	0.81	10.00
	二人户	6.61	6.42	8.87	6.27	4.13	3.34	0.81	3.33
	三人户	10.07	12.79	11.57	6.63	5.40	3.86	4.03	6.67
	四人户	13.27	17.33	13.81	9.67	6.31	5.91	12.10	3.33
	五人户	19.37	21.29	18.86	18.31	18.48	14.40	12.10	16.67
	六人户	20.84	18.54	20.40	22.69	22.62	29.82	28.23	20.00
	七人户	14.35	11.28	11.53	18.43	21.47	24.16	17.74	23.33
	八人户	7.54	6.10	6.76	9.06	11.71	9.00	7.26	13.33
	九人及以上户	6.95	5.21	7.17	8.03	8.84	9.25	16.94	3.33
构成二(%)	**合计**	**100.00**	**38.73**	**27.02**	**18.42**	**9.76**	**4.36**	**1.39**	**0.34**
	一人户	100.00	40.00	27.78	16.67	10.00	1.11	1.11	3.33
	二人户	100.00	37.63	36.27	17.46	6.10	2.20	0.17	0.17
	三人户	100.00	49.17	31.03	12.12	5.23	1.67	0.56	0.22
	四人户	100.00	50.55	28.10	13.42	4.64	1.94	1.27	0.08
	五人户	100.00	42.57	26.32	17.41	9.31	3.24	0.87	0.29
	六人户	100.00	34.46	26.45	20.05	10.59	6.24	1.88	0.32
	七人户	100.00	30.44	21.70	23.65	14.60	7.34	1.72	0.55
	八人户	100.00	31.35	24.22	22.14	15.16	5.20	1.34	0.59
	九人及以上户	100.00	29.03	27.90	21.29	12.42	5.81	3.39	0.16

表 9 县女性老年人口按年龄分组家庭规模

		合计	60—64 岁	65—69 岁	70—74 岁	75—79 岁	80—84 岁	85—89 岁	90 岁以上
绝对数	**合计**	**10009**	**3153**	**2507**	**1965**	**1356**	**715**	**248**	**65**
	一人户	70	31	11	15	6	4	2	1
	二人户	683	291	217	102	54	11	5	3
	三人户	833	474	192	86	36	28	12	5
	四人户	1180	537	281	180	101	46	27	8
	五人户	2044	585	542	438	280	147	40	12
	六人户	2167	540	562	465	344	181	58	17
	七人户	1543	344	386	354	270	135	48	6
	八人户	784	180	169	168	142	89	30	6
	九人及以上户	705	171	147	157	123	74	26	7
构成一(%)	**合计**	**100.00**	**100.00**	**100.00**	**100.00**	**100.00**	**100.00**	**100.00**	**100.00**
	一人户	0.70	0.98	0.44	0.76	0.44	0.56	0.81	1.54
	二人户	6.82	9.23	8.66	5.19	3.98	1.54	2.02	4.62
	三人户	8.32	15.03	7.66	4.38	2.65	3.92	4.84	7.69
	四人户	11.79	17.03	11.21	9.16	7.45	6.43	10.89	12.31
	五人户	20.42	18.55	21.62	22.29	20.65	20.56	16.13	18.46
	六人户	21.65	17.13	22.42	23.66	25.37	25.31	23.39	26.15
	七人户	15.42	10.91	15.40	18.02	19.91	18.88	19.35	9.23
	八人户	7.83	5.71	6.74	8.55	10.47	12.45	12.10	9.23
	九人及以上户	7.04	5.42	5.86	7.99	9.07	10.35	10.48	10.77
构成二(%)	**合计**	**100.00**	**31.50**	**25.05**	**19.63**	**13.55**	**7.14**	**2.48**	**0.65**
	一人户	100.00	44.29	15.71	21.43	8.57	5.71	2.86	1.43
	二人户	100.00	42.61	31.77	14.93	7.91	1.61	0.73	0.44
	三人户	100.00	56.90	23.05	10.32	4.32	3.36	1.44	0.60
	四人户	100.00	45.51	23.81	15.25	8.56	3.90	2.29	0.68
	五人户	100.00	28.62	26.52	21.43	13.70	7.19	1.96	0.59
	六人户	100.00	24.92	25.93	21.46	15.87	8.35	2.68	0.78
	七人户	100.00	22.29	25.02	22.94	17.50	8.75	3.11	0.39
	八人户	100.00	22.96	21.56	21.43	18.11	11.35	3.83	0.77
	九人及以上户	100.00	24.26	20.85	22.27	17.45	10.50	3.69	0.99

表 10　市老年人口按文化程度分组家庭规模

		合计	60—64 岁	65—69 岁	70—74 岁	75—79 岁	80—84 岁	85—89 岁	90 岁以上
绝对数	**合计**	**13963**	**516**	**272**	**538**	**1838**	**3468**	**1783**	**5548**
	一人户	720	8	7	18	61	119	114	393
	二人户	3588	159	84	151	484	955	473	1282
	三人户	2688	142	54	116	404	765	363	844
	四人户	2516	81	50	92	333	618	304	1038
	五人户	2371	77	46	89	317	508	293	1041
	六人户	1231	33	14	48	149	279	149	559
	七人户	486	9	10	8	51	130	45	233
	八人户	199	3	5	9	25	51	23	83
	九人及以上户	164	4	2	7	14	43	19	75
构成一(%)	**合计**	**100.00**	**100.00**	**100.00**	**100.00**	**100.00**	**100.00**	**100.00**	**100.00**
	一人户	5.16	1.55	2.57	3.35	3.32	3.43	6.39	7.08
	二人户	25.70	30.81	30.88	28.07	26.33	27.54	26.53	23.11
	三人户	19.25	27.52	19.85	21.56	21.98	22.06	20.36	15.21
	四人户	18.02	15.70	18.38	17.10	18.12	17.82	17.05	18.71
	五人户	16.98	14.92	16.91	16.54	17.25	14.65	16.43	18.76
	六人户	8.82	6.40	5.15	8.92	8.11	8.04	8.36	10.08
	七人户	3.48	1.74	3.68	1.49	2.77	3.75	2.52	4.20
	八人户	1.43	0.58	1.84	1.67	1.36	1.47	1.29	1.50
	九人及以上户	1.17	0.78	0.74	1.30	0.76	1.24	1.07	1.35
构成二(%)	**合计**	**100.00**	**3.70**	**1.95**	**3.85**	**13.16**	**24.84**	**12.77**	**39.73**
	一人户	100.00	1.11	0.97	2.50	8.47	16.53	15.83	54.58
	二人户	100.00	4.43	2.34	4.21	13.49	26.62	13.18	35.73
	三人户	100.00	5.28	2.01	4.32	15.03	28.46	13.05	31.40
	四人户	100.00	3.22	1.99	3.66	13.24	24.56	12.08	41.26
	五人户	100.00	3.25	1.94	3.75	13.37	21.43	12.36	43.91
	六人户	100.00	2.68	1.14	3.90	12.10	22.66	12.10	45.41
	七人户	100.00	1.85	2.06	1.65	10.49	26.75	9.26	47.94
	八人户	100.00	1.51	2.51	4.52	12.56	25.63	11.56	41.71
	九人及以上户	100.00	2.44	1.22	4.27	8.54	26.22	11.59	45.73

表43 市老年人口按年龄分组家庭类型

		合计	60—64岁	65—69岁	70—74岁	75—79岁	80—84岁	85—89岁	90岁以上
绝对数	**合计**	**13963**	**5730**	**3693**	**2287**	**1337**	**655**	**193**	**68**
	一人户	341	67	83	93	65	25	7	1
	独居户	387	91	111	90	56	29	7	3
	夫妇二人户-1	554	202	172	104	54	16	6	0
	夫妇二人户-2	2369	946	715	441	187	62	12	6
	两代户-1	3148	2016	749	265	88	29	3	2
	两代户-2	1024	470	270	122	74	60	23	5
	三代户	5147	1643	1353	980	683	348	103	37
	隔代户	663	227	182	140	74	27	10	3
	四代以上户	220	28	29	36	45	52	20	10
	独身-1	43	11	13	7	8	3	1	0
	独身-2	8	3	1	1	2	1	0	0
	其他	59	26	15	8	5	3	1	1
构成一(%)	**合计**	**100.00**	**100.00**	**100.00**	**100.00**	**100.00**	**100.00**	**100.00**	**100.00**
	一人户	2.44	1.17	2.25	4.07	4.86	3.82	3.63	1.47
	独居户	2.77	1.59	3.01	3.94	4.19	4.43	3.63	4.41
	夫妇二人户-1	3.97	3.53	4.66	4.55	4.04	2.44	3.11	0.00
	夫妇二人户-2	16.97	16.51	19.36	19.28	13.99	9.47	6.22	8.82
	两代户-1	22.55	35.18	20.28	11.59	6.28	4.43	1.55	2.94
	两代户-2	7.33	8.20	7.31	5.33	5.53	9.16	11.92	7.35
	三代户	36.86	28.67	36.64	42.85	51.08	53.13	53.37	54.41
	隔代户	4.75	3.96	4.93	6.12	5.53	4.12	5.18	4.41
	四代以上户	1.58	0.49	0.79	1.57	3.37	7.94	10.36	14.71
	独身-1	0.31	0.19	0.35	0.31	0.60	0.46	0.52	0.00
	独身-2	0.06	0.05	0.03	0.04	0.15	0.15	0.00	0.00
	其他	0.42	0.45	0.41	0.35	0.37	0.46	0.52	1.47
构成二(%)	**合计**	**100.00**	**41.04**	**26.45**	**16.38**	**9.58**	**4.69**	**1.38**	**0.49**
	一人户	100.00	19.65	24.34	27.27	19.06	7.33	2.05	0.29
	独居户	100.00	23.51	28.68	23.26	14.47	7.49	1.81	0.78
	夫妇二人户-1	100.00	36.46	31.05	18.77	9.75	2.89	1.08	0.00
	夫妇二人户-2	100.00	39.93	30.18	18.62	7.89	2.62	0.51	0.25
	两代户-1	100.00	64.04	23.79	8.42	2.67	0.92	0.10	0.06
	两代户-2	100.00	45.90	26.37	11.91	7.23	5.86	2.25	0.49
	三代户	100.00	31.92	26.29	19.04	13.27	6.76	2.00	0.72
	隔代户	100.00	34.24	27.45	21.12	11.16	4.07	1.51	0.45
	四代以上户	100.00	12.73	13.18	16.36	20.45	23.64	9.09	4.55
	独身-1	100.00	25.58	30.23	16.28	18.60	6.98	2.33	0.00
	独身-2	100.00	37.50	12.50	12.50	25.00	12.50	0.00	0.00
	其他	100.00	44.07	25.42	13.56	8.47	5.08	1.69	1.69

表 44　市男性老年人口按年龄分组家庭类型

		合计	60—64 岁	65—69 岁	70—74 岁	75—79 岁	80—84 岁	85—89 岁	90 岁以上
绝对数	**合计**	**6578**	**2903**	**1796**	**1031**	**546**	**228**	**60**	**14**
	一人户	101	21	23	23	17	12	4	1
	独居户	95	23	24	24	14	7	2	1
	夫妇二人户-1	323	116	84	64	40	14	5	0
	夫妇二人户-2	1315	448	409	277	123	44	11	3
	两代户-1	1941	1183	495	188	52	21	2	0
	两代户-2	475	234	123	58	39	13	7	1
	三代户	1947	735	538	331	219	93	24	7
	隔代户	281	108	78	54	30	10	1	0
	四代以上户	63	18	14	7	7	12	4	1
	独身-1	7	3	1	1	2	0	0	0
	独身-2	3	1	0	1	0	1	0	0
	其他	27	13	7	3	3	1	0	0
构成一(%)	**合计**	**100.00**	**100.00**	**100.00**	**100.00**	**100.00**	**100.00**	**100.00**	**100.00**
	一人户	1.54	0.27	1.28	2.23	3.11	5.26	6.67	7.14
	独居户	1.44	0.79	1.34	2.33	2.56	3.07	3.33	7.14
	夫妇二人户-1	4.91	4.00	4.68	6.21	7.33	6.14	8.33	0.00
	夫妇二人户-2	19.99	15.43	22.77	26.87	22.53	19.30	18.33	21.43
	两代户-1	29.51	40.75	27.56	18.23	9.52	9.21	3.33	0.00
	两代户-2	7.22	8.06	6.85	5.63	7.14	5.70	11.67	7.14
	三代户	29.60	25.32	29.96	32.10	40.11	40.79	40.00	50.00
	隔代户	4.27	3.72	4.34	5.24	5.49	4.39	1.67	0.00
	四代以上户	0.96	0.62	0.78	0.68	1.28	5.26	6.67	7.14
	独身-1	0.11	0.10	0.06	0.10	0.37	0.00	0.00	0.00
	独身-2	0.05	0.03	0.00	0.10	0.00	0.44	0.00	0.00
	其他	0.41	0.45	0.39	0.29	0.55	0.44	0.00	0.00
构成二(%)	**合计**	**100.00**	**44.13**	**27.30**	**15.67**	**8.30**	**3.47**	**0.91**	**0.21**
	一人户	100.00	20.79	22.77	22.77	16.83	11.88	3.96	0.99
	独居户	100.00	24.21	25.26	25.26	14.74	7.37	2.11	1.05
	夫妇二人户-1	100.00	35.91	26.01	19.81	12.38	4.33	1.55	0.00
	夫妇二人户-2	100.00	34.07	31.10	21.06	9.35	3.35	0.84	0.23
	两代户-1	100.00	60.95	25.50	9.69	2.68	1.08	0.10	0.00
	两代户-2	100.00	49.26	25.89	12.21	8.21	2.74	1.47	0.21
	三代户	100.00	37.75	27.63	17.00	11.25	4.78	1.23	0.36
	隔代户	100.00	38.43	27.76	19.22	10.68	3.56	0.36	0.00
	四代以上户	100.00	28.57	22.22	11.11	11.11	19.05	6.35	1.59
	独身-1	100.00	42.86	14.29	14.29	28.57	0.00	0.00	0.00
	独身-2	100.00	33.33	0.00	33.33	0.00	33.33	0.00	0.00
	其他	100.00	48.15	25.93	11.11	11.11	3.70	0.00	0.00

表 45 市女性老年人口按年龄分组家庭类型

		合计	60—64 岁	65—69 岁	70—74 岁	75—79 岁	80—84 岁	85—89 岁	90 岁以上
绝对数	**合计**	**7385**	**2827**	**1897**	**1256**	**791**	**427**	**133**	**54**
	一人户	240	46	60	70	48	13	3	0
	独居户	292	48	87	66	42	22	5	2
	夫妇二人户-1	231	86	88	40	14	2	1	0
	夫妇二人户-2	1054	498	306	164	64	18	1	3
	两代户-1	1207	833	254	77	32	8	1	2
	两代户-2	549	236	147	64	35	47	16	4
	三代户	3200	908	815	649	464	255	79	30
	隔代户	382	119	104	86	44	17	9	3
	四代以上户	157	10	15	29	38	40	16	0
	独身-1	36	8	12	6	6	3	1	0
	独身-2	5	2	1	0	2	0	0	0
	其他	32	13	8	5	2	2	1	1
构成一(%)	**合计**	**100.00**	**100.00**	**100.00**	**100.00**	**100.00**	**100.00**	**100.00**	**100.00**
	一人户	3.25	1.63	3.16	5.57	6.07	3.04	2.26	0.00
	独居户	3.95	2.41	4.59	5.25	5.31	5.15	3.76	3.70
	夫妇二人户-1	3.13	3.04	4.64	3.18	1.77	0.47	0.75	0.00
	夫妇二人户-2	14.27	17.62	16.13	13.06	8.09	4.22	0.75	5.56
	两代户-1	16.34	29.47	13.39	6.13	4.05	1.87	0.75	3.70
	两代户-2	7.43	8.35	7.75	5.10	4.42	11.01	12.03	7.41
	三代户	43.33	32.12	42.96	51.67	58.66	59.72	59.40	55.56
	隔代户	5.17	4.21	5.48	6.85	5.56	3.98	6.77	5.56
	四代以上户	2.13	0.35	0.79	2.31	4.80	9.37	12.03	16.67
	独身-1	0.49	0.28	0.63	0.48	0.76	0.70	0.75	0.00
	独身-2	0.07	0.07	0.05	0.00	0.25	0.00	0.00	0.00
	其他	0.43	0.46	0.42	0.40	0.25	0.47	0.75	1.85
构成二(%)	**合计**	**100.00**	**38.28**	**25.69**	**17.01**	**10.71**	**5.78**	**1.80**	**0.73**
	一人户	100.00	19.17	25.00	29.17	20.00	5.42	1.25	0.00
	独居户	100.00	23.29	29.79	22.60	14.38	7.53	1.71	0.68
	夫妇二人户-1	100.00	37.23	38.10	17.32	6.06	0.87	0.43	0.00
	夫妇二人户-2	100.00	47.25	29.03	15.56	6.07	1.71	0.09	0.28
	两代户-1	100.00	69.01	21.04	6.38	2.65	0.66	0.08	0.17
	两代户-2	100.00	42.99	26.78	11.66	6.38	8.56	2.91	0.73
	三代户	100.00	28.38	25.47	20.28	14.50	7.97	2.47	0.94
	隔代户	100.00	31.15	27.23	22.51	11.52	4.45	2.36	0.79
	四代以上户	100.00	6.37	9.55	18.47	24.20	25.48	10.19	5.73
	独身-1	100.00	22.22	33.33	16.67	16.67	8.33	2.78	0.00
	独身-2	100.00	40.00	20.00	0.00	40.00	0.00	0.00	0.00
	其他	100.00	40.63	25.00	15.63	6.25	6.25	3.13	3.13

表 46　镇老年人口按年龄分组家庭类型

		合计	60—64 岁	65—69 岁	70—74 岁	75—79 岁	80—84 岁	85—89 岁	90 岁以上
绝对数	**合计**	**3856**	**1457**	**978**	**726**	**409**	**188**	**71**	**27**
	一人户	110	31	29	14	18	15	2	1
	独居户	141	35	34	39	20	7	3	3
	夫妇二人户-1	181	52	57	44	23	4	1	0
	夫妇二人户-2	688	264	206	128	59	24	3	4
	两代户-1	785	485	198	70	25	5	1	1
	两代户-2	265	108	69	41	24	12	7	4
	三代户	1451	421	333	345	197	100	44	11
	隔代户	150	40	47	35	22	1	4	1
	四代以上户	65	16	2	6	18	17	5	1
	独身-1	7	1	1	2	0	2	1	0
	独身-2	1	0	0	0	0	1	0	0
	其他	12	4	2	2	3	0	0	1
构成一(%)	**合计**	**100.00**	**100.00**	**100.00**	**100.00**	**100.00**	**100.00**	**100.00**	**100.00**
	一人户	2.85	2.13	2.97	1.93	4.40	7.98	2.82	3.70
	独居户	3.66	2.40	3.48	5.37	4.89	3.72	4.23	11.11
	夫妇二人户-1	4.69	3.57	5.83	6.06	5.62	2.13	1.41	0.00
	夫妇二人户-2	17.84	18.12	21.06	17.63	14.43	12.77	4.23	14.81
	两代户-1	20.36	33.29	20.25	9.64	6.11	2.66	1.41	3.70
	两代户-2	6.87	7.41	7.06	5.65	5.87	6.38	9.86	14.81
	三代户	37.63	28.89	34.05	47.52	48.17	53.19	61.97	40.74
	隔代户	3.89	2.75	4.81	4.82	5.38	0.53	5.63	3.70
	四代以上户	1.69	1.10	0.20	0.83	4.40	9.04	7.04	3.70
	独身-1	0.18	0.07	0.10	0.28	0.00	1.06	1.41	0.00
	独身-2	0.03	0.00	0.00	0.00	0.00	0.53	0.00	0.00
	其他	0.31	0.27	0.20	0.28	0.73	0.00	0.00	3.70
构成二(%)	**合计**	**100.00**	**37.79**	**25.36**	**18.83**	**10.61**	**4.88**	**1.84**	**0.70**
	一人户	100.00	28.18	26.36	12.73	16.36	13.64	1.82	0.91
	独居户	100.00	24.82	24.11	27.66	14.18	4.96	2.13	2.13
	夫妇二人户-1	100.00	28.73	31.49	24.31	12.71	2.21	0.55	0.00
	夫妇二人户-2	100.00	38.37	29.94	18.60	8.58	3.49	0.44	0.58
	两代户-1	100.00	61.78	25.22	8.92	3.18	0.64	0.13	0.13
	两代户-2	100.00	40.75	26.04	15.47	9.06	4.53	2.64	1.51
	三代户	100.00	29.01	22.95	23.78	13.58	6.89	3.03	0.76
	隔代户	100.00	26.67	31.33	23.33	14.67	0.67	2.67	0.67
	四代以上户	100.00	24.62	3.08	9.23	27.69	26.15	7.69	1.54
	独身-1	100.00	14.29	14.29	28.57	0.00	28.57	14.29	0.00
	独身-2	100.00	0.00	0.00	0.00	0.00	100.00	0.00	0.00
	其他	100.00	33.33	16.67	16.67	25.00	0.00	0.00	8.33

表 47 镇男性老年人口按年龄分组家庭类型

		合计	60—64 岁	65—69 岁	70—74 岁	75—79 岁	80—84 岁	85—89 岁	90 岁以上
绝对数	**合计**	**1811**	**751**	**483**	**316**	**169**	**64**	**22**	**6**
	一人户	43	12	15	5	8	2	1	0
	独居户	42	12	12	12	5	1	0	0
	夫妇二人户-1	98	27	29	23	15	3	1	0
	夫妇二人户-2	381	134	108	78	38	18	2	3
	两代户-1	516	298	142	55	18	3	0	0
	两代户-2	134	56	34	26	10	6	2	0
	三代户	512	186	125	101	58	25	15	2
	隔代户	63	18	16	14	12	1	1	1
	四代以上户	15	6	1	0	4	4	0	0
	独身-1	1	0	0	0	0	1	0	0
	独身-2	0	0	0	0	0	0	0	0
	其他	6	2	1	2	1	0	0	0
构成一(%)	**合计**	**100.00**	**100.00**	**100.00**	**100.00**	**100.00**	**100.00**	**100.00**	**100.00**
	一人户	2.37	1.60	3.11	1.58	4.73	3.13	4.55	0.00
	独居户	2.32	1.60	2.48	3.80	2.96	1.56	0.00	0.00
	夫妇二人户-1	5.41	3.60	6.00	7.28	8.88	4.69	4.55	0.00
	夫妇二人户-2	21.04	17.84	22.36	24.68	22.49	28.13	9.09	50.00
	两代户-1	28.49	39.68	29.40	17.41	10.65	4.69	0.00	0.00
	两代户-2	7.40	7.46	7.04	8.23	5.92	9.38	9.09	0.00
	三代户	28.27	24.77	25.88	31.96	34.32	39.06	68.18	33.33
	隔代户	3.48	2.40	3.31	4.43	7.10	1.56	4.55	16.67
	四代以上户	0.83	0.80	0.21	0.00	2.37	6.25	0.00	0.00
	独身-1	0.06	0.00	0.00	0.00	0.00	1.56	0.00	0.00
	独身-2	0.00	0.00	0.00	0.00	0.00	0.00	0.00	0.00
	其他	0.33	0.27	0.21	0.63	0.59	0.00	0.00	0.00
构成二(%)	**合计**	**100.00**	**41.47**	**26.67**	**17.45**	**9.33**	**3.53**	**1.21**	**0.33**
	一人户	100.00	27.91	34.88	11.63	18.60	4.65	2.33	0.00
	独居户	100.00	28.57	28.57	28.57	11.90	2.38	0.00	0.00
	夫妇二人户-1	100.00	27.55	29.59	23.47	15.31	3.06	1.02	0.00
	夫妇二人户-2	100.00	35.17	28.35	20.47	9.97	4.72	0.52	0.79
	两代户-1	100.00	57.75	27.52	10.66	3.49	0.58	0.00	0.00
	两代户-2	100.00	41.79	25.37	19.40	7.46	4.48	1.49	0.00
	三代户	100.00	36.33	24.41	19.73	11.33	4.88	2.93	0.39
	隔代户	100.00	28.57	25.40	22.22	19.05	1.59	1.59	1.59
	四代以上户	100.00	40.00	6.67	0.00	26.67	26.67	0.00	0.00
	独身-1	100.00	0.00	0.00	0.00	0.00	100.00	0.00	0.00
	独身-2	—	—	—	—	—	—	—	—
	其他	100.00	33.33	16.67	33.33	16.67	0.00	0.00	0.00

表 48 镇女性老年人口按年龄分组家庭类型

		合计	60—64 岁	65—69 岁	70—74 岁	75—79 岁	80—84 岁	85—89 岁	90 岁以上
绝对数	**合计**	**2045**	**706**	**495**	**410**	**240**	**124**	**49**	**21**
	一人户	67	19	14	9	10	13	1	1
	独居户	99	23	22	27	15	6	3	3
	夫妇二人户-1	83	25	28	21	8	1	0	0
	夫妇二人户-2	307	130	98	50	21	6	1	1
	两代户-1	269	187	56	15	7	2	1	1
	两代户-2	131	52	35	15	14	6	5	4
	三代户	939	235	208	244	139	75	29	9
	隔代户	87	22	31	21	10	0	3	0
	四代以上户	50	10	1	6	14	13	5	1
	独身-1	6	1	1	2	0	1	1	0
	独身-2	1	0	0	0	0	1	0	0
	其他	6	2	1	0	2	0	0	1
构成一(%)	**合计**	**100.00**	**100.00**	**100.00**	**100.00**	**100.00**	**100.00**	**100.00**	**100.00**
	一人户	3.28	2.69	2.83	2.20	4.17	10.48	2.04	4.76
	独居户	4.84	3.26	4.44	6.59	6.25	4.84	6.12	14.29
	夫妇二人户-1	4.06	3.54	5.66	5.12	3.33	0.81	0.00	0.00
	夫妇二人户-2	15.01	18.41	19.80	12.20	8.75	4.84	2.04	4.76
	两代户-1	13.15	26.49	11.31	3.66	2.92	1.61	2.04	4.76
	两代户-2	6.41	7.37	7.07	3.66	5.83	4.84	10.20	19.05
	三代户	45.92	33.29	42.02	59.51	57.92	60.48	59.18	42.86
	隔代户	4.25	3.12	6.26	5.12	4.17	0.00	6.12	0.00
	四代以上户	2.44	1.42	0.20	1.46	5.83	10.48	10.20	4.76
	独身-1	0.29	0.14	0.20	0.49	0.00	0.81	2.04	0.00
	独身-2	0.05	0.00	0.00	0.00	0.00	0.81	0.00	0.00
	其他	0.29	0.28	0.20	0.00	0.83	0.00	0.00	4.76
构成二(%)	**合计**	**100.00**	**34.52**	**24.21**	**20.05**	**11.74**	**6.06**	**2.40**	**1.03**
	一人户	100.00	28.36	20.90	13.43	14.93	19.40	1.49	1.49
	独居户	100.00	23.23	22.22	27.27	15.15	6.06	3.03	3.03
	夫妇二人户-1	100.00	30.12	33.73	25.30	9.64	1.20	0.00	0.00
	夫妇二人户-2	100.00	42.35	31.92	16.29	6.84	1.95	0.33	0.33
	两代户-1	100.00	69.52	20.82	5.58	2.60	0.74	0.37	0.37
	两代户-2	100.00	39.69	26.72	11.45	10.69	4.58	3.82	3.05
	三代户	100.00	25.03	22.15	25.99	14.80	7.99	3.09	0.96
	隔代户	100.00	25.29	35.63	24.14	11.49	0.00	3.45	0.00
	四代以上户	100.00	20.00	2.00	12.00	28.00	26.00	10.00	2.00
	独身-1	100.00	16.67	16.67	33.33	0.00	16.67	16.67	0.00
	独身-2	100.00	0.00	0.00	0.000	0.00	100.00	0.00	0.00
	其他	100.00	33.33	16.67	0.00	33.33	0.00	0.00	16.67

表 49 县老年人口按年龄分组家庭类型

		合计	60—64 岁	65—69 岁	70—74 岁	75—79 岁	80—84 岁	85—89 岁	90 岁以上
绝对数	**合计**	**18936**	**6610**	**4919**	**3609**	**2227**	**1104**	**372**	**95**
	一人户	188	71	65	30	14	4	2	2
	独居户	174	75	51	28	13	4	2	1
	夫妇二人户-1	408	183	127	57	28	9	3	1
	夫妇二人户-2	1003	426	323	161	69	19	5	0
	两代户-1	3488	2120	822	353	134	43	11	5
	两代户-2	1253	642	305	172	68	44	14	8
	三代户	10988	2817	2955	2523	1635	791	217	50
	隔代户	347	67	85	76	47	42	23	7
	四代以上户	723	97	92	137	175	123	80	19
	独身-1	97	25	33	19	15	12	2	1
	独身-2	12	4	3	2	1	1	1	0
	其他	255	83	68	51	28	12	12	1
构成一(%)	**合计**	**100.00**	**100.00**	**100.00**	**100.00**	**100.00**	**100.00**	**100.00**	**100.00**
	一人户	0.99	1.07	1.32	0.83	0.63	0.36	0.54	2.11
	独居户	0.92	1.13	1.04	0.78	0.58	0.36	0.54	1.05
	夫妇二人户-1	2.15	2.77	2.58	1.58	1.26	0.82	0.81	1.05
	夫妇二人户-2	5.30	6.44	6.57	4.46	3.10	1.72	1.34	0.00
	两代户-1	18.42	32.07	16.71	9.78	6.02	3.89	2.96	5.26
	两代户-2	6.62	9.71	6.20	4.77	3.05	3.99	3.76	8.42
	三代户	58.03	42.62	60.07	69.91	73.42	71.65	58.33	52.63
	隔代户	1.83	1.01	1.73	2.11	2.11	3.80	6.18	7.37
	四代以上户	3.82	1.47	1.87	3.80	7.86	11.14	21.51	20.00
	独身-1	0.51	0.38	0.47	0.53	0.67	1.09	0.54	1.05
	独身-2	0.06	0.06	0.06	0.06	0.04	0.09	0.27	0.00
	其他	1.35	1.26	1.38	1.41	1.26	1.09	3.23	1.05
构成二(%)	**合计**	**100.00**	**34.91**	**25.98**	**19.06**	**11.76**	**5.83**	**1.96**	**0.50**
	一人户	100.00	37.77	34.57	15.96	7.45	2.13	1.06	1.06
	独居户	100.00	43.10	29.31	16.09	7.47	2.30	1.15	0.57
	夫妇二人户-1	100.00	44.85	31.13	13.97	6.86	2.21	0.74	0.25
	夫妇二人户-2	100.00	42.47	32.20	16.05	6.88	1.89	0.50	0.00
	两代户-1	100.00	60.78	23.57	10.12	3.84	1.23	0.32	0.14
	两代户-2	100.00	51.24	24.34	13.73	5.43	3.51	1.12	0.64
	三代户	100.00	25.64	26.89	22.96	14.88	7.20	1.97	0.46
	隔代户	100.00	19.31	24.50	21.90	13.54	12.10	6.63	2.02
	四代以上户	100.00	13.42	12.72	18.95	24.20	17.01	11.07	2.63
	独身-1	100.00	25.77	23.71	19.59	15.46	12.37	2.06	1.03
	独身-2	100.00	33.33	25.00	16.67	8.33	8.33	8.33	0.00
	其他	100.00	32.55	26.67	20.00	10.68	4.71	4.71	0.39

表50　市老年人口按年龄分组家庭类型

		合计	60—64岁	65—69岁	70—74岁	75—79岁	80—84岁	85—89岁	90岁以上
绝对数	**合计**	**8927**	**3457**	**2412**	**1644**	**871**	**389**	**124**	**30**
	一人户	102	33	41	15	8	3	0	2
	独居户	90	38	31	12	7	1	1	0
	夫妇二人户-1	191	80	69	30	8	2	1	1
	夫妇二人户-2	523	237	165	84	31	5	1	0
	两代户-1	2140	1262	559	217	69	25	6	2
	两代户-2	678	361	165	97	32	18	3	2
	三代户	4626	1303	1242	1076	624	281	82	18
	隔代户	144	35	44	32	20	6	4	3
	四代以上户	249	45	46	46	55	35	20	2
	独身-1	62	23	16	11	5	6	1	0
	独身-2	10	4	2	1	1	1	1	0
	其他	112	36	32	23	11	6	4	0
构成一(%)	**合计**	**100.00**	**100.00**	**100.00**	**100.00**	**100.00**	**100.00**	**100.00**	**100.00**
	一人户	1.14	0.95	1.70	0.91	0.92	0.77	0.00	6.67
	独居户	1.01	1.10	1.29	0.73	0.80	0.26	0.81	0.00
	夫妇二人户-1	2.14	2.31	2.86	1.82	0.92	0.51	0.81	3.33
	夫妇二人户-2	5.86	6.86	6.84	5.11	3.56	1.29	0.81	0.00
	两代户-1	23.97	36.51	23.18	13.20	7.92	6.43	4.84	6.67
	两代户-2	7.59	10.44	6.84	5.90	3.67	4.63	2.42	6.67
	三代户	51.82	37.69	51.49	65.45	71.64	72.24	66.13	60.00
	隔代户	1.61	1.01	1.82	1.95	2.30	1.54	2.23	10.00
	四代以上户	2.79	1.30	1.91	2.80	6.31	9.00	16.13	6.67
	独身-1	0.69	0.67	0.66	0.67	0.57	1.54	0.81	0.00
	独身-2	0.11	0.12	0.08	0.06	0.11	0.26	0.81	0.00
	其他	1.25	1.04	1.33	1.40	1.26	1.54	3.23	0.00
构成二(%)	**合计**	**100.00**	**38.73**	**27.02**	**18.42**	**9.76**	**4.36**	**1.39**	**0.34**
	一人户	100.00	32.35	40.20	14.71	7.84	2.94	0.00	1.96
	独居户	100.00	42.22	34.44	13.33	7.78	1.11	1.11	0.00
	夫妇二人户-1	100.00	41.88	36.13	15.71	4.19	1.05	0.52	0.52
	夫妇二人户-2	100.00	45.32	31.55	16.06	5.93	0.96	0.19	0.00
	两代户-1	100.00	58.97	26.12	10.14	3.22	1.17	0.28	0.09
	两代户-2	100.00	53.24	24.34	14.31	4.72	2.65	0.44	0.29
	三代户	100.00	28.17	26.85	23.26	13.49	6.07	1.77	0.39
	隔代户	100.00	24.31	30.56	22.22	13.89	4.17	2.78	2.08
	四代以上户	100.00	18.07	18.47	18.47	22.09	14.06	8.03	0.80
	独身-1	100.00	37.10	25.81	17.74	8.06	9.68	1.61	0.00
	独身-2	100.00	40.00	20.00	10.00	10.00	10.00	10.00	0.00
	其他	100.00	32.14	28.57	20.54	9.82	5.36	3.57	0.00

表51　县女性老年人口按年龄分组家庭类型

		合计	60—64岁	65—69岁	70—74岁	75—79岁	80—84岁	85—89岁	90岁以上
绝对数	**合计**	**10009**	**3153**	**2507**	**1965**	**1356**	**715**	**248**	**65**
	一人户	86	38	24	15	6	1	2	0
	独居户	84	37	20	16	6	3	1	1
	夫妇二人户-1	217	103	58	27	20	7	2	0
	夫妇二人户-2	480	189	158	77	38	14	4	0
	两代户-1	1348	858	263	136	65	18	5	3
	两代户-2	575	281	140	75	36	26	11	6
	三代户	6362	1514	1713	1447	1011	510	135	32
	隔代户	203	32	41	44	27	36	19	4
	四代以上户	474	52	46	91	120	88	60	17
	独身-1	35	2	7	8	10	6	1	1
	独身-2	2	0	1	1	0	0	0	0
	其他	143	47	36	28	17	6	8	1
构成一(%)	**合计**	**100.00**	**100.00**	**100.00**	**100.00**	**100.00**	**100.00**	**100.00**	**100.00**
	一人户	0.86	1.21	0.96	0.76	0.44	0.14	0.81	0.00
	独居户	0.84	1.17	0.80	0.81	0.44	0.42	0.40	1.54
	夫妇二人户-1	2.17	3.27	2.31	1.37	1.47	0.98	0.81	0.00
	夫妇二人户-2	4.80	5.99	6.30	3.92	2.80	1.96	1.61	0.00
	两代户-1	13.47	27.21	10.49	6.92	4.79	2.52	2.02	4.62
	两代户-2	5.74	8.91	5.58	3.82	2.65	3.64	4.44	9.23
	三代户	63.56	48.02	68.33	73.64	74.56	71.33	54.44	49.23
	隔代户	2.03	1.01	1.64	2.24	1.99	5.03	7.66	6.15
	四代以上户	4.74	1.65	1.83	4.63	8.85	12.31	24.19	26.15
	独身-1	0.35	0.06	0.29	0.41	0.74	0.84	0.40	1.54
	独身-2	0.02	0.00	0.04	0.05	0.00	0.00	0.00	0.00
	其他	1.43	1.49	1.44	1.42	1.25	0.84	3.23	1.54
构成二(%)	**合计**	**100.00**	**31.50**	**25.05**	**19.63**	**13.55**	**7.14**	**2.48**	**0.65**
	一人户	100.00	44.19	27.91	17.44	6.98	1.16	2.33	0.00
	独居户	100.00	44.05	23.81	19.05	7.14	3.57	1.19	1.19
	夫妇二人户-1	100.00	47.47	26.73	12.44	9.22	3.23	0.92	0.00
	夫妇二人户-2	100.00	39.38	32.92	16.04	7.92	2.92	0.83	0.00
	两代户-1	100.00	63.65	19.51	10.09	4.82	1.34	0.37	0.22
	两代户-2	100.00	48.87	24.35	13.04	6.26	4.52	1.91	1.04
	三代户	100.00	23.80	26.93	22.74	15.89	8.02	2.12	0.50
	隔代户	100.00	15.76	20.20	21.67	13.30	17.73	9.36	1.97
	四代以上户	100.00	10.97	9.70	19.20	25.32	18.57	12.66	3.59
	独身-1	100.00	5.71	20.00	22.86	28.57	17.14	2.86	2.86
	独身-2	100.00	0.00	50.00	50.00	0.00	0.00	0.00	0.00
	其他	100.00	32.87	25.17	19.58	11.89	4.20	5.59	0.70

表 1　市老年人口年龄与原职业

		合计	60—64 岁	65—69 岁	70—74 岁	75—79 岁	80—84 岁	85—89 岁	90 岁以上
绝对数	**合　计**	**13963**	**5730**	**3693**	**2287**	**1337**	**655**	**193**	**68**
	无职业	5175	1462	1268	1043	757	445	141	59
	专业人员	887	461	232	101	72	15	5	1
	干　部	983	583	257	93	33	13	4	0
	办事人员	976	548	245	122	40	17	2	2
	商业人员	602	235	159	119	62	23	4	0
	服务人员	805	347	225	140	66	19	8	0
	农林牧渔者	38	18	8	9	2	1	0	0
	生产工人	4304	1993	1244	623	294	119	27	4
	其　他	193	83	55	37	11	3	2	2
构成一(%)	**合　计**	**100.00**	**100.00**	**100.00**	**100.00**	**100.00**	**100.00**	**100.00**	**100.00**
	无职业	37.06	25.52	34.34	45.61	56.62	67.94	73.06	86.76
	专业人员	6.35	8.05	6.28	4.42	5.39	2.29	2.59	1.47
	干　部	7.04	10.17	6.96	4.07	2.47	1.98	2.07	0.00
	办事人员	6.99	9.56	6.63	5.33	2.99	2.60	1.04	2.94
	商业人员	4.31	4.10	4.31	5.20	4.64	3.51	2.07	0.00
	服务人员	5.77	6.06	6.09	6.12	4.94	2.90	4.15	0.00
	农林牧渔者	0.27	0.31	0.22	0.39	0.15	0.15	0.00	0.00
	生产工人	30.82	34.78	33.69	27.24	21.99	18.17	13.99	5.88
	其　他	1.38	1.45	1.49	1.62	0.82	0.46	1.04	2.94
构成二(%)	**合　计**	**100.00**	**41.04**	**26.45**	**16.38**	**9.58**	**4.69**	**1.38**	**0.49**
	无职业	100.00	28.25	24.50	20.15	14.62	8.60	2.72	1.14
	专业人员	100.00	51.97	26.15	11.39	8.11	1.69	0.56	0.11
	干　部	100.00	59.31	26.14	9.46	3.36	1.32	0.41	0.00
	办事人员	100.00	56.15	25.10	12.50	4.09	1.74	0.20	0.20
	商业人员	100.00	39.04	26.41	19.77	10.30	3.82	0.66	0.00
	服务人员	100.00	43.11	27.95	17.39	8.20	2.36	0.99	0.00
	农林牧渔者	100.00	47.37	21.05	23.68	5.26	2.63	0.00	0.00
	生产工人	100.00	46.31	28.90	14.47	6.83	2.76	0.63	0.09
	其　他	100.00	43.01	28.50	19.17	5.70	1.55	1.04	1.04

表 2　市男性老年人口年龄与原职业

		合计	60—64 岁	65—69 岁	70—74 岁	75—79 岁	80—84 岁	85—89 岁	90 岁以上
绝对数	**合　计**	**6578**	**2903**	**1796**	**1031**	**546**	**228**	**60**	**14**
	无职业	521	117	121	110	83	63	19	8
	专业人员	647	313	177	82	58	12	5	0
	干　部	915	540	235	90	33	13	4	0
	办事人员	785	420	205	105	37	16	2	0
	商业人员	359	133	86	79	41	18	2	0
	服务人员	442	157	123	97	46	15	4	0
	农林牧渔者	19	11	3	3	2	0	0	0
	生产工人	2774	1168	810	443	238	89	22	4
	其　他	116	44	36	22	8	2	2	2
构成一(%)	**合　计**	**100.00**	**100.00**	**100.00**	**100.00**	**100.00**	**100.00**	**100.00**	**100.00**
	无职业	7.92	4.03	6.74	10.67	15.20	27.63	31.67	57.14
	专业人员	9.84	10.78	9.86	7.95	10.62	5.26	8.33	0.00
	干　部	13.91	18.60	13.08	8.73	6.04	5.70	6.67	0.00
	办事人员	11.93	14.47	11.41	10.18	6.78	7.02	3.33	0.00
	商业人员	5.46	4.58	4.79	7.66	7.51	7.89	3.33	0.00
	服务人员	6.72	5.41	6.85	9.41	8.42	6.58	6.67	0.00
	农林牧渔者	0.29	0.38	0.17	0.29	0.37	0.00	0.00	0.00
	生产工人	42.17	40.23	45.10	42.97	43.59	39.04	36.67	28.57
	其　他	1.76	1.52	2.00	2.13	1.47	0.88	3.33	14.29
构成二(%)	**合　计**	**100.00**	**44.13**	**27.30**	**15.67**	**8.30**	**3.47**	**0.91**	**0.21**
	无职业	100.00	22.45	23.22	21.11	15.93	12.09	3.65	1.54
	专业人员	100.00	48.38	27.36	12.67	8.96	1.85	0.77	0.00
	干　部	100.00	59.02	25.68	9.84	3.61	1.42	0.44	0.00
	办事人员	100.00	53.50	26.11	13.34	4.71	2.04	0.25	0.00
	商业人员	100.00	37.05	23.96	22.01	11.42	5.01	0.56	0.00
	服务人员	100.00	35.52	27.83	21.95	10.41	3.39	0.90	0.00
	农林牧渔者	100.00	57.89	15.79	15.79	10.53	0.00	0.00	0.00
	生产工人	100.00	42.11	29.20	15.97	8.58	3.21	0.79	0.14
	其　他	100.00	37.93	32.03	19.97	6.90	1.72	1.72	1.72

表 3　市女性老年人口年龄与原职业

		合计	60—64 岁	65—69 岁	70—74 岁	75—79 岁	80—84 岁	85—89 岁	90 岁以上
绝对数	**合计**	**7385**	**2827**	**1897**	**1256**	**791**	**427**	**133**	**54**
	无职业	4654	1345	1147	933	674	382	122	51
	专业人员	240	148	55	19	14	3	0	1
	干部	68	43	22	3	0	0	0	0
	办事人员	191	128	40	17	3	1	0	2
	商业人员	243	102	73	40	21	5	2	0
	服务人员	363	190	102	43	20	4	4	0
	农林牧渔者	19	7	5	6	0	1	0	0
	生产工人	1530	825	434	180	56	30	5	0
	其他	77	39	19	15	3	1	0	0
构成一(%)	**合计**	**100.00**	**100.00**	**100.00**	**100.00**	**100.00**	**100.00**	**100.00**	**100.00**
	无职业	63.02	47.58	60.46	74.28	85.21	89.46	91.73	94.44
	专业人员	3.25	5.24	2.90	1.51	1.77	0.70	0.00	1.85
	干部	0.92	1.52	1.16	0.24	0.00	0.00	0.00	0.00
	办事人员	2.59	4.53	2.11	1.35	0.38	0.23	0.00	3.70
	商业人员	3.29	3.61	3.85	3.18	2.65	1.17	1.50	0.00
	服务人员	4.92	6.72	5.38	3.42	2.53	0.94	3.01	0.00
	农林牧渔者	0.26	0.25	0.26	0.48	0.00	0.23	0.00	0.00
	生产工人	20.72	29.18	22.88	14.33	7.08	7.03	3.76	0.00
	其他	1.04	1.38	1.00	1.19	0.38	0.23	0.00	0.00
构成二(%)	**合计**	**100.00**	**38.28**	**25.69**	**17.01**	**10.71**	**5.78**	**1.80**	**0.73**
	无职业	100.00	28.90	24.64	20.04	14.48	8.21	2.62	1.10
	专业人员	100.00	61.67	22.92	7.92	5.83	1.25	0.00	0.42
	干部	100.00	63.24	32.35	4.41	0.00	0.00	0.00	0.00
	办事人员	100.00	67.02	20.94	8.90	1.57	0.52	0.00	1.04
	商业人员	100.00	41.98	30.04	16.46	8.64	2.06	0.82	0.05
	服务人员	100.00	52.34	28.10	11.85	5.51	1.10	1.10	0.00
	农林牧渔者	100.00	36.84	26.32	33.57	0.00	5.26	0.00	0.00
	生产工人	100.00	53.92	28.37	11.76	3.66	1.96	0.33	0.00
	其他	100.00	50.65	24.68	19.48	3.90	1.30	0.00	0.00

表 4　镇老年人口年龄与原职业

		合计	60—64 岁	65—69 岁	70—74 岁	75—79 岁	80—84 岁	85—89 岁	90 岁以上
绝对数	**合计**	**3856**	**1457**	**978**	**726**	**409**	**188**	**71**	**27**
	无职业	1759	482	418	380	264	139	54	22
	专业人员	223	132	49	29	9	3	0	1
	干部	218	134	46	29	7	0	1	1
	办事人员	327	190	87	35	11	4	0	0
	商业人员	293	110	75	71	25	9	3	0
	服务人员	239	95	65	43	19	8	6	3
	农林牧渔者	15	9	3	2	1	0	0	0
	生产工人	730	279	224	131	69	20	7	0
	其他	52	26	11	6	4	5	0	0
构成一(%)	**合计**	**100.00**	**100.00**	**100.00**	**100.00**	**100.00**	**100.00**	**100.00**	**100.00**
	无职业	45.62	33.08	42.74	52.34	64.55	73.94	76.06	81.48
	专业人员	5.78	9.06	5.01	3.99	2.20	1.60	0.00	3.70
	干部	5.65	9.20	4.70	3.99	1.71	0.00	1.41	3.70
	办事人员	8.48	13.04	8.90	4.82	2.69	2.13	0.00	0.00
	商业人员	7.60	7.55	7.67	9.78	6.11	4.79	4.23	0.00
	服务人员	6.20	6.52	6.65	5.92	4.65	4.26	8.45	11.11
	农林牧渔者	0.39	0.62	0.31	0.28	0.24	0.00	0.00	0.00
	生产工人	18.93	19.15	22.90	18.04	16.87	10.64	9.86	0.00
	其他	1.35	1.78	1.12	0.83	0.98	2.66	0.00	0.00
构成二(%)	**合计**	**100.00**	**37.79**	**25.36**	**18.83**	**10.61**	**4.88**	**1.84**	**0.70**
	无职业	100.00	27.40	23.76	21.60	15.01	7.90	3.07	1.25
	专业人员	100.00	59.19	21.97	13.00	4.04	1.35	0.00	0.45
	干部	100.00	61.47	21.10	13.30	3.21	0.00	0.46	0.46
	办事人员	100.00	58.10	26.61	10.70	3.36	1.22	0.00	0.00
	商业人员	100.00	37.54	25.60	24.23	8.53	3.07	1.02	0.00
	服务人员	100.00	39.75	27.20	17.99	7.95	3.35	2.51	1.26
	农林牧渔者	100.00	60.00	20.00	13.33	6.67	0.00	0.00	0.00
	生产工人	100.00	38.22	30.68	17.95	9.45	2.74	0.96	0.00
	其他	100.00	50.00	21.15	11.54	7.69	9.62	0.00	0.00

表 5　镇男性老年人口年龄与原职业

		合计	60—64 岁	65—69 岁	70—74 岁	75—79 岁	80—84 岁	85—89 岁	90 岁以上
绝对数	**合计**	**1811**	**751**	**483**	**316**	**169**	**64**	**22**	**6**
	无职业	224	50	46	48	43	27	8	2
	专业人员	162	89	38	22	9	3	0	1
	干部	211	128	46	28	7	0	1	1
	办事人员	290	162	83	30	11	4	0	0
	商业人员	213	70	56	54	23	8	2	0
	服务人员	136	52	38	22	14	4	4	2
	农林牧渔者	10	6	2	1	1	0	0	0
	生产工人	532	178	166	108	59	14	7	0
	其他	33	16	8	3	2	4	0	0
构成一(%)	**合计**	**100.00**	**100.00**	**100.00**	**100.00**	**100.00**	**100.00**	**100.00**	**100.00**
	无职业	12.37	6.66	9.52	15.19	25.44	42.19	36.36	33.33
	专业人员	8.95	11.85	7.87	6.96	5.33	4.69	0.00	16.67
	干部	11.65	17.04	9.52	8.86	4.14	0.00	4.55	16.67
	办事人员	16.01	21.57	17.18	9.49	6.51	6.25	0.00	0.00
	商业人员	11.76	9.32	11.59	17.09	13.61	12.50	9.09	0.00
	服务人员	7.51	6.92	7.87	6.96	8.28	6.25	18.18	33.33
	农林牧渔者	0.55	0.80	0.41	0.32	0.59	0.00	0.00	0.00
	生产工人	29.38	23.70	34.37	34.18	34.91	21.88	31.82	0.00
	其他	1.82	2.13	1.66	0.95	1.18	6.25	0.00	0.00
构成二(%)	**合计**	**100.00**	**41.47**	**26.67**	**17.45**	**9.33**	**3.53**	**1.21**	**0.33**
	无职业	100.00	22.32	20.54	21.42	19.20	12.05	3.57	0.90
	专业人员	100.00	54.93	23.46	13.58	5.56	1.85	0.00	0.62
	干部	100.00	60.66	21.80	13.27	3.32	0.00	0.47	0.47
	办事人员	100.00	55.86	28.62	10.34	3.79	1.38	0.00	0.00
	商业人员	100.00	32.86	26.29	25.35	10.80	3.76	0.94	0.00
	服务人员	100.00	38.24	27.94	16.18	10.29	2.94	2.94	1.47
	农林牧渔者	100.00	60.00	20.00	10.00	10.00	0.00	0.00	0.00
	生产工人	100.00	33.46	31.20	20.30	11.09	2.63	1.32	0.00
	其他	100.00	48.48	24.24	9.09	6.06	12.12	0.00	0.00

表 6　镇女性老年人口年龄与原职业

		合计	60—64 岁	65—69 岁	70—74 岁	75—79 岁	80—84 岁	85—89 岁	90 岁以上
绝对数	**合计**	**2045**	**706**	**495**	**401**	**240**	**124**	**49**	**21**
	无职业	1535	432	372	332	221	112	46	20
	专业人员	61	43	11	7	0	0	0	0
	干部	7	6	0	1	0	0	0	0
	办事人员	37	28	4	5	0	0	0	0
	商业人员	80	40	19	17	2	1	1	0
	服务人员	103	43	27	21	5	4	2	1
	农林牧渔者	5	3	1	1	0	0	0	0
	生产工人	198	101	58	23	10	6	0	0
	其他	19	10	3	3	2	1	0	0
构成一(%)	**合计**	**100.00**	**100.00**	**100.00**	**100.00**	**100.00**	**100.00**	**100.00**	**100.00**
	无职业	75.06	61.19	75.15	80.98	92.08	90.32	93.88	95.24
	专业人员	2.98	6.09	2.22	1.71	0.00	0.00	0.00	0.00
	干部	0.34	0.85	0.00	0.24	0.00	0.00	0.00	0.00
	办事人员	1.81	3.97	0.81	1.22	0.00	0.00	0.00	0.00
	商业人员	3.91	5.67	3.84	4.15	0.83	0.81	2.04	0.00
	服务人员	5.04	6.09	5.45	5.12	2.08	3.23	4.08	4.76
	农林牧渔者	0.24	0.42	0.20	0.24	0.00	0.00	0.00	0.00
	生产工人	9.68	14.31	11.72	5.61	4.17	4.84	0.00	0.00
	其他	0.93	1.42	0.61	0.73	0.83	0.81	0.00	0.00
构成二(%)	**合计**	**100.00**	**34.52**	**24.21**	**20.05**	**11.74**	**6.06**	**2.40**	**1.03**
	无职业	100.00	28.14	24.23	21.63	14.04	7.30	3.00	1.30
	专业人员	100.00	70.49	18.03	11.48	0.00	0.00	0.00	0.00
	干部	100.00	85.71	0.00	14.29	0.00	0.00	0.00	0.00
	办事人员	100.00	75.68	10.81	13.51	0.00	0.00	0.00	0.00
	商业人员	100.00	50.00	23.75	21.25	2.50	1.25	1.25	0.00
	服务人员	100.00	41.75	26.21	20.39	4.85	3.88	1.94	0.97
	农林牧渔者	100.00	60.00	20.00	20.00	0.00	0.00	0.00	0.00
	生产工人	100.00	51.01	29.29	11.62	5.05	3.03	0.00	0.00
	其他	100.00	52.63	15.79	15.79	10.53	5.26	0.00	0.00

表 1　市老年人口按年龄分组月收入

		合计	60—64 岁	65—69 岁	70—74 岁	75—79 岁	80—84 岁	85—89 岁	90 岁以上
绝对数	**合计**	**13963**	**5730**	**3693**	**2287**	**1337**	**655**	**193**	**68**
	无收入	2789	808	662	539	385	267	90	38
	15 元以下	445	81	95	101	97	52	14	5
	16—25 元	577	168	141	105	100	44	15	4
	26—45 元	1214	399	324	242	155	73	13	8
	46—70 元	2210	833	629	409	209	89	34	7
	71—100 元	2920	1233	833	521	236	76	17	4
	101—150 元	2326	1284	643	243	113	35	6	2
	151—200 元	975	616	243	78	22	13	3	0
	201 元以上	507	308	123	49	20	6	1	0
构成一(%)	**合计**	**100.00**	**100.00**	**100.00**	**100.00**	**100.00**	**100.00**	**100.00**	**100.00**
	无收入	19.97	14.10	17.93	23.57	28.80	40.76	46.63	55.88
	15 元以下	3.19	1.41	2.57	4.42	7.26	7.94	7.25	7.35
	16—25 元	4.13	2.93	3.82	4.59	7.48	6.72	7.77	5.88
	26—45 元	8.69	6.96	8.77	10.58	11.59	11.15	6.74	11.76
	46—70 元	15.83	14.54	17.03	17.88	15.63	13.59	17.62	10.29
	71—100 元	20.91	21.52	22.56	22.78	17.65	11.60	8.81	5.88
	101—150 元	16.66	22.41	17.41	10.63	8.45	5.34	3.11	2.94
	151—200 元	6.98	10.75	6.58	3.41	1.65	1.98	1.55	0.00
	201 元以上	3.63	5.38	3.33	2.14	1.50	0.92	0.52	0.00
构成二(%)	**合计**	**100.00**	**41.04**	**26.45**	**16.38**	**9.58**	**4.69**	**1.38**	**0.49**
	无收入	100.00	28.97	23.74	19.33	13.80	9.57	3.23	1.36
	15 元以下	100.00	18.20	21.35	22.70	21.80	11.69	3.15	1.12
	16—25 元	100.00	29.12	24.44	18.20	17.33	7.63	2.60	0.69
	26—45 元	100.00	32.87	26.69	19.93	12.77	6.01	1.07	0.66
	46—70 元	100.00	37.69	28.46	18.51	9.46	4.03	1.54	0.32
	71—100 元	100.00	42.23	28.53	17.84	8.08	2.60	0.58	0.14
	101—150 元	100.00	55.20	27.64	10.45	4.86	1.50	0.26	0.09
	151—200 元	100.00	63.18	24.92	8.00	2.26	1.33	0.31	0.00
	201 元以上	100.00	60.75	24.26	9.66	3.94	1.18	0.20	0.00

表 2　市男性老年人口按年龄分组月收入

		合计	60—64 岁	65—69 岁	70—74 岁	75—79 岁	80—84 岁	85—89 岁	90 岁以上
绝对数	**合计**	**6578**	**2903**	**1796**	**1031**	**546**	**228**	**60**	**14**
	无收入	181	23	32	42	37	34	11	2
	15 元以下	44	7	8	8	13	4	2	2
	16—25 元	69	15	18	11	13	10	1	1
	26—45 元	198	40	51	46	36	18	5	2
	46—70 元	773	176	211	190	117	56	20	3
	71—100 元	1929	703	563	395	190	61	14	3
	101—150 元	2012	1080	572	221	104	30	4	1
	151—200 元	898	568	225	72	20	11	2	0
	201 元以上	474	291	116	46	16	4	1	0
构成一(%)	**合计**	**100.00**	**100.00**	**100.00**	**100.00**	**100.00**	**100.00**	**100.00**	**100.00**
	无收入	2.75	0.79	1.78	4.07	6.78	14.91	18.33	14.29
	15 元以下	0.67	0.24	0.45	0.78	2.38	1.75	3.33	14.29
	16—25 元	1.05	0.52	1.00	1.07	2.38	4.39	1.67	7.14
	26—45 元	3.01	1.38	2.84	4.46	6.59	7.89	8.33	14.29
	46—70 元	11.75	6.06	11.75	18.43	21.43	24.56	33.33	21.43
	71—100 元	29.33	24.22	31.35	38.31	34.80	26.75	23.33	21.43
	101—150 元	30.59	37.20	31.85	21.44	19.05	13.16	6.67	7.14
	151—200 元	13.65	19.57	12.53	6.98	3.66	4.82	3.33	0.00
	201 元以上	7.21	10.02	6.46	4.46	2.93	1.75	1.67	0.00
构成二(%)	**合计**	**100.00**	**44.13**	**27.30**	**15.67**	**8.30**	**3.47**	**0.91**	**0.21**
	无收入	100.00	12.71	17.68	23.20	20.44	18.78	6.08	1.10
	15 元以下	100.00	15.91	18.18	18.18	29.55	9.09	4.55	4.55
	16—25 元	100.00	21.74	26.09	15.94	18.84	14.49	1.45	1.45
	26—45 元	100.00	20.20	25.76	23.23	18.18	9.09	2.53	1.01
	46—70 元	100.00	22.77	27.30	24.58	15.14	7.24	2.59	0.39
	71—100 元	100.00	36.44	29.19	20.48	9.85	3.16	0.73	0.16
	101—150 元	100.00	53.68	28.43	10.98	5.17	1.49	0.20	0.05
	151—200 元	100.00	63.25	25.06	8.02	2.23	1.22	0.22	0.00
	201 元以上	100.00	61.39	24.47	9.70	3.38	0.84	0.21	0.00

表 3　市女性老年人口按年龄分组月收入

		合计	60—64 岁	65—69 岁	70—74 岁	75—79 岁	80—84 岁	85—89 岁	90 岁以上
绝对数	**合计**	**7385**	**2827**	**1897**	**1256**	**791**	**427**	**133**	**54**
	无收入	2608	785	630	497	348	233	79	36
	15 元以下	401	74	87	93	84	48	12	3
	16—25 元	508	153	123	94	87	34	14	3
	26—45 元	1016	359	273	196	119	55	8	6
	46—70 元	1437	657	418	219	92	33	14	4
	71—100 元	991	530	270	126	46	15	3	1
	101—150 元	314	204	71	22	9	5	2	1
	151—200 元	77	48	18	6	2	2	1	0
	201 元以上	33	17	7	3	4	2	0	0
构成一(%)	**合计**	**100.00**	**100.00**	**100.00**	**100.00**	**100.00**	**100.00**	**100.00**	**100.00**
	无收入	35.31	27.77	33.21	39.57	43.99	54.57	59.40	66.67
	15 元以下	5.43	2.62	4.59	7.40	10.62	11.24	9.02	5.56
	16—25 元	6.88	5.41	6.48	7.48	11.00	7.96	10.53	5.56
	26—45 元	13.76	12.70	14.39	15.61	15.04	12.88	6.02	11.11
	46—70 元	19.46	23.24	22.03	17.44	11.63	7.73	10.53	7.41
	71—100 元	13.42	18.75	14.23	10.03	5.82	3.51	2.26	1.85
	101—150 元	4.25	7.22	3.74	1.75	1.14	1.17	1.50	1.85
	151—200 元	1.04	1.70	0.95	0.48	0.25	0.47	0.75	0.00
	201 元以上	0.45	0.60	0.37	0.24	0.51	0.47	0.00	0.00
构成二(%)	**合计**	**100.00**	**38.28**	**25.69**	**17.01**	**10.71**	**5.78**	**1.80**	**0.73**
	无收入	100.00	30.10	24.16	19.06	13.34	8.93	3.03	1.38
	15 元以下	100.00	18.45	21.70	23.19	20.95	11.97	2.99	0.75
	16—25 元	100.00	30.12	24.21	18.50	17.13	6.69	2.76	0.59
	26—45 元	100.00	35.33	26.87	19.29	11.71	5.41	0.79	0.59
	46—70 元	100.00	45.72	29.09	15.24	6.40	2.30	0.97	0.28
	71—100 元	100.00	53.48	27.25	12.71	4.64	1.51	0.30	0.10
	101—150 元	100.00	64.97	22.61	7.01	2.87	1.59	0.64	0.32
	151—200 元	100.00	62.34	23.38	7.79	2.60	2.60	1.30	0.00
	201 元以上	100.00	51.52	21.21	9.09	12.12	6.06	0.00	0.00

表 4　镇老年人口按年龄分组月收入

		合计	60—64 岁	65—69 岁	70—74 岁	75—79 岁	80—84 岁	85—89 岁	90 岁以上
绝对数	**合计**	**3856**	**1457**	**978**	**726**	**409**	**188**	**71**	**27**
	无收入	931	270	210	197	137	69	35	13
	15 元以下	223	41	37	50	45	35	9	6
	16—25 元	325	75	90	79	55	18	5	3
	26—45 元	438	121	125	95	52	29	13	3
	46—70 元	561	194	171	112	54	22	7	1
	71—100 元	623	296	164	105	46	11	1	0
	101—150 元	548	328	132	68	16	3	0	1
	151—200 元	166	106	38	18	2	1	1	0
	201 元以上	41	26	11	2	2	0	0	0
构成一(%)	**合计**	**100.00**	**100.00**	**100.00**	**100.00**	**100.00**	**100.00**	**100.00**	**100.00**
	无收入	24.14	18.53	21.47	27.13	33.50	36.70	49.30	48.15
	15 元以下	5.78	2.81	3.78	6.89	11.00	18.62	12.68	22.22
	16—25 元	8.43	5.15	9.20	10.88	13.45	9.57	7.04	11.11
	26—45 元	11.36	8.30	12.78	13.09	12.71	15.43	18.31	11.11
	46—70 元	14.55	13.32	17.48	15.43	13.20	11.70	9.86	3.70
	71—100 元	16.16	20.32	16.77	14.46	11.25	5.85	1.41	0.00
	101—150 元	14.21	22.51	13.50	9.37	3.91	1.60	0.00	3.70
	151—200 元	4.30	7.28	3.89	2.48	0.49	0.53	1.41	0.00
	201 元以上	1.06	1.78	1.12	0.28	0.49	0.00	0.00	0.00
构成二(%)	**合计**	**100.00**	**37.79**	**25.36**	**18.83**	**10.61**	**4.88**	**1.84**	**0.70**
	无收入	100.00	29.00	22.56	21.16	14.72	7.41	3.76	1.40
	15 元以下	100.00	18.39	16.59	22.42	20.18	15.70	4.04	2.69
	16—25 元	100.00	23.08	27.69	24.31	16.92	5.54	1.54	0.92
	26—45 元	100.00	27.63	28.54	21.69	11.87	6.62	2.97	0.68
	46—70 元	100.00	34.58	30.48	19.96	9.63	3.92	1.25	0.18
	71—100 元	100.00	47.51	26.32	16.85	7.38	1.77	0.16	0.00
	101—150 元	100.00	59.85	24.09	12.41	2.92	0.55	0.00	0.18
	151—200 元	100.00	63.86	22.89	10.84	1.20	0.60	0.60	0.00
	201 元以上	100.00	63.41	26.83	4.88	4.88	0.00	0.00	0.00

表 5 镇男性老年人口按年龄分组月收入

		合计	60—64 岁	65—69 岁	70—74 岁	75—79 岁	80—84 岁	85—89 岁	90 岁以上
绝对数	**合计**	**1811**	**751**	**483**	**316**	**169**	**64**	**22**	**6**
	无收入	78	10	17	13	15	16	6	1
	15 元以下	26	4	1	6	6	5	2	2
	16—25 元	53	12	12	10	15	2	1	1
	26—45 元	149	25	40	42	26	10	6	0
	46—70 元	332	78	107	81	44	16	5	1
	71—100 元	492	216	134	86	44	11	1	0
	101—150 元	488	285	123	61	15	3	0	1
	151—200 元	154	97	38	15	2	1	1	0
	201 元以上	39	24	11	2	2	0	0	0
构成一(%)	**合计**	**100.00**	**100.00**	**100.00**	**100.00**	**100.00**	**100.00**	**100.00**	**100.00**
	无收入	4.31	1.33	3.52	4.11	8.88	25.00	27.27	16.67
	15 元以下	1.44	0.53	0.21	1.90	3.55	7.81	9.09	33.33
	16—25 元	2.93	1.60	2.48	3.16	8.88	3.13	4.55	16.67
	26—45 元	8.23	3.33	8.28	13.29	15.38	15.63	27.27	0.00
	46—70 元	18.33	10.39	22.15	25.63	26.04	25.00	22.73	16.67
	71—100 元	27.17	28.76	27.74	27.22	26.04	17.19	4.55	0.00
	101—150 元	26.95	37.95	25.47	19.30	8.88	4.69	0.00	16.67
	151—200 元	8.50	12.92	7.87	4.75	1.18	1.56	4.55	0.00
	201 元以上	2.15	3.20	2.28	0.63	1.18	0.00	0.00	0.00
构成二(%)	**合计**	**100.00**	**41.47**	**26.67**	**17.45**	**9.33**	**3.53**	**1.21**	**0.33**
	无收入	100.00	12.82	21.79	16.67	19.23	20.51	7.69	1.28
	15 元以下	100.00	15.38	3.85	23.08	23.08	19.23	7.69	7.69
	16—25 元	100.00	22.64	22.64	18.87	28.30	3.77	1.89	1.89
	26—45 元	100.00	16.78	26.85	28.19	17.45	6.71	4.03	0.00
	46—70 元	100.00	23.49	32.23	24.40	13.25	4.82	1.51	0.30
	71—100 元	100.00	43.90	27.24	17.48	8.94	2.24	0.20	0.00
	101—150 元	100.00	58.40	25.20	12.50	3.07	0.61	0.00	0.20
	151—200 元	100.00	62.99	24.68	9.74	1.30	0.65	0.65	0.00
	201 元以上	100.00	61.54	28.21	5.13	5.13	0.00	0.00	0.00

表 6 镇女性老年人口按年龄分组月收入

		合计	60—64 岁	65—69 岁	70—74 岁	75—79 岁	80—84 岁	85—89 岁	90 岁以上
绝对数	**合计**	**2045**	**706**	**495**	**410**	**240**	**124**	**49**	**21**
	无收入	853	260	193	184	122	53	29	12
	15 元以下	197	37	36	44	39	30	7	4
	16—25 元	272	63	78	69	40	16	4	2
	26—45 元	289	96	85	53	26	19	7	3
	46—70 元	229	116	64	31	10	6	2	0
	71—100 元	131	80	30	19	2	0	0	0
	101—150 元	60	43	9	7	1	0	0	0
	151—200 元	12	9	0	3	0	0	0	0
	201 元以上	2	2	0	0	0	0	0	0
构成一(%)	**合计**	**100.00**	**100.00**	**100.00**	**100.00**	**100.00**	**100.00**	**100.00**	**100.00**
	无收入	41.71	36.83	38.99	44.88	50.83	42.74	59.18	57.14
	15 元以下	9.63	5.24	7.27	10.73	16.25	24.19	14.29	19.05
	16—25 元	13.30	8.92	15.76	16.83	16.67	12.90	8.16	9.52
	26—45 元	14.13	13.60	17.17	12.93	10.83	15.32	14.29	14.29
	46—70 元	11.20	16.43	12.93	7.56	4.17	4.84	4.08	0.00
	71—100 元	6.41	11.33	6.06	4.63	0.83	0.00	0.00	0.00
	101—150 元	2.93	6.09	1.82	1.71	0.42	0.00	0.00	0.00
	151—200 元	0.59	1.27	0.00	0.73	0.00	000	0.00	0.00
	201 元以上	0.10	0.28	0.00	0.00	0.00	0.00	0.00	0.00
构成二(%)	**合计**	**100.00**	**34.52**	**24.21**	**20.05**	**11.74**	**6.06**	**2.40**	**1.03**
	无收入	100.00	30.48	22.63	21.57	14.30	6.21	3.40	1.41
	15 元以下	100.00	18.78	18.27	22.34	19.80	15.23	3.55	2.03
	16—25 元	100.00	23.16	28.68	25.37	14.71	5.88	1.47	0.74
	26—45 元	100.00	33.22	29.41	18.34	9.00	6.57	2.42	1.04
	46—70 元	100.00	50.66	27.95	13.54	4.37	2.62	0.87	0.00
	71—100 元	100.00	61.07	22.90	14.50	1.53	0.00	0.00	0.00
	101—150 元	100.00	71.67	15.00	11.67	1.67	0.00	0.00	0.00
	151—200 元	100.00	75.00	0.00	25.00	0.00	0.00	0.00	0.00
	201 元以上	100.00	100.00	0.00	0.00	0.00	0.00	0.00	0.00

表7　县老年人口按年龄分组月收入

		合计	60—64岁	65—69岁	70—74岁	75—79岁	80—84岁	85—89岁	90岁以上
绝对数	**合计**	**18936**	**6610**	**4919**	**3609**	**2227**	**1104**	**372**	**95**
	15元以下	1771	619	449	352	224	90	28	9
	16—25元	5060	1641	1323	1072	616	298	89	21
	26—45元	8448	2901	2259	1585	997	481	180	45
	46—70元	2923	1088	684	498	303	179	58	13
	71—100元	625	262	160	72	66	45	14	6
	101—150元	156	75	33	22	16	7	3	0
	151—200元	31	12	7	4	4	3	0	0
	201元以上	22	12	4	4	1	1	0	0
构成一(%)	**合计**	**100.00**	**100.00**	**100.00**	**100.00**	**100.00**	**100.00**	**100.00**	**100.00**
	15元以下	9.35	9.36	9.12	9.75	10.50	8.15	7.52	9.47
	16—25元	26.72	24.82	26.89	29.70	27.66	26.99	23.92	22.10
	26—45元	44.61	43.88	45.92	43.92	44.76	43.56	48.38	47.36
	46—70元	14.90	16.45	13.90	13.79	13.60	16.21	15.59	13.68
	71—100元	3.30	3.96	3.25	2.00	2.96	4.07	3.76	6.31
	101—150元	0.82	1.13	0.67	0.60	0.71	0.63	0.80	0.00
	151—200元	0.16	0.18	0.14	0.11	0.17	0.27	0.00	1.05
	201元以上	0.11	0.18	0.08	0.11	0.04	0.09	0.00	0.00
构成二(%)	**合计**	**100.00**	**34.90**	**25.97**	**19.05**	**11.76**	**5.83**	**1.96**	**0.50**
	15元以下	100.00	34.95	25.35	19.87	12.64	5.08	1.58	0.50
	16—25元	100.00	32.43	26.14	21.18	12.17	5.88	1.75	0.41
	26—45元	100.00	34.33	26.74	18.76	11.80	5.69	2.13	0.53
	46—70元	100.00	38.54	24.22	17.64	10.73	6.34	2.05	0.46
	71—100元	100.00	41.92	25.60	11.52	10.56	7.20	2.24	0.96
	101—150元	100.00	48.07	21.15	14.10	10.25	4.48	1.92	0.00
	151—200元	100.00	38.70	22.58	12.90	12.90	9.67	0.00	3.22
	201元以上	100.00	54.54	18.18	18.18	4.54	4.54	0.00	0.00

表8　县男性老年人口按年龄分组月收入

		合计	60—64岁	65—69岁	70—74岁	75—79岁	80—84岁	85—89岁	90岁以上
绝对数	**合计**	**8927**	**3457**	**2412**	**1644**	**871**	**389**	**124**	**30**
	15元以下	848	315	219	167	96	40	8	3
	16—25元	2381	874	629	485	248	106	35	4
	26—45元	3959	1492	1108	732	390	163	59	15
	46—70元	1336	577	351	221	104	61	17	5
	71—100元	292	137	81	25	24	18	4	3
	101—150元	79	45	17	10	6	0	1	0
	151—200元	20	9	5	3	2	1	0	0
	201元以上	12	8	2	1	1	0	0	0
构成一(%)	**合计**	**100.00**	**100.00**	**100.00**	**100.00**	**100.00**	**100.00**	**100.00**	**100.00**
	15元以下	9.49	9.11	9.07	10.15	11.02	10.28	6.45	10.00
	16—25元	26.67	25.28	26.07	29.50	28.47	27.24	28.22	13.33
	26—45元	44.34	43.15	45.93	44.52	44.77	41.90	47.58	50.00
	46—70元	14.96	16.69	14.55	13.44	11.94	15.68	13.70	16.66
	71—100元	3.27	3.96	3.35	1.52	2.75	4.62	3.22	10.00
	101—150元	0.88	1.30	0.70	0.60	0.68	0.00	0.80	0.00
	151—200元	0.22	0.26	0.20	0.18	0.22	0.25	0.00	0.00
	201元以上	0.13	0.23	0.08	0.06	0.11	0.00	0.00	0.00
构成二(%)	**合计**	**100.00**	**38.72**	**27.01**	**18.41**	**9.75**	**4.35**	**1.38**	**0.33**
	15元以下	100.00	37.14	25.82	19.69	11.32	4.71	0.94	0.35
	16—25元	100.00	36.70	26.41	20.36	10.41	4.45	1.46	0.16
	26—45元	100.00	37.68	27.98	18.48	9.85	4.11	1.49	0.37
	46—70元	100.00	43.18	26.27	16.54	7.78	4.56	1.27	0.37
	71—100元	100.00	46.91	27.73	8.56	8.21	6.16	1.36	1.02
	101—150元	100.00	56.96	21.51	12.65	7.59	0.00	1.26	0.00
	151—200元	100.00	45.00	25.00	15.00	10.00	5.00	0.00	0.00
	201元以上	100.00	66.66	16.66	8.33	8.33	0.00	0.00	0.00

表 9　县女性老年人口按年龄分组月收入

		合计	60—64 岁	65—69 岁	70—74 岁	75—79 岁	80—84 岁	85—89 岁	90 岁以上
绝对数	**合计**	**10009**	**3153**	**2507**	**1965**	**1356**	**715**	**248**	**65**
	15 元以下	923	304	230	185	128	50	20	6
	16—25 元	2679	767	694	587	368	192	54	17
	26—45 元	4489	1409	1151	853	607	318	121	30
	46—70 元	1487	511	333	277	199	118	41	8
	71—100 元	333	125	79	47	42	27	10	3
	101—150 元	77	30	16	12	10	7	2	0
	151—200 元	11	3	2	1	2	2	0	1
	201 元以上	10	4	2	3	0	1	0	0
构成一(%)	**合计**	**100.00**	**100.00**	**100.00**	**100.00**	**100.00**	**100.00**	**100.00**	**100.00**
	15 元以下	9.22	9.64	9.17	9.41	9.43	6.99	8.06	9.23
	16—25 元	26.76	24.32	27.68	29.87	27.13	26.85	21.77	26.15
	26—45 元	44.84	44.68	45.91	43.40	44.76	44.47	48.79	46.15
	46—70 元	14.85	16.20	13.28	14.09	14.67	16.50	16.53	12.30
	71—100 元	3.32	3.96	3.15	2.39	3.09	3.77	4.03	4.61
	101—150 元	0.76	0.95	0.63	0.61	0.73	0.97	0.80	0.00
	151—200 元	0.10	0.09	0.07	0.05	0.14	0.27	0.00	1.53
	201 元以上	0.09	0.12	0.07	0.15	0.00	0.13	0.00	0.00
构成二(%)	**合计**	**100.00**	**31.50**	**25.04**	**19.63**	**13.54**	**7.14**	**2.47**	**0.64**
	15 元以下	100.00	32.93	24.91	20.04	13.86	5.41	2.16	0.65
	16—25 元	100.00	28.63	25.90	21.91	13.73	7.16	2.01	0.63
	26—45 元	100.00	31.38	25.64	19.00	13.52	7.08	2.69	0.66
	46—70 元	100.00	34.36	22.39	18.62	13.38	7.93	2.75	0.53
	71—100 元	100.00	37.53	23.72	14.11	12.61	8.10	3.00	0.90
	101—150 元	100.00	38.96	20.77	15.58	12.98	9.09	2.59	0.00
	151—200 元	100.00	27.27	18.18	9.09	18.18	18.18	0.00	9.09
	201 元以上	100.00	40.00	20.00	30.00	0.00	10.00	0.00	0.00

表 10　市老年人口按文化程度月收入

		合计	60—64 岁	65—69 岁	70—74 岁	75—79 岁	80—84 岁	85—89 岁	90 岁以上
绝对数	**合计**	**13963**	**516**	**272**	**538**	**1838**	**3468**	**1783**	**5548**
	无收入	2789	11	12	17	68	327	321	2033
	15 元以下	445	1	2	2	16	44	51	329
	16—25 元	577	2	2	3	24	84	78	384
	26—45 元	1214	7	8	12	67	202	174	744
	46—70 元	2210	13	21	42	195	586	353	1000
	71—100 元	2920	44	67	120	426	1057	477	729
	101—150 元	2326	185	81	204	599	787	226	244
	151—200 元	975	147	52	82	294	263	78	59
	201 元以上	507	106	27	56	149	118	25	26
构成一(%)	**合计**	**100.00**	**100.00**	**100.00**	**100.00**	**100.00**	**100.00**	**100.00**	**100.00**
	无收入	19.97	2.13	4.41	3.16	3.70	9.43	18.00	36.64
	15 元以下	3.19	0.19	0.74	0.37	0.87	1.27	2.86	5.93
	16—25 元	4.13	0.39	0.74	0.56	1.31	2.42	4.37	6.92
	26—45 元	8.69	1.36	2.94	2.23	3.65	5.82	9.76	13.41
	46—70 元	15.83	2.52	7.72	7.81	10.61	16.90	19.80	18.02
	71—100 元	20.91	8.53	24.63	22.30	23.18	30.48	26.75	13.14
	101—150 元	16.66	35.85	29.78	37.92	32.59	22.69	12.68	4.40
	151—200 元	6.98	28.49	19.12	15.24	16.00	7.58	4.37	1.06
	201 元以上	3.63	20.54	9.93	10.41	8.11	3.40	1.40	0.47
构成二(%)	**合计**	**100.00**	**3.70**	**1.95**	**3.85**	**13.16**	**24.84**	**12.77**	**39.73**
	无收入	100.00	0.39	0.43	0.61	2.44	11.72	11.51	72.89
	15 元以下	100.00	0.22	0.45	0.45	3.60	9.89	11.46	73.93
	16—25 元	100.00	0.35	0.35	0.52	4.16	14.56	13.52	66.55
	26—45 元	100.00	0.58	0.66	0.99	5.52	16.64	14.33	61.29
	46—70 元	100.00	0.59	0.95	1.90	8.82	26.52	15.97	45.25
	71—100 元	100.00	1.51	2.29	4.11	14.59	36.20	16.34	24.97
	101—150 元	100.00	7.95	3.48	8.77	25.75	33.83	9.72	10.49
	151—200 元	100.00	15.08	5.33	8.41	30.15	26.97	8.00	6.05
	201 元以上	100.00	20.91	5.33	11.05	29.39	23.27	4.93	5.13

表 33　县女性老年人口经济来源状况

		合计	主要收入	次要收入	无此项收入
绝对数	**劳动收入**	**10009**	**1419**	**884**	**7706**
	退休金	10009	50	22	9937
	亲友赠送	10009	96	1149	8764
	子女供养	10009	2538	951	6520
	出售财物	10009	37	222	9750
	储蓄贷款	10009	11	189	9809
	其他	10009	215	614	9180
构成一(%)	**合计**	—	**100.00**	**100.00**	**100.00**
	劳动收入	—	32.50	21.93	12.50
	退休金	—	1.14	0.55	16.11
	亲友赠送	—	2.19	28.50	14.21
	子女供养	—	58.13	23.59	10.57
	出售财物	—	0.84	5.51	15.81
	储蓄贷款	—	0.25	4.69	15.91
	其他	—	4.92	15.23	14.89
构成二(%)	**劳动收入**	**100.00**	**14.17**	**8.83**	**76.99**
	退休金	100.00	0.49	0.22	99.28
	亲友赠送	100.00	0.95	11.48	87.56
	子女供养	100.00	25.35	9.50	65.14
	出售财物	100.00	0.36	2.22	97.41
	储蓄贷款	100.00	0.10	1.89	98.00
	其他	100.00	2.14	6.13	91.72

表 34　市老年人口按年龄分组主要经济来源

		合计	60—64 岁	65—69 岁	70—74 岁	75—79 岁	80—84 岁	85—89 岁	90 岁以上
绝对数	**劳动收入**	**1841**	**1158**	**427**	**190**	**53**	**9**	**3**	**1**
	其中:再就业收入	900	540	231	106	20	3	0	0
	离退休金	8033	3727	2279	1210	561	199	49	8
	储蓄和保险金	51	27	14	4	3	2	1	0
	社会救济	224	61	50	54	37	17	5	0
	金融资产性收入	54	20	12	13	5	2	1	1
	从子女亲属得到	2121	529	576	421	356	169	50	20
	其他来源的收入	295	120	78	49	31	14	1	2
构成一(%)	**合计**	**100.00**	**100.00**	**100.00**	**100.00**	**100.00**	**100.00**	**100.00**	**100.00**
	劳动收入	14.59	20.52	12.43	9.79	5.07	2.18	2.73	3.13
	其中:再就业收入	7.13	9.57	6.72	5.46	1.91	0.73	0.00	0.00
	离退休金	63.66	66.06	66.33	62.34	53.63	48.30	44.55	25.00
	储蓄和保险金	0.40	0.48	0.41	0.21	0.29	0.49	0.91	0.00
	社会救济	1.78	1.08	1.46	2.78	3.54	4.13	4.55	0.00
	金融资产性收入	0.43	0.35	0.35	0.67	0.48	0.49	0.91	3.13
	从子女亲属得到	16.81	9.38	16.76	21.69	34.03	41.02	45.45	62.50
	其他来源的收入	2.34	2.13	2.27	2.52	2.96	3.40	0.91	6.25
构成二(%)	**劳动收入**	**100.00**	**62.90**	**23.19**	**10.32**	**2.88**	**0.49**	**0.16**	**0.05**
	其中:再就业收入	100.00	60.00	25.67	11.78	2.22	0.33	0.00	0.00
	离退休金	100.00	46.40	28.37	15.06	6.98	2.48	0.61	0.10
	储蓄和保险金	100.00	52.94	27.45	7.84	5.88	3.92	1.96	0.00
	社会救济	100.00	27.23	22.32	24.11	16.52	7.59	2.23	0.00
	金融资产性收入	100.00	37.04	22.22	24.07	9.26	3.70	1.85	1.85
	从子女亲属得到	100.00	24.94	27.16	19.85	16.78	7.97	2.36	0.94
	其他来源的收入	100.00	40.68	26.44	16.61	10.51	4.75	0.34	0.68

表35 市男性老年人口按年龄分组主要经济来源

		合计	60—64岁	65—69岁	70—74岁	75—79岁	80—84岁	85—89岁	90岁以上
绝对数	**劳动收入**	**1396**	**876**	**337**	**137**	**37**	**6**	**2**	**1**
	其中:再就业收入	759	437	210	93	16	3	0	0
	离退休金	5467	2352	1566	899	448	157	40	5
	储蓄和保险金	28	12	9	2	2	2	1	0
	社会救济	37	9	8	7	6	5	2	0
	金融资产性收入	16	9	0	5	1	0	0	1
	从子女亲属得到	364	95	93	59	68	33	11	5
	其他来源的收入	75	34	27	8	2	4	0	0
构成一(%)	**合计**	**100.00**	**100.00**	**100.00**	**100.00**	**100.00**	**100.00**	**100.00**	**100.00**
	劳动收入	18.91	25.86	16.52	12.26	6.56	2.90	3.57	8.33
	其中:再就业收入	10.28	12.90	10.29	8.33	2.04	1.45	0.00	0.00
	离退休金	74.05	69.44	76.76	80.48	79.43	75.85	71.43	41.67
	储蓄和保险金	0.38	0.35	0.44	0.18	0.35	0.97	1.79	0.00
	社会救济	0.50	0.27	0.39	0.63	1.06	2.42	3.57	0.00
	金融资产性收入	0.22	0.27	0.00	0.45	0.18	0.00	0.00	8.33
	从子女亲属得到	4.93	2.80	4.56	5.20	12.06	15.94	19.64	41.67
	其他来源的收入	1.02	1.00	1.32	0.72	0.35	1.93	0.00	0.00
构成二(%)	**劳动收入**	**100.00**	**62.75**	**24.14**	**9.81**	**2.65**	**0.43**	**0.14**	**0.07**
	其中:再就业收入	100.00	57.58	27.67	12.25	2.11	0.40	0.00	0.00
	离退休金	100.00	43.02	28.64	16.44	8.19	2.87	0.73	0.09
	储蓄和保险金	100.00	42.86	32.14	7.14	7.14	7.14	3.57	0.00
	社会救济	100.00	24.32	21.62	18.92	16.22	13.51	5.41	0.00
	金融资产性收入	100.00	56.25	0.00	31.25	6.25	0.00	0.00	6.25
	从子女亲属得到	100.00	26.10	25.55	16.21	18.68	9.07	3.02	1.37
	其他来源的收入	100.00	45.33	36.00	10.67	2.67	5.33	0.00	0.00

表36 市女性老年人口按年龄分组主要经济来源

		合计	60—64岁	65—69岁	70—74岁	75—79岁	80—84岁	85—89岁	90岁以上
绝对数	**劳动收入**	**445**	**282**	**90**	**53**	**16**	**3**	**1**	**0**
	其中:再就业收入	141	103	21	13	4	0	0	0
	离退休金	2566	1375	713	311	113	42	9	3
	储蓄和保险金	23	15	5	2	1	0	0	0
	社会救济	187	52	42	47	31	12	3	0
	金融资产性收入	38	11	12	8	4	2	1	0
	从子女亲属得到	1757	434	483	362	288	136	39	15
	其他来源的收入	220	86	51	41	29	10	1	2
构成一(%)	**合计**	**100.00**	**100.00**	**100.00**	**100.00**	**100.00**	**100.00**	**100.00**	**100.00**
	劳动收入	8.50	12.51	6.45	6.43	3.32	1.46	1.85	0.00
	其中:再就业收入	2.69	4.57	1.50	1.58	0.83	0.00	0.00	0.00
	离退休金	49.01	60.98	51.07	37.74	23.44	20.49	16.67	15.00
	储蓄和保险金	0.44	0.67	0.36	0.24	0.21	0.00	0.00	0.00
	社会救济	3.57	2.31	3.01	5.70	6.43	5.85	5.56	0.00
	金融资产性收入	0.73	0.49	0.86	0.97	0.03	0.98	1.85	0.00
	从子女亲属得到	33.56	19.25	34.60	43.93	59.75	66.34	72.22	75.00
	其他来源的收入	4.20	3.81	3.65	4.98	6.02	4.88	1.85	10.00
构成二(%)	**劳动收入**	**100.00**	**63.37**	**20.22**	**11.91**	**3.60**	**0.67**	**0.22**	**0.00**
	其中:再就业收入	100.00	73.05	14.89	9.22	2.84	0.00	0.00	0.00
	离退休金	100.00	53.59	27.79	12.12	4.40	1.64	0.35	0.12
	储蓄和保险金	100.00	65.22	21.74	8.70	4.35	0.00	0.00	0.00
	社会救济	100.00	27.81	22.46	25.13	16.58	6.42	1.60	0.00
	金融资产性收入	100.00	28.95	31.58	21.05	10.53	5.26	2.63	0.00
	从子女亲属得到	100.00	24.70	27.49	20.60	16.39	7.74	2.22	0.85
	其他来源的收入	100.00	39.09	23.18	18.64	13.18	4.55	0.45	0.91

表 37　镇老年人口按年龄分组主要经济来源

		合计	60—64 岁	65—69 岁	70—74 岁	75—79 岁	80—84 岁	85—89 岁	90 岁以上
绝对数	**劳动收入**	**479**	**280**	**109**	**55**	**26**	**7**	**2**	**0**
	其中:再就业收入	130	62	43	16	6	1	2	0
	离退休金	1830	811	503	320	135	44	13	4
	储蓄和保险金	18	8	4	5	1	0	0	0
	社会救济	115	30	30	20	18	11	5	1
	金融资产性收入	23	6	7	5	4	0	1	0
	从子女亲属得到	683	164	172	161	100	61	17	8
	其他来源的收入	102	23	30	24	14	9	1	1
构成一(%)	**合计**	**100.00**	**100.00**	**100.00**	**100.00**	**100.00**	**100.00**	**100.00**	**100.00**
	劳动收入	14.74	21.18	12.75	9.32	8.72	5.30	5.13	0.00
	其中:再就业收入	4.00	4.69	5.03	2.71	2.01	0.76	5.13	0.00
	离退休金	56.31	61.35	58.83	54.24	45.30	33.33	33.33	28.57
	储蓄和保险金	0.55	0.61	0.47	0.85	0.34	0.00	0.00	0.00
	社会救济	3.54	2.27	3.51	3.39	6.04	8.33	12.82	7.14
	金融资产性收入	0.71	0.45	0.82	0.85	1.34	0.00	2.56	0.00
	从子女亲属得到	21.02	12.41	20.12	27.29	33.56	46.21	43.59	57.14
	其他来源的收入	3.14	1.74	3.51	4.07	4.07	6.82	2.56	7.14
构成二(%)	**劳动收入**	**100.00**	**58.46**	**22.76**	**11.48**	**5.43**	**1.46**	**0.42**	**0.00**
	其中:再就业收入	100.00	47.69	33.08	12.31	4.62	0.77	1.54	0.00
	离退休金	100.00	44.32	27.49	17.49	7.38	2.40	0.71	0.22
	储蓄和保险金	100.00	44.44	22.22	27.78	5.56	0.00	0.00	0.00
	社会救济	100.00	26.09	26.09	17.39	15.65	9.57	4.35	0.87
	金融资产性收入	100.00	26.09	30.43	21.74	17.39	0.00	4.35	0.00
	从子女亲属得到	100.00	24.01	25.18	23.57	14.64	8.93	2.49	1.17
	其他来源的收入	100.00	22.55	29.41	23.53	13.73	8.82	0.98	0.98

表 38　镇男性老年人口按年龄分组主要经济来源

		合计	60—64 岁	65—69 岁	70—74 岁	75—79 岁	80—84 岁	85—89 岁	90 岁以上
绝对数	**劳动收入**	**361**	**224**	**80**	**34**	**16**	**5**	**2**	**0**
	其中:再就业收入	112	54	36	14	5	1	2	0
	离退休金	1368	552	393	255	119	36	10	3
	储蓄和保险金	10	3	2	5	0	0	0	0
	社会救济	21	6	4	4	5	1	1	0
	金融资产性收入	9	2	1	5	1	0	0	0
	从子女亲属得到	133	29	33	32	24	10	4	1
	其他来源的收入	26	9	4	6	4	2	0	1
构成一(%)	**合计**	**100.00**	**100.00**	**100.00**	**100.00**	**100.00**	**100.00**	**100.00**	**100.00**
	劳动收入	18.72	27.15	15.47	9.97	9.47	9.26	11.76	0.00
	其中:再就业收入	5.81	6.55	6.96	4.11	2.96	1.85	11.76	0.00
	离退休金	70.95	66.91	76.02	74.78	70.41	66.67	58.82	60.00
	储蓄和保险金	0.52	0.36	0.39	1.47	0.00	0.00	0.00	0.00
	社会救济	1.09	0.73	0.77	1.17	2.96	1.85	5.88	0.00
	金融资产性收入	0.47	0.24	0.19	1.47	0.59	0.00	0.00	0.00
	从子女亲属得到	6.90	3.52	6.38	9.38	14.20	18.52	23.53	20.00
	其他来源的收入	1.35	1.09	0.77	1.76	2.37	3.70	0.00	20.00
构成二(%)	**劳动收入**	**100.00**	**62.05**	**22.16**	**9.42**	**4.43**	**1.39**	**0.55**	**0.00**
	其中:再就业收入	100.00	48.21	32.14	12.50	4.46	0.89	1.79	0.00
	离退休金	100.00	40.35	28.73	18.64	8.70	2.63	0.73	0.22
	储蓄和保险金	100.00	30.00	20.00	50.00	0.00	0.00	0.00	0.00
	社会救济	100.00	28.57	19.05	19.05	23.81	4.76	4.76	0.00
	金融资产性收入	100.00	22.22	11.11	55.56	11.11	0.00	0.00	0.00
	从子女亲属得到	100.00	21.80	24.81	24.06	18.05	7.52	3.01	0.75
	其他来源的收入	100.00	34.62	15.38	23.08	15.38	7.69	0.00	3.85

表 39 镇女性老年人口按年龄分组主要经济来源

		合计	60—64 岁	65—69 岁	70—74 岁	75—79 岁	80—84 岁	85—89 岁	90 岁以上
绝对数	**劳动收入**	**118**	**56**	**29**	**21**	**10**	**2**	**0**	**0**
	其中：再就业收入	18	8	7	2	1	0	0	0
	离退休金	462	259	110	65	16	8	3	1
	储蓄和保险金	8	5	2	0	1	0	0	0
	社会救济	94	24	26	16	13	10	4	1
	金融资产性收入	14	4	6	0	3	0	1	0
	从子女亲属得到	550	135	139	129	76	51	13	7
	其他来源的收入	76	14	26	18	10	7	1	0
构成一(%)	**合计**	**100.00**	**100.00**	**100.00**	**100.00**	**100.00**	**100.00**	**100.00**	**100.00**
	劳动收入	8.93	11.27	8.58	8.43	7.75	2.56	0.00	0.00
	其中：再就业收入	1.36	1.61	2.07	0.80	0.78	0.00	0.00	0.00
	离退休金	34.95	52.11	32.54	26.10	12.40	10.26	13.64	11.11
	储蓄和保险金	0.61	1.01	0.59	0.00	0.78	0.00	0.00	0.00
	社会救济	7.11	4.83	7.69	6.43	10.08	12.82	18.18	11.11
	金融资产性收入	1.06	0.80	1.78	0.00	2.33	0.00	4.55	0.00
	从子女亲属得到	41.60	27.16	41.12	51.81	58.91	65.38	59.09	77.78
	其他来源的收入	5.75	2.82	7.69	7.23	7.75	8.97	4.55	0.00
构成二(%)	**劳动收入**	**100.00**	**47.46**	**24.58**	**17.80**	**8.47**	**1.69**	**0.00**	**0.00**
	其中：再就业收入	100.00	44.44	38.89	11.11	5.56	0.00	0.00	0.00
	离退休金	100.00	56.06	23.81	14.07	3.46	1.73	0.65	0.22
	储蓄和保险金	100.00	62.50	25.00	0.00	12.50	0.00	0.00	0.00
	社会救济	100.00	25.53	27.66	17.02	13.83	10.64	4.26	1.06
	金融资产性收入	100.00	28.57	42.86	0.00	21.43	0.00	7.14	0.00
	从子女亲属得到	100.00	24.55	25.27	23.45	13.82	9.27	2.36	1.27
	其他来源的收入	100.00	18.42	34.21	23.68	13.16	9.21	1.32	0.00

表 40 县老年人口按年龄分组主要经济来源

		合计	60—64 岁	65—69 岁	70—74 岁	75—79 岁	80—84 岁	85—89 岁	90 岁以上
绝对数	**劳动收入**	**5514**	**3232**	**1540**	**569**	**139**	**25**	**8**	**1**
	退休金	513	246	148	66	35	16	2	0
	亲友赠送	156	49	43	35	18	7	3	1
	子女供给	4140	1118	1080	947	610	254	99	32
	出售财物	87	41	23	12	7	1	1	2
	储蓄贷款	31	12	10	6	1	2	0	0
	其他	433	164	125	71	45	18	7	3
构成一(%)	**合计**	**100.00**	**100.00**	**100.00**	**100.00**	**100.00**	**100.00**	**100.00**	**100.00**
	劳动收入	50.71	66.47	51.87	33.35	16.26	7.74	6.67	2.56
	退休金	4.72	5.06	4.98	3.87	4.09	4.95	1.67	0.00
	亲友赠送	1.43	1.01	1.45	2.05	2.11	2.17	2.50	2.56
	子女供给	38.07	22.99	36.38	55.51	71.35	78.64	82.50	82.05
	出售财物	0.80	0.84	0.77	0.70	0.82	0.31	0.83	5.13
	储蓄贷款	0.29	0.25	0.34	0.35	0.12	0.62	0.00	0.00
	其他	3.98	3.37	4.21	4.16	5.26	5.57	5.83	7.69
构成二(%)	**劳动收入**	**100.00**	**58.61**	**27.93**	**10.32**	**2.52**	**0.45**	**0.15**	**0.02**
	退休金	100.00	47.95	28.85	12.87	6.82	3.12	0.39	0.00
	亲友赠送	100.00	31.41	27.56	22.44	11.54	4.49	1.92	0.64
	子女供给	100.00	27.00	26.09	22.87	14.73	6.14	2.39	0.77
	出售财物	100.00	47.13	26.44	13.79	8.05	1.15	1.15	2.30
	储蓄贷款	100.00	38.71	32.26	19.35	3.23	6.45	0.00	0.00
	其他	100.00	37.88	28.87	16.40	10.39	4.16	1.62	0.69

表 41　县男性老年人口按年龄分组主要经济来源

		合计	60—64 岁	65—69 岁	70—74 岁	75—79 岁	80—84 岁	85—89 岁	90 岁以上
绝对数	**劳动收入**	**4095**	**2333**	**1194**	**443**	**102**	**16**	**6**	**1**
	退休金	463	226	140	58	28	11	0	0
	亲友赠送	60	23	16	15	6	0	0	0
	子女供给	1602	405	430	402	234	85	31	15
	出售财物	50	24	14	8	2	1	0	1
	储蓄贷款	20	7	7	5	0	1	0	0
	其他	218	66	73	45	23	8	1	2
构成一(%)	**合计**	**100.00**	**100.00**	**100.00**	**100.00**	**100.00**	**100.00**	**100.00**	**100.00**
	劳动收入	62.92	75.65	63.71	45.39	25.82	13.11	15.79	5.26
	退休金	7.11	7.33	7.47	5.94	7.09	9.02	0.00	0.00
	亲友赠送	0.92	0.75	0.85	1.54	1.52	0.00	0.00	0.00
	子女供给	24.62	13.13	22.95	41.19	59.24	69.67	81.58	78.95
	出售财物	0.77	0.78	0.75	0.82	0.51	0.82	0.00	5.26
	储蓄贷款	0.31	0.23	0.37	0.51	0.00	0.82	0.00	0.00
	其他	3.35	2.14	3.90	4.61	5.82	6.56	2.63	10.53
构成二(%)	**劳动收入**	**100.00**	**56.97**	**29.16**	**10.82**	**2.49**	**0.39**	**0.15**	**0.02**
	退休金	100.00	48.81	30.24	12.53	6.05	2.38	0.00	0.00
	亲友赠送	100.00	38.33	26.67	25.00	10.00	0.00	0.00	0.00
	子女供给	100.00	25.28	26.84	25.09	14.61	5.31	1.94	0.94
	出售财物	100.00	48.00	28.00	16.00	4.00	2.00	0.00	2.00
	储蓄贷款	100.00	35.00	35.00	25.00	0.00	5.00	0.00	0.00
	其他	100.00	30.28	33.49	20.64	10.55	3.67	0.46	0.92

表 42　县女性老年人口按年龄分组主要经济来源

		合计	60—64 岁	65—69 岁	70—74 岁	75—79 岁	80—84 岁	85—89 岁	90 岁以上
绝对数	**劳动收入**	**1419**	**899**	**346**	**126**	**37**	**9**	**2**	**0**
	退休金	50	20	8	8	7	5	2	0
	亲友赠送	96	26	27	20	12	7	3	1
	子女供给	2538	713	650	545	376	169	68	17
	出售财物	37	17	9	4	5	0	1	1
	储蓄贷款	11	5	3	1	1	1	0	0
	其他	215	98	52	26	22	10	6	1
构成一(%)	**合计**	**100.00**	**100.00**	**100.00**	**100.00**	**100.00**	**100.00**	**100.00**	**100.00**
	劳动收入	32.50	50.56	31.60	17.26	8.04	4.48	2.44	0.00
	退休金	1.15	1.12	0.73	1.10	1.52	2.49	2.44	0.00
	亲友赠送	2.20	1.46	2.47	2.74	2.61	3.48	3.66	5.00
	子女供给	58.13	40.10	59.36	74.66	81.74	84.08	82.93	85.00
	出售财物	0.85	0.96	0.82	0.55	1.09	0.00	1.22	5.00
	储蓄贷款	0.25	0.28	0.27	0.14	0.22	0.50	0.00	0.00
	其他	4.92	5.51	4.75	3.56	4.78	4.98	7.32	5.00
构成二(%)	**劳动收入**	**100.00**	**63.35**	**24.38**	**8.88**	**2.61**	**0.63**	**0.14**	**0.00**
	退休金	100.00	40.00	16.00	16.00	14.00	10.00	4.00	0.00
	亲友赠送	100.00	27.08	28.13	20.83	12.50	7.29	3.13	1.04
	子女供给	100.00	28.09	25.61	21.47	14.81	6.66	2.68	0.67
	出售财物	100.00	45.95	24.32	10.81	13.51	0.00	2.70	2.70
	储蓄贷款	100.00	45.45	27.27	9.09	9.09	9.09	0.00	0.00
	其他	100.00	45.58	24.19	12.09	10.23	4.65	2.79	0.47

表 1 市老年人口按年龄分组健康状况

		合计	60—64 岁	65—69 岁	70—74 岁	75—79 岁	80—84 岁	85—89 岁	90 岁以上
绝对数	**合计**	**13963**	**5730**	**3693**	**2287**	**1337**	**655**	**193**	**68**
	良好	2100	895	494	307	212	141	37	14
	较好	4275	1706	1134	699	415	227	69	25
	一般	3517	1490	934	597	329	118	39	10
	较差	2506	1065	694	414	223	86	21	3
	很不好	1478	555	417	259	145	71	24	7
	不详	87	19	20	11	13	12	3	9
构成一(%)	**合计**	**100.00**	**100.00**	**100.00**	**100.00**	**100.00**	**100.00**	**100.00**	**100.00**
	良好	15.04	15.62	13.38	13.42	15.86	21.53	19.17	20.59
	较好	30.62	29.77	30.71	30.56	31.04	34.66	35.75	36.76
	一般	25.19	26.00	25.29	26.10	24.61	18.02	20.21	14.71
	较差	17.95	18.59	18.79	18.10	16.68	13.13	10.88	4.41
	很不好	10.59	9.69	11.29	11.32	10.85	10.84	12.44	10.29
	不详	0.62	0.33	0.54	0.48	0.97	1.83	1.55	13.24
构成二(%)	**合计**	**100.00**	**41.04**	**26.45**	**16.38**	**9.58**	**4.69**	**1.38**	**0.49**
	良好	100.00	42.62	23.52	14.62	10.10	6.71	1.76	0.67
	较好	100.00	39.91	26.53	16.35	9.71	5.31	1.61	0.58
	一般	100.00	42.37	26.56	16.97	9.35	3.36	1.11	0.28
	较差	100.00	42.50	27.69	16.52	8.90	3.43	0.84	0.12
	很不好	100.00	37.55	28.21	17.52	9.81	4.80	1.62	0.47
	不详	100.00	21.84	22.99	12.64	14.94	13.79	3.45	10.34

表 2 市男性老年人口按年龄分组健康状况

		合计	60—64 岁	65—69 岁	70—74 岁	75—79 岁	80—84 岁	85—89 岁	90 岁以上
绝对数	**合计**	**6578**	**2903**	**1796**	**1031**	**546**	**228**	**60**	**14**
	良好	1146	541	302	156	84	49	12	2
	较好	2104	917	572	342	168	79	21	5
	一般	1619	741	442	245	131	43	13	4
	较差	1012	455	278	163	83	26	7	0
	很不好	670	242	194	122	74	29	6	3
	不详	27	7	8	3	6	2	1	0
构成一(%)	**合计**	**100.00**	**100.00**	**100.00**	**100.00**	**100.00**	**100.00**	**100.00**	**100.00**
	良好	17.42	18.64	16.82	15.13	15.38	21.49	20.00	14.29
	较好	31.99	31.59	31.85	33.17	30.77	34.65	35.00	35.71
	一般	24.61	25.53	24.61	23.76	23.99	18.86	21.67	28.57
	较差	15.38	15.67	15.48	15.81	15.20	11.40	11.67	0.00
	很不好	10.19	8.34	10.80	11.83	13.55	12.72	10.00	21.43
	不详	0.41	0.24	0.45	0.29	1.10	0.88	1.67	0.00
构成二(%)	**合计**	**100.00**	**44.13**	**27.30**	**15.67**	**8.30**	**3.47**	**0.91**	**0.21**
	良好	100.00	47.21	26.35	13.61	7.33	4.28	1.05	0.17
	较好	100.00	43.58	27.19	16.25	7.98	3.75	1.00	0.24
	一般	100.00	45.77	27.30	15.13	8.09	2.66	0.80	0.25
	较差	100.00	44.96	27.47	16.11	8.20	2.57	0.69	0.00
	很不好	100.00	36.12	28.96	18.21	11.04	4.33	0.90	0.45
	不详	100.00	25.93	29.63	11.11	22.22	7.41	3.70	0.00

表 3 市女性老年人口按年龄分组健康状况

		合计	60—64 岁	65—69 岁	70—74 岁	75—79 岁	80—84 岁	85—89 岁	90 岁以上
绝对数	**合计**	**7385**	**2827**	**1897**	**1256**	**791**	**427**	**133**	**54**
	良好	954	354	192	151	128	92	25	12
	较好	2171	789	562	357	247	148	48	20
	一般	1898	749	492	352	198	75	26	6
	较差	1494	610	416	251	140	60	14	3
	很不好	808	313	223	137	71	42	18	4
	不详	60	12	12	8	7	10	2	9
构成一(%)	**合计**	**100.00**	**100.00**	**100.00**	**100.00**	**100.00**	**100.00**	**100.00**	**100.00**
	良好	12.92	12.52	10.12	12.02	16.18	21.55	18.80	22.22
	较好	29.40	27.91	29.63	28.42	31.23	34.66	36.09	37.04
	一般	25.70	26.49	25.94	28.03	25.03	17.56	19.55	11.11
	较差	20.23	21.58	21.93	19.98	17.70	14.05	10.53	5.56
	很不好	10.94	11.07	11.76	10.91	8.98	9.84	13.53	7.41
	不详	0.81	0.42	0.63	0.64	0.88	2.34	1.50	16.67
构成二(%)	**合计**	**100.00**	**38.28**	**25.69**	**17.01**	**10.71**	**5.78**	**1.80**	**0.73**
	良好	100.00	37.11	20.13	15.83	13.42	9.64	2.62	1.26
	较好	100.00	36.34	25.89	16.44	11.38	6.82	2.21	0.92
	一般	100.00	39.46	25.92	18.55	10.43	3.95	1.37	0.32
	较差	100.00	40.83	27.84	16.80	9.37	4.02	0.94	0.20
	很不好	100.00	38.74	27.60	16.96	8.79	5.20	2.23	0.50
	不详	100.00	20.00	20.00	13.33	11.67	16.67	3.33	15.00

表 4 镇老年人口按年龄分组健康状况

		合计	60—64 岁	65—69 岁	70—74 岁	75—79 岁	80—84 岁	85—89 岁	90 岁以上
绝对数	**合计**	**3856**	**1457**	**978**	**726**	**409**	**188**	**71**	**27**
	良好	520	185	127	94	54	36	16	8
	较好	1250	482	297	228	142	55	33	13
	一般	903	366	235	174	73	45	9	1
	较差	722	277	204	126	84	23	7	1
	很不好	438	141	110	100	53	27	5	2
	不详	23	6	5	4	3	2	1	2
构成一(%)	**合计**	**100.00**	**100.00**	**100.00**	**100.00**	**100.00**	**100.00**	**100.00**	**100.00**
	良好	13.49	12.70	12.99	12.95	13.20	19.15	22.54	29.63
	较好	32.42	33.08	30.37	31.40	34.72	29.26	46.48	48.15
	一般	23.42	25.12	24.03	23.97	17.85	23.94	12.68	3.70
	较差	18.72	19.01	20.86	17.36	20.54	12.23	9.86	3.70
	很不好	11.36	9.68	11.25	13.77	12.96	14.36	7.04	7.41
	不详	0.60	0.41	0.51	0.55	0.73	1.06	1.41	7.41
构成二(%)	**合计**	**100.00**	**37.79**	**25.36**	**18.83**	**10.61**	**4.88**	**1.84**	**0.70**
	良好	100.00	35.58	24.42	18.08	10.38	6.92	3.08	1.54
	较好	100.00	38.56	23.76	18.24	11.36	4.40	2.64	1.04
	一般	100.00	40.53	26.02	19.27	8.08	4.98	1.00	0.11
	较差	100.00	38.37	28.25	17.45	11.63	3.19	0.97	0.14
	很不好	100.00	32.19	25.11	22.83	12.10	6.16	1.14	0.46
	不详	100.00	26.09	21.74	17.39	13.04	8.70	4.35	8.70

表5 镇男性老年人口按年龄分组健康状况

		合计	60—64岁	65—69岁	70—74岁	75—79岁	80—84岁	85—89岁	90岁以上
绝对数	**合计**	**1811**	**751**	**483**	**316**	**169**	**64**	**22**	**6**
	良好	273	117	68	48	23	13	3	1
	较好	623	262	160	103	62	19	14	3
	一般	417	181	117	77	26	13	2	1
	较差	309	127	87	46	39	8	2	0
	很不好	184	63	48	41	19	11	1	1
	不详	5	1	3	1	0	0	0	0
构成一(%)	**合计**	**100.00**	**100.00**	**100.00**	**100.00**	**100.00**	**100.00**	**100.00**	**100.00**
	良好	15.07	15.58	14.08	15.19	13.61	20.31	13.64	16.67
	较好	34.40	34.89	33.13	32.59	36.69	29.69	63.64	50.00
	一般	23.03	24.10	24.22	24.37	15.38	20.31	9.09	16.67
	较差	17.06	16.91	18.01	14.56	23.08	12.50	9.09	0.00
	很不好	10.16	8.39	9.94	12.97	11.24	17.19	4.55	16.67
	不详	0.28	0.13	0.62	0.32	0.00	0.00	0.00	0.00
构成二(%)	**合计**	**100.00**	**41.47**	**26.67**	**17.45**	**9.33**	**3.53**	**1.21**	**0.33**
	良好	100.00	42.86	24.91	17.58	8.42	4.76	1.10	0.37
	较好	100.00	42.05	25.68	16.53	9.95	3.05	2.25	0.48
	一般	100.00	43.41	28.06	18.47	6.24	3.12	0.48	0.24
	较差	100.00	41.10	28.16	14.89	12.62	2.59	0.65	0.00
	很不好	100.00	34.24	26.09	22.28	10.33	5.98	0.54	0.54
	不详	100.00	20.00	60.00	20.00	0.00	0.00	0.00	0.00

表6 镇女性老年人口按年龄分组健康状况

		合计	60—64岁	65—69岁	70—74岁	75—79岁	80—84岁	85—89岁	90岁以上
绝对数	**合计**	**2045**	**706**	**495**	**410**	**240**	**124**	**49**	**21**
	良好	247	68	59	46	31	23	13	7
	较好	627	220	137	125	80	36	19	10
	一般	486	185	118	97	47	32	7	0
	较差	413	150	117	80	45	15	5	1
	很不好	254	78	62	59	34	16	4	1
	不详	18	5	2	3	3	2	1	2
构成一(%)	**合计**	**100.00**	**100.00**	**100.00**	**100.00**	**100.00**	**100.00**	**100.00**	**100.00**
	良好	12.08	9.63	11.92	11.22	12.92	18.55	26.53	33.33
	较好	30.66	31.16	27.68	30.49	33.33	29.03	38.78	47.62
	一般	23.77	26.20	23.84	23.66	19.58	25.81	14.29	0.00
	较差	20.20	21.25	23.64	19.51	18.75	12.10	10.20	4.76
	很不好	12.42	11.05	12.53	14.39	14.17	12.90	8.16	4.76
	不详	0.88	0.71	0.40	0.73	1.25	1.61	2.04	9.52
构成二(%)	**合计**	**100.00**	**34.52**	**24.21**	**20.05**	**11.74**	**6.06**	**2.40**	**1.03**
	良好	100.00	27.53	23.89	18.62	12.55	9.31	5.26	2.83
	较好	100.00	35.09	21.85	19.94	12.76	5.74	3.03	1.59
	一般	100.00	38.07	24.28	19.96	9.67	6.58	1.44	0.00
	较差	100.00	36.32	28.33	19.37	10.90	3.63	1.21	0.24
	很不好	100.00	30.71	24.41	23.23	13.39	6.30	1.57	0.39
	不详	100.00	27.78	11.11	16.67	16.67	11.11	5.56	11.11

表 7　县老年人口按年龄分组健康状况

		合计	60—64 岁	65—69 岁	70—74 岁	75—79 岁	80—84 岁	85—89 岁	90 岁以上
绝对数	**合　计**	**18936**	**6610**	**4919**	**3609**	**2227**	**1104**	**372**	**95**
	良　好	3311	1216	822	579	339	238	85	32
	较　好	4985	1702	1268	958	612	307	111	27
	一　般	5690	2000	1529	1103	673	279	86	20
	较　差	3250	1160	862	624	371	185	40	8
	很不好	1552	499	409	324	213	76	31	0
	不　详	148	33	29	21	19	19	19	8
构成一(%)	**合　计**	**100.00**	**100.00**	**100.00**	**100.00**	**100.00**	**100.00**	**100.00**	**100.00**
	良　好	17.49	18.40	16.71	16.04	15.22	21.56	22.85	33.68
	较　好	26.33	25.75	25.78	26.54	27.48	27.81	29.84	28.42
	一　般	30.05	30.26	31.08	30.56	30.22	25.27	23.12	21.05
	较　差	17.16	17.55	17.52	17.29	16.66	16.76	10.75	8.42
	很不好	8.20	7.55	8.31	8.98	9.56	6.88	8.33	0.00
	不　详	0.78	0.50	0.59	0.59	0.85	1.72	5.11	8.42
构成二(%)	**合　计**	**100.00**	**34.91**	**25.98**	**19.06**	**11.76**	**5.83**	**1.96**	**0.50**
	良　好	100.00	36.73	24.83	17.49	10.24	7.19	2.57	0.97
	较　好	100.00	34.14	25.44	19.22	12.28	6.16	2.23	0.54
	一　般	100.00	35.15	26.87	19.38	11.83	4.90	1.51	0.35
	较　差	100.00	35.69	26.52	19.20	11.42	5.69	1.23	0.25
	很不好	100.00	32.15	26.35	20.88	13.72	4.90	2.00	0.00
	不　详	100.00	22.30	19.59	14.19	12.84	12.84	12.84	5.41

表 8　县男性老年人口按年龄分组健康状况

		合计	60—64 岁	65—69 岁	70—74 岁	75—79 岁	80—84 岁	85—89 岁	90 岁以上
绝对数	**合　计**	**8927**	**3457**	**2412**	**1644**	**871**	**389**	**124**	**30**
	良　好	1907	780	498	318	164	99	35	13
	较　好	2350	892	639	414	241	119	37	8
	一　般	2554	1008	697	499	240	79	27	4
	较　差	1406	534	396	261	141	60	11	3
	很不好	666	229	176	146	79	28	8	0
	不　详	44	14	6	6	6	4	6	2
构成一(%)	**合　计**	**100.00**	**100.00**	**100.00**	**100.00**	**100.00**	**100.00**	**100.00**	**100.00**
	良　好	21.36	22.56	20.65	19.34	18.83	25.45	28.23	43.33
	较　好	26.32	25.80	26.49	25.18	27.67	30.59	29.84	26.67
	一　般	28.61	29.16	28.90	30.35	27.55	20.31	21.77	13.33
	较　差	15.75	15.45	16.42	15.88	16.19	15.42	8.87	10.00
	很不好	7.46	6.62	7.30	8.88	9.07	7.20	6.45	0.00
	不　详	0.49	0.40	0.25	0.36	0.69	1.03	4.84	6.67
构成二(%)	**合　计**	**100.00**	**38.73**	**27.02**	**18.42**	**9.76**	**4.36**	**1.39**	**0.34**
	良　好	100.00	40.90	26.11	16.68	8.60	5.19	1.84	0.68
	较　好	100.00	37.96	27.19	17.62	10.26	5.06	1.57	0.34
	一　般	100.00	39.47	27.29	19.54	9.40	3.09	1.06	0.16
	较　差	100.00	37.98	28.17	18.56	10.03	4.27	0.78	0.21
	很不好	100.00	34.38	26.43	21.92	11.86	4.20	1.20	0.00
	不　详	100.00	31.82	13.64	13.64	13.64	9.09	13.64	4.55

表 9　市老年人口按年龄分组健康状况

		合计	60—64 岁	65—69 岁	70—74 岁	75—79 岁	80—84 岁	85—89 岁	90 岁以上
绝对数	**合计**	**10009**	**3153**	**2507**	**1965**	**1356**	**715**	**248**	**65**
	良好	1404	436	324	261	175	139	50	19
	较好	2635	810	629	544	371	188	74	19
	一般	3136	992	832	604	433	200	59	16
	较差	1844	626	466	363	230	125	29	5
	很不好	886	270	233	178	134	48	23	0
	不详	104	19	23	15	13	15	13	6
构成一(%)	**合计**	**100.00**	**100.00**	**100.00**	**100.00**	**100.00**	**100.00**	**100.00**	**100.00**
	良好	14.03	13.83	12.92	13.28	12.91	19.44	20.16	29.23
	较好	26.33	25.69	25.09	27.68	27.36	26.29	29.84	29.23
	一般	31.33	31.46	33.19	30.74	31.93	27.97	23.79	24.62
	较差	18.42	19.85	18.59	18.47	16.96	17.48	11.69	7.69
	很不好	8.85	8.56	9.29	9.06	9.88	6.71	9.27	0.00
	不详	1.04	0.60	0.92	0.76	0.96	2.10	5.24	9.23
构成二(%)	**合计**	**100.00**	**31.50**	**25.05**	**19.63**	**13.55**	**7.14**	**2.48**	**0.65**
	良好	100.00	31.05	23.08	18.59	12.46	9.90	3.56	1.35
	较好	100.00	30.74	23.87	20.65	14.08	7.13	2.81	0.72
	一般	100.00	31.63	26.53	19.26	13.81	6.38	1.88	0.51
	较差	100.00	33.95	25.27	19.69	12.47	6.78	1.57	0.27
	很不好	100.00	30.47	26.30	20.09	15.12	5.42	2.60	0.00
	不详	100.00	18.27	22.12	14.42	12.50	14.42	12.50	5.77

表 10　市老年人口按文化程度分组健康状况

		合计	60—64 岁	65—69 岁	70—74 岁	75—79 岁	80—84 岁	85—89 岁	90 岁以上
绝对数	**合计**	**13963**	**516**	**272**	**538**	**1838**	**3468**	**1783**	**5548**
	良好	2100	97	45	96	316	534	271	741
	较好	4275	159	91	172	600	1070	535	1648
	一般	3517	138	67	137	451	874	461	1389
	较差	2506	85	47	90	290	585	337	1072
	很不好	1478	35	20	40	175	388	171	649
	不详	87	2	2	3	6	17	8	49
构成一(%)	**合计**	**100.00**	**100.00**	**100.00**	**100.00**	**100.00**	**100.00**	**100.00**	**100.00**
	良好	15.04	18.80	16.54	17.84	17.19	15.40	15.20	13.36
	较好	30.62	30.81	33.46	31.97	32.64	30.85	30.01	29.70
	一般	25.19	26.74	24.63	25.46	24.54	25.20	25.86	25.04
	较差	17.95	16.47	17.28	16.73	15.78	16.87	18.90	19.32
	很不好	10.59	6.78	7.35	7.43	9.25	11.19	9.59	11.70
	不详	0.62	0.39	0.74	0.56	0.33	0.49	0.45	0.88
构成二(%)	**合计**	**100.00**	**3.70**	**1.95**	**3.85**	**13.16**	**24.84**	**12.77**	**39.73**
	良好	100.00	4.62	2.14	4.57	15.05	25.43	12.90	35.29
	较好	100.00	3.72	2.13	4.02	14.04	25.03	12.51	38.55
	一般	100.00	3.92	1.91	3.90	12.82	24.85	13.11	39.49
	较差	100.00	3.39	1.88	3.59	11.57	23.34	13.45	42.78
	很不好	100.00	2.37	1.35	2.71	11.84	26.25	11.57	43.91
	不详	100.00	2.30	2.30	3.45	6.90	19.54	9.20	56.32

表 34　市老年人口按年龄分组医疗费支付方式

		合计	60—64 岁	65—69 岁	70—74 岁	75—79 岁	80—84 岁	85—89 岁	90 岁以上
绝对数	**合计**	**13963**	**5730**	**3693**	**2287**	**1337**	**655**	**193**	**68**
	自费	3733	1132	925	730	517	290	100	39
	半自费	3084	1057	800	581	378	192	55	21
	公费	7146	3541	1968	976	442	173	38	8
构成一(%)	**合计**	**100.00**	**100.00**	**100.00**	**100.00**	**100.00**	**100.00**	**100.00**	**100.00**
	自费	26.73	19.76	25.05	31.92	38.67	44.27	51.81	57.35
	半自费	22.09	18.45	21.66	25.40	28.27	29.31	28.50	30.88
	公费	51.18	61.80	53.29	42.68	33.06	26.41	19.69	11.76
构成二(%)	**合计**	**100.00**	**41.04**	**26.45**	**16.38**	**9.58**	**4.69**	**1.38**	**0.49**
	自费	100.00	30.32	24.78	19.56	13.85	7.77	2.68	1.04
	半自费	100.00	34.27	25.94	18.84	12.26	6.23	1.78	0.68
	公费	100.00	49.55	27.54	13.66	6.19	2.42	0.53	0.11

表 35　市男性老年人口按年龄分组医疗费支付方式

		合计	60—64 岁	65—69 岁	70—74 岁	75—79 岁	80—84 岁	85—89 岁	90 岁以上
绝对数	**合计**	**6578**	**2903**	**1796**	**1031**	**546**	**228**	**60**	**14**
	自费	593	154	150	121	95	54	15	4
	半自费	785	276	209	151	90	41	14	4
	公费	5200	2473	1437	759	361	133	31	6
构成一(%)	**合计**	**100.00**	**100.00**	**100.00**	**100.00**	**100.00**	**100.00**	**100.00**	**100.00**
	自费	9.01	5.30	8.35	11.74	17.40	23.68	25.00	28.57
	半自费	11.93	9.51	11.64	14.65	16.48	17.98	23.33	28.57
	公费	79.05	85.19	80.01	73.62	66.12	58.33	51.67	42.86
构成二(%)	**合计**	**100.00**	**44.13**	**27.30**	**15.67**	**8.30**	**3.47**	**0.91**	**0.21**
	自费	100.00	25.97	25.30	20.40	16.02	9.11	2.53	0.67
	半自费	100.00	35.16	26.62	19.24	11.46	5.22	1.78	0.51
	公费	100.00	47.56	27.63	14.60	6.94	2.56	0.60	0.12

表 36　市女性老年人口按年龄分组医疗费支付方式

		合计	60—64 岁	65—69 岁	70—74 岁	75—79 岁	80—84 岁	85—89 岁	90 岁以上
绝对数	**合计**	**7385**	**2827**	**1897**	**1256**	**791**	**427**	**133**	**54**
	自费	3140	978	775	609	422	236	85	35
	半自费	2299	781	591	430	288	151	41	17
	公费	1964	1068	531	217	81	40	7	2
构成一(%)	**合计**	**100.00**	**100.00**	**100.00**	**100.00**	**100.00**	**100.00**	**100.00**	**100.00**
	自费	42.52	34.59	40.85	48.49	53.35	55.27	63.91	64.81
	半自费	31.13	27.63	31.15	34.24	36.41	35.36	30.83	31.48
	公费	26.35	37.78	27.99	17.28	10.24	9.37	5.26	3.70
构成二(%)	**合计**	**100.00**	**38.28**	**25.69**	**17.01**	**10.71**	**5.78**	**1.80**	**0.73**
	自费	100.00	31.15	24.68	19.39	13.44	7.52	2.71	1.11
	半自费	100.00	33.97	25.71	18.70	12.53	6.57	1.78	0.74
	公费	100.00	54.88	27.29	11.15	4.16	2.06	0.36	0.10

表 37 镇老年人口按年龄分组医疗费支付方式

		合计	60—64 岁	65—69 岁	70—74 岁	75—79 岁	80—84 岁	85—89 岁	90 岁以上
绝对数	**合计**	**3856**	**1457**	**978**	**726**	**409**	**188**	**71**	**27**
	自费	1738	478	413	386	261	127	51	22
	半自费	739	283	196	143	67	32	15	3
	公费	1379	696	369	197	81	29	5	2
构成一(%)	**合计**	**100.00**	**100.00**	**100.00**	**100.00**	**100.00**	**100.00**	**100.00**	**100.00**
	自费	45.07	32.81	42.23	53.17	63.81	67.55	71.83	81.48
	半自费	19.16	19.42	20.04	19.70	16.38	17.02	21.13	11.11
	公费	35.76	47.77	37.73	27.13	19.80	15.43	7.04	7.41
构成二(%)	**合计**	**100.00**	**37.79**	**25.36**	**18.83**	**10.61**	**4.88**	**1.84**	**0.70**
	自费	100.00	27.50	23.76	22.21	15.02	7.31	2.93	1.27
	半自费	100.00	38.29	26.52	19.35	9.07	4.33	2.03	0.41
	公费	100.00	50.47	26.76	14.29	5.87	2.10	0.36	0.15

表 38 镇男性老年人口按年龄分组医疗费支付方式

		合计	60—64 岁	65—69 岁	70—74 岁	75—79 岁	80—84 岁	85—89 岁	90 岁以上
绝对数	**合计**	**1811**	**751**	**483**	**316**	**169**	**64**	**22**	**6**
	自费	321	71	74	77	58	26	11	4
	半自费	395	153	106	78	39	12	6	1
	公费	1095	527	303	161	72	26	5	1
构成一(%)	**合计**	**100.00**	**100.00**	**100.00**	**100.00**	**100.00**	**100.00**	**100.00**	**100.00**
	自费	17.73	9.45	15.32	24.37	34.32	40.63	50.00	66.67
	半自费	21.81	20.37	21.95	24.68	23.08	18.75	27.27	16.67
	公费	60.46	70.17	62.73	50.95	42.60	40.63	22.73	16.67
构成二(%)	**合计**	**100.00**	**41.47**	**26.67**	**17.45**	**9.33**	**3.53**	**1.21**	**0.33**
	自费	100.00	22.12	23.05	23.99	18.07	8.10	3.43	1.25
	半自费	100.00	38.73	26.84	19.75	9.87	3.04	1.52	0.25
	公费	100.00	48.13	27.67	14.70	6.58	2.37	0.46	0.09

表 39 镇女性老年人口按年龄分组医疗费支付方式

		合计	60—64 岁	65—69 岁	70—74 岁	75—79 岁	80—84 岁	85—89 岁	90 岁以上
绝对数	**合计**	**2045**	**706**	**495**	**410**	**240**	**124**	**49**	**21**
	自费	1417	407	339	309	203	101	40	18
	半自费	344	130	90	65	28	20	9	2
	公费	284	169	66	36	9	3	0	1
构成一(%)	**合计**	**100.00**	**100.00**	**100.00**	**100.00**	**100.00**	**100.00**	**100.00**	**100.00**
	自费	69.29	57.65	68.48	75.37	84.58	81.45	81.63	85.71
	半自费	16.82	18.41	18.18	15.85	11.67	16.13	18.37	9.52
	公费	13.89	23.94	13.33	8.78	3.75	2.42	0.00	4.76
构成二(%)	**合计**	**100.00**	**34.52**	**24.21**	**20.05**	**11.74**	**6.06**	**2.40**	**1.03**
	自费	100.00	28.72	23.92	21.81	14.33	7.13	2.82	1.27
	半自费	100.00	37.79	26.16	18.90	8.14	5.81	2.62	0.58
	公费	100.00	59.51	23.24	12.68	3.17	1.06	0.00	0.35

表 40 县老年人口按年龄分组医疗费支付方式

		合计	60—64 岁	65—69 岁	70—74 岁	75—79 岁	80—84 岁	85—89 岁	90 岁以上
绝对数	**合计**	**18936**	**6610**	**4919**	**3609**	**2227**	**1104**	**372**	**95**
	自费	17931	6203	4627	3471	2116	1063	359	92
	半自费	588	209	157	87	89	31	12	3
	公费	417	198	135	51	22	10	1	0
构成一(%)	**合计**	**100.00**	**100.00**	**100.00**	**100.00**	**100.00**	**100.00**	**100.00**	**100.00**
	自费	94.69	93.84	94.06	96.18	95.02	96.29	96.51	96.84
	半自费	3.11	3.16	3.19	2.41	4.00	2.81	3.23	3.16
	公费	2.20	3.00	2.74	1.41	0.99	0.91	0.27	0.00
构成二(%)	**合计**	**100.00**	**34.91**	**25.98**	**19.06**	**11.76**	**5.83**	**1.96**	**0.50**
	自费	100.00	34.59	25.80	19.36	11.80	5.93	2.00	0.51
	半自费	100.00	35.54	26.70	14.80	15.14	5.27	2.04	0.51
	公费	100.00	47.48	32.37	12.23	5.28	2.40	0.24	0.00

表 41 县男性老年人口按年龄分组医疗费支付方式

		合计	60—64 岁	65—69 岁	70—74 岁	75—79 岁	80—84 岁	85—89 岁	90 岁以上
绝对数	**合计**	**8927**	**3457**	**2412**	**1644**	**871**	**389**	**124**	**30**
	自费	8273	3152	2220	1560	818	375	120	28
	半自费	270	117	69	38	34	6	4	2
	公费	384	188	123	46	19	8	0	0
构成一(%)	**合计**	**100.00**	**100.00**	**100.00**	**100.00**	**100.00**	**100.00**	**100.00**	**100.00**
	自费	92.67	91.18	92.04	94.89	93.92	96.40	96.77	93.33
	半自费	3.02	3.38	2.86	2.31	3.90	1.54	3.23	6.67
	公费	4.30	5.44	5.10	2.80	2.18	2.06	0.00	0.00
构成二(%)	**合计**	**100.00**	**38.73**	**27.02**	**18.42**	**9.76**	**4.36**	**1.39**	**0.34**
	自费	100.00	38.10	26.83	18.86	9.89	4.53	1.45	0.34
	半自费	100.00	43.33	25.56	14.07	12.59	2.22	1.48	0.74
	公费	100.00	48.96	32.03	11.98	4.95	2.08	0.00	0.00

表 42 县女性老年人口按年龄分组医疗费支付方式

		合计	60—64 岁	65—69 岁	70—74 岁	75—79 岁	80—84 岁	85—89 岁	90 岁以上
绝对数	**合计**	**10009**	**3153**	**2507**	**1965**	**1356**	**715**	**248**	**65**
	自费	9658	3051	2407	1911	1298	688	239	64
	半自费	318	92	88	49	55	25	8	1
	公费	33	10	12	5	3	2	1	0
构成一(%)	**合计**	**100.00**	**100.00**	**100.00**	**100.00**	**100.00**	**100.00**	**100.00**	**100.00**
	自费	96.49	96.76	96.01	97.25	95.72	96.22	96.37	98.46
	半自费	3.18	2.92	3.51	2.49	4.06	3.50	3.23	1.54
	公费	0.33	0.32	0.48	0.25	0.22	0.28	0.40	0.00
构成二(%)	**合计**	**100.00**	**31.50**	**25.05**	**19.63**	**13.55**	**7.14**	**2.48**	**0.65**
	自费	100.00	31.59	24.92	19.79	13.44	7.12	2.47	0.66
	半自费	100.00	28.93	27.67	15.41	17.30	7.86	2.52	0.31
	公费	100.00	30.30	36.36	15.15	9.09	6.06	3.03	0.00

表1 市老年人口按年龄分组供养状况

		合计	60—64岁	65—69岁	70—74岁	75—79岁	80—84岁	85—89岁	90岁以上
绝对数	**合计**	**13963**	**5730**	**3693**	**2287**	**1337**	**655**	**193**	**68**
	工资收入	946	615	215	77	28	8	3	0
	离退休收入	7831	3650	2216	1174	542	193	47	9
	靠配偶	1809	869	511	291	107	26	4	1
	靠子女	3132	540	698	676	619	411	131	57
	靠亲友	44	4	8	17	8	3	3	1
	政府救济	201	52	45	52	33	14	5	0
构成一(%)	**合计**	**100.00**	**100.00**	**100.00**	**100.00**	**100.00**	**100.00**	**100.00**	**100.00**
	工资收入	6.78	10.73	5.82	3.37	2.09	1.22	1.55	0.00
	离退休收入	56.08	63.70	60.01	51.33	40.54	29.47	24.35	13.24
	靠配偶	12.96	15.17	13.84	12.72	8.00	3.97	2.07	1.47
	靠子女	22.43	9.42	18.90	29.56	46.30	62.75	67.88	83.82
	靠亲友	0.32	0.07	0.22	0.74	0.60	0.46	1.55	1.47
	政府救济	1.44	0.91	1.22	2.27	2.47	2.14	2.59	0.00
构成二(%)	**合计**	**100.00**	**41.04**	**26.45**	**16.38**	**9.58**	**4.69**	**1.38**	**0.49**
	工资收入	100.00	65.01	22.73	8.14	2.96	0.85	0.32	0.00
	离退休收入	100.00	46.61	28.30	14.99	6.92	2.46	0.60	0.11
	靠配偶	100.00	48.04	28.25	16.09	5.91	1.44	0.22	0.06
	靠子女	100.00	17.24	22.29	21.58	19.76	13.12	4.18	1.82
	靠亲友	100.00	9.09	18.18	38.64	18.18	6.82	6.82	2.27
	政府救济	100.00	25.87	22.39	25.87	16.42	6.97	2.49	0.00

表2 市男性老年人口按年龄分组供养状况

		合计	60—64岁	65—69岁	70—74岁	75—79岁	80—84岁	85—89岁	90岁以上
绝对数	**合计**	**6578**	**2903**	**1796**	**1031**	**546**	**228**	**60**	**14**
	工资收入	699	468	148	54	19	7	3	0
	离退休收入	5386	2322	1547	882	435	156	38	6
	靠配偶	41	12	4	16	5	4	0	0
	靠子女	421	96	88	73	81	58	17	8
	靠亲友	2	1	0	0	1	0	0	0
	政府救济	29	4	9	6	5	3	2	0
构成一(%)	**合计**	**100.00**	**100.00**	**100.00**	**100.00**	**100.00**	**100.00**	**100.00**	**100.00**
	工资收入	10.63	16.12	8.24	5.24	3.48	3.07	5.00	0.00
	离退休收入	81.88	79.99	86.14	85.55	79.67	68.42	63.33	42.86
	靠配偶	0.62	0.41	0.22	1.55	0.92	1.75	0.00	0.00
	靠子女	6.40	3.31	4.90	7.08	14.84	25.44	28.33	57.14
	靠亲友	0.03	0.03	0.00	0.00	0.18	0.00	0.00	0.00
	政府救济	0.44	0.14	0.50	0.58	0.92	1.32	3.33	0.00
构成二(%)	**合计**	**100.00**	**44.13**	**27.30**	**15.67**	**8.30**	**3.47**	**0.91**	**0.21**
	工资收入	100.00	99.95	21.17	7.73	2.72	1.00	0.43	0.00
	离退休收入	100.00	43.11	28.72	16.38	8.08	2.90	0.71	0.11
	靠配偶	100.00	29.27	9.76	39.02	12.20	9.76	0.00	0.00
	靠子女	100.00	22.80	20.90	17.34	19.24	13.78	4.04	1.90
	靠亲友	100.00	50.00	0.00	0.00	50.00	0.00	0.00	0.00
	政府救济	100.00	13.79	31.03	20.69	17.24	10.34	6.90	0.00

表3　市女性老年人口按年龄分组供养状况

		合计	60—64岁	65—69岁	70—74岁	75—79岁	80—84岁	85—89岁	90岁以上
绝对数	**合计**	**7385**	**2827**	**1897**	**1256**	**791**	**427**	**133**	**54**
	工资收入	247	147	67	23	9	1	0	0
	离退休收入	2445	1328	669	292	107	37	9	3
	靠配偶	1768	857	507	275	102	22	4	1
	靠子女	2711	444	610	603	538	353	114	49
	靠亲友	42	3	8	17	7	3	3	1
	政府救济	172	48	36	46	28	11	3	0
构成一(%)	**合计**	**100.00**	**100.00**	**100.00**	**100.00**	**100.00**	**100.00**	**100.00**	**100.00**
	工资收入	3.34	5.20	3.53	1.83	1.14	0.23	0.00	0.00
	离退休收入	33.11	46.98	35.27	23.25	13.53	8.67	6.77	5.56
	靠配偶	23.94	30.31	26.73	21.89	12.90	5.15	3.01	1.85
	靠子女	36.71	15.71	32.16	48.01	68.02	82.67	85.71	90.74
	靠亲友	0.57	0.11	0.42	1.35	0.88	0.70	2.26	1.85
	政府救济	2.33	1.70	1.90	3.66	3.54	2.58	2.26	0.00
构成二(%)	**合计**	**100.00**	**38.28**	**25.69**	**17.01**	**10.71**	**5.78**	**1.80**	**0.73**
	工资收入	100.00	59.51	27.13	9.31	3.64	0.40	0.00	0.00
	离退休收入	100.00	54.31	27.36	11.94	4.38	1.51	0.37	0.12
	靠配偶	100.00	48.47	28.68	15.55	5.77	1.24	0.23	0.06
	靠子女	100.00	16.38	22.50	22.24	19.85	13.02	4.21	1.81
	靠亲友	100.00	7.14	19.05	40.48	16.67	7.14	7.14	2.38
	政府救济	100.00	27.91	20.93	26.74	16.28	6.40	1.74	0.00

表4　镇老年人口按年龄分组供养状况

		合计	60—64岁	65—69岁	70—74岁	75—79岁	80—84岁	85—89岁	90岁以上
绝对数	**合计**	**3856**	**1457**	**978**	**726**	**409**	**188**	**71**	**27**
	工资收入	274	181	56	21	12	2	2	0
	离退休收入	1830	811	507	317	136	43	12	4
	靠配偶	550	259	168	86	28	7	1	1
	靠子女	1072	172	215	281	212	123	49	20
	靠亲友	23	3	4	2	7	3	3	1
	政府救济	107	31	28	19	14	10	4	1
构成一(%)	**合计**	**100.00**	**100.00**	**100.00**	**100.00**	**100.00**	**100.00**	**100.00**	**100.00**
	工资收入	7.11	12.42	5.73	5.89	2.93	1.06	2.82	0.00
	离退休收入	47.46	55.66	51.84	43.66	33.25	22.87	16.90	14.81
	靠配偶	14.26	17.78	17.18	11.85	6.85	3.72	1.41	3.70
	靠子女	27.80	11.81	21.98	38.71	51.83	65.43	69.01	74.07
	靠亲友	0.60	0.21	0.41	0.28	1.71	1.60	4.23	3.70
	政府救济	2.77	2.13	2.86	2.62	3.42	5.32	5.63	3.70
构成二(%)	**合计**	**100.00**	**37.79**	**25.36**	**18.83**	**10.61**	**4.88**	**1.84**	**0.70**
	工资收入	100.00	66.06	20.44	7.66	4.38	0.73	0.73	0.00
	离退休收入	100.00	44.32	27.70	17.32	7.43	2.35	0.66	0.22
	靠配偶	100.00	47.09	30.55	15.64	5.09	1.27	0.18	0.18
	靠子女	100.00	16.04	20.06	26.21	19.78	11.47	4.57	1.87
	靠亲友	100.00	13.04	17.39	8.70	30.43	13.04	13.04	4.35
	政府救济	100.00	28.97	26.17	17.76	13.08	9.35	3.74	0.93

表5 镇男性老年人口按年龄分组供养状况

		合计	60—64岁	65—69岁	70—74岁	75—79岁	80—84岁	85—89岁	90岁以上
绝对数	**合计**	**1811**	**751**	**483**	**316**	**169**	**64**	**22**	**6**
	工资收入	219	148	44	15	8	2	2	0
	离退休收入	1389	566	399	255	120	36	10	3
	靠配偶	9	3	4	0	1	1	0	0
	靠子女	170	27	32	43	34	22	10	2
	靠亲友	5	2	1	0	0	1	0	1
	政府救济	19	5	3	3	6	2	0	0
构成一(%)	**合计**	**100.00**	**100.00**	**100.00**	**100.00**	**100.00**	**100.00**	**100.00**	**100.00**
	工资收入	12.09	19.71	9.11	4.75	4.73	3.13	9.09	0.00
	离退休收入	76.70	75.37	82.61	80.70	71.01	56.25	45.45	50.00
	靠配偶	0.50	0.40	0.83	0.00	0.59	1.56	0.00	0.00
	靠子女	9.39	3.60	6.63	13.61	20.12	34.38	45.45	33.33
	靠亲友	0.28	0.27	0.21	0.00	0.00	1.56	0.00	16.67
	政府救济	1.05	0.67	0.62	0.95	3.55	3.13	0.00	0.00
构成二(%)	**合计**	**100.00**	**41.47**	**26.67**	**17.45**	**9.33**	**3.53**	**1.21**	**0.33**
	工资收入	100.00	67.58	20.09	6.85	3.65	0.91	0.91	0.00
	离退休收入	100.00	40.75	28.73	18.39	8.64	2.59	0.72	0.22
	靠配偶	100.00	33.33	44.44	0.00	11.11	11.11	0.00	0.00
	靠子女	100.00	15.88	18.82	25.29	20.00	12.94	5.88	1.18
	靠亲友	100.00	40.00	20.00	0.00	0.00	20.00	0.00	20.00
	政府救济	100.00	26.32	15.79	15.79	31.58	10.53	0.00	0.00

表6 镇女性老年人口按年龄分组供养状况

		合计	60—64岁	65—69岁	70—74岁	75—79岁	80—84岁	85—89岁	90岁以上
绝对数	**合计**	**2045**	**706**	**495**	**410**	**240**	**124**	**49**	**21**
	工资收入	55	33	12	6	4	0	0	0
	离退休收入	441	245	108	62	16	7	2	1
	靠配偶	541	256	164	86	27	6	1	1
	靠子女	902	145	183	238	178	101	39	18
	靠亲友	18	1	3	2	7	2	3	0
	政府救济	88	26	25	16	8	8	4	1
构成一(%)	**合计**	**100.00**	**100.00**	**100.00**	**100.00**	**100.00**	**100.00**	**100.00**	**100.00**
	工资收入	2.69	4.67	2.42	1.46	1.67	0.00	0.00	0.00
	离退休收入	21.56	34.70	21.82	15.12	6.67	5.65	4.08	4.76
	靠配偶	26.45	36.26	33.13	20.98	11.25	4.84	2.04	4.76
	靠子女	44.11	20.54	36.97	58.04	74.17	81.45	79.59	85.71
	靠亲友	0.88	0.14	0.61	0.49	2.92	1.61	6.12	0.00
	政府救济	4.30	3.68	5.05	3.90	3.33	6.45	8.16	4.76
构成二(%)	**合计**	**100.00**	**34.52**	**24.21**	**20.05**	**11.74**	**6.06**	**2.40**	**1.03**
	工资收入	100.00	60.00	21.82	10.91	7.27	0.00	0.00	0.00
	离退休收入	100.00	55.56	24.49	14.06	3.63	1.59	0.45	0.23
	靠配偶	100.00	47.32	30.31	15.90	4.99	1.11	0.18	0.18
	靠子女	100.00	16.08	20.29	26.39	19.73	11.20	4.32	2.00
	靠亲友	100.00	5.56	16.67	11.11	38.89	11.11	16.67	0.00
	政府救济	100.00	29.55	28.41	18.18	9.09	9.09	4.55	1.14

表 7　县老年人口按年龄分组供养状况

		合计	60—64 岁	65—69 岁	70—74 岁	75—79 岁	80—84 岁	85—89 岁	90 岁以上
绝对数	**合　计**	**18936**	**6610**	**4919**	**3609**	**2227**	**1104**	**372**	**95**
	靠本人	4961	2977	1359	458	133	28	4	2
	靠配偶	940	581	246	66	31	10	5	1
	靠子女	12773	2988	3258	3013	2020	1050	352	91
	靠亲友	154	26	34	45	29	12	8	0
	靠政府	85	32	17	20	10	4	2	0
	靠集体	24	6	5	7	4	0	1	1
构成一(%)	**合　计**	**100.00**	**100.00**	**100.00**	**100.00**	**100.00**	**100.00**	**100.00**	**100.00**
	靠本人	26.20	45.04	27.63	12.69	5.97	2.54	1.08	2.11
	靠配偶	4.96	8.79	5.00	1.83	1.39	0.91	1.34	1.05
	靠子女	67.45	45.20	66.23	83.49	90.70	95.11	94.62	95.79
	靠亲友	0.81	0.39	0.69	1.25	1.30	1.09	2.15	0.00
	靠政府	0.45	0.48	0.35	0.55	0.45	0.36	0.54	0.00
	靠集体	0.13	0.09	0.10	0.19	0.18	0.00	0.27	1.05
构成二(%)	**合　计**	**100.00**	**34.91**	**25.98**	**19.06**	**11.76**	**5.83**	**1.96**	**0.50**
	靠本人	100.00	60.01	27.39	9.23	2.68	0.56	0.08	0.04
	靠配偶	100.00	61.81	26.17	7.02	3.30	1.06	0.53	0.11
	靠子女	100.00	23.39	25.51	23.59	15.82	8.22	2.76	0.71
	靠亲友	100.00	16.88	22.08	29.22	18.83	7.79	5.19	0.00
	靠政府	100.00	37.65	20.00	23.53	11.76	4.71	2.35	0.00
	靠集体	100.00	25.00	20.83	29.17	16.67	0.00	4.17	4.17

表 8　县男性老年人口按年龄分组供养状况

		合计	60—64 岁	65—69 岁	70—74 岁	75—79 岁	80—84 岁	85—89 岁	90 岁以上
绝对数	**合　计**	**8927**	**3457**	**2412**	**1644**	**871**	**389**	**124**	**30**
	靠本人	3996	2343	1143	381	107	17	4	1
	靠配偶	75	25	29	7	10	1	2	1
	靠子女	4699	1038	1207	1214	734	363	115	28
	靠亲友	77	20	16	22	11	5	3	0
	靠政府	66	26	15	16	6	3	0	0
	靠集体	14	5	2	4	3	0	0	0
构成一(%)	**合　计**	**100.00**	**100.00**	**100.00**	**100.00**	**100.00**	**100.00**	**100.00**	**100.00**
	靠本人	44.76	67.78	47.39	23.18	12.28	4.37	3.23	3.33
	靠配偶	0.84	0.72	1.20	0.43	1.15	0.26	1.61	3.33
	靠子女	52.64	30.03	50.04	73.84	84.27	93.32	92.74	93.33
	靠亲友	0.86	0.58	0.66	1.34	1.26	1.29	2.42	0.00
	靠政府	0.74	0.75	0.62	0.97	0.69	0.77	0.00	0.00
	靠集体	0.16	0.14	0.08	0.24	0.34	0.00	0.00	0.00
构成二(%)	**合　计**	**100.00**	**38.73**	**27.02**	**18.42**	**9.76**	**4.36**	**1.39**	**0.34**
	靠本人	100.00	58.63	28.60	9.53	2.68	0.43	0.10	0.03
	靠配偶	100.00	33.33	38.67	9.33	13.33	1.33	2.67	1.33
	靠子女	100.00	22.09	25.69	25.84	15.62	7.73	2.45	0.60
	靠亲友	100.00	25.97	20.78	28.57	14.29	6.49	3.90	0.00
	靠政府	100.00	29.39	22.73	24.24	9.09	4.55	0.00	0.00
	靠集体	100.00	35.71	14.29	28.57	21.43	0.00	0.00	0.00

表9　县女性老年人口按年龄分组供养状况

		合计	60—64岁	65—69岁	70—74岁	75—79岁	80—84岁	85—89岁	90岁以上
绝对数	**合计**	**10009**	**3153**	**2507**	**1965**	**1356**	**715**	**248**	**65**
	靠本人	965	634	216	77	26	11	0	1
	靠配偶	865	556	217	59	21	9	3	0
	靠子女	8073	1950	2051	1799	1286	687	237	63
	靠亲友	77	6	18	23	18	7	5	0
	靠政府	19	6	2	4	4	1	2	0
	靠集体	10	1	3	3	1	0	1	1
构成一(%)	**合计**	**100.00**	**100.00**	**100.00**	**100.00**	**100.00**	**100.00**	**100.00**	**100.00**
	靠本人	9.64	20.11	8.62	3.92	1.92	1.54	0.00	1.54
	靠配偶	8.64	17.63	8.66	3.00	1.55	1.26	1.21	0.00
	靠子女	80.66	61.85	81.81	91.55	94.84	96.08	95.56	96.92
	靠亲友	0.77	0.19	0.72	1.17	1.33	0.98	2.02	0.00
	靠政府	0.19	0.19	0.08	0.20	0.29	0.14	0.81	0.00
	靠集体	0.10	0.03	0.12	0.15	0.07	0.00	0.40	1.54
构成二(%)	**合计**	**100.00**	**31.50**	**25.05**	**19.63**	**13.55**	**7.14**	**2.48**	**0.65**
	靠本人	100.00	65.70	22.38	7.98	2.69	1.14	0.00	0.10
	靠配偶	100.00	64.28	25.09	6.82	2.43	1.04	0.35	0.00
	靠子女	100.00	24.15	25.41	22.28	15.93	8.51	2.94	0.78
	靠亲友	100.00	7.79	23.38	29.87	23.38	9.09	6.49	0.00
	靠政府	100.00	31.58	10.53	21.05	21.05	5.26	10.53	0.00
	靠集体	100.00	10.00	30.00	30.00	10.00	0.00	10.00	10.00

表10　市老年人口按文化程度分组供养状况

		合计	大学	中专	高中	初中	小学	识字不多	不识字
绝对数	**合计**	**13963**	**516**	**272**	**538**	**1838**	**3468**	**1783**	**5548**
	工资收入	946	136	40	80	182	245	89	174
	离退休收入	7831	343	196	420	1459	2561	1071	1781
	靠配偶	1809	7	14	14	49	269	249	1207
	靠子女	3132	30	19	20	134	366	340	2223
	靠亲友	44	0	0	0	1	3	3	37
	政府救济	201	0	3	4	13	24	31	126
构成一(%)	**合计**	**100.00**	**100.00**	**100.00**	**100.00**	**100.00**	**100.00**	**100.00**	**100.00**
	工资收入	6.78	26.36	14.71	14.87	9.90	7.06	4.99	3.14
	离退休收入	56.08	66.47	72.06	78.07	79.38	73.85	60.07	32.10
	靠配偶	12.96	1.36	5.15	2.60	2.67	7.76	13.97	21.76
	靠子女	22.43	5.81	6.99	3.72	7.29	10.55	19.07	40.07
	靠亲友	0.32	0.00	0.00	0.00	0.05	0.09	0.17	0.67
	政府救济	1.44	0.00	1.10	0.74	0.71	0.69	1.74	2.27
构成二(%)	**合计**	**100.00**	**3.70**	**1.95**	**3.85**	**13.16**	**24.84**	**12.77**	**39.73**
	工资收入	100.00	14.38	4.23	8.46	19.24	25.90	9.41	18.39
	离退休收入	100.00	4.38	2.50	5.36	18.63	32.70	13.68	22.74
	靠配偶	100.00	0.39	0.77	0.77	2.71	14.87	13.76	66.72
	靠子女	100.00	0.96	0.61	0.64	4.28	11.69	10.86	70.98
	靠亲友	100.00	0.00	0.00	0.00	2.27	6.82	6.82	84.09
	政府救济	100.00	0.00	1.49	1.99	6.47	11.94	15.42	62.69

表 70 市老年人口按年龄分组料理求助

		合计	60—64 岁	65—69 岁	70—74 岁	75—79 岁	80—84 岁	85—89 岁	90 岁以上
绝对数	**合计**	**13963**	**5730**	**3693**	**2287**	**1337**	**655**	**193**	**68**
	自己料理	12096	5362	3306	1888	998	417	99	26
	配偶	737	216	211	164	89	39	14	4
	子女	966	128	154	192	215	170	71	36
	亲友	68	12	9	15	15	11	5	1
	保姆	42	5	9	7	10	8	2	1
	社会	22	3	2	7	4	5	1	0
	邻居	32	4	2	14	6	5	1	0
构成一(%)	**合计**	**100.00**	**100.00**	**100.00**	**100.00**	**100.00**	**100.00**	**100.00**	**100.00**
	自己料理	86.63	93.58	89.52	82.55	74.64	63.66	51.30	38.24
	配偶	5.28	3.77	5.71	7.17	6.66	5.95	7.25	5.88
	子女	6.92	2.23	4.17	8.40	16.08	25.95	36.79	52.94
	亲友	0.49	0.21	0.24	0.66	1.12	1.68	2.59	1.47
	保姆	0.30	0.09	0.24	0.31	0.75	1.22	1.04	1.47
	社会	0.16	0.05	0.05	0.31	0.30	0.76	0.52	0.00
	邻居	0.23	0.07	0.05	0.61	0.45	0.76	0.52	0.00
构成二(%)	**合计**	**100.00**	**41.04**	**26.45**	**16.38**	**9.58**	**4.69**	**1.38**	**0.49**
	自己料理	100.00	44.33	27.33	15.61	8.25	3.45	0.82	0.21
	配偶	100.00	29.31	28.63	22.25	12.08	5.29	1.90	0.54
	子女	100.00	13.25	15.94	19.88	22.26	17.60	7.35	3.73
	亲友	100.00	17.65	13.24	22.06	22.06	16.18	7.35	1.47
	保姆	100.00	11.90	21.43	16.67	23.81	19.05	4.76	2.38
	社会	100.00	13.64	9.09	31.82	18.18	22.73	4.55	0.00
	邻居	100.00	12.50	6.25	43.75	18.75	15.63	3.13	0.00

表 71 市男性老年人口按年龄分组料理求助

		合计	60—64 岁	65—69 岁	70—74 岁	75—79 岁	80—84 岁	85—89 岁	90 岁以上
绝对数	**合计**	**6578**	**2903**	**1796**	**1031**	**546**	**228**	**60**	**14**
	自己料理	5733	2715	1606	837	391	150	28	6
	配偶	545	147	141	127	79	34	13	4
	子女	243	32	40	56	65	30	16	4
	亲友	28	6	3	5	5	7	2	0
	保姆	14	1	4	2	4	3	0	0
	社会	6	1	1	0	2	2	0	0
	邻居	9	1	1	4	0	2	1	0
构成一(%)	**合计**	**100.00**	**100.00**	**100.00**	**100.00**	**100.00**	**100.00**	**100.00**	**100.00**
	自己料理	87.15	93.52	89.42	81.18	71.61	65.79	46.67	42.86
	配偶	8.29	5.06	7.85	12.32	14.47	14.91	21.67	28.57
	子女	3.69	1.10	2.23	5.43	11.90	13.16	26.67	28.57
	亲友	0.43	0.21	0.17	0.48	0.92	3.07	3.33	0.00
	保姆	0.21	0.03	0.22	0.19	0.73	1.32	0.00	0.00
	社会	0.09	0.03	0.06	0.00	0.37	0.88	0.00	0.00
	邻居	0.14	0.03	0.06	0.39	0.00	0.88	1.67	0.00
构成二(%)	**合计**	**100.00**	**44.13**	**27.30**	**15.67**	**8.30**	**3.47**	**0.91**	**0.21**
	自己料理	100.00	47.36	28.01	14.60	6.82	2.62	0.49	0.10
	配偶	100.00	26.97	25.87	23.30	14.50	6.24	2.39	0.73
	子女	100.00	13.17	16.46	23.05	26.75	12.35	6.58	1.65
	亲友	100.00	21.43	10.71	17.86	17.86	25.00	7.14	0.00
	保姆	100.00	7.14	28.57	14.29	28.57	21.43	0.00	0.00
	社会	100.00	16.67	16.67	0.00	33.33	33.33	0.00	0.00
	邻居	100.00	11.11	11.11	44.44	0.00	22.22	11.11	0.00

表 72　市女性老年人口按年龄分组料理求助

		合计	60—64 岁	65—69 岁	70—74 岁	75—79 岁	80—84 岁	85—89 岁	90 岁以上
绝对数	**合计**	**7385**	**2827**	**1897**	**1256**	**791**	**427**	**133**	**54**
	自己料理	6363	2647	1700	1051	607	267	71	20
	配偶	192	69	70	37	10	5	1	0
	子女	723	96	114	136	150	140	55	32
	亲友	40	6	6	10	10	4	3	1
	保姆	28	4	5	5	6	5	2	1
	社会	16	2	1	7	2	3	1	0
	邻居	23	3	1	10	6	3	0	0
构成一(%)	**合计**	**100.00**	**100.00**	**100.00**	**100.00**	**100.00**	**100.00**	**100.00**	**100.00**
	自己料理	86.16	93.63	89.62	83.68	76.74	62.53	53.38	37.04
	配偶	2.60	2.44	3.69	2.95	1.26	1.17	0.75	0.00
	子女	9.79	3.40	6.01	10.83	18.96	32.79	41.35	59.26
	亲友	0.54	0.21	0.32	0.80	1.26	0.94	2.26	1.85
	保姆	0.38	0.14	0.26	0.40	0.76	1.17	1.50	1.85
	社会	0.22	0.07	0.05	0.56	0.25	0.70	0.75	0.00
	邻居	0.31	0.11	0.05	0.80	0.76	0.70	0.00	0.00
构成二(%)	**合计**	**100.00**	**38.28**	**25.69**	**17.01**	**10.71**	**5.78**	**1.80**	**0.73**
	自己料理	100.00	41.60	26.72	16.52	9.54	4.20	1.12	0.31
	配偶	100.00	35.94	36.46	19.27	5.21	2.60	0.52	0.00
	子女	100.00	13.28	15.77	18.81	20.75	19.36	7.61	4.43
	亲友	100.00	15.00	15.00	25.00	25.00	10.00	7.50	2.50
	保姆	100.00	14.29	17.86	17.86	21.43	17.86	7.14	3.57
	社会	100.00	12.50	6.25	43.75	12.50	8.75	6.25	0.00
	邻居	100.00	13.04	4.35	43.48	26.09	13.04	0.00	0.00

表 73　镇老年人口按年龄分组料理求助

		合计	60—64 岁	65—69 岁	70—74 岁	75—79 岁	80—84 岁	85—89 岁	90 岁以上
绝对数	**合计**	**3856**	**1457**	**978**	**726**	**409**	**188**	**71**	**27**
	自己料理	3299	1367	866	607	300	115	38	6
	配偶	203	58	57	42	23	14	6	3
	子女	300	27	48	63	74	48	25	15
	亲友	19	0	4	2	3	6	2	2
	保姆	16	4	3	7	2	0	0	0
	社会	4	0	0	1	1	2	0	0
	邻居	15	1	0	4	6	3	0	1
构成一(%)	**合计**	**100.00**	**100.00**	**100.00**	**100.00**	**100.00**	**100.00**	**100.00**	**100.00**
	自己料理	85.55	93.82	88.55	83.61	73.35	61.17	53.52	22.22
	配偶	5.26	3.98	5.83	5.79	5.62	7.45	8.45	11.11
	子女	7.78	1.85	4.91	8.68	18.09	25.53	35.21	55.56
	亲友	0.49	0.00	0.41	0.28	0.73	3.19	2.82	7.41
	保姆	0.41	0.2	0.31	0.96	0.49	0.00	0.00	0.00
	社会	0.10	0.00	0.00	0.14	0.24	1.06	0.00	0.00
	邻居	0.39	0.07	0.00	0.55	1.47	1.60	0.00	3.70
构成二(%)	**合计**	**100.00**	**37.79**	**25.36**	**18.83**	**10.61**	**4.88**	**1.84**	**0.70**
	自己料理	100.00	41.44	26.25	18.40	9.09	3.49	1.15	0.18
	配偶	100.00	28.57	28.08	20.69	11.33	6.90	2.96	1.48
	子女	100.00	9.00	16.00	21.00	24.67	16.00	8.33	5.00
	亲友	100.00	0.00	21.05	10.53	15.79	31.58	10.53	10.53
	保姆	100.00	25.00	18.75	43.75	12.50	0.00	0.00	0.00
	社会	100.00	0.00	0.00	25.00	25.00	50.00	0.00	0.00
	邻居	100.00	6.67	0.00	26.67	40.00	20.00	0.00	6.67

表 74 镇男性老年人口按年龄分组料理求助

		合计	60—64 岁	65—69 岁	70—74 岁	75—79 岁	80—84 岁	85—89 岁	90 岁以上
绝对数	**合计**	**1811**	**751**	**483**	**316**	**169**	**64**	**22**	**6**
	自己料理	1577	703	433	264	122	41	14	0
	配偶	139	37	30	32	19	13	5	3
	子女	73	9	17	13	22	7	3	2
	亲友	5	0	1	0	0	3	0	1
	保姆	9	1	2	4	2	0	0	0
	社会	2	0	0	1	1	0	0	0
	邻居	6	1	0	2	3	0	0	0
构成一(%)	**合计**	**100.00**	**100.00**	**100.00**	**100.00**	**100.00**	**100.00**	**100.00**	**100.00**
	自己料理	87.08	93.61	89.65	83.54	72.19	64.06	63.64	0.00
	配偶	7.68	4.93	6.21	10.13	11.24	20.31	22.73	50.00
	子女	4.03	1.20	3.52	4.11	13.02	10.94	13.64	33.33
	亲友	0.28	0.00	0.21	0.00	0.00	4.69	0.00	16.67
	保姆	0.50	0.13	0.41	1.27	1.18	0.00	0.00	0.00
	社会	0.11	0.00	0.00	0.32	0.59	0.00	0.00	0.00
	邻居	0.33	0.13	0.00	0.63	1.78	0.00	0.00	0.00
构成二(%)	**合计**	**100.00**	**41.47**	**26.67**	**17.45**	**9.33**	**3.53**	**1.21**	**0.33**
	自己料理	100.00	44.58	27.46	16.74	7.74	2.60	0.89	0.00
	配偶	100.00	26.62	21.58	23.02	13.67	9.35	3.60	2.16
	子女	100.00	12.33	23.29	17.81	30.14	9.59	4.11	2.74
	亲友	100.00	0.00	20.00	0.00	0.00	60.00	0.00	20.00
	保姆	100.00	11.11	22.22	44.44	22.22	0.00	0.00	0.00
	社会	100.00	0.00	0.00	50.00	50.00	0.00	0.00	0.00
	邻居	100.00	16.67	0.00	33.33	50.00	0.00	0.00	0.00

表 75 镇女性老年人口按年龄分组料理求助

		合计	60—64 岁	65—69 岁	70—74 岁	75—79 岁	80—84 岁	85—89 岁	90 岁以上
绝对数	**合计**	**2045**	**706**	**495**	**410**	**240**	**124**	**49**	**21**
	自己料理	1722	664	433	343	178	74	24	6
	配偶	64	21	27	10	4	1	1	0
	子女	227	18	31	50	52	41	22	13
	亲友	14	0	3	2	3	3	2	1
	保姆	7	3	1	3	0	0	0	0
	社会	2	0	0	0	0	2	0	0
	邻居	9	0	0	2	3	3	0	1
构成一(%)	**合计**	**100.00**	**100.00**	**100.00**	**100.00**	**100.00**	**100.00**	**100.00**	**100.00**
	自己料理	84.21	94.05	87.47	83.66	74.17	59.68	49.98	28.57
	配偶	3.13	2.97	5.45	2.44	1.67	0.81	2.04	0.00
	子女	11.10	2.55	6.26	12.20	21.67	33.06	44.90	61.90
	亲友	0.68	0.00	0.61	0.49	1.25	2.42	4.08	4.76
	保姆	0.34	0.42	0.20	0.73	0.00	0.00	0.00	0.00
	社会	0.10	0.00	0.00	0.00	0.00	1.61	0.00	0.00
	邻居	0.44	0.00	0.00	0.49	1.25	2.42	0.00	4.76
构成二(%)	**合计**	**100.00**	**34.52**	**24.21**	**20.05**	**11.74**	**6.06**	**2.40**	**1.03**
	自己料理	100.00	38.56	25.15	19.92	10.34	4.30	1.39	0.35
	配偶	100.00	32.81	42.19	15.63	6.25	1.56	1.56	0.00
	子女	100.00	7.93	13.66	22.03	22.91	18.06	9.69	5.73
	亲友	100.00	0.00	21.43	14.29	21.43	21.43	14.29	7.14
	保姆	100.00	42.86	14.29	42.86	0.00	0.00	0.00	0.00
	社会	100.00	0.00	0.00	0.00	0.00	100.00	0.00	0.00
	邻居	100.00	0.00	0.00	22.22	33.33	33.33	0.00	11.11

表76 县老年人口按年龄分组料理求助

		合计	60—64岁	65—69岁	70—74岁	75—79岁	80—84岁	85—89岁	90岁以上
绝对数	**合计**	**18936**	**6610**	**4919**	**3609**	**2227**	**1104**	**372**	**95**
	自己料理	15572	6042	4283	2863	1559	641	153	31
	配偶	462	199	106	79	52	14	10	2
	子女	2794	345	508	641	596	438	204	62
	亲友	90	20	18	24	15	8	5	0
	保姆	3	1	1	0	0	1	0	0
	社会	10	1	2	2	3	2	0	0
	邻居	5	2	1	0	2	0	0	0
构成一(%)	**合计**	**100.00**	**100.00**	**100.00**	**100.00**	**100.00**	**100.00**	**100.00**	**100.00**
	自己料理	82.23	91.41	87.07	79.33	70.00	58.06	41.13	32.63
	配偶	2.44	3.01	2.15	2.19	2.33	1.27	2.69	2.11
	子女	14.75	5.22	10.33	17.76	26.76	39.67	54.84	65.26
	亲友	0.48	0.30	0.37	0.67	0.67	0.72	1.34	0.00
	保姆	0.02	0.02	0.02	0.00	0.00	0.09	0.00	0.00
	社会	0.05	0.02	0.04	0.06	0.13	0.18	0.00	0.00
	邻居	0.03	0.03	0.02	0.00	0.09	0.00	0.00	0.00
构成二(%)	**合计**	**100.00**	**34.91**	**25.98**	**19.06**	**11.76**	**5.83**	**1.96**	**0.50**
	自己料理	100.00	38.80	27.50	18.39	10.01	4.12	0.98	0.20
	配偶	100.00	43.07	22.94	17.10	11.26	3.03	2.16	0.43
	子女	100.00	12.35	18.18	22.94	21.33	15.68	7.30	2.22
	亲友	100.00	22.22	20.00	26.67	16.67	8.89	5.56	0.00
	保姆	100.00	33.33	33.33	0.00	0.00	33.33	0.00	0.00
	社会	100.00	10.00	20.00	20.00	30.00	20.00	0.00	0.00
	邻居	100.00	40.00	20.00	0.00	40.00	0.00	0.00	0.00

表77 县男性老年人口按年龄分组料理求助

		合计	60—64岁	65—69岁	70—74岁	75—79岁	80—84岁	85—89岁	90岁以上
绝对数	**合计**	**8927**	**3457**	**2412**	**1644**	**871**	**389**	**124**	**30**
	自己料理	7644	3219	2143	1327	631	244	67	13
	配偶	275	92	65	59	36	12	9	2
	子女	953	131	190	244	199	127	47	15
	亲友	46	15	11	13	2	4	1	0
	保姆	0	0	0	0	0	0	0	0
	社会	6	0	2	1	1	2	0	0
	邻居	3	0	1	0	2	0	0	0
构成一(%)	**合计**	**100.00**	**100.00**	**100.00**	**100.00**	**100.00**	**100.00**	**100.00**	**100.00**
	自己料理	85.63	93.12	88.85	80.72	72.45	62.72	54.03	43.33
	配偶	3.08	2.66	2.69	3.59	4.13	3.08	7.26	6.67
	子女	10.68	3.79	7.88	14.84	22.85	32.65	37.90	50.00
	亲友	0.52	0.43	0.46	0.79	0.23	1.03	0.81	0.00
	保姆	0.00	0.00	0.00	0.00	0.00	0.00	0.00	0.00
	社会	0.07	0.00	0.08	0.06	0.11	0.51	0.00	0.00
	邻居	0.03	0.00	0.04	0.00	0.23	0.00	0.00	0.00
构成二(%)	**合计**	**100.00**	**38.73**	**27.02**	**18.42**	**9.76**	**4.36**	**1.39**	**0.34**
	自己料理	100.00	42.11	28.04	17.36	8.25	3.19	0.88	0.17
	配偶	100.00	33.45	23.64	21.45	13.09	4.36	3.27	0.73
	子女	100.00	13.75	19.94	25.60	20.88	13.33	4.93	1.57
	亲友	100.00	32.61	23.91	28.26	4.35	8.70	2.17	0.00
	保姆	100.00	0.00	0.00	0.00	0.00	0.00	0.00	0.00
	社会	100.00	0.00	33.33	16.67	16.67	33.33	0.00	0.00
	邻居	100.00	0.00	33.33	0.00	66.67	0.00	0.00	0.00

表 78　县女性老年人口按年龄分组料理求助

		合计	60—64 岁	65—69 岁	70—74 岁	75—79 岁	80—84 岁	85—89 岁	90 岁以上
绝对数	**合计**	**10009**	**3153**	**2507**	**1965**	**1356**	**715**	**248**	**65**
	自己料理	7928	2823	2140	1536	928	397	86	18
	配偶	187	107	41	20	16	2	1	0
	子女	1841	214	318	397	397	311	157	47
	亲友	44	5	7	11	13	4	4	0
	保姆	3	1	1	0	0	1	0	0
	社会	4	1	0	1	2	0	0	0
	邻居	2	2	0	0	0	0	0	0
构成一(%)	**合计**	**100.00**	**100.00**	**100.00**	**100.00**	**100.00**	**100.00**	**100.00**	**100.00**
	自己料理	79.21	89.53	85.36	78.17	68.44	55.52	34.68	27.69
	配偶	1.87	3.39	1.64	1.02	1.18	0.28	0.40	0.00
	子女	18.39	6.79	12.68	20.20	29.28	43.50	63.31	72.31
	亲友	0.44	0.16	0.28	0.56	0.96	0.56	1.61	0.00
	保姆	0.03	0.03	0.04	0.00	0.00	0.14	0.00	0.00
	社会	0.04	0.03	0.00	0.05	0.15	0.00	0.00	0.00
	邻居	0.02	0.06	0.00	0.00	0.00	0.00	0.00	0.00
构成二(%)	**合计**	**100.00**	**31.50**	**25.05**	**19.63**	**13.55**	**7.14**	**2.48**	**0.65**
	自己料理	100.00	35.61	26.99	19.37	11.71	5.01	1.08	0.23
	配偶	100.00	57.22	21.93	10.70	8.56	1.07	0.53	0.00
	子女	100.00	11.62	17.27	21.56	21.56	16.89	8.53	2.55
	亲友	100.00	11.36	15.91	25.00	29.55	9.09	9.09	0.00
	保姆	100.00	33.33	33.33	0.00	0.00	33.33	0.00	0.00
	社会	100.00	25.00	0.00	25.00	50.00	0.00	0.00	0.00
	邻居	100.00	100.00	0.00	0.00	0.00	0.00	0.00	0.00

表 79　市老年人口按文化程度分组料理求助

		合计	大学	中专	高中	初中	小学	识字不多	不识字
绝对数	**合计**	**13.963**	**516**	**272**	**538**	**1838**	**3468**	**1783**	**5548**
	自己料理	12096	455	255	483	1651	3045	1564	4643
	配偶	737	35	8	35	112	236	88	223
	子女	966	16	5	16	55	151	105	618
	亲友	68	4	2	2	5	13	14	28
	保姆	42	6	1	2	11	11	3	8
	社会	22	0	1	0	1	4	4	12
	邻居	32	0	0	0	3	8	5	16
构成一(%)	**合计**	**100.00**	**100.00**	**100.00**	**100.00**	**100.00**	**100.00**	**100.00**	**100.00**
	自己料理	86.63	88.18	93.75	89.78	89.83	87.80	87.72	83.69
	配偶	5.28	6.78	2.94	6.51	6.09	6.81	4.94	4.02
	子女	6.92	3.10	1.84	2.97	2.99	4.35	5.89	11.14
	亲友	0.49	0.78	0.74	0.37	0.27	0.37	0.79	0.50
	保姆	0.30	1.16	0.37	0.37	0.60	0.32	0.17	0.14
	社会	0.16	0.00	0.37	0.00	0.05	0.12	0.22	0.22
	邻居	0.23	0.00	0.00	0.00	0.16	0.23	0.28	0.29
构成二(%)	**合计**	**100.00**	**3.70**	**1.95**	**3.85**	**13.16**	**24.84**	**12.77**	**39.73**
	自己料理	100.00	3.76	2.11	3.99	13.65	25.17	12.93	38.38
	配偶	100.00	4.75	1.09	4.75	15.20	32.02	11.94	30.26
	子女	100.00	1.66	0.52	1.66	5.69	15.63	10.87	63.98
	亲友	100.00	5.88	2.94	2.94	7.35	19.12	20.59	41.18
	保姆	100.00	14.29	2.38	4.76	26.19	26.19	7.14	19.05
	社会	100.00	0.00	4.55	0.00	4.55	18.18	18.18	54.55
	邻居	100.00	0.00	0.00	0.00	9.38	25.00	15.63	50.00

表19　市老年人口年龄与居住条件

		合计	独居一室	两代同室	三代同室	无正式居室
绝对数	**合计**	**13963**	**10263**	**2545**	**826**	**329**
	60—64岁	5730	4370	1005	259	96
	65—69岁	3693	2771	636	213	73
	70—74岁	2287	1645	415	159	68
	75—79岁	1337	906	280	103	48
	80—84岁	655	411	146	68	30
	85—89岁	193	118	45	18	12
	90岁以上	68	42	18	6	2
构成一(%)	合计	100.00	100.00	100.00	100.00	100.00
	60—64岁	41.04	42.58	39.49	31.36	29.18
	65—69岁	26.45	27.00	24.99	25.79	22.19
	70—74岁	16.38	16.03	16.31	19.25	20.67
	75—79岁	9.58	8.83	11.00	12.47	14.59
	80—84岁	4.69	4.00	5.74	8.23	9.12
	85—89岁	1.38	1.15	1.77	2.18	3.65
	90岁以上	0.49	0.41	0.71	0.73	0.61
构成二(%)	合计	100.00	73.50	18.23	5.92	2.36
	60—64岁	100.00	76.27	17.54	4.52	1.68
	65—69岁	100.00	75.03	17.22	5.77	1.98
	70—74岁	100.00	71.93	18.15	6.95	2.97
	75—79岁	100.00	67.76	20.94	7.70	3.59
	80—84岁	100.00	62.75	22.29	10.38	4.58
	85—89岁	100.00	61.14	23.32	9.33	6.22
	90岁以上	100.00	61.76	26.47	8.82	2.94

表20　市男性老年人口年龄与居住条件

		合计	独居一室	两代同室	三代同室	无正式居室
绝对数	**合计**	**6578**	**5182**	**984**	**277**	**135**
	60—64岁	2903	2266	465	123	49
	65—69岁	1796	1423	274	62	37
	70—74岁	1031	828	127	53	23
	75—79岁	546	435	74	23	14
	80—84岁	228	171	33	15	9
	85—89岁	60	48	10	0	2
	90岁以上	14	11	1	1	1
构成一(%)	合计	100.00	100.00	100.00	100.00	100.00
	60—64岁	44.13	43.73	47.26	44.40	36.30
	65—69岁	27.30	27.46	27.85	22.38	27.41
	70—74岁	15.67	15.98	12.91	19.13	17.04
	75—79岁	8.30	8.39	7.52	8.30	10.37
	80—84岁	3.47	3.30	3.35	5.42	6.67
	85—89岁	0.91	0.93	1.02	0.00	1.48
	90岁以上	0.21	0.21	0.10	0.36	0.74
构成二(%)	合计	100.00	78.78	14.96	4.21	2.05
	60—64岁	100.00	78.06	16.02	4.24	1.69
	65—69岁	100.00	79.23	15.26	3.45	2.06
	70—74岁	100.00	80.31	12.32	5.14	2.23
	75—79岁	100.00	79.67	13.55	4.21	2.56
	80—84岁	100.00	75.00	14.47	6.58	3.95
	85—89岁	100.00	80.00	16.67	0.00	3.33
	90岁以上	100.00	78.57	7.14	7.14	7.14

表 21　市女性老年人口年龄与居住条件

		合计	独居一室	两代同室	三代同室	无正式居室
绝对数	**合计**	**7385**	**5081**	**1561**	**549**	**194**
	60—64 岁	2827	2104	540	136	47
	65—69 岁	1897	1348	362	151	36
	70—74 岁	1256	817	288	106	45
	75—79 岁	791	471	206	80	34
	80—84 岁	427	240	113	53	21
	85—89 岁	133	70	35	18	10
	90 岁以上	54	31	17	5	1
构成一(%)	合计	100.00	100.00	100.00	100.00	100.00
	60—64 岁	38.28	41.41	34.59	24.77	24.23
	65—69 岁	25.69	26.53	23.19	27.50	18.56
	70—74 岁	17.01	16.08	18.45	19.31	23.20
	75—79 岁	10.71	9.27	13.20	14.57	17.53
	80—84 岁	5.78	4.72	7.24	9.65	10.82
	85—89 岁	1.80	1.38	2.24	3.28	5.15
	90 岁以上	0.73	0.61	1.09	0.91	0.52
构成二(%)	合计	100.00	68.80	21.14	7.43	2.63
	60—64 岁	100.00	74.43	19.10	4.81	1.66
	65—69 岁	100.00	71.06	19.08	7.96	1.90
	70—74 岁	100.00	65.05	22.93	8.44	3.58
	75—79 岁	100.00	59.54	26.04	10.11	4.30
	80—84 岁	100.00	56.21	26.46	12.41	4.92
	85—89 岁	100.00	52.63	26.32	13.53	7.52
	90 岁以上	100.00	57.41	31.48	9.26	1.85

表 22　镇老年人口年龄与居住条件

		合计	独居一室	两代同室	三代同室	无正式居室
绝对数	**合计**	**3856**	**2973**	**663**	**152**	**68**
	60—64 岁	1457	1165	237	39	16
	65—69 岁	978	780	159	27	12
	70—74 岁	726	549	124	32	21
	75—79 岁	409	289	81	30	9
	80—84 岁	188	122	46	12	8
	85—89 岁	71	47	14	9	1
	90 岁以上	27	21	2	3	1
构成一(%)	合计	100.00	100.00	100.00	100.00	100.00
	60—64 岁	37.79	39.19	35.75	25.66	23.53
	65—69 岁	25.36	26.24	23.98	17.76	17.65
	70—74 岁	18.83	18.47	18.70	21.05	30.88
	75—79 岁	10.61	9.72	12.22	19.74	13.24
	80—84 岁	4.88	4.10	6.94	7.89	11.76
	85—89 岁	1.84	1.58	2.11	5.92	1.47
	90 岁以上	0.70	0.71	0.30	1.97	1.47
构成二(%)	合计	100.00	77.10	17.19	3.94	1.76
	60—64 岁	100.00	79.96	16.27	2.68	1.10
	65—69 岁	100.00	79.75	16.26	2.76	1.23
	70—74 岁	100.00	75.62	17.08	4.41	2.89
	75—79 岁	100.00	70.66	19.80	7.33	2.20
	80—84 岁	100.00	64.89	24.47	6.38	4.26
	85—89 岁	100.00	66.20	19.72	12.68	1.41
	90 岁以上	100.00	77.78	7.41	11.11	3.70

表 23 镇男性老年人口年龄与居住条件

		合计	独居一室	两代同室	三代同室	无正式居室
绝对数	**合计**	**1811**	**1494**	**253**	**40**	**24**
	60—64 岁	751	603	121	19	8
	65—69 岁	483	405	67	6	5
	70—74 岁	316	269	32	7	8
	75—79 岁	169	138	24	5	2
	80—84 岁	64	53	7	3	1
	85—89 岁	22	20	2	0	0
	90 岁以上	6	6	0	0	0
构成一(%)	合计	100.00	100.00	100.00	100.00	100.00
	60—64 岁	41.47	40.36	47.83	47.50	33.33
	65—69 岁	26.67	27.11	26.48	15.00	20.83
	70—74 岁	17.45	18.01	12.65	17.50	33.33
	75—79 岁	9.33	9.24	9.49	12.50	8.33
	80—84 岁	3.53	3.55	2.77	7.50	4.17
	85—89 岁	1.21	1.34	0.79	0.00	0.00
	90 岁以上	0.33	0.40	0.00	0.00	0.00
构成二(%)	合计	100.00	82.50	13.97	2.21	1.33
	60—64 岁	100.00	80.29	16.11	2.53	1.07
	65—69 岁	100.00	83.85	13.87	1.24	1.04
	70—74 岁	100.00	85.13	10.13	2.22	2.53
	75—79 岁	100.00	81.66	14.20	2.96	1.18
	80—84 岁	100.00	82.81	10.94	4.69	1.56
	85—89 岁	100.00	90.91	9.09	0.00	0.00
	90 岁以上	100.00	100.00	0.00	0.00	0.00

表 24 镇女性老年人口年龄与居住条件

		合计	独居一室	两代同室	三代同室	无正式居室
绝对数	**合计**	**2045**	**1479**	**410**	**112**	**44**
	60—64 岁	706	562	116	20	8
	65—69 岁	495	375	92	21	7
	70—74 岁	410	280	92	25	13
	75—79 岁	240	151	57	25	7
	80—84 岁	124	69	39	9	7
	85—89 岁	49	27	12	9	1
	90 岁以上	21	15	2	3	1
构成一(%)	合计	100.00	100.00	100.00	100.00	100.00
	60—64 岁	34.52	38.00	28.29	17.86	18.88
	65—69 岁	24.21	25.35	22.44	18.75	15.91
	70—74 岁	20.05	18.93	22.44	22.32	29.55
	75—79 岁	11.74	10.21	13.90	22.32	15.91
	80—84 岁	6.06	4.67	9.51	8.04	15.91
	85—89 岁	2.40	1.83	2.93	8.04	2.27
	90 岁以上	1.03	1.01	0.49	2.68	2.27
构成二(%)	合计	100.00	72.32	20.05	5.48	2.15
	60—64 岁	100.00	79.60	16.43	2.83	1.13
	65—69 岁	100.00	75.76	18.59	4.24	1.41
	70—74 岁	100.00	68.29	22.44	6.10	3.17
	75—79 岁	100.00	62.92	23.75	10.42	2.92
	80—84 岁	100.00	55.65	31.45	7.26	5.65
	85—89 岁	100.00	55.10	24.49	18.37	2.04
	90 岁以上	100.00	71.43	9.52	14.29	4.76

表 25 县老年人口年龄与居住条件

		合计	宽敞舒适	勉强住下	狭窄不够	无正式房
绝对数	**合计**	**18936**	**9378**	**7708**	**1520**	**330**
	60—64 岁	6610	3262	2718	520	110
	65—69 岁	4919	2445	2016	378	80
	70—74 岁	3609	1780	1473	288	68
	75—79 岁	2227	1081	902	199	45
	80—84 岁	1104	564	425	90	25
	85—89 岁	372	193	142	35	2
	90 岁以上	95	53	32	10	0
构成一(%)	合计	100.00	100.00	100.00	100.00	100.00
	60—64 岁	34.90	34.78	35.26	34.21	33.33
	65—69 岁	25.97	26.07	26.15	24.86	24.24
	70—74 岁	19.05	18.98	19.11	18.94	20.60
	75—79 岁	11.76	11.52	11.70	13.09	13.63
	80—84 岁	5.83	6.01	5.51	5.92	7.57
	85—89 岁	1.96	2.05	1.84	2.30	0.60
	90 岁以上	0.50	0.56	0.41	0.65	0.00
构成二(%)	合计	100.00	49.52	40.70	8.02	1.74
	60—64 岁	100.00	49.34	41.11	7.86	1.66
	65—69 岁	100.00	49.70	40.98	7.68	1.62
	70—74 岁	100.00	49.32	40.81	7.98	1.88
	75—79 岁	100.00	48.54	40.50	8.93	2.02
	80—84 岁	100.00	51.08	38.49	8.15	2.26
	85—89 岁	100.00	51.88	38.17	9.40	0.53
	90 岁以上	100.00	55.78	33.68	10.52	0.00

表 26 县男性老年人口年龄与居住条件

		合计	宽敞舒适	勉强住下	狭窄不够	无正式房
绝对数	**合计**	**8927**	**4442**	**3595**	**717**	**173**
	60—64 岁	3457	1678	1423	288	68
	65—69 岁	2412	1203	995	173	41
	70—74 岁	1644	842	642	127	33
	75—79 岁	871	435	342	75	19
	80—84 岁	389	199	144	34	12
	85—89 岁	124	66	41	17	0
	90 岁以上	30	19	8	3	0
构成一(%)	合计	100.00	100.00	100.00	100.00	100.00
	60—64 岁	38.72	37.77	39.58	40.16	39.30
	65—69 岁	27.01	27.08	27.67	24.12	23.69
	70—74 岁	18.41	18.95	17.85	17.71	19.07
	75—79 岁	9.75	9.79	9.51	10.46	10.98
	80—84 岁	4.35	4.47	4.00	4.74	6.93
	85—89 岁	1.38	1.48	1.14	2.37	0.00
	90 岁以上	0.33	0.42	0.22	0.41	0.00
构成二(%)	合计	100.00	49.75	40.27	8.03	1.93
	60—64 岁	100.00	48.53	41.16	8.33	1.96
	65—69 岁	100.00	49.87	41.25	7.17	1.69
	70—74 岁	100.00	51.21	39.05	7.72	2.00
	75—79 岁	100.00	49.94	39.26	8.61	2.18
	80—84 岁	100.00	51.15	37.01	8.74	3.08
	85—89 岁	100.00	53.22	33.06	13.70	0.00
	90 岁以上	100.00	63.33	26.66	10.00	0.00

表27 县女性老年人口年龄与居住条件

		合计	宽敞舒适	勉强住下	狭窄不够	无正式房
绝对数	**合计**	**10009**	**4936**	**4113**	**803**	**157**
	60—64岁	3135	1584	1295	232	42
	65—69岁	2507	1242	1021	205	39
	70—74岁	1965	938	831	161	35
	75—79岁	1356	646	560	124	26
	80—84岁	715	365	281	56	13
	85—89岁	248	127	101	18	2
	90岁以上	65	34	24	7	0
构成一(%)	合计	100.00	100.00	100.00	100.00	100.00
	60—64岁	31.50	32.09	31.48	28.89	26.75
	65—69岁	25.04	25.16	24.82	25.52	24.84
	70—74岁	19.63	19.00	20.20	20.04	22.29
	75—79岁	13.54	13.08	13.61	15.44	16.56
	80—84岁	7.14	7.39	6.83	6.97	8.28
	85—89岁	2.47	2.57	2.45	2.24	1.27
	90岁以上	0.64	0.68	0.58	0.87	0.00
构成二(%)	合计	100.00	49.31	41.09	8.02	1.56
	60—64岁	100.00	50.23	41.07	7.35	1.33
	65—69岁	100.00	49.54	40.72	8.17	1.55
	70—74岁	100.00	47.73	42.29	8.19	1.78
	75—79岁	100.00	47.64	41.29	9.14	1.91
	80—84岁	100.00	51.04	39.30	7.83	1.81
	85—89岁	100.00	51.20	40.72	7.25	0.80
	90岁以上	100.00	52.30	36.92	10.76	0.00

表28 市女老年人口文化程度与居住条件

		合计	宽敞舒适	勉强住下	狭窄不够	无正式房
绝对数	**合　　计**	**13963**	**10263**	**2545**	**826**	**329**
	大　　学	516	446	49	15	6
	中　　专	272	227	34	8	3
	高　　中	538	441	61	29	7
	初　　中	1838	1514	224	70	30
	小　　学	3468	2615	593	197	63
	识字不多	1783	1293	349	91	50
	不 识 字	5548	3727	1235	416	170
构成一(%)	合　　计	100.00	100.00	100.00	100.00	100.00
	大　　学	3.70	4.35	1.93	1.82	1.82
	中　　专	1.95	2.21	1.34	0.97	0.91
	高　　中	3.85	4.30	2.40	3.51	2.13
	初　　中	13.16	14.75	8.80	8.47	9.12
	小　　学	24.84	25.48	23.30	23.85	19.15
	识字不多	12.77	12.60	13.71	11.02	15.20
	不 识 字	39.73	36.31	48.53	50.36	51.67
构成二(%)	合　　计	100.00	73.50	18.23	5.92	2.36
	大　　学	100.00	86.43	9.50	2.91	1.16
	中　　专	100.00	83.46	12.50	2.94	1.10
	高　　中	100.00	81.97	11.34	5.39	1.30
	初　　中	100.00	82.37	12.19	3.81	1.63
	小　　学	100.00	75.40	17.10	5.68	1.82
	识字不多	100.00	72.52	19.57	5.10	2.80
	不 识 字	100.0	67.18	22.26	7.50	3.06

六、中国城乡老年人口状况抽样调查数据

2000 年中国城乡老年人口状况一次性抽样调查(加权数据)

附表 1　2000 年总体和分城乡、年龄组、性别、不同受教育程度及婚姻状况的老年人居住安排(家庭户结构)

特征			合计		独居		仅夫妻居住		与其他家人居住	
地区	性别	年龄组	万人	%	万人	%	万人	%	万人	%
城乡	合计	60 周岁及以上	11972	100.0	973	8.1	3684	30.8	7315	61.1
		60—69 岁	7019	100.0	381	5.4	2321	33.1	4317	61.5
		70—79 岁	3847	100.0	422	11.0	1220	31.7	2205	57.3
		80 周岁及以上	1106	100.0	169	15.3	143	12.9	793	71.7
		没上过学	6302	100.0	687	10.9	1519	24.1	4097	65.0
		小学	4023	100.0	236	5.9	1490	37.0	2297	57.1
		初中	943	100.0	26	2.7	350	37.1	567	60.1
		高中/中专	429	100.0	16	3.8	205	47.7	208	48.4
		大专及以上	238	100.0	5	2.1	104	43.9	129	54.0
		有偶同住	7847	100.0	19	0.2	3683	46.9	4145	52.8
		有偶分居	160	100.0	32	20.0			128	80.0
		丧偶	3802	100.0	833	21.9			2969	78.1
		离婚	58	100.0	19	33.3			39	66.7
		未婚	81	100.0	59	73.2			22	26.8
	男性	60 周岁及以上	5831	100.0	355	6.1	2144	36.8	3331	57.1
		60—69 岁	3599	100.0	177	4.9	1289	35.8	2133	59.3
		70—79 岁	1814	100.0	138	7.6	749	41.3	927	51.1
		80 周岁及以上	418	100.0	41	9.9	106	25.5	270	64.6
		没上过学	1908	100.0	185	9.7	555	29.1	1167	61.2
		小学	2708	100.0	142	5.3	1052	38.8	1514	55.9
		初中	693	100.0	14	2.0	285	41.1	394	56.9
		高中/中专	331	100.0	8	2.5	165	49.9	157	47.6
		大专及以上	173	100.0	4	2.2	79	45.4	91	52.4
		有偶同住	4643	100.0	15	0.3	2143	46.2	2485	53.5
		有偶分居	88	100.0	15	17.4			73	82.6
		丧偶	970	100.0	242	25.0			727	75.0
		离婚	41	100.0	16	39.5			25	60.5
		未婚	73	100.0	57	77.6			16	22.4
	女性	60 周岁及以上	6141	100.0	617	10.1	1539	25.1	3985	64.9
		60—69 岁	3420	100.0	205	6.0	1032	30.2	2183	63.8
		70—79 岁	2033	100.0	285	14.0	471	23.1	1278	62.9
		80 周岁及以上	688	100.0	128	18.6	37	5.3	523	76.0
		没上过学	4394	100.0	502	11.4	963	21.9	2930	66.7
		小学	1315	100.0	93	7.1	439	33.3	783	59.6
		初中	250	100.0	12	4.8	66	26.2	172	69.0
		高中/中专	98	100.0	8	8.4	40	40.4	50	51.3
		大专及以上	65	100.0	1	2.0	26	39.9	38	58.1
		有偶同住	3204	100.0	5	0.1	1539	48.1	1660	51.8
		有偶分居	72	100.0	17	23.3			55	76.7
		丧偶	2832	100.0	591	20.9			2242	79.1
		离婚	18	100.0	3	19.2			14	80.8
		未婚	7	100.0	2	27.0			5	73.0

附表 1 2000 年总体和分城乡、年龄组、性别、不同受教育程度及婚姻状况的老年人居住安排(家庭户结构)(续)

特征			合计		独居		仅夫妻居住		与其他家人居住	
地区	性别	年龄组	万人	%	万人	%	万人	%	万人	%
城市	合计	60 周岁及以上	2795	100.0	207	7.4	967	34.6	1621	58.0
		60—69 岁	1713	100.0	66	3.8	602	35.1	1046	61.0
		70—79 岁	848	100.0	107	12.7	317	37.4	423	49.9
		80 周岁及以上	234	100.0	34	14.5	48	20.6	152	64.9
		没上过学	741	100.0	112	15.2	163	22.0	466	62.9
		小学	929	100.0	56	6.0	351	37.8	522	56.2
		初中	541	100.0	17	3.2	192	35.4	332	61.3
		高中/中专	331	100.0	13	4.0	154	46.5	164	49.4
		大专及以上	231	100.0	5	2.2	99	42.9	127	54.9
		有偶同住	2069	100.0	4	0.2	966	46.7	1100	53.1
		有偶分居	27	100.0	11	40.8			16	59.2
		丧偶	672	100.0	184	27.4			488	72.6
		离婚	13	100.0	6	42.1			8	57.9
		未婚	7	100.0	2	28.3			5	71.7
	男性	60 周岁及以上	1353	100.0	48	3.5	584	43.2	722	53.3
		60—69 岁	852	100.0	17	2.0	332	38.9	504	59.1
		70—79 岁	410	100.0	24	5.9	213	51.9	173	42.2
		80 周岁及以上	91	100.0	7	7.4	39	43.2	45	49.4
		没上过学	119	100.0	9	7.4	50	42.5	60	50.2
		小学	455	100.0	20	4.3	195	43.0	240	52.7
		初中	369	100.0	9	2.3	146	39.5	215	58.2
		高中/中专	237	100.0	5	2.2	116	48.8	116	49.0
		大专及以上	166	100.0	4	2.3	73	44.1	89	53.6
		有偶同住	1228	100.0	3	0.3	583	47.5	642	52.3
		有偶分居	10	100.0	5	50.8			5	49.2
		丧偶	103	100.0	33	32.3			70	67.7
		离婚	7	100.0	4	61.5			3	38.5
		未婚	3	100.0	2	55.8			1	44.2
	女性	60 周岁及以上	1441	100.0	159	11.0	383	26.6	899	62.4
		60—69 岁	860	100.0	49	5.7	270	31.3	542	63.0
		70—79 岁	438	100.0	83	19.0	104	23.8	250	57.2
		80 周岁及以上	143	100.0	27	19.0	9	6.3	107	74.7
		没上过学	622	100.0	103	16.6	112	18.0	406	65.3
		小学	474	100.0	37	7.7	156	32.8	282	59.4
		初中	172	100.0	9	5.2	46	26.7	117	68.1
		高中/中专	94	100.0	8	8.7	38	40.8	48	50.5
		大专及以上	65	100.0	1	2.0	26	39.9	38	58.1
		有偶同住	841	100.0	1	0.1	383	45.5	457	54.4
		有偶分居	17	100.0	6	34.8			11	65.2
		丧偶	569	100.0	151	26.5			418	73.5
		离婚	7	100.0	1	21.2			5	78.8
		未婚	4	100.0	0	10.5			4	89.5

附表 1　2000 年总体和分城乡、年龄组、性别、不同受教育程度及婚姻状况的老年人居住安排(家庭户结构)(续)

特征			合计		独居		仅夫妻居住		与其他家人居住	
地区	性别	年龄组	万人	%	万人	%	万人	%	万人	%
农村	合计	60 周岁及以上	9177	100.0	766	8.3	2717	29.6	5695	62.1
		60—69 岁	5306	100.0	315	5.9	1720	32.4	3271	61.6
		70—79 岁	2999	100.0	315	10.5	902	30.1	1782	59.4
		80 周岁及以上	872	100.0	135	15.5	95	10.9	641	73.6
		没上过学	5561	100.0	575	10.3	1356	24.4	3631	65.3
		小学	3094	100.0	180	5.8	1139	36.8	1775	57.4
		初中	402	100.0	8	2.1	159	39.5	235	58.5
		高中/中专	98	100.0	3	3.1	51	51.7	44	45.1
		大专及以上	7	100.0			5	73.9	2	26.1
		有偶同住	5778	100.0	15	0.3	2717	47.0	3046	52.7
		有偶分居	133	100.0	21	15.9			112	84.1
		丧偶	3130	100.0	649	20.7			2481	79.3
		离婚	45	100.0	14	30.7			31	69.3
		未婚	74	100.0	57	77.3			17	22.7
	男性	60 周岁及以上	4477	100.0	308	6.9	1560	34.9	2609	58.3
		60—69 岁	2747	100.0	160	5.8	957	34.9	1630	59.3
		70—79 岁	1403	100.0	113	8.1	536	38.2	754	53.7
		80 周岁及以上	327	100.0	35	10.6	67	20.6	225	68.9
		没上过学	1789	100.0	176	9.9	505	28.2	1108	61.9
		小学	2253	100.0	123	5.5	856	38.0	1274	56.5
		初中	324	100.0	5	1.6	139	42.9	180	55.5
		高中/中专	94	100.0	3	3.3	49	52.7	41	44.1
		大专及以上	7	100.0			5	75.8	2	24.2
		有偶同住	3415	100.0	11	0.3	1560	45.7	1843	54.0
		有偶分居	78	100.0	10	13.1			68	86.9
		丧偶	867	100.0	209	24.1			658	75.9
		离婚	34	100.0	12	34.9			22	65.1
		未婚	71	100.0	55	78.5			15	21.5
	女性	60 周岁及以上	4700	100.0	458	9.7	1156	24.6	3085	65.6
		60—69 岁	2559	100.0	156	6.1	762	29.8	1641	64.1
		70—79 岁	1596	100.0	202	12.6	366	23.0	1028	64.4
		80 周岁及以上	545	100.0	101	18.5	28	5.1	416	76.4
		没上过学	3772	100.0	398	10.6	851	22.6	2523	66.9
		小学	841	100.0	57	6.7	283	33.6	502	59.6
		初中	78	100.0	3	3.8	20	25.3	55	71.0
		高中/中专	4	100.0			1	29.7	3	70.3
		大专及以上	0	100.0			0	35.1	0	64.9
		有偶同住	2363	100.0	4	0.2	1156	48.9	1202	50.9
		有偶分居	55	100.0	11	19.8			44	80.2
		丧偶	2263	100.0	440	19.4			1823	80.6
		离婚	11	100.0	2	18.0			9	82.0
		未婚	3	100.0	1	50.1			1	49.9

附表 2　2000 年总体和分城乡、年龄组、性别、不同受教育程度及婚姻状况的老年人经济状况自我评估

（万人，%）

特征			合计		够用有余		大致够用		有些困难		十分困难	
地区	性别	年龄组	万人	%	万人	%	万人	%	万人	%	万人	%
城乡	合计	60 周岁及以上	11972	100.0	1555	13.0	5896	49.3	3591	30.0	884	7.4
		60—69 岁	7019	100.0	1008	14.4	3457	49.2	2085	29.7	449	6.4
		70—79 岁	3847	100.0	426	11.1	1909	49.6	1167	30.3	328	8.5
		80 周岁及以上	1106	100.0	121	11.0	531	48.0	340	30.7	107	9.7
		没上过学	6302	100.0	582	9.2	2851	45.2	2208	35.0	636	10.1
		小学	4023	100.0	514	12.8	2148	53.4	1131	28.1	212	5.3
		初中	943	100.0	214	22.7	527	55.9	171	18.2	29	3.1
		高中/中专	429	100.0	147	34.2	228	53.1	50	11.7	5	1.1
		大专及以上	238	100.0	90	38.0	121	50.9	25	10.3	0	0.2
		有偶同住	7847	100.0	1172	14.9	4022	51.3	2144	27.3	480	6.1
		有偶分居	160	100.0	16	9.9	68	42.3	63	39.4	12	7.6
		丧偶	3802	100.0	349	9.2	1757	46.2	1328	34.9	356	9.4
		离婚	58	100.0	11	18.3	25	43.1	12	19.8	11	18.7
		未婚	81	100.0	5	6.1	15	18.6	39	48.0	20	25.2
	男性	60 周岁及以上	5831	100.0	846	14.5	2956	50.7	1692	29.0	316	5.4
		60—69 岁	3599	100.0	551	15.3	1822	50.6	1032	28.7	189	5.3
		70—79 岁	1814	100.0	240	13.2	923	50.9	543	30.0	96	5.3
		80 周岁及以上	418	100.0	56	13.3	212	50.8	116	27.8	30	7.2
		没上过学	1908	100.0	164	8.6	874	45.8	719	37.7	135	7.1
		小学	2708	100.0	342	12.6	1429	52.8	780	28.8	154	5.7
		初中	693	100.0	161	23.2	385	55.6	123	17.8	22	3.2
		高中/中专	331	100.0	104	31.5	178	53.7	45	13.7	4	1.1
		大专及以上	173	100.0	73	42.0	78	45.3	20	11.7	0	0.2
		有偶同住	4643	100.0	713	15.4	2431	52.3	1261	27.2	224	4.8
		有偶分居	88	100.0	15	16.6	36	41.2	33	37.7	4	4.2
		丧偶	970	100.0	107	11.0	454	46.9	347	35.8	56	5.8
		离婚	41	100.0	9	21.8	14	34.9	9	21.7	9	21.6
		未婚	73	100.0	0	0.3	14	19.5	38	52.1	20	27.6
	女性	60 周岁及以上	6141	100.0	709	11.5	2940	47.9	1899	30.9	568	9.3
		60—69 岁	3420	100.0	457	13.4	1635	47.8	1052	30.8	259	7.6
		70—79 岁	2033	100.0	186	9.2	986	48.5	624	30.7	232	11.4
		80 周岁及以上	688	100.0	66	9.5	319	46.3	223	32.4	77	11.2
		没上过学	4394	100.0	418	9.5	1977	45.0	1489	33.9	501	11.4
		小学	1315	100.0	171	13.0	719	54.7	351	26.7	58	4.4
		初中	250	100.0	53	21.0	142	56.9	48	19.1	7	2.9
		高中/中专	98	100.0	42	43.2	50	50.9	5	4.9	1	1.0
		大专及以上	65	100.0	18	27.3	43	65.9	4	6.7	0	0.1
		有偶同住	3204	100.0	459	14.3	1591	49.7	883	27.6	256	8.0
		有偶分居	72	100.0	1	1.7	31	43.6	30	41.5	8	11.7
		丧偶	2832	100.0	242	8.5	1302	46.0	980	34.6	300	10.6
		离婚	18	100.0	2	10.3	11	62.2	3	15.3	2	11.9
		未婚	7	100.0	5	65.8	1	9.8	0	6.1		

附表 2　2000 年总体和分城乡、年龄组、性别、不同受教育程度及婚姻状况的老年人经济状况自我评估(续)

(万人,%)

特征			合计		够用有余		大致够用		有些困难		十分困难	
地区	性别	年龄组	万人	%	万人	%	万人	%	万人	%	万人	%
城市	合计	60 周岁及以上	2795	100.0	589	21.1	1629	58.3	459	16.4	110	3.9
		60—69 岁	1713	100.0	341	19.9	1054	61.5	271	15.8	44	2.6
		70—79 岁	848	100.0	199	23.5	454	53.6	147	17.3	46	5.4
		80 周岁及以上	234	100.0	49	20.9	122	51.9	42	17.9	19	8.3
		没上过学	741	100.0	90	12.2	416	56.2	170	22.9	60	8.2
		小学	929	100.0	155	16.7	549	59.0	192	20.7	32	3.4
		初中	541	100.0	135	24.9	343	63.4	49	9.1	13	2.4
		高中/中专	331	100.0	115	34.7	190	57.5	23	7.1	3	0.8
		大专及以上	231	100.0	87	37.8	120	52.1	21	9.3	0	0.2
		有偶同住	2069	100.0	482	23.3	1263	61.1	272	13.1	48	2.3
		有偶分居	27	100.0	3	10.9	15	54.8	8	30.8	1	3.4
		丧偶	672	100.0	96	14.3	343	51.1	174	25.9	56	8.3
		离婚	13	100.0	5	33.9	5	38.0	2	13.6	2	14.6
		未婚	7	100.0	3	49.0	1	20.4	1	7.6	1	15.1
	男性	60 周岁及以上	1353	100.0	346	25.5	787	58.1	187	13.8	31	2.3
		60—69 岁	852	100.0	206	24.2	506	59.4	122	14.3	16	1.9
		70—79 岁	410	100.0	114	27.7	228	55.6	57	13.8	11	2.6
		80 周岁及以上	91	100.0	26	28.5	52	57.6	8	9.1	4	4.1
		没上过学	119	100.0	16	13.3	71	59.8	22	18.1	9	7.6
		小学	455	100.0	82	18.1	263	57.7	97	21.3	13	2.8
		初中	369	100.0	102	27.6	229	62.1	31	8.3	7	1.8
		高中/中专	237	100.0	75	31.8	141	59.7	19	7.8	2	0.7
		大专及以上	166	100.0	70	42.0	77	46.7	17	10.4	0	0.2
		有偶同住	1228	100.0	318	25.9	714	58.1	169	13.8	25	2.0
		有偶分居	10	100.0	2	16.6	7	67.1	1	10.1	1	6.1
		丧偶	103	100.0	23	22.1	61	59.5	15	14.5	3	2.8
		离婚	7	100.0	3	41.9	2	34.1	1	10.4	1	13.6
		未婚	3	100.0	0	6.0	1	50.5	0	3.3	1	38.3
	女性	60 周岁及以上	1441	100.0	243	16.9	843	58.5	272	18.9	79	5.5
		60—69 岁	860	100.0	135	15.7	548	63.7	149	17.3	28	3.3
		70—79 岁	438	100.0	85	19.5	226	51.6	90	20.6	35	8.0
		80 周岁及以上	143	100.0	23	16.1	69	48.2	34	23.5	16	11.0
		没上过学	622	100.0	75	12.0	345	55.5	148	23.9	51	8.3
		小学	474	100.0	73	15.3	286	60.3	95	20.1	19	4.1
		初中	172	100.0	33	19.1	114	66.4	19	10.8	6	3.7
		高中/中专	94	100.0	40	42.0	49	51.9	5	5.1	1	1.0
		大专及以上	65	100.0	18	27.3	43	65.9	4	6.6	0	0.1
		有偶同住	841	100.0	164	19.5	550	65.3	103	12.2	23	2.8
		有偶分居	17	100.0	1	7.5	8	47.3	7	43.4	0	1.8
		丧偶	569	100.0	73	12.9	282	49.5	159	28.0	53	9.3
		离婚	7	100.0	2	25.3	3	42.2	1	17.0	1	15.5
		未婚	4	100.0	3	77.1	0	0.7	0	10.5		

附表 2　2000 年总体和分城乡、年龄组、性别、不同受教育程度及婚姻状况的老年人经济状况自我评估(续)

(万人,%)

特征			合计		够用有余		大致够用		有些困难		十分困难	
地区	性别	年龄组	万人	%	万人	%	万人	%	万人	%	万人	%
农村	合计	60 周岁及以上	9177	100.0	966	10.5	4267	46.5	3132	34.1	775	8.4
		60—69 岁	5306	100.0	667	12.6	2403	45.3	1814	34.2	404	7.6
		70—79 岁	2999	100.0	227	7.6	1455	48.5	1020	34.0	282	9.4
		80 周岁及以上	872	100.0	72	8.3	409	46.9	298	34.1	88	10.1
		没上过学	5561	100.0	492	8.8	2435	43.8	2038	36.7	576	10.4
		小学	3094	100.0	359	11.6	1600	51.7	939	30.3	180	5.8
		初中	402	100.0	79	19.6	184	45.9	122	30.4	16	4.0
		高中/中专	98	100.0	32	32.7	37	38.3	27	27.2	2	1.9
		大专及以上	7	100.0	3	41.2	1	16.1	3	42.7		
		有偶同住	5778	100.0	690	11.9	2758	47.7	1872	32.4	432	7.5
		有偶分居	133	100.0	13	9.7	53	39.8	55	41.1	11	8.4
		丧偶	3130	100.0	253	8.1	1414	45.2	1154	36.9	301	9.6
		离婚	45	100.0	6	13.6	20	44.7	10	21.7	9	19.9
		未婚	74	100.0	2	2.1	14	18.5	38	51.8	19	26.1
	男性	60 周岁及以上	4477	100.0	500	11.2	2170	48.5	1505	33.6	285	6.4
		60—69 岁	2747	100.0	345	12.6	1316	47.9	910	33.1	173	6.3
		70—79 岁	1403	100.0	126	9.0	694	49.5	487	34.7	86	6.1
		80 周岁及以上	327	100.0	30	9.1	160	48.8	108	33.0	26	8.1
		没上过学	1789	100.0	148	8.3	803	44.9	698	39.0	126	7.1
		小学	2253	100.0	260	11.5	1166	51.8	683	30.3	142	6.3
		初中	324	100.0	59	18.2	156	48.2	93	28.6	15	4.8
		高中/中专	94	100.0	29	31.0	36	38.7	27	28.3	2	2.0
		大专及以上	7	100.0	3	42.0	1	13.7	3	44.3		100.0
		有偶同住	3415	100.0	395	11.6	1717	50.3	1092	32.0	199	5.8
		有偶分居	78	100.0	13	16.6	30	37.8	32	41.2	3	4.0
		丧偶	867	100.0	84	9.7	393	45.4	332	38.3	53	6.1
		离婚	34	100.0	6	17.6	12	35.0	8	24.1	8	23.3
		未婚	71	100.0	0	0.0	13	18.3	38	54.0	19	27.2
	女性	60 周岁及以上	4700	100.0	465	9.9	2097	44.6	1627	34.6	489	10.4
		60—69 岁	2559	100.0	322	12.6	1087	42.5	904	35.3	231	9.0
		70—79 岁	1596	100.0	101	6.3	760	47.6	533	33.4	197	12.3
		80 周岁及以上	545	100.0	43	7.8	249	45.8	190	34.8	62	11.3
		没上过学	3772	100.0	344	9.1	1632	43.3	1341	35.5	450	11.9
		小学	841	100.0	99	11.7	433	51.5	256	30.4	39	4.6
		初中	78	100.0	20	25.4	28	36.2	29	37.6	1	0.9
		高中/中专	4	100.0	3	73.5	1	26.5				
		大专及以上	0	100.0	0	25.1	0	64.9	0	10.0		100.0
		有偶同住	2363	100.0	295	12.5	1042	44.1	780	33.0	233	9.8
		有偶分居	55	100.0			23	42.5	23	40.9	8	14.7
		丧偶	2263	100.0	169	7.4	1020	45.1	821	36.3	248	10.9
		离婚	11	100.0	0	1.5	8	74.0	2	14.4	1	9.8
		未婚	3	100.0	1	49.9	1	22.5				

附表 3　2000 年总体和分城乡、年龄组、性别、不同受教育程度及婚姻状况的老年人就医情况

特征			患一种以上慢性病		上年看过病		请过医生上门		上年住过院	
地区	性别	年龄组	万人	%	万人	%	万人	%	万人	%
城乡	合计	60 周岁及以上	6649	55.5	8687	72.6	4341	36.3	1300	10.9
		60—69 岁	3744	53.3	5008	71.4	2290	32.6	744	10.6
		70—79 岁	2269	59.0	2837	73.7	1533	39.9	433	11.3
		80 周岁及以上	636	57.5	842	76.1	517	46.8	123	11.1
		没上过学	3492	55.4	4638	73.6	2561	40.6	651	10.3
		小学	2145	53.3	2839	70.6	1417	35.2	432	10.7
		初中	546	58.0	682	72.4	244	25.9	115	12.2
		高中/中专	267	62.3	314	73.2	82	19.1	62	14.3
		大专及以上	177	74.3	191	80.0	28	11.7	33	13.8
		有偶同住	4255	54.2	5635	71.8	2673	34.1	876	11.2
		有偶分居	78	48.8	101	63.3	46	29.0	16	9.7
		丧偶	2239	58.9	2832	74.5	1571	41.3	386	10.2
		离婚	29	49.1	37	63.7	18	31.7	6	10.8
		未婚	38	47.2	63	78.4	27	33.4	10	11.9
	男性	60 周岁及以上	3016	51.7	4092	70.2	2043	35.0	645	11.1
		60—69 岁	1773	49.3	2502	69.5	1196	33.2	386	10.7
		70—79 岁	1009	55.6	1281	70.7	658	36.3	195	10.8
		80 周岁及以上	234	56.1	309	73.9	188	45.1	64	15.2
		没上过学	919	48.2	1285	67.4	751	39.3	189	9.9
		小学	1393	51.4	1918	70.8	1003	37.0	303	11.2
		初中	371	53.5	497	71.7	189	27.3	77	11.0
		高中/中专	195	59.0	243	73.6	69	21.0	45	13.5
		大专及以上	126	72.8	136	78.7	25	14.4	28	15.9
		有偶同住	2401	51.7	3253	70.1	1585	34.1	537	11.6
		有偶分居	44	50.0	52	59.4	27	30.1	9	10.0
		丧偶	509	52.5	690	71.1	390	40.2	83	8.6
		离婚	20	48.4	26	65.2	13	31.3	5	11.3
		未婚	35	47.5	57	77.9	25	33.8	6	8.4
	女性	60 周岁及以上	3633	59.2	4594	74.8	2299	37.4	655	10.7
		60—69 岁	1971	57.6	2506	73.3	1094	32.0	357	10.4
		70—79 岁	1260	62.0	1555	76.5	875	43.0	238	11.7
		80 周岁及以上	402	58.4	533	77.5	329	47.8	60	8.7
		没上过学	2574	58.6	3352	76.3	1810	41.2	463	10.5
		小学	752	57.2	921	70.0	414	31.5	129	9.8
		初中	176	70.3	185	74.1	55	22.0	39	15.5
		高中/中专	72	73.7	71	72.0	13	12.8	17	17.2
		大专及以上	51	78.3	54	83.6	3	4.7	5	8.1
		有偶同住	1855	57.9	2382	74.3	1088	34.0	340	10.6
		有偶分居	34	47.2	49	68.1	20	27.7	7	9.4
		丧偶	1730	61.1	2143	75.7	1181	41.7	303	10.7
		离婚	9	50.6	11	60.3	6	32.5	2	9.4
		未婚	3	44.0	6	83.4	2	30.1	3	47.7

附表3　2000年总体和分城乡、年龄组、性别、不同受教育程度及婚姻状况的老年人就医情况(续)

特征			患一种以上慢性病		上年看过病		请过医生上门		上年住过院	
地区	性别	年龄组	万人	%	万人	%	万人	%	万人	%
城市	合计	60周岁及以上	1891	67.7	2078	74.3	436	15.6	401	14.3
		60—69岁	1147	67.0	1261	73.6	223	13.0	214	12.5
		70—79岁	596	70.3	653	77.0	166	19.5	145	17.1
		80周岁及以上	147	62.9	163	69.8	47	20.2	41	17.7
		没上过学	506	68.3	546	73.7	138	18.6	91	12.3
		小学	626	67.4	673	72.4	130	14.0	152	16.3
		初中	358	66.2	424	78.3	88	16.3	68	12.6
		高中/中专	217	65.5	237	71.7	51	15.4	53	16.0
		大专及以上	173	74.9	184	79.6	27	11.7	33	14.2
		有偶同住	1406	67.9	1574	76.1	312	15.1	303	14.7
		有偶分居	13	50.6	15	57.3	4	13.9	2	7.2
		丧偶	460	68.4	470	69.9	116	17.3	87	12.9
		离婚	8	56.1	10	71.1	1	7.3	4	28.8
		未婚	3	48.4	6	86.3	2	36.2	4	64.5
	男性	60周岁及以上	863	63.8	1001	74.0	207	15.3	203	15.0
		60—69岁	521	61.2	615	72.2	114	13.3	109	12.8
		70—79岁	287	69.9	318	77.5	79	19.2	72	17.5
		80周岁及以上	55	60.6	68	74.5	14	15.8	23	24.9
		没上过学	74	62.7	85	71.3	18	15.0	17	14.4
		小学	288	63.3	322	70.8	53	11.7	74	16.2
		初中	227	61.4	289	78.3	71	19.3	47	12.8
		高中/中专	147	62.0	171	72.1	40	16.8	36	15.2
		大专及以上	122	73.6	130	78.1	24	14.4	27	16.5
		有偶同住	794	64.6	919	74.8	189	15.4	181	14.8
		有偶分居	6	59.9	6	60.8	1	11.5	1	14.6
		丧偶	57	55.5	66	64.5	14	13.4	16	15.8
		离婚	3	46.6	5	76.4	0	5.9	3	47.5
		未婚	2	86.4	2	84.3	2	67.4	1	37.9
	女性	60周岁及以上	1028	71.3	1076	74.7	230	15.9	197	13.7
		60—69岁	626	72.7	646	75.0	110	12.8	105	12.2
		70—79岁	309	70.7	335	76.6	87	19.9	73	16.8
		80周岁及以上	92	64.4	96	66.8	33	22.9	19	13.1
		没上过学	432	69.4	461	74.2	120	19.3	74	11.9
		小学	338	71.3	351	74.0	77	16.2	78	16.4
		初中	131	76.5	135	78.4	17	10.0	21	12.0
		高中/中专	70	74.3	67	70.9	11	11.6	17	17.9
		大专及以上	51	78.2	54	83.5	3	4.5	5	8.1
		有偶同住	612	72.7	655	77.9	123	14.6	122	14.5
		有偶分居	7	45.0	9	55.1	3	15.4	0	2.7
		丧偶	403	70.8	404	70.9	103	18.0	71	12.4
		离婚	4	66.2	4	65.3	1	8.7	1	8.7
		未婚	1	23.8	4	87.6	1	15.9	3	81.8

附表 3 2000 年总体和分城乡、年龄组、性别、不同受教育程度及婚姻状况的老年人就医情况(续)

特征			患一种以上慢性病		上年看过病		请过医生上门		上年住过院	
地区	性别	年龄组	万人	%	万人	%	万人	%	万人	%
农村	合计	60 周岁及以上	4758	51.8	6609	72.0	3905	42.6	899	9.8
		60—69 岁	2597	48.9	3747	70.6	2067	39.0	530	10.0
		70—79 岁	1672	55.8	2184	72.8	1368	45.6	288	9.6
		80 周岁及以上	489	56.1	678	77.8	470	53.9	82	9.4
		没上过学	2986	53.7	4092	73.6	2423	43.6	560	10.1
		小学	1519	49.1	2166	70.0	1287	41.6	280	9.1
		初中	188	46.9	259	64.4	155	38.7	47	11.8
		高中/中专	51	51.7	77	78.3	31	31.9	9	8.9
		大专及以上	4	55.5	7	93.5	1	14.1	0	1.6
		有偶同住	2850	49.3	4061	70.3	2361	40.9	573	9.9
		有偶分居	64	48.4	86	64.5	43	32.1	14	10.2
		丧偶	1780	56.9	2363	75.5	1454	46.5	300	9.6
		离婚	21	46.9	27	61.5	17	39.1	2	5.3
		未婚	35	47.1	57	77.6	24	33.2	5	7.0
	男性	60 周岁及以上	2153	48.1	3091	69.0	1836	41.0	442	9.9
		60—69 岁	1252	45.6	1887	68.7	1083	39.4	277	10.1
		70—79 岁	722	51.4	963	68.6	580	41.3	123	8.8
		80 周岁及以上	179	54.8	241	73.7	174	53.2	41	12.5
		没上过学	844	47.2	1201	67.1	733	41.0	172	9.6
		小学	1105	49.0	1596	70.8	950	42.2	229	10.2
		初中	144	44.5	208	64.3	118	36.4	29	9.0
		高中/中专	48	51.4	73	77.4	30	31.6	9	9.3
		大专及以上	4	53.3	7	93.2	1	12.7	0	1.2
		有偶同住	1607	47.0	2334	68.4	1396	40.9	355	10.4
		有偶分居	38	48.8	46	59.2	25	32.5	7	9.4
		丧偶	452	52.1	624	71.9	376	43.4	67	7.7
		离婚	16	48.8	21	62.9	12	36.6	1	3.8
		未婚	33	46.0	55	77.6	23	32.5	5	7.3
	女性	60 周岁及以上	2605	55.4	3518	74.8	2069	44.0	458	9.7
		60—69 岁	1345	52.6	1860	72.7	984	38.5	252	9.9
		70—79 岁	951	59.6	1220	76.5	788	49.4	165	10.3
		80 周岁及以上	309	56.8	437	80.3	296	54.4	41	7.5
		没上过学	2142	56.8	2891	76.6	1690	44.8	389	10.3
		小学	414	49.2	570	67.8	338	40.2	51	6.0
		初中	44	56.5	51	64.8	38	48.3	18	23.2
		高中/中专	2	59.2	4	100.0	2	40.8		
		大专及以上	0	100.0	0	100.0	0	43.5	0	10.0
		有偶同住	1243	52.6	1727	73.1	965	40.9	218	9.2
		有偶分居	26	47.8	40	72.0	17	31.4	6	11.5
		丧偶	1328	58.7	1739	76.8	1078	47.7	232	10.3
		离婚	5	41.4	6	57.3	5	46.5	1	9.8
		未婚	2	72.4	2	77.5	1	49.9		

附表4　2000年总体和分城乡、年龄组、性别、不同受教育程度及婚姻状况的老年人使用辅具情况

特征			老花镜		助听器		拐杖		轮椅	
地区	性别	年龄组	万人	%	万人	%	万人	%	万人	%
城乡	合计	60周岁及以上	5984	50.0	219	1.8	1861	15.5	102	0.9
		60—69岁	3747	53.4	60	0.9	409	5.8	67	0.9
		70—79岁	1782	46.3	95	2.5	865	22.5	16	0.4
		80周岁及以上	455	41.1	64	5.8	587	53.1	19	1.7
		没上过学	2382	37.8	107	1.7	1313	20.8	54	0.9
		小学	2342	58.2	74	1.8	441	11.0	29	0.7
		初中	698	74.0	23	2.4	56	5.9	11	1.2
		高中/中专	344	80.2	10	2.2	30	6.9	6	1.4
		大专及以上	191	80.3	4	1.7	20	8.5	3	1.1
		有偶同住	4300	54.8	139	1.8	812	10.3	70	0.9
		有偶分居	71	44.6	1	0.5	20	12.7	0	0.1
		丧偶	1552	40.8	74	1.9	1004	26.4	29	0.8
		离婚	27	45.8	1	1.3	9	15.3	0	0.4
		未婚	21	26.4	1	1.0	13	16.5	1	0.6
	男性	60周岁及以上	3023	51.8	120	2.1	739	12.7	33	0.6
		60—69岁	1961	54.5	40	1.1	191	5.3	22	0.6
		70—79岁	888	49.0	54	3.0	346	19.1	7	0.4
		80周岁及以上	174	41.7	27	6.4	202	48.3	4	1.0
		没上过学	570	29.9	34	1.8	361	18.9	4	0.2
		小学	1523	56.3	55	2.0	284	10.5	15	0.6
		初中	502	72.4	21	3.1	50	7.2	7	1.0
		高中/中专	266	80.4	7	2.1	25	7.7	4	1.3
		大专及以上	148	85.5	3	2.0	17	9.9	3	1.5
		有偶同住	2577	55.5	98	2.1	465	10.0	27	0.6
		有偶分居	41	46.8	1	0.9	9	10.4	0	0.0
		丧偶	361	37.2	20	2.1	247	25.5	5	0.5
		离婚	17	40.7	1	1.7	5	12.9	0	0.4
		未婚	21	28.3	1	0.9	13	17.1	0	0.0
	女性	60周岁及以上	2961	48.2	99	1.6	1122	18.3	69	1.1
		60—69岁	1787	52.2	20	0.6	218	6.4	45	1.3
		70—79岁	894	43.9	41	2.0	519	25.5	9	0.5
		80周岁及以上	281	40.8	38	5.5	385	56.0	15	2.2
		没上过学	1812	41.2	74	1.7	951	21.6	50	1.1
		小学	819	62.3	20	1.5	157	11.9	13	1.0
		初中	196	78.4	2	0.7	6	2.3	4	1.8
		高中/中专	78	79.3	3	2.6	4	4.4	2	1.6
		大专及以上	43	66.4	0	0.8	3	4.8	0	0.1
		有偶同住	1723	53.8	41	1.3	347	10.8	43	1.4
		有偶分居	30	41.8	0	0.0	11	15.6	0	0.3
		丧偶	1191	42.1	54	1.9	756	26.7	24	0.8
		离婚	10	57.5	0	0.4	4	20.8	0	0.2
		未婚	1	7.0	0	2.5	1	10.0	0	6.8

附表 4 2000 年总体和分城乡、年龄组、性别、不同受教育程度及婚姻状况的老年人使用辅具情况(续)

特征			老花镜		助听器		拐杖		轮椅	
地区	性别	年龄组	万人	%	万人	%	万人	%	万人	%
城市	合计	60 周岁及以上	2018	72.2	75	2.7	239	8.6	29	1.0
		60—69 岁	1283	74.9	19	1.1	61	3.5	10	0.6
		70—79 岁	590	69.6	38	4.5	93	11.0	9	1.1
		80 周岁及以上	144	61.6	18	7.6	85	36.5	9	4.0
		没上过学	440	59.3	22	3.0	99	13.4	10	1.3
		小学	681	73.3	20	2.2	77	8.3	6	0.6
		初中	435	80.5	18	3.3	32	5.9	5	1.0
		高中/中专	260	78.6	9	2.7	12	3.6	6	1.8
		大专及以上	184	79.8	4	1.7	20	8.5	3	1.2
		有偶同住	1559	75.3	50	2.4	136	6.6	18	0.9
		有偶分居	16	59.4	0	1.0	3	9.5	0	0.9
		丧偶	427	63.5	21	3.1	96	14.3	11	1.6
		离婚	10	74.8	0	0.5	1	9.8	0	1.3
		未婚	2	27.5	0	2.6	2	23.1	1	7.5
	男性	60 周岁及以上	1039	76.7	43	3.1	100	7.4	14	1.0
		60—69 岁	668	78.4	13	1.6	23	2.7	8	0.9
		70—79 岁	304	74.0	19	4.7	49	11.9	4	1.1
		80 周岁及以上	67	73.3	10	10.8	28	31.1	2	1.7
		没上过学	68	57.4	5	4.0	16	13.4	1	0.5
		小学	345	75.7	11	2.5	34	7.4	3	0.6
		初中	293	79.4	16	4.4	26	7.1	3	0.9
		高中/中专	186	78.4	6	2.7	8	3.3	4	1.8
		大专及以上	141	85.1	3	2.1	17	10.0	3	1.6
		有偶同住	950	77.3	36	2.9	82	6.7	13	1.0
		有偶分居	8	76.4	0	2.5	1	10.1	0	0.3
		丧偶	73	70.6	6	6.1	15	14.9	1	0.8
		离婚	6	80.4			1	10.9	0	2.6
		未婚	1	51.3			1	32.3	0	1.2
	女性	60 周岁及以上	979	67.9	32	2.2	139	9.7	15	1.1
		60—69 岁	614	71.4	6	0.7	38	4.4	3	0.3
		70—79 岁	287	65.5	18	4.2	44	10.1	5	1.1
		80 周岁及以上	78	54.3	8	5.6	57	39.9	8	5.5
		没上过学	372	59.7	17	2.8	83	13.3	9	1.5
		小学	336	70.9	9	1.9	43	9.1	3	0.6
		初中	142	82.8	2	1.0	6	3.3	2	1.1
		高中/中专	75	79.1	3	2.8	4	4.5	2	1.7
		大专及以上	43	66.3	0	0.8	3	4.8	0	0.0
		有偶同住	610	72.5	14	1.7	54	6.4	5	0.6
		有偶分居	8	49.1	0	0.0	2	9.2	0	1.2
		丧偶	354	62.2	15	2.6	80	14.1	10	1.7
		离婚	4	68.8	0	1.0	1	8.6		
		未婚	1	12.1	0	4.2	1	17.1	0	11.7

附表 4 2000 年总体和分城乡、年龄组、性别、不同受教育程度及婚姻状况的老年人使用辅具情况(续)

特征			老花镜		助听器		拐杖		轮椅	
地区	性别	年龄组	万人	%	万人	%	万人	%	万人	%
农村	合计	60 周岁及以上	3966	43.2	145	1.6	1621	17.7	73	0.8
		60—69 岁	2464	46.4	41	0.8	348	6.6	56	1.1
		70—79 岁	1191	39.7	57	1.9	772	25.7	7	0.2
		80 周岁及以上	310	35.6	46	5.3	502	57.5	10	1.1
		没上过学	1942	34.9	85	1.5	1214	21.8	44	0.8
		小学	1661	53.7	54	1.7	364	11.8	23	0.7
		初中	262	65.3	5	1.3	24	6.0	6	1.5
		高中/中专	84	85.5	1	0.6	18	18.1		
		大专及以上	7	94.4			1	7.7	0	0.5
		有偶同住	2741	47.4	89	1.5	676	11.7	53	0.9
		有偶分居	55	41.6	1	0.4	18	13.3		
		丧偶	1125	36.0	53	1.7	908	29.0	19	0.6
		离婚	17	37.1	1	1.5	8	16.9	0	0.1
		未婚	19	26.3	1	0.9	12	15.9		
	男性	60 周岁及以上	1984	44.3	78	1.7	639	14.3	19	0.4
		60—69 岁	1292	47.0	27	1.0	168	6.1	14	0.5
		70—79 岁	584	41.6	34	2.4	297	21.2	3	0.2
		80 周岁及以上	108	32.9	17	5.2	174	53.1	3	0.8
		没上过学	502	28.1	29	1.6	346	19.3	4	0.2
		小学	1179	52.3	43	1.9	251	11.1	12	0.6
		初中	209	64.5	5	1.6	24	7.5	3	1.1
		高中/中专	80	85.5	1	0.6	18	18.8		
		大专及以上	7	94.1			1	8.1		
		有偶同住	1627	47.7	62	1.8	383	11.2	14	0.4
		有偶分居	34	43.0	1	0.8	8	10.4		
		丧偶	288	33.2	14	1.6	232	26.7	4	0.5
		离婚	11	32.5	1	2.0	4	13.3		
		未婚	19	27.4	1	0.9	12	16.6		
	女性	60 周岁及以上	1982	42.2	67	1.4	983	20.9	54	1.1
		60—69 岁	1172	45.8	15	0.6	180	7.0	42	1.6
		70—79 岁	607	38.0	23	1.4	474	29.7	4	0.3
		80 周岁及以上	203	37.2	30	5.4	328	60.2	7	1.3
		没上过学	1440	38.2	56	1.5	868	23.0	40	1.1
		小学	483	57.4	11	1.3	114	13.5	11	1.3
		初中	54	68.6			0	0.2	3	3.2
		高中/中专	3	84.5						
		大专及以上	0	100.0					0	10.0
		有偶同住	1113	47.1	27	1.1	293	12.4	38	1.6
		有偶分居	22	39.5			10	17.5		
		丧偶	837	37.0	39	1.7	676	29.9	14	0.6
		离婚	6	50.9			3	27.9	0	0.3
		未婚								

附表 5　2000 年总体和分城乡、年龄组、性别、不同受教育程度及婚姻状况的老年人相关心理特征

（万人，%）

特征			感觉老了		爱忘事		爱聊天		爱交朋友		常感孤独		有人可倾诉	
地区	性别	年龄组	万人	%	万人	%	万人	%	万人	%	万人	%	万人	%
城乡	合计	60 周岁及以上	10145	84.7	9452	79.0	8510	71.1	7134	59.6	3617	30.2	8376	70.0
		60—69 岁	5503	78.4	5249	74.8	5123	73.0	4461	63.6	1834	26.1	5219	74.4
		70—79 岁	3597	93.5	3248	84.4	2649	68.8	2126	55.3	1359	35.3	2535	65.9
		80 周岁及以上	1044	94.4	955	86.3	739	66.8	547	49.5	423	38.3	622	56.2
		没上过学	5713	90.6	5271	83.6	4361	69.2	3337	53.0	2227	35.3	4160	66.0
		小学	3280	81.5	3061	76.1	2889	71.8	2595	64.5	1032	25.6	2901	72.1
		初中	702	74.5	651	69.1	716	75.9	693	73.6	229	24.3	745	79.1
		高中/中专	293	68.2	303	70.7	331	77.3	302	70.4	96	22.4	335	78.0
		大专及以上	127	53.2	142	59.6	183	76.8	184	77.1	23	9.7	207	86.7
		有偶同住	6346	80.9	6051	77.1	5643	71.9	4915	62.6	1760	22.4	6161	78.5
		有偶分居	142	89.1	132	82.4	101	63.3	89	55.8	46	28.5	79	49.2
		丧偶	3523	92.7	3149	82.8	2654	69.8	2032	53.5	1719	45.2	2072	54.5
		离婚	46	79.9	40	68.8	43	74.2	38	64.5	30	51.9	28	48.6
		未婚	72	89.3	61	76.3	53	66.0	49	60.8	47	58.9	27	33.2
	男性	60 周岁及以上	4670	80.1	4404	75.5	4241	72.7	3805	65.3	1626	27.9	4188	71.8
		60—69 岁	2639	73.3	2535	70.4	2702	75.1	2437	67.7	894	24.8	2713	75.4
		70—79 岁	1647	90.8	1517	83.6	1283	70.7	1149	63.4	585	32.3	1236	68.1
		80 周岁及以上	384	91.8	352	84.2	257	61.4	219	52.3	147	35.2	239	57.3
		没上过学	1642	86.1	1564	82.0	1344	70.4	1136	59.5	673	35.3	1275	66.8
		小学	2212	81.7	2034	75.1	1954	72.2	1774	65.5	685	25.3	1935	71.5
		初中	494	71.2	454	65.6	548	79.1	531	76.6	161	23.2	554	80.0
		高中/中专	219	66.3	231	69.8	256	77.5	228	68.9	83	25.2	257	77.7
		大专及以上	88	50.7	109	62.8	124	71.8	127	73.5	18	10.6	151	87.4
		有偶同住	3625	78.1	3457	74.4	3412	73.5	3079	66.3	1072	23.1	3637	78.3
		有偶分居	73	82.5	75	85.1	59	66.5	54	60.8	32	36.3	48	54.2
		丧偶	865	89.2	775	80.0	683	70.4	597	61.5	444	45.8	459	47.3
		离婚	31	76.6	27	66.8	32	78.6	26	64.5	22	54.9	18	43.8
		未婚	68	92.5	59	80.7	47	63.9	44	59.4	45	61.7	23	31.1
	女性	60 周岁及以上	5476	89.2	5049	82.2	4269	69.5	3329	54.2	1990	32.4	4189	68.2
		60—69 岁	2864	83.8	2714	79.4	2422	70.8	2024	59.2	940	27.5	2506	73.3
		70—79 岁	1950	95.9	1731	85.1	1366	67.2	977	48.0	774	38.1	1300	63.9
		80 周岁及以上	661	96.0	603	87.6	482	70.0	328	47.7	276	40.2	383	55.6
		没上过学	4070	92.6	3707	84.4	3017	68.7	2202	50.1	1554	35.4	2885	65.7
		小学	1068	81.2	1027	78.1	935	71.1	821	62.4	347	26.4	965	73.4
		初中	209	83.5	197	78.8	168	67.3	163	65.1	68	27.3	191	76.4
		高中/中专	73	74.7	72	73.8	75	76.4	74	75.5	13	12.9	78	79.2
		大专及以上	39	59.6	33	51.0	59	90.2	56	86.8	5	7.0	55	85.1
		有偶同住	2720	84.9	2594	81.0	2231	69.6	1837	57.3	688	21.5	2524	78.8
		有偶分居	69	97.1	57	79.2	43	59.4	36	49.7	14	19.0	31	43.0
		丧偶	2659	93.9	2374	83.8	1971	69.6	1436	50.7	1275	45.0	1614	57.0
		离婚	15	87.7	13	73.5	11	64.0	11	64.6	8	44.9	10	59.5
		未婚	4	55.6	2	31.3	6	87.5	5	75.0	2	30.2	4	54.6

附表 5　2000 年总体和分城乡、年龄组、性别、不同受教育程度及婚姻状况的老年人相关心理特征(续)

（万人,%）

特征			感觉老了		爱忘事		爱聊天		爱交朋友		常感孤独		有人可倾诉	
地区	性别	年龄组	万人	%	万人	%	万人	%	万人	%	万人	%	万人	%
城市	合计	60 周岁及以上	2110	75.5	2090	74.8	1956	70.0	1853	66.3	622	22.2	2111	75.5
		60—69 岁	1172	68.4	1193	69.6	1228	71.7	1194	69.7	317	18.5	1374	80.2
		70—79 岁	723	85.2	701	82.7	588	69.4	542	63.9	227	26.8	590	69.6
		80 周岁及以上	215	91.8	196	83.8	140	59.7	118	50.3	78	33.2	146	62.5
		没上过学	658	88.8	640	86.4	495	66.9	434	58.6	244	33.0	497	67.1
		小学	720	77.5	706	76.0	628	67.6	612	65.8	183	19.7	694	74.7
		初中	376	69.5	362	67.0	385	71.3	383	70.8	104	19.3	440	81.3
		高中/中专	218	65.8	233	70.4	250	75.6	231	69.9	65	19.5	263	79.5
		大专及以上	121	52.4	135	58.6	178	77.0	177	76.8	21	8.9	200	86.6
		有偶同住	1481	71.6	1484	71.7	1457	70.4	1402	67.7	338	16.3	1670	80.7
		有偶分居	24	90.8	20	76.4	15	55.2	15	56.0	11	41.4	12	43.9
		丧偶	586	87.2	567	84.4	466	69.4	419	62.3	265	39.5	414	61.6
		离婚	10	75.3	10	76.1	9	66.0	8	61.7	4	33.1	6	44.0
		未婚	4	52.4	3	46.8	5	76.5	4	61.7	1	7.7	5	72.6
	男性	60 周岁及以上	918	67.8	904	66.8	957	70.7	899	66.4	267	19.7	1045	77.2
		60—69 岁	505	59.3	502	58.9	618	72.5	584	68.5	154	18.1	694	81.5
		70—79 岁	336	81.8	330	80.4	284	69.2	265	64.5	82	20.1	291	70.9
		80 周岁及以上	77	84.7	72	79.5	55	60.1	50	55.0	31	33.6	60	65.7
		没上过学	101	84.9	94	79.4	66	55.9	65	55.2	37	31.3	77	65.2
		小学	345	75.9	319	70.1	306	67.3	277	60.9	86	18.8	334	73.4
		初中	237	64.3	220	59.7	279	75.7	270	73.0	71	19.3	295	79.8
		高中/中专	148	62.5	165	69.5	179	75.4	161	67.8	54	22.8	188	79.6
		大专及以上	82	49.7	102	61.6	119	71.8	121	72.8	16	9.6	145	87.2
		有偶同住	820	66.8	813	66.2	871	70.9	824	67.1	217	17.7	988	80.4
		有偶分居	9	86.2	8	84.2	7	67.2	6	56.8	3	31.3	6	57.2
		丧偶	79	76.6	73	71.2	71	68.6	64	62.7	43	41.4	46	45.0
		离婚	6	80.5	5	74.3	5	68.6	3	48.5	2	34.4	2	30.2
		未婚	3	96.5	2	91.2	1	48.8	0	13.7	1	19.5	1	40.2
	女性	60 周岁及以上	1192	82.7	1185	82.2	1000	69.4	954	66.2	355	24.6	1066	73.9
		60—69 岁	667	77.5	690	80.2	610	70.9	610	70.9	163	18.9	680	79.0
		70—79 岁	387	88.4	371	84.8	304	69.6	277	63.3	145	33.0	299	68.3
		80 周岁及以上	138	96.2	124	86.6	85	59.5	68	47.3	47	33.0	87	60.4
		没上过学	557	89.5	546	87.8	429	69.0	368	59.2	207	33.3	420	67.5
		小学	375	79.1	387	81.6	322	67.9	334	70.5	97	20.5	360	75.8
		初中	139	80.7	142	82.8	106	61.9	113	65.9	33	19.4	145	84.4
		高中/中专	70	74.1	69	72.7	72	76.1	71	75.1	11	11.4	75	79.4
		大专及以上	39	59.5	33	50.9	58	90.4	56	86.8	5	7.1	55	85.0
		有偶同住	661	78.6	670	79.7	586	69.7	578	68.8	120	14.3	682	81.2
		有偶分居	15	93.6	12	71.6	8	47.9	9	55.6	8	47.6	6	35.8
		丧偶	507	89.1	494	86.8	396	69.5	354	62.2	223	39.1	367	64.5
		离婚	5	69.7	5	78.1	4	63.2	5	75.8	2	31.7	4	58.7
		未婚	1	23.8	1	17.9	4	94.6	4	93.0			4	93.7

附表 5 2000 年总体和分城乡、年龄组、性别、不同受教育程度及婚姻状况的老年人相关心理特征(续)

(万人,%)

特征			感觉老了		爱忘事		爱聊天		爱交朋友		常感孤独		有人可倾诉	
地区	性别	年龄组	万人	%	万人	%	万人	%	万人	%	万人	%	万人	%
农村	合计	60 周岁及以上	8035	87.6	7363	80.2	6554	71.4	5281	57.5	2995	32.6	6266	68.3
		60—69 岁	4332	81.6	4057	76.5	3895	73.4	3267	61.6	1517	28.6	3845	72.5
		70—79 岁	2874	95.8	2547	84.9	2060	68.7	1584	52.8	1132	37.7	1945	64.9
		80 周岁及以上	829	95.1	759	87.0	599	68.7	429	49.2	346	39.6	476	54.6
		没上过学	5055	90.9	4631	83.3	3866	69.5	2903	52.2	1983	35.7	3663	65.9
		小学	2560	82.7	2355	76.1	2260	73.1	1984	64.1	848	27.4	2207	71.3
		初中	326	81.2	289	71.8	330	82.2	310	77.3	124	31.0	306	76.1
		高中/中专	75	76.4	70	71.5	81	82.9	71	72.1	31	32.1	71	72.9
		大专及以上	6	76.2	7	91.3	5	73.0	6	88.1	2	33.2	7	90.9
		有偶同住	4864	84.2	4567	79.1	4186	72.4	3513	60.8	1422	24.6	4491	77.7
		有偶分居	118	88.7	111	83.6	86	64.9	74	55.8	35	26.0	67	50.2
		丧偶	2937	93.9	2582	82.5	2188	69.9	1614	51.6	1454	46.4	1659	53.0
		离婚	36	81.3	30	66.6	34	76.7	29	65.4	26	57.5	22	50.0
		未婚	68	92.7	58	79.0	48	65.0	45	60.7	47	63.7	22	29.5
	男性	60 周岁及以上	3752	83.8	3499	78.2	3284	73.4	2906	64.9	1360	30.4	3143	70.2
		60—69 岁	2134	77.7	2033	74.0	2084	75.9	1853	67.5	740	27.0	2018	73.5
		70—79 岁	1311	93.4	1187	84.6	999	71.2	884	63.0	503	35.8	944	67.3
		80 周岁及以上	307	93.8	280	85.5	202	61.8	169	51.6	117	35.7	180	55.0
		没上过学	1541	86.2	1470	82.2	1277	71.4	1070	59.8	636	35.6	1198	66.9
		小学	1867	82.9	1715	76.1	1648	73.1	1497	66.5	599	26.6	1601	71.1
		初中	256	79.2	234	72.3	269	83.0	261	80.6	90	27.7	260	80.3
		高中/中专	71	75.9	66	70.3	78	82.8	67	71.6	29	31.4	68	72.8
		大专及以上	5	76.3	6	92.2	5	73.9	6	88.5	2	34.8	6	90.5
		有偶同住	2805	82.1	2643	77.4	2541	74.4	2255	66.0	855	25.0	2650	77.6
		有偶分居	64	82.0	67	85.2	52	66.4	48	61.3	29	36.9	42	53.8
		丧偶	786	90.7	702	81.0	612	70.6	532	61.4	402	46.3	413	47.6
		离婚	25	75.7	22	65.2	27	80.7	23	67.8	20	59.2	16	46.7
		未婚	65	92.4	57	80.3	46	64.4	43	61.2	45	63.3	22	30.8
	女性	60 周岁及以上	4284	91.1	3863	82.2	3270	69.6	2375	50.5	1636	34.8	3123	66.4
		60—69 岁	2198	85.9	2024	79.1	1812	70.8	1414	55.3	777	30.4	1826	71.3
		70—79 岁	1563	98.0	1360	85.2	1061	66.5	700	43.8	630	39.4	1001	62.7
		80 周岁及以上	523	96.0	479	87.9	397	72.8	261	47.8	229	42.0	296	54.3
		没上过学	3514	93.1	3161	83.8	2588	68.6	1833	48.6	1347	35.7	2465	65.4
		小学	693	82.4	640	76.1	613	72.8	487	57.8	249	29.7	606	72.0
		初中	70	89.6	54	69.8	62	79.2	50	63.5	35	44.8	46	58.6
		高中/中专	3	88.9	4	100.0	3	84.5	3	84.5	2	49.7	3	75.6
		大专及以上	0	74.9	0	74.9	0	53.5	0	78.6			0	100.0
		有偶同住	2059	87.2	1924	81.4	1645	69.6	1258	53.3	568	24.0	1841	77.9
		有偶分居	54	98.2	45	81.5	35	62.9	26	47.9	6	10.4	25	45.2
		丧偶	2152	95.1	1880	83.1	1576	69.6	1081	47.8	1052	46.5	1246	55.1
		离婚	11	98.3	8	70.8	7	64.5	6	58.0	6	52.6	7	60.0
		未婚	3	100.0	1	50.1	2	77.5	1	49.9	2	72.4		

附表6　2000年总体和分城乡、年龄组、性别、不同受教育程度及婚姻状况的老年人幸福感

特征			合计		较幸福		差不多		较不幸福	
地区	性别	年龄组	万人	%	万人	%	万人	%	万人	%
城乡	合计	60周岁及以上	11972	100.0	5812	48.5	5064	42.3	1036	8.7
		60—69岁	7019	100.0	3408	48.6	3031	43.2	556	7.9
		70—79岁	3847	100.0	1871	48.6	1590	41.3	367	9.6
		80周岁及以上	1106	100.0	532	48.1	443	40.0	112	10.2
		没上过学	6302	100.0	2647	42.0	2902	46.1	716	11.4
		小学	4023	100.0	2047	50.9	1674	41.6	281	7.0
		初中	943	100.0	606	64.3	308	32.7	27	2.9
		高中/中专	429	100.0	314	73.2	107	24.9	7	1.6
		大专及以上	238	100.0	173	72.8	62	25.9	3	1.2
		有偶同住	7847	100.0	4013	51.1	3226	41.1	576	7.3
		有偶分居	160	100.0	55	34.3	73	45.7	32	19.9
		丧偶	3802	100.0	1693	44.5	1700	44.7	383	10.1
		离婚	58	100.0	26	45.0	25	42.3	7	12.6
		未婚	81	100.0	19	23.8	34	42.1	27	33.9
	男性	60周岁及以上	5831	100.0	2881	49.4	2457	42.1	471	8.1
		60—69岁	3599	100.0	1737	48.3	1563	43.4	292	8.1
		70—79岁	1814	100.0	925	51.0	742	40.9	141	7.8
		80周岁及以上	418	100.0	219	52.4	152	36.3	38	9.1
		没上过学	1908	100.0	765	40.1	900	47.2	229	12.0
		小学	2708	100.0	1315	48.5	1177	43.5	211	7.8
		初中	693	100.0	426	61.5	243	35.1	22	3.2
		高中/中专	331	100.0	230	69.6	94	28.6	5	1.5
		大专及以上	173	100.0	135	78.1	35	20.4	2	1.4
		有偶同住	4643	100.0	2378	51.2	1927	41.5	328	7.1
		有偶分居	88	100.0	28	31.6	45	51.0	15	17.4
		丧偶	970	100.0	441	45.5	434	44.8	85	8.8
		离婚	41	100.0	18	43.6	17	43.1	5	13.2
		未婚	73	100.0	14	19.4	32	43.5	27	36.8
	女性	60周岁及以上	6141	100.0	2931	47.7	2607	42.4	565	9.2
		60—69岁	3420	100.0	1671	48.9	1468	42.9	264	7.7
		70—79岁	2033	100.0	946	46.5	848	41.7	226	11.1
		80周岁及以上	688	100.0	313	45.5	291	42.3	74	10.8
		没上过学	4394	100.0	1881	42.8	2002	45.6	487	11.1
		小学	1315	100.0	732	55.7	497	37.8	70	5.3
		初中	250	100.0	180	72.0	65	26.1	5	1.9
		高中/中专	98	100.0	84	85.4	12	12.7	2	2.0
		大专及以上	65	100.0	38	58.7	26	40.7	0	0.6
		有偶同住	3204	100.0	1634	51.0	1300	40.6	248	7.7
		有偶分居	72	100.0	27	37.7	28	39.2	17	23.1
		丧偶	2832	100.0	1252	44.2	1265	44.7	298	10.5
		离婚	18	100.0	9	48.3	7	40.3	2	11.2
		未婚	7	100.0	5	69.1	2	27.7	0	3.2

附表 6　2000 年总体和分城乡、年龄组、性别、不同受教育程度及婚姻状况的老年人幸福感(续)

特征			合计		较幸福		差不多		较不幸福	
地区	性别	年龄组	万人	%	万人	%	万人	%	万人	%
城市	合计	60 周岁及以上	2795	100.0	1845	66.0	806	28.8	138	4.9
		60—69 岁	1713	100.0	1134	66.2	504	29.4	73	4.3
		70—79 岁	848	100.0	555	65.4	239	28.1	52	6.1
		80 周岁及以上	234	100.0	156	66.6	63	27.0	13	5.7
		没上过学	741	100.0	432	58.3	235	31.8	70	9.4
		小学	929	100.0	598	64.3	284	30.6	46	4.9
		初中	541	100.0	379	70.1	148	27.3	14	2.5
		高中/中专	331	100.0	253	76.4	72	21.9	6	1.8
		大专及以上	231	100.0	168	73.0	59	25.7	3	1.2
		有偶同住	2069	100.0	1412	68.2	580	28.0	74	3.6
		有偶分居	27	100.0	16	61.8	9	33.0	1	4.8
		丧偶	672	100.0	402	59.8	206	30.7	60	9.0
		离婚	13	100.0	6	44.7	5	39.8	2	15.5
		未婚	7	100.0	6	85.3	1	10.1	0	4.6
	男性	60 周岁及以上	1353	100.0	898	66.3	402	29.7	51	3.7
		60—69 岁	852	100.0	557	65.4	263	30.9	31	3.6
		70—79 岁	410	100.0	269	65.7	124	30.1	17	4.0
		80 周岁及以上	91	100.0	71	78.4	15	16.9	3	3.4
		没上过学	119	100.0	69	57.8	37	30.8	12	10.4
		小学	455	100.0	278	61.1	154	33.8	23	5.0
		初中	369	100.0	245	66.4	114	31.0	9	2.5
		高中/中专	237	100.0	173	73.0	60	25.3	4	1.7
		大专及以上	166	100.0	130	78.6	33	19.9	2	1.4
		有偶同住	1228	100.0	824	67.1	360	29.3	43	3.5
		有偶分居	10	100.0	4	40.3	5	52.9	1	6.0
		丧偶	103	100.0	63	61.5	33	32.4	6	5.6
		离婚	7	100.0	3	41.2	3	37.7	1	21.1
		未婚	3	100.0	2	89.0	0	7.7	0	3.3
	女性	60 周岁及以上	1441	100.0	947	65.7	403	28.0	87	6.0
		60—69 岁	860	100.0	577	67.0	240	27.9	42	4.9
		70—79 岁	438	100.0	285	65.2	115	26.3	35	8.0
		80 周岁及以上	143	100.0	85	59.1	48	33.4	10	7.1
		没上过学	622	100.0	363	58.3	199	32.0	57	9.2
		小学	474	100.0	319	67.4	131	27.6	23	4.9
		初中	172	100.0	134	78.0	33	19.4	4	2.4
		高中/中专	94	100.0	80	84.7	12	13.2	2	2.0
		大专及以上	65	100.0	38	58.6	26	40.8	0	0.6
		有偶同住	841	100.0	588	70.0	220	26.2	31	3.7
		有偶分居	17	100.0	12	74.9	3	20.9	1	4.2
		丧偶	569	100.0	339	59.5	173	30.4	55	9.6
		离婚	7	100.0	3	48.3	3	42.2	1	9.5
		未婚	4	100.0	3	82.9	0	11.7	0	5.4

附表 6　2000 年总体和分城乡、年龄组、性别、不同受教育程度及婚姻状况的老年人幸福感(续)

特征			合计		较幸福		差不多		较不幸福	
地区	性别	年龄组	万人	%	万人	%	万人	%	万人	%
农村	合计	60 周岁及以上	9177	100.0	3967	43.2	4258	46.4	898	9.8
		60—69 岁	5306	100.0	2274	42.9	2527	47.6	483	9.1
		70—79 岁	2999	100.0	1317	43.9	1351	45.0	316	10.5
		80 周岁及以上	872	100.0	376	43.2	379	43.5	99	11.4
		没上过学	5561	100.0	2215	39.8	2667	48.0	647	11.6
		小学	3094	100.0	1449	46.8	1390	44.9	235	7.6
		初中	402	100.0	227	56.5	161	40.0	13	3.3
		高中/中专	98	100.0	61	62.5	34	35.2	1	1.1
		大专及以上	7	100.0	5	67.9	2	32.1		
		有偶同住	5778	100.0	2600	45.0	2646	45.8	502	8.7
		有偶分居	133	100.0	38	28.8	64	48.3	31	22.9
		丧偶	3130	100.0	1292	41.3	1493	47.7	323	10.3
		离婚	45	100.0	20	45.2	19	43.0	5	11.7
		未婚	74	100.0	13	18.1	33	45.1	27	36.6
	男性	60 周岁及以上	4477	100.0	1983	44.3	2055	45.9	420	9.4
		60—69 岁	2747	100.0	1180	42.9	1300	47.3	261	9.5
		70—79 岁	1403	100.0	656	46.7	618	44.1	125	8.9
		80 周岁及以上	327	100.0	148	45.2	136	41.7	35	10.6
		没上过学	1789	100.0	697	39.0	863	48.3	217	12.1
		小学	2253	100.0	1036	46.0	1023	45.4	188	8.4
		初中	324	100.0	181	55.9	129	39.8	13	4.0
		高中/中专	94	100.0	57	60.9	34	36.7	1	1.1
		大专及以上	7	100.0	5	67.4	2	32.6		
		有偶同住	3415	100.0	1554	45.5	1567	45.9	286	8.4
		有偶分居	78	100.0	24	30.5	40	50.7	15	18.8
		丧偶	867	100.0	378	43.6	401	46.3	80	9.2
		离婚	34	100.0	15	44.1	15	44.3	4	11.6
		未婚	71	100.0	12	16.8	32	44.9	27	38.1
	女性	60 周岁及以上	4700	100.0	1984	42.2	2203	46.9	478	10.2
		60—69 岁	2559	100.0	1095	42.8	1228	48.0	222	8.7
		70—79 岁	1596	100.0	661	41.4	733	45.9	191	12.0
		80 周岁及以上	545	100.0	228	41.9	243	44.6	64	11.8
		没上过学	3772	100.0	1518	40.3	1803	47.8	430	11.4
		小学	841	100.0	413	49.1	367	43.6	47	5.6
		初中	78	100.0	46	58.7	32	40.7	1	0.7
		高中/中专	4	100.0	4	100.0				
		大专及以上	0	100.0	0	78.6	0	21.4		
		有偶同住	2363	100.0	1046	44.3	1079	45.7	217	9.2
		有偶分居	55	100.0	15	26.5	25	44.7	16	28.8
		丧偶	2263	100.0	914	40.4	1092	48.3	243	10.7
		离婚	11	100.0	5	48.2	4	39.2	1	12.2
		未婚	3	100.0	1	49.9	1	50.1		

附表 7 2000 年分年龄组、性别、不同受教育程度及婚姻状况的城市老年人参加公益活动情况

特征		治安巡逻		义务劳动		志愿者活动		互助活动		青少年教育	
性别	年龄组	万人	%	万人	%	万人	%	万人	%	万人	%
合计	60 周岁及以上	384	13.7	737	26.4	202	7.2	274	9.8	306	10.9
	60—69 岁	255	14.9	518	30.3	130	7.6	178	10.4	198	11.5
	70—79 岁	113	13.4	192	22.6	62	7.3	83	9.7	88	10.4
	80 周岁及以上	16	6.7	27	11.4	9	3.9	13	5.7	20	8.5
	没上过学	108	14.6	186	25.2	40	5.4	53	7.2	50	6.8
	小学	113	12.2	242	26.1	53	5.7	79	8.5	77	8.3
	初中	103	19.0	135	25.0	46	8.6	81	14.9	82	15.2
	高中/中专	39	11.8	98	29.5	31	9.5	34	10.4	60	18.2
	大专及以上	14	6.2	65	28.3	26	11.1	23	9.9	33	14.3
	有偶同住	272	13.2	551	26.6	159	7.7	217	10.5	244	11.8
	有偶分居	1	4.5	3	11.1	1	4.2	1	3.0	1	3.5
	丧偶	108	16.1	176	26.2	42	6.2	54	8.0	57	8.5
	离婚	1	9.5	5	34.9	0	2.8	1	7.2	3	21.2
	未婚	0	1.4	0	3.4	0	0.0	1	15.7	0	1.6
男性	60 周岁及以上	191	14.1	366	27.1	109	8.1	152	11.2	183	13.6
	60—69 岁	126	14.8	269	31.5	63	7.4	98	11.4	114	13.4
	70—79 岁	56	13.6	81	19.8	39	9.4	44	10.7	56	13.6
	80 周岁及以上	9	10.3	17	18.2	7	7.8	11	12.0	13	14.8
	没上过学	21	18.0	32	26.8	10	8.1	12	9.8	16	13.5
	小学	54	11.8	123	27.0	20	4.5	37	8.2	37	8.1
	初中	71	19.3	80	21.8	30	8.0	52	14.2	60	16.3
	高中/中专	32	13.5	77	32.6	27	11.3	26	10.9	42	17.9
	大专及以上	11	6.4	50	30.1	21	12.7	22	13.0	28	16.8
	有偶同住	169	13.8	338	27.5	101	8.2	138	11.2	169	13.8
	有偶分居	0	3.2	1	14.3	1	6.7	0	4.9	0	1.0
	丧偶	21	20.1	24	23.6	8	7.5	12	12.0	13	12.2
	离婚	0	3.1	2	34.5	0	0.4	1	10.3	2	24.9
	未婚	0	1.2	0	8.6	0	0.1	1	32.1	0	4.0
女性	60 周岁及以上	193	13.4	370	25.7	93	6.4	122	8.5	122	8.5
	60—69 岁	129	15.0	250	29.0	67	7.8	81	9.4	84	9.7
	70—79 岁	58	13.2	110	25.3	23	5.4	39	8.9	32	7.4
	80 周岁及以上	6	4.4	10	7.1	2	1.5	2	1.7	7	4.5
	没上过学	87	14.0	155	24.9	30	4.9	42	6.7	34	5.5
	小学	59	12.5	120	25.2	33	6.9	41	8.7	40	8.4
	初中	32	18.4	55	31.9	17	9.7	28	16.4	22	12.9
	高中/中专	7	7.6	20	21.5	5	4.9	8	9.0	18	18.9
	大专及以上	4	5.7	15	23.6	5	7.2	1	1.9	5	7.7
	有偶同住	103	12.3	213	25.3	58	6.9	80	9.5	75	9.0
	有偶分居	1	5.3	2	9.1	0	2.7	0	1.9	1	5.0
	丧偶	87	15.4	152	26.7	34	6.0	42	7.3	45	7.9
	离婚	1	16.4	2	35.3	0	5.3	0	3.9	1	17.2
	未婚	0	1.6					0	5.0		

附表8 2000年分年龄组、性别、不同受教育程度及婚姻状况的农村老年人参与村务公开情况

特征		关心村务公开		了解集体经济收支		参加最近一次村委会选举	
性别	年龄组	万人	%	万人	%	万人	%
合计	60周岁及以上	4410	48.1	1092	11.9	7948	86.6
	60—69岁	2893	54.5	762	14.4	4748	89.5
	70—79岁	1279	42.6	293	9.8	2539	84.7
	80周岁及以上	238	27.3	38	4.3	660	75.8
	没上过学	2230	40.1	401	7.2	4661	83.8
	小学	1823	58.9	573	18.5	2840	91.8
	初中	283	70.4	91	22.6	364	90.5
	高中/中专	62	63.0	27	27.2	67	68.3
	大专及以上	6	78.7	0	1.4	5	70.8
	有偶同住	3117	54.0	814	14.1	5117	88.6
	有偶分居	63	47.0	19	14.1	112	84.0
	丧偶	1181	37.7	248	7.9	2599	83.0
	离婚	17	37.0	5	10.2	39	88.1
	未婚	30	40.8	7	9.2	65	88.5
男性	60周岁及以上	2729	61.0	810	18.1	4014	89.7
	60—69岁	1867	68.0	588	21.4	2495	90.8
	70—79岁	740	52.7	199	14.2	1261	89.9
	80周岁及以上	123	37.7	23	7.1	258	79.0
	没上过学	912	51.0	207	11.6	1560	87.2
	小学	1493	66.3	504	22.4	2077	92.2
	初中	254	78.4	74	22.7	301	93.0
	高中/中专	60	63.8	25	26.4	63	67.0
	大专及以上	6	81.4	0	1.4	5	71.0
	有偶同住	2184	63.9	665	19.5	3096	90.7
	有偶分居	41	52.7	19	24.0	67	86.1
	丧偶	458	52.8	118	13.6	747	86.2
	离婚	16	46.8	3	9.5	30	90.6
	未婚	29	40.5	5	7.4	63	88.9
女性	60周岁及以上	1681	35.8	282	6.0	3934	83.7
	60—69岁	1027	40.1	174	6.8	2253	88.0
	70—79岁	540	33.8	94	5.9	1278	80.1
	80周岁及以上	115	21.1	14	2.6	402	73.8
	没上过学	1318	34.9	194	5.2	3101	82.2
	小学	330	39.3	68	8.1	763	90.7
	初中	29	37.2	17	22.2	63	80.2
	高中/中专	2	45.9	2	45.9	4	100.0
	大专及以上	0	25.1			0	68.6
	有偶同住	933	39.5	149	6.3	2020	85.5
	有偶分居	21	38.9			45	81.0
	丧偶	724	32.0	130	5.8	1852	81.8
	离婚	1	7.4	1	12.3	9	80.6
	未婚	1	49.9	1	49.9	2	77.5

附表 9 2000 年总体和分城乡、年龄组、性别、不同受教育程度及婚姻状况的老年人住房状况

特征			现住房产权所有者						家中拥有自己(和老伴)的单独房间	
			自己或老伴		子女		其他			
地区	性别	年龄组	万人	%	万人	%	万人	%	万人	%
城乡	合计	60 周岁及以上	5328	44.5	5814	48.6	596	5.0	10957	91.5
		60—69 岁	3554	50.6	2983	42.5	316	4.5	6499	92.6
		70—79 岁	1496	38.9	2080	54.1	214	5.6	3490	90.7
		80 周岁及以上	278	25.1	751	67.9	66	6.0	967	87.4
		没上过学	2179	34.6	3790	60.1	238	3.8	5736	91.0
		小学	2030	50.5	1678	41.7	220	5.5	3663	91.1
		初中	598	63.5	255	27.1	64	6.8	887	94.1
		高中/中专	308	71.8	59	13.8	48	11.2	409	95.3
		大专及以上	193	80.9	17	7.0	24	9.9	230	96.6
		有偶同住	4193	53.4	3119	39.7	356	4.5	7380	94.0
		有偶分居	47	29.6	103	64.3	7	4.6	140	87.8
		丧偶	998	26.2	2555	67.2	203	5.3	3310	87.1
		离婚	29	49.1	23	39.3	5	8.7	48	82.9
		未婚	47	58.6	7	8.3	22	27.8	60	74.8
	男性	60 周岁及以上	2939	50.4	2464	42.3	292	5.0	5389	92.4
		60—69 岁	1987	55.2	1353	37.6	164	4.5	3337	92.7
		70—79 岁	822	45.3	845	46.6	110	6.1	1676	92.4
		80 周岁及以上	131	31.2	266	63.8	18	4.4	375	89.8
		没上过学	771	40.4	1033	54.2	74	3.9	1757	92.1
		小学	1340	49.5	1168	43.1	122	4.5	2478	91.5
		初中	437	63.1	195	28.1	45	6.5	655	94.6
		高中/中专	244	73.7	49	14.9	30	8.9	315	95.2
		大专及以上	135	77.9	13	7.5	21	12.2	166	96.0
		有偶同住	2509	54.0	1792	38.6	222	4.8	4353	93.7
		有偶分居	34	38.6	49	55.3	5	5.7	85	96.1
		丧偶	315	32.4	606	62.5	39	4.0	844	87.1
		离婚	22	53.3	14	34.5	4	10.4	37	92.3
		未婚	45	61.9	2	2.8	22	29.5	55	75.4
	女性	60 周岁及以上	2389	38.9	3350	54.6	304	4.9	5568	90.7
		60—69 岁	1567	45.8	1630	47.7	152	4.5	3162	92.5
		70—79 岁	675	33.2	1236	60.8	103	5.1	1814	89.2
		80 周岁及以上	148	21.4	484	70.4	48	7.0	592	86.0
		没上过学	1408	32.0	2757	62.7	164	3.7	3979	90.5
		小学	690	52.4	510	38.8	99	7.5	1186	90.1
		初中	161	64.6	60	24.2	19	7.7	232	93.0
		高中/中专	64	65.6	10	10.1	19	19.0	94	95.5
		大专及以上	58	88.9	4	5.7	2	3.7	64	98.0
		有偶同住	1684	52.6	1327	41.4	134	4.2	3027	94.5
		有偶分居	13	18.5	54	75.3	2	3.3	55	77.5
		丧偶	683	24.1	1949	68.8	164	5.8	2466	87.1
		离婚	7	39.2	9	50.2	1	4.9	11	61.3
		未婚	2	25.0	5	64.8	1	10.2	5	68.5

附表 9　2000 年总体和分城乡、年龄组、性别、不同受教育程度及婚姻状况的老年人住房状况(续)

特征			现住房产权所有者						家中拥有自己(和老伴)的单独房间	
			自己或老伴		子女		其他			
地区	性别	年龄组	万人	%	万人	%	万人	%	万人	%
城市	合计	60 周岁及以上	1814	64.9	499	17.9	372	13.3	2576	92.2
		60—69 岁	1208	70.6	236	13.8	206	12.0	1624	94.8
		70—79 岁	512	60.4	170	20.0	129	15.2	764	90.1
		80 周岁及以上	93	39.9	94	40.1	37	15.7	188	80.4
		没上过学	388	52.3	212	28.7	112	15.2	658	88.8
		小学	596	64.1	159	17.1	134	14.4	852	91.7
		初中	382	70.6	81	15.0	55	10.2	510	94.2
		高中/中专	247	74.7	26	7.7	46	13.8	317	95.9
		大专及以上	188	81.4	14	6.2	23	10.1	223	96.4
		有偶同住	1476	71.3	278	13.4	237	11.4	1965	95.0
		有偶分居	9	32.2	13	47.1	3	11.7	23	86.7
		丧偶	318	47.3	201	29.9	127	18.9	570	84.9
		离婚	8	59.9	3	18.6	2	12.0	10	73.1
		未婚	1	11.7	3	45.8	2	29.4	5	73.0
	男性	60 周岁及以上	942	69.6	185	13.7	172	12.7	1276	94.2
		60—69 岁	618	72.6	102	12.0	100	11.7	810	95.0
		70—79 岁	272	66.2	60	14.6	60	14.6	389	94.8
		80 周岁及以上	52	57.4	24	26.1	12	13.7	77	84.3
		没上过学	69	58.3	27	22.4	19	15.7	110	92.9
		小学	295	64.8	68	14.9	68	15.0	421	92.5
		初中	257	69.6	62	16.8	36	9.8	350	95.0
		高中/中专	184	77.9	18	7.7	27	11.5	227	95.9
		大专及以上	130	78.4	11	6.4	21	12.7	159	95.8
		有偶同住	878	71.4	154	12.5	149	12.1	1164	94.8
		有偶分居	5	45.1	3	33.8	2	17.6	9	90.4
		丧偶	53	51.5	27	26.0	20	19.3	92	89.2
		离婚	5	65.4	1	16.7	1	13.9	7	95.6
		未婚	1	18.9	0	0.1	1	47.6	2	59.7
	女性	60 周岁及以上	871	60.5	314	21.8	199	13.8	1301	90.2
		60—69 岁	590	68.6	134	15.5	106	12.3	814	94.6
		70—79 岁	240	54.9	110	25.1	69	15.8	375	85.7
		80 周岁及以上	41	28.9	70	49.0	24	17.0	112	78.0
		没上过学	319	51.2	186	29.9	94	15.0	548	88.0
		小学	301	63.5	91	19.2	66	13.8	431	90.8
		初中	125	72.8	19	11.0	19	11.0	159	92.7
		高中/中专	63	66.7	7	7.9	19	19.8	91	96.0
		大专及以上	58	89.1	4	5.8	2	3.5	63	98.0
		有偶同住	598	71.1	124	14.7	88	10.5	801	95.3
		有偶分居	4	24.4	9	55.2	1	8.1	14	84.5
		丧偶	265	46.5	175	30.7	107	18.8	478	84.1
		离婚	4	54.0	1	20.7	1	10.0	3	48.9
		未婚	0	7.0	3	75.5	1	17.5	3	81.7

附表 9　2000 年总体和分城乡、年龄组、性别、不同受教育程度及婚姻状况的老年人住房状况(续)

特征			现住房产权所有者						家中拥有自己(和老伴)的单独房间	
			自己或老伴		子女		其他			
地区	性别	年龄组	万人	%	万人	%	万人	%	万人	%
农村	合计	60 周岁及以上	3514	38.3	5315	57.9	224	2.4	8380	91.3
		60—69 岁	2345	44.2	2747	51.8	110	2.1	4875	91.9
		70—79 岁	985	32.8	1911	63.7	85	2.8	2726	90.9
		80 周岁及以上	185	21.2	657	75.4	30	3.4	779	89.3
		没上过学	1792	32.2	3578	64.3	126	2.3	5078	91.3
		小学	1434	46.4	1519	49.1	87	2.8	2811	90.9
		初中	216	53.9	174	43.3	9	2.2	378	94.0
		高中/中专	61	62.2	34	34.4	2	2.4	91	93.2
		大专及以上	5	65.8	2	32.1	0	2.0	7	100.0
		有偶同住	2717	47.0	2841	49.2	119	2.1	5414	93.7
		有偶分居	39	29.0	90	67.7	4	3.2	117	88.0
		丧偶	680	21.7	2354	75.2	76	2.4	2740	87.5
		离婚	20	45.8	20	45.5	3	7.7	38	85.9
		未婚	46	63.0	4	4.8	20	27.7	55	75.0
	男性	60 周岁及以上	1997	44.6	2278	50.9	120	2.7	4113	91.9
		60—69 岁	1368	49.8	1251	45.5	64	2.3	2527	92.0
		70—79 岁	550	39.2	785	55.9	51	3.6	1287	91.7
		80 周岁及以上	78	24.0	243	74.2	6	1.8	299	91.3
		没上过学	702	39.3	1006	56.3	55	3.1	1647	92.0
		小学	1045	46.4	1100	48.8	53	2.4	2056	91.3
		初中	180	55.7	133	41.0	9	2.7	305	94.1
		高中/中专	59	63.2	31	33.3	2	2.5	88	93.6
		大专及以上	5	66.3	2	33.7			7	100.0
		有偶同住	1632	47.8	1638	48.0	73	2.1	3189	93.4
		有偶分居	29	37.7	45	58.1	3	4.2	76	96.9
		丧偶	262	30.2	579	66.9	19	2.2	753	86.8
		离婚	17	50.8	13	38.2	3	9.6	31	91.6
		未婚	45	63.5	2	2.9	20	28.8	54	76.0
	女性	60 周岁及以上	1518	32.3	3036	64.6	104	2.2	4267	90.8
		60—69 岁	977	38.2	1496	58.5	47	1.8	2348	91.7
		70—79 岁	435	27.2	1126	70.5	34	2.1	1439	90.2
		80 周岁及以上	106	19.5	414	76.0	24	4.4	480	88.1
		没上过学	1089	28.9	2571	68.2	70	1.9	3431	91.0
		小学	389	46.2	419	49.8	33	3.9	755	89.8
		初中	36	46.5	41	53.1	0	0.4	73	93.7
		高中/中专	2	38.7	2	61.3			3	84.5
		大专及以上	0	56.5			0	43.5	0	100.0
		有偶同住	1085	45.9	1203	50.9	46	2.0	2225	94.2
		有偶分居	9	16.7	45	81.4	1	1.9	41	75.4
		丧偶	418	18.5	1774	78.4	57	2.5	1987	87.8
		离婚	3	30.6	8	67.6	0	1.9	8	68.5
		未婚	1	50.1	1	49.9			1	50.1

附表 10　2000 年总体和分城乡、年龄组、性别、不同受教育程度及婚姻状况的老年人对子女孝顺程度及家庭和睦的自我评价

（万人，%）

特征			合计		很孝顺		比较孝顺		一般		不孝顺		和睦	
地区	性别	年龄组	万人	%	万人	%	万人	%	万人	%	万人	%	万人	%
城乡	合计	60 周岁及以上	11972	100.0	1758	14.7	6985	58.3	2821	23.6	223	1.9	11236	93.9
		60—69 岁	7019	100.0	1017	14.5	4108	58.5	1691	24.1	100	1.4	6671	95.0
		70—79 岁	3847	100.0	556	14.4	2227	57.9	916	23.8	97	2.5	3535	91.9
		80 周岁及以上	1106	100.0	185	16.8	649	58.7	215	19.4	26	2.4	1030	93.2
		没上过学	6302	100.0	772	12.3	3722	59.1	1549	24.6	140	2.2	5820	92.4
		小学	4023	100.0	591	14.7	2336	58.1	986	24.5	53	1.3	3808	94.7
		初中	943	100.0	209	22.1	528	56.0	175	18.5	26	2.7	917	97.2
		高中/中专	429	100.0	100	23.2	260	60.6	64	14.9	4	0.8	422	98.5
		大专及以上	238	100.0	70	29.4	124	52.1	43	17.9	1	0.3	234	98.4
		有偶同住	7847	100.0	1211	15.4	4555	58.0	1888	24.1	146	1.9	7472	95.2
		有偶分居	160	100.0	6	3.9	96	60.2	53	33.1	3	2.2	135	84.6
		丧偶	3802	100.0	523	13.8	2297	60.4	864	22.7	71	1.9	3527	92.8
		离婚	58	100.0	15	25.2	21	35.3	10	16.6	3	4.4	48	81.8
		未婚	81	100.0	1	0.9	6	8.0	3	3.8	0	0.0	41	50.5
	男性	60 周岁及以上	5831	100.0	831	14.3	3326	57.0	1443	24.7	104	1.8	5484	94.1
		60—69 岁	3599	100.0	512	14.2	2059	57.2	893	24.8	54	1.5	3413	94.8
		70—79 岁	1814	100.0	248	13.7	1026	56.6	464	25.6	43	2.4	1677	92.5
		80 周岁及以上	418	100.0	71	17.0	241	57.7	86	20.5	7	1.7	394	94.2
		没上过学	1908	100.0	188	9.8	1074	56.3	512	26.8	49	2.6	1745	91.5
		小学	2708	100.0	363	13.4	1557	57.5	716	26.4	34	1.3	2557	94.4
		初中	693	100.0	150	21.7	387	55.8	138	19.9	17	2.4	671	96.9
		高中/中专	331	100.0	67	20.2	205	61.9	54	16.4	3	1.1	324	98.1
		大专及以上	173	100.0	57	32.9	95	54.7	21	11.9	0	0.2	170	98.0
		有偶同住	4643	100.0	692	14.9	2674	57.6	1167	25.1	89	1.9	4422	95.2
		有偶分居	88	100.0	4	4.7	55	62.3	26	28.9	3	3.2	73	83.3
		丧偶	970	100.0	122	12.6	584	60.2	236	24.4	11	1.1	915	94.4
		离婚	41	100.0	11	26.3	10	24.1	8	20.7	1	3.1	32	78.9
		未婚	73	100.0	1	1.0	2	2.4	3	4.1	0	0.0	35	47.9
	女性	60 周岁及以上	6141	100.0	927	15.1	3659	59.6	1378	22.4	119	1.9	5753	93.7
		60—69 岁	3420	100.0	505	14.8	2049	59.9	798	23.3	46	1.3	3258	95.3
		70—79 岁	2033	100.0	308	15.1	1201	59.1	451	22.2	54	2.7	1858	91.4
		80 周岁及以上	688	100.0	114	16.6	408	59.3	129	18.8	19	2.8	637	92.5
		没上过学	4394	100.0	585	13.3	2648	60.3	1037	23.6	91	2.1	4076	92.7
		小学	1315	100.0	227	17.3	780	59.3	271	20.6	19	1.4	1251	95.1
		初中	250	100.0	58	23.4	141	56.4	37	14.8	9	3.5	245	98.2
		高中/中专	98	100.0	33	33.2	55	56.1	9	9.5	0	0.1	98	99.6
		大专及以上	65	100.0	13	20.1	30	45.4	22	33.8	0	0.4	65	99.6
		有偶同住	3204	100.0	519	16.2	1881	58.7	721	22.5	57	1.8	3050	95.2
		有偶分居	72	100.0	2	2.9	41	57.6	27	38.2	1	1.0	62	86.2
		丧偶	2832	100.0	401	14.2	1713	60.5	628	22.2	61	2.1	2611	92.2
		离婚	18	100.0	4	22.7	11	61.1	1	7.0	1	7.6	16	88.4
		未婚	7	100.0			5	65.8					6	77.6

附表 10　2000 年总体和分城乡、年龄组、性别、不同受教育程度及婚姻状况的老年人对子女孝顺程度及家庭和睦的自我评价(续)

（万人,%）

特征			合计		很孝顺		比较孝顺		一般		不孝顺		和　睦	
地区	性别	年龄组	万人	%	万人	%	万人	%	万人	%	万人	%	万人	%
城市	合计	60 周岁及以上	2795	100.0	629	22.5	1579	56.5	519	18.6	40	1.4	2711	97.0
		60—69 岁	1713	100.0	369	21.5	1001	58.4	316	18.4	16	0.9	1675	97.8
		70—79 岁	848	100.0	186	22.0	468	55.2	164	19.3	19	2.3	811	95.6
		80 周岁及以上	234	100.0	74	31.6	110	46.9	39	16.8	5	2.0	225	96.1
		没上过学	741	100.0	138	18.6	421	56.8	148	19.9	23	3.1	694	93.7
		小学	929	100.0	179	19.3	534	57.4	200	21.5	8	0.9	907	97.6
		初中	541	100.0	146	27.0	297	55.0	85	15.7	7	1.4	532	98.3
		高中/中专	331	100.0	85	25.8	200	60.4	43	12.9	1	0.2	328	99.1
		大专及以上	231	100.0	69	30.1	119	51.5	41	17.8	1	0.3	228	98.9
		有偶同住	2069	100.0	476	23.0	1174	56.7	386	18.7	20	1.0	2036	98.4
		有偶分居	27	100.0	1	2.8	20	74.4	5	19.9	0	1.3	25	92.7
		丧偶	672	100.0	151	22.5	369	54.9	124	18.5	19	2.9	627	93.3
		离婚	13	100.0	1	5.8	9	66.7	2	17.4	0	1.9	12	90.8
		未婚	7	100.0	0	0.0	3	47.0					6	82.5
	男性	60 周岁及以上	1353	100.0	325	24.0	748	55.3	250	18.5	18	1.4	1325	97.9
		60—69 岁	852	100.0	198	23.3	478	56.1	160	18.7	11	1.3	838	98.4
		70—79 岁	410	100.0	95	23.2	230	56.1	76	18.4	5	1.3	398	97.0
		80 周岁及以上	91	100.0	32	35.2	40	43.8	15	16.3	2	2.3	89	98.4
		没上过学	119	100.0	24	20.5	57	47.8	28	23.5	6	4.7	112	94.4
		小学	455	100.0	90	19.8	253	55.6	102	22.4	5	1.0	444	97.5
		初中	369	100.0	98	26.5	197	53.5	66	17.9	7	1.9	364	98.6
		高中/中专	237	100.0	54	23.0	147	62.1	33	14.1	1	0.3	234	98.9
		大专及以上	166	100.0	56	34.0	90	54.0	19	11.5	0	0.2	164	98.6
		有偶同住	1228	100.0	298	24.3	684	55.7	223	18.2	17	1.4	1207	98.2
		有偶分居	10	100.0	0	4.0	7	65.5	3	25.3	0	3.0	9	87.0
		丧偶	103	100.0	26	25.3	52	50.9	22	21.5	1	0.9	99	96.5
		离婚	7	100.0	0	2.7	4	59.0	2	22.7	0	3.7	6	92.1
		未婚	3	100.0	0	0.1	0	0.8					2	84.2
	女性	60 周岁及以上	1441	100.0	304	21.1	831	57.6	269	18.6	22	1.5	1386	96.2
		60—69 岁	860	100.0	170	19.8	523	60.8	156	18.1	5	0.6	837	97.3
		70—79 岁	438	100.0	91	20.9	238	54.4	88	20.1	14	3.2	413	94.4
		80 周岁及以上	143	100.0	42	29.4	70	48.9	25	17.1	3	1.8	136	94.7
		没上过学	622	100.0	114	18.3	364	58.5	120	19.2	18	2.8	582	93.6
		小学	474	100.0	89	18.8	281	59.2	98	20.6	3	0.7	463	97.7
		初中	172	100.0	48	27.9	100	58.2	19	10.9	0	0.2	168	97.7
		高中/中专	94	100.0	31	32.8	53	56.1	9	9.9	0	0.1	94	99.5
		大专及以上	65	100.0	13	20.1	29	45.2	22	34.0	0	0.4	64	99.6
		有偶同住	841	100.0	177	21.1	490	58.2	163	19.4	3	0.4	829	98.6
		有偶分居	17	100.0	0	2.1	13	79.8	3	16.7	0	0.3	16	96.1
		丧偶	569	100.0	125	22.0	316	55.6	102	18.0	18	3.2	528	92.7
		离婚	7	100.0	1	9.1	5	75.0	1	11.8			6	89.3
		未婚	4	100.0			3	77.1					3	81.3

附表 10　2000 年总体和分城乡、年龄组、性别、不同受教育程度及婚姻状况的老年人对子女孝顺程度及家庭和睦的自我评价(续)

(万人,%)

特征			合计		很孝顺		比较孝顺		一般		不孝顺		和　睦	
地区	性别	年龄组	万人	%	万人	%	万人	%	万人	%	万人	%	万人	%
农村	合计	60 周岁及以上	9177	100.0	1129	12.3	5406	58.9	2302	25.1	183	2.0	8525	92.9
		60—69 岁	5306	100.0	648	12.2	3107	58.6	1375	25.9	84	1.6	4996	94.2
		70—79 岁	2999	100.0	369	12.3	1759	58.7	752	25.1	78	2.6	2724	90.8
		80 周岁及以上	872	100.0	111	12.8	540	61.9	176	20.1	22	2.5	805	92.4
		没上过学	5561	100.0	634	11.4	3301	59.4	1401	25.2	117	2.1	5126	92.2
		小学	3094	100.0	411	13.3	1803	58.3	787	25.4	45	1.4	2901	93.8
		初中	402	100.0	63	15.6	231	57.4	90	22.3	18	4.5	385	95.8
		高中/中专	98	100.0	14	14.5	60	61.2	21	21.4	3	2.9	94	96.5
		大专及以上	7	100.0	1	7.9	5	71.3	2	20.7			6	84.7
		有偶同住	5778	100.0	736	12.7	3381	58.5	1503	26.0	125	2.2	5436	94.1
		有偶分居	133	100.0	5	4.1	76	57.4	48	35.7	3	2.4	110	83.0
		丧偶	3130	100.0	372	11.9	1929	61.6	740	23.6	52	1.7	2900	92.6
		离婚	45	100.0	14	31.0	12	25.8	7	16.3	2	5.2	35	79.1
		未婚	74	100.0	1	1.0	3	4.4	3	4.1	0	0.0	35	47.5
	男性	60 周岁及以上	4477	100.0	506	11.3	2578	57.6	1193	26.6	86	1.9	4158	92.9
		60—69 岁	2747	100.0	314	11.4	1581	57.6	733	26.7	43	1.6	2575	93.7
		70—79 岁	1403	100.0	153	10.9	796	56.7	389	27.7	37	2.7	1279	91.2
		80 周岁及以上	327	100.0	39	11.9	201	61.5	71	21.7	5	1.6	304	93.0
		没上过学	1789	100.0	163	9.1	1017	56.9	484	27.1	44	2.4	1633	91.3
		小学	2253	100.0	273	12.1	1304	57.9	614	27.2	29	1.3	2113	93.8
		初中	324	100.0	52	16.2	190	58.6	72	22.1	10	3.0	307	94.9
		高中/中专	94	100.0	12	13.3	58	61.4	21	22.3	3	3.0	90	96.3
		大专及以上	7	100.0	0	7.1	5	71.2	2	21.7			6	83.9
		有偶同住	3415	100.0	394	11.5	1990	58.3	944	27.6	72	2.1	3216	94.2
		有偶分居	78	100.0	4	4.8	48	61.8	23	29.4	2	3.2	65	82.8
		丧偶	867	100.0	96	11.1	532	61.4	214	24.7	10	1.1	816	94.2
		离婚	34	100.0	10	31.2	6	16.9	7	20.3	1	2.9	26	76.1
		未婚	71	100.0	1	1.0	2	2.5	3	4.3	0	0.0	33	46.5
	女性	60 周岁及以上	4700	100.0	623	13.3	2828	60.2	1109	23.6	97	2.1	4367	92.9
		60—69 岁	2559	100.0	334	13.1	1526	59.6	642	25.1	41	1.6	2421	94.6
		70—79 岁	1596	100.0	216	13.6	963	60.4	363	22.8	40	2.5	1445	90.5
		80 周岁及以上	545	100.0	72	13.3	338	62.1	105	19.2	17	3.0	501	92.0
		没上过学	3772	100.0	471	12.5	2284	60.5	917	24.3	73	1.9	3493	92.6
		小学	841	100.0	138	16.4	499	59.3	173	20.6	15	1.8	788	93.7
		初中	78	100.0	10	13.4	41	52.5	18	23.3	8	10.8	77	99.2
		高中/中专	4	100.0	2	43.7	2	56.3					4	100.0
		大专及以上	0	100.0	0	25.1	0	74.9					0	100.0
		有偶同住	2363	100.0	342	14.5	1391	58.9	558	23.6	53	2.2	2220	94.0
		有偶分居	55	100.0	2	3.1	28	51.0	25	44.7	1	1.2	46	83.2
		丧偶	2263	100.0	276	12.2	1397	61.7	526	23.2	42	1.9	2084	92.1
		离婚	11	100.0	3	30.6	6	52.9	0	4.1	1	12.1	10	87.9
		未婚	3	100.0			1	49.9					2	72.4

附表 11　2000 年总体和分城乡、年龄组、性别、不同受教育程度及婚姻状况的老年人生活满意度

特征			合计		满意		一般		不满意	
地区	性别	年龄组	万人	%	万人	%	万人	%	万人	%
城乡	合计	60 周岁及以上	11972	100.0	7464	62.3	3112	26.0	1346	11.2
		60—69 岁	7019	100.0	4474	63.7	1812	25.8	716	10.2
		70—79 岁	3847	100.0	2359	61.3	975	25.3	496	12.9
		80 周岁及以上	1106	100.0	631	57.0	326	29.5	134	12.1
		没上过学	6302	100.0	3668	58.2	1779	28.2	827	13.1
		小学	4023	100.0	2572	63.9	1030	25.6	399	9.9
		初中	943	100.0	683	72.4	187	19.8	73	7.7
		高中/中专	429	100.0	326	76.1	75	17.6	27	6.3
		大专及以上	238	100.0	191	80.1	29	12.4	18	7.4
		有偶同住	7847	100.0	5101	65.0	1927	24.6	794	10.1
		有偶分居	160	100.0	83	52.3	45	28.4	31	19.3
		丧偶	3802	100.0	2198	57.8	1089	28.6	493	13.0
		离婚	58	100.0	38	65.5	16	27.2	4	7.2
		未婚	81	100.0	33	41.5	24	30.3	23	28.2
	男性	60 周岁及以上	5831	100.0	3728	63.9	1463	25.1	623	10.7
		60—69 岁	3599	100.0	2334	64.9	882	24.5	380	10.6
		70—79 岁	1814	100.0	1153	63.6	456	25.1	200	11.0
		80 周岁及以上	418	100.0	241	57.7	126	30.0	43	10.3
		没上过学	1908	100.0	1125	59.0	502	26.3	270	14.1
		小学	2708	100.0	1712	63.2	737	27.2	254	9.4
		初中	693	100.0	494	71.3	138	19.9	61	8.9
		高中/中专	331	100.0	245	74.2	63	19.0	23	6.8
		大专及以上	173	100.0	141	81.4	17	10.0	15	8.6
		有偶同住	4643	100.0	3048	65.7	1095	23.6	494	10.6
		有偶分居	88	100.0	45	51.5	29	32.4	14	16.1
		丧偶	970	100.0	576	59.4	297	30.6	89	9.2
		离婚	41	100.0	25	61.8	12	29.3	4	8.8
		未婚	73	100.0	29	38.8	23	31.8	22	29.3
	女性	60 周岁及以上	6141	100.0	3736	60.8	1649	26.8	724	11.8
		60—69 岁	3420	100.0	2139	62.6	930	27.2	336	9.8
		70—79 岁	2033	100.0	1207	59.3	519	25.5	297	14.6
		80 周岁及以上	688	100.0	390	56.6	200	29.1	91	13.3
		没上过学	4394	100.0	2544	57.9	1277	29.1	557	12.7
		小学	1315	100.0	860	65.4	293	22.3	146	11.1
		初中	250	100.0	189	75.7	49	19.7	12	4.6
		高中/中专	98	100.0	81	82.8	12	12.6	4	4.6
		大专及以上	65	100.0	50	76.9	12	18.7	3	4.3
		有偶同住	3204	100.0	2052	64.1	832	26.0	300	9.4
		有偶分居	72	100.0	38	53.2	17	23.5	17	23.3
		丧偶	2832	100.0	1622	57.3	792	28.0	403	14.2
		离婚	18	100.0	13	73.8	4	22.4	1	3.5
		未婚	7	100.0	5	69.1	1	14.0	1	16.9

附表 11　2000 年总体和分城乡、年龄组、性别、不同受教育程度及婚姻状况的老年人生活满意度(续)

特征			合计		满意		一般		不满意	
地区	性别	年龄组	万人	%	万人	%	万人	%	万人	%
城市	合计	60 周岁及以上	2795	100.0	1971	70.5	541	19.4	277	9.9
		60—69 岁	1713	100.0	1219	71.2	337	19.7	155	9.1
		70—79 岁	848	100.0	596	70.2	150	17.7	99	11.7
		80 周岁及以上	234	100.0	156	66.6	54	23.0	22	9.5
		没上过学	741	100.0	479	64.7	158	21.4	100	13.5
		小学	929	100.0	609	65.6	213	23.0	104	11.2
		初中	541	100.0	422	77.9	83	15.3	36	6.7
		高中/中专	331	100.0	261	78.9	52	15.6	18	5.5
		大专及以上	231	100.0	185	80.2	29	12.5	17	7.2
		有偶同住	2069	100.0	1513	73.1	373	18.0	179	8.7
		有偶分居	27	100.0	16	60.2	7	24.5	4	15.3
		丧偶	672	100.0	423	63.0	156	23.2	91	13.6
		离婚	13	100.0	7	55.2	4	28.4	2	16.4
		未婚	7	100.0	6	87.0	0	3.9	1	9.1
	男性	60 周岁及以上	1353	100.0	978	72.3	258	19.1	115	8.5
		60—69 岁	852	100.0	616	72.3	166	19.5	69	8.1
		70—79 岁	410	100.0	304	74.2	72	17.5	33	8.0
		80 周岁及以上	91	100.0	57	63.1	20	22.1	12	13.5
		没上过学	119	100.0	74	62.0	29	24.6	15	12.3
		小学	455	100.0	293	64.5	115	25.3	45	10.0
		初中	369	100.0	287	77.7	55	15.0	27	7.2
		高中/中专	237	100.0	184	77.6	39	16.5	14	5.9
		大专及以上	166	100.0	135	81.5	17	10.1	14	8.3
		有偶同住	1228	100.0	902	73.5	223	18.2	100	8.2
		有偶分居	10	100.0	5	51.8	3	33.6	1	14.6
		丧偶	103	100.0	62	59.9	30	28.8	11	10.7
		离婚	7	100.0	4	54.8	1	18.5	2	26.8
		未婚	3	100.0	3	93.2	0	3.5	0	3.3
	女性	60 周岁及以上	1441	100.0	992	68.9	283	19.7	162	11.3
		60—69 岁	860	100.0	603	70.0	171	19.9	86	10.0
		70—79 岁	438	100.0	291	66.6	78	17.8	66	15.1
		80 周岁及以上	143	100.0	99	68.8	34	23.6	10	7.0
		没上过学	622	100.0	406	65.2	129	20.8	85	13.7
		小学	474	100.0	316	66.6	98	20.7	59	12.4
		初中	172	100.0	135	78.4	27	16.0	10	5.6
		高中/中专	94	100.0	77	82.1	12	13.2	4	4.8
		大专及以上	65	100.0	50	77.0	12	18.7	3	4.4
		有偶同住	841	100.0	611	72.6	149	17.8	79	9.4
		有偶分居	17	100.0	11	65.3	3	19.0	3	15.8
		丧偶	569	100.0	361	63.5	126	22.2	80	14.1
		离婚	7	100.0	4	55.7	3	39.0	0	5.2
		未婚	4	100.0	3	82.9	0	4.2	1	12.9

附表 11 2000 年总体和分城乡、年龄组、性别、不同受教育程度及婚姻状况的老年人生活满意度(续)

特征			合计		满意		一般		不满意	
地区	性别	年龄组	万人	%	万人	%	万人	%	万人	%
农村	合计	60 周岁及以上	9177	100.0	5493	59.9	2571	28.0	1069	11.7
		60—69 岁	5306	100.0	3255	61.3	1474	27.8	560	10.6
		70—79 岁	2999	100.0	1764	58.8	825	27.5	397	13.2
		80 周岁及以上	872	100.0	475	54.5	272	31.2	112	12.8
		没上过学	5561	100.0	3189	57.3	1621	29.1	727	13.1
		小学	3094	100.0	1963	63.4	817	26.4	295	9.5
		初中	402	100.0	261	65.0	104	25.9	37	9.1
		高中/中专	98	100.0	65	66.9	24	24.2	9	8.9
		大专及以上	7	100.0	6	77.2	1	7.6	1	15.2
		有偶同住	5778	100.0	3587	62.1	1554	26.9	615	10.6
		有偶分居	133	100.0	67	50.7	39	29.2	27	20.1
		丧偶	3130	100.0	1775	56.7	933	29.8	402	12.8
		离婚	45	100.0	31	68.5	12	26.9	2	4.5
		未婚	74	100.0	27	37.3	24	32.7	22	30.0
	男性	60 周岁及以上	4477	100.0	2750	61.4	1205	26.9	508	11.3
		60—69 岁	2747	100.0	1718	62.5	716	26.1	311	11.3
		70—79 岁	1403	100.0	848	60.5	384	27.3	167	11.9
		80 周岁及以上	327	100.0	184	56.2	105	32.3	31	9.4
		没上过学	1789	100.0	1051	58.8	473	26.4	255	14.3
		小学	2253	100.0	1419	63.0	622	27.6	208	9.2
		初中	324	100.0	207	63.9	82	25.4	35	10.7
		高中/中专	94	100.0	62	65.5	24	25.2	9	9.3
		大专及以上	7	100.0	5	77.7	0	6.4	1	15.9
		有偶同住	3415	100.0	2146	62.8	871	25.5	394	11.5
		有偶分居	78	100.0	40	51.5	25	32.2	13	16.3
		丧偶	867	100.0	514	59.3	267	30.8	78	9.1
		离婚	34	100.0	21	63.3	11	31.6	2	5.1
		未婚	71	100.0	26	36.8	23	32.9	21	30.3
	女性	60 周岁及以上	4700	100.0	2743	58.4	1366	29.1	561	11.9
		60—69 岁	2559	100.0	1537	60.0	758	29.6	250	9.8
		70—79 岁	1596	100.0	916	57.4	441	27.6	230	14.4
		80 周岁及以上	545	100.0	291	53.4	167	30.6	81	14.9
		没上过学	3772	100.0	2138	56.7	1148	30.4	472	12.5
		小学	841	100.0	544	64.7	195	23.2	87	10.3
		初中	78	100.0	54	69.7	22	27.9	2	2.4
		高中/中专	4	100.0	4	100.0				
		大专及以上	0	100.0	0	68.6	0	31.4		
		有偶同住	2363	100.0	1441	61.0	683	28.9	222	9.4
		有偶分居	55	100.0	27	49.6	14	24.8	14	25.6
		丧偶	2263	100.0	1261	55.7	666	29.4	323	14.3
		离婚	11	100.0	9	84.4	1	12.7	0	2.5
		未婚	3	100.0	1	49.9	1	27.6	1	22.5

2006年中国城乡老年人状况追踪调查（加权数据）

表1 2006年总体和分城乡、年龄组、性别、不同受教育程度及婚姻状况的老年人居住安排（家庭户结构）

特征			合计		独居		仅夫妻居住		与其他家人居住	
地区	性别	年龄组	万人	%	万人	%	万人	%	万人	%
城乡	合计	60周岁及以上	14657	100.0	1327	9.1	4726	32.2	8604	58.7
		60—69岁	8178	100.0	534	6.5	2689	32.9	4955	60.6
		70—79岁	4943	100.0	542	11.0	1678	33.9	2723	55.1
		80周岁及以上	1536	100.0	251	16.3	359	23.4	926	60.3
		没上过学	6185	100.0	756	12.2	1686	27.3	3743	60.5
		小学	5589	100.0	398	7.1	1849	33.1	3342	59.8
		初中	1817	100.0	119	6.6	717	39.4	981	54.0
		高中/中专	756	100.0	39	5.1	334	44.2	383	50.6
		大专及以上	304	100.0	15	4.8	136	44.8	153	50.4
		有偶同住	10868	100.0	170	1.6	4726	43.5	5973	55.0
		有偶分居	221	100.0	44	20.0			177	80.0
		丧偶	3368	100.0	984	29.2			2384	70.8
		离婚	61	100.0	26	42.2			35	57.8
		未婚	130	100.0	101	77.4			29	22.6
	男性	60周岁及以上	7169	100.0	512	7.1	2531	35.3	4125	57.5
		60—69岁	4172	100.0	258	6.2	1388	33.3	2526	60.5
		70—79岁	2386	100.0	177	7.4	937	39.3	1272	53.3
		80周岁及以上	611	100.0	77	12.6	206	33.7	328	53.6
		没上过学	1635	100.0	184	11.2	481	29.4	970	59.3
		小学	3612	100.0	237	6.6	1222	33.8	2152	59.6
		初中	1190	100.0	62	5.2	488	41.0	640	53.7
		高中/中专	509	100.0	21	4.2	237	46.6	250	49.2
		大专及以上	220	100.0	8	3.6	101	46.0	111	50.4
		有偶同住	6051	100.0	107	1.8	2531	41.8	3413	56.4
		有偶分居	82	100.0	22	27.4			60	72.6
		丧偶	872	100.0	265	30.3			608	69.7
		离婚	37	100.0	21	57.2			16	42.8
		未婚	121	100.0	96	79.2			25	20.8
	女性	60周岁及以上	7488	100.0	815	10.9	2194	29.3	4479	59.8
		60—69岁	4006	100.0	276	6.9	1301	32.5	2429	60.6
		70—79岁	2557	100.0	365	14.3	741	29.0	1451	56.7
		80周岁及以上	925	100.0	174	18.8	153	16.5	599	64.7
		没上过学	4550	100.0	572	12.6	1205	26.5	2773	60.9
		小学	1977	100.0	161	8.1	627	31.7	1190	60.2
		初中	627	100.0	57	9.1	228	36.4	342	54.5
		高中/中专	247	100.0	17	7.1	97	39.3	132	53.6
		大专及以上	84	100.0	7	8.0	35	41.6	42	50.4
		有偶同住	4818	100.0	63	1.3	2194	45.5	2560	53.1
		有偶分居	139	100.0	22	15.6			117	84.4
		丧偶	2495	100.0	719	28.8			1776	71.2
		离婚	24	100.0	4	18.6			19	81.4
		未婚	10	100.0	5	54.8			4	45.2

表 1 2006 年总体和分城乡、年龄组、性别、不同受教育程度及婚姻状况的老年人居住安排(家庭户结构)(续 1)

特征			合计		独居		仅夫妻居住		与其他家人居住	
地区	性别	年龄组	万人	%	万人	%	万人	%	万人	%
城市	合计	60 周岁及以上	3856	100.0	321	8.3	1598	41.4	1937	50.2
		60—69 岁	2160	100.0	118	5.5	881	40.8	1161	53.8
		70—79 岁	1314	100.0	137	10.5	609	46.3	568	43.2
		80 周岁及以上	381	100.0	65	17.1	109	28.5	207	54.4
		没上过学	632	100.0	118	18.7	165	26.1	349	55.2
		小学	1407	100.0	104	7.4	586	41.7	717	50.9
		初中	921	100.0	53	5.7	425	46.2	443	48.1
		高中/中专	612	100.0	31	5.1	286	46.8	294	48.1
		大专及以上	282	100.0	15	5.2	134	47.6	133	47.3
		有偶同住	3123	100.0	46	1.5	1598	51.2	1479	47.4
		有偶分居	24	100.0	7	30.3			17	69.7
		丧偶	678	100.0	252	37.1			426	62.9
		离婚	18	100.0	9	51.1			9	48.9
		未婚	10	100.0	7	73.8			3	26.2
	男性	60 周岁及以上	1857	100.0	80	4.3	900	48.5	877	47.2
		60—69 岁	1055	100.0	33	3.1	467	44.2	555	52.6
		70—79 岁	644	100.0	31	4.8	360	55.9	252	39.2
		80 周岁及以上	158	100.0	15	9.7	74	46.6	69	43.8
		没上过学	96	100.0	9	9.3	37	38.5	50	52.2
		小学	651	100.0	30	4.6	313	48.0	308	47.3
		初中	524	100.0	19	3.5	258	49.3	247	47.1
		高中/中专	380	100.0	14	3.7	192	50.6	174	45.7
		大专及以上	206	100.0	8	3.8	100	48.6	98	47.6
		有偶同住	1726	100.0	27	1.6	900	52.2	798	46.2
		有偶分居	8	100.0	4	47.6			4	52.4
		丧偶	107	100.0	38	35.8			69	64.2
		离婚	8	100.0	5	66.3			3	33.7
		未婚	6	100.0	5	81.2			1	18.8
	女性	60 周岁及以上	1999	100.0	241	12.1	698	34.9	1060	53.0
		60—69 岁	1105	100.0	85	7.7	414	37.5	606	54.8
		70—79 岁	671	100.0	106	15.8	249	37.1	316	47.1
		80 周岁及以上	223	100.0	50	22.4	35	15.7	138	61.9
		没上过学	537	100.0	109	20.4	128	23.9	299	55.7
		小学	756	100.0	74	9.7	274	36.2	409	54.1
		初中	398	100.0	34	8.6	167	42.0	196	49.4
		高中/中专	231	100.0	17	7.6	94	40.6	120	51.9
		大专及以上	77	100.0	7	8.7	35	44.9	36	46.4
		有偶同住	1397	100.0	18	1.3	698	49.9	681	48.8
		有偶分居	16	100.0	4	22.3			13	77.7
		丧偶	571	100.0	213	37.3			358	62.7
		离婚	10	100.0	4	38.1			6	61.9
		未婚	4	100.0	2	61.6			1	38.4

表 1　2006 年总体和分城乡、年龄组、性别、不同受教育程度及婚姻状况的老年人居住安排(家庭户结构)(续 2)

特征			合计		独居		仅夫妻居住		与其他家人居住	
地区	性别	年龄组	万人	%	万人	%	万人	%	万人	%
农村	合计	60 周岁及以上	10801	100.0	1006	9.3	3127	29.0	6667	61.7
		60—69 岁	6017	100.0	416	6.9	1808	30.0	3794	63.0
		70—79 岁	3629	100.0	405	11.2	1069	29.5	2155	59.4
		80 周岁及以上	1155	100.0	185	16.1	250	21.7	719	62.3
		没上过学	5553	100.0	638	11.5	1521	27.4	3394	61.1
		小学	4182	100.0	294	7.0	1263	30.2	2625	62.8
		初中	896	100.0	66	7.4	291	32.5	538	60.1
		高中/中专	144	100.0	7	5.1	48	33.3	88	61.6
		大专及以上	21	100.0	0	0.4	2	7.6	20	92.0
		有偶同住	7745	100.0	124	1.6	3127	40.4	4494	58.0
		有偶分居	197	100.0	37	18.7			160	81.3
		丧偶	2690	100.0	732	27.2			1958	72.8
		离婚	43	100.0	17	38.5			26	61.5
		未婚	121	100.0	94	77.7			27	22.3
	男性	60 周岁及以上	5312	100.0	432	8.1	1631	30.7	3249	61.2
		60—69 岁	3116	100.0	225	7.2	921	29.6	1971	63.2
		70—79 岁	1743	100.0	146	8.4	577	33.1	1020	58.5
		80 周岁及以上	453	100.0	62	13.6	132	29.3	258	57.1
		没上过学	1539	100.0	175	11.3	444	28.9	920	59.8
		小学	2961	100.0	207	7.0	910	30.7	1844	62.3
		初中	666	100.0	44	6.5	230	34.5	393	58.9
		高中/中专	129	100.0	7	5.7	45	34.9	76	59.4
		大专及以上	14	100.0	0	0.6	1	8.4	13	90.9
		有偶同住	4325	100.0	79	1.8	1631	37.7	2615	60.5
		有偶分居	74	100.0	19	25.4			56	74.6
		丧偶	766	100.0	226	29.6			539	70.4
		离婚	29	100.0	16	54.6			13	45.4
		未婚	115	100.0	91	79.1			24	20.9
	女性	60 周岁及以上	5489	100.0	574	10.4	1497	27.3	3419	62.3
		60—69 岁	2901	100.0	191	6.6	887	30.6	1823	62.8
		70—79 岁	1886	100.0	259	13.7	492	26.1	1135	60.2
		80 周岁及以上	702	100.0	124	17.6	118	16.8	461	65.6
		没上过学	4013	100.0	463	11.5	1076	26.8	2474	61.6
		小学	1221	100.0	87	7.1	353	28.9	781	63.9
		初中	229	100.0	23	9.9	61	26.6	145	63.4
		高中/中专	15	100.0			3	19.7	12	80.3
		大专及以上	7	100.0			0	5.9	7	94.1
		有偶同住	3420	100.0	45	1.3	1497	43.8	1879	54.9
		有偶分居	122	100.0	18	14.7			104	85.3
		丧偶	1924	100.0	506	26.3			1418	73.7
		离婚	14	100.0	1	5.1			13	94.9
		未婚	6	100.0	3	50.7			3	49.3

表 2 2006 年总体和分城乡、年龄组、性别、不同受教育程度及婚姻状况的老年人经济状况自我评估

（万人，%）

特征			合计		很宽裕		比较宽裕		大致够用		有些困难		很困难	
地区	性别	年龄组	万人	%	万人	%	万人	%	万人	%	万人	%	万人	%
城乡	合计	60 周岁及以上	14657	100.0	214	1.5	1493	10.2	7801	53.2	3833	26.1	1289	8.8
		60—69 岁	8178	100.0	109	1.3	807	9.9	4527	55.4	2073	25.4	649	7.9
		70—79 岁	4943	100.0	82	1.7	557	11.3	2542	51.4	1303	26.4	452	9.1
		80 周岁及以上	1536	100.0	23	1.5	128	8.4	732	47.7	457	29.7	189	12.3
		没上过学	6185	100.0	55	0.9	435	7.0	2964	47.9	1991	32.2	727	11.8
		小学	5589	100.0	67	1.2	559	10.0	3147	56.3	1337	23.9	475	8.5
		初中	1817	100.0	48	2.7	258	14.2	1047	57.6	391	21.5	65	3.6
		高中/中专	756	100.0	35	4.6	162	21.5	452	59.8	87	11.6	19	2.6
		大专及以上	304	100.0	9	2.9	80	26.2	186	61.4	25	8.3	3	0.9
		有偶同住	10868	100.0	171	1.6	1257	11.6	6048	55.6	2583	23.8	795	7.3
		有偶分居	221	100.0	4	1.6	8	3.8	112	50.8	79	35.8	18	8.0
		丧偶	3368	100.0	39	1.2	223	6.6	1587	47.1	1098	32.6	414	12.3
		离婚	61	100.0	1	1.3	3	5.0	25	40.5	14	23.5	18	29.2
		未婚	130	100.0	0	0.1	2	1.2	26	20.0	56	42.8	43	33.1
	男性	60 周岁及以上	7169	100.0	102	1.4	784	10.9	3831	53.4	1801	25.1	634	8.8
		60—69 岁	4172	100.0	55	1.3	441	10.6	2292	54.9	1031	24.7	344	8.3
		70—79 岁	2386	100.0	36	1.5	290	12.2	1241	52.0	602	25.2	212	8.9
		80 周岁及以上	611	100.0	11	1.8	53	8.7	298	48.9	169	27.7	77	12.6
		没上过学	1635	100.0	17	1.0	110	6.7	702	42.9	573	35.0	231	14.1
		小学	3612	100.0	39	1.1	336	9.3	1990	55.1	889	24.6	353	9.8
		初中	1190	100.0	25	2.1	170	14.3	704	59.2	250	21.0	32	2.7
		高中/中专	509	100.0	18	3.5	111	21.8	299	58.8	66	12.9	15	3.0
		大专及以上	220	100.0	5	2.1	57	26.0	134	60.9	22	10.1	2	0.8
		有偶同住	6051	100.0	88	1.5	713	11.8	3340	55.2	1433	23.7	466	7.7
		有偶分居	82	100.0	3	3.4	5	5.9	39	47.3	29	35.6	6	7.8
		丧偶	872	100.0	11	1.2	64	7.3	414	47.4	276	31.6	107	12.3
		离婚	37	100.0	0	0.4	1	2.4	14	37.9	9	24.9	13	33.6
		未婚	121	100.0	0	0.1	2	1.3	21	17.4	53	43.7	42	34.4
	女性	60 周岁及以上	7488	100.0	112	1.5	709	9.5	3970	53.0	2031	27.1	655	8.8
		60—69 岁	4006	100.0	53	1.3	367	9.2	2235	55.8	1043	26.0	304	7.6
		70—79 岁	2557	100.0	46	1.8	267	10.5	1301	50.9	701	27.4	240	9.4
		80 周岁及以上	925	100.0	12	1.3	75	8.1	434	46.9	288	31.1	112	12.1
		没上过学	4550	100.0	39	0.9	325	7.1	2263	49.7	1418	31.2	496	10.9
		小学	1977	100.0	28	1.4	223	11.3	1157	58.5	447	22.6	122	6.2
		初中	627	100.0	24	3.8	87	13.9	343	54.7	141	22.4	32	5.2
		高中/中专	247	100.0	17	6.7	51	20.8	153	61.9	22	8.9	4	1.7
		大专及以上	84	100.0	4	5.1	23	26.8	52	62.5	3	3.7	1	1.3
		有偶同住	4818	100.0	82	1.7	544	11.3	2707	56.2	1151	23.9	329	6.8
		有偶分居	139	100.0	1	0.6	4	2.5	73	52.8	50	35.9	11	8.1
		丧偶	2495	100.0	28	1.1	159	6.4	1173	47.0	822	32.9	307	12.3
		离婚	24	100.0	1	2.6	2	9.0	11	44.6	5	21.3	5	22.5
		未婚	10	100.0	0	0.1			5	52.1	3	31.3	2	16.4

表 2　2006 年总体和分城乡、年龄组、性别、不同受教育程度及婚姻状况的老年人经济状况自我评估(续 1)

(万人,%)

特征			合计		很宽裕		比较宽裕		大致够用		有些困难		很困难	
地区	性别	年龄组	万人	%	万人	%	万人	%	万人	%	万人	%	万人	%
城市	合计	60 周岁及以上	3856	100.0	113	2.9	564	14.6	2318	60.1	670	17.4	185	4.8
		60—69 岁	2160	100.0	65	3.0	281	13.0	1352	62.6	367	17.0	93	4.3
		70—79 岁	1314	100.0	38	2.9	226	17.2	763	58.1	225	17.1	60	4.6
		80 周岁及以上	381	100.0	9	2.4	58	15.1	203	53.2	78	20.3	32	8.3
		没上过学	632	100.0	9	1.5	37	5.9	333	52.6	171	27.0	80	12.6
		小学	1407	100.0	22	1.6	164	11.7	887	63.0	270	19.2	63	4.5
		初中	921	100.0	42	4.6	147	15.9	560	60.8	148	16.1	22	2.4
		高中/中专	612	100.0	30	4.9	138	22.5	365	59.7	61	10.0	17	2.8
		大专及以上	282	100.0	9	3.1	78	27.5	172	60.9	20	7.2	3	1.0
		有偶同住	3123	100.0	98	3.1	497	15.9	1955	62.6	470	15.0	100	3.2
		有偶分居	24	100.0	1	3.6	3	14.5	15	60.6	3	14.5	2	6.8
		丧偶	678	100.0	13	2.0	62	9.2	334	49.3	188	27.8	78	11.4
		离婚	18	100.0	1	4.4	1	6.0	7	36.5	6	35.1	3	16.6
		未婚	10	100.0	0	0.3	0	4.7	5	49.6	2	20.8	2	24.5
	男性	60 周岁及以上	1857	100.0	48	2.6	304	16.4	1144	61.6	294	15.9	63	3.4
		60—69 岁	1055	100.0	24	2.3	152	14.4	676	64.1	160	15.2	41	3.9
		70—79 岁	644	100.0	18	2.8	126	19.6	376	58.4	107	16.6	15	2.4
		80 周岁及以上	158	100.0	6	4.0	26	16.5	91	57.9	27	17.3	7	4.3
		没上过学	96	100.0	3	2.7	6	6.6	50	52.0	27	28.6	10	10.2
		小学	651	100.0	9	1.3	61	9.4	418	64.2	134	20.7	28	4.3
		初中	524	100.0	19	3.7	95	18.1	323	61.7	74	14.1	11	2.1
		高中/中专	380	100.0	13	3.5	87	22.8	226	59.3	42	10.9	13	3.4
		大专及以上	206	100.0	5	2.2	55	26.9	127	61.6	17	8.4	2	0.8
		有偶同住	1726	100.0	45	2.6	282	16.3	1073	62.2	270	15.7	53	3.1
		有偶分居	8	100.0	0	0.2	3	33.8	4	52.9	1	10.1	0	3.1
		丧偶	107	100.0	3	3.1	18	17.0	58	54.4	20	18.8	7	6.7
		离婚	8	100.0	0	1.9	1	9.9	4	47.5	2	26.0	1	11.6
		未婚	6	100.0	0	0.3	0	7.6	2	39.7	1	15.4	2	37.0
	女性	60 周岁及以上	1999	100.0	64	3.2	260	13.0	1174	58.7	376	18.8	122	6.1
		60—69 岁	1105	100.0	41	3.7	129	11.7	675	61.1	207	18.7	52	4.7
		70—79 岁	671	100.0	20	3.0	99	14.8	387	57.7	119	17.7	45	6.7
		80 周岁及以上	223	100.0	3	1.3	31	14.1	111	49.8	50	22.5	25	11.2
		没上过学	537	100.0	7	1.3	31	5.8	283	52.7	143	26.7	70	13.1
		小学	756	100.0	14	1.8	103	13.7	469	62.0	135	17.9	35	4.7
		初中	398	100.0	23	5.8	52	13.1	237	59.6	74	18.7	11	2.7
		高中/中专	231	100.0	17	7.2	51	22.1	140	60.4	20	8.5	4	1.8
		大专及以上	77	100.0	4	5.6	23	29.2	45	59.1	3	4.0	1	1.4
		有偶同住	1397	100.0	53	3.8	215	15.4	882	63.1	199	14.3	48	3.4
		有偶分居	16	100.0	1	5.2	1	5.6	11	64.1	3	16.5	1	8.6
		丧偶	571	100.0	10	1.7	44	7.7	276	48.3	168	29.5	70	12.3
		离婚	10	100.0	1	6.4	0	2.7	3	27.1	4	42.9	2	20.9
		未婚	4	100.0	0	0.3			2	65.9	1	29.6	0	4.2

表 2 2006 年总体和分城乡、年龄组、性别、不同受教育程度及婚姻状况的老年人经济状况自我评估(续 2)

(万人,%)

特征			合计		很宽裕		比较宽裕		大致够用		有些困难		很困难	
地区	性别	年龄组	万人	%	万人	%	万人	%	万人	%	万人	%	万人	%
农村	合计	60 周岁及以上	10801	100.0	102	0.9	929	8.6	5484	50.8	3162	29.3	1104	10.2
		60—69 岁	6017	100.0	44	0.7	527	8.8	3175	52.8	1706	28.4	556	9.2
		70—79 岁	3629	100.0	44	1.2	332	9.1	1779	49.0	1077	29.7	391	10.8
		80 周岁及以上	1155	100.0	14	1.2	71	6.1	530	45.9	379	32.8	157	13.6
		没上过学	5553	100.0	46	0.8	398	7.2	2632	47.4	1820	32.8	647	11.7
		小学	4182	100.0	44	1.1	395	9.4	2261	54.1	1067	25.5	412	9.8
		初中	896	100.0	6	0.7	111	12.4	486	54.3	243	27.1	43	4.8
		高中/中专	144	100.0	5	3.2	24	16.9	86	60.1	26	18.2	2	1.5
		大专及以上	21	100.0			2	9.0	14	67.3	5	23.0	0	0.7
		有偶同住	7745	100.0	73	0.9	760	9.8	4093	52.8	2113	27.3	695	9.0
		有偶分居	197	100.0	3	1.4	5	2.5	97	49.6	75	38.4	16	8.1
		丧偶	2690	100.0	26	1.0	161	6.0	1253	46.6	909	33.8	336	12.5
		离婚	43	100.0			2	4.5	18	42.2	8	18.6	15	34.5
		未婚	121	100.0	0	0.1	1	0.9	21	17.6	54	44.6	41	33.7
	男性	60 周岁及以上	5312	100.0	54	1.0	480	9.0	2688	50.6	1507	28.4	570	10.7
		60—69 岁	3116	100.0	32	1.0	289	9.3	1615	51.8	870	27.9	303	9.7
		70—79 岁	1743	100.0	18	1.0	164	9.4	865	49.6	495	28.4	197	11.3
		80 周岁及以上	453	100.0	4	1.0	27	6.0	207	45.7	142	31.3	70	15.6
		没上过学	1539	100.0	14	0.9	104	6.7	652	42.4	546	35.4	221	14.4
		小学	2961	100.0	30	1.0	275	9.3	1573	53.1	755	25.5	325	11.0
		初中	666	100.0	5	0.8	76	11.4	381	57.2	176	26.5	21	3.2
		高中/中专	129	100.0	5	3.5	24	18.9	74	57.2	24	18.7	2	1.7
		大专及以上	14	100.0			2	13.3	7	51.3	5	34.3	0	1.1
		有偶同住	4325	100.0	44	1.0	431	10.0	2267	52.4	1162	26.9	413	9.6
		有偶分居	74	100.0	3	3.7	2	3.0	35	46.8	28	38.3	6	8.3
		丧偶	766	100.0	8	1.0	46	5.9	356	46.4	256	33.4	100	13.0
		离婚	29	100.0			0	0.3	10	35.2	7	24.5	12	39.8
		未婚	115	100.0	0	0.1	1	1.0	19	16.3	52	45.2	39	34.2
	女性	60 周岁及以上	5489	100.0	48	0.9	449	8.2	2796	50.9	1655	30.2	534	9.7
		60—69 岁	2901	100.0	12	0.4	237	8.2	1560	53.8	836	28.8	252	8.7
		70—79 岁	1886	100.0	26	1.4	168	8.9	914	48.5	582	30.9	195	10.3
		80 周岁及以上	702	100.0	10	1.4	44	6.2	323	45.9	237	33.8	87	12.3
		没上过学	4013	100.0	32	0.8	294	7.3	1980	49.3	1275	31.8	426	10.6
		小学	1221	100.0	15	1.2	120	9.8	688	56.4	312	25.6	87	7.1
		初中	229	100.0	1	0.3	35	15.3	106	46.1	66	28.9	21	9.4
		高中/中专	15	100.0					13	84.6	2	14.4		
		大专及以上	7	100.0					7	100.0				
		有偶同住	3420	100.0	30	0.9	329	9.6	1826	53.4	951	27.8	281	8.2
		有偶分居	122	100.0			3	2.1	63	51.3	47	38.5	10	8.1
		丧偶	1924	100.0	18	1.0	115	6.0	897	46.6	654	34.0	237	12.3
		离婚	14	100.0			2	13.4	8	56.7	1	6.3	3	23.6
		未婚	6	100.0					3	43.8	2	32.4	1	23.8

表 3　2006 年总体和分城乡、年龄组、性别、不同受教育程度及婚姻状况的老年人就医情况

特征			患一种以上慢性病		上年看过病		请过医生上门		上年住过院	
地区	性别	年龄组	万人	%	万人	%	万人	%	万人	%
城乡	合计	60 周岁及以上	10149	69.2	9283	63.3	3073	21.0	1892	12.9
		60—69 岁	5501	67.3	5018	61.4	1410	17.2	906	11.1
		70—79 岁	3521	71.2	3220	65.1	1147	23.2	728	14.7
		80 周岁及以上	1127	73.4	1044	68.0	517	33.6	257	16.8
		没上过学	4337	70.1	4040	65.3	1787	28.9	801	12.9
		小学	3668	65.6	3368	60.3	1002	17.9	681	12.2
		初中	1316	72.4	1159	63.8	196	10.8	232	12.8
		高中/中专	584	77.3	500	66.2	71	9.4	126	16.6
		大专及以上	238	78.5	214	70.5	14	4.5	52	17.2
		有偶同住	7456	68.6	6865	63.2	2136	19.7	1369	12.6
		有偶分居	156	70.8	147	66.6	45	20.5	34	15.5
		丧偶	2396	71.1	2158	64.1	859	25.5	469	13.9
		离婚	45	74.1	35	57.1	7	11.1	5	8.3
		未婚	89	68.2	73	55.9	26	19.9	13	9.9
	男性	60 周岁及以上	4737	66.1	4362	60.8	1341	18.7	955	13.3
		60—69 岁	2667	63.9	2397	57.5	670	16.1	465	11.2
		70—79 岁	1615	67.7	1541	64.6	483	20.2	385	16.1
		80 周岁及以上	454	74.4	423	69.4	188	30.8	104	17.1
		没上过学	1112	68.0	1028	62.9	452	27.6	238	14.5
		小学	2240	62.0	2111	58.5	689	19.1	448	12.4
		初中	836	70.2	738	62.0	139	11.7	149	12.5
		高中/中专	380	74.7	335	65.8	50	9.7	86	16.8
		大专及以上	168	76.4	147	67.0	12	5.3	34	15.5
		有偶同住	3963	65.5	3685	60.9	1079	17.8	817	13.5
		有偶分居	61	74.9	56	68.1	20	24.4	11	13.3
		丧偶	598	68.6	530	60.8	212	24.4	113	12.9
		离婚	27	73.0	19	49.6	5	14.1	2	6.3
		未婚	82	68.2	69	57.0	24	20.1	12	10.1
	女性	60 周岁及以上	5412	72.3	4921	65.7	1732	23.1	937	12.5
		60—69 岁	2834	70.7	2621	65.4	740	18.5	441	11.0
		70—79 岁	1905	74.5	1680	65.7	664	26.0	343	13.4
		80 周岁及以上	673	72.7	621	67.1	328	35.5	153	16.5
		没上过学	3226	70.9	3011	66.2	1335	29.3	563	12.4
		小学	1428	72.2	1257	63.6	313	15.8	232	11.8
		初中	480	76.6	421	67.2	56	9.0	83	13.2
		高中/中专	204	82.8	165	67.0	21	8.7	40	16.2
		大专及以上	70	83.9	67	79.6	2	2.5	18	21.6
		有偶同住	3494	72.5	3180	66.0	1057	21.9	552	11.5
		有偶分居	95	68.3	91	65.7	25	18.1	23	16.8
		丧偶	1798	72.0	1628	65.2	647	25.9	357	14.3
		离婚	18	75.7	16	68.9	2	6.3	3	11.4
		未婚	7	68.4	4	42.8	2	16.8	1	7.8

表 3　2006 年总体和分城乡、年龄组、性别、不同受教育程度及婚姻状况的老年人就医情况（续 1）

特征			患一种以上慢性病		上年看过病		请过医生上门		上年住过院	
地区	性别	年龄组	万人	%	万人	%	万人	%	万人	%
城市	合计	60 周岁及以上	3115	80.8	2532	65.7	257	6.7	623	16.2
		60—69 岁	1705	78.9	1379	63.8	110	5.1	280	13.0
		70—79 岁	1081	82.3	895	68.1	96	7.3	261	19.9
		80 周岁及以上	330	86.4	258	67.7	51	13.3	82	21.5
		没上过学	508	80.3	404	63.8	72	11.4	113	17.8
		小学	1159	82.4	940	66.8	86	6.1	235	16.7
		初中	751	81.5	595	64.6	50	5.4	133	14.4
		高中/中专	478	78.1	394	64.3	36	5.9	97	15.8
		大专及以上	219	77.4	199	70.6	13	4.7	46	16.2
		有偶同住	2507	80.3	2046	65.5	189	6.0	511	16.4
		有偶分居	19	80.0	18	74.7	2	7.1	3	12.4
		丧偶	564	83.3	451	66.5	66	9.8	105	15.5
		离婚	15	81.9	11	61.5	0	0.9	2	13.3
		未婚	7	77.9	5	57.0	0	5.1	1	14.3
	男性	60 周岁及以上	1451	78.1	1171	63.1	105	5.6	321	17.3
		60—69 岁	794	75.3	622	58.9	40	3.8	129	12.2
		70—79 岁	525	81.5	445	69.1	46	7.2	146	22.7
		80 周岁及以上	132	83.3	105	66.5	18	11.6	46	29.2
		没上过学	77	80.5	59	61.3	10	10.9	24	24.8
		小学	511	78.5	415	63.7	36	5.5	122	18.8
		初中	420	80.1	316	60.3	26	5.0	81	15.4
		高中/中专	287	75.5	242	63.7	21	5.4	61	16.1
		大专及以上	155	75.6	140	67.9	11	5.4	33	16.3
		有偶同住	1345	77.9	1087	63.0	91	5.3	292	16.9
		有偶分居	7	96.0	5	71.5	0	4.6	1	7.5
		丧偶	86	80.8	71	66.1	12	11.4	27	25.6
		离婚	6	68.6	3	41.8			0	3.4
		未婚	4	71.5	4	72.2	0	8.3	1	10.3
	女性	60 周岁及以上	1665	83.3	1361	68.1	153	7.6	302	15.1
		60—69 岁	910	82.4	758	68.6	71	6.4	151	13.7
		70—79 岁	556	83.0	450	67.1	50	7.5	115	17.1
		80 周岁及以上	198	88.7	153	68.6	32	14.5	36	16.1
		没上过学	431	80.3	345	64.3	61	11.4	89	16.6
		小学	648	85.7	525	69.5	50	6.6	113	14.9
		初中	332	83.4	279	70.2	24	5.9	52	13.2
		高中/中专	191	82.4	151	65.4	16	6.8	36	15.3
		大专及以上	63	82.4	60	77.7	2	2.7	12	16.1
		有偶同住	1162	83.1	959	68.6	97	6.9	219	15.7
		有偶分居	12	72.6	13	76.2	1	8.3	2	14.6
		丧偶	478	83.7	380	66.6	54	9.5	77	13.6
		离婚	9	93.2	8	78.2	0	1.6	2	21.8
		未婚	3	88.4	1	32.1			1	20.7

表 3 2006 年总体和分城乡、年龄组、性别、不同受教育程度及婚姻状况的老年人就医情况(续 2)

特征			患一种以上慢性病		上年看过病		请过医生上门		上年住过院	
地区	性别	年龄组	万人	%	万人	%	万人	%	万人	%
农村	合计	60 周岁及以上	7034	65.1	6751	62.5	2816	26.1	1268	11.7
		60—69 岁	3797	63.1	3639	60.5	1299	21.6	626	10.4
		70—79 岁	2440	67.2	2326	64.1	1051	28.9	467	12.9
		80 周岁及以上	798	69.1	786	68.1	466	40.3	175	15.2
		没上过学	3829	69.0	3636	65.5	1715	30.9	688	12.4
		小学	2509	60.0	2428	58.1	916	21.9	446	10.7
		初中	565	63.1	564	63.0	146	16.3	99	11.1
		高中/中专	106	74.1	106	74.0	35	24.1	29	19.9
		大专及以上	20	92.1	15	69.4	0	2.3	6	29.9
		有偶同住	4950	63.9	4819	62.2	1947	25.1	858	11.1
		有偶分居	137	69.6	129	65.6	43	22.1	31	15.9
		丧偶	1832	68.1	1707	63.5	793	29.5	364	13.5
		离婚	31	70.8	24	55.3	7	15.4	3	6.2
		未婚	81	67.4	67	55.9	25	21.1	12	9.6
	男性	60 周岁及以上	3287	61.9	3190	60.1	1237	23.3	634	11.9
		60—69 岁	1873	60.1	1776	57.0	630	20.2	337	10.8
		70—79 岁	1091	62.6	1096	62.9	437	25.1	239	13.7
		80 周岁及以上	323	71.4	318	70.4	170	37.5	58	12.9
		没上过学	1034	67.2	969	63.0	441	28.7	214	13.9
		小学	1729	58.4	1697	57.3	653	22.0	326	11.0
		初中	416	62.5	422	63.4	113	16.9	69	10.3
		高中/中专	93	72.4	93	72.0	29	22.4	24	18.8
		大专及以上	13	88.2	8	54.3	0	3.4	1	4.6
		有偶同住	2618	60.5	2598	60.1	988	22.8	524	12.1
		有偶分居	54	72.7	50	67.7	20	26.4	10	13.9
		丧偶	512	66.9	460	60.0	200	26.2	85	11.1
		离婚	22	74.3	15	51.9	5	18.1	2	7.1
		未婚	78	68.0	65	56.2	24	20.7	12	10.1
	女性	60 周岁及以上	3748	68.3	3561	64.9	1579	28.8	635	11.6
		60—69 岁	1924	66.3	1863	64.2	669	23.1	290	10.0
		70—79 岁	1349	71.5	1229	65.2	614	32.5	228	12.1
		80 周岁及以上	475	67.6	468	66.6	296	42.2	117	16.7
		没上过学	2795	69.6	2667	66.4	1274	31.7	474	11.8
		小学	780	63.9	731	59.9	263	21.6	120	9.8
		初中	149	64.9	142	62.0	33	14.3	30	13.2
		高中/中专	13	88.6	14	90.9	6	38.4	5	30.1
		大专及以上	7	100.0	7	100.0			6	81.5
		有偶同住	2332	68.2	2221	64.9	960	28.1	333	9.7
		有偶分居	83	67.7	78	64.3	24	19.5	21	17.1
		丧偶	1320	68.6	1248	64.8	592	30.8	279	14.5
		离婚	9	63.6	9	62.5	1	9.6	1	4.2
		未婚	3	56.2	3	49.3	2	26.9		

表 4 2006 年总体和分城乡、年龄组、性别、不同受教育程度及婚姻状况的老年人使用辅具情况

（万人，%）

特征			老花镜		助听器		假牙		拐杖		轮椅		其他辅具	
地区	性别	年龄组	万人	%	万人	%	万人	%	万人	%	万人	%	万人	%
城乡	合计	60周岁及以上	8326	56.8	287	2.0	3599	24.6	1989	13.6	100	0.7	420	2.9
		60—69岁	4775	58.4	77	0.9	1760	21.5	443	5.4	30	0.4	206	2.5
		70—79岁	2755	55.7	138	2.8	1454	29.4	835	16.9	39	0.8	176	3.6
		80周岁及以上	796	51.8	72	4.7	385	25.0	712	46.4	31	2.0	38	2.5
		没上过学	2737	44.3	132	2.1	1418	22.9	1332	21.5	48	0.8	216	3.5
		小学	3406	61.0	99	1.8	1358	24.3	526	9.4	20	0.4	133	2.4
		初中	1347	74.2	35	1.9	475	26.2	94	5.2	18	1.0	39	2.1
		高中/中专	605	80.1	11	1.4	246	32.6	22	2.9	9	1.2	26	3.4
		大专及以上	229	75.2	10	3.4	100	32.8	15	5.1	5	1.6	7	2.2
		有偶同住	6513	59.9	204	1.9	2667	24.5	1085	10.0	77	0.7	318	2.9
		有偶分居	69	31.2	2	0.9	56	25.3	54	24.4	0	0.1	4	1.9
		丧偶	1668	49.5	79	2.3	842	25.0	819	24.3	23	0.7	92	2.7
		离婚	30	49.8	1	2.2	16	27.0	15	23.8	0	0.4	0	0.6
		未婚	40	30.4	1	0.5	16	12.1	17	13.0	0	0.3	4	3.4
	男性	60周岁及以上	4187	58.4	162	2.3	1665	23.2	793	11.1	48	0.7	202	2.8
		60—69岁	2456	58.9	53	1.3	833	20.0	202	4.8	18	0.4	99	2.4
		70—79岁	1397	58.5	72	3.0	650	27.2	345	14.5	18	0.8	83	3.5
		80周岁及以上	334	54.8	37	6.0	181	29.7	246	40.3	13	2.1	20	3.2
		没上过学	605	37.0	39	2.4	323	19.7	330	20.2	19	1.2	58	3.6
		小学	2148	59.5	79	2.2	799	22.1	375	10.4	10	0.3	101	2.8
		初中	863	72.5	26	2.2	300	25.2	63	5.3	9	0.8	16	1.3
		高中/中专	408	80.1	9	1.7	169	33.1	16	3.1	7	1.3	21	4.2
		大专及以上	163	73.9	9	4.2	74	33.6	10	4.5	3	1.4	5	2.4
		有偶同住	3666	60.6	136	2.3	1399	23.1	565	9.3	40	0.7	170	2.8
		有偶分居	35	42.2	1	1.6	27	33.0	13	15.3	0	0.0	1	1.7
		丧偶	428	49.1	22	2.6	216	24.7	190	21.8	8	0.9	25	2.9
		离婚	19	51.3	1	3.6	6	17.2	10	27.0	0	0.6	0	1.0
		未婚	34	27.8	1	0.6	16	13.1	16	13.1	0	0.3	4	3.7
	女性	60周岁及以上	4139	55.3	125	1.7	1934	25.8	1196	16.0	52	0.7	218	2.9
		60—69岁	2319	57.9	24	0.6	927	23.1	240	6.0	13	0.3	106	2.7
		70—79岁	1359	53.1	66	2.6	804	31.5	490	19.2	21	0.8	93	3.6
		80周岁及以上	461	49.9	35	3.8	203	22.0	466	50.3	18	1.9	19	2.0
		没上过学	2133	46.9	94	2.1	1095	24.1	1002	22.0	29	0.6	157	3.5
		小学	1258	63.6	19	1.0	559	28.3	152	7.7	10	0.5	32	1.6
		初中	485	77.3	9	1.4	175	27.9	31	5.0	9	1.4	23	3.7
		高中/中专	197	80.0	2	0.9	78	31.6	6	2.5	3	1.1	4	1.8
		大专及以上	66	78.7	1	1.4	26	30.8	5	6.4	2	2.1	1	1.4
		有偶同住	2847	59.1	68	1.4	1268	26.3	520	10.8	36	0.8	148	3.1
		有偶分居	34	24.7	1	0.5	29	20.7	41	29.9	0	0.1	3	2.0
		丧偶	1240	49.7	56	2.3	627	25.1	629	25.2	15	0.6	67	2.7
		离婚	11	47.5			10	42.6	4	18.7				
		未婚	6	62.4					1	11.8			0	0.5

表 4 2006 年总体和分城乡、年龄组、性别、不同受教育程度及婚姻状况的老年人使用辅具情况(续 1)

(万人,%)

特征			老花镜		助听器		假牙		拐杖		轮椅		其他辅具	
地区	性别	年龄组	万人	%	万人	%	万人	%	万人	%	万人	%	万人	%
城市	合计	60 周岁及以上	2893	75.0	92	2.4	1290	33.5	309	8.0	57	1.5	86	2.2
		60—69 岁	1668	77.2	30	1.4	580	26.9	53	2.4	17	0.8	42	1.9
		70—79 岁	976	74.3	34	2.6	538	40.9	131	10.0	22	1.7	35	2.6
		80 周岁及以上	248	65.2	28	7.4	172	45.2	125	32.9	19	4.9	9	2.5
		没上过学	340	53.7	23	3.6	227	35.9	126	19.9	18	2.8	26	4.1
		小学	1066	75.7	30	2.1	469	33.3	113	8.0	14	1.0	23	1.7
		初中	772	83.8	19	2.1	291	31.5	43	4.7	14	1.5	11	1.2
		高中/中专	506	82.6	11	1.7	208	33.9	12	1.9	7	1.1	19	3.1
		大专及以上	209	74.1	10	3.6	96	34.1	15	5.3	5	1.7	7	2.3
		有偶同住	2400	76.9	68	2.2	1005	32.2	176	5.6	42	1.4	66	2.1
		有偶分居	15	63.9	0	0.6	10	39.9	2	9.4	0	0.5	2	6.5
		丧偶	457	67.5	23	3.4	268	39.5	127	18.7	15	2.2	18	2.6
		离婚	12	65.7	1	3.6	5	30.3	3	18.2			0	1.0
未		婚	5	56.9			2	16.8	1	11.4			0	1.6
	男性	60 周岁及以上	1471	79.2	59	3.2	606	32.7	127	6.8	25	1.4	41	2.2
		60—69 岁	845	80.1	22	2.1	280	26.5	25	2.4	6	0.5	20	1.9
		70—79 岁	513	79.7	22	3.4	250	38.8	58	9.1	12	1.9	20	3.1
		80 周岁及以上	113	71.6	14	8.9	76	48.4	43	27.3	7	4.7	1	0.7
		没上过学	45	46.9	5	5.3	35	36.9	22	23.1	4	3.7	5	5.2
		小学	511	78.5	19	3.0	209	32.0	56	8.6	5	0.8	12	1.8
		初中	443	84.7	17	3.3	160	30.5	31	6.0	9	1.8	4	0.8
		高中/中专	322	84.7	8	2.2	132	34.7	8	2.0	4	1.1	15	3.9
		大专及以上	149	72.7	9	4.3	70	34.3	10	4.7	3	1.5	5	2.6
		有偶同住	1379	79.9	54	3.1	554	32.1	107	6.2	23	1.3	39	2.2
		有偶分居	4	48.8	0	1.2	2	30.2	1	14.3	0	0.2	0	2.1
		丧偶	77	72.1	4	3.4	46	43.1	18	16.8	3	2.4	2	1.5
		离婚	6	78.1	1	7.7	2	24.9					0	2.1
		未婚	3	46.1			2	27.1	1	17.5			0	1.6
	女性	60 周岁及以上	1422	71.1	34	1.7	684	34.2	182	9.1	32	1.6	45	2.3
		60—69 岁	823	74.5	8	0.7	301	27.2	28	2.5	11	1.0	22	2.0
		70—79 岁	463	69.0	12	1.7	288	42.9	73	10.8	10	1.5	15	2.2
		80 周岁及以上	135	60.6	14	6.4	96	42.9	82	36.8	11	5.0	8	3.7
		没上过学	295	54.9	18	3.3	192	35.7	104	19.4	14	2.6	21	3.9
		小学	555	73.4	10	1.4	260	34.4	57	7.5	9	1.2	12	1.6
		初中	329	82.7	2	0.5	131	32.8	12	3.1	4	1.1	7	1.8
		高中/中专	183	79.1	2	1.0	76	32.6	4	1.8	3	1.1	4	1.9
		大专及以上	60	77.9	1	1.5	26	33.6	5	7.0	2	2.3	1	1.5
		有偶同住	1021	73.1	14	1.0	451	32.3	69	4.9	20	1.4	27	2.0
		有偶分居	12	70.9	0	0.3	7	44.3	1	7.2	0	0.6	1	8.5
		丧偶	380	66.6	20	3.4	222	38.9	109	19.1	12	2.2	16	2.9
		离婚	5	55.2			3	34.9	3	33.7				
		未婚	3	74.5					0	1.4			0	1.4

表 4　2006 年总体和分城乡、年龄组、性别、不同受教育程度及婚姻状况的老年人使用辅具情况(续 2)

(万人,%)

特征			老花镜		助听器		假牙		拐杖		轮椅		其他辅具	
地区	性别	年龄组	万人	%	万人	%	万人	%	万人	%	万人	%	万人	%
农村	合计	60 周岁及以上	5433	50.3	195	1.8	2308	21.4	1681	15.6	43	0.4	334	3.1
		60—69 岁	3106	51.6	47	0.8	1179	19.6	390	6.5	14	0.2	164	2.7
		70—79 岁	1779	49.0	104	2.9	917	25.3	704	19.4	17	0.5	141	3.9
		80 周岁及以上	547	47.4	44	3.8	212	18.4	587	50.8	12	1.0	29	2.5
		没上过学	2397	43.2	109	2.0	1191	21.4	1205	21.7	30	0.5	190	3.4
		小学	2341	56.0	69	1.6	890	21.3	414	9.9	6	0.1	109	2.6
		初中	575	64.2	16	1.8	185	20.6	50	5.6	4	0.5	28	3.1
		高中/中专	99	69.2	0	0.3	39	27.1	10	7.1	2	1.7	6	4.5
		大专及以上	19	90.6	0	1.4	3	15.8	0	1.4				
		有偶同住	4112	53.1	136	1.8	1662	21.5	909	11.7	34	0.4	252	3.3
		有偶分居	53	27.2	2	0.9	46	23.5	52	26.3			3	1.3
		丧偶	1211	45.0	55	2.1	574	21.4	693	25.7	8	0.3	74	2.8
		离婚	19	43.2	1	1.6	11	25.7	11	26.1	0	0.5	0	0.5
		未婚	34	28.3	1	0.6	14	11.7	16	13.1	0	0.3	4	3.6
	男性	60 周岁及以上	2716	51.1	103	1.9	1058	19.9	667	12.6	23	0.4	161	3.0
		60—69 岁	1611	51.7	30	1.0	553	17.8	177	5.7	12	0.4	80	2.6
		70—79 岁	884	50.7	50	2.9	400	23.0	286	16.4	6	0.3	63	3.6
		80 周岁及以上	221	48.9	23	5.0	105	23.2	203	44.9	5	1.1	19	4.1
		没上过学	560	36.4	34	2.2	287	18.7	308	20.0	15	1.0	53	3.5
		小学	1638	55.3	60	2.0	591	20.0	319	10.8	5	0.2	89	3.0
		初中	419	62.9	9	1.4	140	21.1	31	4.7	0	0.0	12	1.8
		高中/中专	85	66.2	0	0.3	37	28.5	8	6.3	2	1.8	6	5.1
		大专及以上	13	92.2	0	2.0	3	23.6	0	2.1				
		有偶同住	2287	52.9	82	1.9	845	19.5	458	10.6	17	0.4	131	3.0
		有偶分居	31	41.6	1	1.7	25	33.3	11	15.4			1	1.6
		丧偶	351	45.9	19	2.5	169	22.1	173	22.5	5	0.7	24	3.1
		离婚	13	43.6	1	2.4	4	15.0	10	34.6	0	0.8	0	0.7
		未婚	31	26.9	1	0.6	14	12.3	15	12.9	0	0.3	4	3.8
	女性	60 周岁及以上	2717	49.5	91	1.7	1250	22.8	1014	18.5	20	0.4	173	3.2
		60—69 岁	1495	51.6	16	0.6	626	21.6	213	7.3	2	0.1	84	2.9
		70—79 岁	896	47.5	54	2.9	516	27.4	417	22.1	11	0.6	78	4.2
		80 周岁及以上	326	46.4	21	3.0	107	15.3	384	54.6	7	1.0	10	1.5
		没上过学	1838	45.8	76	1.9	903	22.5	898	22.4	15	0.4	137	3.4
		小学	703	57.6	9	0.7	299	24.5	95	7.8	1	0.0	20	1.7
		初中	156	68.1	7	2.9	45	19.4	19	8.3	4	1.9	16	6.9
		高中/中专	14	94.6			2	15.3	2	13.4	0	0.7		
		大专及以上	6	87.5										
		有偶同住	1825	53.4	54	1.6	817	23.9	451	13.2	17	0.5	121	3.5
		有偶分居	23	18.5	1	0.5	21	17.5	40	32.9			1	1.1
		丧偶	860	44.7	37	1.9	405	21.0	520	27.0	3	0.1	51	2.6
		离婚	6	42.2			7	47.9	1	8.4				
		未婚	3	55.1					1	18.0				

表 5　2006 年总体和分城乡、年龄组、性别、不同受教育程度及婚姻状况的老年人相关心理特征

（万人，%）

特征			感觉老了		爱忘事		爱聊天		爱交朋友		常感孤独		有人可倾诉	
地区	性别	年龄组	万人	%	万人	%	万人	%	万人	%	万人	%	万人	%
城乡	合计	60 周岁及以上	11634	79.4	11069	75.5	10863	74.1	8794	60.0	3977	27.1	10874	74.2
		60—69 岁	5953	72.8	5817	71.1	6144	75.1	5216	63.8	1978	24.2	6190	75.7
		70—79 岁	4236	85.7	3931	79.5	3665	74.1	2833	57.3	1445	29.2	3613	73.1
		80 周岁及以上	1445	94.1	1322	86.1	1054	68.7	745	48.5	553	36.0	1070	69.7
		没上过学	5442	88.0	5059	81.8	4300	69.5	2986	48.3	2123	34.3	4236	68.5
		小学	4244	75.9	4042	72.3	4281	76.6	3651	65.3	1356	24.3	4263	76.3
		初中	1296	71.3	1282	70.5	1430	78.7	1359	74.8	369	20.3	1493	82.2
		高中/中专	468	61.9	496	65.7	613	81.1	568	75.2	99	13.1	618	81.8
		大专及以上	179	58.9	185	60.9	234	77.1	224	73.7	28	9.1	257	84.7
		有偶同住	8269	76.1	7975	73.4	8126	74.8	6758	62.2	2318	21.3	8534	78.5
		有偶分居	203	91.8	162	73.3	150	68.1	134	60.8	69	31.4	170	76.8
		丧偶	3002	89.1	2796	83.0	2447	72.6	1799	53.4	1464	43.5	2095	62.2
		离婚	51	83.2	43	69.9	47	76.7	38	62.1	31	51.5	28	46.3
		未婚	102	78.2	90	68.9	87	66.9	59	45.1	92	70.7	41	31.6
	男性	60 周岁及以上	5412	75.5	5159	72.0	5329	74.3	4617	64.4	1904	26.6	5299	73.9
		60—69 岁	2863	68.6	2817	67.5	3126	74.9	2822	67.6	1012	24.3	3145	75.4
		70—79 岁	1982	83.1	1830	76.7	1784	74.7	1493	62.6	661	27.7	1734	72.6
		80 周岁及以上	567	92.8	513	84.0	420	68.7	301	49.3	231	37.8	420	68.8
		没上过学	1409	86.2	1311	80.2	1078	66.0	818	50.0	644	39.4	1036	63.3
		小学	2749	76.1	2556	70.8	2739	75.8	2386	66.1	950	26.3	2692	74.5
		初中	814	68.4	832	69.9	929	78.1	869	73.0	223	18.7	978	82.2
		高中/中专	308	60.5	323	63.4	415	81.6	385	75.6	70	13.8	413	81.2
		大专及以上	129	58.8	136	62.0	166	75.4	157	71.4	16	7.2	179	81.2
		有偶同住	4422	73.1	4284	70.8	4540	75.0	3979	65.8	1357	22.4	4724	78.1
		有偶分居	72	88.0	59	72.0	58	70.5	58	71.3	23	28.1	62	75.9
		丧偶	782	89.6	701	80.3	624	71.5	498	57.1	414	47.4	459	52.6
		离婚	34	91.3	27	71.2	25	67.4	23	61.2	22	58.6	13	34.7
		未婚	97	80.1	86	71.1	79	65.5	55	45.6	88	73.1	38	31.3
	女性	60 周岁及以上	6222	83.1	5910	78.9	5534	73.9	4177	55.8	2072	27.7	5574	74.4
		60—69 岁	3089	77.1	3000	74.9	3018	75.3	2394	59.7	966	24.1	3045	76.0
		70—79 岁	2254	88.2	2100	82.1	1881	73.6	1340	52.4	784	30.7	618	81.8
		80 周岁及以上	878	94.9	810	87.5	635	68.6	443	47.9	322	34.8	650	70.3
		没上过学	4033	88.6	3748	82.4	3221	70.8	2168	47.7	1480	32.5	3201	70.3
		小学	1494	75.6	1486	75.2	1542	78.0	1264	64.0	406	20.5	1571	79.4
		初中	482	76.8	450	71.8	501	79.9	490	78.2	146	23.3	515	82.2
		高中/中专	160	64.9	174	70.5	197	80.1	183	74.4	29	11.6	205	83.2
		大专及以上	50	59.1	49	58.1	68	81.5	67	79.5	12	13.9	79	93.9
		有偶同住	3847	79.8	3691	76.6	3586	74.4	2779	57.7	961	19.9	3810	79.1
		有偶分居	130	94.0	103	74.1	92	66.7	76	54.5	46	33.4	107	77.4
		丧偶	2220	89.0	2096	84.0	1823	73.1	1301	52.1	1050	42.1	1636	65.6
		离婚	17	70.4	16	67.8	22	91.3	15	63.6	10	40.2	15	64.4
		未婚	5	54.4	4	41.1	8	83.3	4	39.0	4	40.7	3	34.9

表 5　2006 年总体和分城乡、年龄组、性别、不同受教育程度及婚姻状况的老年人相关心理特征(续 1)

(万人,%)

特征			感觉老了		爱忘事		爱聊天		爱交朋友		常感孤独		有人可倾诉	
地区	性别	年龄组	万人	%	万人	%	万人	%	万人	%	万人	%	万人	%
城市	合计	60 周岁及以上	2674	69.3	2763	71.7	2854	74.0	2594	67.3	679	17.6	3116	80.8
		60—69 岁	1313	60.8	1455	67.3	1650	76.4	1550	71.7	319	14.8	1777	82.2
		70—79 岁	1027	78.1	998	75.9	958	72.9	845	64.3	249	18.9	1038	79.0
		80 周岁及以上	334	87.7	310	81.4	246	64.7	199	52.3	112	29.3	302	79.2
		没上过学	524	82.9	502	79.4	401	63.5	321	50.8	168	26.6	456	72.1
		小学	1001	71.1	1031	73.3	1057	75.1	932	66.2	279	19.8	1139	81.0
		初中	621	67.4	652	70.8	697	75.7	680	73.8	134	14.6	778	84.5
		高中/中专	365	59.7	403	65.9	484	79.1	454	74.2	73	12.0	505	82.5
		大专及以上	163	57.6	174	61.5	215	76.0	206	73.1	24	8.5	238	84.2
		有偶同住	2073	66.4	2175	69.6	2337	74.8	2162	69.2	421	13.5	2566	82.2
		有偶分居	21	85.3	19	79.0	13	53.3	15	61.2	8	35.1	15	60.4
		丧偶	558	82.3	545	80.5	484	71.4	401	59.2	238	35.1	516	76.1
		离婚	15	83.0	13	70.3	14	80.2	12	68.5	9	50.5	11	59.3
		未婚	5	51.7	8	81.2	5	54.7	4	36.6	2	21.0	8	82.7
	男性	60 周岁及以上	1218	65.6	1263	68.0	1396	75.2	1285	69.2	279	15.0	1469	79.1
		60—69 岁	589	55.8	667	63.2	817	77.4	766	72.6	138	13.1	841	79.7
		70—79 岁	497	77.2	476	73.9	474	73.6	429	66.6	107	16.6	501	77.9
		80 周岁及以上	133	83.9	120	76.1	105	66.2	91	57.3	34	21.6	127	80.4
		没上过学	77	80.7	73	76.4	59	61.3	46	48.1	22	23.1	61	63.3
		小学	468	71.9	453	69.6	490	75.2	438	67.3	130	20.0	496	76.2
		初中	335	64.0	368	70.3	394	75.3	374	71.4	67	12.8	437	83.5
		高中/中专	219	57.6	243	63.9	300	78.7	282	74.1	47	12.3	310	81.4
		大专及以上	119	57.9	125	61.0	153	74.5	146	70.9	12	6.1	165	80.1
		有偶同住	1113	64.5	1168	67.7	1302	75.4	1208	70.0	233	13.5	1386	80.3
		有偶分居	6	83.1	5	71.9	5	70.7	4	54.1	2	26.4	4	51.6
		丧偶	87	81.6	76	71.1	79	73.5	65	61.2	38	35.4	68	63.9
		离婚	7	82.4	6	75.8	7	78.9	5	64.0	4	48.3	5	61.8
		未婚	3	51.9	5	82.4	3	48.5	2	35.7	1	24.6	5	76.6
	女性	60 周岁及以上	1455	72.8	1500	75.0	1459	73.0	1309	65.5	400	20.0	1647	82.4
		60—69 岁	724	65.5	788	71.3	833	75.4	784	70.9	181	16.4	936	84.7
		70—79 岁	530	79.0	522	77.9	484	72.2	416	62.1	142	21.2	536	80.0
		80 周岁及以上	202	90.4	190	85.2	142	63.6	109	48.8	77	34.7	175	78.3
		没上过学	447	83.3	429	79.9	343	63.9	275	51.3	146	27.2	395	73.6
		小学	533	70.5	578	76.5	567	75.0	494	65.3	149	19.7	643	85.1
		初中	286	71.9	284	71.5	303	76.2	307	77.1	67	16.9	341	85.7
		高中/中专	146	63.1	160	69.2	184	79.7	172	74.4	27	11.5	195	84.1
		大专及以上	43	56.5	48	62.8	61	79.9	61	78.8	12	15.2	73	95.0
		有偶同住	960	68.7	1007	72.1	1035	74.1	954	68.3	188	13.5	1180	84.4
		有偶分居	14	86.4	14	82.3	7	45.3	11	64.4	6	39.1	11	64.5
		丧偶	471	82.4	469	82.2	406	71.0	336	58.8	200	35.0	448	78.4
		离婚	8	83.5	6	65.6	8	81.4	7	72.2	5	52.4	6	57.1
		未婚	2	51.4	3	79.3	2	64.7	1	38.2	1	15.1	3	92.6

表 5　2006 年总体和分城乡、年龄组、性别、不同受教育程度及婚姻状况的老年人相关心理特征(续 2)

（万人，%）

特征			感觉老了		爱忘事		爱聊天		爱交朋友		常感孤独		有人可倾诉	
地区	性别	年龄组	万人	%	万人	%	万人	%	万人	%	万人	%	万人	%
农村	合计	60 周岁及以上	8961	83.0	8307	76.9	8009	74.1	6199	57.4	3297	30.5	7757	71.8
		60—69 岁	4640	77.1	4362	72.5	4494	74.7	3666	60.9	1660	27.6	4413	73.3
		70—79 岁	3210	88.4	2933	80.8	2707	74.6	1988	54.8	1196	33.0	2576	71.0
		80 周岁及以上	1111	96.2	1012	87.7	808	70.0	545	47.2	442	38.2	768	66.6
		没上过学	4918	88.6	4557	82.1	3898	70.2	2665	48.0	1955	35.2	3780	68.1
		小学	3243	77.6	3011	72.0	3224	77.1	2719	65.0	1077	25.8	3123	74.7
		初中	675	75.3	629	70.3	733	81.9	679	75.8	235	26.2	715	79.8
		高中/中专	103	71.6	93	64.8	129	89.6	114	79.5	26	18.0	114	79.3
		大专及以上	16	76.7	11	53.1	20	91.8	17	82.0	3	16.0	20	92.4
		有偶同住	6196	80.0	5800	74.9	5790	74.8	4597	59.3	1896	24.5	5967	77.0
		有偶分居	182	92.6	143	72.6	137	69.9	119	60.7	61	31.0	155	78.9
		丧偶	2445	90.9	2251	83.7	1963	73.0	1398	52.0	1226	45.6	1579	58.7
		离婚	36	83.3	30	69.7	32	75.2	26	59.5	22	51.9	18	40.8
		未婚	97	80.3	82	67.9	82	67.8	55	45.8	90	74.6	33	27.5
	男性	60 周岁及以上	4194	79.0	3897	73.4	3934	74.1	3331	62.7	1626	30.6	3830	72.1
		60—69 岁	2274	73.0	2150	69.0	2309	74.1	2056	66.0	874	28.1	2305	74.0
		70—79 岁	1485	85.2	1355	77.7	1310	75.2	1065	61.1	554	31.8	1232	70.7
		80 周岁及以上	434	95.9	392	86.7	315	69.6	211	46.6	197	43.5	293	64.7
		没上过学	1332	86.5	1237	80.4	1020	66.2	772	50.1	622	40.4	975	63.3
		小学	2282	77.1	2103	71.0	2249	76.0	1949	65.8	820	27.7	2196	74.2
		初中	479	71.9	464	69.6	535	80.3	495	74.3	156	23.4	540	81.1
		高中/中专	89	69.2	79	61.8	116	90.0	103	80.2	24	18.5	103	80.5
		大专及以上	10	71.4	11	76.2	13	87.8	11	79.3	3	23.8	14	97.7
		有偶同住	3309	76.5	3116	72.0	3238	74.9	2771	64.1	1124	26.0	3338	77.2
		有偶分居	66	88.5	54	72.0	52	70.5	54	73.1	21	28.3	58	78.3
		丧偶	695	90.8	625	81.6	545	71.2	433	56.5	376	49.1	391	51.1
		离婚	27	93.8	20	69.9	19	64.2	18	60.4	18	61.5	8	27.1
		未婚	94	81.6	81	70.5	76	66.4	53	46.1	87	75.6	33	28.9
	女性	60 周岁及以上	4767	86.8	4410	80.3	4075	74.2	2868	52.2	1672	30.5	3927	71.5
		60—69 岁	2366	81.6	2212	76.3	2185	75.3	1610	55.5	785	27.1	2108	72.7
		70—79 岁	1724	91.4	1578	83.7	1397	74.1	924	49.0	642	34.0	1343	71.2
		80 周岁及以上	677	96.4	620	88.3	493	70.2	335	47.6	245	34.9	476	67.7
		没上过学	3586	89.4	3319	82.7	2879	71.7	1893	47.2	1334	33.2	2806	69.9
		小学	961	78.7	908	74.4	975	79.8	770	63.1	258	21.1	927	76.0
		初中	196	85.4	165	72.2	198	86.4	184	80.1	79	34.4	174	76.1
		高中/中专	14	92.3	14	90.5	13	86.6	11	74.2	2	13.6	10	68.9
		大专及以上	6	87.5	0	5.9	7	100.0	6	87.5			6	81.5
		有偶同住	2887	84.4	2684	78.5	2551	74.6	1825	53.4	772	22.6	2630	76.9
		有偶分居	116	95.1	89	73.0	85	69.6	65	53.2	40	32.6	97	79.2
		丧偶	1750	90.9	1626	84.5	1418	73.7	966	50.2	851	44.2	1189	61.8
		离婚	9	61.4	10	69.3	14	98.2	8	57.6	4	31.8	10	69.5
		未婚	3	56.2	1	18.0	6	94.5	2	39.5	3	56.2		

表 6 2006 年总体和分城乡、年龄组、性别、不同受教育程度及婚姻状况的老年人幸福感和生活满意情况

特征			是否觉得自己幸福						对生活状况满意	
			较幸福		差不多		较不幸福			
地区	性别	年龄组	万人	%	万人	%	万人	%	万人	%
城乡	合计	60 周岁及以上	5761	39.3	7566	51.6	1289	8.8	12854	87.7
		60—69 岁	3147	38.5	4339	53.1	676	8.3	7232	88.4
		70—79 岁	1977	40.0	2485	50.3	462	9.3	4312	87.2
		80 周岁及以上	637	41.5	742	48.3	151	9.9	1310	85.3
		没上过学	1875	30.3	3528	57.0	761	12.3	5186	83.8
		小学	2253	40.3	2894	51.8	428	7.7	4969	88.9
		初中	942	51.9	793	43.6	79	4.3	1686	92.8
		高中/中专	464	61.4	275	36.4	16	2.1	715	94.6
		大专及以上	225	74.1	73	23.9	5	1.8	292	96.2
		有偶同住	4639	42.7	5441	50.1	761	7.0	9690	89.2
		有偶分居	43	19.3	142	64.4	36	16.3	183	82.7
		丧偶	1051	31.2	1884	55.9	422	12.5	2845	84.5
		离婚	14	23.6	34	55.9	13	20.6	48	78.1
		未婚	13	9.7	60	45.7	56	43.3	83	63.9
	男性	60 周岁及以上	2874	40.1	3668	51.2	603	8.4	6316	88.1
		60—69 岁	1639	39.3	2176	52.2	348	8.3	3713	89.0
		70—79 岁	994	41.6	1180	49.4	200	8.4	2083	87.3
		80 周岁及以上	242	39.6	312	51.1	54	8.9	520	85.2
		没上过学	455	27.8	933	57.1	238	14.5	1325	81.0
		小学	1331	36.9	1976	54.7	292	8.1	3193	88.4
		初中	617	51.8	518	43.5	53	4.5	1104	92.8
		高中/中专	308	60.4	186	36.6	14	2.8	478	93.9
		大专及以上	163	74.1	52	23.9	4	2.0	212	96.6
		有偶同住	2581	42.7	3040	50.2	410	6.8	5414	89.5
		有偶分居	19	23.0	53	64.0	11	13.0	71	86.0
		丧偶	253	29.0	502	57.5	115	13.2	723	82.9
		离婚	7	19.0	19	50.0	12	31.1	27	73.4
		未婚	12	10.3	51	42.2	56	46.1	76	63.1
	女性	60 周岁及以上	2887	38.6	3898	52.1	687	9.2	6538	87.3
		60—69 岁	1508	37.7	2162	54.0	328	8.2	3519	87.8
		70—79 岁	983	38.4	1306	51.1	262	10.2	2229	87.2
		80 周岁及以上	395	42.7	430	46.5	97	10.5	790	85.3
		没上过学	1420	31.2	2594	57.0	523	11.5	3861	84.8
		小学	922	46.6	918	46.4	136	6.9	1776	89.8
		初中	326	52.0	275	43.8	25	4.1	582	92.8
		高中/中专	156	63.5	88	35.9	1	0.5	237	96.0
		大专及以上	62	74.0	20	24.0	1	1.3	80	95.4
		有偶同住	2058	42.7	2400	49.8	351	7.3	4276	88.8
		有偶分居	24	17.1	90	64.6	25	18.3	112	80.8
		丧偶	798	32.0	1382	55.4	307	12.3	2122	85.0
		离婚	7	30.8	15	65.1	1	4.0	20	85.4
		未婚	0	1.7	9	89.7	1	8.6	7	74.6

表 6　2006 年总体和分城乡、年龄组、性别、不同受教育程度及婚姻状况的老年人幸福感和生活满意情况(续 1)

特征			是否觉得自己幸福						对生活状况满意	
			较幸福		差不多		较不幸福			
地区	性别	年龄组	万人	%	万人	%	万人	%	万人	%
城市	合计	60 周岁及以上	2192	56.8	1516	39.3	141	3.7	3551	92.1
		60—69 岁	1189	55.0	890	41.2	77	3.5	1992	92.2
		70—79 岁	777	59.1	484	36.9	50	3.8	1218	92.7
		80 周岁及以上	225	59.1	141	37.0	14	3.7	341	89.4
		没上过学	286	45.3	293	46.3	51	8.1	545	86.2
		小学	778	55.3	574	40.8	52	3.7	1292	91.8
		初中	532	57.7	366	39.7	23	2.5	863	93.7
		高中/中专	388	63.4	213	34.8	10	1.7	579	94.6
		大专及以上	207	73.2	70	24.9	5	1.7	271	96.0
		有偶同住	1850	59.2	1178	37.7	89	2.9	2916	93.4
		有偶分居	9	35.6	14	58.1	2	6.3	20	83.0
		丧偶	323	47.7	306	45.2	47	6.9	591	87.1
		离婚	8	41.9	9	50.7	1	7.4	15	86.2
		未婚	2	22.7	5	56.2	2	21.1	7	75.5
	男性	60 周岁及以上	1049	56.5	744	40.1	62	3.4	1723	92.8
		60—69 岁	574	54.4	444	42.1	36	3.4	975	92.4
		70—79 岁	378	58.8	240	37.3	25	3.9	601	93.4
		80 周岁及以上	96	60.8	60	38.1	1	0.8	148	93.4
		没上过学	38	39.3	48	50.4	9	9.8	82	85.5
		小学	328	50.4	296	45.5	26	4.1	596	91.5
		初中	297	56.7	213	40.6	14	2.7	490	93.6
		高中/中专	235	61.7	137	35.9	9	2.4	357	93.9
		大专及以上	151	73.6	51	24.6	4	1.7	198	96.3
		有偶同住	991	57.4	680	39.4	54	3.1	1608	93.2
		有偶分居	5	68.5	2	27.9	0	3.6	7	97.1
		丧偶	48	44.8	53	49.9	5	4.8	97	91.0
		离婚	2	26.6	5	60.7	1	12.7	7	78.9
		未婚	2	33.8	2	34.7	2	31.4	4	63.1
	女性	60 周岁及以上	1143	57.2	772	38.6	79	3.9	1828	91.4
		60—69 岁	615	55.6	446	40.3	40	3.7	1017	92.0
		70—79 岁	399	59.5	245	36.5	25	3.8	617	92.1
		80 周岁及以上	129	57.9	81	36.3	13	5.7	193	86.7
		没上过学	249	46.3	244	45.5	42	7.8	463	86.4
		小学	450	59.5	278	36.8	25	3.3	697	92.1
		初中	235	59.1	153	38.4	9	2.3	373	93.8
		高中/中专	154	66.3	76	33.0	1	0.6	222	95.8
		大专及以上	56	72.2	20	25.6	1	1.4	73	94.9
		有偶同住	859	61.4	498	35.7	35	2.5	1308	93.6
		有偶分居	3	20.3	12	72.1	1	7.6	13	76.5
		丧偶	275	48.2	253	44.3	42	7.3	494	86.4
		离婚	5	54.9	4	42.2	0	2.9	9	92.4
		未婚	0	4.4	3	91.3	0	4.2	3	95.8

表 6　2006 年总体和分城乡、年龄组、性别、不同受教育程度及婚姻状况的老年人幸福感和生活满意情况(续 2)

特征			是否觉得自己幸福						对生活状况满意	
			较幸福		差不多		较不幸福			
地区	性别	年龄组	万人	%	万人	%	万人	%	万人	%
农村	合计	60 周岁及以上	3569	33.0	6050	56.0	1148	10.6	9303	86.1
		60—69 岁	1958	32.5	3449	57.3	599	10.0	5240	87.1
		70—79 岁	1199	33.0	2001	55.1	412	11.3	3094	85.2
		80 周岁及以上	412	35.6	601	52.0	137	11.9	969	83.9
		没上过学	1589	28.6	3235	58.3	710	12.8	4640	83.6
		小学	1475	35.3	2319	55.5	376	9.0	3677	87.9
		初中	410	45.8	427	47.7	56	6.2	823	91.9
		高中/中专	76	52.7	62	43.1	5	3.8	136	94.4
		大专及以上	18	85.7	2	10.8	1	3.5	21	100.0
		有偶同住	2789	36.0	4262	55.0	672	8.7	6774	87.5
		有偶分居	34	17.3	128	65.2	34	17.5	163	82.7
		丧偶	728	27.1	1578	58.7	375	13.9	2254	83.8
		离婚	7	15.9	25	58.0	11	26.0	32	74.7
		未婚	10	8.6	54	44.9	54	45.1	76	63.0
	男性	60 周岁及以上	1825	34.4	2924	55.0	540	10.2	4592	86.5
		60—69 岁	1065	34.2	1732	55.6	312	10.0	2738	87.8
		70—79 岁	615	35.3	940	53.9	175	10.1	1482	85.0
		80 周岁及以上	146	32.2	252	55.6	53	11.7	373	82.4
		没上过学	417	27.1	885	57.5	228	14.8	1243	80.8
		小学	1003	33.9	1680	56.8	266	9.0	2598	87.7
		初中	320	48.0	305	45.8	39	5.9	614	92.2
		高中/中专	73	56.7	50	38.7	5	4.2	121	93.8
		大专及以上	12	81.6	2	13.2	1	5.2	14	100.0
		有偶同住	1590	36.8	2361	54.6	356	8.2	3807	88.0
		有偶分居	14	18.3	50	67.7	10	14.0	63	84.9
		丧偶	205	26.8	449	58.6	110	14.3	626	81.8
		离婚	5	16.8	14	46.9	11	36.3	21	71.8
		未婚	10	9.1	49	42.6	54	46.9	72	63.1
	女性	60 周岁及以上	1744	31.8	3127	57.0	608	11.1	4711	85.8
		60—69 岁	894	30.8	1716	59.2	287	9.9	2502	86.3
		70—79 岁	584	31.0	1061	56.3	236	12.5	1612	85.5
		80 周岁及以上	266	37.9	349	49.7	84	12.0	596	84.9
		没上过学	1171	29.2	2350	58.6	481	12.0	3397	84.6
		小学	471	38.6	639	52.4	110	9.0	1079	88.4
		初中	91	39.6	122	53.2	16	7.2	209	91.1
		高中/中专	3	19.3	12	80.7			15	99.3
		大专及以上	7	94.1	0	5.9			7	100.0
		有偶同住	1199	35.1	1902	55.6	316	9.2	2967	86.8
		有偶分居	20	16.6	78	63.6	24	19.7	99	81.4
		丧偶	523	27.2	1129	58.7	265	13.8	1628	84.6
		离婚	2	14.2	11	81.1	1	4.8	11	80.6
		未婚			5	88.7	1	11.3	4	61.8

表 7　2006 年分年龄组、性别、不同受教育程度及婚姻状况的城市老年人参加公益活动情况

特征		治安巡逻		义务劳动		志愿者活动		互助活动		青少年教育	
性别	年龄组	万人	%	万人	%	万人	%	万人	%	万人	%
合计	60周岁及以上	404	2.8	811	5.5	630	4.3	897	6.1	377	2.6
	60—69岁	263	3.2	568	7.0	428	5.2	548	6.7	213	2.6
	70—79岁	125	2.5	214	4.3	173	3.5	291	5.9	134	2.7
	80周岁及以上	17	1.1	29	1.9	29	1.9	58	3.8	30	1.9
	没上过学	43	0.7	85	1.4	44	0.7	103	1.7	30	0.5
	小学	143	2.6	293	5.2	215	3.8	325	5.8	122	2.2
	初中	123	6.8	241	13.2	195	10.7	224	12.3	100	5.5
	高中/中专	70	9.3	150	19.9	122	16.1	181	24.0	90	11.9
	大专及以上	25	8.4	43	14.1	54	17.9	63	20.7	35	11.7
	有偶同住	339	3.1	690	6.3	537	4.9	743	6.8	319	2.9
	有偶分居	1	0.5	4	1.7	5	2.2	6	2.5	1	0.5
	丧偶	62	1.9	112	3.3	83	2.5	143	4.2	55	1.6
	离婚	1	1.3	4	7.3	2	3.5	5	7.6	1	1.9
	未婚	0	0.2	1	0.7	2	1.3	0	0.3	1	0.6
男性	60周岁及以上	213	3.0	407	5.7	319	4.5	438	6.1	207	2.9
	60—69岁	140	3.4	284	6.8	211	5.1	267	6.4	113	2.7
	70—79岁	67	2.8	107	4.5	92	3.9	139	5.8	78	3.3
	80周岁及以上	5	0.9	15	2.5	16	2.6	32	5.2	16	2.6
	没上过学	9	0.6	17	1.0	6	0.3	13	0.8	5	0.3
	小学	70	1.9	135	3.8	92	2.6	142	3.9	57	1.6
	初中	72	6.0	134	11.3	117	9.8	135	11.3	62	5.2
	高中/中专	41	8.0	89	17.5	65	12.8	101	19.9	56	11.0
	大专及以上	21	9.3	31	14.1	39	17.7	47	21.2	27	12.4
	有偶同住	198	3.3	387	6.4	305	5.0	414	6.8	193	3.2
	有偶分居	1	0.6	1	1.3	1	1.4	2	2.7	1	0.7
	丧偶	14	1.6	16	1.8	12	1.3	19	2.2	13	1.4
	离婚	0	1.0	2	6.0	1	2.8	2	4.9	0	1.2
	未婚	0	0.1	1	0.5	0	0.2	0	0.0	1	0.6
女性	60周岁及以上	191	2.6	405	5.4	311	4.1	459	6.1	170	2.3
	60—69岁	122	3.1	285	7.1	217	5.4	280	7.0	100	2.5
	70—79岁	57	2.2	106	4.2	81	3.2	152	5.9	56	2.2
	80周岁及以上	12	1.3	14	1.5	13	1.4	27	2.9	14	1.5
	没上过学	34	0.7	68	1.5	38	0.8	90	2.0	25	0.5
	小学	73	3.7	157	7.9	122	6.2	183	9.2	65	3.3
	初中	51	8.1	107	17.0	78	12.5	90	14.3	38	6.1
	高中/中专	29	11.9	61	24.8	56	22.9	80	32.4	34	13.7
	大专及以上	5	5.9	12	14.0	15	18.3	16	19.5	8	9.9
	有偶同住	141	2.9	303	6.3	233	4.8	329	6.8	126	2.6
	有偶分居	1	0.5	3	1.9	4	2.7	3	2.4	0	0.4
	丧偶	49	1.9	96	3.9	71	2.8	123	4.9	43	1.7
	离婚	0	1.7	2	9.3	1	4.8	3	11.8	1	3.1
	未婚	0	0.6	0	2.8	1	15.0	0	4.4	0	1.6

表 8　2006 年分年龄组、性别、不同受教育程度及婚姻状况的农村老年人参与村务公开情况

特征		关心村务公开		了解集体经济收支		参加最近一次村委会选举	
性别	年龄组	万人	%	万人	%	万人	%
合计	60 周岁及以上	5161	47.8	2030	18.8	8791	81.4
	60—69 岁	3168	52.7	1337	22.2	5130	85.2
	70—79 岁	1601	44.1	575	15.9	2892	79.7
	80 周岁及以上	392	34.0	118	10.2	769	66.6
	没上过学	1959	35.3	588	10.6	4201	75.7
	小学	2474	59.2	1065	25.5	3670	87.8
	初中	597	66.6	311	34.7	786	87.8
	高中/中专	110	76.6	55	38.0	116	80.6
	大专及以上	16	76.6	12	54.0	15	70.7
	有偶同住	4059	52.4	1622	20.9	6533	84.3
	有偶分居	70	35.5	23	11.5	154	78.5
	丧偶	964	35.8	355	13.2	1975	73.4
	离婚	24	54.9	11	26.2	30	70.3
	未婚	42	35.0	18	15.0	95	78.6
男性	60 周岁及以上	3233	60.9	1445	27.2	4550	85.7
	60—69 岁	2028	65.1	959	30.8	2767	88.8
	70—79 岁	1020	58.5	429	24.6	1464	84.0
	80 周岁及以上	184	40.8	58	12.8	319	70.4
	没上过学	692	44.9	254	16.5	1238	80.4
	小学	1965	66.4	881	29.8	2615	88.3
	初中	462	69.3	254	38.1	582	87.4
	高中/中专	103	80.1	50	39.2	103	80.3
	大专及以上	11	74.2	6	40.5	9	65.5
	有偶同住	2746	63.5	1239	28.7	3791	87.7
	有偶分居	39	51.9	15	20.2	63	84.8
	丧偶	389	50.8	164	21.4	579	75.6
	离婚	16	53.4	8	26.4	21	71.1
	未婚	42	36.2	18	15.8	93	81.4
女性	60 周岁及以上	1928	35.1	585	10.7	4241	77.3
	60—69 岁	1140	39.3	378	13.0	2363	81.4
	70—79 岁	580	30.8	147	7.8	1428	75.7
	80 周岁及以上	208	29.6	60	8.6	450	64.1
	没上过学	1268	31.6	334	8.3	2963	73.8
	小学	510	41.7	184	15.1	1055	86.4
	初中	135	59.0	57	24.8	204	88.9
	高中/中专	7	46.6	4	28.0	13	83.2
	大专及以上	6	81.5	6	81.5	6	81.5
	有偶同住	1313	38.4	383	11.2	2742	80.2
	有偶分居	31	25.6	8	6.2	91	74.7
	丧偶	575	29.9	191	9.9	1396	72.5
	离婚	8	57.9	4	25.6	10	68.8
	未婚	1	11.3			1	23.8

表 9 2006 年总体和分城乡、年龄组、性别、不同受教育程度及婚姻状况的老年人住房产权情况

（万人，%）

特征			合计		自有产权		子女房产		租公房		租私房		其他	
地区	性别	年龄组	万人	%	万人	%	万人	%	万人	%	万人	%	万人	%
城乡	合计	60 周岁及以上	14657	100.0	8944	61.0	4986	34.0	310	2.1	91	0.6	316	2.2
		60—69 岁	8178	100.0	5557	67.9	2257	27.6	145	1.8	56	0.7	160	2.0
		70—79 岁	4943	100.0	2760	55.8	1906	38.6	125	2.5	23	0.5	125	2.5
		80 周岁及以上	1536	100.0	628	40.9	823	53.6	39	2.6	12	0.8	32	2.1
		没上过学	6185	100.0	3207	51.9	2747	44.4	61	1.0	24	0.4	142	2.3
		小学	5589	100.0	3473	62.1	1821	32.6	141	2.5	43	0.8	107	1.9
		初中	1817	100.0	1383	76.1	326	17.9	62	3.4	11	0.6	34	1.9
		高中/中专	756	100.0	625	82.8	68	9.0	28	3.7	12	1.6	22	2.9
		大专及以上	304	100.0	254	83.7	20	6.7	17	5.7	1	0.2	11	3.6
		有偶同住	10868	100.0	7332	67.5	3040	28.0	227	2.1	66	0.6	197	1.8
		有偶分居	221	100.0	121	54.7	90	40.8	2	1.0	1	0.6	6	2.9
		丧偶	3368	100.0	1357	40.3	1838	54.6	75	2.2	19	0.6	75	2.2
		离婚	61	100.0	39	63.9	15	25.0	3	4.1	0	0.3	4	5.8
		未婚	130	100.0	89	68.0	0	0.1	2	1.7	4	3.3	35	26.7
	男性	60 周岁及以上	7169	100.0	4662	65.0	2130	29.7	141	2.0	45	0.6	186	2.6
		60—69 岁	4172	100.0	2914	69.9	1050	25.2	76	1.8	25	0.6	104	2.5
		70—79 岁	2386	100.0	1441	60.4	814	34.1	52	2.2	12	0.5	66	2.8
		80 周岁及以上	611	100.0	307	50.2	266	43.6	13	2.2	8	1.3	16	2.6
		没上过学	1635	100.0	904	55.3	650	39.7	8	0.5	11	0.7	61	3.8
		小学	3612	100.0	2238	62.0	1216	33.7	67	1.8	13	0.4	74	2.0
		初中	1190	100.0	909	76.4	204	17.2	39	3.3	9	0.8	29	2.4
		高中/中专	509	100.0	419	82.4	48	9.5	16	3.1	11	2.1	14	2.8
		大专及以上	220	100.0	190	86.5	10	4.6	11	5.2	1	0.3	8	3.4
		有偶同住	6051	100.0	4088	67.6	1667	27.5	128	2.1	35	0.6	129	2.1
		有偶分居	82	100.0	50	60.9	27	32.6	1	1.5	1	1.5	3	3.4
		丧偶	872	100.0	411	47.2	430	49.3	8	0.9	5	0.6	17	1.9
		离婚	37	100.0	27	71.7	5	13.9	2	4.6	0	0.5	3	8.0
		未婚	121	100.0	81	66.8	0	0.1	2	1.8	3	2.6	34	28.4
	女性	60 周岁及以上	7488	100.0	4283	57.2	2856	38.1	169	2.3	46	0.6	130	1.7
		60—69 岁	4006	100.0	2643	66.0	1207	30.1	69	1.7	30	0.8	56	1.4
		70—79 岁	2557	100.0	1319	51.6	1092	42.7	74	2.9	11	0.4	58	2.3
		80 周岁及以上	925	100.0	321	34.7	557	60.2	26	2.8	5	0.5	16	1.7
		没上过学	4550	100.0	2303	50.6	2097	46.1	53	1.2	13	0.3	80	1.8
		小学	1977	100.0	1234	62.4	604	30.6	74	3.8	30	1.5	33	1.7
		初中	627	100.0	474	75.6	121	19.4	23	3.7	2	0.4	6	0.9
		高中/中专	247	100.0	206	83.6	20	8.0	12	4.9	1	0.4	7	3.0
		大专及以上	84	100.0	64	76.5	10	12.3	6	7.1			3	4.1
		有偶同住	4818	100.0	3244	67.3	1374	28.5	99	2.1	31	0.6	68	1.4
		有偶分居	139	100.0	71	51.1	63	45.7	1	0.6	0	0.1	4	2.6
		丧偶	2495	100.0	946	37.9	1408	56.4	68	2.7	14	0.6	58	2.3
		离婚	24	100.0	12	51.5	10	42.7	1	3.4			1	2.4
		未婚	10	100.0	8	82.2			0	0.5	1	12.2	0	5.1

表 9 2006 年总体和分城乡、年龄组、性别、不同受教育程度及婚姻状况的老年人住房产权情况(续 1)

(万人,%)

特征			自有产权		子女房产		租公房		租私房		其他			
地区	性别	年龄组	万人	%	万人	%	万人	%	万人	%	万人	%	万人	%
城市	合计	60 周岁及以上	3856	100.0	2903	75.3	500	13.0	287	7.5	47	1.2	115	3.0
		60—69 岁	2160	100.0	1741	80.6	192	8.9	137	6.3	27	1.2	62	2.9
		70—79 岁	1314	100.0	954	72.6	192	14.6	115	8.8	13	1.0	39	3.0
		80 周岁及以上	381	100.0	208	54.7	115	30.2	36	9.4	7	1.9	14	3.6
		没上过学	632	100.0	370	58.5	172	27.2	54	8.5	10	1.6	26	4.0
		小学	1407	100.0	1019	72.4	194	13.8	133	9.4	19	1.4	41	2.9
		初中	921	100.0	759	82.4	82	8.9	57	6.2	6	0.6	17	1.9
		高中/中专	612	100.0	511	83.4	43	7.0	26	4.3	11	1.8	21	3.4
		大专及以上	282	100.0	244	86.4	9	3.3	17	6.2	1	0.2	11	3.9
		有偶同住	3123	100.0	2490	79.7	299	9.6	213	6.8	34	1.1	85	2.7
		有偶分居	24	100.0	16	67.4	5	21.9	2	8.5	0	1.2	0	1.0
		丧偶	678	100.0	382	56.4	189	27.9	69	10.2	11	1.6	25	3.7
		离婚	18	100.0	8	47.1	6	32.4	2	13.7	0	1.0	1	5.8
		未婚	10	100.0	4	40.3	0	0.1	1	6.0	1	14.5	4	39.1
	男性	60 周岁及以上	1857	100.0	1468	79.0	171	9.2	127	6.9	27	1.5	62	3.3
		60—69 岁	1055	100.0	858	81.3	76	7.2	70	6.6	15	1.4	36	3.4
		70—79 岁	644	100.0	506	78.6	64	9.9	47	7.3	7	1.1	20	3.1
		80 周岁及以上	158	100.0	103	65.4	32	20.0	11	7.0	6	3.8	6	3.8
		没上过学	96	100.0	62	64.4	19	19.4	6	6.7	5	4.8	4	4.5
		小学	651	100.0	473	72.8	84	12.8	60	9.2	8	1.3	24	3.8
		初中	524	100.0	435	83.0	37	7.1	36	6.8	4	0.7	12	2.3
		高中/中专	380	100.0	316	83.1	26	7.0	14	3.7	10	2.7	13	3.5
		大专及以上	206	100.0	181	88.1	5	2.3	11	5.6	1	0.3	8	3.6
		有偶同住	1726	100.0	1384	80.2	144	8.4	116	6.7	25	1.4	55	3.2
		有偶分居	8	100.0	5	60.3	2	20.8	1	15.4	0	2.5	0	0.9
		丧偶	107	100.0	70	65.9	24	22.6	7	7.0	2	2.1	2	2.3
		离婚	8	100.0	5	59.5	1	8.5	2	19.9	0	2.2	1	9.8
		未婚	6	100.0	2	27.1	0	0.2	1	8.7	0	3.7	4	60.3
	女性	60 周岁及以上	1999	100.0	1436	71.8	329	16.5	160	8.0	19	1.0	53	2.7
		60—69 岁	1105	100.0	883	79.9	117	10.5	67	6.1	12	1.1	26	2.4
		70—79 岁	671	100.0	448	66.7	129	19.2	68	10.2	6	0.9	19	2.9
		80 周岁及以上	223	100.0	105	47.1	84	37.5	25	11.1	1	0.6	8	3.5
		没上过学	537	100.0	308	57.5	153	28.6	47	8.8	6	1.0	21	4.0
		小学	756	100.0	546	72.2	110	14.6	73	9.6	11	1.4	16	2.1
		初中	398	100.0	324	81.5	44	11.2	22	5.5	2	0.5	5	1.3
		高中/中专	231	100.0	194	84.0	16	7.1	12	5.2	1	0.4	7	3.2
		大专及以上	77	100.0	63	81.8	5	6.0	6	7.8			3	4.5
		有偶同住	1397	100.0	1106	79.1	155	11.1	97	6.9	10	0.7	30	2.2
		有偶分居	16	100.0	12	70.6	4	22.4	1	5.3	0	0.6	0	1.1
		丧偶	571	100.0	312	54.6	165	28.9	62	10.8	8	1.5	23	4.0
		离婚	10	100.0	4	36.5	5	52.8	1	8.4			0	2.3
		未婚	4	100.0	2	61.8			0	1.4	1	32.2	0	4.5

表 9　2006 年总体和分城乡、年龄组、性别、不同受教育程度及婚姻状况的老年人住房产权情况(续 2)

(万人,%)

特征			自有产权		子女房产		租公房		租私房		其他			
地区	性别	年龄组	万人	%	万人	%	万人	%	万人	%	万人	%	万人	%
农村	合计	60 周岁及以上	10801	100.0	6041	55.9	4486	41.5	22	0.2	44	0.4	201	1.9
		60—69 岁	6017	100.0	3816	63.4	2064	34.3	8	0.1	29	0.5	97	1.6
		70—79 岁	3629	100.0	1806	49.8	1714	47.2	10	0.3	10	0.3	86	2.4
		80 周岁及以上	1155	100.0	419	36.3	708	61.3	4	0.3	5	0.4	18	1.6
		没上过学	5553	100.0	2837	51.1	2575	46.4	7	0.1	14	0.3	116	2.1
		小学	4182	100.0	2453	58.7	1627	38.9	8	0.2	24	0.6	67	1.6
		初中	896	100.0	624	69.7	244	27.2	5	0.6	5	0.6	17	1.9
		高中/中专	144	100.0	115	80.0	25	17.6	2	1.3	1	0.4	1	0.7
		大专及以上	21	100.0	10	48.2	11	51.4			0	0.4		
		有偶同住	7745	100.0	4843	62.5	2741	35.4	14	0.2	32	0.4	112	1.4
		有偶分居	197	100.0	105	53.2	85	43.1	0	0.0	1	0.5	6	3.1
		丧偶	2690	100.0	975	36.3	1649	61.3	6	0.2	8	0.3	49	1.8
		离婚	43	100.0	31	70.9	9	22.0	0	0.1			3	5.8
		未婚	121	100.0	85	70.2	0	0.1	2	1.4	3	2.4	31	25.7
	男性	60 周岁及以上	5312	100.0	3194	60.1	1959	36.9	14	0.3	17	0.3	124	2.3
		60—69 岁	3116	100.0	2056	66.0	974	31.3	7	0.2	11	0.3	68	2.2
		70—79 岁	1743	100.0	935	53.6	750	43.0	5	0.3	5	0.3	46	2.7
		80 周岁及以上	453	100.0	203	44.9	235	51.9	2	0.5	2	0.4	10	2.1
		没上过学	1539	100.0	842	54.7	631	41.0	2	0.1	6	0.4	57	3.7
		小学	2961	100.0	1765	59.6	1133	38.3	7	0.2	5	0.2	49	1.7
		初中	666	100.0	474	71.1	167	25.0	3	0.5	5	0.8	16	2.5
		高中/中专	129	100.0	103	80.2	22	17.1	2	1.5	1	0.4	1	0.7
		大专及以上	14	100.0	9	62.8	5	36.6			0	0.6		
		有偶同住	4325	100.0	2704	62.5	1522	35.2	12	0.3	10	0.2	74	1.7
		有偶分居	74	100.0	45	61.0	25	33.9	0	0.1	1	1.4	3	3.6
		丧偶	766	100.0	341	44.5	406	53.1	0	0.0	3	0.4	14	1.9
		离婚	29	100.0	22	75.2	4	15.4	0	0.2			2	7.5
		未婚	115	100.0	79	68.9	0	0.1	2	1.4	3	2.6	31	26.8
	女性	60 周岁及以上	5489	100.0	2847	51.9	2527	46.0	9	0.2	27	0.5	77	1.4
		60—69 岁	2901	100.0	1760	60.7	1090	37.6	2	0.1	19	0.6	29	1.0
		70—79 岁	1886	100.0	871	46.2	964	51.1	6	0.3	5	0.2	39	2.1
		80 周岁及以上	702	100.0	216	30.8	473	67.4	1	0.2	3	0.5	8	1.2
		没上过学	4013	100.0	1995	49.7	1944	48.4	5	0.1	8	0.2	59	1.5
		小学	1221	100.0	689	56.4	494	40.5	2	0.1	19	1.5	17	1.4
		初中	229	100.0	150	65.4	77	33.7	2	0.7	0	0.0	0	0.2
		高中/中专	15	100.0	12	78.2	3	21.8						
		大专及以上	7	100.0	1	18.5	6	81.5						
		有偶同住	3420	100.0	2138	62.5	1219	35.6	3	0.1	21	0.6	38	1.1
		有偶分居	122	100.0	59	48.4	60	48.8					3	2.8
		丧偶	1924	100.0	634	33.0	1243	64.6	6	0.3	5	0.3	35	1.8
		离婚	14	100.0	9	61.9	5	35.7					0	2.4
		未婚	6	100.0	6	94.5							0	5.5

表 10　2006 年总体和分城乡、年龄组、性别、不同受教育程度及婚姻状况的老年人对子女孝顺程度的自我评价

（万人，%）

特征			合计		很孝顺		比较孝顺		一般		较不孝顺		很不孝顺	
地区	性别	年龄组	万人	%	万人	%	万人	%	万人	%	万人	%	万人	%
城乡	合计	60 周岁及以上	14657	100.0	3992	27.2	6301	43.0	3720	25.4	296	2.0	80	0.5
		60—69 岁	8178	100.0	2224	27.2	3457	42.3	2142	26.2	161	2.0	51	0.6
		70—79 岁	4943	100.0	1364	27.6	2156	43.6	1217	24.6	97	2.0	21	0.4
		80 周岁及以上	1536	100.0	404	26.3	687	44.7	361	23.5	38	2.5	8	0.5
		没上过学	6185	100.0	1326	21.4	2717	43.9	1800	29.1	160	2.6	48	0.8
		小学	5589	100.0	1493	26.7	2441	43.7	1416	25.3	106	1.9	28	0.5
		初中	1817	100.0	704	38.8	725	39.9	348	19.2	18	1.0	3	0.1
		高中/中专	756	100.0	323	42.7	291	38.6	123	16.3	11	1.4	2	0.2
		大专及以上	304	100.0	143	47.2	122	40.2	31	10.2	2	0.8	0	0.2
		有偶同住	10868	100.0	3135	28.8	4666	42.9	2729	25.1	203	1.9	55	0.5
		有偶分居	221	100.0	24	10.8	106	47.9	78	35.5	8	3.6	2	1.1
		丧偶	3368	100.0	817	24.3	1504	44.6	894	26.5	83	2.5	20	0.6
		离婚	61	100.0	11	18.6	20	33.1	14	22.4	1	1.3	2	3.3
		未婚	130	100.0	1	0.6	3	2.6	4	2.9	2	1.3		
	男性	60 周岁及以上	7169	100.0	1970	27.5	2951	41.2	1868	26.1	137	1.9	48	0.7
		60—69 岁	4172	100.0	1124	27.0	1718	41.2	1101	26.4	68	1.6	35	0.8
		70—79 岁	2386	100.0	689	28.9	989	41.4	594	24.9	52	2.2	8	0.3
		80 周岁及以上	611	100.0	157	25.7	244	40.0	172	28.2	17	2.8	6	0.9
		没上过学	1635	100.0	339	20.7	601	36.8	526	32.2	49	3.0	29	1.8
		小学	3612	100.0	868	24.0	1567	43.4	1011	28.0	69	1.9	15	0.4
		初中	1190	100.0	448	37.7	494	41.5	224	18.9	7	0.6	2	0.2
		高中/中专	509	100.0	217	42.6	198	38.9	79	15.6	9	1.9	1	0.1
		大专及以上	220	100.0	98	44.4	91	41.3	26	11.6	2	1.1	0	0.1
		有偶同住	6051	100.0	1773	29.3	2525	41.7	1554	25.7	111	1.8	38	0.6
		有偶分居	82	100.0	10	12.8	40	48.4	27	32.3	1	1.6	2	2.7
		丧偶	872	100.0	178	20.4	374	42.8	270	31.0	22	2.5	6	0.7
		离婚	37	100.0	5	13.1	7	19.7	12	32.4	1	1.7	2	4.7
		未婚	121	100.0	1	0.6	3	2.8	4	3.0	2	1.4		
	女性	60 周岁及以上	7488	100.0	2022	27.0	3350	44.7	1852	24.7	159	2.1	32	0.4
		60—69 岁	4006	100.0	1099	27.4	1739	43.4	1041	26.0	93	2.3	16	0.4
		70—79 岁	2557	100.0	675	26.4	1168	45.7	623	24.4	46	1.8	14	0.5
		80 周岁及以上	925	100.0	247	26.7	443	47.9	189	20.4	21	2.2	3	0.3
		没上过学	4550	100.0	988	21.7	2116	46.5	1274	28.0	110	2.4	18	0.4
		小学	1977	100.0	625	31.6	875	44.2	405	20.5	37	1.9	12	0.6
		初中	627	100.0	256	40.8	232	36.9	124	19.8	11	1.7	0	0.0
		高中/中专	247	100.0	106	43.0	93	37.8	44	17.9	1	0.5	1	0.4
		大专及以上	84	100.0	46	54.3	31	37.2	6	6.6	0	0.1	0	0.4
		有偶同住	4818	100.0	1362	28.3	2140	44.4	1175	24.4	92	1.9	18	0.4
		有偶分居	139	100.0	13	9.6	66	47.6	52	37.4	7	4.7	0	0.1
		丧偶	2495	100.0	639	25.6	1130	45.3	623	25.0	60	2.4	14	0.6
		离婚	24	100.0	6	27.3	13	54.2	2	6.8	0	0.8	0	1.1
		未婚	10	100.0					0	1.6				

表 10 2006 年总体和分城乡、年龄组、性别、不同受教育程度及婚姻状况的老年人对子女孝顺程度的自我评价(续 1)

(万人,%)

特征			合计		很孝顺		比较孝顺		一般		较不孝顺		很不孝顺	
地区	性别	年龄组	万人	%	万人	%	万人	%	万人	%	万人	%	万人	%
城市	合计	60 周岁及以上	3856	100.0	1605	41.6	1508	39.1	630	16.3	38	1.0	11	0.3
		60—69 岁	2160	100.0	920	42.6	852	39.5	341	15.8	21	1.0	3	0.2
		70—79 岁	1314	100.0	512	39.0	526	40.0	229	17.4	14	1.1	4	0.3
		80 周岁及以上	381	100.0	174	45.5	129	33.9	61	15.9	3	0.8	4	1.0
		没上过学	632	100.0	240	37.9	223	35.3	132	20.9	14	2.3	6	1.0
		小学	1407	100.0	541	38.4	593	42.1	229	16.3	12	0.8	2	0.1
		初中	921	100.0	425	46.1	337	36.5	147	15.9	6	0.6	1	0.1
		高中/中专	612	100.0	268	43.8	242	39.5	92	15.0	4	0.6	2	0.3
		大专及以上	282	100.0	131	46.5	113	40.1	30	10.7	2	0.9	0	0.2
		有偶同住	3123	100.0	1323	42.4	1237	39.6	491	15.7	28	0.9	4	0.1
		有偶分居	24	100.0	11	44.6	8	32.5	4	18.3	0	0.3	0	0.8
		丧偶	678	100.0	262	38.6	259	38.3	130	19.1	9	1.4	6	1.0
		离婚	18	100.0	8	43.2	3	17.3	5	25.7	0	2.2	1	3.4
		未婚	10	100.0					0	2.6				
	男性	60 周岁及以上	1857	100.0	777	41.8	719	38.7	317	17.1	13	0.7	4	0.2
		60—69 岁	1055	100.0	453	43.0	400	37.9	180	17.1	8	0.7	1	0.1
		70—79 岁	644	100.0	258	40.0	264	41.0	107	16.6	3	0.5	1	0.2
		80 周岁及以上	158	100.0	66	41.7	55	35.1	30	19.2	2	1.1	1	0.6
		没上过学	96	100.0	35	36.6	34	35.2	20	21.2	1	1.2	2	1.8
		小学	651	100.0	247	38.0	255	39.2	130	20.0	3	0.5	1	0.1
		初中	524	100.0	237	45.3	194	37.1	85	16.3	3	0.7	1	0.1
		高中/中专	380	100.0	165	43.3	152	39.9	57	15.0	3	0.7	1	0.2
		大专及以上	206	100.0	92	44.6	83	40.6	25	12.0	2	1.2	0	0.1
		有偶同住	1726	100.0	732	42.4	673	39.0	289	16.7	11	0.7	2	0.1
		有偶分居	8	100.0	3	43.1	2	29.7	1	14.8			0	1.2
		丧偶	107	100.0	37	34.9	42	39.5	24	22.0	1	1.1	1	1.0
		离婚	8	100.0	2	27.4	1	11.8	4	43.3	0	2.5	0	4.4
		未婚	6	100.0					0	1.7				
	女性	60 周岁及以上	1999	100.0	829	41.5	789	39.5	313	15.7	25	1.3	7	0.4
		60—69 岁	1105	100.0	466	42.2	453	41.0	161	14.5	13	1.2	2	0.2
		70—79 岁	671	100.0	255	38.0	262	39.1	122	18.2	11	1.7	3	0.4
		80 周岁及以上	223	100.0	108	48.3	74	33.1	30	13.6	1	0.5	3	1.2
		没上过学	537	100.0	205	38.2	189	35.3	112	20.9	13	2.5	5	0.9
		小学	756	100.0	293	38.8	337	44.6	99	13.1	9	1.1	1	0.2
		初中	398	100.0	187	47.1	142	35.8	62	15.5	2	0.6	0	0.1
		高中/中专	231	100.0	103	44.7	90	38.8	35	15.2	1	0.5	1	0.4
		大专及以上	77	100.0	40	51.8	30	38.9	6	7.2	0	0.1	0	0.4
		有偶同住	1397	100.0	591	42.3	564	40.4	202	14.5	17	1.2	2	0.1
		有偶分居	16	100.0	7	45.2	6	33.8	3	20.0	0	0.4	0	0.6
		丧偶	571	100.0	225	39.3	217	38.0	106	18.6	8	1.4	5	1.0
		离婚	10	100.0	5	56.5	2	22.1	1	10.7	0	1.9	0	2.6
		未婚	4	100.0					0	4.1				

表 10 2006 年总体和分城乡、年龄组、性别、不同受教育程度及婚姻状况的老年人对子女孝顺程度的自我评价(续 2)

(万人,%)

特征			合计		很孝顺		比较孝顺		一般		较不孝顺		很不孝顺	
地区	性别	年龄组	万人	%	万人	%	万人	%	万人	%	万人	%	万人	%
农村	合计	60 周岁及以上	10801	100.0	2386	22.1	4793	44.4	3089	28.6	258	2.4	69	0.6
		60—69 岁	6017	100.0	1304	21.7	2605	43.3	1801	29.9	140	2.3	47	0.8
		70—79 岁	3629	100.0	851	23.5	1631	44.9	988	27.2	83	2.3	17	0.5
		80 周岁及以上	1155	100.0	231	20.0	558	48.3	300	26.0	35	3.0	5	0.4
		没上过学	5553	100.0	1087	19.6	2494	44.9	1667	30.0	145	2.6	41	0.7
		小学	4182	100.0	952	22.8	1848	44.2	1187	28.4	94	2.2	26	0.6
		初中	896	100.0	280	31.2	389	43.4	201	22.5	12	1.3	2	0.2
		高中/中专	144	100.0	55	38.1	50	34.6	31	21.9	7	4.8		
		大专及以上	21	100.0	12	55.4	9	40.5	1	4.1				
		有偶同住	7745	100.0	1812	23.4	3429	44.3	2238	28.9	175	2.3	51	0.7
		有偶分居	197	100.0	13	6.6	98	49.8	74	37.7	8	4.0	2	1.1
		丧偶	2690	100.0	555	20.6	1244	46.3	764	28.4	73	2.7	14	0.5
		离婚	43	100.0	4	8.4	17	39.7	9	21.1	0	1.0	1	3.3
		未婚	121	100.0	1	0.6	3	2.8	3	2.9	2	1.4		
	男性	60 周岁及以上	5312	100.0	1194	22.5	2232	42.0	1550	29.2	124	2.3	44	0.8
		60—69 岁	3116	100.0	671	21.5	1318	42.3	921	29.6	60	1.9	33	1.1
		70—79 岁	1743	100.0	431	24.7	725	41.6	487	28.0	49	2.8	6	0.4
		80 周岁及以上	453	100.0	91	20.1	189	41.7	142	31.3	15	3.4	5	1.0
		没上过学	1539	100.0	304	19.7	567	36.9	506	32.8	48	3.1	28	1.8
		小学	2961	100.0	620	20.9	1311	44.3	881	29.8	65	2.2	15	0.5
		初中	666	100.0	211	31.7	299	44.9	139	20.9	3	0.5	2	0.3
		高中/中专	129	100.0	52	40.5	46	36.1	22	17.5	7	5.4		
		大专及以上	14	100.0	6	42.5	7	51.4	1	6.1				
		有偶同住	4325	100.0	1041	24.1	1852	42.8	1266	29.3	100	2.3	36	0.8
		有偶分居	74	100.0	7	9.7	37	50.3	25	34.1	1	1.8	2	2.9
		丧偶	766	100.0	141	18.4	331	43.3	247	32.2	21	2.7	5	0.6
		离婚	29	100.0	3	9.0	6	22.0	9	29.3	0	1.4	1	4.8
		未婚	115	100.0	1	0.6	3	3.0	3	3.0	2	1.5		
	女性	60 周岁及以上	5489	100.0	1193	21.7	2561	46.7	1539	28.0	134	2.4	25	0.4
		60—69 岁	2901	100.0	633	21.8	1286	44.3	880	30.3	80	2.8	14	0.5
		70—79 岁	1886	100.0	420	22.3	905	48.0	501	26.6	34	1.8	11	0.6
		80 周岁及以上	702	100.0	140	19.9	369	52.6	158	22.5	19	2.8		
		没上过学	4013	100.0	783	19.5	1927	48.0	1162	28.9	97	2.4	14	0.3
		小学	1221	100.0	332	27.2	537	44.0	306	25.1	28	2.3	11	0.9
		初中	229	100.0	69	29.9	89	39.0	62	27.2	8	3.6		
		高中/中专	15	100.0	3	17.5	3	21.8	9	59.7				
		大专及以上	7	100.0	6	81.5	1	18.5						
		有偶同住	3420	100.0	771	22.6	1576	46.1	973	28.4	75	2.2	16	0.5
		有偶分居	122	100.0	6	4.8	60	49.5	49	39.8	6	5.3		
		丧偶	1924	100.0	414	21.5	913	47.4	517	26.9	52	2.7	9	0.5
		离婚	14	100.0	1	7.1	11	76.4	1	4.2				
		未婚	6	100.0										

七、全国残疾人抽样调查相关老龄数据

1987 年残疾人抽样调查

全国调查人口的年龄分布及构成(表 002)

年龄别	调查总人数				占调查总人数的比重(%)		
	合计	男	女	性别比	合计	男	女
总计*	**1579316**	**797290**	**782026**	**101.95**	**100.00**	**50.48**	**49.52**
60—64 岁	50004	25207	24797	101.65	3.17	1.06	1.57
60	11027	5635	5392	104.51	0.70	0.36	0.34
61	10344	5160	5184	99.54	0.65	0.33	0.33
62	9989	5037	4952	101.72	0.63	0.32	0.31
63	9793	4887	4906	99.61	0.62	0.31	0.31
64	8851	4488	4363	102.87	0.56	0.28	0.28
65—69 岁	37432	18380	19052	96.47	2.37	1.16	1.21
65	8341	4121	4220	97.65	0.53	0.26	0.27
66	8277	4106	4171	98.44	0.52	0.26	0.26
67	7559	3673	3886	94.52	0.48	0.23	0.25
68	6935	3403	3532	96.35	0.44	0.22	0.22
69	6320	3077	3243	94.88	0.40	0.19	0.21
70—74	26736	12527	14209	88.16	1.69	0.79	0.90
70	6527	3097	3430	90.29	0.41	0.20	0.22
71	5486	2639	2847	92.69	0.35	0.17	0.18
72	5559	2594	2965	87.49	0.35	0.16	0.19
73	4852	2238	2614	85.62	0.31	0.14	0.17
74	4312	1959	2353	83.26	0.27	0.12	0.15
75—79 岁	15467	6715	8752	76.73	0.98	0.43	0.55
75	3874	1740	2134	81.54	0.25	0.11	0.14
76	3360	1486	1874	79.30	0.21	0.09	0.12
77	3151	1366	1785	76.53	0.20	0.09	0.11
78	2774	1164	1610	72.30	0.18	0.07	0.10
79	2308	959	1349	71.09	0.15	0.06	0.09
80—84 岁	7535	2844	4691	60.63	0.48	0.18	0.30
80	2113	823	1290	63.80	0.13	0.05	0.08
81	1708	620	1088	56.99	0.11	0.04	0.07
82	1436	562	874	64.30	0.09	0.04	0.06
83	1261	472	789	59.82	0.08	0.03	0.05
84	1017	367	650	56.46	0.06	0.02	0.04
85—89 岁	2313	754	1559	48.36	0.15	0.05	0.10
85	771	265	506	52.37	0.05	0.02	0.03
86	594	203	391	51.92	0.04	0.01	0.02
87	412	128	284	45.07	0.03	0.01	0.02
88	324	103	221	46.61	0.02	0.01	0.01
89	212	55	157	35.03	0.01	0.00	0.01
90—99 岁	580	165	415	39.76	0.04	0.01	0.03
100 岁及 100 岁以上	32	13	19	68.42	0.00	0.00	0.00

全国调查人口的文化程度状况及构成(表 003)

类　别	6 岁及 6 岁以上的调查人数				占 6 岁及 6 岁以上的调查人数的比重(%)		
	合计	男	女	性别比	合计	男	女
总计	**1339134**	**703311**	**695823**	**101.08**	**100.00**	**50.27**	**49.73**
大学	11715	8147	3568	228.34	0.84	0.58	0.26
高中	107867	64672	43195	149.72	7.71	4.62	3.09
初中	322134	194667	127467	152.72	23.02	13.91	9.11
小学	545174	300482	244692	122.80	38.97	21.48	17.49
文盲或半文盲	412244	135343	276901	48.88	29.46	9.67	19.79
其中 6—11 岁	41273	18932	22341	84.74	2.95	1.35	1.60

* 此数据为所有年龄段数据和,后同。

全国调查人口按年龄划分的不同文化程度状况(表004)

年龄别	6岁及6岁以上的调查人数合计	大学	高中	初中	小学	文盲或半文盲	
						小计	其中6—11岁
总计*	**1399134**	**11715**	**107867**	**322134**	**545174**	**412244**	**41273**
60—64岁	50004	380	880	2671	11059	35014	—
60	11027	90	227	690	2569	7451	—
61	10344	73	194	575	2341	7161	—
62	9989	74	177	528	2159	7051	—
63	9793	77	151	449	2081	7035	—
64	8851	66	131	429	1909	6316	—
65—69岁	37432	224	494	1470	7007	28237	—
65	8341	57	136	383	1623	6142	—
66	8277	54	113	328	1647	6135	—
67	7559	30	95	289	11385	5760	—
68	6935	43	82	240	1264	5306	—
69	6320	40	68	230	1088	4894	—
70—74岁	26736	111	247	787	4286	21305	—
70	6527	34	69	198	1093	5133	—
71	5486	26	54	165	908	4333	—
72	5559	16	49	175	877	4442	—
73	4852	18	50	123	743	3918	—
74	4312	17	25	126	665	3479	—
75—79岁	15467	61	102	350	2116	12838	—
75	3874	17	30	91	581	3155	—
76	3360	15	20	81	464	2780	—
77	3151	13	17	69	417	2635	—
78	2774	11	12	59	366	2326	—
79	2308	5	23	50	288	1942	—
80—84岁	7535	43	45	111	839	6497	—
80	2113	15	17	29	246	1806	—
81	1708	9	10	25	180	1484	—
82	1436	9	5	29	172	1221	—
83	1261	8	7	15	140	1091	—
84	1017	2	6	13	101	895	—
85岁及岁以上	2925	10	27	40	243	2605	—

全国调查人口按年龄和性别划分的小学以上文化程度人数(表 005)

类别	小学以上文化程度人数			大学			高中		
	合计	男	女	小计	男	女	小计	男	女
总计*	**986890**	**567968**	**418922**	**11715**	**8147**	**3568**	**107867**	**64672**	**43195**
60—64 岁	14990	12409	2581	380	326	54	880	708	172
60	3576	2934	642	90	73	17	227	184	43
61	3183	2614	569	73	61	12	194	146	48
62	2938	2414	524	74	65	9	177	147	30
63	2758	2307	451	77	69	8	151	123	28
64	2535	2140	395	66	58	8	131	108	23
65—69 岁	9195	7770	1425	224	181	43	494	388	106
65	2199	1811	388	57	44	13	136	106	30
66	2142	1835	307	54	44	10	113	93	20
67	1799	1540	259	30	23	7	95	71	24
68	1629	1373	256	43	35	8	82	62	20
69	1426	1211	215	40	35	5	68	56	12
70—74 岁	5431	4686	745	111	92	19	247	194	53
70	1394	1204	190	34	29	5	69	49	20
71	1153	998	155	26	19	7	54	44	10
72	1117	968	149	16	13	3	49	40	9
73	934	809	125	18	17	1	50	41	9
74	833	707	126	17	14	3	25	20	5
75—79 岁	2629	2292	337	61	48	13	102	80	22
75	719	622	97	17	14	3	30	25	5
76	580	514	66	15	10	5	20	18	2
77	516	446	70	13	12	1	17	12	5
78	448	385	63	11	7	4	12	6	6
79	366	325	41	5	5	0	23	19	4
80—84 岁	1038	883	155	43	38	5	45	34	11
80	307	257	50	15	13	2	17	12	5
81	224	193	31	9	8	1	10	7	3
82	215	181	34	9	8	1	5	4	1
83	170	143	27	8	7	1	7	6	1
84	122	109	13	2	2	0	6	5	1
85 岁及 85 岁以上	320	266	54	10	8	2	27	22	5

全国调查人口按年龄和性别划分的小学以上文化程度人数(表005续)

年龄别	初中			小学		
	小计	男	女	小计	男	女
总计*	**322134**	**194667**	**127467**	**545174**	**300482**	**244692**
60—64岁	2671	2313	358	11059	9062	1997
60	690	607	83	2569	2070	499
61	575	488	87	2341	1919	422
62	528	450	78	2159	1752	407
63	449	386	63	2081	1729	352
64	429	382	47	1909	1592	317
65—69岁	1470	1270	200	7007	5931	1076
65	383	325	58	1623	1336	287
66	328	281	47	1647	1417	230
67	289	249	40	1385	1197	188
68	240	215	25	1264	1061	203
69	230	200	30	1088	920	168
70—74岁	787	707	80	4286	3693	593
70	198	180	18	1093	946	147
71	165	151	14	908	784	124
72	175	154	21	877	761	116
73	123	113	10	743	638	105
74	126	109	17	665	564	101
75—79岁	350	315	35	2116	1849	267
75	91	83	8	581	500	81
76	81	70	11	464	416	48
77	69	64	5	417	358	59
78	59	52	7	366	320	46
79	50	46	4	288	255	33
80—84岁	111	103	8	839	708	131
80	29	25	4	246	207	39
81	25	25	—	180	153	27
82	29	28	1	172	141	31
83	15	13	2	140	117	23
84	13	12	1	101	90	11
85岁—85岁以上	40	34	6	243	202	41

全国调查人口按年龄和性别划分的文盲、半文盲人数及构成(表006)

年龄别	12岁及12岁以上的调查人数			文盲、半文盲人数			文盲、半文盲占12岁及12岁以上调查人数的比重(%)		
	合计	男	女	小计	男	女	小计	男	女
总计*	**1226906**	**614531**	**612375**	**370971**	**116411**	**254560**	**30.24**	**18.94**	**41.57**
60—64岁	50004	25207	24797	35014	12798	22216	70.02	50.77	89.59
60	11027	5635	5392	7451	2701	4750	67.57	47.93	88.09
61	10344	5160	5184	7161	2546	4615	69.23	49.34	89.02
62	9989	5037	4952	7051	2623	4428	70.59	52.07	89.42
63	9793	4487	4906	7035	2580	4455	71.84	52.79	90.81
64	8851	4488	4363	6316	2348	3968	71.36	52.32	90.95
65—69岁	37432	18380	19052	28237	10610	17627	75.44	57.73	92.52
65	8341	4121	4220	6142	2310	3832	73.64	56.05	90.81
66	8277	4106	4171	6135	2271	3864	74.12	55.31	92.64
67	7559	3673	3886	5760	2133	3627	76.20	58.07	93.34
68	6935	3403	3532	5306	2030	3276	76.51	59.65	92.75
69	6320	3077	3234	4894	1866	3028	77.44	60.64	93.37
70—74,岁	26736	12527	14209	21305	7841	13464	79.69	62.59	94.76
70	6527	3097	3430	5133	1893	3240	78.64	61.12	94.46
71	5486	2639	2847	4333	1641	2692	78.98	62.18	94.56
72	5559	2594	2965	4442	1626	2816	79.91	62.68	94.97
73	4852	2238	2614	3918	1429	2489	80.75	63.85	95.22
74	4312	1959	2353	3479	1252	2227	80.68	63.91	94.65
75—79岁	15467	6715	8752	12838	4423	8415	83.00	65.87	96.15
75	3874	1740	2134	3155	1118	2037	81.44	64.25	95.45
76	3360	1486	1874	2780	972	1808	82.74	65.41	96.48
77	3151	1366	1785	2635	920	1715	83.62	67.35	96.08
78	2774	1164	1640	2326	779	1547	83.85	66.92	96.09
79	2308	959	1349	1942	634	1308	84.14	66.11	96.96
80—84岁	7535	2844	4691	6497	1961	4536	86.22	68.95	96.70
80	2113	823	1290	1806	566	1240	85.47	68.77	96.12
81	1708	620	1088	1484	427	1057	86.89	68.87	97.15
82	1436	562	874	1221	381	840	82.03	67.79	96.11
83	1261	472	789	1091	329	762	86.52	69.70	96.58
84	1017	367	650	895	258	637	88.00	70.30	98.00
85岁及85岁以上	2925	932	1993	2605	666	1939	89.06	71.46	97.29

全国调查人口中按年龄划分的不在业人数(表 013)

年龄别	合　计	在校学生	家务劳动	待分配	待升学	市镇待业	退休、退职	其他
总计*	**296823**	**55696**	**149214**	**1162**	**454**	**4956**	**31484**	**53857**
60—64 岁	31658	—	18666	—	—	—	6944	6048
60	6441	—	3864	—	—	—	1541	1036
61	6390	—	3853	—	—	—	1464	1073
62	6327	—	3776	—	—	—	1378	1173
63	6449	—	3772	—	—	—	1347	1330
64	6051	—	3401	—	—	—	1214	1436
65—69 岁	28605	—	15014	—	—	—	4898	8693
65	5995	—	3358	—	—	—	1182	1455
66	6118	—	3341	—	—	—	1091	1686
67	5819	—	3069	—	—	—	975	1775
68	5496	—	2753	—	—	—	857	1886
69	5177	—	2493	—	—	—	793	1891
70—74 岁	23619	—	9825	—	—	—	3016	10778
70	5587	—	2537	—	—	—	777	2273
71	4778	—	2042	—	—	—	628	2108
72	4915	—	2003	—	—	—	620	2292
73	4397	—	1766	—	—	—	532	2099
74	3942	—	1477	—	—	—	459	2006
75—79 岁	14576	—	4850	—	—	—	1410	8316
75	3579	—	1303	—	—	—	393	1883
76	3132	—	1065	—	—	—	316	1751
77	2979	—	980	—	—	—	269	1730
78	2657	—	842	—	—	—	244	1571
79	2229	—	660	—	—	—	188	1381
80—84 岁	7371	—	1711	—	—	—	575	5085
80	2050	—	522	—	—	—	164	1364
81	1670	—	433	—	—	—	140	1097
82	1402	—	316	—	—	—	112	974
83	1245	—	236	—	—	—	102	907
84	1004	—	204	—	—	—	57	743
85 岁及 85 岁以上	2881	—	547	—	—	—	172	2162

全国调查人口按年龄划分的婚姻状况(表 018)

年龄别	15 岁及 15 岁以上的调查人数			未婚		
	合计	男	女	小计	男	女
总计*	**1118698**	**558645**	**560053**	**291746**	**167186**	**124560**
60—64 岁	50004	25207	24797	666	607	59
60	11027	5635	5392	157	143	14
61	10344	5160	5184	149	131	18
62	9989	5037	4952	130	123	7
63	9793	4887	4906	111	102	9
64	8851	4488	4363	119	108	11
65—69 岁	37432	18380	19052	468	400	68
65	8341	4121	4220	107	92	15
66	8277	4106	4171	113	98	15
67	7559	3673	3886	108	91	17
68	6935	3403	3532	75	60	15
69	6320	3077	3243	65	59	6
70—74 岁	26736	12527	14209	265	223	42
70	6527	3097	3430	69	62	7
71	5486	2639	2847	52	40	12
72	5559	2594	2965	60	46	14
73	4852	2238	2614	49	43	6
74	4312	1959	2353	35	32	3
75—79 岁	15467	6715	8752	186	139	47
75	3874	1740	2134	46	31	15
76	3360	1486	1874	48	40	8
77	3151	1366	1785	35	26	9
78	2774	1164	1610	30	24	6
79	2308	959	1349	27	18	9
80—84 岁	7535	2844	4691	59	47	12
80	2113	823	1290	16	11	5
81	1708	620	1088	15	13	2
82	1436	562	874	11	9	2
83	1261	472	789	10	8	2
84	1017	367	650	7	6	1
85 岁及 85 岁以上	2925	932	1993	27	20	7

全国调查人口按年龄划分的婚姻状况(表018续)

年龄别	有配偶			丧偶			离婚		
	小计	男	女	小计	男	女	小计	男	女
总计*	**745989**	**363462**	**382527**	**75945**	**24262**	**51683**	**5018**	**3735**	**1283**
60—64岁	37603	20752	16851	11359	3556	7803	376	292	84
60	8684	4739	3945	2092	683	1409	94	70	24
61	8023	4360	3663	2105	619	1486	67	50	17
62	7542	4150	3392	2241	697	1544	76	67	9
63	7115	3945	3170	2490	779	1711	77	61	16
64	6239	3558	2681	2431	778	1653	62	44	18
65—69岁	23828	13961	9867	12891	3827	9064	245	192	53
65	5711	3259	2452	2460	721	1739	63	49	14
66	5445	3131	2314	2676	842	1834	43	35	8
67	4774	2784	1990	2618	754	1864	59	44	15
68	4215	2515	1700	2608	797	1811	37	31	6
69	3683	2272	1411	2529	713	1816	43	33	10
70—74岁	13470	8376	5094	12846	3815	9031	155	113	42
70	3579	2198	1381	2834	803	2031	45	34	11
71	2930	1795	1135	2471	779	1692	33	25	8
72	2720	1691	1029	2744	834	1910	35	23	12
73	2329	1471	858	2459	715	1744	15	9	6
74	1912	1221	691	2338	684	1654	27	22	5
75—79岁	5528	3654	1874	9691	2873	6818	62	49	13
75	1582	1048	534	2225	645	1580	21	16	5
76	1332	849	483	1972	591	1381	8	6	2
77	1087	704	383	2016	623	1393	13	13	—
78	877	606	271	1857	528	1329	10	6	4
79	650	447	203	1621	486	1135	10	8	2
80—84岁	1704	1235	469	5740	1546	4194	32	16	16
80	551	387	164	1533	419	1114	13	6	7
81	388	273	115	1299	329	970	6	5	1
82	333	251	82	1082	298	784	10	4	6
83	247	180	67	1002	283	719	2	1	1
84	185	144	41	824	217	607	1	—	1
85岁及85岁以上	395	309	86	2488	594	1894	15	9	6

各省、自治区、直辖市调查人口分年龄组的人数及构成(表 042)

地区别	合计	15—64 岁		65 岁以上	
		人数	比重(%)	人数	比重(%)
总计	**1579316**	**1028603**	**65.13**	**90095**	**5.70**
北京市	25939	18605	71.73	1889	7.28
天津市	20056	14122	70.41	1351	6.74
河北省	77948	50755	65.11	4663	5.98
山西省	50921	33073	64.95	2919	5.73
内蒙古自治区	30358	19757	65.08	1313	4.33
辽宁省	51918	36252	69.83	2916	5.62
吉林省	35804	24887	69.51	1590	4.44
黑龙江省	50605	33490	66.18	1974	3.90
上海市	31609	23148	73.23	2672	8.45
江苏省	87567	61665	70.42	6054	6.91
浙江省	50814	35003	68.88	3556	7.00
安徽省	60159	39446	65.57	3019	5.02
福建省	50963	30959	60.75	2681	5.26
江西省	52145	31580	60.56	2656	5.09
山东省	109034	72512	66.50	6891	6.32
河南省	117666	74800	63.57	7153	6.08
湖北省	61364	39820	64.89	3645	5.94
湖南省	80145	51253	63.95	4428	5.52
广东省	88531	55417	62.60	5491	6.20
广西壮族自治区	51864	30297	58.42	2897	5.59
四川省	145201	97006	66.81	8576	5.91
贵州省	40891	24916	60.93	1990	4.89
云南省	52219	31350	60.04	2633	5.04
西藏自治区	5314	3029	57.00	228	4.29
陕西省	51800	34148	65.92	2793	5.39
甘肃省	37425	24851	66.40	1579	4.22
青海省	15105	9255	61.27	587	3.89
宁夏回族自治区	15080	9054	60.04	608	4.03
新疆维吾尔自治区	30871	18153	58.80	1343	4.35

全国调查的市、镇、乡总户数、总人数(表 056)

地区别	调查人数				调查总户数	平均每户人数
	合计	男	女	性别比		
总计	**1759316**	**797290**	**782026**	**101.95**	**369448**	**4.27**
市	201667	100184	101483	98.72	53193	3.79
镇	257806	129111	128695	100.32	62545	4.12
乡	1119843	567995	551848	102.93	253710	4.41

全国调查的市(含市辖县)人口年龄状况(表 057)

年龄别	市人口数			占总人数的百分比(%)			性别比
	合计	男	女	合计	男	女	(女=100)
总计*	**201667**	**100184**	**101483**	**100.00**	**49.68**	**50.32**	**98.72**
60—64 岁	7799	4017	3782	3.87	1.99	1.88	106.21
60	1767	925	842	0.88	0.46	0.42	109.86
61	1611	790	821	0.80	0.39	0.41	96.22
62	1607	833	774	0.80	0.41	0.38	107.62
63	1481	769	712	0.73	0.38	0.35	108.01
64	1333	700	633	0.66	0.35	0.31	110.58
65—69 岁	5431	2689	2742	2.69	1.33	1.36	98.07
65	1281	629	652	0.64	0.31	0.32	96.47
66	1190	608	582	0.59	0.30	0.29	104.47
67	1051	539	512	0.52	0.27	0.25	105.27
68	983	476	507	0.49	0.24	0.25	93.89
69	926	437	489	0.46	0.22	0.24	89.37
70—74 岁	3783	1783	2000	1.88	0.88	0.99	89.15
70	944	460	484	0.47	0.23	0.24	95.04
71	747	354	393	0.37	0.18	0.19	90.08
72	761	352	409	0.38	0.17	0.20	86.06
73	708	329	379	0.35	0.16	0.19	86.81
74	623	288	335	0.31	0.14	0.17	85.97
75—79 岁	2085	865	1220	1.03	0.43	0.60	70.90
75	533	240	293	0.26	0.12	0.15	81.91
76	444	184	260	0.22	0.09	0.13	70.77
77	423	172	251	0.21	0.09	0.12	68.53
78	393	154	239	0.19	0.08	0.12	64.44
79	292	115	177	0.14	0.06	0.09	64.97
80—84 岁	1056	372	684	0.52	0.18	0.34	54.39
80	267	101	166	0.13	0.05	0.08	60.84
81	251	82	169	0.12	0.04	0.08	48.52
82	235	79	156	0.12	0.04	0.08	50.64
83	169	62	107	0.08	0.03	0.05	57.94
84	134	48	86	0.07	0.02	0.04	55.81
85—89 岁	373	109	264	0.18	0.05	0.13	41.29
85	117	36	81	0.06	0.02	0.04	44.44
86	101	34	67	0.05	0.02	0.03	50.75
87	66	19	47	0.03	0.01	0.02	40.43
88	50	13	37	0.02	0.01	0.02	35.14
89	39	7	32	0.02	0.00	0.02	21.88
90—99 岁	109	25	84	0.05	0.01	0.04	29.76
100 岁及 100 岁以上	1	—	1	0.00	0.00	0.00	0.00

全国调查的镇人口年龄状况(表058)

年龄别	镇人口数			占总人数的百分比(%)			性别比
	合计	男	女	合计	男	女	(女=100)
总计*	**257806**	**129111**	**128695**	**100.00**	**50.08**	**49.92**	**100.32**
60—64岁	8105	4018	4087	3.14	1.56	1.59	98.31
60	1806	916	890	0.70	0.36	0.35	102.92
61	1719	877	842	0.67	0.34	0.33	104.16
62	1580	762	818	0.61	0.30	0.32	93.15
63	1523	719	804	0.59	0.28	0.31	89.43
64	1477	744	733	0.57	0.29	0.28	101.50
65—69岁	6331	3181	3150	2.46	1.23	1.22	100.98
65	1397	701	696	0.54	0.27	0.27	100.72
66	1388	710	678	0.54	0.28	0.26	104.72
67	1244	624	620	0.48	0.24	0.24	100.65
68	1212	606	606	0.47	0.24	0.24	100.00
69	1090	540	550	0.42	0.21	0.21	98.18
70—74岁	4439	2050	2389	1.72	0.80	0.93	85.81
70	1035	475	560	0.40	0.18	0.22	84.82
71	916	436	480	0.36	0.17	0.19	90.83
72	955	455	500	0.37	0.18	0.19	91.00
73	837	391	446	0.32	0.15	0.17	87.67
74	696	293	403	0.27	0.11	0.16	72.70
75—79岁	2642	1167	1475	1.02	0.45	0.57	79.12
75	664	298	366	0.26	0.12	0.14	81.42
76	583	258	325	0.23	0.10	0.13	79.38
77	546	251	295	0.21	0.10	0.11	85.08
78	439	178	261	0.17	0.07	0.10	68.20
79	410	182	228	0.16	0.07	0.09	79.82
80—84岁	1264	510	754	0.49	0.20	0.29	67.64
80	353	126	227	0.14	0.05	0.09	55.51
81	277	110	167	0.11	0.04	0.06	65.87
82	244	114	130	0.09	0.04	0.05	87.69
83	212	93	119	0.08	0.04	0.05	78.15
84	178	67	111	0.07	0.03	0.04	60.36
85—89岁	414	135	279	0.16	0.05	0.11	48.39
85	125	46	79	0.05	0.02	0.03	58.23
86	111	39	72	0.04	0.02	0.03	54.17
87	72	21	51	0.03	0.01	0.02	41.18
88	61	17	44	0.02	0.01	0.02	38.64
89	45	12	33	0.02	0.00	0.01	36.36
90—99岁	105	34	71	0.04	0.01	0.03	47.89
100岁及100岁以上	5	4	1	0.00	0.00	0.00	400.00

全国调查的乡(不含镇)人口年龄状况(表059)

年龄别	乡人口数			占总人数的百分比(%)			性别比
	合计	男	女	合计	男	女	(女=100)
总计*	**1119843**	**567995**	**551848**	**100.00**	**50.72**	**49.28**	**102.93**
60—64岁	34100	17172	16928	3.05	1.53	1.51	101.44
60	7454	3794	3660	0.67	0.34	0.33	103.66
61	7014	3493	3521	0.63	0.31	0.31	99.20
62	6802	3442	3360	0.61	0.31	0.30	102.44
63	6789	3390	3390	0.61	0.30	0.30	100.27
64	6041	3044	2997	0.54	0.27	0.27	101.57
65—69岁	25670	12510	13160	2.29	1.12	1.18	95.06
65	5663	2791	2872	0.51	0.25	0.26	97.18
66	5699	2788	2911	0.51	0.25	0.26	95.77
67	5264	2510	2754	0.47	0.22	0.25	91.14
68	4740	2321	2419	0.42	0.21	0.22	95.95
69	4304	2100	2204	0.38	0.19	0.20	95.28
70—74岁	18514	8694	9820	1.65	0.78	0.88	88.53
70	4548	2162	2386	0.41	0.19	0.21	90.61
71	3823	1849	1974	0.34	0.17	0.18	93.67
72	3843	1787	2056	0.34	0.16	0.18	86.92
73	3307	1518	1789	0.30	0.14	0.16	84.85
74	2993	1378	1615	0.27	0.12	0.14	85.33
75—79岁	10740	4683	6057	0.96	0.42	0.54	77.32
75	2677	1202	1475	0.24	0.11	0.13	81.49
76	2333	1044	1289	0.21	0.09	0.12	80.99
77	2182	943	1239	0.19	0.08	0.11	76.11
78	1942	832	1110	0.17	0.07	0.10	74.95
79	1606	662	944	0.14	0.06	0.08	70.13
80—84岁	5215	1962	3253	0.47	0.18	0.29	60.31
80	1493	596	897	0.13	0.05	0.08	66.44
81	1180	428	752	0.11	0.04	0.07	56.91
82	957	369	588	0.09	0.03	0.05	62.76
83	880	317	563	0.08	0.03	0.05	56.31
84	705	252	453	0.06	0.02	0.04	55.63
85—89岁	1526	510	1016	0.14	0.05	0.09	50.20
85	529	183	346	0.05	0.02	0.03	52.89
86	382	130	252	0.03	0.01	0.02	51.59
87	274	88	186	0.02	0.01	0.02	47.31
88	213	73	140	0.02	0.01	0.01	52.14
89	128	36	92	0.01	0.00	0.01	39.13
90—99岁	366	106	260	0.03	0.01	0.02	40.77
100岁及100岁以上	26	9	17	0.00	0.00	0.00	52.94

各级视力残疾(含综合残疾)人的年龄分布(表 080)

年龄别	残疾人数			一级盲			二级盲			一级低视力			二级低视力		
	合计	男	女	小计	男	女	小计	男	女	小计	男	女	小计	男	女
总计*	**15923**	**5937**	**9986**	**4581**	**1650**	**2931**	**2245**	**786**	**1459**	**2162**	**794**	**1368**	**6935**	**2707**	**4228**
60—64 岁	1734	651	1083	432	177	255	248	83	165	255	98	157	799	293	506
60	333	124	209	93	41	52	44	13	31	38	16	22	158	54	104
61	319	133	186	75	35	40	41	13	28	50	23	27	153	62	91
62	353	112	241	83	23	60	44	14	30	64	18	46	162	57	105
63	363	145	218	91	42	49	59	22	37	55	25	30	158	56	102
64	366	137	229	90	36	54	60	21	39	48	16	32	168	64	104
65—69 岁	2069	727	1342	540	174	366	291	104	187	307	114	193	931	335	596
65	374	132	242	101	38	63	40	13	27	57	21	36	176	60	116
66	425	148	277	115	39	76	67	23	44	56	23	33	187	63	124
67	421	153	268	108	35	73	65	19	46	64	25	39	184	74	110
68	416	140	276	96	29	67	65	26	39	63	27	36	192	58	134
69	433	154	279	120	33	87	54	23	31	67	18	49	192	80	112
70—74 岁	2381	833	1548	645	198	447	392	132	260	363	135	228	981	368	613
70	472	172	300	116	35	81	83	27	56	75	31	44	198	79	119
71	481	168	313	127	42	85	82	31	51	65	25	40	207	70	137
72	497	176	321	121	37	84	89	32	57	92	33	59	195	74	121
73	441	151	290	125	37	88	65	24	41	71	21	50	180	69	111
74	490	166	324	156	47	109	73	18	55	60	25	35	201	76	125
75—79 岁	2219	740	1479	698	201	497	309	102	207	299	92	207	913	345	568
75	485	175	310	150	44	106	78	30	48	61	20	41	196	81	115
76	472	148	324	150	45	105	56	17	39	53	16	37	213	70	143
77	468	174	294	146	49	97	55	19	36	70	20	50	197	86	111
78	441	138	303	138	38	100	64	20	44	74	24	50	165	56	109
79	353	105	248	114	25	89	56	16	40	41	12	29	142	52	90
80—84 岁	1640	488	1152	568	141	427	263	72	191	215	67	148	594	208	386
80	408	122	286	130	35	95	59	19	40	59	12	47	160	56	104
81	356	101	255	123	24	99	60	15	45	48	16	32	125	46	79
82	318	99	219	113	28	85	49	14	35	34	13	21	122	44	78
83	306	89	217	101	24	77	62	13	49	38	18	20	105	34	71
84	252	77	175	101	30	71	33	11	22	36	8	28	82	28	54
85—89 岁	639	153	486	243	53	190	100	18	82	99	24	75	197	58	139
85	198	48	150	70	12	58	25	4	21	30	8	22	73	24	49
86	168	44	124	63	15	48	29	7	22	29	7	22	47	15	32
87	118	24	94	43	7	36	20	3	17	17	3	14	38	11	27
88	108	26	82	48	13	35	15	2	13	19	5	14	26	6	20
89	47	11	36	19	6	13	11	2	9	4	1	3	13	2	11
90—99 岁	208	53	155	81	15	66	41	13	28	31	11	20	55	14	41
100 岁及 100 岁以上	8	3	5	2	—	2	—	—	—	1	1	—	5	2	3

各级听力语言残疾(含综合残疾)人的年龄分布(表 081)

年龄别	残疾人数			一级聋			二级聋			一级重听			二级重听		
	合计	男	女	小计	男	女	小计	男	女	小计	男	女	小计	男	女
总计*	**32175**	**15995**	**16180**	**5062**	**2557**	**2505**	**6764**	**3440**	**3324**	**9507**	**4625**	**4882**	**10842**	**5373**	**5469**
60—64 岁	3066	1650	1416	271	139	132	540	283	257	997	565	432	1258	663	595
60	573	305	268	60	28	32	106	59	47	187	110	77	220	108	112
61	611	318	293	67	33	34	119	64	55	168	90	78	257	131	126
62	613	341	272	46	22	24	93	43	50	216	125	91	258	151	107
63	636	366	270	54	33	21	111	63	48	200	130	70	271	140	131
64	633	320	313	44	23	21	111	54	57	226	110	116	252	133	119
65—69 岁	3635	1889	1746	286	158	128	686	373	313	1138	585	553	1525	773	752
65	662	359	303	58	37	21	123	73	50	204	102	102	277	147	130
66	728	355	373	63	35	28	127	62	65	223	108	115	315	150	165
67	776	420	356	53	29	24	145	80	65	256	149	107	322	162	160
68	739	389	350	60	30	30	144	75	69	214	114	100	321	170	151
69	730	366	364	52	27	25	147	83	64	241	112	129	290	144	146
70—74 岁	4185	2055	2130	300	138	162	893	474	419	1442	697	745	1550	746	804
70	808	401	407	70	34	36	151	75	76	268	134	134	319	158	161
71	801	420	381	49	17	32	144	88	56	293	151	142	315	164	151
72	890	412	478	56	28	28	213	107	106	302	135	167	319	142	177
73	843	422	421	65	24	41	178	93	85	285	151	134	315	154	161
74	843	400	443	60	35	25	207	111	96	294	126	168	282	128	154
75—79 岁	3808	1716	2092	299	128	171	966	488	478	1349	578	771	1194	522	672
75	813	400	413	67	33	34	181	102	79	291	135	156	274	130	144
76	806	353	453	61	32	29	203	95	108	291	120	171	251	106	145
77	791	374	417	48	23	25	224	126	98	277	115	162	242	110	132
78	747	316	431	57	18	39	192	87	105	270	121	149	228	90	138
79	651	273	378	66	22	44	166	78	88	220	87	133	199	86	113
80—84 岁	2600	999	1601	316	125	191	827	325	502	851	316	535	606	233	373
80	625	253	399	84	34	50	181	69	112	201	79	122	186	71	115
81	571	219	352	66	26	40	194	79	115	187	75	112	124	39	85
82	512	209	303	55	18	37	157	64	93	179	66	113	121	61	60
83	472	186	286	54	27	27	161	67	94	157	50	107	100	42	58
84	393	132	261	57	20	37	134	46	88	127	46	81	75	20	55
85—89 岁	971	319	652	156	48	108	351	108	243	313	112	201	151	51	100
85	312	105	207	44	15	29	127	42	85	92	32	60	49	16	33
86	244	89	155	43	16	27	76	24	52	85	34	51	40	15	25
87	185	62	123	27	7	20	70	20	50	62	25	37	26	10	16
88	136	39	97	31	7	24	36	12	24	46	13	33	23	7	16
89	94	24	70	11	3	8	42	10	32	28	8	20	13	3	10
90—99 岁	299	96	203	56	14	42	125	48	77	87	23	64	31	11	20
100 岁及 100 岁以上	10	1	9	4	—	4	4	1	3	1	—	1	1	—	1

各级听力语言残疾(含综合残疾)人的年龄分布(表081续)

年龄别	单纯语言障碍														
	残疾人数			失语			失音			构音不清			严重口吃		
	小计	男	女	小计	男	女	小计	男	女	小计	男	女	小计	男	女
总计*	**2269**	**1419**	**850**	**656**	**370**	**286**	**35**	**20**	**15**	**1362**	**853**	**509**	**216**	**176**	**40**
60—64岁	104	60	44	47	29	18	5	2	3	40	19	21	12	10	2
60	15	7	8	9	4	5	2	1	1	4	2	2	—	—	—
61	22	12	10	8	4	4	2	1	1	10	5	5	2	2	—
62	25	14	11	11	9	2	1	—	1	8	2	6	5	3	2
63	17	12	5	6	4	2	—	—	—	7	4	3	4	4	—
64	25	15	10	13	8	5	—	—	—	11	6	5	1	1	—
65—69岁	91	62	29	33	18	15	5	5	—	47	33	14	6	6	—
65	18	13	5	7	3	4	1	1	—	8	7	1	2	2	—
66	23	18	5	8	6	2	1	1	—	12	9	3	2	2	—
67	16	12	4	4	3	1	1	1	—	11	8	3	—	—	—
68	22	11	11	9	3	6	—	—	—	11	6	5	2	2	—
69	12	8	4	5	3	2	2	2	—	5	3	2	—	—	—
70—74岁	63	35	28	28	14	14	2	1	1	30	18	12	3	2	1
70	18	9	9	6	3	3	1	—	1	9	4	5	2	2	—
71	15	9	6	8	4	4	—	—	—	7	5	2	—	—	—
72	11	5	6	3	1	2	—	—	—	8	4	4	—	—	—
73	11	6	5	7	3	4	—	—	—	4	3	1	—	—	—
74	8	6	2	4	3	1	1	1	—	2	2	—	1	—	1
75—79岁	33	19	14	11	6	5	1	1	—	16	9	7	5	3	2
75	12	6	6	3	1	2	1	1	—	5	3	2	3	1	2
76	9	6	3	6	4	2	—	—	—	3	2	1	—	—	—
77	3	3	—	1	1	—	—	—	—	2	2	—	—	—	—
78	4	1	3	1	—	1	—	—	—	3	1	2	—	—	—
79	5	3	2	—	—	—	—	—	—	3	1	2	2	2	—
80—84岁	12	2	10	4	1	3	—	—	—	7	—	7	1	1	—
80	7	2	5	3	1	2	—	—	—	3	—	3	1	1	—
81	3	—	3	1	—	1	—	—	—	2	—	2	—	—	—
82	2	—	2	—	—	—	—	—	—	2	—	2	—	—	—
83	—	—	—	—	—	—	—	—	—	—	—	—	—	—	—
84	—	—	—	—	—	—	—	—	—	—	—	—	—	—	—
85—89岁	4	—	4	4	—	4	—	—	—	—	—	—	—	—	—
85	—	—	—	—	—	—	—	—	—	—	—	—	—	—	—
86	—	—	—	—	—	—	—	—	—	—	—	—	—	—	—
87	3	—	3	3	—	3	—	—	—	—	—	—	—	—	—
88	1	—	1	1	—	1	—	—	—	—	—	—	—	—	—
89	—	—	—	—	—	—	—	—	—	—	—	—	—	—	—
90—99岁	3	2	1	1	—	1	1	1	—	—	—	—	1	1	—
100岁及100岁以上	—	—	—	—	—	—	—	—	—	—	—	—	—	—	—

各级智力残疾(含综合残疾)人的年龄分布(表082)

年龄别	残疾人数			一级(极重度)			二级(重度)			三级(中度)			四级(轻度)		
	合计	男	女	小计	男	女	小计	男	女	小计	男	女	小计	男	女
总计*	**20022**	**10482**	**9540**	**1076**	**577**	**499**	**2488**	**1309**	**1179**	**6501**	**3342**	**3159**	**9957**	**5254**	**4703**
60—64岁	332	158	174	17	7	10	29	17	12	105	51	54	181	83	98
60	70	30	40	1	1	—	5	1	4	20	8	12	44	20	24
61	69	34	35	2	1	1	7	3	4	24	16	8	36	14	22
62	62	30	32	6	4	2	7	5	2	17	6	11	32	15	17
63	60	31	29	1	—	1	8	6	2	20	8	12	31	17	14
64	71	33	38	7	1	6	2	2	—	24	13	11	38	17	21
65—69岁	290	134	156	25	13	12	44	20	24	87	36	51	134	65	69
65	46	30	16	5	4	1	3	2	1	14	8	6	24	16	8
66	66	29	37	3	1	2	12	6	6	16	6	10	35	16	19
67	61	28	33	4	2	2	11	7	4	19	7	12	27	12	15
68	64	30	34	9	5	4	11	3	8	24	13	11	20	9	11
69	53	17	36	4	1	3	7	2	5	14	2	12	28	12	16
70—74岁	239	92	147	17	9	8	31	13	18	80	36	44	111	34	77
70	53	20	33	2	1	1	4	3	1	19	8	11	28	8	20
71	41	13	28	3	2	1	4	1	3	12	6	6	22	4	18
72	48	22	26	3	2	1	5	1	4	20	12	8	20	7	13
73	42	18	24	2	2	—	10	5	5	12	4	8	18	7	11
74	55	19	36	7	2	5	8	3	5	17	6	11	23	8	15
75—79岁	198	81	117	24	9	15	32	14	18	65	25	40	77	33	44
75	44	15	29	8	2	6	7	3	4	11	4	7	18	6	12
76	49	23	26	5	3	2	10	5	5	16	6	10	18	9	9
77	42	17	25	3	1	2	6	3	3	14	6	8	19	7	12
78	32	11	21	5	1	4	3	1	2	14	4	10	10	5	5
79	31	15	16	3	2	1	6	2	4	10	5	5	12	6	6
80—84岁	167	45	122	21	4	17	30	6	24	43	17	26	73	18	55
80	35	10	25	4	1	3	6	1	5	10	4	6	15	4	11
81	28	8	20	5	2	3	3	—	3	9	2	7	11	4	7
82	37	10	27	3	—	3	7	2	5	7	4	3	20	4	16
83	38	9	29	4	—	4	9	2	7	10	4	6	15	3	12
84	29	8	21	5	1	4	5	1	4	7	3	4	12	3	9
85—89岁	73	24	49	15	6	9	12	3	9	23	8	15	23	7	16
85	25	8	17	5	1	4	3	1	2	4	2	2	13	4	9
86	12	4	8	4	1	3	2	—	2	4	3	1	2	—	2
87	16	8	8	3	2	1	2	1	1	8	3	5	3	2	1
88	11	3	8	2	1	1	2	1	1	3	—	3	4	1	3
89	9	1	8	1	1	—	3	—	3	4	—	4	1	—	1
90—99岁	30	8	22	10	3	7	8	1	7	7	2	5	5	2	3
100岁及100岁以上	2	1	1	—	—	—	—	—	—	2	1	1	—	—	—

各级肢体残疾(含综合残疾人的年龄分布)(表 083)

年龄别	残疾人数			一　级			二　级			三　级			四　级		
	合计	男	女	小计	男	女	小计	男	女	小计	男	女	小计	男	女
总计*	**14467**	**8354**	**6113**	**876**	**450**	**426**	**1908**	**1048**	**860**	**3454**	**2051**	**1403**	**8229**	**4805**	**3424**
60—64 岁	1256	743	513	73	35	38	211	119	92	316	195	121	656	394	262
60	260	156	104	14	9	5	46	26	20	59	32	27	141	89	52
61	240	133	107	20	6	14	43	23	20	56	35	21	121	69	52
62	233	144	89	11	7	4	45	25	20	54	34	20	123	78	45
63	267	161	106	13	6	7	45	28	17	86	51	35	123	76	47
64	256	149	107	15	7	8	32	17	15	61	43	18	148	82	66
65—69 岁	1201	667	534	87	48	39	233	127	106	265	162	103	616	330	286
65	211	115	96	14	8	6	43	27	16	32	21	11	122	59	63
66	243	147	96	18	12	6	50	24	26	55	39	16	120	72	48
67	239	132	107	15	7	8	49	28	21	52	29	23	123	68	55
68	265	153	112	15	7	8	54	28	26	69	46	23	127	72	55
69	243	120	123	25	14	11	37	20	17	57	27	30	124	59	65
70—74 岁	1070	560	510	72	28	44	215	114	101	259	129	130	524	289	235
70	225	129	96	10	2	8	44	23	21	57	29	28	114	75	39
71	221	117	104	23	13	10	45	21	24	49	31	18	104	52	52
72	205	106	99	10	5	5	45	22	23	51	22	29	99	57	42
73	218	104	114	13	3	10	43	27	16	46	19	27	116	55	61
74	201	104	97	16	5	11	38	21	17	56	28	28	91	50	41
75—79 岁	769	361	408	62	16	46	152	70	82	197	95	102	358	180	178
75	183	92	91	13	2	11	41	21	20	43	21	22	86	48	38
76	160	76	84	14	7	7	35	19	16	38	16	22	73	34	39
77	159	75	84	17	2	15	23	11	12	42	21	21	77	41	36
78	135	66	69	10	2	8	24	9	15	38	21	17	63	34	29
79	132	52	80	8	3	5	29	10	19	36	16	20	59	23	36
80—84 岁	455	155	300	38	11	27	70	27	43	116	33	83	231	84	147
80	132	44	88	12	2	10	20	9	11	27	9	18	73	24	49
81	106	44	62	6	—	6	18	8	10	29	8	21	53	28	25
82	89	28	61	8	3	5	17	7	10	30	6	24	34	12	22
83	66	18	48	6	3	3	7	1	6	13	2	11	40	12	28
84	62	21	41	6	3	3	8	2	6	17	8	9	31	8	23
85—89 岁	154	40	114	12	1	11	32	7	25	41	8	33	69	24	45
85	49	13	36	2	—	2	13	4	9	10	1	9	24	8	16
86	37	12	25	3	1	2	5	1	4	12	2	10	17	8	9
87	24	8	16	3	—	3	5	2	3	7	2	5	9	4	5
88	23	4	19	1	—	1	4	—	4	5	2	3	13	2	11
89	21	3	18	3	—	3	5	—	5	7	1	6	6	2	4
90—99 岁	53	13	40	3	—	3	17	5	12	13	3	10	20	5	15
100 岁及 100 岁以上	1	—	1	—	—	—	—	—	—	—	—	—	1	—	1

各级精神病残疾(含综合残疾人的年龄分布)续(表084)

年龄别	残疾人数			一级(极重度)			二级(重度)			三级(中度)			四级(轻度)		
	合计	男	女	小计	男	女	小计	男	女	小计	男	女	小计	男	女
总计*	**3907**	**1780**	**2127**	**1857**	**858**	**999**	**534**	**242**	**292**	**595**	**275**	**320**	**921**	**405**	**516**
60—64岁	235	95	140	118	52	66	31	12	19	29	10	19	57	21	36
60	62	25	37	29	14	15	10	3	7	5	3	2	18	5	13
61	54	22	32	24	10	14	9	5	4	10	2	8	11	5	6
62	38	20	18	23	12	11	4	3	1	2	2	—	9	3	6
63	36	11	25	18	8	10	4	—	4	7	1	6	7	2	5
64	45	17	28	24	8	16	4	1	3	5	2	3	12	6	6
65—69岁	165	65	100	87	27	60	23	14	9	20	8	12	35	16	19
65	39	20	19	14	4	10	7	5	2	8	5	3	10	6	4
66	31	13	18	17	5	12	4	3	1	4	1	3	6	4	2
67	33	14	19	23	10	13	3	2	1	2	1	1	5	1	4
68	34	11	23	18	5	13	7	4	3	3	—	3	6	2	4
69	28	7	21	15	3	12	2	—	2	3	1	2	8	3	5
70—74岁	104	41	63	65	31	34	14	4	10	11	2	9	14	4	10
70	18	5	13	8	3	5	5	1	4	4	1	3	1	—	1
71	24	9	15	12	7	5	3	2	1	3	—	3	6	—	6
72	22	8	14	15	8	7	2	—	2	3	—	3	2	—	2
73	18	11	7	13	7	6	2	1	1	—	—	—	3	3	—
74	22	8	14	17	6	11	2	—	2	1	1	—	2	1	1
75—79岁	97	40	57	52	20	32	12	3	9	16	9	7	17	8	9
75	27	7	20	17	6	11	3	—	3	—	—	—	7	1	6
76	20	10	10	11	6	5	2	1	1	3	1	2	4	2	2
77	18	5	13	12	3	9	3	—	3	3	2	1	—	—	—
78	18	11	7	7	3	4	3	2	1	5	4	1	3	2	1
79	14	7	7	5	2	3	1	—	1	5	2	3	3	3	—
80—84岁	54	18	36	35	7	28	6	4	2	6	3	3	7	4	3
80	16	6	10	10	3	7	1	1	—	2	1	1	3	1	2
81	6	1	5	5	—	5	—	—	—	1	1	—	—	—	—
82	12	2	10	8	—	8	3	2	1	1	—	1	—	—	—
83	11	5	6	5	1	4	2	1	1	1	1	—	3	2	1
84	9	4	5	7	3	4	—	—	—	1	—	1	1	1	—
85—89岁	19	4	15	10	2	8	4	1	3	1	—	1	4	1	3
85	4	1	3	2	—	2	—	—	—	—	—	—	2	1	1
86	2	1	1	2	1	1	—	—	—	—	—	—	—	—	—
87	5	2	3	2	1	1	2	1	1	—	—	—	1	—	1
88	3	—	3	1	—	1	2	—	2	—	—	—	—	—	—
89	5	—	5	3	—	3	—	—	—	1	—	1	1	—	1
90—99岁	4	—	4	4	—	4	—	—	—	—	—	—	—	—	—
100岁及100岁以上	2	—	2	1	—	1	1	—	1	—	—	—	—	—	—

各类残疾人的致残年龄(表 098)

类别	视力残疾			听力语言残疾					
							其中:单纯语言障碍		
	合计	男	女	合计	男	女	合计	男	女
总计*	**11300**	**4270**	**7030**	**26518**	**13815**	**12703**	**1002**	**652**	**350**
先天残疾小计	553	296	257	1870	1056	814	576	376	200
后天残疾小计	7647	2846	4801	19162	9876	9286	236	151	85
60—64 岁	874	291	583	2042	1057	985	6	2	4
60	256	88	168	696	357	339	2	—	2
61	148	43	105	310	154	156	—	—	—
62	176	64	112	336	165	171	3	1	2
63	128	40	88	332	186	146	—	—	—
64	166	56	110	368	195	173	1	1	—
65—69 岁	840	310	530	2012	1032	980	15	6	9
65	186	61	125	499	247	252	2	1	1
66	154	59	95	350	198	152	5	5	—
67	149	58	91	361	193	168	1	—	1
68	208	78	130	466	224	242	5	—	5
69	143	54	89	336	170	166	2	—	2
70—74 岁	774	257	517	2057	987	1070	7	4	3
70	230	65	165	718	352	366	2	1	1
71	127	48	79	293	150	143	1	1	—
72	149	49	100	399	195	204	1	1	—
73	132	43	89	324	152	172	1	1	—
74	136	52	84	323	138	185	2	—	2
75—79 岁	520	169	351	1273	548	725	—	—	—
75	131	53	78	397	183	214	—	—	—
76	129	41	88	290	138	152	—	—	—
77	70	15	55	205	81	124	—	—	—
78	107	35	72	226	90	136	—	—	—
79	83	25	58	155	56	99	—	—	—
80—84 岁	255	78	177	568	220	348	2	1	1
80	85	27	58	250	92	158	1	1	—
81	55	19	36	112	49	63	—	—	—
82	53	14	39	96	37	59	—	—	—
83	33	4	29	61	22	39	—	—	—
84	29	14	15	49	20	29	1	—	1
85—89 岁	60	18	42	112	51	61	—	—	—
85	25	6	19	38	16	22	—	—	—
86	10	3	7	31	10	21	—	—	—
87	10	5	5	17	10	7	—	—	—
88	9	2	7	12	7	5	—	—	—
89	6	2	4	14	8	6	—	—	—
90—99 岁	18	5	13	25	7	18	—	—	—
100 岁及 100 岁以上	2	—	2	2	—	2	—	—	—

各类残疾人的致残年龄(表 098 续)

类别	视力残疾			听力语言残疾					
							其中:单纯语言障碍		
	合计	男	女	合计	男	女	合计	男	女
发现残疾小计*	**3100**	**1128**	**1972**	**5486**	**2883**	**2603**	**190**	**125**	**65**
60—64 岁	343	111	232	596	325	271	2	2	—
60	88	22	66	190	104	86	1	1	—
61	57	16	41	98	49	49	—	—	—
62	76	27	49	101	55	46	1	1	—
63	63	22	41	103	57	46	—	—	—
64	59	24	35	104	60	44	—	—	—
65—69 岁	374	130	244	598	323	275	6	1	5
65	87	31	56	147	74	73	—	—	—
66	70	24	46	91	48	43	1	—	1
67	54	15	39	107	58	49	1	—	1
68	94	35	59	140	83	57	2	—	2
69	69	25	44	113	60	53	2	1	1
70—74 岁	371	103	268	580	290	290	1	1	—
70	109	40	69	221	123	98	1	1	—
71	63	12	51	84	45	39	—	—	—
72	59	12	47	93	44	49	—	—	—
73	80	23	57	82	35	47	—	—	—
74	60	16	44	100	43	57	—	—	—
75—79 岁	217	60	157	390	175	215	1	—	1
75	49	13	36	113	51	62	—	—	—
76	49	15	34	95	49	46	—	—	—
77	43	14	29	59	28	31	—	—	—
78	39	10	29	65	21	44	—	—	—
79	37	8	29	58	26	32	1	—	1
80—84 岁	99	26	73	176	80	96	—	—	—
80	30	6	24	66	25	41	—	—	—
81	28	9	19	30	21	9	—	—	—
82	16	3	13	31	15	16	—	—	—
83	10	2	8	30	13	17	—	—	—
84	15	6	9	19	6	13	—	—	—
85—89 岁	25	4	21	46	19	27	1	1	—
85	6	1	5	17	4	13	—	—	—
86	9	3	6	12	7	5	—	—	—
87	5	—	5	8	4	4	1	1	—
88	4	—	4	3	1	2	—	—	—
89	1	—	1	6	3	3	—	—	—
90—99 岁	3	1	2	7	2	5	—	—	—
100 岁及 100 岁以上	1	1	—	2	1	1	1	1	—

各类残疾人的致残年龄(表 098 续)

类别	智力残疾			肢体残疾			精神病残疾		
	合计	男	女	合计	男	女	合计	男	女
总计*	**15235**	**7961**	**7274**	**11305**	**6717**	**4588**	**2907**	**1289**	**1618**
先天残疾小计	4056	2142	1914	657	339	318	3	—	3
后天残疾小计	3381	1780	1601	8938	5377	3561	1109	481	628
60—64 岁	34	14	20	492	256	236	13	6	7
60	14	4	10	140	68	72	3	—	3
61	6	3	3	86	47	39	2	1	1
62	7	4	3	100	52	48	3	1	2
63	3	2	1	91	49	42	2	1	1
64	4	1	3	75	40	35	3	3	—
65—69 岁	25	8	17	415	220	195	5	3	2
65	10	3	7	90	55	35	1	1	—
66	3	1	2	81	51	30	1	1	—
67	3	1	2	86	40	46	1	—	1
68	7	3	4	79	33	46	2	1	1
69	2	—	2	79	41	38	—	—	—
70—74 岁	19	9	10	289	134	155	7	4	3
70	6	3	3	77	40	37	2	1	1
71	1	1	—	59	24	35	—	—	—
72	2	—	2	57	23	34	1	1	—
73	4	2	2	56	25	31	3	1	2
74	6	3	3	40	22	18	1	1	—
75—79 岁	15	6	9	168	61	107	6	1	5
75	9	5	4	45	19	26	—	—	—
76	3	1	2	30	17	13	2	—	2
77	—	—	—	43	10	33	2	—	2
78	1	—	1	31	10	21	2	1	1
79	2	—	2	19	5	14	—	—	—
80—84 岁	9	1	8	65	19	46	—	—	—
80	4	—	4	26	8	18	—	—	—
81	—	—	—	12	1	11	—	—	—
82	—	—	—	14	7	7	—	—	—
83	4	—	4	9	3	6	—	—	—
84	1	1	—	4	—	4	—	—	—
85—89 岁	2	1	1	10	5	5	1	—	1
85	1	1	—	2	—	2	—	—	—
86	1	—	1	2	2	—	1	—	1
87	—	—	—	5	2	3	—	—	—
88	—	—	—	1	1	—	—	—	—
89	—	—	—	—	—	—	—	—	—
90—99 岁	—	—	—	8	3	5	—	—	—
100 岁及 100 岁以上	—	—	—	—	—	—	—	—	—

各类残疾人的致残年龄(表 098 续)

类　别	智力残疾			肢体残疾			精神病残疾		
	合计	男	女	合计	男	女	合计	男	女
发现残疾小计*	**7798**	**4039**	**3579**	**1710**	**1001**	**709**	**1795**	**808**	**987**
60—64 岁	59	24	35	105	56	49	39	20	19
60	24	8	16	21	10	11	13	6	7
61	14	5	9	13	7	6	6	4	2
62	8	4	4	20	11	9	10	6	4
63	7	4	3	25	14	11	3	2	1
64	6	3	3	26	14	12	7	2	5
65—69 岁	51	16	35	98	47	51	37	13	24
65	12	4	8	34	15	19	15	6	9
66	9	4	5	16	8	8	6	4	2
67	8	3	5	16	10	6	5	1	4
68	11	3	8	18	9	9	5	—	5
69	11	2	9	14	5	9	6	2	4
70—74 岁	44	11	33	73	36	37	14	7	7
70	12	3	9	19	9	10	4	1	3
71	10	2	8	17	7	10	4	3	1
72	7	1	6	18	12	6	2	1	1
73	7	3	4	7	3	4	4	2	2
74	8	2	6	12	5	7	—	—	—
75—79 岁	24	8	16	32	9	23	12	5	7
75	11	2	9	10	3	7	4	2	2
76	5	2	3	9	2	7	1	—	1
77	5	3	2	5	1	4	2	—	2
78	1	—	1	3	—	3	2	1	1
79	2	1	1	5	3	2	3	2	1
80—84 岁	15	3	12	11	4	7	4	1	3
80	4	—	4	6	2	4	1	—	1
81	3	2	1	2	1	1	1	—	1
82	1	1	—	2	1	1	2	1	1
83	5	—	5	1	—	1	—	—	—
84	2	—	2	—	—	—	—	—	—
85—89 岁	3	1	2	1	—	1	—	—	—
85	1	—	1	—	—	—	—	—	—
86	1	1	—	1	—	1	—	—	—
87	1	—	1	—	—	—	—	—	—
88	—	—	—	—	—	—	—	—	—
89	—	—	—	—	—	—	—	—	—
90—99 岁	—	—	—	—	—	—	—	—	—
100 岁及 100 岁以上	—	—	—	—	—	—	—	—	—

综合残疾人的分类致残年龄(表 099)

类别	视力残疾			听力语言残疾					
	合计	男	女	合计	男	女	其中:单纯语言障碍		
							小计	男	女
总计*	**4623**	**1667**	**2956**	**7926**	**3599**	**4327**	**1267**	**767**	**500**
先天残疾小计	158	88	70	1276	718	558	498	307	191
后天残疾小计	3154	1096	2058	5152	2224	2928	523	313	210
60—64 岁	351	116	235	501	210	291	48	28	20
60	102	29	73	155	61	94	11	8	3
61	41	16	25	75	40	35	9	7	2
62	65	18	47	90	32	58	10	3	7
63	66	24	42	73	34	39	12	7	5
64	77	29	48	108	43	65	6	3	3
65—69 岁	396	135	261	568	224	344	27	18	9
65	89	29	60	151	62	89	6	5	1
66	60	21	39	89	34	55	8	6	2
67	67	29	38	107	42	65	5	4	1
68	104	32	72	111	38	73	3	—	3
69	76	24	52	110	48	62	5	3	2
70—74 岁	518	183	335	787	302	485	25	16	9
70	157	53	104	256	106	150	9	6	3
71	80	21	59	115	43	72	6	4	2
72	94	37	57	148	51	97	3	2	1
73	87	40	47	122	50	72	4	2	2
74	100	32	68	146	52	94	3	2	1
75—79 岁	494	154	340	649	225	424	10	5	5
75	124	39	85	193	60	133	6	3	3
76	91	35	56	133	49	84	1	1	—
77	88	27	61	106	36	70	1	1	—
78	106	30	76	136	54	82	—	—	—
79	85	23	62	81	26	55	2	—	2
80—84 岁	366	91	275	419	115	304	5	—	5
80	116	28	88	172	51	121	4	—	4
81	73	25	48	63	24	39	—	—	—
82	67	16	51	80	21	59	—	—	—
83	56	11	45	56	11	45	—	—	—
84	54	11	43	48	8	40	1	—	1
85—89 岁	113	32	81	102	20	82	1	—	1
85	39	8	31	38	9	29	—	—	—
86	22	7	15	26	6	20	—	—	—
87	22	8	14	12	1	11	—	—	—
88	14	4	10	13	1	12	—	—	—
89	16	5	11	13	3	10	1	—	1
90—99 岁	35	5	30	41	10	31	—	—	—
100 岁及 100 岁以上	—	—	—	1	1	—	—	—	—

综合残疾人的分类致残年龄(表 099)

类别	视力残疾			听力语言残疾					
							其中:单纯语言障碍		
	合计	男	女	合计	男	女	小计	男	女
发现残疾小计*	**1311**	**483**	**828**	**1498**	**657**	**841**	**246**	**147**	**99**
60—64 岁	121	48	73	132	63	69	11	8	3
60	31	12	19	47	24	23	6	5	1
61	19	11	8	23	13	10	—	—	—
62	25	8	17	18	6	12	—	—	—
63	22	8	14	21	9	12	3	2	1
64	24	9	15	23	11	12	2	1	1
65—69 岁	178	60	118	164	65	99	14	9	5
65	37	12	25	36	14	22	3	2	1
66	31	17	14	31	14	17	4	3	1
67	35	9	26	24	12	12	4	2	2
68	39	9	30	42	14	28	2	1	1
69	36	13	23	31	11	20	1	1	—
70—74 岁	218	87	131	217	84	133	4	2	2
70	56	27	29	66	28	38	—	—	—
71	33	15	18	35	9	26	1	—	1
72	46	17	29	54	25	29	2	1	1
73	40	15	25	26	7	19	—	—	—
74	43	13	30	36	15	21	1	1	—
75—79 岁	222	75	147	177	67	110	1	1	—
75	44	16	28	54	22	32	1	1	—
76	44	10	34	43	16	27	—	—	—
77	40	11	29	29	12	17	—	—	—
78	51	23	28	23	9	14	—	—	—
79	43	15	28	28	8	20	—	—	—
80—84 岁	184	55	129	137	37	100	—	—	—
80	63	21	42	53	17	36	—	—	—
81	28	4	24	27	5	22	—	—	—
82	37	13	24	19	4	15	—	—	—
83	28	6	22	24	8	16	—	—	—
84	28	11	17	14	3	11	—	—	—
85—89 岁	52	8	44	38	9	29	—	—	—
85	17	1	16	13	6	7	—	—	—
86	15	5	10	12	1	11	—	—	—
87	4	1	3	7	—	7	—	—	—
88	8	1	7	2	—	2	—	—	—
89	8	—	8	4	2	2	—	—	—
90—99 岁	11	2	9	13	4	9	—	—	—
100 岁及 100 以上	—	—	—	—	—	—	—	—	—

综合残疾人的分类致残年龄(表 099 续)

类别	智力残疾			肢体残疾			精神病残疾		
	合计	男	女	合计	男	女	合计	男	女
总计*	**4787**	**2521**	**2266**	**3162**	**1637**	**1525**	**1000**	**491**	**509**
先天残疾小计	1621	886	735	399	241	158	19	14	5
后天残疾小计	1670	888	782	2231	1115	1116	437	211	226
60—64 岁	76	36	40	185	92	93	17	7	10
60	23	12	11	52	28	24	4	1	3
61	11	5	6	31	14	17	4	3	1
62	14	8	6	38	18	20	4	1	3
63	10	4	6	26	11	15	2	—	2
64	18	7	11	38	21	17	3	2	1
65—69 岁	65	35	30	212	100	112	12	6	6
65	15	7	8	54	26	28	3	2	1
66	9	6	3	36	17	19	2	2	—
67	9	6	3	36	20	16	—	—	—
68	15	9	6	46	22	24	4	1	3
69	17	7	10	40	15	25	3	1	2
70—74 岁	66	25	41	207	99	108	9	8	1
70	19	4	15	55	26	29	—	—	—
71	11	6	5	40	18	22	3	3	—
72	9	3	6	44	22	22	1	1	—
73	14	8	6	31	14	17	4	3	1
74	13	4	9	37	19	18	1	1	—
75—79 岁	55	21	34	162	56	106	12	3	9
75	16	8	8	43	19	24	3	1	2
76	12	3	9	41	11	30	3	2	1
77	10	4	6	32	13	19	2	—	2
78	5	2	3	26	8	18	2	—	2
79	12	4	8	20	5	15	2	—	2
80—84 岁	37	13	24	85	17	68	5	1	4
80	15	3	12	29	6	23	2	—	2
81	5	3	2	15	5	10	—	—	—
82	5	2	3	19	2	17	1	1	—
83	3	—	3	10	1	9	1	—	1
84	9	5	4	12	3	9	1	—	1
85—89 岁	8	3	5	24	2	22	3	—	3
85	3	—	3	8	—	8	—	—	—
86	2	—	2	3	1	2	1	—	1
87	2	2	—	8	1	7	2	—	2
88	—	—	—	4	—	4	—	—	—
89	1	1	—	1	—	1	—	—	—
90—99 岁	11	—	11	15	4	11	—	—	—
100 岁及 100 岁以上	—	—	—	—	—	—	—	—	—

综合残疾人的分类致残年龄(表099续)

类　别	智力残疾			肢体残疾			精神病残疾		
	合计	男	女	合计	男	女	合计	男	女
发现残疾小计*	**1496**	**747**	**749**	**532**	**281**	**251**	**544**	**266**	**278**
60—64岁	60	26	34	45	28	17	28	14	14
60	17	9	8	11	9	2	8	3	5
61	11	5	6	9	5	4	4	2	2
62	7	2	5	8	6	2	6	5	1
63	10	4	6	11	5	6	2	1	1
64	15	6	9	6	3	3	8	3	5
65—69岁	71	23	48	49	21	28	21	6	15
65	15	7	8	11	4	7	4	1	3
66	13	3	10	11	6	5	8	2	6
67	6	1	5	9	4	5	4	3	1
68	20	7	13	12	4	8	4	—	4
69	17	5	12	6	3	3	1	—	1
70—74岁	65	31	34	40	19	21	19	12	7
70	20	10	10	8	6	2	4	3	1
71	15	7	8	6	4	2	5	2	3
72	12	6	6	9	3	6	4	3	1
73	6	3	3	9	2	7	3	2	1
74	12	5	7	8	4	4	3	2	1
75—79岁	59	23	36	32	14	18	17	7	10
75	15	7	8	10	5	5	4	1	3
76	13	4	9	6	3	3	5	3	2
77	7	4	3	4	—	4	2	1	1
78	11	—	11	7	4	3	2	1	1
79	13	8	5	5	2	3	4	1	3
80—84岁	45	13	32	20	7	13	14	4	10
80	16	5	11	8	3	5	6	4	2
81	8	3	5	7	2	5	1	—	1
82	9	3	6	2	—	2	4	—	4
83	6	1	5	3	2	1	2	—	2
84	6	1	5	—	—	—	1	—	1
85—89岁	17	7	10	7	—	7	5	1	4
85	7	2	5	3	—	3	3	1	2
86	2	1	1	1	—	1	1	—	1
87	4	1	3	—	—	—	—	—	—
88	3	3	—	2	—	2	1	—	1
89	1	—	1	1	—	1	—	—	—
90—99岁	10	4	6	3	—	3	2	—	2
100岁及100岁以上	—	—	—	—	—	—	—	—	—

单纯语言障碍残疾(含综合残疾)人的致残年龄(表100)

致残年龄	单纯语言障碍残疾人总人数			性别比(女=100)
	合计	男	女	
总计*	**2269**	**1419**	**850**	**166.94**
先天残疾小计	1074	683	391	174.68
后天残疾小计	759	464	295	157.29
60—64岁	54	30	24	125.00
60	13	8	5	160.00
61	9	7	2	350.00
62	13	4	9	44.44
63	12	7	5	140.00
64	7	4	3	133.33
65—69岁	42	24	18	133.33
65	8	6	2	300.00
66	13	11	2	550.00
67	6	4	2	200.00
68	8	—	8	—
69	7	3	4	75.00
70—74岁	32	20	12	166.67
70	11	7	4	175.00
71	7	5	2	250.00
72	4	3	1	300.00
73	5	3	2	150.00
74	5	2	3	66.67
75—79岁	10	5	5	100.00
75	6	3	3	100.00
76	1	1	—	(1)
77	1	1	—	(1)
78	—	—	—	—
79	2	—	2	—
80—84岁	7	1	6	16.67
80	5	1	4	25.00
81	—	—	—	—
82	—	—	—	—
83	—	—	—	—
84	2	—	2	—
85—89岁	1	—	1	—
85	—	—	—	—
86	—	—	—	—
87	—	—	—	—
88	—	—	—	—
89	1	—	1	—
90—99岁	—	—	—	—
100岁及100岁以上	—	—	—	—

单纯语言障碍残疾(含综合残疾)人的致残年龄(表 100 续)

致残年龄	单纯语言障碍残疾人总人数			性别比(女=100)
	合计	男	女	
发现残疾小计*	**436**	**272**	**164**	**16.85**
60—64 岁	13	10	3	333.33
60	7	6	1	600.00
61	—	—	—	—
62	1	1	—	(1)
63	3	2	1	200.00
64	2	1	1	100.00
65—69 岁	20	10	10	100.00
65	3	2	1	200.00
66	5	3	2	150.00
67	5	2	3	66.67
68	4	1	3	33.33
69	3	2	1	200.00
70—74 岁	5	3	2	150.00
70	1	1	—	(1)
71	1	—	1	—
72	2	1	1	100.00
73	—	—	—	—
74	1	1	—	(1)
75—79 岁	2	1	1	100.00
75	1	1	—	(1)
76	—	—	—	—
77	—	—	—	—
78	—	—	—	—
79	1	—	1	—
80—84 岁	—	—	—	—
80	—	—	—	—
81	—	—	—	—
82	—	—	—	—
83	—	—	—	—
84	—	—	—	—
85—89 岁	1	1	—	(1)
85	—	—	—	—
86	—	—	—	—
87	1	1	—	(1)
88	—	—	—	—
89	—	—	—	—
90—99 岁	—	—	—	—
100 岁及 100 岁以上	1	1	—	(1)

视力残疾(含综合残疾)人按致残年龄划分的致残原因(表 106)

致残年龄	视力残疾人数			先天遗传			白内障		
	合计	男	女	小计	男	女	小计	男	女
总计*	**15923**	**5937**	**9986**	**682**	**377**	**305**	**7336**	**2352**	**4984**
先天残疾小计	711	384	327	498	274	224	19	11	8
后天残疾小计	10801	3942	6859	35	18	17	4973	1598	3375
60—64 岁	1225	407	818	1	1	—	692	219	473
60	358	117	241	1	1	—	197	60	137
61	189	59	130	—	—	—	104	31	73
62	241	82	159	—	—	—	146	44	102
63	194	64	130	—	—	—	101	33	68
64	243	85	158	—	—	—	144	51	93
65—69 岁	1236	445	791	3	1	2	782	263	519
65	275	90	185	1	—	1	154	38	116
66	214	80	134	1	1	—	140	51	89
67	216	87	129	1	—	1	133	53	80
68	312	110	202	—	—	—	212	69	143
69	219	78	141	—	—	—	143	52	91
70—74 岁	1292	440	852	1	—	1	920	305	615
70	387	118	269	—	—	—	275	83	192
71	207	69	138	—	—	—	141	44	97
72	243	86	157	1	—	1	177	66	111
73	219	83	136	—	—	—	155	54	101
74	236	84	152	—	—	—	172	58	114
75—79 岁	1014	323	691	—	—	—	823	249	574
75	255	92	163	—	—	—	192	68	124
76	220	76	144	—	—	—	181	61	120
77	158	42	116	—	—	—	137	34	103
78	213	65	148	—	—	—	173	48	125
79	168	48	120	—	—	—	140	38	102
80—84 岁	621	169	452	—	—	—	516	132	384
80	201	55	146	—	—	—	169	14	128
81	128	44	84	—	—	—	101	33	68
82	120	30	90	—	—	—	104	26	78
83	89	15	74	—	—	—	71	11	60
84	83	25	58	—	—	—	71	21	50
85—89 岁	173	50	123	—	—	—	159	45	114
85	64	14	50	—	—	—	62	14	48
86	32	10	22	—	—	—	27	9	18
87	32	13	19	—	—	—	29	11	18
88	23	6	17	—	—	—	21	5	16
89	22	7	15	—	—	—	20	6	14
90—99 岁	53	10	43	—	—	—	50	10	40
100 岁及 100 岁以上	2	—	2	—	—	—	1	—	1

视力残疾(含综合残疾)人按致残年龄划分的致残原因(表 106 续)

致残年龄	青光眼			沙眼			角膜病		
	小计	男	女	小计	男	女	小计	男	女
总计*	**814**	**245**	**569**	**1611**	**513**	**1098**	**1821**	**751**	**1070**
先天残疾小计	6	3	3	—	—	—	7	2	5
后天残疾小计	621	189	432	1285	405	880	1471	606	865
60—64 岁	106	32	74	152	52	100	104	40	64
60	27	7	20	53	19	34	34	15	19
61	15	5	10	29	5	24	14	6	8
62	25	8	17	25	9	16	18	5	13
63	25	7	18	20	11	9	18	5	13
64	14	5	9	25	8	17	20	9	11
65—69 岁	93	25	68	133	54	79	81	29	52
65	22	8	14	38	15	23	18	8	10
66	14	5	9	19	8	11	17	4	13
67	15	1	14	24	13	11	18	5	13
68	25	6	19	26	12	14	18	7	11
69	17	5	12	26	6	20	10	5	5
70—74 岁	83	20	63	111	34	77	67	27	40
70	25	7	18	37	10	27	21	4	17
71	16	5	11	18	6	12	10	5	5
72	19	4	15	18	4	14	9	1	8
73	16	3	13	18	6	12	14	10	4
74	7	1	6	20	8	12	13	7	6
75—79 岁	26	6	20	67	20	47	32	14	18
75	9	2	7	26	7	19	3	—	3
76	7	1	6	14	3	11	6	3	3
77	2	1	1	3	1	2	6	2	4
78	4	2	2	13	6	7	12	6	6
79	4	—	4	11	3	8	5	3	2
80—84 岁	17	6	11	34	9	25	23	7	16
80	4	1	3	8	2	6	8	5	3
81	6	4	2	6	3	3	9	1	8
82	1	1	—	8	1	7	1	—	2
83	4	—	4	6	1	5	1	—	1
84	2	—	2	6	2	4	3	1	2
85—89 岁	5	1	4	1	—	1	4	1	3
85	1	—	1	—	—	—	1	—	1
86	1	—	1	1	—	1	1	—	1
87	1	—	1	—	—	—	1	1	—
88	1	1	—	—	—	—	1	—	1
89	1	—	1	—	—	—	—	—	—
90—99 岁	—	—	—	1	—	1	2	—	2
100 岁及 100 岁以上	—	—	—	—	—	—	—	—	—

视力残疾(含综合残疾)人按致残年龄划分的致残原因(表 106 续)

致残年龄	视力残疾人数			先天遗传			白内障		
	合计	男	女	小计	男	女	小计	男	女
发现残疾小计*	**4411**	**1611**	**2800**	**149**	**85**	**64**	**2344**	**743**	**1601**
60—64 岁	464	159	305	3	1	2	300	104	196
60	119	34	85	2	—	2	79	27	52
61	76	27	49	—	—	—	54	20	34
62	101	35	66	—	—	—	55	17	38
63	85	30	55	—	—	—	59	21	38
64	83	33	50	1	1	—	53	19	34
65—69 岁	552	190	362	2	1	1	416	142	274
65	124	43	81	—	—	—	86	28	58
66	101	41	60	—	—	—	77	33	44
67	89	24	65	1	—	1	66	19	47
68	133	44	89	1	1	—	105	36	69
69	105	38	67	—	—	—	82	26	56
70—74 岁	589	190	399	1	—	1	461	143	318
70	165	67	98	1	—	1	125	47	78
71	96	27	69	—	—	—	79	23	56
72	105	29	76	—	—	—	80	20	60
73	120	38	82	—	—	—	97	30	67
74	103	29	74	—	—	—	80	23	57
75—79 岁	439	135	304	—	—	—	372	113	259
75	93	29	64	—	—	—	77	24	53
76	93	25	68	—	—	—	81	21	60
77	83	25	58	—	—	—	68	22	46
78	90	33	57	—	—	—	74	25	49
79	80	23	57	—	—	—	72	21	51
80—84 岁	283	81	202	—	—	—	247	70	177
80	93	27	66	—	—	—	80	22	58
81	56	13	43	—	—	—	51	12	39
82	53	16	37	—	—	—	43	14	29
83	38	8	30	—	—	—	35	8	27
84	43	17	26	—	—	—	38	14	24
85—89 岁	77	12	65	—	—	—	71	10	
85	23	2	21	—	—	—	19	1	18
86	24	8	16	—	—	—	23	7	16
87	9	1	8	—	—	—	9	1	8
88	12	1	11	—	—	—	12	1	11
89	9	—	9	—	—	—	8	—	8
90—99 岁	14	3	11	—	—	—	12	3	9
100 岁及 100 岁以上	1	1	—	—	—	—	—	—	—

视力残疾(含综合残疾)人按致残年龄划分的致残原因(表 106 续)

致残年龄	青光眼			沙眼			角膜病		
	小计	男	女	小计	男	女	小计	男	女
发现残疾小计*	**187**	**53**	**134**	**326**	**108**	**218**	**343**	**143**	**200**
60—64 岁	30	9	21	41	15	26	29	8	21
60	6	—	6	13	3	10	10	2	8
61	4	1	3	4	2	2	2	—	2
62	11	6	5	11	5	6	9	2	7
63	5	—	5	5	1	4	6	4	2
64	4	2	2	8	4	4	2	—	2
65—69 岁	21	6	15	30	7	23	33	11	22
65	5	2	3	11	3	8	11	5	6
66	2	—	2	4	2	2	6	2	4
67	6	1	5	8	2	6	3	—	3
68	1	1	—	4	—	4	7	—	7
69	7	2	5	3	—	3	6	4	2
70—74 岁	27	8	19	29	8	21	27	9	18
70	8	4	4	13	6	7	8	4	4
71	5	2	3	3	—	3	3	—	3
72	5	2	3	6	1	5	6	3	3
73	4	—	4	5	1	4	4	—	4
74	5	—	5	2	—	2	6	2	4
75—79 岁	15	3	12	15	4	11	12	6	6
75	1	—	1	4	1	3	2	1	1
76	6	1	5	2	2	—	—	—	—
77	3	1	2	5	—	5	3	1	2
78	3	1	2	3	1	2	6	4	2
79	2	—	2	1	—	1	1	—	1
80—84 岁	4	1	3	12	2	10	4	—	4
80	—	—	—	6	2	4	—	—	—
81	1	—	1	—	—	—	2	—	2
82	1	1	—	3	—	3	2	—	2
83	1	—	1	2	—	2	—	—	—
84	1	—	1	1	—	1	—	—	—
85—89 岁	1	1	—	1	—	1	—	—	—
85	—	—	—	1	—	1	—	—	—
86	1	1	—	—	—	—	—	—	—
87	—	—	—	—	—	—	—	—	—
88	—	—	—	—	—	—	—	—	—
89	—	—	—	—	—	—	—	—	—
90—99 岁	1	—	1	—	—	—	1	—	1
100 岁及 100 岁以上	—	—	—	—	—	—	—	—	—

视力残疾(含综合残疾)人按致残年龄划分的致残原因(表 106 续)

致残年龄	视神经病变			视网膜、脉络膜病变			外伤		
	合计	男	女	小计	男	女	小计	男	女
总计*	**383**	**199**	**184**	**938**	**439**	**499**	**275**	**177**	**98**
先天残疾小计	9	5	4	16	10	6	—	—	—
后天残疾小计	285	150	135	652	301	351	218	140	78
60—64 岁	22	8	14	61	26	35	7	3	4
60	4	2	2	16	6	10	2	1	
61	3	1	2	11	5	6	1	—	1
62	1	1	—	10	6	4	2	2	—
63	7	3	4	13	4	9	—	—	—
64	7	1	6	11	5	6	2	—	2
65—69 岁	19	9	10	49	28	21	15	8	7
65	3	—	3	17	9	8	3	2	1
66	3	2	1	8	4	4	2	1	1
67	5	2	3	9	6	3	4	3	1
68	5	3	2	11	6	5	2	1	1
69	3	2	1	4	3	1	4	1	3
70—74 岁	20	14	6	47	27	20	3	—	3
70	5	4	1	11	7	4	1	—	1
71	2	1	1	9	3	6	2	—	2
72	3	3	—	11	5	6	—	—	—
73	4	3	1	9	7	2	—	—	—
74	6	3	3	7	5	2	—	—	—
75—79 岁	4	3	1	35	18	17	4	2	2
75	1	1	—	16	10	6	1	1	—
76	1	—	1	6	4	2	1	—	1
77	1	1	—	4	1	3	1	1	—
78	1	1	—	5	1	4	1	—	1
79	—	—	—	4	2	2	—	—	—
80—84 岁	3	2	1	17	9	8	1	—	1
80	1	—	1	7	4	3	—	—	—
81	—	—	—	3	3	—	1	—	1
82	1	1	—	4	1	3	—	—	—
83	1	1	—	3	1	2	—	—	—
84	—	—	—	—	—	—	—	—	—
85—89 岁	—	—	—	4	3	1	—	—	—
85	—	—	—	—	—	—	—	—	—
86	—	—	—	2	1	1	—	—	—
87	—	—	—	1	1	—	—	—	—
88	—	—	—	—	—	—	—	—	—
89	—	—	—	1	1	—	—	—	—
90—99 岁	—	—	—	—	—	—	—	—	—
100 及岁 100 岁以上	—	—	—	1	—	1	—	—	—

视力残疾(含综合残疾)人按致残年龄划分的致残原因(表106续)

致残年龄	屈光不正/弱视			其　他			不　详		
	小计	男	女	小计	男	女	小计	男	女
总计*	**1549**	**649**	**900**	**416**	**192**	**224**	**98**	**43**	**55**
先天残疾小计	128	61	67	22	14	8	6	4	2
后天残疾小计	901	375	526	294	135	159	66	25	41
60—64岁	52	15	37	25	11	14	3	—	3
60	16	2	14	6	4	2	2	—	2
61	8	5	3	4	1	3	—	—	—
62	10	4	6	4	3	1	—	—	—
63	4	1	3	6	—	6	—	—	—
64	14	3	11	5	3	2	1	—	1
65—69岁	33	16	17	24	10	14	4	2	2
65	10	5	5	9	5	4	—	—	—
66	5	2	3	4	1	3	1	1	—
67	5	3	2	2	1	1	—	—	—
68	8	4	4	4	2	2	1	—	1
69	5	2	3	5	1	4	2	1	1
70—74岁	25	9	16	10	3	7	5	1	4
70	10	3	7	1	—	1	1	—	1
71	4	2	2	3	2	1	2	1	1
72	4	2	2	1	1	—	—	—	—
73	—	—	—	2	—	2	1	—	1
74	7	2	5	3	—	3	1	—	1
75—79岁	10	4	6	11	7	4	2	—	2
75	4	2	2	2	1	1	1	—	1
76	2	2	—	2	2	—	—	—	—
77	1	—	1	2	1	1	1	—	1
78	2	—	2	2	1	1	—	—	—
79	1	—	1	3	2	1	—	—	—
80—84岁	4	2	2	5	2	3	1	—	1
80	2	1	1	2	1	1	—	—	—
81	1	—	1	1	—	1	—	—	—
82	—	—	—	—	—	—	—	—	—
83	—	—	—	2	1	1	1	—	1
84	1	1	—	—	—	—	—	—	—
85—89岁	—	—	—	—	—	—	—	—	—
85	—	—	—	—	—	—	—	—	—
86	—	—	—	—	—	—	—	—	—
87	—	—	—	—	—	—	—	—	—
88	—	—	—	—	—	—	—	—	—
89	—	—	—	—	—	—	—	—	—
90—99岁	—	—	—	—	—	—	—	—	—
100及岁100岁以上	—	—	—	—	—	—	—	—	—

视力残疾(含综合残疾)人按致残年龄划分的致残原因(表 106 续)

致残年龄	视神经病变			视网膜、脉络膜病变			外 伤		
	合计	男	女	小计	男	女	小计	男	女
发现残疾小计*	**89**	**44**	**45**	**270**	**128**	**142**	**57**	**37**	**20**
60—64 岁	3	—	3	25	11	14	5	2	3
60	—	—	—	1	—	1	1	—	1
61	1	—	1	5	2	3	1	—	1
62	1	—	1	8	4	4	—	—	—
63	—	—	—	5	1	4	2	1	1
64	1	—	1	6	4	2	1	1	—
65—69 岁	5	2	3	16	9	7	4	3	1
65	1	—	1	3	2	1	1	1	—
66	2	1	1	3	1	2	—	—	—
67	—	—	—	2	2	—	—	—	—
68	2	1	1	7	3	4	1	—	1
69	—	—	—	1	1	—	2	2	—
70—74 岁	1	1	—	21	12	9	3	—	3
70	—	—	—	4	2	2	—	—	—
71	—	—	—	4	2	2	—	—	—
72	1	1	—	2	2	—	1	—	1
73	—	—	—	5	3	2	—	—	—
74	—	—	—	6	3	3	2	—	2
75—79 岁	—	—	—	12	5	7	2	2	—
75	—	—	—	3	1	2	—	—	—
76	—	—	—	1	—	1	1	1	—
77	—	—	—	—	—	—	1	1	—
78	—	—	—	4	2	2	—	—	—
79	—	—	—	4	2	2	—	—	—
80—84 岁	3	2	1	7	2	5	2	1	1
80	1	—	1	1	—	1	1	—	1
81	—	—	—	2	1	1	—	—	—
82	—	—	—	4	1	3	—	—	—
83	—	—	—	—	—	—	—	—	—
84	2	2	—	—	—	—	1	1	—
85—89 岁	—	—	—	1	—	1	—	—	—
85	—	—	—	1	—	1	—	—	—
86	—	—	—	—	—	—	—	—	—
87	—	—	—	—	—	—	—	—	—
88	—	—	—	—	—	—	—	—	—
89	—	—	—	—	—	—	—	—	—
90—99 岁	—	—	—	—	—	—	—	—	—
100 岁及 100 岁以上	—	—	—	—	—	—	—	—	—

视力残疾(含综合残疾)人按致残年龄划分的致残原因(表 106 续)

致残年龄	屈光不正/弱视			其　他			不　详		
	小计	男	女	小计	男	女	小计	男	女
发现残疾小计*	**520**	**213**	**307**	**100**	**43**	**57**	**26**	**14**	**12**
60—64 岁	23	6	17	3	2	1	2	1	1
60	7	2	5	—	—	—	—	—	—
61	3	1	2	1	1	—	1	—	1
62	4	—	4	2	1	1	—	—	—
63	3	2	1	—	—	—	—	—	—
64	6	1	5	—	—	—	1	1	—
65—69 岁	18	7	11	6	2	4	1	—	1
65	4	1	3	2	1	1	—	—	—
66	4	2	2	2	—	2	1	—	1
67	3	—	3	—	—	—	—	—	—
68	3	1	2	2	1	1	—	—	—
69	4	3	1	—	—	—	—	—	—
70—74 岁	13	6	7	5	2	3	1	1	—
70	4	2	2	1	1	—	1	1	—
71	1	—	1	1	—	1	—	—	—
72	3	—	3	1	—	1	—	—	—
73	3	3	—	3	1	1	—	—	—
74	1	1	—	2	—	—	—	—	
75—79 岁	6	1	5	3	1	2	2	—	2
75	4	1	3	2	1	1	—	—	—
76	1	—	1	—	—	—	1	—	1
77	1	—	1	1	—	1	1	—	1
78	—	—	—	—	—	—	—	—	—
79	—	—	—	—	—	—	—	—	—
80—84 岁	3	3	—	1	—	1	—	—	—
80	3	3	—	1	—	1	—	—	—
81	—	—	—	—	—	—	—	—	—
82	—	—	—	—	—	—	—	—	—
83	—	—	—	—	—	—	—	—	—
84	—	—	—	—	—	—	—	—	—
85—89 岁	2	1	1	—	—	—	1	—	1
85	2	1	1	—	—	—	—	—	—
86	—	—	—	—	—	—	—	—	—
87	—	—	—	—	—	—	—	—	—
88	—	—	—	—	—	—	—	—	—
89	—	—	—	—	—	—	—	—	—
90—99 岁	—	—	—	—	—	—	—	—	—
100 岁及 100 岁以上	1	1	—	—	—	—	—	—	—

听力语言残疾(含综合残疾)人按致残年龄划分的致残原因(表107)

致残年龄	听力语言残疾人数			家族遗传/近亲结婚			地方病(克汀病等)			发育畸形		
	合计	男	女	小计	男	女	小计	男	女	小计	男	女
总计*	**34444**	**17414**	**17030**	**780**	**440**	**340**	**93**	**55**	**38**	**352**	**217**	**135**
先天残疾小计	3146	1774	1372	625	359	266	87	52	35	323	197	126
后天残疾小计	24314	12100	12214	80	39	41	2	—	2	7	3	4
60—64岁	2543	1267	1276	—	—	—	—	—	—	—	—	—
60	851	418	433	—	—	—	—	—	—	—	—	—
61	385	194	191	—	—	—	—	—	—	—	—	—
62	426	197	229	—	—	—	—	—	—	—	—	—
63	405	220	185	—	—	—	—	—	—	—	—	—
64	476	238	238	—	—	—	—	—	—	—	—	—
65—69岁	2580	1256	1324	—	—	—	—	—	—	—	—	—
65	650	309	341	—	—	—	—	—	—	—	—	—
66	439	232	207	—	—	—	—	—	—	—	—	—
67	468	235	233	—	—	—	—	—	—	—	—	—
68	577	262	315	—	—	—	—	—	—	—	—	—
69	446	218	228	—	—	—	—	—	—	—	—	—
70—74岁	2844	1289	1555	—	—	—	—	—	—	—	—	—
70	974	458	516	—	—	—	—	—	—	—	—	—
71	408	193	215	—	—	—	—	—	—	—	—	—
72	547	246	301	—	—	—	—	—	—	—	—	—
73	446	202	244	—	—	—	—	—	—	—	—	—
74	469	190	279	—	—	—	—	—	—	—	—	—
75—79岁	1922	773	1149	—	—	—	—	—	—	—	—	—
75	590	243	347	—	—	—	—	—	—	—	—	—
76	423	187	236	—	—	—	—	—	—	—	—	—
77	311	117	194	—	—	—	—	—	—	—	—	—
78	362	144	218	—	—	—	—	—	—	—	—	—
79	236	82	154	—	—	—	—	—	—	—	—	—
80—84岁	987	335	652	—	—	—	—	—	—	1	—	1
80	422	143	279	—	—	—	—	—	—	1	—	1
81	175	73	102	—	—	—	—	—	—	—	—	—
82	176	58	118	—	—	—	—	—	—	—	—	—
83	117	33	84	—	—	—	—	—	—	—	—	—
84	97	28	69	—	—	—	—	—	—	—	—	—
85—89岁	214	71	143	—	—	—	—	—	—	—	—	—
85	76	25	51	—	—	—	—	—	—	—	—	—
86	57	16	41	—	—	—	—	—	—	—	—	—
87	29	11	18	—	—	—	—	—	—	—	—	—
88	25	8	17	—	—	—	—	—	—	—	—	—
89	27	11	16	—	—	—	—	—	—	—	—	—
90—99岁	66	17	49	—	—	—	—	—	—	—	—	—
100岁及100岁以上	3	1	2	—	—	—	—	—	—	—	—	—

听力语言残疾(含综合残疾)人按致残年龄划分的致残原因(表107续)

致残年龄	听力语言残疾人数			家族遗传/近亲结婚			地方病(克汀病等)			发育畸形		
	合计	男	女	小计	男	女	小计	男	女	小计	男	女
发现残疾小计*	**6984**	**3540**	**3444**	**75**	**42**	**33**	**4**	**3**	**1**	**22**	**17**	**5**
60—64岁	728	388	340	1	1	—	—	—	—	—	—	—
60	237	128	109	—	—	—	—	—	—	—	—	—
61	121	62	59	—	—	—	—	—	—	—	—	—
62	119	61	58	—	—	—	—	—	—	—	—	—
63	124	66	58	—	—	—	—	—	—	—	—	—
64	127	71	56	1	1	—	—	—	—	—	—	—
65—69岁	762	388	374	—	—	—	—	—	—	—	—	—
65	183	88	95	—	—	—	—	—	—	—	—	—
66	122	62	60	—	—	—	—	—	—	—	—	—
67	131	70	61	—	—	—	—	—	—	—	—	—
68	182	97	85	—	—	—	—	—	—	—	—	—
69	144	71	73	—	—	—	—	—	—	—	—	—
70—74岁	797	374	423	—	—	—	—	—	—	—	—	—
70	287	151	136	—	—	—	—	—	—	—	—	—
71	119	54	65	—	—	—	—	—	—	—	—	—
72	147	69	78	—	—	—	—	—	—	—	—	—
73	108	42	66	—	—	—	—	—	—	—	—	—
74	136	58	78	—	—	—	—	—	—	—	—	—
75—79岁	567	242	325	1	1	—	—	—	—	—	—	—
75	167	73	94	—	—	—	—	—	—	—	—	—
76	138	65	73	1	1	—	—	—	—	—	—	—
77	88	40	48	—	—	—	—	—	—	—	—	—
78	88	30	58	—	—	—	—	—	—	—	—	—
79	86	34	52	—	—	—	—	—	—	—	—	—
80—84岁	313	117	196	—	—	—	—	—	—	—	—	—
80	119	42	77	—	—	—	—	—	—	—	—	—
81	57	26	31	—	—	—	—	—	—	—	—	—
82	50	19	31	—	—	—	—	—	—	—	—	—
83	54	21	33	—	—	—	—	—	—	—	—	—
84	33	9	24	—	—	—	—	—	—	—	—	—
85—89岁	84	28	56	—	—	—	—	—	—	—	—	—
85	30	10	20	—	—	—	—	—	—	—	—	—
86	24	8	16	—	—	—	—	—	—	—	—	—
87	15	4	11	—	—	—	—	—	—	—	—	—
88	5	1	4	—	—	—	—	—	—	—	—	—
89	10	5	5	—	—	—	—	—	—	—	—	—
90—99岁	20	6	14	—	—	—	—	—	—	—	—	—
100岁及100岁以上	2	1	1	—	—	—	—	—	—	1	1	—

听力语言残疾(含综合残疾)人按致残年龄划分的致残原因(表 107 续)

致残年龄	妊期疾病			药物中毒			高烧疾病			中耳炎(双耳)		
	小计	男	女	小计	男	女	小计	男	女	小计	男	女
总计*	**129**	**66**	**63**	**1283**	**683**	**600**	**2446**	**1308**	**1138**	**4938**	**2628**	**2310**
先天残疾小计	110	61	49	13	10	3	19	13	6	4	3	1
后天残疾小计	8	—	8	1023	542	481	2057	1113	944	4135	2212	1923
60—64 岁	—	—	—	51	28	23	29	21	8	99	46	53
60	—	—	—	13	6	7	11	8	3	42	19	23
61	—	—	—	10	7	3	5	3	2	15	8	7
62	—	—	—	14	5	9	4	3	1	11	7	4
63	—	—	—	5	5	—	2	2	—	18	9	9
64	—	—	—	9	5	4	7	5	2	13	3	10
65—69 岁	—	—	—	33	22	11	14	4	10	71	36	35
65	—	—	—	11	9	2	2	1	1	19	12	7
66	—	—	—	4	3	1	2	—	2	16	9	7
67	—	—	—	5	3	2	3	2	1	14	4	10
68	—	—	—	5	1	4	5	1	4	14	8	6
69	—	—	—	8	6	2	2	—	2	8	3	5
70—74 岁	—	—	—	27	18	9	15	8	7	48	19	29
70	—	—	—	12	7	5	5	3	2	24	11	13
71	—	—	—	2	1	1	3	1	2	7	3	4
72	—	—	—	2	2	—	2	2	—	8	2	6
73	—	—	—	8	6	2	2	1	1	4	—	4
74	—	—	—	3	2	1	3	1	2	5	3	2
75—79 岁	—	—	—	6	3	3	7	3	4	27	14	13
75	—	—	—	3	1	2	2	1	1	10	9	1
76	—	—	—	—	—	—	1	—	1	6	3	3
77	—	—	—	2	1	1	1	—	1	7	1	6
78	—	—	—	—	—	—	3	2	1	1	—	1
79	—	—	—	1	1	—	—	—	—	3	1	2
80—84 岁	—	—	—	3	—	3	2	—	2	12	5	7
80	—	—	—	1	—	1	2	—	2	6	2	4
81	—	—	—	—	—	—	—	—	—	3	3	—
82	—	—	—	1	—	1	—	—	—	2	—	2
83	—	—	—	—	—	—	—	—	—	—	—	—
84	—	—	—	1	—	1	—	—	—	1	—	1
85—89 岁	—	—	—	1	—	—	—	—	—	2	1	1
85	—	—	—	—	—	—	—	—	—	1	—	1
86	—	—	—	1	—	1	—	—	—	—	—	—
87	—	—	—	—	—	—	—	—	—	—	—	—
88	—	—	—	—	—	—	—	—	—	—	—	—
89	—	—	—	—	—	—	—	—	—	1	1	—
90—99 岁	—	—	—	1	1	—	—	—	—	—	—	—
100 岁及 100 岁以上	—	—	—	—	—	—	—	—	—	—	—	—

听力语言残疾(含综合残疾)人按致残年龄划分的致残原因(表107续)

致残年龄	妊期疾病			药物中毒			高烧疾病			中耳炎(双耳)		
	小计	男	女	小计	男	女	小计	男	女	小计	男	女
发现残疾小计*	**11**	**5**	**6**	**247**	**131**	**116**	**370**	**182**	**188**	**799**	**413**	**386**
60—64岁	—	—	—	17	10	7	5	—	5	23	8	15
60	—	—	—	2	—	2	4	—	4	6	3	3
61	—	—	—	3	2	1	1	—	1	4	—	4
62	—	—	—	5	5	—	—	—	—	4	—	4
63	—	—	—	3	2	1	—	—	—	7	4	3
64	—	—	—	4	1	3	—	—	—	2	1	1
65—69岁	—	—	—	10	8	2	3	—	3	15	9	6
65	—	—	—	2	1	1	1	—	1	3	2	1
66	—	—	—	—	—	—	—	—	—	3	2	1
67	—	—	—	3	3	—	—	—	—	2	1	1
68	—	—	—	2	2	—	2	—	2	4	3	1
69	—	—	—	3	2	1	—	—	—	3	1	2
70—74岁	—	—	—	8	3	5	6	1	5	14	4	10
70	—	—	—	2	—	2	1	1	—	4	1	3
71	—	—	—	3	2	1	1	—	1	2	1	1
72	—	—	—	—	—	—	2	—	2	4	1	3
73	—	—	—	—	—	—	—	—	—	2	1	1
74	—	—	—	3	1	2	2	—	2	2	—	2
75—79岁	—	—	—	5	—	5	1	1	—	6	2	4
75	—	—	—	2	—	2	—	—	—	—	—	—
76	—	—	—	1	—	1	—	—	—	2	1	1
77	—	—	—	—	—	—	—	—	—	2	1	1
78	—	—	—	1	—	1	1	1	—	2	—	2
79	—	—	—	1	—	1	—	—	—	—	—	—
80—84岁	—	—	—	4	1	3	—	—	—	2	—	2
80	—	—	—	3	1	2	—	—	—	1	—	1
81	—	—	—	—	—	—	—	—	—	—	—	—
82	—	—	—	—	—	—	—	—	—	—	—	—
83	—	—	—	1	—	1	—	—	—	—	—	—
84	—	—	—	—	—	—	—	—	—	1	—	1
85—89岁	—	—	—	—	—	—	—	—	—	1	—	1
85	—	—	—	—	—	—	—	—	—	—	—	—
86	—	—	—	—	—	—	—	—	—	—	—	—
87	—	—	—	—	—	—	—	—	—	—	—	—
88	—	—	—	—	—	—	—	—	—	—	—	—
89	—	—	—	—	—	—	—	—	—	1	—	1
90—99岁	—	—	—	—	—	—	—	—	—	—	—	—
100岁及100岁以上	1	—	1	—	—	—	—	—	—	—	—	—

听力语言残疾(含综合残疾)人按致残年龄划分的致残原因(表 107 续)

致残年龄	产钳外伤			外伤			噪声		
	小计	男	女	小计	男	女	小计	男	女
总计*	**19**	**9**	**10**	**614**	**381**	**233**	**604**	**500**	**104**
先天残疾小计	13	6	7	1	—	1	3	1	2
后天残疾小计	6	3	3	512	318	194	423	350	73
60—64 岁	—	—	—	24	11	13	35	25	10
60	—	—	—	5	4	1	9	8	1
61	—	—	—	6	3	3	8	6	2
62	—	—	—	6	2	4	6	5	1
63	—	—	—	5	2	3	2	1	1
64	—	—	—	2	—	2	10	5	5
65—69 岁	—	—	—	9	5	4	13	7	6
65	—	—	—	3	2	1	2	2	—
66	—	—	—	1	1	—	4	2	2
67	—	—	—	3	2	1	4	1	3
68	—	—	—	—	—	—	2	1	1
69	—	—	—	2	—	2	1	1	—
70—74 岁	—	—	—	4	1	3	8	6	2
70	—	—	—	1	1	—	2	1	1
71	—	—	—	1	—	1	—	—	—
72	—	—	—	—	—	—	1	—	1
73	—	—	—	1	—	1	2	2	—
74	—	—	—	1	—	1	3	3	—
75—79 岁	—	—	—	5	2	3	9	5	4
75	—	—	—	3	1	2	3	3	—
76	—	—	—	1	1	—	—	—	—
77	—	—	—	1	—	1	2	1	1
78	—	—	—	—	—	—	1	—	1
79	—	—	—	—	—	—	3	1	2
80—84 岁	—	—	—	4	3	1	4	2	2
80	—	—	—	2	1	1	1	—	1
81	—	—	—	2	2	—	—	—	—
82	—	—	—	—	—	—	—	—	—
83	—	—	—	—	—	—	3	2	1
84	—	—	—	—	—	—	—	—	—
85—89 岁	—	—	—	1	—	1	—	—	—
85	—	—	—	—	—	—	—	—	—
86	—	—	—	—	—	—	—	—	—
87	—	—	—	—	—	—	—	—	—
88	—	—	—	—	—	—	—	—	—
89	—	—	—	1	—	1	—	—	—
90—99 岁	—	—	—	—	—	—	—	—	—
100 岁及 100 岁以上	—	—	—	—	—	—	—	—	—

听力语言残疾(含综合残疾)人按致残年龄划分的致残原因(表 107 续)

致残年龄	老年性聋			其　他			不　祥		
	小计	男	女	小计	男	女	小计	男	女
总计*	**15407**	**6988**	**8419**	**2068**	**1185**	**833**	**5711**	**2954**	**2757**
先天残疾小计	—	—	—	209	128	81	1739	944	795
后天残疾小计	11973	5373	6600	1458	818	640	2630	1329	1301
60—64 岁	2102	1032	1070	137	74	63	66	30	36
60	700	338	362	45	23	22	26	12	14
61	311	153	158	17	11	6	13	3	10
62	346	158	188	29	13	16	10	4	6
63	338	180	158	27	17	10	8	4	4
64	407	203	204	19	10	9	9	7	2
65—69 岁 6	2277	1094	1183	101	56	45	62	32	30
65	572	260	312	24	13	11	17	10	7
66	375	195	180	23	16	7	14	6	8
67	407	205	202	17	11	6	15	7	8
68	526	242	284	19	6	13	6	3	3
69	397	192	205	18	10	8	10	6	4
70—74 岁	2617	1177	1440	80	40	40	45	20	25
70	889	416	473	25	13	12	16	6	10
71	377	178	199	14	8	6	4	2	2
72	509	229	280	13	6	7	12	5	7
73	404	178	226	17	11	6	8	4	4
74	438	176	262	11	2	9	5	3	2
75—79 岁	1808	713	1095	38	19	19	22	14	8
75	546	212	334	14	10	4	9	6	3
76	405	178	227	5	3	2	5	2	3
77	286	109	177	9	4	5	3	1	2
78	347	137	210	7	2	5	3	3	—
79	224	77	147	3	—	3	2	2	—
80—84 岁	939	316	623	13	5	8	9	4	5
80	395	136	259	8	2	6	6	2	4
81	167	65	102	1	1	—	2	2	—
82	173	58	115	—	—	—	—	—	—
83	112	29	83	2	2	—	—	—	—
84	92	28	64	2	—	2	1	—	1
85—89 岁	207	70	137	1	—	1	2	—	2
85	74	25	49	—	—	—	1	—	1
86	55	16	39	—	—	—	1	—	1
87	29	11	18	—	—	—	—	—	—
88	25	8	17	—	—	—	—	—	—
89	24	10	14	1	—	1	—	—	—
90—99 岁	64	16	48	—	—	—	1	—	1
100 岁及 100 岁以上	3	1	2	—	—	—	—	—	—

听力语言残疾(含综合残疾)人按致残年龄划分的致残原因(表107续)

致残年龄	老年性聋			其他			不祥		
	小计	男	女	小计	男	女	小计	男	女
发现残疾小计*	**—**	**—**	**—**	**101**	**63**	**38**	**178**	**149**	**29**
60—64岁	—	—	—	5	5	—	9	8	1
60	—	—	—	—	—	—	—	—	—
61	—	—	—	2	2	—	2	1	1
62	—	—	—	1	1	—	3	3	—
63	—	—	—	1	1	—	1	1	—
64	—	—	—	1	1	—	3	3	—
65—69岁	—	—	—	5	4	1	5	5	—
65	—	—	—	1	1	—	2	2	—
66	—	—	—	2	1	1	2	2	—
67	—	—	—	—	—	—	1	1	—
68	—	—	—	2	2	—	—	—	—
69	—	—	—	—	—	—	—	—	—
70—74岁	—	—	—	4	2	2	7	6	1
70	—	—	—	1	—	1	2	2	—
71	—	—	—	—	—	—	—	—	—
72	—	—	—	2	1	1	3	3	—
73	—	—	—	—	—	—	—	—	—
74	—	—	—	1	1	—	2	1	1
75—79岁	—	—	—	1	1	—	2	1	1
75	—	—	—	1	1	—	1	—	1
76	—	—	—	—	—	—	—	—	—
77	—	—	—	—	—	—	1	1	—
78	—	—	—	—	—	—	—	—	—
79	—	—	—	—	—	—	—	—	—
80—84岁	—	—	—	—	—	—	—	—	—
80	—	—	—	—	—	—	—	—	—
81	—	—	—	—	—	—	—	—	—
82	—	—	—	—	—	—	—	—	—
83	—	—	—	—	—	—	—	—	—
84	—	—	—	—	—	—	—	—	—
85—89岁	—	—	—	—	—	—	—	—	—
85	—	—	—	—	—	—	—	—	—
86	—	—	—	—	—	—	—	—	—
87	—	—	—	—	—	—	—	—	—
88	—	—	—	—	—	—	—	—	—
89	—	—	—	—	—	—	—	—	—
90—99岁	—	—	—	—	—	—	—	—	—
100岁及100岁以上	—	—	—	—	—	—	—	—	—

听力语言残疾(含综合残疾)人按致残年龄划分的致残原因(表107续)

致残年龄	老年性聋			其　他			不　祥		
	小计	男	女	小计	男	女	小计	男	女
发现残疾小计*	**3434**	**1615**	**1819**	**401**	**239**	**162**	**1342**	**681**	**661**
60—64岁	598	312	286	33	22	11	37	22	15
60	200	110	90	11	8	3	14	7	7
61	97	50	47	6	4	2	6	3	3
62	99	46	53	1	1	—	6	5	1
63	96	46	50	10	8	2	6	4	2
64	106	60	46	5	1	4	5	3	2
65—69岁	656	328	328	38	19	19	30	15	15
65	151	68	83	10	6	4	13	8	5
66	103	51	52	7	4	3	5	2	3
67	115	61	54	7	3	4	3	1	2
68	160	84	76	7	4	3	5	2	3
69	127	64	63	7	2	5	4	2	2
70—74岁	730	348	382	17	8	9	11	2	9
70	266	143	123	6	4	2	5	—	5
71	107	48	59	4	2	2	2	1	1
72	131	62	69	3	1	2	2	1	1
73	102	41	61	3	—	3	1	—	1
74	124	54	70	1	1	—	1	—	1
75—79岁	540	232	308	5	3	2	6	1	5
75	159	70	89	1	1	—	3	1	2
76	133	63	70	—	—	—	1	—	1
77	84	38	46	1	—	1	—	—	—
78	81	28	53	2	1	1	1	—	1
79	83	33	50	1	1	—	1	—	1
80—84岁	300	113	187	2	1	1	5	2	3
80	115	41	74	—	—	—	—	—	—
81	55	25	30	—	—	—	2	1	1
82	48	18	30	—	—	—	2	1	1
83	50	20	30	2	1	1	1	—	1
84	32	9	23	—	—	—	—	—	—
85—89岁	81	28	53	—	—	—	2	—	2
85	29	10	19	—	—	—	1	—	1
86	24	8	16	—	—	—	—	—	—
87	15	4	11	—	—	—	—	—	—
88	5	1	4	—	—	—	—	—	—
89	8	5	3	—	—	—	1	—	1
90—99岁	20	6	14	—	—	—	—	—	—
100岁及100岁以上	—	—	—	—	—	—	—	—	—

智力残疾(含综合残疾)人按致残年龄划分的致残原因(表 108)

致残年龄	智力残疾人数			遗传性疾病			发育畸形			妊期疾病		
	合计	男	女	小计	男	女	小计	男	女	小计	男	女
总计*	**20022**	**10482**	**9540**	**2775**	**1488**	**1287**	**484**	**279**	**205**	**421**	**239**	**182**
先天残疾小计	5677	3028	2649	2186	1171	1015	389	230	159	265	155	110
后天残疾小计	5051	2668	2383	48	28	20	13	8	5	18	9	9
60—64 岁	110	50	60	—	—	—	—	—	—	—	—	—
60	37	16	21	—	—	—	—	—	—	—	—	—
61	17	8	9	—	—	—	—	—	—	—	—	—
62	21	12	9	—	—	—	—	—	—	—	—	—
63	13	6	7	—	—	—	—	—	—	—	—	—
64	22	8	14	—	—	—	—	—	—	—	—	—
65—69 岁	90	43	47	—	—	—	—	—	—	—	—	—
65	25	10	15	—	—	—	—	—	—	—	—	—
66	12	7	5	—	—	—	—	—	—	—	—	—
67	12	7	5	—	—	—	—	—	—	—	—	—
68	22	12	10	—	—	—	—	—	—	—	—	—
69	19	7	12	—	—	—	—	—	—	—	—	—
70—74 岁	85	34	51	—	—	—	—	—	—	—	—	—
70	25	7	18	—	—	—	—	—	—	—	—	—
71	12	7	5	—	—	—	—	—	—	—	—	—
72	11	3	8	—	—	—	—	—	—	—	—	—
73	18	10	8	—	—	—	—	—	—	—	—	—
74	19	7	12	—	—	—	—	—	—	—	—	—
75—79 岁	70	27	43	—	—	—	—	—	—	—	—	—
75	25	13	12	—	—	—	—	—	—	—	—	—
76	15	4	11	—	—	—	—	—	—	—	—	—
77	10	4	6	—	—	—	—	—	—	—	—	—
78	6	2	4	—	—	—	—	—	—	—	—	—
79	14	4	10	—	—	—	—	—	—	—	—	—
80—84 岁	46	14	32	—	—	—	—	—	—	—	—	—
80	19	3	16	—	—	—	—	—	—	—	—	—
81	5	3	2	—	—	—	—	—	—	—	—	—
82	5	2	3	—	—	—	—	—	—	—	—	—
83	7	—	7	—	—	—	—	—	—	—	—	—
84	10	6	4	—	—	—	—	—	—	—	—	—
85—89 岁	10	4	6	—	—	—	—	—	—	—	—	—
85	4	1	3	—	—	—	—	—	—	—	—	—
86	3	—	3	—	—	—	—	—	—	—	—	—
87	2	2	—	—	—	—	—	—	—	—	—	—
88	—	—	—	—	—	—	—	—	—	—	—	—
89	1	1	—	—	—	—	—	—	—	—	—	—
90—99 岁	11	—	11	—	—	—	—	—	—	—	—	—
100 岁及 100 岁以上	—	—	—	—	—	—	—	—	—	—	—	—

智力残疾(含综合残疾)人按致残年龄划分的致残原因(表108续)

致残年龄	智力残疾人数			遗传性疾病			发育畸形			妊期疾病		
	合计	男	女	小计	男	女	小计	男	女	小计	男	女
发现残疾小计*	**9294**	**4786**	**4508**	**541**	**289**	**252**	**82**	**41**	**41**	**138**	**75**	**63**
60—64岁	119	50	69	1	—	1	—	—	—	—	—	—
60	41	17	24	—	—	—	—	—	—	—	—	—
61	25	10	15	1	—	1	—	—	—	—	—	—
62	15	6	9	—	—	—	—	—	—	—	—	—
63	17	8	9	—	—	—	—	—	—	—	—	—
64	21	9	12	—	—	—	—	—	—	—	—	—
65—69岁	122	39	83	1	—	1	—	—	—	—	—	—
65	27	11	16	—	—	—	—	—	—	—	—	—
66	22	7	15	1	—	1	—	—	—	—	—	—
67	14	4	10	—	—	—	—	—	—	—	—	—
68	31	10	21	—	—	—	—	—	—	—	—	—
69	28	7	21	—	—	—	—	—	—	—	—	—
70—74岁	109	42	67	—	—	—	—	—	—	—	—	—
70	32	13	19	—	—	—	—	—	—	—	—	—
71	25	9	16	—	—	—	—	—	—	—	—	—
72	19	7	12	—	—	—	—	—	—	—	—	—
73	13	6	7	—	—	—	—	—	—	—	—	—
74	20	7	13	—	—	—	—	—	—	—	—	—
75—79岁	83	31	52	—	—	—	—	—	—	—	—	—
75	26	9	17	—	—	—	—	—	—	—	—	—
76	18	6	12	—	—	—	—	—	—	—	—	—
77	12	7	5	—	—	—	—	—	—	—	—	—
78	12	—	12	—	—	—	—	—	—	—	—	—
79	15	9	6	—	—	—	—	—	—	—	—	—
80—84岁	60	16	44	1	—	1	—	—	—	—	—	—
80	20	5	15	1	—	1	—	—	—	—	—	—
81	11	5	6	—	—	—	—	—	—	—	—	—
82	10	4	6	—	—	—	—	—	—	—	—	—
83	11	1	10	—	—	—	—	—	—	—	—	—
84	8	1	7	—	—	—	—	—	—	—	—	—
85—89岁	20	8	12	—	—	—	—	—	—	—	—	—
85	8	2	6	—	—	—	—	—	—	—	—	—
86	3	2	1	—	—	—	—	—	—	—	—	—
87	5	1	4	—	—	—	—	—	—	—	—	—
88	3	3	—	—	—	—	—	—	—	—	—	—
89	1	—	1	—	—	—	—	—	—	—	—	—
90—99岁	10	4	6	—	—	—	—	—	—	—	—	—
100岁及100岁以上	—	—	—	—	—	—	—	—	—	—	—	—

智力残疾(含综合残疾)人按致残年龄划分的致残原因(表108续)

致残年龄	产伤、颅内出血、窒息			中毒			营养不良			脑炎、脑膜炎		
	小计	男	女	小计	男	女	小计	男	女	小计	男	女
总计	**470**	**294**	**176**	**171**	**108**	**63**	**914**	**471**	**443**	**1433**	**736**	**697**
先天残疾小计*	116	73	43	10	6	4	108	63	45	13	9	4
后天残疾小计	200	122	78	115	69	46	364	177	187	1134	582	552
60—64岁	—	—	—	—	—	—	—	—	—	—	—	—
60	—	—	—	—	—	—	—	—	—	—	—	—
61	—	—	—	—	—	—	—	—	—	—	—	—
62	—	—	—	—	—	—	—	—	—	—	—	—
63	—	—	—	—	—	—	—	—	—	—	—	—
64	—	—	—	—	—	—	—	—	—	—	—	—
65—69岁	—	—	—	1	1	—	—	—	—	—	—	—
65	—	—	—	—	—	—	—	—	—	—	—	—
66	—	—	—	—	—	—	—	—	—	—	—	—
67	—	—	—	—	—	—	—	—	—	—	—	—
68	—	—	—	—	—	—	—	—	—	—	—	—
69	—	—	—	1	1	—	—	—	—	—	—	—
70—74岁	—	—	—	—	—	—	—	—	—	—	—	—
70	—	—	—	—	—	—	—	—	—	—	—	—
71	—	—	—	—	—	—	—	—	—	—	—	—
72	—	—	—	—	—	—	—	—	—	—	—	—
73	—	—	—	—	—	—	—	—	—	—	—	—
74	—	—	—	—	—	—	—	—	—	—	—	—
75—79岁	—	—	—	—	—	—	—	—	—	—	—	—
75	—	—	—	—	—	—	—	—	—	—	—	—
76	—	—	—	—	—	—	—	—	—	—	—	—
77	—	—	—	—	—	—	—	—	—	—	—	—
78	—	—	—	—	—	—	—	—	—	—	—	—
79	—	—	—	—	—	—	—	—	—	—	—	—
80—84岁	—	—	—	—	—	—	—	—	—	—	—	—
80	—	—	—	—	—	—	—	—	—	—	—	—
81	—	—	—	—	—	—	—	—	—	—	—	—
82	—	—	—	—	—	—	—	—	—	—	—	—
83	—	—	—	—	—	—	—	—	—	—	—	—
84	—	—	—	—	—	—	—	—	—	—	—	—
85—89岁	—	—	—	1	1	—	—	—	—	—	—	—
85	—	—	—	—	—	—	—	—	—	—	—	—
86	—	—	—	—	—	—	—	—	—	—	—	—
87	—	—	—	1	1	—	—	—	—	—	—	—
88	—	—	—	—	—	—	—	—	—	—	—	—
89	—	—	—	—	—	—	—	—	—	—	—	—
90—99岁	—	—	—	—	—	—	—	—	—	—	—	—
100岁及100岁以上	—	—	—	—	—	—	—	—	—	—	—	—

智力残疾(含综合残疾)人按致残年龄划分的致残原因(表108续)

致残年龄	产伤、颅内出血、窒息			中毒			营养不良			脑炎、脑膜炎		
	小计	男	女	小计	男	女	小计	男	女	小计	男	女
发现残疾小计*	**154**	**99**	**55**	**46**	**33**	**13**	**442**	**231**	**211**	**286**	**145**	**141**
60—64岁	—	—	—	—	—	—	—	—	—	—	—	—
60	—	—	—	—	—	—	—	—	—	—	—	—
61	—	—	—	—	—	—	—	—	—	—	—	—
62	—	—	—	—	—	—	—	—	—	—	—	—
63	—	—	—	—	—	—	—	—	—	—	—	—
64	—	—	—	—	—	—	—	—	—	—	—	—
65—69岁	—	—	—	—	—	—	—	—	—	—	—	—
65	—	—	—	—	—	—	—	—	—	—	—	—
66	—	—	—	—	—	—	—	—	—	—	—	—
67	—	—	—	—	—	—	—	—	—	—	—	—
68	—	—	—	—	—	—	—	—	—	—	—	—
69	—	—	—	—	—	—	—	—	—	—	—	—
70—74岁	—	—	—	—	—	—	—	—	—	—	—	—
70	—	—	—	—	—	—	—	—	—	—	—	—
71	—	—	—	—	—	—	—	—	—	—	—	—
72	—	—	—	—	—	—	—	—	—	—	—	—
73	—	—	—	—	—	—	—	—	—	—	—	—
74	—	—	—	—	—	—	—	—	—	—	—	—
75—79岁	—	—	—	—	—	—	—	—	—	—	—	—
75	—	—	—	—	—	—	—	—	—	—	—	—
76	—	—	—	—	—	—	—	—	—	—	—	—
77	—	—	—	—	—	—	—	—	—	—	—	—
78	—	—	—	—	—	—	—	—	—	—	—	—
79	—	—	—	—	—	—	—	—	—	—	—	—
80—84岁	—	—	—	1	1	—	—	—	—	—	—	—
80	—	—	—	1	1	—	—	—	—	—	—	—
81	—	—	—	—	—	—	—	—	—	—	—	—
82	—	—	—	—	—	—	—	—	—	—	—	—
83	—	—	—	—	—	—	—	—	—	—	—	—
84	—	—	—	—	—	—	—	—	—	—	—	—
85—89岁	—	—	—	—	—	—	—	—	—	—	—	—
85	—	—	—	—	—	—	—	—	—	—	—	—
86	—	—	—	—	—	—	—	—	—	—	—	—
87	—	—	—	—	—	—	—	—	—	—	—	—
88	—	—	—	—	—	—	—	—	—	—	—	—
89	—	—	—	—	—	—	—	—	—	—	—	—
90—99岁	—	—	—	—	—	—	—	—	—	—	—	—
100岁及100岁以上	—	—	—	—	—	—	—	—	—	—	—	—

智力残疾(含综合残疾)人按致残年龄划分的致残原因(表108续)

致残年龄	脑病			脑外伤			脑血管病			老年性痴呆		
	小计	男	女	小计	男	女	小计	男	女	小计	男	女
总计*	**655**	**404**	**251**	**603**	**387**	**216**	**449**	**246**	**203**	**558**	**180**	**378**
先天残疾小计	43	28	15	4	1	3	—	—	—	—	—	—
后天残疾小计	424	260	164	446	283	163	287	152	135	241	85	156
60—64 岁	3	1	2	1	1	—	56	33	23	36	8	28
60	1	1	—	—	—	—	15	8	7	15	2	13
61	—	—	—	—	—	—	12	6	6	5	2	3
62	—	—	—	1	1	—	10	8	2	6	1	5
63	1	—	1	—	—	—	5	3	2	6	3	3
64	1	—	1	—	—	—	14	8	6	4	—	4
65—69 岁	2	1	1	1	1	—	41	21	20	37	17	20
65	1	—	1	—	—	—	10	6	4	12	4	8
66	—	—	—	1	1	—	6	4	2	4	2	2
67	1	1	—	—	—	—	7	4	3	3	2	1
68	—	—	—	—	—	—	8	4	4	11	6	5
69	—	—	—	—	—	—	10	3	7	7	3	4
70—74 岁	2	1	1	1	1	—	31	12	19	46	17	29
70	—	—	—	—	—	—	7	2	5	16	5	11
71	1	1	—	1	1	—	4	2	2	4	3	3
72	—	—	—	—	—	—	7	2	5	3	—	3
73	1	—	1	—	—	—	8	5	3	9	5	4
74	—	—	—	—	—	—	5	1	4	12	4	8
75—79 岁	1	1	—	1	1	—	29	10	19	37	14	23
75	1	1	—	—	—	—	13	6	7	11	6	5
76	—	—	—	1	1	—	7	1	6	5	1	4
77	—	—	—	—	—	—	3	1	2	7	3	4
78	—	—	—	—	—	—	1	—	1	5	2	3
79	—	—	—	—	—	—	5	2	3	9	2	7
80—84 岁	1	—	1	—	—	—	6	3	3	36	10	26
80	—	—	—	—	—	—	2	1	1	14	1	13
81	—	—	—	—	—	—	1	1	—	4	2	2
82	1	—	1	—	—	—	—	—	—	4	2	2
83	—	—	—	—	—	—	1	—	1	6	—	6
84	—	—	—	—	—	—	2	1	1	8	5	3
85—89 岁	—	—	—	—	—	—	—	—	—	7	3	4
85	—	—	—	—	—	—	—	—	—	2	1	1
86	—	—	—	—	—	—	—	—	—	3	—	3
87	—	—	—	—	—	—	—	—	—	1	1	—
88	—	—	—	—	—	—	—	—	—	—	—	—
89	—	—	—	—	—	—	—	—	—	1	1	—
90—99 岁	—	—	—	—	—	—	—	—	—	11	—	11
100 岁及 100 岁以上	—	—	—	—	—	—	—	—	—	—	—	—

智力残疾(含综合残疾)人按致残年龄划分的致残原因(表 108 续)

致残年龄	社会心理因素			其他			不详		
	小计	男	女	小计	男	女	小计	男	女
总计*	**713**	**349**	**364**	**2347**	**1212**	**1135**	**8029**	**4089**	**3940**
先天残疾小计	7	4	3	401	197	204	2135	1091	1044
后天残疾小计	162	76	86	902	469	433	697	348	349
60—64 岁	2	2	—	9	5	4	3	—	3
60	2	2	—	3	3	—	1	—	1
61	—	—	—	—	—	—	—	—	—
62	—	—	—	3	2	1	1	—	1
63	—	—	—	1	—	1	—	—	—
64	—	—	—	2	—	2	1	—	1
65—69 岁	—	—	—	4	—	4	4	2	2
65	—	—	—	1	—	1	1	—	1
66	—	—	—	1	—	1	—	—	—
67	—	—	—	1	—	1	—	—	—
68	—	—	—	1	—	1	2	2	—
69	—	—	—	—	—	—	1	—	1
70—74 岁	—	—	—	2	1	1	3	2	1
70	—	—	—	1	—	1	1	—	1
71	—	—	—	—	—	—	—	—	—
72	—	—	—	—	—	—	1	1	—
73	—	—	—	—	—	—	—	—	—
74	—	—	—	1	1	—	1	1	—
75—79 岁	—	—	—	1	—	1	1	1	—
75	—	—	—	—	—	—	—	—	—
76	—	—	—	1	—	1	1	1	—
77	—	—	—	—	—	—	—	—	—
78	—	—	—	—	—	—	—	—	—
79	—	—	—	—	—	—	—	—	—
80—84 岁	—	—	—	—	—	—	3	1	2
80	—	—	—	—	—	—	3	1	2
81	—	—	—	—	—	—	—	—	—
82	—	—	—	—	—	—	—	—	—
83	—	—	—	—	—	—	—	—	—
84	—	—	—	—	—	—	—	—	—
85—89 岁	—	—	—	1	—	1	1	—	1
85	—	—	—	1	—	1	1	—	1
86	—	—	—	—	—	—	—	—	—
87	—	—	—	—	—	—	—	—	—
88	—	—	—	—	—	—	—	—	—
89	—	—	—	—	—	—	—	—	—
90—99 岁	—	—	—	—	—	—	—	—	—
100 岁及 100 岁以上	—	—	—	—	—	—	—	—	—

智力残疾(含综合残疾)人按致残年龄划分的致残原因(表108续)

致残年龄	脑病			脑外伤			脑血管病			老年性痴呆		
	小计	男	女	小计	男	女	小计	男	女	小计	男	女
发现残疾小计*	**188**	**116**	**72**	**153**	**103**	**50**	**162**	**94**	**68**	**317**	**95**	**222**
60—64岁	2	1	1	—	—	—	25	17	8	49	17	32
60	1	1	—	—	—	—	9	6	3	20	5	15
61	1	—	1	—	—	—	6	6	—	3	1	2
62	—	—	—	—	—	—	1	—	1	10	5	5
63	—	—	—	—	—	—	5	2	3	8	4	4
64	—	—	—	—	—	—	4	3	1	8	2	6
65—69岁	—	—	—	—	—	—	36	19	17	55	9	46
65	—	—	—	—	—	—	5	3	2	17	4	13
66	—	—	—	—	—	—	7	5	2	7	1	6
67	—	—	—	—	—	—	4	1	3	5	1	4
68	—	—	—	—	—	—	10	6	4	12	2	10
69	—	—	—	—	—	—	10	4	6	14	1	13
70—74岁	1	—	1	—	—	—	29	20	9	62	18	44
70	—	—	—	—	—	—	8	5	3	18	6	12
71	—	—	—	—	—	—	7	6	1	15	3	12
72	1	—	1	—	—	—	5	3	2	10	3	7
73	—	—	—	—	—	—	6	4	2	5	2	3
74	—	—	—	—	—	—	3	2	1	14	4	10
75—79岁	—	—	—	—	—	—	22	10	12	49	18	31
75	—	—	—	—	—	—	7	5	2	14	4	10
76	—	—	—	—	—	—	4	1	3	10	4	6
77	—	—	—	—	—	—	4	2	2	7	4	3
78	—	—	—	—	—	—	4	—	4	8	—	8
79	—	—	—	—	—	—	3	2	1	10	6	4
80—84岁	—	—	—	—	—	—	3	—	3	37	13	24
80	—	—	—	—	—	—	1	—	1	11	4	7
81	—	—	—	—	—	—	—	—	—	8	4	4
82	—	—	—	—	—	—	—	—	—	6	3	3
83	—	—	—	—	—	—	1	—	1	7	1	6
84	—	—	—	—	—	—	1	—	1	5	1	4
85—89岁	—	—	—	—	—	—	3	1	2	15	7	8
85	—	—	—	—	—	—	1	—	1	5	2	3
86	—	—	—	—	—	—	2	1	1	1	1	—
87	—	—	—	—	—	—	—	—	—	5	1	4
88	—	—	—	—	—	—	—	—	—	3	3	—
89	—	—	—	—	—	—	—	—	—	1	—	1
90—99岁	—	—	—	—	—	—	1	—	1	9	4	5
100岁及100岁以上	—	—	—	—	—	—	—	—	—	—	—	—

智力残疾(含综合残疾)人按致残年龄划分的致残原因(表108续)

致残年龄	社会心理因素			其他			不　详		
	小计	男	女	小计	男	女	小计	男	女
发现残疾小计*	**544**	**269**	**275**	**1044**	**546**	**498**	**5197**	**2650**	**2547**
60—64岁	7	3	4	10	4	6	25	8	17
60	1	1	—	2	—	2	8	4	4
61	3	1	2	3	2	1	8	—	8
62	1	—	1	2	1	1	1	—	1
63	—	—	—	2	1	1	2	1	1
64	2	1	1	1	—	1	6	3	3
65—69岁	2	1	1	9	2	7	19	8	11
65	1	—	1	1	1	—	3	3	—
66	—	—	—	4	—	4	3	1	2
67	—	—	—	1	1	—	4	1	3
68	1	1	—	3	—	3	5	1	4
69	—	—	—	—	—	—	4	2	2
70—74岁	1	—	1	6	3	3	10	1	9
70	—	—	—	4	2	2	2	—	2
71	—	—	—	—	—	—	3	—	3
72	—	—	—	1	1	—	2	—	2
73	1	—	1	1	—	1	—	—	—
74	—	—	—	—	—	—	3	1	2
75—79岁	2	—	2	5	2	3	5	1	4
75	2	—	2	1	—	1	2	—	2
76	—	—	—	1	—	1	3	1	2
77	—	—	—	1	1	—	—	—	—
78	—	—	—	—	—	—	—	—	—
79	—	—	—	2	1	1	—	—	—
80—84岁	—	—	—	12	—	12	6	2	4
80	—	—	—	5	—	5	1	—	1
81	—	—	—	1	—	1	2	1	1
82	—	—	—	3	—	3	1	1	—
83	—	—	—	1	—	1	2	—	2
84	—	—	—	2	—	2	—	—	—
85—89岁	—	—	—	—	—	—	2	—	2
85	—	—	—	—	—	—	2	—	2
86	—	—	—	—	—	—	—	—	—
87	—	—	—	—	—	—	—	—	—
88	—	—	—	—	—	—	—	—	—
89	—	—	—	—	—	—	—	—	—
90—99岁	—	—	—	—	—	—	—	—	—
100岁及100岁以上	—	—	—	—	—	—	—	—	—

肢体残疾(含综合残疾)人按致残年龄划分的致残原因(表109)

致残年龄	肢体残疾人数			家族遗传/近亲结婚			发育畸形			妊期疾病		
	合计	男	女	小计	男	女	小计	男	女	小计	男	女
总计*	**14467**	**8354**	**6113**	**113**	**72**	**41**	**777**	**418**	**359**	**50**	**25**	**25**
先天残疾小计	1056	580	476	83	52	31	514	270	244	39	23	16
后天残疾小计	11169	6492	4677	12	8	4	124	64	60	8	1	7
60—64岁	677	348	329	—	—	—	2	1	1	—	—	—
60	192	96	96	—	—	—	2	1	1	—	—	—
61	117	61	56	—	—	—	—	—	—	—	—	—
62	138	70	68	—	—	—	—	—	—	—	—	—
63	117	60	57	—	—	—	—	—	—	—	—	—
64	113	61	52	—	—	—	—	—	—	—	—	—
65—69岁	627	320	307	—	—	—	1	1	—	1	—	1
65	144	81	63	—	—	—	1	1	—	—	—	—
66	117	68	49	—	—	—	—	—	—	—	—	—
67	122	60	62	—	—	—	—	—	—	—	—	—
68	125	55	70	—	—	—	—	—	—	1	—	1
69	119	56	63	—	—	—	—	—	—	—	—	—
70—74岁	496	233	263	—	—	—	1	1	—	—	—	—
70	132	66	66	—	—	—	1	1	—	—	—	—
71	99	42	57	—	—	—	—	—	—	—	—	—
72	101	45	56	—	—	—	—	—	—	—	—	—
73	87	39	48	—	—	—	—	—	—	—	—	—
74	77	41	36	—	—	—	—	—	—	—	—	—
75—79岁	330	117	213	—	—	—	—	—	—	—	—	—
75	88	38	50	—	—	—	—	—	—	—	—	—
76	71	28	43	—	—	—	—	—	—	—	—	—
77	75	23	52	—	—	—	—	—	—	—	—	—
78	57	18	39	—	—	—	—	—	—	—	—	—
79	39	10	29	—	—	—	—	—	—	—	—	—
80—84岁	150	36	114	—	—	—	—	—	—	—	—	—
80	55	14	41	—	—	—	—	—	—	—	—	—
81	27	6	21	—	—	—	—	—	—	—	—	—
82	33	9	24	—	—	—	—	—	—	—	—	—
83	19	4	15	—	—	—	—	—	—	—	—	—
84	16	3	13	—	—	—	—	—	—	—	—	—
85—89岁	34	7	27	—	—	—	—	—	—	—	—	—
85	10	—	10	—	—	—	—	—	—	—	—	—
86	5	3	2	—	—	—	—	—	—	—	—	—
87	13	3	10	—	—	—	—	—	—	—	—	—
88	5	1	4	—	—	—	—	—	—	—	—	—
89	1	—	1	—	—	—	—	—	—	—	—	—
90—99岁	23	7	16	—	—	—	—	—	—	—	—	—
100岁及100岁以上	—	—	—	—	—	—	—	—	—	—	—	—

肢体残疾(含综合残疾)人按致残年龄划分的致残原因(表 109 续)

致残年龄	肢体残疾人数			家族遗传/近亲结婚			发育畸形			妊期疾病		
	合计	男	女	小计	男	女	小计	男	女	小计	男	女
发现残疾小计*	**2242**	**1282**	**960**	**18**	**12**	**6**	**139**	**84**	**55**	**3**	**1**	**2**
60—64 岁	150	84	66	—	—	—	3	3	—	—	—	—
60	32	19	13	—	—	—	2	2	—	—	—	—
61	22	12	10	—	—	—	1	1	—	—	—	—
62	28	17	11	—	—	—	—	—	—	—	—	—
63	36	19	17	—	—	—	—	—	—	—	—	—
64	32	17	15	—	—	—	—	—	—	—	—	—
65—69 岁	147	68	79	—	—	—	1	—	1	—	—	—
65	45	19	26	—	—	—	—	—	—	—	—	—
66	27	14	13	—	—	—	—	—	—	—	—	—
67	25	14	11	—	—	—	—	—	—	—	—	—
68	30	13	17	—	—	—	1	—	1	—	—	—
69	20	8	12	—	—	—	—	—	—	—	—	—
70—74 岁	113	55	58	—	—	—	2	1	1	—	—	—
70	27	15	12	—	—	—	2	1	1	—	—	—
71	23	11	12	—	—	—	—	—	—	—	—	—
72	27	15	12	—	—	—	—	—	—	—	—	—
73	16	5	11	—	—	—	—	—	—	—	—	—
74	20	9	11	—	—	—	—	—	—	—	—	—
75—79 岁	64	23	41	—	—	—	—	—	—	—	—	—
75	20	8	12	—	—	—	—	—	—	—	—	—
76	15	5	10	—	—	—	—	—	—	—	—	—
77	9	1	8	—	—	—	—	—	—	—	—	—
78	10	4	6	—	—	—	—	—	—	—	—	—
79	10	5	5	—	—	—	—	—	—	—	—	—
80—84 岁	31	11	20	—	—	—	—	—	—	—	—	—
80	14	5	9	—	—	—	—	—	—	—	—	—
81	9	3	6	—	—	—	—	—	—	—	—	—
82	4	1	3	—	—	—	—	—	—	—	—	—
83	4	2	2	—	—	—	—	—	—	—	—	—
84	—	—	—	—	—	—	—	—	—	—	—	—
85—89 岁	8	—	8	—	—	—	—	—	—	—	—	—
85	3	—	3	—	—	—	—	—	—	—	—	—
86	2	—	2	—	—	—	—	—	—	—	—	—
87	—	—	—	—	—	—	—	—	—	—	—	—
88	2	—	2	—	—	—	—	—	—	—	—	—
89	1	—	1	—	—	—	—	—	—	—	—	—
90—99 岁	3	—	3	—	—	—	—	—	—	—	—	—
100 岁及 100 岁以上	—	—	—	—	—	—	—	—	—	—	—	—

肢体残疾(含综合残疾)人按致残年龄划分的致残原因(表 109 续)

致残年龄	工伤			交通事故			其他外伤			小儿麻痹			结核性感染		
	合计	男	女	小计	男	女	小计	男	女	小计	男	女	小计	男	女
总计*	**611**	**523**	**88**	**220**	**161**	**59**	**2951**	**1782**	**1169**	**1854**	**1153**	**701**	**584**	**335**	**249**
先天残疾小计	1	—	1	—	—	—	9	4	5	28	16	12	1	1	—
后天残疾小计	546	466	80	192	140	52	2605	1575	1030	1586	980	606	512	294	218
60—64 岁	8	7	1	11	8	3	94	43	51	2	2	—	13	3	10
60	3	2	1	3	1	2	22	11	11	—	—	—	8	2	6
61	—	—	—	3	2	1	14	7	7	1	1	—	1	—	1
62	2	2	—	2	2	—	15	5	10	—	—	—	—	—	—
63	2	2	—	1	1	—	24	10	14	1	1	—	3	1	2
64	1	1	—	2	2	—	19	10	9	—	—	—	1	—	1
65—69 岁	8	7	1	4	1	3	123	48	75	—	—	—	13	6	7
65	3	3	—	2	1	1	24	9	15	—	—	—	3	2	1
66	2	1	1	1	—	1	18	11	7	—	—	—	4	2	2
67	1	1	—	—	—	—	26	8	18	—	—	—	—	—	—
68	1	1	—	1	—	1	24	10	14	—	—	—	3	2	1
69	1	1	—	—	—	—	31	10	21	—	—	—	3	—	3
70—74 岁	3	3	—	4	—	4	122	39	83	—	—	—	3	1	2
70	1	1	—	2	—	2	26	10	16	—	—	—	—	—	—
71	—	—	—	—	—	—	22	5	17	—	—	—	1	—	1
72	1	1	—	1	—	1	24	7	17	—	—	—	—	—	—
73	—	—	—	1	—	1	21	5	16	—	—	—	—	—	—
74	1	1	—	—	—	—	29	12	17	—	—	—	2	1	1
75—79 岁	2	2	—	3	1	2	99	24	75	—	—	—	1	1	—
75	—	—	—	1	1	—	24	6	18	—	—	—	—	—	—
76	1	1	—	1	—	1	20	5	15	—	—	—	1	1	—
77	—	—	—	—	—	—	19	4	15	—	—	—	—	—	—
78	—	—	—	1	—	1	21	6	15	—	—	—	—	—	—
79	1	1	—	—	—	—	15	3	12	—	—	—	—	—	—
80—84 岁	—	—	—	2	1	1	72	10	62	—	—	—	—	—	—
80	—	—	—	1	—	1	21	5	16	—	—	—	—	—	—
81	—	—	—	—	—	—	14	2	12	—	—	—	—	—	—
82	—	—	—	—	—	—	15	2	13	—	—	—	—	—	—
83	—	—	—	1	1	—	9	—	9	—	—	—	—	—	—
84	—	—	—	—	—	—	13	1	12	—	—	—	—	—	—
85—89 岁	—	—	—	1	—	1	18	1	17	—	—	—	—	—	—
85	—	—	—	1	—	1	6	—	6	—	—	—	—	—	—
86	—	—	—	—	—	—	2	—	2	—	—	—	—	—	—
87	—	—	—	—	—	—	6	—	6	—	—	—	—	—	—
88	—	—	—	—	—	—	3	1	2	—	—	—	—	—	—
89	—	—	—	—	—	—	1	—	1	—	—	—	—	—	—
90—99 岁	—	—	—	—	—	—	9	3	6	—	—	—	—	—	—
100 岁及 100 岁以上	—	—	—	—	—	—	—	—	—	—	—	—	—	—	—

肢体残疾(含综合残疾)人按致残年龄划分的致残原因(表109续)

致残年龄	工伤			交通事故			其他外伤			小儿麻痹			结核性感染		
	合计	男	女	小计	男	女	小计	男	女	小计	男	女	小计	男	女
发现残疾小计*	**64**	**57**	**7**	**28**	**21**	**7**	**377**	**203**	**134**	**240**	**157**	**83**	**71**	**40**	**31**
60—64岁	1	1	—	1	1	—	22	6	16	—	—	—	1	—	1
60	1	1	—	—	—	—	1	—	1	—	—	—	1	—	1
61	—	—	—	—	—	—	2	—	2	—	—	—	—	—	—
62	—	—	—	—	—	—	3	3	—	—	—	—	—	—	—
63	—	—	—	1	1	—	10	2	8	—	—	—	—	—	—
64	—	—	—	—	—	—	6	1	5	—	—	—	—	—	—
65—69岁	2	2	—	1	1	—	19	7	12	—	—	—	—	—	—
65	1	1	—	1	1	—	7	2	5	—	—	—	—	—	—
66	1	1	—	—	—	—	3	1	2	—	—	—	—	—	—
67	—	—	—	—	—	—	2	1	1	—	—	—	—	—	—
68	—	—	—	—	—	—	4	2	2	—	—	—	—	—	—
69	—	—	—	—	—	—	3	1	2	—	—	—	—	—	—
70—74岁	—	—	—	2	2	—	24	10	14	—	—	—	1	—	1
70	—	—	—	—	—	—	4	3	1	—	—	—	—	—	—
71	—	—	—	—	—	—	8	2	6	—	—	—	—	—	—
72	—	—	—	1	1	—	3	1	2	—	—	—	—	—	—
73	—	—	—	1	1	—	2	—	2	—	—	—	—	—	—
74	—	—	—	—	—	—	7	4	3	—	—	—	1	—	1
75—79岁	—	—	—	1	—	1	10	2	8	—	—	—	—	—	—
75	—	—	—	—	—	—	3	—	3	—	—	—	—	—	—
76	—	—	—	—	—	—	2	—	2	—	—	—	—	—	—
77	—	—	—	—	—	—	1	—	1	—	—	—	—	—	—
78	—	—	—	—	—	—	2	1	1	—	—	—	—	—	—
79	—	—	—	1	—	1	2	1	1	—	—	—	—	—	—
80—84岁	—	—	—	—	—	—	8	1	7	—	—	—	—	—	—
80	—	—	—	—	—	—	4	—	4	—	—	—	—	—	—
81	—	—	—	—	—	—	3	1	2	—	—	—	—	—	—
82	—	—	—	—	—	—	1	—	1	—	—	—	—	—	—
83	—	—	—	—	—	—	—	—	—	—	—	—	—	—	—
84	—	—	—	—	—	—	—	—	—	—	—	—	—	—	—
85—89岁	—	—	—	—	—	—	1	—	1	—	—	—	—	—	—
85	—	—	—	—	—	—	—	—	—	—	—	—	—	—	—
86	—	—	—	—	—	—	—	—	—	—	—	—	—	—	—
87	—	—	—	—	—	—	—	—	—	—	—	—	—	—	—
88	—	—	—	—	—	—	1	—	1	—	—	—	—	—	—
89	—	—	—	—	—	—	—	—	—	—	—	—	—	—	—
90—99岁	—	—	—	—	—	—	1	—	1	—	—	—	—	—	—
100岁及100岁以上	—	—	—	—	—	—	—	—	—	—	—	—	—	—	—

肢体残疾(含综合残疾)人按致残年龄划分的致残原因(表109续)

致残年龄	血管性疾患			化脓性感染			肿瘤			其他			不详		
	合计	男	女	小计	男	女	小计	男	女	小计	男	女	小计	男	女
总计*	**2415**	**1324**	**1091**	**839**	**511**	**328**	**106**	**63**	**43**	**2689**	**1327**	**1362**	**1258**	**660**	**598**
先天残疾小计	3	1	2	2	2	0	4	3	1	173	102	71	199	106	93
后天残疾小计	2036	1116	920	733	445	288	74	46	28	2002	977	1025	739	380	359
60—64岁	359	207	152	15	8	7	5	4	1	127	47	80	41	18	23
60	86	56	30	5	2	3	1	1	—	43	13	30	19	7	12
61	74	41	33	1	—	1	1	1	—	18	7	11	4	2	2
62	82	45	37	3	1	2	1	1	—	24	10	14	9	4	5
63	54	27	27	3	3	—	2	1	1	23	12	11	4	2	2
64	63	38	25	3	2	1	—	—	—	19	5	14	5	3	2
65—69岁	332	192	140	9	1	8	2	1	1	104	44	60	30	19	11
65	71	47	24	—	—	—	—	—	—	28	10	18	12	8	4
66	65	40	25	1	—	1	1	—	1	21	12	9	4	2	2
67	67	36	31	2	1	1	—	—	—	22	11	11	4	3	1
68	65	32	33	4	—	4	1	1	—	21	7	14	4	2	2
69	64	37	27	2	—	2	—	—	—	12	4	8	6	4	2
70—74岁	254	138	116	4	3	1	2	1	1	72	34	38	31	13	18
70	69	37	32	2	2	—	—	—	—	23	11	12	8	4	4
71	57	28	29	—	—	—	1	1	—	12	5	7	6	3	3
72	49	28	21	2	1	1	1	—	1	15	6	9	8	2	6
73	45	24	21	—	—	—	—	—	—	12	7	5	8	3	5
74	34	21	13	—	—	—	—	—	—	10	5	5	1	1	—
75—79岁	143	58	85	4	3	1	3	3	—	56	18	38	19	7	12
75	50	25	25	2	1	1	2	2	—	7	1	6	2	2	—
76	25	10	15	2	2	—	—	—	—	15	7	8	6	2	4
77	37	13	24	—	—	—	—	—	—	15	5	10	4	1	3
78	18	6	12	—	—	—	1	1	—	13	4	9	3	1	2
79	13	4	9	—	—	—	—	—	—	6	1	5	4	1	3
80—84岁	42	14	28	1	—	1	1	—	1	22	7	15	10	4	6
80	20	5	15	—	—	—	—	—	—	11	4	7	2	—	2
81	5	—	5	—	—	—	—	—	—	5	2	3	3	2	1
82	10	5	5	1	—	1	—	—	—	3	1	2	4	1	3
83	4	2	2	—	—	—	1	—	1	3	—	3	1	1	—
84	3	2	1	—	—	—	—	—	—	—	—	—	—	—	—
85—89岁	8	4	4	—	—	—	1	1	—	5	1	4	1	—	1
85	2	—	2	—	—	—	—	—	—	1	—	1	—	—	—
86	2	2	—	—	—	—	—	—	—	1	1	—	—	—	—
87	4	2	2	—	—	—	1	1	—	1	—	1	1	—	1
88	—	—	—	—	—	—	—	—	—	2	—	2	—	—	—
89	—	—	—	—	—	—	—	—	—	—	—	—	—	—	—
90—99岁	3	—	3	—	—	—	—	—	—	10	4	6	1	—	1
100岁及100岁以上	—	—	—	—	—	—	—	—	—	—	—	—	—	—	—

肢体残疾(含综合残疾)人按致残年龄划分的致残原因(表 109 续)

致残年龄	血管性疾患			化脓性感染			肿瘤			其他			不详		
	合计	男	女	小计	男	女	小计	男	女	小计	男	女	小计	男	女
发现残疾小计*	**376**	**207**	**169**	**104**	**64**	**40**	**28**	**14**	**14**	**514**	**248**	**266**	**320**	**174**	**146**
60—64 岁	78	49	29	2	2	—	—	—	—	28	14	14	14	8	6
60	16	11	5	1	1	—	—	—	—	7	3	4	3	1	2
61	15	10	5	—	—	—	—	—	—	2	—	2	2	1	1
62	12	7	5	—	—	—	—	—	—	10	5	5	3	2	1
63	17	11	6	—	—	—	—	—	—	5	3	2	3	2	1
64	18	10	8	1	1	—	—	—	—	4	3	1	3	2	1
65—69 岁	77	46	31	1	—	1	—	—	—	30	6	24	16	6	10
65	21	11	10	1	—	1	—	—	—	9	2	7	5	2	3
66	13	9	4	—	—	—	—	—	—	6	1	5	4	2	2
67	12	9	3	—	—	—	—	—	—	7	2	5	4	2	2
68	18	10	8	—	—	—	—	—	—	5	1	4	2	—	2
69	13	7	6	—	—	—	—	—	—	3	—	3	1	—	1
70—74 岁	41	16	25	—	—	—	2	1	1	27	15	12	14	10	4
70	9	4	5	—	—	—	—	—	—	7	3	4	5	4	1
71	10	7	3	—	—	—	—	—	—	2	1	1	3	1	2
72	9	3	6	—	—	—	—	—	—	10	7	3	4	3	1
73	7	1	6	—	—	—	2	1	1	3	1	2	1	1	—
74	6	1	5	—	—	—	—	—	—	5	3	2	1	1	—
75—79 岁	17	7	10	1	1	—	—	—	—	25	10	15	10	3	7
75	6	3	3	—	—	—	—	—	—	9	4	5	2	1	1
76	4	2	2	—	—	—	—	—	—	5	2	3	4	1	3
77	3	—	3	—	—	—	—	—	—	3	—	3	2	1	1
78	2	1	1	—	—	—	—	—	—	5	2	3	1	—	1
79	2	1	1	1	1	—	—	—	—	3	2	1	1	—	1
80—84 岁	12	5	7	2	1	1	—	—	—	6	2	4	3	2	1
80	6	3	3	2	1	1	—	—	—	1	1	—	1	—	1
81	5	2	3	—	—	—	—	—	—	1	—	1	—	—	—
82	1	—	1	—	—	—	—	—	—	2	1	1	—	—	—
83	—	—	—	—	—	—	—	—	—	2	—	2	2	2	—
84	—	—	—	—	—	—	—	—	—	—	—	—	—	—	—
85—89 岁	1	—	1	—	—	—	—	—	—	4	—	4	2	—	2
85	—	—	—	—	—	—	—	—	—	4	—	1	2	—	2
86	1	—	1	—	—	—	—	—	—	1	—	1	—	—	—
87	—	—	—	—	—	—	—	—	—	—	—	—	—	—	—
88	—	—	—	—	—	—	—	—	—	1	—	1	—	—	—
89	—	—	—	—	—	—	—	—	—	1	—	1	—	—	—
90—99 岁	—	—	—	—	—	—	—	—	—	1	—	1	1	—	1
100 岁及 100 岁以上	—	—	—	—	—	—	—	—	—	—	—	—	—	—	—

精神病残疾(含综合残疾)人按致残年龄划分的致残原因(表 110)

致残年龄	精神病残疾人数			脑血管病			颅脑损伤			脑变性疾病			癫　痫		
	合计	男	女	小计	男	女	小计	男	女	小计	男	女	小计	男	女
总计*	**3907**	**1780**	**2127**	**71**	**46**	**25**	**65**	**48**	**17**	**82**	**29**	**53**	**311**	**158**	**153**
先天残疾小计	22	14	8	—	—	—	—	—	—	1	—	1	4	2	2
后天残疾小计	1546	692	854	32	21	11	36	27	9	35	12	23	132	65	67
60—64 岁	30	13	17	10	6	4	1	—	1	2	—	2	—	—	—
60	7	1	6	2	1	1	1	—	1	—	—	—	—	—	—
61	6	4	2	1	—	1	—	—	—	—	—	—	—	—	—
62	7	2	5	3	2	1	—	—	—	2	—	2	—	—	—
63	4	1	3	—	—	—	—	—	—	—	—	—	—	—	—
64	6	5	1	4	3	1	—	—	—	—	—	—	—	—	—
65—69 岁	17	9	8	6	4	2	—	—	—	2	—	2	1	1	—
65	4	3	1	2	2	—	—	—	—	—	—	—	—	—	—
66	3	3	—	1	1	—	—	—	—	—	—	—	—	—	—
67	1	—	1	—	—	—	—	—	—	1	—	1	—	—	—
68	6	2	4	3	1	2	—	—	—	—	—	—	1	1	—
69	3	1	2	—	—	—	—	—	—	1	—	1	—	—	—
70—74 岁	16	12	4	2	1	1	—	—	—	7	5	2	1	1	—
70	2	1	1	—	—	—	—	—	—	1	—	1	—	—	—
71	3	3	—	1	1	—	—	—	—	1	1	—	—	—	—
72	2	2	—	—	—	—	—	—	—	1	1	—	1	1	—
73	7	4	3	1	—	1	—	—	—	3	2	1	—	—	—
74	2	2	—	—	—	—	—	—	—	1	1	—	—	—	—
75—79 岁	18	4	14	3	1	2	1	1	—	5	1	4	—	—	—
75	3	1	2	2	1	1	—	—	—	1	—	1	—	—	—
76	5	2	3	—	—	—	1	1	—	1	1	—	—	—	—
77	4	—	4	—	—	—	—	—	—	1	—	1	—	—	—
78	4	1	3	—	—	—	—	—	—	1	—	1	—	—	—
79	2	—	2	1	—	1	—	—	—	1	—	1	—	—	—
80—84 岁	5	1	4	—	—	—	—	—	—	5	1	4	—	—	—
80	2	—	2	—	—	—	—	—	—	2	—	2	—	—	—
81	—	—	—	—	—	—	—	—	—	—	—	—	—	—	—
82	1	1	—	—	—	—	—	—	—	1	1	—	—	—	—
83	1	—	1	—	—	—	—	—	—	1	—	1	—	—	—
84	1	—	1	—	—	—	—	—	—	1	—	1	—	—	—
85—89 岁	4	—	4	—	—	—	—	—	—	3	—	3	—	—	—
85	—	—	—	—	—	—	—	—	—	—	—	—	—	—	—
86	2	—	2	—	—	—	—	—	—	2	—	2	—	—	—
87	2	—	2	—	—	—	—	—	—	1	—	1	—	—	—
88	—	—	—	—	—	—	—	—	—	—	—	—	—	—	—
89	—	—	—	—	—	—	—	—	—	—	—	—	—	—	—
90—99 岁	—	—	—	—	—	—	—	—	—	—	—	—	—	—	—
100 岁及 100 岁以上	—	—	—	—	—	—	—	—	—	—	—	—	—	—	—

精神病残疾(含综合残疾)人按致残年龄划分的致残原因(表 110 续)

致残年龄	精神病残疾人数			脑血管病			颅脑损伤			脑变性疾病			癫　痫		
	合计	男	女	小计	男	女	小计	男	女	小计	男	女	小计	男	女
发现残疾小计*	**2339**	**1074**	**1265**	**39**	**25**	**14**	**29**	**21**	**8**	**46**	**17**	**29**	**175**	**91**	**84**
60—64 岁	67	34	33	6	5	1	2	2	—	4	2	2	1	1	—
60	21	9	12	1	—	1	—	—	—	1	1	—	—	—	—
61	10	6	4	2	2	—	—	—	—	1	—	1	—	—	—
62	16	11	5	—	—	—	—	—	—	1	1	—	—	—	—
63	5	3	2	—	—	—	1	1	—	—	—	—	—	—	—
64	15	5	10	3	3	—	1	1	—	1	—	1	1	1	—
65—69 岁	58	19	39	7	4	3	—	—	—	6	—	6	2	—	2
65	19	7	12	1	1	—	—	—	—	2	—	2	—	—	—
66	14	6	8	1	1	—	—	—	—	—	—	—	1	—	1
67	9	4	5	3	1	2	—	—	—	—	—	—	—	—	—
68	9	—	9	—	—	—	—	—	—	3	—	3	—	—	—
69	7	2	5	2	1	1	—	—	—	1	—	1	1	—	1
70—74 岁	33	19	14	7	5	2	—	—	—	4	2	2	—	—	—
70	8	4	4	1	1	—	—	—	—	1	1	—	—	—	—
71	9	5	4	2	2	—	—	—	—	1	—	1	—	—	—
72	6	4	2	2	1	1	—	—	—	—	—	—	—	—	—
73	7	4	3	1	1	—	—	—	—	2	1	1	—	—	—
74	3	2	1	1	—	1	—	—	—	—	—	—	—	—	—
75—79 岁	29	12	17	2	2	—	—	—	—	7	4	3	—	—	—
75	8	3	5	—	—	—	—	—	—	—	—	—	—	—	—
76	6	3	3	—	—	—	—	—	—	1	1	—	—	—	—
77	4	1	3	1	1	—	—	—	—	2	—	2	—	—	—
78	4	2	2	—	—	—	—	—	—	1	1	—	—	—	—
79	7	3	4	1	1	—	—	—	—	3	2	1	—	—	—
80—84 岁	18	5	13	2	—	2	—	—	—	8	2	6	—	—	—
80	7	4	3	—	—	—	—	—	—	3	2	1	—	—	—
81	2	—	2	—	—	—	—	—	—	1	—	1	—	—	—
82	6	1	5	—	—	—	—	—	—	4	—	4	—	—	—
83	2	—	2	1	—	1	—	—	—	—	—	—	—	—	—
84	1	—	1	1	—	1	—	—	—	—	—	—	—	—	—
85—89 岁	5	1	4	1	—	1	—	—	—	3	1	2	—	—	—
85	3	1	2	—	—	—	—	—	—	2	1	1	—	—	—
86	1	—	1	1	—	1	—	—	—	—	—	—	—	—	—
87	—	—	—	—	—	—	—	—	—	—	—	—	—	—	—
88	1	—	1	—	—	—	—	—	—	1	—	1	—	—	—
89	—	—	—	—	—	—	—	—	—	—	—	—	—	—	—
90—99 岁	2	—	2	—	—	—	—	—	—	2	—	2	—	—	—
100 岁及 100 岁以上	—	—	—	—	—	—	—	—	—	—	—	—	—	—	—

精神病残疾(含综合残疾)人按致残年龄划分的致残原因(表 110 续)

致残年龄	其他脑器质性疾病			躯体疾病			工业农药中毒(包括 CO 中毒)			酒精依赖及中毒			药物依赖及中毒		
	小计	男	女	小计	男	女	小计	男	女	小计	男	女	小计	男	女
总计*	**100**	**60**	**40**	**15**	**10**	**5**	**3**	**1**	**2**	**61**	**59**	**2**	**10**	**5**	**5**
先天残疾小计	8	7	1	—	—	—	—	—	—	—	—	—	—	—	—
后天残疾小计	59	36	23	8	6	2	3	1	2	19	19	—	5	2	3
60—64 岁	2	2	—	1	1	—	—	—	—	—	—	—	—	—	—
60	—	—	—	—	—	—	—	—	—	—	—	—	—	—	—
61	2	2	—	—	—	—	—	—	—	—	—	—	—	—	—
62	—	—	—	—	—	—	—	—	—	—	—	—	—	—	—
63	—	—	—	—	—	—	—	—	—	—	—	—	—	—	—
64	—	—	—	1	1	—	—	—	—	—	—	—	—	—	—
65—69 岁	—	—	—	—	—	—	—	—	—	1	1	—	—	—	—
65	—	—	—	—	—	—	—	—	—	—	—	—	—	—	—
66	—	—	—	—	—	—	—	—	—	—	—	—	—	—	—
67	—	—	—	—	—	—	—	—	—	—	—	—	—	—	—
68	—	—	—	—	—	—	—	—	—	—	—	—	—	—	—
69	—	—	—	—	—	—	—	—	—	1	1	—	—	—	—
70—74 岁	4	3	1	—	—	—	—	—	—	—	—	—	—	—	—
70	—	—	—	—	—	—	—	—	—	—	—	—	—	—	—
71	1	1	—	—	—	—	—	—	—	—	—	—	—	—	—
72	—	—	—	—	—	—	—	—	—	—	—	—	—	—	—
73	2	1	1	—	—	—	—	—	—	—	—	—	—	—	—
74	1	1	—	—	—	—	—	—	—	—	—	—	—	—	—
75—79 岁	2	—	2	—	—	—	—	—	—	—	—	—	—	—	—
75	—	—	—	—	—	—	—	—	—	—	—	—	—	—	—
76	—	—	—	—	—	—	—	—	—	—	—	—	—	—	—
77	1	—	1	—	—	—	—	—	—	—	—	—	—	—	—
78	1	—	1	—	—	—	—	—	—	—	—	—	—	—	—
79	—	—	—	—	—	—	—	—	—	—	—	—	—	—	—
80—84 岁	—	—	—	—	—	—	—	—	—	—	—	—	—	—	—
80	—	—	—	—	—	—	—	—	—	—	—	—	—	—	—
81	—	—	—	—	—	—	—	—	—	—	—	—	—	—	—
82	—	—	—	—	—	—	—	—	—	—	—	—	—	—	—
83	—	—	—	—	—	—	—	—	—	—	—	—	—	—	—
84	—	—	—	—	—	—	—	—	—	—	—	—	—	—	—
85—89 岁	1	—	1	—	—	—	—	—	—	—	—	—	—	—	—
85	—	—	—	—	—	—	—	—	—	—	—	—	—	—	—
86	—	—	—	—	—	—	—	—	—	—	—	—	—	—	—
87	1	—	1	—	—	—	—	—	—	—	—	—	—	—	—
88	—	—	—	—	—	—	—	—	—	—	—	—	—	—	—
89	—	—	—	—	—	—	—	—	—	—	—	—	—	—	—
90—99 岁	—	—	—	—	—	—	—	—	—	—	—	—	—	—	—
100 岁及 100 岁以上	—	—	—	—	—	—	—	—	—	—	—	—	—	—	—

精神病残疾(含综合残疾)人按致残年龄划分的致残原因(表110续)

致残年龄	其他脑器质性疾病			躯体疾病			工业农药中毒(包括CO中毒)			酒精依赖及中毒			药物依赖及中毒		
	小计	男	女	小计	男	女	小计	男	女	小计	男	女	小计	男	女
发现残疾小计*	**33**	**17**	**16**	**7**	**4**	**3**	—	—	—	**42**	**40**	**2**	**5**	**3**	**2**
60—64岁	3	—	3	—	—	—	—	—	—	6	6	—	—	—	—
60	1	—	1	—	—	—	—	—	—	3	3	—	—	—	—
61	—	—	—	—	—	—	—	—	—	1	1	—	—	—	—
62	—	—	—	—	—	—	—	—	—	1	1	—	—	—	—
63	—	—	—	—	—	—	—	—	—	1	1	—	—	—	—
64	2	—	2	—	—	—	—	—	—	—	—	—	—	—	—
65—69岁	—	—	—	—	—	—	—	—	—	—	—	—	—	—	—
65	—	—	—	—	—	—	—	—	—	—	—	—	—	—	—
66	—	—	—	—	—	—	—	—	—	—	—	—	—	—	—
67	—	—	—	—	—	—	—	—	—	—	—	—	—	—	—
68	—	—	—	—	—	—	—	—	—	—	—	—	—	—	—
69	—	—	—	—	—	—	—	—	—	—	—	—	—	—	—
70—74岁	1		1	—	—	—	—	—	—	3	1	2	—	—	—
70	—	—	—	—	—	—	—	—	—	2	—	2	—	—	—
71	1	—	1	—	—	—	—	—	—	—	—	—	—	—	—
72	—	—	—	—	—	—	—	—	—	—	—	—	—	—	—
73	—	—	—	—	—	—	—	—	—	—	—	—	—	—	—
74	—	—	—	—	—	—	—	—	—	1	1	—	—	—	—
75—79岁	1	—	1	—	—	—	—	—	—	—	—	—	—	—	—
75	1	—	1	—	—	—	—	—	—	—	—	—	—	—	—
76	—	—	—	—	—	—	—	—	—	—	—	—	—	—	—
77	—	—	—	—	—	—	—	—	—	—	—	—	—	—	—
78	—	—	—	—	—	—	—	—	—	—	—	—	—	—	—
79	—	—	—	—	—	—	—	—	—	—	—	—	—	—	—
80—84岁	1	1	—	—	—	—	—	—	—	1	1	—	—	—	—
80	1	1	—	—	—	—	—	—	—	1	1	—	—	—	—
81	—	—	—	—	—	—	—	—	—	—	—	—	—	—	—
82	—	—	—	—	—	—	—	—	—	—	—	—	—	—	—
83	—	—	—	—	—	—	—	—	—	—	—	—	—	—	—
84	—	—	—	—	—	—	—	—	—	—	—	—	—	—	—
85—89岁	—	—	—	—	—	—	—	—	—	—	—	—	—	—	—
85	—	—	—	—	—	—	—	—	—	—	—	—	—	—	—
86	—	—	—	—	—	—	—	—	—	—	—	—	—	—	—
87	—	—	—	—	—	—	—	—	—	—	—	—	—	—	—
88	—	—	—	—	—	—	—	—	—	—	—	—	—	—	—
89	—	—	—	—	—	—	—	—	—	—	—	—	—	—	—
90—99岁	—	—	—	—	—	—	—	—	—	—	—	—	—	—	—
100岁及100岁以上	—	—	—	—	—	—	—	—	—	—	—	—	—	—	—

精神病残疾(含综合残疾)人按致残年龄划分的致残原因(表110续)

致残年龄	精神分裂症			情感性精神病			偏执性精神病		
	小计	男	女	小计	男	女	小计	男	女
总计*	**2574**	**1130**	**1444**	**249**	**85**	**164**	**47**	**25**	**22**
先天残疾小计	1	—	1	—	—	—	—	—	—
后天残疾小计	993	428	565	99	30	69	11	6	5
60—64岁	9	4	5	1	—	1	1	—	1
60	3	—	3	—	—	—	—	—	—
61	3	2	1	—	—	—	—	—	—
62	1	—	1	—	—	—	—	—	—
63	1	1	—	1	—	1	1	—	1
64	1	1	—	—	—	—	—	—	—
65—69岁	3	—	3	1	1	—	1	1	—
65	1	—	1	1	1	—	—	—	—
66	—	—	—	—	—	—	1	1	—
67	—	—	—	—	—	—	—	—	—
68	1	—	1	—	—	—	—	—	—
69	1	—	1	—	—	—	—	—	—
70—74岁	2	2	—	—	—	—	—	—	—
70	1	1	—	—	—	—	—	—	—
71	—	—	—	—	—	—	—	—	—
72	—	—	—	—	—	—	—	—	—
73	1	1	—	—	—	—	—	—	—
74	—	—	—	—	—	—	—	—	—
75—79岁	2	—	2	—	—	—	—	—	—
75	—	—	—	—	—	—	—	—	—
76	2	—	2	—	—	—	—	—	—
77	—	—	—	—	—	—	—	—	—
78	—	—	—	—	—	—	—	—	—
79	—	—	—	—	—	—	—	—	—
80—84岁	—	—	—	—	—	—	—	—	—
80	—	—	—	—	—	—	—	—	—
81	—	—	—	—	—	—	—	—	—
82	—	—	—	—	—	—	—	—	—
83	—	—	—	—	—	—	—	—	—
84	—	—	—	—	—	—	—	—	—
85—89岁	—	—	—	—	—	—	—	—	—
85	—	—	—	—	—	—	—	—	—
86	—	—	—	—	—	—	—	—	—
87	—	—	—	—	—	—	—	—	—
88	—	—	—	—	—	—	—	—	—
89	—	—	—	—	—	—	—	—	—
90—99岁	—	—	—	—	—	—	—	—	—
100岁及100岁以上	—	—	—	—	—	—	—	—	—

精神病残疾(含综合残疾)人按致残年龄划分的致残原因(表110续)

致残年龄	反应性精神病			儿童期精神病			其他			不详		
	小计	男	女	小计	男	女	小计	男	女	小计	男	女
总计*	**80**	**21**	**59**	**40**	**19**	**21**	**165**	**68**	**97**	**34**	**16**	**18**
先天残疾小计	—	—	—	1	1	—	2	—	2	5	4	1
后天残疾小计	29	5	24	12	7	5	61	23	38	12	4	8
60—64岁	1	—	1	—	—	—	—	—	—	2	—	2
60	1	—	1	—	—	—	—	—	—	—	—	—
61	—	—	—	—	—	—	—	—	—	—	—	—
62	—	—	—	—	—	—	—	—	—	1	—	1
63	—	—	—	—	—	—	—	—	—	1	—	1
64	—	—	—	—	—	—	—	—	—	—	—	—
65—69岁	—	—	—	—	—	—	2	1	1	—	—	—
65	—	—	—	—	—	—	—	—	—	—	—	—
66	—	—	—	—	—	—	1	1	—	—	—	—
67	—	—	—	—	—	—	—	—	—	—	—	—
68	—	—	—	—	—	—	1	—	1	—	—	—
69	—	—	—	—	—	—	—	—	—	—	—	—
70—74岁	—	—	—	—	—	—	—	—	—	—	—	—
70	—	—	—	—	—	—	—	—	—	—	—	—
71	—	—	—	—	—	—	—	—	—	—	—	—
72	—	—	—	—	—	—	—	—	—	—	—	—
73	—	—	—	—	—	—	—	—	—	—	—	—
74	—	—	—	—	—	—	—	—	—	—	—	—
75—79岁	—	—	—	—	—	—	5	1	4	—	—	—
75	—	—	—	—	—	—	—	—	—	—	—	—
76	—	—	—	—	—	—	1	—	1	—	—	—
77	—	—	—	—	—	—	2	—	2	—	—	—
78	—	—	—	—	—	—	2	1	1	—	—	—
79	—	—	—	—	—	—	—	—	—	—	—	—
80—84岁	—	—	—	—	—	—	—	—	—	—	—	—
80	—	—	—	—	—	—	—	—	—	—	—	—
81	—	—	—	—	—	—	—	—	—	—	—	—
82	—	—	—	—	—	—	—	—	—	—	—	—
83	—	—	—	—	—	—	—	—	—	—	—	—
84	—	—	—	—	—	—	—	—	—	—	—	—
85—89岁	—	—	—	—	—	—	—	—	—	—	—	—
85	—	—	—	—	—	—	—	—	—	—	—	—
86	—	—	—	—	—	—	—	—	—	—	—	—
87	—	—	—	—	—	—	—	—	—	—	—	—
88	—	—	—	—	—	—	—	—	—	—	—	—
89	—	—	—	—	—	—	—	—	—	—	—	—
90—99岁	—	—	—	—	—	—	—	—	—	—	—	—
100岁及100岁以上	—	—	—	—	—	—	—	—	—	—	—	—

精神病残疾(含综合残疾)人按致残年龄划分的致残原因(表 110 续)

致残年龄	精神分裂症			情感性精神病			偏执性精神病		
	小计	男	女	小计	男	女	小计	男	女
发现残疾小计*	**1580**	**702**	**878**	**150**	**55**	**95**	**36**	**19**	**17**
60—64 岁	31	12	19	3	2	1	3	1	2
60	9	3	6	2	1	1	1	—	1
61	3	1	2	1	1	—	—	—	—
62	12	7	5	—	—	—	1	1	—
63	1	1	—	—	—	—	—	—	—
64	6	—	6	—	—	—	1	—	1
65—69 岁	28	10	18	7	1	6	3	2	1
65	9	4	5	4	—	4	2	2	—
66	9	4	5	1	1	—	1	—	1
67	4	2	2	1	—	1	—	—	—
68	5	—	5	1	—	1	—	—	—
69	1	—	1	—	—	—	—	—	—
70—74 岁	13	6	7	1	1	—	2	2	—
70	3	1	2	—	—	—	—	—	—
71	5	3	2	—	—	—	—	—	—
72	1	—	1	—	—	—	2	2	—
73	3	1	2	1	1	—	—	—	—
74	1	1	—	—	—	—	—	—	—
75—79 岁	11	3	8	3	3	—	1	—	1
75	2	—	2	3	3	—	—	—	—
76	4	2	2	—	—	—	—	—	—
77	1	—	1	—	—	—	—	—	—
78	2	1	1	—	—	—	—	—	—
79	2	—	2	—	—	—	1	—	1
80—84 岁	5	—	5	—	—	—	1	1	—
80	2	—	2	—	—	—	—	—	—
81	1	—	1	—	—	—	—	—	—
82	1	—	1	—	—	—	1	1	—
83	1	—	1	—	—	—	—	—	—
84	—	—	—	—	—	—	—	—	—
85—89 岁	1	—	1	—	—	—	—	—	—
85	1	—	1	—	—	—	—	—	—
86	—	—	—	—	—	—	—	—	—
87	—	—	—	—	—	—	—	—	—
88	—	—	—	—	—	—	—	—	—
89	—	—	—	—	—	—	—	—	—
90—99 岁	—	—	—	—	—	—	—	—	—
100 岁及 100 岁以上	—	—	—	—	—	—	—	—	—

精神病残疾(含综合残疾)人按致残年龄划分的致残原因(表110续)

致残年龄	反应性精神病			儿童期精神病			其　他			不　详		
	小计	男	女	小计	男	女	小计	男	女	小计	男	女
发现残疾小计*	**51**	**16**	**35**	**27**	**11**	**16**	**102**	**45**	**57**	**17**	**8**	**9**
60—64岁	1	1	—	—	—	—	7	2	5	—	—	—
60	—	—	—	—	—	—	3	1	2	—	—	—
61	1	1	—	—	—	—	1	—	1	—	—	—
62	—	—	—	—	—	—	1	1	—	—	—	—
63	—	—	—	—	—	—	2	—	2	—	—	—
64	—	—	—	—	—	—	—	—	—	—	—	—
65—69岁	2	1	1	—	—	—	3	1	2	—	—	—
65	—	—	—	—	—	—	1	—	1	—	—	—
66	—	—	—	—	—	—	1	—	1	—	—	—
67	1	1	—	—	—	—	—	—	—	—	—	—
68	—	—	—	—	—	—	—	—	—	—	—	—
69	1	—	1	—	—	—	1	1	—	—	—	—
70—74岁	—	—	—	—	—	—	2	2	—	—	—	—
70	—	—	—	—	—	—	1	1	—	—	—	—
71	—	—	—	—	—	—	—	—	—	—	—	—
72	—	—	—	—	—	—	1	1	—	—	—	—
73	—	—	—	—	—	—	—	—	—	—	—	—
74	—	—	—	—	—	—	—	—	—	—	—	—
75—79岁	1	—	1	—	—	—	2	—	2	1	—	1
75	—	—	—	—	—	—	2	—	2	—	—	—
76	1	—	1	—	—	—	—	—	—	—	—	—
77	—	—	—	—	—	—	—	—	—	—	—	—
78	—	—	—	—	—	—	—	—	—	1	—	1
79	—	—	—	—	—	—	—	—	—	—	—	—
80—84岁	—	—	—	—	—	—	—	—	—	—	—	—
80	—	—	—	—	—	—	—	—	—	—	—	—
81	—	—	—	—	—	—	—	—	—	—	—	—
82	—	—	—	—	—	—	—	—	—	—	—	—
83	—	—	—	—	—	—	—	—	—	—	—	—
84	—	—	—	—	—	—	—	—	—	—	—	—
85—89岁	—	—	—	—	—	—	—	—	—	—	—	—
85	—	—	—	—	—	—	—	—	—	—	—	—
86	—	—	—	—	—	—	—	—	—	—	—	—
87	—	—	—	—	—	—	—	—	—	—	—	—
88	—	—	—	—	—	—	—	—	—	—	—	—
89	—	—	—	—	—	—	—	—	—	—	—	—
90—99岁	—	—	—	—	—	—	—	—	—	—	—	—
100岁及100岁以上	—	—	—	—	—	—	—	—	—	—	—	—

肢体残疾(含综合残疾)按致残年龄划分的残疾部位(表116)

致残年龄	肢体残疾人数			上肢			下肢			躯干			综合		
	合计	男	女	小计	男	女	小计	男	女	小计	男	女	小计	男	女
总计*	**14467**	**8354**	**6113**	**2666**	**1664**	**1002**	**6599**	**3874**	**2725**	**1653**	**894**	**759**	**3549**	**1922**	**1627**
60—64岁	1256	743	513	216	140	76	487	294	193	119	58	61	434	251	183
60	260	156	104	36	23	13	120	76	44	24	9	15	80	48	32
61	240	133	107	44	25	19	84	47	37	18	8	10	94	53	41
62	233	144	89	43	28	15	81	52	29	26	17	9	83	47	36
63	267	161	106	45	30	15	91	55	36	27	15	12	104	61	43
64	256	149	107	48	34	14	111	64	47	24	9	15	73	42	31
65—69岁	1201	667	534	160	91	69	447	253	194	149	65	84	445	258	187
65	211	115	96	33	14	19	73	44	29	27	13	14	78	44	34
66	243	147	96	30	17	13	94	57	37	35	14	21	84	59	25
67	239	132	107	41	23	18	82	48	34	28	9	19	88	52	36
68	265	153	112	28	23	5	108	57	51	33	17	16	96	56	40
69	243	120	123	28	14	14	90	47	43	26	12	14	99	47	52
70—74岁	1070	560	510	111	64	47	434	236	198	142	69	73	383	191	192
70	225	129	96	30	18	12	96	63	33	27	11	16	72	37	35
71	221	117	104	24	9	15	77	47	30	36	17	19	84	44	40
72	205	106	99	21	15	6	83	45	38	21	10	11	80	36	44
73	218	104	114	21	14	7	89	34	55	31	19	12	77	37	40
74	201	104	97	15	8	7	89	47	42	27	12	15	70	37	33
75—79岁	769	361	408	70	35	35	352	171	181	112	43	69	235	112	123
75	183	92	91	19	10	9	85	47	38	26	11	15	53	24	29
76	160	76	84	14	9	5	64	29	35	21	8	13	61	30	31
77	159	75	84	13	7	6	77	37	40	28	13	15	41	18	23
78	135	66	69	11	5	6	57	30	27	24	9	15	43	22	21
79	132	52	80	13	4	9	69	28	41	13	2	11	37	18	19
80—84岁	455	155	300	37	22	15	241	69	172	87	29	58	90	35	55
80	132	44	88	9	6	3	72	18	54	27	11	16	24	9	15
81	106	44	62	10	8	2	58	21	37	19	6	13	19	9	10
82	89	28	61	7	4	3	38	9	29	17	5	12	27	10	17
83	66	18	48	7	2	5	40	11	29	11	3	8	8	2	6
84	62	21	41	4	2	2	33	10	23	13	4	9	12	5	7
85—89岁	154	40	114	5	2	3	91	19	72	26	10	16	32	9	23
85	49	13	36	2	—	2	27	5	22	9	5	4	11	3	8
86	37	12	25	3	2	1	19	4	15	7	2	5	8	4	4
87	24	8	16	—	—	—	13	4	9	4	2	2	7	2	5
88	23	4	19	—	—	—	19	4	15	2	—	2	2	—	2
89	21	3	18	—	—	—	13	2	11	4	1	3	4	—	4
90—99岁	53	13	40	3	1	2	35	8	27	7	2	5	8	2	6
100岁及100岁以上	1	—	1	—	—	—	—	—	—	1	—	1	—	—	—

按年龄划分的肢体残缺与功能障碍残疾人状况(表 119)

致残年龄	肢体残疾人数			截肢			先天缺肢			畸形			功能障碍		
	合计	男	女	小计	男	女	小计	男	女	小计	男	女	小计	男	女
总计*	**14467**	**8354**	**6113**	**1049**	**861**	**188**	**104**	**69**	**35**	**4322**	**2439**	**1883**	**8992**	**4985**	**4007**
60—64 岁	1256	743	513	74	65	9	2	1	1	283	168	115	897	509	388
60	260	156	104	17	15	2	1	1	—	61	36	25	181	104	77
61	240	133	107	14	10	4	—	—	—	54	31	23	172	92	80
62	233	144	89	11	11	—	—	—	—	55	35	20	167	98	69
63	267	161	106	15	13	2	1	—	1	49	31	18	202	117	85
64	256	149	107	17	16	1	—	—	—	64	35	29	175	98	77
65—69 岁	1201	667	534	53	38	15	4	2	2	287	139	148	857	488	369
65	211	115	96	13	8	5	1	—	1	54	25	29	143	82	61
66	243	147	96	7	6	1	1	—	1	64	33	31	171	108	63
67	239	132	107	15	12	3	1	1	—	57	27	30	166	92	74
68	265	153	112	10	9	1	1	1	—	57	29	28	197	114	83
69	243	120	123	8	3	5	—	—	—	55	25	30	180	92	88
70—74 岁	1070	560	510	32	25	7	—	—	—	256	135	121	782	400	382
70	225	129	96	9	8	1	—	—	—	53	34	19	163	87	76
71	221	117	104	5	4	1	—	—	—	58	29	29	158	84	74
72	205	106	99	7	5	2	—	—	—	41	21	20	157	80	77
73	218	104	114	6	5	1	—	—	—	53	22	31	159	77	82
74	201	104	97	5	3	2	—	—	—	51	29	22	145	72	73
75—79 岁	769	361	408	15	13	2	—	—	—	194	89	105	560	259	301
75	183	92	91	5	5	—	—	—	—	43	23	20	135	64	71
76	160	76	84	5	5	—	—	—	—	38	11	27	117	60	57
77	159	75	84	2	2	—	—	—	—	51	24	27	106	49	57
78	135	66	69	1	1	—	—	—	—	35	24	11	99	41	58
79	132	52	80	2	—	2	—	—	—	27	7	20	103	45	58
80—84 岁	455	155	300	9	6	3	—	—	—	135	37	98	311	112	199
80	132	44	88	1	1	—	—	—	—	41	11	30	90	32	58
81	106	44	62	3	2	1	—	—	—	23	9	14	80	33	47
82	89	28	61	3	2	1	—	—	—	25	8	17	61	18	43
83	66	18	48	1	—	1	—	—	—	26	5	21	39	13	26
84	62	21	41	1	1	—	—	—	—	20	4	16	41	16	25
85—89 岁	154	40	114	3	1	2	—	—	—	34	13	21	117	26	91
85	49	13	36	—	—	—	—	—	—	12	6	6	37	7	30
86	37	12	25	1	—	1	—	—	—	12	6	6	24	6	18
87	24	8	16	—	—	—	—	—	—	4	—	4	20	8	12
88	23	4	19	2	1	1	—	—	—	4	1	3	17	2	15
89	21	3	18	—	—	—	—	—	—	2	—	2	19	3	16
90—99 岁	53	13	40	1	—	1	—	—	—	9	2	7	43	11	32
100岁及100岁以上	1	—	1	—	—	—	—	—	—	1	—	1	—	—	—

全国调查人口中按残疾人年龄划分的经济来源(表 129)

年龄别	残疾人数			个人劳动收入			家庭或亲戚供养			国家和集体救济		
	合计	男	女	小计	男	女	小计	男	女	小计	男	女
总计*	**77345**	**38694**	**38651**	**23414**	**15216**	**8198**	**51883**	**22110**	**29773**	**2048**	**1368**	**680**
60—64 岁	6032	3001	3031	2046	1533	513	3744	1281	2463	242	187	55
60	1186	587	599	425	304	121	715	246	469	46	37	9
61	1173	581	592	442	314	128	689	230	459	42	37	5
62	1195	592	603	411	316	95	732	239	493	52	37	15
63	1245	649	596	397	318	79	789	286	503	59	45	14
64	1233	592	641	371	281	90	819	280	539	43	31	12
65—69 岁	6573	3167	3406	1598	1228	370	4727	1761	2966	248	178	70
65	1220	609	611	356	275	81	817	296	521	47	38	9
66	1347	636	711	340	248	92	963	355	608	44	33	11
67	1359	680	679	346	284	62	968	365	603	45	31	14
68	1336	639	697	303	229	74	978	371	607	55	39	16
69	1311	603	708	253	192	61	1001	374	627	57	37	20
70—74 岁	6889	3136	3753	950	771	179	5648	2181	3467	291	184	107
70	1382	653	729	225	180	45	1089	430	659	68	43	25
71	1384	652	732	207	170	37	1122	446	676	55	36	19
72	1435	632	803	192	158	34	1192	440	752	51	34	17
73	1340	614	726	172	143	29	1109	434	675	59	37	22
74	1348	585	763	154	120	34	1136	431	705	58	34	24
75—79 岁	5792	2433	3359	509	412	97	5049	1909	3140	234	112	122
75	1302	582	720	133	111	22	1121	443	678	48	28	20
76	1237	511	726	108	85	23	1081	395	686	48	31	17
77	1194	528	666	95	73	22	1042	428	614	57	27	30
78	1110	445	665	103	87	16	961	343	618	46	15	31
79	949	367	582	70	56	14	844	300	544	35	11	24
80—84 岁	3714	1342	2372	209	168	41	3329	1089	2240	176	85	91
80	945	340	605	56	47	9	842	268	574	47	25	22
81	839	297	542	50	39	11	749	241	508	40	17	23
82	731	280	451	47	38	9	651	226	425	33	16	17
83	656	242	414	33	24	9	592	200	392	31	18	13
84	543	183	360	23	20	3	495	154	341	25	9	16
85—89 岁	1325	417	908	53	39	14	1214	352	862	58	26	32
85	429	140	289	17	10	7	400	123	277	12	7	5
86	343	115	228	15	12	3	314	96	218	14	7	7
87	242	75	167	7	7	—	221	66	155	14	2	12
88	194	56	138	6	3	3	174	46	128	14	7	7
89	117	31	86	8	7	1	105	21	84	4	3	1
90—99 岁	379	120	259	11	8	3	346	106	240	22	6	16
100 岁及 100 岁以上	17	4	13	1	1	—	14	2	12	2	1	1

视力残疾(含综合残疾)人的按年龄划分的康复需要情况(表 152)

年龄别	合计	医院治疗	家庭康复	职业训练	助视器	其他
总计*	**15923**	**10578**	**3415**	**338**	**921**	**671**
60—64 岁	1734	1156	380	30	94	74
60	333	190	96	8	26	13
61	319	231	62	6	13	7
62	353	239	83	2	16	13
63	363	237	74	6	22	24
64	366	259	65	8	17	17
65—69 岁	2069	1501	398	15	80	75
65	374	274	66	2	18	14
66	425	296	76	9	24	20
67	421	312	83	1	8	17
68	416	298	89	2	15	12
69	433	321	84	1	15	12
70—74 岁	2381	1774	468	18	57	64
70	472	351	98	2	11	10
71	481	344	103	3	16	15
72	497	381	86	5	11	14
73	441	334	83	4	13	7
74	490	364	98	4	6	18
75—79 岁	2219	1716	375	12	48	68
75	485	367	92	2	8	16
76	472	371	71	3	14	13
77	468	369	71	1	14	13
78	441	331	82	2	9	17
79	353	278	59	4	3	9
80—84 岁	1640	1281	293	7	15	44
80	408	313	77	2	3	13
81	356	275	67	1	3	10
82	318	263	46	1	2	6
83	306	229	67	2	3	5
84	252	201	36	1	4	10
85—89 岁	639	506	104	4	9	16
85	198	146	41	1	4	6
86	168	137	25	1	2	3
87	118	95	19	—	2	2
88	108	88	14	2	—	4
89	47	40	5	—	1	1
90—99 岁	208	157	417	2	3	5
100 岁及 100 岁以上	8	5	2	—	1	—

听力语言残疾(含综合残疾)人的按年龄划分的康复需要情况(表 153)

年龄别	合计	医院治疗	家庭康复	职业训练	教育康复	助听器	其他
总计*	**34444**	**5375**	**6785**	**1005**	**866**	**18145**	**2268**
60—64 岁	3170	348	587	16	7	2028	184
60	588	83	113	6	3	343	40
61	633	74	109	3	1	411	35
62	638	71	102	1	2	417	45
63	653	58	132	3	—	431	29
64	658	62	131	3	1	426	35
65—69 岁	3726	302	740	12	8	2470	194
65	680	64	117	2	3	451	43
66	751	59	153	4	1	488	46
67	792	59	166	1	2	521	43
68	761	71	150	3	2	503	32
69	742	49	154	2	—	507	30
70—74 岁	4248	205	840	5	4	2989	205
70	826	49	169	3	1	562	42
71	816	43	166	1	—	565	41
72	901	40	167	—	1	651	42
73	854	38	170	1	—	604	41
74	851	35	168	—	2	607	39
75—79 岁	3841	122	764	2	4	2763	186
75	825	33	188	1	1	560	42
76	815	27	149	—	1	600	38
77	794	21	149	1	1	584	38
78	751	22	154	—	1	536	38
79	656	19	124	—	—	483	30
80—84 岁	2612	55	538	1	—	1866	152
80	659	16	148	—	—	460	35
81	574	12	98	—	—	429	35
82	514	10	103	—	—	372	29
83	472	13	106	1	—	323	29
84	393	4	83	—	—	282	24
85—89 岁	975	22	205	—	—	680	68
85	312	7	73	—	—	217	15
86	244	6	47	—	—	170	21
87	188	5	37	—	—	132	14
88	137	1	27	—	—	98	11
89	94	3	21	—	—	63	7
90—99 岁	302	3	79	—	—	200	20
100 岁及 100 岁以上	10	—	5	—	—	5	—

智力残疾(含综合残疾)人的按年龄划分的康复需要情况(表 154)

年龄别	合计	医院治疗	家庭康复	职业训练	低能教育	其他
总计*	**20022**	**787**	**7600**	**3196**	**7024**	**1415**
60—64 岁	332	20	252	23	6	60
60	70	3	55	—	—	12
61	69	3	50	—	—	16
62	62	4	49	—	—	9
63	60	3	49	—	—	8
64	71	7	49	—	—	15
65—69 岁	290	25	223	—	—	42
65	46	2	35	—	—	9
66	66	6	48	—	—	12
67	61	4	52	—	—	5
68	64	7	48	—	—	9
69	53	6	40	—	—	7
70—74 岁	239	11	206	—	—	22
70	53	3	42	—	—	8
71	41	1	36	—	—	4
72	48	1	41	—	—	6
73	42	3	38	—	—	1
74	55	3	49	—	—	3
75—79 岁	198	16	164	—	—	18
75	44	5	35	—	—	4
76	49	3	39	—	—	7
77	42	4	36	—	—	2
78	32	2	27	—	—	3
79	31	2	27	—	—	2
80—84 岁	167	6	138	—	—	23
80	35	2	25	—	—	8
81	28	1	26	—	—	1
82	37	1	30	—	—	6
83	38	—	35	—	—	3
84	29	2	22	—	—	5
85—89 岁	73	6	56	—	—	11
85	25	1	2	—	—	4
86	12	3	8	—	—	1
87	16	1	12	—	—	3
88	11	1	9	—	—	1
89	8	—	7	—	—	2
90—99 岁	30	—	26	—	—	4
100 岁及 100 岁以上	2	—	2	—	—	—

肢体残疾(含综合残疾)人按年龄划分的康复需要情况(表155)

年龄别	合计	医院治疗	家庭康复	职业训练	功能训练	安装假肢	安装矫形器	配置轮椅	其他
总计*	**14467**	**4005**	**3495**	**120**	**3337**	**642**	**201**	**361**	**2306**
60—64岁	1256	286	359	2	361	42	14	19	173
60	260	60	75	—	71	9	1	5	39
61	240	57	71	—	74	12	3	2	21
62	233	50	64	1	74	8	2	2	32
63	267	62	77	—	81	8	2	5	32
64	256	57	72	1	61	5	6	5	49
65—69岁	1201	252	423	3	286	28	13	14	182
65	211	43	75	—	46	5	2	2	38
66	243	56	76	—	57	3	4	6	41
67	239	53	87	2	55	10	3	3	26
68	265	56	100	—	65	6	1	2	35
69	243	44	85	1	63	4	3	1	42
70—74岁	1070	186	388	1	293	19	14	17	152
70	225	41	88	—	47	7	3	4	35
71	221	42	72	1	67	2	4	3	30
72	205	35	69	—	66	3	3	4	25
73	218	37	79	—	59	3	4	4	32
74	201	31	80	—	54	4	—	2	30
75—79岁	769	142	301	—	186	5	9	12	114
75	183	34	74	—	43	1	—	2	29
76	160	27	58	—	46	1	4	5	19
77	159	32	55	—	37	2	1	2	30
78	135	25	55	—	30	—	3	3	19
79	132	24	59	—	30	1	1	—	17
80—84岁	455	70	192	—	91	3	2	9	88
80	132	19	47	—	30	—	—	6	30
81	106	17	52	—	18	1	1	2	15
82	89	14	41	—	15	1	—	1	17
83	66	8	24	—	16	—	1	—	17
84	62	12	28	—	12	1	—	—	9
85—89岁	154	15	76	—	33	—	1	2	27
85	46	3	23	—	11	—	—	—	12
86	37	4	22	—	5	—	—	—	6
87	24	2	9	—	8	—	—	1	4
88	23	4	11	—	5	—	—	1	2
89	21	2	11	—	4	—	1	—	3
90—99岁	53	3	21	—	13	—	—	—	16
100岁及100岁以上	1	—	—	—	—	—	—	—	1

精神病残疾(含综合残疾)人的按年龄划分的康复需要情况(表156)

年龄别	合计	医院治疗	家庭康复	职业训练	其他
总计*	**3907**	**2131**	**1564**	**37**	**175**
60—64岁	235	125	97	—	3
60	62	35	24	—	3
61	54	33	17	—	4
62	38	17	19	—	2
63	36	16	18	—	2
64	45	24	19	—	2
65—69岁	165	72	85	—	8
65	39	15	22	—	2
66	31	14	16	—	1
67	33	16	15	—	2
68	34	17	16	—	1
69	28	10	16	—	2
70—74岁	104	34	63	—	7
70	18	5	11	—	2
71	24	9	14	—	1
72	22	9	12	—	1
73	18	4	13	—	1
74	22	7	13	—	2
75—79岁	97	30	57	1	9
75	27	8	17	1	1
76	20	4	14	—	2
77	18	5	11	—	2
78	18	8	9	—	1
79	14	5	6	—	3
80—84岁	54	17	35	—	2
80	16	4	11	—	1
81	6	1	5	—	—
82	12	3	9	—	—
83	11	4	6	—	1
84	9	5	4	—	—
85—89岁	19	4	14	—	1
85	4	—	3	—	1
86	2	1	1	—	—
87	5	2	3	—	—
88	3	—	3	—	—
89	5	1	4	—	—
90—99岁	4	—	3	—	1
100岁及100岁以上	2	1	1	—	—

60岁及60岁以上视力残疾(含综合残疾)人分年龄组的致残原因(表166)

致残原因	老年残疾人数			60—64岁			65—69岁		
	合计	男	女	小计	男	女	小计	男	女
总计	**10898**	**3648**	**7250**	**1734**	**651**	**1083**	**2069**	**727**	**1342**
先天遗传	55	26	29	26	14	12	15	8	7
白内障	6560	2041	4519	701	236	465	1043	340	703
青光眼	626	182	444	114	43	71	137	37	100
沙眼	1187	376	811	228	83	145	279	96	183
角膜病	1027	397	630	244	108	136	247	97	150
视神经病变	133	66	67	32	18	14	27	8	19
视网膜、脉络膜病变	474	219	255	131	47	84	112	54	58
外伤	126	67	59	30	20	10	30	16	14
屈光不正/弱视	473	182	291	180	64	116	129	51	78
其他	190	79	111	39	15	24	42	17	25
不详	47	13	34	9	3	6	8	3	5

60岁及60岁以上视力残疾(含综合残疾)人分年龄组的致残原因(表166续)

致残原因	70—74岁			75—79岁			80岁以上		
	小计	男	女	小计	男	女	小计	男	女
总计	**2381**	**833**	**1548**	**2219**	**740**	**1479**	**2495**	**697**	**1798**
先天遗传	6	3	3	6	1	5	2	0	2
白内障	1410	475	935	1507	477	1030	1899	513	1386
青光眼	164	51	113	118	34	84	93	17	76
沙眼	286	92	194	203	61	142	191	44	147
角膜病	231	81	150	169	66	103	136	45	91
视神经病变	38	21	17	21	11	10	15	8	7
视网膜、脉络膜病变	91	41	50	69	39	30	71	38	33
外伤	32	16	16	16	9	7	18	6	12
屈光不正/弱视	76	33	43	55	23	32	33	11	22
其他	33	14	19	44	19	25	32	14	18
不详	14	6	8	11	0	11	5	1	4

60岁及60岁以上听力语言残疾(含综合残疾)人分年龄组的致残原因(表167)

致残原因	老年残疾人数			60—64岁			65—69岁		
	合计	男	女	小计	男	女	小计	男	女
总计	**18884**	**8905**	**9979**	**3170**	**1710**	**1460**	**3726**	**1951**	**1775**
家族遗传/近亲结婚	38	22	16	13	9	4	11	6	5
地方病(克汀病等)	—	—	—	—	—	—	—	—	—
发育畸形	14	6	8	5	—	5	3	3	—
妊期疾病	3	—	3	2	—	2	1	—	1
药物中毒	326	165	161	103	42	61	89	55	34
高烧疾病	409	182	227	132	61	71	114	58	56
中耳炎(双耳)	1160	605	555	423	222	201	306	163	143
产钳外伤	3	1	2	3	1	2	—	—	—
外伤	197	118	79	66	44	22	57	34	23
噪声	260	221	39	87	83	4	81	69	12
老年性聋	14444	6532	7912	1634	862	772	2509	1258	1251
其他	817	456	361	266	162	104	223	134	89
不详	1213	597	616	436	224	212	332	171	161

60岁及60岁以上听力语言残疾(含综合残疾)人分年龄组的致残原因(表167续)

致残原因	70—74岁			75—79岁			80岁以上		
	小计	男	女	小计	男	女	小计	男	女
总计	**4248**	**2090**	**2158**	**3841**	**1735**	**2106**	**3899**	**1419**	**2480**
家族遗传/近亲结婚	4	2	2	7	3	4	3	2	1
地方病(克汀病等)	—	—	—	—	—	—	—	—	—
发育畸形	4	3	1	1	—	1	1	—	1
妊期疾病	—	—	—	—	—	—	—	—	—
药物中毒	78	41	37	32	21	11	24	6	18
高烧疾病	74	33	41	54	19	35	35	11	24
中耳炎(双耳)	226	127	99	131	64	67	74	29	45
产钳外伤	—	—	—	—	—	—	—	—	—
外伤	37	22	15	23	12	11	14	6	8
噪声	46	38	8	29	21	8	17	10	7
老年性聋	3372	1622	1750	3353	1501	1852	3576	1289	2287
其他	180	92	88	89	44	45	59	24	35
不详	227	110	117	122	50	72	96	42	54

60岁及60岁以上智力残疾(含综合残疾)人分年龄组的致残原因(表168)

致残原因	老年残疾人数			60—64岁			65—69岁		
	合计	男	女	小计	男	女	小计	男	女
总计	**1331**	**543**	**788**	**332**	**158**	**174**	**290**	**134**	**156**
遗传性疾病	44	21	23	22	11	11	13	7	6
发育畸形	2	1	1	1	—	1	—	—	—
妊期疾病	2	2	—	2	2	—	—	—	—
产伤、颅内出血、窒息	—	—	—	—	—	—	—	—	—
中毒	4	4	—	—	—	—	1	1	—
营养不良	6	4	2	2	1	1	1	1	—
脑炎、脑膜炎	7	3	4	5	3	2	—	—	—
脑病	20	9	11	7	4	3	8	3	5
脑外伤	24	19	5	15	12	3	5	3	2
脑血管病	340	180	160	73	45	28	88	57	31
老年性痴呆	521	170	351	53	18	35	84	29	55
社会心理因素	27	8	19	17	6	11	5	1	4
其他	108	35	73	36	14	22	30	11	19
不详	226	87	139	99	42	57	55	21	34

60岁及60岁以上听力语言残疾(含综合残疾)人分年龄组的致残原因(表168续)

致残原因	70—74岁			75—79岁			80岁以上		
	小计	男	女	小计	男	女	小计	男	女
总计	**239**	**92**	**147**	**198**	**81**	**117**	**272**	**78**	**194**
遗传性疾病	5	2	3	3	1	2	1	—	1
发育畸形	1	1	—	—	—	—	—	—	—
妊期疾病	—	—	—	—	—	—	—	—	—
产伤、颅内出血、窒息	—	—	—	—	—	—	—	—	—
中毒	1	1	—	—	—	—	2	2	—
营养不良	2	1	1	—	—	—	2	1	—
脑炎、脑膜炎	1	—	1	1	—	1	—	—	—
脑病	3	1	2	—	—	—	2	1	1
脑外伤	2	2	—	1	1	—	1	1	—
脑血管病	71	39	32	70	30	40	38	9	29
老年性痴呆	101	28	73	96	40	56	187	55	132
社会心理因素	2	1	1	1	—	1	2	—	2
其他	15	4	11	8	3	5	19	3	16
不详	35	12	23	18	6	12	19	6	13

60岁及60岁以上肢体残疾(含综合残疾)人分年龄组的致残原因(表169)

致残原因	老年残疾人数			60—64岁			65—69岁		
	合计	男	女	小计	男	女	小计	男	女
总计	**4959**	**2539**	**2420**	**1256**	**743**	**513**	**1201**	**667**	**534**
家族遗传/近亲结婚	6	6	—	3	3	—	1	1	—
发育畸形	71	35	36	18	5	13	18	9	9
妊期疾病	4	1	3	2	1	1	—	—	—
工伤	127	116	11	50	44	6	40	37	3
交通事故	53	34	19	17	15	2	11	7	4
其他外伤	1180	559	621	267	178	89	218	126	92
小儿麻痹	55	41	14	18	14	4	18	15	3
结核性感染	116	50	66	41	22	19	31	7	24
血管性疾患	1779	969	810	461	272	189	476	284	192
化脓性感染	211	128	83	61	41	20	59	35	24
肿瘤	31	21	10	11	8	3	6	3	3
其他	946	395	551	233	97	136	231	97	134
不详	380	184	196	74	43	31	92	46	46

60岁及60岁以上肢体残疾(含综合残疾)人分年龄组的致残原因(表169续)

致残原因	70—74岁			75—79岁			80岁以上		
	小计	男	女	小计	男	女	小计	男	女
总计	**1070**	**560**	**510**	**769**	**361**	**408**	**663**	**208**	**455**
家族遗传/近亲结婚	1	1	—	1	1	—	—	—	—
发育畸形	13	9	4	11	7	4	11	5	6
妊期疾病	—	—	—	1	—	1	1	—	1
工伤	19	19	—	11	9	2	7	7	—
交通事故	8	5	3	8	5	3	9	2	7
其他外伤	259	121	138	191	81	110	245	53	192
小儿麻痹	11	6	5	6	4	2	2	2	—
结核性感染	23	12	11	13	6	7	8	3	5
血管性疾患	412	215	197	276	136	140	154	62	92
化脓性感染	41	26	15	26	16	10	24	10	14
肿瘤	6	4	2	5	4	1	3	2	1
其他	188	95	93	154	65	89	140	41	99
不详	89	47	42	66	27	39	59	21	38

60 岁及 60 岁以上精神病残疾(含综合残疾)人分年龄组的致残原因(表 170)

致残原因	老年残疾人数			60—64 岁			65—69 岁		
	合计	男	女	小计	男	女	小计	男	女
总计	**680**	**263**	**417**	**235**	**95**	**140**	**165**	**65**	**100**
脑血管病	53	34	19	10	7	3	18	13	5
颅脑损伤	9	8	1	6	5	1	2	2	—
脑变性疾病	67	21	46	7	2	5	4	1	3
癫痫	15	8	7	4	3	1	5	2	3
其他脑器质性疾病	19	8	11	6	3	3	1	—	1
躯体疾病	1	1	—	—	—	—	1	1	—
工业农药中毒(包括 CO 中毒)	—	—	—	—	—	—	—	—	—
酒精依赖及中毒	19	17	2	9	9	—	4	4	—
药物依赖及中毒	—	—	—	—	—	—	—	—	—
精神分裂症	367	117	250	150	47	103	94	30	64
情感性精神病	53	21	32	20	7	13	16	4	12
偏执性精神病	16	10	6	6	4	2	5	3	2
反应性精神病	18	6	12	9	4	5	5	2	3
儿童期精神病	—	—	—	—	—	—	—	—	—
其他	36	11	25	8	4	4	8	3	5
不详	7	1	6	—	—	—	2	—	2

60 岁及 60 岁以上精神病残疾(含综合残疾)人分年龄组的致残原因(表 170 续)

致残原因	70—74 岁			75—79 岁			80 岁以上		
	小计	男	女	小计	男	女	小计	男	女
总计	**104**	**41**	**63**	**97**	**40**	**57**	**79**	**22**	**57**
脑血管病	11	8	3	9	6	3	5	—	5
颅脑损伤	—	—	—	—	—	—	1	1	—
脑变性疾病	9	2	7	16	9	7	31	7	24
癫痫	2	1	1	4	2	2	—	—	—
其他脑器质性疾病	4	3	1	3	1	2	5	1	4
躯体疾病	—	—	—	—	—	—	—	—	—
工业农药中毒(包括 CO 中毒)	—	—	—	—	—	—	—	—	—
酒精依赖及中毒	2	1	1	2	1	1	2	2	—
药物依赖及中毒	—	—	—	—	—	—	—	—	—
精神分裂症	57	20	37	46	14	32	20	6	14
情感性精神病	7	4	3	7	5	2	3	1	2
偏执性精神病	1	—	1	2	2	—	2	1	1
反应性精神病	3	—	3	1	—	1	—	—	—
儿童期精神病	—	—	—	—	—	—	—	—	—
其他	6	2	4	7	—	7	7	2	5
不详	2	—	2	—	—	—	3	1	2

60 岁及 60 岁以上残疾人的生活能力(表 172)

年龄别	老年残疾人数			能自理			能部分自理			不能自理		
	合计	男	女	小计	男	女	小计	男	女	小计	男	女
总计	**30721**	**13620**	**17101**	**16380**	**8036**	**8344**	**11544**	**4563**	**6981**	**2797**	**1021**	**1776**
60—64 岁	6032	3001	3031	3903	2017	1886	1748	806	942	381	178	203
60	1186	587	599	779	402	377	327	145	182	80	40	40
61	1173	581	592	779	392	387	320	157	163	74	32	42
62	1195	592	603	793	415	378	326	139	187	76	38	38
63	1245	649	596	778	426	352	387	188	199	80	35	45
64	1233	592	641	774	382	392	388	177	211	71	33	38
65—69 岁	6573	3167	3406	4011	2069	1942	2110	902	1208	452	196	256
65	1220	609	611	773	411	362	367	165	202	80	33	47
66	1347	636	711	837	418	419	420	173	247	90	45	45
67	1359	680	679	847	462	385	430	183	247	82	35	47
68	1336	639	697	786	394	392	457	205	252	93	40	53
69	1311	603	708	768	384	384	436	176	260	107	43	64
70—74 岁	6889	3136	3753	3736	1830	1906	2621	1084	1537	532	222	310
70	1382	653	729	780	392	388	509	222	287	93	39	54
71	1384	652	732	783	407	376	487	196	291	114	49	65
72	1435	632	803	772	356	416	549	228	321	114	48	66
73	1340	614	726	719	354	365	535	224	311	86	36	50
74	1348	585	763	682	321	361	541	214	327	125	50	75
75—79 岁	5792	2433	3359	2811	1315	1496	2400	908	1492	581	210	371
75	1302	582	720	664	338	326	498	196	302	140	48	92
76	1237	511	726	637	271	366	475	186	289	125	54	71
77	1194	528	666	585	291	294	498	199	299	111	38	73
78	1110	445	665	516	233	283	491	179	312	103	33	70
79	949	367	582	409	182	227	438	148	290	102	37	65
80—84 岁	3714	1342	2372	1405	610	795	1804	598	1206	505	134	371
80	945	340	605	392	161	231	445	148	297	108	31	77
81	839	297	542	346	148	198	380	118	262	113	31	82
82	731	280	451	273	129	144	363	129	234	95	22	73
83	656	242	414	222	104	118	340	119	221	94	19	75
84	543	183	360	172	68	104	276	84	192	95	31	64
85—89 岁	1325	417	908	418	161	257	660	202	458	247	54	193
85	429	140	289	139	59	80	212	67	145	78	14	64
86	343	115	228	107	42	65	177	56	121	59	17	42
87	242	75	167	93	32	61	109	36	73	40	7	33
88	194	56	138	46	15	31	103	29	74	45	12	33
89	117	31	86	33	13	20	59	14	45	25	4	21
90—99 岁	379	120	259	90	33	57	194	60	134	95	27	68
100 岁及 100 岁以上	17	4	13	6	1	5	7	3	4	4	—	4

60 岁及 60 岁以上列疾人的活动能力(表 173)

年龄别	老年残疾人数			能上街			能在户内或户周围活动			不能走动		
	合计	男	女	小计	男	女	小计	男	女	小计	男	女
总计	**30721**	**13620**	**17101**	**14768**	**8007**	**6761**	**13582**	**4761**	**8821**	**2371**	**852**	**1519**
60—64 岁	6032	3001	3031	3912	2116	1796	1800	730	1070	320	155	165
60	1186	587	599	768	409	359	356	145	211	62	33	29
61	1173	581	592	794	420	374	310	129	181	69	32	37
62	1195	592	603	787	437	350	346	124	222	62	31	31
63	1245	649	596	786	441	345	396	179	217	63	29	34
64	1233	592	641	777	409	368	392	153	239	64	30	34
65—69 岁	6573	3167	3406	3860	2109	1751	2289	870	1419	424	188	236
65	1220	609	611	757	420	337	401	157	244	62	32	30
66	1347	636	711	805	415	390	463	180	283	79	41	38
67	1359	680	679	811	468	343	463	174	289	85	38	47
68	1336	639	697	758	413	345	484	192	292	94	34	60
69	1311	603	708	729	393	336	478	167	311	104	43	61
70—74 岁	6889	3136	3753	3332	1846	1486	3099	1104	1995	458	186	272
70	1382	653	729	689	397	292	606	219	387	87	37	50
71	1384	652	732	715	400	315	575	208	367	94	44	50
72	1435	632	803	689	364	325	663	234	429	83	34	49
73	1340	614	726	638	354	284	613	228	385	89	32	57
74	1348	585	763	601	331	270	642	215	427	105	39	66
75—79 岁	5792	2433	3359	2345	1258	1087	2957	1002	1955	490	173	317
75	1302	582	720	596	343	253	596	197	399	110	42	68
76	1237	511	726	539	262	277	603	210	393	95	39	56
77	1194	528	666	488	276	212	616	222	394	90	30	60
78	1110	445	665	385	196	189	637	220	417	88	29	59
79	949	367	582	337	181	156	505	153	352	107	33	74
80—84 岁	3714	1342	2372	991	505	486	2314	735	1579	409	102	307
80	945	340	605	282	145	137	566	168	398	97	27	70
81	839	297	542	223	113	110	527	163	364	89	21	68
82	731	280	451	216	116	100	436	145	291	79	19	60
83	656	242	414	155	82	73	433	147	286	68	13	55
84	543	183	360	115	49	66	352	112	240	76	22	54
85—89 岁	1325	417	908	271	141	130	863	244	619	191	32	159
85	429	140	289	93	49	44	282	85	197	54	6	48
86	343	115	228	67	38	29	232	68	164	44	9	35
87	242	75	167	56	27	29	144	39	105	42	9	33
88	194	56	138	35	15	20	132	36	96	27	5	22
89	117	31	86	20	12	8	73	16	57	24	3	21
90—99 岁	379	120	259	54	31	23	250	73	177	75	16	59
100 岁及 100 岁以上	17	4	13	3	1	2	10	3	7	4	—	4

60岁及60岁以上残疾人分年龄、性别的主要要求(表174)

要求别	老年残疾人数			60—64岁			65—69岁		
	合计	男	女	小计	男	女	小计	男	女
总计	**30721**	**13620**	**17101**	**6032**	**3001**	**3031**	**6573**	**3167**	**3406**
门诊治疗	8065	3583	4482	1803	876	927	1907	890	1017
住院治疗	4071	1679	2392	886	392	494	972	451	521
家庭康复	272	124	148	46	22	24	67	28	39
药品	154	73	81	33	14	19	42	25	17
辅助器械	3354	1657	1697	607	343	264	696	378	318
安装假肢	41	30	11	18	16	2	8	5	3
轮椅	24	16	8	8	7	1	4	2	2
进普通学校	—	—	—	—	—	—	—	—	—
进盲童学校	—	—	—	—	—	—	—	—	—
进聋哑学校	—	—	—	—	—	—	—	—	—
弱智学校(班)	—	—	—	—	—	—	—	—	—
聋儿语言培训	—	—	—	—	—	—	—	—	—
职业培训	—	—	—	—	—	—	—	—	—
就业	19	11	8	10	6	4	3	3	—
调换工种	2	2	—	1	1	—	1	1	—
调近工作地点	1	—	1	—	—	—	—	—	—
婚姻介绍	4	2	2	1	—	1	1	1	—
住房困难	58	37	21	19	14	5	11	8	3
经济救济	3990	1827	2163	813	413	400	841	418	423
国家收养	60	29	31	11	5	6	16	8	8
户口变动	12	7	5	3	1	2	3	3	—
参加文体活动	—	—	—	—	—	—	—	—	—
参加社会活动	3	3	—	—	—	—	1	1	—
其他要求	1447	632	815	278	148	130	261	115	146
无要求	9144	3908	5236	1495	743	752	1739	830	909

60 岁及 60 岁以上残疾人分年龄、性别的主要要求(表 174 续)

要求别	70—74 岁			74—79 岁			80 岁以上		
	合计	男	女	小计	男	女	小计	男	女
总计	**6889**	**3136**	**3753**	**5792**	**2433**	**3359**	**5435**	**1883**	**3552**
门诊治疗	1771	802	969	1400	613	787	1184	402	782
住院治疗	932	375	557	698	259	439	583	202	381
家庭康复	57	27	30	58	32	26	44	15	29
药品	27	12	15	36	20	16	16	2	14
辅助器械	806	413	393	704	304	400	541	219	322
安装假肢	7	7	—	5	2	3	3	—	3
轮椅	4	3	1	6	3	3	2	1	1
进普通学校	—	—	—	—	—	—	—	—	—
进盲童学校	—	—	—	—	—	—	—	—	—
进聋哑学校	—	—	—	—	—	—	—	—	—
弱智学校(班)	—	—	—	—	—	—	—	—	—
聋儿语言培训	—	—	—	—	—	—	—	—	—
职业培训	—	—	—	—	—	—	—	—	—
就业	3	1	2	3	1	2	—	—	—
调换工种	—	—	—	—	—	—	—	—	—
调近工作地点	—	—	—	—	—	—	1	—	1
婚姻介绍	1	—	1	—	—	—	1	1	—
住房困难	11	5	6	7	4	3	10	6	4
经济救济	880	421	459	749	324	425	707	251	456
国家收养	10	4	6	11	4	7	12	8	4
户口变动	3	1	2	1	—	1	2	2	—
参加文体活动	—	—	—	—	—	—	—	—	—
参加社会活动	2	2	—	—	—	—	—	—	—
其他要求	302	140	162	272	118	154	334	111	223
无要求	2073	923	1150	1842	749	1093	1995	663	1332

全国调查人口中残疾人的年龄分布(表 177)

年龄别	调查总人数				残疾人总数				残疾人数占调查人数的比重(%)		
	合计	男	女	性别比(女=100)	合计	男	女	性别比	合计	男	女
总计*	**1579316**	**797290**	**782026**	**101.95**	**77345**	**38694**	**38651**	**100.11**	**4.90**	**4.85**	**4.94**
60—64 岁	50004	25207	24797	101.65	6032	3001	3031	99.01	12.06	11.91	12.22
60	11027	5635	5392	104.51	1186	587	599	98.00	10.76	10.42	11.11
61	10344	5160	5184	99.54	1173	581	592	98.14	11.34	11.26	11.42
62	9989	5037	4952	101.72	1195	592	603	98.18	11.96	11.75	12.18
63	9793	4887	4906	99.61	1245	649	596	108.89	12.71	13.28	12.15
64	8851	4488	4363	102.87	1233	592	641	92.36	13.93	13.19	14.69
65—69 岁	37432	18380	19052	96.47	6573	3167	3406	92.98	17.56	17.23	17.88
65	8341	4121	4220	97.65	1220	609	611	99.67	14.63	14.78	14.48
66	8277	4106	4171	98.44	1347	636	711	89.45	16.27	15.49	17.05
67	7559	3673	3886	94.52	1359	680	679	100.15	17.98	18.51	17.47
68	6935	3403	3532	96.35	1336	639	697	91.68	19.26	18.78	19.73
69	6320	3077	3243	94.88	1311	603	708	85.17	20.74	19.60	21.83
70—74 岁	26736	12527	14209	88.16	6889	3136	3753	83.56	25.77	25.03	26.41
70	6527	3097	3430	90.29	1382	653	729	89.57	21.17	21.08	21.25
71	5486	2639	2847	92.69	1384	652	732	89.07	25.23	24.71	25.71
72	5559	2594	2965	87.49	1435	632	803	78.70	25.81	24.36	27.08
73	4852	2238	2614	85.62	1340	614	726	84.57	27.62	27.44	27.77
74	4312	1959	2353	83.26	1348	585	763	76.67	31.26	29.86	32.43
75—79 岁	15467	6715	8752	76.73	5792	2433	3359	72.43	37.45	36.23	38.38
75	3874	1740	2134	81.54	1302	582	720	80.83	33.61	33.45	33.74
76	3360	1486	1874	79.30	1237	511	726	70.39	36.82	34.39	38.74
77	3151	1366	1785	76.53	1194	528	666	79.28	37.89	38.65	37.31
78	2774	1164	1610	72.30	1110	445	665	66.92	40.01	38.23	41.30
79	2308	959	1349	71.09	949	367	582	63.06	41.12	38.27	43.14
80—84 岁	7535	2844	4691	60.63	3714	1342	2372	56.58	49.29	47.19	50.56
80	2113	823	1290	63.80	945	340	605	56.20	44.72	41.31	46.90
81	1708	620	1088	56.99	839	297	542	54.80	49.12	47.90	49.82
82	1436	562	874	64.30	731	280	451	62.08	50.91	49.82	51.60
83	1261	472	789	59.82	656	242	414	58.45	52.02	51.27	52.47
84	1017	367	650	56.46	543	183	360	50.83	53.39	49.86	55.38
85—89 岁	2313	754	1559	48.36	1325	417	908	45.93	57.28	55.31	58.24
85	771	265	506	52.37	429	140	289	48.44	55.64	52.83	57.11
86	594	203	391	51.92	343	115	228	50.44	57.74	56.65	58.31
87	412	128	284	45.07	242	75	167	44.91	58.74	58.59	58.80
88	324	103	221	46.61	194	56	138	40.58	59.88	54.37	62.44
89	212	55	157	35.03	117	31	86	36.05	55.19	56.36	54.78
90—99 岁	580	165	415	39.76	379	120	259	46.33	65.34	72.73	62.41
100 岁及 100 岁以上	32	13	19	68.42	17	4	13	30.77	53.13	30.77	68.42

全国各类残疾人年龄分布(表178)

年龄别	残疾总人数			视力残疾			听力语言残疾					
	合计	男	女	小计	男	女	小计	男	女	其中单纯语言障碍		
										小计	男	女
总计*	**77345**	**38694**	**38651**	**11300**	**4270**	**7030**	**26518**	**13815**	**12703**	**1002**	**652**	**350**
60—64岁	6032	3001	3031	1415	513	902	2701	1464	1237	32	15	17
60	1186	587	599	270	97	173	505	272	233	3	2	1
61	1173	581	592	262	111	151	534	281	253	6	3	3
62	1195	592	603	296	88	208	545	306	239	8	2	6
63	1245	649	596	298	114	184	570	330	240	9	5	4
64	1233	592	641	289	103	186	547	275	272	6	3	3
65—69岁	6573	3167	3406	1584	560	1024	3078	1679	1399	28	19	9
65	1220	609	611	300	109	191	583	330	253	4	3	1
66	1347	636	711	334	119	215	627	321	306	8	7	1
67	1359	680	679	312	112	200	657	376	281	5	5	—
68	1336	639	697	308	99	209	614	333	281	7	2	5
69	1311	603	708	330	121	209	597	319	278	4	2	2
70—74岁	6889	3136	3753	1643	559	1084	3337	1701	1636	23	12	11
70	1382	653	729	334	124	210	659	341	318	8	5	3
71	1384	652	732	352	115	237	663	359	304	8	3	5
72	1435	632	803	351	125	226	708	338	370	4	2	2
73	1340	614	726	291	95	196	673	355	318	2	1	1
74	1348	585	763	315	100	215	634	308	326	1	1	—
75—79岁	5792	2433	3359	1275	402	873	2781	1318	1463	8	3	5
75	1302	582	720	304	101	203	620	313	307	5	1	4
76	1237	511	726	287	91	196	598	280	318	—	—	—
77	1194	528	666	253	87	166	562	276	286	1	1	—
78	1110	445	665	245	73	172	537	242	295	—	—	—
79	949	367	582	186	50	136	464	207	257	2	1	1
80—84岁	3714	1342	2372	747	227	520	1630	694	936	2	—	2
80	945	340	605	189	55	134	416	177	239	1	—	1
81	839	297	542	185	46	139	382	155	227	—	—	—
82	731	280	451	144	51	93	326	149	177	1	—	1
83	656	242	414	129	39	90	278	128	150	—	—	—
84	543	183	360	100	36	64	228	85	143	—	—	—
85—89岁	1325	417	908	231	58	173	544	220	324	1	—	1
85	429	140	289	78	21	57	181	76	105	—	—	—
86	343	115	228	66	13	53	148	61	87	—	—	—
87	242	75	167	36	6	30	101	41	60	—	—	—
88	194	56	138	40	13	27	64	25	39	1	—	1
89	117	31	86	11	5	6	50	17	33	—	—	—
90—99岁	379	120	259	54	15	39	139	55	84	2	2	—
100岁及100岁以上	17	4	13	6	3	3	6	—	6	—	—	—

全国各类残疾人年龄分布(表178续)

年龄别	智力残疾			肢体残疾			精神病残疾			综合残疾		
	小计	男	女	小计	男	女	小计	男	女	小计	男	女
总计*	**15235**	**7961**	**7274**	**11305**	**6717**	**4588**	**2907**	**1289**	**1618**	**10080**	**4642**	**5438**
60—64岁	150	70	80	994	580	414	160	63	97	612	311	301
60	29	12	17	221	134	87	43	18	25	118	54	64
61	30	16	14	184	98	86	39	14	25	124	61	63
62	31	12	19	187	114	73	25	15	10	111	57	54
63	26	13	13	206	117	89	24	6	18	121	69	52
64	34	17	17	196	117	79	29	10	19	138	70	68
65—69岁	117	47	70	895	507	388	110	45	65	789	329	460
65	22	13	9	163	90	73	32	16	16	120	51	69
66	32	11	21	179	109	70	17	8	9	158	68	90
67	27	12	15	181	104	77	17	7	10	165	65	96
68	17	7	10	194	112	82	25	8	17	178	80	98
69	19	4	15	178	92	86	19	6	13	168	61	107
70—74岁	90	30	60	712	381	331	63	24	39	1044	441	603
70	25	9	16	159	99	60	11	3	8	194	77	117
71	15	5	10	159	89	70	14	6	8	181	78	103
72	19	6	13	131	68	63	11	4	7	215	91	124
73	12	4	8	142	66	76	11	6	5	211	88	123
74	19	6	13	121	56	62	16	5	11	243	107	136
75—79岁	57	21	36	436	207	229	45	15	30	1198	470	728
75	17	5	12	105	55	50	15	3	12	241	105	136
76	13	5	8	88	42	46	5	2	3	246	91	155
77	14	6	8	94	47	47	10	1	9	261	111	150
78	6	2	4	77	37	40	10	6	4	235	85	150
79	7	3	4	72	26	46	5	3	2	215	78	137
80—84岁	36	6	30	216	82	134	19	8	11	1066	325	741
80	8	3	5	62	21	41	7	2	5	263	82	181
81	8	3	5	51	22	29	3	1	2	210	70	140
82	4	—	4	42	16	26	4	2	2	211	62	149
83	9	—	9	31	12	19	4	3	1	205	60	145
84	7	—	7	31	11	19	1	—	1	177	51	126
85—89岁	13	5	8	64	22	42	2	—	2	471	112	359
85	4	2	2	20	8	12	1	—	1	145	33	112
86	3	1	2	17	6	11	—	—	—	109	34	75
87	2	1	1	12	5	7	—	—	—	91	22	69
88	3	1	2	7	1	6	1	—	1	79	16	63
89	1	—	1	8	2	6	—	—	—	47	7	40
90—99岁	—	—	—	12	5	7	1	—	1	173	45	128
100岁及100岁以上	—	—	—	1	—	1	—	—	—	4	1	3

全国调查地区残疾人按年龄分组状况(表 179)

地区别	残疾总人数			60 岁以上		
	合计	男	女	小计	男	女
总　　计	**77345**	**38694**	**38651**	**30721**	**13620**	**17101**
北京市	1201	601	600	601	281	320
天津市	861	414	447	424	197	227
河北省	4062	2025	2037	1808	850	958
山西省	2257	1179	1078	902	458	444
内蒙古自治区	1282	692	590	460	251	209
辽宁省	2113	1108	1005	835	430	405
吉林省	2061	1065	996	634	322	312
黑龙江省	1774	945	829	519	277	242
上海市	1274	552	722	694	252	442
江苏省	4205	1954	2251	2139	873	1266
浙江省	2436	1241	1195	1170	537	633
安徽省	2761	1310	1451	970	391	579
福建省	2428	1247	1181	917	397	520
江西省	2357	1135	1222	932	384	548
山东省	4885	2490	2395	2206	1007	1199
河南省	6792	3225	3567	3154	1355	1799
湖北省	3960	1920	2040	1555	646	909
湖南省	3907	1965	1942	1470	623	847
广东省	3500	1688	1812	1561	567	994
广西壮族自治区	2886	1462	1404	1014	458	556
四川省	7934	3945	3989	2966	1278	1688
贵州省	1846	1003	843	447	209	238
云南省	3318	1650	1668	1149	470	679
西藏自治区	385	171	214	122	40	82
陕西省	2629	1428	1201	946	500	446
甘肃省	1909	1019	890	502	249	253
青海省	642	341	301	153	72	81
宁夏回族自治区	512	283	229	169	93	76
新疆维吾尔自治区	1188	636	552	302	153	149

全国在业残疾人按年龄划分的职业状况(表 197)

年龄别	在业残疾人数			各类专业、技术人员			国家机关党群组织、企事业单位负责人			办事人员和有关人员		
	合计	男	女	合计	男	女	合计	男	女	合计	男	女
总计*	**23216**	**15572**	**7644**	**491**	**374**	**117**	**146**	**130**	**16**	**142**	**99**	**43**
60—64 岁	1597	1318	279	27	27	—	12	11	1	6	5	1
60	339	270	69	8	8	—	4	4	—	3	3	—
61	347	274	73	8	8	—	5	5	—	1	—	1
62	314	263	51	2	2	—	1	1	—	2	2	—
63	334	288	46	4	4	—	—	—	—	—	—	—
64	263	223	40	5	5	—	2	1	1	—	—	—
65—69 岁	1087	946	141	13	13	—	6	5	1	3	2	1
65	263	229	34	3	3	—	2	1	1	1	—	1
66	239	205	34	1	1	—	2	2	—	1	1	—
67	236	204	32	6	6	—	—	—	—	—	—	—
68	190	164	26	2	2	—	1	1	—	1	1	—
69	159	144	15	1	1	—	1	1	—	—	—	—
70—74 岁	486	435	51	4	4	—	—	—	—	—	—	—
70	121	109	12	—	—	—	—	—	—	—	—	—
71	108	98	10	—	—	—	—	—	—	—	—	—
72	92	80	12	—	—	—	—	—	—	—	—	—
73	92	81	11	2	2	—	—	—	—	—	—	—
74	73	67	6	2	2	—	—	—	—	—	—	—
75—79 岁	228	201	27	8	8	—	1	1	—	1	—	1
75	72	66	6	4	4	—	—	—	—	—	—	—
76	65	57	8	1	1	—	—	—	—	1	—	1
77	44	38	6	—	—	—	1	1	—	—	—	—
78	25	21	4	1	1	—	—	—	—	—	—	—
79	22	19	3	2	2	—	—	—	—	—	—	—
80—84 岁	40	36	4	2	2	—	2	2	—	—	—	—
80	14	14	—	1	1	—	—	—	—	—	—	—
81	11	9	2	—	—	—	—	—	—	—	—	—
82	9	9	—	1	1	—	2	2	—	—	—	—
83	3	3	—	—	—	—	—	—	—	—	—	—
84	3	1	2	—	—	—	—	—	—	—	—	—
85 岁及 85 岁以上	14	9	5	2	2	—	—	—	—	—	—	—

全国在业残疾人按年龄划分的职业状况(表197续)

年龄别	商业工作人员			服务性工作人员			农、林、牧、渔劳动者			生产工人、运输工人和有关人员			不便分类的其他劳动者		
	合计	男	女	合计	男	女	合计	男	女	合计	男	女	合计	男	女
总计*	**439**	**308**	**131**	**849**	**635**	**214**	**18818**	**12388**	**6430**	**2277**	**1602**	**675**	**54**	**36**	**18**
60—64岁	32	25	7	56	43	13	1393	1146	247	69	59	10	2	2	—
60	4	2	2	13	10	3	295	234	61	11	8	3	1	1	—
61	5	5	—	10	8	2	305	236	69	13	12	1	—	—	—
62	6	4	2	13	9	4	276	233	43	14	12	2	—	—	—
63	6	5	1	10	7	3	297	255	42	16	16	—	1	1	—
64	11	9	2	10	9	1	220	188	32	15	11	4	—	—	—
65—69岁	35	25	10	44	38	6	947	828	119	36	32	4	3	3	—
65	7	5	2	8	8	—	237	207	30	4	4	—	1	1	—
66	6	6	—	9	8	1	211	180	31	9	7	2	—	—	—
67	11	7	4	13	10	3	196	172	24	8	7	1	2	2	—
68	8	4	4	7	6	1	167	147	20	4	3	1	—	—	—
69	3	3	—	7	6	1	136	122	14	11	11	—	—	—	—
70—74岁	23	18	5	29	26	3	409	369	40	20	18	2	1	—	1
70	3	2	1	5	5	—	110	99	11	3	3	—	—	—	—
71	4	4	—	5	5	—	95	87	8	3	2	1	1	—	1
72	6	4	2	10	8	2	71	64	7	5	4	1	—	—	—
73	7	6	1	6	5	1	71	62	9	6	6	—	—	—	—
74	3	2	1	3	3	—	62	57	5	3	3	—	—	—	—
75—79岁	9	7	2	10	9	1	189	169	20	8	7	1	2	—	2
75	2	2	—	4	4	—	60	54	6	2	2	—	—	—	—
76	3	2	1	2	2	—	54	48	6	4	4	—	—	—	—
77	1	1	—	3	2	1	37	33	4	1	1	—	1	—	1
78	2	1	1	1	1	—	19	18	1	1	—	1	1	—	1
79	1	1	—	—	—	—	19	16	3	—	—	—	—	—	—
80—84岁	3	3	—	2	1	1	29	27	2	1	1	—	1	—	1
80	1	1	—	1	1	—	11	11	—	—	—	—	—	—	—
81	—	—	—	—	—	—	11	9	2	—	—	—	—	—	—
82	2	2	—	—	—	—	3	3	—	1	1	—	—	—	—
83	—	—	—	—	—	—	3	3	—	—	—	—	—	—	—
84	—	—	—	1	—	1	1	1	—	—	—	—	1	—	1
85岁及85岁以上	—	—	—	—	—	—	12	7	5	—	—	—	—	—	—

全国不在业残疾人按年龄划分的状况(表 198)

年龄别	不在业残疾人数			在校学生			家务劳动			待分配		
	合计	男	女	小计	男	女	小计	男	女	小计	男	女
总计*	**41887**	**16324**	**25563**	**575**	**412**	**163**	**14942**	**2675**	**12267**	**28**	**13**	**15**
60—64 岁	4435	1683	2752	—	—	—	2033	320	1713	—	—	—
60	847	317	530	—	—	—	388	59	329	—	—	—
61	826	307	519	—	—	—	407	63	344	—	—	—
62	881	329	552	—	—	—	406	59	347	—	—	—
63	911	361	550	—	—	—	412	71	341	—	—	—
64	970	369	601	—	—	—	420	68	352	—	—	—
65—69 岁	5486	2221	3265	—	—	—	2318	519	1799	—	—	—
65	957	380	577	—	—	—	450	95	355	—	—	—
66	1108	431	677	—	—	—	488	93	395	—	—	—
67	1123	476	647	—	—	—	473	114	359	—	—	—
68	1146	475	671	—	—	—	442	104	338	—	—	—
69	1152	459	693	—	—	—	465	113	352	—	—	—
70—74 岁	6403	2701	3702	—	—	—	2085	547	1538	—	—	—
70	1261	544	717	—	—	—	443	109	334	—	—	—
71	1276	554	722	—	—	—	440	125	315	—	—	—
72	1343	552	791	—	—	—	423	100	323	—	—	—
73	1248	533	715	—	—	—	411	116	295	—	—	—
74	1275	518	757	—	—	—	368	97	271	—	—	—
75—79 岁	5564	2232	3332	—	—	—	1441	366	1075	—	—	—
75	1230	516	714	—	—	—	344	91	253	—	—	—
76	1172	454	718	—	—	—	314	80	234	—	—	—
77	1150	490	660	—	—	—	292	80	212	—	—	—
78	1085	424	661	—	—	—	268	65	203	—	—	—
79	927	348	579	—	—	—	223	50	173	—	—	—
80—84 岁	3674	1306	2368	—	—	—	682	168	514	—	—	—
80	931	326	605	—	—	—	189	46	143	—	—	—
81	828	288	540	—	—	—	176	44	132	—	—	—
82	722	271	451	—	—	—	133	34	99	—	—	—
83	653	239	414	—	—	—	94	22	72	—	—	—
84	540	182	358	—	—	—	90	22	68	—	—	—
85 岁及 85 岁以上	1707	532	1175	—	—	—	260	54	206	—	—	—

全国不在业残疾人按年龄划分的状况(表 198 续)

年龄别	待升学			市镇待业			退休、退职			其他		
	小计	男	女	小计	男	女	小计	男	女	小计	男	女
总计*	**10**	**5**	**5**	**185**	**110**	**75**	**3802**	**2730**	**1072**	**22345**	**10379**	**11966**
60—64 岁	—	—	—	—	—	—	707	500	207	1695	863	832
60	—	—	—	—	—	—	145	99	46	314	159	155
61	—	—	—	—	—	—	126	89	37	293	155	138
62	—	—	—	—	—	—	138	102	36	337	168	169
63	—	—	—	—	—	—	156	112	44	343	178	165
64	—	—	—	—	—	—	142	98	44	408	203	205
65—69 岁	—	—	—	—	—	—	720	553	167	2448	1149	1299
65	—	—	—	—	—	—	135	104	31	372	181	191
66	—	—	—	—	—	—	148	109	39	472	229	243
67	—	—	—	—	—	—	148	117	31	502	245	257
68	—	—	—	—	—	—	146	114	32	558	257	301
69	—	—	—	—	—	—	143	109	34	544	237	307
70—74 岁	—	—	—	—	—	—	669	525	144	3649	1629	2020
70	—	—	—	—	—	—	150	115	35	668	320	348
71	—	—	—	—	—	—	137	115	22	699	314	385
72	—	—	—	—	—	—	142	113	29	778	339	439
73	—	—	—	—	—	—	122	97	25	715	320	395
74	—	—	—	—	—	—	118	85	33	789	336	453
75—79 岁	—	—	—	—	—	—	444	360	84	3679	1506	2173
75	—	—	—	—	—	—	108	90	18	778	335	443
76	—	—	—	—	—	—	87	69	18	771	305	466
77	—	—	—	—	—	—	91	73	18	767	337	430
78	—	—	—	—	—	—	90	74	16	727	285	442
79	—	—	—	—	—	—	68	54	14	636	244	392
80—84 岁	—	—	—	—	—	—	253	191	62	2739	947	1792
80	—	—	—	—	—	—	64	53	11	678	227	451
81	—	—	—	—	—	—	63	47	16	589	197	392
82	—	—	—	—	—	—	53	39	14	536	198	338
83	—	—	—	—	—	—	48	31	17	511	186	325
84	—	—	—	—	—	—	25	21	4	425	139	286
85 岁及 85 岁以上	—	—	—	—	—	—	90	63	27	1357	415	942

2006 年残疾人抽样调查

2006 年第二次全国残疾人抽样调查—全国调查样本的基本情况

地区别	调查县(市、区)数	调查的乡(镇、街道)数	调查小区数	调查总户数	调查的总人数			调查的残疾人数			残疾比例
					合计	男	女	合计	男	女	
	个	个	个	户	人	人	人	人	人	人	%
总计	**734**	**2980**	**5964**	**771797**	**2526145**	**1280011**	**1246134**	**161479**	**83342**	**78137**	**6.39**
北京	18	88	176	26670	74795	36753	38042	4852	2403	2449	6.49
天津	18	88	176	24446	72351	36105	36246	3958	2132	1826	5.47
河北	31	124	248	31203	104169	52624	51545	7529	3810	3719	7.23
山西	22	88	176	22297	785016	38083	36933	4528	2352	2176	6.04
内蒙古	19	76	152	21499	65247	33440	31087	4172	2253	1919	6.39
辽宁	25	100	200	26851	83857	42336	41521	4453	2350	2103	5.31
吉林	22	88	176	25375	76408	38425	37983	5370	2863	2507	7.03
黑龙江	22	86	176	22463	70405	35510	34895	4028	2279	1749	5.72
上海	19	88	176	28032	73864	36344	37520	3910	1847	2063	5.29
江苏	31	124	248	33764	106065	52427	53638	6792	3290	3502	6.40
浙江	25	100	200	33674	95392	47653	47739	6063	3028	3035	6.36
安徽	31	124	248	32173	105201	53363	51838	6157	3019	3138	5.85
福建	22	88	176	21113	71484	36153	35331	4467	2242	2225	6.25
江西	24	96	192	22895	83088	42717	40371	5310	2754	2556	6.39
山东	38	152	304	41437	127567	64184	63383	7845	4052	3793	6.15
河南	38	152	304	36923	130415	67158	63257	9388	4749	4639	7.20
湖北	31	124	248	31153	101674	52272	49402	6749	3547	3202	6.64
湖南	31	124	248	32045	104713	53538	51175	6744	3671	3073	6.44
广东	38	152	304	34392	125442	63930	61512	7355	3708	3647	5.86
广西	25	100	200	22569	80712	41697	39015	5837	2892	2945	7.23
海南	12	48	96	10516	41214	21489	19725	2451	1181	1270	5.95
重庆	24	96	192	26243	82460	41800	40660	4990	2689	2301	6.05
四川	38	152	304	40351	125641	62735	62906	9516	4858	4658	7.57
贵州	22	88	176	22019	75636	39096	36540	4840	2680	2160	6.40
云南	25	100	200	23509	86032	44734	41298	5559	3022	2557	6.46
西藏	6	24	48	4928	22571	10991	11580	1581	739	842	7.00
陕西	22	88	176	22727	73425	37265	36160	4913	2593	2320	6.69
甘肃	19	76	152	15702	63249	32551	30698	4557	2413	2114	7.20
青海	8	32	64	8335	30395	15332	15063	1683	821	862	5.54
宁夏	13	52	104	12400	45882	23213	22669	3133	1633	1500	6.83
新疆	15	62	124	14093	51775	26093	25682	2749	1492	1257	5.31

2006 年第二次全国残疾人抽样调查——调查社区基本情况

地区别	调查社区个数（个）			社区人口情况		社区残疾人情况（人）			
	合　计	居委会	村委会	户数（户）	人口数（人）	残疾人数	持证残疾人数	享受定期救助人数	享受临时救助人数
合　计	**5964**	**1823**	**4141**	**5626822**	**18919143**	**624659**	**216074**	**111421**	**115535**
北　京	176	118	58	279740	747381	14930	10020	2196	2016
天　津	176	95	81	190029	562419	12883	6925	2006	2094
河　北	248	42	206	166453	557199	21438	5989	2191	2576
山　西	176	60	116	166410	567401	15975	5458	2812	3138
内蒙古	152	62	90	124965	383356	12741	4680	2385	3339
辽　宁	200	74	126	269604	792750	22795	10521	6708	3920
吉　林	176	89	87	227796	728619	25656	10324	6395	5166
黑龙江	176	75	101	182038	577965	17382	6742	3980	3360
上　海	176	134	42	247626	705565	13028	9822	2793	3033
江　苏	248	72	176	300112	946837	34854	11511	7000	9064
浙　江	200	42	158	183259	541160	11056	5449	1641	2050
安　徽	248	42	206	205226	770618	30273	8244	5251	8045
福　建	176	41	135	156765	535847	18580	6565	3461	3342
江　西	192	29	163	99568	390888	17659	5869	4314	4364
山　东	304	52	252	173873	574711	20367	5789	2179	2758
河　南	304	39	265	213395	772248	38886	9038	6780	6583
湖　北	248	68	180	209251	725025	27058	8651	5880	3961
湖　南	248	81	167	185179	637386	23901	10015	5996	4420
广　东	304	107	197	420098	1621816	45263	10100	5932	6229
广　西	200	43	157	207580	828936	31941	7147	2325	3262
海　南	96	34	62	82814	357740	8922	2596	1104	1515
重　庆	192	50	142	226959	725503	27849	13324	4018	5267
四　川	304	92	212	275112	880093	32843	9524	5634	4522
贵　州	176	39	137	150563	520026	20502	7541	4664	5591
云　南	200	56	144	192589	749311	26813	8044	2965	4627
西　藏	48	8	40	6591	29763	872	113	87	26
陕　西	176	57	119	137018	450527	10311	2897	1775	1669
甘　肃	152	25	127	107822	409286	18434	3375	2050	4976
青　海	64	25	39	60805	194471	3748	1851	1040	819
宁　夏	104	32	72	85592	296025	9887	4486	4394	1994
新　疆	124	40	84	91420	338271	7812	3464	1465	1613

2006年第二次全国残疾人抽样调查调查社区基本情况（续）

地区别	社区残疾人基层建设情况（个）				
	有残疾人协会（小组）的社区个数	有残疾人专职委员会的社区个数	有康复站的社区个数	有康复协调员的社区个数	有无障碍设施的城市社区个数
合　计	**3026**	**2428**	**1414**	**1801**	**886**
北　京	153	132	86	102	89
天　津	168	154	140	162	86
河　北	150	130	73	97	19
山　西	98	85	45	52	28
内蒙古	84	59	39	41	19
辽　宁	146	105	62	71	28
吉　林	89	81	32	45	34
黑龙江	94	65	24	39	26
上　海	169	175	107	163	114
江　苏	161	125	109	122	47
浙　江	122	99	71	79	26
安　徽	110	90	28	34	16
福　建	100	49	38	48	23
江　西	78	39	14	26	4
山　东	152	144	81	81	32
河　南	137	119	59	78	20
湖　北	66	48	40	57	20
湖　南	93	83	42	54	24
广　东	111	86	44	91	34
广　西	79	35	17	20	16
海　南	23	9	13	8	7
重　庆	70	50	21	48	15
四　川	137	92	78	87	49
贵　州	78	61	29	37	10
云　南	38	40	4	3	15
西　藏	1	2	2	2	0
陕　西	46	57	33	33	24
甘　肃	115	102	36	45	16
青　海	33	17	23	28	18
宁　夏	47	40	7	13	12
新　疆	78	55	17	35	15

2006 年第二次全国残疾人抽样调查—调查社区公共服务机构的覆盖情况

单位：个

地区别	距离法律服务所（司法所）				距离特教学校（班）			
	0 公里	1—2 公里	3—5 公里	5 公里以上	0 公里	1—2 公里	3—5 公里	5 公里以上
合计	**1216**	**1508**	**1339**	**1901**	**413**	**465**	**426**	**4660**
北京	55	56	39	26	19	28	25	104
天津	22	85	48	21	14	48	26	88
河北	36	83	78	51	5	20	31	192
山西	38	33	54	51	17	10	11	138
内蒙古	27	42	24	59	7	8	11	126
辽宁	43	45	42	70	7	14	12	167
吉林	52	41	25	58	12	12	10	142
黑龙江	44	37	18	77	6	14	6	150
上海	48	86	25	17	25	49	25	77
江苏	57	63	82	46	15	31	29	173
浙江	29	58	60	53	12	9	10	169
安徽	35	61	80	72	14	11	6	150
福建	29	48	36	63	6	14	19	137
江西	26	52	53	61	14	10	11	157
山东	52	63	102	87	12	18	28	246
河南	93	52	97	62	21	5	15	263
湖北	30	55	50	113	14	19	19	196
湖南	66	47	35	100	16	6	17	209
广东	62	96	59	87	39	37	20	208
广西	31	47	33	89	19	15	13	153
海南	16	19	26	35	8	4	3	81
重庆	27	53	34	78	17	18	11	146
四川	66	82	53	103	19	17	26	242
贵州	36	23	32	85	8	9	4	155
云南	25	33	35	107	16	4	2	178
西藏	15	7	1	25	12	3	3	30
陕西	34	55	40	47	2	10	11	153
甘肃	32	39	27	54	8	4	6	134
青海	18	12	10	24	15	8	3	38
宁夏	39	10	13	42	9	6	5	84
新疆	33	25	28	38	5	4	4	111

2006 年第二次全国残疾人抽样调查—调查社区公共服务机构的覆盖情况（续） 单位：个

地区别	距离文化活动站				距离卫生室			
	0 公里	1—2 公里	3—5 公里	5 公里以上	0 公里	1—2 公里	3—5 公里	5 公里以上
合　计	**2824**	**820**	**710**	**1610**	**4291**	**1016**	**244**	**413**
北　京	136	19	8	13	122	36	7	11
天　津	100	46	20	10	123	49	3	1
河　北	118	40	34	56	218	23	3	4
山　西	94	18	24	40	145	10	6	15
内蒙古	69	20	10	53	96	27	5	24
辽　宁	111	20	16	53	148	31	3	18
吉　林	96	14	13	53	132	29	2	13
黑龙江	80	11	9	76	144	16	1	15
上　海	122	42	7	5	121	51	2	2
江　苏	123	28	50	47	200	36	8	4
浙　江	121	27	31	21	141	48	6	5
安　徽	74	39	55	80	168	60	13	7
福　建	82	26	19	49	140	27	4	5
江　西	66	33	40	53	115	53	11	13
山　东	134	25	48	97	269	23	7	5
河　南	132	29	56	87	270	23	4	7
湖　北	76	42	27	103	171	59	7	11
湖　南	97	30	20	101	182	35	12	19
广　东	147	61	30	66	187	78	7	32
广　西	86	34	23	57	141	30	8	21
海　南	42	12	13	29	60	12	9	15
重　庆	76	31	24	61	104	58	19	11
四　川	151	56	33	64	195	64	28	17
贵　州	86	11	18	61	127	10	9	30
云　南	76	17	18	89	124	29	15	32
西　藏	9	6	2	31	11	15	2	20
陕　西	70	34	22	50	126	28	10	12
甘　肃	81	16	14	41	115	16	9	12
青　海	36	4	6	18	49	9	1	5
宁　夏	56	17	2	29	71	15	2	16
新　疆	77	12	18	17	76	16	21	11

2006 年第二次全国残疾人抽样调查—全国分年龄、性别的人口

单位：人，%

年龄别	调查的总人数				调查残疾人数			
	合计	男	女	性别比	合计	男	女	性别比
总计*	**2526145**	**1280011**	**1246134**	**102.72**	**161479**	**83342**	**78137**	**106.66**
60—64	104107	52783	51324	102.84	12859	6773	6086	111.29
65—69	89283	44946	44337	101.37	16066	8316	7750	107.30
70—74	74720	36315	38405	94.56	19718	9637	10081	95.60
75—79	48404	22580	25824	87.44	17561	8195	9366	87.50
80—84	25752	10919	14833	73.61	12016	5031	6985	72.03
85+	12593	4360	8233	52.96	7040	2369	4671	50.72

2006 年第二次全国残疾人抽样调查—全国调查有残疾人的家庭户类型

单位：户

家庭户类型	合计	一代户				二代户			
		小计	只有1个残疾人的户	有2个残疾人的户	有3个以上残疾人的户	小计	只有1个残疾人的户	有2个残疾人的户	有3个以上残疾人的户
总计	**142112**	**39463**	**35665**	**3766**	**32**	**54756**	**47869**	**6188**	**99**
一人户	12499	12499	12499						
二人户	32912	25952	22365	3587		6960	6224	736	
三人户	29443	811	660	131	20	26717	23384	3030	303
四人户	28052	127	87	30	10	14928	12965	1704	259
五人户	21554	40	33	7		4231	3693	449	89
六人户	11524	20	15	5		1282	1070	179	33
七人户	4135	10	4	5	1	414	349	57	8
八人户	1786	4	2	1	1	201	164	31	6
九人户	207					23	20	2	1

2006 年第二次全国残疾人抽样调查—全国调查有残疾人的家庭户类型（续）

单位：户

家庭户类型	三代户				四代户及四代以上户			
	小计	只有1个残疾人的户	有2个残疾人的户	有3个以上残疾人的户	小计	只有1个残疾人的户	有2个残疾人的户	有3个以上残疾人的户
总计	**44695**	**38209**	**5816**	**670**	**3198**	**2632**	**496**	**70**
一人户								
二人户								
三人户	1915	1738	167	10				
四人户	12938	11623	1175	140	59	48	10	1
五人户	16767	14323	2223	221	516	436	72	8
六人户	8886	7237	1467	182	1336	1135	176	25
七人户	2850	2237	531	82	861	692	147	22
八人户	1196	933	229	34	385	290	84	11
九人户	143	118	24	1	41	31	7	3

2006年第二次全国残疾人抽样调查—各地区2005年度有残疾人的调查户人均收入水平

地区别	有残疾人的调查户（户）	有残疾人调查户总人口数（人）	残疾人总数（人）	有残疾人的调查户人均收入（元）	按人均收入分组的户数（户）		
					0—683元	684—944元	945—2000元
合　计	**142112**	**500870**	**161479**	**3002**	**14765**	**9213**	**50301**
北　京	4293	13029	4852	7936	96	68	511
天　津	3523	11071	3958	4951	94	38	605
河　北	6504	23059	7529	2699	923	382	2318
山　西	3972	13757	4528	2600	560	260	1412
内蒙古	3672	11703	4172	2917	378	180	1420
辽　宁	3932	13087	4453	2982	213	111	1401
吉　林	4662	14963	5370	3018	217	180	1632
黑龙江	3544	11869	4028	2511	253	190	1524
上　海	3519	10265	3910	8670	17	89	138
江　苏	6029	20494	6792	4446	339	207	1515
浙　江	5466	15612	6063	5203	202	137	1435
安　徽	5566	18973	6157	2855	417	327	1986
福　建	3873	13911	4467	3559	190	132	1200
江　西	4634	17624	5310	2548	300	243	1864
山　东	6954	21027	7845	2667	1126	434	2410
河　南	8131	29708	9388	1691	1488	832	3572
湖　北	5998	20571	6749	2624	385	317	2522
湖　南	6050	20668	6744	2445	598	387	2691
广　东	6410	25647	7355	3473	418	332	2042
广　西	5066	19353	5837	2146	645	576	2116
海　南	2117	8817	2451	2253	356	224	838
重　庆	4516	15326	4990	2346	455	287	1969
四　川	8519	28818	9516	2618	534	533	3412
贵　州	4276	15756	4840	1762	1007	659	1685
云　南	4813	19600	5559	1861	906	579	2089
西　藏	1357	7011	1581	1979	439	167	381
陕　西	4324	14803	4913	2344	720	307	1663
甘　肃	3869	17253	4557	2051	382	353	1715
青　海	1470	6298	1683	2127	371	169	448
宁　夏	2606	10802	3133	2167	365	282	982
新　疆	2447	9996	2749	2569	371	231	805

2006 年第二次全国残疾人抽样调查—各地区 2005 年度有残疾人的调查户人均收入水平（续）

地区别	按人均收入分组的户数（户）							
	2001—3000 元	3001—4000 元	4001—5000 元	5001—6000 元	6001—7000 元	7001—10000 元	10001—20000 元	20000 元以上
合　　计	**22744**	**13808**	**8766**	**5299**	**3255**	**7405**	**5644**	**912**
北　　京	364	431	328	338	195	636	1026	300
天　　津	477	526	424	299	168	555	302	35
河　　北	1031	595	376	245	166	277	173	18
山　　西	593	383	262	145	89	167	96	5
内 蒙 古	580	362	216	123	76	198	123	16
辽　　宁	853	536	283	180	69	188	91	7
吉　　林	978	649	374	212	114	192	103	11
黑 龙 江	694	349	198	103	65	109	55	4
上　　海	159	214	288	331	209	834	1136	104
江　　苏	873	782	636	342	262	631	373	69
浙　　江	789	618	579	324	274	603	434	71
安　　徽	1104	674	392	204	137	200	112	13
福　　建	810	508	363	186	105	216	129	34
江　　西	1012	597	269	133	81	101	31	3
山　　东	1145	744	446	204	133	222	78	12
河　　南	1085	458	258	137	78	124	90	9
湖　　北	1188	660	359	189	110	173	89	6
湖　　南	996	567	299	153	89	170	92	8
广　　东	1265	744	458	300	151	353	272	75
广　　西	765	362	193	111	65	165	57	11
海　　南	241	143	104	58	27	65	50	11
重　　庆	875	396	205	113	54	114	40	8
四　　川	1853	945	455	245	137	258	129	18
贵　　州	264	154	111	58	45	96	88	9
云　　南	571	217	144	66	46	105	83	7
西　　藏	117	59	28	31	20	41	59	15
陕　　西	547	317	221	166	86	198	92	7
甘　　肃	674	327	152	89	39	83	52	3
青　　海	132	70	56	55	34	73	50	12
宁　　夏	325	224	131	70	48	120	54	5
新　　疆	284	197	158	89	83	138	85	6

2006 年第二次全国残疾人抽样调查—全国分年龄、性别、残疾类别的残疾人 单位：人

年龄别	残疾人数			视力残疾人			听力残疾人			言语残疾人		
	合计	男	女	小计	男	女	小计	男	女	小计	男	女
合计*	**161479**	**83342**	**78137**	**23840**	**9652**	**14188**	**38370**	**21191**	**17179**	**2510**	**1578**	**932**
60—64	12859	6773	6086	2417	1027	1390	3361	2044	1317	163	106	57
65—69	16066	8316	7750	3093	1270	1823	5190	3071	2119	132	82	50
70—74	19718	9637	10081	4027	1480	2547	7223	4125	3098	110	69	41
75—79	17561	8195	9366	3562	1186	2376	6621	3646	2975	72	45	27
80—84	12016	5031	6985	2227	734	1493	4572	2255	2317	28	16	12
85＋	7040	2369	4671	1115	298	817	2528	1045	1483	8	4	4

2006 年第二次全国残疾人抽样调查—全国分年龄、性别、残疾类别的残疾人（续）

单位：人

年龄别	肢体残疾人			智力残疾人			精神残疾人			多重残疾人		
	合计	男	女	小计	男	女	小计	男	女	小计	男	女
合计*	**48045**	**26737**	**21308**	**10844**	**6006**	**4838**	**11790**	**5389**	**6401**	**26080**	**12789**	**13291**
60—64	4307	2325	1982	358	192	166	775	282	493	1478	797	681
65—69	4949	2560	2389	235	136	99	554	220	334	1913	977	936
70—74	5069	2479	2590	175	80	95	462	179	283	2652	1225	1427
75—79	3802	1762	2040	160	85	75	305	112	193	3039	1359	1680
80—84	2263	953	1310	100	39	61	142	39	103	2684	995	1689
85＋	1080	363	717	59	19	40	71	18	53	2179	622	1557

2006 年第二次全国残疾人抽样调查—各地区分性别、残疾类别残疾人

单位：人

地区别	残疾人数			视力残疾人			听力残疾人			言语残疾人		
	合计	男	女	小计	男	女	小计	男	女	小计	男	女
合　计	**161479**	**83342**	**78137**	**23840**	**9652**	**14188**	**38370**	**21191**	**17179**	**2510**	**1578**	**932**
北　京	4852	2403	2449	325	132	193	1100	617	483	31	20	11
天　津	3958	2132	1826	451	181	270	832	469	363	58	39	19
河　北	7529	3810	3719	788	300	488	1827	1005	822	112	72	40
山　西	4528	2352	2176	466	168	298	957	534	423	84	55	29
内蒙古	4172	2253	1919	580	252	328	730	416	314	83	48	35
辽　宁	4453	2350	2103	622	254	368	767	423	344	74	44	30
吉　林	5370	2863	2507	766	319	447	1204	701	503	82	54	28
黑龙江	4028	2279	1749	528	242	286	659	386	273	55	38	17
上　海	3910	1847	2063	655	228	427	1077	549	528	46	31	15
江　苏	6792	3290	3502	1006	365	641	2042	1075	967	67	41	26
浙　江	6063	3028	3035	822	309	513	2060	1108	952	64	40	24
安　徽	6157	3019	3138	1213	469	744	1408	780	628	90	48	42
福　建	4467	2242	2225	718	279	439	1239	626	613	54	31	23
江　西	5310	2754	2556	875	323	552	1197	679	518	90	61	29
山　东	7845	4052	3793	927	347	580	2064	1145	919	91	55	36
河　南	9388	4749	4639	1376	519	857	2131	1174	957	143	86	57
湖　北	6749	3547	3202	1142	496	646	1475	791	684	106	67	39
湖　南	6744	3671	3073	1076	506	570	1575	880	695	89	57	32
广　东	7355	3708	3647	1026	358	668	1854	979	875	157	119	38
广　西	5837	2892	2945	911	352	559	1467	821	646	68	48	20
海　南	2451	1181	1270	336	118	218	512	297	215	33	20	13
重　庆	4990	2689	2301	859	404	455	908	539	369	98	64	34
四　川	9516	4858	4658	1856	781	1075	2256	1252	1004	126	72	54
贵　州	4840	2680	2160	656	289	367	1405	783	622	95	55	40
云　南	5559	3002	2557	1055	467	588	1225	703	522	111	74	37
西　藏	1581	739	842	326	128	198	372	183	189	42	23	19
陕　西	4913	2593	2320	580	211	369	1574	861	713	62	40	22
甘　肃	4557	2413	2144	764	323	441	896	519	377	140	85	55
青　海	1683	821	862	276	119	157	446	240	206	30	14	16
宁　夏	3133	1633	1500	512	230	282	612	386	226	63	39	24
新　疆	2749	1492	1257	347	183	164	499	270	229	66	38	28

2006年第二次全国残疾人抽样调查—各地区分性别、残疾类别残疾人（续）　单位：人

地区别	肢体残疾人			智力残疾人			精神残疾人			多重残疾人		
	合计	男	女	小计	男	女	小计	男	女	小计	男	女
合　计	**48045**	**26737**	**21308**	**10844**	**6006**	**4838**	**11790**	**5389**	**6401**	**26080**	**12789**	**13291**
北　京	1725	839	886	243	148	95	347	146	201	1081	501	580
天　津	1519	866	653	303	180	123	252	107	145	543	290	253
河　北	2427	1297	1130	586	324	262	513	198	315	1276	614	662
山　西	1717	966	751	254	139	115	261	115	146	789	375	414
内蒙古	1613	915	698	323	188	135	372	150	222	471	284	187
辽　宁	1656	961	695	293	166	127	411	163	248	630	339	291
吉　林	1823	1035	788	339	187	152	378	147	231	778	420	358
黑龙江	688	1010	678	294	181	113	252	107	145	552	315	237
上　海	1131	579	552	269	134	135	314	149	165	418	177	241
江　苏	1626	867	759	525	280	245	541	232	309	985	430	555
浙　江	1373	727	646	387	211	176	509	237	272	848	396	452
安　徽	1616	876	740	470	231	239	498	211	287	862	404	458
福　建	1008	565	443	386	213	173	330	174	156	732	354	378
江　西	1599	903	696	469	249	220	367	164	203	713	375	338
山　东	2609	1443	1166	420	243	177	501	202	299	1233	617	616
河　南	2840	1615	1225	562	305	257	645	247	398	1691	803	888
湖　北	1881	1094	787	612	348	264	541	248	293	992	503	489
湖　南	2121	1285	836	469	261	208	447	206	241	967	476	491
广　东	1656	858	798	371	214	157	715	394	321	1576	786	790
广　西	1425	759	666	324	178	146	304	171	133	1338	563	775
海　南	704	345	359	176	90	86	142	83	59	548	228	320
重　庆	1696	976	720	401	218	183	482	219	263	546	269	277
四　川	2352	1308	1044	623	338	285	786	353	433	1517	754	763
贵　州	1350	806	544	271	147	124	311	190	121	752	410	342
云　南	1400	820	580	213	119	94	410	245	165	1145	574	571
西　藏	457	234	223	35	20	15	58	20	38	291	131	160
陕　西	1180	689	491	330	198	132	339	168	171	848	426	422
甘　肃	1423	811	612	369	206	163	304	136	168	661	333	328
青　海	464	235	229	92	44	48	73	40	33	302	129	173
宁　夏	1028	523	505	257	139	118	183	77	106	478	239	239
新　疆	938	530	408	178	107	71	204	90	114	517	274	243

2006 年第二次全国残疾人抽样调查—全国残疾人分残疾类别和残疾等级的年龄构成 单位：人

年龄别	视力残疾					听力残疾				
	小计	一级	二级	三级	四级	小计	一级	二级	三级	四级
总计*	**23840**	**5465**	**2299**	**2613**	**13463**	**38370**	**3267**	**4066**	**17008**	**14029**
60—64	2417	483	229	280	1425	3361	277	312	1314	1458
65—69	3093	628	308	332	1825	5190	342	499	2132	2217
70—74	4027	804	382	460	2381	7223	459	656	3189	2919
75—79	3561	809	359	415	1978	6621	470	635	3214	2302
80—84	2227	697	224	250	1056	4572	414	544	2410	1204
85＋	1115	463	112	118	422	2528	335	396	1353	444

2006 年第二次全国残疾人抽样调查—全国残疾人分残疾类别和残疾等级的年龄构成（续 1）单位：人

年龄别	言语残疾					肢体残疾				
	小计	一级	二级	三级	四级	小计	一级	二级	三级	四级
总计*	**2510**	**547**	**329**	**636**	**998**	**48045**	**2151**	**5398**	**11538**	**28958**
60—64	163	47	20	39	57	4307	156	501	971	2679
65—69	132	39	19	32	42	4949	205	630	1144	2970
70—74	110	36	15	26	33	5069	235	747	1215	2872
75—79	72	22	7	18	25	3802	252	564	946	2040
80—84	28	12	3	7	6	2263	179	377	606	1101
85＋	8	2	1	2	3	1081	99	218	294	470

2006 年第二次全国残疾人抽样调查—全国残疾人分残疾类别和残疾等级的年龄构成（续 2）单位：人

年龄别	智力残疾					精神残疾				
	小计	一级	二级	三级	四级	小计	一级	二级	三级	四级
总计*	**10844**	**1003**	**1745**	**3674**	**4422**	**11790**	**2777**	**1635**	**1966**	**5412**
60—64	358	25	65	132	136	775	177	105	120	373
65—69	235	19	38	72	106	554	141	81	95	237
70—74	175	19	20	66	70	462	142	76	67	177
75—79	160	16	34	60	50	305	114	49	48	94
80—84	100	8	24	43	25	142	65	24	24	29
85＋	59	14	17	21	7	71	46	12	6	7

2006 年第二次全国残疾人抽样调查—全国残疾人分残疾类别和残疾等级的年龄构成（续 3）单位：人

年龄别	多重残疾				
	小计	一级	二级	三级	四级
总计*	**26080**	**12535**	**44087**	**5966**	**3171**
60—64	1478	702	236	345	195
65—69	1913	751	307	501	354
70—74	2652	857	455	772	568
75—79	3039	1005	488	981	565
80—84	2684	922	467	891	404
85＋	2179	932	436	638	173

2006 年第二次全国残疾人抽样调查—全国分年龄、性别、受教育程度的 6 岁及以上残疾人　单位：人

年龄别	总　计			不 识 字			未上过学		
	合计	男	女	小计	男	女	小计	男	女
合计*	**158783**	**81723**	**77060**	**69871**	**23549**	**46268**	**1779**	**1012**	**767**
60—64	12859	6773	6086	4832	1623	3209	117	73	44
65—69	16066	8316	7750	7222	2263	4959	235	135	100
70—74	19718	9637	10081	11026	3379	7647	361	216	145
75—79	17561	8195	9366	10924	3244	7680	327	206	121
80—84	12016	5031	6985	8113	2137	5976	202	112	90
85+	7040	2369	4671	5264	1089	4175	103	61	42

2006 年第二次全国残疾人抽样调查—全国分年龄、性别、受教育程度的 6 岁及以上残疾人(续1)　单位：人

年龄别	小　学			初　中			高　中		
	小计	男	女	小计	男	女	小计	男	女
合计*	**51050**	**32186**	**18864**	**25197**	**17323**	**7874**	**6480**	**4548**	**1932**
60—64	4962	3040	1922	2104	1457	647	385	283	102
65—69	5778	3891	1897	1696	1223	473	420	310	110
70—74	5939	4204	1735	1467	1127	340	314	258	56
75—79	4545	3354	1191	1000	814	186	324	257	67
80—84	2683	1993	690	581	455	126	217	164	53
85+	1239	898	341	215	165	50	95	74	21

2006 年第二次全国残疾人抽样调查—全国分年龄、性别、受教育程度的 6 岁及以上残疾人(续2)　单位：人

年龄别	中　专			大学专科			大学本科			研究生		
	小计	男	女	小计	男	女	小计	男	女	小计	男	女
合计*	**2169**	**1433**	**736**	**1406**	**1021**	**385**	**863**	**638**	**225**	**22**	**13**	**9**
60—64	264	152	112	123	93	30	70	51	19	2	1	1
65—69	391	273	118	163	117	46	147	101	46	4	3	1
70—74	276	187	89	171	137	34	160	127	33	4	2	2
75—79	162	108	54	134	99	35	144	112	32	1	1	
80—84	65	42	23	65	56	9	88	70	18	2	2	
85+	29	16	13	42	30	12	51	35	16	2	1	1

2006 年第二次残疾人抽样调查—全国分年龄、性别、婚姻状况的残疾人　单位：人

年龄别	15 岁及以上残疾人			未婚			初婚有配偶		
	合计	男	女	小计	男	女	小计	男	女
总计*	**153910**	**78891**	**75019**	**19153**	**15434**	**3719**	**89850**	**48639**	**41211**
60—64	12859	6773	6086	752	720	32	9422	5084	4338
65—69	16066	8316	7750	560	527	33	10910	6297	4613
70—74	19718	9637	10081	420	385	35	11500	6798	4702
75—79	17561	8195	9366	212	183	29	8226	5169	3057
80—84	12016	5031	6985	90	72	18	4012	2658	1354
85+	7040	2369	4671	28	21	7	1179	873	306

2006 年第二次残疾人抽样调查—全国分年龄、性别、婚姻状况的残疾人（续）单位：人

年龄别	再婚有配偶			离　婚			丧　婚		
	小计	男	女	小计	男	女	小计	男	女
总计*	**4063**	**1989**	**2074**	**2931**	**2107**	**824**	**37913**	**10722**	**27191**
60—64	368	185	183	177	139	38	2140	645	1495
65—69	460	252	208	137	108	29	3999	1132	2867
70—74	499	309	190	121	90	31	7178	2055	5123
75—79	453	282	171	89	55	34	8581	2506	6075
80—84	243	161	82	51	29	22	7620	2111	5509
85＋	97	77	20	16	7	9	5720	1391	4329

2006 年第二次全国残疾人抽样调查—全国分年龄、性别的残疾人经济活动人口 单位：人

年龄别	15 岁及以上残疾人			在业人口			不在业人口		
	合计	男	女	小计	男	女	小计	男	女
总计*	**153910**	**78891**	**75019**	**46752**	**30336**	**16416**	**107158**	**48555**	**58603**
60—64	12859	6773	6086	4473	3034	1439	8386	3739	4647
65—69	16066	8316	7750	3673	2671	1002	12393	5645	6748
70—74	19718	9637	10081	2248	1713	535	17470	7924	9546
75—79	17561	8195	9366	911	713	198	16650	7482	9168
80—84	12016	5031	6985	206	155	51	11810	4876	6934
85＋	7040	2369	4671	47	37	10	6993	2332	4661

2006 年第二次全国残疾人抽样调查—全国分年龄、性别的未工作残疾人 单位：人

年龄别	合　计			在校学生			离退休		
	合计	男	女	小计	男	女	小计	男	女
合计*	**107158**	**48555**	**58603**	**926**	**549**	**377**	**18597**	**11568**	**7029**
60—64	8386	3739	4647				2033	1282	751
65—69	12393	5645	6748				3176	1998	1178
70—74	17470	7924	9546				4095	2652	1443
75—79	16650	7482	9168				3464	2295	1169
80—84	11810	4876	6934				2054	1376	678
85＋	6993	2332	4661				938	621	317

2006 年第二次全国残疾人抽样调查—全国分年龄、性别的未工作残疾人（续 1）单位：人

年龄别	料理家务			丧失劳动能力			毕业后未工作		
	小计	男	女	小计	男	女	小计	男	女
合计*	**23224**	**4892**	**18332**	**59057**	**27978**	**31079**	**400**	**232**	**168**
60—64	2418	417	2001	3714	1882	1832			
65—69	3386	737	2649	5596	2758	2838			
70—74	4318	1097	3221	8739	3996	4743	2		2
75—79	3435	917	2518	9478	4129	5349	3		3
80—84	1759	470	1289	7835	2964	4871	2		2
85＋	686	162	524	5282	1514	3768	1	1	

2006 年第二次全国残疾人抽样调查—全国分年龄、性别的未工作残疾人（续 2）单位：人

年龄别	因单位原因失去原工作			因本人原因失去原工作			承包土地被征用			其他		
	小计	男	女	小计	男	女	小计	男	女	小计	男	女
合计*	**1639**	**1193**	**446**	**958**	**679**	**279**	**346**	**187**	**159**	**2011**	**1277**	**734**
60—64	37	35	2	36	30	6	38	19	19	10	74	36
65—69	29	21	8	21	16	5	49	31	18	136	84	52
70—74	35	24	11	15	7	8	55	26	29	211	122	89
75—79	36	20	16	13	8	5	37	21	16	184	92	92
80—84	8	6	2	9	2	7	26	11	15	117	47	70
85+	4	1	3	3	1	2	11	5	6	68	27	41

2006 年第二次全国残疾人抽样调查—全国分年龄、性别、未工作者主要生活来源的残疾人　单位：人

年龄别	合　计			离退休金			领取基本生活费		
	合计	男	女	小计	男	女	小计	男	女
合计*	**107158**	**48555**	**58603**	**18653**	**11626**	**7027**	**8179**	**4831**	**3348**
60—64	8386	3739	4647	2037	1285	752	529	339	190
65—69	12393	5645	6748	3187	2010	1177	628	368	260
70—74	17470	7924	9546	4105	2667	1438	906	467	439
75—79	16650	7482	9168	3470	2303	1167	910	473	437
80—84	11810	4876	6934	2063	1379	684	646	283	363
85+	6993	2332	4661	947	629	318	398	101	297

2006 年第二次全国残疾人抽样调查—全国分年龄、性别、未工作者主要生活来源的残疾人（续）单位：人

年龄别	家庭其他成员供养			财产性收入			保险收入			其　他		
	小计	男	女	小计	男	女	小计	男	女	小计	男	女
合计*	**77523**	**30312**	**47211**	**663**	**376**	**287**	**64**	**31**	**33**	**2076**	**1379**	**697**
60—64	5576	1966	3610	76	43	33	5	4	1	163	102	61
65—69	8274	3083	5191	86	46	40	7	4	3	211	134	77
70—74	12070	4566	7504	92	48	44	13	6	7	284	170	114
75—79	11957	4537	7420	64	29	35	8	1	7	241	139	102
80—84	8908	3114	5794	31	11	20	8	2	6	154	87	67
85+	5533	1555	3978	18	7	11	6	3	3	91	37	54

八、我国大中城市居家养老服务研究

我国大中城市居家养老服务研究（节选）

三、居家养老服务的调查分析[①]

（一）老年人的基本情况

据调查，女性老年人口比例略高于男性，分别占老年人口总数的51.42%和47.76%。被调查老年人中，低龄老年人（60—69岁）占45.89%，中龄老年人（70—79岁）占41.23%，高龄老年人（80岁及以上）占12.28%。老年人中大学文化程度占9.85%，高中文化程度占12.9%，初中文化程度占25.62%，小学文化程度占29.56%，小学以下文化程度占21.11%。具体如表3—1所示。

表3—1 城市老年人基本情况

		人数	比例
1性别构成	男性	2521	47.76%
	女性	2714	51.42%
	未填	38	0.72%
2年龄构成	60—69岁	2422	45.89%
	70—79岁	2176	41.23%
	80+	648	12.28%
	未填	32	0.61%
3文化程度	小学以下	1114	21.11%
	小学	1560	29.56%
	初中	1352	25.62%
	高中	681	12.90%
	大学	520	9.85%
	未填	51	0.97%

（1）健康状况

在被调查老年人中，能够完全自理的老年人为3486人，占66.05%；部分自理的老年人1415人，占26.81%；完全不能自理323人，占6.12%[②]；54人未填，占1.02%。

分年龄结构看，老年人年龄越高健康状况差，变化非常明显。低龄老年人健康状况最好，完全自理的比例高达86.15%，部分自理比例为11.45%，不能自理的比例只有1.41%。中龄老年人健康状况次之，完全自理的比例为53.91%，部分自理的比例为37.29%，完全不能自理的比例为7.54%。高龄老年人的健康状况最差，完全自理的比例只有29.71%，部分自理和完全不能自理的比例分别为48.7%和20.94%。

① 如无特别说明，本节的数据都来自笔者对7个大中城市的抽样调查。

② 国家统计局在全国的最新抽样调查显示，我国生活不能自理的老年人比例为8.9%。略高于我们的调查。

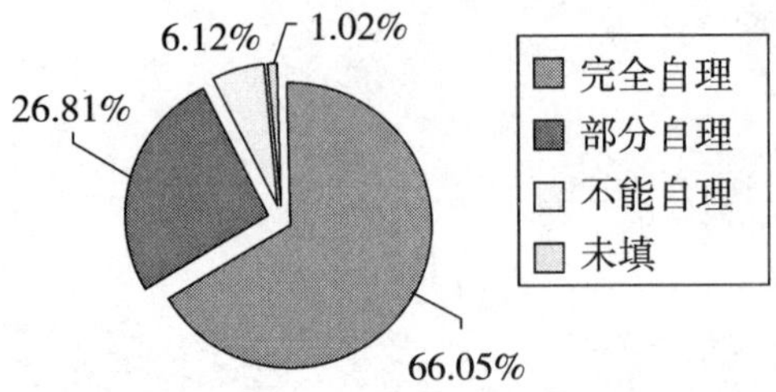

图 3—1　老年人健康状况

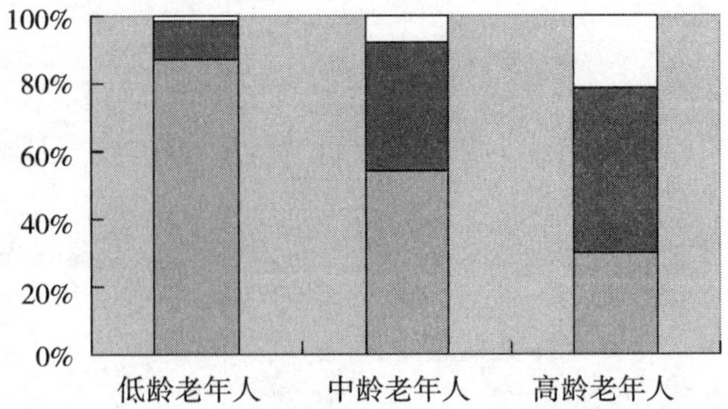

图 3—2　分年龄段老年人健康状况

（2）居住状况①

被调查老年人的空巢（包括独居）比例较高。其中，独居老年人 874 人，占 12.1%；仅与配偶同住的 3179 人，占 44%；与子女同住的 3079 人，占 46.62%；93 人未填写，占 1.29%。

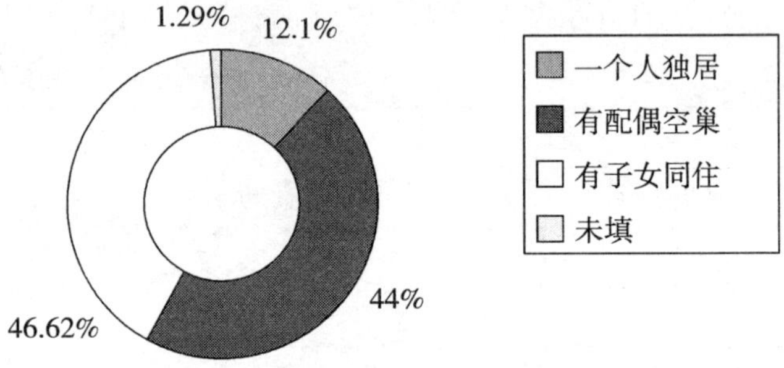

图 3—3　老年人的居住状况

事实上，在发达国家空巢和独居的比例是非常高的。随着经济社会发展，人们生活水平提高特别是住房条件的不断改善，以及生活和居住方式的改变，我国空巢老年人的比例还将会不断增加，而且很有可能达到 70%—80%这样高的水平，这不能不引起我们的高度重视。

表 3—2　80 年代美国、英国、法国和日本分年龄、性别的户口类型分布（%）

国家和户型	男性			女性		
	60—69	70—79	80＋	60—69	70—79	80＋
美国						
一人户	15.7	25.2	50	46.5	62.2	66.3
夫妇户	63.9	61.3	33.3	33.5	20.9	9.8
父母和子女	20.5	13.5	16.7	20	16.9	23.9
英国						
一人户	13.1	25.1	51.2	41.4	64	70
夫妇户	72.9	66.5	32.6	44.1	26.8	15
父母和子女	14.1	8.4	16.3	14.5	9.2	15
法国						
一人户	9.9	16.7	21.3	27.8	46	59.8
夫妇户	63.4	72	61.7	45.7	30.4	7.8
父母和子女	26.7	11.3	17	26.5	23.6	32.4
日本						
一人户	1.5	3.5	4	9.3	9.6	4.8
夫妇户	34.2	35.3	28	19.6	13.6	2.4
父母和子女	64.3	61.3	68	71.1	76.8	92.9

资料来源：穆光宗，《家庭养老制度的传统与变革》

① 空巢比例是根据 7 个被调查城市和南京市鼓楼区的数据综合计算得到的。

(3) 子女状况

总体而言，我国目前一代老年人的子女数目是较多的。被调查的老年人中，13 人没有子女，占 0.25%；只有一个子女的 585 人，占 11.08%；2 个子女的 1570 人，占 29.75%；3 个子女的 1306 人，占 24.74%；3 个以上子女的 1587 人，占 30.07%；217 人没有填写，占 4.11%。大致估算，平均每位老人的子女个数为 2.65 个。

3—3　我国大中城市老年人子女数目情况

子女数目	数　目	比　例
0 个	13	0.25%
1 个	585	11.08%
2 个	1570	29.75%
3 个	1306	24.74%
3 个以上	1587	30.07%
未填	217	4.11%

对子女照顾表示满意的有 3495 人，占 66.22%；认为子女照顾一般的 1566 人，占 29.67%；对子女照顾不满意的 90 人，占 1.71%；127 人没有填写，占 2.41%。

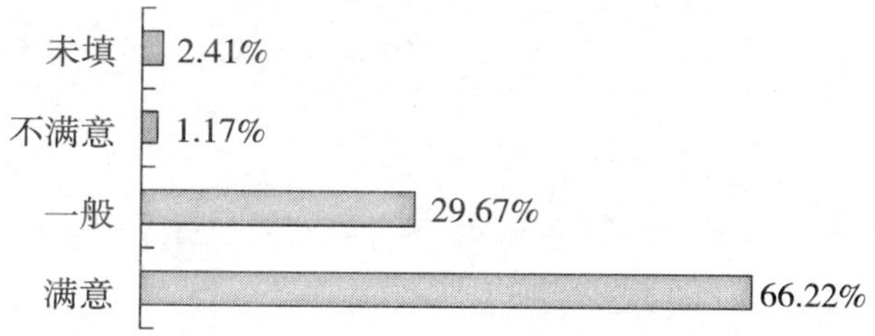

图 3—4　老年人对子女照顾的满意程度

(4) 经济状况

表 3—4　被调查社区老年人的简单收支状况（元）

城　市	社　区	平均收入	平均支出	支出比例
北　京	安德里社区	1639.6	1212.8	73.97%
天　津	天兴里社区	825.85	797.92	96.62%
太　原	锦绣园社区	754.7	690.4	91.48%
沈　阳	康宁社区	639.13	601.14	94.06%
杭　州	在水一方社区	1297.9	968.57	74.63%
桂　林	西城社区	829.76	660.14	79.56%
贵　阳	送变电社区	1267.53	898.81	70.91%
合　计 1		1036.35	832.83	83.03%
对比数据 2		718.83	733.1	

注：1 此行数据为简单的算术平均结果

2 对比数据为中国老龄科研中心 2006 年中国城乡调查数据中城市老年人的人均收入和支出

我们注意到，老年人的支出与收入的比例是非常高的，往往超过 80%，这说明两个问题，一是表明老年人的消费倾向非常高，平均每 1 元收入，就有 0.8 元以上用于当期消费。第二，这样高的支出比例反映了老年人的收入是非常不够的，几乎仅仅只能够维持当期消费需求，而很多消费都是刚性的（例如看病买药、日常必要开支等）。可见我国老年人的经济保障状况仍然不容乐观。

（二）老年人的居家养老意愿

1. 85％以上的老年人有居家养老的意愿。被调查老年人中，选择在家养老的有 4489 人，占 85.05％；选择住养老院的 353 人，认为无所谓的 382 人，分别占 6.69％和 7.24％。54 人没有填写，占 1.02％。

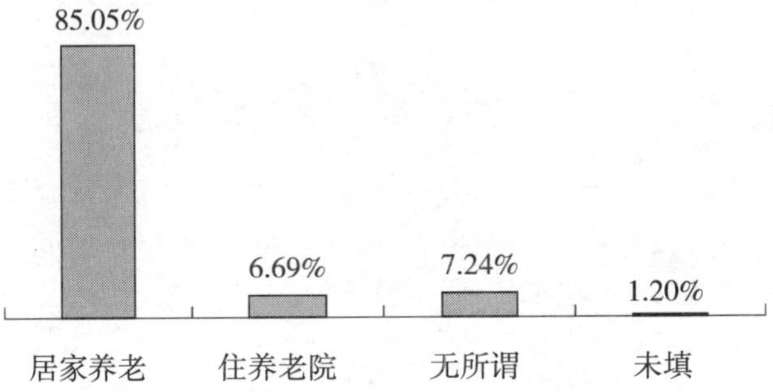

图 3—5　老年人的居家养老意愿

2. 不同性别、不同年龄组和不同健康状况的老年人的居家养老意愿都比较强烈。

表 3—5　分性别、年龄、健康组老年人的养老方式选择

	居家养老	住养老院	无所谓
男	84.69％	6.74％	7.85％
女	85.56％	6.60％	6.56％
低龄老人	84.60％	6.85％	7.64％
中龄老人	85.34％	6.20％	7.35％
高龄老人	85.65％	7.87％	5.40％
完全自理	85.94％	6.00％	6.00％
部分自理	83.82％	8.27％	6.78％
不能自理	81.73％	6.81％	10.22％

3. 老年人居家养老意愿随健康状况恶化有所下降，而入住养老院的意愿有所上升。

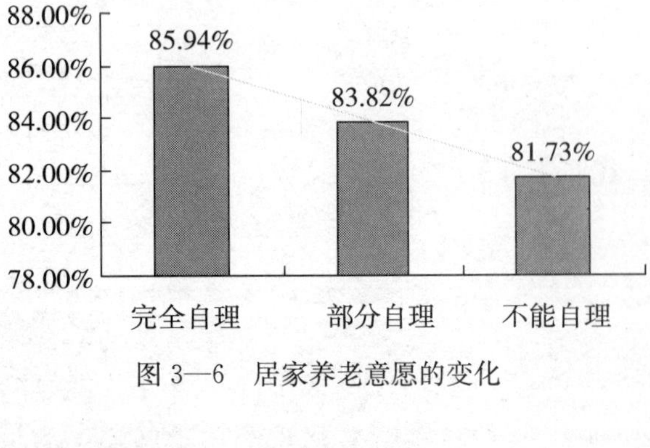

图 3—6　居家养老意愿的变化

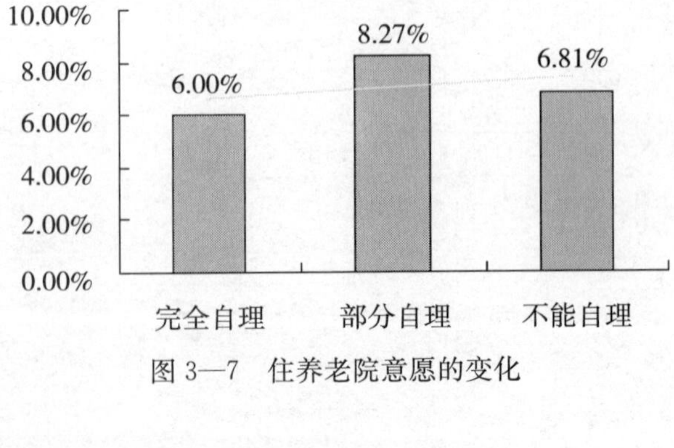

图 3—7　住养老院意愿的变化

4. 选择居家养老的原因

在选择居家养老的老年人中，79.64%是因为习惯家里的生活环境，33.17%的人表示是喜欢和子女生活在一起，12.61%的老年人表示不喜欢养老院的氛围。另外，25.95%的老年人反映住不起养老院，12.5%的老年人反映子女不同意住养老院，还有0.2%的老年人因为养老机构床位紧张排不上号不能入住。从主客观方面看，前三方面的原因是属于老年人主观愿意选择居家养老，而后三方面原因是由于客观因素导致老年人虽然可能想去养老机构居住，但难以实现，对于这部分老年人，如果条件成熟时，他们可能转向机构养老。

表 3—6 老年人选择居家养老的原因

	人 数	比 例
1 习惯家生活环境	3575	79.64%
2 喜欢子女在一起	1489	33.17%
3 子女不同意住养老院	561	12.50%
4 住不起养老院	1165	25.95%
5 不喜欢养老院氛围	566	12.61%
6 床位紧张，排不上号	9	0.20%
7 其他原因	19	0.42%

（三）老年人的居家养老服务需求

1. 需求情况

根据调查，近一半的老年人有服务需求。其中需要家政服务的占25.22%，需要护理服务的占18.04%，需要聊天解闷的占13.79%，需要法律援助服务的占2.25%。

表 3－7 老年人居家养老需求情况

	比 例*	总需求（万人）**
有服务需求的人数	48.50%	2868.03
家政服务	25.22%	1491.38
护理服务	18.04%	1066.79
聊天解闷	13.79%	815.47
法律援助	2.25%	133.05
不需要服务	46.48%	
未填	5.02%	

注：*该列比例全部是以被调查老年人总数为分母计算的

**该列是根据2006年城镇5913.47万老年人口规模，按照左列比例计算所得，代表目前我国城镇老年人居家养老的需求情况

2. 需求满足情况

目前，总的服务需求满足率为15.9%，其中家政服务满足率最高，为22.61%，护理服务满足率为8.3%，聊天解闷服务满足率为3.16%。换句话说，目前仍有84.1%的服务需求没有被满足。

表 3—8 居家养老服务需求的满足情况

	人数	满足率*
已经享有服务的人数总计	407	15.90%
家政服务	301	22.61%
护理服务	79	8.30%
聊天解闷	23	3.16%
法律援助	21	17.65%
需要但没有享有	2153	84.10%**

注：*总满足率的计算以有服务需求的总人数为分母，分类服务的满足率以各类服务的需求总人数为分母计算

**此处为未满足率

3. 服务花费

表 3—9 被调查社区老年人的服务花费情况（元/月）

城　市	社　　区	家政支出	占平均收入	护理支出	占平均收入
北京	安德里社区	389.4	23.75%	900	54.89%
天津	天兴里社区	355.53	43.05%	493.33	59.74%
太原	锦绣园社区	235	31.14%	366.5	48.56%
沈阳	康宁社区	317.31	49.65%	289.58	45.31%
杭州	在水一方社区	215.1	16.57%	280	21.57%
桂林	西城社区	73.25	8.83%	316.67	38.16%
贵阳	送变电社区	268.5	21.18%	—	—
合计		264.87	25.56%	441.01	42.55%

被调查的7个社区的老年人用于家政和护理服务的支出水平大体可比，如表3－9所示。老年人在家政服务方面的支出平均为264.87元，占平均收入的25.56%，在护理服务方面的平均支出为441.01元，占平均收入的42.55%。

附录：居家养老服务调查问卷

调查地点____________________ 受访者姓名：____________________

1. 您的性别是：

   1 男性　　2 女性

2. 您的年龄是：____________________周岁

3. 您的教育程度是：

   1 小学以下　　2 小学　　3 初中　　4 高中（中专）　　5 大专及以上

4. 您的健康状况是：

   1 生活完全自理　　2 生活部分自理　　3 生活不能自理

5. 您目前的居住状况是（注：家庭保姆不计算在内）

   1 一个人独住　　2 只与配偶同住　　3 与子女同住

6. 您现在有几个子女：____________________个

7. 您对子女的照顾满意吗？

   1 满意　　2 一般　　3 不满意

8. 您每个月所有收入多少钱：________________元；每个月花多少钱：________________元

9. 您更喜欢下面哪种养老方式？

   1 在家养老　　2 机构养老　　3 无所谓

10. 您选择在家养老的原因是什么？（可多选）

    1 习惯了家里的生活环境　　2 喜欢和儿女生活在一起
    3 子女不愿意让住养老院　　4 住不起养老院
    5 不喜欢养老院的氛围　　6 养老院床位紧张，排不上号
    7 其他原因______________________________

11. 目前，您最需要下列哪些服务？（可多选）

    1 家政服务　　2 护理服务　　3 聊天解闷　　4 法律援助　　5 不需要

12. 目前，您是否享有以下服务？如果是，您每月为此花多少钱？

    1 家政服务　　0）否　　1）是，每月________________元
    2 护理服务　　0）否　　1）是，每月________________元
    3 聊天解闷　　0）否　　1）是，每月________________元
    4 法律援助　　0）否　　1）是，每月________________元

13. 上述服务，您是否享受政府发放的补贴？如果有，每月多少钱？

    0 没有补贴　　1 有，每月________________元

14. 您是否愿意在社区（或到社会）做些事情，发挥余热？

    1 愿意，身体条件也可以　　2 愿意，但身体状况不好　　3 不愿意

15. 如果身体条件允许，您愿意参加社区的下列活动吗？（可多选）

    1 照顾其他老人　2 教育青少年　3 调解邻里纠纷　4 维护社区治安　5 其他____________

16. 如果您去照顾别的老年人，您希望得到多少报酬？

    1 不要钱　　2 不要钱，但希望将来也有人免费照顾我
    3 略低于市场价　　4 按市场价格获取报酬

17. 关于居家养老服务，您还有什么建议和想法？

九、国家卫生服务调查相关老龄数据

2003 年中国卫生服务调查研究

附表 1-2 调查人口年龄构成（%）

单位：人

调查地区	55～64 岁	65 岁及以上	调查地区	55～64 岁	65 岁及以上
调查地区合计	**8.9**	**9.5**	山东省梁山县	8.6	8.9
城市合计	**10.7**	**14.2**	山东省禹城市	9.7	9.9
农村合计	**8.4**	**7.9**	河南省汝阳县	5.7	7.9
大城市	**11.1**	**18.5**	河南省新兴市新华区	11.6	14.9
中城市	**11.2**	**13.0**	河南省睢县	7.3	6.4
小城市	**9.8**	**10.3**	河南省扶沟县	5.3	6.7
一类农村	**9.3**	**10.0**	湖北省宜昌市西陵区	14.2	13.5
二类农村	**8.3**	**7.4**	湖北省老河口市	12.1	9.0
三类农村	**8.2**	**8.0**	湖北省麻城市	9.8	6.2
四类农村	**7.3**	**5.6**	湖北省鹤峰县	8.3	8.3
北京市东城区	10.3	24.3	湖南省长沙市天心区	12.6	18.6
北京市密云县	9.8	12.0	湖南省安乡县	10.9	8.9
天津市河北区	11.4	20.2	湖南省慈利县	12.2	11.0
天津市蓟县	7.4	7.9	湖南省安仁县	5.6	5.7
河北省唐山路北区	11.6	13.2	广东省广州荔湾区	9.2	21.0
河北省武安市	7.0	5.2	广东省四会市	9.6	11.9
河北省唐县	5.8	5.6	广东省英德市	9.5	12.5
河北省丰宁县	7.7	10.1	广东省中山市	6.8	9.0
山西省平定县	7.8	6.5	广西省宾阳区	7.8	8.2
山西省武乡县	7.9	6.1	广西省合浦县	8.2	11.3
山西省阳城县	8.6	5.3	广西省罗城仫佬	10.4	9.9
内蒙古喀喇沁旗	6.3	7.3	海南省海口市龙华区	8.5	11.4
内蒙古开鲁县	6.1	4.6	海南省文昌市	7.2	17.4
内蒙古准格尔旗	9.0	7.7	重庆市万州区	11.5	11.8
辽宁省沈阳大东区	8.2	15.2	重庆市沙坪坝区	9.7	15.1
辽宁省灯塔市	8.7	6.4	重庆市忠县	15.8	11.6
吉林省四平市铁东区	10.6	9.4	四川省成都青羊区	13.6	17.3
吉林省东丰区	7.3	7.5	四川省盐亭县	13.4	12.9
吉林省延吉市	10.3	13.3	四川省阆中市	15.2	9.4
黑龙江富裕县	6.6	4.5	贵州省湄潭县	7.4	6.0
黑龙江宝清县	5.9	4.7	贵州省玉屏侗族	8.5	7.4
黑龙江绥化市北林区	14.1	13.7	贵州省施秉县	9.3	7.7
上海市卢湾区	10.4	23.7	云南省昆明五华区	13.2	18.1
上海市崇明县	17.2	16.1	云南省广南县	7.5	7.1
江苏省邳州县	8.9	8.1	云南省祥云县	6.9	9.2
江苏省苏州市金阊区	14.8	16.1	西藏区拉萨城关区	7.8	8.8
江苏省金湖县	10.1	9.3	西藏区墨竹工卡	6.6	4.3
江苏省扬中市	11.9	13.1	陕西省宝鸡市金台区	9.0	9.3
浙江省杭州上城区	10.1	18.0	陕西省眉县	8.3	7.6
浙江省桐庐县	9.0	11.9	陕西省汉阴县	9.3	8.6
浙江省桐乡市	9.2	11.4	甘肃省榆中县	9.5	5.5
安徽省固镇县	7.4	7.5	甘肃省景泰县	8.6	5.8
安徽省安庆大观区	9.9	8.7	甘肃省临潭县	8.2	5.8
安徽省庐江县	11.9	7.5	青海省互助县	7.3	4.2
安徽省蒙城县	9.5	9.2	青海省海晏县	6.4	4.5
福建省宁化县	8.9	11.2	宁夏区银川市西夏区	8.5	8.8
福建省建阳市	8.3	9.4	宁夏区惠农县	7.0	6.4
福建省永定县	8.3	8.6	宁夏区中卫县	7.1	4.0
江西省宜春市袁州区	8.1	9.9	宁夏区隆德县	7.5	6.6
江西省上高县	7.6	9.4	新疆区乌市天山区	14.1	11.3
江西省高安市	8.2	6.9	新疆区和田县	5.2	4.0
山东省青岛市北区	10.9	18.0	新疆区新源县	4.3	2.9
山东省招远市	12.1	12.3			

附表 1-3 调查男性人口年龄构成（%）

单位：人

调查地区	55～64岁	65岁及以上	调查地区	55～64岁	65岁及以上
调查地区合计	**9.1**	**9.2**	山东省梁山县	8.3	8.0
城市合计	**10.4**	**13.8**	山东省禹城市	10.6	8.8
农村合计	**8.7**	**7.6**	河南省汝阳县	5.9	7.7
大城市	**10.7**	**17.7**	河南省新乡市新华区	11.7	15.4
中城市	**10.8**	**12.9**	河南省睢县	7.2	5.8
小城市	**9.7**	**10.1**	河南省扶沟县	4.6	6.5
一类农村	**9.7**	**9.5**	湖北省宜昌市西陵区	13.2	13.2
二类农村	**8.8**	**7.3**	湖北省老河口市	11.8	9.6
三类农村	**8.5**	**7.8**	湖北省麻城市	10.3	5.9
四类农村	**7.3**	**5.3**	湖北省鹤峰县	8.7	8.0
北京市东城区	9.7	23.0	湖南省长沙市天心区	13.5	18.0
北京市密云县	11.4	10.9	湖南省安乡县	11.4	9.5
天津河北区	12.2	18.7	湖南省慈利县	12.7	10.4
天津市蓟县	7.1	8.0	湖南省仁县	6.0	5.8
河北省唐山路北区	11.3	13.4	广东省广州荔湾区	7.5	19.5
河北省武安市	7.3	4.2	广东省四会市	10.3	10.3
河北省唐县	6.0	5.4	广东省英德市	9.4	12.4
河北省丰宁县	7.0	11.8	广东省中山市	7.0	8.0
山西省平定县	8.3	6.0	广西区宾阳县	7.4	7.2
山西省武乡县	8.1	6.0	广西区合浦县	8.1	10.3
山西省阳城县	9.4	4.6	广西区罗城仫佬	10.5	7.5
内蒙古喀沁旗	6.3	7.0	海南省海口市龙华区	7.6	10.7
内蒙古开鲁县	5.7	4.7	海南省文昌市	6.6	15.1
内蒙古准格尔旗	10.8	9.1	重庆市万州区	12.5	11.2
辽宁省沈阳大东区	7.0	14.5	重庆市沙坝区	9.8	13.1
辽宁省灯塔市	9.3	6.4	重庆市忠县	17.1	12.1
吉林省四平市铁东区	9.8	9.4	四川小成都青年区	13.9	16.5
吉林省东丰县	7.5	7.5	四川省盐亭县	17.2	12.1
吉林省延吉市	8.0	13.7	四川省阆中市	16.6	9.9
黑龙江富裕县	6.9	4.8	贵州省湄潭县	7.4	5.7
黑龙江宝清县	6.0	4.6	贵州省玉屏侗族	9.1	6.7
黑龙江绥化市北林区	12.6	14.2	贵州省施秉县	9.2	6.9
上海市卢湾区	11.1	22.4	云南省昆明五华区	12.8	18.6
上海市崇明县	19.4	14.9	云南省广南县	7.4	6.7
江苏省邳州市	9.2	7.1	云南省祥云县	7.4	10.0
江苏省苏州市金阊区	14.0	15.6	西藏区拉萨城关区	8.0	9.1
江苏省金湖县	10.7	8.2	西藏区墨竹工卡	6.1	3.8
江苏省扬中市	12.6	12.3	陕西省宝鸡市金台区	10.6	7.9
浙江省杭州上城区	10.3	17.5	陕西省眉县	9.1	6.9
浙江省桐庐县	8.9	12.1	陕西省汉阴县	8.8	9.1
浙江省桐乡市	8.9	11.2	甘肃省榆中县	10.8	6.0
安徽省固镇县	8.4	7.7	甘肃省景泰县	8.8	5.9
安徽省安庆市大观区	10.2	8.8	甘肃省临潭县	8.0	5.3
安徽省庐江县	12.5	9.2	青海省互助县	7.2	4.2
安徽省蒙城县	9.8	8.7	青海省海晏县	6.9	3.3
福建省宁化县	9.7	11.5	宁夏区银川市西夏区	8.3	9.9
福建省建阳市	9.9	10.1	宁夏惠农县	7.2	6.4
福建省永定县	9.0	7.8	宁夏区中卫县	7.4	4.8
江西省宜春市袁州区	9.0	9.7	宁夏区隆德县	7.7	6.3
江西省上高县	7.3	9.3	新疆区乌市天山区	11.5	12.9
江西省高安市	9.0	6.6	新疆区和田区县	5.9	4.4
山东省青岛市北区	10.6	17.3	新疆区新源县	5.4	3.3
山东省招远市	12.0	11.1			

附表 1-4 调查女性人口年龄构成（%）

单位：人

调查地区	55～64 岁	65 岁及以上	调查地区	55～64 岁	65 岁及以上
调查地区合计	**8.8**	**9.9**	山东省梁山县	8.8	9.8
城市合计	**10.9**	**14.6**	山东省禹城县	8.8	10.9
农村合计	**8.0**	**8.2**	河南省汝阳县	5.4	8.2
大城市	**11.4**	**19.3**	河南省新乡市新华区	11.7	14.4
中城市	**11.6**	**13.1**	河南省睢县	7.3	7.1
小城市	**9.8**	**10.5**	河南省扶沟县	6.0	6.8
一类农村	**8.8**	**10.6**	湖北省宜昌市西陵区	15.2	13.9
二类农村	**7.9**	**7.5**	湖北省老河口市	12.5	8.5
三类农村	**7.8**	**8.3**	湖北省麻城市	9.2	6.4
四类农村	**7.4**	**5.9**	湖北省鹤峰县	7.7	8.7
北京市东城区	10.8	25.5	湖南省长沙市天心区	11.8	19.1
北京市密云县	8.2	13.0	湖南省安乡县	10.4	8.4
北京市河北区	10.8	21.6	湖南省慈利县	11.6	11.5
天津市蓟县	7.8	7.7	湖南省安仁县	5.1	5.5
河北省唐山路北区	11.8	13.0	广东省广州荔湾区	10.7	22.3
河北省武安市	6.6	6.3	广东省四会市	9.0	13.6
河北省唐县	5.6	5.7	广东省英德市	9.6	12.5
河北省丰宁县	8.4	8.4	广东省中山市	6.6	9.9
山西省平定县	7.3	7.1	广西区宾阳县	8.2	9.5
山西省武乡县	7.5	6.3	广西区合浦县	8.2	12.5
山西省阳城县	7.7	5.9	广西区罗城仫佬	10.3	12.3
内蒙古喀沁旗	6.3	7.6	海南省海口市龙华区	9.4	12.1
内蒙古开鲁县	6.4	4.6	海南省文昌市	7.8	19.8
内蒙古准格尔旗	7.0	6.2	重庆市万州区	10.5	12.4
辽宁省沈阳大东区	9.6	16.0	重庆市沙坪坝区	9.5	17.1
辽宁省灯塔市	8.0	6.4	重庆市忠县	14.6	11.1
吉林省四平市铁东区	11.3	9.4	四川省成都青羊区	13.3	18.0
吉林省东丰县	7.1	7.5	四川省盐亭县	10.0	13.7
吉林省延吉市	12.5	12.9	四川省阆中市	13.9	9.0
黑龙江富裕县	6.2	4.2	贵州省湄潭县	7.5	6.3
黑龙江宝清县	5.7	4.7	贵州省玉屏侗族	7.7	8.3
黑龙江绥化市北林区	15.5	13.2	贵州省施秉县	9.5	8.7
上海市卢湾区	9.7	24.9	云南省昆明五华区	13.7	17.7
上海市崇明县	15.2	17.2	云南省广南县	7.7	7.6
江苏省邳州市	8.6	9.0	云南省祥云县	6.4	8.3
江苏省苏州市金阊区	15.5	16.7	西藏区拉萨城关区	7.7	8.5
江苏省金湖县	9.4	10.4	西藏区墨竹工卡	7.2	4.8
江苏省扬中市	11.3	13.9	陕西省宝鸡市金台区	7.3	10.6
浙江省杭州上城区	9.9	18.5	陕西省眉县	7.4	8.4
浙江省桐庐县	9.1	11.6	陕西省汉阴县	9.8	8.0
浙江省桐乡市	9.6	11.6	甘肃省榆中县	8.1	5.0
安徽省固镇县	6.4	7.3	甘肃省景泰县	8.4	5.7
安徽省安庆市大观区	9.7	8.7	甘肃省临潭县	8.4	6.4
安徽省庐江县	11.3	6.0	青海省互助县	7.3	4.1
安徽省蒙城县	9.1	9.8	青海省海晏县	5.9	5.9
福建省宁化县	8.0	11.0	宁夏区银川市西夏区	8.6	7.7
福建省建阳市	6.7	8.7	宁夏区惠农县	6.8	6.4
福建省永定县	7.5	9.5	宁夏区中卫县	6.8	3.2
江西省宜春市袁州区	7.1	10.1	宁夏区隆德县	7.4	6.8
江西省上高县	7.9	9.4	新疆区乌市天山区	16.8	9.6
江西省高安市	7.4	7.3	新疆区和田县	4.4	3.5
山东省青岛市北区	11.2	18.6	新疆区新源县	3.1	2.5
山东省招远市	12.1	13.5			

附表 2-2　调查地区不同性别、年龄别居民两周患病率（‰）

调查地区	性别		年龄别	
	男性	女性	55～64 岁	65 岁及以上
调查地区合计	**130.4**	**155.8**	**251.8**	**338.3**
城市合计	**135.5**	**170.2**	**258.1**	**396.9**
农村合计	**128.7**	**150.6**	**249.0**	**302.1**
大城市	**145.4**	**182.9**	**269.1**	**420.0**
中城市	**144.6**	**176.2**	**292.1**	**424.9**
小城市	**116.6**	**150.5**	**210.7**	**320.0**
一类农村	**118.6**	**137.5**	**207.8**	**289.8**
二类农村	**126.2**	**139.2**	**243.7**	**267.2**
三类农村	**145.0**	**175.8**	**289.4**	**349.6**
四类农村	**111.7**	**136.3**	**236.6**	**271.4**
北京市东城区	133.2	156.9	222.9	359.9
北京市密云县	148.4	140.1	241.2	322.1
天津市河北区	122.7	170.8	268.4	256.7
天津市蓟县	153.4	193.1	310.3	369.6
河北省唐山路北区	211.4	242.1	400.0	679.5
河北省武安市	196.6	212.7	467.5	469.6
河北省唐县	104.8	131.4	219.7	440.9
河北省丰宁县	134.4	211.2	328.7	345.7
山西省平定县	81.0	72.7	120.3	142.9
山西省武乡县	117.4	116.9	295.6	371.0
山西省阳城县	164.5	195.4	413.4	600.0
内蒙古喀喇沁旗	215.9	314.4	677.4	680.6
内蒙古开鲁县	220.0	286.8	480.3	628.9
内蒙古准格尔旗	131.7	164.8	315.5	333.3
辽宁省沈阳大东区	143.5	218.7	296.6	455.2
辽宁省灯塔市	104.0	133.3	237.8	231.4
吉林省四平市铁东区	73.0	78.7	132.6	211.2
吉林省东丰县	105.5	181.6	158.6	308.7
吉林省延吉市	75.1	136.7	168.8	275.4
黑龙江富裕县	98.4	105.1	204.4	255.3
黑龙江宝清县	87.7	101.7	138.2	112.2
黑龙江绥化市北林区	185.6	219.3	244.7	452.2
上海市卢湾区	154.9	172.6	297.1	375.0
上海市崇明县	100.4	142.3	161.5	266.4
江苏省邳州市	90.3	115.7	139.9	160.9
江苏省苏州市金阊区	90.3	115.5	136.7	200.0
江苏省金湖县	144.3	188.9	291.9	286.5
江苏省扬中市	182.6	216.9	322.7	455.7
浙江省杭州上城区	91.2	120.8	127.2	233.0
浙江省桐庐县	128.7	153.8	191.4	243.0
浙江省桐乡市	59.5	66.5	76.2	83.6
安徽省固镇县	119.7	120.5	209.0	167.6
安徽省安庆市大观区	109.8	150.1	287.4	392.2
安徽省庐江县	74.9	62.2	135.7	128.6
安徽省蒙城县	156.1	176.0	255.9	273.2
福建省宁化县	146.9	173.3	333.3	241.2
福建省建阳市	102.5	92.1	146.3	252.7
福建省永定县	121.1	113.5	255.7	250.0
江西省宜春市袁州区	82.4	82.1	121.2	247.5
江西省上高县	194.7	180.6	240.6	402.4
江西省高安市	160.9	185.9	233.1	262.8
山东省青岛市北区	111.8	140.4	232.0	245.0
山东省招远市	139.9	197.9	355.1	451.6

附表 2-2 调查地区不同性别、年龄别居民两周患病率（‰）（续）

调查地区	性别		年龄别	
	男性	女性	55～64 岁	65 岁及以上
山东省梁山县	116.5	154.4	289.6	407.4
山东省禹城县	86.1	77.6	107.1	231.2
河南省汝阳县	174.0	203.6	371.0	436.8
河南省新乡市新华区	309.7	329.9	644.9	835.2
河南省睢县	114.5	133.0	304.9	296.6
河南省扶沟县	120.2	117.6	220.5	262.5
湖北省宜昌市西陵区	74.5	91.1	131.0	183.3
湖北省老河口市	51.5	78.2	83.7	198.7
湖北省麻城市	95.1	91.0	113.1	75.5
湖北省鹤峰县	94.1	95.3	145.5	144.6
湖南省长沙市天心区	194.8	203.7	370.7	627.1
湖南省安乡县	112.7	96.1	150.3	177.2
湖南省慈利县	82.7	72.9	99.5	168.4
湖南省安仁县	149.0	152.8	221.2	217.4
广东省广州荔湾区	99.9	136.9	227.3	297.8
广东省四会市	143.6	160.2	218.4	419.6
广东省英德市	188.9	193.3	267.6	300.0
广东省中山市	117.1	121.1	270.6	360.0
广西区宾阳县	169.1	204.5	209.9	338.5
广西区合浦县	127.2	176.3	286.5	365.8
广西区罗城仫佬	95.9	128.1	169.8	256.2
海南省海口市龙华区	120.6	166.4	254.2	466.4
海南省文昌市	147.5	194.4	189.9	462.1
重庆市万州区	175.3	216.6	293.5	376.8
重庆市沙坪坝区	201.6	206.0	300.6	464.9
重庆市忠县	176.7	209.1	318.4	316.3
四川省成都青羊区	178.8	245.0	261.3	624.1
四川省盐亭县	177.5	184.6	282.3	323.4
四川省阆中市	197.6	207.8	361.7	390.4
贵州省湄潭县	171.6	187.3	347.3	380.6
贵州省玉屏侗族	256.7	278.4	415.8	443.1
贵州省施秉县	114.9	127.6	245.4	201.1
云南省昆明五华区	218.2	282.1	411.5	777.4
云南省广南县	70.7	78.7	90.0	142.9
云南省祥云县	124.6	162.4	253.2	213.3
西藏区拉萨城关区	138.7	226.3	362.0	420.8
西藏区墨竹工卡	102.9	153.8	255.9	257.4
陕西省宝鸡市金台区	154.0	191.7	223.0	254.9
陕西省眉县	67.0	87.7	143.6	178.2
陕西省汉阴县	106.2	133.0	181.3	289.9
甘肃省榆中县	102.4	121.1	251.1	217.1
甘肃省景泰县	101.5	105.4	182.2	166.7
甘肃省临潭县	92.9	98.1	127.9	282.1
青海省互助县	135.1	194.9	446.2	553.6
青海省海晏县	176.2	182.9	272.2	267.7
宁夏区银川市西夏区	127.9	160.8	300.7	412.2
宁夏区惠农县	162.8	252.3	429.5	517.5
宁夏区中卫县	145.2	169.6	359.8	440.9
宁夏区隆德县	90.9	98.7	211.1	115.6
新疆区乌市天山区	65.9	89.1	152.1	143.7
新疆区和田县	94.8	111.5	305.6	297.3
新疆区新源县	34.1	40.2	142.9	74.1

附表 2-3　调查地区年龄别男性居民两周患病率（‰）

单位：人

调查地区	55～64 岁	65 岁及以上	调查地区	55～64 岁	65 岁及以上
调查地区合计	**228.2**	**326.9**	山东省梁山县	252.7	275.9
城市合计	**221.9**	**384.2**	山东省禹城县	113.2	272.7
农村合计	**230.7**	**292.6**	河南省汝阳县	417.9	409.1
大城市	**221.0**	**415.4**	河南省新乡市新华区	578.4	829.6
中城市	**256.6**	**406.4**	河南省睢县	207.6	235.3
小城市	**190.2**	**299.3**	河南省扶沟县	280.7	296.3
一类农村	**185.2**	**274.5**	湖北省宜昌市西陵区	121.7	173.9
二类农村	**233.7**	**264.6**	湖北省老河口市	41.7	153.8
三类农村	**265.4**	**335.1**	湖北省麻城市	137.9	100.0
四类农村	**221.1**	**275.3**	湖北省鹤峰县	164.8	168.7
北京市东城区	162.5	368.4	湖南省长沙市天心区	330.1	652.2
北京市密云县	262.6	326.3	湖南省安乡县	117.6	211.8
天津市河北区	250.0	207.8	湖南省慈利县	89.3	206.5
天津市蓟县	314.0	285.7	湖南省安仁县	238.1	229.5
河北省唐山路北区	309.3	660.9	广东省广州荔湾区	161.8	269.7
河北省武安市	370.4	500.0	广东省四会市	241.1	401.8
河北省唐县	217.4	435.5	广东省英德市	250.0	293.7
河北省丰宁县	184.6	281.8	广东省中山市	272.7	386.1
山西省平定县	60.2	133.3	广西区宾阳县	193.5	322.2
山西省武乡县	290.7	365.1	广西区合浦县	244.9	344.0
山西省阳城县	414.1	571.4	广西区罗城仫佬	102.8	233.8
内蒙古喀喇沁旗	603.2	671.4	海南省海口市龙华区	243.6	381.8
内蒙古开鲁县	465.5	625.0	海南省文昌市	154.8	438.1
内蒙古准格尔旗	276.2	352.3	重庆市万州区	301.9	326.3
辽宁省沈阳大东区	285.7	328.2	重庆市沙坪坝区	321.4	508.9
辽宁省灯塔市	211.1	209.7	重庆市忠县	295.0	363.6
吉林省四平市铁东区	141.2	209.9	四川省成都青羊区	183.5	620.2
吉林省东丰县	77.9	259.7	四川省盐亭县	267.7	359.6
吉林省延吉市	48.4	217.0	四川省阆中市	379.0	437.0
黑龙江富裕县	202.7	230.8	贵州省湄潭县	287.4	447.8
黑龙江宝清县	107.7	120.0	贵州省玉屏侗族	455.4	397.6
黑龙江绥化市北林区	184.5	439.7	贵州省施秉县	232.1	226.2
上海市卢湾区	208.8	451.1	云南省昆明五华区	273.6	798.7
上海市崇明县	138.7	238.1	云南省广南县	87.4	138.3
江苏省邳州市	147.1	177.2	云南省祥云县	176.5	181.0
江苏省苏州市金阊区	135.6	137.4	西藏区拉萨城关区	342.1	448.3
江苏省金湖县	224.5	240.0	西藏区墨竹工卡	190.0	258.1
江苏省扬中市	272.7	457.4	陕西省宝鸡市金台区	238.6	166.7
浙江省杭州上城区	114.9	229.7	陕西省眉县	105.8	177.2
浙江省桐庐县	125.0	201.8	陕西省汉阴县	182.8	281.3
浙江省桐乡市	57.1	113.6	甘肃省榆中县	209.3	225.4
安徽省固镇县	221.2	157.9	甘肃省景泰县	205.4	186.7
安徽省安庆市大观区	250.0	407.9	甘肃省临潭县	119.3	315.1
安徽省庐江县	133.9	109.8	青海省互助县	387.8	543.9
安徽省蒙城县	234.8	294.1	青海省海晏县	244.9	239.1
福建省宁化县	330.0	220.3	宁夏区银川市西夏区	217.4	402.4
福建省建阳市	160.0	252.4	宁夏区惠农县	373.5	432.4
福建省永定县	312.5	301.2	宁夏区中卫县	302.3	375.0
江西省宜春市袁州区	115.8	254.9	宁夏区隆德县	178.2	84.3
江西省上高县	268.7	388.2	新疆区乌市天山区	120.9	127.5
江西省高安市	204.3	264.7	新疆区和田县	361.4	290.3
山东省青岛市北区	211.8	251.8	新疆区新源县	129.9	104.2
山东省招远市	351.4	372.5			

附表 2-4 调查地区年龄别女性居民两周患病率（‰） 单位：人

调查地区	55～64 岁	65 岁及以上	调查地区	55～64 岁	65 岁及以上
调查地区合计	**276.7**	**348.9**	山东省梁山县	326.1	519.6
城市合计	**291.3**	**408.2**	山东省禹城县	100.0	198.2
农村合计	**296.6**	**311.2**	河南省汝阳县	315.8	465.1
大城市	**312.3**	**424.0**	河南省新乡市新华区	705.4	833.3
中城市	**323.5**	**441.2**	河南省睢县	341.8	350.6
小城市	**230.4**	**339.3**	河南省扶沟县	171.4	227.8
一类农村	**233.1**	**303.7**	湖北省宜昌市西陵区	138.7	192.0
二类农村	**255.3**	**269.9**	湖北省老河口市	121.5	246.6
三类农村	**316.9**	**363.9**	湖北省麻城市	86.4	53.6
四类农村	**253.0**	**267.8**	湖北省鹤峰县	121.6	120.5
北京市东城区	273.7	352.7	湖南省长沙市天心区	411.8	606.1
北京市密云县	211.3	318.6	湖南省安乡县	186.8	137.0
天津市河北区	288.9	298.3	湖南省慈利县	111.1	132.7
天津市蓟县	306.8	465.1	湖南省安仁县	200.0	203.7
河北省唐山路北区	481.5	697.5	广东省广州荔湾区	268.5	320.0
河北省武安市	575.3	449.3	广东省四会市	191.5	433.6
河北省唐县	222.2	446.2	广东省英德市	285.7	306.6
河北省丰宁县	448.7	435.9	广东省中山市	268.3	338.7
山西省平定县	186.7	150.7	广西区宾阳县	227.3	352.9
山西省武乡县	301.4	377.0	广西区合浦县	333.3	386.4
山西省阳城县	412.5	623.0	广西区罗城仫佬	238.1	269.8
内蒙古喀喇沁旗	754.1	689.2	海南省海口市龙华区	262.6	539.1
内蒙古开鲁县	492.8	632.7	海南省文昌市	221.1	481.3
内蒙古准格尔旗	381.0	303.6	重庆市万州区	284.2	419.6
辽宁省沈阳大东区	304.9	76.6	重庆市沙坪坝区	280.9	434.0
辽宁省灯塔市	270.3	254.2	重庆市忠县	343.8	268.0
吉林省四平市铁东区	125.0	212.5	四川省成都青羊区	336.3	627.5
吉林省东丰县	250.0	361.1	四川省盐亭县	304.9	294.6
吉林省延吉市	244.9	336.6	四川省阆中市	342.3	305.6
黑龙江富裕县	206.3	285.7	贵州省湄潭县	412.5	313.4
黑龙江宝清县	172.4	104.2	贵州省玉屏侗族	359.0	488.1
黑龙江绥化市北林区	291.0	464.9	贵州省施秉县	259.6	178.9
上海市卢湾区	392.9	310.2	云南省昆明五华区	533.3	756.4
上海市崇明县	187.0	287.8	云南省广南县	92.8	147.4
江苏省邳州市	131.9	147.4	云南省祥云县	342.5	252.6
江苏省苏州市金阊区	137.7	255.0	西藏区拉萨城关区	379.3	395.8
江苏省金湖县	267.8	322.9	西藏区墨竹工卡	315.3	256.8
江苏省扬中市	378.2	435.4	陕西省宝鸡市金台区	200.0	321.8
浙江省杭州上城区	139.5	236.0	陕西省眉县	190.5	178.9
浙江省桐庐县	256.1	285.7	陕西省汉阴县	179.8	301.4
浙江省桐乡市	93.2	55.9	甘肃省榆中县	308.5	206.9
安徽省固镇县	191.8	178.6	甘肃省景泰县	156.9	144.9
安徽省安庆市大观区	325.6	376.6	甘肃省临潭县	136.4	253.0
安徽省庐江县	137.6	155.2	青海省互助县	505.2	563.6
安徽省蒙城县	281.3	252.4	青海省海晏县	304.9	284.0
福建省宁化县	337.5	263.6	宁夏区银川市西夏区	378.4	424.2
福建省建阳市	125.0	253.0	宁夏区惠农县	493.2	608.7
福建省永定县	187.5	207.9	宁夏区中卫县	423.1	540.5
江西省宜春市袁州区	128.6	240.0	宁夏区隆德县	244.9	144.4
江西省上高县	212.1	417.7	新疆区乌市天山区	174.6	166.7
江西省高安市	271.4	260.9	新疆区和田县	229.5	306.1
山东省青岛市北区	250.0	239.0	新疆区新源县	166.7	30.3
山东省招远市	359.2	521.7			

附表 2-12　调查地区不同年龄组居民疾病别两周患病率（‰）

单位：人

疾病分类	年龄别	
	55～64 岁	65 岁及以上
传染病计	2.8	3.0
寄生虫病计	0.1	0.1
恶性肿瘤计	2.0	3.2
良性肿瘤计	0.3	0.8
内分泌、营养、代谢及免疫	8.4	11.6
其中：糖尿病	6.9	10.4
血液、造血器官	2.0	2.2
精神病小计	1.3	1.8
神经系病计	6.7	6.9
眼及附器疾病	2.9	5.8
耳和乳突疾病	0.3	0.6
循环系统疾病	68.3	115.2
其中：心脏病	18.7	33.9
高血压	35.5	55.4
脑血管病	9.3	20.1
呼吸系统疾病	67.8	83.5
其中：急上呼感染	49.5	51.3
肺炎	1.4	1.3
老慢支	9.1	19.3
消化系统疾病	34.0	32.5
其中：急性胃炎	16.0	15.8
肝病硬化	0.8	0.6
胆囊疾病	4.8	3.6
泌尿生殖系病	6.3	7.8
妊娠、分娩及产褥	0.1	0.1
皮肤皮下组织	2.5	3.5
肌肉、骨骼结缔	34.4	42.1
其中：类风湿性关节炎	12.2	16.6
先天异常	0.1	0.2
围产期疾病		0.1
损伤和中毒	8.0	10.7
其他	0.9	1.4
不详	2.4	5.4

附表 2 - 13　调查地区不同年龄组男性居民疾病别两周患病率（‰）

疾病分类	年龄别	
	55～64 岁	65 岁及以上
传染病计	3.6	3.7
寄生虫病计		0.2
恶性肿瘤计	2.4	4.0
良性肿瘤计	0.4	0.7
内分泌、营养、代谢及免疫	6.3	9.7
其中：糖尿病	5.3	8.8
血液、造血器官	1.0	1.2
精神病小计	0.9	1.7
神经系病计	4.6	5.6
眼及附器疾病	1.7	4.2
耳和乳突疾病	0.4	0.6
循环系统疾病	56.9	107.3
其中：心脏病	14.1	26.8
高血压	30.3	49.0
脑血管病	9.7	25.4
呼吸系统疾病	70.5	88.4
其中：急上呼感染	48.6	49.6
肺炎	1.5	1.0
老慢支	11.3	23.2
消化系统疾病	30.5	31.8
其中：急性胃炎	14.9	14.4
肝病硬化	0.8	1.0
胆囊疾病	2.4	2.6
泌尿生殖系病	5.9	10.6
妊娠、分娩及产褥	0.1	
皮肤皮下组织	2.9	4.1
肌肉、骨骼结缔	28.6	35.7
其中：类风湿性关节炎	7.6	14.9
先天异常		0.2
围产期疾病		
损伤和中毒	8.3	10.5
其他	0.8	1.3
不详	2.2	5.4

附表 2-14　调查地区不同年龄组女性居民疾病别两周患病率（‰）

疾病分类	年龄别	
	55～64 岁	65 岁及以上
传染病计	5.8	5.8
寄生虫病计	0.1	0.2
恶性肿瘤计	4.2	6.2
良性肿瘤计	0.7	1.5
内分泌、营养、代谢及免疫	17.3	22.5
其中：糖尿病	14.2	20.2
血液、造血器官	4.0	4.2
精神病小计	2.6	3.5
神经系病计	13.8	13.4
眼及附器疾病	6.1	11.4
耳和乳突疾病	0.7	1.3
循环系统疾病	140.4	223.7
其中：心脏病	38.5	65.8
高血压	73.0	107.6
脑血管病	19.1	39.1
呼吸系统疾病	139.6	162.1
其中：急上呼感染	101.9	99.5
肺炎	2.8	2.5
老慢支	18.8	37.4
消化系统疾病	69.9	63.2
其中：急性胃炎	32.9	30.7
肝病硬化	1.7	1.3
胆囊疾病	9.9	7.0
泌尿生殖系病	13.1	15.1
妊娠、分娩及产褥	0.2	0.1
皮肤皮下组织	5.1	6.7
肌肉、骨骼结缔	70.9	81.8
其中：类风湿性关节炎	25.1	32.3
先天异常	0.2	0.3
围产期疾病		0.1
损伤和中毒	16.5	20.8
其他	1.8	2.7
不详	5.0	10.5

附表 2-20　调查地区年龄别每千人口两周因病持续天数

调查地区	合计	55～64 岁	65 岁及以上
调查地区合计	**1093**	**2165**	**2949**
城市合计	**1238**	**2250**	**3461**
农村合计	**1043**	**2127**	**2633**
大城市	**1345**	**2332**	**3609**
中城市	**1366**	**2720**	**3833**
小城市	**1009**	**1685**	**2760**
一类农村	**941**	**1735**	**2426**
二类农村	**995**	**2132**	**2410**
三类农村	**1200**	**2486**	**3096**
四类农村	**936**	**1952**	**2262**
北京市东城区	1204	1640	3094
北京市密云县	807	1300	2173
天津市河北区	1295	2526	2445
天津市蓟县	1260	2822	3386
河北省唐山路北区	2149	4488	6513
河北省武安市	1696	4909	4748
河北省唐县	914	2220	3929
河北省丰宁县	1174	2448	2734
山西省平定县	481	747	932
山西省武乡县	1155	3327	4597
山西省阳城县	1933	5056	6291
内蒙古喀喇沁旗	2271	6016	6236
内蒙古开鲁县	2017	4150	6660
内蒙古准格尔旗	1238	2762	3549
辽宁省沈阳大东区	1517	2814	3698
辽宁省灯塔市	974	2384	2314
吉林省四平市铁东区	569	1221	1745
吉林省东丰县	1113	1621	3141
吉林省延吉市	975	1563	2618
黑龙江富裕县	956	2307	3074
黑龙江宝清县	687	1431	776
黑龙江绥化市北林区	1692	2295	4287
上海市卢湾区	1321	2411	3083
上海市崇明县	1005	1312	2615
江苏省邳州市	493	788	971
江苏省苏州市金阊区	622	738	1304
江苏省金湖县	1591	3059	3228
江苏省扬中市	1712	3243	4167
浙江省杭州上城区	894	1382	2201
浙江省桐庐县	1081	1642	2294
浙江省桐乡市	451	731	662
安徽省固镇县	802	1593	1458
安徽省安庆市大观区	1171	3155	3706
安徽省庐江县	604	1240	1314
安徽省蒙城县	1137	2081	1980
福建省宁化县	1014	2611	1741
福建省建阳市	714	1140	2172
福建省永定县	912	2040	2402
江西省宜春市袁州区	616	939	2020
江西省上高县	1213	1752	3323
江西省高安市	1090	1798	2248
山东省青岛市北区	1022	2022	2342
山东省招远市	1492	3360	4433
山东省梁山县	1226	2995	4429
山东省禹城县	538	724	1739
河南省汝阳县	1623	3661	4626
河南省新乡市新华区	2948	6037	7626
河南省睢县	947	2793	2876
河南省扶沟县	775	1850	2294
湖北省宜昌市西陵区	668	1044	1642
湖北省老河口市	503	690	1675
湖北省麻城市	608	899	670
湖北省鹤峰县	833	1273	1530
湖南省长沙市天心区	1708	3449	5271
湖南省安乡县	964	1611	2203
湖南省慈利县	582	929	1426
湖南省安仁县	904	1965	1870
广东省广州荔湾区	1009	1881	2680
广东省四会市	822	1160	2282
广东省英德市	1364	2174	2796
广东省中山市	589	1171	2271
广西区宾阳县	1297	1497	2896
广西区合浦县	853	1822	2412
广西区罗城仫佬	562	816	1483
海南省海口市龙华区	1033	2006	4021
海南省文昌市	976	1078	3152
重庆市万州区	1550	2284	3826
重庆市沙坪坝区	1509	2671	3970
重庆市忠县	1582	3000	2781
四川省成都青羊区	2097	2973	6340
四川省盐亭县	1594	2612	3234
四川省阆中市	1443	2689	2993
贵州省湄潭县	1186	2707	3075
贵州省玉屏侗族	1749	2842	3856
贵州省施秉县	805	1940	1302
云南省昆明五华区	1760	2774	5677
云南省广南县	507	605	1190
云南省祥云县	1060	2146	1678
西藏区拉萨城关区	1268	2761	2945
西藏区墨竹工卡	838	1711	2250
陕西省宝鸡市金台区	1532	2196	2824
陕西省眉县	529	1176	1575
陕西省汉阴县	746	1319	2006
甘肃省榆中县	838	1969	2000
甘肃省景泰县	670	1491	1500
甘肃省临潭县	632	1187	1962
青海省互助县	1671	4544	6071
青海省海晏县	1674	2917	2945
宁夏区银川市西夏区	1271	2958	3770
宁夏区惠农县	1584	4109	4476
宁夏区中卫县	1191	2738	3376
宁夏区隆德县	801	2020	1260
新疆区乌市天山区	476	1014	1230
新疆区和田县	542	1438	1838
新疆区新源县	231	840	333

附表 2-23　调查地区居民年龄别慢性病患病率（‰）

单位：人

调查地区	按病人数计算	
	55～64 岁	65 岁及以上
调查地区合计	**287.9**	**405.6**
城市合计	**361.4**	**527.2**
农村合计	**255.5**	**330.6**
大城市	**389.0**	**575.1**
中城市	**357.1**	**495.7**
小城市	**330.5**	**464.8**
一类农村	**242.1**	**358.8**
二类农村	**265.7**	**313.4**
三类农村	**254.6**	**322.9**
四类农村	**260.5**	**324.9**
北京市东城区	297.1	509.7
北京市密云县	164.7	312.5
天津市河北区	457.9	591.0
天津市蓟县	287.4	478.3
河北省唐山路北区	356.1	581.2
河北省武安市	461.0	434.8
河北省唐县	242.4	425.2
河北省丰宁县	251.7	292.6
山西省平定县	193.2	203.0
山西省武乡县	283.0	387.1
山西省阳城县	363.1	472.7
内蒙古喀喇沁旗	621.0	625.0
内蒙古开鲁县	433.1	525.8
内蒙古准格尔旗	327.4	354.2
辽宁省沈阳大东区	324.1	485.1
辽宁省灯塔市	237.8	322.3
吉林省四平市铁东区	298.3	409.9
吉林省东丰县	124.1	208.1
吉林省延吉市	300.0	458.9
黑龙江富裕县	386.9	446.8
黑龙江宝清县	357.7	479.6
黑龙江绥化市北林区	489.5	591.3
上海市卢湾区	485.7	617.5
上海市崇明县	261.5	479.5
江苏省邳州市	98.4	137.9
江苏省苏州市金阊区	265.6	453.6
江苏省金湖县	291.9	315.8
江苏省扬中市	338.6	445.7
浙江省杭州上城区	502.9	614.9
浙江省桐庐县	265.4	350.5
浙江省桐乡市	224.2	287.3
安徽省固镇县	276.8	273.7
安徽省安庆市大观区	298.9	379.1
安徽省庐江县	235.3	200.0
安徽省蒙城县	312.8	356.1
福建省宁化县	227.8	241.2
福建省建阳市	189.0	360.2
福建省永定县	261.4	293.5
江西省宜春市袁州区	175.8	326.7
江西省上高县	180.5	378.0
江西省高安市	227.0	255.5
山东省青岛市北区	303.9	365.8
山东省招远市	275.7	387.1
山东省梁山县	262.3	476.2
山东省禹城县	301.5	
河南省汝阳县	354.8	505.7
河南省新乡市新华区	630.0	
河南省睢县	286.6	324.1
河南省扶沟县	259.8	343.8
湖北省宜昌市西陵区	357.1	533.3
湖北省老河口市	211.8	443.7
湖北省麻城市	202.4	311.3
湖北省鹤峰县	139.4	186.7
湖南省长沙市天心区	617.2	
湖南省安乡县	217.6	196.2
湖南省慈利县	442.1	
湖南省安仁县	256.6	226.1
广东省广州荔湾区	483.0	590.6
广东省四会市	262.1	439.2
广东省英德市	262.9	314.3
广东省中山市	323.5	431.1
广西区宾阳县	182.3	239.6
广西区合浦县	234.2	369.6
广西区罗城仫佬	113.2	98.5
海南省海口市龙华区	293.8	458.0
海南省文昌市	128.5	292.0
重庆市万州区	343.3	473.4
重庆市沙坪坝区	323.7	531.4
重庆市忠县	194.8	214.3
四川省成都青羊区	595.7	
四川省盐亭县	263.2	363.2
四川省阆中市	344.7	397.3
贵州省湄潭县	311.4	343.3
贵州省玉屏侗族	226.3	365.3
贵州省施秉县	74.1	117.3
云南省昆明五华区	331.9	664.5
云南省广南县	105.0	248.7
云南省祥云县	253.2	170.6
西藏区拉萨城关区	423.3	590.2
西藏区墨竹工卡	270.1	264.7
陕西省宝鸡市金台区	371.6	431.4
陕西省眉县	234.0	275.9
陕西省汉阴县	159.3	266.3
甘肃省榆中县	170.4	186.0
甘肃省景泰县	163.6	201.4
甘肃省临潭县	91.3	173.1
青海省互助县	559.0	633.9
青海省海晏县	522.2	614.2
宁夏区银川市西夏区	524.5	574.3
宁夏区惠农县	346.2	419.6
宁夏区中卫县	420.7	505.4
宁夏区隆德县	281.4	329.5
新疆区乌市天山区	327.2	436.8
新疆区和田县	395.8	522.5
新疆区新源县	142.9	135.8

附表 2-24 调查地区居民年龄别慢性病患病率（‰） 单位：人

调查地区	按病例数计算		调查地区	按病例数计算	
	55～64 岁	65 岁及以上		55～64 岁	65 岁及以上
调查地区合计	**362.1**	**538.8**	山东省梁山县	338.8	587.3
城市合计	**497.1**	**777.1**	山东省禹城县	168.4	341.7
农村合计	**302.6**	**391.7**	河南省汝阳县	419.4	574.7
大城市	**550.3**	**874.9**	河南省新乡市新华区	729.0	959.7
中城市	**497.5**	**733.9**	河南省睢县	323.2	351.7
小城市	**428.7**	**626.5**	河南省扶沟县	299.2	362.5
一类农村	**283.1**	**428.7**	湖北省宜昌市西陵区	460.3	687.5
二类农村	**308.0**	**367.2**	湖北省老河口市	246.3	562.9
三类农村	**311.2**	**386.4**	湖北省麻城市	250.0	330.2
四类农村	**305.8**	**373.2**	湖北省鹤峰县	212.1	186.7
北京市东城区	411.4	751.2	湖南省长沙市天心区	619.5	868.0
北京市密云县	176.5	341.3	湖南省安乡县	243.5	202.5
天津市河北区	689.5	952.2	湖南省慈利县	222.7	457.9
天津市蓟县	316.1	532.6	湖南省安仁县	300.9	252.2
河北省唐山路北区	526.8	948.7	广东省广州荔湾区	670.5	910.7
河北省武安市	616.9	547.8	广东省四会市	301.0	502.0
河北省唐县	272.7	566.9	广东省英德市	305.2	367.9
河北省丰宁县	279.7	324.5	广东省中山市	376.5	515.6
山西省平定县	227.8	225.6	广西区宾阳县	209.9	307.3
山西省武乡县	314.5	387.1	广西区合浦县	270.3	424.1
山西省阳城县	391.1	572.7	广西区罗城仫佬	113.2	113.3
内蒙古喀喇沁旗	927.4	1000.0	海南省海口市龙华区	406.8	680.7
内蒙古开鲁县	496.1	577.3	海南省文昌市	139.7	333.3
内蒙古准格尔旗	363.1	472.2	重庆市万州区	472.6	642.5
辽宁省沈阳大东区	469.0	720.1	重庆市沙坪坝区	422.0	786.0
辽宁省灯塔市	311.0	405.0	重庆市忠县	247.2	239.8
吉林省四平市铁东区	392.3	621.1	四川省成都青羊区	427.9	936.2
吉林省东丰县	179.3	268.5	四川省盐亭县	306.2	412.9
吉林省延吉市	412.5	724.6	四川省阆中市	383.0	500.0
黑龙江富裕县	459.9	574.5	贵州省湄潭县	329.3	365.7
黑龙江宝清县	406.5	530.6	贵州省玉屏侗族	300.0	461.1
黑龙江绥化市北林区	666.7	878.3	贵州省施秉县	78.7	122.9
上海市卢湾区	811.4	1072.5	云南省昆明五华区	420.4	819.4
上海市崇明县	330.8	713.1	云南省广南县	120.0	264.6
江苏省邳州市	114.0	149.4	云南省祥云县	310.1	203.8
江苏省苏州市金阊区	332.0	607.1	西藏区拉萨城关区	521.5	688.5
江苏省金湖县	329.7	362.6	西藏区墨竹工卡	322.3	301.5
江苏省扬中市	382.5	554.3	陕西省宝鸡市金台区	486.5	529.4
浙江省杭州上城区	687.9	948.2	陕西省眉县	239.4	310.3
浙江省桐庐县	339.5	420.6	陕西省汉阴县	186.8	325.4
浙江省桐乡市	273.5	338.2	甘肃省榆中县	219.7	217.1
安徽省固镇县	288.1	296.1	甘肃省景泰县	196.3	250.0
安徽省安庆市大观区	390.8	575.2	甘肃省临潭县	100.5	198.7
安徽省庐江县	253.4	228.6	青海省互助县	656.4	776.8
安徽省蒙城县	383.9	424.4	青海省海晏县	633.3	716.5
福建省宁化县	255.6	280.7	宁夏区银川市西夏区	755.2	837.8
福建省建阳市	207.3	403.2	宁夏区惠农县	487.2	545.5
福建省永定县	284.1	347.8	宁夏区中卫县	628.0	795.7
江西省宜春市袁州区	224.2	415.8	宁夏区隆德县	336.7	387.3
江西省上高县	195.5	445.1	新疆区乌市天山区	474.7	741.4
江西省高安市	263.8	262.8	新疆区和田县	458.3	567.6
山东省青岛市北区	464.1	587.2	新疆区新源县	151.3	135.8
山东省招远市	322.4	437.8			

附表 2-30　调查地区不同性别、年龄居民疾病别慢性病患病率（‰）

疾病分类	性别		年龄别	
	男性	女性	55～64 岁	65 岁及以上
传染病计	3.3	2.0	3.5	4.4
寄生虫病计	0.2	0.1	0.2	0.2
恶性肿瘤计	1.3	1.2	3.6	5.1
良性肿瘤计	0.3	1.2	0.9	1.0
内分泌、营养、代谢及免疫	6.2	8.9	20.9	30.6
其中：糖尿病	4.9	6.3	17.1	26.8
血液、造血器官	0.8	3.0	3.4	2.9
精神病小计	1.6	2.3	2.8	4.0
神经系病计	3.4	4.5	7.7	9.4
眼及附器疾病	2.2	3.4	6.1	15.9
耳和乳突疾病	0.6	0.6	0.5	2.0
循环系统疾病	43.0	57.2	142.6	244.6
其中：心脏病	10.6	18.1	37.5	72.4
高血压	22.7	29.8	79.3	123.8
脑血管病	7.2	6.0	18.2	37.5
呼吸系统疾病	17.8	13.0	34.6	66.4
其中：老慢支	9.1	5.9	18.1	38.5
消化系统疾病	23.7	27.3	55.1	48.1
其中：胃炎	9.8	10.9	21.0	17.2
肝病硬化	1.5	0.9	2.4	1.8
胆囊疾病	3.4		13.6	11.5
泌尿生殖系病	6.7	10.2	13.6	18.9
妊娠、分娩及产褥	0.1	0.2	0.1	0.1
皮肤皮下组织	1.3	1.3	2.9	3.6
肌肉、骨骼结缔	17.6	28.6	58.4	72.0
其中：类风湿性关节炎	5.7	11.6	21.3	31.4
先天异常	0.5	0.4	0.2	0.3
围产期疾病	0.0	0.0		
损伤和中毒	2.3	1.9	3.3	6.0
其他	0.2	0.4	0.5	0.5
不详	0.6	1.2	1.4	2.8

附表 3-4 调查地区不同性别、年龄别居民两周就诊率（‰）

调查地区	性别		年龄别	
	男性	女性	55～64 岁	65 岁及以上
调查地区合计	**121.5**	**146.2**	**227.5**	**280.6**
城市合计	**102.6**	**132.9**	**191.1**	**287.7**
农村合计	**127.8**	**151.0**	**243.6**	**276.2**
大城市	**104.3**	**134.3**	**191.6**	**304.7**
中城市	**81.6**	**103.1**	**158.6**	**234.4**
小城市	**118.7**	**157.3**	**222.4**	**311.2**
一类农村	**109.5**	**122.0**	**172.2**	**233.6**
二类农村	**136.6**	**155.3**	**244.0**	**303.8**
三类农村	**143.2**	**173.5**	**303.8**	**314.1**
四类农村	**102.4**	**135.3**	**226.2**	**194.2**
北京市东城区	52.1	52.5	51.4	142.5
北京市密云县	69.0	55.1	88.2	105.8
天津市河北区	126.4	152.9	321.1	247.8
天津市蓟县	182.1	226.0	310.3	451.1
河北省唐山路北区	67.4	78.9	112.2	213.7
河北省武安市	370.5	327.3	662.3	834.8
河北省唐县	93.4	142.0	280.3	307.1
河北省丰宁县	77.4	150.9	209.8	196.8
山西省平定县	59.0	61.0	120.3	97.7
山西省武乡县	73.9	96.2	201.3	362.9
山西省阳城县	85.1	102.5	229.1	154.5
内蒙古喀喇沁旗	108.5	180.4	225.8	222.2
内蒙古开鲁县	131.6	148.0	267.7	381.4
内蒙古准格尔旗	106.0	157.0	381.0	256.9
辽宁省沈阳大东区	59.6	98.2	96.6	111.9
辽宁省灯塔市	76.2	131.1	213.4	330.6
吉林省四平市铁东区	26.7	35.3	33.1	62.1
吉林省东丰区	43.9	97.1	69.0	221.5
吉林省延吉市	73.8	140.5	168.8	256.0
黑龙江富裕县	85.4	64.4	87.6	223.4
黑龙江宝清县	74.8	61.2	73.2	112.2
黑龙江绥化市北林区	86.7	82.4	92.8	269.6
上海市卢湾区	169.5	174.9	280.0	430.0
上海市崇明县	94.8	108.9	115.4	180.3
江苏省邳州市	126.5	178.4	191.7	224.1
江苏省苏州市金阊区	102.1	104.3	164.1	167.9
江苏省金湖县	107.1	139.0	194.6	146.2
江苏省扬中市	138.6	143.9	187.3	300.7
浙江省杭州上城区	84.1	125.4	138.7	246.0
浙江省桐庐县	131.0	184.7	284.0	172.9
浙江省桐乡市	77.3	83.5	85.2	69.1
安徽省固镇县	112.5	115.3	237.3	189.9
安徽省安庆大观区	60.1	88.0	51.7	222.2
安徽省庐江县	92.7	77.8	149.3	107.1
安徽省蒙城县	185.8	191.2	341.2	336.6
福建省宁化县	134.2	219.1	305.6	315.8
福建省建阳市	139.9	125.7	268.3	338.7
福建省永定县	152.1	156.7	204.5	331.5
江西省宜春市袁州区	71.0	74.0	115.2	123.8
江西省上高县	247.3	212.9	255.6	390.2
江西省高安市	169.6	197.5	184.0	292.0
山东省青岛市北区	72.0	88.9	93.9	198.0
山东省招远市	71.6	94.2	130.8	165.9

附表 3-4　调查地区不同性别、年龄别居民两周就诊率（‰）（续）

调查地区	性别		年龄别	
	男性	女性	55～64 岁	65 岁及以上
山东省梁山县	176.1	214.8	355.2	322.8
山东省禹城市	105.1	82.5	148.0	311.6
河南省汝阳县	217.0	248.3	387.1	557.5
河南省新兴市新华区	100.6	84.3	196.3	194.1
河南省睢县	169.6	84.3	196.3	194.1
河南省扶沟县	167.7	167.4	457.3	462.1
湖北省宜昌市西陵区	57.3	64.4	115.1	120.8
湖北省老河口市	29.4	88.7	78.8	172.2
湖北省麻城市	108.2	72.8	113.1	122.6
湖北省鹤峰县	75.9	64.4	115.1	120.8
湖南省长沙市天心区	77.1	53.2	87.8	214.5
湖南省安乡县	53.6	43.5	62.2	50.6
湖南省慈利县	71.3	67.1	141.6	113.0
湖南省安仁县	129.3	137.4	141.6	113.0
广东省广州荔湾区	113.1	188.5	233.0	411.9
广东省四会市	196.1	212.6	174.8	462.7
广东省英德市	258.5	263.4	474.2	557.1
广东省中山市	211.2	215.7	600.0	631.7
广西省宾阳县	129.2	224.0	187.8	307.3
广西省合浦县	101.6	178.2	291.9	307.4
广西省罗城仫佬	53.8	62.6	89.6	118.2
海南省海口市龙华区	88.5	166.4	339.0	407.6
海南省文昌市	188.1	212.5	206.7	432.2
重庆市万州区	158.8	214.4	209.0	304.3
重庆市沙坪坝区	125.9	168.5	185.0	420.7
重庆市忠县	169.3	210.3	464.4	260.2
四川省成都青羊区	158.4	172.0	225.2	436.2
四川省盐亭县	336.0	332.5	578.9	567.2
四川省阆中市	244.3	309.1	446.8	589.0
贵州省湄潭县	245.1	297.8	515.0	432.8
贵州省玉屏侗族	163.3	198.4	268.4	323.4
贵州省施秉县	107.6	131.3	208.3	167.6
云南省昆明五华区	126.5	210.5	261.1	490.3
云南省广南县	61.3	88.2	70.0	105.8
云南省祥云县	192.0	274.5	436.7	237.0
西藏区拉萨城关区	155.5	245.8	478.5	415.3
西藏区墨竹工卡	122.4	184.9	327.0	213.2
陕西省宝鸡市金台区	213.0	277.2	337.8	509.8
陕西省眉县	77.5	93.0	159.6	178.2
陕西省汉阴县	94.8	158.2	197.8	207.1
甘肃省榆中县	133.5	151.2	296.0	279.1
甘肃省景泰县	99.1	114.5	73.1	115.4
甘肃省临潭县	55.6	49.8	73.1	115.4
青海省互助县	104.1	158.8	430.8	464.3
青海省海晏县	189.0	202.5	355.6	259.8
宁夏区银川市西夏区	103.7	141.0	223.8	459.5
宁夏区惠农区县	77.1	166.7	282.1	335.7
宁夏区中卫县	128.9	118.0	268.3	290.3
宁夏区隆德县	101.6	121.3	281.4	248.6
新疆区乌市天山区	57.0	59.8	188.9	97.7
新疆区和田县	74.8	102.1	152.8	108.1
新疆区新源县	28.5	41.0	168.1	37.0

附表 3-5 调查地区不同性别、年龄别居民两周就诊率（‰）

调查地区	男性	
	55～64 岁	65 岁及以上
调查地区合计	**207**	**263**
城市合计	**173**	**267**
农村合计	**220**	**261**
大城市	**171**	**296**
中城市	**124**	**228**
小城市	**222**	**252**
一类农村	**139**	**234**
二类农村	**236**	**271**
三类农村	**273**	**298**
四类农村	**200**	**179**
北京市东城区	25	184
北京市密云县	61	53
天津市河北区	330	182
天津市蓟县	314	327
河北省唐山路北区	62	235
河北省武安市	568	848
河北省唐县	391	226
河北省丰宁县	185	82
山西省平定县	48	117
山西省武乡县	163	333
山西省阳城县	202	184
内蒙古喀喇沁旗	95	257
内蒙古开鲁县	379	313
内蒙古准格尔旗	343	295
辽宁省沈阳大东区	127	46
辽宁省灯塔市	144	145
吉林省四平市铁东区	12	74
吉林省东丰区	52	156
吉林省延吉市	113	142
黑龙江富裕县	135	115
黑龙江宝清县	46	180
黑龙江绥化市北林区	58	267
上海市卢湾区	242	500
上海市崇明县	73	267
江苏省邳州市	167	203
江苏省苏州市金闾区	153	153
江苏省金湖县	112	147
江苏省扬中市	144	411
浙江省杭州上城区	92	236
浙江省桐庐县	263	92
浙江省桐乡市	105	98
安徽省固镇县	269	189
安徽省安庆大观区	34	211
安徽省庐江县	179	61
安徽省蒙城县	304	451
福建省宁化县	300	229
福建省建阳市	260	291
福建省永定县	250	410
江西省宜春市袁州区	168	88
江西省上高县	239	388
江西省高安市	140	294
山东省青岛市北区	82	187
山东省招远市	108	108
山东省梁山县	363	230
山东省禹城市	160	443
河南省汝阳县	388	580
河南省新兴市新华区	196	207
河南省睢县	494	294
河南省扶沟县	246	333
湖北省宜昌市西陵区	183	113
湖北省老河口市		90
湖北省麻城市	126	220
湖北省鹤峰县	132	205
湖南省长沙市天心区	146	246
湖南省安乡县	49	71
湖南省慈利县	98	76
湖南省安仁县	143	98
广东省广州荔湾区	44	348
广东省四会市	188	402
广东省英德市	472	587
广东省中山市	739	515
广西省宾阳区	108	200
广西省合浦县	204	264
广西省罗城仫佬	28	91
海南省海口市龙华区	167	336
海南省文昌市	167	407
重庆市万州区	179	295
重庆市沙坪坝区	202	366
重庆市忠县	396	232
四川省成都青羊区	165	488
四川省盐亭县	512	708
四川省阆中市	452	514
贵州省湄潭县	437	448
贵州省玉屏侗族	250	241
贵州省施秉县	214	190
云南省昆明五华区	208	461
云南省广南县	58	74
云南省祥云县	259	216
西藏区拉萨城关区	474	437
西藏区墨竹工卡	220	242
陕西省宝鸡市金台区	307	364
陕西省眉县	183	215
陕西省汉阴县	204	177
甘肃省榆中县	217	268
甘肃省景泰县	179	253
甘肃省临潭县	55	96
青海省互助县	347	474
青海省海晏县	347	174
宁夏区银川市西夏区	72	476
宁夏区惠农县	229	189
宁夏区中卫县	279	268
宁夏区隆德县	168	229
新疆区乌市天山区	220	127
新疆区和田县	169	97
新疆区新源县	130	21

附表 3-5　调查地区不同性别、年龄别居民两周就诊率（‰）（续）

调查地区	女性		调查地区	女性	
	55～64 岁	65 岁及以上		55～64 岁	65 岁及以上
调查地区合计	**250**	**297**	山东省梁山县	348	402
城市合计	**208**	**306**	山东省禹城市	133	207
农村合计	**270**	**291**	河南省汝阳县	386	535
大城市	**210**	**312**	河南省新兴市新华区	196	181
中城市	**189**	**240**	河南省睢县	418	610
小城市	**223**	**366**	河南省扶沟县	186	215
一类农村	**210**	**233**	湖北省宜昌市西陵区	58	128
二类农村	**253**	**337**	湖北省老河口市	150	260
三类农村	**339**	**330**	湖北省麻城市	99	36
四类农村	**254**	**208**	湖北省鹤峰县	27	72
北京市东城区	74	107	湖南省长沙市天心区	29	188
北京市密云县	127	150	湖南省安乡县	77	27
天津市河北区	311	304	湖南省慈利县	51	153
天津市蓟县	307	593	湖南省安仁县	140	130
河北省唐山路北区	157	193	广东省广州荔湾区	352	462
河北省武安市	767	826	广东省四会市	160	510
河北省唐县	159	385	广东省英德市	476	526
河北省丰宁县	231	359	广东省中山市	451	726
山西省平定县	200	82	广西省宾阳区	273	402
山西省武乡县	247	393	广西省合浦县	391	348
山西省阳城县	263	131	广西省罗城仫佬	152	135
内蒙古喀喇沁旗	361	189	海南省海口市龙华区	475	469
内蒙古开鲁县	174	449	海南省文昌市	242	452
内蒙古准格尔旗	444	196	重庆市万州区	242	313
辽宁省沈阳大东区	73	175	重庆市沙坪坝区	169	459
辽宁省灯塔市	297	525	重庆市忠县	539	289
吉林省四平市铁东区	52	50	四川省成都青羊区	283	392
吉林省东丰县	88	292	四川省盐亭县	683	455
吉林省延吉市	204	376	四川省阆中市	441	667
黑龙江富裕县	32	357	贵州省湄潭县	600	418
黑龙江宝清县	103	42	贵州省玉屏侗族	295	405
黑龙江绥化市北林区	119	272	贵州省施秉县	202	147
上海市卢湾区	321	370	云南省昆明五华区	308	519
上海市崇明县	163	115	云南省广南县	82	137
江苏省邳州市	220	242	云南省祥云县	644	263
江苏省苏州市金阊区	174	181	西藏区拉萨城关区	483	396
江苏省金湖县	287	146	西藏区墨竹工卡	423	189
江苏省扬中市	235	204	陕西省宝鸡市金台区	383	621
浙江省杭州上城区	186	255	陕西省眉县	131	147
浙江省桐庐县	305	257	陕西省汉阴县	191	247
浙江省桐乡市	68	42	甘肃省榆中县	404	293
安徽省固镇县	192	190	甘肃省景泰县	304	130
安徽省安庆大观区	70	234	甘肃省临潭县	91	133
安徽省庐江县	119	172	青海省互助县	515	455
安徽省蒙城县	385	223	青海省海晏县	366	309
福建省宁化县	313	409	宁夏区银川市西夏区	365	439
福建省建阳市	281	398	宁夏区惠农县	342	493
福建省永定县	150	267	宁夏区中卫县	256	324
江西省宜春市袁州区	43	160	宁夏区隆德县	398	267
江西省上高县	273	392	新疆区乌市天山区	167	56
江西省高安市	243	290	新疆区和田县	131	122
山东省青岛市北区	104	208	新疆区新源县	238	61
山东省招远市	155	217			

附表 3-11 调查地区不同年龄组疾病别两周就诊率（‰）

疾病分类	55～64 岁	65 岁及以上
传染病计	3.3	3.5
寄生虫病计	0.3	0.1
恶性肿瘤计	2.9	4.6
良性肿瘤计	0.5	0.4
内分泌、营养、代谢及免疫	5.7	7.4
其中：糖尿病	4.4	6.2
血液、造血器官	2.1	2.3
精神病小计	1.6	0.9
神经系病计	5.6	5.4
眼及附器疾病	2.4	3.9
耳和乳突疾病	0.6	0.2
循环系统疾病	47.9	86.2
其中：心脏病	14.2	27.5
高血压	23.3	38.7
脑血管病	6.8	14.9
呼吸系统疾病	67.6	78.4
其中：急上呼感染	47.7	45.3
肺炎	2.8	3.0
老慢支	8.9	18.2
消化系统疾病	36.1	31.2
其中：急性胃炎	16.9	15.5
肝病硬化	0.6	0.6
胆囊疾病	5.8	3.4
泌尿生殖系病	6.6	7.6
妊娠、分娩及产褥	0.1	
皮肤皮下组织	3.1	5.8
肌肉、骨骼结缔	28.7	27.0
其中：类风湿性关节炎	8.8	11.3
先天异常	0.1	0.1
围产期疾病		
损伤和中毒	10.6	10.3
其他	0.7	1.6
不详	1.2	3.7

附表 3-15　调查地区不同性别、年龄别居民患病两周未就诊率（‰）

调查地区	合计	性别		年龄别	
		男性	女性	55～64 岁	65 岁及以上
调查地区合计	**48.9**	**48.8**	**49.0**	**52.3**	**54.3**
城市合计	**57.0**	**57.1**	**56.8**	**60.9**	**57.6**
农村合计	**45.8**	**45.8**	**45.8**	**48.4**	**51.6**
大城市	**57.7**	**56.7**	**58.4**	**61.4**	**55.0**
中城市	**63.8**	**64.1**	**63.4**	**67.9**	**65.2**
小城市	**48.9**	**50.3**	**47.9**	**50.4**	**53.5**
一类农村	**49.8**	**49.8**	**49.7**	**54.7**	**55.8**
二类农村	**43.0**	**43.3**	**42.7**	**47.6**	**45.8**
三类农村	**46.7**	**46.4**	**47.0**	**47.4**	**51.9**
四类农村	**43.0**	**43.7**	**42.3**	**42.6**	**53.4**
北京市东城区	72.8	69.1	75.7	79.5	69.1
北京市密云县	71.3	72.1	70.5	68.3	76.1
天津市河北区	49.2	43.6	53.1	47.1	47.7
天津市蓟县	35.4	36.4	34.6	46.3	33.8
河北省唐山路北区	73.9	73.1	74.7	78.0	74.8
河北省武安市	36.4	33.2	39.3	44.4	35.2
河北省唐县	46.5	46.7	46.3	41.4	58.9
河北省丰宁县	53.0	60.0	48.5	63.8	55.4
山西省平定县	43.6	46.9	40.0	31.6	52.6
山西省武乡县	43.5	48.4	38.1	46.8	34.8
山西省阳城县	68.1	66.7	69.3	70.3	78.8
内蒙古喀喇沁旗	67.0	66.8	67.2	78.6	80.6
内蒙古开鲁县	68.2	67.9	68.5	73.8	65.6
内蒙古准格尔旗	38.4	42.2	35.1	20.8	43.8
辽宁省沈阳大东区	76.0	76.9	75.4	81.4	82.0
辽宁省灯塔市	56.3	58.4	54.5	59.0	42.9
吉林省四平市铁东区	76.9	77.8	76.1	79.2	76.5
吉林省东丰县	73.4	73.1	73.6	77.8	60.9
吉林省延吉市	53.9	56.9	52.3	59.3	59.6
黑龙江富裕县	55.2	52.8	57.5	75.0	45.8
黑龙江宝清县	58.6	58.9	58.3	58.8	54.5
黑龙江绥化市北林区	76.5	74.3	78.3	69.0	67.3
上海市卢湾区	32.5	28.3	36.0	42.3	23.3
上海市崇明县	50.5	49.3	51.3	50.0	61.5
江苏省邳州市	27.0	33.0	22.1	22.2	28.6
江苏省苏州市金阊区	38.5	30.3	44.7	28.6	41.1
江苏省金湖县	55.2	56.8	54.0	59.3	71.4
江苏省扬中市	53.6	53.4	53.7	64.2	57.7
浙江省杭州上城区	30.2	29.9	30.5	18.2	22.2
浙江省桐庐县	42.4	45.7	39.6	41.9	55.8
浙江省桐乡市	25.7	24.3	26.8	41.2	34.8
安徽省固镇县	39.9	43.2	36.2	27.0	36.7
安徽省安庆市大观区	61.0	64.2	58.6	86.0	63.3
安徽省庐江县	22.0	17.9	26.7	23.3	38.9
安徽省蒙城县	45.0	41.8	48.1	42.6	42.9
福建省宁化县	41.8	47.7	36.8	43.3	38.2
福建省建阳市	34.9	33.7	36.4	25.0	38.3
福建省永定县	26.4	28.7	24.0	51.1	30.4
江西省宜春市袁州区	47.0	47.1	46.9	40.0	70.0
江西省上高县	32.8	34.8	30.5	37.5	48.5
江西省高安市	43.0	42.2	43.8	55.3	55.6
山东省青岛市北区	61.4	58.9	63.3	71.4	56.2
山东省招远市	68.0	66.7	69.0	75.0	73.5

附表 3-15　调查地区不同性别、年龄别居民患病两周未就诊率（‰）（续）

调查地区	合计	性别		年龄别	
		男性	女性	55～64 岁	65 岁及以上
山东省梁山县	41.3	39.4	42.9	47.2	57.1
山东省禹城县	25.5	20.9	30.4	4.8	21.7
河南省汝阳县	29.9	29.3	30.4	43.5	28.9
河南省新乡市新华区	79.7	77.5	81.4	76.8	85.1
河南省睢县	30.5	22.2	38.2	30.0	27.9
河南省扶沟县	32.9	33.6	32.1	50.0	47.6
湖北省宜昌市西陵区	55.8	58.5	53.7	66.7	47.7
湖北省老河口市	47.7	66.7	35.8	41.2	43.3
湖北省麻城市	53.1	51.3	55.0	63.2	12.5
湖北省鹤峰县	55.6	54.1	57.1	62.5	54.2
湖南省长沙市天心区	74.5	71.1	77.3	82.9	71.1
湖南省安乡县	69.7	68.3	71.4	75.9	78.6
湖南省慈利县	45.9	45.2	46.8	52.4	56.3
湖南省安仁县	35.9	39.5	32.2	56.0	68.0
广东省广州荔湾区	45.4	50.5	42.0	62.5	43.3
广东省四会市	39.2	39.1	39.3	57.8	48.6
广东省英德市	40.3	39.6	41.0	43.9	34.5
广东省中山市	26.2	23.8	28.5	28.3	29.6
广西区宾阳县	56.5	59.4	53.6	63.2	63.1
广西区合浦县	53.2	55.2	51.6	54.7	57.4
广西区罗城仫佬	58.1	55.1	60.3	66.7	61.5
海南省海口市龙华区	53.7	59.7	49.4	46.7	55.0
海南省文昌市	45.3	44.4	46.0	35.3	56.2
重庆市万州区	55.9	56.4	55.6	66.1	67.9
重庆市沙坪坝区	64.4	65.3	63.5	69.2	57.9
重庆市忠县	50.2	51.4	49.2	37.6	61.3
四川省成都青羊区	62.4	58.6	64.9	62.1	62.5
四川省盐亭县	25.2	22.9	27.2	23.7	21.5
四川省阆中市	27.7	28.4	27.1	30.6	29.8
贵州省湄潭县	20.3	21.2	19.5	25.9	37.3
贵州省玉屏侗族	66.9	68.0	65.6	67.1	70.3
贵州省施秉县	41.1	42.1	40.0	45.3	50.0
云南省昆明五华区	51.3	54.7	48.8	51.6	51.5
云南省广南县	39.9	46.5	33.3	44.4	48.1
云南省祥云县	29.4	27.1	31.2	27.5	40.0
西藏区拉萨城关区	32.3	34.1	31.4	23.7	39.0
西藏区墨竹工卡	25.1	26.0	24.5	18.5	48.6
陕西省宝鸡市金台区	39.6	42.2	37.6	51.5	23.1
陕西省眉县	42.0	35.1	47.5	40.7	41.9
陕西省汉阴县	42.5	45.5	39.7	48.5	55.1
甘肃省榆中县	19.0	17.2	20.6	23.2	28.6
甘肃省景泰县	47.1	45.0	49.2	43.6	29.2
甘肃省临潭县	64.7	61.4	68.0	60.7	75.0
青海省互助县	52.3	53.0	51.7	44.8	45.2
青海省海晏县	39.8	37.8	41.9	38.8	41.2
宁夏区银川市西夏区	48.8	51.9	46.4	51.2	31.1
宁夏区惠农县	63.8	69.1	60.1	62.7	62.2
宁夏区中卫县	46.3	43.2	49.0	47.5	53.7
宁夏区隆德县	44.0	51.3	37.4	47.6	25.0
新疆区乌市天山区	62.2	57.7	65.7	57.6	52.0
新疆区和田县	44.6	45.9	43.5	52.3	63.6
新疆区新源县	35.9	42.9	29.6	29.4	66.7

附表 3-20　调查地区不同性别、年龄别居民年住院率（‰）

调查地区	合计	性别			年龄别	
		合计	男性	女性	55～64 岁	65 岁及以上
调查地区合计	**1936889**	**36.0**	**31.7**	**40.4**	**53.3**	**84.1**
城市合计	**49698**	**42.4**	**41.1**	**43.6**	**59.5**	**126.8**
农村合计	**143991**	**33.8**	**28.6**	**39.3**	**50.6**	**57.7**
大城市	**18746**	**40.3**	**37.5**	**43.1**	**53.0**	**124.5**
中城市	**14301**	**46.0**	**46.3**	**45.7**	**63.7**	**138.9**
小城市	**16651**	**41.6**	**40.8**	**42.4**	**63.9**	**118.1**
一类农村	**32064**	**34.2**	**28.7**	**39.8**	**46.1**	**63.7**
二类农村	**42559**	**30.1**	**25.6**	**34.9**	**45.9**	**43.9**
三类农村	**48311**	**35.7**	**30.2**	**41.5**	**56.6**	**57.4**
四类农村	**21057**	**36.5**	**31.1**	**42.3**	**54.3**	**78.9**
北京市东城区	1703	29.9	31.5	28.5	40.0	74.9
北京市密云县	1740	13.2	12.7	13.8	5.9	14.4
天津市河北区	1660	38.0	31.6	44.2	63.2	107.5
天津市蓟县	2343	36.7	31.2	42.7	28.7	65.2
河北省唐山路北区	1774	51.3	74.3	29.6	39.0	183.8
河北省武安市	2204	41.3	38.0	44.5	84.4	26.1
河北省唐县	2279	29.8	25.3	34.4	37.9	63.0
河北省丰宁县	1858	28.5	29.0	28.0	28.0	58.5
山西省平定县	2032	18.2	15.0	21.3	12.7	45.1
山西省武乡县	2023	21.7	23.7	19.6	62.9	24.2
山西省阳城县	2092	26.8	23.6	30.0	44.7	
内蒙古喀喇沁旗	1975	48.6	34.8	62.9	88.7	48.6
内蒙古开鲁县	2092	54.5	48.1	60.5	165.4	92.8
内蒙古准格尔旗	1870	38.5	30.9	46.8	95.2	69.4
辽宁省沈阳大东区	1761	28.4	28.7	28.1	27.6	82.1
辽宁省灯塔市	1894	25.9	21.6	30.3	42.7	33.1
吉林省四平市铁东区	1714	26.3	20.9	31.7	33.1	43.5
吉林省东丰县	1982	21.7	18.6	25.1	13.8	53.7
吉林省延吉市	1555	47.6	49.2	46.0	56.3	154.6
黑龙江富裕县	2086	22.5	15.8	29.7	21.9	
黑龙江宝清县	2096	34.4	14.8	55.3	65.0	40.8
黑龙江绥化市北林区	1681	69.0	81.8	56.8	126.6	165.2
上海市卢湾区	1689	33.2	30.5	35.7	28.6	85.0
上海市崇明县	1515	87.8	67.9	105.2	61.5	176.2
江苏省邳州市	2161	8.8	9.0	8.5	10.4	28.7
江苏省苏州市金阊区	1734	40.4	28.5	51.6	54.7	114.3
江苏省金湖县	1836	37.6	39.3	35.8	32.4	52.6
江苏省扬中市	2102	45.2	38.2	52.1	103.6	54.3
浙江省杭州上城区	1713	47.9	39.1	56.4	40.5	145.6
浙江省桐庐县	1805	47.1	49.9	44.2	86.4	70.1
浙江省桐乡市	2411	34.4	28.0	40.5	26.9	69.1
安徽省固镇县	2381	23.9	27.5	20.1	28.2	67.0
安徽省安庆市大观区	1751	29.7	28.9	30.5	46.0	71.9
安徽省庐江县	1859	22.6	25.7	19.7	58.8	28.6
安徽省蒙城县	2230	51.6	52.6	50.4	132.7	39.0
福建省宁化县	2032	44.8	37.0	52.8	33.3	83.3
福建省建阳市	1970	33.0	31.5	34.6	54.9	69.9
福建省永定县	2131	35.2	23.5	46.9	85.2	21.7
江西省宜春市袁州区	2043	24.0	25.6	22.3	24.2	39.6
江西省上高县	1750	50.3	56.9	43.1	82.7	134.1
江西省高安市	1979	29.8	24.2	35.9	6.1	14.6
山东省青岛市北	1660	47.0	52.2	42.1	82.9	134.2
山东省招远市	1771	27.1	19.5	35.3	46.7	47.5

附表 3-20 调查地区不同性别、年龄别居民年住院率（‰）（续）

调查地区	合计	性别			年龄别	
		合计	男性	女性	55～64 岁	65 岁及以上
山东省梁山县	2133	25.3	16.5	34.5	27.3	52.9
山东省禹城县	2017	21.8	13.0	30.5	15.3	35.2
河南省汝阳县	2189	24.7	20.2	29.5	40.3	46.0
河南省新乡市新华区	1837	51.2	62.9	40.6	46.7	168.5
河南省睢县	2262	26.5	21.2	32.3	36.6	103.4
河南省扶沟县	2405	32.4	30.6	34.3	47.2	112.5
湖北省宜昌市西陵区	1772	53.0	45.9	60.0	55.6	154.2
湖北省老河口市	1672	24.5	23.3	25.7	19.7	119.2
湖北省麻城市	1720	18.0	8.3	27.3	35.7	
湖北省鹤峰县	1996	41.6	29.8	54.5	48.5	54.2
湖南省长沙市天心区	1629	56.5	51.0	61.3	68.3	168.3
湖南省安乡县	1770	31.6	19.0	44.6	88.1	38.0
湖南省慈利县	1733	28.3	23.8	32.9	33.2	15.8
湖南省安仁县	2029	56.2	53.1	59.5	115.0	43.5
广东省广州荔湾区	1919	39.1	30.7	46.6	68.2	121.6
广东省四会市	2135	23.4	15.7	31.5	34.0	35.3
广东省英德市	2246	28.9	29.6	28.3	37.6	25.0
广东省中山市	2502	40.8	31.1	50.5	47.1	137.8
广西区宾阳县	2330	27.0	22.3	32.5	33.1	57.3
广西区合浦县	2266	27.8	21.5	35.1	32.4	31.1
广西区罗城仫佬	2045	25.4	16.6	34.2	14.2	24.6
海南省海口市龙华区	2086	36.0	25.3	46.3	56.5	109.2
海南省文昌市	2500	25.2	21.1	29.5	22.3	59.8
重庆市万州区	1755	40.5	40.0	40.9	54.7	101.4
重庆市沙坪坝区	1790	40.8	44.3	37.6	34.7	151.3
重庆市忠县	1690	46.7	33.1	49.4	26.2	45.9
四川省成都青羊区	1632	57.6	52.4	62.4	45.0	216.3
四川省盐亭县	1556	37.3	32.5	41.6	67.0	39.8
四川省阆中市	1548	31.0	33.4	28.8	55.3	54.8
贵州省湄潭县	2251	24.9	22.8	27.2	35.9	37.3
贵州省玉屏侗族	2244	45.2	30.1	63.2	57.9	71.9
贵州省施秉县	2315	13.8	13.1	14.6	23.1	33.5
云南省昆明五华区	1709	29.8	30.1	29.6	44.2	103.2
云南省广南县	2658	26.3	28.6	23.8	25.0	68.8
云南省祥云县	2300	50.0	42.4	57.7	38.0	61.6
西藏区拉萨城关区	2079	42.8	38.9	46.1	85.9	120.2
西藏区墨竹工卡	3183	17.3	17.1	17.5	4.7	29.4
陕西省宝鸡市金台区	1650	64.2	67.4	61.1	121.6	169.9
陕西省眉县	2278	28.1	20.9	35.4	58.5	40.2
陕西省汉阴县	1965	23.4	19.9	27.5	16.5	71.0
甘肃省榆中县	2355	29.7	26.0	33.5	40.4	93.0
甘肃省景泰县	2485	23.7	31.5	15.7	60.7	76.4
甘肃省临潭县	2672	22.8	14.6	31.4	54.8	57.7
青海省互助县	2684	35.0	26.6	43.6	35.9	35.7
青海省海晏县	2796	52.6	39.6	65.8	77.8	39.4
宁夏区银川市西夏区	1687	61.6	56.7	66.4	160.8	162.2
宁夏区惠农县	2229	51.1	42.4	60.5	83.3	132.9
宁夏区中卫县	2308	45.9	36.1	55.9	54.9	86.0
宁夏区隆德县	2636	37.6	33.6	41.4	50.3	86.7
新疆区乌市天山区	1541	44.8	45.6	43.9	106.0	172.4
新疆区和田县	2784	94.8	85.5	104.3	256.9	360.4
新疆区新源县	2779	29.5	19.5	40.2	67.2	61.7

附表 3-25　调查地区性别、年龄别居民年住院率（‰）

调查地区	男性		调查地区	男性	
	55～64 岁	65 岁及以上		55～64 岁	65 岁及以上
调查地区合计	**54**	**100**	山东省梁山县	55	34
城市合计	**60**	**155**	山东省禹城县	19	23
农村合计	**51**	**68**	河南省汝阳县	60	57
大城市	**46**	**142**	河南省新乡市新华区	49	252
中城市	**57**	**186**	河南省睢县	12	103
小城市	**80**	**147**	河南省扶沟县	35	160
一类农村	**50**	**71**	湖北省宜昌市西陵区	35	183
二类农村	**48**	**59**	湖北省老河口市	10	167
三类农村	**52**	**65**	湖北省麻城市	34	
四类农村	**59**	**92**	湖北省鹤峰县	22	36
北京市东城区	50	89	湖南省长沙市天心区	97	188
北京市密云县	10	11	湖南省安乡县	49	47
天津市河北区	50	104	湖南省慈利县	36	22
天津市蓟县	35	61	湖南省安仁县	143	49
河北省唐山路北区	52	304	广东省广州荔湾区	29	129
河北省武安市	62	65	广东省四会市	45	27
河北省唐县	58	16	广东省英德市	65	42
河北省丰宁县		73	广东省中山市	68	178
山西省平定县	24		广西区宾阳县	22	89
山西省武乡县	58		广西区合浦县	41	48
山西省阳城县	71		广西区罗城仫佬	9	39
内蒙古喀喇沁旗	79	86	海南省海口市龙华区	38	136
内蒙古开鲁县	190	104	海南省文昌市	12	82
内蒙古准格尔旗	105	57	重庆市万州区	75	126
辽宁省沈阳大东区	16	99	重庆市沙坪坝区	48	188
辽宁省灯塔市	78	32	重庆市忠县	9	61
吉林省四平市铁东区	12	62	四川省成都青羊区	55	209
吉林省东丰县		65	四川省盐亭县	36	34
吉林省延吉市	81	189	四川省阆中市	65	54
黑龙江富裕县			贵州省湄潭县	36	45
黑龙江宝清县	15	40	贵州省玉屏侗族	54	24
黑龙江绥化市北林区	165	207	贵州省施秉县	18	60
上海市卢湾区	11	87	云南省昆明五华区	19	149
上海市崇明县	22	190	云南省广南县	19	96
江苏省邳州市		51	云南省祥云县	24	78
江苏省苏州市金阊区	25	107	西藏区拉萨城关区	118	138
江苏省金湖县	41	53	西藏区墨竹工卡	10	48
江苏省扬中市	129	70	陕西省宝鸡市金台区	159	182
浙江省杭州上城区	34	149	陕西省眉县	48	51
浙江省桐庐县	113	92	陕西省汉阴县	11	73
浙江省桐乡市	38	98	甘肃省榆中县	31	127
安徽省固镇县	38	126	甘肃省景泰县	71	107
安徽省安庆市大观区	34	105	甘肃省临潭县	46	27
安徽省庐江县	71	37	青海省互助县	51	35
安徽省蒙城县	96	69	青海省海晏县	92	87
福建省宁化县	50	76	宁夏区银川市西夏区	174	207
福建省建阳市	80	97	宁夏区惠农县	60	176
福建省永定县	135	12	宁夏区中卫县	35	125
江西省宜春市袁州区	32	59	宁夏区隆德县	69	108
江西省上高县	90	118	新疆区乌市天山区	77	255
江西省高安市	11	15	新疆区和田县	265	399
山东省青岛市北区	94	173	新疆区新源县	13	83
山东省招远市	45	39			

附表 3-25 调查地区性别、年龄别居民年住院率（‰）

调查地区	女性	
	55～64岁	65岁及以上
调查地区合计	**53**	**69**
城市合计	**59**	**101**
农村合计	**50**	**48**
大城市	**59**	**109**
中城市	**69**	**95**
小城市	**48**	**91**
一类农村	**42**	**57**
二类农村	**43**	**29**
三类农村	**62**	**50**
四类农村	**49**	**66**
北京市东城区	32	63
北京市密云县		18
天津市河北区	78	110
天津市蓟县	23	70
河北省唐山路北区	28	67
河北省武安市	110	
河北省唐县	16	108
河北省丰宁县	51	38
山西省平定县		82
山西省武乡县	68	49
山西省阳城县	13	
内蒙古喀喇沁旗	98	14
内蒙古开鲁县	145	82
内蒙古准格尔旗	79	89
辽宁省沈阳大东区	37	66
辽宁省灯塔市		34
吉林省四平市铁东区	52	25
吉林省东丰县	29	42
吉林省延吉市	41	119
黑龙江富裕县	16	
黑龙江宝清县	121	42
黑龙江绥化市北林区	97	123
上海市卢湾区	48	83
上海市崇明县	106	165
江苏省邳州市	22	11
江苏省苏州市金阊区	80	121
江苏省金湖县	23	52
江苏省扬中市	76	41
浙江省杭州上城区	47	143
浙江省桐庐县	61	48
浙江省桐乡市	17	42
安徽省固镇县	14	
安徽省安庆市大观区	58	39
安徽省庐江县	46	17
安徽省蒙城县	177	10
福建省宁化县	13	91
福建省建阳市	16	36
福建省永定县	25	30
江西省宜春市袁州区	14	20
江西省上高县	76	152
江西省高安市		14
山东省青岛市北	73	101
山东省招远市	49	43
山东省梁山县		69
山东省禹城县	11	45
河南省汝阳县	18	35
河南省新乡市新华区	45	87
河南省睢县	63	104
河南省扶沟县	57	63
湖北省宜昌市西陵区	73	128
湖北省老河口市	28	68
湖北省麻城市	37	77
湖北省鹤峰县	81	72
湖南省长沙市天心区	39	152
湖南省安乡县	132	27
湖南省慈利县	30	10
湖南省安仁县	80	37
广东省广州荔湾区	93	116
广东省四会市	21	42
广东省英德市	10	7
广东省中山市	24	105
广西区宾阳县	45	29
广西区合浦县	23	15
广西区罗城仫佬	19	16
海南省海口市龙华区	71	86
海南省文昌市	32	41
重庆市万州区	32	80
重庆市沙坪坝区	22	126
重庆市忠县	47	31
四川省成都青羊区	35	222
四川省盐亭县	73	45
四川省阆中市	45	56
贵州省湄潭县	38	30
贵州省玉屏侗族	64	119
贵州省施秉县	29	11
云南省昆明五华区	67	58
云南省广南县	31	42
云南省祥云县	55	42
西藏区拉萨城关区	57	104
西藏区墨竹工卡		14
陕西省宝鸡市金台区	67	161
陕西省眉县	71	32
陕西省汉阴县	22	68
甘肃省榆中县	53	52
甘肃省景泰县	49	43
甘肃省临潭县	64	84
青海省互助县	21	36
青海省海晏县	61	12
宁夏区银川市西夏区	149	106
宁夏区惠农县	110	87
宁夏区中卫县	77	27
宁夏区隆德县	31	67
新疆区乌市天山区	127	56
新疆区和田县	246	388
新疆区新源县	167	30

附表 3-31　不同类型调查地区居民疾病别年住院率（‰）

疾病分类	全国合计	城市合计	大城市	中城市	小城市	农村合计	一类农村	二类农村	三类农村	四类农村
传染病计	1.1	0.7	0.3	0.6	1.2	1.2	0.9	0.8	1.0	2.9
寄生虫病计	0.1	0.1		0.2	0.1	0.0		0.0	0.1	0.0
恶性肿瘤计	1.1	2.3	3.4	1.1	2.1	0.7	1.6	0.5	0.4	0.4
良性肿瘤计	1.0	1.2	1.3	1.0	1.3	0.9	1.1	0.9	1.0	0.6
内分泌、营养、代谢及免疫	0.9	2.1	2.5	2.6	1.3	0.5	0.7	0.4	0.6	0.2
其中：糖尿病	0.6	1.6	2.2	1.9	0.8	0.2	0.4	0.1	0.2	0.1
血液、造血器官	0.3	0.2	0.2	0.1	0.3	0.3	0.2	0.4	0.4	0.5
精神病小计	0.3	0.3	0.1	0.6	0.2	0.3	0.4	0.5	0.2	0.6
神经系病计	0.6	0.5	0.3	0.6	0.5	0.6	0.6	0.5	0.9	0.3
眼及附器疾病	0.6	0.7	0.4	0.5	1.1	0.6	0.5	0.7	0.6	0.3
耳和乳突疾病	0.1	0.1	0.1	0.3	0.1	0.0	0.1	0.1	0.0	
循环系统疾病	6.2	11.9	11.5	14.1	10.6	4.3	4.2	3.6	5.1	3.7
其中：心脏病	2.8	5.8	6.2	6.7	4.4	1.8	2.1	1.3	1.9	2.1
高血压	1.2	2.0	2.0	2.2	1.9	1.0	0.8	0.8	1.0	1.3
脑血管病	1.8	3.3	2.7	4.1	3.2	1.3	1.0	1.3	1.9	0.3
呼吸系统疾病	4.2	4.5	5.0	4.8	3.7	4.1	4.2	3.5	4.1	5.0
其中：急上呼感染	1.5	1.2	1.4	1.2	1.0	1.6	1.8	1.6	1.5	1.3
肺炎	1.0	0.9	1.1	0.6	1.0	1.0	0.8	0.8	1.1	1.6
老慢支	0.6	0.9	1.3	0.8	0.4	0.5	0.6	0.5	0.5	0.5
消化系统疾病	5.7	5.6	5.3	5.5	6.1	5.8	5.8	4.4	5.8	8.5
其中：急性胃炎	0.9	0.6	0.5	0.6	0.8	1.1	0.5	0.8	1.2	2.1
肝病硬化	0.2	0.3	0.2	0.4	0.4	0.2	0.3	0.2	0.1	0.4
胆囊疾病	1.2	1.8	2.1	1.5	1.6	1.1	0.9	0.9	1.0	1.8
泌尿生殖系病	2.3	2.4	2.4	2.5	2.2	2.3	1.8	1.8	2.5	3.7
妊娠、分娩及产褥	5.6	4.7	2.7	6.2	5.8	5.9	6.8	6.6	5.9	3.6
皮肤皮下组织	0.4	0.4	0.4	0.6	0.4	0.3	0.5	0.3	0.3	0.2
肌肉、骨骼结缔	1.1	1.4	1.8	1.0	1.3	1.0	0.6	0.7	1.4	1.6
其中：类风湿性关节炎	0.2	0.2	0.2	0.1	0.2	0.3	0.1	0.2	0.3	0.5
先天异常	0.0	0.0	0.1		0.1	0.0			0.1	0.1
围产期疾病	0.0	0.0			0.1	0.0	0.0	0.0	0.0	0.0
损伤和中毒	3.8	2.5	2.1	3.1	2.5	4.2	3.9	4.3	4.8	3.2
其他	0.3	0.4	0.3	0.3	0.5	0.3	0.2	0.2	0.4	0.5
不详	0.3	0.3	0.4	0.3	0.3	0.3	0.2	0.2	0.3	0.3

附表 3-32 调查地区不同年龄居民疾病别年住院率（%）

疾病分类	55～64 岁	65 岁及以上
传染病计	1.7	1.6
寄生虫病计		0.1
恶性肿瘤计	2.7	4.7
良性肿瘤计	0.8	
内分泌、营养、代谢及免疫	2.4	3.5
其中：糖尿病	1.7	3.2
血液、造血器官	0.1	0.4
精神病小计	0.3	0.2
神经系病计	1.4	1.1
眼及附器疾病	1.8	2.2
耳和乳突疾病	0.1	
循环系统疾病	15.5	31.6
其中：心脏病	7.0	14.9
高血压	3.6	5.8
脑血管病	4.4	9.5
呼吸系统疾病	4.3	13.0
其中：急上呼感染	1.2	2.1
肺炎	0.5	1.6
老慢支	1.0	4.2
消化系统疾病	9.8	10.8
其中：急性胃炎	1.2	1.5
肝病硬化	0.5	0.4
胆囊疾病	2.8	3.0
泌尿生殖系病	4.5	4.5
妊娠、分娩及产褥	0.1	0.1
皮肤皮下组织	0.3	0.8
肌肉、骨骼结缔	2.4	2.4
其中：类风湿性关节炎	0.9	0.5
先天异常		
围产期疾病		
损伤和中毒	4.4	5.5
其他	0.2	0.3
不详	0.3	0.5

附表 3-36　调查地区不同性别、年龄别居民年未住院率（%）

调查地区	应住院人次数	未住院人次数	性别未住院率			年龄别未住院率	
			合计	男性	女性	55～64 岁	65 岁及以上
调查地区合计	**9912**	**2932**	**29.6**	**30.1**	**29.1**	**38.4**	**34.7**
城市合计	**2915**	**809**	**27.8**	**26.8**	**28.6**	**33.2**	**25.0**
农村合计	**6997**	**2123**	**30.3**	**31.6**	**29.4**	**40.8**	**44.4**
大城市	**986**	**230**	**23.3**	**23.8**	**22.9**	**25.7**	**23.4**
中城市	**958**	**300**	**31.3**	**30.4**	**32.2**	**42.4**	**24.0**
小城市	**971**	**279**	**28.7**	**26.0**	**31.1**	**29.7**	**29.3**
一类农村	**1429**	**332**	**23.2**	**26.9**	**20.3**	**30.5**	**36.1**
二类农村	**1761**	**478**	**27.1**	**27.6**	**26.8**	**38.7**	**41.8**
三类农村	**2689**	**964**	**35.8**	**36.5**	**35.3**	**45.5**	**52.8**
四类农村	**1118**	**349**	**31.2**	**32.1**	**30.5**	**45.4**	**40.0**
北京市东城区	56	5	8.9	7.1	10.7	0.0	8.8
北京市密云县	39	16	41.0	45.0	36.8	83.3	72.7
天津市河北区	89	26	29.2	31.6	27.5	14.3	25.0
天津市蓟县	96	10	10.4	5.0	14.3	37.5	20.0
河北省唐山路北区	225	134	59.6	49.2	72.7	81.4	34.8
河北省武安市	121	30	24.8	22.2	26.9	18.8	50.0
河北省唐县	98	30	30.6	29.3	31.6	28.6	57.9
河北省丰宁县	79	26	32.9	22.9	40.9	55.6	38.9
山西省平定县	42	5	11.9	11.8	12.0	33.3	0.0
山西省武乡县	65	21	32.3	30.6	34.5	37.5	40.0
山西省阳城县	71	15	21.1	24.2	18.4	46.7	100.0
内蒙古喀喇沁旗	275	179	65.1	66.3	64.3	70.3	87.7
内蒙古开鲁县	121	7	5.8	2.0	8.5	0.0	0.0
内蒙古准格尔旗	105	33	31.4	36.2	27.6	27.3	44.4
辽宁省沈阳大东区	85	35	41.2	35.0	46.7	50.0	47.6
辽宁省灯塔市	98	49	50.0	53.3	47.2	68.2	80.0
吉林省四平市铁东区	98	53	54.1	53.8	54.2	53.8	73.1
吉林省东丰县	77	34	44.2	42.4	45.5	75.0	52.9
吉林省延吉市	87	13	14.9	7.3	21.7	10.0	8.6
黑龙江富裕县	68	21	30.9	32.0	30.2	62.5	100.0
黑龙江宝清县	93	21	22.6	36.0	17.6	27.3	42.9
黑龙江绥化市北林区	180	64	35.6	34.3	37.2	33.3	36.7
上海市卢湾区	69	13	18.8	21.9	16.2	37.5	19.0
上海市崇明县	150	17	11.3	11.1	11.5	15.8	8.5
江苏省邳州市	30	11	36.7	33.3	40.0	33.3	28.6
江苏省苏州市金阊区	80	10	12.5	11.1	13.2	6.7	15.8
江苏省金湖县	96	27	28.1	18.2	36.5	33.3	28.6
江苏省扬中市	109	14	12.8	20.0	6.8	7.1	37.5
浙江省杭州上城区	111	29	26.1	32.7	21.0	36.4	26.2
浙江省桐庐县	96	11	11.5	8.2	14.9	17.6	11.8
浙江省桐乡市	94	11	11.7	15.4	9.1	40.0	17.4
安徽省固镇县	69	12	17.4	40.5	25.8	28.6	14.3
安徽省安庆市大观区	78	26	33.3	35.9	30.8	27.3	42.1
安徽省庐江县	60	18	30.0	30.3	29.6	13.3	20.0
安徽省蒙城县	169	54	32.0	34.0	29.3	28.2	63.6
福建省宁化县	97	6	6.2	7.3	5.4	0.0	5.0
福建省建阳市	113	48	42.5	45.8	38.9	35.7	62.9
福建省永定县	88	13	14.8	21.9	10.7	6.3	55.6
江西省宜春市袁州区	77	28	36.4	37.2	35.3	42.9	57.9
江西省上高县	109	21	19.3	21.2	16.3	26.7	37.1
江西省高安市	82	23	28.0	16.7	34.6	90.0	50.0
山东省青岛市北区	102	24	23.5	19.2	28.0	40.0	20.0
山东省招远市	58	10	17.2	14.3	18.9	28.6	10.0

附表 3-36　调查地区不同性别、年龄别居民年未住院率（%）（续）

调查地区	应住院人次数	未住院人次数	性别未住院率			年龄别未住院率	
			合计	男性	女性	55～64 岁	65 岁及以上
山东省梁山县	78	24	30.8	35.7	28.0	64.3	50.0
山东省禹城县	57	13	22.8	43.5	8.8	40.0	58.8
河南省汝阳县	70	16	22.9	23.3	22.5	37.5	38.5
河南省新乡市新华区	128	34	26.6	25.7	27.8	52.4	16.4
河南省睢县	93	33	35.5	26.5	40.7	57.1	44.4
河南省扶沟县	119	41	34.5	28.3	39.4	33.3	40.0
湖北省宜昌市西陵区	125	31	24.8	28.6	21.7	30.0	24.5
湖北省老河口市	68	27	39.7	29.6	46.3	33.3	37.9
湖北省麻城市	63	32	50.8	72.0	36.8	53.8	100.0
湖北省鹤峰县	127	44	34.6	36.7	33.3	57.9	30.8
湖南省长沙市天心区	108	16	14.8	17.0	13.1	6.7	19.0
湖南省安乡县	128	72	56.3	69.6	45.8	51.4	66.7
湖南省慈利县	72	23	31.9	22.2	37.8	0.0	66.7
湖南省安仁县	143	29	20.3	9.7	28.4	23.5	54.5
广东省广州荔湾区	93	18	19.4	9.7	24.2	7.7	23.4
广东省四会市	72	22	30.6	41.4	23.3	36.4	40.0
广东省英德市	85	20	23.5	22.7	24.4	42.9	30.0
广东省中山市	106	4	3.8	2.5	4.5	0.0	6.1
广西区宾阳县	83	20	24.1	30.0	18.6	40.0	31.3
广西区合浦县	87	24	27.6	38.1	17.8	33.3	60.0
广西区罗城仫佬	84	32	38.1	48.5	31.4	62.5	61.5
海南省海口市龙华区	90	15	16.7	21.2	14.0	23.1	21.2
海南省文昌市	76	13	17.1	27.0	7.7	20.0	25.7
重庆市万州区	92	22	23.9	22.7	25.0	15.4	25.0
重庆市沙坪坝区	115	42	36.5	39.7	32.7	71.4	29.3
重庆市忠县	130	51	39.2	54.2	26.8	66.7	57.1
四川省成都青羊区	130	36	27.7	29.3	26.4	37.5	26.5
四川省盐亭县	82	24	29.3	29.4	29.2	26.3	33.3
四川省阆中市	60	12	20.0	28.6	8.0	23.5	33.3
贵州省湄潭县	82	26	31.7	32.5	31.0	45.5	37.5
贵州省玉屏侗族	130	29	22.3	22.9	22.0	26.7	33.3
贵州省施秉县	107	75	70.1	71.9	68.0	82.6	70.0
云南省昆明五华区	54	3	5.6	7.4	3.7	9.1	5.9
云南省广南县	131	61	46.6	46.7	46.4	72.2	55.2
云南省祥云县	283	168	59.4	59.8	59.0	85.7	81.7
西藏区拉萨城关区	103	14	13.6	9.8	16.1	12.5	24.1
西藏区墨竹工卡	68	13	19.1	17.6	20.6	0.0	20.0
陕西省宝鸡市金台区	160	54	33.8	26.3	40.5	40.0	7.1
陕西省眉县	83	19	22.9	27.3	20.0	42.1	41.7
陕西省汉阴县	77	31	40.3	40.0	40.5	62.5	36.8
甘肃省榆中县	107	37	34.6	40.4	29.1	43.8	20.0
甘肃省景泰县	75	16	21.3	21.6	20.8	18.8	35.3
甘肃省临潭县	86	25	29.1	37.5	24.1	14.3	43.8
青海省互助县	133	39	29.3	34.5	25.6	50.0	50.0
青海省海晏县	173	26	15.0	9.7	18.0	22.2	16.7
宁夏区银川市西夏区	130	26	20.0	17.5	21.9	20.7	22.6
宁夏区惠农县	154	40	26.0	22.2	28.6	40.9	26.9
宁夏区中卫县	151	45	29.8	31.1	28.9	52.6	60.0
宁夏区隆德县	137	38	27.7	32.3	23.6	44.4	28.6
新疆区乌市天山区	76	7	9.2	2.7	15.4	4.2	14.3
新疆区和田县	343	79	23.0	17.8	26.9	33.9	23.1
新疆区新源县	100	18	18.0	12.5	20.6	20.0	16.7

附表 5-7　15 岁及以上调查人口经常饮酒率、饮酒年数和年龄别饮酒率（%）

调查地区	饮酒率	年龄别饮酒率		饮酒年数
		55～64 岁	65 岁及以上	
调查地区合计	**8.2**	**12.1**	**9.2**	**22.2**
城市合计	**7.1**	**8.9**	**7.4**	**22.3**
农村合计	**8.6**	**13.5**	**10.4**	**22.1**
大城市	**6.7**	**7.4**	**7.2**	**23.2**
中城市	**6.7**	**8.6**	**6.3**	**21.1**
小城市	**7.9**	**11.1**	**8.8**	**22.3**
一类农村	**10.6**	**15.6**	**12.1**	**22.3**
二类农村	**8.9**	**14.1**	**9.8**	**21.7**
三类农村	**7.4**	**11.2**	**9.0**	**22.3**
四类农村	**7.5**	**14.0**	**11.9**	**22.2**
北京市东城区	7.2	5.1	8.0	24.5
北京市密云县	16.0	26.5	17.3	23.7
天津市河北区	7.4	9.5	7.2	22.1
天津市蓟县	7.8	10.3	14.7	19.5
河北省唐山路北区	7.7	8.3	7.7	20.2
河北省武安市	3.8	5.8	3.5	17.1
河北省唐县	9.5	14.4	11.8	20.5
河北省丰宁县	17.0	21.0	14.9	21.6
山西省平定县	2.1	3.8	5.3	21.9
山西省武乡县	2.3	2.5	2.4	15.5
山西省阳城县	1.2	0.6	0.0	16.6
内蒙古喀喇沁旗	10.4	18.5	14.6	18.5
内蒙古开鲁县	14.6	30.7	15.5	19.6
内蒙古准格尔旗	5.0	6.0	2.1	16.3
辽宁省沈阳大东区	8.2	6.9	7.1	21.2
辽宁省灯塔市	8.4	14.6	7.4	20.3
吉林省四平市铁东区	6.1	9.9	6.8	19.3
吉林省东丰县	7.8	17.9	7.4	21.1
吉林省延吉市	8.1	9.4	9.2	25.6
黑龙江富裕县	15.3	26.3	16.0	19.2
黑龙江宝清县	10.2	13.0	16.3	19.0
黑龙江绥化市北林区	9.0	8.0	12.6	25.6
上海市卢湾区	8.6	6.9	10.0	23.7
上海市崇明县	15.7	19.6	17.2	30.8
江苏省邳州市	11.7	19.7	14.4	23.0
江苏省苏州市金阊区	6.6	9.4	6.4	23.7
江苏省金湖县	6.9	9.7	5.8	20.5
江苏省扬中市	13.9	16.3	17.8	21.8
浙江省杭州上城区	12.5	19.1	11.3	25.2
浙江省桐庐县	21.9	27.8	17.3	23.2
浙江省桐乡市	13.8	17.0	16.4	21.3
安徽省固镇县	9.1	17.5	6.7	19.3
安徽省安庆市大观区	8.4	9.8	10.5	21.1
安徽省庐江县	12.9	19.0	16.4	21.9
安徽省蒙城县	7.7	10.0	10.7	23.8
福建省宁化县	17.0	18.9	12.7	23.0
福建省建阳市	13.9	15.9	8.1	20.1
福建省永定县	12.9	20.5	14.7	22.1
江西省宜春市袁州区	7.0	10.9	8.4	23.4
江西省上高县	16.6	24.1	15.9	23.1
江西省高安市	17.0	25.2	22.6	25.6
山东省青岛市北区	7.9	12.2	8.1	23.5
山东省招远市	12.2	19.6	13.4	22.3

附表 5-7 15 岁及以上调查人口经常饮酒率、饮酒年数和年龄别饮酒率（%）（续）

调查地区	饮酒率	年龄别饮酒率		饮酒年数
		55～64 岁	65 岁及以上	
山东省梁山县	4.8	5.5	3.2	19.4
山东省禹城县	10.0	17.3	10.1	21.6
河南省汝阳县	0.8	0.0	0.0	15.7
河南省新乡市新华区	6.7	7.0	5.5	21.3
河南省睢县	3.8	5.5	4.8	22.0
河南省扶沟县	2.7	2.4	2.5	18.2
湖北省宜昌市西陵区	5.8	9.9	5.4	23.8
湖北省老河口市	6.0	9.4	6.0	23.8
湖北省麻城市	5.8	4.2	10.4	22.4
湖北省鹤峰县	11.6	15.8	20.5	23.9
湖南省长沙市天心区	3.9	5.4	5.3	24.3
湖南省安乡县	9.6	10.4	10.8	22.0
湖南省慈利县	9.4	14.2	5.8	23.2
湖南省安仁县	11.9	24.8	13.9	26.1
广东省广州荔湾区	2.8	2.3	5.7	24.7
广东省四会市	5.5	8.7	9.0	22.4
广东省英德市	4.6	8.0	3.2	16.6
广东省中山市	7.8	10.6	10.2	21.5
广西区宾阳县	13.2	24.3	16.1	23.0
广西区合浦县	6.5	13.0	7.8	18.8
广西区罗城仫佬	15.9	21.7	14.3	23.4
海南省海口市龙华区	3.1	4.5	3.8	20.2
海南省文昌市	2.3	3.4	4.6	21.6
重庆市万州区	10.5	16.9	9.2	24.3
重庆市沙坪坝区	9.2	12.1	9.2	22.4
重庆市忠县	12.7	18.4	16.3	26.8
四川省成都青羊区	6.3	6.8	6.4	23.5
四川省盐亭县	10.0	15.8	8.0	26.3
四川省阆中市	15.1	20.9	17.8	28.4
贵州省湄潭县	6.5	12.0	6.0	19.8
贵州省玉屏侗族	12.2	18.4	23.4	26.7
贵州省施秉县	16.9	31.0	26.3	24.3
云南省昆明五华区	3.7	5.8	3.9	21.3
云南省广南县	17.3	28.0	20.6	19.8
云南省祥云县	6.5	10.8	10.0	21.4
西藏区拉萨城关区	12.2	21.5	12.0	18.9
西藏区墨竹工卡	10.6	23.7	17.6	21.5
陕西省宝鸡市金台区	3.7	2.7	2.0	16.7
陕西省眉县	1.7	2.7	1.1	19.9
陕西省汉阴县	12.1	15.9	16.6	26.2
甘肃省榆中县	1.3	2.2	0.8	12.5
甘肃省景泰县	1.8	1.9	1.4	18.2
甘肃省临潭县	0.6	1.4	0.0	12.6
青海省互助县	1.0	2.6	1.8	20.4
青海省海晏县	2.1	3.9	0.0	19.5
宁夏区银川市西夏区	7.6	7.0	3.4	16.1
宁夏区惠农县	2.1	0.6	1.4	17.7
宁夏区中卫县	6.9	9.8	3.2	15.2
宁夏区隆德县	1.1	1.5	1.2	11.7
新疆区乌市天山区	3.5	3.7	2.9	19.8
新疆区和田县	0.1	0.1	0.1	21.5
新疆区新源县	2.4	4.2	3.7	19.2

附表 5-8　15 岁及以上调查人口男性经常饮酒率、饮酒年数和年龄别饮酒率（%）

调查地区	男　性			
	总　率	55～64 岁	65 岁及以上	年数
调查地区合计	**15.3**	**21.8**	**17.1**	**22.2**
城市合计	**13.4**	**17.2**	**13.9**	**22.5**
农村合计	**16.0**	**23.6**	**19.0**	**22.2**
大城市	**12.8**	**14.7**	**13.8**	**23.3**
中城市	**13.2**	**17.7**	**12.0**	**21.0**
小城市	**14.5**	**19.9**	**16.2**	**22.7**
一类农村	**20.0**	**27.8**	**22.1**	**22.4**
二类农村	**16.6**	**24.7**	**18.1**	**21.8**
三类农村	**13.9**	**19.8**	**16.6**	**22.3**
四类农村	**12.7**	**23.0**	**20.9**	**22.5**
北京市东城区	14.4	11.3	15.8	24.6
北京市密云县	29.1	40.4	29.5	24.0
天津市河北区	13.9	16.0	13.6	22.6
天津市蓟县	14.7	19.8	26.5	19.9
河北省唐山路北区	14.7	16.5	13.9	20.6
河北省武安市	7.9	11.1	8.7	17.1
河北省唐县	18.8	26.1	24.2	20.6
河北省丰宁县	32.7	43.1	23.6	21.7
山西省平定县	4.4	7.2	11.7	21.9
山西省武乡县	4.2	4.7	4.8	15.7
山西省阳城县	2.4	1.0	0.0	16.6
内蒙古喀喇沁旗	19.9	31.7	25.7	18.5
内蒙古开鲁县	28.0	60.3	25.0	19.8
内蒙古准格尔旗	9.6	9.5	3.4	16.5
辽宁省沈阳大东区	15.2	14.3	14.5	21.4
辽宁省灯塔市	16.5	25.6	14.5	20.4
吉林省四平市铁东区	11.7	17.6	13.6	19.7
吉林省东丰县	15.2	33.8	13.0	20.9
吉林省延吉市	16.3	24.2	17.9	25.7
黑龙江富裕县	28.6	45.9	23.1	19.3
黑龙江宝清县	19.0	23.1	30.0	19.4
黑龙江绥化市北林区	17.7	17.5	23.3	25.2
上海市卢湾区	15.9	13.2	16.8	23.4
上海市崇明县	31.7	34.3	35.2	30.5
江苏省邳州市	22.8	36.3	31.6	23.1
江苏省苏州市金阊区	13.1	19.5	12.2	23.3
江苏省金湖县	13.6	17.3	12.0	20.8
江苏省扬中市	26.7	29.5	31.8	22.2
浙江省杭州上城区	22.2	34.5	20.9	25.3
浙江省桐庐县	39.9	50.0	30.3	23.6
浙江省桐乡市	27.6	36.2	32.6	21.3
安徽省固镇县	17.4	29.8	12.6	19.5
安徽省安庆市大观区	16.5	19.3	19.7	20.9
安徽省庐江县	25.8	34.8	28.0	22.1
安徽省蒙城县	14.6	17.4	20.6	23.8
福建省宁化县	28.2	29.0	22.0	23.4
福建省建阳市	24.8	23.0	13.6	20.3
福建省永定县	23.7	32.3	27.7	21.6
江西省宜春市袁州区	14.0	18.9	16.7	23.4
江西省上高县	28.4	41.8	25.9	23.1
江西省高安市	29.4	38.7	38.2	25.4
山东省青岛市北区	15.4	23.5	15.1	23.0
山东省招远市	22.7	35.1	24.5	22.4

附表 5-8　15 岁及以上调查人口男性经常饮酒率、饮酒年数和年龄别饮酒率（%）（续）

调查地区	男性			
	总　率	55～64 岁	65 岁及以上	年数
山东省梁山县	9.4	11.0	6.9	19.4
山东省禹城县	19.6	32.1	18.2	21.4
河南省汝阳县	1.5	0.0	0.0	15.7
河南省新乡市新华区	13.7	14.7	10.4	21.6
河南省睢县	7.5	10.6	10.3	22.0
河南省扶沟县	5.3	5.3	4.9	18.2
湖北省宜昌市西陵区	11.8	20.9	11.3	22.1
湖北省老河口市	12.0	18.8	11.5	23.8
湖北省麻城市	11.7	8.0	22.0	22.7
湖北省鹤峰县	19.7	26.4	34.9	24.2
湖南省长沙市天心区	8.1	9.7	11.6	24.4
湖南省安乡县	18.3	18.6	20.0	22.1
湖南省慈利县	18.6	25.9	12.0	23.3
湖南省安仁县	21.1	41.3	21.3	25.5
广东省广州荔湾区	5.4	4.4	11.8	25.5
广东省四会市	10.5	16.1	15.2	21.4
广东省英德市	8.6	15.7	5.6	16.9
广东省中山市	13.7	18.2	16.8	22.3
广西区宾阳县	23.8	47.3	31.1	23.2
广西区合浦县	11.9	24.5	15.2	18.7
广西区罗城仫佬	31.2	41.1	33.8	23.0
海南省海口市龙华区	6.4	10.3	8.2	20.0
海南省文昌市	4.6	7.1	10.3	21.6
重庆市万州区	21.1	29.2	20.0	24.1
重庆市沙坪坝区	18.4	23.8	20.5	22.5
重庆市忠县	24.2	30.9	29.3	27.0
四川省成都青羊区	12.4	13.8	12.4	23.9
四川省盐亭县	19.2	26.0	14.6	26.4
四川省阆中市	30.0	37.1	32.4	28.6
贵州省湄潭县	12.3	23.0	11.9	20.0
贵州省玉屏侗族	21.1	30.4	41.0	26.8
贵州省施秉县	30.2	56.3	50.0	24.8
云南省昆明五华区	7.4	11.3	7.1	21.0
云南省广南县	31.6	51.5	39.4	19.9
云南省祥云县	12.5	20.0	18.1	21.6
西藏区拉萨城关区	16.7	31.6	14.9	19.6
西藏区墨竹工卡	12.8	25.0	24.2	22.1
陕西省宝鸡市金台区	7.4	4.5	4.5	16.7
陕西省眉县	3.4	4.8	2.5	19.9
陕西省汉阴县	21.4	29.0	25.0	26.2
甘肃省榆中县	2.6	3.9	1.4	12.5
甘肃省景泰县	3.4	3.6	2.7	18.4
甘肃省临潭县	1.2	2.8	0.0	12.6
青海省互助县	2.0	5.1	3.5	20.4
青海省海晏县	3.9	7.1	0.0	19.7
宁夏区银川市西夏区	14.9	14.5	4.9	15.9
宁夏区惠农县	4.1	1.2	2.7	17.7
宁夏区中卫县	13.3	16.3	5.4	15.2
宁夏区隆德县	2.2	3.0	2.4	11.7
新疆区乌市天山区	6.6	8.8	4.9	20.2
新疆区和田县	0.2	0.0	0.0	21.5
新疆区新源县	4.7	6.5	6.3	19.2

附表 5-9　15 岁及以上调查人口女性经常饮酒率、饮酒年数和年龄别饮酒率（%）

调查地区	女性			
	总　率	55～64 岁	65 岁及以上	年数
调查地区合计	**1.1**	**1.8**	**1.9**	**21.1**
城市合计	**1.0**	**1.3**	**1.4**	**20.3**
农村合计	**1.1**	**2.1**	**2.1**	**21.4**
大城市	**0.9**	**0.9**	**1.4**	**21.6**
中城市	**0.5**	**0.6**	**1.0**	**23.6**
小城市	**1.7**	**2.5**	**1.9**	**18.5**
一类农村	**1.3**	**2.0**	**3.0**	**21.6**
二类农村	**1.0**	**1.8**	**1.4**	**21.1**
三类农村	**0.7**	**1.3**	**1.6**	**23.0**
四类农村	**1.9**	**4.5**	**3.3**	**20.0**
北京市东城区	0.7	0.0	1.3	22.8
北京市密云县	3.0	7.0	7.1	20.2
天津市河北区	1.0	2.2	1.7	14.9
天津市蓟县	0.3	1.1	1.2	3.0
河北省唐山路北区	1.1	0.9	1.7	13.8
河北省武安市	0.0	0.0	0.0	
河北省唐县	0.2	1.6	0.0	7.0
河北省丰宁县	1.4	2.6	2.6	20.0
山西省平定县	0.0	0.0	0.0	
山西省武乡县	0.1	0.0	0.0	10.0
山西省阳城县	0.0	0.0	0.0	
内蒙古喀喇沁旗	1.4	4.9	4.1	18.8
内蒙古开鲁县	2.2	5.8	6.1	18.1
内蒙古准格尔旗	0.1	0.0	0.0	4.0
辽宁省沈阳大东区	0.9	1.2	0.0	17.7
辽宁省灯塔市	0.1	1.4	0.0	10.0
吉林省四平市铁东区	0.5	3.1	0.0	10.8
吉林省东丰县	0.1	0.0	1.4	50.0
吉林省延吉市	0.1	0.0	0.0	15.0
黑龙江富裕县	1.2	3.2	7.1	15.5
黑龙江宝清县	0.8	1.7	2.1	8.5
黑龙江绥化市北林区	0.5	0.7	1.8	38.0
上海市卢湾区	1.8	0.0	4.2	26.5
上海市崇明县	1.9	3.3	3.6	34.8
江苏省邳州市	0.2	1.1	0.0	10.0
江苏省苏州市金阊区	0.5	0.7	1.3	33.8
江苏省金湖县	0.4	1.1	1.0	9.7
江苏省扬中市	1.3	1.7	5.4	14.2
浙江省杭州上城区	3.0	3.5	2.5	24.0
浙江省桐庐县	3.9	6.1	3.8	19.2
浙江省桐乡市	0.5	0.0	1.4	22.4
安徽省固镇县	0.5	0.0	0.0	7.5
安徽省安庆市大观区	0.7	0.0	1.3	25.0
安徽省庐江县	1.1	2.8	0.0	16.3
安徽省蒙城县	0.4	1.0	1.0	23.7
福建省宁化县	5.7	6.3	2.7	20.9
福建省建阳市	1.8	4.7	1.2	17.4
福建省永定县	2.5	6.3	4.0	26.5
江西省宜春市袁州区	0.0	0.0	0.0	
江西省上高县	4.5	6.1	5.1	22.9
江西省高安市	5.0	7.1	7.2	27.0
山东省青岛市北区	0.9	2.1	1.9	30.9
山东省招远市	1.3	2.9	3.5	19.6

附表 5-9　15 岁及以上调查人口女性经常饮酒率、饮酒年数和年龄别饮酒率（%）（续）

调查地区	女性			
	总　率	55～64 岁	65 岁及以上	年数
山东省梁山县	0.0	0.0	0.0	
山东省禹城县	0.8	0.0	3.6	27.7
河南省汝阳县	0.0	0.0	0.0	
河南省新乡市新华区	0.4	0.0	0.7	11.7
河南省睢县	0.1	0.0	0.0	20.0
河南省扶沟县	0.0	0.0	0.0	
湖北省宜昌市西陵区	0.1	0.7	0.0	40.0
湖北省老河口市	0.1	0.9	0.0	20.0
湖北省麻城市	0.2	0.0	0.0	7.0
湖北省鹤峰县	2.2	2.7	6.0	20.8
湖南省长沙市天心区	0.1	1.0	0.0	20.0
湖南省安乡县	0.1	1.1	0.0	10.0
湖南省慈利县	0.1	1.0	0.0	10.0
湖南省安仁县	2.4	4.0	5.6	31.1
广东省广州荔湾区	0.4	0.9	0.9	16.5
广东省四会市	0.7	0.0	4.2	36.7
广东省英德市	0.4	0.0	0.7	8.7
广东省中山市	2.2	2.4	4.8	16.9
广西区宾阳县	0.8	0.0	2.9	13.5
广西区合浦县	0.5	0.0	0.8	21.0
广西区罗城仫佬	0.8	1.9	2.4	37.5
海南省海口市龙华区	0.1	0.0	0.0	32.0
海南省文昌市	0.0	0.0	0.0	
重庆市万州区	0.4	3.2	0.0	33.3
重庆市沙坪坝区	0.9	1.1	1.3	20.3
重庆市忠县	2.0	4.7	3.1	24.6
四川省成都青羊区	0.7	0.0	1.3	16.4
四川省盐亭县	1.5	0.0	2.7	25.1
四川省阆中市	1.8	2.7	2.8	24.5
贵州省湄潭县	0.3	0.0	0.0	16.5
贵州省玉屏侗族	2.0	1.3	6.0	25.9
贵州省施秉县	2.5	3.8	5.3	17.4
云南省昆明五华区	0.3	0.8	0.6	30.0
云南省广南县	1.4	3.1	2.1	15.8
云南省祥云县	0.1	0.0	0.0	1.0
西藏区拉萨城关区	8.8	12.6	9.4	17.8
西藏区墨竹工卡	8.3	22.5	12.2	20.6
陕西省宝鸡市金台区	0.1	0.0	0.0	20.0
陕西省眉县	0.0	0.0	0.0	
陕西省汉阴县	1.7	2.2	5.5	25.8
甘肃省榆中县	0.0	0.0	0.0	
甘肃省景泰县	0.2	0.0	0.0	15.0
甘肃省临潭县	0.0	0.0	0.0	
青海省互助县	0.0	0.0	0.0	
青海省海晏县	0.1	0.0	0.0	10.0
宁夏区银川市西夏区	0.6	0.0	1.5	21.5
宁夏区惠农县	0.0	0.0	0.0	
宁夏区中卫县	0.5	2.6	0.0	14.7
宁夏区隆德县	0.0	0.0	0.0	
新疆区乌市天山区	0.2	0.0	0.0	2.0
新疆区和田县	0.0	0.0	0.0	
新疆区新源县	0.0	0.0	0.0	

2008年中国卫生服务调查研究

表1—11 调查人口年龄构成（%）

地区分类	55—64岁	65岁及以上	地区分类	55—64岁	65岁及以上
城乡合计	**12.3**	**11.5**	江西高安市	12.8	5.8
城市合计	**13.3**	**16.3**	山东青岛市北区	14.8	18.6
农村合计	**12.0**	**9.8**	山东招远市	16.5	15.1
大城市	**13.8**	**20.5**	山东梁山县	10.7	9.7
中等城市	**13.5**	**15.6**	山东禹城市	15.3	11.4
小城市	**12.5**	**12.1**	河南汝阳县	11.3	8.4
一类农村	**13.2**	**11.8**	河南新乡市卫滨区	12.2	11.9
二类农村	**12.3**	**9.1**	河南睢县	13.2	9.5
三类农村	**12.5**	**10.5**	河南扶沟县	10.4	7.3
四类农村	**8.4**	**6.6**	湖北宜昌市西陵区	14.9	16.7
东部农村	**12.4**	**11.8**	湖北老河口市	13.0	12.2
中部农村	**12.8**	**9.0**	湖北麻城市	12.9	10.5
西部农村	**11.2**	**8.9**	湖北鹤峰县	13.1	11.9
北京东城区	15.8	23.1	湖南长沙市天心区	15.3	16.6
北京密云县	11.9	9.9	湖南安乡县	13.8	11.2
天津河北区	15.6	21.5	湖南慈利县	19.7	13.8
天津蓟县	12.4	9.3	湖南安仁县	12.9	7.6
河北唐山路北区	14.4	13.1	广东广州荔湾区	13.0	17.3
河北武安市	11.8	7.0	广东四会市	12.8	13.6
河北唐县	9.6	5.8	广东英德市	7.5	15.0
河北丰宁满族县	11.2	11.9	广东中山市	10.9	9.6
山西平定县	12.8	8.7	广西宾阳县	12.8	10.1
山西武乡县	13.3	8.9	广西合浦县	10.6	12.9
山西阳城县	12.1	6.9	广西罗城仫佬县	11.9	12.6
内蒙古喀喇沁旗	10.2	8.8	海南海口市龙华区	8.7	14.8
内蒙古开鲁县	9.2	5.5	海南文昌市	9.3	16.6
内蒙古准格尔旗	11.5	9.1	重庆万州区	13.8	12.6
辽宁沈阳大东区	11.5	15.6	重庆沙坪坝区	12.9	11.6
辽宁灯塔市	14.8	7.1	重庆忠县	21.7	21.0
吉林四平市铁东区	13.4	14.3	四川成都青羊区	16.5	32.1
吉林东丰县	12.0	8.2	四川盐亭县	19.0	17.1
吉林延吉市	11.7	12.9	四川阆中市	22.4	12.9
黑龙江富裕县	11.2	4.6	贵州湄潭县	14.1	9.0
黑龙江宝清县	9.5	6.9	贵州玉屏侗族县	12.5	11.7
黑龙江绥化北林区	15.5	18.0	贵州施秉县	10.8	10.0
上海卢湾区	14.6	27.9	云南昆明五华区	10.7	18.9
上海崇明县	22.3	23.9	云南广南县	9.9	7.4
江苏邳州市	10.9	8.2	云南祥云县	9.8	8.9
江苏苏州市金阊区	19.7	19.3	西藏拉萨城关区	8.2	6.9
江苏金湖县	14.6	12.5	西藏墨竹工卡县	5.2	5.1
江苏扬中市	15.6	15.4	陕西宝鸡市金台区	15.4	13.1
浙江杭州上城区	13.0	19.9	陕西眉县	13.4	9.7
浙江桐庐县	13.8	11.9	陕西汉阴县	13.6	10.7
浙江桐乡市	14.2	13.3	甘肃榆中县	13.0	9.5
安徽固镇县	13.2	10.2	甘肃景泰县	12.9	8.3
安徽安庆市大观区	13.2	16.9	甘肃临潭县	9.3	6.8
安徽庐江县	14.4	11.6	青海互助土族县	7.9	5.3
安徽蒙城县	15.1	10.5	青海海晏县	6.1	5.2
福建宁化县	10.9	12.3	宁夏银川市西夏区	11.7	14.0
福建建阳市	11.3	11.3	宁夏隆德县	12.3	7.9
福建永定县	10.4	10.7	宁夏中宁县	8.3	7.2
江西宜春市袁州区	12.4	12.4	新疆乌市天山区	13.0	22.8
江西上高县	10.2	10.3	新疆和田县	7.5	4.6
			新疆新源县	8.3	4.0

表 1—12　男性人口年龄构成（%）

地区分类	55—64 岁	65 岁及以上	地区分类	55—64 岁	65 岁及以上
城乡合计	**12.4**	**11.1**	江西高安市	13.2	6.4
城市合计	**13.0**	**15.6**	山东青岛市北区	14.8	17.6
农村合计	**12.2**	**9.6**	山东招远市	16.6	13.5
大城市	**13.3**	**19.5**	山东梁山县	10.5	9.9
中等城市	**13.3**	**15.1**	山东禹城市	16.6	10.6
小城市	**12.3**	**11.7**	河南汝阳县	11.3	9.0
一类农村	**13.8**	**11.3**	河南新乡市卫滨区	11.3	11.5
二类农村	**12.5**	**9.0**	河南睢县	13.0	8.6
三类农村	**12.6**	**10.6**	河南扶沟县	10.3	6.7
四类农村	**8.5**	**6.0**	湖北宜昌市西陵区	14.4	15.8
东部农村	**12.8**	**11.1**	湖北老河口市	13.2	10.3
中部农村	**13.0**	**9.2**	湖北麻城市	14.1	8.8
西部农村	**11.3**	**8.8**	湖北鹤峰县	12.1	12.6
北京东城区	15.0	21.4	湖南长沙市天心区	15.0	14.4
北京密云县	13.1	10.3	湖南安乡县	14.3	11.9
天津河北区	15.7	19.6	湖南慈利县	18.9	13.6
天津蓟县	12.5	8.8	湖南安仁县	13.2	7.8
河北唐山路北区	15.7	11.9	广东广州荔湾区	14.3	14.7
河北武安市	11.9	6.5	广东四会市	13.7	11.6
河北唐县	10.5	5.1	广东英德市	7.7	13.2
河北丰宁满族县	11.1	12.9	广东中山市	10.4	9.3
山西平定县	13.1	8.9	广西宾阳县	12.7	9.4
山西武乡县	14.0	9.9	广西合浦县	11.5	11.9
山西阳城县	12.6	6.2	广西罗城仫佬县	11.5	10.6
内蒙古喀喇沁旗	9.8	8.8	海南海口市龙华区	8.2	14.0
内蒙古开鲁县	8.8	5.7	海南文昌市	9.9	14.5
内蒙古准格尔旗	12.2	11.0	重庆万州区	14.5	12.6
辽宁沈阳大东区	11.0	14.5	重庆沙坪坝区	13.1	9.8
辽宁灯塔市	14.6	7.2	重庆忠县	21.8	22.4
吉林四平市铁东区	12.5	14.0	四川成都青羊区	14.8	34.2
吉林东丰县	12.3	9.0	四川盐亭县	20.7	17.5
吉林延吉市	10.6	11.9	四川阆中市	23.4	14.0
黑龙江富裕县	12.4	4.6	贵州湄潭县	13.2	9.3
黑龙江宝清县	9.7	6.8	贵州玉屏侗族县	11.9	12.4
黑龙江绥化北林区	14.2	17.5	贵州施秉县	10.9	9.5
上海卢湾区	13.8	27.0	云南昆明五华区	9.4	18.8
上海崇明县	23.9	22.7	云南广南县	9.5	5.5
江苏邳州市	10.7	7.3	云南祥云县	10.2	9.4
江苏苏州市金阊区	20.6	17.7	西藏拉萨城关区	8.6	6.5
江苏金湖县	15.4	12.4	西藏墨竹工卡县	5.1	3.8
江苏扬中市	16.8	14.0	陕西宝鸡市金台区	16.5	12.5
浙江杭州上城区	13.7	18.4	陕西眉县	14.0	9.0
浙江桐庐县	13.3	11.7	陕西汉阴县	13.5	11.2
浙江桐乡市	14.2	12.8	甘肃榆中县	13.0	10.3
安徽固镇县	13.9	10.6	甘肃景泰县	13.2	8.5
安徽安庆市大观区	12.7	17.4	甘肃临潭县	9.6	6.1
安徽庐江县	14.9	12.9	青海互助土族县	8.3	4.6
安徽蒙城县	14.7	11.0	青海海晏县	6.4	3.9
福建宁化县	11.9	12.3	宁夏银川市西夏区	10.6	15.4
福建建阳市	12.4	11.9	宁夏隆德县	13.0	8.1
福建永定县	10.5	10.5	宁夏中宁县	8.5	7.2
江西宜春市袁州区	11.8	12.5	新疆乌市天山区	10.7	24.5
江西上高县	10.9	10.1	新疆和田县	7.2	5.9
			新疆新源县	8.1	4.9

表 1—13　女性人口年龄构成（%）

地区分类	55—64 岁	65 岁及以上	地区分类	55—64 岁	65 岁及以上
城乡合计	**12.2**	**11.9**	江西高安市	12.2	5.2
城市合计	**13.5**	**16.9**	山东青岛市北区	14.7	19.5
农村合计	**11.8**	**10.0**	山东招远市	16.5	16.6
大城市	**14.2**	**21.4**	山东梁山县	10.9	9.4
中等城市	**13.7**	**16.1**	山东禹城市	14.1	12.3
小城市	**12.6**	**12.5**	河南汝阳县	11.3	7.8
一类农村	**12.6**	**12.2**	河南新乡市卫滨区	13.0	12.2
二类农村	**12.0**	**9.3**	河南睢县	13.5	10.3
三类农村	**12.4**	**10.4**	河南扶沟县	10.5	7.8
四类农村	**8.4**	**7.2**	湖北宜昌市西陵区	15.4	17.7
东部农村	**12.0**	**12.4**	湖北老河口市	12.8	13.8
中部农村	**12.5**	**8.9**	湖北麻城市	11.8	12.1
西部农村	**11.1**	**9.0**	湖北鹤峰县	14.0	11.2
北京东城区	16.5	24.7	湖南长沙市天心区	15.5	18.6
北京密云县	10.7	9.6	湖南安乡县	13.4	10.4
天津河北区	15.5	23.3	湖南慈利县	20.6	14.0
天津蓟县	12.3	9.9	湖南安仁县	12.5	7.3
河北唐山路北区	13.2	14.3	广东广州荔湾区	11.8	19.7
河北武安市	11.6	7.5	广东四会市	11.9	15.6
河北唐县	8.8	6.5	广东英德市	7.4	16.8
河北丰宁满族县	11.2	10.8	广东中山市	11.4	10.0
山西平定县	12.5	8.5	广西宾阳县	12.8	10.9
山西武乡县	12.7	7.9	广西合浦县	9.7	14.0
山西阳城县	11.7	7.6	广西罗城仫佬县	12.1	14.5
内蒙古喀喇沁旗	10.6	8.9	海南海口市龙华区	9.2	15.6
内蒙古开鲁县	9.6	5.2	海南文昌市	8.7	18.7
内蒙古准格尔旗	10.8	7.1	重庆万州区	13.0	12.6
辽宁沈阳大东区	12.0	16.6	重庆沙坪坝区	12.7	13.2
辽宁灯塔市	15.0	7.0	重庆忠县	21.6	19.6
吉林四平市铁东区	14.2	14.6	四川成都青羊区	18.0	30.3
吉林东丰县	11.6	7.5	四川盐亭县	17.3	16.8
吉林延吉市	12.8	13.8	四川阆中市	21.5	11.8
黑龙江富裕县	9.9	4.5	贵州湄潭县	15.1	8.6
黑龙江宝清县	9.3	7.1	贵州玉屏侗族县	13.3	10.8
黑龙江绥化北林区	16.7	18.5	贵州施秉县	10.6	10.5
上海卢湾区	15.3	28.8	云南昆明五华区	12.0	19.0
上海崇明县	20.9	25.0	云南广南县	10.3	9.5
江苏邳州市	11.2	9.1	云南祥云县	9.4	8.5
江苏苏州市金阊区	18.9	20.7	西藏拉萨城关区	7.8	7.2
江苏金湖县	13.8	12.6	西藏墨竹工卡县	5.4	6.4
江苏扬中市	14.4	16.7	陕西宝鸡市金台区	14.4	13.7
浙江杭州上城区	12.3	21.2	陕西眉县	12.9	10.5
浙江桐庐县	14.3	12.0	陕西汉阴县	13.8	10.2
浙江桐乡市	14.1	13.7	甘肃榆中县	13.0	8.8
安徽固镇县	12.4	9.8	甘肃景泰县	12.6	8.2
安徽安庆市大观区	13.8	16.6	甘肃临潭县	9.0	7.6
安徽庐江县	13.9	10.4	青海互助土族县	7.5	6.0
安徽蒙城县	15.5	9.9	青海海晏县	5.8	6.4
福建宁化县	9.9	12.2	宁夏银川市西夏区	13.0	12.8
福建建阳市	10.1	10.7	宁夏隆德县	11.6	7.7
福建永定县	10.2	10.8	宁夏中宁县	8.2	7.3
江西宜春市袁州区	13.0	12.4	新疆乌市天山区	15.0	21.4
江西上高县	9.4	10.5	新疆新源县	8.5	3.1

表 2—2　年龄别两周患病率（%）

地区分类	55—64 岁	65 岁及以上	地区分类	55—64 岁	65 岁及以上
城乡合计	**32.3**	**46.6**	江西高安市	25.4	38.1
城市合计	**35.5**	**58.1**	山东青岛市北区	13.0	18.6
农村合计	**31.0**	**39.8**	山东招远市	28.2	36.1
大城市	**42.1**	**74.2**	山东梁山县	10.7	13.5
中等城市	**32.5**	**46.5**	山东禹城市	19.9	20.8
小城市	**30.1**	**40.4**	河南汝阳县	28.3	37.0
一类农村	**33.1**	**45.3**	河南新乡市卫滨区	47.9	84.1
二类农村	**26.9**	**34.9**	河南睢县	28.8	46.6
三类农村	**33.0**	**40.4**	河南扶沟县	45.8	58.9
四类农村	**31.7**	**36.7**	湖北宜昌市西陵区	16.1	24.5
东部农村	**31.2**	**42.1**	湖北老河口市	43.5	45.0
中部农村	**26.7**	**35.1**	湖北麻城市	27.6	35.2
西部农村	**33.9**	**40.7**	湖北鹤峰县	21.9	16.8
北京东城区	71.7	118.6	湖南长沙市天心区	16.3	27.8
北京密云县	46.3	62.5	湖南安乡县	24.1	28.9
天津河北区	51.6	88.4	湖南慈利县	18.9	27.4
天津蓟县	55.1	68.0	湖南安仁县	18.1	21.4
河北唐山路北区	37.0	60.9	广东广州荔湾区	51.8	89.3
河北武安市	32.3	40.1	广东四会市	31.7	38.2
河北唐县	26.8	34.1	广东英德市	15.9	24.6
河北丰宁满族县	27.2	34.2	广东中山市	47.3	70.2
山西平定县	32.9	33.1	广西宾阳县	21.1	33.2
山西武乡县	47.7	59.9	广西合浦县	26.8	49.6
山西阳城县	29.5	44.0	广西罗城仫佬县	38.7	45.0
内蒙古喀喇沁旗	62.7	74.9	海南海口市龙华区	32.0	47.4
内蒙古开鲁县	21.3	37.7	海南文昌市	29.5	43.3
内蒙古准格尔旗	58.7	80.4	重庆万州区	22.7	26.8
辽宁沈阳大东区	41.1	54.0	重庆沙坪坝区	22.9	67.4
辽宁灯塔市	15.0	24.4	重庆忠县	38.9	40.2
吉林四平市铁东区	23.1	30.8	四川成都青羊区	34.6	69.9
吉林东丰县	21.8	26.7	四川盐亭县	69.5	77.3
吉林延吉市	20.1	35.9	四川阆中市	32.7	37.4
黑龙江富裕县	32.4	36.1	贵州湄潭县	34.9	34.6
黑龙江宝清县	51.4	59.0	贵州玉屏侗族县	26.7	33.8
黑龙江绥化北林区	50.7	62.5	贵州施秉县	39.1	48.1
上海卢湾区	37.6	84.6	云南昆明五华区	28.2	41.0
上海崇明县	38.8	60.1	云南广南县	23.1	23.6
江苏邳州市	32.1	54.4	云南祥云县	23.6	17.9
江苏苏州市金阊区	57.1	82.8	西藏拉萨城关区	7.9	10.1
江苏金湖县	28.1	42.0	西藏墨竹工卡县	19.5	22.6
江苏扬中市	65.3	75.4	陕西宝鸡市金台区	15.3	23.3
浙江杭州上城区	82.4	124.8	陕西眉县	18.4	17.6
浙江桐庐县	45.0	68.5	陕西汉阴县	20.2	24.6
浙江桐乡市	27.4	45.7	甘肃榆中县	23.8	22.0
安徽固镇县	20.9	39.4	甘肃景泰县	35.7	46.4
安徽安庆市大观区	24.8	25.1	甘肃临潭县	27.0	23.3
安徽庐江县	13.0	22.5	青海互助土族县	45.9	55.8
安徽蒙城县	15.0	29.2	青海海晏县	46.6	58.7
福建宁化县	24.8	27.8	宁夏银川市西夏区	23.0	37.0
福建建阳市	20.6	29.7	宁夏隆德县	28.3	29.5
福建永定县	21.4	27.8	宁夏中宁县	35.8	39.1
江西宜春市袁州区	31.1	40.7	新疆乌市天山区	17.5	28.6
江西上高县	16.3	28.0	新疆和田县	36.6	47.0
			新疆新源县	24.5	27.4

表 2—3 男性年龄别两周患病率（%）

地区分类	55—64 岁	65 岁及以上	地区分类	55—64 岁	65 岁及以上
城乡合计	**28.9**	**43.5**	江西高安市	24.2	43.8
城市合计	**32.3**	**54.6**	山东青岛市北区	7.3	17.6
农村合计	**27.6**	**37.4**	山东招远市	23.4	33.7
大城市	**37.8**	**70.7**	山东梁山县	8.5	8.0
中等城市	**30.1**	**43.5**	山东禹城市	17.5	18.7
小城市	**27.8**	**36.9**	河南汝阳县	24.8	34.4
一类农村	**29.4**	**42.1**	河南新乡市卫滨区	54.1	85.0
二类农村	**24.3**	**34.0**	河南睢县	19.7	35.9
三类农村	**29.0**	**37.5**	河南扶沟县	43.9	56.8
四类农村	**28.9**	**34.3**	湖北宜昌市西陵区	10.6	20.2
东部农村	**27.6**	**39.4**	湖北老河口市	41.3	40.7
中部农村	**23.9**	**34.1**	湖北麻城市	26.3	33.8
西部农村	**30.4**	**37.8**	湖北鹤峰县	19.3	21.8
北京东城区	67.5	120.0	湖南长沙市天心区	15.1	26.3
北京密云县	37.6	48.8	湖南安乡县	23.3	26.0
天津河北区	46.7	83.7	湖南慈利县	20.8	24.0
天津蓟县	44.6	63.3	湖南安仁县	16.0	24.3
河北唐山路北区	34.8	58.6	广东广州荔湾区	46.6	88.3
河北武安市	27.1	46.5	广东四会市	35.9	28.8
河北唐县	23.3	37.9	广东英德市	17.0	21.7
河北丰宁满族县	26.1	32.7	广东中山市	40.8	64.5
山西平定县	27.1	36.4	广西宾阳县	22.3	31.3
山西武乡县	42.5	55.6	广西合浦县	25.6	47.1
山西阳城县	23.7	46.4	广西罗城仫佬县	34.7	40.4
内蒙古喀喇沁旗	51.1	69.0	海南海口市龙华区	34.1	45.5
内蒙古开鲁县	25.6	33.9	海南文昌市	24.1	35.9
内蒙古准格尔旗	34.8	73.3	重庆万州区	22.0	23.5
辽宁沈阳大东区	29.1	49.6	重庆沙坪坝区	14.3	64.4
辽宁灯塔市	11.4	24.6	重庆忠县	35.6	33.5
吉林四平市铁东区	23.2	24.3	四川成都青羊区	26.0	65.2
吉林东丰县	18.9	29.2	四川盐亭县	62.4	72.7
吉林延吉市	14.5	33.7	四川阆中市	31.6	36.8
黑龙江富裕县	28.7	44.2	贵州湄潭县	31.8	33.3
黑龙江宝清县	47.4	55.2	贵州玉屏侗族县	28.3	34.6
黑龙江绥化北林区	49.0	59.3	贵州施秉县	33.1	48.5
上海卢湾区	31.7	79.3	云南昆明五华区	23.7	44.1
上海崇明县	39.3	56.5	云南广南县	23.3	21.4
江苏邳州市	24.5	50.7	云南祥云县	24.3	17.9
江苏苏州市金阊区	51.3	80.6	西藏拉萨城关区	3.8	6.8
江苏金湖县	23.8	42.9	西藏墨竹工卡县	14.1	22.4
江苏扬中市	53.3	74.8	陕西宝鸡市金台区	15.5	24.5
浙江杭州上城区	82.4	119.0	陕西眉县	18.8	15.6
浙江桐庐县	39.1	63.9	陕西汉阴县	15.3	21.7
浙江桐乡市	25.5	46.3	甘肃榆中县	21.0	22.0
安徽固镇县	18.6	37.3	甘肃景泰县	33.6	42.6
安徽安庆市大观区	19.0	22.6	甘肃临潭县	25.4	25.3
安徽庐江县	9.8	24.3	青海互助土族县	42.9	41.4
安徽蒙城县	11.3	29.2	青海海晏县	42.1	48.9
福建宁化县	25.4	29.7	宁夏银川市西夏区	21.0	30.5
福建建阳市	18.6	31.5	宁夏隆德县	20.1	19.5
福建永定县	20.8	28.3	宁夏中宁县	28.4	33.7
江西宜春市袁州区	32.5	37.1	新疆乌市天山区	14.1	25.1
江西上高县	17.5	21.9	新疆和田县	37.6	45.5
			新疆新源县	17.5	28.8

表 2—4 女性年龄别两周患病率（%）

地区分类	55—64 岁	65 岁及以上
城乡合计	**35.7**	**49.4**
城市合计	**38.4**	**61.1**
农村合计	**34.6**	**42.1**
大城市	**45.9**	**77.1**
中等城市	**34.8**	**49.1**
小城市	**32.3**	**43.5**
一类农村	**37.2**	**48.2**
二类农村	**29.7**	**35.7**
三类农村	**37.1**	**43.4**
四类农村	**34.7**	**38.7**
东部农村	**35.1**	**44.5**
中部农村	**29.7**	**36.1**
西部农村	**37.6**	**43.6**
北京东城区	75.3	117.4
北京密云县	57.1	76.8
天津河北区	56.3	92.2
天津蓟县	66.7	72.5
河北唐山路北区	39.6	62.7
河北武安市	37.6	34.6
河北唐县	31.0	31.1
河北丰宁满族县	28.3	36.0
山西平定县	39.0	29.8
山西武乡县	53.7	65.7
山西阳城县	35.8	42.0
内蒙古喀喇沁旗	73.7	80.7
内蒙古开鲁县	17.4	42.0
内蒙古准格尔旗	87.2	91.9
辽宁沈阳大东区	51.5	57.7
辽宁灯塔市	18.8	24.2
吉林四平市铁东区	23.0	37.1
吉林东丰县	25.0	23.6
吉林延吉市	24.5	37.7
黑龙江富裕县	37.1	27.5
黑龙江宝清县	55.7	62.7
黑龙江绥化北林区	52.0	65.2
上海卢湾区	42.7	89.5
上海崇明县	38.3	62.9
江苏邳州市	40.2	57.8
江苏苏州市金阊区	63.0	84.6
江苏金湖县	32.5	41.3
江苏扬中市	78.7	75.9
浙江杭州上城区	82.5	129.4
浙江桐庐县	50.4	73.0
浙江桐乡市	29.3	45.1
安徽固镇县	23.7	41.9
安徽安庆市大观区	29.7	27.5
安徽庐江县	16.1	20.4
安徽蒙城县	18.8	29.5
福建宁化县	24.0	26.1
福建建阳市	22.9	27.7
福建永定县	22.1	27.3
扛西宜春市袁州区	29.7	44.6
江西上高县	14.8	34.4
江西高安市	26.1	30.6
山东青岛市北区	18.3	19.5
山东招远市	32.8	38.0
山东梁山县	13.0	19.4
山东禹城市	22.6	22.4
河南汝阳县	31.9	40.0
河南新乡市卫滨区	42.6	83.3
河南睢县	37.3	55.2
河南扶沟县	47.8	60.7
湖北宜昌市西陵区	21.1	28.4
湖北老河口市	45.5	47.9
湖北麻城市	29.3	36.3
湖北鹤峰县	24.6	10.9
湖南长沙市天心区	17.3	28.7
湖南安乡县	25.0	32.2
湖南慈利县	17.0	30.8
湖南安仁县	20.5	18.2
广东广州荔湾区	57.8	90.0
广东四会市	27.0	45.0
广东英德市	14.6	26.9
广东中山市	52.9	75.2
广西宾阳县	19.8	35.0
广西合浦县	27.7	52.1
广西罗城仫佬县	41.5	48.3
海南海口市龙华区	30.2	49.1
海南文昌市	35.6	49.1
重庆万州区	23.4	29.9
重庆沙坪坝区	30.8	69.4
重庆忠县	42.0	47.4
四川成都青羊区	40.7	74.4
四川盐亭县	77.6	82.0
四川阆中市	33.9	38.1
贵州湄潭县	37.6	35.3
贵州玉屏侗族县	25.0	32.0
贵州施秉县	46.2	47.6
云南昆明五华区	31.6	38.1
云南广南县	23.0	25.0
云南祥云县	22.9	17.9
西藏拉萨城关区	11.5	12.5
西藏墨竹工卡县	24.7	22.7
陕西宝鸡市金台区	15.0	22.2
陕西眉县	17.9	19.3
陕西汉阴县	25.2	27.8
甘肃榆中县	26.7	22.0
甘肃景泰县	38.2	50.6
甘肃临潭县	28.8	21.6
青海互助土族县	49.4	67.6
青海海晏县	51.4	64.6
宁夏银川市西夏区	24.5	44.6
宁夏隆德县	36.9	39.5
宁夏中宁县	43.4	44.3
新疆乌市天山区	20.0	32.2
新疆和田县	35.7	50.0
新疆新源县	31.3	25.0

表 2—12　年龄别两周患病持续天数（天）

地区分类	55—64 岁	65 岁及以上	地区分类	55—64 岁	65 岁及以上
城乡合计	**2875**	**4143**	江西高安市	2492	3301
城市合计	**3187**	**4913**	山东青岛市北区	1169	1848
农村合计	**2753**	**3690**	山东招远市	2524	3657
大城市	**3690**	**6122**	山东梁山县	752	699
中等城市	**3144**	**4247**	山东禹城市	1572	1560
小城市	**2604**	**3356**	河南汝阳县	2991	3803
一类农村	**3088**	**4381**	河南新乡市卫滨区	4944	6678
二类农村	**2351**	**3208**	河南睢县	1802	3264
三类农村	**2842**	**3599**	河南扶沟县	4449	6013
四类农村	**2856**	**3474**	湖北宜昌市西陵区	1445	1992
东部农村	**2789**	**3896**	湖北老河口市	4537	4243
中部农村	**2429**	**3405**	湖北麻城市	2346	3034
西部农村	**2960**	**3677**	湖北鹤峰县	2095	1736
北京东城区	5673	8932	湖南长沙市天心区	1484	2114
北京密云县	4652	6149	湖南安乡县	1716	2583
天津河北区	4616	6930	湖南慈利县	1605	2710
天津蓟县	4540	6030	湖南安仁县	1633	1814
河北唐山路北区	3398	6071	广东广州荔湾区	5188	7879
河北武安市	2705	3428	广东四会市	2207	2668
河北唐县	2495	3311	广东英德市	935	1562
河北丰宁满族县	2462	3551	广东中山市	3453	5263
山西平定县	3218	3564	广西宾阳县	1869	3090
山西武乡县	5306	6911	广西合浦县	1485	2986
山西阳城县	3136	5392	广西罗城仫佬县	2646	3581
内蒙古喀喇沁旗	5953	7749	海南海口市龙华区	2746	3818
内蒙古开鲁县	1815	3179	海南文昌市	1659	2918
内蒙古准格尔旗	5330	7595	重庆万州区	1694	1947
辽宁沈阳大东区	3730	4740	重庆沙坪坝区	2215	6429
辽宁灯塔市	1557	2282	重庆忠县	3293	3683
吉林四平市铁东区	1901	2383	四川成都青羊区	3225	6413
吉林东丰县	1513	2112	四川盐亭县	5422	6230
吉林延吉市	2017	3099	四川阆中市	2673	2929
黑龙江富裕县	2446	3578	贵州湄潭县	2744	2821
黑龙江宝清县	5109	6343	贵州玉屏侗族县	2179	3158
黑龙江绥化北林区	4163	4564	贵州施秉县	2689	3226
上海卢湾区	3466	7177	云南昆明五华区	2103	3306
上海崇明县	4296	7266	云南广南县	1893	2538
江苏邳州市	2278	4101	云南祥云县	1836	1527
江苏苏州市金阊区	5906	8092	西藏拉萨城关区	618	914
江苏金湖县	3095	4657	西藏墨竹工卡县	1566	2103
江苏扬中市	6122	7077	陕西宝鸡市金台区	1157	1937
浙江杭州上城区	6980	9911	陕西眉县	1594	1654
浙江桐庐县	4314	6949	陕西汉阴县	1794	2450
浙江桐乡市	2789	4987	甘肃榆中县	2381	2570
安徽固镇县	1973	3931	甘肃景泰县	3693	4860
安徽安庆市大观区	2124	2344	甘肃临潭县	2450	2294
安徽庐江县	1219	2305	青海互助土族县	5912	6853
安徽蒙城县	1150	2144	青海海晏县	5291	6706
福建宁化县	1914	2422	宁夏银川市西夏区	2366	3913
福建建阳市	1876	2469	宁夏隆德县	3160	3382
福建永定县	2048	3023	宁夏中宁县	3706	3782
江西宜春市袁州区	3230	4475	新疆乌市天山区	1315	2143
江西上高县	1065	2677	新疆和田县	2042	3120
			新疆新源县	2276	2979

表 2—16　不同年龄居民疾病别两周患病率（‰）

疾病分类	55－64 岁	65 岁及以上
传染病计	2.6	2.6
寄生虫病计	0.0	0.2
恶性肿瘤计	3.7	4.0
良性肿瘤计	0.8	0.7
内分泌，营养，代谢及免疫	17.0	24.8
其中：糖尿病	14.3	21.9
血液，造血器官	1.8	1.8
精神病小计	1.7	2.6
神经系病计	5.7	7.1
眼及附器疾病	2.6	5.7
耳和乳突疾病	1.0	0.8
循环系统疾病	108.9	209.7
其中：心脏病	20.6	49.7
高血压	71.2	127.5
脑血管病	12.2	26.3
呼吸系统疾病	55.1	71.7
其中：急上呼感染	36.7	38.1
肺炎	1.5	1.8
老慢支	8.7	18.4
消化系统疾病	40.6	37.9
其中：急性胃炎	18.9	17.2
肝病硬化	1.1	1.0
胆囊疾病	5.8	4.6
泌尿生殖系病	7.6	9.1
妊、分及产褥	0.0	0.1
皮肤皮下组织	3.5	5.1
肌肉、骨骼结缔	55.8	65.8
其中：类关节炎	17.0	25.2
先天异常	0.1	0.1
围产期疾病	0.0	
损伤和中毒	7.9	9.2
其他	1.1	0.7
不详	5.2	6.1

表 2—17　不同年龄男性居民疾病别两周患病率（%）

疾病分类	55—64 岁	65 岁及以上
传染病计	3.0	4.0
寄生虫病计	0.1	0.3
恶性肿瘤计	4.3	5.8
良性肿瘤计	0.5	0.6
内分泌，营养，代谢及免疫	13.8	22.3
其中：糖尿病	11.4	19.6
血液，造血器官	0.7	1.1
精神病小计	1.3	1.7
神经系病计	5.2	6.9
眼及附器疾病	2.3	4.1
耳和乳突疾病	0.8	0.8
循环系统疾病	93.3	190.1
其中：心脏病	14.8	42.1
高血压	62.5	113.2
脑血管病	11.6	29.2
呼吸系统疾病	55.0	78.6
其中：急上呼感染	34.3	37.6
肺炎	1.5	2.1
老慢支	10.2	22.7
消化系统疾病	37.0	35.6
其中：急性胃炎	18.6	15.9
肝病硬化	1.1	1.0
胆囊疾病	2.9	2.8
泌尿生殖系病	7.8	12.2
妊、分及产褥		0.1
皮肤皮下组织	4.4	5.8
肌肉、骨骼结缔	44.6	50.6
其中：类关节炎	11.2	17.2
先天异常		0.1
围产期疾病		
损伤和中毒	9.1	8.8
其他	1.3	0.4
不详	4.2	5.5

表 2—18　不同年龄女性居民疾病别两周患病率（‰）

疾病分类	55—64 岁	65 岁及以上
传染病计	2.1	1.3
寄生虫病计	0.1	0.1
恶性肿瘤计	3.0	2.4
良性肿瘤计	1.1	0.8
内分泌，营养，代谢及免疫	20.2	27.1
其中：糖尿病	17.4	24.0
血液，造血器官	2.9	2.5
精神病小计	2.1	3.5
神经系病计	6.2	7.2
眼及附器疾病	2.9	7.2
耳和乳突疾病	1.1	0.9
循环系统疾病	124.8	228.1
其中：心脏病	26.4	56.9
高血压	80.1	141.0
脑血管病	12.9	23.5
呼吸系统疾病	55.0	65.2
其中：急上呼感染	39.0	38.7
肺炎	1.4	1.5
老慢支	7.3	14.4
消化系统疾病	44.3	40.0
其中：急性胃炎	19.2	18.4
肝病硬化	1.1	1.0
胆囊疾病	8.6	6.3
泌尿生殖系病	7.4	6.2
妊、分及产褥	0.1	0.2
皮肤皮下组织	2.7	4.6
肌肉、骨骼结缔	67.1	79.9
其中：类关节炎	23.0	32.7
先天异常	0.2	0.1
围产期疾病	0.1	
损伤和中毒	6.7	9.6
其他	0.9	0.9
不详	6.3	6.6

表 2—23 按病人数计算年龄别慢性病患病率（%）

地区分类	55—64 岁	65 岁及以上	地区分类	55—64 岁	65 岁及以上
城乡合计	**32.9**	**46.8**	江西高安市	36.7	53.1
城市合计	**39.0**	**56.2**	山东青岛市北区	29.9	52.1
农村合计	**30.5**	**41.2**	山东招远市	34.9	47.8
大城市	**41.2**	**60.8**	山东梁山县	15.4	26.4
中等城市	**37.9**	**56.3**	山东禹城市	38.0	52.7
小城市	**37.2**	**47.5**	河南汝阳县	39.1	52.0
一类农村	**33.9**	**47.2**	河南新乡市卫滨区	39.9	69.7
二类农村	**27.7**	**38.8**	河南睢县	20.6	43.1
三类农村	**31.0**	**40.6**	河南扶沟县	33.0	48.7
四类农村	**29.0**	**33.3**	湖北宜昌市西陵区	32.6	55.8
东部农村	**30.1**	**44.3**	湖北老河口市	53.2	54.0
中部农村	**29.4**	**40.1**	湖北麻城市	38.2	47.2
西部农村	**31.7**	**39.0**	湖北鹤峰县	18.6	15.5
北京东城区	47.8	70.9	湖南长沙市天心区	37.6	56.2
北京密云县	33.3	47.0	湖南安乡县	22.8	34.8
天津河北区	47.6	63.5	湖南慈利县	17.4	27.4
天津蓟县	46.4	59.5	湖南安仁县	28.3	33.6
河北唐山路北区	43.1	64.0	广东广州荔湾区	40.4	62.4
河北武安市	32.7	45.4	广东四会市	27.6	40.1
河北唐县	37.3	44.7	广东英德市	24.7	40.2
河北丰宁满族县	28.3	35.2	广东中山市	34.5	56.6
山西平定县	40.9	51.2	广西宾阳县	15.5	26.6
山西武乡县	42.1	52.2	广西合浦县	31.5	53.9
山西阳城县	34.5	54.4	广西罗城仫佬县	33.3	38.8
内蒙古喀喇沁旗	53.4	68.9	海南海口市龙华区	38.1	56.5
内蒙古开鲁县	25.3	24.5	海南文昌市	26.7	57.7
内蒙古准格尔旗	42.7	57.1	重庆万州区	32.3	44.5
辽宁沈阳大东区	44.3	54.4	重庆沙坪坝区	29.8	63.0
辽宁灯塔市	22.3	37.4	重庆忠县	28.8	39.1
吉林四平市铁东区	42.0	44.9	四川成都青羊区	32.0	56.9
吉林东丰县	25.6	28.0	四川盐亭县	55.5	61.2
吉林延吉市	29.3	37.0	四川阆中市	31.1	35.5
黑龙江富裕县	30.4	45.8	贵州湄潭县	27.8	29.6
黑龙江宝清县	61.7	76.1	贵州玉屏侗族县	23.5	32.1
黑龙江绥化北林区	50.2	61.0	贵州施秉县	17.8	20.2
上海卢湾区	45.7	70.2	云南昆明五华区	25.3	37.1
上海崇明县	34.7	55.1	云南广南县	15.7	18.1
江苏邳州市	24.1	43.7	云南祥云县	19.1	15.4
江苏苏州市金阊区	48.4	60.1	西藏拉萨城关区	14.5	24.5
江苏金湖县	24.0	36.2	西藏墨竹工卡县	20.8	21.3
江苏扬中市	47.2	57.5	陕西宝鸡市金台区	35.1	41.3
浙江杭州上城区	57.6	77.4	陕西眉县	27.2	26.8
浙江桐庐县	38.0	56.9	陕西汉阴县	22.0	29.2
浙江桐乡市	23.8	39.2	甘肃榆中县	26.4	27.0
安徽固镇县	21.3	41.9	甘肃景泰县	39.4	58.1
安徽安庆市大观区	36.2	44.1	甘肃临潭县	23.0	21.5
安徽庐江县	21.5	30.0	青海互助土族县	46.9	53.5
安徽蒙城县	13.2	20.0	青海海晏县	50.7	69.0
福建宁化县	23.8	29.1	宁夏银川市西夏区	30.6	53.0
福建建阳市	20.1	28.7	宁夏隆德县	35.3	45.7
福建永定县	16.7	32.9	宁夏中宁县	35.3	48.3
江西宜春市袁州区	37.0	50.8	新疆乌市天山区	41.0	52.3
江西上高县	29.9	41.4	新疆和田县	45.5	58.1
			新疆新源县	39.3	42.1

表 2—24 按病例数计算年龄别慢性病患病率（%）

地区分类	55—64 岁	65 岁及以上	地区分类	55—64 岁	65 岁及以上
城乡合计	**42.0**	**64.5**	江西高安市	45.6	69.0
城市合计	**52.2**	**85.2**	山东青岛市北区	40.7	74.1
农村合计	**38.0**	**52.4**	山东招远市	49.6	72.2
大城市	**58.3**	**97.6**	山东梁山县	18.7	34.7
中等城市	**49.1**	**81.3**	山东禹城市	49.6	75.4
小城市	**47.7**	**65.9**	河南汝阳县	48.5	65.5
一类农村	**43.8**	**63.3**	河南新乡市卫滨区	46.9	100.0
二类农村	**33.7**	**48.6**	河南睢县	24.3	56.3
三类农村	**38.9**	**50.8**	河南扶沟县	37.0	58.2
四类农村	**33.5**	**38.7**	湖北宜昌市西陵区	45.3	83.8
东部农村	**37.6**	**57.4**	湖北老河口市	69.9	73.3
中部农村	**36.5**	**51.0**	湖北麻城市	48.4	56.8
西部农村	**39.4**	**48.5**	湖北鹤峰县	21.5	18.6
北京东城区	65.1	114.3	湖南长沙市天心区	51.6	84.0
北京密云县	41.8	67.3	湖南安乡县	28.4	41.7
天津河北区	66.4	104.6	湖南慈利县	22.7	30.3
天津蓟县	60.0	78.0	湖南安仁县	32.1	41.4
河北唐山路北区	56.0	92.4	广东广州荔湾区	55.5	95.2
河北武安市	44.9	61.2	广东四会市	29.3	46.6
河北唐县	44.1	59.1	广东英德市	28.8	50.9
河北丰宁满族县	34.2	43.9	广东中山市	41.1	72.8
山西平定县	56.0	70.9	广西宾阳县	17.5	29.6
山西武乡县	48.1	58.0	广西合浦县	34.9	60.9
山西阳城县	39.5	67.2	广西罗城仫佬县	39.5	50.0
内蒙古喀喇沁旗	80.3	98.2	海南海口市龙华区	47.5	79.5
内蒙古开鲁县	30.3	30.2	海南文昌市	29.0	62.9
内蒙古准格尔旗	62.6	89.6	重庆万州区	38.4	61.7
辽宁沈阳大东区	72.4	94.8	重庆沙坪坝区	40.5	92.9
辽宁灯塔市	29.3	51.1	重庆忠县	35.3	47.0
吉林四平市铁东区	57.1	68.7	四川成都青羊区	35.9	75.7
吉林东丰县	29.5	37.3	四川盐亭县	74.7	82.4
吉林延吉市	39.7	54.2	四川阆中市	36.2	40.3
黑龙江富裕县	36.8	60.2	贵州湄潭县	31.3	32.4
黑龙江宝清县	97.8	126.9	贵州玉屏侗族县	28.3	38.5
黑龙江绥化北林区	67.8	79.9	贵州施秉县	21.8	22.1
上海卢湾区	66.5	124.1	云南昆明五华区	33.9	49.5
上海崇明县	45.6	76.6	云南广南县	17.8	19.8
江苏邳州市	26.9	51.3	云南祥云县	25.0	16.9
江苏苏州市金阊区	58.7	86.1	西藏拉萨城关区	18.2	33.8
江苏金湖县	29.3	45.4	西藏墨竹工卡县	25.8	30.3
江苏扬中市	63.9	78.2	陕西宝鸡市金台区	45.0	60.7
浙江杭州上城区	86.8	140.1	陕西眉县	33.6	32.2
浙江桐庐县	47.2	79.2	陕西汉阴县	24.8	32.7
浙江桐乡市	29.8	48.2	甘肃榆中县	32.2	30.0
安徽固镇县	25.9	55.7	甘肃景泰县	50.9	73.7
安徽安庆市大观区	46.8	58.4	甘肃临潭县	26.6	23.3
安徽庐江县	25.1	36.5	青海互助土族县	53.6	62.0
安徽蒙城县	18.6	24.1	青海海晏县	62.8	84.9
福建宁化县	25.2	38.8	宁夏银川市西夏区	47.0	85.4
福建建阳市	24.4	33.5	宁夏隆德县	46.1	64.2
福建永定县	18.1	40.3	宁夏中宁县	41.3	62.6
江西宜春市袁州区	44.7	71.6	新疆乌市天山区	64.5	88.9
江西上高县	32.1	47.3	新疆和田县	48.7	63.2
			新疆新源县	54.6	57.9

表 2—31 不同性别、不同年龄居民疾病别慢性病患病率（%）

疾病分类	性别		年龄别	
	男性	女性	55—64 岁	65 岁及以上
传染病计	3.6	1.9	3.7	3.7
寄生虫病计	0.1	0.1	0.2	0.3
恶性肿瘤计	2.1	1.9	5.0	5.8
良性肿瘤计	0.4	2.0	1.4	1.2
内分泌，营养，代谢及免疫	11.4	14.4	31.5	43.3
其中：糖尿病	9.8	11.6	27.3	38.8
血液，造血器官	0.8	3.3	3.4	2.9
精神病小计	1.7	2.5	2.5	4.0
神经系病计	4.2	4.2	7.4	9.8
眼及附器疾病	2.0	3.4	5.3	13.3
耳和乳突疾病	0.5	0.5	0.6	1.4
循环系统疾病	75.7	95.5	195.1	349.4
其中：心脏病	13.7	21.6	36.4	80.4
高血压	48.8	60.9	128.5	215.7
脑血管病	10.3	9.1	21.6	43.9
呼吸系统疾病	16.5	12.9	27.8	55.6
其中：老慢支	7.9	5.9	14.6	31.6
消化系统疾病	22.4	26.7	48.2	46.2
其中：胃炎	10.1	11.4	20.4	18.3
肝病硬化	1.5	0.8	2.5	1.5
胆囊疾病	2.7	7.6	10.5	10.7
泌尿生殖系病	7.7	10.9	11.5	17.5
妊、分及产褥	0.0	0.1	0.1	0.0
皮肤皮下组织	1.5	1.1	2.6	2.9
肌肉、骨骼结缔	23.6	38.3	69.1	82.0
其中：类关节炎	6.5	13.9	22.9	33.5
先天异常	0.5	0.3	0.3	0.2
围产期疾病	0.1	0.0	0.1	
损伤和中毒	1.6	1.2	1.9	3.3
其他	0.3	0.3	0.5	0.4
不详	0.8	1.0	1.8	2.1

表 2—36　年龄别严重伤害年发生率（%）

地区分类	55—64 岁	65 岁及以上
城乡合计	**3.7**	**5.4**
城市合计	**2.8**	**4.9**
农村合计	**4.0**	**5.6**
大城市	**2.5**	**5.6**
中等城市	**3.3**	**4.4**
小城市	**2.7**	**4.1**
一类农村	**3.8**	**6.5**
二类农村	**4.3**	**5.0**
三类农村	**4.5**	**6.1**
四类农村	**2.3**	**3.4**
东部农村	**3.8**	**6.4**
中部农村	**3.6**	**4.2**
西部农村	**4.6**	**5.9**
北京东城区	5.1	6.8
北京密云县	7.5	16.7
天津河北区	1.6	7.8
天津蓟县	5.3	11.0
河北唐山路北区	1.9	0.5
河北武安市	2.8	
河北唐县	4.1	3.8
河北丰宁满族县	0.5	4.6
山西平定县	0.8	
山西武乡县	1.7	1.9
山西阳城县	2.3	4.8
内蒙古喀喇沁旗	2.6	5.4
内蒙古开鲁县	1.7	0.9
内蒙古准格尔旗	6.3	5.5
辽宁沈阳大东区	2.2	5.2
辽宁灯塔市	0.7	6.1
吉林四平市铁东区	2.8	2.6
吉林东丰县	1.3	1.2
吉林延吉市	1.1	3.1
黑龙江富裕县	3.9	2.4
黑龙江宝清县	6.0	4.5
黑龙江绥化北林区	1.3	1.9
上海卢湾区	1.8	3.1
上海崇明县	4.4	7.3
江苏邳州市	4.2	3.8
江苏苏州市金阊区	5.8	5.9
江苏金湖县	5.4	2.4
江苏扬中市	6.3	4.9
浙江杭州上城区	3.9	7.3
浙江桐庐县	4.4	18.8
浙江桐乡市	2.4	7.4
安徽固镇县	8.4	13.3
安徽安庆市大观区	6.0	2.5
安徽庐江县	1.6	3.0
安徽蒙城县	2.5	2.6
福建宁化县	3.8	3.4
福建建阳市	1.4	3.8
福建永定县	2.4	5.1
江西宜春市袁州区	3.8	6.8
江西上高县	1.6	6.5
江西高安市	6.5	10.6
山东青岛市北区	6.9	2.4
山东招远市	4.8	7.4
山东梁山县	1.4	1.6
山东禹城市	8.0	7.7
河南汝阳县	3.0	7.5
河南新乡市卫滨区	1.9	5.3
河南睢县	3.3	1.1
河南扶沟县	2.6	1.9
湖北宜昌市西陵区	0.8	8.3
湖北老河口市	3.7	5.0
湖北麻城市	3.7	5.1
湖北鹤峰县	5.4	3.6
湖南长沙市天心区	1.2	6.0
湖南安乡县	1.7	2.1
湖南慈利县	4.4	3.3
湖南安仁县	6.8	4.3
广东广州荔湾区	6.4	5.9
广东四会市	2.0	8.8
广东英德市	2.4	4.7
广东中山市	4.3	6.1
广西宾阳县	4.8	3.0
广西合浦县	0.9	2.8
广西罗城仫佬县	3.3	6.6
海南海口市龙华区	0.6	4.9
海南文昌市	3.7	5.2
重庆万州区	3.1	1.4
重庆沙坪坝区	2.0	6.0
重庆忠县	6.6	13.6
四川成都青羊区	0.4	2.0
四川盐亭县	10.7	15.8
四川阆中市	10.6	5.7
贵州湄潭县	6.4	11.7
贵州玉屏侗族县	6.0	5.6
贵州施秉县	4.4	11.5
云南昆明五华区	1.1	2.0
云南广南县	1.7	1.6
云南祥云县	5.0	2.5
西藏拉萨城关区	1.2	0.7
西藏墨竹工卡县	0.6	1.3
陕西宝鸡市金台区	1.7	8.3
陕西眉县	4.6	7.8
陕西汉阴县	1.8	3.5
甘肃榆中县	3.3	1.0
甘肃景泰县	5.4	11.2
甘肃临潭县	2.3	2.5
青海互助土族县	3.6	1.6
青海海晏县	0.7	0.8
宁夏银川市西夏区	0.5	4.6
宁夏隆德县	3.7	2.3
宁夏中宁县	4.5	2.3
新疆乌市天山区	1.0	11.1
新疆和田县	2.6	0.9
新疆新源县	3.1	6.3

表 3—2　年龄别两周就诊率（%）

地区分类	55—64 岁	65 岁及以上	地区分类	55—64 岁	65 岁及以上
城乡合计	**21.6**	**30.3**	江西高安市	21.8	26.5
城市合计	**18.4**	**30.3**	山东青岛市北区	12.1	10.3
农村合计	**22.9**	**30.3**	山东招远市	8.7	13.5
大城市	**21.5**	**38.6**	山东梁山县	12.6	17.6
中等城市	**11.8**	**18.1**	山东禹城市	23.2	21.3
小城市	**20.5**	**27.8**	河南汝阳县	28.3	45.1
一类农村	**17.3**	**22.2**	河南新乡市卫滨区	8.5	12.5
二类农村	**24.6**	**35.9**	河南睢县	29.2	64.4
三类农村	**26.2**	**34.0**	河南扶沟县	49.8	62.0
四类农村	**20.0**	**23.2**	湖北宜昌市西陵区	14.8	16.2
东部农村	**22.7**	**30.1**	湖北老河口市	35.6	41.1
中部农村	**18.7**	**27.8**	湖北麻城市	29.5	24.4
西部农村	**26.0**	**32.1**	湖北鹤峰县	9.1	8.2
北京东城区	26.5	42.2	湖南长沙市天心区	7.8	14.6
北京密云县	30.3	22.6	湖南安乡县	9.5	13.9
天津河北区	25.6	28.7	湖南慈利县	9.9	12.0
天津蓟县	37.0	44.0	湖南安仁县	9.7	16.4
河北唐山路北区	1.9	7.6	广东广州荔湾区	25.2	49.7
河北武安市	33.9	53.3	广东四会市	41.5	54.6
河北唐县	25.0	22.0	广东英德市	29.4	48.2
河北丰宁满族县	20.7	28.1	广东中山市	34.1	53.5
山西平定县	14.3	14.0	广西宾阳县	25.9	50.8
山西武乡县	17.0	9.6	广西合浦县	17.9	38.0
山西阳城县	19.5	44.8	广西罗城仫佬县	11.1	9.3
内蒙古喀喇沁旗	30.1	45.5	海南海口市龙华区	15.5	36.0
内蒙古开鲁县	21.9	45.3	海南文昌市	36.4	46.9
内蒙古准格尔旗	18.9	29.4	重庆万州区	40.6	40.7
辽宁沈阳大东区	13.0	13.6	重庆沙坪坝区	4.9	29.9
辽宁灯塔市	5.1	16.0	重庆忠县	39.2	32.9
吉林四平市铁东区	2.8	8.4	四川成都青羊区	7.4	12.9
吉林东丰县	3.4	12.4	四川盐亭县	73.1	106.5
吉林延吉市	14.9	31.8	四川阆中市	44.4	58.8
黑龙江富裕县	18.6	15.7	贵州湄潭县	44.5	45.8
黑龙江宝清县	22.4	23.9	贵州玉屏侗族县	9.6	17.5
黑龙江绥化北林区	10.6	11.4	贵州施秉县	17.8	23.6
上海卢湾区	27.6	77.5	云南昆明五华区	23.0	34.2
上海崇明县	18.7	14.6	云南广南县	12.4	19.2
江苏邳州市	46.2	67.1	云南祥云县	43.2	26.9
江苏苏州市金阊区	14.2	22.1	西藏拉萨城关区	8.5	15.8
江苏金湖县	13.2	14.0	西藏墨竹工卡县	32.7	39.4
江苏扬中市	17.0	19.3	陕西宝鸡市金台区	14.0	25.7
浙江杭州上城区	57.6	83.8	陕西眉县	14.8	12.2
浙江桐庐县	17.5	23.4	陕西汉阴县	7.3	11.1
浙江桐乡市	9.3	13.2	甘肃榆中县	18.3	20.0
安徽固镇县	24.0	41.4	甘肃景泰县	15.5	14.5
安徽安庆市大观区	14.2	14.3	甘肃临潭县	19.4	18.4
安徽庐江县	15.0	28.0	青海互助土族县	40.2	32.6
安徽蒙城县	15.0	40.5	青海海晏县	35.1	36.5
福建宁化县	25.7	38.4	宁夏银川市西夏区	12.6	19.6
福建建阳市	14.8	19.1	宁夏隆德县	12.3	16.2
福建永定县	23.8	29.2	宁夏中宁县	19.4	17.2
江西宜春市袁州区	17.0	22.9	新疆乌市天山区	20.0	25.7
江西上高县	16.8	29.0	新疆和田县	4.7	6.8
			新疆新源县	19.4	18.9

表 3—3 男性年龄别两周就诊率（%）

地区分类	55—64 岁	65 岁及以上	地区分类	55—64 岁	65 岁及以上
城乡合计	**19.3**	**27.8**	江西高安市	19.7	28.1
城市合计	**16.1**	**28.2**	山东青岛市北区	1.8	13.7
农村合计	**20.4**	**27.6**	山东招远市	0.8	10.9
大城市	**19.9**	**37.8**	山东梁山县	12.3	9.0
中等城市	**7.0**	**16.9**	山东禹城市	20.3	22.0
小城市	**19.8**	**22.9**	河南汝阳县	24.8	39.8
一类农村	**15.6**	**20.4**	河南新乡市卫滨区	9.2	19.0
二类农村	**22.8**	**33.8**	河南睢县	19.7	46.2
三类农村	**22.7**	**29.9**	河南扶沟县	50.9	54.1
四类农村	**17.3**	**19.7**	湖北宜昌市西陵区	5.3	7.3
东部农村	**20.9**	**28.2**	湖北老河口市	30.8	44.4
中部农村	**15.9**	**26.1**	湖北麻城市	16.1	24.3
西部农村	**23.4**	**28.0**	湖北鹤峰县	11.4	11.8
北京东城区	26.2	24.4	湖南长沙市天心区	8.4	6.1
北京密云县	28.4	23.3	湖南安乡县	10.8	11.0
天津河北区	19.7	37.3	湖南慈利县	10.1	8.3
天津蓟县	25.9	50.0	湖南安仁县	8.0	12.2
河北唐山路北区	0.9	5.7	广东广州荔湾区	18.1	69.2
河北武安市	31.0	62.0	广东四会市	42.0	31.5
河北唐县	20.8	27.6	广东英德市	40.9	35.5
河北丰宁满族县	16.3	29.9	广东中山市	26.7	46.7
山西平定县	11.6	19.3	广西宾阳县	31.5	49.0
山西武乡县	16.5	6.7	广西合浦县	18.0	40.6
山西阳城县	12.3	50.0	广西罗城仫佬县	11.0	8.3
内蒙古喀喇沁旗	20.2	32.1	海南海口市龙华区	16.5	29.7
内蒙古开鲁县	29.1	53.6	海南文昌市	31.9	42.4
内蒙古准格尔旗	8.9	24.8	重庆万州区	39.0	23.5
辽宁沈阳大东区	3.5	13.3	重庆沙坪坝区	3.1	8.2
辽宁灯塔市	5.7	14.5	重庆忠县	33.3	24.2
吉林四平市铁东区	4.0	3.6	四川成都青羊区	6.3	10.9
吉林东丰县	1.6	13.5	四川盐亭县	61.2	89.9
吉林延吉市	18.4	29.1	四川阆中市	46.3	50.0
黑龙江富裕县	21.7	23.3	贵州湄潭县	48.5	36.6
黑龙江宝清县	17.9	22.4	贵州玉屏侗族县	7.9	18.0
黑龙江绥化北林区	10.0	8.9	贵州施秉县	16.9	27.2
上海卢湾区	29.8	74.9	云南昆明五华区	14.5	46.1
上海崇明县	20.7	13.8	云南广南县	11.7	15.7
江苏邳州市	44.5	60.0	云南祥云县	40.9	25.5
江苏苏州市金阊区	6.4	24.6	西藏拉萨城关区	1.3	8.5
江苏金湖县	7.4	18.4	西藏墨竹工卡县	21.8	24.1
江苏扬中市	16.4	20.5	陕西宝鸡市金台区	16.3	16.3
浙江杭州上城区	65.7	86.9	陕西眉县	8.7	12.5
浙江桐庐县	16.4	26.8	陕西汉阴县	5.4	4.3
浙江桐乡市	12.1	13.4	甘肃榆中县	15.9	14.7
安徽固镇县	17.9	43.6	甘肃景泰县	18.5	17.0
安徽安庆市大观区	13.0	7.3	甘肃临潭县	16.1	25.3
安徽庐江县	8.1	32.7	青海互助土族县	42.9	24.1
安徽蒙城县	9.2	50.9	青海海晏县	22.4	40.4
福建宁化县	21.9	35.6	宁夏银川市西夏区	6.2	23.7
福建建阳市	7.1	25.0	宁夏隆德县	8.6	8.0
福建永定县	25.5	31.1	宁夏中宁县	13.7	11.6
江西宜春市袁州区	22.2	26.6	新疆乌市天山区	17.9	25.1
江西上高县	21.4	12.5	新疆和田县	4.3	6.5
			新疆新源县	9.3	16.9

表 3—4　女性年龄别两周就诊率（%）

地区分类	55—64 岁	65 岁及以上	地区分类	55—64 岁	65 岁及以上
城乡合计	**24.0**	**32.6**	江西高安市	24.3	24.5
城市合计	**20.5**	**32.0**	山东青岛市北区	21.7	7.5
农村合计	**25.5**	**32.9**	山东招远市	16.4	15.5
大城市	**23.0**	**39.2**	山东梁山县	13.0	26.9
中等城市	**16.3**	**19.2**	山东禹城市	26.3	20.7
小城市	**21.2**	**32.1**	河南汝阳县	31.9	51.3
一类农村	**19.1**	**23.9**	河南新乡市卫滨区	7.8	6.5
二类农村	**26.6**	**38.1**	河南睢县	38.1	79.2
三类农村	**29.9**	**38.3**	河南扶沟县	48.7	69.0
四类农村	**22.8**	**26.2**	湖北宜昌市西陵区	23.6	24.1
东部农村	**24.7**	**31.9**	湖北老河口市	40.2	38.8
中部农村	**21.8**	**29.7**	湖北麻城市	45.5	24.5
西部农村	**28.8**	**36.1**	湖北鹤峰县	7.1	4.0
北京东城区	26.7	56.9	湖南长沙市天心区	7.2	20.4
北京密云县	33.0	22.0	湖南安乡县	8.0	17.2
天津河北区	31.3	21.9	湖南慈利县	9.7	15.8
天津蓟县	49.2	38.2	湖南安仁县	11.6	21.2
河北唐山路北区	3.0	9.1	广东广州荔湾区	33.3	35.9
河北武安市	36.8	45.7	广东四会市	40.9	71.5
河北唐县	30.0	17.6	广东英德市	17.1	58.6
河北丰宁满族县	25.0	25.8	广东中山市	40.6	59.5
山西平定县	17.1	8.3	广西宾阳县	19.8	52.4
山西武乡县	17.6	13.4	广西合浦县	17.8	35.6
山西阳城县	27.4	40.6	广西罗城仫佬县	11.4	10.2
内蒙古喀喇沁旗	39.4	59.0	海南海口市龙华区	14.6	41.7
内蒙古开鲁县	15.2	36.0	海南文昌市	41.6	50.5
内蒙古准格尔旗	30.9	37.1	重庆万州区	42.3	57.0
辽宁沈阳大东区	21.2	13.9	重庆沙坪坝区	6.5	44.1
辽宁灯塔市	4.5	17.7	重庆忠县	44.7	42.1
吉林四平市铁东区	1.8	12.9	四川成都青羊区	8.1	15.0
吉林东丰县	5.4	11.1	四川盐亭县	86.7	123.0
吉林延吉市	12.2	34.0	四川阆中市	42.4	69.1
黑龙江富裕县	14.6	7.5	贵州湄潭县	40.9	56.5
黑龙江宝清县	27.3	25.4	贵州玉屏侗族县	11.3	14.0
黑龙江绥化北林区	11.0	13.5	贵州施秉县	18.9	20.0
上海卢湾区	25.6	80.0	云南昆明五华区	29.6	22.6
上海崇明县	16.8	15.2	云南广南县	13.1	21.4
江苏邳州市	48.0	73.5	云南祥云县	45.7	28.4
江苏苏州市金阊区	22.1	20.1	西藏拉萨城关区	14.9	21.3
江苏金湖县	19.2	10.1	西藏墨竹工卡县	43.2	48.5
江苏扬中市	17.6	18.4	陕西宝鸡市金台区	11.5	34.3
浙江杭州上城区	49.5	81.4	陕西眉县	21.6	11.9
浙江桐庐县	18.5	20.0	陕西汉阴县	9.3	19.0
浙江桐乡市	6.6	13.0	甘肃榆中县	20.7	26.4
安徽固镇县	31.4	38.7	甘肃景泰县	12.2	11.8
安徽安庆市大观区	15.3	21.1	甘肃临潭县	23.1	12.5
安徽庐江县	21.8	22.6	青海互助土族县	37.1	39.4
安徽蒙城县	21.0	28.4	青海海晏县	48.6	34.2
福建宁化县	30.2	41.2	宁夏银川市西夏区	17.6	14.9
福建建阳市	24.0	12.9	宁夏隆德县	16.2	24.4
福建永定县	22.1	27.3	宁夏中宁县	25.3	22.7
江西宜春市袁州区	11.9	18.8	新疆乌市天山区	21.7	26.3
江西上高县	11.1	46.7	新疆和田县	5.1	7.5
			新疆新源县	29.3	22.2

表 3—17 不同年龄居民疾病别两周就诊率（‰）

疾病分类	55—64 岁	65 岁及以上
传染病计	1.5	2.0
寄生虫病计	0.0	0.1
恶性肿瘤计	5.6	3.1
良性肿瘤计	1.5	0.2
内分泌，营养，代谢及免疫	7.4	14.9
其中：糖尿病	6.3	12.6
血液，造血器官	1.4	2.3
精神病小计	1.3	1.7
神经系病计	2.7	4.6
眼及附器疾病	2.4	4.0
耳和乳突疾病	0.8	0.5
循环系统疾病	54.9	110.3
其中：心脏病	15.5	37.5
高血压	26.0	51.7
脑血管病	10.0	17.3
呼吸系统疾病	46.1	60.4
其中：急上呼感染	29.0	30.7
肺炎	3.1	2.8
老慢支	6.1	16.2
消化系统疾病	31.7	30.2
其中：急性胃炎	15.3	15.1
肝病硬化	0.6	0.9
胆囊疾病	3.6	2.5
泌尿生殖系病	6.1	7.2
妊、分及产褥	0.0	0.2
皮肤皮下组织	4.0	5.3
肌肉、骨骼结缔	37.0	42.3
其中：类关节炎	10.7	17.4
先天异常		
围产期疾病	0.1	
损伤和中毒	7.6	9.6
其他	1.2	0.5
不详	2.7	3.3

表 3—18　不同年龄男性居民疾病别两周就诊率（‰）

疾病分类	55—64 岁	65 岁及以上
传染病计	2.1	2.2
寄生虫病计	0.1	0.1
恶性肿瘤计	7.6	5.1
良性肿瘤计	1.6	0.2
内分泌，营养，代谢及免疫	6.0	11.9
其中：糖尿病	4.8	9.7
血液，造血器官	1.0	0.9
精神病小计	1.3	0.7
神经系病计	2.4	5.1
眼及附器疾病	1.9	3.2
耳和乳突疾病	0.5	0.7
循环系统疾病	43.8	101.9
其中：心脏病	9.5	31.8
高血压	21.1	48.0
脑血管病	9.9	19.6
呼吸系统疾病	45.4	64.9
其中：急上呼感染	25.1	28.7
肺炎	3.5	3.7
老慢支	6.9	20.2
消化系统疾病	27.8	26.0
其中：急性胃炎	13.5	11.8
肝病硬化	0.7	1.4
胆囊疾病	1.9	1.6
泌尿生殖系病	4.7	8.1
妊、分及产褥		0.2
皮肤皮下组织	5.5	6.9
肌肉、骨骼结缔	29.4	27.9
其中：类关节炎	7.2	10.0
先天异常		
围产期疾病		
损伤和中毒	9.5	9.2
其他	0.5	0.7
不详	1.5	2.0

表 3—19 不同年龄女性居民疾病别两周就诊率（‰）

疾病分类	55—64 岁	65 岁及以上
传染病计	0.9	1.7
寄生虫病计		0.2
恶性肿瘤计	3.5	1.2
良性肿瘤计	1.4	
内分泌，营养，代谢及免疫	8.9	17.8
其中：糖尿病	7.8	15.4
血液，造血器官	1.7	3.6
精神病小计	1.4	2.7
神经系病计	3.0	4.2
眼及附器疾病	2.9	4.7
耳和乳突疾病	1.2	0.4
循环系统疾病	66.2	118.2
其中：心脏病	21.7	43.0
高血压	31.1	55.2
脑血管病	10.0	15.1
呼吸系统疾病	46.8	56.2
其中：急上呼感染	33.0	32.5
肺炎	2.6	2.1
老慢支	5.2	12.5
消化系统疾病	35.7	34.1
其中：急性胃炎	17.0	18.2
肝病硬化	0.6	0.5
胆囊疾病	5.2	3.3
泌尿生殖系病	7.5	6.4
妊、分及产褥	0.1	0.3
皮肤皮下组织	2.5	3.9
肌肉、骨骼结缔	44.7	55.8
其中：类关节炎	14.3	24.4
先天异常		
围产期疾病	0.2	
损伤和中毒	5.7	9.9
其他	1.9	0.4
不详	3.9	4.5

表 3—24　不同性别、不同年龄患者未就诊比例（%）

地区分类	性别		年龄别	
	男性	女性	55—64 岁	65 岁及以上
城乡合计	**37.7**	**37.6**	**41.1**	**35.8**
城市合计	**37.1**	**37.5**	**39.6**	**31.8**
农村合计	**37.9**	**37.7**	**41.7**	**39.3**
大城市	**32.1**	**33.7**	**33.3**	**25.7**
中等城市	**37.8**	**35.9**	**39.4**	**34.8**
小城市	**46.0**	**46.7**	**50.7**	**48.8**
一类农村	**42.6**	**41.9**	**43.4**	**43.2**
二类农村	**35.4**	**35.3**	**38.9**	**34.1**
三类农村	**35.3**	**35.8**	**41.8**	**37.3**
四类农村	**42.2**	**39.7**	**44.6**	**47.7**
东部农村	**36.0**	**37.2**	**40.2**	**37.9**
中部农村	**37.6**	**39.0**	**43.6**	**38.3**
西部农村	**39.5**	**37.3**	**41.7**	**41.2**
北京东城区	20.5	25.6	29.2	16.1
北京密云县	33.7	37.0	29.0	26.7
天津河北区	33.1	38.3	35.7	32.8
天津蓟县	45.6	48.6	54.1	55.1
河北唐山路北区	51.4	51.4	58.8	46.7
河北武安市	23.6	24.0	26.8	24.6
河北唐县	33.3	42.7	42.4	51.1
河北丰宁满族县	15.7	15.8	24.0	7.5
山西平定县	41.8	28.2	32.5	22.8
山西武乡县	32.1	33.3	26.8	36.2
山西阳城县	28.9	29.3	27.7	25.5
内蒙古喀喇沁旗	40.0	38.0	43.8	36.8
内蒙古开鲁县	34.5	37.9	31.6	42.5
内蒙古准格尔旗	42.2	34.0	38.0	31.3
辽宁沈阳大东区	62.6	66.8	68.4	60.7
辽宁灯塔市	51.9	65.9	68.3	59.4
吉林四平市铁东区	75.7	76.1	79.6	68.6
吉林东丰县	65.7	59.6	84.3	67.4
吉林延吉市	24.6	14.0		13.0
黑龙江富裕县	57.4	57.2	51.5	40.0
黑龙江宝清县	53.6	58.1	58.5	64.6
黑龙江绥化北林区	67.2	75.2	78.3	73.9
上海卢湾区	11.8	11.9	13.3	10.1
上海崇明县	24.3	25.2	19.3	26.8
江苏邳州市	27.6	27.7	32.4	20.9
江苏苏州市金阊区	37.3	29.3	37.3	30.3
江苏金湖县	44.9	47.3	44.1	55.2
江苏扬中市	64.0	65.1	64.4	67.9
浙江杭州上城区	18.4	15.5	18.3	12.2
浙江桐庐县	36.0	35.8	35.9	29.6
浙江桐乡市	26.3	32.9	30.8	32.4
安徽固镇县	37.7	39.1	43.6	37.5
安徽安庆市大观区	50.6	49.2	51.9	48.6
安徽庐江县	11.6	18.6	15.6	8.9
安徽蒙城县	44.8	33.0	45.2	36.8
福建宁化县	30.0	20.0	32.7	19.7
福建建阳市	49.0	47.7	41.9	48.4
福建永定县	26.1	26.9	20.0	33.3
江西宜春市袁州区	34.6	46.5	46.3	49.0
江西上高县	16.8	21.6	23.3	26.9

续表 3—24 不同性别、不同年龄患者未就诊比例（%）

地区分类	性别		年龄别	
	男性	女性	55—64 岁	65 岁及以上
江西高安市	23.8	24.1	27.0	23.3
山东青岛市北区	50.0	37.5	46.7	37.0
山东招远市	50.9	55.9	67.6	54.2
山东梁山县	19.5	17.9	21.7	15.4
山东禹城市	28.0	23.4	32.7	25.6
河南汝阳县	21.2	34.3	37.9	31.3
河南新乡市卫滨区	16.7	14.4	13.7	16.0
河南睢县	31.8	29.6	44.3	32.1
河南扶沟县	29.5	38.5	29.8	33.3
湖北宜昌市西陵区	47.8	40.9	44.7	36.9
湖北老河口市	60.8	53.8	61.7	64.8
湖北麻城市	32.0	40.1	51.7	40.3
湖北鹤峰县	52.6	53.1	64.2	67.6
湖南长沙市天心区	60.9	58.2	66.7	52.6
湖南安乡县	44.0	49.2	57.1	46.3
湖南慈利县	55.5	42.8	63.1	50.0
湖南安仁县	36.8	41.1	55.8	43.3
广东广州荔湾区	35.3	34.9	30.1	26.6
广东四会市	37.3	29.2	37.2	36.0
广东英德市	29.1	22.0	29.6	28.9
广东中山市	35.4	37.8	38.5	33.1
广西宾阳县	32.2	34.3	49.1	24.2
广西合浦县	52.2	45.9	54.0	54.6
广西罗城仫佬县	53.6	55.7	71.3	69.0
海南海口市龙华区	29.2	31.8	34.5	30.8
海南文昌市	30.4	31.6	34.4	34.5
重庆万州区	36.6	28.0	26.9	30.4
重庆沙坪坝区	64.6	56.5	40.4	56.5
重庆忠县	41.5	42.7	46.5	44.4
四川成都青羊区	25.8	22.3	31.3	15.7
四川盐亭县	39.9	36.4	45.8	34.0
四川阆中市	31.8	28.6	30.0	27.8
贵州湄潭县	21.6	22.5	28.6	30.6
贵州玉屏侗族县	46.2	54.0	52.2	53.2
贵州施秉县	53.5	46.7	52.3	57.0
云南昆明五华区	48.2	55.2	46.9	50.0
云南广南县	48.7	33.8	41.1	44.2
云南祥云县	20.7	18.9	28.8	19.4
西藏拉萨城关区	17.1	12.9	30.8	14.3
西藏墨竹工卡县	8.8	9.6	12.9	11.4
陕西宝鸡市金台区	33.0	34.0	35.1	37.5
陕西眉县	45.1	37.3	40.4	30.6
陕西汉阴县	49.1	48.3	61.4	54.8
甘肃榆中县	35.5	25.0	40.0	18.2
甘肃景泰县	28.8	29.1	28.3	27.7
甘肃临潭县	35.6	38.6	31.7	44.7
青海互助土族县	38.3	44.7	34.8	50.0
青海海晏县	20.2	26.4	24.6	24.3
宁夏银川市西夏区	60.4	55.6	54.8	64.2
宁夏隆德县	33.3	27.1	26.3	39.2
宁夏中宁县	41.3	37.4	33.3	44.1
新疆乌市天山区	47.2	50.5	37.1	51.0
新疆和田县	80.0	81.9	84.3	81.8
新疆新源县	36.9	30.7	33.3	34.6

表 3—32　年龄别住院率（%）

地区分类	55—64 岁	65 岁及以上	地区分类	55—64 岁	65 岁及以上
城乡合计	**9.3**	**15.3**	江西高安市	7.7	16.8
城市合计	**9.7**	**19.4**	山东青岛市北区	15.2	19.7
农村合计	**9.2**	**12.9**	山东招远市	9.5	10.0
大城市	**10.2**	**20.4**	山东梁山县	6.1	11.4
中等城市	**9.1**	**19.6**	山东禹城市	5.8	11.1
小城市	**9.6**	**17.2**	河南汝阳县	10.7	27.2
一类农村	**7.7**	**10.8**	河南新乡市卫滨区	4.7	15.9
二类农村	**8.3**	**13.5**	河南睢县	7.8	21.8
三类农村	**9.9**	**14.1**	河南扶沟县	22.5	22.8
四类农村	**12.8**	**13.2**	湖北宜昌市西陵区	13.6	24.5
东部农村	**6.5**	**10.1**	湖北老河口市	12.0	16.8
中部农村	**9.5**	**14.5**	湖北麻城市	2.8	5.7
西部农村	**11.1**	**14.6**	湖北鹤峰县	19.4	18.2
北京东城区	7.0	18.3	湖南长沙市天心区	12.0	20.3
北京密云县	5.0	7.7	湖南安乡县	15.1	19.3
天津河北区	8.4	19.4	湖南慈利县	8.7	9.1
天津蓟县	6.4	9.5	湖南安仁县	6.8	7.1
河北唐山路北区	8.3	8.1	广东广州荔湾区	6.0	16.2
河北武安市	3.9	3.9	广东四会市	9.3	8.4
河北唐县	17.3	11.4	广东英德市	5.9	11.5
河北丰宁满族县	3.8	7.7	广东中山市	12.4	27.2
山西平定县	5.6	5.8	广西宾阳县	9.2	8.0
山西武乡县	6.0	8.3	广西合浦县	4.3	13.4
山西阳城县	9.5	17.6	广西罗城仫佬县	11.5	20.2
内蒙古喀喇沁旗	8.8	11.4	海南海口市龙华区	7.2	31.5
内蒙古开鲁县	7.9	10.4	海南文昌市	3.2	9.8
内蒙古准格尔旗	7.3	16.0	重庆万州区	5.7	12.4
辽宁沈阳大东区	13.5	24.8	重庆沙坪坝区	6.8	20.1
辽宁灯塔市	1.1	7.6	重庆忠县	15.3	15.9
吉林四平市铁东区	10.8	12.3	四川成都青羊区	7.8	17.2
吉林东丰县	7.3	10.6	四川盐亭县	15.3	25.5
吉林延吉市	10.9	11.5	四川阆中市	9.8	23.2
黑龙江富裕县	7.4	8.4	贵州湄潭县	18.9	9.5
黑龙江宝清县	18.6	13.4	贵州玉屏侗族县	10.4	12.4
黑龙江绥化北林区	9.7	15.2	贵州施秉县	26.7	20.7
上海卢湾区	14.5	17.5	云南昆明五华区	10.3	20.5
上海崇明县	9.2	15.5	云南广南县	10.3	4.4
江苏邳州市	2.4	5.7	云南祥云县	9.5	12.4
江苏苏州市金阊区	8.7	14.2	西藏拉萨城关区	5.5	12.2
江苏金湖县	2.9	4.8	西藏墨竹工卡县	1.3	1.9
江苏扬中市	5.2	8.4	陕西宝鸡市金台区	9.5	22.3
浙江杭州上城区	11.2	23.9	陕西眉县	8.8	13.7
浙江桐庐县	6.6	16.2	陕西汉阴县	6.0	5.8
浙江桐乡市	5.7	9.3	甘肃榆中县	4.4	1.5
安徽固镇县	4.9	15.3	甘肃景泰县	9.4	22.9
安徽安庆市大观区	4.1	11.8	甘肃临潭县	6.3	13.5
安徽庐江县	7.7	18.5	青海互助土族县	9.8	10.1
安徽蒙城县	7.5	14.9	青海海晏县	20.3	27.8
福建宁化县	5.2	11.8	宁夏银川市西夏区	9.8	27.9
福建建阳市	15.8	13.9	宁夏隆德县	8.9	12.1
福建永定县	6.2	11.6	宁夏中宁县	13.4	13.8
江西宜春市袁州区	8.9	22.5	新疆乌市天山区	16.0	28.3
江西上高县	8.2	11.3	新疆和田县	21.5	26.5
			新疆新源县	11.2	28.4

表 3—33 男性年龄别住院率（%）

地区分类	55—64 岁	65 岁及以上	地区分类	55—64 岁	65 岁及以上
城乡合计	**9.3**	**16.6**	江西高安市	5.3	23.4
城市合计	**9.2**	**21.6**	山东青岛市北区	2.7	20.6
农村合计	**9.3**	**13.9**	山东招远市	14.5	11.9
大城市	**9.7**	**23.0**	山东梁山县	6.6	8.0
中等城市	**8.5**	**22.6**	山东禹城市	3.5	16.5
小城市	**9.2**	**18.0**	河南汝阳县	11.1	28.0
一类农村	**9.2**	**13.0**	河南新乡市卫滨区	8.2	16.0
二类农村	**7.8**	**15.6**	河南睢县	7.7	23.1
三类农村	**10.0**	**13.3**	河南扶沟县	21.9	20.3
四类农村	**12.2**	**13.3**	湖北宜昌市西陵区	13.3	27.4
东部农村	**7.4**	**11.5**	湖北老河口市	9.6	18.5
中部农村	**9.0**	**15.2**	湖北麻城市	1.7	2.7
西部农村	**11.1**	**15.2**	湖北鹤峰县	11.4	13.4
北京东城区	9.5	23.3	湖南长沙市天心区	10.1	19.3
北京密云县	4.6	9.3	湖南安乡县	9.2	23.0
天津河北区	8.2	18.3	湖南慈利县	8.9	5.8
天津蓟县	6.5	6.1	湖南安仁县	10.4	12.2
河北唐山路北区	11.3	11.5	广东广州荔湾区	6.0	20.0
河北武安市	2.3	8.5	广东四会市	13.0	10.8
河北唐县	20.0	10.3	广东英德市	6.8	8.6
河北丰宁满族县	1.1	9.3	广东中山市	8.3	18.7
山西平定县	8.5	5.7	广西宾阳县	12.3	6.3
山西武乡县	9.4	11.1	广西合浦县	3.8	16.7
山西阳城县	9.6	21.4	广西罗城仫佬县	7.6	23.9
内蒙古喀喇沁旗	6.4	9.5	海南海口市龙华区	11.8	40.7
内蒙古开鲁县	5.8	10.7	海南文昌市	3.4	8.2
内蒙古准格尔旗	5.4	13.9	重庆万州区	2.5	5.9
辽宁沈阳大东区	14.0	31.9	重庆沙坪坝区	6.1	13.7
辽宁灯塔市	2.1	11.6	重庆忠县	13.6	12.1
吉林四平市铁东区	11.1	18.0	四川成都青羊区	6.3	14.0
吉林东丰县	7.4	7.9	四川盐亭县	19.4	26.6
吉林延吉市	14.5	10.5	四川阆中市	11.1	31.6
黑龙江富裕县	2.6	14.0	贵州湄潭县	25.8	10.8
黑龙江宝清县	22.1	16.4	贵州玉屏侗族县	10.2	14.3
黑龙江绥化北林区	12.0	16.3	贵州施秉县	28.0	22.3
上海卢湾区	11.5	24.6	云南昆明五华区	13.2	26.3
上海崇明县	10.3	18.1	云南广南县	9.2	4.3
江苏邳州市	2.7	6.7	云南祥云县	13.9	14.2
江苏苏州市金阊区	5.1	9.7	西藏拉萨城关区	11.5	10.2
江苏金湖县	3.3	7.1	西藏墨竹工卡县	1.3	1.7
江苏扬中市	6.6	10.2	陕西宝鸡市金台区	7.8	28.6
浙江杭州上城区	9.8	23.4	陕西眉县	6.7	10.4
浙江桐庐县	9.1	20.6	陕西汉阴县	8.1	2.2
浙江桐乡市	6.7	13.4	甘肃榆中县	3.6	1.8
安徽固镇县	6.2	21.8	甘肃景泰县	8.2	21.3
安徽安庆市大观区	6.0	12.4	甘肃临潭县	2.5	16.0
安徽庐江县	5.7	26.2	青海互助土族县	12.4	8.6
安徽蒙城县	7.0	3.8	青海海晏县	17.1	21.3
福建宁化县	7.0	14.4	宁夏银川市西夏区	12.3	38.1
福建建阳市	15.9	14.8	宁夏隆德县	13.7	12.6
福建永定县	8.5	14.2	宁夏中宁县	7.8	10.5
江西宜春市袁州区	9.4	29.0	新疆乌市天山区	15.4	35.8
江西上高县	8.7	12.5	新疆和田县	18.3	27.3
			新疆新源县	12.4	37.3

表 3—34　女性年龄别住院率（%）

地区分类	55—64 岁	65 岁及以上
城乡合计	**9.3**	**14.0**
城市合计	**10.1**	**17.4**
农村合计	**9.0**	**12.0**
大城市	**10.6**	**18.1**
中等城市	**9.6**	**16.8**
小城市	**9.9**	**16.6**
一类农村	**6.1**	**8.8**
二类农村	**8.9**	**11.4**
三类农村	**9.9**	**14.7**
四类农村	**13.4**	**13.1**
东部农村	**5.5**	**8.9**
中部农村	**10.1**	**13.8**
西部农村	**11.0**	**13.9**
北京东城区	4.8	14.2
北京密云县	5.5	6.1
天津河北区	8.6	20.3
天津蓟县	6.3	12.7
河北唐山路北区	5.0	5.5
河北武安市	5.6	
河北唐县	14.0	12.2
河北丰宁满族县	6.5	5.6
山西平定县	2.4	6.0
山西武乡县	1.9	4.5
山西阳城县	9.4	14.5
内蒙古喀喇沁旗	11.1	13.3
内蒙古开鲁县	9.8	10.0
内蒙古准格尔旗	9.6	19.4
辽宁沈阳大东区	13.1	19.0
辽宁灯塔市		3.2
吉林四平市铁东区	10.6	6.9
吉林东丰县	7.1	13.9
吉林延吉市	8.2	12.3
黑龙江富裕县	13.5	2.5
黑龙江宝清县	14.8	10.4
黑龙江绥化北林区	7.9	14.2
上海卢湾区	17.1	10.9
上海崇明县	8.1	13.5
江苏邳州市	2.0	4.8
江苏苏州市金阊区	12.3	17.8
江苏金湖县	2.5	2.8
江苏扬中市	3.7	7.0
浙江杭州上城区	12.6	24.3
浙江桐庐县	4.2	12.0
浙江桐乡市	4.8	5.6
安徽固镇县	3.4	7.5
安徽安庆市大观区	2.5	11.3
安徽庐江县	9.7	9.7
安徽蒙城县	8.0	28.4
福建宁化县	3.1	9.2
福建建阳市	15.6	12.9
福建永定县	3.8	9.1
江西宜春市袁州区	8.5	15.2
江西上高县	7.4	10.0
江西高安市	10.4	8.2
山东青岛市北区	26.7	18.9
山东招远市	4.7	8.5
山东梁山县	5.6	15.1
山东禹城市	8.3	6.9
河南汝阳县	10.3	26.3
河南新乡市卫滨区	1.7	15.7
河南睢县	7.9	20.8
河南扶沟县	23.0	25.0
湖北宜昌市西陵区	13.8	22.0
湖北老河口市	14.3	15.7
湖北麻城市	4.0	7.8
湖北鹤峰县	27.0	23.8
湖南长沙市天心区	13.7	21.0
湖南安乡县	21.4	14.9
湖南慈利县	8.5	12.5
湖南安仁县	2.7	1.5
广东广州荔湾区	5.9	13.5
广东四会市	5.2	6.6
广东英德市	4.9	14.0
广东中山市	15.9	34.7
广西宾阳县	5.8	9.7
广西合浦县	5.0	10.3
广西罗城仫佬县	15.4	17.0
海南海口市龙华区	3.1	23.3
海南文昌市	3.0	11.0
重庆万州区	9.0	18.7
重庆沙坪坝区	7.5	24.3
重庆忠县	17.0	19.9
四川成都青羊区	8.9	20.3
四川盐亭县	10.5	24.5
四川阆中市	8.5	13.4
贵州湄潭县	12.8	8.2
贵州玉屏侗族县	10.5	6.0
贵州施秉县	25.5	19.0
云南昆明五华区	8.2	14.8
云南广南县	11.5	4.5
云南祥云县	4.8	10.5
西藏拉萨城关区		13.8
西藏墨竹工卡县	1.2	2.1
陕西宝鸡市金台区	11.5	16.7
陕西眉县	11.2	16.5
陕西汉阴县	3.7	10.1
甘肃榆中县	5.2	1.1
甘肃景泰县	10.7	24.7
甘肃临潭县	10.6	11.4
青海互助土族县	6.7	11.3
青海海晏县	23.6	31.6
宁夏银川市西夏区	7.8	15.8
宁夏隆德县	3.8	11.6
宁夏中宁县	19.2	17.0
新疆乌市天山区	16.7	20.5
新疆和田县	24.5	25.0
新疆新源县	10.1	13.9

表 3－46 不同年龄居民疾病别住院率（‰）

疾病分类	55—64 岁	65 岁及以上
传染病计	0.8	1.4
寄生虫病计	0.1	0.0
恶性肿瘤计	7.5	6.6
良性肿瘤计	1.2	1.4
内分泌，营养，代谢及免疫	4.4	7.1
其中：糖尿病	3.8	6.3
血液，造血器官	0.4	0.9
精神病小计	0.2	0.7
神经系病计	1.6	3.0
眼及附器疾病	2.3	5.1
耳和乳突疾病	0.1	0.3
循环系统疾病	28.0	63.5
其中：心脏病	9.8	28.5
高血压	7.1	15.0
脑血管病	9.2	17.3
呼吸系统疾病	11.1	21.7
其中：急上呼感染	2.6	3.7
肺炎	1.3	3.1
老慢支	3.6	7.9
消化系统疾病	15.0	18.0
其中：急性胃炎	2.4	3.0
肝病硬化	1.0	1.0
胆囊疾病	3.7	5.0
泌尿生殖系病	4.5	6.3
妊、分及产褥	0.0	
皮肤皮下组织	1.2	1.0
肌肉、骨骼结缔	5.4	6.4
其中：类关节炎	0.8	2.0
先天异常		0.1
围产期疾病		
损伤和中毒	7.2	8.3
其他	1.1	0.4
不详	1.0	1.0

表 3—47　不同年龄男性居民疾病别住院率（‰）

疾病分类	55—64 岁	65 岁及以上
传染病计	0.9	2.2
寄生虫病计		
恶性肿瘤计	8.3	9.7
良性肿瘤计	0.8	1.3
内分泌，营养，代谢及免疫	4.3	6.3
其中：糖尿病	3.7	5.7
血液，造血器官	0.4	0.5
精神病小计		0.4
神经系病计	1.5	3.6
眼及附器疾病	2.0	2.4
耳和乳突疾病	0.1	0.6
循环系统疾病	28.4	71.8
其中：心脏病	9.9	32.8
高血压	6.6	13.4
脑血管病	10.4	22.7
呼吸系统疾病	13.6	26.2
其中：急上呼感染	2.3	2.9
肺炎	1.1	3.5
老慢支	5.5	10.7
消化系统疾病	12.5	16.5
其中：急性胃炎	2.0	1.7
肝病硬化	0.4	0.9
胆囊疾病	1.6	4.4
泌尿生殖系病	3.5	8.7
妊、分及产褥		
皮肤皮下组织	1.7	0.9
肌肉、骨骼结缔	4.4	4.0
其中：类关节炎	0.5	1.4
先天异常		
围产期疾病		
损伤和中毒	9.1	9.7
其他	0.5	0.8
不详	0.7	0.6

表 3—48 不同年龄女性居民疾病别住院率（%）

疾病分类	55—64 岁	65 岁及以上
传染病计	0.6	0.6
寄生虫病计	0.2	0.1
恶性肿瘤计	6.8	3.6
良性肿瘤计	1.6	1.1
内分泌，营养，代谢及免疫	4.6	7.8
其中：糖尿病	4.0	6.9
血液，造血器官	0.5	1.2
精神病小计	0.5	0.9
神经系病计	1.6	2.5
眼及附器疾病	2.6	7.6
耳和乳突疾病	0.1	0.1
循环系统疾病	27.5	55.8
其中：心脏病	9.8	24.6
高血压	7.5	16.5
脑血管病	8.1	12.0
呼吸系统疾病	8.6	17.4
其中：急上呼感染	2.9	4.5
肺炎	1.5	2.8
老慢支	1.7	5.3
消化系统疾病	17.5	19.4
其中：急性胃炎	2.8	4.2
肝病硬化	1.6	1.1
胆囊疾病	5.7	5.7
泌尿生殖系病	5.4	4.0
妊、分及产褥		
皮肤皮下组织	0.7	1.1
肌肉、骨骼结缔	6.4	8.7
其中：类关节炎	1.2	2.5
先天异常	0.2	
围产期疾病		
损伤和中毒	5.2	6.9
其他	1.7	
不详	1.2	1.3

表 3—53　不同性别、不同年龄患者需住院病人未住院的比例（%）

地区分类	性别		年龄别	
	男性	女性	55—64 岁	65 岁及以上
城乡合计	**25.1**	**25.0**	**32.6**	**28.0**
城市合计	**25.9**	**26.0**	**29.9**	**23.8**
农村合计	**24.8**	**24.7**	**33.7**	**31.4**
大城市	**25.6**	**24.7**	**27.2**	**22.8**
中等城市	**23.0**	**24.2**	**26.0**	**21.7**
小城市	**28.7**	**29.5**	**35.8**	**28.2**
一类农村	**22.4**	**24.3**	**29.5**	**32.1**
二类农村	**24.9**	**23.6**	**36.6**	**30.3**
三类农村	**27.6**	**27.5**	**36.8**	**33.8**
四类农村	**20.9**	**20.4**	**23.9**	**22.2**
东部农村	**22.7**	**20.2**	**28.4**	**31.7**
中部农村	**24.5**	**24.5**	**35.6**	**30.9**
西部农村	**26.1**	**27.0**	**34.9**	**31.4**
北京东城区	28.7	35.2	34.5	23.2
北京密云县	41.3	35.8	52.4	55.2
天津河北区	28.6	22.7	36.4	23.9
天津蓟县	21.7	22.6	43.3	29.6
河北唐山路北区	25.0	42.0	30.8	44.8
河北武安市	20.4	16.0	44.4	45.5
河北唐县	11.0	22.7	7.3	40.0
河北丰宁满族县	37.8	20.6	36.4	50.0
山西平定县	15.8	25.9	54.8	37.5
山西武乡县	21.3	24.5	33.3	13.3
山西阳城县	24.7	31.7	40.0	35.3
内蒙古喀喇沁旗	48.4	54.4	67.3	60.4
内蒙古开鲁县	28.1	12.7	33.3	8.3
内蒙古准格尔旗	21.2	25.0	34.8	33.3
辽宁沈阳大东区	37.2	26.8	30.6	31.1
辽宁灯塔市	42.6	35.2	82.4	56.5
吉林四平市铁东区	26.7	54.5	36.1	49.1
吉林东丰县	21.5	23.7	37.0	41.4
吉林延吉市	15.6	13.7	0.0	29.0
黑龙江富裕县	48.2	40.2	44.4	61.1
黑龙江宝清县	15.1	29.9	27.7	41.9
黑龙江绥化北林区	40.5	53.7	56.9	42.0
上海卢湾区	21.6	7.2	17.9	16.9
上海崇明县	9.5	22.5	18.2	18.3
江苏邳州市	19.5	25.0	28.6	50.0
江苏苏州市金阊区	25.6	11.5	15.6	18.9
江苏金湖县	22.2	32.0	46.2	47.4
江苏扬中市	31.5	21.9	28.6	36.8
浙江杭州上城区	30.3	23.7	20.7	29.2
浙江桐庐县	15.2	9.8	11.8	17.9
浙江桐乡市	8.9	11.5	9.5	9.4
安徽固镇县	21.4	33.0	56.7	42.6
安徽安庆市大观区	37.5	45.1	60.9	36.5
安徽庐江县	26.1	13.6	29.6	19.6
安徽蒙城县	27.3	24.1	30.0	21.6
福建宁化县	9.1	9.5	15.4	12.5
福建建阳市	27.9	18.5	10.8	42.0
福建永定县	8.5	10.5	18.8	10.7
江西宜春市袁州区	28.1	21.8	27.6	23.2
江西上高县	14.8	22.4	34.8	30.0

续表 3—53 不同性别、不同年龄患者需住院病人未住院的比例（%）

地区分类	性别		年龄别	
	男性	女性	55—64 岁	65 岁及以上
江西高安市	15.7	12.0	20.8	29.6
山东青岛市北区	25.9	24.2	14.6	18.6
山东招远市	21.5	21.7	17.2	32.4
山东梁山县	45.6	21.8	51.9	43.6
山东禹城市	44.9	29.3	46.7	42.5
河南汝阳县	29.5	14.6	32.4	24.2
河南新乡市卫滨区	29.5	25.5	23.1	21.4
河南睢县	23.3	31.3	38.7	29.6
河南扶沟县	31.9	23.4	32.9	16.3
湖北宜昌市西陵区	11.6	23.8	17.9	17.7
湖北老河口市	41.4	40.2	43.5	38.2
湖北麻城市	45.2	34.4	53.8	44.4
湖北鹤峰县	11.1	11.6	19.0	13.0
湖南长沙市天心区	16.9	26.3	29.5	13.6
湖南安乡县	21.1	21.5	18.6	34.5
湖南慈利县	33.0	31.5	45.5	42.1
湖南安仁县	33.3	30.3	52.9	41.2
广东广州荔湾区	21.8	14.8	40.9	9.6
广东四会市	12.7	3.7	17.9	8.3
广东英德市	22.7	24.2	23.1	32.8
广东中山市	16.9	13.2	20.0	12.7
广西宾阳县	25.0	18.2	39.5	27.3
广西合浦县	22.5	17.7	0.0	32.1
广西罗城仫佬县	11.6	13.6	12.5	22.4
海南海口市龙华区	20.4	10.9	31.6	17.8
海南文昌市	14.0	10.8	12.5	19.1
重庆万州区	28.6	16.4	40.9	13.3
重庆沙坪坝区	30.3	29.9	26.3	22.9
重庆忠县	37.7	32.6	36.4	41.7
四川成都青羊区	9.3	8.0	5.3	4.9
四川盐亭县	38.9	51.2	52.5	43.2
四川阆中市	20.4	33.9	34.5	30.0
贵州湄潭县	24.2	32.4	28.4	48.5
贵州玉屏侗族县	22.0	30.0	31.6	35.6
贵州施秉县	16.6	13.6	13.0	17.3
云南昆明五华区	25.3	44.0	25.0	35.1
云南广南县	24.5	20.9	10.7	46.7
云南祥云县	18.9	19.4	38.2	7.4
西藏拉萨城关区	15.2	13.0	18.2	5.6
西藏墨竹工卡县	17.9	12.2	50.0	0.0
陕西宝鸡市金台区	30.3	27.7	41.0	22.0
陕西眉县	30.1	23.2	34.2	9.7
陕西汉阴县	15.8	11.5	31.6	23.1
甘肃榆中县	50.0	35.1	42.9	76.9
甘肃景泰县	26.3	23.9	39.5	21.2
甘肃临潭县	34.3	31.1	48.1	12.0
青海互助土族县	40.2	34.3	51.3	27.8
青海海晏县	15.2	20.3	16.7	27.1
宁夏银川市西夏区	17.6	31.3	30.8	17.6
宁夏隆德县	33.0	41.2	42.9	32.3
宁夏中宁县	22.6	15.2	22.9	27.3
新疆乌市天山区	21.7	27.1	27.3	26.7
新疆和田县	13.0	17.8	10.9	18.4
新疆新源县	34.7	28.2	47.6	22.9

表 4—4　不同性别、不同年龄 15 岁及以上人口吸烟率（%）

地区分类	吸烟人口数	吸烟率			年龄别吸烟率	
		合计	男性	女性	55—64 岁	65 岁及以上
城乡合计	**36384**	**25.1**	**48.0**	**2.6**	**29.1**	**22.1**
城市合计	**9173**	**22.5**	**43.8**	**2.8**	**24.1**	**15.7**
农村合计	**27211**	**26.0**	**49.6**	**2.6**	**31.1**	**25.8**
大城市	**3502**	**21.9**	**42.1**	**3.3**	**23.4**	**13.6**
中等城市	**2514**	**21.9**	**43.2**	**1.9**	**22.6**	**14.9**
小城市	**3157**	**23.8**	**46.4**	**3.0**	**26.2**	**20.6**
一类农村	**6564**	**26.2**	**50.2**	**3.0**	**32.9**	**24.8**
二类农村	**8021**	**25.2**	**47.7**	**2.6**	**30.1**	**25.3**
三类农村	**9523**	**28.5**	**54.5**	**2.8**	**32.3**	**28.6**
四类农村	**3103**	**21.8**	**41.7**	**1.3**	**26.2**	**20.6**
东部农村	**8629**	**25.9**	**50.6**	**1.9**	**31.3**	**23.2**
中部农村	**7521**	**26.6**	**49.5**	**3.7**	**32.6**	**27.9**
西部农村	**11061**	**25.8**	**48.9**	**2.4**	**30.0**	**27.0**
北京东城区	344	21.7	40.3	4.8	21.3	13.6
北京密云县	506	34.4	66.2	3.8	39.8	32.7
天津河北区	341	22.7	40.5	6.3	30.4	15.7
天津蓟县	498	28.2	51.5	3.6	30.9	25.5
河北唐山路北区	322	23.5	47.3	1.5	28.2	11.2
河北武安市	338	19.8	40.2	0.2	22.4	17.8
河北唐县	499	27.5	54.5	1.2	31.8	21.2
河北丰宁满族县	391	29.7	56.2	4.2	31.0	31.6
山西平定县	419	25.8	49.2	2.0	29.0	26.7
山西武乡县	495	35.5	66.1	1.7	31.5	36.3
山西阳城县	336	23.2	45.3	0.3	25.0	8.0
内蒙古喀喇沁旗	482	31.0	58.9	3.5	31.1	34.1
内蒙古开鲁县	429	27.3	43.4	11.2	32.0	25.5
内蒙古准格尔旗	578	39.5	63.3	15.1	49.0	50.9
辽宁沈阳大东区	409	28.0	52.1	5.5	28.6	24.0
辽宁灯塔市	511	32.4	54.7	8.6	37.0	26.0
吉林四平市铁东区	288	20.4	36.0	5.3	17.0	21.1
吉林东丰县	558	34.4	54.4	13.0	43.6	32.9
吉林延吉市	303	23.8	48.7	0.9	21.8	16.7
黑龙江富裕县	512	33.6	51.3	15.0	39.2	37.3
黑龙江宝清县	451	28.2	46.5	9.1	36.1	32.1
黑龙江绥化北林区	293	21.9	38.1	7.2	27.8	16.7
上海卢湾区	282	19.8	38.5	1.4	22.2	8.7
上海崇明县	274	22.5	47.8	1.1	28.9	16.5
江苏邳州市	383	24.1	44.7	1.8	31.6	24.7
江苏苏州市金阊区	327	22.9	45.6	2.4	23.9	16.5
江苏金湖县	366	24.8	45.6	6.0	35.5	38.6
江苏扬中市	407	24.4	49.4	0.5	31.9	24.2
浙江杭州上城区	322	22.2	43.3	2.9	23.9	12.7
浙江桐庐县	427	29.9	57.9	2.5	30.6	29.9
浙江桐乡市	550	27.4	54.5	1.1	31.6	21.9
安徽固镇县	438	27.2	50.4	3.4	36.5	34.0
安徽安庆市大观区	336	24.4	48.0	1.2	27.1	19.7
安徽庐江县	307	22.2	47.5	0.7	29.1	24.0
安徽蒙城县	244	18.0	33.9	1.2	25.4	22.1
福建宁化县	427	27.6	55.0	0.3	37.6	27.4
福建建阳市	397	25.9	52.4	0.5	31.6	21.1
福建永定县	357	21.8	43.3	0.4	25.2	17.6
江西宜春市袁州区	417	28.9	57.3	0.7	30.2	26.3
江西上高县	380	25.9	49.9	1.0	42.4	25.8

续表 4—4　不同性别、不同年龄 15 岁及以上人口吸烟率（%）

地区分类	吸烟人口数	吸烟率			年龄别吸烟率	
		合计	男性	女性	55—64 岁	65 岁及以上
江西高安市	351	24.7	49.4	0.7	34.7	30.1
山东青岛市北区	303	21.6	43.1	1.7	20.8	12.8
山东招远市	324	24.2	48.4	1.3	31.0	19.6
山东梁山县	409	25.1	51.3	0.5	31.3	21.2
山东禹城市	318	21.2	43.3	2.3	29.0	17.9
河南汝阳县	328	21.8	43.2	1.2	26.6	22.0
河南新乡市卫滨区	323	21.5	43.5	1.1	16.4	7.7
河南睢县	251	17.8	37.6	0.7	23.0	12.6
河南扶沟县	328	19.5	38.8	0.4	22.9	16.5
湖北宜昌市西陵区	336	23.5	42.5	5.1	23.3	21.1
湖北老河口市	336	24.1	47.8	3.4	28.7	20.8
湖北麻城市	423	31.6	56.7	9.1	49.8	34.1
湖北鹤峰县	489	32.6	59.4	4.8	33.1	37.7
湖南长沙市天心区	393	26.1	51.1	4.4	27.9	20.3
湖南安乡县	380	25.7	48.6	1.8	30.6	33.2
湖南慈利县	468	32.0	60.9	3.1	35.2	35.3
湖南安仁县	363	25.5	51.3	0.3	30.0	25.0
广东广州荔湾区	297	19.7	39.1	1.4	25.2	13.1
广东四会市	419	26.6	53.0	1.8	37.0	25.2
广东英德市	446	27.1	54.5	0.2	30.0	23.7
广东中山市	453	23.2	43.9	4.0	32.9	31.1
广西宾阳县	380	24.9	47.2	1.2	21.1	22.6
广西合浦县	374	21.3	39.4	1.1	23.8	16.5
广西罗城仫佬县	481	30.4	59.5	1.4	27.2	24.4
海南海口市龙华区	293	17.6	35.9	0.9	17.1	13.0
海南文昌市	382	19.9	39.9	0.2	21.7	14.4
重庆万州区	354	24.6	49.2	1.5	29.3	21.5
重庆沙坪坝区	344	24.0	48.1	2.9	23.4	10.9
重庆忠县	365	28.9	59.4	1.4	32.1	31.2
四川成都青羊区	207	15.8	30.8	2.6	16.9	8.0
四川盐亭县	317	23.4	45.9	1.7	31.8	22.7
四川阆中市	365	27.0	50.5	2.9	30.8	28.4
贵州湄潭县	495	35.8	70.3	2.0	37.7	44.1
贵州玉屏侗族县	499	32.6	62.2	0.1	33.5	35.5
贵州施秉县	493	32.8	63.1	1.0	36.9	34.1
云南昆明五华区	276	18.8	36.8	1.3	16.7	12.4
云南广南县	537	29.8	59.2	0.6	32.2	26.4
云南祥云县	575	34.5	67.5	1.1	36.8	31.8
西藏拉萨城关区	324	20.1	42.0	2.7	15.2	6.5
西藏墨竹工卡县	445	20.4	38.1	2.5	17.0	8.4
陕西宝鸡市金台区	389	28.0	54.5	1.3	27.3	18.9
陕西眉县	394	22.8	45.6	0.3	25.1	25.4
陕西汉阴县	361	28.1	50.8	4.0	34.4	40.4
甘肃榆中县	535	31.1	61.6	0.6	37.4	31.5
甘肃景泰县	493	28.4	55.5	0.9	29.2	33.0
甘肃临潭县	307	16.4	31.5	0.7	24.3	9.8
青海互助土族县	452	23.9	46.7	0.4	26.3	17.1
青海海晏县	471	24.9	48.5	2.1	31.8	13.5
宁夏银川市西夏区	274	20.7	41.0	1.1	22.4	14.6
宁夏隆德县	394	23.0	46.7	1.2	30.9	31.8
宁夏中宁县	454	23.8	46.6	1.7	27.9	25.3
新疆乌市天山区	287	21.4	42.0	2.3	19.0	15.4
新疆和田县	37	2.0	3.9		2.1	1.7
新疆新源县	348	19.2	32.3	5.9	26.5	16.8

表4－8 15岁及以上人口戒烟率（%）

地区分类	戒烟人口数	戒烟率			年龄别戒烟率	
		合计	男性	女性	55—64岁	65岁及以上
城乡合计	**3090**	**7.8**	**6.4**	**27.4**	**10.0**	**17.8**
城市合计	**1022**	**10.0**	**8.6**	**26.7**	**13.4**	**25.6**
农村合计	**2068**	**7.1**	**5.7**	**27.7**	**8.9**	**14.6**
大城市	**445**	**11.3**	**9.5**	**27.2**	**14.5**	**28.8**
中等城市	**289**	**10.3**	**8.8**	**33.7**	**13.7**	**28.0**
小城市	**288**	**8.4**	**7.3**	**21.5**	**12.0**	**19.0**
一类农村	**574**	**8.0**	**6.8**	**24.8**	**8.6**	**18.0**
二类农村	**598**	**6.9**	**5.6**	**25.9**	**9.2**	**14.6**
三类农村	**700**	**6.8**	**5.4**	**27.6**	**9.3**	**12.7**
四类农村	**196**	**5.9**	**4.0**	**43.0**	**7.3**	**11.3**
东部农村	**707**	**7.6**	**6.2**	**32.7**	**8.9**	**17.0**
中部农村	**553**	**6.8**	**5.8**	**18.9**	**8.3**	**14.9**
西部农村	**808**	**6.8**	**5.1**	**32.0**	**9.4**	**12.2**
北京东城区	42	10.9	10.3	14.9	18.3	28.9
北京密云县	33	6.1	5.0	22.2	4.8	17.9
天津河北区	40	10.5	8.2	22.2	8.4	23.9
天津蓟县	37	6.9	4.5	32.6	6.8	15.0
河北唐山路北区	23	6.7	6.6	8.3	7.6	37.1
河北武安市	39	10.3	9.2	71.4	18.6	22.9
河北唐县	20	3.9	2.8	35.3	6.7	9.7
河北丰宁满族县	31	7.3	6.4	17.6	5.0	13.9
山西平定县	30	6.7	6.3	15.8	12.0	20.7
山西武乡县	35	6.6	5.1	45.0	5.1	14.9
山西阳城县	39	10.4	8.5	80.0	16.7	37.5
内蒙古喀喇沁旗	21	4.2	3.0	20.6	10.4	1.7
内蒙古开鲁县	39	8.3	6.8	13.7	20.8	20.6
内蒙古准格尔旗	37	6.0	5.1	9.9	5.6	16.2
辽宁沈阳大东区	49	10.7	8.5	26.3	13.1	28.6
辽宁灯塔市	21	3.9	2.6	12.2	3.8	10.5
吉林四平市铁东区	10	3.4	2.7	7.3	5.3	7.7
吉林东丰县	31	5.3	3.4	12.8	4.7	14.5
吉林延吉市	35	10.4	9.2	45.5	19.1	25.6
黑龙江富裕县	21	3.9	2.4	8.9	5.9	8.8
黑龙江宝清县	42	8.5	8.0	11.3	7.0	23.2
黑龙江绥化北林区	29	9.0	7.3	16.7	6.0	21.4
上海卢湾区	41	12.7	12.0	28.6	15.5	37.3
上海崇明县	29	9.6	9.2	22.2	8.6	22.4
江苏邳州市	28	6.8	3.4	51.7	5.6	11.4
江苏苏州市金阊区	39	10.7	9.4	28.0	16.9	21.9
江苏金湖县	28	7.1	4.8	20.7	3.4	8.0
江苏扬中市	18	4.2	3.8	33.3	5.2	8.0
浙江杭州上城区	37	10.3	8.8	26.7	9.3	24.5
浙江桐庐县	48	10.1	9.3	25.0	17.6	26.3
浙江桐乡市	66	10.7	9.0	54.2	13.2	13.9
安徽固镇县	26	5.6	4.2	22.9	6.8	12.7
安徽安庆市大观区	32	8.7	6.6	52.9	11.9	20.3
安徽庐江县	32	9.4	8.5	44.4	13.3	22.6
安徽蒙城县	21	7.9	4.5	55.6	7.8	8.5
福建宁化县	30	6.6	4.7	81.8	8.1	15.6
福建建阳市	37	8.5	7.5	55.6	12.0	17.0
福建永定县	52	12.7	10.8	75.0	18.5	34.5
江西宜春市袁州区	48	10.3	9.1	58.3	12.3	23.5
江西上高县	36	8.7	7.0	53.3	10.3	18.6

续表 4-8 15 岁及以上人口戒烟率（%）

地区分类	戒烟人口数	戒烟率			年龄别戒烟率	
		合计	男性	女性	55—64 岁	65 岁及以上
江西高安市	31	8.1	7.5	37.5	10.4	22.7
山东青岛市北区	59	16.3	14.2	47.8	22.6	40.3
山东招远市	29	8.2	8.2	10.0	3.7	23.7
山东梁山县	26	6.0	6.0		9.5	21.2
山东禹城市	25	7.3	6.6	17.4	5.9	17.8
河南汝阳县	23	6.6	6.5	10.0	12.7	15.6
河南新乡市卫滨区	43	11.7	11.0	30.8	12.5	52.9
河南睢县	37	12.8	10.5	61.5	20.0	26.7
河南扶沟县	32	8.9	8.2	50.0	10.3	25.7
湖北宜昌市西陵区	25	6.9	5.1	19.6	6.8	18.8
湖北老河口市	16	4.5	4.3	7.4	3.1	17.6
湖北麻城市	29	6.4	6.0	8.6	4.4	15.5
湖北鹤峰县	20	3.9	4.0	2.8	4.8	4.6
湖南长沙市天心区	36	8.4	5.3	30.8	10.0	10.9
湖南安乡县	15	3.8	3.2	18.8	2.7	3.1
湖南慈利县	21	4.3	3.1	23.3	3.2	6.6
湖南安仁县	32	8.1	7.2	66.7	7.8	16.7
广东广州荔湾区	42	12.4	11.5	31.3	15.4	37.7
广东四会市	30	6.7	5.8	25.0	6.2	20.5
广东英德市	30	6.3	6.3		15.0	10.1
广东中山市	51	10.1	7.8	28.6	14.1	18.4
广西宾阳县	29	7.1	7.3		15.9	15.1
广西合浦县	50	11.8	8.8	62.5	15.2	25.4
广西罗城仫佬县	21	4.2	3.9	15.4	5.7	7.4
海南海口市龙华区	34	10.4	8.7	46.7	16.2	24.5
海南文昌市	50	11.6	5.9	92.9	16.1	18.8
重庆万州区	29	7.6	6.8	26.7	10.7	15.1
重庆沙坪坝区	32	8.5	5.6	37.1	17.2	20.0
重庆忠县	46	11.2	8.5	59.1	11.4	15.4
四川成都青羊区	58	21.9	19.2	41.9	23.5	47.8
四川盐亭县	50	13.6	11.8	42.9	11.7	19.2
四川阆中市	40	9.9	8.2	32.1	5.8	17.8
贵州湄潭县	42	7.8	4.6	57.6	11.7	6.0
贵州玉屏侗族县	27	5.1	3.1	91.7	3.4	6.7
贵州施秉县	23	4.5	3.2	50.0	5.7	9.0
云南昆明五华区	39	12.4	11.6	28.6	17.1	33.3
云南广南县	15	2.7	1.8	50.0	4.9	7.7
云南祥云县	41	6.7	5.5	47.1	12.0	12.3
西藏拉萨城关区	34	9.5	9.6	7.7	21.9	18.2
西藏墨竹工卡县	25	5.3	5.4	3.6	6.9	13.3
陕西宝鸡市金台区	36	8.5	6.9	47.1	17.5	22.0
陕西眉县	17	4.1	3.0	62.5	7.8	1.9
陕西汉阴县	28	7.2	4.3	34.2	2.6	15.9
甘肃榆中县	30	5.3	4.3	54.5	6.4	12.5
甘肃景泰县	22	4.3	4.0	20.0	10.0	7.8
甘肃临潭县	34	10.0	8.0	57.1	14.3	20.0
青海互助土族县	15	3.2	2.0	60.0	5.6	4.3
青海海晏县	51	9.8	4.4	60.0	13.0	10.5
宁夏银川市西夏区	34	11.0	8.9	53.3	14.6	23.8
宁夏隆德县	42	9.6	6.4	59.3	9.8	14.1
宁夏中宁县	38	7.7	5.8	40.7	12.5	12.0
新疆乌市天山区	29	9.2	7.8	20.0	17.4	18.2
新疆和田县	5	11.9	9.8	100.0	20.0	
新疆新源县	20	5.4	3.6	14.5	10.3	5.9

表 6—1 农村外出务工人员性别、年龄

地区分类	外出人员数	性别		年龄别	
		男性	女性	55—64 岁	65 岁及以上
城乡合计					
城市合计					
农村合计	**21074**	**59.2**	**40.8**	**1.3**	**0.8**
中等城市					
小城市					
一类农村	**3317**	**61.7**	**38.3**	**1.6**	**0.7**
二类农村	**7116**	**57.3**	**42.7**	**1.2**	**1.0**
三类农村	**8644**	**59.4**	**40.6**	**1.4**	**0.7**
四类农村	**1997**	**60.5**	**39.5**	**0.7**	**0.4**
东部农村	**5538**	**58.9**	**41.1**	**1.5**	**0.8**
中部农村	**7068**	**59.3**	**40.7**	**1.4**	**1.0**
西部农村	**8468**	**59.1**	**40.9**	**1.2**	**0.5**
北京东城区					
北京密云县	35	77.1	22.9	8.6	
天津河北区					
天津蓟县	74	74.3	25.7	4.1	
河北唐山路北区					
河北武安市	127	71.7	28.3	4.7	
河北唐县	71	70.4	29.6	1.4	
河北丰宁满族县	307	70.4	29.6	3.9	
山西平定县	64	73.4	26.6		
山西武乡县	343	62.4	37.6	2.0	0.6
山西阳城县	46	65.2	34.8		
内蒙古喀喇沁旗	224	65.2	34.8	2.2	
内蒙古开鲁县	165	61.2	38.8	4.8	1.2
内蒙古准格尔旗	36	66.7	33.3		
辽宁沈阳大东区					
辽宁灯塔市	63	49.2	50.8	1.6	1.6
吉林四平市铁东区					
吉林东丰县	97	66.0	34.0	4.1	2.1
吉林延吉市					
黑龙江富裕县	102	58.8	41.2	2.0	
黑龙江宝清县	42	54.8	45.2	7.1	
黑龙江绥化北林区					
上海卢湾区					
上海崇明县	200	66.5	33.5	1.5	
江苏邳州市	160	62.5	37.5	3.1	
江苏苏州市金阊区					
江苏金湖县	280	62.1	37.9	1.4	
江苏扬中市	35	74.3	25.7	14.7	5.9
浙江杭州上城区					
浙江桐庐县	177	55.4	44.6	3.4	
浙江桐乡市	76	44.7	55.3	6.6	5.3
安徽固镇县	506	56.7	43.3	1.0	0.4
安徽安庆市大观区					
安徽庐江县	534	62.7	37.3	2.6	6.0
安徽蒙城县	581	59.1	40.9	2.3	2.6
福建宁化县	703	54.2	45.8	1.1	1.4
福建建阳市	462	60.4	39.6	1.5	1.1
福建永定县	463	57.1	42.9	0.9	1.3
江西宜春市袁州区					
江西上高县	361	63.2	36.8	0.3	0.3

续表 6—1 农村外出务工人员性别、年龄

地区分类	外出人员数	性别		年龄别	
		男性	女性	55—64 岁	65 岁及以上
江西高安市	407	57.7	42.3	0.2	1.5
山东青岛市北区					
山江招远市	103	49.5	50.5	1.9	
山东梁山县	252	64.7	35.3	0.8	1.6
山东禹城市	383	62.9	37.1	1.0	0.5
河南汝阳县	480	62.3	37.7	0.6	
河南新乡市卫滨区					
河南睢县	407	67.1	32.9	2.0	0.5
河南扶沟县	489	57.9	42.1	3.3	0.8
湖北宜昌市西陵区					
湖北老河口市					
湖北麻城市	689	57.2	42.8	0.4	
湖北鹤峰县	389	55.8	44.2	1.0	1.3
湖南长沙市天心区					
湖南安乡县	374	56.1	43.9	0.8	
湖南慈利县	477	57.2	42.8	0.6	
湖南安仁县	680	55.6	44.4	0.9	0.4
广东广州荔湾区					
广东四会市	340	59.1	40.9	0.3	0.3
广东英德市	886	52.3	47.7		0.7
广东中山市					
广西宾阳县	654	57.2	42.8	0.5	0.5
广西合浦县	298	58.2	41.8	0.3	1.3
广西罗城仫佬县	607	56.7	43.3	0.8	0.2
海南海口市龙华区					
海南文昌市	341	54.5	45.5	0.3	0.9
重庆万州区					
重庆沙坪坝区					
重庆忠县	763	59.9	40.1	2.5	1.0
四川成都青羊区					
四川盐亭县	531	56.7	43.3	1.5	
四川阆中市	469	56.1	43.9	1.7	
贵州湄潭县	549	52.1	47.9	0.9	0.7
贵州玉屏侗族县	474	58.4	41.6	1.5	1.3
贵州施秉县	444	59.7	40.3	0.2	0.5
云南昆明五华区					
云南广南县	418	60.3	39.7	0.5	0.5
云南祥云县	223	63.7	36.3	0.9	
西藏拉萨城关区					
西藏墨竹工卡县	217	40.1	59.9	0.5	0.5
陕西宝鸡市金台区					
陕西眉县	326	60.1	39.9	0.9	
陕西汉阴县	565	62.7	37.3	0.9	
甘肃榆中县	303	60.4	39.6		1.7
甘肃景泰县	229	59.8	40.2	2.6	0.4
甘肃临潭县	145	75.9	24.1	2.1	
青海互助土族县	122	68.9	31.1		
青海海晏县	84	65.5	34.5	2.4	2.4
宁夏银川市西夏区					
宁夏隆德县	364	67.9	32.1	1.1	0.3
宁夏中宁县	140	67.1	32.9	0.7	2.1
新疆乌市天山区					
新疆和田县	2	50.0	50.0		
新疆新源县	116	46.6	53.4	0.9	

表 2 调查地区居民两周患病率（%）

调查地区	患病人员数	两周患病率（%）			年龄别两周患病率（%）	
		合计	男性	女性	55—64 岁	65 岁及以上
1993 年						
调查地区合计	30135	14.0	12.8	15.2	23.7	25.4
城市合计	9502	17.5	15.8	19.2	28.7	31.7
农村合计	20633	12.8	11.9	13.8	20.9	21.7
大城市	3491	20.1	18.1	22.0	34.0	36.5
中城市	3451	18.7	16.5	20.9	28.6	30.6
小城市	2560	13.9	13.0	14.8	22.7	25.3
一类农村	4591	12.4	11.3	13.7	20.7	20.7
二类农村	6893	13.8	13.1	14.5	22.0	22.6
三类农村	6323	12.2	11.3	13.1	19.4	20.7
四类农村	2826	12.7	11.4	14.0	23.0	24.7
1998 年						
调查地区合计	32364	15.0	13.6	16.4	25.9	29.4
城市合计	10213	18.7	17.1	20.4	31.2	37.9
农村合计	22151	13.7	12.5	15.0	23.1	24.2
大城市	4648	22.4	20.4	24.3	37.4	47.1
中城市	2477	15.9	14.6	17.2	25.5	23.9
小城市	3088	17.0	15.5	18.5	28.8	35.5
一类农村	4788	13.2	12.4	14.2	21.4	22.7
二类农村	6357	13.3	12.3	14.4	22.1	22.9
三类农村	8274	15.4	13.8	17.0	26.4	28.1
四类农村	2732	11.5	10.1	13.0	19.6	20.0
2003 年						
调查地区合计	27696	14.3	13.0	15.6	25.2	33.8
城市合计	7614	15.3	13.5	17.0	25.8	39.7
农村合计	20082	13.9	12.9	15.1	24.9	30.2
人城市	3085	16.5	14.5	18.3	26.9	42.0
中城市	2301	16.1	14.5	17.6	29.2	42.5
小城市	2228	13.4	11.7	15.1	21.1	32.0
一类农村	4103	12.8	11.9	13.7	20.8	29.0
二类农村	5642	13.3	12.6	13.9	24.4	26.7
三类农村	7734	16.0	14.5	17.6	28.9	35.0
四类农村	2603	12.4	11.2	13.6	23.7	27.1
2008 年						
调查地区合计	33473	18.9	17.0	20.7	32.3	46.6
城市合计	10326	22.2	20.3	24.0	35.5	58.1
农村合计	23147	17.7	15.9	19.4	31.0	39.8
大城市	5202	29.7	26.8	32.3	42.1	74.2
中城市	2474	18.7	17.5	19.8	32.5	46.5
小城市	2650	16.9	15.4	18.2	30.1	40.4
一类农村	5600	18.9	17.2	20.5	33.1	45.3
二类农村	6616	16.7	15.3	18.1	26.9	34.9
三类农村	8089	19.0	17.1	20.9	33.0	40.4
四类农村	2842	15.0	12.7	17.3	31.7	36.7

表 4　调查地区居民慢性病（病例）患病率按年龄别分析（%）

调查地区	年龄别慢性病患病率（%）	
	55—64 岁	65 岁及以上
1993 年		
调查地区合计	46.3	51.3
城市合计	66.3	73.7
农村合计	35.1	38.4
大城市	69.3	80.7
中城市	70.2	78.3
小城市	58.7	58.2
一类农村	35.6	39.0
二类农村	33.5	36.8
三类农村	33.5	38.8
四类农村	41.7	40.0
1998 年		
调查地区合计	38.7	51.8
城市合计	57.3	79.3
农村合计	29.6	35.5
大城市	64.8	89.3
中城市	60.7	76.8
小城市	44.5	63.7
一类农村	31.1	38.2
二类农村	25.2	32.4
三类农村	34.6	39.0
四类农村	23.9	28.8
2003 年		
调查地区合计	36.2	53.9
城市合计	49.7	77.7
农村合计	30.3	39.2
大城市	55.0	87.5
中城市	49.8	73.4
小城市	42.9	62.7
一类农村	28.3	42.9
二类农村	30.8	36.7
三类农村	31.1	38.6
四类农村	30.6	37.3
2008 年		
调查地区合计	42.0	64.5
城市合计	52.2	85.2
农村合计	38.0	52.4
大城市	58.3	97.6
中城市	49.1	81.3
小城市	47.7	65.9
一类农村	43.8	63.3
二类农村	33.7	48.6
三类农村	38.9	50.8
四类农村	33.5	38.7

表 5　调查地区居民两周就诊率（%）

调查地区	就诊人员数	两周就诊率（%）			年龄别两周就诊率（%）	
		合计	男性	女性	55—64 岁	65 岁及以上
1993 年						
调查地区合计	40046	18.6	16.9	20.3	30.3	31.3
城市合计	12170	22.5	20.6	24.4	36.0	39.0
农村合计	27752	17.3	15.7	18.8	27.0	26.9
大城市	4061	23.4	21.6	25.0	39.7	42.5
中城市	3673	20.2	17.4	22.8	29.2	34.0
小城市	4436	24.1	22.8	25.3	38.8	38.4
一类农村	6116	16.6	15.1	18.1	26.7	26.5
二类农村	9462	19.0	17.5	20.5	27.7	27.6
三类农村	8297	16.0	14.6	17.4	26.1	24.5
四类农村	3877	17.4	15.4	19.5	28.6	32.6
1998 年						
调查地区合计	35417	17.1	14.9	17.9	26.6	29.9
城市合计	8831	17.4	14.8	17.5	27.1	32.1
农村合计	26586	17.0	15.0	18.0	26.4	28.6
大城市	3684	19.1	16.2	19.3	32.1	38.3
中城市	1942	13.1	11.6	13.4	21.5	20.3
小城市	3205	19.2	16.2	19.0	26.2	32.8
一类农村	5418	16.1	15.0	16.3	23.3	26.6
二类农村	8209	17.4	15.1	18.4	27.3	27.3
三类农村	9882	19.0	16.6	20.3	29.4	34.2
四类农村	3077	13.1	11.0	14.9	22.5	21.0
2003 年						
调查地区合计	25906	13.4	12.2	14.6	22.8	28.1
城市合计	5869	11.8	10.3	13.3	19.1	28.8
农村合计	20037	13.9	12.8	15.1	24.4	27.6
大城市	2243	12.0	10.4	13.4	19.2	30.5
中城市	1324	9.3	8.2	10.3	15.9	23.4
小城市	2302	13.8	11.9	15.7	22.2	31.1
一类农村	3710	11.6	11.0	12.2	17.2	23.4
二类农村	6202	14.6	13.7	15.5	24.4	30.4
三类农村	7633	15.8	14.3	17.3	30.4	31.4
四类农村	2492	11.8	10.2	13.5	22.6	19.4
2008 年						
调查地区合计	25813	14.5	13.1	16.0	21.6	30.3
城市合计	5914	12.7	11.3	14.0	18.4	30.3
农村合计	19899	15.2	13.8	16.7	22.9	30.3
大城市	2642	15.1	13.6	16.4	21.5	38.6
中城市	1178	8.9	7.4	10.3	11.8	18.1
小城市	2094	13.3	12.1	14.5	20.5	27.8
一类农村	3476	11.7	10.8	12.7	17.3	22.2
二类农村	6786	17.1	15.7	18.6	24.6	35.9
三类农村	7532	17.7	16.2	19.2	26.2	34.0
四类农村	2105	11.1	9.0	13.2	20.0	23.2

表 6 调查地区患者未就诊比例（%）

调查地区	未就诊比例（%）			年龄别未就诊率（%）	
	合计	男性	女性	55—64 岁	65 岁及以上
1993 年					
调查地区合计	36.4	35.8	36.9	40.8	44.2
城市合计	42.4	41.4	43.3	42.5	45.4
农村合计	33.7	33.4	33.9	39.4	43.2
大城市	45.1	43.5	46.3	42.8	47.0
中城市	46.2	46.7	45.9	47.8	44.7
小城市	34.1	32.5	35.5	35.1	42.6
一类农村	33.3	32.2	34.2	40.7	44.4
二类农村	33.7	33.2	34.0	40.8	45.4
三类农村	32.5	33.0	31.9	36.5	41.5
四类农村	36.8	36.6	37.0	40.6	39.5
1998 年					
调查地区合计	38.5	38.2	38.6	43.2	43.8
城市合计	49.9	49.6	50.2	50.9	50.3
农村合计	33.2	33.3	33.0	37.5	37.6
大城市	52.0	51.7	52.2	50.2	49.4
中城市	52.6	52.1	53.0	49.9	50.2
小城市	44.7	44.3	44.9	53.0	52.4
一类农村	32.5	32.0	32.8	38.6	35.6
二类农村	32.2	32.2	32.1	36.0	38.2
三类农村	34.6	34.9	34.2	39.6	38.0
四类农村	32.4	33.0	31.9	32.2	39.0
2003 年					
调查地区合计	48.9	48.8	49.0	52.3	54.3
城市合计	57.0	57.1	56.8	60.9	57.6
农村合计	45.8	45.8	45.8	48.4	51.6
大城市	57.7	56.7	58.4	61.4	55.0
中城市	63.8	64.1	63.4	67.9	65.2
小城市	48.9	50.3	47.9	50.4	53.5
一类农村	49.8	49.8	49.7	54.7	55.8
二类农村	43.0	43.3	42.7	47.6	45.8
三类农村	46.7	46.4	47.0	47.4	51.9
四类农村	43.0	43.7	42.3	42.6	53.4
2008 年					
调查地区合计	37.6	37.7	37.6	41.1	35.8
城市合计	37.3	37.1	37.5	39.6	31.8
农村合计	37.8	37.9	37.7	41.7	39.3
大城市	33.0	32.1	33.7	33.3	25.7
中城市	36.7	37.8	35.9	39.4	34.8
小城市	46.4	46.0	46.7	50.7	48.8
一类农村	42.2	42.6	41.9	43.4	43.2
二类农村	35.4	35.4	35.3	38.9	34.1
三类农村	35.6	35.3	35.8	41.8	37.3
四类农村	40.8	42.2	39.7	44.6	47.7

表7　调查地区居民年住院率（%）

调查地区	住院人次数	年住院率（%）			年龄别年住院率（%）	
		合计	男性	女性	55—64岁	65岁及以上
1993年						
调查地区合计	7643	3.6	3.3	3.8	6.0	6.1
城市合计	2727	5.0	4.6	5.5	8.4	8.7
农村合计	4916	3.1	2.9	3.2	4.6	4.6
大城市	852	4.9	4.5	5.3	7.5	8.6
中城市	930	5.1	4.7	5.5	8.3	8.5
小城市	945	5.1	4.6	5.6	9.6	9.1
一类农村	1211	3.3	3.0	3.6	4.5	4.9
二类农村	1479	3.0	2.9	3.0	4.9	4.7
三类农村	1492	2.9	2.7	3.1	4.6	4.1
四类农村	734	3.3	3.1	3.5	4.7	5.3
1998年						
调查地区合计	7647	3.5	3.3	3.8	5.7	8.0
城市合计	2634	4.8	4.7	4.9	7.4	12.6
农村合计	5013	3.1	2.8	3.4	4.8	5.1
大城市	1054	5.1	4.9	5.2	7.5	13.3
中城市	836	5.4	5.3	5.5	8.8	12.6
小城市	744	4.1	4.1	4.1	6.0	11.0
一类农村	1258	3.5	2.9	4.1	4.8	5.4
二类农村	1382	2.9	2.7	3.1	4.7	4.7
三类农村	1564	2.9	2.7	3.1	5.0	4.8
四类农村	809	3.4	2.9	3.9	4.5	7.0
2003年						
调查地区合计	6981	3.6	3.2	4.0	5.3	8.4
城市合计	2107	4.2	4.1	4.4	6.0	12.7
农村合计	4874	3.4	2.9	3.9	5.1	5.8
大城市	756	4.0	3.7	4.3	5.3	12.5
中城市	658	4.6	4.6	4.6	6.4	13.9
小城市	693	4.2	4.1	4.2	6.4	11.8
一类农村	1097	3.4	2.9	4.0	4.6	6.4
二类农村	1283	3.0	2.6	3.5	4.6	4.4
三类农村	1725	3.6	3.0	4.1	5.7	5.7
四类农村	769	3.7	3.1	4.2	5.4	7.9
2008年						
调查地区合计	12139	6.8	6.0	7.6	9.3	15.3
城市合计	3293	7.1	6.6	7.6	9.7	19.4
农村合计	8846	6.8	5.9	7.7	9.2	12.9
大城市	1373	7.8	7.3	8.3	10.2	20.4
中城市	934	7.0	6.3	7.8	9.1	19.6
小城市	986	6.3	6.1	6.5	9.6	17.2
一类农村	1753	5.9	5.5	6.3	7.7	10.8
二类农村	2731	6.9	6.0	7.8	8.3	13.5
三类农村	3053	7.2	6.0	8.3	9.9	14.1
四类农村	1309	6.9	5.8	8.1	12.8	13.2

表 8 调查地区患者应住院未住院的比例（%）

调查地区	应住院人次数	未住院人次数	未住院率（%）			年龄别年未住院率（%）	
			合计	男性	女性	55—64 岁	65 岁及以上
1993 年							
调查地区合计	11052	3409	30.8	31.0	30.7	37.0	37.3
城市合计	3535	808	22.9	22.7	23.0	24.4	27.6
农村合计	7517	2601	34.6	34.6	34.6	46.0	45.2
大城市	1106	254	23.0	24.8	21.5	26.0	26.2
中城市	1214	284	23.4	21.2	25.1	23.2	31.4
小城市	1215	270	22.2	22.2	22.2	24.1	26.1
一类农村	1632	421	25.8	27.1	24.6	38.4	38.9
二类农村	2218	739	33.3	32.1	34.5	38.2	41.6
三类农村	2464	972	39.4	38.2	40.5	54.2	51.2
四类农村	1203	469	39.0	42.0	36.1	49.6	50.5
1998 年							
调查地区合计	10416	3863	37.1	37.5	36.7	45.5	45.5
城市合计	3332	1103	33.1	33.0	33.0	37.6	36.8
农村合计	7084	2760	39.0	39.7	38.4	50.8	54.6
大城市	1274	393	30.8	30.2	31.0	37.9	27.9
中城市	1057	373	35.3	37.8	32.9	37.9	45.6
小城市	1001	337	33.7	31.3	35.8	36.6	42.1
一类农村	1688	570	33.8	36.9	31.2	47.3	45.5
二类农村	1973	784	39.7	40.5	39.0	45.2	55.8
三类农村	2158	806	37.3	37.8	36.9	52.2	54.8
四类农村	1265	600	47.4	45.3	49.1	60.8	65.5
2003 年							
调查地区合计	9912	2932	29.6	30.1	29.1	38.4	34.7
城市合计	2915	809	27.8	26.8	28.6	33.2	25.0
农村合计	6997	2123	30.3	31.6	29.4	40.8	44.4
大城市	986	230	23.3	23.8	22.9	25.7	23.4
中城市	958	300	31.3	30.4	32.2	42.4	24.0
小城市	971	279	28.7	26.0	31.1	29.7	29.3
一类农村	1429	332	23.2	26.9	20.3	30.5	36.1
二类农村	1761	478	27.1	27.6	26.8	38.7	41.8
三类农村	2689	964	35.8	36.5	35.3	45.5	52.8
四类农村	1118	349	31.2	32.1	30.5	45.4	40.0
2008 年							
调查地区合计	16202	4063	25.1	25.1	25.0	32.6	28.0
城市合计	4448	1155	26.0	25.9	26.0	29.9	23.8
农村合计	11754	2908	24.7	24.8	24.7	33.7	31.4
大城市	1833	460	25.1	25.6	24.7	27.2	22.8
中城市	1224	290	23.7	23.0	24.2	26.0	21.7
小城市	1391	405	29.1	28.7	29.5	35.8	28.2
一类农村	2290	537	23.4	22.4	24.3	29.5	32.1
二类农村	3602	871	24.2	24.9	23.6	36.6	30.3
三类农村	4213	1160	27.5	27.6	27.5	36.8	33.8
四类农村	1649	340	20.6	20.9	20.4	23.9	22.2

附件五　调查表及指标解释

表 1　家庭一般情况调查

本表由最熟悉家庭情况的人回答

序号	问题及选项	回答
1	您家共有几口人（人）?（包括户籍人口及近半年内居住在本户的亲戚、保姆等）	
2	近半年内，有几口人常住在家里（人）?	
3	（农村地区询问）在县外务工并且半年内不常在家居住的人员数?（包括随行人员，如配偶、孩子和父母等）	
4	您家住房类型是：（1）楼房　（2）砖瓦平房　（3）土坯平房　（4）其他	
5	您家生活住房建筑面积约多少（平方米）?	
6	您家有几台电视机（台）?	
7	您家电话拥有情况：（1）固定电话　（2）移动电话　（3）二者均有　（4）二者均无	
8	您家饮用水类型：（1）自来水　（2）手压机井水　（3）受保护的水井　（4）雨水收集　（5）受保护的泉水　（6）未受保护的水井　（7）未受保护的泉水　（8）卡车或手推车送水　（9）地表水　（10）罐装水并用上述（1）～（5）做饭和洗手　（11）罐装水并用上述（6）—（9）做饭和洗手　（12）其他	
9	您家厕所类型：（1）完整下水道水冲式　（2）粪尿分集式　（3）三联沼气　（4）双瓮漏斗式　（5）三格化粪池（6）双坑交替式　（7）通风改良式　（8）阁楼式（9）深坑防冻式　（10）有盖板的坑式厕所　（11）无盖板的坑式厕所　（12）粪桶　（13）无设施或灌木丛或田间　（14）其他	
10	离您家最近的医疗单位有多远?(1)不足 1 公里(2)1 -(3)2 -(4)3 -(5)4 -(6)5 公里及以上	
11	从您家到最近医疗单位需要多少时间(分钟)?(以容易获得的最快方式,如乘交通工具或步行)	
序号	问题及选项	回答
12	您家年收入是多少(元)?(城市地区为家庭现金收入,农村地区为纯收入)	
13	您家前一年生活消费性支出共为多少(元)?	
14	其中:食品支出多少(元)?	
15	衣着及日用品支出多少(元)?	
16	交通、通讯支出多少(元)?	
17	住房、水电及燃料支出多少(元)?	
18	教育支出多少(元)?	
19	文化及娱乐支出多少(元)?	
20	药品、医疗服务及用品支出多少(元)?	
21	其他支出多少(元)?	
22	在外就学子女的费用(元)?	
23	去年您家享受国家或集体的任何形式的补助折合成人民币总共是多少(元)?(没有填 0)	
24	您家是否被确定为政府的医疗救助对象?(1)是(2)否(3)不知道	
25	您家是否被列为本地的贫困户或低保户?(1)贫困户(2)低保户(3)两者都是(4)都不是	

序号	问题及选项	回答
26	若是，您认为导致经济困难的最主要原因是什么？(1)劳动力人口少(2)自然条件差或灾害(3)因疾病损伤影响劳动能力(4)因治疗疾病(5)失业或无业(6)人为因素(7)其他	
下列问题只在开展新型农村合作医疗地区调查，非合作医疗地区继续表2的调查内容		
27	您家是否参加了新型农村合作医疗？(1)参加(2)从未参加(3)曾参加现已退出	
28	您家没有参加或退出的最主要原因是什么？(1)不值得参加(2)付不起参合费(3)因为报销少，还是看不起病(4)不愿意支付参合费(5)报销太麻烦(6)不信任该制度的管理或管理不好(7)对该制度了解不够(8)身体好没必要参加(9)其他	
下列问题只询问目前参加新型农村合作医疗的住户，非合作医疗户继续表2的调查内容		
29	您家为什么要参加新型农村合作医疗？(1)可以抵抗疾病风险(2)可以报销或减免(3)响应政府号召(4)周围多数人参加了(5)不参加不行(6)其他	
30	您全家共有几口人加入了新型农村合作医疗(人)？	
31	合作医疗看病报销的情况是否定期向您们公布？(1)定期公布(2)不定期公布(3)从不公布(4)不知道	
32	自从参加新型农村合作医疗以来，您家有人通过它减免或报销过医药费吗？(包括使用家庭账户)(1)报销了住院费(2)报销了门诊费(3)住院门诊均报销过(4)未报销过任何费用	
33	您认为参加新型农村合作医疗对您家有没有好处？(1)有(2)没有(3)说不好	
34	明年您家是否还愿意参加合作医疗？(1)愿意(2)不愿意(3)说不好	

表2 家庭成员健康询问调查

被调查成员编码(01为户主，其他按调查顺序)		01	02	03	04	05	06
A. 个人基本情况							
1	成员姓名：(01填写户主的姓名)						
2	与户主关系：(1)户主(2)配偶(3)子女(4)孙子女(5)父母(6)祖父母(7)兄弟姐妹(8)其他						
3	下列调查问题由谁回答(调查员填写)：(1)自己回答(2)由他人代答						
4	他人代答的原因：(1)本人外出(2)本人太小(3)本人头脑不清(4)本人不愿意回答(5)其他						
5	性别：(1)男(2)女						
6	民族：(1)汉族(2)蒙族(3)回族(4)藏族(5)维族(6)苗族(7)其他						
7	出生日期：(年)(填写4位数，如1998)						
8	(月)						
问题9—12由15岁及以上人口(1993年6月以前出生)回答，其他人跳问13							
9	婚姻状况：(1)未婚(2)在婚(3)离婚(4)丧偶(5)其他						
10	文化程度：(1)没上过学(2)小学(3)初中(4)高中/技校(5)中专/中技(6)大专(7)大学及以上						
11	就业状况：(1)在业(2)离退休(3)在校学生(4)无业或失业						
被调查成员编码		01	02	03	04	05	06

12	(询问在业或离退休人员)职业类型:(1)机关、企事业单位管理者(2)专业技术人员(3)一般办事人员(4)商业/服务业员工(5)个体工商户(6)非农户产业工人(7)从事非农劳动的农民(8)农业劳动者(从事农林牧渔工作)(9)其他						
13	您目前参加了哪种社会医疗保险?(1)城镇职工基本医疗保险(2)公费医疗(3)城镇居民医疗保险(4)新型农村合作医疗(5)其他社会医疗保险(6)没参加						
被调查成员编码(01为户主,其他按调查顺序)		01	02	03	04	05	06
14	如果参加了城镇居民医疗保险或新型农村合作医疗,请问您个人每年需要支付多少入保或参合费用(元)?						
15	您是否购买了商业医疗保险?(1)是(2)否						
16	若购买商业医疗保险,个人每年需要支付多少参保费(元)?						
B患病及受伤情况							
17	调查前14天内,您是否有身体不适?(1)是(转问表6)(2)否						
18	半年内您是否患有经医生诊断的慢性疾病?(1)是(2)否(跳问31题)						
19	(1)第一种疾病(疾病名称)(如果有多种慢性病,按患病严重程度由高到低依次填写)						
20	查填第一种疾病编码						
21	确诊时间:(1)半年前(2)半年内						
22	半年内是否进行了治疗?(1)是(2)否						
被调查成员编码		01	02	03	04	05	06
23	(2)第二种疾病(疾病名称)						
24	查填第二种疾病编码						
25	确诊时间:(1)半年前(2)半年内						
26	半年内是否进行了治疗?(1)是(2)否						
27	(3)第三种疾病(疾病名称)						
28	填查第三种疾病编码						
29	确诊时间:(1)半年前(2)半年内						
30	半年内是否进行了治疗?(1)是(2)否						
31	过去12个月内,您是否因病伤、体检、分娩等原因住过医院?(1)是(2)否						
32	如有住院,住了几次(次)?(填完次数后,转问表7住院调查表)						
33	过去12个月内,是否有医生诊断您需要住院,而您没住的情况?(1)是(2)否(跳问37)						
34	若有,共有几次(次)?						
35	如有2次及以上,是否是因同一种病伤?(1)是(2)否						
36	最近这次未住院的原因:(1)没必要(2)无有效措施(3)经济困难(4)医院服务差(5)无时间(6)无床位(7)其他						
被调查成员编码		01	02	03	04	05	06
37	过去12个月内,您是否因下列原因接受医生或护士的诊疗或者活动受限一天及以上的情况?(原因包括:交通事故、跌倒、击伤、咬伤、溺水、烧伤或烫伤、中毒、他伤、自害等)(1)是(2)否(跳问42)						

38	若有，过去 12 个月内共有几次(次)?						
39	最后这次受伤的原因:(1)交通事故(2)跌倒(3)硬物击伤(4)锐器伤(5)爆炸伤(6)动物咬伤(7)溺水(8)窒息(9)电击伤(10)烧伤或烫伤(11)意外中毒(12)自害(13)他伤(人与人之间)(14)其他						
40	最后这次受伤发生的地点:(1)道路(2)劳动/工作场所(3)家庭(4)学校(5)公共场所(6)其他						
被调查成员编码(01 为户主，其他按调查顺序)		01	02	03	04	05	06
41	最后这次受伤的严重程度:(1)导致残疾(2)住院 10 天及以上，未残疾(3)住院 1～9 天(4)就诊或休息一天						
42	过去 12 个月内，您是否被医生诊断为患有结核病?(1)是(2)否(跳问 47 题)						
43	是否进行了治疗?(1)是(2)否(跳问 46 题)						
44	治疗了多长时间?(1)小于 1 个月(2)1—3 个月(3)4—6 个月(4)6 个月以上(5)不知道						
45	目前患病状况:(1)医生诊断痊愈(2)治疗中(3)未愈，放弃治疗(4)现未治疗，不知道是否痊愈						
46	未治疗的原因是什么?(1)吃药有副作用(2)经济困难(3)不知道免费治疗(4)无有效措施(5)不方便(6)其他						
被调查成员编码		01	02	03	04	05	06
5—14 岁儿童结束调查，5 岁以下儿童转问表 4							
C. 15 岁及以上成员健康及行为(只询问 15 岁及以上人口)							
47	您是否测过血压?(1)是(2)否(跳问 51)						
48	您最近一次测血压是在什么时间?(1)1 个月内(2)2－3 个月内(3)4—6 个月内(4)6－12个月内(5)12 个月以前						
49	是否曾经有医生诊断您患有高血压病?(1)是(2)否(跳问 51)						
50	近三个月内，是否有医生对您进行高血压病防治的健康指导?(1)是(2)否						
51	过去 12 个月内，您是否做过健康体检?(不包括因病做的检查)(1)是(2)否						
52	今天您在行动方面:(1)可以四处走动，无任何困难(2)行动有些不便(3)卧病在床						
53	今天您自我照顾(盥洗和穿衣)方面:(1)无任何问题(2)有些问题(3)无法自己盥洗或穿衣服						
54	今天您从事平常活动(工作、读书或做家务)方面:(1)从事日常活动无任何问题(2)有些问题(3)无法从事日常活动						
55	今天您身体疼痛或不适方面:(1)无任伺疼痛或不适(2)自觉有中度疼痛或不适(3)自觉极度疼痛或不适						
56	今天您在焦虑或沮丧方面:(1)不觉得焦虑或沮丧(2)自觉中度焦虑或沮丧(3)自觉极度焦虑或沮丧						
被调查成员编码		01	02	03	04	05	06
57	请您在刻度尺上，指出最能代表您今天健康状况好坏的那一点 0 10 20 30 40 50 60 70 80 90 100 最差健康状况 最好健康状况						

58	您是否吸烟？(1)吸烟(第一支开始，累计100支)(2)已戒烟(3)不吸烟(跳问63)						
59	您开始吸烟的年龄(岁)？(对已戒烟者，跳问63)						
60	您当前的吸烟频度有多大？(1)每天吸(2)偶尔吸(跳问63)						
61	最近一年您平均每天吸多少支烟(支)？						
62	每月抽烟大约花多少元？(自己不买烟者，填0)						
被调查成员编码(01为户主，其他按调查顺序)		01	02	03	04	05	06
63	近半年，您的饮酒频率有多大？(1)每周至少饮酒3次(2)每周饮酒1—2次(3)不饮或偶尔聚会时少量饮						
64	如果每周饮酒，您平均每次饮酒的量相当于多少饮酒单位(标准饮酒单位)？(由调查员换算)(1两40度及以上白酒＝2；1两40度以下白酒＝1.5；1斤葡萄酒＝5；1瓶啤酒＝2；1听啤酒＝1；1斤黄酒＝6.5)						
65	近半年，您平均每周参加体育锻炼多少次？(1)6次及以上(2)3—5次(3)1—2次(4)不足1次(5)从不锻炼(跳问68)						
被调查成员编码		01	02	03	04	05	06
66	您最经常参加锻炼项目或健身活动是什么？(1)球类运动(2)器械运动(3)健身操、舞蹈等(4)游泳(5)走、慢跑、太极、瑜伽等(6)其他						
67	平均每次锻炼多长时间(分钟)？						
68	若您不能保证每周参加体育锻炼，原因是什么？(1)从事体力活动，不需要额外运动(2)没时间锻炼(3)没有适合场所或不方便(4)身体好，不需要锻炼(5)不愿意活动(6)身体不好，不能运动(7)其他						
69	您的卫生保健知识主要是从哪里获得的？(最多可选3项)(1)医生(2)电视(3)广播(4)报刊书籍(5)学校(6)家人(7)同事或朋友(8)其他(9)不知道，说不好						
70	您听说过“艾滋病”吗？(1)是(2)否						
71	您知道哪些途径可以感染上艾滋病？(最多可以选择3项)(1)血液传播(2)母婴传播(3)性传播(4)握手拥抱(5)空气传播(6)不知道						
72	(由调查员确定)该成员是否为15—49岁已婚育龄妇女(1958年7月至1993年6月之间出生)？(1)是(继续询问表3)(编者注：表3未收入)(2)否						
73	(由调查员确定)该成员是否为60岁及以上老年人(1948年6月以前出生)？(1)是(继续询问表5)(2)否						

表5　60岁及以上老年人口调查

被调查成员编码(编码与表2一致)		01	02	03	04	05	06
1	您及配偶是否有单独的卧室？(1)是(2)否						
2	您最主要经济来源是：(1)自己或配偶(2)子女(3)孙子女(4)亲戚(5)朋友(6)社会救济(7)其他						
3	您通常与子女多长时间能见面？(1)每天见面(2)每周见面(3)每月见面(4)每年见面(5)一年不足一次(6)没有子女						
被调查成员编码(编码与表2一致)		01	02	03	04	05	06
4	近半年内，您在行走方面属于下列的哪种情况？(1)长期卧床，需要人帮助才能坐起(2)没有人帮助，不能行走(3)没有人帮助，不能独自出门上街(4)行走自如						

5	近半年内，您在听力方面属于下列的哪种情况？(1)很难听清楚(2)需要别人提高声音(3)能听清楚						
6	近半年内，您说话是否有困难？(1)是(2)否						
7	近半年内，您辨认出20米外熟人的困难程度？(戴眼镜者，回答戴眼镜时的情况)(1)没有或轻度困难(2)自觉中度困难(3)自觉极度困难						
8	近30天，您的生活起居是否需要别人照顾？(1)是(2)否						
9	需要照顾时，主要由谁来提供帮助？(1)配偶(2)子女(3)孙子女(4)亲戚(5)朋友/邻居(6)保姆(7)社区(8)其他(9)没人帮助						
下列问题在城市地区进行询问							
被调查成员编码		01	02	03	04	05	06
10	过去12个月里，您和邻居交往(接触10分钟以上)的频率？(1)每周有交往(2)每月有交往(3)每年几次(4)基本不交往						
11	过去12个月里，您和亲戚或朋友聚会的频率？(1)每周有交往(2)每月有交往(3)每年几次(4)基本不交往						
12	过去12个月里，您参加社会聚会的频率(如社区组织、居委会或村、单位组织的集体活动，老年社团、老年大学，宗教活动等)？(1)每周活动(2)每月活动(3)每年几次(4)基本不参加						
13	过去12个月，您是否在单位、居委会或村里做些力所能及的工作？(1)是(2)否						
14	您是否曾经接受过社区卫生服务机构提供的医疗保健服务？(1)是(2)否						
15	您对现在的社区卫生服务满意吗？(1)满意(2)不满意(3)说不清						
16	如果不满意，最主要原因是什么？(1)附近没有社区卫生服务机构(2)服务项目少(3)技术水平低(4)设备条件差(5)服务态度差(6)药品种类少(7)收费不合理(8)主动服务性差(9)其他						

表6　两周病伤调查

被调查成员编码(成员编码与表2一致，由调查员从第一列开始按顺序填写)							
1	近两周内最主要的不适是什么？(1)发烧(2)疼痛(3)腹泻(4)咳嗽(5)心慌/心悸(6)其他(7)无自觉症状						
2	您自己感觉所患病伤的严重程度:(1)不严重(2)一般(3)严重						
3	您患的是什么病或伤？(填疾病名称)						
4	(填疾病编码)						
5	您不适的情况开始发生在什么时候？(1)两周内新发生的(2)急性病两周前发生延续到两周内(3)慢性病持续到两周内						
6	该病伤在近两周内持续了多少天(天)？						
7	近两周内，因该病伤卧床休息了多少天(天)？(无卧床，填0)						
8	如您是工作人员，近两周内，因该病伤休工了多少天(天)？(无休工，填0)						
被调查成员编码(成员编码与表2一致，由调查员从第一列开始按顺序填写)							
9	如您是学生，近两周内，因该病伤休学了多少天数(天)？(无休学，填0)						
10	您患病后，是否进行了治疗(包括自我医疗)？(1)是(2)否						

11	如未治疗,最主要的原因是什么?(1)自感病轻(2)经济困难(3)无时间(4)交通不便(5)无有效措施(6)其他						
下列问题询问治疗本疾病的情况,回答未治疗者,结束对这一疾病情况的调查							
12	您是如何治疗的?(1)纯自我医疗(2)两周前为治疗本病找医生看过,现在继续治疗中(3)两周内找医生看过(跳问15)						
13	如果是纯自我医疗,您吃的药品来源是:(最多可选三项)(1)家里已有的(2)药店买的(3)医疗机构买的(未就诊)(4)别人给的(5)其他						
14	您为什么选择自我医疗?(1)按医生的处方进行自我治疗(2)自感病轻/没必要(3)经济困难(4)医院就诊太贵(5)无时间(6)交通不便(7)服务差(8)其他						
下列问题询问两周内就诊情况,两周内未就诊者,结束对这一疾病的调查							
15	在14天内为该病看过几次(次)?						
16	第一次就诊是在哪里?(1)私人诊所(2)卫生室/站(3)乡镇街道卫生院/社区卫生服务中心(4)县/市/区医院(5)县/市/区中医医院(6)市/地医院(7)市/地中医院(8)省级医院(9)省中医院(10)其他						
17	选择上述单位就诊的最主要原因是:(1)距离近/方便(2)收费合理(3)技术水平高(4)设备条件好(5)药品丰富(6)服务态度好(7)定点单位(8)有熟人(9)有信赖医生(10)其他						
18	这次就诊后,您是否接受了如下治疗?						
18.1	(1)口服药物治疗(1)是(2)否						
18.2	(2)肌内注射(1)是(2)否						
I8.3	(3)输液治疗(1)是(2)否						
19	您吃的药是:(1)中药(2)西药(3)中西药结合(4)不知道						
20	您吃的药主要是从哪里来的?(最多可选三项)(1)就诊机构买的(2)家里已有的(3)药店买的(4)别人给的(5)其他						
21	近两周内,为治疗本疾病总共花费了多少医药费用(元)?						
22	这些医药费用主要由谁支付的?(1)个人账户/家庭账户(2)部分报销或减免(3)全部报销或减免(4)全部自己支付						
23	近两周内,为看医生总共花费了多少交通及其他费用(元)?						
下列问题是关于第一次就诊时的情况(由本人或知情人回答)							
24	医护人员是否告诉您相关疾病的保健知识?(1)是(2)否(3)说不好						
25	从到达医院(包括挂号时间)至看上医生总共花费了多长时间?(1)＜1小时(2)1小时—(3)3小时—(4)5小时以上						
26	您感觉去就诊路上所花时间长短如何?(1)很长(2)较长(3)一般(4)较短(5)很短(6)说不好						
27	您感觉在医院候诊所花时间长短如何?(1)很长(2)较长(3)一般(4)较短(5)很短(6)说不好						
被调查成员编码(成员编码与表2一致,由调查员从第一列开始按顺序填写)							
28	您认为医护人员向您解释病情等问题的清晰程度如何?(1)很差或没有解释(2)差(3)一般(4)好(5)很好(6)说不好						

29	您认为医生向您征求治疗方案的意见方面做的怎么样？(1)很差或没有(2)差(3)一般(4)好(5)很好(6)说不好						
30	您认为您就诊单位的设施和环境(包括厕所)如何？(1)很差(2)差(3)一般(4)好(5)很好(6)说不好						
31	就诊期间，您认为查询医药费用的方便程度如何？(1)很差(2)差(3)一般(4)好(5)很好(6)说不好						
32	就诊期间，您认为对医疗服务进行投诉的方便程度如何？(1)很差(2)差(3)一般(4)好(5)很好(6)说不好						
33	您对诊治您疾病的医生的信任程度如何？(1)很不信任(2)不信任(3)一般(4)信任(5)很信任(6)说不好						
34	您对就诊单位最不满意的是什么？(最多可选三项)(1)无(2)技术水平低(3)设备条件差(4)药品种类少(5)服务态度差(6)提供不必要服务(包括药品和检查)(7)收费不合理(8)医疗费用高(9)看病手续繁项(10)等候时间过长(11)其他						

表7　住院病人调查

被调查成员编码(成员编码与表2一致，由调查员从第一列开始按顺序填写)							
1	您的住院原因：(1)疾病(2)损伤中毒(3)康复(4)计划生育(5)分娩(6)健康体检(7)其他						
2	您住院的疾病或损伤中毒等的名称？(填疾病名称)						
3	(填疾病编码)						
4	近一年内，您因这种病伤等住过几次医院(次)？						
若4题回答住院次数超过1次，询问最近一次住院情况，如果只有1次就询问当次的							
5	本次住院的入院时间：(年)						
6	(月)						
7	您是在下列的哪类医疗机构住院的？(1)乡镇街道卫生院/卫生服务中心(2)县/市/区医院(3)县/市/区中医医院(4)市/地医院(5)市/地中医院(6)省级医院(7)省中医院(8)其他						
8	从决定住院到您住进医院，总共间隔了多长时间(天)？						
9	本次住院，您是否做过手术？(1)是(2)否						
10	如做了手术，请问是在住院后第几天做的(天)？						
11	本次住院的天数(天)？						
12	本次出院是由于：(1)病愈医生要求(2)病未愈医生要求(3)自己要求(4)其他原因						
13	如您自己要求出院，原因是：(1)久病不愈(2)自认为病愈(3)经济困难(4)花费太多(5)医院条件差(6)服务态度不好(7)其他						
14	本次住院医疗费用总共是多少元？(包括自己支付的和减免或报销的等)						
15	医疗费用是如何支付的？(1)费用直接减免，自己只需支付自付部分医疗费用(2)先自己支付全部医疗费用，然后在住院机构报销(3)先自己支付全部医疗费用，然后到固定的机构报销(4)全部自己支付医疗费用，不能报销						
被调查成员编码(成员编码与表2一致，由调查员从第一列开始按顺序填写)							

16	如果已经报销,总共报销了多少(元)?						
17	本次住院,您所花费的车旅费、营养伙食费、陪护费是多少(元)?(没有填0)						
18	住院期间,您或家人是否向医护人员送礼或送红包?(1)送红包(2)送礼品(3)均送过(4)均没有送						
19	住院期间,医护人员向您解释病情等问题的清晰程度如何?(1)很差或没有解释(2)差(3)一般(4)好(5)很好(6)说不好						
20	住院期间,医生向您征求治疗方案的意见方面做的怎么样?(1)很差或没有(2)差(3)一般(4)好(5)很好(6)说不好						
21	您认为住院房间设施的舒适程度如何(如气味、光线、装饰及厕所的清洁程度等)?(1)很差(2)差(3)一般(4)好(5)很好(6)说不好						
22	您认为住院期间查询医药费用账单的方便程度如何?(1)很差(2)差(3)一般(4)好(5)很好(6)说不好						
23	您对认为住院期间投诉医疗服务的方便程度如何?(1)很差(2)差(3)一般(4)好(5)很好(6)说不好						
24	您对诊治您疾病的医生的信任程度如何?(1)很不信任(2)不信任(3)一般(4)信任(5)很信任(6)说不好						
25	您对住院单位最不满意的是什么?(最多可选三项)(1)无(2)技术水平低(3)设备条件差(4)药品种类少(5)服务态度差(6)提供不必要服务(包括药品和检查)(7)收费不合理(8)医疗费用高(9)看病手续繁琐(10)等候时间过长(11)其他						

表8　农村地区外出务工及随行家庭成员调查

调查对象为该家庭外出务工,半年内基本不在家住的家庭成员及随行人员,本表由知情人回答

外出人员编号		51	52	53	54	55	56
1	外出务工及随行家庭成员姓名						
2	与表2中户主的关系:(1)配偶(2)子女(3)孙子女(4)父母(5)祖父母(6)兄弟姐妹(7)其他						
3	性别:(1)男(2)女						
4	年龄(岁)						
5	该成员开始长期(半年及以上)外出有多长时间了(年)?(不足1年,填1年)						
6	现在什么地方?(1)本市(地区)(2)本省(3)外省						
7	该成员是否参加了新型农村合作医疗?(1)是(2)否						
8	该成员最近一次回来的主要原因是?(1)过节(2)农忙(3)回家看病(4)分娩(5)放假(6)家里有事(7)其他						
9	最近一次回来是否到医疗机构看过病?(1)是(2)否(3)不知道						
10	该成员目前主要做什么?(1)工作(2)做家务(3)上学(4)其他						
11	该成员如果在工作,一年的收入大约是多少(元)?						
12	平均每年大约给家里多少钱(元)?(没有填0)						

家庭健康询问调查表填写说明及有关指标解释

一、关于家庭健康询问调查对象的说明

国家卫生服务调查的家庭健康询问调查的对象是全国抽中样本住户的常住人口。所谓住户是指在一起共同进行生活安排，提供食物和其他生活必需品的单身个人和二人以上的人群，通常结合了共同住房和共同饮食。常住人口是指近半年内，在本住户居住的所有户籍人口及虽无常住户口但在本户居住半年以上的人口，包括新出生的婴儿、新结婚的配偶等。虽有户口但离家半年以上的人口不在调查的范围内，但在农村地区，对外出打工或者本户里跟随打工者离家半年以上者，会向他们的家人了解一些他们的基本情况。

二、填写调查表及编码的一般要求

1. 调查表填写一律用钢笔或圆珠笔，不得用铅笔或红色笔书写。字迹要清楚，书写要工整。数字或代码一律用阿拉伯正楷字书写，如 1，2，3，……10，不得用自由体书写。

2. 数字和编码不要填出格外，如数字填错，用双横线将整笔数码划去（不要只划某一数码），并在原数码上方工整填写正确的数码，切勿在原数码上涂改。

3. 调查询问次序及续页，首先填写表 1 家庭一般情况调查表，由最了解家中情况的人回答。然后询问表 2 家庭成员健康询问调查表，如果该住户中有人前 14 天患病或前一年内住院，转问表 6 两周病伤调查表或表 7 住院病人调查表，询问两周患病和住院情况后返回家庭成员健康询问调查表，继续询问，直到完成家庭成员健康询问调查表、15－49 岁已婚育龄妇女调查表、5 岁以下儿童调查表、60 岁及以上老年人口调查表，农村地区完成这些调查之后，继续将表 8 外出务工及随行家庭成员调查表调查完整。家庭健康询问调查表每张最多可填写 6 人，如超过 6 人，可用续页，编号顺推为 07－12 依次类推。两周病伤调查表、住院病人调查表的成员编号应与家庭成员健康询问调查表编号一致。该户调查完毕后，应将续页一次附后装订成册。

三、调查表分项目的填写和指标的解释

封面

1. **户主：**为其家庭成员所公认的、在家庭中起基本决定作用的、在大多数情况下是家庭经济的主要支撑者，他与户口本上的户主可能是同一个人，也可能不是同一个人。当调查本户时，调查员应该根据此定义经过了解后来确定户主，不要随便填写户主。

2. **样本编号：**省和县（市区）的编号是国家行政区划代码，在“样本地区及其行政区划代码”表中已经给出。乡镇（街道）、村（居委会）的编号由县（市、区）调查领导小组确定，住户编号由调查指导员根据抽样的结果确定。家庭住址可以起核对编号的作用。

3. 户全部调查完成后，填写以下项目（是指被调查户的各种调查表全部调查填写完毕后，根据调查结果进行核实填报的项目）：包括①该住户调查前半年内，常住在家里的人数：指在表 2 家庭成员健康询问调查表中登记的人口数；②15－49 岁已婚育龄妇女数，与表 3 所填的人数一致（没有填 0）；③5 岁以下儿童数，与表 4 所填的人数一致（没有填 0）（编者注：表 4 未收入）；④60 岁及以上老年人口数，与表 5 所填的人数一致（没有填 0）；⑤两周患病人数：指本户中在调查的前两周内患病伤的人数，应与表 6 两周病伤调查表涉及到的人数一致（没有填 0）；⑥调查前一年内出院人数：指本户在调查前一年内因各种病伤等原因曾住院，调查时已出院的人数，与表 7 住院调查表涉及到的人数一致（没有填 0）；⑦外出务工及随行的家庭成员数，与表 8 所填的人数一致；⑧住户的类型是第一次抽中户还是替补调查户。

4. 最后填写调查完成日期，调查员签名。

表 1　家庭一般情况调查

1. **常住人口：**指本住户的所有户籍人口及虽无常住户口但在本户居住半年以上的人口（如亲戚、

保姆等)，包括新出生的婴儿、新结婚的配偶等。不包括虽有户口但离家半年以上的人口。

2. **住房类型：**楼房，不管建筑材料属于哪一种，只要是两层及以上均为楼房。有几种住房类型的，填经常使用的一种；如果都经常使用，填好的一种。

3. **生活用房建筑面积（平方米）：**指居民用于居住和生活的房屋建筑面积。

4. **家中有几台电视机：**如果该物品是借来的或是和这个家庭以外的人共同拥有，那么只要这个家庭能够经常使用它，就认为是这个家庭的财产。能正常使用的才算是有，如果家中有电视，但是坏了，不能用，不算是有。

5. **家中拥有电话情况：**解释类似于电视机拥有情况。只要家庭可以经常使用它，就认为是这个家庭的财产。

6. **饮水类型：**自来水：指在楼内、宅内、院内或街内，经过公用设施净化处理的利用管网集中式供水；手压机井水：浅层地下水，利用手压机汲取；受保护的水井：指采用井台加高、加井盖、定期投药消毒等措施保护的水井；雨水收集：接受雨水，窖存饮用；地表水：包括河流、溪流、水坝、湖泊、池塘、水渠、灌溉渠道等。

7. **厕所类型：**完整下水道水冲式：指每次使用后都能用水冲洗的厕所；粪尿分集式是指采用粪尿不混合的便器把粪和尿分别收集和处理利用的厕所；三联沼气池厕所：一般是指由厕所、猪圈和沼气池相连通建造而成的厕所；双瓮漏斗式：指与前后两个瓮形粪池相连通，对粪便进行无害化处理的厕所；三格化粪池：指与卫生三格池连通的厕所；双坑交替式：指由并列两个厕坑、蹲台板、排气管组成，两个厕坑交替使用的厕所；阁楼式：阁楼式厕所是贮粪池建造在地面上，厕室与贮粪池形似阁楼的一种形式，贮粪池与厕所外部相通，可接纳庭院垃圾；深坑防冻式：是将贮粪池部分修建在当地冻土层以下，防止因冬季贮粪池冻结膨胀而使池壁胀裂的一种厕所。

8. **离您家最近医疗单位有多远：**指距住户家最近的、可以就诊的医院或卫生院或门诊部所或医疗室等的距离。

9. **家庭年收入：**时间段为2007年一年。

城市地区（指导手册中“样本地区及行政区划表”里给出的城市地区，该地区内样本户无论是城市户口还是农村户口都按城市地区算）填家庭一年从各种来源得到全部现金收入。包括经常性收入和一次性收入，主要由以下几部分组成：职工工资、职工从工作单位得到的其他收入、个体劳动者收入、其他劳动收入、财产性收入、转移性收入、赡养赠送收入、其他现金收入。政府的各项补助也包括在其中。但不包括借贷收入，如提取银行存款，向银行、亲友借入款，收回借出款以及其他暂收款，以元为单位。

农村地区（指导手册中“样本地区及行政区划表”里给出的农村地区，该地区内样本户无论是城市户口还是农村户口都按农村地区算）填家庭纯收入。农村居民家庭纯收入指农村常住居民家庭总收入中，扣除从事生产和非生产经营费用支出、缴纳税款和上交承包集体任务金额以后剩余的，可直接用于进行生产性、非生产性建设投资、生活消费和积蓄的那一部分收入。农村居民家庭纯收入包括从事生产性和非生产性的经营收入，取自在外人口寄回带回和国家财政救济、各种补贴等非经营性收入；既包括货币收入，又包括自产自用的实物收入。但不包括向银行、信用社和向亲友借款等属于借贷性的收入。

工资性收入：指就业人员通过各种途径得到的全部劳动报酬，包括所从事主要职业的工资以及从事第二职业、其他兼职和零星劳动得到的其他劳动收入。

经营性收入：指个体或私营业主在一个记账周期（例如：一个月或一年）内所取得的全部营业收入或销售收入以及经营房屋出租业务的租金收入。

财产性收入：指家庭拥有的动产（如银行存款、有价证券）、不动产（如车辆、土地、收藏品等）所获得的收入。包括出让：财产使用权所获得的利息、租金、专利收入；财产营运所获得的红利收入、财产增值收益等。

转移性收入：指国家、单位、社会团体对居民家庭的各种转移支付和居民家庭间的收入转移。包括政府对个人收入转移的离退休金、失业救济金、赔偿等；单位对个人收入转移的辞退金、保险索赔、住房公积金等；家庭、亲友间的赠送和赡养等。

10. **城镇居民家庭消费性支出：**指被调查的城镇居民家庭用于日常生活的全部支出，包括购买商品支出和文化生活、服务等非商品性支出。不包括罚没、丢失款和缴纳的各种税款（如个人所得税、牌照税、房产税等），也不包括个体劳动者生产经营过程中发生的各项费用。农村居民家庭生活消费支出：指农村常住居民家庭用于日常生活的全部开支，是反映和研究农民家庭实际生活消费水平高低的重要指标。

11. **食品支出：**指用于家庭成员各类食品（包括粮食、蔬菜、肉类、水果、调味品及零食等）的支出，在农村地区自家生产的粮食、蔬菜、水果等也应按一般价格计算为费用支出。

12. **衣着及日用品支出：**指被调查家庭用于购买衣物及日用杂品的支出。

13. **交通、通讯支出：**包括乘坐公交车、出租车等的交通费用及打电话、邮信等的通讯费用。

14. **住房、水电及燃料支出：**指被调查家庭用于住房和生活所用燃料、水电的费用支出。

15. **教育支出：**指用于家庭成员各类教育（包括学费、培训费、书本费等）的费用。这里学生的教育费用指农村在县内上学，城市在市内上学的教育费用。农村在县外，城市在市外上学的教育费用填在下面“22 题在外就学子女的费用”一栏。

16. **文化及娱乐支出：**指用于文化、娱乐方面的费用，包括有线电视费、看电影、买书刊报纸、上网费、体育锻炼支出以及其他娱乐支出等。

17. **药品、医疗服务及用品支出：**指家庭成员用于支付看病拿药、住院、预防疾病、孕妇保健和生孩子、儿童保健等的花费及与医疗相关的各类用品的支出（但不包含保健品支出）。注意，报销的费用不算在支出里。

18. **在外就学子女的费用：**指本户所担负的在外地（农村在县外，城市在市外）上学的人员的费用支出。

19. **调查前一年，享受国家或集体的任何形式的补助：**包括现金和实物的，但不包括亲戚、朋友等个人给予的帮助。

20. **是否为本地的贫困户或低保户：**指被调查家庭是否为本地权威机构认定的贫困户。农村贫困户通常是指贫困线以下的家庭；城市贫困户是指在民政部门注册的享受低保救济的住户。

21. **主要致贫原因：**人为因素：指非社会或环境造成的，而是由人自身的原因导致的贫困，如：赌博、懒惰等。

22. 新型农村合作医疗：由政府组织、引导、支持，农民自愿参加，个人、集体和政府多方筹资，以大病统筹为主的农民医疗互助共济制度。

表 2　家庭成员健康询问调查表

A. 个人基本情况

住户成员编码：每位住户成员对应一个编号，每户第一人应为户主，编号为 01，其他成员按调查的先后顺序，编码为 02—06，若该户人口超过 6 人，另取一张调查表作为续表，顺序编号为 07—12。

1. **成员姓名：**没有正式姓名的可填小名或＊＊氏，婴儿未起名的可填写“未起名”。

2. **与户主的关系：**①户主：每户第一人应为户主，填 1，其余人口按他/她与户主的关系填写相应的代码；②配偶：指户主本人的妻子或丈夫；③子女：指户主的子女，包括儿媳及女婿；④孙子女：包括孙子女、外孙子女、孙媳婿和外孙媳婿；⑤父母：指户主的父母，包括岳父母、公婆；⑥祖父母：包括外祖父母、曾祖父母；⑦兄弟姐妹：包括嫂子、弟媳、姐夫和妹夫；⑧其他：包括姑、叔、表亲等其他亲属及保姆、同事、同学等非亲属。

3. **问题由谁回答：**原则上要求调查的问题应由本人回答，但如果本人是没有能力回答问题或未在现场，可由父母或知情者代答。如果询问的大部分问题由本人回答即填“1”，否则填“2”。

4. **出生年月**：指被调查者公历出生的年月，年份用4位数来表示。

5. **文化程度**：15岁及以上的人填写。文化程度是指截止到调查时间，本人接受国内外教育所取得的最高学历或现有文化水平所相当的学历，共有七个答案，分别归入相应的文化程度。①没上过学：指没上过学，并且识字不到一千五百个，不能阅读通俗书报、写便条的人；②小学：指接受最高一级教育为小学程度的毕业、肄业及在校生，也包括未上过小学，但识字超过一千五百个，能阅读通俗书报，能写便条，达到扫盲标准的人；③初中：指接受最高一级教育为初中程度的毕业、肄业及在校生，技工学校，相当于初中的，填写“初中”；④高中技校：指接受最高一级教育为普通高中、职业高中的毕业、肄业及在校生，技工学校，相当于高中的，填写“高中”；⑤中专/中技：指接受最高一级教育为中等专业学校的毕业、肄业及在校生及同等学历；⑥大专：指接受最高一级教育为大学专科的毕业、肄业及在校生，经过国家统一举办的自学考试取得大学专科证书的，按国家教委颁布的大学专科教学大纲进行授课的广播电视大学、厂办大学、高等院校举办的函授大学、夜大学等其他形式的大学毕业生、肄业生、在校生也填“大专”；⑦大学及以上：指接受最高一级教育为大学本科、硕士博士研究生的毕业、肄业及在校生，通过自学和进修大学课程，经考试取得大学本科证书的，也填“大学”，按国家教委颁布的大学本科教学大纲进行授课的广播电视大学、厂办大学、高等院校举办的函授大学、夜大学和其他形式的大学毕业生、肄业生、在校生也填“大学”。

6. **就业状况**：在业：指15周岁及15周岁以上人口，从事一定的社会劳动并取得劳动报酬或经营收入。离退休：指已经离休或退休的干部、职工和依靠领取退休金生活的农民，不包括离退休后又参加社会劳动，并领取工资补差（劳动报酬）的人，这部分人应归入相应的职业分类；在校学生：指调查时为在校学生的人员（不包括在职教育的学生）；无业或失业：指无固定职业的人群（排除在校学生），其来源包括：因就业机会不足长期待业的青年劳动力；土地被城市征用但在城镇还找不到合适职业的农民；因残障或长期卧病不能就业的城乡居民；超过劳动年龄不再参加社会工作的城乡居民。

7. **职业类型**：15岁及以上的人填写（离退休人员填写离退休之前的职业类型）。①机关、企事业单位管理者：指在党政机关、企事业单位和社会团体中行使实际的行政或管理职权的领导干部；②专业技术人员：指在各种经济成分的机构（包括国家机关、党群组织、全民企事业单位、集体企事业单位和各类非公有制经济企业）中专门从事各种专业性工作和科学技术工作的人员；③一般办事人员：指协助部门负责人处理日常行政事务的专职办公人员，主要由党政机关中的中低层公务员、各种所有制企事业单位中的基层管理人员和非专业性办事人员等组成；④商业服务业员工：指在商业和服务行业（包括商贸业、餐饮业、旅游业、体育事业、科技教育事业、文化娱乐业以及社会服务事业）中从事非专业性的、非体力的或体力工作的人员；⑤个体工商户：指拥有较少量私人资本（包括不动产）并投入生产、流通、服务业等经营活动或金融债券市场而且以此为生的人；⑥非农业户口的产业工人：指属于非农业户口，在第二产业（制造业、建筑业等）中从事体力、半体力劳动的生产工人、建筑业工人及相关人员；⑦从事非农劳动的农民：属于农业户口，但长期在当地或城市中第二产业（制造业、建筑业等）中从事体力、半体力劳动的生产工人、建筑业工人及相关人员，很少从事农业生产；⑧农业劳动者：指承包集体所有的耕地，以农（林、牧、渔）业为唯一或主要的职业，并以农（林、牧、渔）业为唯一收入来源或主要收入来源的农民；⑨其他：指无法归入以上分类的职业类型。

8. **参加的社会医疗保险**：指国家或集体及个人共同分担一定比例的医疗费用的保障形式，如果一人同时具有多个社会医疗保障，填写最主要的一种。①城镇职工基本医疗保险：城镇用人单位及其职工参加的、由用人单位和职工双方共同负担的，社会统筹和个人账户相结合的医疗保障形式；②公费医疗：指国家机关及全民所有制事业单位的工作人员和离退休人员，还有二等乙级以上革命残废军人、国家正式核准的大专院校在校学生等享受的公费医疗；③城镇居民医疗保险：是由政府组织实施，实行个人缴费与政府支持、社会捐助相结合，以提供大病住院和门诊特殊病治疗费用保障的一种基本的社会医疗保障制度；④其他社会医疗保险：除上述以外的其他形式，如劳保医疗等（劳保是指全民所有制工矿企业等单位的职工，一些集体所有制的企业等单位参照劳动保护条例给其职工及其亲属提供的劳动医疗待遇）；⑤没参加，指没有参加任何的社会医疗保险。

9. 商业医疗保险：是指个人与保险公司自愿签订保险合同并按合同规定缴纳保险费，当被保险人患有某种疾病或因遭受意外伤害及疾病而导致支出医疗费用时，由保险公司为参保人支付一定比例的医疗费用。

10. 购买商业医疗保险每年的参保费：如果参保费是一次性支付，则将交纳的参保费平均到有效期的每一年当中，填写平均每一年的费用。

B. 患病及受伤情况

11. 前 14 天内是否有身体不适：指调查前 14 天内，被调查者是否患过或患有疾病、受伤或身体不舒服，与是否就诊或治疗无关。

“患病”的概念：与前几次国家卫生服务调查一样，这里“患病”的概念是建立在居民自我报告的基础上，取决于居民对疾病或健康的认识，并非严格意义上的患病。国家卫生服务调查将居民患病的概念定义为：

①有身体不适，去医疗卫生单位就诊、治疗。

②有身体不适，未去医疗卫生单位就诊治疗，但采取了自我医疗如自服药物或采用推拿按摩热敷等一些辅助疗法。

③有身体不适，未去就诊治疗，也未采取任何方式的自我医疗，但因身体不适休工、休学在家或卧床一天及以上者(有些老年人明显精神不振、食欲减退或婴幼儿异常哭闹、食欲减退等者)。

上述三种有其一者，应认为“患病”。这里所谓的病还包括各种意外的原因所造成身体的损伤或中毒而出现的身体不适。

如有，转问表 6 两周病伤调查表，问完后返回此表继续进行下列项目。

12. 半年内是否患有经医生诊断的慢性病

“慢性病”的概念：疾病有急慢性之分，具体表现为时间范围。“国家卫生服务调查”对慢性病的定义强调必须有医生明确的诊断，即为：

①调查的前半年内，经过医务人员诊断明确有慢性病（如冠心病、高血压等）。

②半年以前经医生诊断有慢性病，在调查的前半年内时有发作并采取了治疗措施如服药、理疗，或者一直在治疗以控制慢性病的发作等。

过去曾有过慢性病，目前已经痊愈，或在近半年内无发作或无症状体征者，不计为慢性病患者。慢性病不一定在调查的前两周发病或发作，如果在前两周内有慢性病的发作或服药治疗，要同时计入两周患病和慢性病患病。

13. 慢性疾病名称：按医生诊断填写，如果本人忘记医生的诊断是什么，可由调查员根据该人的临床症状和体征进行推断。一个人如果患有多种慢性疾病，按严重程度由高到低顺序填 3 种。疾病编码查“第四次国家卫生服务调查疾病分类——编码表”。

14. 过去 12 个月内，是否住过院：指在调查前 12 个月内，被调查者是否因病、伤、分娩或体检等原因进行住院诊断、治疗和康复。

15. 受伤的原因

（1）交通事故（对应 ICD—10 的 v01—v99）是指：行人或者各类陆地交通工具之间的碰撞、非碰撞性、其他和未特指的运输事故中的损伤；水上运输事故如：船舶事故引起的淹溺和沉没以及其他损伤、与水上事故有关的非船舶事故的淹溺和沉没、非船舶事故的船上事故以及其他未特指的水上运输事故；航空航天运输事故：动力飞行器事故或者无动力飞行器事故引起乘员损伤、其他特指的空中运输事故，其他特指和未特指的运输事故。

(2) 跌倒（对应 ICD—10 的 wOO—w19）是指：由于地面滑或者被别人碰撞或推动引起的在同一平面上的跌倒，在被他人运送或搀扶时跌倒，在各种家具、运动设施、楼梯或台阶、梯子、脚手架、房屋或建筑结构、树上、悬崖上跌落，潜水或跳水引起的损伤（淹溺和沉没除外），从一个平面至另一个平面、在同一平面的跌倒及其他未特指的跌倒。

(3) 硬物击伤（对应 ICD—10 的 w20—w21）是指：撞在各种物体及被其他物体击中而造成的伤害。

(4) 割削（锐器伤）（对应 ICD—10 的 w25—w31）是指：由于接触到锋利的玻璃、刀、剑、匕首、无动力手工工具、动力割草机、其他动力手工工具和家用机械、农业机械及其他未特指的机械造成的伤害。

(5) 爆炸伤（对应 ICD—10 的 w35—w40）是指：锅炉、高压气管、压缩轮胎、管子和软管以及其他特指压缩装置的爆炸和破裂，烟火的发射，其他材料爆炸等。

(6) 动物咬伤（对应 ICD—10 的 w53—w59）是指：被各种动物咬伤、抓伤或压伤等。

(7) 溺水（对应 ICD—10 的 w65—w74）是指：在浴盆、游泳池、自然水域或者落入这些地方后的淹溺和沉没，以及其他特指和未特指的淹溺和沉没。

(8) 窒息（对应 ICD—10 的 w75—w84）是指：意外窒息和绞窄，其他意外悬吊和绞窄，由于塌方、坠落土块和其他物质引起对呼吸的威胁，吸入胃内容物，吸入或咽下食物引起的呼吸道梗阻，由于被封闭于或陷入低氧环境，以及其他特指的和非特指的对呼吸的威胁等。

(9) 电击伤（对应 ICD—10 的 w85—w87）是指：由于暴露于输电线路下、其他特指或未特指的电流下而造成的伤害。

(10) 烧伤或烫伤（对应 ICD—10 的 x00—x19）是指：由于暴露于烟、火和火焰下，或者接触热和烫的物质而造成的伤害。

(11) 意外中毒（对应 ICD—10 的 x20—x29，x40—x49）是指：由于接触特指或者非特指的有毒动物、植物或者化学品等引起的意外中毒。

其中：(1) ～ (11) 个选项都是指的意外伤害的情况；选项 (12)、(13) 是指的故意的行为，(12) 自害，是指故意的自我伤害，(13) 他伤（对应 ICD—10 的 w50，x85—y09）是指：被别人殴打、踢、拧、咬或抓伤；被别人用各种工具或特指、未特指的手段进行加害所造成的伤害；(14) 其他：无法归入以上分类的伤害。

C. 15 岁及以上成员健康及行为

16. 今天健康状况的好坏：被调查者应该按照他对自己的健康状况的考虑，并给出最准确的估计。躯体和精神两方面的健康都要考虑在内。

17. 您是否吸烟：①吸烟：指从抽第一支烟开始，累计吸烟达 100 支，并且现在还在吸；②已戒烟：指累计吸烟曾经达 100 支，但现在已经不再吸烟了；③不吸烟：指从不吸烟或累计吸烟量未达 100 支者。

18. 当前吸烟的频度：偶尔吸指平均每天吸烟量不足 1 支。

19. 参加体育锻炼：指有意识地为强体健身而进行的活动，如果参加多项活动选择最经常参加的，如果每种活动锻炼时间相等选择运动量大的。如果有相似的体育活动未被列出，可按运动量的大小归入相应的活动中。走路、慢跑、太极拳类是指一些节奏比较缓慢的活动，包括走路、慢跑、太极拳类、广播体操等。

表 5　60 岁及以上老年人口调查表

本表由年龄在 60 岁及以上的人回答，相应的内容填在与该成员编号相对应的一列中。

1. 主要经济来源：自己或配偶指主要依靠自己或者配偶的工资或退休金或劳动的收入；子女是指主要依靠自己的子女（包括儿媳或女婿）的赡养；孙子女包括孙子女、外孙子女、孙媳婿和外孙媳婿。

2. 通常与子女多长时间能见面： 如果同子女住在一起，则选（1）。

3. 辨认出20米外熟人的困难程度： 这一问题考虑得是在正常的能见度条件下的情况，戴眼镜者，考虑戴眼镜时的情况。

表6　两周病伤情况调查

两周病伤调查表家庭成员的编号与表2相同，如同一个家庭成员两周内患过两种或以上病伤，则需分别填写一列，家庭成员编号不变。

1. 在调查前的两周内主要有哪些不适： 如果同时有多种症状时，选择调查者认为身体感觉最严重的那种症状。

2. 患过病或受了伤的疾病名称的填写： 如就过诊，则根据医生的诊断填写；如未就诊，则由调查员根据患者主诉的症状、体征等临床表现推断。

3. 不适情况发生的时间： ①两周内新发生：指不适情况在调查前两周内发生；②急性病两周前发生延续到两周内：指所患为急性病在调查两周前发生但持续至调查前两周内；③慢性病持续到两周内：指所患疾病是慢性病持续至调查前两周内，或在两周内有服药或治疗。

4. 您这次病伤前后持续了多少天数： 指在调查前14天内的持续天数，最多不超过14天。如前14天内，同时患两种或以上疾病，可根据各病的轻重，将天数恰当分配，使各病持续天数相加不超过14天。

5. 卧床天数： 指被调查者两周内，因该病伤卧床休息的天数。

6. 休工天数： 指调查前两周内，在业人员因该病伤没有去工作的天数，最多不超过14天。

7. 休学天数： 指调查前两周内，学生因该病伤没有去上学的天数，最多不超过14天。

8. 进行治疗： 指被调查者发生身体不适后为控制疾病和减缓症状采取的医疗手段，包括看医生和自我处治（服药、包扎、理疗等）。

9. 所采用的治疗方式： 采用了治疗的人员填写，纯自我医疗：指未去医疗卫生单位就诊治疗，但采取了自服药物、伤口处理或一些辅助疗法如推拿按摩等。

10. 两周内为治疗疾病所花的医药费（元）： 指前14天内去医院看病所花的全部医药费，包括挂号费、检查治疗费、药费等、

11. 车旅费和其他费（元）： 指前14天内去医院看病所花的全部交通费以及除医药费以外的其他费用。

12. 您感觉在医院中候诊所花时间怎么样： 被调查者应该只考虑从他刚进入卫生保健机构，以寻求服务开始计算（在医院，可从排队挂号开始），到得到服务前的这一段时间。

13. 您认为医疗保健服务人员对您解释病情的清晰程度怎么样： 这里的解释病情是指诊断、治疗、可能的预防措施以及其他卫生保健提供者与被调查者之间的交流。

14. 医生在制定医疗保健或治疗方案时，在征求您的意见方面做的怎么样： 这一问题是想知道被调查者在多大程度上能和卫生保健提供者讨论他的卫生保健或治疗方案情况。

15. 您认为查询医药费用是否方便： 指的是卫生服务提供者向患者收取药品和检查等项目时，被调查者查询其收费标准及各项费用的方便程度。

16. 您认为对医疗服务不满意进行投诉是否方便： 指的是患者在就诊期间对服务提供者不满意时，对上级机构或对院方领导进行反映情况的方便程度。如有无投诉电话、投诉指示牌或宣传手册之类。

表7　住院病人调查表

住院家庭成员编号与表2相同。调查前一年内，如果同一个家庭成员因同一种疾病多次住院并出院，只询问最近一次出院的情况；如果同一个家庭成员因不同的疾病多次住院并在调查前12个月内出院，则需要分别询问并填写多列，该家庭成员的编号不变（如果被调查者正在住院，还未出院，不算住院患者，只计入两周患病）。

1. 住院的疾病名称：填写病人出院时医生的诊断。

2. 住过几次医院：询问因同一种疾病住院的次数（不包括调查时尚未出院的情况），转院按所住医院数分别计算次数。

3. 住院医疗费用：指该次住院的全部住院和医药费。包括住院费、检查治疗、医药费等。包括自己支付和减免或报销的费用。

4. 所花费的车旅费、营养伙食费、陪护费：指患者该次住院所花的全部交通费、患者住院期间所花的伙食费及陪护费。

5. 向医生送过礼或红包：指因为需要住院、手术或需要医生的其他关照，病人向医生送礼品或礼金，包括病人主动送出和医生索要。

表 8　农村地区外出务工及随行家庭成员调查

本表调查的是农村地区户口在本地，但在本县以外打工或者跟随打工者一起出去，不经常在家吃住已经超过半年的人（即：表 1 家庭一般情况调查表问题 3 所指的那些人员）的情况，每人的信息填一列，为了与家庭常住人口区别开来，打工及随行人员的个人编码从 51 开始，依次编号。该表由家中最了解他们情况的人回答。

工作挣钱的成员一年的收入、平均每年给家里寄回的钱数：当家里工作挣钱人数为两人或两人以上，收入或者每年寄回家的钱数不能严格的分清谁挣多少、谁寄回家了多少钱时，则将钱数平均分配到每一个打工人员身上。

附件六　国家卫生服务调查样本地区抽取方法

一、概述

1. 国家卫生服务总调查抽查的原则是既要兼顾调查设计的科学性，即样本地区和样本个体对全国和不同类型地区有足够的代表性，又不至于过多增加样本量而加大调查的工作量，即经济有效的原则。

2. 抽样的方法是多阶段分层整群随机抽样法。第一阶段分层是以县（市或市区）为样本地区；第二阶段分层是以乡镇（街道）为样本地区；第三阶段分层以村为样本地区。

二、第一阶段分层整群抽样

1. 第一阶段抽样着重解决两个基本问题：一是由于全国各县、市差异极大，如何确定第一阶段分层的基准；二是抽样比例，多大的县、市样本量能经济有效地代表全国和不同类型的地区。

2. 第一阶段分层基准的确定

第一阶段分层的指标是通过专家咨询法和逐步回归法筛选的 10 个与卫生有关的社会经济、文化教育、人口结构和健康指标。10 个指标的主成分分析结果如表 1。

表 1　主要社会经济和人口动力学指标的主成分因子模型

变　量	单　位	主成分 1	主成分 2	主成分 3
第一产业就业率	%	0.82 *	−0.49	0.17
14 岁人口比例	%	0.80 *	−0.10	−0.49
文盲率	%	0.69 *	0.32	0.22
粗出生率	‰	0.69 *	0.35	−0.10
粗死亡率	‰	0.67 *	0.51	0.33
婴儿死亡率	‰	0.67 *	0.60 *	−0.02
人均工农业产值	(元)	−0.65 *	0.53 *	0.12
第二产业就业率	%	−0.84 *	0.45	−0.10
初中人口比例	%	−0.92 *	0.02	−0.04
65+人口比例	%	−0.10	−0.19	0.93 *

从主成分分析中可以看出主成分 1 与绝大多数变量有十分显著的关联，意义十分明确，而且代表 10 个变量整体信息的 51.22%。其值的大小可以综合反映一个地区社会经济、文化教育、人口及其健康的发展。因此，确定主成分 1 为分层的基准称它为分层因子。

3. 第一阶段的聚类分层

在计算各县、市分层因子的得分后，用 K－Means 聚类分析方法将总体分为组间具有异质性和组内具有同质性的五类地区即五层。聚类分层的结果第一层有 201 个县（市或市区），占整个县（市或市区）的 8.2%；第二层有 650 个县（市或市区），占 26.5%；第三层有 698 个县（市或市区），占 28.5%；第四层有 691 个县（市或市区），占 28.2%；第五层有 212，占 8.6%。

表 2 显示了各层因子得分和选择的社会经济等变量的均值，可见各层呈明显的梯度。可以认为，第一层所在的市县，是社会经济、文化教育和卫生事业发展以及人群健康状况好的地区，第二层是比较好的地区，第三层是一般性地区，第四层是比较差，第五层是差的地区。

表 2　主要社会经济和人口动力学指标的主成分因子模型

层别	市县数	因子得分		社会经济和人口动力学指标				
		均数	距离	GNP	AEP	ILLIT	CDR	IMR
1	201	－2.4354	3210.28	3330	15.7	19.7	5.1	17.5
2	650	－0.6638	2164.66	835	64.6	23.7	5.7	26.2
3	698	0.0692	1655.00	450	83.5	32.4	6.3	31.4
4	691	0.5776	1264.57	341	88.1	43.6	7.4	49.1
5	212	1.7457	539.61	319	90.0	66.8	11.7	121.4

4. 第一阶段分层等概率多种样本容量的抽样

用经济有效的样本代表总体是抽样调查的精髓。样本量的确定基于以往的经验和其他国家抽样调查样本的设计，首先给定一个本量大小的范围，确定抽取样本量为 120、90、60、45、30 五个大小不等的样本。为了保证各层每一个县（市或市区）都有同等被抽取为样本的概率，必须考虑不同大小样本本量的样本在各层的分配，即按比例的分层抽样（表 3）。

表 3　不同大小样本量样本在各层的分配

层　数	全　国		不同大小样本量样本的分配				
	合计	(%)	120	90	60	45	30
第一层	201	(8.2)	10	8	5	4	2
第二层	650	(26.5)	32	23	16	11	8
第三层	698	(28.5)	34	26	17	13	9
第四层	691	(28.2)	34	25	17	13	8
第五层	212	(8.6)	10	8	5	4	3

按系统随机抽样方法，每个不同大小样本量的样本抽取 6 次。同一样本量的 6 次抽样，通过计算每次抽样样本各变量的统计量，分别与总体各变量参数进行比较，从中筛选出与总体参数最为接近的那个样本作为该样本量的最佳抽取样本。

5. 第一阶段最佳样本量样本的选择与评价

（1）不同样本量样本各变量均值与总体均数的比较：不同样本量样本各变量的均值与总体各变量的均数之差的大小为绝对误差，绝对误差与总体均数之比为相对误差，同一样本各变量的相对误差具有可加性，其均数称为该样本各变量的平均相对误差。平均相对误差可作为判断不同大小样本量样本对总体代表性的一个尺度。同时，用“1－平均相对误差”作为精确度。

表4显示了不同样本量样本各变量的均数，与总体各变量比较的相对误差、平均相对误差和精确度。从不同样本量样本来看，平均相对误差随着样本量的减少而增大。如样本量从120减少到60，平均相对误差由1.4%增加到2.7%，增加了62%，而样本量从60减少到30，平均相对误差从2.7%增加到5.6%，增加了一倍以上。样本量为120、90、60的样本精确度均大95%，也就是说样本量大于60对总体有较好的代表性。

表4　不同大小样本社会经济和人口动力学指标的均数以及与总体均数的相对误差

指　　标		全国均数	不同大小样本的均数				
			120	90	60	45	30
指标均数							
0—14岁人口比例	%	33.6	33.3	33.6	33.5	33.0	31.9
65+岁人口比例	%	4.9	4.9	4.9	4.9	5.0	5.2
15—49岁妇女比例	%	26.2	26.6	26.9	26.7	25.8	27.6
人均工农业总产值	(元)	806	795	767	702	756	813
第一产业就业率	%	74.4	74.5	75.5	76.4	76.2	75.4
第二产业就业率	%	15.4	15.5	15.2	15.0	16.1	14.0
文盲和半文盲率	%	32.1	33.4	33.4	33.0	33.2	34.6
初中学历人口比例	%	18.2	18.3	18.5	18.2	19.5	18.5
粗出生率	每千人口	22.5	22.7	23.3	22.5	21.3	21.4
粗死亡率	每千人口	6.3	6.3	6.3	6.3	6.0	6.2
婴儿死亡率	每千出生	32.4	30.5	30.2	30.2	26.2	26.9
相对误差							
0—14岁人口比例	%		0.9	0.0	0.3	1.8	5.1
65+岁人口比例	%		0.0	0.0	0.0	2.0	6.1
15—49岁妇女人口	%		1.5	2.7	1.9	1.5	5.3
人均工农业总产值	(元)		1.4	4.8	13.0	6.2	0.9
第一产业就业率	%		0.1	1.5	2.7	2.4	1.3
第二产业就业率	%		0.6	1.3	2.6	4.6	9.1
文盲和半文盲率	%		4.1	4.1	2.8	3.4	7.8
初中学历人口比例	%		0.6	1.9	0.1	7.1	2.1
粗出生率	每千人口		0.9	3.6	0.0	5.3	4.9
粗死亡率	每千人口		0.0	0.0	0.0	4.8	1.6
婴儿死亡率	每千出生		5.9	6.8	6.8	19.0	17.0
相对误差合计	(%)		16.1	26.5	30.0	58.2	61.2
平均相对误差	(%)		1.46	2.41	2.73	5.29	5.56
精确度	(%)		98.54	97.59	97.27	94.71	94.44

(2) 不同样本量样本各变量的分布与总体分布的比较：样本变量的分布与总体分布是否吻合也是

衡量样本对总体代表性的一尺度。表 5 列出了不同样本量各变量分布与总体分布卡方检验的结果。从不同样本各变量分布与总体分布的结果，平均卡方值小于 9.49 这一差异有显著性水平的样本量为 120、90 和 60。鉴于上述分析，故可认为，样本量大于 60 的样本，各变量的分布大多与总体分布相拟合，对总体有较好的代表性（表 5）。

表 5　不同大小样本量样本社会经济和人口动力学指标的频数分布与总体分布的拟合度检验

指　　标	不同大小样本的卡方值				
	120	90	60	45	30
平均人口数/县（市）人口大小	0.47	1.20	2.83	5.07	14.82 * *
0—14 岁人口数/0—14 岁人口比例	4.74	4.36	7.19	4.56	26.12 * *
65＋岁人口数/65＋岁人口比例	9.10	8.83	21.7 * *	13.21 *	20.90 * *
15—49 岁妇女数/15～49 岁妇女比例	3.79	3.88	5.01	10.96 *	32.47 * *
样本数/人均工农业总产值	2.92	6.27	6.69	12.56 *	28.39 * *
第一产业人数/第一产业就业率	2.81	7.19	9.32	8.20	25.40 * *
第二产业人数/第二产业就业率	3.21	6.06	4.26	24.24 * *	30.38 * *
文盲半文盲人数/文盲半文盲率	4.37	4.87	8.44	7.28	32.62 * *
初中以上人数/初中以上人口比例	3.13	4.23	3.74	6.23	18.42 * *
出生人数/粗出生率	2.89	3.49	4.21	4.94	29.33 * *
死亡人数/粗死亡人数	1.91	2.03	5.77	15.16 * *	19.96 * *
婴儿死亡人数/婴儿死亡率	6.77	11.6 *	14.8 * *	45.45 * *	51.02 * *
卡方值平均数	3.61	5.02	7.26	12.30 *	25.39 * *
与总体分布无显著性差异的指标数	13	12	11	7	1

* X95％（4）＝9.49；* * X99％（4）＝13.2

（3）不同样本量样本分散度的评价：样本分散度指样本中各层的变量统计量对总体各层的代表性。在第一层中，样本量为 120 和 90 的样本，平均每个指标的精确度均大于 95％；样本量为 60 的样本，精确度为 89.4％。从第二层到第四层，样本量为 120 和 90 的各个样本，平均每个指标的精确度都大于 95％；第五层样本量为 120、90 和 60 的各样本，精确都分别为 94.1％、92.5％和 93.9％，与上述四层相比，精确度略差一些。也就是说，要对总体各层有较好的代表性，样本量至少为 90（表 6）。

6. 考虑到经济有效的原则和对全国、不同类型的地区和上述每个指标的代表性，国家卫生服务总调查的县（市或市区）样本容量取 90。

表 6　不同大小样本社会经济和人口动力学指标的均数以及与各层均数的相对误差

变　　量	不 同 样 本 容 量			
	各层均数	120	90	60
第一层				
0—14 岁人口比（％）	24.58	25.24	25.42	25.77
65 岁及以上人口比（％）	4.60	4.46	4.43	4.50
人均工农业产值（元）	3330	3378	3505	2463
第一产业就业率（％）	18.72	20.15	21.48	25.83
第二产业就业率（％）	55.91	54.21	54.55	51.88
文盲半文盲率（％）	13.69	14.96	14.95	16.98

续

变　量	不同样本容量			
	各层均数	120	90	60
初中以上人口比（%）	32.15	32.50	32.69	31.74
粗出生率（60）	16.71	16.30	16.14	14.78
粗死亡率（60）	5.11	5.16	5.26	5.25
婴儿死亡率（60）	17.45	19.50	20.63	17.25
精确度（%）		96.8	95.6	89.4
第二层				
0—14 岁人口比（%）	32.36	32.96	33.72	32.24
65 岁及以上人口比（%）	4.77	4.55	4.47	4.91
人均工农业产值（元）	835	780	777	764
第一产业就业率（%）	64.62	66.10	66.28	65.56
第二产业就业率（%）	21.24	20.33	19.88	20.67
文盲半文盲率（%）	23.69	22.72	22.42	22.35
初中以上人口比（%）	21.65	22.38	22.34	22.80
粗出生率（‰.）	19.90	20.09	19.47	18.45
粗死亡率（‰）	5.71	5.64	5.53	5.92
婴儿死亡率（‰）	26.20	25.34	25.72	23.82
精确度（%）		96.9	96.2	95.8
第三层				
0—14 岁人口比（%）	35.48	34.54	34.60	34.65
65 岁及以上人口比（%）	4.86	5.11	5.11	5.03
人均工农业产值（元）	450	429	410	437
第一产业就业率（%）	83.50	84.95	86.20	85.21
第二产业就业率（%）	8.18	7.75	6.83	7.25
文盲半文盲率（%）	32.41	32.59	32.03	30.57
初中以上人口比（%）	16.55	16.68	16.70	16.40
粗出生率（‰）	21.73	20.90	21.22	21.84
粗死亡率（‰）	6.28	6.23	6.10	6.28
婴儿死亡率（‰）	31.39	30.59	30.83	30.57
精确度（%）		97.2	96.4	95.7
第四层				
0—14 岁人口比（%）	37.13	36.49	36.50	36.64
65 岁及以上人口比（%）	4.64	4.76	4.88	4.61
人均工农业产值（元）	341	345	346	338
第一产业就业率（%）	88.13	88.79	89.24	88.74
第二产业就业率（%）	4.84	4.35	4.06	4.24
文盲半文盲率（%）	43.58	44.05	44.57	43.68
初中以上人口比（%）	12.65	12.64	13.28	12.20
粗出生率（‰）	21.75	20.37	20.69	20.10
粗死亡率（‰）	7.40	7.31	7.33	7.29
婴儿死亡率（‰）	49.14	46.26	45.80	46.94
精确度（%）		97.1	95.8	96.8
第五层				
0—14 岁人口比（%）	40.16	40.50	41.05	41.06
65 岁及以上人口比（%）	4.43	4.45	4.40	4.82

续

变　　量	不同样本容量			
	各层均数	120	90	60
人均工农业产值（元）	319	304	274	344
第一产业就业率（%）	90.00	86.84	86.47	86.64
第二产业就业率（%）	2.41	2.83	2.26	2.78
文盲半文盲率（%）	66.83	62.23	63.25	64.64
初中以上人口比（%）	5.40	6.29	6.26	5.27
粗出生率（‰）	32.20	36.30	36.61	37.71
粗死亡率（‰）	11.70	10.96	10.88	11.30
婴儿死亡率（‰）	121.45	112.00	100.67	122.80
精确度（%）		93.1	92.5	93.9

三、第二阶段整群随机抽样

1. 在上述抽取的90个“样本县（市或市区）”中，以乡镇（街道）为第二阶段整群系统随机抽样单位。全国每个乡镇（街道）被抽取为“样本乡镇（街道）”的概率是1：160。第二阶段整群系统随机抽样全国共抽取450个乡镇（街道）。平均每个“样本县（市或市区）”抽5个乡镇（街道）。第二阶段整群随机抽样具体由各样本县（市或市区）按下述方法抽取。

2. 第二阶段整群随机抽样的基准

由于一个县（市或市区）内社会经济、文化教育和卫生状况的差异远小于全国各县、市之间的差异，因而确定县（市或市区）的抽样基准相对容易。根据我国各县（市或市区）的基本特征、实际的可操作性和以往抽样调查常用的指标，确定采用人口数（或人均收入）作为分层基准。

3. 第二阶段整群随机抽样的方法

（1）将样本县（市或市区）所有的乡镇（街道）按人口数的多少（或人均收入的大小）由多到少依次排序。

（2）由多到少依次计算人口数（或人均收入）的累计数。

（3）计算抽样间隔，用累计的人口总数（或人均收入累计总数）除以抽取的样本数（累计总数/5)。

（4）用纸币法（随便拿出一张人民币，看人民币的号码与最初累计数哪一个数接近，取这个数为开始数）随机确定第一个样本乡镇（街道），然后加上抽样距离确定第二个样本乡镇（街道），依次类推确定第三至五个样本乡镇（街道）。

4. 第二阶段整群随机抽样实例

某个样本县共有18个乡、镇，要从该样本县抽取5乡镇作为样本。根据抽样方案的要求，第一步人口数的多少由大到小排序，并计算累计数（该县人口累计数即人口总数为248600），见表7。

第二步计算抽样间隔，用人口总数除以抽样的样本数，248600/5＝49720，该县乡镇整群抽样的抽样间隔为49720。

第三步确定第一个随机数，取一张人民币，其编号的为FP59243854，取后5位数是43854，所取的后5位数不能大于抽样间隔数，如大于再取一张人民币。该后5位随机数接近第2编号即平湖镇后面的累计数，因此确定第2号平湖镇为第一个样本。

第四步用第一个样本的累计数加抽样间隔，即43000＋49720＝92720，该数接近第5编号即新龙乡的累计数，确定第5号新龙乡为第二个样本。

第五步用第二个样本的累计数加抽样间隔，即100900＋49720＝142920，该数接近第8编号新原乡的累计数，确定第8号新原乡为第三个样本；同样的方法确定第13号和第18号即新店镇和四顶乡。这样，五个样本乡镇就确定了。

表 7　第二阶段整群随机抽样的实例

编号乡镇	人口数	累计	编号乡镇	人口数	累计	编号乡镇	人口数	累计
1 城关镇	22000	22000	7 平原乡	16400	134900	*13 新店镇	10000	205500
*2 平湖镇	21000	43000	*8 新原乡	15000	149900	14 定安乡	9500	215000
3 玉阳镇	20000	63000	9 古农乡	14000	163900	15 五岖乡	8900	223900
4 五一乡	19500	82500	10 王店乡	11000	174900	16 五庙乡	8500	232400
*5 新龙乡	18400	100900	11 双莲乡	10500	185400	17 双山乡	8200	240600
6 湖泊乡	17600	118500	12 桐连乡	10100	195500	*18 四顶乡	8000	248600

四、第三阶段整群随机抽样

1. 第三阶段整群随机抽样的基准和样本容量

（1）在同一个乡镇（街道）内，各村（居委会）的经济发展和卫生状况基本上变异不大。因此，第三阶段不用分层，直接采用整群随机抽样的方法从“样本乡镇（街道）”中抽取样本村（居委会）。但是，抽样时应按各村人均收入或人口数作为标识进行排序。第三阶段整群随机抽样由调查指导员负责。

（2）每个“样本乡镇（街道）”整群随机抽取 2 个村（居委会），全国共抽取 900 个村（居委会），全国每村（居委会）被抽为样本的概率为 1：1120。

2. 第三阶段整群随机抽样的方法

（1）将样本乡镇（街道）所有的村（居委会）按人均收入的多少（或人口数的大小）由多到少依次排序。

（2）由多到少依次计算人均收入（或人口数）的累计数。

（3）计算抽样间隔，用累计总数除以抽取的样本数（累计总数/2）。

（4）用纸币法（随便拿出一张人民币，看人民币的号码与最初累计数哪一个数接近，取这个数为开始数）随机确定第一个样本村（居委会），然后加上抽样距离确定第二个样本村。

3. 第三阶段整群随机抽样的实例

第一步将所有的村按人均收入的多少由大到小排序，并计算累计数；第二步计算抽样间隔：7337/2：3669；第三步确定第一个随机数，取一张人民币，其编号的后 4 位数是 2273，这个随机数接近第 4 编号的累计数，因此确定第 4 号村为第一个样本；第五步用第二位的累计数加抽样间隔（2805＋3669＝6474），接近第 10 编号的累计数，确定第 10 号为第二个样本（表 8）。

表 8　第三阶段整群随机抽样实例

编号	村	人均收入	累计数	编号	村	人均收入	累计数
1.	镇西店村	724	724	7.	长生庙村	589	4606
2.	唐家铺村	721	1445	8.	王甸子村	574	5180
3.	镇 东 村	689	2134	9.	民 生 村	571	5751
*4.	镇 北 村	671	2805	*10.	清 乎 村	544	6295
5.	李家店村	610	3415	11.	老平埠村	534	6829
6.	湖 泊 村	602	4017	12.	高 坝 村	508	7337

*为随机抽取的样本数。

附件七　家庭健康询问调查样本住户抽取方法

一、样本量

每个样本村（居委会）抽取60户。

二、抽样要求

1. 样本住户的抽取工作应由县调查负责人指导样本乡镇（街道）的调查指导员执行具体抽样操作。

2. 抽样过程应严格按照要求完成，并填写抽样操作表，该表需保存、备查。

三、抽样方法

1. 将样本村（居委会）内全部住户（包括非本地户口住户）按名单顺序编号。

2. 根据本村（居委会）应抽取的样本户数确定抽样间隔。

抽样间隔＝本村（居委会）内户数/60（四舍五入，取整数）

3. 确定抽样住户：首先随机抽一张人民币，取其末四位数，该数除以抽样间隔后的余数确定为K值，则K≤抽样间隔。K值为被抽第1个住户编号，K值加抽样间隔为被抽中的第2个住户编号，K值加两个抽样间隔为第3个被抽住户编号，以此类推。

四、抽样实例

1. 样本住户抽取实例

假设某国家样本点某样本村共有住户213户，从该村中抽取60个样本住户。

第一步将该样本村内213户依次编号001～213号。

第二步确定抽样间隔。抽样间隔为213/60＝3.55≈4。

第三步确定样本住户。随机抽取的人民币后四位数：5942，5942/4＝1485，余数为2即为K值。则编号为2的住户即为抽中的第一个样本住户。第二个样本住户的编号为2＋4＝6，依次类推。则该村第2，6，10，14，18，22，26，30，34，38，42，46，50，54，58，62，……，210，214（即第1户），5，9，13，17，21，25，共60户为调查样本住户。

说明：计算的抽样间隔为3.55，为了便于操作四舍五入，取整数为4，因此实际抽样间隔变大，抽到最后不够时，可用应抽取的编号数减总户数的结果值即为下一个应抽取家庭的编号。如本例中，共有户数213，第54个应抽家庭的编号数为214，214－213＝1，则编号为1的住户即是第54个应抽家庭；1＋4＝5，即编号为5的住户即为第55个应抽家庭，依此类推。

表1　样本住户的抽样记录

户主姓名	住户编号	抽样结果编号	户主姓名	住户编号	抽样结果编号
张——	1	54	刘——	108	
王——	2	1	周——	109	
李——	3		杨——	110	28
赵——	4		郑——	111	
——	5	55		112	
——	6	2		113	
——	7			114	29
——	8			115	
——	——		——	——	
——	21	59	——	200	
——	22	6	——	201	
——	——		——	202	51
——	50——		——		
——	——		——	213	

另外，考虑到失访或拒绝调查，国家样本村（居委会）抽样时可多抽取10户，作为备用户。抽取方法是在上述抽取完毕以后，按上述步骤再从未抽取的住户中抽取。

附件八　家庭健康询问调查样本住户抽样操作表

________县（市或市区）__________乡镇（街道）__________________村（居委会）

该村（居委会）总户数：__________户；实际参加抽样的户数：__________ __________户

未参加抽样的户数：______________户；未参加抽样的原因：_____________________。

请将户名列出，并编号

编号	户名	家庭人口数	编号	户名	家庭人口数
1			——		
2			32		
3			33		
4			34		
5			35		
6			36		
7			37		
8			38		
9			39		
——			——		

抽样间距＝参加抽样户数÷60＝__________

随机抽取人民币号码__________

被抽中住户编号

____；____；____；____；____；____；____；____；____；____；____；

____；____；____；____；____；____；____；____；____；____；____；

____；____；____；____；____；____；____；____；____；____；____；

____；____；____；____；____；____；____；____；____；____；____；

____；____；____；____；____；____；____；____；____；____；____

抽样操作者__________

抽样负责人__________

抽样日期__________

注：由于突发性严重的自然灾害，使交通隔绝，调查无法实施者，可不参加抽样。

后　　记

梅花香自苦寒来，经过半年多时间的酝酿筹划、分工协作、资料收集汇总和后期处理编排，在2010年岁末，《中国老龄统计汇编（1953—2009）》一书终得付梓。这是我国老龄工作领域第一部系统全面的统计资料参考手册，是反映我国老龄化发展脉络和老龄事业推进状况的重要基础资料。

由国家统计局、民政部、卫生部、中国残疾人联合会、中国老龄科研中心等单位统计、发布的各项原始数据资料，是我们编写这部《汇编》的主要来源和坚实基础。在这里谨表示衷心的感谢！需要说明的是，由于数据量浩大，我们从实际需要出发，在保留原表序号基础上，对一些数据进行了删节，有选择地保留了汇总数据和60岁以上老年人数据，以期使《汇编》内容更具针对性。一些资料时间比较久远需要重新录排，如有疏漏之处，敬请广大读者谅解。

华龄出版社的几位编辑对大量纸质资料作了细致处理和编排，对他们付出的宝贵时间和辛勤劳动，在此一并表示感谢！

编　者

2010年12月